# समाज–विज्ञान

# विश्वकोश

## खण्ड 6

ज्ञान शांति मैत्री

महात्मा गांधी अंतरराष्ट्रीय हिंदी विश्वविद्यालय, वर्धा ( महाराष्ट्र )

# समाज-विज्ञान

# विश्वकोश

## खण्ड 6

सम्पादक

**अभय कुमार दुबे**

**फ़ेलो और निदेशक, भारतीय भाषा कार्यक्रम,**
**विकासशील समाज अध्ययन पीठ, नयी दिल्ली**

सहायक-सम्पादक

**बीर पाल सिंह यादव**

**असिस्टेंट प्रोफ़ेसर एवं प्रकाशन प्रभारी**
**महात्मा गांधी अंतरराष्ट्रीय हिंदी विश्वविद्यालय, वर्धा ( महाराष्ट्र )**

राजकमल प्रकाशन

**ISBN** : 978-81-267-2587-8

**मूल्य** : ₹ 8000 (छह जिल्दों में)



**पहला संस्करण** : 2013
**दूसरा संस्करण** : 2015

**प्रकाशक** : राजकमल प्रकाशन प्रा. लि.
1-बी, नेताजी सुभाष मार्ग, दरियागंज
नयी दिल्ली-110 002

**शाखाएँ** : अशोक राजपथ, साइंस कॉलेज के सामने, पटना-800 006
पहली मंजिल, दरबारी बिल्डिंग, महात्मा गांधी मार्ग, इलाहाबाद-211 001
36 ए, शेक्सपियर सरणी, कोलकाता-700 017

वेबसाइट : www.rajkamalprakashan.com
ई-मेल : info@.rajkamalprakashan.com

**सम्पादकीय सहयोग**
नरेश गोस्वामी, कमल नयन चौबे, सुमेल सिंह सिद्धू, मनोहर नायक, मनोज मोहन

**डिज़ाइन** : मृत्युंजय चटर्जी
**अनुक्रमणिका** : मंजू खन्ना
**टंकण एवं अन्य सहयोग** : चंदन शर्मा, संजय कुमार

**मुद्रक** : बी.के. ऑफसेट
नवीन शाहदरा, दिल्ली-110 032

SAMAJ-VIGYAN VISHWAKOSH-6
*Edited by* Abhay Kumar Dubey

# खण्ड 6

# सलाहकार-मण्डल

**रविकांत**
एसोसिएट फ़ेलो, विकासशील समाज अध्ययन पीठ, दिल्ली

**राकेश पाण्डेय**
एसोसिएट फ़ेलो, विकासशील समाज अध्ययन पीठ, दिल्ली

**राजकुमार**
प्रोफ़ेसर, हिंदी विभाग, बनारस हिंदू विश्वविद्यालय, वाराणसी (उप्र)

**राजीव भार्गव**
निदेशक और वरिष्ठ फ़ेलो, विकासशील समाज अध्ययन पीठ, दिल्ली

**राधावल्लभ त्रिपाठी**
प्रोफ़ेसर, डॉ. हरीसिंह गौर विश्वविद्यालय, सागर (मप्र)

**विजय बहादुर सिंह**
पूर्व निदेशक, विकासशील समाज अध्ययन पीठ, दिल्ली

**शैल मायाराम**
वरिष्ठ फ़ेलो, विकासशील समाज अध्ययन पीठ, दिल्ली

**सौम्यव्रत चौधरी**
वरिष्ठ फ़ेलो, सेंटर फॉर स्टडीज़ ऑफ़ सोशल साइंसेज़, कोलकाता (पश्चिम बंग)

**सतीश देशपांडे**
प्रोफ़ेसर, दिल्ली स्कूल ऑफ़ इकॉनॉमिक्स, नयी दिल्ली

**स्मिता तिवारी जस्सल**
विज़िटिंग फ़ेलो, विकासशील समाज अध्ययन पीठ, दिल्ली

**सुधीश पचौरी**
प्रोफ़ेसर और डीन, दिल्ली विश्वविद्यालय, दिल्ली

**हिलाल अहमद**
एसोसिएट फ़ेलो, विकासशील समाज अध्ययन पीठ, दिल्ली

# लेखक-मण्डल

**अभय कुमार दुबे**
फ़ेलो और निदेशक, भारतीय भाषा कार्यक्रम,
विकासशील समाज अध्ययन पीठ, दिल्ली

**अजय कुमार पांडेय**
स्वतंत्र अध्येता, बलिया (उप्र)

**अनामिका**
फ़ेलो, नेहरू मेमोरियल म्यूज़ियम ऐंड लाइब्रेरी, नयी दिल्ली

**अनुराग पांडेय**
अनुसंधानकर्ता, राजनीतिशास्त्र विभाग, दिल्ली विश्वविद्यालय, दिल्ली

**अनुष्का सिंह**
अनुसंधानकर्ता, राजनीतिशास्त्र विभाग, दिल्ली विश्वविद्यालय, दिल्ली

**अमितेश कुमार**
अनुसंधानकर्ता, हिंदी विभाग, दिल्ली विश्वविद्यालय, दिल्ली

**अम्बिका दत्त शर्मा**
विभागाध्यक्ष, दर्शनशास्त्र विभाग, डॉ. हरीसिंह गौर विश्वविद्यालय,
सागर (मप्र)

**अम्बरीष सक्सेना**
मीडिया विशेषज्ञ, नयी दिल्ली

**अविनाश कुमार**
ऑक्सफ़ेम, नयी दिल्ली

**अविनाश झा**
पुस्तकालयाध्यक्ष,
विकासशील समाज अध्ययन पीठ, दिल्ली

**आकांक्षा कुमारी**
शोधार्थी, स्त्री-अध्ययन विभाग, महात्मा गांधी अंतरराष्ट्रीय
हिंदी विश्वविद्यालय, वर्धा (महाराष्ट्र)

**आदित्य निगम**
वरिष्ठ फ़ेलो, विकासशील समाज अध्ययन पीठ, दिल्ली

**आलोक टंडन**
स्वतंत्र अध्येता, समाज-दर्शन, हरदोई (उप्र)

**इंद्रजीत कुमार झा**
अनुसंधानकर्ता, राजनीतिशास्त्र विभाग,
दिल्ली विश्वविद्यालय, दिल्ली

**उपासना पाण्डेय**
असिस्टेंट प्रोफ़ेसर, राजनीतिशास्त्र विभाग,
वसंत महिला महाविद्यालय, वाराणसी (उप्र)

**अंकिता पाण्डेय**
असिस्टेंट प्रोफ़ेसर, इंद्रप्रस्थ कॉलेज,
दिल्ली विश्वविद्यालय, दिल्ली

**कनक तिवारी**
अध्यक्ष, छत्तीसगढ़ संस्कृति प्रतिष्ठान, रायपुर (छत्तीसगढ़)

**कमल नयन चौबे**
जूनियर फ़ेलो, नेहरू मेमोरियल म्यूज़ियम ऐंड लाइब्रेरी,
नयी दिल्ली

**कविता रतूड़ी**
अनुसंधानकर्ता, जवाहरलाल नेहरू विश्वविद्यालय, नयी दिल्ली

**कृष्णदत्त पालीवाल**
पूर्व विभागाध्यक्ष, हिंदी विभाग, दिल्ली विश्वविद्यालय, दिल्ली

**गोपाल प्रधान**
एसोसिएट प्रोफ़ेसर, भारतरत्न डॉ. भीमराव आम्बेडकर विश्वविद्यालय, दिल्ली

**धीरूभाई शेठ**
पूर्व निदेशक, विकासशील समाज अध्ययन पीठ, दिल्ली

**नरेश गोस्वामी**
अनुसंधानकर्ता, भारतीय भाषा कार्यक्रम, विकासशील समाज अध्ययन पीठ, दिल्ली

**नवीन चंद्र**
अनुसंधानकर्ता, दिल्ली विश्वविद्यालय, दिल्ली

**निर्मल कुमार पाण्डेय**
अनुसंधानकर्ता, भारतीय इतिहास अनुसंधान परिषद, नयी दिल्ली

**पंकज कुमार झा**
अनुसंधानकर्ता, राजनीतिशास्त्र विभाग, दिल्ली विश्वविद्यालय, दिल्ली

**पुनीत कुमार**
विभागाध्यक्ष, राजनीतिशास्त्र विभाग, गवर्नमेंट एस.एम.एस. पी.जी. कॉलेज, शिवपुरी (मप्र)

**प्रियव्रत शुक्ल**
प्रोफ़ेसर, रानी दुर्गावती विश्वविद्यालय, जबलपुर (मप्र)

**प्रीति सागर**
एसोसिएट प्रोफ़ेसर, साहित्य विभाग, महात्मा गांधी अंतरराष्ट्रीय हिंदी विश्वविद्यालय, वर्धा (महाराष्ट्र)

**बालगोविंद सिंह**
विभागाध्यक्ष, शिक्षा विभाग, रमेश झा महिला कॉलेज, सहरसा (बिहार)

**बीर पाल सिंह यादव**
असिस्टेंट प्रोफ़ेसर, साहित्य विभाग, महात्मा गांधी अंतरराष्ट्रीय हिंदी विश्वविद्यालय, वर्धा (महाराष्ट्र)

**मनहर चरण**
पूर्व शोधार्थी, अहिंसा एवं शांति विभाग, महात्मा गांधी अंतरराष्ट्रीय हिंदी विश्वविद्यालय, वर्धा (महाराष्ट्र)

**मनीष मिश्र**
पोस्ट-डॉक्टॅरल रिसर्च एसोसिएट, राजीव गाँधी समकालीन अध्ययन पीठ, बरकुतल्लाह विश्वविद्यालय, भोपाल (मप्र)

**मीना मनरल**
असिस्टेंट प्रोफ़ेसर, कुमायूँ विश्वविद्यालय, अल्मोड़ा (उत्तराखण्ड)

**मोहन दास नैमिशराय**
पूर्व फ़ेलो, उच्च अध्ययन संस्थान, शिमला (हिमाचल प्रदेश)

**योगेश अटल**
पूर्व निदेशक (समाज-विज्ञान), यूनेस्को

**रवि दत्त वाजपेयी**
स्वतंत्र लेखक, ऑस्ट्रेलिया

**राकेश श्रीवास्तव**
स्वतंत्र लेखक और अनुवादक, नयी दिल्ली

**राजकुमार**
प्रोफ़ेसर, हिंदी विभाग, बनारस हिंदू विश्वविद्यालय, वाराणसी (उप्र)

**राधावल्लभ त्रिपाठी**
प्रोफ़ेसर, डॉ. हरीसिंह गौर विश्वविद्यालय, सागर (मप्र)

**रोहित मिश्र**
समाज-कार्य विभाग, लखनऊ विश्वविद्यालय, लखनऊ (उप्र)

**विकास कुमार**
असिस्टेंट प्रोफ़ेसर, ज़ाकिर हुसैन कॉलेज, नयी दिल्ली

**विजय कुमार झा**
अनुसंधानकर्ता, सेंटर फ़ॉर वुमंस डिवेलपमेंट स्टडीज़, नयी दिल्ली

**विवेक रत्न**
असिस्टेंट प्रोफ़ेसर, राजनीतिशास्त्र विभाग, दिल्ली विश्वविद्यालय, दिल्ली

**विश्वनाथ मिश्र**
असिस्टेंट प्रोफ़ेसर, राजनीतिशास्त्र विभाग,
आर्य महिला पीजी कालेज, वाराणसी (उप्र)

**वीरभारत तलवार**
प्रोफ़ेसर, जवाहरलाल नेहरू विश्वविद्यालय, नयी दिल्ली

**वैभव सिंह**
असिस्टेंट प्रोफ़ेसर, हिंदी विभाग, दयाल सिंह कॉलेज, नयी दिल्ली

**शम्भू जोशी**
असिस्टेंट प्रोफ़ेसर, महात्मा गांधी अंतरराष्ट्रीय हिंदी विश्वविद्यालय, वर्धा (महाराष्ट्र)

**श्यामा सिंह**
रिसर्च एसोसिएट, सम्पूर्णानंद संस्कृत विश्वविद्यालय, वाराणसी (उप्र)

**शिवानी चोपड़ा**
फ़ेलो, उच्च अध्ययन संस्थान, शिमला (हिमाचल प्रदेश)

**श्रुति**
एसोसिएट प्रोफ़ेसर, हिंदी विभाग, लखनऊ
विश्वविद्यालय, लखनऊ (उप्र)

**हिलाल अहमद**
फ़ेलो, विकासशील समाज अध्ययन पीठ, दिल्ली

**सुकेश लोहार**
अनुसंधाकर्ता, हिंदी विभाग, बनारस हिंदू विश्वविद्यालय, वाराणसी (उप्र)

**सुप्रिया पाठक**
असिस्टेंट प्रोफ़ेसर, स्त्री-अध्ययन विभाग, महात्मा गांधी अंतरराष्ट्रीय हिंदी विश्वविद्यालय, वर्धा (महाराष्ट्र)

**सुमेल सिंह सिद्धू**
स्वतंत्र अध्येता और इतिहासकार, दिल्ली

**सुनील कुमार,**
अनुसंधानकर्ता, राजनीतिशास्त्र विभाग, दिल्ली विश्वविद्यालय, दिल्ली

**संजय सिंह बघेल**
एसोसिएट प्रोफ़ेसर, हिंदी पत्रकारिता, आत्माराम सनातन धर्म कॉलेज, साउथ कैम्पस, नयी दिल्ली

**संजय कुमार**
फ़ेलो, विकासशील समाज अध्ययन पीठ, दिल्ली

**संदीप जोशी**
निदेशक, मध्य प्रदेश समाज-विज्ञान अनुसंधान संस्थान, उज्जैन (मप्र)

# प्रविष्टि-क्रम

# List of Entrees

# विषयानुसार प्रविष्टि-क्रम

## अर्थशास्त्र

## इतिहास

## अंतर्राष्ट्रीय संबंध

## गाँधी-विचार



## दर्शन

## भारत संबंधी प्रविष्टियाँ

## मनोविज्ञान



## मार्क्सवादी विमर्श

## मीडिया-अध्ययन, फ़िल्म-अध्ययन, टीवी-अध्ययन



## राजनीतिशास्त्र

## व्यक्तित्व-कृतित्व

## समाजशास्त्र, मानवशास्त्र

## स्त्री-अध्ययन, सेक्शुअलिटी-अध्ययन

## साहित्य-अध्ययन, भाषाशास्त्र

# प्रविष्टियाँ

# स

## सखाराम गणेश देउस्कर

(Sakharam Ganesh Deuskar)

विचारक, पत्रकार और लेखक सखाराम गणेश देउस्कर (1869-1912) भारतीय नवजागरण के प्रमुख निर्माताओं में से एक थे। मराठी मूल के लेकिन बंगाली परिवेश में जन्मे और पले-बढ़े देउस्कर ने महाराष्ट्र और बंगाल के नवजागरण के बीच सेतु की तरह काम किया। अरविंद घोष ने लिखा है कि स्वराज्य शब्द के पहले प्रयोग का श्रेय देउस्कर को ही जाता है। पत्रकार के तौर पर जीवन की शुरुआत करने वाले देउस्कर की इतिहास, साहित्य और राजनीति में विशेष रूप से रुचि थी। उन्होंने बांग्ला की अधिकांश क्रांतिकारी पत्रिकाओं में सतत लेखन किया। देउस्कर की जिस एक रचना ने नवजागरण काल के प्रबुद्धवर्ग को सर्वाधिक प्रभावित किया, वह थी 1904 में प्रकाशित कृति *देशेर कथा*। इसका हिंदी-अनुवाद *देश की बात* (1910) नाम से हुआ। विलियम डिग्बी, दादाभाई नौरोजी और रमेश चंद्र दत्त ने भारतीय अर्थव्यवस्था के जिस विदेशी शोषण के बारे में लिखा था, सखाराम देउस्कर ने मुख्यत: उसी आधार पर इस ऐतिहासिक कृति की रचना की। हिंदुस्तान के उद्योग-धंधों की बर्बादी का चित्रण करती देउस्कर की यह कृति ब्रिटिश साम्राज्यवाद की जंजीरों में जकड़ी और शोषण के तले जीती-मरती भारतीय जनता के रुदन का दस्तावेज़ है।

सखाराम गणेश देउस्कर का जन्म 17 दिसंबर, 1869 को तब के बंगाल और वर्तमान झाड़खण्ड के देवघर के पास करौं नाम के गाँव में हुआ था। मराठी मूल के देउस्कर के पूर्वज महाराष्ट्र के रत्नागिरि ज़िले में शिवाजी के आलबान नामक क़िले के निकट देउस गाँव के निवासी थे। पाँच साल की अवस्था में माँ का देहांत हो जाने के बाद बालक सखाराम का पालन-पोषण उनकी विद्यानुरागिनी बुआ, जो मराठी साहित्य से भली भाँति परिचित थीं, के पास हुआ। उनके जतन, उपदेश और परिश्रम ने सखाराम में मराठी साहित्य के प्रति प्रेम उत्पन्न किया। बचपन में वेदों के अध्ययन के साथ ही सखाराम ने बंगाली भाषा भी सीखी। इतिहास उनका प्रिय विषय था। सखाराम गणेश देउस्कर बाल गंगाधर तिलक को अपना राजनीतिक गुरु मानते थे। इतिहास में गम्भीर रुचि रखने वाले देउस्कर कलकत्ता की राष्ट्रीय शिक्षा परिषद् के नैशनल स्कूल में बांग्ला भाषा और भारतीय इतिहास के अध्यापक के पद पर नियुक्त हुए। 1910 में *देशेर कथा* और *तिलकेर मोक़द्दमा* की सरकार द्वारा ज़ब्ती के बाद सखाराम को नैशनल स्कूल से इस्तीफ़ा देना पड़ा। वे अपने गाँव करौं लौट आये। यहीं 23 नवम्बर, 1912 को उनका निधन हुआ।

भारतीय कृषि-व्यवस्था, कारीगरी और उद्योग-धंधों को नष्ट करने तथा भारतीय प्रजा की निरंतर अवमानना की प्रामाणिक घटनाओं से युक्त *देशेर कथा* बीसवीं सदी के शुरुआत में जन-जागरण के उपयोगी औज़ार के रूप में उभरती है। देउस्कर ने इस कृति में भारत के लिए डोमिनियन स्टैटस की माँग का समर्थन किया था, पर साथ ही उन्होंने इसके लिए चलाये जा रहे आंदोलन की ढुल-मुल रीति-नीति की आलोचना भी की। *देशेर कथा* की भूमिका में उन्होंने लिखा कि हमारे आंदोलन भिक्षुक के आवेदन मात्र हैं। हमलोगों को दाता की करुणा पर एकांत रूप से निर्भर रहना पड़ता है। यह बात सत्य होते हुए भी राजनीति की कर्त्तव्य-बुद्धि को उद्घाटित करने के लिए पुन: पुन: चीत्कार के अलावा हमारे पास दूसरे उपाय कहाँ हैं।

महज़ पाँच वर्षों में अपने पाँच संस्करणों की तेरह हज़ार प्रतियों से *देशेर कथा* के प्रकाशन ने भारतीय जनता में

जो जागृति फैलायी उसकी परिणति 1910 में देउस्कर की दो कृतियों पर लगे प्रतिबंध में हुई। इनमें एक थी *तिलकेर मोक़द्दमा* और दूसरी *देशेर कथा*। दिलचस्प बात यह है कि इसका हिंदी अनुवाद *देश की बात* ज़ब्ती और प्रतिबंध से बच गया। 1905 में हुए बंग-भंग के विरुद्ध स्वदेशी आंदोलन के दौरान बंगाल के पुराने क्रांतिकारी आंदोलन को जिस सैद्धांतिक नेतृत्व की आवश्यकता थी उसे *देशेर कथा* ने प्रदान किया। इस क्रांतिकारी रचना के बहाने बारिसाल के अश्विनी कुमार दत्त ने बंगाली प्रबुद्धवर्ग का देश की अवस्था पर निज-कर्त्तव्य-विचार हेतु आह्वान किया। *देशेर-कथा* के लिखे जाने की पृष्ठभूमि पर प्रकाश डालते हुए माधव प्रसाद मिश्र ने लिखा है कि जिस समय यह पुस्तक लिखी गयी उस समय बंगाल के टुकड़े नहीं हुए थे। स्वदेशी आंदोलन का विचार भी लोगों के मन में नहीं आया था। कर्ज़न के कुचक्रपूर्ण शासन से लोग शंकित थे, पर उनकी मोहमयी निद्रा अभी टूटने नहीं पायी थी। आमोद प्रमोद में व्यस्त बंगाली लोगों को ध्यान भी ना था कि उनके देश की कैसी शोचनीय दशा हो गयी थी और न ही इस बारे में कि आगे कैसी दशा होने वाली है? ऐसे समय में *देशेर कथा* का लिखा जाना एक वैचारिक विस्फोट की तरह था, जिसने जन-मानस की चेतना को जागृत करने का कार्य किया। फलस्वरूप ब्रिटिश शासन द्वारा 28 सितम्बर, 1910 को इस पर प्रतिबंध लगाते हुए इसकी प्रतियाँ ज़ब्त कर ली गयीं। *हितवादी* पत्रिका में इस संबंध में छपा कि सखाराम गणेश देउस्कर की पुस्तक पर पाबंदी इस आधार पर लगायी गयी कि उसकी सामग्री पढ़ कर पाठकों के मन में सरकार के प्रति अलगाव का भाव पैदा होगा।

हिंदी नवजागरण के दौरान रचनात्मक साहित्य सहित राजनीतिक-सामाजिक चिंतन की कृतियों का बांग्ला से हिंदी में सर्वाधिक अनुवाद हुआ। *देशेर कथा* का *देश की बात* के रूप में हिंदी-अनुवाद का विशेष महत्व है। 1910 में इसके अनुवाद की प्रस्तावना में बाबूराव विष्णु पराड़कर ने बताया कि माधव प्रसाद मिश्र और अमृत लाल चक्रवर्ती द्वारा किया गया अनुवाद मूल पुस्तक के पहले तीन संस्करणों का है, लेकिन चौथे संस्करण में ग्रंथकार ने अपनी मूल कृति में बहुत से फेर-बदल किये जिसके कारण पहले के अनूदित संस्करण कई अंशों में अपूर्ण रह गये। बांग्ला *देशेर कथा* के चौथे संस्करण से पराड़कर द्वारा अनूदित *देश की बात* का तुलनात्मक अध्ययन देउस्कर के ज्ञान की व्यापकता और उनके अखिल भारतीय दृष्टिकोण को स्पष्ट करता है। *देश की बात* में देउस्कर लिखते हैं, 'भारतवर्ष के शांतिप्रिय और कलह-विमुख आदिवासियों को पादरियों के आक्रमण का निशाना बनते देख मेरे मन में अत्यंत क्रोध उत्पन्न होता है। उन लोगों को परदेशियों की आँखों में असच्चरित्र बनाने के उद्देश्य से पादरीगण अत्यंत घृणित उपायों से उनके बारे में घोर कलंक की बातें फैलाया करते हैं। हाय! दरिद्र हिंदू न बाइबिल चाहते हैं, न बाइबिल का उन्हें अभाव ही है। वे चाहते हैं पहनने को कपड़े और पेट के लिए मुट्ठी भर चना... हिंदुओं को बाइबिल की आवश्यकता नहीं है... सारांशत: मुझे विश्वास है की शिक्षा, रीति-नीति, सौजन्य और सामाजिक कर्त्तव्य-पालन के किसी-किसी विषय में भारतवासी कई युरोपियन जातियों की अपेक्षा श्रेष्ठ है, कम तो शायद ही किसी जाति से हों।'

रामविलास शर्मा ने देउस्कर की कृतियों का आलोचनात्मक वर्णन करते हुए बताया है कि कैसे देउस्कर बीसवीं सदी के प्रारंभ में जाति (राष्ट्र का पूर्व-रूप) की एकता को लेकर बेहद चिंतित थे। इसके कारणों को टटोलते हुए शर्मा इस बात का उल्लेख करते हैं कि देउस्कर को इस एकता की चिंता इसलिए थी, क्योंकि वे इसे ब्रिटिश साम्राज्यवाद से लड़ने और उसे पराजित करने के लिए आवश्यक मानते थे। रामविलास शर्मा ने कई मुद्दों पर सबाल्टर्न इतिहासकारों की आलोचना की है। उनसे देउस्कर की तुलना करते हुए वे कहते हैं कि सबाल्टर्न इतिहासकार किसानों के आंदोलन को कल्पित समुदाय क़रार देते हैं, वहीं देउस्कर उसे एक वस्तुगत इकाई के रूप में देखते हैं। शर्मा यह भी जोड़ते हैं कि देउस्कर के यहाँ समकालीन परिस्थितियों के प्रति जागरूकता और ब्रिटिश साम्राज्यवाद के विरुद्ध लड़ने वालों के प्रति आदर भाव परिलक्षित होता है। सखाराम गणेश देउस्कर के कृतित्व की महत्ता दर्शाते हुए रामविलास शर्मा का कहना है कि जो कुछ रणजीत गुहा और पार्थ चटर्जी की पुस्तकों में नहीं है, वह देउस्कर की कृतियों में विद्यमान है और उसकी प्रासंगिकता आज भी बनी हुई है।

**देखें** : आनंद केंटिश कुमारस्वामी, आर्य-अवधारणा, आर्थर लेवेलिन बाशम, एडवर्ड विलियम सईद, काशी प्रसाद जायसवाल, बिपन चंद्र-1 और 2, भारतीय इतिहास-लेखन-1 से 4 तक, दामोदर धर्मानंद कोसम्बी-1 और 2, प्राच्यवाद, रमेश चंद्र दत्त, रमेश चंद्र मजूमदार, रणजीत गुहा, रामकृष्ण गोपाल भण्डारकर, राम शरण शर्मा, रोमिला थापर, वासुदेव शरण अग्रवाल, पांडुरंग वामन काणे, विश्वनाथ काशीनाथ राजवाड़े-1 और 2, सन् 1857 का संघर्ष-1 से 4 तक, सामंतवाद : एक बहस-1 और 2।

## संदर्भ

1. रामविलास शर्मा (सम्पा.) (2005), *समालोचक,* चौथा भाग, अनामिका पब्लिशर्स, नयी दिल्ली.
3. माधव प्रसाद मिश्र (1908), 'देश की बात', *मुखबंध,* मुम्बई, 1908.
4. महादेव प्रसाद साहा (1970), *देशेर कथा,* सम्पादकीय निवेदन, कलकत्ता.
5. सुधीर रंजन सिंह (2009), *हिंदू समुदाय और राष्ट्रवाद,* राजकमल प्रकाशन, नयी दिल्ली, 2009.

**—निर्मल कुमार पाण्डेय**

# सगुण-निर्गुण-1

## रामभक्ति और कृष्णभक्ति का प्रचलन

(Sagun-Nirgun-1)

हिंदी साहित्य में भक्तिकाल तेरहवीं से सोलहवीं सदी तक माना जाता है। इसी अवधि को हिंदी साहित्य के स्वर्ण-युग की संज्ञा भी दी जाती है। इस काल की राजनीतिक-सामाजिक परिस्थितियों और बौद्धिक सार के बारे में बुद्धिजीवियों के बीच विवाद है। विवाद के केंद्र मुख्यत: दो हैं : हिंदू प्रजा और उनके मुसलमान हुक्मरानों के बीच का अंतर्विरोध, और सगुण-निर्गुण द्विभाजन। इस सिलसिले में तीन विचार-पंथ हैं। पहले की नुमाइंदगी करते हैं रामचंद्र शुक्ल और दूसरे के प्रतिनिधि हैं हजारी प्रसाद द्विवेदी। इन दोनों के बीच रामविलास शर्मा की भक्ति-काल को लोक-जागरण बताने वाली थीसिस मौजूद है जिसका प्रतिपादन उन्होंने अपने ढंग से मार्क्सवादी युक्तियों का इस्तेमाल करते हुए किया है।

रामचंद्र शुक्ल ने अपनी रचना *हिंदी साहित्य का इतिहास* में इस दौर को हिंदुओं के लिए निराशा की अवधि क़रार देते हुए कहा कि 'ऐसी दशा में अपनी वीरता के गीत न तो वे गा सकते थे और न बिना लज्जित हुए सुन ही सकते थे। आगे चल कर जब मुसलमान साम्राज्य दूर तक स्थापित हो गया तब परस्पर लड़ने वाले स्वतंत्र राज्य भी नहीं रह गये। इतने सारे राजनीतिक उलट-फेर के पीछे हिंदू जन-समुदाय पर बहुत दिनों तक उदासी छायी रही। अपने पौरुष से हताश जाति के लिए भगवान की शक्ति और करुणा की ओर ध्यान ले जाने के अतिरिक्त दूसरा मार्ग ही क्या था।' इस तर्क को आधार बना कर ही रामचंद्र शुक्ल भक्ति के उदय के कारणों की स्थापना करते हैं कि इसीलिए जनता को एक त्राणकारी की आवश्यकता हुई। उनके अनुसार पूरा भक्तिकालीन इस त्राणकारी की महिमा का कीर्तन, गायन, लीला, अवतार और भक्ति-स्तवन है। हजारी प्रसाद द्विवेदी ने अपनी रचना *हिंदी साहित्य की भूमिका* में रामचंद्र शुक्ल के मत का भुजा उठा कर प्रतिवाद करते हुए कहा कि निराशा हिंदी जाति का स्वभाव नहीं है। यदि इसलाम न आया होता तो भी हमारे साहित्य का 'बारह आने' वही होता जो आज है। हजारी प्रसाद कहते हैं कि देश के भीतर से अनेक परम्पराएँ परस्पर टकराती उभर रही थीं। वज्रयानी, सिद्ध-कापालिक और नाथपंथी, जोगी रमते चले आ रहे थे। आगम-निगम परम्पराओं की टकराहट से इस काल की निर्गुण-सगुण भक्तिधारा में नया चिंतन पैदा हुआ है। रामविलास शर्मा ने भक्तिकाल को लोक-जागरण का नाम दिया है। वे इसे तत्कालीन कुलीनतंत्र के ख़िलाफ़ श्रमिक जातियों और समुदायों की सांस्कृतिक दावेदारियों की अवधि के तौर पर देखते हैं। हिंदी के कई मार्क्सवादी चिंतकों ने भक्तिकाल को सगुण और निर्गुण धाराओं में बाँट कर निर्गुण धारा को सगुण के मुक़ाबले अधिक प्रगतिशील और रैडिकल क़रार दिया है। लेकिन, रामविलास शर्मा भक्तिकाल को सगुण और निर्गुण के द्विभाजन से निकाल कर प्रेममार्ग की स्थापना की अवधि के तौर पर संसाधित करते हैं। उनके लिए यह मूलत: संतकाल है जिसमें नर-नारी, अगड़े-पिछड़े, हिंदू-मुसलमान, सभी जातियों से संत आये और यह स्वर प्रबल हुआ कि प्रेम ही परम पुरुषार्थ है, मनुष्य प्रेम से ही बैकुंठी हुआ है।

प्रश्न यह है कि इस तितरफ़ा बहस के आलोक में भक्तिकाल को देखने की दृष्टि क्या होनी चाहिए? क्या इसे केवल उत्तर भारत या हिंदीभाषी इलाक़े की परिघटना के तौर पर देख कर कोई निष्कर्ष निकालना ठीक होगा? वैसे भी यह एक तथ्य है कि भक्ति का प्रवाह दक्षिण भारत से उत्तर भारत आया और अपने साथ एक नये समाजशास्त्र, धर्मशास्त्र और नैतिकशास्त्र के विकास की सम्भावनाएँ भी लाया। इस अवधि में इसलाम के प्रभाव से कला-संगीत-शिल्प आदि में उल्लेखनीय परिवर्तनों की प्रक्रिया चल रही थी। भक्ति के विचार और आचरण ने इसके साथ मिल कर जन-मानस को नयी दिशा में ले जाने की भूमिका निभायी। कर्म, ज्ञान और भक्ति तीनों परस्परव्यापी हो कर आपस में मिल गयीं जिसका सामाजिक प्रभाव परिवर्तनकारी साबित हुआ। भक्ति को हिंदू-निराशा का काल बताने वाले रामचंद्र शुक्ल भी एक जगह मानते हैं कि 'कालदर्शी भक्त कवि जनता के हृदय को सम्भालने और लीन रखने के लिए दबी हुई भक्ति को जगाने लगे। धीरे-धीरे भक्ति का प्रवाह विस्तृत और प्रबल होता गया, इतना कि उसकी लपेट में न केवल हिंदू जनता ही नहीं सहृदय मुसलमानों में से भी न जाने कितने आ गये। प्रेमस्वरूप ईश्वर को सामने लाकर भक्त कवियों ने हिंदुओं मुसलमानों को मनुष्य के सामान्य रूप में दिखाया और भेदभाव के दृश्यों को पीछे कर दिया।'

भक्ति का पहला उद्घोष ग्यारहवीं सदी में दक्षिण भारत के आचार्यों विशेषकर, वैष्णव आचार्यों के दर्शन और विमर्श के रूप में हुआ। इन आचार्यों ने शंकराचार्य के निर्गुण अद्वैतवाद का खण्डन करते हुए सगुण-साकार की भक्ति की ओर क़दम बढ़ाया। स्वामी रामानुजाचार्य ने श्रीसम्प्रदाय के दर्शन विशिष्टाद्वैत का प्रचार कर सगुण-भक्ति का मार्ग जनसाधारण के लिए खोलने की ऐतिहासिक भूमिका निभायी। रामानुजाचार्य का सूत्रीकरण यह था कि मोक्ष के चार उपाय हैं : कर्मयोग, ज्ञानयोग, भक्तियोग और प्रपत्ति। भक्ति के ज़रिये व्यक्ति अकिंचन और दीन-भाव से भगवान की शरण में जाकर अपने दुखों से मुक्ति प्राप्त कर सकता है।

निस्संदेह रामानुजाचार्य के सगुण-भक्तिवाद के कारण पूरे देश में राम, कृष्ण और शिव की उपासना प्रचलित हुई। श्रीसम्प्रदाय ने विष्णु-नारायण की भक्ति का मार्ग खोल दिया। इस भक्ति-परम्परा में मध्वाचार्य, विष्णुस्वामी, निम्बार्काचार्य, वल्लभाचार्य, स्वामी हरिदास और स्वामी रामानंद का उद्‌भव तरह हुआ। प्रस्थानत्रयी के भाष्यकार इन आचार्यों द्वारा चौदहवीं शताब्दी तक भक्ति को दृढ़ आधार मिल चुका था। इसी चिंतन की दृढ़ नींव पर भक्तिशास्त्र और भक्तिकाव्य का महत्त्व स्थापित हुआ। चैतन्य महाप्रभु के शिष्यों में जीव गोस्वामी और रूप गोस्वामी ने भक्ति संबंधी भ्रांतियों का निराकरण *भक्ति रसामृत सिंध* और *उज्ज्वल नीलमणि* जैसे कालजयी ग्रंथों द्वारा किया। मधुसूदन सरस्वती का भक्ति रसायन भी इसी दौर में आया। लेकिन भक्तिकाल के मेरुदण्ड साबित हुए स्वामी रामानंद जिन्होंने चौदहवीं शताब्दी में भक्ति को 'जातिपाँति बूझै नहि कोई' का नारा देकर सभी के लिए सहज कर दिया। उत्तर भारत में रामानुजाचार्य के इस महान शिष्य ने विशिष्टाद्वैतवाद का प्रचार-प्रसार किया। दिलचस्प बात यह है कि उनके शिष्य कबीर जैसे निर्गुणपंथी संत कवि भी थे, और तुलसीदास जैसे सगुणपंथी संतकवि भी। ब्राह्मण और शूद्र सभी को भक्ति का अधिकार देकर स्वामी रामानंद ने भक्ति के संदर्भ में वर्चस्ववादी, ब्राह्मणवादी, पुराणवादी, सामंतवादी शक्तियों को पीछे धकेल दिया। रामानंद की उपलब्धि यह रही कि भक्ति के सर्वसुलभ हो जाने से उसका विमर्श हर तरह की बौद्धिक चुनौती का सामना करने में सक्षम हो गया। रामानंद के बारह शिष्यों में पीपासेन, धना, रैदास, कबीर बहुत प्रसिद्ध हुए। कृष्णदास पयहरि ने आमेर राजपूताना में रामानंद सम्प्रदाय की गद्दी स्थापित की। इस रामकाव्य-परम्परा को चरम शिखर पर पहुँचाया संत तुलसीदास ने जिन्होंने *रामचरित मानस, कवितावली, विनय पत्रिका* आदि ग्रंथ रचे। उन्होंने भाषा की सभी पद्धतियों में अपनी प्रतिभा का रंग दिखलाया।

सगुणधारा की कृष्णभक्ति शाखा को वल्लभाचार्य ने सींच कर पुष्ट किया। पंद्रहवीं-सोलहवीं सदी में वैष्णव धर्म का जो आंदोलन चला उसके प्रवर्तकों में वल्लभाचार्य का नाम सबसे बड़ा है। वे वेदशास्त्र में पारगंत धुरंधर विद्वान थे। इनका लक्ष्य था शंकर के मायावाद से पीछा छुड़ाना। रामानुज की परम्परा के सभी आचार्यों ने यही लक्ष्य अपनाया है। वल्लभ ने लीला के लिए ब्रह्म को आत्मकृत माना। ब्रह्म का लीला के लिए जगत में आविर्भाव-तिरोभाव होता रहता है। वल्लभ और उनके शिष्यों की मान्यता थी कि पुरुषोत्तम श्रीकृष्ण ही परम ब्रह्म हैं, उनकी सभी लीलाएँ नित्य हैं, गोलोक इस वैकुंठ का एक खण्ड है, इसमें नित्य रूप में यमुना, वृंदावन, निकुंज आदि सब कुछ है। इन्होंने भगवान के केवल 'प्रेम' रूप को लेकर प्रेमलक्षण भक्ति का प्रसार किया। वल्लभ ने पुष्टिजीव, मर्यादाजीव तथा प्रवाहजीव के संसार में पड़े जीवों की चर्चा की है। उनका मार्ग पुष्टिमार्ग कहलाया। *कृष्णाश्रय* नाम के आपने एक प्रकरण ग्रंथ में वल्लभाचार्य ने अपने समय की कलियुगी दशा का वर्णन किया है, जिस पर आज विद्वान भी भारी वाद-विवाद कर रहे हैं। ग्रंथ में कहा गया है कि गंगादि तीर्थ भ्रष्ट हो रहे हैं। ऐसे कठिन समय में *कृष्णाश्रय* ही एकमात्र शरण है। वल्लभाचार्य ने पुष्टिमार्ग से सूफ़ी प्रेम का नया मार्ग सुझाया। उनकी प्रस्थानत्रयी की परम्परा ने विद्वानों को चकित किया। उन्होंने श्रीमद्‌भागवत की सुबोधिनी टीका की। अणुभाष्य को आचार्य विट्ठलनाथ ने पूरा किया। उन्होंने गोवर्धन पर्वत पर श्रीनाथजी का मंदिर भक्त पूरनमल खत्री से बनवाया। उनके शिष्य अपने सुंदर-मधुर संगीत के लिए जाने जाते हैं। उनकी प्रेरणा से सभी सम्प्रदायों के कृष्णभक्तों में ब्रजलीला का चलन हुआ।

इस परम्परा में मुक्तक-पद परम्परा विकसित ही। इस परम्परा की सर्वोच्च ध्वजा का नाम सूरदास है। इसी परम्परा में मीरां और चैतन्य महाप्रभु आये। जयदेव-विद्यापति की परम्परा का उजला रूप यहाँ अष्टछाप कवियों में देखने को मिलता है। इनकी प्रमुख रचनाएँ हैं : सूरदास का *सूरसागर, साहित्य लहरी,* नंददास का *भँवरगीत, रसमंजरी, रूपमंजरी,* शूद्र कृष्णदास का *जुगलमान चरित्र*। कुम्भनदास का ग्रंथ विलुप्त है लेकिन परमानंददास का *परमानंद सागर* मिलता है। इसी परम्परा में चतुर्भुजदास, छीतस्वामी, गोविंदस्वामी, हितहरिवंश, गदाधर भट्ट, स्वामीहरिदास, श्री भट्ट, व्यासजी, रसखान, ध्रुवदास, नरोत्तमदास, नाभादास आदि अनगिनत संत-कवि आते हैं। कृष्ण-भक्ति परम्परा में नागरीदास, अलबेला, अलिनी, चाचाहित, वृंदावनदास, भक्तरसिक आदि तमाम कवि भी हैं। भक्तिकाल की इसी सगुणधारा में छीदन, लालचदास, कृपाराम, नरहरि बंदीजन, आलम, महराज, तांगकवि, मनोहरकवि, बलभद्र मिश्र, जमाल, केशवदास रहिम, कादिर, मुबारक, लालचंद आदि कवि आते हैं।

**देखें** : अष्टछाप, 'अंग्रेज़ी हटाओ' आंदोलन, गजानन माधव मुक्तिबोध-1 और 2, छायावाद, डायग्लॉसिया, नंद दुलारे वाजपेयी, नगेंद्र और सैद्धांतिक समीक्षा, नयी कविता, नामवर सिंह, पाश्चात्य काव्यशास्त्र, प्रेमचंद, प्रयोगवाद, प्रगतिवाद, भक्ति आंदोलन-1 और 2, भक्ति-काव्य-1 और 2, भारतेंदु हरिश्चंद्र, भारतेंदु युग-1 और 2, भाषा नियोजन-1 से 4 तक, भाषा के मार्क्सवादी सिद्धांत, महादेवी वर्मा, महावीर प्रसाद द्विवेदी, मीरांबाई और प्रेमाभक्ति, राहुल सांकृत्यायन, रामानुजाचार्य, रामानंद, रामचंद्र शुक्ल-1 और 2, रामविलास शर्मा, राष्ट्रीय-सांस्कृतिक कविता, रीतिकाल-1 और 2, विजय देव नारायण साही, वैष्णव धर्म, श्याम सुंदर दास, सम्पर्क भाषा-1 से 4 तक, संस्कृत काव्यशास्त्र, संविधान सभा में भाषा-विवाद-1, 2 और 3, संत-काव्य, सिद्ध-नाथ परम्परा, सूफ़ीयत और प्रेमाख्यान, हजारी प्रसाद द्विवेदी, हिंदी विरोधी आंदोलन, हिंदी जाति-1 से 3 तक, हिंदी साहित्य का

*आदिकाल, हिंदी साहित्य का इतिहास,* हिंदी साहित्य का इतिहास : नये प*रिप्रेक्ष्य,* हिंदी-पद्य में इतिहास, हिंदी-जगत और 'लोकप्रिय'-1 और 2, हिंदी नवजागरण, हिंदी-संस्थाएँ।

### संदर्भ

1. रामचंद्र शुक्ल (1940), *हिंदी साहित्य का इतिहास,* नागरी प्रचारिणी सभा, काशी.
2. हजारी प्रसाद द्विवेदी (1941), *हिंदी साहित्य की भूमिका,* राजकमल प्रकाशन, नयी दिल्ली.
3. डॉ. रामविलास शर्मा (1981), *परम्परा का मूल्यांकन,* राजकमल प्रकाशन, नयी दिल्ली.
4. रामविलास शर्मा (1985) *लोकजागरण और हिंदी साहित्य,* वाणी प्रकाशन, दरियागंज, नयी दिल्ली.
5. कृष्णदत्त पालीवाल (2008), *भक्तिकाव्य से साक्षात्कार,* भारतीय ज्ञानपीठ, नयी दिल्ली.

**— कृष्णदत्त पालीवाल**

# सगुण-निर्गुण-2

## सर्वभारतीय परिप्रेक्ष्य और कबीर

(Sagun-Nirgun-2)

रामानुजाचार्य ने शास्त्रीय पद्धति से जिस सगुण-भक्ति का निरूपण किया था, उसकी ओर शिक्षित और अशिक्षित दोनों तरह की जनता खिंच रही थी। इसका परिप्रेक्ष्य सर्वभारतीय था। गुजरात में स्वामी मध्वाचार्य (1254-1333) ने अपना द्वैतवादी वैष्णव सम्प्रदाय चलाया जिसकी ओर बड़ी संख्या में जनता का झुकाव बढ़ा। देश के पूर्वी भाग में जयदेव का कृष्णभक्ति-संगीत गूँजा। इसी स्वर में मिथिला के महान कवि विद्यापति ने अपना स्वर मिलाया। उत्तर भारत में रामानंद ने विष्णु के अवतार राम की उपासना पर ज़ोर दिया और मुख्य तौर से उन्हीं की वजह से हनुमान की पूजा-आराधना प्रचलित हुई। इसी परिवेश-विस्तार में पंद्रहवीं और सोलहवीं सदी में सक्रिय रहे वल्लभाचार्य ने शुद्धाद्वैतवाद और पुष्टिमार्ग के ज़रिये कृष्णभक्ति का योगदान किया। इस प्रकार रामोपासक और कृष्णोपासक भक्तों की परम्पराएँ चलीं।

भक्तिकाव्य के भक्तों ने ब्रह्म के 'सत्' और 'आनंद' स्वरूप का साक्षात्कार राम और कृष्ण के रूप में इस बाह्यजगत के व्यक्त क्षेत्र में किया। रामविलास शर्मा के अनुसार इससे एक ओर तो प्राचीन सगुणोपासना क्षेत्र तैयार हुआ और दूसरी ओर मुसलमानों के आगमन से देश में जो नयी परिस्थिति पैदा हुई थी उसकी दृष्टि से हिंदू-मुसलमान दोनों के लिए एक 'सामान्य भक्तिमार्ग' का विकास भी होने लगा।' इसके विकास में सिद्धों और नाथपंथियों ने भी भाग लिया। वज्रयान के अनुयायी ज़्यादातर निचली जाति के असंतोष-पीड़ित लोग थे। नाथ सम्प्रदाय में शास्त्रज्ञ विद्वानों की जगह नहीं थी। इस सम्प्रदाय के कनफ़टे रमते योगी घट के भीतर चक्रों, सहस्रदलकमल, इला-पिंगला-सुषुम्नादि नाड़ियों की ओर संकेत करने वाली रहस्यमय कहानियाँ सुना कर और करामात दिखाकर अपनी सिद्धियों की धाक जनता में जमाये हुए थे। ये लोग उपदेश-भाव से कहते थे कि वेद-शास्त्र पढ़ना व्यर्थ है, पूजा-अर्चना निरर्थक है। ईश्वर तो प्रत्येक घट के भीतर है और अंतर्मुख साधनाओं से ही वह प्राप्त हो सकता है। उनका यह भी कहना था कि हिंदू-मुसलमान दोनों एक हैं और जात-पाँत का बंधन व्यर्थ है।

महाराष्ट्र के संत-भक्त नामदेव (1328-1408) ने हिंदू-मुसलमान दोनों के लिए भक्ति का सामान्य मार्ग निकालने का प्रयत्न किया। उसके बाद महात्मा कबीरदास ने विशेष तत्परता के साथ व्यवस्थित रूप में यह मार्ग 'निर्गुण पंथ' के नाम से चलाया। हालाँकि नाथपंथी योगी बहुत कुछ कबीर के लिए रास्ता रास्ता साफ़ कर चुके थे, पर कबीर ने भेदभाव को दूर करते हुए अंत:साधना पर बल दिया था। नाथपंथियों की अंत:साधना में हृदयपक्ष शून्य था। इस प्रेमतत्त्व का अभाव कबीर को खटका और उन्होंने प्रेमरस अपनाने पर ज़ोर दिया। कबीर ने एक तरफ़ तो एक निराकार ईश्वर के लिए भारतीय वेदांत का पल्ला पकड़ा, और दूसरी तरफ़ उसी निराकार ईश्वर की भक्ति के लिए सूफ़ियों से प्रेमतत्त्व ले लिया।

ऐसा प्रतीत होता है कि निर्गुण पंथ चलाने के लिए कबीर ने पूरी मानसिक तैयारी की होगी। भक्तिमार्ग शुरू से ही सगुण-सकार-लीला अवतारी ब्रह्म को लेकर चला था। निर्गुण-निराकार ब्रह्म प्रेम का विषय नहीं माना जाता था। रामचंद्र शुक्ल मानते हैं, 'इसमें कोई संदेह नहीं कबीर ने ठीक मौक़े पर जनता के उस बड़े भाग को सँभाला जो नाथपंथियों के प्रभाव से प्रेमभाव और भक्तिरस से शून्य और शुष्क पड़ता जा रहा था। उनके द्वारा यह बहुत ही आवश्यक कार्य हुआ। इसके साथ ही मनुष्यत्व की सामान्य भावना को आगे करके निम्न श्रेणी की जनता में उन्होंने आत्मगौरव का भाव जगाया और उसे भक्ति के ऊँचे से ऊँचे सोपान की ओर बढ़ने के लिए बढ़ावा दिया। उनका निर्गुण पंथ चल निकला जिसमें नानक, दादू, मलूकदास आदि अनेक संत हुए।'

कबीर ने रागात्मक-भक्ति द्वारा अंत:साधना में ज्ञान का योग किया, पर नाथपंथियों वाली कर्मदशा बनी रहने दी। नतीजा यह हुआ कि निर्गुण संतों का ईश्वर प्रेमस्वरूप और ज्ञानस्वरूप ही रहा। वह एक धर्म के रूप में नहीं उभरा। दूसरी तरफ़ वैष्णव भक्तिमार्ग की रामभक्ति शाखा का

विकास होता रहा और उसके साथ-साथ सगुण कृष्णभक्ति की धारा के साथ अनगिनत हिंदू-मुसलमान कवि जुड़ गये।

भक्तिकाल में सगुण तथा निर्गुण की की दो धाराओं का प्रवाह पंद्रहवीं से सत्रहवीं शताब्दी तक पूरी निरंतरता के साथ मिलता है। भक्ति के विकास-काल में हिंदी की पहली विस्तृत रचना कबीर की ही मिलती है। यह निर्गुणधारा दो शाखाओं में विभक्त हुई : ज्ञानश्रयी शाखा और शुद्ध प्रेममार्गी सूफ़ी शाखा। निर्गुण ज्ञानामार्गी शाखा योगसाधना और ब्रह्मज्ञान साधना के साथ सूफ़ी प्रेमतत्त्व को मिलाकर उपासना के क्षेत्र में अग्रसर हुई। इसमें सगुण और मूर्तिपूजा का खण्डन प्रबल रहा। बहुदेवोपासना का खण्डन भी जम कर किया गया और कबीर राम को दाशरथ न मान कर आगे बढ़े। कबीर में विपुल सर्जनात्मक प्रतिभा थी। साथ में खण्डन का आवेग प्रबल था। इस खण्डनात्मक वेग के अनेक कारण थे। वे समाज से तमाम तरह के अपमान झेल कर बड़े हुए थे। कबीर में भक्तिरस कम नहीं है, लेकिन साथ में नारी को बुरा-भला कहने का व्यसन भी है। नारियों को कोई संत इतना बुरा-भला नहीं कहता जितना कबीर कहते है। कबीर के इस पक्ष का समाजशास्त्रीय और मनोवैज्ञानिक अध्ययन अभी तक नहीं हुआ है।

ज्ञानाश्रयी शाखा की निर्गुणधारा में रामानंद की भी व्याप्ति है। कबीर पर रामानंद का प्रभाव बहुत व्यापक और गहरा है। प्राय: इसे कम करके आँका गया है। कबीर में भक्ति के संस्कार बचपन से ही थे और ये संस्कार ही उन्हें पूरी लालसा के साथ स्वामी रामानंद की ओर ले गये। कबीर पंथ में मुसलमान भी आये। कबीर ने प्रसिद्ध सूफ़ी मुसलमान फ़क़ीर शेख़ से दीक्षा ली थी। ये सूफ़ी फ़क़ीर कबीर के गुरु हैं, लेकिन कबीर को जाति-पाँति तोड़क रामानंद का उदार चिंतन अधिक भाया। सच बात तो यह है कि कबीर का 'राम नाम' रामानंद की ही देन है। यह अलग बात है कि 'न हिंदू न मुसलमान' का ज्ञान-चक्र चलाने वाले कबीर ने अपने 'राम' को 'रामानंद' के राम से भिन्न साबित किया। दशरथ-सुत से राम को अलग करके ही वे राम नाम का मर्म जान सके। कबीर ने सूफ़ी-प्रेम दर्शन के ढंग पर उपासना का विषय प्रेम को बनाया। उन्होंने ब्रह्मवाद, सूफ़ीवाद, भावनात्मक रहस्यवाद, हठयोगियों के साधनात्मक रहस्यवाद, प्रपत्तिवाद, अद्वैतवाद, वैष्णवों का अहिंसावाद के मेल-मिलाप से नया पंथ खड़ा किया।

कबीर बानी निर्गुण बानी है, किंतु उसमें सेव्य-सेवक की नवधा भक्ति का छौंक कम नहीं है। भारतीय ज्ञानमार्ग के विभिन्न पक्षों का ज्ञान उन्हें संत-संगति से हुआ। उन्होंने चंद, सूर, नाद, बिंदु, अमृत, गगन, औंधा कुआ आदि हठयोगी शब्दावली का इस्तेमाल किया है। दूसरी तरफ़ हिंसा को लेकर मुसलमानों में फटकारने में कोई ढील नहीं की। पण्डित और मुल्ला दोनों को उन्होंने डाँटा और 'रामरहीम' की एकता का उपदेश दिया। अपनी अनूठी काव्य-प्रतिभा के बल पर वे कथन-भंगिमा में काव्यत्व पैदा करने की शक्ति रखते थे। कबीर की बानी का संग्रह *बीजक* नाम से है, जिसके तीन भाग हैं : साखी, सबद और रमैनी। दिलचस्प बात यह है कि कबीर ने वैष्णवों से अहिंसावाद और प्रपत्तिवाद लिया। इसी से कबीर न तो पूरी तरह भारतीय अद्वैतवादी हैं और न ही एकेश्वरवादी। दोनों का मिला-जुला रूप *बीजक* में मिलता है। कबीर की इस निर्गुण-पंथ परम्परा में धर्मदास, गुरुनानक, दादूदयाल, सुंदरदास, मलूकदास आदि अनन्य संतों की सुदीर्घ परम्परा है। इन संतों में कोई व्यवस्थित दर्शन खोजने से कुछ ख़ास नहीं मिलता, पर इनमें सूफ़ियों का प्रेमतत्त्व प्रबल है।

ज्ञानमार्गियों के अलावा निर्गुण प्रेममार्गी शाखा सूफ़ी कवियों की है, जिनकी प्रेम गाथाएँ साहित्यिकता के ख़ज़ाने से भरी पड़ी है। प्रेममार्गी शाखा के सभी कवियों ने, चाहे मलिक मोहम्मद जायसी हों या मुल्ला दाऊद, सभी ने कल्पित कहानियों के द्वारा प्रेममार्ग की महिमा का महत्त्व समझाया। इन समर्पित साधक कवियों ने लौकिक-प्रेम के बहाने उस 'प्रेमतत्त्व' का आभास दिया जो प्रियतम ईश्वर से मिलाने वाला है। इन प्रेम कहानियों का विषय साधारण है। अर्थात् किसी राजा, राजकुमार का किसी राजकुमारी के अद्‌भुत-अलौकिक सौंदर्य की बात सुनकर उसके प्रेम में पागल होना, घर-बार छोड़ जोगी बन निकल पड़ना, अनेक कष्ट झेलना, प्रेमपंथ से विचलित न होकर अंत में राजकुमारी को प्राप्त करना। यहाँ पर 'प्रेम की पीर' की जो व्यंजना होती है, वह ऐसी व्यापक है कि वहाँ प्रेम इस लोक से परे दिखाई देता है। एक बड़ी बात यह भी है कि इन सूफ़ियों ने भारत में आकर सारी कहानियाँ हिंदू समाज की लीं और थोड़ा-बहुत बदलाव करके उन्हें फंतासी का रूप दे दिया। इन मार्मिक कहानियों में अपूर्व रसमयता है। विरह में मनुष्य के साथ पक्षी-पशु, सारा वनस्पति जगत एक साथ होता है। मानव के घोर दु:ख में वन रोता है, वृक्ष रोते हैं, पंक्षी संदेश देते हैं।

मूल बात यह है कि जायसी का *पद्मावत* हो या मंझन का *मधुमालती,* इन सभी प्रेम-प्रबंधों में हृदय के मर्म को छूने का काव्यात्मक उद्यम किया गया है। परोक्षतया इनके संकेत भी निर्मल और हृदयग्राही हैं। कबीर के रहस्यवाद पर हठयोग और वेदांत की धमक है, लेकिन सूफ़ियों का रहस्यवाद भावनात्मक है जिसमें प्रियतमारूपी परमात्मा की ओर प्रेमी-नायक बढ़ता है। इन सूफ़ियों की प्राय: सभी नायिकाएँ अविवाहिताएँ हैं ताकि कोई सांस्कृतिक विवाद पैदा न हो। राजा ही क्यों न हो, सांस्कृतिक रूप से किसी का भी विवाहित स्त्री से प्रेम करना अनुचित और अनैतिक है। अपना भावनात्मक रहस्यवाद लेकर भारत आये सूफ़ियों ने यहाँ से साधनात्मक रहस्यवाद का प्रभाव योगियों, रासायनिकों और

तांत्रिकों से ग्रहण कर लिया। जायसी ने *पद्मावत* में हठयोग और रसायन की बातें की हैं, लेकिन *पद्मावत* न तो इसलामिक भाष्य है न ही जायसी सूफ़ी इसलाम की पैरोकारी। जायसी का काव्य एशिया में लिखी गयी महाकाव्यात्मक शैली की पहली काव्यात्मक त्रासदी है। कवि-आलोचक विजयदेव नारायण साही ने *जायसी* पुस्तक में लिखा है कि जायसी मात्र सूफ़ी कवि नहीं हैं। अगर सूफ़ी हैं तो कुजात सूफ़ी। उनकी प्रेम-दृष्टि भारतीय साहित्य की बहुत बड़ी उपलब्धि है।

सूफ़ी काव्यधारा की प्रेम गाथाओं में कुतबन की कृति *मृगावती,* मंझन की कृति *मधुमालती,* जायसी की कृतियाँ *पद्मावत, अखरावट, आख़री क़लाम,* उसमान की कृति *चित्रावली,* शेरूपबी *की कृति ज्ञानदीप,* कासिम शाह की कृति *हंस जवाहिर,* नूर मुहम्मद की कृति *इंदिरावती* और *अनुराग बाँसुरी* का महत्त्वपूर्ण स्थान है। सूफ़ीमत के अनुयायी सभी मुसलमान हुए हैं। केवल एक हिंदू सूरदास ने *नल दमयंती* नाम की कहानी लिखी है। इन सूफ़ी कवियों ने भारतीय-अभारतीय परम्पराओं के मेल से एक नये प्रेमपंथ का प्रवर्तन किया। *चतुर्मुकुट* और *यूसुफ़ जुलेखा* भी सूफ़ियों की उल्लेखनीय कृतियाँ हैं।

**देखें :** अष्टछाप, 'अंग्रेज़ी हटाओ' आंदोलन, गजानन माधव मुक्तिबोध-1 और 2, छायावाद, डायग्लॉसिया, नंद दुलारे वाजपेयी, नगेंद्र और सैद्धांतिक समीक्षा, नयी कविता, नामवर सिंह, पाश्चात्य काव्यशास्त्र, प्रेमचंद, प्रयोगवाद, प्रगतिवाद, भक्ति आंदोलन-1 और 2, भक्ति-काव्य-1 और 2, भारतेंदु हरिश्चंद्र, भारतेंदु युग-1 और 2, भाषा नियोजन-1 से 4 तक, भाषा के मार्क्सवादी सिद्धांत, महादेवी वर्मा, महावीर प्रसाद द्विवेदी, मीरांबाई और प्रेमाभक्ति, राहुल सांकृत्यायन, रामानुजाचार्य, रामानंद, रामचंद्र शुक्ल-1 और 2, रामविलास शर्मा, राष्ट्रीय-सांस्कृतिक कविता, रीतिकाल-1 और 2, विजय देव नारायण साही, वैष्णव धर्म, श्याम सुंदर दास, सम्पर्क भाषा-1 से 4 तक, संस्कृत काव्यशास्त्र, संविधान सभा में भाषा-विवाद-1, 2 और 3, संत-काव्य, सिद्ध-नाथ परम्परा, सूफ़ीयत और प्रेमाख्यान, हजारी प्रसाद द्विवेदी, हिंदी विरोधी आंदोलन, हिंदी जाति-1 से 3 तक, हिंदी साहित्य का आदिकाल, हिंदी साहित्य का इतिहास, हिंदी साहित्य का इतिहास : नये परिप्रेक्ष्य, हिंदी-पद्य में इतिहास, हिंदी-जगत और 'लोकप्रिय'-1 और 2, हिंदी नवजागरण, हिंदी-संस्थाएँ।

### संदर्भ

1. रामस्वरूप चतुर्वेदी (1993), *हिंदी साहित्य और संवेदना का विकास,* लोक भारती प्रकाशन, इलाहाबाद.
2. वियोगी हरि (सम्पा.) (2001), *हमारी परम्परा,* सस्ता साहित्य मण्डल, नयी दिल्ली.
3. डॉ. प्रेमशंकर, *भक्तिकाव्य का समाजशास्त्र,* राधाकृष्ण प्रकाशन, नयी दिल्ली.
4. डॉ. भरत सिंह उपाध्याय (2002), *ध्यान और नाम,* सस्ता साहित्य मण्डल, नयी दिल्ली.

**— कृष्णदत्त पालीवाल**

## सच्चिदानंद हीरानंद वात्स्यायन अज्ञेय

(Sachchidanand Hiranand Vatsyayan Agyey)

कवि, उपन्यासकार, निबंधकार, कला-चिंतक, सभ्यता-समीक्षक, पत्रकार और उपनिवेशवाद विरोधी क्रांतिकारी आंदोलन के सेनानी सच्चिदानंद हीरानंद वात्स्यायन अज्ञेय (1911-1987) ने अपने छह दशक लम्बे सृजन-कर्म के दौरान प्रभाव, प्रयोग, प्रगति, परम्परा, आधुनिकता, भारतीयता, स्वाधीनता, भाषा, सम्प्रेषण, लेखक और पाठक जैसे विषयों पर चिंतन करके हिंदी-जगत को समृद्ध किया। हिंदी के किसी आधुनिक लेखक ने नयी अवधारणाओं की प्रतिष्ठा करते हुए इतनी बहसें नहीं उठायीं जितनी अज्ञेय ने। आधुनिकता के बारे में उनकी मान्यता है कि वह एक अनगढ़ चीज़ है, न कि एक सिद्ध स्थिति। वह एक प्रक्रिया है। संस्कारवान होने की क्रिया को उन्होंने आधुनिकता क़रार दिया। संस्कारी हो कर स्थिर हुआ व्यक्ति उनकी निगाह में आधुनिक नहीं है। आधुनिकता की दृष्टि से सबसे पहले हिंदी भाषा पर अज्ञेय ने ही विचार किया। उन्होंने पाया कि हिंदी सदा से आधुनिक रही है। उनकी दृष्टि में सिंधु से लेकर, ब्रह्मपुत्र तक का सारा क्षेत्र हिंदी का है। यह देश भाषाओं और संस्कृतियों के संगमों का देश है, और हिंदी उन संगमों से ही विकसित हुई है। वह संगमों की भाषा है, विद्रोहों की भाषा है। उसी भाषा ने सारे देश में भारतीय संस्कृति और भारतीयता के बोध को बनाये रखा है। अज्ञेय का विचार था कि बांग्ला में आज़ादी की आकांक्षा का उदय ज़रूर हुआ पर इस आकांक्षा का विकास उन्नीसवीं शताब्दी में हिंदी में ही हुआ। इसीलिए हिंदी राष्ट्रीयता के स्वर की वाहिका बन कर स्वाधीनता-संग्राम की भाषा बनी। अज्ञेय के मुताबिक़ इस तरह हिंदी विकासमान संस्कारों और पनपते विद्रोहों की भाषा रही है। वह किसी धर्म, जाति, प्रदेश की साम्प्रदायिक भाषा नहीं रही। हिंदी पत्रकारिता को इस देश के प्रबुद्धजन की अभिव्यक्ति बनाने में तथा साहित्यिक-सांस्कृतिक पत्रकारिता में युग-प्रवर्तन करते हुए अज्ञेय ने कला-भाषा और कला-आलोचना को विकसित-परिष्कृत किया है। *दिनमान* के माध्यम से हिंदी-पत्रकारिता की भाषा को अज्ञेय के सम्पादकत्व में नया भाषा-संस्कार मिला।

अज्ञेय का जन्म 7 मार्च, 1911 को कुशीनगर, उत्तर-प्रदेश के एक उत्खनन-शिविर में हुआ। पिता हीरानंद शास्त्री अपने समय के प्रसिद्ध पुरातत्वविज्ञ और प्राचीन लिपियों के विशेषज्ञ थे। भारत में पुरातत्व की नींव डालने वालों में उनका

सच्चिदानंद हीरानंद वात्स्यायन अज्ञेय (1911-1987)

प्रमुख स्थान है। सच्चिदानंद का मानस बनाने में माँ के बजाय पिता का अंशदान अधिक रहा। शिक्षा का प्रारम्भ घर पर ही संस्कृत-मौखिक परम्परा से हुआ। मौलवी शेख़ सादी से फ़ारसी और अमेरिकी पादरी से अंग्रेज़ी की शिक्षा घर पर ही ली। लाहौर के फारमन्स कॉलेज से बीएससी की परीक्षा देते समय क्रांतिकारियों से सम्पर्क हुआ। उस समय पंजाब में गरम दल के नेता के रूप में लाला लाजपत राय का नाम लोगों की ज़ुबान पर था। उसी समय भगत सिंह के नाम की चर्चा भी ज़ोरों से उठी। सहपाठियों के साथ मिल कर गुप्त कार्य करने के लिए एक दल बना लिया और पर्चे बाँटकर यह प्रचार करने लगे कि क्रांति होनी चाहिए। उन दिनों भगत सिंह को जेल से छुड़ाने की योजना बन रही थी। काम बहुत चुनौती भरा था। इसी सिलसिले में अज्ञेय का परिचय चंद्रशेखर आज़ाद से हुआ और यशपाल के भी सम्पर्क में आये। भगत सिंह को जेल से ट्रक में बाहर ले जाने का कार्य आज़ाद ने अज्ञेय को सौंपा, लेकिन लाहौर में दुर्घटनावश हुए एक बम विस्फोट में भगवती चरण वोहरा की मृत्यु हो गयी जिससे यह योजना खटायी में पड़ गयी। इस दौरान अज्ञेय को छद्म वेश धारण करके भूमिगत जीवन गुज़ारना पड़ा। कभी मुसलमान कारीगर मुहम्मद बख़्श बन कर, कभी इलेक्ट्रीशियन का रूप धारण कर, कभी पेंटर बन कर। अंततः नवम्बर, 1930 में गिरफ़्तार हुए। छह वर्ष तक जेल और नज़रबंदी भोग कर 1936 में छूटे। कुछ दिनों तक आगरा में कृष्णदत्त पालीवाल के पत्र *सैनिक* के सम्पादक मण्डल में रहे। किसान आंदोलन में सक्रियता दिखाई और 1937 में बनारसीदास चतुर्वेदी के पत्र *विशाल भारत* के सम्पादकीय विभाग में काम किया।

1943 में *तार सप्तक* का सम्पादन किया। सात राहों के अन्वेषियों को लेकर सम्पादित किये गये इस संकलन से ही हिंदी साहित्य में नयी बहसों-अवधारणाओं पर विचार शुरू हुआ। इसी दौर में अज्ञेय ने फ़ासीवाद के विरोध में कृष्णचंदर और शिवदान सिंह चौहान के साथ मिलकर अखिल भारतीय फ़ासिस्ट विरोधी सम्मेलन का आयोजन किया। इस सम्मेलन में बहुत से प्रगतिवादी भी शामिल हुए थे। इसी के बाद प्रगतिशील गुट से अलग हो कर वे कुछ दिनों तक आल इण्डिया रेडियो में रहने के बाद अज्ञेय 1943 में ही सैन्य सेवा में चले गये जहाँ उनकी तैनाती कोहिमा के मोर्चे पर हुई। 1946 में सैन्य सेवा से मुक्त हो कर जीवन पूरी तरह से साहित्य को समर्पित कर दिया। कभी मेरठ, कभी इलाहाबाद, कभी दिल्ली को अपना केंद्र बनाया। इलाहाबाद से *प्रतीक* का सम्पादन किया जिसने नये लेखकों-कवियों को मंच किया। साहित्यिक पत्रकारिता के एक नये युग का आरम्भ इसी पत्रिका से हुआ। निर्मल वर्मा ने *अज्ञेय की* पत्रकारिता को उनकी स्वाधीनता संबंधी दृष्टि से जोड़ कर दिखाया है। निर्मल वर्मा के अनुसार आपातकाल में जब हिंदी के प्रतिबद्ध लेखक घुटने टेक रहे थे, उस समय अज्ञेय जय प्रकाश नारायण की पत्रिका *एवरीमैन* का सम्पादन कर रहे थे।

अज्ञेय ने एक अपना साहित्यिक नाम रखा कुट्टिचातन् जो साहित्यकार के रूप में प्रसिद्ध हुआ। इसके अलावा उन्होंने अन्य छद्म नामों से भी लिखा। कुछ व्यक्तिव्यंजक, ललित निबंध कुट्टिचातन् नाम से लिख। कुट्टिचातन् दक्षिण की एक लोक कथा का एक ऐसा चरित्र है कि जिसे भूत कहा जा सकता है। वह कँधे पर सवार हो जाता है, नाच नचाता है, चैन नहीं लेने देता। कुट्टिजात का मतलब होता है छोटी जात का। धीरे-धीरे पाठक अज्ञेय के कुट्टिचातन् नाम से परिचित हो गये।

ज़ेल में रहते हुए अज्ञेय ने अपनी प्रमुख रचना *शेखर : एक जीवनी* का मसविदा तैयार किया। उन्होंने एक साक्षात्कार में कहा है जिस तरह के आरोप मुझ पर लगे थे, उससे यह सम्भावना बनती थी कि काफ़ी बड़ी सज़ा या फाँसी की सज़ा भी हो सकती थी। मैं तब उन्नीस वर्ष का था। उन्नीस वर्ष के जवान के लिए यह सवाल जरूर बनता है कि अगर बीसवाँ वर्ष पूरा होने तक उसको फाँसी हो जाती है तो मेरे जीवन का अस्तित्व क्या है? उस दौरान मैंने इसी प्रश्न को लेकर बहुत कुछ सोचा। एक तरह से *शेखर : एक जीवनी* इसी सवाल का जवाब है।

अज्ञेय के अंतरंग मित्र विद्यानिवास मिश्र के मुताबिक़ रेडियो पर गाँधी का एक वक्तव्य सुन कर उन्होंने आज़ादी पाने के सशस्त्र रास्ते का परित्याग कर दिया। फिर उनकी रचनाओं में भी परिवर्तन आया। इसीलिए *शेखर : एक जीवनी* के दो भाग उन्होंने लिखे पर तीसरा भाग, जिसकी पूरी तैयारी

हो चुकी थी, नहीं लिखा। कुछ विद्वानों का अनुमान है कि अज्ञेय ने तीसरे भाग की पूर्ति में *नदी के द्वीप* जैसा प्रेम-संवेदना का उपन्यास लिखा। उसी भाव से *बारहसिंघा* जैसा प्रयोगात्मक उपन्यास लिखा-लिखवाया। *शेखर* से *नदी के द्वीप* का प्रमुख अंतर यह है कि शेखर में व्यक्तित्व का क्रमशः विकास होता है जबकि *नदी के द्वीप* में व्यक्ति आरम्भ से ही सुगठित चरित्र लेकर आते हैं। इस उपन्यास के बाद अज्ञेय ने 1961 में अस्तित्ववादी मुहावरे का लघुकाय उपन्यास लिखा *अपने-अपने अजनबी,* और फिर दो अपूर्ण उपन्यास *वीनूभगत* और *छाया मेखल* । अज्ञेय 1954 तक कहानी के क्षेत्र में सक्रिय रहे जिससे हिंदी कहानी को नवीन कथ्य और रूप मिला। नयी कहानी आंदोलन के पुष्ट बीज अज्ञेय की कहानियों में मिलते हैं। लेकिन सन् 1954-55 के बाद अज्ञेय ने कहानी लिखना छोड़ दिया। उन्होंने भीतर से अनुभव किया कि कहानी एक क्षण की, एक मनोदशा की, एक स्थिति की वाणी है। जीवन की समग्रता तो उपन्यास और कविता में ही समाती है।

अज्ञेय 1957-58 में जापान भ्रमण के दौरान जापानी साहित्य और कलाओं के सम्पर्क में आये और ज़ेन विचार का का प्रभाव ग्रहण किया। उनकी कृति *अरी ओ करुणा प्रभामय* की कविताओं में जापानी प्रभाव है। ज़ेन-साधना की एकाग्रता में समाधि भाव के समर्पण को आधार बनाकर *असाध्य वीणा* जैसी अपूर्व लम्बी कविता का सृजन किया। साठ के दशक में ही अज्ञेय ने युरोप और अमेरिका की यात्राएँ कीं और इसी समय *आँगन के पार द्वार* काव्य-संग्रह पर उन्हें साहित्य अकादेमी का पुरस्कार मिला।

अज्ञेय के सम्पादन में 21 फ़रवरी, 1965 को *दिनमान* पत्रिका अपने पाठकों के पास पहुँची और हिंदी में सावधि पत्रकारिता के नये युग का सूत्रपात हुआ। *दिनमान* के अंक उत्तरोत्तर नवीन-चिंतन से सम्पन्न होते थे। वैविध्य से भरे जीवन का विस्तृत मानचित्र था *दिनमान*। इस पत्रिका के बारे में कुछ लोगों का कहना था कि यह अमेरिकी पत्रिका *टाइम* के नमूने पर निकलती है, तो कुछ का ख़याल था कि यह *न्यू स्टेट्समैन* की तर्ज़ पर है। इसका जवाब देते हुए अज्ञेय ने लिखा कि दिनमान ऐसी भाषा में ऐसे चिंतन का प्रयत्न करेगा कि उसमें न तो हिंदुस्तान के चिंतन की नासमझ पूजा दिखेगी न हिंदुस्तान की किसी भी भाषा का कम समझ मलीदा।

अज्ञेय ऐसे आधुनिक कवि हैं जो मानते हैं कि काव्य-रचनाकार व्यक्तित्व के अहं का सम्पूर्ण विलयन है। प्राचीन कवियों की महत्ता का रहस्य भी यही है कि वे अहं को विलीन करके लिखते थे। उनके लिए कविता स्वास्थ्य लाभ का साधन नहीं, बल्कि स्वस्थ व्यक्ति की आनंद साधना थी। कवि के रूप में दो तरह के अज्ञेय मिलते हैं। एक पूर्व-अज्ञेय, दूसरा उत्तर-अज्ञेय। पूर्व अज्ञेय की कविताओं पर छायावादी संस्कारों का असर है। इससे वे धीरे-धीरे छूटे और काव्य प्रयोग और नयी राहों के अन्वेषण की आंतरिक लगन प्रदर्शित की। उत्तर-अज्ञेय में बौद्धिकता, जेन-साधना पद्धति का शब्द-संयम और बहिर्मुखी सामाजिकता का उत्कर्ष मिलता है। अंतर्मुखता से छूटकर बहिमुर्खता में आते ही व्यंग्य-वक्रोक्ति में, राजनीति-समाज में, औद्योगिक सभ्यता में उपभोक्तावादी संस्कृति से उत्पन्न अपसंस्कृति, पर्यावरण विनाश की चिंता, भाषा सम्प्रेषण और भारतीयता की ओर अग्रसर दिखाई देते हैं। काव्य के बासीपन को झाड़ कर नये प्रयोगों से, बौद्धिक रुझानों से, जापानी-जर्मन काव्य प्रभावों से हिंदी कविता में एक युग का प्रवर्तन किया। पश्चिम के तमाम प्रभावों को ग्रहण करने पर भी उनकी अपनी भारतीयता और दृष्टि की मौलिकता का क्षय नहीं हुआ।

हिंदी जगत में अज्ञेय की छवि कम्युनिस्ट विरोधी की है। इस पर उनका कहना है, 'कम्युनिस्टों का विरोधी मैं नहीं हुआ। मेरे विरोधी अधिकतर कम्यूनिस्ट हुए तो वे जानें। कम्युनिज़म मुझे पसंद नहीं है, यह ठीक है। राजनीति में वह आततायी सिद्ध हुआ है, दर्शन वह अधूरा और पंगु बनाने वाला है। और भारतीय कम्युनिज़म क़दम-क़दम पर देश विरोधी और परदेश निर्देशित सिद्ध हुआ है। मैं व्यावहारिक राजनीतिक नहीं हूँ, न होना चाहता हूँ पर राजनीति के संबंध में मेरे कोई विचार न हों, ऐसी लाचारी नहीं मानता। जो हैं उन्हें नागरिक के नाते यथासमय व्यक्त भी करता हूँ। पर मैं एक विचार रखता हुआ दूसरे को दूसरा विचार रखने की स्वतंत्रता देने का क़ायल हूँ। इसलिए किसी मतवाद को न मानकर मैं मतवादी कम विरोधी होना ज़रूरी नहीं समझता और उसे कलंकित करना तो बिल्कुल नहीं। कम्युनिस्ट क्योंकि ऐसी स्वतंत्रता को दिमाग़ी एय्याशी समझते हैं और साधन की शुद्धता को महत्त्व नहीं देते या कि व्यावहारिक परिणामवादी होकर सभी फलप्रद साधनों को शुद्ध मानते हैं, इसलिए वे मतवादी का भी विरोध करते हैं और उसे जैसे-तैसे लांछित करने या करवाने को न्याय युद्ध मानते हैं।' परम्परा के साथ अज्ञेय का रिश्ता आलोचनात्मक और सर्जनात्मक रहा। परम्परा को वे टी.एस. एलियट के अर्थ-संकोच से निकालकर अर्थ-विस्तार में ले गये। एलियट परम्परा के नाम पर युरोप की ओर से बोलते हैं, उससे आगे नहीं। पर अज्ञेय परम्परा के नाम पर विश्व भर की ओर से बोलते हैं। उसमें कोई दीवार नहीं उठाते। वे कहते रहे हैं कि जो लोग प्रयोग की निंदा करने के लिए परम्परा की दुहाई देते हैं, वे भूल जाते हैं कि परम्परा कम से कम कवि के लिए कोई ऐसी पोटली बाँधकर अलग रखी हुई चीज़ नहीं है, जिसे वह उठाकर सिर पर लाद ले और चल निकले। परम्परा का कवि के लिए कोई अर्थ नहीं है जब तक वह उसे ठोक-बजा कर, तोड़-मरोड़ कर देख कर आत्मसात् नहीं कर लेता, तब

तक वह इतना गहरा संस्कार नहीं बन जाती कि उसका चेष्टापूर्वक ध्यान रखकर उसका निर्वाह करना आवश्यक न हो जाए। अगर वह कवि की आत्माभिव्यक्ति एक सहज संस्कार के वेष्टन में ही सहज सामने आती है। तभी वह संस्कार देने वाली परम्परा कवि की परम्परा है, नहीं तो वह इतिहास है, शास्त्र है, ज्ञान-भण्डार है जिससे अपरिचित भी रहा जा सकता है।

एक आधुनिक भारतीय रचनाकार के रूप में अज्ञेय ने अपने समय और साहित्य के समक्ष उपस्थित चिंताओं, प्रश्नों, चुनौतियों पर गम्भीरता से विचार-विमर्श किया है। तमाम तरह के विरोधों के विष प्याले को पीकर वह नीलकण्ठ होते गये और कहते रहे, यह संवत्सा कामधेनु मैंने तुम्हें दी है। जीवन कामधेनु के अमृतमय से हमारी परम्परा का नव रूपायन सम्भव बनाया। हमें ध्यान दिलाया किन अर्थ हमारा जितना है, सागर में नहीं, हमारी मछली में है। सभी दिशाओं में सागर जिसको घेरे है। हम उसे नहीं 'वह हमको टेर रहा है। 'ठीक कहा' तीर्थों को तेरी ही तितीर्षा गढ़ती रही है।' उन्होंने प्रार्थना की 'इसे भी पंक्ति को दे दो।' फिर अज्ञेय के मौन में उपनिषदों का चिंतन, बौद्धों का चिंतन, जन-साधकों का चिंतन, ईसाई अस्तित्ववादियों का चिंतन और भारतीय भागवत परम्परा का चिंतन, सभी तीर्थों परम्पराओं का चिंतन समाता गया। उन्होंने इस चिंतन के सहारे ही सिद्ध किया कि बड़ा कवि वाक् सिद्ध होता है और उससे भी बड़ा कवि रस सिद्ध होता है।

एक कवि-उपन्यासकार-कहानीकार के रूप में तो अज्ञेय का प्रदेय अद्वितीय है ही, लेकिन उनके लेखक के अन्य पक्ष भी हमें कम सम्पन्न नहीं बनाते हैं। अज्ञेय ने अपने अनुभवों का निचोड़ चार डायरियों में भर दिया है। इस चिंतन को उन्होंने अंत:प्रक्रियाएँ कहा है। चार डायरियाँ *भवंती, अंतरा, शाश्वती* और *शेषा* में जीवन भर की कमायी है जो हमारे साहित्य चिंतन और साहित्य-लोचन को एक नया आलोक देती है। अज्ञेय के यात्रा-वृत्तांतों, संस्मरणों तथा जर्नल्स के लेखन ने साहित्य के एक क्षेत्र विशेष को बहुत बड़ा अवदान दिया है। उन्होंने भागवत भूमि यात्रा और जन-जनक जानकी यात्रा करके पूरे देश के सांस्कृतिक मन को समझने का प्रयास किया।

साहित्य और पत्रकारिता के साथ अज्ञेय ने अनुवाद-कर्म की सत्ता-महत्ता को भी पहचाना है। स्वयं अपनी कविताओं और उपन्यासों का अनुवाद करने के साथ-साथ देशी-विदेशी विद्वानों के साथ तमाम अनुवाद किये। जैनेंद्र के उपन्यास *त्यागपत्र* का तथा धर्मवीर भारती के *सूरज का सातवाँ घोड़ा* का अंग्रेज़ी अनुवाद किया। अज्ञेय के इस व्यापक अनुवाद-कार्य ने उनकी मानसिकता को दूर तक प्रभावित किया। एक-एक शब्द को लेकर वे जूझे। *त्रिशंकु* निबंध-संग्रह में अज्ञेय ने टी.एस. एलियट के विश्व-प्रसिद्ध निबंध 'ट्रेडीशन ऐंड इण्डिविजुअल टेलेंट' का 'रूढ़ि और मौलिकता' नाम से छायानुवाद करके उन्होंने पाठकों को चकित कर दिया। अज्ञेय ने ट्रेडिशन का अनुवाद परम्परा न करके रूढ़ि किया और कहा रूढ़ि भी गतिशीलता की निष्पत्ति करती है। रूढ़ियाँ जड़ता नहीं है, गतिशील मनोव्यापार हैं जिन के दम पर साहित्य पलता-चलता है।

कविता और कथा-साहित्य की तरह अज्ञेय ने हिंदी निबंध को एक नवीन दिशा दी है। काल चिंतन पर तो हिंदी में पहली बार उन्होंने ही निबंध लेखन किया। अज्ञेय के एक दर्जन से ज़्यादा निबंध संग्रह प्रकाशित हुए। जीवन भर अज्ञेय अपने निबंधों द्वारा स्वाधीनता और स्वाधीन चिंतन की खोज को बनाते रहे। एक रचनाकार-आलोचक की दृष्टि से वे काव्य, कला, इतिहास, आध्यात्मिकता, भाषा, सम्प्रेषण, परम्परा, आधुनिकता, प्रयोग, प्रगति से जुड़े प्रश्नों पर अपने निबंधों में मूल्यांकनपरक विश्लेषण प्रस्तुत करते हैं। वे देश-विदेश की विचारधाराओं, साहित्यक प्रवृत्तियों और आंदोलनों को छान कर हिंदी में लाते रहे और इस तरह हिंदी के नवीन काव्यशास्त्र की नींव रखी। इन चिंतनपरक निबंधों ने नये लेखकों की समस्याओं पर कई कोणों से विचार किया है।

इंटरव्यू या साक्षात्कार को एक विधा के रूप में प्रतिष्ठा दिलाने वालों में अज्ञेय अग्रणी हैं। अज्ञेयजी से इंटरव्यू के पाँच संग्रह मौजूद हैं। अनेक साक्षात्कार पत्र-पत्रिकाओं में बिखरे पड़े हैं।

**देखें :** अरविंद घोष, कन्हैयालाल माणिकलाल मुंशी, क़ाज़ी नज़रुल इसलाम, कुमारन् आशान्, गजानन माधव मुक्तिबोध-1 और 2, गोवर्धन राम त्रिपाठी और गुजराती अस्मिता, जय प्रकाश नारायण, प्रेमचंद, फ़क़ीर मोहन सेनापति और ओडिया अस्मिता, बंकिम चंद्र चट्टोपाध्याय, भारतेंदु हरिश्चंद्र, महादेव गोविंद रानाडे, महावीर प्रसाद द्विवेदी, रवींद्रनाथ ठाकुर, राजा राममोहन राय, रामविलास शर्मा, रामचंद्र शुक्ल, रुक्मिणी देवी अरुंडेल, विनोबा भावे, वल्लत्तोल नारायण मेनन, सुब्रह्मण्य भारती, हजारी प्रसाद द्विवेदी।

## संदर्भ

1. नंदकिशोर आचार्य (सम्पा.) (2001), *अज्ञेय संचयिता,* राजकमल प्रकाशन, नयी दिल्ली.
2. कृष्णदत्त पालीवाल (2012), *अज्ञेय होने का अर्थ,* वाणी प्रकाशन, नयी दिल्ली.
3. अज्ञेय (2009), *कवि कर्म का संकट,* किताबघर, प्रकाशन, नयी दिल्ली.
7. कृष्णदत्त पालीवाल (2012-13), अज्ञेय रचनावली (18 खण्डों में), भारतीय ज्ञानपीठ, नयी दिल्ली.

**— कृष्णदत्त पालीवाल**

# संघवाद

(Federalism)

सत्रहवीं सदी में ब्रिटेन और न्यू इंग्लैण्ड के ईसाई धर्मशास्त्रियों ने ईश्वर और मनुष्य के बीच पवित्र और स्थाई क़िस्म की संघात्मकता कल्पित करते समय लैटिन भाषा के शब्द *फ़ोइडस* (कोवेनांट या प्रतिज्ञापत्र) की मदद से फ़ेडरल शब्द गढ़ा था। उन्नीसवीं सदी के सामाजिक सिद्धांतकारों ने इस पद का इस्तेमाल सामाजिक समझौते की थीसिस से जुड़े कई विचारों के विकास के लिए किया। अपने व्यापकतम अर्थों में फ़ेडरलिज़म का मतलब है लोगों और संस्थाओं को परस्पर सहमति से किसी ख़ास मक़सद के लिए आपस में इस प्रकार जोड़ना कि उनकी निजी अस्मिताओं का किसी भी तरह से क्षय न हो। एक राजनीतिक प्रणाली के रूप में फ़ेडरलिज़म की लोकप्रियता 1787 में संयुक्त राज्य अमेरिका का संविधान पारित होने के बाद बढ़ती चली गयी। अमेरिकी संघवाद के अनुभव ने न केवल स्विट्ज़रलैण्ड, कनाडा और ऑस्ट्रेलिया द्वारा अपनायी गयी संघात्मकता को प्रेरणा दी, बल्कि अगले दो सौ सालों तक उसी के आधार पर संघीय उसूल की रूपरेखा तय होती रही। द्वितीय विश्व-युद्ध के बाद युरोप, एशिया, अफ़्रीका, मध्य-पूर्व और कैरेबियन द्वीप समूह के देशों ने राष्ट्र-निर्माण की युक्ति के रूप में संघवाद अपनाया। संघवाद के ये अनुभव अमेरिकी मानक से अलग तरह के थे। इनकी रोशनी में संघात्मकता पर होने वाले अनुसंधान में विविधता आयी।

संघीय प्रणाली एक केंद्र और उसके साथ जुड़े क्षेत्रों (जिन्हें आम तौर से राज्य या प्रदेश या प्रांत कहा जाता है) परस्पर विन्यास से बनी होती है। इन इकाइयों के बीच साझा शासन और स्व-शासन प्रोत्साहित करते हुए एक-दूसरे के हितों को संतुलित करने की पद्धति पर अमल किया जाता है। यह विधि एक तरफ़ तो राष्ट्र के भीतरी विन्यास में बहुसंख्यकों की मनमानी सीमित करते हुए छोटी इकाइयों के हित-साधन की गारंटी करती है, और दूसरी तरफ़ केंद्र को सुदृढ़ भी करती जाती है। इसके तहत क़िस्म-क़िस्म की राजनीतिक संस्कृतियाँ और अस्मिताएँ प्रभावी और साझा राजनीतिक कार्रवाई करने में समर्थ हो पाती हैं। संघवाद के अमेरिकी विद्वान डेनियल जे. एलाज़ार के अनुसार संघीय सिद्धांत व्यावहारिक रूप ग्रहण करने के लिए कुछ विशेष प्रस्थानबिंदुओं की माँग करता है। उसके तहत संघीय राज्यप्रणाली अपनी ताक़त किसी राष्ट्रीय सरकार से प्राप्त न करे समग्र राष्ट्र में निवेशित प्राधिकार से हासिल करती है। संघीय प्रणाली के तहत काम करने वाली सभी सरकारें, चाहे वे राष्ट्रीय हों या क्षेत्रीय, उन्हीं शक्तियों और अधिकारों का उपभोग कर सकती हैं जिन्हें समान रूप से लागू होने वाले संविधान द्वारा लैस किया गया है।

संघवाद पर आधारित राज्य कई तरह के हो सकते हैं। उनका संघवाद उनकी विशिष्ट ऐतिहासिक परिस्थितियों और राजनीति विकास के रुझानों पर निर्भर करता है। ऐसी संघात्मक प्रणालियाँ भी हैं जिन पर केंद्राभिमुखता हावी रहती है। ऐसे बंदोबस्त के तहत हुए शक्तियों के बँटवारे में केंद्र के पास राज्यों के मुक़ाबले अधिक और ऊँचे महत्त्व के अधिकार होते हैं (फ़ेडरलिज़म विद युनिटरी बाइस)। भारतीय संघवाद के बारे में अक्सर यही कहा जाता है कि उसमें केंद्र की शक्तियाँ राज्यों के मुक़ाबले कहीं अधिक हैं। संघवाद की एक अन्य क़िस्म परस्पर मज़बूत बंधनों में बँधे हुए केंद्र और राज्यों से बनती है (स्ट्रोंगली नेस्टिड फ़ेडरलिज़म)। इसके तहत केंद्र और राज्य न केवल परस्पर सहयोग के साथ सक्रिय रहते हैं, बल्कि केंद्र अपनी ज़िम्मेदारियाँ निभाने के साथ-साथ राज्यों को उनकी ज़िम्मेदारियाँ निभाने में मदद भी करता है। इसी प्रकार आपस में ढीले-ढाले संबंधों से जुड़े हुए राज्य और केंद्र भी एक प्रकार का संघवाद बनाते हैं (वीकली नेस्टिड फ़ेडरलिज़म)। इसके तहत दोनों सरकारें अपने काम अलग-अलग करती हैं और इसके लिए उनमें परस्पर निर्भरता नहीं होती। भारत अगर पहले क़िस्म का संघवाद है तो अमेरिका दूसरे क़िस्म के संघवाद का नमूना है। दोनों क़िस्म के संघवाद टिकाऊ साबित हुए हैं। दोनों में अधिकारों और शक्तियों के बँटवारे की अवधारणात्मक डिज़ाइन भी अलग-अलग है। अमेरिकी संघवाद अपनी घटक-इकाइयों के लिए शक्तियों का जो बंदोबस्त करता है वह पार्थक्य के सिद्धांत पर आधारित है। वहाँ किसी एक इकाई की शक्ति बढ़ने का मतलब है, दूसरे की कम होना। जबकि भारत में यही बंदोबस्त सहयोगात्मकता के उसूल पर टिका हुआ है। यहाँ विभिन्न इकाइयाँ अधिक से अधिक शक्तियाँ हासिल करने के लिए प्रयास कर सकती हैं, और उनके इस प्रयास से प्रणाली को भी नुक़सान नहीं होगा।

एक राजनीतिक प्रणाली के रूप में संघवाद की सफलता और लोकप्रियता ने उसके अंत की भविष्यवाणी को ग़लत साबित किया है। 1939 में हैरल्ड लास्की ने घोषित कर दिया था कि संघवाद का युग अब समाप्त हो चुका है। लेकिन उत्तरी अमेरिका और ऑस्ट्रेलिया में राष्ट्र-निर्माण की प्रक्रिया के दौरान और उसके बाद वि-उपनिवेशीकरण के दौर में संघवाद ख़ासे बड़े आकार की राजनीतिक प्रणालियों की रचना करने के लिए उपयोगी साबित हुआ। इसके अलावा जातीय विविधता से सम्पन्न भौगोलिक क्षेत्रों में तो संघवाद प्रमुख जातीय समूहों के बीच सत्ता के बँटवारे के कारगर उसूल के रूप में संघवाद सुविधाजनक निकला।

उन्नीसवीं सदी के उत्तरार्ध और बीसवीं सदी की शुरुआत में राजनीतिशास्त्र का अनुशासन विकसित होने से पहले संघवाद पर अधिकतर अनुसंधान मानकीय दायरे में होता था। तीस और चालीस के दशक में नयी पीढ़ी के समाजवैज्ञानिकों ने इस विषय में आनुभविक अनुसंधान का दौर शुरू किया। उन्होंने संघात्मक प्रणालियों के कुछ ख़ास लक्षणों को प्रश्नांकित करते हुए पता लगाने की कोशिश की कि संघीय ढाँचा व्यवस्था के अन्य घटकों (विभिन्न हित-समूह और राजनीतिक दल) के कामकाज और विकास पर कैसे प्रभाव डालता है। साठ के दशक तक तुलनात्मक राजनीति के अध्येता और लोक प्रशासन में दिलचस्पी रखने वाले विद्वान भी अपने-अपने दृष्टिकोणों से संघवाद का अध्ययन करने लगे। इन लोगों ने संयुक्त राज्य अमेरिका, कनाडा, ऑस्ट्रेलिया और स्विट्ज़रलैण्ड की संघीय प्रणालियों की बारीक़ी से छानबीन की। साथ में द्वितीय विश्व-युद्ध के बाद विकासशील देशों में हुए संघवाद के प्रयोग पर भी निगाह डाली गयी। सत्तर के दशक से संघवाद के अध्येताओं ने इस प्रणाली को शासन के विभिन्न स्तरों के बीच गतिशील अन्योन्यक्रिया के संदर्भ में समझना शुरू किया। इसके बात अर्थशास्त्री, सार्वजनिक वित्त के विशेषज्ञ और अन्य राजनीतिशास्त्री संघवाद में विशेष दिलचस्पी लेने लगे। उन्होंने देखा कि संघीय प्रणाली के तहत काम करने वाली सरकारें अपने मौजूदा बंदोबस्त को सुधारने के लिए लगातार कमेटियाँ और आयोगों की नियुक्ति करती रहती हैं। बीसवीं सदी के आख़िरी दो दशकों में संघवाद से संबंधित अनुसंधान में और भी गहराई आयी है।

विद्वानों ने यह देखने की कोशिश भी की है कि संघीय प्रणाली स्वीकार करने के पीछे क्या कारण हो सकते हैं। भारत, पाकिस्तान, मलाया और मलेशिया, नाइजीरिया, रोडेशिया और न्यासालैण्ड और वेस्टइण्डीज में हुए छह संघीय प्रयोगों का अध्ययन करके नतीजा निकाला गया है कि इन सभी में दो कारण समान हैं। पहला, ये सभी समाज किसी न किसी हद तक विविधतामूलक थे और क्षेत्रीय आधार पर स्वायत्तता की माँगे की जा रही थीं। दूसरा, इन सभी समाजों की राजनीति के एक सिरे पर कुछ निश्चित उद्देश्यों से एकजुट होने की ज़बरदस्त इच्छा काम कर रही थी, और दूसरे सिरे पर अलग-अलग जीवन-शैलियों और हितों की हिफ़ाज़त के लिए स्वायत्त क्षेत्रीय सरकारों के गठन की गहरी कामना भी अपना असर डाल रही थी। अर्थात् एक तरफ़ विभाजित होने प्रवृत्ति थी, और दूसरी ओर भू-क्षेत्रीय एकीकरण की। इन दोनों पहलुओं को एक ही धरातल पर लाने का समीकरण केवल संघीय पद्धति के माध्यम से ही सम्भव हो सकता था।

1988 में इंटरनैशनल पॉलिटिकल साइंस एसोसिएशन की कम्परेटिव फ़ेडरल रिसर्च कमेटी द्वारा किये गये तुलनात्मक अध्ययन से पता चला है कि अधिकतर संघीय प्रणालियों में विधायी शक्तियों के केंद्रीकरण की प्रवृत्ति बढ़ती जा रही है। विकेंद्रीकरण पर ज़ोर देने वाली प्रणालियों की संख्या ख़त्म नहीं हुई है, पर बहुत कम ज़रूर हो गयी है। राजनीतिशास्त्र में इस परिघटना की व्याख्या मुख्य तौर से दो तर्कों के तहत की गयी है : पहला तर्क मानता है कि जटिल संरचना वाले सभी समाजों में केंद्रीय (संघीय) सरकार और क्षेत्रीय सरकारें काफ़ी हद तक परस्पर निर्भर होती हैं। उनमें से अगर कोई साँस भी लेता है तो दूसरे पर उसका असर पड़ना लाज़मी है। ऐसे हालात में केंद्रीय सरकार स्वाभाविक रूप से नियंत्रक की स्थिति में आ जाती है। प्रणाली के विभिन्न स्तरों पर राजकोषीय संसाधनों का बँटवारा भी तय करता है कि केंद्र और क्षेत्रों के बीच किस तरह के संबंध होंगे। दूसरा तर्क समाज की संरचना पर ध्यान देने का पैरोकार है : समाज किन हितों से मिल कर बना है, उनकी विविधता और भौगोलिक वितरण किस क़िस्म का है। समाज की यह बनावट ही तय करती है कि संघीय प्रणाली का रुझान केंद्रीकरण की तरफ़ होगा या विकेंद्रीकरण की ओर।

**देखें** : अधिकार, अधिकार : सैद्धांतिक यात्रा, अरस्तू, अफ़लातून, अनुदारतावाद, अराजकतावाद, अन्य-अन्यीकरण, उदारतावाद, उपयोगितावाद, ऐडमण्ड बर्क, क्रांति, ज्याँ ज़ाक रूसो, जॉन लॉक, जेरेमी बेंथम, जॉन स्टुअर्ट मिल, जॉन रॉल्स, थॉमस हॉब्स, थॉमस पेन, न्याय, न्याय : नारीवादी आलोचना, न्याय : रॉल्स का सिद्धांत, राजनीति में व्यक्ति की भूमिका, नागरिकता, नागरिकता : अन्य परिप्रेक्ष्य-1 और 2, नागर समाज, पनोप्टिकॉन, प्रतिनिधित्व, प्रगति, प्रगति : आलोचनात्मक परिप्रेक्ष्य, प्रशासन, फ़ासीवाद, फ्रेड्रिख़ वॉन हायक, बहुसंस्कृतिवाद, बहुसंख्यकवाद, बहुसंख्यक-अल्पसंख्यक, बुद्धिवाद, माइकेल जोसेफ़ ओकशॉट, माइकिल वाल्ज़र, मिशेल पॉल फ़ूको-1 और 2, यूटोपिया, राजनीतिक और राजनीति, राजनीतिक दर्शन के नारीवादी आयाम-1 और 2, राजनीतिक मनोविज्ञान, राजनीतिक समाजशास्त्र, राज्य-1 और 2, रॉबर्ट नॉज़िक, राज्य-1 और 2, राष्ट्र-राज्य, राष्ट्र : सांस्कृतिक या राजनीतिक, राष्ट्रवाद, राष्ट्रवाद का इतिहास, लोकतंत्र, लोकतंत्र की आलोचनाएँ, व्यक्तिवाद, व्यवहारवाद, विल किमलिका, वितरणमूलक न्याय, विदेशी-द्वेष, वैधता, वैधता का संकट, सविनय अवज्ञा, स्मृति की राजनीति, स्वतंत्रता, स्वतंत्रतावाद, स्वजातिवाद, स्वच्छंदतावाद, सर्वसत्तावाद, सम्प्रभुता, समाजवाद, सरकारियत, संविधानवाद, सामाजिक समझौता, हेनरी डेविड थोरो।

## संदर्भ


1. आर.एल. वाट्स (1966), *न्यू फ़ेडरेशंस : एक्सपेरीमेंट्स इन द कॉमनवेल्थ,* क्लैरेंडन प्रेस, ऑक्सफ़र्ड.
2. सी.एल. जॉन-ब्राउन (सम्पा.) (1988), *सेंट्रलाइज़िंग ऐंड डिसेंट्रलाइज़िंग ट्रेंड्स इन फ़ेडरल स्टेट्स,* युनिवर्सिटी प्रेस ऑफ़ अमेरिका, लैनहैम.
3. सी.जे. फ्रीड्रिश (1968), ट्रेंड्स ऑफ़ फ़ेडरलिज़म इन थियरी ऐंड प्रेक्टिस, प्रैजर, न्यूयॉर्क.
4. एलिस जैकब (1992), 'इंस्टीट्युशनल डायमेंशन ऑफ़

इंटरगवर्नमेंटल कोआपरेशन', निर्मल मुखर्जी और बलवीर अरोड़ा (सम्पा.), *फ़ेडरलिज़्म इन इण्डिया : ओरिजिंस ऐंड डिवेलपमेंट*, विकास पब्लिशिंग हाउस, नयी दिल्ली.

— **अभय कुमार दुबे**

# संचार

(Communication)

संचार का सीधा सा मतलब है दो या दो से अधिक कर्त्ताओं के बीच सूचनाओं और संवादों का आदान-प्रदान। संचार को सफल बनाने के लिए ज़रूरी है कि दोनों पक्ष आपस में भेजे गये संदेशों और संकेतों को पहचानने और समझने की क्षमता से लैस हों। विज्ञान और प्रौद्योगिकी की मदद से यह परस्पर विनिमय उत्तरोत्तर सहज और सुगम होता जा रहा है। मानवीय इतिहास की किसी भी अवधि के मुक़ाबले आज संचार में कहीं कम समय लगता है और एक सिरे से भेजा जाने वाला संदेश अपनी क्वालिटी में आयी किसी भी गिरावट के बिना इच्छित प्राप्तकर्त्ता के पास पहुँच जाता है। लेकिन, संचार केवल विज्ञान और प्रौद्योगिकी के दायरे की ही परिघटना नहीं है। यह मनुष्यों और मनुष्यों के बीच, मानवों और ग़ैर-मानवों के बीच, समुदायों और समुदायों के बीच, संगठनों और संस्थाओं बीच सम्पर्क और संवाद की शर्त है। इसके साथ कला, साहित्य, संस्कृति, मीडिया और प्रोपेगंडे की धारणाएँ जुड़ी हुई हैं। समाज-विज्ञान ने इस विषय में गहन चिंतन किया है जिसके परिणामस्वरूप विभिन्न अनुशासनों के तहत संचार संबंधी कई सिद्धांत सामने आये हैं। संचार पर मानकीय शोध भी किया गया है, और आनुभविक भी। युरोप में संरचनागत भाषाशास्त्र और रूसी रूपवाद ने, अमेरिका में तुलनात्मक भाषाशास्त्र ने, अमेरिकी समाज-विज्ञान द्वारा स्थापित आनुभविक अनुसंधान की परम्पराओं ने, मीडिया की ग्लोबल संस्थाओं ने और कनाडा में साहित्य-इतिहास के क्षेत्र में काम करने वाले विद्वानों ने इस क्षेत्र में विशेष योगदान किया है। बीसवीं सदी के मध्य में संचार संबंधी अध्ययन ने एक प्रमुख अनुशासन के रूप में उभरने की कोशिश की थी। यह अलग बात है कि अलग-अलग किये गये इन तमाम महत्त्वपूर्ण और उल्लेखनीय प्रयासों के बावजूद आज संचार-अध्ययन का कोई सुपरिभाषित अनुशासन मौजूद नहीं है।

आधुनिक युग में संचार संबंधी प्रौद्योगिक चिंतन की शुरुआत 1948 में प्रकाशित क्लॉड शैनन की गणितीय रचना *द मैथेमेटिकल थियरी ऑफ़ कम्युनिकेशन* से मानी जाती है। शैनन बैल टेलिफ़ोन कम्पनी में काम करते थे। शैनन के लिए संचार एक इंजीनियरिंग संबंधी प्रश्न है, न कि समाजशास्त्रीय। इस लेख की केंद्रीय जिज्ञासा यह है कि कोई भी संचार-प्रणाली किसी सूचना-संदेश को कैसे संसाधित करती है। आज की भाषा में इसी बात को यूँ भी कहा जा सकता है कि एक मोबाइल फ़ोन वह टेक्स्ट मैसेज कैसे भेज देता है जिसकी जानकारी उस फ़ोन की डिज़ाइन बनाने वाले इंजीनियर को पहले से नहीं थी। शैनन के पास इसका जवाब यह था कि कुछ पूर्व-परिभाषित चरों (वेरिएबिल्स) के माध्यम से वह संदेश बनता और स्थानांतरित होता है। इस तरह शैनन संचार को एक अर्थ-विषयक (सीमेंटिक) समस्या के रूप में न देख कर एक सांख्यकीय सम्भावना की तरह पेश करते हैं। उनका बुनियादी विचार यह है कि उत्पादन और प्रसारण की एक निश्चित दर के आधार पर एक निश्चित मात्रा में सूचना उस समय पैदा होती है जब किसी संदेश के माध्यम से पूर्व-परिभाषित चरों में से कुछ का चयन किया जाता है। संदेश जारी करने वाली प्रणाली जितनी जटिल होगी, वह अपने प्रयोगकर्त्ता को उतनी ही ज़्यादा संख्या में पूर्व-परिभाषित चरों में से चुनाव करने का मौक़ा देगी। चयन का अवसर जितना बड़ा होगा, प्रणाली उतनी बढ़ी हुई दर से सूचना का उत्पादन और प्रसारण कर पायेगी। शैनन के अनुसार ऐसी किसी भी प्रणाली के पाँच बुनियादी घटक होते हैं : सूचना का स्रोत (मनुष्य या मशीन), ट्रांसमीटर (संदेश को कोड्स में बदल कर सिगनल बनाना), चैनल (माध्यम जिससे सिगनल प्रसारित होगा), रिसीवर (जो कोड्स को डिकोड करेगा) और डेस्टिनेशन यानी सूचना की मंज़िल। सूचना भेजने की इस प्रक्रिया में शोर-गुल या कोलाहल की दख़लंदाज़ी से वह विकृति का शिकार हो सकती है। यहीं रिसीवर की अहमियत पैदा होती है जो प्राप्त कोड्स (चाहे वे टेलिफ़ोनी के ध्वन्यात्मक कोड हों या डॉट-डैश सरीखे वायरलैस कोड हों) को डिकोड करके मंजिल तक पहुँचाता है।

समाजशास्त्र के विद्वानों ने समुदाय और संचार के बीच व्युत्पत्तिमूलक संबंध देखने पर ज़ोर दिया है। इस दृष्टि के पीछे अरस्तू द्वारा प्रतिपादित विचार है कि राज्य की संस्था एक ऐसा समुदाय है जिसके भीतर विविध परिप्रेक्ष्य काम करते हैं। संचार के माध्यम से उन परिप्रेक्ष्यों के बीच संवाद क़ायम रहता है और वे एकजुट रह पाते हैं। अरस्तू के इसी विचार से यह निष्कर्ष निकलता है कि किसी समुदाय का राजनीतिक और नैतिक मूल्य उसके भीतर सम्भव होने वाले संचार के आधार पर ही तय होता है। विज्ञान के दार्शनिक चार्ल्स सेंडर्स पर्स ने इसी तर्ज़ पर एक आदर्श वैज्ञानिक समुदाय की कल्पना की है जिसके हर भागीदार के बीच खुला और मुक्त संचार होगा। इस कल्पनाशीलता के परिणामस्वरूप ही यह धारणा

बनी कि खुला संचार उत्तम विज्ञान की पूर्व-शर्त है।

एक सम्पूर्ण और त्रुटिहीन संचार के निरूपण के लिए युरगन हैबरमास ने 'आदर्श अभिव्यक्ति की परिस्थिति' संकल्पित की है। हैबरमास के मुताबिक़ आदर्श अभिव्यक्ति की परिस्थिति केवल तभी हो सकती है जब सभी संबंधित व्यक्ति पूरी गम्भीरता और निष्ठा के साथ, तथ्यात्मक ईमानदारी बरतते हुए और अपने कहे के प्रति नैतिक ज़िम्मेदारी का भाव रखते हुए एक-दूसरे को प्रश्नांकित कर सकें। ज़ाहिर है कि हक़ीक़त में ऐसी आदर्श परिस्थिति कभी नहीं मिलती। राजनीतिक और विचारधारात्मक संरचनाएँ अभिव्यक्ति को हमेशा विकृत करती रहती हैं जिसके कारण कुछ समूहों और व्यक्तियों की संचार-प्रक्रिया में भागीदारी बाधित हो जाती है।

मनुष्यों और मनुष्यों के बीच और एक हद तक ग़ैर-मानवों के बीच संचार के प्रश्न में भाषाशास्त्रियों के हस्तक्षेप ने संचार संबंधी अध्ययनों को काफ़ी समृद्ध किया है। युरोपीय संरचनागत भाषाशास्त्र और रूसी रूपवाद के पैरोकारों की मान्यता है कि सभी मानवीय भाषाओं के आधार में कुछ बुनियादी संरचनाएँ होती हैं। इसी मान्यता के तहत स्विस भाषाशास्त्री सॅस्यूर ने कोशिश की थी कि किसी एक भाषा के दायरे में शिनाख़्त करने के बजाय ऐसे सूचक तत्त्वों के आपसी संयोग को एक सामान्य सिद्धांत के तौर पर प्रतिपादित किया जाए। इस भाषा संबंधी नज़रिये के आधार पर अन्य 'सूचक प्रणालियों' को पहचानने और समझने की भी कोशिशें की गयीं। रूसी रूपवादियों ने इसे साहित्य की कृतियों, लोकगाथाओं, कथानक आधारित सिनेमा और परिणामस्वरूप संस्कृति के समग्र जगत पर लागू करने का प्रयास भी किया।

भाषाई संचार की मुश्तरका संरचनाओं के बारे में जब युरोप यह चिंतन कर रहा था, उसी समय अमेरिका में फले-फूले तुलनात्मक भाषाशास्त्र ने बेंजामिन ली वोर्फ और ऐडमण्ड सैपिर के प्रभाव में 'भाषाई सापेक्षता' के विचार का प्रतिपादन किया। इन लोगों की मान्यता थी कि मनुष्य का बोध भाषा के हाथों संगठित होता है और विभिन्न भाषाएँ इस बोध का विन्यास भिन्न-भिन्न ढंग से करती हैं। इस विचार का परिणाम इस मान्यता में निकला कि संचार प्रणालियों के हाथों दुनिया जिस तरह से व्यवस्थित हुई है उसी तरह के आईने में देख कर यथार्थ की समझ बनती है। संस्कृतियाँ भिन्न हैं, भाषाएँ भिन्न हैं। इसलिए संचार अलग-अलग तरह से संस्कृतियों के जगत को विन्यस्त करता है इसलिए परिणामस्वरूप अलग-अलग तरह के यथार्थों का सृजन होता है।

संरचनागत मानवशास्त्र के फ़्रांसीसी विद्वान क्लॉद लेवी-स्ट्रॉस ने संचार की अवधारणा को संस्कृति के दो अन्य बुनियादी पहलुओं से जोड़ा है। वे कहते हैं कि संस्कृतियों में विवाह, स्त्री और धन की परिघटना पर ग़ौर करके संकेतों और सूचकों की ऐसी अभिव्यक्ति पहचानी जा सकती है जिनके आधार पर मानवीय मस्तिष्क की कुछ सार्वभौम संरचनाओं का पता लगाया जा सकता है।

संचार पर हुआ आनुभविक चिंतन अमेरिकी समाज-विज्ञान की देन है। इसका संबंध मास-सोसाइटी की धारणा से है। इसका प्रस्थान बिंदु यह जानने की कोशिश थी कि मास-सोसाइटी के विभिन्न घटक आपस में संचार कैसे स्थापित करते हैं। एक तरफ़ तो यह समझ थी कि मास-सोसाइटी ऐसे लोगों के समूहों से बनी है जो एक-दूसरे से अपरिचित होने के साथ-साथ राजनीतिक और व्यावसायिक अभिजन से भी अपरिचित हैं। लेकिन दूसरी तरफ़ यह मान्यता भी थी कि मास-सोसाइटी की रचना संवैधानिक रूप से सम्प्रभु नागरिकों और व्यावसायिक रूप से सम्प्रभु उपभोक्ताओं ने मिल कर की है। इस विरोधाभासी स्थिति में संचार की धारणा और भी महत्त्वपूर्ण हो कर उभरी। आनुभविक पैटर्न पर अनुसंधान करने वालों ने विज्ञापन, पत्रकारिता, जन-सम्पर्क और राजनीतिक प्रोपेगंडे को अपनी शोध परियोजनाओं का केंद्र बनाया। मनोरंजन-उद्योग द्वारा डाले गये प्रभाव पर इस लिहाज़ से ग़ौर किया गया कि 'मासेज़' की दिलजोई के लिए जो कार्यक्रम बनाये जाते हैं उसका असर उस व्यक्ति पर क्या पड़ता है जिसकी अस्मिता अनजानी है पर जिसे अपने-आप में एक सम्प्रभु शख़्स भी माना जाता है।

द्वितीय विश्व-युद्ध के बाद अमेरिकी, जापान और युरोप में आये आर्थिक उछाल को टिकाये रखने के लिए ज़रूरी था कि उपभोक्ताओं के आशावाद और रुझानों का पता लगा कर उसके आधार पर कुछ सामान्यीकृत क़िस्म के सिद्धांत गढ़े जाएँ जिससे व्यावसायिक क्षेत्र की मदद हो सके। इसी दृष्टि से खोले गये यूएस स्कूल ऑफ़ कम्युनिकेशन ने मीडिया, जन-सम्पर्क, विज्ञापन और पत्रकारिता को भी अपने पाठ्यक्रम और रिसर्च-एजेंडे में शामिल किया। दूसरी तरफ़ कनाडा के साहित्य-इतिहासकार मार्शल मेकलुहन ने भी संज्ञानात्मक मनोविज्ञान और हैरल्ड इनेस के संचार-दर्शन की मदद से मीडिया, विज्ञापन और टेलिविज़न के बारे में कई बेहतरीन और मौलिक सूत्रीकरण किये जिनसे न केवल संचार विषयक अध्ययनों को नयी विचारणीय सामग्री मिली, बल्कि व्यावसायिक क्षेत्र ने भी मैकलुहन की बातों से काफ़ी-कुछ सीखा।

**देखें** : अभिलेखागार, आख्यान, इंटरएक्टिविटी-प्रौद्योगिकीय विमर्श, इंटरएक्टिविटी-सामाजिक विमर्श, इंटरफ़ेस, एक्टर-नेटवर्क थियरी, डिजिटल डिवायड, दिन-प्रति दिन के अभिलेखागार, नया मीडिया, नेटवर्क, नेटवर्क सोसाइटी, प्रेस की स्वतंत्रता, प्रोपेगंडा, बाज़ारू संस्कृति, भारत में संचार-क्रांति, भारतीय मीडिया-1, 2 और 3, भारतीय मीडिया स्फ़ेयर, मास मीडिया, मीडिया और राज्य, मीडिया

और राजनीति, मीडिया और भारतीय राजनीति, मीडिया-पक्षपात, मीडिया-अध्ययन, संचार-क्रांति, स्मृति और अभिलेखागार, सोशल नेटवर्क विश्लेषण, सूचना, सूचना-समाज, वैकल्पिक मीडिया।

### संदर्भ

1. युरगन हैबरमास (1970), 'ऑन सिस्टमैटिकली डिस्टॉर्टिड कम्युनिकेशन' और 'टुवर्ड्स अ थियरी ऑफ़ कम्युनिकेटिव काम्पिटेंस', *इनक्वारी*, 13.
2. रेमण्ड विलियम्स (1962), *कम्युनिकेशंस,* पेंगइन, हारमंड्सवर्थ.
3. वी.एल. लीमोर (1972), *हिडिन मिथ : स्ट्रक्चर ऐंड सिम्बोलिज़्म इन एडवर्टाइज़िंग,* हाइनमान, लंदन.
4. एच.एम. एनज़ेंसबर्गर (1974), द *कांशसनेस इंडस्ट्री,* सीबरी प्रेस, न्यूयॉर्क.
5. क्लॉड शैनन और वारेन वीवर (1949), द *मैथेमेटिकल थियरी ऑफ़ कम्युनिकेशन,* युनिवर्सिटी ऑफ़ इलिनॉय प्रेस, अरबाना.

**— अभय कुमार दुबे**

# संत ऑगस्तीन

(Saint Augustine)

राज्य की संस्था और ईसाइयत के बीच संबंधों को दार्शनिक और संस्थागत ढाँचा प्रदान करने का श्रेय धर्मशास्त्री और राजनीतिक दर्शन के महारथी संत ऑगस्तीन ऑफ़ हिप्पो (345-430) को जाता है। उनकी महान रचना *सिटी ऑफ़ गॉड* में मनुष्य की नियति, संकल्प और राज्य के प्रति उसके कर्त्तव्य की व्याख्या करने वाले सूत्र पेश किये गये हैं। ऑगस्तीन का यह चिंतन मध्य युग में क़रीब आठ सौ साल तक ईसाई समाजों के राजनीतिक जीवन को गहराई से प्रभावित करता रहा। आगे चल कर सेकुलर-राज्य के राजनीतिक-सैद्धांतिक आधार की रचना में भी ऑगस्तीन के सूत्रीकरणों ने महत्त्वपूर्ण भूमिका निभायी। धर्म-प्रचारक होने के बावजूद ऑगस्तीन ने कभी धर्मतंत्रीय राज्य की वकालत नहीं की। उनकी मान्यता थी कि ईसाई पुरोहितों को सुशासन देने वाली सरकार के साथ कंधे से कंधा मिला कर काम करना चाहिए ताकि अपनी भ्रष्ट प्रकृति के कारण पतन के लिए अभिशप्त मनुष्य की गिरावट को रोका जा सके। आदम द्वारा किये गये ऑरिजिनल सिन (मूल-पाप) के ईसाई दृष्टांत के आधार पर ऑगस्तीन ने निष्कर्ष निकाला कि काम-वासना के अधीन हो कर मनुष्य ग़लत चुनाव करने पर मजबूर हो जाता है। इसलिए व्यवस्था और नागरिक शांति रखने के लिए उसे सरकार की ज़रूरत पड़ती है। ऑगस्तीन द्वारा स्वलिखित अपने शुरुआती जीवन की कथा *कनफ़ेशंस* ने दुनिया की जिन महान हस्तियों को प्रभावित किया है, उनमें गाँधी का नाम भी शामिल है।

ऑगस्तीन का जन्म उत्तरी अफ़्रीका के उस इलाक़े में हुआ था जिसे आज अल्जीरिया कहा जाता है। उनकी माँ ईसाई थीं, लेकिन बचपन में ख़ुद उन्हें ईसाई धर्म नहीं भाया। युवक ऑगस्तीन को दर्शनशास्त्र पसंद था। उन्होंने सिसेरो का अध्ययन करके राजनीतिक सिद्धांतों का ज्ञान प्राप्त किया और प्लोटिनस को पढ़ कर अफ़लातून के दर्शन की जानकारी हासिल की। 384 में वे मिलान के एक विद्यालय में अलंकारशास्त्र के अध्यापक बन गये। इसी शहर में उनका सम्पर्क संत एम्ब्रोस से हुआ जिनके प्रभाव में उनकी ईसाइयत की तरफ़ वापिसी हुई। अपने आत्मकथ्य *कनफ़ेशंस* में उन्होंने अपने इस ऊहापोह का अनूठा वर्णन किया है। 391 में वे पादरी बने और पाँच साल बाद अल्जीरिया लौट कर हिप्पो के बिशप का कार्यभार सँभाला। इसके बाद ऑगस्तीन का बाक़ी जीवन उत्तरी अफ़्रीका के इसी क्षेत्र में गुज़रा।

ऑगस्तीन ने *सिटी ऑफ़ गॉड* का लेखन 413 और 425 के बीच पूरा किया। जिस समय वे अपनी उम्र के तीसरे दशक से गुज़र रहे थे, उसी दौरान 380 के दशक में सम्राट कांस्तेताइन ने ईसाइयत को अधिकारिक रोमन धर्म का दर्जा दे कर ईसाइयों के सरकारी दमन का अंत कर दिया। राज्य के समर्थन से चर्च संस्थागत रूप लेने लगा। ईसाई बिशप के रूप में ऑगस्तीन उत्तरी अफ़्रीका के जिस इलाक़े में सक्रिय थे (आज का अल्जीरिया), वहाँ का चर्च क़ानूनी और राजनीतिक गतिविधियों में लिप्त था। कई तरह की सैद्धांतिक बहसें हो रही थीं। ऑगस्तीन ने इन धर्मशास्त्रीय और राजनीतिक विवादों में हिस्सा लेते हुए विपुल लेखन किया और ईसाई राजनीतिक सिद्धांतशास्त्र के प्रमुख शिल्पी के रूप में उभरे। उनकी शुरुआती शिक्षा अलंकारशास्त्र (रेटरिक) में हुई थी, इसलिए उनकी रचनाएँ कल्पनाप्रवण और प्रभावशाली साबित हुईं।

बर्बरों की फ़ौजों ने 410 में अपने भीषण आक्रमण से रोम को नष्ट कर दिया। आलोचकों ने इलज़ाम लगाया कि अगर ईसाइयत ने राज्य की संस्था को बचाने में दिलचस्पी दिखाई होती तो रोम की रक्षा की जा सकती थी। इस आरोप को ठुकराते हुए ऑगस्तीन ने एक-एक करके अपने राजनीतिक सिद्धांत विकसित करने शुरू किये। उन्होंने दावा किया कि मनुष्य की मुक्ति इतिहास के दायरे में न होकर ऐतिहासिक काल के परे होगी। इतिहास तो मनुष्य के पाप और उससे छुटकारे के घटनात्मक नाटक का एक सिलसिला भर है जिसकी नियति ईश्वर ने तय की है। इसलिए पृथ्वी पर स्थापित किसी राज्य को बाहरी और भीतरी आक्रमणों से बचाने की गारंटी नहीं की जा सकती। उन्होंने कहा कि रोम के पतन से भी बड़ा संकट वह था जो जन्नत में आदम और हव्वा द्वारा वर्जित फल खाते समय घटित हुआ था। आदम के उसी पतन के क्षण से इतिहास हमेशा के लिए दो प्रदेशों में

संत ऑगस्तीन ऑफ़ हिप्पो (345-430)

बँट गया। ईश्वर के प्रति निष्ठा रखने वाला प्रदेश सिटी ऑफ़ गॉड कहलाया और मनुष्य के आत्म-मोह से निष्ठा रखने वाला प्रदेश सिटी ऑफ़ मैन बना।

ऑगस्तीन ने यूनान और रोम में विकसित हुए राजनीतिक दर्शन की दावेदारियों को ख़ारिज कर दिया। हालाँकि उनके चिंतन को ईसाई नियोप्लेटोनिज़्म की श्रेणी में रखा जाता है, लेकिन प्लेटो और अरस्तू से भिन्न रास्ता अपनाते हुए उन्होंने मानवीय स्वभाव को बुद्धिसंगत, विचार-विमर्श प्रधान और परस्पर सहयोग की भावना से ओतप्रोत मानने से इनकार किया। ऑगस्तीन का कहना था कि ईश्वर ने मनुष्य को बनाते समय उसे पशुओं के ऊपर तो अधिकार दिया, पर साथी मनुष्यों के ऊपर नहीं। यद्यपि मनुष्य एक प्राकृतिक क़ानून के तहत दूसरों के साथ समरसता और समानता के साथ रह सकता था, पर उसके जीवन में पाप के प्रवेश ने परस्पर सहयोग की सम्भावनाओं को ख़त्म कर दिया। इसीलिए बुद्धिसंगत और न्यायसंगत आधारों पर खड़े किये गये राज्य की नागरिकता प्राप्त कर लेने भर से मनुष्य को पूर्णता मिल जाने का विचार बचकाना है। केवल ईश्वर के दैवी आदेश से सम्पन्न राज्य को ही उत्तम माना जा सकता है। केवल इसी राज्य में आदम के आदि-पाप के फलितार्थों से ग्रस्त मनुष्य एक हद तक शांति प्राप्त कर सकता है।

ऑगस्तीन के अनुसार आदम के इसी आदि-पाप के कारण मनुष्य विवेकहीन आत्म-मोह का शिकार हो कर आत्म-ज्ञान और आत्म-नियंत्रण से वंचित हो गया है। चूँकि ईश्वर सर्वशक्तिमान और सर्वव्यापी है, इसलिए वह हमेशा से जानता था कि आदम पाप करने वाला है। चूँकि ईश्वर दयालु भी है इसलिए उसने तय किया कि वह अपनी कृपा से कुछ ऐसे लोगों को मुक्ति ज़रूर दिलाएगा जो आत्म-मोह के ऊपर ईश्वर-प्रेम को तरजीह देते हुए लालच, घमण्ड और वासना को त्याग देंगे। लेकिन सब लोग ऐसे नहीं हो सकते। ईश्वर ही तय करता है कि यह दैवी नियति किन-किन को नसीब होगी। ऐसे ही चुनिंदा लोगों को ईश्वर-कृपा का उपहार मिलता है और वे सिटी ऑफ़ गॉड या ईश्वर के प्रदेश में रहने का सौभाग्य पाते हैं। जिन्हें ईश्वर नहीं चुनता, वे पापी जीवन के लिए अभिशप्त हो कर मनुष्यों के प्रदेश में रह जाते हैं। ऑगस्तीन यह भी कहते हैं कि ईश्वर ऐसा क्यों करता है, यह न हमें पता है और न ही इस पर सवाल उठाने का हमें कोई अधिकार है। वह कुछ को मुक्त करता है, यह उसकी दया है। वह बहुतों को सज़ा देता है, यह उसका इंसाफ़ है। ऑगस्तीन ने कहा कि ईश्वर के प्रदेश और मनुष्य के प्रदेश का अस्तित्व चिरंतन है। उन्होंने इन दोनों के उद्गम की शिनाख़्त बाइबिल के पंद्रहवें से अट्ठारहवें अध्याय के बीच की।

मध्य-युग में ऑगस्तीन के कुछ अनुयायियों ने सिटी ऑफ़ गॉड को चर्च के रूप में देखने की कोशिश की और सिटी ऑफ़ मैन का अर्थ राजाओं और सम्राटों की राज्य-शक्ति के रूप में निकाला। लेकिन यह एक ग़लत व्याख्या थी। ऑगस्तीन साफ़ कहते हैं कि इस धरती पर न तो आदर्श राज्य सम्भव है और न ही आदर्श चर्च। चर्च की संस्था को तो वे गेहूँ और भूसे के संगम की संज्ञा देते थे। वे मानते थे कि आदर्श रूप में तो चर्च और राज्य का एकीकरण हो जाएगा। लेकिन यह एकीकरण काल के ऐतिहासिक दायरे में सम्भव नहीं हो सकता। सिसेरो द्वारा प्रतिपादित गणराज्य संबंधी सिद्धांत की आलोचना करते हुए ऑगस्तीन ने कहा कि उनका गणराज्य लोगों को भौतिक-एकता के सूत्र में बाँधता था, न कि आध्यात्मिक एकता के सूत्र में। इसी के साथ ऑगस्तीन ने एक ऐसे राज्य की व्यावहारिक आवश्यकता पर भी बल दिया जिसके विनियम के तहत मनुष्य को एक-दूसरे का नाश करने से रोका जा सके और पृथ्वी के संसाधनों को नियंत्रित किया जा सके।

अपने राज्य संबंधी सिद्धांत में ऑगस्तीन राज्य के प्रति नागरिकों के किसी दायित्व की सिफ़ारिश नहीं करते। वे कहते हैं कि लोगों को राज्य की बात किसी कर्त्तव्य-भावना के बजाय अपने हितों की पूर्ति के लिए माननी चाहिए। ऑगस्तीन के अनुसार ईसाइयों पर भी राज्य का कोई नैतिक अधिकार नहीं है, पर चूँकि राज्य पापग्रस्त मनुष्य को बचाये रखने के लिए तैयार की गयी ईश्वरीय योजना का परिणाम है, इसलिए ईसाइयों को राज्य के साथ सहयोग करना चाहिए।

धार्मिक मतभेदों के मामले में ऑगस्तीन शुरू में मानते थे कि विधर्मियों के ख़िलाफ़ ज़ोर-ज़बरदस्ती नहीं की जानी चाहिए। लेकिन आगे चल कर वे ईसाई राजाओं से चर्च द्वारा

की जाने वाली इस अपेक्षा के तरफ़दार हो गये कि विधर्मियों के ख़िलाफ़ कड़े क़ानून बनाये जाने चाहिए ताकि कैथॅलिकों के जान-माल की रक्षा तो हो सके, एक संस्था के रूप में चर्च की एकता भी बचाई जा सके।

**देखें :** अफ़लातून, अरस्तू, आग्युस्त कॉम्त, इमैनुएल कांट, ईसैया बर्लिन, कार्ल हाइनरिख़ मार्क्स-1, 2, 3 और 4, कार्ल रायमुंड पॉपर, ज्याँ ज़ाक रूसो, चार्ल्स-लुई द सेकोंद मोंतेस्क्यू, जार्ज विल्हेल्म फ्रेड्रिख़ हीगेल, निकोलो मैकियावेली, मार्सिलियस : पाडुआ के, रेने देकार्त, सुकरात, संत थॉमस एक्विना।

### संदर्भ

1. पी. ब्राउन (1967), *ऑगस्तीन ऑफ़ हिप्पो : अ बायोग्राफ़ी,* फैबर ऐंड फैबर, लंदन.
2. आर. मार्टिन (1972), 'द टू सिटीज़ ऑफ़ ऑगस्ताइंस पॉलिटिकल फ़िलॉसॅफ़ी', *जर्नल ऑफ़ द हिस्ट्री ऑफ़ आइडियाज़,* अंक 33.
3. एच.ए. डीन (1963), *द सोशल ऐंड पॉलिटिकल आइडियाज़ ऑफ़ सेंट ऑगस्तीन ऑफ़ हिप्पो,* कोलम्बिया युनिवर्सिटी प्रेस, न्यूयॉर्क.

**— अभय कुमार दुबे**

# संत थॉमस एक्विना

(Saint Thomas Aquinas)

युरोप में राजनीतिक सिद्धांतशास्त्र की बुनियाद डालने का श्रेय ईसाई धर्मशास्त्री और दार्शनिक संत थॉमस एक्विना (1224-1274) को दिया जाता है। उन्हीं के प्रयासों के कारण युरोपीय विश्वविद्यालयों में अरस्तू के दर्शन का अध्ययन करने की शुरुआत हुई। इससे पहले राजनीतिक गतिविधियों को चर्च के दायरे से बाहर समझने की कोशिश ही नहीं की जाती थी, पर एक्विना ने अरस्तू को अहमियत दे कर राजनीति के स्वतंत्र अध्ययन को प्रोत्साहित किया। उनके चिंतन में वे तमाम सूत्र थे जिनका इस्तेमाल करके आगे चल कर सेकुलर और आध्यात्मिक विषय-वस्तुओं को आपस में गूँथा जा सका। उनकी रचना *सम्मा थियोलॉजिया* को मध्ययुगीन कैथॅलिक धर्मशास्त्र और यूनानी दर्शन के महानतम संश्लेषण के रूप में देखा जाता है। इस ग्रंथ में एक्विना ने क़ानून के चार प्रकारों (चिरंतन, दैवी, प्राकृतिक और मानवीय) पर विचार किया है। एक्विना का विचार था कि अगर अरस्तू के विमर्श से उसकी त्रुटियाँ निकाल दी जाएँ और उसमें ख़ुदाई इलहाम से प्राप्त ईसाई मूल्यों का समावेश कर दिया जाए तो एक निर्भूल समाज-प्रणाली की रचना की जा सकती है जो कैथॅलिक आस्था, नैतिकता, बुद्धि और आचरण पर आधारित होगी। उन्होंने राज्य के एक ऐसे सिद्धांत का प्रतिपादन किया जिससे लाभ उठा कर सुचिंतित तर्क-बुद्धि और स्वायत्तता-आधारित राज्य का शीराज़ा खड़ा किया जा सका।

दरअसल ग्यारहवीं सदी से पहले अरस्तू के राजनीतिक चिंतन से युरोप परिचित ही नहीं था। उनकी रचना *पॉलिटिक्स* का लैटिन में अनुवाद भी बहुत देर से हुआ। रोमन कैथॅलिक चर्च अरस्तू के विचारों को संदेह की निगाह से देखता था। इसके दो कारण थे। पहली बात तो यह थी कि अरस्तू अपने निजी जीवन में पागान धार्मिकता की ओर झुके हुए थे, और दूसरी बात यह थी कि इसलामिक अरब अध्येताओं (पहले इब्न-सिना और फिर इब्न-रश्द) को अरस्तू का विशेषज्ञ माना जाता था। चर्च इस बात से चौंकता था कि कहीं अरस्तू के विचारों में इसलाम को प्रोत्साहित करने वाले तत्त्व तो नहीं हैं। इसीलिए 1277 में पेरिस के बिशप टेम्पियर ने अरस्तू के कई सिद्धांतों की आधिकारिक भर्त्सना की। ऐसे अरस्तू विरोधी बौद्धिक माहौल की रोशनी में एक्विना की पहलक़दमी की अहमियत और बढ़ जाती है। चर्च के साथ अपने आधिकारिक जुड़ाव का लाभ उठा कर उन्होंने अरस्तू की रचनाओं पर विशद टिप्पणियाँ लिखीं।

एक्विना की विशेषता यह थी कि उन्होंने संत ऑगस्तीन के विचारों के बुनियादी तत्त्व को क़ायम रखते हुए उनकी पुनर्व्याख्या की। ऑगस्तीन मानते थे कि यह जगत और उसमें रहने वाला मनुष्य आदम द्वारा किये गये आदि-पाप (ऑरिजिनल सिन) के काले साये से मुक्त नहीं हो सकता। इसलिए वह एक निर्मम और दमनकारी राजनीति के लिए अभिशप्त है। ऑगस्तीन ने अपनी रचना *सिटी ऑफ़ गॉड* में इनसान के वजूद को ईश्वर के प्रदेश और मनुष्य के प्रदेश के बीच बाँट दिया था। मनुष्य या तो इस प्रदेश का हो सकता था, या उस प्रदेश का। इसके विपरीत एक्विना अरस्तू की इस अवधारणा से पूरी तरह सहमत थे कि एक बुद्धिसंगत, मानवीय और व्यवस्थित संसार सम्भव है। उन्हें पृथ्वी पर मौजूद भौतिक सुख-सुविधाएँ हासिल करने के लिए किये गये मानवीय प्रयासों और स्वर्ग के चिरंतन सुखों के बीच किसी तरह का शत्रुतापूर्ण अंतर्विरोध नज़र नहीं आता था। बस उनकी शर्त यह थी कि भौतिक सुखों के लिए की जाने वाली कोशिशें ईश्वरीय आनंद की उपलब्धि की तरफ़ ले जाने वाली हों, और भौतिकता के फेर में आध्यात्मिकता की उपेक्षा न की जाए। एक धर्मशास्त्री के रूप में एक्विना को इसमें कोई शक नहीं था कि मनुष्य का अंतिम लक्ष्य तो ईश्वर के साथ एकात्मकता ही है, लेकिन वे दुनियावी ख़ुशी और सुखों को सीमित और दूसरे दर्जे का मक़सद मानते हुए भी वैध, सम्भव और वांछनीय मानते थे।

संत थॉमस एक्विना (1224–1274)

एक्विना ने ऑगस्तीन द्वारा प्रवर्तित राज्य और ईसाइयत के बीच संबंध की अवधारणा में भी परिवर्तन किया। ऑगस्तीन के लिए राज्य दैव द्वारा आदेशित संस्था थी जिसका काम ताक़त और डर दिखा कर मनुष्य की विनाशकारी प्रवृत्तियों की रोकथाम करना था। एक्विना राज्य को एक हितकारी और मित्रतापूर्ण प्रशासक संस्था के रूप में देखते थे जो मेल–मिलाप और सहयोगी प्रवृत्तियों वाले मनुष्य की मदद करने के लिए थी ताकि वह जीवन की सभी आवश्यकताएँ हासिल कर सके। एक्विना की मान्यता थी कि मानवीय प्रकृति की कुछ हक़ीक़तें ऐसी हैं जिनका पाप से कोई संबंध नहीं है। इन्हीं हक़ीक़तों के कारण इनसान एक साझा मक़सद और साझा हित के लिए समुदाय के रूप में एक–दूसरे से जुड़ता है।

राज्य की क़िस्म के रूप में एक्विना ने राजशाही की वकालत की, लेकिन अरस्तू की ही भाँति उन्होंने उसे लोकतंत्र और कुलीनतंत्र के समुचित मिश्रण की तरह परिभाषित किया। ऑगस्तीन निरंकुश और अत्याचारी राज्य को ईश्वर द्वारा पापी मनुष्य को दिये गये दण्ड की संज्ञा देते थे, लेकिन एक्विना ने इसे भी मानने से इनकार कर दिया। उनका कहना था कि राजा का काम केवल मनुष्य की दुष्टता का दमन करना ही नहीं है। उसे साझा–हित में काम करने की ज़िम्मेदारी भी निभानी होगी। अगर कोई राजा केवल अपने हित के लिए काम करता है तो वह ईश्वर के उस आदेश का उल्लंघन करता है जिसके तहत उसे राजा बनने का मौक़ा मिला है। ऐसे राजा की आज्ञा का पालन करना ज़रूरी नहीं है। एक्विना यह स्पष्ट नहीं करते कि ऐसे राजा के साथ क्या सुलूक करना चाहिए। अपनी रचनाओं में उन्होंने एक जगह जूलियस सीज़र की हत्या का समर्थन अवश्य किया है जिससे कुछ टिप्पणीकारों ने निष्कर्ष निकाला है कि अगर और कोई तरीक़ा न बचा हो तो वे आततायी राजा को मार देने के पक्ष में थे। एक्विना राज्य और चर्च के बीच रिश्तों के बारे में अलग से कोई सिद्धांत पेश नहीं करते। वे कहते हैं कि पोप की हैसियत धरती पर ईसा मसीह के नुमाइंदे की है और कुछ मामलों में राजा को पुरोहितों का आध्यात्मिक मार्गदर्शन स्वीकार करना चाहिए। इसी के साथ वे यह भी कहते हैं कि कुछ ऐसे सांसारिक विषय भी हो सकते हैं जिनमें राजा को पोप का प्राधिकार मानना पड़ सकता है। लेकिन एक्विना इस तरह के मामलों को स्पष्ट रूप से परिभाषित नहीं करते।

1266 से 1273 के बीच एक्विना ने अपना महाग्रंथ *सम्मा थियोलॉजिया* लिखा। इसका सर्वाधिक परिचित हिस्सा वह है जहाँ वे चार क़िस्म के क़ानूनों की चर्चा करते हैं। उन्होंने पहली और सर्वोच्च प्राथमिकता ईश्वरीय इच्छा का प्रतिनिधित्व करने वाले चिरंतन क़ानून को दी है। चूँकि ईश्वर ही ब्रह्माण्ड का स्रष्टा है इसलिए उसके क़ानून को ही बाक़ी सभी क़ानूनों के लिए मार्ग–निर्देशक की तरह ग्रहण किया जाना चाहिए। दूसरा है दैवी क़ानून जो धर्मशास्त्रों में दर्ज है। तीसरा है प्राकृतिक क़ानून। एक्विना की यह थीसिस कहती है कि मनुष्य एक सामाजिक और राजनीतिक प्राणी होने के साथ–साथ स्वाभाविक रूप से धार्मिक भी है। उसे एक ऐसा क़ानून चाहिए जो विवेक, नैतिकता और सामाजिकता के आग्रहों पर खरा उतरता हो। इस क़ानून की भूमिका लोगों को अज्ञान से बचाने और परस्पर सहयोग को प्रोत्साहन देने की होनी चाहिए। इस क़ानून के ज़रिये सत्य और नेकी के ऐसे मानक स्थापित किये जाने चाहिए जो सभी पर लागू हों और जिनसे सभी परिचित भी हों। चौथी क़िस्म के रूप में एक्विना ने एक ऐसे सकारात्मक मानवीय क़ानून की वकालत की है जिसकी भूमिका शिक्षात्मक हो और जिसके प्रभाव में व्यक्ति बुराई से बचते हुए शांतिपूर्ण सामुदायिक जीवन उपलब्ध कर सके।

संत थॉमस एक्विना का जन्म इटली में एक्विनो के पास रोकासेका क़िले में रहने वाले एक धनी और कुलीन परिवार में हुआ था। अपने परिवार के विरोध के बावजूद वे 1245 में डोमिनिकन चर्च के अंग बन गये। इसके बाद उन्होंने जर्मन धर्मशास्त्री अल्बर्टस मैगनुस की देखरेख में पेरिस विश्वविद्यालय में शिक्षा प्राप्त की। 1256 में स्नातकोत्तर डिग्री हासिल करने के बाद वे अगले अट्ठारह साल तक अध्ययन और अध्यापन में लगे रहे। इसी दौरान उन्हें पेरिस, रोम स्थित पोप के दरबार और फिर पेरिस में अपने ज़माने के प्रमुख बौद्धिक विवादों में भागीदारी करने का मौक़ा मिला। वे क्लासिकल वितण्डावादी शैली के लेखक थे जिसके तहत पहले प्रश्न उठाया जाता है, फिर विरोधी नज़रियों को पेश करने के बाद अपना निष्कर्ष निकाला जाता है। उन्हें संत की उपाधि चौदहवीं सदी में दी गयी।

**देखें** : अफ़लातून, अरस्तू, आग्युस्त कॉम्त, इमैनुएल कांट, ईसैया बर्लिन, कार्ल हाइनरिख़ मार्क्स–1, 2, 3 और 4, कार्ल रायमुंड पॉपर,

ज्याँ ज़ाक रूसो, चार्ल्स-लुई द सेकोंद मोंतेस्क्यू, जार्ज विल्हेल्म फ्रेड्रिख़ हीगेल, निकोलो मैकियावेली, मार्सिलियस : पाडुआ के, रेने देकार्त, संत ऑग्स्ताइन, सुकरात।

### संदर्भ

1. जे. वीशीप्ल (1974), *फ़्रिएर थॉमस डीएक्विनो : हिज़ लाइफ़, थॉट ऐंड वर्क्स,* ब्लैकवेल, ऑक्सफ़र्ड.
2. जे. फ़िनिस (1998), *एक्विना : मॉरल, पॉलिटिकल ऐंड लीगल थियरी,* ऑक्सफ़र्ड युनिवर्सिटी प्रेस, ऑक्सफ़र्ड.
3. डी.जे. ओकोन्नोर (1967), *एक्विना ऐंड नेचुरल लॉ,* मैकमिलन, लंदन.
4. सेंट थॉमस एक्विना (2000), *पॉलिटिकल राइटिंग्ज़,* आर.डब्ल्यू. डायसन (समा.), केम्ब्रिज युनिवर्सिटी प्रेस, केम्ब्रिज.

**— अभय कुमार दुबे**

# संत-काव्य

(Sant-Kavya)

हिंदी साहित्य में भक्ति-धारा के अंतर्गत संत-साहित्य का अविस्मरणीय स्थान है। भक्ति-साहित्य की रचना करने वाले पुरुष हों या नारी, हिंदू हों या मुसलमान, ब्राह्मण हों या शूद्र, उत्तर के हों या दक्षिण के सभी को संत कहा जाता है। कुछ विद्वानों का मत है कि संत-काव्य उन्हीं कवियों की 'बानियों' का नाम है जिन्होंने निर्गुण धारा के अंतर्गत सृजन-चिंतन किया। यह निर्गुण धारा ज्ञान-मार्गी है और उन सभी परम्पराओं से— वेद, उपनिषद्, जैन, बौद्ध, महायान-कापालिक-तांत्रिक साधना, आगम-चिंतन की देन है, जो भक्ति युग के पूर्वार्द्ध में अनेक परम्पराओं से प्रेरित-प्रभावित रही है। यह अलग बात है कि संत-काव्य में सभी परम्पराओं का समावेश नहीं हो सका, लेकिन उनका जन-जीवन की सामाजिक-नैतिक प्रेरणाओं के साथ प्रतिनिधित्व हुआ। इस मत के बावजूद संत काव्य-धारा केवल निर्गुण विचार तक सीमित नहीं है। सगुणपंथी मीरां और सूरदास भी संत-कवि माने जाते हैं। संत-काव्य ने प्राचीन परम्पराओं के आधार पर विश्व-धर्म या लोक-धर्म या लोक-वेद को मिलाकर जीवन की नवीन राहों का अन्वेषण किया। यह चिंतन जन-भाषा (सधुक्कड़ी भाषा) में अभिव्यक्त हुआ। जन-भाषा की प्रतीक-मिथक रूपक योजना में संत सूक्ष्म-गहन सर्जनात्मकता की निष्पत्ति करते रहे। धर्म-तत्त्व का ऐसा निरूपण अन्यत्र दुर्लभ रहा।

'संत' शब्द से संसार-त्यागी संन्यासी का अर्थ लेना ठीक नहीं है। संतों में स्त्री और पुरुष, संन्यासी और गृहस्थ, हिंदू और मुसलमान, सगुण और निर्गुण दोनों का समान महत्त्व है। ये संत पुजारियों, पंडों, मौलवियों, धर्मशास्त्रियों की नीतियों के विरुद्ध हैं। संत प्रेम को आधार बनाकर मानव-मुक्ति तथा ईश्वर-भक्ति का मार्ग सुझाते हैं। संस्कृत और अरबी-फ़ारसी को छोड़ कर संत जन-भाषा में लोक-धर्म का प्रचार करते हैं। देखा जाए तो संत साहित्य का सामाजिक आर्थिक आधार जुलाहों, मछुआरों, किसानों, कारीगरों, व्यापारियों का भौतिक जीवन है। संत-धारा भारतीय संस्कृति की परिस्थितियों से उपजी है। उनकी भाषा किसी एक प्रदेश की भाषा न होकर सभी प्रदेशों की खिचड़ी भाषा-संध्या भाषा-सधुक्कड़ी भाषा है। भक्ति साहित्य इस देश का सर्वाधिक प्रबल विराट सांस्कृतिक आंदोलन है, जिसकी जड़ें गाँव-गाँव, प्रदेश-प्रदेश फैली थीं। रामविलास शर्मा ने *परम्परा का मूल्यांकन* पुस्तक में कहा है, 'मलिक मुहम्मद जायसी कुरान के भाष्यकार नहीं हैं। न कबीर और दादू त्रिपिटकाचार्य हैं, न सूर और तुलसी वेद, गीता या मनुस्मृति के टीकाकार हैं। संत-साहित्य की अपनी विशेषताएँ हैं जो मूलतः किसी प्राचीन धर्म-ग्रंथ पर निर्भर नहीं है।' संतों का लोक-धर्म सामंत प्रधान व्यवस्था को कमज़ोर करता है और धर्म को पुरोहितों-मौलवियों के वर्चस्व से मुक्त करता है।

संत-काव्य की ऐतिहासिक स्थिति विक्रम की पंद्रहवीं शताब्दी से मानी जाती है। इसके प्रवर्तक हैं— अस्वीकार का साहस रखने वाले कबीर (1513)। हालाँकि संत-काव्य की प्रेरणा पहले से ही मौजूद थी, किंतु कबीर, रैदास, रज्जब, दादू, मलूकदास, नानक आदि संतों ने उन प्रेरणाओं का नया उपयोग नयी परिस्थितियों में किया है। संत-काव्य का आधार है लोकानुभव और लोकानुभूति। जीवन की प्रत्यक्ष चुनौतियों के कारण संत-काव्य में प्राचीन परम्पराओं की शास्त्रसम्मत मान्यताओं का आग्रह नहीं है। संत-काव्य में निगम पुराण का कोई परम्परागत ढाँचा सुरक्षित नहीं है। संतों का नारा था— 'कबीर संसार दूर करि, पुस्तक देह बहाई'। पोथी पढ़ने से पण्डित नहीं हो जाता, हम प्रेम-पंथ को गहने-समझने से पण्डित हो जाते हैं। तुलसीदास ने कबीर के बाद इस चिंतन की निंदा में कहा 'साखी, सबूदी दोहरा, कहि कीन्ही उपखान। भगति निरूपहि भगति कलि निंदहि वेद पुरान।' यह सच है कि संत-काव्य में वैदिक साहित्य का आदर नहीं है— उनका दृष्टिकोण बहुत कुछ बौद्ध-धर्म के महायान-दर्शन से निर्धारित है— महायान से मंत्रयान, मंत्रयान से वज्रयान या तांत्रिक बौद्ध-धर्म सामने आया। वज्रयान की प्रतिक्रिया में नाथ सम्प्रदाय का विकास हुआ और उसके भीतर से संत-काव्य अवतरित हुआ। वैदिक कर्मकाण्ड, मूर्तिपूजा, तीर्थाटन, व्रत सभी का

संत-काव्य ने निषेध किया। इस दृष्टि से यह क्रांतिकारी चिंतन-दर्शन अनुभव के तप से निकली ज्ञान-धारा है।

ध्यान में रखने की बात है कि चौदहवीं-पंद्रहवीं शताब्दी में स्वामी रामानंद का उदय हुआ। भक्ति का प्रवाह जो दक्षिण भारत में प्रवाहित हुआ, उसे स्वामी रामानंद उत्तर-भारत में लाये। यह भी एक ऐतिहासिक तथ्य है कि भक्ति का लोकव्यापी प्रभाव दक्षिण में आलवार—नायरवार गायकों से ईसा की छठी शताब्दी में आरंभ हो चुका था। इस संतों ने भक्ति का रागात्मक रूप जनता के सामने रखा तथा जाति-पाँति का खण्डन किया। ये संत-गायक ज्यादातर निचली जातियों के थे— लोहार, धानुक, दर्जी, कृषक, धुन्ना, कुम्हार आदि। इन संतों को शंकराचार्य का मायावाद, अद्वैतवाद तथा कुमारिल भट्ट का याज्ञिक कर्मकाण्ड भाया नहीं। नाथ मुनि ने ग्यारहवीं शताब्दी में भक्ति की दार्शनिक व्याख्या की और इनकी ही पीठ पर रामनुजाचार्य ने श्री सम्प्रदाय नामक नये सिद्धांत का प्रतिपादन किया। शंकराचार्य ने भक्ति की जो महत्ता छीन ली थी, उसे रामानुजाचार्य ने नये पाठ-विमर्श के साथ पुन: स्थापित किया। रामानुजाचार्य के बाद मध्वाचार्य, निम्बार्काचार्य और वल्लभाचार्य ने भक्ति का राग-पक्ष प्रबल किया। रामानंद ने रामानुजाचार्य के भक्ति सिद्धांतों को अनेक प्रयोगों के बाद समस्त उत्तरी भारत में प्रस्तुत और प्रतिष्ठित किया। लोक-जीवन में यह ध्वनि सुनायी दी, 'भक्ती द्राविड़ ऊपजी लाये रामानंद / परगट किया कबीर ने सात द्वीप नवखण्ड।' रामानंद के दो शिष्य थे : कबीर और तुलसीदास। दोनों ने दो परम्पराओं का प्रवर्त्तन किया। महाराष्ट्र में *ज्ञानेश्वरी* भगवद्गीता के आधार पर नया भाष्य पेश करती है, किंतु इसमें अनेक प्रतीकों-रूपकों के आधार नाथ सम्प्रदाय के अनुकूल हैं।

संत ज्ञानेश्वर के समकालीन नामदेव (1270) ने विट्ठल की उपासना की जिसमें नाम स्मरण की महिमा है। विट्ठल सम्प्रदाय 1209 में पंढरपुर में प्रचारित हुआ। इसके प्रचारक कन्नड़ संत पुंडरीक माने जाते हैं। विट्ठल सम्प्रदाय वैष्णव और शैव सम्प्रदाय का मिश्रण है। ग्यारहवीं शताब्दी के विट्ठल सम्प्रदाय का मेल-मिलाप शैव-धर्म, वैष्णव धर्म से हुआ— जिसके सबसे बड़े संत नामदेव हैं। ज्ञानेश्वर तथा नामदेव ने उत्तर भारत का पर्यटन किया जिससे भक्ति धर्म का प्रसार हुआ। विट्ठल सम्प्रदाय के संत थे गोरा कुम्हार, साँवला माली, नरहरि सोनार, चोखा भंगी, जनाबाई दासी, सेना नाई, कान्हो वेश्या पुत्री आदि। उत्तरी भारत के ज्ञान मार्गी संतों के निकट आये। यहाँ संत प्रयोग चल पड़ा— 'ज्ञानदेव ह्मणें तुम्हीं संत बोल गावेति आम्हीं'। इस प्रकार तेरहवीं शताब्दी के आस-पास प्रवाहित विचारधारा से जाति और वर्ण-वर्ग का सारा द्वेष प्रेम-सागर में बह गया। इस प्रेम-धारा पर वहाँ के महानुभाव सम्प्रदाय का भी प्रभाव पड़ा जिसमें जाति बंधन की शिथिलता के साथ कृष्ण चक्रधर की उपासना प्रबल हुई। भक्ति-मार्ग सभी मनुष्यों के लिए खुल गया और हृदय की पवित्रानुभूति को महत्त्व दिया गया। 1294 में अलाउद्दीन खिलजी ने देवगिरि के राजा रामदेव को पराजित किया। समझा जाता है कि इसी आक्रमण की प्रतिक्रिया में वैष्णव धर्म के कृष्ण चक्रधर तथा शैव धर्म के शिव को जगाया गया। इसी जागरण ने पंद्रहवीं शताब्दी में उत्तर-भारत में निर्गुण सम्प्रदाय का रूप धारण किया। यह निर्गुण उपासना की ज्ञान-धारा ही संत-काव्य की प्रकृति बनी।

संत-काव्य परम्परा में सूफ़ीयत का प्रवेश होने से ज्ञान-मार्ग से प्रेम-मार्ग का मिलन हो गया। बड़ी उदारता से सूफ़ीयत ने भक्ति मार्ग को जोड़ लिया। ग्यारहवीं शताब्दी में इस देश में सूफ़ीयत का प्रवेश हुआ और चार सम्प्रदाय समय-समय पर सामने आये : चिश्ती सम्प्रदाय, सुहरावर्दी सम्प्रदाय, क़ादरी सम्प्रदाय और नक़्शबंदी सम्प्रदाय। इन चारों ने बहुदेववाद के विपरीत ईश्वर की एकता और सर्वोपरिता को महत्त्व दिया। सूफ़ीयत में कहीं तो ईश्वर की मौन वंदना है, कहीं गुणों का गायन। चिश्ती और क़ादरी सम्प्रदायों में संगीत की महिमा है— अन्य दो में नहीं। इन सूफ़ी संतों ने हिंदू-मुसलमान दिलों पर मरहम लगाया, उन्हें एक दूसरे से जोड़ा। सूफ़ी संत ग़ज़ाली ने कहा कि ज्ञान और शुद्ध आचरण के मेल का नाम सूफ़ी है— सादा जीवन उच्च विचार वाला मनुष्य सूफ़ी है। यदि भारतीय दृष्टि से देखा जाए तो अद्वैतवाद और विशिष्टाद्वैत का मिश्रण सूफ़ीयत का मूल है। विशिष्टाद्वैत की प्रेममयी भक्ति ही सूफ़ीयत की इश्क साधना है और ईश्वरानुभूति तसव्वुफ़। प्रेम में मादकता या खुमार की व्यंजना कबीर की वाणी है, 'हरि रस पीया जानिये जे कबहुँ न जाय खुमार'। सूफ़ीयत का शैतान कबीर की माया से साम्य रखता है। इस तरह उत्तर-भारत में संत-काल का अमृत तैयार हुआ।

कबीर में वज्रपाल की प्रतिक्रिया से उत्पन्न नाथ सम्प्रदाय के आत्मानुभव तथा योग-मार्ग के कलफ़टा दर्शन, विट्ठल सम्प्रदाय की भक्ति, रामानंद के प्रभाव से अद्वैतवाद-विशिष्टाद्वैत का मिश्रण एवं भक्ति और सूफ़ीयत के प्रेम-मार्ग का सर्जनात्मक घोल बना, तभी वे ज्ञान के हाथी पर सवार होकर लोक-कल्याण के लिए निकल सके। जब इब्राहीम लोदी ने कबीर जैसे संतों को सताया तो जनता में असंतोष फैला। इस कठिन समय में संतों को जनता के बीच से जन्म लेना पड़ा— राम-रहीम की एकता का उपदेश देना पड़ा। समाज की हालत यह थी 'कोई लरिकां बेचई लरिकी बेचै कोइ। साझा करै कबीर सिद्ध, हरि संग बनज करेइ'। कंचन-कामिनी के विरोध में संतों ने फक्कड़पन का जीवन-दर्शन जनता को दिया। रामनंद तथा कबीर ने जाति बंधन तोड़ने की परम्परा को दृढ़ किया। रामानंद ने कहा, 'जाति पाँति बूझै नहिं कोई। हरि को भजै सो हरि का होई।'

इन संत कवियों ने पुरानी रूढ़ियों और अंधविश्वासों का विरोध किया। संत कवियों से पहले वज्रयानी सिद्धों तथा नाथ पंथी योगियों ने सामाजिक कुप्रथाओं और मिथ्याडम्बरों की कटु आलोचना की थी। संतों ने इसी परम्परा का अनुसरण करते हुए तिलक लगाना, माला फेरना, व्रत और रोज़ा रखना, मूर्तिपूजा, मसज़िद मे नमाज़ पढ़ने आदि क्रियाओं का विरोध किया। कबीर ने राम को समझाया पर अपनी शर्तों पर, 'दसरथ सुत तिहुँ लोक बख़ाना। रामनाम का मरम न जाना।' ये सभी संत वर्णाश्रम-व्यवस्था के विरोधी थे। ऊँच-नीच, जाति-पाँति, छुआछूत मिटाना आवश्यक समझते थे। इस तरह संतों ने हिंदू-मुसलमानों के लिए एक सामान्य भक्ति मार्ग की तलाश की है।

संत कवियों ने हर साँस में गुरु की महत्ता का बखान किया है। परमात्मा से साक्षात्कार के लिए गुरु की आवश्यकता का प्रतिपादन किया और गुरु को ब्रह्म का स्वरूप कहा। कबीर जैसे संतों ने गुरु को गोविंद से ज़्यादा महत्त्व दिया, 'गुरु गोविंद दोऊ खड़े, काके लागूँ पाँय। बलिहारी गुरु आपकी, गोविंद दियो मिलाय।' अलख, अगोचर, निरंजन, निर्गुण ब्रह्म की प्राप्ति के लिए सद्‌गुरु आवश्यक है। संतों ने भारतीय रहस्यवाद की परम्परा को सूफ़ीयत की रहस्य साधना से मिलाकर नया रूप दिया। उन्होंने आत्मा को स्त्री तथा परमात्मा को भरतार के रूप में प्रस्तुत किया। इस तरह दृढ़ रागात्मक संबंध का भाव घोषित करते हुए प्रेम-तत्त्व का विस्तार किया।

संत-परम्परा में निर्गुण संतों के साथ सगुण कृष्ण भक्तिधारा और सगुण राम भक्तिधारा को भूलना न चाहिए। इसमें कबीर के साथ दादू दयाल, तुकाराम, ग़रीबदास, भीखा, गुरु तेग बहादुर, गुरु नानक मलूकदास, जायसी, कुतबन, रैदास, मीरांबाई, दयाबाई, सहजोबाई, आनंद घन, धरनीदास, सदनादास, यारी साहब, हरिद साहब, बुल्ला, पलटूदास, एकनाथ, बुल्लेशाह, सुंदरदास, दूलनदास, तुलसी साहब, चरणदास, तुलसीदास, सूरदास, कुम्भनदास, जगजीवन दास, धर्मदास, रामानंद आदि संतों की एक समृद्ध सगुण परम्परा है। भक्ति आंदोलन ने अखिल भारतीय स्तर पर पूरे देश में एक नया जागरण पैदा किया। धर्म के नाम पर मानव-धर्म की, लोक-धर्म की प्रतिष्ठा की और नारा दिया— 'मसि कागज के आसरे क्यों टूटै भव-बंध'। संतों ने धर्म के नाम पर फैले तमाम भ्रमों से जनता को 'घट-घट व्यापक राम' तथा 'राम वही रहमान वही' का भाव-मंत्र दिया। लोक-भ्रमों को दूर करते हुए कहा 'मंदिर मसजिद एक', 'हिंदू-मुस्लमान-सिक्ख एक है।' सत्याग्रही थे संत, तभी तो कहे सके, 'ब्रह्म बीज का सकल पसारा', 'हिंदू-तुरक का कर्ता एक', 'सो ब्राह्मण जो ब्रह्म विचारै'। इस तरह संतों ने पुरोहितवाद-पण्डावाद को न अपनाने की सलाह दी। समाज-सुधारों के बारे में संतों ने बहुत काम किया— 'पीर सबन की एक सी' तथा परोपकार करने वाला ही वैष्णव है— 'सो दरवेश ख़ुदा को प्यारा' तथा 'साधो सहज समाधि भली'। संतों ने निर्भयता से हिंदू-मुसलमानों दोनों को फ़टकारा और कहा 'मुसलमान जो राखै ईमान' तथा 'सो काफ़िर जो बोलै काफ़'। इस तरह समाज में यह गूँज उठी 'निंदक बाबा वीर हमारा' जाति-पाँति, वर्ण व्यवस्था, कर्मकाण्ड पर प्रहार करते हुए पूछा 'कहधौ छूत कहा से उपजी', अल्लाह कहि, भावै राम कहौ' क्या फ़र्क़ पड़ता है। रैदास ने कहा 'कृष्ण करीम रहीम राम हरि जब लागे एक न देखा / बेद कतेब कुरान, पुराननि, तब लागे भ्रम ही देखा।' इस तरह संतों ने शास्त्र-धर्म की लीकों को निर्ममता से तोड़ा है। संतों की गंगा नव नाथों के योगमार्ग में है लेकिन संतों की जमुना-कावेरी-सरस्वती तो पूरे देश में प्रवाहित है।

**देखें** : अष्टछाप, 'अंग्रेज़ी हटाओ' आंदोलन, गजानन माधव मुक्तिबोध-1 और 2, छायावाद, डायग्लॉसिया, नंद दुलारे वाजपेयी, नगेंद्र और सैद्धांतिक समीक्षा, नयी कविता, नामवर सिंह, पाश्चात्य काव्यशास्त्र, प्रेमचंद, प्रयोगवाद, प्रगतिवाद, भक्ति आंदोलन-1 और 2, भक्ति-काव्य-1 और 2, भारतेंदु हरिश्चंद्र, भारतेंदु युग-1 और 2, भाषा नियोजन-1 से 4 तक, भाषा के मार्क्सवादी सिद्धांत, महादेवी वर्मा, महावीर प्रसाद द्विवेदी, मीरांबाई और प्रेमाभक्ति, राहुल सांकृत्यायन, रामानुजाचार्य, रामानंद, रामचंद्र शुक्ल-1 और 2, रामविलास शर्मा, राष्ट्रीय-सांस्कृतिक कविता, रीतिकाल-1 और 2, विजय देव नारायण साही, वैष्णव धर्म, श्याम सुंदर दास, सम्पर्क भाषा-1 से 4 तक, सगुण और निर्गुण-1 और 2, संस्कृत काव्यशास्त्र, संविधान सभा में भाषा-विवाद-1, 2 और 3, सिद्ध-नाथ परम्परा, सूफ़ीयत और प्रेमाख्यान, हजारी प्रसाद द्विवेदी, हिंदी विरोधी आंदोलन, हिंदी जाति-1 से 3 तक, हिंदी साहित्य का आदिकाल, हिंदी साहित्य का इतिहास, हिंदी साहित्य का इतिहास : नये परिप्रेक्ष्य, हिंदी-पद्य में इतिहास, हिंदी-जगत और 'लोकप्रिय'-1 और 2, हिंदी नवजागरण, हिंदी-संस्थाएँ।

## संदर्भ

1. वियोगी हरि (2006), *संत वाणी,* सस्ता साहित्य मण्डल प्रकाशन, नयी दिल्ली.
2. रामखेलावन पाण्डेय (1965), *मध्यकालीन संत साहित्य,* हिंदी प्रचारक पुस्तकालय, वाराणसी.
3. परशुराम चतुर्वेदी (1961), *संत काव्य-संग्रह,* किताब महल, इलाहाबाद.

**— कृष्णदत्त पालीवाल**

# संतोष कुमारी देवी

(Santosh Kumari Devi)

संतोष कुमारी देवी (1897–1989) भारतीय मज़दूर आंदोलन के संस्थापकों में से एक और बीसवीं सदी के दूसरे दशक में उपनिवेशवाद विरोधी आंदोलन की प्रमुख स्त्री-नेता थीं। उन्होंने बंगाल जूट श्रमिक संघ की स्थापना की और आरम्भिक वर्षों में उनकी विभिन्न हड़तालों का जुझारू नेतृत्व किया। वे नौकरी से निकाले जाने वाले अनेक हड़ताली श्रमिकों के भोजन और रहने का प्रबंध अपने ही घर पर ही करती थीं। संतोष कुमारी की अगुवायी में श्रमिकों के रैडिकल तेवरों से न सिर्फ़ ब्रिटिश प्रशासन बल्कि कांग्रेस के प्रमुख नेता भी चिंतित हुए। देशबंधु चितरंजन दास जैसे प्रमुख राष्ट्रीय नेता श्रमिक आंदोलन को भारतीय स्वतंत्रता आंदोलन का हिस्सा बनाना चाहते थे। उन्हें श्रमिक आंदोलन की उग्रता और इसकी अतिवादी-साम्यवादी सम्भावनाओं से बेचैनी थी। 1921 में ब्रिटिश मालिकों के अत्याचार से पीड़ित बंगाल स्थित चाय बागान के मज़दूरों ने उन बगीचों से पलायन कर दिया जहाँ वे काम करते थे। वे चाँदपुर स्थित निकटतम नदी मार्ग से अपने गृह प्रदेशों उत्तर प्रदेश तथा बिहार की ओर भागने लगे। बाग़ान मालिकों ने इन मज़दूरों को पकड़ कर वापस लाने के लिए गोरखा सिपाही भेजे जिन्होंने मज़दूरों पर बहुत जुल्म किये। कलकत्ता में इसकी सूचना मिलने पर चितरंजनदास व अन्य वरिष्ठ कांग्रेसी नेता चाँदपुर पहुँचे। इस दल में दो महिलाएँ— चितरंजनदास की पत्नी बसंती देवी और संतोष कुमारी देवी भी शामिल थीं।

कलकत्ता लौट कर संतोष कुमारी ने इस क्षेत्र के जूट मिल मज़दूरों का संघ बनाने का व्यापक अभियान शुरू किया। इसमें श्रमिक अधिकारों के संघर्ष के साथ ही रात्रिकालीन स्कूल और कामगार स्त्रियों के लिए स्वास्थ्य केंद्र भी शामिल थे। यह देख कर सम्पूर्णानंद और चितरंजनदास ने कांग्रेस से श्रमिक समस्याओं के बारे में विचार करने का आह्वान किया। दास ने आल इण्डिया ट्रेड यूनियन कांग्रेस के तीसरे अधिवेशन में कहा कि स्वराज देश के 98 प्रतिशत लोगों के लिए होना चाहिए। यदि स्वराज मेहनतकशों के बजाय केवल मध्यम वर्ग के हित साधन के लिए आयेगा तो ऐसे स्वराज का कोई अर्थ नहीं है। लेकिन इस आह्वान के बाद भी कांग्रेस के अधिकतर नेताओं के लिए मज़दूरों की समस्याएँ केवल मौखिक व्याख्यान तक ही सीमित रही, जबकि संतोष कुमारी देवी ने अपने आप को मज़दूर आंदोलन में पूरी तरह समर्पित कर दिया।

ब्रिटिश उपनिवेश के ख़िलाफ़ भारतीयों के सार्वजनिक विरोध का आरम्भ 1878 से माना जा सकता है जब देशी भाषाओं के प्रकाशन नियंत्रित करने के लिए बनाये गये नये क़ानून के ख़िलाफ़ भारत के विभिन्न हिस्सों में विरोध प्रदर्शन किये गये थे। 1880 में बंगाल के कुछ राष्ट्रवादियों ने काश्तकारों के लिए ज़मींदारी क़ानून में परिवर्तन की माँग भी उठायी थी, लेकिन बंगाल के श्रमिक वर्ग की ओर किसी का ध्यान नहीं गया था, हालाँकि इस प्रदेश मे जूट, चाय के बाग़ानों, रेलवे और इंजीनियरिंग के क्षेत्र में बड़ी संख्या में मज़दूर कार्यरत थे। ब्रह्म समाज के दो सुधारकों राम कुमार विद्यारत्न व द्वारकानाथ गांगुली ने गम्भीर व्यक्तिगत जोखिम उठाते हुए असम के चाय बाग़ानों का दौरा करके वहाँ के मज़दूरों के आर्थिक उत्पीड़न का ख़ुलासा किया। मज़दूरों की दुर्दशा को सामने लाने का यह अभियान श्रमिक वर्ग की समस्याओं का कोई व्यवस्थित अध्ययन न हो कर ब्रह्म समाज के उन समाज सुधारकों की राष्ट्रीयता और मानवता की भावनाओं से प्रेरित था। इसके कुछ पहले ही भारतीय श्रमिकों ख़राब हालात को आम लोगों के बीच प्रसारित करने के लिए ब्रह्म समाज से संबंधित लोगों ने समाचार पत्र प्रकाशित करने शुरू किये थे। इनमे केशव चंद्र सेन का *सुलभ समाचार* और शशिपद बनर्जी का *बृहत श्रमजीवी* शामिल थे। शशिपद बनर्जी ने आगे चल कर भारतीय कामगारों का एक संगठन बृहत श्रमजीवी संघ भी स्थापित किया। बंगाल विभाजन के विरुद्ध आहूत आंदोलनों में अनेक श्रमिक संगठन भी शामिल थे और स्थानीय मज़दूर संघों ने भी ब्रिटिश उपनिवेश के विरोध में खुल कर हिस्सा लिया था। भारत में व्यापक मज़दूर आंदोलन की शुरुआत 1919–20 के दौरान हुई जब लाला लाजपत राय ने बम्बई में आल इण्डिया ट्रेड यूनियन कांग्रेस की स्थापना की और बंगाल के कांग्रेस नेता चितरंजन दास के कुछ सहयोगियों ने कांग्रेस के राजनीतिक अभियान को छोड़ कर श्रमिक संगठन के कार्य को अपनी प्राथमिकता बनाया। इस श्रमिक आंदोलन में बंगाल व बम्बई से कुछ बेहद समर्पित स्त्रियों ने भी हिस्सा लिया था जिनमें मणिबेन कारा, उषा बाई डांगे, संतोष कुमारी देवी, प्रभावती दासगुप्ता, सकीना बेगम और सुधा रॉय के नाम प्रमुखता से लिए जाते हैं।

संतोष कुमारी देवी के पिता एक नामी बैरिस्टर थे। उनका बचपन अत्यंत सम्पन्नता के बीच बर्मा में बीता था। बचपन और शिक्षा के दौरान ही वे भारतीय स्वतंत्रता आंदोलन से प्रभावित होने लगी थीं। प्रथम विश्व युद्ध के दौरान और उसके बाद भारत में बड़ी संख्या में औद्योगिक इकाइयाँ स्थापित हुई थीं जिनमें कार्यरत मज़दूरों की हालत बहुत दयनीय थी। इस शोषण के ख़िलाफ़ 1919 में अनेक हड़तालें भी हुईं। श्रमिक आंदोलन के इसी दौर में गौरीपुर जूट मिल के मज़दूरों ने बेहतर वेतन और सुविधाओं के लिए हड़ताल की। उस दौरान संतोष कुमारी इस मिल के पास में ही रहती थीं। उन्होंने अपनी ओर से पहल करके इस हड़ताल में

सहयोग किया और मज़दूरों की समस्याओं का एक माँग पत्र लिख कर मिल के प्रबंधकों को दिया। मिल प्रबंधन और मज़दूरों की प्रतिनिधि के रूप में संतोष कुमारी देवी की चार दिनों की बातचीत के बाद मज़दूरों की कुछ माँगे मानी गयीं। हड़ताल के दौरान गिरफ़्तार मज़दूरों की रिहायी की गयी। हड़ताल में भाग लेने के चलते नौकरी से निकले गये मज़दूरों की बहाली हुई। उस समय के हिसाब से इस इलाक़े में मज़दूर आंदोलन की यह एक बड़ी जीत थी।

संतोष कुमारी के नेतृत्व में गौरीपुर जूट मिल के मज़दूरों की ताक़त देखते हुए अन्य अनेक स्थानीय जूट-कर्मियों ने भी अपने मज़दूर संगठनों की स्थापना की और संतोष कुमारी के मार्गदर्शन में अपने अधिकारों के लिए संघर्ष किया। 1924 में कलकत्ता में आयोजित आल इण्डिया ट्रेड यूनियन कांग्रेस अधिवेशन की अध्यक्षता चितरंजनदास ने की। संतोष कुमारी इस आयोजन की स्वागत समिति की प्रमुख थीं। इसी दौरान उन्होंने श्रमिक समस्याओं पर आधारित पत्रिका *सम्हति* में मज़दूरों के शोषण के बारे में लिखा। संतोष कुमारी का किसी विशिष्ट राजनीतिक व्याख्या या वाद में विश्वास नहीं था लेकिन उन्हें श्रमिकों की समस्याओं की बेहद सूक्ष्म समझ थी जो उन्होंने उनके साथ रहकर विकसित की थी। 1924 में संतोष कुमारी ने *श्रमिक* के नाम से उर्दू, बांग्ला व हिंदी में एक पत्रिका का सम्पादन-प्रकाशन भी किया। इस पत्रिका के मुद्रक ने छपाई के लिए पैसे माँगे तो उन्होंने अपने गहने गिरवीं रख कर इनका बंदोबस्त किया।

1925-26 में कलकत्ता बंदरगाह में एक श्रमिक की मौत के बाद उपजे असंतोष ने जब एक आंदोलन का रूप ले लिया तो संतोष कुमारी इसका नेतृत्व किया और मृतक श्रमिक के परिवार को हर्जाना दिलाने में सफलता पायी। नैथाटी जूट मिल में स्कॉटिश मूल के सुपरवाइज़र की पिटायी से एक भारतीय मज़दूर की मृत्यु हो गयी तो संतोष कुमारी ने इन मज़दूरों के साथ मिल कर इस हत्या के ख़िलाफ़ कलकत्ता उच्च न्यायालय में मुक़दमा लड़ा और सुपरवाइजर को सात वर्ष की सज़ा दिलाने के लिए न्यायालय में गवाही भी दी।

1922 में चौरीचौरा की घटना के बाद जब गाँधी ने असहयोग आंदोलन वापस ले लिया तो मोतीलाल नेहरू और चितरंजन दास ने कांग्रेस से बाहर निकल कर स्वराज पार्टी की स्थापना की। स्वराज पार्टी चुनाव के माध्यम से विधायिका में जा कर संवैधानिक प्रक्रिया को विधायिका के भीतर से ही बाधित किया जा सके। 1924 में बंगाल विधानसभा के चुनाव में वरिष्ठ कांग्रेसी नेता सुरेंद्र नाथ बनर्जी के विरुद्ध चितरंजन दास ने निर्दलीय उम्मीदवार डॉ. बी.सी. रॉय को स्वराज पार्टी का समर्थन देने का निर्णय लिया। संतोष कुमारी को स्वराज पार्टी से कोई लगाव नहीं था लेकिन चितरंजन दास के प्रति अपने आदर के कारण उन्होंने रॉय के चुनाव प्रचार का ज़िम्मा अपने ऊपर लिया। इस चुनाव में राजनीति नवागंतुक रॉय ने दिग्गज सुरेंद्र नाथ बनर्जी को पराजित कर दिया।

1924 में कलकत्ता नगर निकाय का चुनाव जीत कर चितरंजन दास कलकत्ता के मेयर बने और सुभाष चंद्र बोस इसके मुख्य कार्यकारी अधिकारी के पद पर आरूढ़ हुए। कलकत्ता नगर निकाय ने एक नये शिक्षा अधिकारी का पद सृजित किया और इस पर बोस के सहयोगी और प्रख्यात मानवशास्त्री क्षितिज प्रसाद चट्टोपाध्याय को नियुक्त किया गया। संतोष कुमारी को प्राथमिक शिक्षा की सलाहकार मण्डली में स्थान दिया गया। चट्टोपाध्याय और संतोष कुमारी ने कलकत्ता में मुफ़्त प्राथमिक शिक्षा प्रदान करने के लिए अनेक नये स्कूलों के स्थापना की। 1924 में जहाँ कलकत्ता नगर पालिका में केवल तीन ऐसे विद्यालय थे वहीं 1935में जब क्षितिज प्रसाद चट्टोपाध्याय ने अपना पद छोड़ा तो ऐसे विद्यालयों की संख्या 229 हो चुकी थी। बीस के दशक में ब्रिटेन से अनेक मज़दूर संगठनों के नेता व ब्रिटिश कम्युनिस्ट आंदोलन की प्रमुख हस्तियाँ भारत के दौरे पर भी आयीं। संतोष कुमारी देवी स्वयं कम्युनिस्ट नहीं थी लेकिन श्रमिक समस्याओं से जुड़ी होने के कारण भारतीय कम्युनिस्ट आंदोलन के प्रति उनमें सहयोग की भावना थी। जब भारतीय मूल के ब्रिटिश संसद सदस्य व घोषित कम्युनिस्ट नेता शापूरजी सकलतवाला के भारत आगमन पर उनके नागरिक अभिनंदन को लेकर जब कलकत्ता के अन्य कांग्रेसी नेता पशोपेश में थे तब संतोष कुमारी सकलतवाला के स्वागत के लिए सबसे आगे थीं। उन्होंने सकलतवाला के नागरिक संबोधन के लिए कलकत्ता के टाउन हाल में एक कार्यक्रम भी आयोजित किया था। सकलतवाला संतोष कुमारी को बहनजी के नाम से पुकारते थे।

1927 में संतोष कुमारी देवी अचानक ही सार्वजनिक जीवन से पीछे हट गयीं। उन्होंने अपने इस निर्णय के बारे में कभी कुछ नहीं बताया। 1989 में उनका निधन हुआ।

**देखें :** अरुणा आसफ़ अली, आनंदीबाई जोशी, उपनिवेशवाद विरोधी आंदोलन में स्त्री-नेतृत्व-1 और 2, कमला देवी चट्टोपाध्याय, दलित-नारीवाद, पण्डिता रमाबाई सरस्वती, महादेवी वर्मा, दुर्गाबाई देशमुख, रमाबाई रानाडे, विजय लक्ष्मी पण्डित, विद्याबेन शाह, संतोष कुमारी देवी।

### संदर्भ

1. मंजू चट्टोपाध्याय (1984), 'संतोष कुमारी देवी : अ पायनियरिंग लेबर लीडर', *सोशल साइंटिस्ट*, खण्ड 12, अंक 1.
2. संतोष कुमारी देवी, *हाउ आई स्टार्टेड द लेबर मूवमेंट*, अप्रकाशित संस्मरण।

**— रवि दत्त वाजपेयी**

# संयुक्त प्रगतिशील गठबंधन

(United Progressive Alliance)

कांग्रेस के नेतृत्व में चलने वाला संयुक्त प्रगतिशील गठबंधन (संप्रग) भारत की संसदीय राजनीति की दो सर्वप्रमुख शक्तियों में से एक है। 2004 के चुनाव के बाद अस्तित्व में आया यह गठबंधन तभी से सत्तारूढ़ बना हुआ है। 2014 में होने वाले संसदीय चुनाव में लगातार तीसरी बार संप्रग की टक्कर भारतीय जनता पार्टी के नेतृत्व वाले गठबंधन राष्ट्रीय जनतांत्रिक गठजोड़ (राजग) से होगी। दरअसल, नब्बे के दशक के आख़िरी वर्षों से ही भारतीय राजनीति में गठजोड़ का युग चल रहा है। राष्ट्रीय राजनीति पर संप्रग और राजग की प्रतियोगिता हावी है। संप्रग का गठन राजग के बाद हुआ है। राजग अगर चुनाव के पहले बनाया गया गठजोड़ है तो संप्रग मुख्य तौर पर चुनाव के उपरांत बनने वाला गठजोड़ है।

लेकिन इस संदर्भ में ख़ास बात यह है कि इस गठबंधन में शामिल हुए कई दलों के साथ कांग्रेस का चुनाव पूर्व समझौता भी था। संप्रग की पृष्ठभूमि और इसके प्रदर्शन का विश्लेषण इसे दो भागों में बाँटकर किया जा सकता है। पहला, संप्रग- एक (2004-2009) और दूसरा, संप्रग- दो (2009- अब तक)।

2004 के लोकसभा चुनावों के ठीक पहले भाजपा के नेतृत्व वाले राजग की स्थिति बहुत मजबूत मानी जा रही थी। लेकिन कांग्रेस ने क्षेत्रीय स्तर पर कुछ दलों से गठजोड़ क़ायम करके चुनावों में अपनी स्थिति पहले की तुलना में काफ़ी सुदृढ़ कर ली और भाजपा की सीटों में ख़ासी गिरावट आयी। इन चुनावों में कांग्रेस को 1999 की 114 सीटों की तुलना में 145 सीटों पर जीत मिली। दूसरी ओर भाजपा को 1999 की 182 सीटों की तुलना में 138 सीटें ही मिल सकीं। राजग की सीटों में ख़ासी गिरावट आयी। लोकसभा में इसके 270 सदस्य थे, जो अब घटकर 161 ही रह गये। नतीजे आने के बाद कांग्रेस ने कई भाजपा विरोधी क्षेत्रीय दलों को मिला कर संप्रग की रचना की। दरअसल, राजग की सफलता ने कांग्रेस को भी गठजोड़ की राजनीति की तरफ़ धकेला। उसके साथ मिल कर चुनाव लड़ने वाली प्रमुख पार्टियाँ थीं : राष्ट्रवादी कांग्रेस पार्टी (राकांपा) और द्रविड मुनेत्र कषगम (द्रमुक)। चुनावों के बाद कांग्रेस ने जिन क्षेत्रीय दलों को जोड़कर संप्रग बनाया उनमें प्रमुख थीं : आंध्र प्रदेश की तेलंगाना राष्ट्र समिति (टीआरएस), तमिलनाडु की द्रमुक और मारूमलारची द्रविड़ मुनेत्र कषगम (एडीएमके), बिहार की राष्ट्रीय जनता दल (राजद) और लोक जनशक्ति पार्टी (लोजपा), पीपुल्स डेमोक्रेटिक पार्टी (पीडीपी)। लेकिन संप्रग के पास बहुमत नहीं था। इसलिए मार्क्सवादी कम्युनिस्ट पार्टी के नेतृत्व वाले वाम मोर्चे ने उसे बाहर से समर्थन दिया जिससे उसे लोकसभा में बहुमत हासिल हो गया। समाजवादी पार्टी, बहुजन समाज पार्टी और जनता दल (सेकुलर) जैसे दलों ने भी इसे बाहर से समर्थन प्रदान किया। संप्रग ने अपने इस दौर में वामपंथी दलों के साथ मिलकर एक न्यूनतम साझा कार्यक्रम तैयार किया जिसे संप्रग के शासन का नीतिगत आधार माना गया। इसके अलावा शुरू से यह बात स्पष्ट थी कि कांग्रेस अध्यक्ष सोनिया गाँधी ही कांग्रेस की ओर से प्रधानमंत्री पद की उम्मीदवार होंगी। लेकिन उनके विदेशी मूल के होने से जुड़े विवाद के कारण उन्होंने यह पद न लेने का रणनीतिक फ़ैसला किया, और उनके द्वारा मनोनीत डॉ. मनमोहन सिंह संप्रग सरकार के मुखिया बने। सोनिया गाँधी ने गठबंधन की अध्यक्ष के तौर पर राष्ट्रीय सलाहकार परिषद् (एनएसी) का गठन किया जिसमें ज़मीनी स्तर पर सक्रिय कई एनजीओ एक्टिविस्टों और बुद्धिजीवियों को शामिल किया गया। एनयेसी का मुख्य काम विविध मुद्दों पर सरकार को सलाह देना था। इस तरह 2004 में डॉ. मनमोहन सिंह के नेतृत्व में बनी संप्रग-एक सरकार पर वामपंथियों की भागीदारी वाले न्यूनतम साझा कार्यक्रम और राष्ट्रीय सलाहकार परिषद् का नियंत्रण था।

समीक्षकों की राय है कि संप्रग-एक की सरकार का प्रदर्शन काफ़ी अच्छा रहा। वित्त मंत्री के रूप में मनमोहन सिंह ने ही 1991 में भारत में आर्थिक सुधारों की शुरुआत की थी। प्रधानमंत्री के रूप में भी उन्होंने इन सुधारों को आगे बढ़ाने की वकालत ज़रूरत की, लेकिन इसके साथ ही संप्रग-एक की सरकार राष्ट्रीय न्यूनतम साझा कार्यक्रम के प्रति भी वचनबद्ध थी। क्षेत्रीय दलों और ख़ास तौर सरकार को बाहर से समर्थन दे रहे वाम मोर्चे ने सुनिश्चित करने का प्रयास किया कि सरकार न्यूनतम साझा कार्यक्रम के अनुसार ही काम करे। वाम दलों और राष्ट्रीय सलाहकार परिषद् के दबाव के कारण संप्रग-एक की सरकार ने कुछ प्रगतिशील क़दम उठाये। इनमें राष्ट्रीय ग्रामीण रोज़गार गारंटी अधिनियम, सूचना के अधिकार अधिनियम और अनुसूचित जनजाति और अन्य परम्परागत वन निवासी (वन अधिकार मान्यता) अधिनियम-2006 संप्रग-एक सरकार द्वारा पारित करवाये गये प्रगतिशील क़ानून थे। यद्यपि इन क़ानूनों की अपनी सीमाएँ रही हैं, लेकिन इनके बनने से यह बात साफ़ तौर पर सामने आयी कि संप्रग-एक की सरकार ने ज़मीनी स्तर से आने वाली माँगों की ओर ध्यान दिया। इन क़ानूनों के लागू होने की प्रक्रिया में कई कमियाँ रही हैं। लेकिन इनसे आम लोगों के सशक्तीकरण में बढ़ोतरी भी हुई है।

इसी तरह संप्रग-एक सरकार में 2004-2008 के बीच औसत वार्षिक वृद्धि दर 8 प्रतिशत रही। इस लिहाज़ से इस

संयुक्त प्रगतिशील गठबंधन : प्रगतिशील क़ानूनों की रणनीति

सरकार का आर्थिक प्रदर्शन काफ़ी अच्छा माना जा सकता है। 2008 के उत्तरार्ध में वाम मोर्चे ने संप्रग सरकार से अपना समर्थन वापस ले लिया। इसका मुख्य कारण सरकार द्वारा अमेरिका के साथ की जाने वाली परमाणु संधि थी। लेकिन बहुत से प्रेक्षकों ने यह तर्क दिया कि इसके पीछे संसदीय राजनीति की मजबूरी भी काम कर रही थी। वाम मोर्चे, ख़ास तौर माकपा को अपने प्रभाव वाले सभी राज्यों में कांग्रेस के ख़िलाफ़ चुनाव लड़ना था। इसलिए उसके लिए यह ज़रूरी था कि वह संप्रग सरकार से समर्थन वापस लेकर विपक्षी दल के रूप में तीखे तेवर अपनाए। बावजूद इसके यह इनकार नहीं किया जा सकता कि संप्रग-एक की सरकार द्वारा किये गये कई प्रगतिशील कामों में वामपंथी दलों की भी ज़बरदस्त भूमिका रही। उल्लेखनीय है कि संप्रग के कई घटक दल भी इस दौर में (2004-2009) उससे अलग हुए। मसलन, तेलंगाना राष्ट्र समिति अलग तेलंगाना राज्य के मुद्दे पर संप्रग से अलग हुई। कश्मीर की पीपुल्स डेमोक्रेटिक पार्टी और कई अन्य छोटे दल भी संप्रग से अलग हुए। लेकिन इससे इसकी स्थिरता पर कोई नकारात्मक प्रभाव नहीं पड़ा।

विद्वानों की राय है कि संप्रग-एक सरकार द्वारा किये गये प्रगतिशील क़ानूनों के कारण ही 2009 के लोकसभा चुनावों में संप्रग को जीत मिली। दूसरी तरफ़, बिहार और मध्य प्रदेश जैसे राज्यों में इसे ज़्यादा सफलता नहीं मिली। कुछ टीकाकारों ने यह टिप्पणी की कि असल में पूरे राष्ट्रीय स्तर पर कोई एक मुद्दा हावी नहीं रहा, बल्कि अलग-अलग क्षेत्रों में वहाँ के स्थानीय मुद्दों ने चुनाव को प्रभावित किया। फिर यह कहा जा सकता है कि संप्रग-एक की सरकार के प्रदर्शन ने ही 2009 के संसदीय चुनावों में इसकी जीत का रास्ता साफ़ किया। इन चुनावों में कांग्रेस को 2004 के चुनावों की तुलना में 61 सीटों का फ़ायदा हुआ और इसे अकेले 206 सीटें मिलीं। संप्रग के घटक दलों के सीटों को मिला कर यह संख्या 262 तक पहुँच गयी। उल्लेखनीय है कि वाम दलों के समर्थन वापस लेने के बाद पश्चिम बंगाल में कांग्रेस और तृणमूल कांग्रेस का गठजोड़ क़ायम हुआ जिसे चुनावों में अच्छी ख़ासी सफलता मिली। इसके अलावा, तमिलनाडु में भी द्रमुक-कांग्रेस गठजोड़ को ज़बरदस्त कामयाबी मिली। संप्रग अपने बलबूते पर बहुमत के काफ़ी नज़दीक पहुँच गया। वाम दलों पर निर्भरता न रहने के कारण कांग्रेस की स्थिति मजबूत हो गयी। 2009 के लोकसभा चुनावों के बाद डॉ. मनमोहन सिंह के नेतृत्व में ही संप्रग-दो सरकार बनी। इसे समाजवादी पार्टी और बहुजन समाज पार्टी ने बाहर से समर्थन प्रदान किया।

संप्रग के दूसरे कार्यकाल में इसका प्रदर्शन प्रभावकारी नहीं रहा। अधिकांश मोर्चों पर सरकार का काम निराशाजनक रहा। संप्रग-एक के समय कांग्रेस नेतृत्व ने आर्थिक सुधारों और आम जनता के सामाजिक-आर्थिक हितों के बीच एक संतुलन बनाने की कोशिश की थी। लेकिन 2009 के बाद जन-कल्याण के खाते में कोई विशेष क़दम नहीं उठाया गया। इस सरकार के ऊपर वामपंथी दलों का कोई दबाव नहीं है, और न ही कांग्रेस के भीतर भी जनोन्मुखता की आवाज़ की कोई सक्रिय भूमिका नहीं है। इसी कारण से संप्रग-दो आम लोगों की भलाई करने वाले किसी ख़ास कार्यक्रम की शुरुआत नहीं कर पायी। यहाँ तक कि कभी इसके न्यूनतम साझा कार्यक्रम पर भी गम्भीरता से चर्चा नहीं हुई। भूमि अधिग्रहण, खाद्य सुरक्षा, महिला आरक्षण और साम्प्रदायिक हिंसा से निपटने आदि जैसे घोषित वायदों पर भी संप्रग सरकार ने कोई ख़ास प्रगति नहीं दर्ज की। इसकी बजाय उसने आर्थिक सुधारों को आगे बढ़ाने पर ज़ोर दिया।

वैश्विक आर्थिक मंदी के कारण देश की आर्थिक वृद्धि की दर भी प्रभावित हुई, हालाँकि संप्रग सरकार ने इसका भारतीय अर्थव्यवस्था पर बहुत नकारात्मक प्रभाव नहीं पड़ने दिया। लेकिन इसने कुछ ऐसे आर्थिक क़दम भी उठाये, जिनका घरेलू अर्थव्यवस्था पर बहुत नकारात्मक प्रभाव पड़ सकता है। मसलन, घरेलू ख़ुदरा बाज़ार में विदेशी पूँजी निवेश की इजाज़त देना ऐसा ही एक क़दम है। इसका ख़ुदरा व्यापारियों और विपक्षी दलों ने पुरजोर विरोध किया। आशंका जतायी गयी कि इससे घरेलू रोजगार पर बहुत बुरा असल पड़ेगा। इसी मुद्दे पर संप्रग के एक प्रमुख घटक तृणमूल कांग्रेस ने सितम्बर 2012 में संप्रग से नाता तोड़ लिया। इसी तरह द्रमुक ने मार्च, 2013 में संप्रग-दो सरकार से अपना समर्थन वापस ले लिया। समर्थन वापसी का तात्कालिक कारण श्रीलंका में तमिलों के ख़िलाफ़ राज्य की हिंसा के मुद्दे पर भारत सरकार का ढुलमुल रवैया था। लेकिन इस पृष्ठभूमि काफ़ी पहले से तैयार हो रही थी, जब टू जी घ़ोटाले के तहत द्रमुक कोटे से बने संचार मंत्री ए. राजा और द्रमुक प्रमुख करुणानिधि की बेटी कणिमोयी पर भ्रष्टाचार के आरोप लगे। राजा और करुणानिधि की बेटी को लम्बे समय तक जेल में भी रहना पड़ा।

असल में संप्रग-दो की सरकार भ्रष्टाचार से निपटने में न केवल पूरी तरह नाकाम रही, बल्कि उसकी छवि स्वयं भ्रष्टाचार की तरफ़ से आँखें बंद करने वाली हुकूमत जैसी बन गयी। सरकार के कई महकमों और मंत्रियों पर भ्रष्टाचार के गम्भीर आरोपों का सामना करना पड़ा। टू जी घोटाला, कॉमनवेल्थ घोटाला, कोयला घोटाला, रेल घोटाला आदि में बड़े पैमाने पर रिश्वतखोरी, कमीशनखोरी और सरकारी धन की लूट के तथ्य सामने आये। इस दौर में भ्रष्टाचार के सभी पुराने रेकार्ड टूट गये। भ्रष्टाचार के ख़िलाफ़ ही 2011 में अण्णा हजारे और अरविंद केजरीवाल द्वारा शुरू की गयी मुहिम ने भी संप्रग-दो सरकार की छवि को ठेस पहुँचायी।

कुल मिला कर यह कहा जा सकता है कि अपने शुरुआती रूप में सप्रंग-एक की सरकार ने सेकुलर और जनोन्मुख राजनीति को मजबूत किया। अपने बूते बहुमत से दूर रहने और कांग्रेस के पास कम सीटें होने के बावजूद संप्रग-एक सरकार ने ज़्यादा अच्छी तरह काम किया। लेकिन सप्रंग-दो सरकार के दौर में प्रशासन काफ़ी बिखरा रहा है और भ्रष्टाचार के आरोप सामने आये। संप्रग-एक की तुलना में इस सरकार ने बाज़ारवादी आर्थिक सुधारों के पक्ष में ज़्यादा क़दम उठाये जिसके दूरगामी नकारात्मक प्रभाव भी हो सकते हैं। इससे न सिर्फ़ आम लोगों के रोज़गार पर बुरा असर पड़ने की सम्भावना है, बल्कि चुनाव राजनीति में भी संप्रग के लिए यह महँगा सौदा साबित हा सकता है। संप्रग की दोनों सरकारें गठजोड़ की राजनीति के सकारात्मक और नकारात्मक पहलुओं को रेखांकित करती हैं। संप्रग-एक सरकार इस बात का उदाहरण है कि सहयोगी की दलों की रोक-टोक सरकार की प्रभावकारिता के लिए नकारात्मक नहीं होती है। वहीं, संप्रग-दो इस बात का उदाहरण है कि यदि गठबंधन से जुड़े दल सिर्फ़ अपने फ़ायदे के लिए सौदेबाज़ी करने लगें तो इसका सरकार की छवि और कार्यकुशलता पर नकारात्मक प्रभाव पड़ता है। यह इस बात का भी प्रमाण है कि गठबंधन का बड़ा दल यदि नीतिगत फ़ैसलों की बजाय तात्कालिक रणनीति पर ध्यान दे तो वह सरकार तो चला सकत है, लेकिन सरकार की बेहतर छवि क़ायम नहीं कर सकता। संप्रग-दो का भविष्य इसी बात से तय होगा कि वह तात्कालिक जोड़-तोड़ से अलग हटकर किसी सीमा तक नीतिगत मसलों पर फ़ैसले कर पाता है।

**देखें :** अकाली दल, कांग्रेस 'प्रणाली', ग़ैर-कांग्रेसवाद, गठजोड़ राजनीति, जनता दल और उसकी विरासत-1 और 2, तेलुगु देशम पार्टी, पार्टी-गठजोड़ की राजनीति, भारत में गठजोड़ राजनीति, भारतीय जनता पार्टी-1 और 2, भारत में मतदान-व्यवहार-1, 2, 3, 4, 5 और 6, भारतीय राष्ट्रीय कांग्रेस-1 और 2, भारतीय कम्युनिस्ट पार्टी, भारतीय कम्युनिस्ट पार्टी (मार्क्सवादी), राष्ट्रीय जनतांत्रिक गठजोड़, वाम मोर्चा, शिव सेना, समाजवादी पार्टी, बहुजन समाज पार्टी-1 और 2, शिरोमणि अकाली दल, समाजवादी पार्टी।

**संदर्भ**

1. ज़ोया हसन (2012), *कांग्रेस आफ़्टर इंदिरा : पॉलिसी, पॉवर, पॉलिटिकल चेंज (1984-2009), नयी दिल्ली* : ऑक्सफ़र्ड युनिवर्सिटी प्रेस, नयी दिल्ली.
2. संजय रूपारेलिया (2005), 'मैनेजिंग द यूनाइटेड प्रोग्रेसिव अलायंस : द चैलेंजेस अहेड', *इकॉनॉमिक ऐंड पॉलिटिकल वीकली*, खण्ड 40, अंक 29.

**— कमल नयन चौबे**

# संयुक्त राष्ट्र

(United Nations)

संयुक्त राष्ट्र एक ऐसा अंतर-सरकारी संगठन है जो विश्व स्तर पर शांति और सुरक्षा क़ायम रखने, राष्ट्रों के आत्म-निर्णय के अधिकार की रक्षा करने, विभिन्न देशों के बीच सामाजिक व आर्थिक सहयोग सुनिश्चित करने और मानवाधिकारों की हिफ़ाज़त करने के लिए काम करता है। इसकी की स्थापना प्रथम विश्व-युद्ध के बाद बने लीग ऑफ़ नेशंस को विफलताओं से सबक सीख कर 1945 में उस समय की गयी जब द्वितीय विश्व-युद्ध अपने आख़िरी दौर में था। अमेरिका, सोवियत संघ, ब्रिटेन, चीन और 47 अन्य देश इसके संस्थापक सदस्य थे। पिछले पचास साल में संयुक्त राष्ट्र कई तरह तरह के दौरों से गुज़रा है। शीत युद्ध के दौरान अंतर्राष्ट्रीय शांति और सुरक्षा क़ायम रखने में इसे ख़ास सफलता नहीं मिली, क्योंकि आपस में होड़ कर रही दोनों महाशक्तियों (अमेरिका और सोवियत संघ) ने बार-बार वीटो (निषेधाधिकार) का प्रयोग करके इस संगठन की सुरक्षा परिषद् को तक़रीबन निष्प्रभावी ही कर दिया था। इस नाकामी के बावजूद यह मानना होगा कि संयुक्त राष्ट्र ने पचास और साठ के दशक में वि-उपनिवेशीकरण की ऐतिहासिक और जटिल प्रक्रिया को अपनी निगरानी में चलाया। महाशक्तियों के कारण नाकाम हुई सामूहिक सुरक्षा नीति के विकल्प में उसने शांति-स्थापना (पीसकीपिंग) का कार्यक्रम अपनाया जिसके कारण महाशक्तियाँ एक हद तक विभिन्न संघर्षों में सीधे हस्तक्षेप नहीं कर पायीं जिसके कारण उनके बीच सीधे टकराव की नौबत नहीं आयी। नब्बे के दशक के बाद से भूमण्डलीकरण और एकध्रुवीयता की नयी परिस्थितियों में संयुक्त राष्ट्र की अंतर्राष्ट्रीय हैसियत और प्रभावकारिता में काफ़ी गिरावट आयी है।

1961 से 1971 के बीच संयुक्त राष्ट्र के महासचिव ऊ थाँ (1909-1974)

द्वितीय विश्व-युद्ध छिड़ने के दो साल बाद ब्रिटेन के प्रधानमंत्री विंस्टन चर्चिल ने अमेरिका के राष्ट्रपति एफ़.डी. रूज़वेल्ट से एक मुलाक़ात की जिसके परिणामस्वरूप एक दस्तावेज़ जारी किया गया जिसे अटलांटिक चार्टर कहा जाता है। इसमें दोनों देशों ने अपने युद्ध संबंधी उद्देश्यों का खुलासा किया था। इनके अनुसार ब्रिटेन और अमेरिका न केवल नाज़ी जर्मनी की पराजय चाहते थे, बल्कि देशों के बीच शांति, सुरक्षा, सहयोग और स्वतंत्रता के हक़ में एक व्यापक और स्थाई अंतर्राष्ट्रीय बंदोबस्त करने के भी इच्छुक थे। जनवरी, 1942 में 26 देशों ने इन्हीं मानकों के आधार पर तैयार की गयी संयुक्त राष्ट्र उद्घोषणा पर दस्तख़त किये। 1944 में सोवियत संघ, अमेरिका, चीन और ब्रिटेन के प्रतिनिधियों ने डम्बरटन ओक (अमेरिका) में बैठक करके एक नये अंतर्राष्ट्रीय संगठन के लिए ठोस प्रस्ताव तैयार किये। 1945 में सैन फ्रांसिस्को में हुई संयुक्त राष्ट्र कॉन्फ्रेंस में 51 देशों ने इस संगठन के चार्टर पर बहस करके उसे पारित कर दिया।

संयुक्त राष्ट्र का मुख्यालय न्यूयॉर्क में है और उसके मुख्य तौर पर छह घटक हैं : महासभा, सुरक्षा परिषद्, सचिवालय, आर्थिक और सामाजिक परिषद्, अंतर्राष्ट्रीय न्यायालय और ट्रस्टीशिप कौंसिल। महासभा की साल में एक बार बैठक होती है जिसमें सभी 187 सदस्य भाग लेते हैं। महासभा अपना कामकाज छह कमेटियों के ज़रिये सम्पन्न करती है : पहली कमेटी का काम निःशस्त्रीकरण, अंतरिक्ष, राजनीतिक और सुरक्षा संबंधी मुद्दों पर ग़ौर करती है; दूसरी कमेटी आर्थिक और वित्तीय पक्षों का ध्यान रखती है; तीसरी कमेटी सामाजिक-मानवीय-सांस्कृतिक मसलों को देखती है; चौथी कमेटी औपनिवेशिक प्रकरणों पर निगाह रखती है; पाँचवीं कमेटी प्रशासनिक और बजट संबंधी कामकाज निबटाती है; और छठी कमेटी क़ानूनी मसलों के लिए बनी है। महासभा की दुनिया की राजनीति में कोई निर्णायक भूमिका नहीं है। वह अपनी पसंद के मुद्दों पर बहस करती है, दो-तिहाई बहुमत से प्रस्ताव पारित करती है, अन्य संयुक्त राष्ट्र संस्थाओं के लिए सदस्य चुनती है और अपने बजट को स्वीकार करती है। उसका रुतबा नैतिक क़िस्म का है और उसकी राय भूमण्डलीय मत का पर्याय समझी जाती है।

संयुक्त राष्ट्र का सबसे महत्त्वपूर्ण हिस्सा है सुरक्षा परिषद्। अंतर्राष्ट्रीय शांति और सुरक्षा के लिए ख़तरा होने की स्थिति में उसकी बैठक कभी भी आयोजित की जा सकती है। इसके 15 सदस्यों में पाँच स्थाई (अमेरिका, रूस, चीन, फ्रांस और ब्रिटेन) हैं और दस अस्थाई सदस्य अफ्रीका, एशिया, पूर्वी युरोप, लैटिन अमेरिका, पश्चिमी युरोप और ओशियाना क्षेत्रों से दो साल के लिए चुने जाते हैं। सुरक्षा परिषद् बहुमत के आधार पर निर्णय लेती है, पर उस बहुमत में पाँचों स्थाई सदस्यों की सहमति शामिल होना ज़रूरी है। अन्यथा ये सदस्य निषेधाधिकार का इस्तेमाल करके किसी भी निर्णय को रोक सकते हैं।

संयुक्त राष्ट्र ने कई क्षेत्रों में काम करने के लिए कुछ संस्थाओं को बनाया है और कुछ को अपनाया है। विश्व बैंक और अंतर्राष्ट्रीय मुद्रा कोष को उसने अपनी संस्था की हैसियत दे रखी है। इनके अलावा विश्व स्वास्थ्य संगठन (डब्ल्यूएचओ), संयुक्त राष्ट्र शैक्षिक, वैज्ञानिक और सांस्कृतिक संगठन (यूनेस्को), यूएन इंटरनैशनल चिल्ड्रंस इमरजेंसी फंड (यूनीसेफ़), संयुक्त राष्ट्र शरणार्थी उच्चायोग (यूएनयेचसीआर), यूएन कान्फ्रेंस ऑन ट्रेड ऐंड डिवेलपमेंट (अंकटाड), यूएन डिवेलपमेंट प्रोग्राम (यूएनडीपी) और संयुक्त राष्ट्र पर्यावरण कार्यक्रम (यूएनईपी)।

अपनी रचना के बाद संयुक्त राष्ट्र को पहली कामयाबी आत्म-निर्णय का सिद्धांत लागू करने में मिली। चूँकि युरोपीय औपनिवेशिक ताक़तें विश्व-युद्ध के कारण कमज़ोर हो गयी थीं, इसलिए संयुक्त राष्ट्र महासभा को दुनिया भर के स्वतंत्रता आंदोलनों के लिए अपना मंच मुहैया कराने में कोई दिक़्क़त नहीं हुई। अल्जीरिया में चल रहे सशस्त्र संघर्ष में संयुक्त राष्ट्र के सदस्य देशों ने हस्तक्षेप करके उपनिवेशवादियों पर दबाव डाला और स्वतंत्रता सैनानियों को कामयाबी दिलवायी। दुनिया के पैमाने पर चली वि-उपनिवेशीकरण इस प्रक्रिया में सोवियत संघ और अमेरिका के सक्रिय सहयोग की भूमिका अहम थी। दोनों महाशक्तियाँ अपने-अपने प्रभाव-क्षेत्रों का विकास करना चाहती थीं।

साठ के दशक में कई नव-स्वतंत्र देशों ने गुटनरिपेक्ष आंदोलन का गठन करके महासभा में अमेरिकी दबदबे को ख़त्म कर दिया। सत्तर के दशक तक ये देश मानते रहे कि संयुक्त राष्ट्र के ज़रिये वे मौजूदा विश्व-व्यवस्था को चुनौती

दे सकते हैं। लेकिन, जैसे-जैसे शीत-युद्ध ख़ात्मे की तरफ़ बढ़ा, गुटनिरपेक्ष आंदोलन की प्रासंगिकता का भी क्षय होता चला गया। चूँकि विकसित देशों की संयुक्त राष्ट्र की वैकासिक प्रतिबद्धताओं में कोई रुचि नहीं थी, इसलिए उपनिवेशवादी दोहन के कारण जड़ जमा चुकीं विश्व-व्यापी संरचनागत विषमताओं के ख़िलाफ़ कुछ ख़ास नहीं किया जा सका।

संयुक्त राष्ट्र की ट्रस्टीशिप कौंसिल द्वितीय विश्व-युद्ध के बाद विश्व-ट्रस्ट के तहत 11 भू-क्षेत्रों का प्रशासन चलाने की ज़िम्मेदारी उठाती थी। धीरे-धीरे इनमें से दस को भी स्वतंत्रता प्राप्त हो गयी। केवल पलाउ आइलैण्ड ही अमेरिकी ट्रस्टीशिप के तहत रह गया है।

1988 से 1992 के बीच संयुक्त राष्ट्र को शीत-युद्ध के ख़ात्मे के कारण कई सफलताएँ मिलीं। 1991 के खाड़ी युद्ध के दौरान इराक की जीत और कुवैत पर उसके क़ब्ज़े को चुनौती देने के मामले में संयुक्त राष्ट्र की भूमिका की सराहना हुई। इसके बात अफ़ग़ानिस्तान, कम्बोडिया, नामीबिया और एल सल्वाडोर में मध्यस्थता करके वह अपने चार्टर की उम्मीदों पर खरा उतरा। एकबारगी लगने लगा कि विश्व-व्यवस्था अंतर्राष्ट्रीय क़ानून के मुताबिक़ चल सकती है। यही वह दौर था जब संयुक्त राष्ट्र की शांति-स्थापना कार्रवाइयों की संख्या दोगुनी हो कर बीस तक पहुँच गयी और उनका बजट चौगुना हो कर चार अरब डॉलर हो गया। उस समय सारी दुनिया में संयुक्त राष्ट्र के अस्सी हज़ार शांति सैनिक सक्रिय थे। ये सैनिक नीले हैलमेट पहनते थे और कुवैत और सोमालिया से बोस्निया और मध्य अफ़्रीका तक उनकी उपस्थिति देखी जा सकती थी।

इन कामयाबियों का अंत सोमालिया की राजधानी मोगदिशु में उस समय हो गया जब वहाँ ग़लत रणनीति के कारण एक फ़ौजी कार्रवाई में 18 अमेरिकी सैनिक मारे गये। हालाँकि यह कार्रवाई अमेरिकी कमान के तहत हो रही थी, पर क्लिंटन प्रशासन ने इसकी ज़िम्मेदारी संयुक्त राष्ट्र के तत्कालीन महासचिव बुटरस बुटरस-घाली के मत्थे मढ़ दी। इसके बाद बोस्निया में संयुक्त राष्ट्र शांति सेना की नाक़ामी के कारण अमेरिका की निगाहों में इस विश्व-संस्था की उपयोगिता और कम हो गयी। मई, 1994 में राष्ट्रपति क्लिंटन ने संयुक्त राष्ट्र शांति सेनाओं में अपनी भागीदारी घटानी शुरू कर दी। उसने रवांडा के जातिसंहार को रोकने के लिए वहाँ संयुक्त राष्ट्र की सेना को मज़बूत करने से इनकार कर दिया। उसने इन सेनाओं का बढ़ता हुआ ख़र्चा उठाने से भी मना कर दिया। पूरे नब्बे के दशक में अमेरिका संयुक्त राष्ट्र को दिये जाने वाले अपने आर्थिक योगदान का भुगतान करने से आनाकानी करता रहा।

संयुक्त राष्ट्र के प्रभाव और उपयोगिता में कमी आने के मुख्यत: तीन कारण समझे जाते हैं : पहला, दुनिया में युद्ध का पैटर्न बदल गया है। कई बार गृह युद्ध और दो राज्यों के बीच होने वाले युद्ध के बीच फ़र्क़ करना मुश्किल हो जाता है। अपने चार्टर के अनुसार संयुक्त राष्ट्र हर राज्य की सम्प्रभुता का सम्मान करने के लिए बाध्य है। वह उसके भीतरी मामलों में हस्तक्षेप नहीं कर सकता। इसलिए इस तरह के मामलों में उसके हाथ बँध जाते हैं। दूसरा, चूँकि संयुक्त राष्ट्र किसी संकट में हस्तक्षेप करने के लिए अपने पाँच स्थाई सदस्यों की पहलक़दमी पर निर्भर है, इसलिए उसे कई बार किसी हस्तक्षेप में बहुत लम्बा समय लग जाता है। तीसरे, संयुक्त राष्ट्र अपने ख़र्चे के लिए पाँच स्थाई सदस्यों के अनुदान पर बहुत ज़्यादा निर्भर है। इसलिए भी वह इन देशों के राष्ट्रीय हितों का मोहरा बनने के लिए मजबूर हो जाता है।

आज बहस इस बात पर है कि संयुक्त राष्ट्र के कामकाज में सुधार कैसे किया जाए। इसके लिए सुझाव दिया गया है कि जापान, जर्मनी और भारत को भी सुरक्षा परिषद् में स्थाई सदस्यता प्रदान की जानी चाहिए, क्योंकि मौजूदा स्थाई सदस्य द्वितीय विश्व युद्ध के बाद के यथार्थ की नुमाइंदगी करते हैं न कि इक्कीसवीं सदी के यथार्थ की।

**देखें :** आदर्शवाद, आतंकवाद, अंतर्राष्ट्रीय मुद्रा कोष, इमैनुएल कांट, इतिहास का अंत, एडवर्ड हैलेट कार, जाति-संहार, पृथकतावाद, तृतीय विश्व, द्वितीय विश्व-युद्ध, नस्लवाद, नव-उपनिवेशवाद, निर्भरता सिद्धांत, नि:शस्त्रीकरण, पेटेंट, प्रथम विश्व-युद्ध, प्रगति, बौद्धिक सम्पदा अधिकार, ब्रेटन वुड्स प्रणाली, भारत में पेटेंट क़ानून, रंगभेद, उपनिवेशवाद, यथार्थवाद, युद्ध, युरोपीय संघ, रचनात्मकतावाद, राजनय, विश्व व्यापार संगठन, विश्व बैंक, विश्व-सरकार, वि-उपनिवेशीकरण, सभ्यताओं का संघर्ष, सम्प्रभुता, साम्राज्यवाद, शस्त्र-नियंत्रण, शांति, शांतिवाद, शीत-युद्ध, हथियारों की होड़।

## संदर्भ

1. एस. र्‍यान (2000), द *यूनाइटिड नेशंस ऐंड इंटरनैशनल पॉलिटिक्स,* सेंट मार्टिंस प्रेस, न्यूयॉर्क
2. जी. सिमंस (1994), द *यूनाइटिड नेशंस : अ क्रोनोलॅजी ऑफ़ कांफ्लिक्ट,* मैकमिलन, लंदन
3. यूनाइडिड नेशंस (1990), द *ब्लू हेल्मेट्स : अ रिव्यू ऑफ़ यूनाइटिड नेशंस पीसकीपिंग,* यूनाइटिड नेशंस, न्यूयॉर्क

**— अभय कुमार दुबे**

# संरचनावाद और उत्तर-संरचनावाद

(Structuralism and Post-structuarlism)

आधुनिक भाषा-विज्ञान के जनक फ़र्दिनैंद द सॅस्यूर (1857-1913) के अध्यापकीय व्याख्यानों से संरचनावाद का जन्म हुआ है। संरचनावाद की मूल मान्यता है कि परस्पर विपरीत द्विभाजन के ज़रिये भाषा, संस्कृति, इतिहास, मनोविज्ञान जैसे समाज के विभिन्न आयामों का अर्थ ग्रहण किया जा सकता है। संरचनावाद के कई संस्करण हैं जिनमें फ्रांसीसी, चेक, रूसी एवं अमेरिकी-ब्रिटिश संस्करणों का विशेष उल्लेख होता है। अमेरिकी-ब्रिटिश संरचनावादियों ने मानवीय सामाजिक संबंधों को संरचना का आधार माना है, जबकि युरोप के अन्य संरचनावादी संरचना का आधार विचार एवं भाषा को मानते हैं। बहुआयामी कलेवर एवं विस्तृत क्षितिज से संबंधित होने के कारण संरचनावाद के विभिन्न विचार-सम्प्रदायों में मत-वैविध्य है। इसके बावजूद वे सभी भाषा के माध्यम से समाज, संस्कृति, व्यक्ति के मानस आदि की ऐसी व्याख्या करते हैं जहाँ व्यक्तिनिष्ठता के स्थान पर वस्तुनिष्ठता प्रभावी हो जाती है। जहाँ आधुनिक वस्तुनिष्ठता का प्रतिपादक व्यक्ति है, वहीं संरचनावादी वस्तुनिष्ठता द्वारा व्यक्ति कर्ता के रूप में निर्मित होता है।

संरचनावाद एक बौद्धिक आंदोलन की तरह विकसित हुआ, जिसे अनेक विद्वानों ने ज्ञान के विभिन्न क्षेत्रों में आगे बढ़ाया। इस सिद्धांत को मानवशास्त्र में क्लॉद लेवी-स्त्रॉस, मनोविज्ञान में ज़ाक लकाँ, वास्तुशास्त्र में राबर्ट वेंचुरी, साहित्यिक समालोचना में टेरी ईगलटन और भाषा-विज्ञान में सॅस्यूर जैसे चिंतकों ने अपना आधार बनाया। मार्क्सवादी समीक्षा में भी संरचनावाद का प्रयोग हुआ और इस क्षेत्र में लुई अलथुसे का नाम प्रमुख है। समाजशास्त्र में दुर्ख़ाइम एवं बार्थ के विचारों से संरचनावाद का सूत्रपात हो जाता है जिसका प्रसार आगे चलकर पिएर बोर्दियो जैसे विचारकों के माध्यम से हुआ। संरचनावाद के विकास में मिशेल फ़ूको, ज्याँ-फ्रांस्वा ल्योतर एवं ज़ाक देरिदा जैसे चिंतकों का भी विशिष्ट योगदान है।

सॅस्यूर के भाषा वैज्ञानिक विश्लेषण, याकोबसन के सायबरनेटिक्स तथा दुर्ख़ाइम द्वारा प्रतिपादित सामूहिक मानसिक संरचना के विचारों को मिलाकर लेवी-स्त्रॉस ने संरचनावाद को एक नया आयाम प्रदान किया। विभिन्न जनजातीय समाजों में नातेदारी व्यवस्था और मिथकों के अध्ययन के आधार पर उन्होंने पाया कि मानवीय व्यवहार के प्रेरक तत्त्व सभी जगह कमोबेश एक ही जैसे हैं, क्योंकि मानव मस्तिष्क की संरचना एक जैसी होती है। मस्तिष्क की इन संरचनाओं को वे ऐसे साँचे के रूप में देखते हैं जो विषयों की उनके विपरीत युग्मों के रूप में पहचान करता है। यहाँ स्त्रॉस पर सॅस्यूर के भाषा वैज्ञानिक विश्लेषण का प्रभाव है, क्योंकि सॅस्यूर ने भी शब्दों की अर्थवत्ता को विभेद द्वारा ग्रहण किये जाने की प्रक्रिया का उल्लेख किया है। स्त्रॉस ने शब्दों के विनिमय के सदृश आदिम समाजों में जीवन साथियों के विनिमय में साम्य देखा। नातेदारी की संरचना को उन्होंने भाषाई संरचना के आधार पर व्याख्यायित किया। स्त्रॉस मानते हैं कि मानव मस्तिष्क के इन संरचनाओं में प्राय: परिवर्तन नहीं होता है। इस स्थिति में मनुष्य के व्यवहार में कोई मौलिक परिवर्तन हो सकता है— स्त्रॉस इससे इनकार करते हैं।

लुई अलथुसे ने लेवी-स्त्रॉस एवं सॅस्यूर के संरचनावादी विमर्श को एक नया विस्तार देते हुए मार्क्सवादी चिंतन की नवीन व्याख्या प्रस्तुत की। उनका मानना है कि सामाजिक विन्यास की प्रक्रिया को समग्रता में न मान कर सापेक्षिक व जटिल मानना चाहिए जहाँ विभिन्न घटनाओं एवं घटकों का प्रभुत्व है और जो स्वयं विभिन्न समाजगत संस्थाओं एवं संरचनाओं में व्याप्त है। राजनीति, अर्थशास्त्र, विचारधारा समेत सभी सामाजिक घटकों में व्याप्त प्रघटनायें मिल कर उस परिवेश को निर्मित करते हैं जहाँ संस्कृति एवं भाषा के निहितार्थ बहुआयामी हो जाते हैं। संरचनावाद का प्रयास भाषा के इसी निहितार्थ को उद्‌भाषित करना है। अलथुसे ने विचारधारा को प्रच्छन्न चेतना न मान कर अनुभव का विषय माना है। विचारधारा वह है जो व्यष्टि-व्यक्ति (कंक्रीट इनडिविजुअल) को समष्टि-व्यक्ति (कंक्रीट सब्जेक्ट) में परिवर्तित कर देती है। यही समष्टि-व्यक्ति भाषा के उस प्रतीकात्मक संसार में प्रवेश करता है जहाँ वह मात्र संकेतित होकर रह जाता है। अलथुसे के इस विमर्श ने संरचनावादी परिप्रेक्ष्य में मार्क्सवाद की व्याख्या को बढ़ावा दिया जिससे आर्थिक नियतिवाद की वस्तुनिष्ठता कटघरे में खड़ी हो गयी।

संरचनावादी विमर्श को रोलाँ बार्थ के हस्तक्षेप ने भी अग्रसारित किया। वे मानते हैं कि शब्द के अर्थ का निष्पादन दो तरह से होता है— शब्द का निर्देशात्मक अर्थ (डिनोटेटिव मीनिंग) एवं शब्द का सहयोजी अर्थ (कन्नोटेटिव मिनिंग)। शब्द का जो सामान्य साहित्यिक एवं व्याकरणिक अर्थ है और जिसे समाज के सभी सदस्यों द्वारा स्वीकार किया जाता है, वह शब्द का निर्देशात्मक अर्थ है। शब्दार्थ का निष्पादन जहाँ विभिन्न सांस्कृतिक व्यवहारों एवं संदर्भों से होता है वह शब्द का सहयोजी अर्थ है। शब्द का यह अर्थ व्याकरणिक नियमों से परे है। बार्थ के अनुसार समष्टि-व्यक्ति के निर्माण में समाज, संस्कृति, मिथक एवं विश्वास व्यवस्था के साथ-साथ

उसके द्वारा प्रयुक्त भाषा का भी प्रभाव होता है। इसी कारण बार्थ का आग्रह है कि भाषाई संरचना के व्याकरणीय पहलू एवं सांस्कृतिक पहलू को समानान्तर ही समझना समीचीन होगा। बार्थ के इस संरचनावादी विश्लेषण ने अर्थान्वयन के उस स्वरूप पर प्रहार किया जिसके तहत परिघटनाओं का एकार्थक विश्लेषण किया जाता है।

संरचनावाद अपने एक उत्क्रमित स्वरूप में उत्तर-संरचनावाद के रूप में सामने आया। संरचनावाद ने जहाँ द्विपदीय विपरीतार्थकों को अनावृत किया, वहीं उत्तर-संरचनावाद ने द्विपदीय विपरीतार्थकों से निर्मित मानस, समाज, व्यवहार, संस्कृति आदि का खण्डन किया। मिशेल फ़ूको, ल्योतर, देरिदा जैसे विचारकों के लेखन में उत्तर-संरचनावाद ने आकार ग्रहण किया। इन सभी विचारकों ने संरचनावाद की आलोचना करते हुए कहा कि अध्ययन की प्रणाली व्यक्तिनिष्ठ होने के साथ-साथ वस्तुनिष्ठ भी होनी चाहिए।

उत्तर-संरचनावादी समाजरूपी मूलपाठ के जिस स्वरूप की चर्चा वे करते हैं वह अवधारणाओं द्वारा निर्मित न होकर शब्दों से परिबद्ध है। यह मूलपाठ शब्द केंद्रित (लोगो सेन्ट्रिक) न होकर अन्त:पाठीय (इंटरटैक्स्च्युअल) है। जहाँ मूलपाठ के लिखने के संदर्भ एवं प्रसंग अपेक्षाकृत अधिक महत्त्व रखते हैं, वहीं उत्तर-संरचनावाद के अनुसार मूलपाठों का अध्ययन जब पाठक संदर्भों एवं प्रसंगों के समानांतर करता है, तब वह वास्तव में किसी पुस्तक/अवधारणा/शब्द अथवा किसी लेखक विशेष को न पढ़ कर उस समय पाठक समय/संस्कृति एवं समाजगत संदर्भ विशेष को पढ़ रहा होता है जहाँ उस मूलपाठ का निर्माण हुआ है। मूलपाठ के अध्ययन की ऐसी विधि अनेक अर्थों एवं सम्भावनाओं को उपस्थित कर देती है।

इसी संदर्भ में उत्तर-संरचनावादी विचारक दरिदा ने विखण्डन या वि-संरचना का सिद्धांत प्रतिपादित किया है। इसका उत्तरसंरचनावाद में मौलिक स्थान माना जाता है। यह सिद्धांत द्विपदीय विपरीतार्थकों से अधिशासित शब्द केंद्रीयता को खण्ड-खण्ड में बाँट देने तक ही सीमित न होकर मतभेद तक विस्तृत है। अर्थोत्पादन की प्रक्रिया में मतभेद का स्थगन न करना एवं अस्पष्ट भाग को अस्वीकार न करना ही विखण्डन है। अर्थोत्पादन की इस प्रक्रिया के चार प्रमुख चरण हैं : सर्वप्रथम शब्द केंद्रित द्विपदीय विपरीतार्थकों को एकत्रित करना। फिर उन संदर्भों की खोज करना जिनमें इनका निर्माण हुआ है। तीसरे, उन शब्द केंद्रित द्विपदीय विपरीतार्थकों के सोपानक्रम को समाप्त करना एवं चौथे, खण्डित समाज रूपी मूलपाठों की सतही व्याख्या करना। देरिदा के मुताबिक़ इस विखण्डनवादी प्रक्रिया द्वारा शब्दों को बहुआयामी अर्थ और इन अर्थों के लिए अवकाश मिल सकता है।

देरिदा के समान फ़ूको ने भी अर्थ के निर्वचन के आधुनिक विश्लेषणात्मक एवं हरमेन्युटिक प्रणाली को अस्वीकार किया है। इन पद्धतियों से भाषा के दिये हुए अर्थ को अनावृत करने का प्रयास किया जाता रहा है। इनके विपरीत फ़ूको का आग्रह विमर्श-निर्माण एवं भाषा की सतही व्याख्या द्वारा अर्थ का निर्वचन करने से है। विमर्श भाषा एवं व्यवहार के सतही अध्ययन की वह विधा है जो विभिन्न संदर्भों एवं संकेतों से मिलकर भिन्न-भिन्न ऐतिहासिक परिस्थितियों में निर्मित अर्थों को स्पष्ट कर देती है। विमर्श-निर्माण की प्रक्रिया अपरिचित संकेतों एवं संदर्भों का अर्थान्वयन परिचित प्रसंगों से न करके उस खोज को प्रस्तावित करती है जिससे ज्ञान के पुरात्व एवं ज्ञान के वंशानुक्रम जैसी पद्धति के माध्यम से अपरिचित की पहचान हो सके। फ़ूको ने अपरिचित की इस विमर्शीय पहचान के आधार पर परिचित की व्याख्या का प्रस्ताव किया है। अर्थान्वयन की इस प्रणाली द्वारा भाषा आधारित शक्ति संबंधों का भंजन (फ्रैग्मेंटेशन) कर दिया जाता है, जिससे विभिन्न सामाजिक व्यवहारों के अपरिमित स्वरूपों की अंतहीन सम्भावनाएँ उजागर होती हैं।

उत्तर-संरचनावाद में भाषा एवं उसकी वैधता पर प्रकाश डालने का कार्य ल्योतर ने किया है। उनकी दृष्टि देरिदा एवं फ़ूको से भिन्न है। वे कहते हैं कि संरचनावादी भाषा-विन्यास एवं भाषा का अर्थ स्वयं प्रमाणित होता है। इसलिए यह वैध नहीं है। ल्योतर भाषा एवं अर्थ की वैधता को विभिन्न भाषाई खेलों (लैंग्वेज गेम) से प्राप्त होने की बात कहते हैं। भाषा के ये खेल विभिन्न संकेतों एवं निर्देशों द्वारा निर्धारित होते हैं, जिसके अनेक आयाम हो सकते हैं। संकेतों एवं निर्देशों के यही आयाम भाषा एवं उसके अर्थों को वैधता प्रदान करते हैं। संकेतों एवं निर्देशों से प्रमाणित भाषा ही विषय के सही स्वरूप से परिचित कराती है और स्वस्थ सामाजिक संबंधों को निरूपित करने का अवसर देती है।

समीक्षात्मक दृष्टि से संरचनावाद पर टेरी ईगलटन की यह टिप्पणी सही प्रतीत होती है कि इसमें द्विपदीय विपरीतार्थक की धारणा को अत्यधिक कठोरता से अपनाया गया है। संरचनावाद में जहाँ सार्वभौमिक आग्रहों को नकारने की प्रवृत्ति है वहीं यह द्विपदीय विपरीतार्थकों की मान्यता को सार्वभौम स्वीकृति की तरह अपनाता हुआ दिखाई पड़ता है। समाज की विभिन्नता को स्वीकारोक्ति की दृष्टि से समझने पर भी समाज में ऐसा विभाजन नहीं मिलता है जिसका संकेत शब्द केंद्रीयता और द्विपदीय विपरीतार्थक देते हैं।

उत्तर-संरचनावाद में जिस विखण्डन की बात देरिदा ने की है, युरगन हैबरमास ने उसकी आलोचना में लिखा है कि भाषा के विन्यासों को संकेतों के माध्यम से समझने का विखण्डनवादी प्रयास वास्तव में संकेतों के आपसी संबंधों

द्वारा ज्ञात किया जाता है। समस्या यह है कि इन संकेतों के स्पष्टीकरण के लिए भी हमें पुन: अनेक संदर्भों को देखना पड़ता है जो मूल पाठों के अध्ययन में किये जाते हैं। इस तरह से तो विमर्श मात्र संकेतों के एकत्रीकरण जैसा होकर रह जाएगा।

इन आलोचनाओं के बावजूद संरचनावादी एवं उत्तर-संरचनावादी विमर्श ने सोचने-समझने की बँधी-बँधायी धारणा को तोड़ा है। इन सिद्धांतों के आलोक में उत्तर आधुनिकतावाद, नारीवाद और पर्यावरणवाद जैसे विचारों का विकास हुआ। उत्तर-संरचनावाद ने पश्चिमी ज्ञानोदय के बाद स्थापित स्वतंत्रता, समानता, न्याय, अधिकार आदि जैसी अनेक अवधारणाओं की सीमाओं को उजागर किया है।

**देखें :** अर्थ-विज्ञान, डायग्लॉसिया, ज्याँ-फ्रांस्वा ल्योतर, ज़ाक देरिदा, नोआम चोमस्की, परस्पर विपरीत द्विभाजन, फ़र्दिनैंद द सॅस्यूर, भाषा के मार्क्सवादी सिद्धांत, मिशेल पॉल फ़ूको- 1 और 2, युरगन हैबरमास, रोलाँ बार्थ, लक्षण-विज्ञान, लुई अलथुसे।

### संदर्भ

1. फ़र्दिनैंद द सॅस्यूर (1966), *कोर्स इन जनरल लिंग्विस्टिक्स,* मैकग्रा हिल, लंदन.
2. ज़ाक देरिदा (1976), *ऑफ़ ग्रामेटोलॅजी,* जान हॉपकिंस युनिवर्सिटी प्रेस, बाल्टिमोर.
3. ज्याँ-फ्रांस्वाँ ल्योतर (1997), *द पोस्टमॉडर्न कंडीशन : अ रिपोर्ट ऑन नॉलेज,* मैक्मास्टर युनिवर्सिटी प्रेस, मैक्मास्टर.
4. मिशेल फ़ूको (1972), *द आर्कियोलॅजी ऑफ़ नॉलेज,* टविस्टोक पब्लिकेशंस, लंदन.
5. क्रिस बार्कर (2000), *कल्चरल स्टडीज़ : थियरी ऐंड प्रैक्टिस,* सेज पब्लिकेशंस, नयी दिल्ली.
7. युरगन हैबरमास (1979), *कम्युनिकेशन ऐंड इवोल्यूशन ऑफ़ सोसाइटी,* हाइनेनमैन, लंदन.
8. क्रिस्टोफ़र नोरिस (1994), *ट्रुथ ऐंड इथिक्स ऑफ़ क्रिटिसिज़म, नॉलेज ऐंड ह्यूमन इंटरेस्ट,* मैक्मास्टर युनिवर्सिटी प्रेस, मैक्मास्टर.
9. क्लॉद लेवी-स्त्रॉस (1969), *द एलिमेन्ट्री स्ट्रक्चर ऑफ़ किनशिप,* एयरी ऐंड स्पाटिश उड, लंदन.

**— विश्वनाथ मिश्र और उपासना पाण्डेय**

# संरचनागत हिंसा

(Structural Violence)

शांति-अध्ययन के प्रमुख विद्वान योहान गालटुंग ने साठ के दशक में संरचनागत हिंसा की अवधारणा का सूत्रीकरण किया था। गालटुंग के अनुसार प्रत्यक्ष हिंसा के मुक़ाबले संरचनागत हिंसा धीरे-धीरे असर डालते हुए दूरगामी परिप्रेक्ष्य में कहीं ज़्यादा लोगों को मारने में कामयाब होती है। लेकिन इसका नतीजा केवल मृत्यु के रूप में ही नहीं आँका जाता। भूमण्डलीय राजनीति में आम तौर पर हिंसा के चार रूप परिभाषित किये जाते हैं : युद्ध, यातना या अमानवीय दण्ड जैसी प्रत्यक्ष हिंसा; रोटी, कपड़ा, मक़ान और पेयजल जैसी बुनियादी सुविधाओं से वंचित करना; अभिव्यक्ति और आस्था की बुनियादी मानवीय स्वतंत्रताएँ छीन लेना; और अस्मिता, सामुदायिक जुड़ाव और सामाजिक संबंधों के दायरे में परायेपन की अनुभूति पैदा करने वाले हालात पैदा करना। बाद की तीनों हिंसाएँ संरचनागत हिंसा के दायरे में आती हैं।

संरचनागत हिंसा के लिए हिंसा करने और हिंसा झेलने वाले दो पक्षों का होना ज़रूरी नहीं होता। वह तो सामाजिक संरचनाओं और सामाजिक संस्थाओं में अंतर्निहित होती है। हिंसा के इन लगभग मौन और प्राय: अदृश्य रूपों के कारण लोग अपनी बुनियादी ज़रूरतें पूरी करने से महरूम रह जाते हैं। सामाजिक प्रभुत्व, राजनीतिक उत्पीड़न और आर्थिक शोषण के तले रहते-रहते लोगों की उम्र घट जाती है। संरचनागत हिंसा के गर्भ से आगे चल कर प्रत्यक्ष हिंसा जन्म लेती है जिसकी अभिव्यक्ति पारिवारिक हिंसा, नस्ली हिंसा, घृणा आधारित अपराध, आतंकवाद, जातिसंहार और युद्ध के रूप में होती है। संरचनागत हिंसा अक्सर अभिजनवाद के संस्थाबद्ध रूपों, सांस्कृतिक-श्रेष्ठता के आग्रह, नस्लवाद, सेक्सिज़म, वयस्कवादी रवैये, शास्त्रीयतावाद के पूर्वग्रह, उग्रराष्ट्रवाद, इतरलैंगिकवाद और वरिष्ठतावादी दुराग्रहों के परिणामस्वरूप जन्म लेती है।

गालटुंग ने अपना यह सूत्रीकरण औपनिवेशिक परिस्थितियों का अध्ययन करते हुए किया था। ब्रिटिश महाप्रभुओं के तहत रोडेशिया में फ़ील्ड वर्क करते हुए उन्होंने हिंसा के विभिन्न रूपों में से एक इस रूप की शिनाख़्त की। आजकल इस अवधारणा के ज़रिये उन संगीन परिस्थितियों और कपटपूर्ण तौर-तरीक़ों का वर्णन किया जाता है जिनके कारण व्यक्ति पर दमनकारी राजनीतिक, आर्थिक और सांस्कृतिक संरचनाएँ थोपी जाती हैं। ठोस रूप से कहें तो सत्ता के केंद्रों में बैठे हुए प्रभुत्वशाली समूह के हाशियाग्रस्त समूह पर दबदबे को क़ायम रखने वाली संरचनाओं की तरफ़

योहान गालटुंग (1930- )

इसके ज़रिये इशारा किया जाता है। हाशियाग्रस्त लोग संरचनागत हिंसा का अनुभव कम तनख़्वाह, निरक्षरता, गिरते हुए स्वास्थ्य, राजनीतिक और क़ानूनी अधिकारों में कमी और लगातार हाथ से निकलती हुई ज़िंदगी के रूप में करते हैं। इन परिस्थितियों के ख़िलाफ़ प्रतिरोध करने पर उन्हें सीधी कार्रवाई का सहारा लेना पड़ता है। नतीजा यह निकलता है कि उनके ऊपर यथास्थिति क़ायम रखने पर आमादा प्रत्यक्ष हिंसा टूट पड़ती है।

गालटुंग अपने विमर्श में 'सांस्कृतिक हिंसा' का ज़िक्र भी करते हैं जिसके माध्यम से संरचनागत हिंसा के विभिन्न रूपों को जायज़ ठहराया जाता है। सांस्कृतिक हिंसा धर्म, विचारधारा, भाषा, कला और यहाँ तक विज्ञान की मदद से ऐसी अनुभूतियों की रचना करती है जिससे संरचनागत हिंसा वैध, उपयुक्त और कम से कम अनापत्तिजनक लगने लगे ताकि उसे समाज द्वारा स्वीकार किया जा सके। संरचनागत हिंसा पैदा करने वाली कई कार्रवाइयों की नैतिक प्रकृति को सांस्कृतिक हिंसा अपने आईने में 'लाल/अनुचित' के बजाय 'हरा/उचित' या 'पीला/स्वीकारोग्य' दिखाने की कोशिश करती है।

एक अवधारणा के रूप में संरचनागत हिंसा का रिश्ता सकारात्मक शांति की अवधारणा है। आम तौर पर शांति को नकारात्मक रूपों में समझा और महसूस किया जाता रहा है। अंतर्राष्ट्रीय संबंधों के क्षेत्र में हथियारबंद टकराव की ग़ैरमौजूदगी शांति के रूप में पेश की जाती है। चूँकि युद्ध प्रेक्षणीय है, उसे नापा जा सकता है और उसके प्रभावों की प्रत्यक्ष अनुभूति की जा सकती है, इसलिए शांति उसका वांछनीय विलोम बन जाती है। इसी आधार पर सोवियत संघ और अमेरिका के बीच चले शीत युद्ध की पूरी अवधि के दौरान न्यूकलियर डिटरेंस (एक-दूसरे के ख़िलाफ़ एटमी हथियारों के इस्तेमाल का डर) और म्युचुअली एश्योर्ड डिस्ट्रक्शन (एमएडी) के समर्थक सिद्धांतकार कहते रहे कि क़ीमत जो भी चुकानी पड़े, दीर्घकालीन शांति इसी तरह क़ायम रखी जा सकती है। इसके विपरीत संरचनागत हिंसा का विचार युद्ध को टालने या रोकने पर ज़ोर न दे कर ऐसी परिस्थितियों को सकारात्मक शांति की संज्ञा देता है जो लोगों की बुनियादी आवश्यकताओं की पूर्ति की सम्भावनाएँ पैदा करती हों। राजनीतिक स्वतंत्रता की बढ़ी हुई मात्रा और सामाजिक न्याय के हालात भी सकारात्मक शांति के प्रमुख अवयव की तरह देखे जाते हैं क्योंकि बिना उनके संरचनागत हिंसा से नहीं बचा जा सकता।

विद्वानों ने संरचनागत हिंसा की मात्रा को मोटे तौर पर नापने का एक तरीक़ा भी खोजा है। वे दुनिया की औसत जीवन-प्रत्याशा को उच्चतम राष्ट्रीय जीवन-प्रत्याशा में से प्रति वर्ष के हिसाब से घटाते चलते हैं और फिर उसमें उच्चतम जीवन-प्रत्याशा का भाग दे देते हैं। इससे पता चल जाता है कि वक़्त से पहले हुई और रोकी जा सकने वाली मौतों की संख्या क्या रही होगी। इस तरह की गणनाओं से प्रति वर्ष एक करोड़ सात लाख लोगों की मौत का आँकड़ा सामने आया है। समझा जाता है कि इन मरने वालों में ज़्यादातर तीसरी दुनिया के बच्चे होते हैं जो या तो भुखमरी के शिकार होते हैं या फिर बीमारियों की रोकथाम के अभाव में काल के गाल में समा जाते हैं।

अपनी पुस्तक *वायलेंस : रिफ्लेक्शंस ऑन अ नैशनल एपिडेमिक* में जेम्स गिलिगन ने संरचनागत हिंसा की परिभाषा समाज की निचली पायदान पर रह रहे लोगों के बीच होने वाली मौतों और विकलांगता की बढ़ी हुई दर के रूप में की है। इसके मुक़ाबले ऊपर की पायदानों पर रह रहे लोगों को कहीं कम मृत्यु दर का सामना करना पड़ता है। गिलिगन इन अतिरिक्त मौतों को अप्राकृतिक क़रार दे कर उनकी ज़िम्मेदारी कमतर सामाजिक और आर्थिक दर्जे से पैदा हुई शर्म, तनाव, भेदभाव और अवमानना जैसी अनुभूतियों पर डालते हैं। गिलिगन ने इस समझ पर पहुँचने के लिए उन अध्ययनों का सहारा लिया है जिनके ज़रिये भीषण विषमता की स्थितियों में भी व्यक्ति किसी न किसी प्रकार 'गरिमा के लिए जद्दोजहद' करता रहता है।

पेत्रा केली, पॉल फ़ारमर और नेंसी शेपर-ह्यूज ने अपने अध्ययनों के ज़रिये संरचनागत हिंसा की अवधारणा को आगे बढ़ाया है। भविष्यवादी विद्वान वेंडेल बेल का कहना है कि जब तक सामाजिक न्याय की परियोजना को आगे बढ़ाने के लिए दीर्घकालीन दृष्टि का विकास नहीं होगा, संरचनागत हिंसा के प्रभावों को कम नहीं किया जा सकता। नस्लवाद और सेक्सिज़म जैसी संरचनागत हिंसाएँ ख़ामोशी से अपना

कुटिल चक्र चलाती रहती हैं, बावजूद इसके कि पिछले कई दशकों से उनके ख़िलाफ़ सांस्कृतिक और राजनीतिक प्रतिरोध की मुहिमें चल रही हैं।

**देखें :** अहिंसा-1 और 2, आतंकवाद, आशिस नंदी-1 और 2, क्रांति, जैन दर्शन, फ्रेंज़ फ़ानो, बौद्ध दर्शन, मोहनदास कर्मचंद गाँधी-1, 2 और 3, शांति, शांतिवाद, सविनय अवज्ञा, हिंसा।

### संदर्भ

1. योहान गालटुंग (1969), 'वायलेंस, पीस, ऐंड पीस रिसर्च', *जरनल ऑफ़ पीस रिसर्च,* खण्ड 6, अंक 3.
2. योहान गालटुंग (1990), 'कल्चरल वायलेंस', *जरनल ऑफ़ पीस रिसर्च,* खण्ड 27, अंक 3.

**— अभय कुमार दुबे**

# संविधानवाद

(Constitutionalism)

संविधानवाद ब्रिटिश उपनिवेशवाद की देन है। अंग्रेज़ों ने इसके ज़रिये एक तीर से तीन निशाने लगाने की कोशिश की। उनका पहला मक़सद यह था कि संविधानवाद के माध्यम से उनके उपनिवेश धीरे-धीरे स्व-शासन की तरफ़ बढ़ें और वि-उपनिवेशीकरण की प्रक्रिया को धीमा किया जा सके। उनका दूसरा उद्देश्य यह सुनिश्चित करना था कि स्व-शासन हासिल कर लेने के बाद भी यानी स्वतंत्र हो जाने के बावजूद उपनिवेशित राज्य उनके प्रभाव के दायरे में रहें। स्व-शासन के संविधानवादी रास्ते को इसी लिहाज़ से डिज़ाइन किया गया था। संविधानवाद से अंग्रेज़ों ने एक तीसरा और पेचीदा मक़सद हासिल करने की कोशिश भी की। वे अपने उदारतावाद, संसदीय लोकतंत्र, मुक्त बाज़ार और व्यक्ति-स्वातंत्र्य के आग्रहों का तालमेल उपनिवेशवाद के फ़ौजी, सामाजिक और आर्थिक यथार्थ से करना चाहते थे।

दरअसल, युरोप की उपनिवेशवादी ताक़तों का साम्राज्यवादी दर्शन एक सा नहीं था। इसी के परिणामस्वरूप उपनिवेशीकरण और अ-उपनिवेशीकरण की प्रक्रिया के प्रति वे अलग-अलग दृष्टिकोण अपनाते थे। दिलचस्प बात यह है कि ब्रिटिश उपनिवेशवादी भी समकालीन युरोपीय उपनिवेशवादियों से कम नस्लवादी और दमनकारी नहीं थे। पर, उन्होंने आयरलैण्ड को छोड़ कर अपने अन्य उपनिवेशों में सत्ता के क्रमिक हस्तांतरण और अप्रत्यक्ष शासन की नीति अपनायी। महारानी विक्टोरिया का शासन *पैक्स ब्रिटानिका* की नीति पर चलता था जिसके मुताबिक़ ब्रिटिश हुकूमत स्थानीय रीति-रिवाज़ों और राजनीति में हस्तक्षेप करने से आम तौर पर परहेज़ करती थी। उसका ज़ोर व्यापार, विदेश नीति और प्रतिरक्षा को अपने नियंत्रण में रखने पर रहता था। इसी के मुताबिक़ उन्होंने गवर्नर द्वारा नियंत्रित किये जाने वाले उपनिवेशों में भी उसे सलाह देने के लिए अधिकारियों की एक कार्यकारी परिषद् नियुक्त कर रखी थी। आगे चल कर उन्होंने विधान परिषदों का निर्वाचन भी करवाया ताकि बनाये गये क़ानून उपनिवेशित जनता को अपने प्रतिनिधियों द्वारा बनाये गये प्रतीत हों। अंग्रेज़ों के मुक़ाबले फ्रांसीसियों का ज़ोर अपने उपनिवेशों के फ्रांसीसी राष्ट्र में सम्पूर्ण आत्मसातीकरण पर रहता था।

ब्रिटिश राजनीतिज्ञ ऐडमण्ड बर्क का कहना था कि अगर क़ानूनों को देशज जनता के जीनियस, प्रकृति और मानस के मुताबिक़ बनाया जाए तो औपनिवेशिक शासन सर्वाधिक प्रभावी साबित होता है। इसी सिद्धांत के मुताबिक़ एक के बाद एक ब्रिटिश सरकारों ने उपनिवेशों में बढ़ रहे राजनीतिक असंतोष का दमन तो किया ही, पर साथ ही राजनीतिक और संवैधानिक सुधारों की प्रक्रिया भी चलाई। इस नीति के पीछे उन्नीसवीं सदी का वह तजरुबा था जो अंग्रेज़ उपनिवेशवादियों ने अमेरिका, न्यूज़ीलैण्ड और ऑस्ट्रेलिया में स्थापित उपनिवेशों से हासिल किया था। इन उपनिवेशों में राजनीतिक प्रतिनिधित्व के कुछ ऐसे रूप विकसित किये गये थे जिनके तहत वहाँ के अधिवासियों को लगता था कि उन्हें इंग्लैण्ड की नागरिकता भी प्राप्त है। इसी के आधार पर अंग्रेज़ों ने नीति बनायी कि राष्ट्रवादी आंदोलनों को संविधानसम्मत राजनीति करते हुए स्व-शासन की तरफ़ जाने के लिए प्रोत्साहित किया जाए। वहाँ की जनता को धीरे-धीरे विधायी अधिकार दिये जाएँ। पहले वे भीतरी शासन की ज़िम्मेदारी सँभालें और फिर बाद में विदेश नीति का नियंत्रण भी उनके हाथ में दे दिया जाए।

अंग्रेज़ लगातार इस शब्दाडम्बर का प्रयोग करते रहे कि अपने औपनिवेशिक मिशन के ज़रिये वे एशिया और अफ्रीका के 'पिछड़े' समाजों को संसदीय लोकतंत्र और उत्तरदायी शासन की विवेकपूर्ण ब्रिटिश परम्पराओं से सम्पन्न करना चाहते हैं। दरअसल, उपनिवेशों को अपने हाथ में रखना उत्तरोत्तर मुश्किल होता जा रहा था। इसलिए ब्रिटेन ने लचीला और परिणामवादी रवैया अख़्तियार करते हुए अपनी सत्ता और प्रभाव को सुरक्षित करने के लिए संवैधानिक सुधारों का रास्ता अपनाया। संविधानवाद की नीति इस मान्यता पर आधारित थी कि किसी साम्राज्य को क़ायम रखने के लिए फ़ौजी दमन और जबरिया क़ब्ज़ा करने की नीति अब प्रभावी नहीं रह गयी है। द्वितीय विश्व-युद्ध के बाद तो यह

हक़ीक़त और भी साफ़ हो गयी। ब्रिटिश नीति-निर्माताओं को यक़ीन हो गया कि अ-उपनिवेशीकरण की रफ़्तार को केवल संवैधानिक सुधारों के माध्यम से ही नियंत्रित किया जा सकता है। केवल इसी तरह से ब्रिटिश सरकार नये बनने वाले स्वतंत्र और सम्प्रभु राष्ट्रों के साथ घनिष्ठ आर्थिक, राजनीतिक और रणनीतिक रिश्ते बनाये रख सकता था।

उपनिवेशवादियों की कोशिश रहती थी कि वे उपनिवेशित जनता को केंद्रीकृत और एकीकृत प्रशासन के तहत लाएँ ताकि उनका आर्थिक दोहन ज़्यादा से ज़्यादा किया जा सके। इसकी प्रतिक्रिया में राष्ट्रवाद आर्थिक तर्क ले कर टकराव की मुद्रा में सामने आता था। अंग्रेज़ होशियारी से राष्ट्रवादियों के बीच से उदार और नरम तत्त्वों को चुनते थे और स्थानीय नीतियाँ इस प्रकार बनाते थे कि उन्हीं तत्त्वों का बोलबाला राष्ट्रीय आंदोलन पर क़ायम हो जाए। उग्र राष्ट्रवादियों का दमन करने और नरम राष्ट्रवादियों को प्रोत्साहित करने के साथ-साथ उनकी दूसरी नीति सामाजिक रूप से परम्परानिष्ठ और अनुदार अभिजनों के साथ गठजोड़ कर लेने की होती थी। समझा जाता है कि उनके इस संविधानवाद का सबसे कामयाब प्रयोग सीलोन (श्रीलंका) में हुआ। द्वितीय विश्व युद्ध के दौरान अपने इस उपनिवेश के सामरिक महत्त्व देख कर अंग्रेज़ श्रीलंका को डोमीनियन या स्वतंत्र उपनिवेश का दर्जा देने के लिए तैयार हो गये। बदले में उन्होंने सीलोन के साथ प्रतिरक्षा और विदेश नीति के मामले में सहयोग सुनिश्चित कर लिया। श्रीलंकाई समाज सिंहली बहुसंख्या और तमिल और मुसलमान अल्पसंख्या में बँटा हुआ था। अंग्रेज़ों ने सामाजिक रूप से अनुदारवादी सिंहली प्रभुओं के साथ गठजोड़ स्थापित किया। इसी तरह मलाया को 1957 में आज़ादी देने के बदले अंग्रेज़ों ने राष्ट्रमण्डलीय व्यापार और प्रतिरक्षा प्रणाली में मलय भागीदारी को सुनिश्चित किया। 1945 के बाद ही अंग्रेज़ों ने मलाया के अनुदारपंथी परम्परागत शासकों के साथ गठजोड़ करके एक केंद्रीकृत प्रशासन खड़ा कर लिया था। इसी के तहत 1954 में चुनाव कराये गये और अंग्रेज़ों के मन की पार्टी जीत गयी। अंग्रेज़ों ने सत्ता हस्तातंरण उसी के हाथ में किया।

संविधानवाद की यह नीति हर जगह अंग्रेज़ों की मर्जी के मुताबिक़ नहीं चली। उन्होंने भारत में भी संवैधानिक सुधारों की लम्बी प्रक्रिया चलाई, पर द्वितीय विश्व-युद्ध के दौरान और बाद में कांग्रेस के नेतृत्व में चली ब्रिटिश विरोधी मुहिम ने उनके इरादों को नाकाम कर दिया। कांग्रेस और मुसलिम लीग के बीच ख़राब होते संबंधों ने भी अंग्रेज़ों की दाल नहीं गलने दी। हालाँकि इस हक़ीक़त से इनकार नहीं किया जा सकता कि राष्ट्रवादी आंदोलन की बागडोर गरमपंथियों के हाथों में जाने से रोकने के लिए अंग्रेज़ों ने नरमपंथियों की तरफ़दारी वाला रुख हमेशा अपनाये रखा। कुछ प्रेक्षक राष्ट्रीय आंदोलन के कुछ नेताओं की चमकदार छवि बनाने के पीछे ब्रिटिश शासन के इरादे और योजना को भी देखते हैं।

इसी तरह पश्चिम अफ़्रीकी उपनिवेश गोल्ड कोस्ट में अंग्रेज़ों का संविधानवाद वांछित नतीजे नहीं दे पाया। 1950 के नये संविधान के तहत नक्रूमा की पार्टी ने क्रमश: के बजाय तेज़ी से संवैधानिक सुधार करने के लिए मजबूर कर दिया। सार्विक मताधिकार घोषित होने के बाद हुए चुनावों में नक्रूमा की पार्टी ने ज़ोरदार जीत हासिल की और अंग्रेज़ों की इच्छित राजनीतिक ताक़तें हार गयीं। उपनिवेशवादियों को मजबूरन नक्रूमा को सत्तारूढ़ होने के लिए जेल से रिहा करना पड़ा। 1957 में गोल्ड कोस्ट घाना गणराज्य में बदल गया।

कुछ ऐसे उपनिवेश भी थे जहाँ अंग्रेज़ों ने संविधानवाद की नीति नहीं अपनायी और दमन का रवैया जारी रखा। केन्या का उदाहरण बताता है कि वहाँ की परिस्थितियों में अंग्रेज़ों ने उदीयमान अफ़्रीकी राष्ट्रवाद की शक्तियों को उग्र और अशांतिकारी कह तक ख़ारिज कर दिया। उनकी कोशिश थी कि एक बहुनस्ली संविधान पारित करवा लिया जाए ताकि श्वेत अल्पसंख्यकों का रंग-रुतबा क़ायम रखा जा सके। उन्होंने केन्या के सबसे बड़े क़बीले किकायू की माँगे ठुकरा दीं। संवैधानिक रियायतें न देने के कारण अंग्रेज़ों ने राष्ट्रवादियों के बीच उग्रपंथियों के लिए रास्ता साफ़ कर दिया।

**देखें** : अधिकार, अधिकार : सैद्धांतिक यात्रा, अरस्तू, अफ़लातून, अनुदारतावाद, अराजकतावाद, अन्य-अन्यीकरण, उदारतावाद, उपयोगितावाद, ऐडमण्ड बर्क, क्रांति, ज्याँ ज़ाक रूसो, जॉन लॉक, जेरेमी बेंथम, जॉन स्टुअर्ट मिल, जॉन रॉल्स, थॉमस हॉब्स, थॉमस पेन, न्याय, न्याय : नारीवादी आलोचना, न्याय : रॉल्स का सिद्धांत, राजनीति में व्यक्ति की भूमिका, नागरिकता, नागरिकता : अन्य परिप्रेक्ष्य-1 और 2, नागर समाज, पनोप्टिकॉन, प्रतिनिधित्व, प्रगति, प्रगति : आलोचनात्मक परिप्रेक्ष्य, प्रशासन, फ़ासीवाद, फ्रेड्रिख़ वॉन हायक, बहुसंस्कृतिवाद, बहुसंख्यकवाद, बहुसंख्यक-अल्पसंख्यक, बुद्धिवाद, माइकेल जोसेफ़ ओकशॉट, माइकिल वाल्ज़र, मिशेल पॉल फ़ूको-1 और 2, यूटोपिया, राजनीतिक और राजनीति, राजनीतिक दर्शन के नारीवादी आयाम-1 और 2, राजनीतिक मनोविज्ञान, राजनीतिक समाजशास्त्र, राज्य-1 और 2, रॉबर्ट नॉज़िक, राज्य-1 और 2, राष्ट्र-राज्य, राष्ट्र : सांस्कृतिक या राजनीतिक, राष्ट्रवाद, राष्ट्रवाद का इतिहास, लोकतंत्र, लोकतंत्र की आलोचनाएँ, व्यक्तिवाद, व्यवहारवाद, विल किमलिका, वितरणमूलक न्याय, विदेशी-द्वेष, वैधता, वैधता का संकट, सविनय अवज्ञा, स्वतंत्रतावाद, सर्वसत्तावाद, सम्प्रभुता, समाजवाद, सरकारियत, सामाजिक समझौता, हेनरी डेविड थोरो।

## संदर्भ

1. जी.डी. बॉयस (1999), *डिकोलोनाइज़ेशन ऐंड द ब्रिटिश एम्पायर, 1775-1997,* मैकमिलन, लंदन.

2. एम. चैम्बरलेन (1998), *युरोपियन डिकोलोनाइज़ेशन इन ट्वेंटियथ सेचुरी, लोंगमेन,* लंदन और न्यूयॉर्क.
3. टी. स्मिथ (सम्पा.) (1975), *द ऐंड ऑफ़ युरोपियन एम्पायर : डिकोलोनाइज़ेशन आफ्टर वर्ल्ड वार II,* डी.सी. हीथ, लैक्सिंगटन एमए.
4. एन. व्हाइट (1999), *डिकोलोनाइज़ेशन : द ब्रिटिश एक्सपीरिएंस सिंस 1945,* लोंगमेन, लंदन और न्यूयॉर्क.

**— अभय कुमार दुबे**

# संविधान सभा में भाषा-विवाद-1

## हिंदी बनाम हिंदुस्तानी : मिथक और यथार्थ

(Language Debate in Constituent Assembley-1)

भारत की संविधान सभा जब नये भारत के लिए संविधान बनाने बैठी तो उसके ज़्यादातर सदस्य भाषा के प्रश्न को लेकर किसी भी तरह के अंदेशे के शिकार नहीं थे। उनकी बेफ़िक्री की वजह थी उपनिवेशवाद विरोधी आंदोलन के दौरान बनी भाषा संबंधी समझ। लेकिन सभा के भीतर भाषाई प्रश्न ने बेइंतिहा परेशानियाँ पैदा कीं। संविधान सभा का रिकॉर्ड बताता है कि भाषा के प्रश्न पर होने वाली तूफ़ानी चर्चा एक अगस्त से 14 सितम्बर, 1949 के बीच हुई। लेकिन भाषाई प्रश्न को इन डेढ़ महीनों तक ही सीमित मान लेना उचित नहीं होगा। वस्तुत: संविधान सभा के एकदम शुरुआती दौर को अगर छोड़ दिया जाए, यह सवाल संविधान की ही सम्भावनाओं पर तलवार की तरह झूलता रहा। भाषा के प्रश्न का फ़ैसला हुआ मुंशी-आयंगार फ़ार्मूले से जिसके सूत्रीकरण और संविधान सभा से उसे मनवाने में डॉ. आम्बेडकर ने भी अहम भूमिका निभायी। विवाद को सुलझाने के लिए कन्हैयालाल माणिकलाल मुंशी और एन. गोपालस्वामी आयंगर का मिला-जुला प्रस्ताव मान कर संविधान सभा इस निर्णय पर पहुँची कि राष्ट्र-भाषा का दर्जा किसी भाषा को नहीं दिया जाएगा। देवनागरी लिपि में लिखी हिंदी भारतीय संघ की राज-भाषा होगी। अंग्रेज़ी पंद्रह साल तक हिंदी की सहयोगी राज-भाषा बनी रहेगी और 1965 में सहयोगी राज-भाषा के पद से हट जायेगी (हालाँकि इस अवधि को बढ़ाया जा सकता है)। इस दौरान अनुच्छेद 351 के निर्देशों के अनुसार हिंदी को राज-भाषा की ज़िम्मेदारी निभाने के लिए तैयार किया जाता रहेगा। अंकों के मामले में राजकीय कामकाज के लिए 'भारतीय अंकों के अंतर्राष्ट्रीय रूप' की संस्तुति की गयी। इसका व्यावहारिक मतलब यह था कि वैसे तो अंग्रेज़ी के अंक इस्तेमाल किये जाएँगे, लेकिन अगर कोई राज्य हिंदी के अंक इस्तेमाल करना चाहता है तो उसे इसकी छूट होगी। संविधान सभा ने भाषा के मसले को सुलझाने की दूसरी युक्ति आठवीं अनुसूची की रचना के रूप में निकाली। इस सूची में दर्ज भारत की प्रत्येक भाषा अपने-आप में राष्ट्र-भाषा है।

सभा के सदस्यों की राजनीतिक चेतना पर इस प्रश्न ने पहली दस्तक नियम समिति की बैठक में दी। आज़ादी मिलने से पहले 14 दिसम्बर, 1946 को राजेंद्र प्रसाद के सभापतित्त्व में हुई इस बैठक ने अपने-आप से पूछा कि उसकी कार्यवाही हिंदुस्तानी में चले, या अंग्रेज़ी में, या फिर हर सदस्य की मातृभाषा में। इसके बाद अंग्रेज़ी की निरंतरता, हिंदी समर्थकों के आक्रामक रवैये और दक्षिण भारतीय सदस्यों के हिंदी के ख़िलाफ़ प्रतिरोध के तीन ध्रुव बन गये। भीषण बहस के बाद वोट के आधार पर यह तय हो पाया कि बहस में या तो हिंदुस्तानी बोली जाएगी या अंग्रेज़ी। अगर कोई अपनी मातृभाषा में बोलना चाहे तो उसे सभापति की इजाज़त लेना होगी। तीन महीने बाद यानी मार्च, 1947 में मूलाधिकारों पर चर्चा करने वाली उपसमिति की बैठक में फिर भाषा का सवाल खड़ा हो गया, क्योंकि सदस्यगण मूलाधिकारों में भाषा संबंधी अधिकार भी जुड़वाना चाहते थे।

जब एक बार यह मान लिया गया कि हिंदी के पक्ष में राष्ट्रीय सहमति थी जो आज़ादी के बाद टूट गयी, तो इसके कारण खोजना भी ज़रूरी हो जाता है। भाषा-विमर्श इस तरह की कवायदों से भरा पड़ा है। इनका एक सर्वाधिक प्रचलित निष्कर्ष है अगर हिंदी के कट्टर समर्थकों द्वारा संस्कृतनिष्ठता की दावेदारी न की जाती, और हिंदुस्तानी को ख़ारिज न किया जाता तो एक देशी जड़ों वाली जुबान को राष्ट्र-भाषा बनाना कहीं आसान होता। समाज-विज्ञान के हलकों में यह बात ऊँचे स्वर में कही जाती है कि हिंदी वाले हिंदुस्तानी को सिर्फ़ एक वोट से (77 के मुक़ाबले 78) से ही पराजित कर पाये और उनके इसी कृत्य का परिणाम आज तक अंग्रेज़ी के प्रभुत्व के रूप में भुगतना पड़ रहा है। एक वोट का यह अंतर दिखा कर यह साबित किया जाता है कि हिंदुस्तानी के पक्ष के साथ किस तरह की नाइंसाफ़ी हुई। अगर हिंदी के भीतर इस तरह का विभाजन न हुआ होता, तो अंग्रेज़ी हटाने के लिए दबाव बेहतर बनता। बहरहाल, ऊपर दिये गये तथ्यात्मक विवरण में हम देख चुके हैं कि तमिलनाडु में जिस राष्ट्र-भाषा को 1937 में ही ठुकरा दिया गया था, वह संस्कृतनिष्ठ हिंदी नहीं थी बल्कि वह गाँधी और प्रेमचंद की प्रिय हिंदुस्तानी ही थी। आइये, देखें कि संस्कृतनिष्ठ हिंदी के कट्टर समर्थकों द्वारा सिर्फ़ एक वोट से हिंदुस्तानी को हराने का दृष्टांत कितना सही है।

हिंदी बनाम हिंदुस्तानी की होड़ संविधान सभा में 15 जुलाई, 1949 में शुरू हुई। इससे एक दिन पहले सभा का

तीसरा सत्र शुरू होते ही वल्लभभाई पटेल ने प्रांतीय संविधान समिति की रपट पेश सदन के पटल पर रखी थी। अगले ही दिन इसमें कई संशोधन प्रस्तावित किये गये। प्रस्तावकों का दावा केवल एक ही बात पर केंद्रित था : रपट के मसविदे में 'हिंदुस्तानी' की जगह 'हिंदी' शब्द का प्रयोग किया जाना चाहिए। प्रस्तावित संशोधन इसलिए भी उल्लेखनीय था कि सेठ गोविंददास जैसे सदस्य भी इससे पहले कांग्रेस की भीतरी राजनीति के आग्रहों के तहत हिंदी के बजाय सभा के भीतर हिंदुस्तानी शब्द का ही प्रयोग करते थे, हालाँकि सभा के बाहर चल रही हिंदी बनाम हिंदुस्तानी की उग्र बहस में उन जैसे राजनीतिक-सांस्कृतिक सिपहसालारों ने हिंदुस्तानी को ख़ारिज कर दिया था। यह संविधान सभा की चौथी बैठक थी। तीसरे दिन शाम को संविधान सभा के कांग्रेस सदस्यों की अलग से बैठक हुई। कांग्रेस के नेता हिंदुस्तानी के पक्ष में थे, पर अन्य कांग्रेसी मजबूती से हिंदी की तरफ़दारी कर रहे थे। नेतागण अल्पमत में चले गये और मत-विभाजन होने पर 32 के मुक़ाबले 63 वोटों से हिंदुस्तानी की जगह हिंदी का इस्तेमाल करने का फ़ैसला किया गया। ठीक एक हफ़्ते बाद संशोधनों के प्रस्ताव और हिंदुस्तानी की जगह हिंदी रखने की यह घटना संघीय संविधान समिति (यूसीसी) में भी दोहरायी गयी। वहाँ भी इस सवाल पर बहुमत-अल्पमत का प्रतिशत कमोबेश ऐसा ही था। हिंदुस्तानी को हिंदी का पर्याय मानने से इनकार करने और इसी आधार पर भाषा का नाम बदलने के इस आग्रह को साम्प्रदायिक हालात और विभाजन के अंदेशों ने जन्म दिया था। संविधान सभा की चौथी बैठक की नौबत आते-आते देश बँट चुका था, और उसके साथ ही सभा के ज़्यादातर सदस्यों का रुख 'उर्दू-प्रधान हिंदुस्तानी' को राज-भाषा या राष्ट्र-भाषा बनाने के ख़िलाफ़ हो गया। अब बहस 'संस्कृतनिष्ठ हिंदी' और 'आम बोल-चाल की हिंदी' के बीच होने लगी। एक भाषाई श्रेणी के रूप में ख़ारिज होने के बाद संविधान सभा के भीतर हिंदुस्तानी केवल भावना के रूप में रह गयी।

हिंदी बनाम हिंदुस्तानी के बीच बहस का एक वोट से फ़ैसला होने वाली घटना संविधान सभा में कभी घटी ही नहीं। यह घटना एक मिथक है। संविधान-निर्माण का प्रामाणिक आख्यान लिखने वाले ग्रेनविले ऑस्टिन बताते हैं कि 26 अगस्त, 1949 को सभा के कांग्रेस सदस्यों की अलग से हुई बैठक में अंकों के सवाल पर बहस हुई थी कि अंग्रेज़ी की संख्याएँ इस्तेमाल की जाएँ, नागरी की हों या फिर उर्दू की हों। मतदान अंग्रेज़ी और नागरी के बीच हुई जिसमें अंग्रेज़ी के पक्ष में 77 और नागरी के पक्ष में 78 वोट पड़े। ऑस्टिन के मुताबिक़ इसी बैठक का एक आख्यान सेठ गोविंद दास ने पेश किया है और एक आख्यान डॉ. आम्बेडकर ने। गोविंद दास ने अपनी आत्मकथा *आत्मनिरीक्षण* में इसे इस तरह पेश किया जैसे कि यह मतदान हिंदी और हिंदुस्तानी के बीच हुआ हो। इसी तरह डॉ. आम्बेडकर ने अपनी रचना *थॉट्स ऑन लिंग्विस्टिक स्टेट्स* में लिखा है कि 'हिंदी राष्ट्रीय भाषा के रूप में अपना स्थान बनाने में एक मत से विजयी हुई।' ऑस्टिन का मत है कि इन दोनों नेताओं द्वारा दिये गये विवरण ग़लतफ़हमी पर आधारित हैं। जिस बैठक का ज़िक्र ये दोनों करते हैं उसके एजेंडे पर हिंदी बनाम हिंदुस्तानी या राष्ट्र-भाषा का प्रश्न था ही नहीं।

कुल मिला कर ऑस्टिन ने नतीजा निकाला है कि संविधान सभा ने भाषाई प्रश्न से जूझने का ईमानदाराना प्रयास नहीं किया। पहली नज़र में उनकी यह आलोचना सही लग सकती है। न तो सभा के कांग्रेस सदस्यों ने और न ही संघीय संविधान समिति ने उन संशोधनों पर विचार करने की जहमत उठायी जो राज-भाषा और राष्ट्र-भाषा के संदर्भ में हिंदी, अंग्रेज़ी और अन्य क्षेत्रीय भाषाओं की हैसियत से जुड़े थे। कुल मिला कर संविधान सभा भाषाई प्रश्न टालने के मूड में ही रही। फ़रवरी, 1948 में जब संविधान का मसविदा सामने आया तो उसमें हिंदुस्तानी की जगह हिंदी लिखा हुआ था, हालाँकि इसके लिए मसविदा समिति ने सभा की बाक़ायदा अनुमति नहीं ली थी। समिति के सभी सदस्य भाषा के सवाल पर मतभेद और टकराव टालना चाहते थे, इसलिए के.एम. मुंशी के कहने पर कि सभा के कांग्रेस सदस्यों का भारी बहुमत हिंदी के पक्ष में है (जुलाई वाली बैठक), मसविदे में नाम बदल दिया गया।

1948 की शुरुआत होने तक संविधान सभा में भाषा के सवाल पर ख़ेमेबंदी साफ़ हो चुकी थी। हिंदुस्तानी के पक्ष में या तो मुसलमान सदस्य थे या फिर हिंदी के नरमपंथी समर्थक जिन पर नेहरू और गाँधी का प्रभाव था। दक्षिण भारतीय सदस्यों को भी हिंदुस्तानी की जगह हिंदी शब्द के इस्तेमाल पर ऐतराज नहीं था। उनमें और उत्तर भारतीयों के रवैये में पहला अंतर दूसरी राज-भाषा के रूप में अंग्रेज़ी को जारी रखने के सवाल पर था। दक्षिण भारतीय सदस्य चाहते थे कि संविधान में अंग्रेज़ी को कम से कम पंद्रह साल तक जारी रखने का प्रावधान किया जाए, जबकि हिंदीवाले पाँच या सात साल से ज़्यादा अंग्रेज़ी को जारी रखने के पक्ष में नहीं थे। दूसरा अंतर यह था कि दक्षिण भारतीय सदस्य संविधान के मसविदे को अंग्रेज़ी के साथ-साथ हिंदी में पारित करने के भी ख़िलाफ़ थे।

1948 में ही कांग्रेस का अपना पार्टी-संविधान दोबारा लिखा गया, और इस प्रक्रिया ने भी भाषा-विवाद को हवा दी। यह संघर्ष संविधान सभा के बाहर हुआ, लेकिन इसमें भाग लेने वाली ताक़तें वही थीं जो सभा के भीतर आपस में भिड़ रही थीं। संविधान सभा की सातवीं बैठक के कुछ पहले इसी साल अक्टूबर में कांग्रेस अध्यक्ष के चुनाव में पट्टाभि सीतारमैया और पुरुषोत्तमदास टंडन आपस में भिड़ गये। यह

टक्कर भाषा संबंधी दो रवैयों के बीच भी थी। सीतारमैया केवल कुछ मतों से ही जीत पाये। समझा जाता है कि उन्हें नेहरू और राजेंद्र प्रसाद जैसे दिग्गजों का समर्थन मिला जो कांग्रेस को दक्षिण बनाम उत्तर के तर्ज़ पर बाँटने से बचना चाहते थे। इसी दौरान संविधान का मसविदा अनुवाद के दौर से गुज़रा। हिंदी अनुवाद इतना संस्कृतनिष्ठ था कि अंग्रेज़ीदाँ जवाहरलाल नेहरू ने तो 'उसका एक भी लफ़्ज़ समझ में न आने' की शिकायत की ही, हिंदी समझने का दावा करने वाले बहुत से सदस्य भी उसे स्वीकार करने से हिचकते दिखाई दिये। ध्यान रहे कि यह अनुवाद जिस कमेटी की देखरेख में हुआ था उसमें डॉ. रघुवीर भी शामिल थे। दरअसल, 1948 और 1949 के पहले छह महीनों में हिंदीवालों की ज़िदबाज़ी और अड़ियल रवैये ने संविधान सभा में उनका समर्थन घटा दिया।

**देखें** : 'अंग्रेज़ी हटाओ' आंदोलन, डायग्लॉसिया, भारत में भाषा-नियोजन-1 से 4 तक, भाषा के मार्क्सवादी सिद्धांत, रामविलास शर्मा, सम्पर्क भाषा-1 से 4 तक, संस्कृत काव्यशास्त्र, संविधान सभा में भाषा-विवाद-1, 2 और 3, हिंदी विरोधी आंदोलन, हिंदी जाति-1, 2 और 3, हिंदी-जगत और 'लोकप्रिय'-1 और 2, हिंदी नवजागरण, हिंदी-संस्थाएँ।

### संदर्भ

1. राजीव रंजन गिरि (2012), *संविधान सभा और भाषा-विमर्श,* संवेद-58, नयी दिल्ली.
2. विमलेश कांति वर्मा (1997), *हिंदी : राष्ट्र-भाषा से राज-भाषा तक (1947 से 1950 तक के दस्तावेज़),* प्रकाशन विभाग, सूचना एवं प्रसारण मंत्रालय, नयी दिल्ली.
3. आशा सारंगी (सम्पा.) (2009), *लेंग्वेज ऐंड पॉलिटिक्स इन इण्डिया,* ऑक्सफ़र्ड युनिवर्सिटी प्रेस, नयी दिल्ली, 2009
4. ग्रेनविले ऑस्टिन (2009), 'लेंग्वेज ऐंड द कांस्टीट्यूशन : द हाफ़-हार्टिड कम्प्रोमाइज़', आशा सारंगी (सम्पा.), *लेंग्वेज ऐंड पॉलिटिक्स इन इण्डिया,* ऑक्सफ़र्ड युनिवर्सिटी प्रेस, नयी दिल्ली, 2009

**— अभय कुमार दुबे**

# संविधान सभा में भाषा-विवाद-2

## अनुच्छेद 351 और उसके विभिन्न पाठ

## (Language Debate in Constituent Assembley-2)

अगस्त में जैसे ही भाषा का प्रश्न संविधान सभा के मुख्य एजेंडे पर आया, सेठ गोविंद दास की अध्यक्षता में हिंदी साहित्य सम्मेलन ने प्रस्ताव पारित करके केवल संस्कृतनिष्ठ हिंदी को ही राष्ट्र-भाषा बनाने के लिए दबाव बनाया। लेकिन, तब तक संस्कृतनिष्ठता और 'शुद्ध हिंदी' के सूर्य पर उनकी ही राजनीति की बदली छा चुकी थी। इसका लाभ हिंदुस्तानी के साथ भावनात्मक रूप से जुड़े हिंदी के नरमपंथी समर्थकों ने उठाया। विभाजन के कारण पराजित हो चुकी हिंदुस्तानी ने अनुच्छेद 351 के उस सूत्रीकरण में अपनी वापसी दर्ज की जिसमें बताया गया है कि राज-भाषा हिंदी का विकास किस राह पर चल कर होगा। यह अनुच्छेद कहता है : 'हिंदी भाषा की प्रसार वृद्धि करना, उसका विकास करना ताकि वह भारत की सामासिक संस्कृति के सब तत्त्वों की अभिव्यक्ति का माध्यम हो सके, तथा उसकी आत्मीयता में हस्तक्षेप किये बिना हिंदुस्तानी और आठवीं सूची में उल्लिखित अन्य भारतीय भाषाओं के रूप, शैली और पदावली को आत्मसात् करते हुए तथा जहाँ तक आवश्यक एवं वांछनीय हो, वहाँ उसके शब्द भंडार के लिए मुख्यत: संस्कृत से तथा गौणत: अन्य भाषाओं से शब्द ग्रहण करते हुए उसकी समृद्धि सुनिश्चित करना संघ का कर्त्तव्य होगा।'

समाज-विज्ञान की आँखों से देखने पर लग सकता है कि इस छोटे से पैरे में भारतीय आधुनिकता के कितने घटक भरे हैं। 'सामासिक संस्कृति' और 'हिंदुस्तानी' का सीधा अनुवाद सेकुलरवाद और साम्प्रदायिक एकता के आग्रह में किया जा सकता है। 'संस्कृत' का सीधा मतलब है स्वर्णिम भारतीय अतीत और उसका चिरंतन भाषाई नैरंतर्य। आठवीं सूची में दर्ज 'अन्य भारतीय भाषाओं' का उल्लेख संघीय प्रणाली और केंद्र-राज्य संतुलन की तरफ़ इशारा करता है। दरअसल, हिंदी की हैसियत पर होने वाले विचार-विमर्श में इस अनुच्छेद के कई पाठ तैर रहे हैं जिनसे पता चलता है कि भारतीय संघ द्वारा किये जाने वाले भाषा-नियोजन से लोगों को किस तरह अलग-अलग उम्मीदें थीं।

इसका पहला पाठ संविधान-निर्माताओं के मुखर के साथ-साथ मौन मंतव्य भी पढ़ने की कोशिश करता है। इस अर्थ-निरूपण के अनुसार अगर संविधान-निर्माता हिंदी को सिर्फ़ राज-भाषा ही बनाना चाहते थे तो फिर उन्हें सरकारी कामकाज में इस्तेमाल होने वाली भाषा से 'भारत की

सामासिक संस्कृति के सब तत्त्वों की अभिव्यक्ति का माध्यम' होने की अपेक्षा क्यों करनी चाहिए थी? अर्थात् संविधान-निर्माता राज-भाषा बनाने की आड़ में हिंदी को राष्ट्र-भाषा ही बनाना चाहते थे। सरकारी कामकाज की वाहक बनने के लिए किसी भाषा को सांस्कृतिक और सामाजिक प्रक्रियाओं के ज़रिये संसाधित होने की क्या आवश्यकता हो सकती है? अंग्रेज़ी दूसरे नंबर की राज-भाषा का काम ठाठ से कर रही है और उससे कोई ऐसी उम्मीद नहीं करता कि वह सामासिक संस्कृति की कसौटियों पर खरी उतरेगी। राज-भाषा के साथ जुड़ा हुआ तर्क उपयोगिता-केंद्रित है जिसमें भाषा को एक आंगिक (ऑर्गनिक) संरचना की तरह देखने के बजाय एक उपकरण की तरह देखा जाता है। अनुच्छेद 351 हिंदी के भविष्य को एक सरकारी उपकरण की सीमाओं से परे जा कर कल्पित करता है।

संविधान के इस अनुच्छेद का एक अन्य पाठ कृष्ण कुमार ने किया है। वे इसे 'अद्‌भुत शब्दजाल' क़रार देते हैं जो 'आज़ादी के बाद के वर्षों में हिंदुस्तानी को राजकीय परिधि से ग़ायब होने से नहीं बचा सका' और '1950 में स्थापित वैज्ञानिक शब्दावली मण्डल, जिसकी जगह बाद में वैज्ञानिक और तकनीकी शब्दावली आयोग ने ले ली, संस्कृत की मदद से हिंदी का शब्द-भण्डार बढ़ाने में जुट गया'। कृष्ण कुमार के मुताबिक़ 'धर्मनिरपेक्षता के प्रति राज्य की वचनबद्धता इस प्रक्रिया में कोई रुकावट पैदा नहीं कर सकी, एक तो इसलिए क्योंकि हिंदुस्तानी का पक्ष पराजित हो चुका था, दूसरे इसलिए कि नौकरशाह और बौद्धिक अभिजन अंग्रेज़ी पर निर्भर बना रहा।' कृष्ण कुमार द्वारा किया गया यह पाठ समाज-विज्ञान के हलक़ों में काफ़ी प्रभावशाली साबित हुआ है। वे इस पैरे को संस्कृतनिष्ठ हिंदी के समर्थकों की जीत मानते हुए निष्कर्ष निकालते हैं कि इसी पैरे के कारण हिंदी अपने सेकुलर स्वरूप हिंदुस्तानी से दूर और साम्प्रदायिक रुझान वाले संस्कृतनिष्ठ स्वरूप के नज़दीक होती चली गयी। हिंदू-राष्ट्रवादियों ने उसे अपने स्वार्थ-चक्र का अंग बना लिया।

अनुच्छेद 351 का एक तीसरा पाठ दलित चिंतक डॉ. धर्मवीर ने अपनी विख्यात रचना 'हिंदी की आत्मा' में किया है। इस पुस्तक का सातवाँ अध्याय ('संविधान का अनुच्छेद 351 : हिंदी को वरदान') पूरा का पूरा इसी अनुच्छेद पर है जिससे निकलने वाली समझ कृष्ण कुमार के पाठ से एकदम उलटी है। धर्मवीर के अनुसार, 'संविधान के इस अनुच्छेद को पढ़ने वाले लोगों को ध्यान रखना चाहिए कि यदि इसमें संस्कृत का विशेष रूप से नाम लेकर उल्लेख किया गया है, तो संस्कृत से पहले हिंदुस्तानी का भी विशेष रूप से नाम लेकर उल्लेख आया है। इसके सिवा जहाँ केवल संस्कृत से मात्र शब्द लेने की बात कही गयी है, वहाँ हिंदुस्तानी के रूप, शैली और पदावली तक को आत्मसात् करने की शर्त रखी गयी है। इससे पता चलता है कि हिंदी पहले हिंदुस्तानी के पास आती है, संस्कृत से अपना संबंध बहुत बाद में जोड़ती है। हिंदुस्तानी के बाद हिंदी को अन्य भारतीय भाषाओं के साथ मेलजोल बढ़ाना है।' धर्मवीर हिंदी के प्रश्न को साम्प्रदायिक बनाम सेकुलर की बहस के दायरे से बाहर उसके 'जीनियस' (इसे धर्मवीर हिंदी की आत्मीयता कहते हैं) के विकास की रोशनी में देखना चाहते हैं। धर्मवीर ख़ुद को रामविलास शर्मा और किशोरी दास वाजपेयी के भाषा-चिंतन की अगली कड़ी के रूप में पेश करते हुए इन्हीं दोनों विद्वानों की बात दोहराते हैं कि हिंदी संस्कृत की बेटी नहीं है, और उसे संस्कृत का मातहत बनाने की तमाम कोशिशों के बावजूद उसका विकास अपनी आत्मीयता के तहत ही हो रहा है।

चौथा पाठ न्यायमूर्ति गोपाल राव एकबोटे की देन है। उन्होंने अपनी पुस्तक *राष्ट्र-भाषा विहीन राष्ट्र* में हिंदी को दो हिस्सों में बाँट कर देखने की वकालत की है। उनके मुताबिक़ एक हिंदी क्षेत्रीय भाषा है जो देश के एक बड़े हिस्से में बोली जाती है। लेकिन, संविधान जिस हिंदी की बात कर रहा है, वह कुछ दूसरी ही चीज़ है। यानी संविधान की आठवीं अनुसूची में अन्य भाषाओं के साथ जिस हिंदी का उल्लेख है, वह अनुच्छेद 351 में उल्लिखित हिंदी नहीं है। अनुसूची वाली हिंदी विकसित करने का काम राज्य सरकारों का है, और अनुच्छेद वाली हिंदी विकसित करने का काम भारतीय संघ का होना चाहिए। जस्टिस एकबोटे किसी भी भाषा की प्रकृति और स्वरूप को अलग-अलग करके देखने के तरफ़दार हैं। अनुच्छेद 351 वाला पैरा हिंदी की जिस प्रकृति का ज़िक्र करता है वह उनके अनुसार हिंदी इलाक़े में प्रचलित हिंदी के स्वरूप से भिन्न है। एकबोटे दक्षिण भारतीय प्रदेशों को हिंदी सिखाने के पक्ष में हैं, पर वह एक नये क़िस्म की हिंदी होनी चाहिए जिसमें राष्ट्र-भाषा बन सकने की या तो विशेषताएँ होनी चाहिए या पैदा की जानी चाहिए। एकबोटे यह भी बताते हैं कि ये विशेषताएँ क्या हैं : सार्वदेशिकता, पुरातनत्व, सरल समावेशकता, भिन्न-भिन्न और अनेक स्रोतों से उसकी व्युत्पत्ति, उदारतावादी दृष्टिकोण, समन्वित संस्कृति की अभिव्यक्ति, क्षमता और बोधगम्यता। उनके मुताबिक़ ये विशेषताएँ उस हिंदी में नहीं हैं जो हिंदीभाषी प्रांतों में बरती जाती है।

संविधान द्वारा निर्देशित 'राज-भाषा' हिंदी की निर्मिति के ये पाठ अलग-अलग समझ पर आधारित हैं। पहला पाठ दिखाता है कि हिंदी से संबंधित बहस में जानबूझ कर श्रेणियों का घालमेल किया जाता है, और इसका बढ़ावा ख़ुद संविधान-निर्माताओं की तरफ़ से आता है। राष्ट्र-भाषा की श्रेणी का इस्तेमाल किये बिना अनुच्छेद 351 'राज-भाषा'

हिंदी पर राष्ट्र-भाषा या जन-भाषा या अखिल भारतीय सम्पर्क-भाषा बनने की असाधारण ज़िम्मेदारी डाल देता है। इसी के साथ-साथ यह अनुच्छेद हिंदी को साम्प्रदायिक और सामाजिक-सांस्कृतिक एकता का वाहक बनने का गुरुतर दायित्व विशेष रूप से प्रदान करता है। यह करामात किसी भाषाशास्त्री के बस की बात नहीं थी। इसे अंजाम तो केवल वे लोग ही दे सकते थे जिनकी आत्म-छवि राष्ट्र-निर्माता की थी और जो प्रस्तावित राष्ट्र की रचना के लिए किसी भी तरह की इंजीनियरिंग करने पर आमादा थे।

दूसरे पाठ की दिलचस्पी हिंदी को अखिल भारतीय सम्पर्क भाषा या राष्ट्र-भाषा बनाने के सवाल पर विचार करने में है ही नहीं। इसकी चिंताएँ हिंदी को एक ऐसी जन-भाषा के रूप में विकसित करने के इर्द-गिर्द गोलबंद हुई हैं जो हिंदी-क्षेत्र की वैचारिक, शैक्षिक, ज्ञानोपार्जन संबंधी, राजनीतिक और सामाजिक आवश्यकताओं को पूरा कर सके। जहाँ तक आलोचना का सवाल है, कृष्ण कुमार का पाठ सही लगता है। लेकिन, उनका विमर्श यह नहीं बताता कि जिस बोल-चाल की हिंदुस्तानी को वे सामासिक एकता के समानार्थक की तरह पेश करते हैं, उसके साथ उच्च-शिक्षा और ज्ञान-विज्ञान के लिए किये विकसित की जाने वाली हिंदी का समीकरण क्या होगा? इस प्रक्रिया में संस्कृत या फ़ारसी की क्या भूमिका होगी?

सरोकार के लिहाज़ से देखा जाए तो कृष्ण कुमार के विचारों और धीरूभाई शेठ की हिंदी के प्रश्न पर विकसित की गयी थीसिस में कोई फ़र्क़ नहीं लगता। दोनों ही विद्वान हिंदी में ज़बरन ठूँसे गये संस्कृत के शब्दों और सरकार द्वारा चलाई गयी मानकीकरण की दोषपूर्ण परियोजना से असंतुष्ट हैं। लेकिन कृष्ण कुमार के विपरीत धीरूभाई पाठ्यक्रमीय हिंदी द्वारा साक्षर हुई नयी पीढ़ियों को हिंदी-प्रसार की एक ऐसी उपलब्धि के तौर पर देखते हैं जिसे नज़रअंदाज़ नहीं किया जाना चाहिए। धीरूभाई का विमर्श हिंदी को हाट-बाज़ार में बोली जाने वाली हिंदुस्तानी का पर्याय बना कर रख देने के सेकुलर आग्रह के प्रति सचेत करता है। वे मानते हैं कि अगर भाषा को उच्च-शिक्षा और परिष्कृत विमर्श का वाहक बनाना है, तो बोल-चाल की हिंदी और विमर्शी हिंदी में अंतर होगा। धीरूभाई को यह मानने में संकोच नहीं है कि हिंदी की औपचारिक शिक्षा एक औपचारिक स्वभाव की भाषा को जन्म देगी और केवल ऐसी ही भाषा उच्चस्तरीय लेखन का औज़ार बन सकती है। अगर हिंदी को सर्वसमावेशी बनना है, तो धीरूभाई के अनुसार वह संस्कृत के स्रोतों से ली जा सकने वाली पदावली की पूरी तरह उपेक्षा कैसे कर सकती है?

तीसरा पाठ एक ऐसे दलित बुद्धिजीवी की देन है जो भारतीय प्रशासनिक सेवा का अधिकारी भी है। सरकारी कामकाज की हिंदी के विकास से उनका सीधा संबंध है। धर्मवीर अपनी पुस्तक में ऐसे कई प्रमाण और तर्क जुटाते हैं जिनसे उस सरकारी हिंदी के विकास की जानकारी मिलती है जिसे लम्बे अरसे से उपहास और निंदा का शिकार होना पड़ा है। दलित होने के नाते धर्मवीर से हमें संस्कृत की सामाजिक भूमिका की कठोर आलोचना करने की उम्मीद होनी ही चाहिए। वे संस्कृत पठन-पाठन के शूद्र और स्त्री-निषेध को कई बार छील डालते हैं, लेकिन वे भी हिंदी के संस्कृत के पास जाने के सैद्धांतिक विरोधी नहीं हैं। यह मानते हुए कि हिंदी को संस्कृत की मदद लेनी होगी, वे इस प्रक्रिया के लिए एक व्यावहारिक मॉडल तजवीज़ करते हैं। इस मॉडल की झलक उनके इस सुझाव से मिल सकती है कि संस्कृत का व्याकरण कुछ भी आग्रह करता रहे, हिंदी को पाँच अक्षरों से ज़्यादा लम्बा शब्द बनाने से परहेज़ करना चाहिए।

चौथे पाठ के रचयिता जस्टिस एकबोटे दक्षिण भारतीय हैं, लेकिन उन्हें हिंदी को राष्ट्र-भाषा बनाने से कोई गुरेज़ नहीं है बशर्ते वह हिंदी एक नयी भाषाई इंजीनियरिंग के ज़रिये पैदा की जाए। उन्होंने राष्ट्र-भाषा बनने के लिए जो आठ ज़रूरतें बताई हैं, उनमें एक है सार्वदेशिकता और दूसरी है पुरातनत्व। मुश्किल यह है हिंदी तो एक नयी भाषा है जिसका जन्म और विकास भारतीय आधुनिकता के साथ ही हुआ है। उसमें पुरातनत्व केवल संस्कृत के साथ उत्तरोत्तर निकटता के ज़रिये ही आ सकता है। उन्होंने जिस सार्वदेशिकता की चर्चा की है, अगर वह अंग्रेज़ी के कॉस्मोपॉलिटनिज़्म का अनुवाद नहीं है, तो फिर वह सार्वदेशिकता भी केवल संस्कृत के ही पास है। दरअसल, एकबोटे द्वारा बतायी गयी ये दोनों ख़ूबियाँ ग़ैर-हिंदीभाषी समाज-वैज्ञानिकों द्वारा हिंदी में संस्कृतनिष्ठता के विरोध पर की गयी आपत्ति की याद दिला देती हैं। इस संबंध में ग़ैर-हिंदीभाषी समाज-वैज्ञानिकों के एक समूह का मानना है कि हिंदी में संस्कृतनिष्ठ शब्द जितने ज़्यादा होंगे, बंगालियों और केरलवासियों को हिंदी उतनी ही रास आयेगी।

देखा जा सकता है कि संविधान के भाषा संबंधी प्रावधानों ने समाज-वैज्ञानिकों और बुद्धिजीवियों के बीच तीखी बहस को जन्म दिया। ऑस्टिन द्वारा उन्हें 'आधे मन से किया गया समझौता' क़रार दिया गया। किसी ने उन्हें शब्दजाल की संज्ञा दी। किसी ने उनकी अभ्यर्थना की। लेकिन संविधान-निर्माता बहुभाषिता की जिन जटिलताओं का सामना कर रहे थे, उनकी विवशताओं के तहत उनके द्वारा किये गये असाधारण नवाचारों की तरफ़ किसी का ध्यान नहीं गया। मुंशी-आयंगार फ़ार्मूला तो इस नवाचार का प्रकट

परिणाम था। इसकी असली बुनियाद थी राष्ट्र-भाषा और राज-भाषा के प्रत्ययों को अलग-अलग कर देना और साथ ही आठवीं अनुसूची की किसी भाषा को राष्ट्र-भाषा का दर्जा न दे कर इसे भविष्य की सम्भावनाओं के हवाले कर देना। यह नवाचार इसलिए भी तारीफ़ के क़ाबिल है कि संविधान सभा की पूरी बहस में राष्ट्र-भाषा और राज-भाषा के प्रत्यय इस क़दर परस्पर गुँथे हुए थे कि उन्हें अलग करना असम्भव सा था। लेकिन, आख़िर में जब भाषा-प्रावधानों के सूत्रीकरण की नौबत आयी तो संविधान-निर्माता मुंशी-फ़ार्मूले के ज़रिये यह करने में सफल रहे। इस फ़ार्मूले ने एक और काम किया। इसके ज़रिये ग़ैर-हिंदीभाषियों, ख़ासकर दक्षिण भारत के लोगों के हितों की सुरक्षा हुई।

**देखें :** 'अंग्रेज़ी हटाओ' आंदोलन, डायग्लॉसिया, भारत में भाषा-नियोजन-1 से 4 तक, भाषा के मार्क्सवादी सिद्धांत, रामविलास शर्मा-1 और 2, सम्पर्क भाषा-1 से 4 तक, संस्कृत काव्यशास्त्र, संविधान सभा में भाषा-विवाद-1, 2 और 3, हिंदी विरोधी आंदोलन, हिंदी जाति-1, 2 और 3, हिंदी-जगत और 'लोकप्रिय'-1 और 2, हिंदी नवजागरण, हिंदी-संस्थाएँ।

### संदर्भ


1. कृष्ण कुमार (1993), 'हिंदी-हिंदू-हिंदुस्तान : विंध्य-गांगेय क्षेत्र में भाषा और शिक्षा', अभय कुमार दुबे (सम्पा.), *साम्प्रदायिकता के स्रोत,* विनय प्रकाशन, नयी दिल्ली.
2. डॉ. धर्मवीर (1998), *हिंदी की आत्मा,* समता प्रकाशन, नयी दिल्ली, 1998
3. गोपाल राव एकबोटे (1987), *राष्ट्रभाषा विहीन राष्ट्र,* अनु. खंडेराव कुलकर्णी, मैसर्स एकबोटे ब्रदर्स, हैदराबाद, 1987
4. धीरूभाई शेठ (2009), 'भाषा विवाद बनाम लोकतंत्रीकरण : अंग्रेज़ी का वर्चस्व ख़त्म होना चाहिए, पर कैसे?', धीरूभाई शेठ (प्रस्तुति और सम्पादन : अभय कुमार दुबे), *सत्ता और समाज,* सीएसडीएस-वाणी, नयी दिल्ली.


**— अभय कुमार दुबे**

## संविधान सभा में भाषा-विवाद-3

### संस्कृत-राष्ट्रवाद और आदिवासी भाषाएँ

(Language Debate in Constituent Assembley-3)

संविधान सभा में हुए भाषा-विवाद के अध्ययन में हिंदी-हिंदुस्तानी-अंग्रेज़ी के त्रिकोण पर राष्ट्र-भाषा और राज-भाषा के संदर्भ में इतना अधिक ज़ोर दिया गया है कि इस विवाद के अन्य पहलू आँखों से ओझल ही हो गये हैं। कम से कम दो आयाम ऐसे हैं जिनके बिना इस भाषा-विवाद की कहानी पूरी नहीं हो सकती। ये हैं संस्कृत को राष्ट्र-भाषा बनाने की माँग और उसके पक्ष में दिये गये तर्क; और उपेक्षित पड़ी आदिवासी भाषाओं का सवाल। हालाँकि इनके बीच आपस में कोई प्रत्यक्ष जोड़ नहीं दिखता, पर भविष्य के भारत की रचना के लिहाज़ से ये दोनों आयाम अत्यंत महत्त्वपूर्ण हैं। संस्कृत चूँकि राष्ट्र-भाषा नहीं बन सकी, इसलिए उसके पैरोकारों ने हिंदी को राज-भाषा बनाने की प्रक्रिया में पीछे के दरवाज़े से घुसने की कोशिश की और एक हद तक उसे विकृत करने में कामयाब भी हुए। दूसरी ओर आदिवासी भाषाओं का प्रश्न उठाने वाली एकमात्र आवाज़ नक़्क़ारख़ाने में तूती की तरह साबित हुई। ये भाषाएँ हाशिये पर ही पड़ी-पड़ी लुप्तप्राय: हो जाने के लिए अभिशप्त हो गयीं। इस प्रकरण को आज के भारत में आदिवासी प्रश्न की अनसुलझी जटिलता के रूपक के तौर पर भी पढ़ा जा सकता है। दिलचस्प बात यह है कि आदिवासी भाषाओं का प्रश्न उठाने वाले संविधान सभा के सदस्य ने भी संस्कृत के प्रभुत्व और हिंदी के संस्कृतकरण के अंदेशे के ख़िलाफ़ चेतावनी दी थी।

सुमति रामास्वामी ने आज़ादी के बाद बने संस्कृत आयोग के अपने अध्ययन 'संस्कृत फ़ॉर द नेशन' में विस्तार से दिखाया है कि इस प्राचीन भाषा को आज़ाद भारत की राष्ट्र-भाषा बनाने के पक्ष में कैसे-कैसे तर्क काम कर रहे थे। वे इस पूरे प्रयास को संस्कृत-राष्ट्रवाद की मानीख़ेज़ संज्ञा देती हैं। राजीव रंजन गिरि ने संविधान सभा में भाषा विवाद के अपने अध्ययन में पण्डित लक्ष्मीकांत मैत्र का वह भाषण विस्तार से उद्धृत किया है जिसमें उन्होंने मुंशी-आयंगार फ़ार्मूले में संशोधन का प्रस्ताव पेश करते हुए आग्रह किया था इसमें हर जगह हिंदी की जगह संस्कृत को दी जानी चाहिए।

मैत्र के अलावा मुसलिम लीग के एकमात्र प्रतिनिधि नजीरुद्दीन अहमद ने भी संस्कृत को राष्ट्र-भाषा बनाने की माँग की थी। नजीरुद्दीन और मैत्र की दलीलों में भारी फ़र्क़

था। नजीरुद्दीन का कहना था कि अगर संस्कृत को राष्ट्र-भाषा बना दिया जाएगा तो इसे सीखने में सभी तरह के भाषाभाषियों को समान दिक़्क़त होगी, क्योंकि यह भाषा किसी को नहीं आती। इस तरह समानता स्थापित हो जाएगी, और कोई पक्षपात नहीं होगा। उनके विपरीत मैत्र की मुख्य दलील यह थी कि अगर हिंदी का पक्ष पूरी तरह से स्वीकार कर लिया गया तो 'हारा हुआ वर्ग उस सभा से हताश होकर और बहुत कटुता लेकर बाहर जाएगा। यह कटुता कई सप्ताह से इस प्रश्न पर वाद-विवाद होने के कारण उत्पन्न हुई है। इसी कारण मैं सभा से यह आग्रह करने के लिए आगे बढ़ा हूँ कि केवल संस्कृत को ही भारत की राष्ट्रभाषा के रूप में स्वीकार किया जाए और अन्य किसी भाषा को स्वीकार न किया जाए। यद्यपि मैं जानता हूँ कि यह मेरी धृष्टता है। ... गोपालस्वामी आयंगर ने जो मसौदा उपस्थित किया है, उसमें हिंदी के स्थान पर संस्कृत रखी जाए और तत्स्थानी परिवर्तन किये जाएँ, ... संघ की भाषाओं की सूची में संस्कृत का भी उल्लेख किया जाये। यह एक आश्चर्य की बात है कि मेरे संशोधन की सूचना देने के पूर्व किसी ने भी संस्कृत को भारत की भाषाओं में से एक भाषा मानने के औचित्य पर विचार तक नहीं किया। हम इतने नीचे गिर गये हैं। ... मैं यह जानता हूँ कि यह कहा जाएगा कि यह एक मृत भाषा है। जी हाँ, मृत किसके लिए? मृत आपके लिए, क्योंकि आप स्वयं मृत हैं और महानता की भावना से तथा अपनी संस्कृति तथा सभ्यता की महान तथा उत्कृष्ट बातों से प्रेरित नहीं होते।... मेरा यह दृढ़ विश्वास है कि एक प्रांतीय भाषा को थोपने अथवा उसे राष्ट्रभाषा के पद पर प्रतिष्ठित करने से जो प्रांतीय विद्वेष तथा कटुता स्वभावतः फैलेगी, यदि हम उसे नहीं उत्पन्न होने देना चाहते तो हमें संस्कृत को स्वीकार करना चाहिए, जो सभी भाषाओं की जननी है और जो विचार में प्रयत्न करने से पंद्रह वर्ष में सीखी जा सकती है और जिसे सिखाने के लिए देश में इस समय भी आवश्यक सुविधाएँ विद्यमान है।'

मैत्र द्वारा संस्कृत के पक्ष में की गयी बातों के मर्म से राष्ट्रीय नेतृत्व का एक बड़ा हिस्सा भीतर ही भीतर सहमत था। चाहे अंग्रेज़ीदाँ नेहरू हों, या हिंदुस्तानी का पक्ष लेने वाले गाँधी और उनके शिष्यगण, या फिर गाँधी और ब्राह्मणवाद से जूझने वाले डॉ. आम्बेडकर, सभी संस्कृति की महत्ता के सांस्कृतिक दबाव में थे। रामस्वामी द्वारा उद्धृत इन नेताओं के समय-समय पर दिये गये वक्तव्यों से पता चलता है कि नेहरू, गाँधी और आम्बेडकर मानते थे कि संस्कृत सभी भारतीय भाषाओं की जननी है। (यह अलग बात है कि हिंदी-जगत के भीतर विद्वानों, वैयाकरणों, भाषाशास्त्रियों और कोशकारों की एक सुदीर्घ परम्परा है जो यह नहीं मानती कि हिंदी संस्कृत की पुत्री है। *हिंदी शब्दानुशासन* के यशस्वी रचयिता किशोरीदास वाजपेयी ने स्पष्ट रूप से कहा है कि संस्कृत एक बाँझ भाषा है। वह किसी भाषा की माँ नहीं हो सकती। हिंदी की तो वह केवल निस्संतान मौसी ही हो सकती है।) हिंदी के बहुत से विद्वानों के इस आग्रह के बावजूद विनोबा भावे (जिन्हें गाँधी ने पहले सत्याग्रही का दर्जा दिया था) भी स्पष्ट रूप से चाहते थे कि केवल सरल संस्कृत को ही राष्ट्र-भाषा का दर्जा मिलना चाहिए, क्योंकि वही देश के सभी भागों को आपस में जोड़ने की भूमिका निभा सकती है।

बहरहाल, संस्कृत के इस सांस्कृतिक रुतबे के बावजूद संविधान सभा में लोकतंत्र का तर्क ही चला और संविधान-निर्माताओं ने संस्कृत को राष्ट्र-भाषा स्वीकार करने से इनकार कर दिया। लेकिन, संस्कृत के पैरोकारों ने यह संघर्ष आख़िर तक जारी रखा। जब अनुच्छेद 351 पर चर्चा का नंबर आया तो शिब्बनलाल सक्सेना ने उसमें संशोधन का प्रस्ताव रखा। अगर यह प्रस्ताव मान लिया जाता तो हिंदी के सम्पूर्ण संस्कृतकरण का रास्ता खुल जाता। यह संशोधन चाहता था कि नये शब्द बनाने और ग्रहण करने के लिए हिंदी सिर्फ़ और सिर्फ़ संस्कृत की तरफ़ ही देखे, और हिंदुस्तानी, उर्दू, जनपदीय भाषाओं और अन्य भारतीय भाषाओं की शब्द-सामर्थ्य की इस सिलसिले में पूरी तरह से उपेक्षा की जाए।

राष्ट्र-भाषा संबंधी इस विवाद में भारतीय समाज की मुख्यधारा से दूर हाशिये पर जीवन-बसर करने वाले आदिवासियों की भाषा भी हाशिये पर ही खड़ी थी। राजीव रंजन गिरि के मुताबिक़ 'राष्ट्रभाषा की दावेदार के संदर्भ में किसी भी भाषा के समर्थक समूहों ने जयपाल सिंह से पहले इस दृष्टिकोण से ग़ौर नहीं किया था। जयपाल सिंह एक और भाषा के लिए राष्ट्रवादी दावा नहीं कर रहे थे; बल्कि वे 'राष्ट्र' की उन भाषाओं को शामिल करने की बात कर रहे थे जो 'राष्ट्र-भाषा' की कल्पना की सीमाओं से बाहर थीं।

तत्कालीन बिहार से आने वाले जयपाल सिंह ने संविधान सभा में आदिवासी भाषाओं का मुद्दा पेश किया। जयपाल सिंह ने कहा 'मैं अनुभव करता हूँ कि यदि मैं सदन से यह अनुरोध न करूँ कि अनुसूची सात-क में कुछ आदिवासी भाषाओं को भी शामिल कर दिया जाए, जिन्हें थोड़े से व्यक्ति नहीं शब्दशः दसियों लाख लोग बोलते हैं, तो मैं अपना कर्त्तव्य समुचित रूप से पूरा नहीं कर रहा होऊँगा।' जयपाल सिंह ने पिछली जनगणना के हवाले से बताया कि 'अनुसूचित आदिम जातियों की सूची को देखें तो आपको पता लगेगा कि वहाँ 176 का उल्लेख है। हाँ, 176 भाषाएँ नहीं। वे उपभाषाएँ हो सकती हैं। और एक भाषा विभिन्न क्षेत्रों में ज़रा-ज़रा भिन्न हो सकती है। आप मुझसे पूछ सकते हैं कि 176 में से तीन को ही क्यों लिया है। श्रीमान मैं नहीं चाहता कि अनुसूची में बहुत-सी भाषाओं का भार हो

इसलिए मैंने केवल तीन महत्त्वपूर्ण भाषाओं को चुना है। मेरे संशोधन में उल्लिखित पहली भाषा 'मुंदरी' के विषय में मैं कह सकता हूँ कि मैंने संथाली का उल्लेख नहीं किया है क्योंकि मुंदरी उन भाषाओं का वंशनाम है जिन्हें कभी आस्ट्रिक भी कहा जाता है और कभी मान-खमेर भी कहा जाता है। मैं देखता हूँ कि गत जनगणना में यह उल्लेख है कि 40 लाख व्यक्ति मुंदरी भाषा बोलते थे। मैं देखता हूँ कि इस सूची या अनुसूची में इस समय ऐसी भाषाएँ समाविष्ट हैं, जिन्हें बोलने वाले मुंदरी भाषियों से कम हैं। इसी प्रकार, ओराव को रखने का मेरा यह कारण है कि ओराव लोगों का हमारे देश में कोई छोटा वर्ग नहीं है। यहाँ लगभग ग्यारह लाख ओरावों हैं।... मैंने यह भी माँग की है कि गोंदी भी एक भाषा होनी चाहिए, क्योंकि उसके बोलने वाले 32 लाख हैं।'

गिरि द्वारा दिये गये वर्णन के मुताबिक़ हिंदी के समर्थकों पर तंज़ करते हुए जयपाल सिंह ने कहा कि 'आज सदन में दो वर्ग हैं— शुद्ध हिंदीवादी और दूसरे लोग जो उदारता से यह स्वीकार करते हैं कि भाषा का विकास समय पर छोड़ देना चाहिए। मैं यह कहना चाहता हूँ कि मैं तो वही स्वीकार करने के लिए तैयार हूँ जो सदन विनिश्चय कर दे। किंतु कई लोगों में जो शुद्धतायी की कट्टरता आ गयी है, उस पर मेरे हृदय में प्रबल विरोध उत्पन्न होता है। भाषा क्या है? भाषा वह है जो बोली जाती है। मेरे विचार में हमारा यह सोचना अवनति सूचक है कि हम आज बोली जाने वाली भाषा को भावनावश शत-प्रतिशत संस्कृत शब्दों से भर कर उन्नत बना सकते हैं। मैं संस्कृत को बहुत प्रशंसा करता हूँ पर मैं हिंदी वही बोलता हूँ जैसी कि मेरे प्रांत बिहार में बोली जाती है, किंतु वह ऐसी हिंदी नहीं है जैसी कि मेरे मित्र यहाँ स्वीकार करना चाहते हैं वही हिंदी भाषा रखिये जो सब जगह बोली जाती है। उसे अन्य भाषाओं से शब्द लेकर उन्नति करने दीजिए। हमें यह नहीं सोचना चाहिए कि यदि हिंदी या हिंदुस्तानी में अन्य शब्द आ जाएँगे तो वह तो ग़रीब हो जायेगी। भाषा का विकास और उन्नति तभी होती है, जब उसमें अन्य भाषाओं में शब्द ग्रहण करने का साहस हो। मुझे कोई आपत्ति नहीं है कि आप उसे हिंदुस्तानी कहिये या हिंदी, आप जो निश्चय करेंगे मैं जल्दी सीख लूँगा, आदिवासी इसे सीख लेंगे। वे दुभाषी या त्रिभाषी होते हैं। पश्चिम बंगाल में संथाली बंगाली भी बोलते हैं और अपनी मातृभाषा भी। आप जहाँ जाएँगे यही देखेंगे कि आदिवासी अपनी मातृभाषा के अतिरिक्त उस क्षेत्र की भाषा को अपना लेता है।

जयपाल सिंह ने कहा कि 'बिहार का एक भी सदस्य नहीं है जिसे आदिवासी भाषा सीखनी पड़ी हो। क्या मेरे मित्र रविशंकर शुक्ल मुझे बता सकते हैं कि यदि मध्य प्रदेश में बत्तीस लाख गोंड भी हैं, पर क्या उन्होंने गोंडी भाषा सीखने का प्रत्यन किया है? क्या किसी बिहारी ने संथाली सीखने का प्रयत्न किया है? यद्यपि आदिवासियों से अन्य भाषाएँ सीखने के लिए कहा जाता है। हमारे लिए यह गर्व की बात है कि हम अन्य भाषाएँ भी बोल सकते हैं। मेरे विचार में इसका बदला भी होना चाहिए। कुछ सहिष्णुता की भावना होनी चाहिए और जो प्रांत हिंदी बोलते हैं उन्हें एक अन्य भाषा सीखनी चाहिए। हमें ऐसी ही भावना प्रदर्शित करनी चाहिए। हमें यह नहीं कहना चाहिए कि शेष देश को हमारी भाषा सीखनी चाहिए, क्योंकि हम अन्य कोई चीज़ नहीं सीखेंगे।'

**देखें :** 'अंग्रेज़ी हटाओ' आंदोलन; डायग्लॉसिया, भारत में भाषा-नियोजन-1 से 4 तक, भाषा का मार्क्सवादी सिद्धांत, रामविलास शर्मा-1 और 2, सम्पर्क भाषा-1 से 4 तक, संस्कृत काव्यशास्त्र, संविधान सभा में भाषा-विवाद-1, 2 और 3, हिंदी विरोधी आंदोलन, हिंदी जाति-1, 2 और 3, हिंदी-जगत और 'लोकप्रिय'-1 और 2, हिंदी नवजागरण, हिंदी-संस्थाएँ।

### संदर्भ

1. सुमति रामस्वामी (1999), 'संस्कृत फ़ॉर द नेशन', *मॉडर्न एशियन स्टडीज़*, खण्ड 33, अंक 2, पृष्ठ 339-81.
2. डॉ. धर्मवीर (1998), *हिंदी की आत्मा,* समता प्रकाशन, नयी दिल्ली, 1998
3. शेल्डन पोलोक (2001), द डेथ ऑफ़ संस्कृत', *कम्परेटिव स्टडीज़ इन सोसाइटी ऐंड हिस्ट्री,* खण्ड 43, अंक 2, पृष्ठ 392-426.
4. राजीव रंजन गिरि (2012), *संविधान सभा और भाषा-विमर्श,* संवेद-58, नयी दिल्ली.

**— अभय कुमार दुबे**

# संशोधनवाद

(Revisionism)

संशोधनवाद के विचार का ताल्लुक़ किसी भी स्थापित विचार, मतवाद या परम्परा की बौद्धिक वैधता और राजनीतिक प्रासंगिकता की जाँच करने से है। पड़ताल की प्रक्रिया उस समय संशोधनवाद का रूप ले लेती है जब वह किसी वैचारिक संरचना के बुनियादी तत्त्वों को बदलने का प्रस्ताव रखती है। संबंधित विचार की शुद्धता की रक्षा करने वालों का कहना होता है कि परिवर्तन के नाम पर यह संशोधन तो उनके मतवाद को आमूल-चूल बदल कर कुछ और ही बना देगा। परिणामस्वरूप संशोधन तजवीज़ करने वालों और उसका विरोध करने वालों के ख़िलाफ़ टकराव होता है। इस तरह के टकराव को एक पक्ष द्वारा संशोधनवाद

एडुअर्ड बर्न्सटीन (1850-1932)

के ख़िलाफ़ संघर्ष की संज्ञा दी जाती है, और दूसरा पक्ष उसे लकीर पीटने वालों की आपत्तियाँ कह कर ख़ारिज करता है। संशोधनवाद के प्रत्यय का जन्म 1894-95 के फ्रांस में एक ऐसे प्रकरण के दौरान हुआ था जिसे रिचर्ड ड्रीफ़स काण्ड के रूप में जाना जाता है। इसकी वजह से पैदा हुई राजनीतिक बेचैनियों के कारण कई बार यह दावा किया गया कि ड्रीफ़स को दी गयी सज़ा न केवल इंसाफ़ की तौहीन है, बल्कि इतिहास में संशोधन भी है।

लेकिन आज न तो वह बहस किसी को याद है, और न ही वह प्रकरण। यह ज़रूर है कि उस घटना के बाद से संशोधनवाद एक तरफ़ तो इतिहास-अध्ययन के व्यापक दायरे में उल्लेखनीय प्रवृत्ति के तौर पर विकसित होता रहा, और दूसरी तरफ़ उसने मार्क्सवाद के भीतर चलने वाले वैचारिक और रणनीतिक वाद-विवादों में ख़ुद को प्रमुखता से दर्ज किया। मार्क्सवाद और उसके क्रांतिकारी सार की शुद्धता की संशोधनवादी प्रयासों से रक्षा करने का आग्रह इतना प्रबल है कि उसके पैरोकारों ने एक विशाल संशोधनवाद विरोधी इनसाइक्लोपीडिया की ही रचना कर डाली है जो ऑन लाइन उपलब्ध है। भारतीय मार्क्सवादी आंदोलन और विचार में भी संशोधनवाद के प्रत्यय के इर्द-गिर्द ज़बरदस्त बहसें चली हैं। 1967 में उभरे नक्सलवादी आंदोलन के सिद्धांतकार मार्क्सवादी कम्युनिस्ट पार्टी को संशोधनवादी कह कर ख़ारिज करते हैं।

मार्क्सवाद के अलावा यह विचार आज अपनी दो और क़िस्मों के लिए जाना जाता है। इनमें एक क़िस्म प्रथम विश्व-युद्ध की व्याख्याओं से और दूसरी होलोकास्ट की घटना से जुड़ी है। अमेरिकी विद्वान हेनरी एल्मर बार्न्स द्वारा रचा गया प्रथम विश्व-युद्ध का इतिहास *द जेनेसिस ऑफ़ द वर्ल्ड वार* (1929) संशोधनवादी इतिहास-लेखन का प्रमुख नमूना माना जाता है। बार्न्स ने अपने तर्क का विस्तार द्वितीय विश्व-युद्ध पर हुए मुख्यधारा के इतिहास-लेखन के बारे में भी किया। उनका कहना था कि इन विश्व-युद्धों के कारणों के बारे में जो कुछ बताया गया है वह राजनीतिक मक़सद से और राजनीतिक नियंत्रण के तहत की गयी कारिस्तानी के अलावा कुछ नहीं है। विजेता मित्र-राष्ट्रों की मंशा के मुताबिक़ लिखे जाने के कारण उसका असलियत से कोई ताल्लुक़ नहीं है। बार्न्स ने दावा किया कि नाज़ियों के युद्ध अपराध हों, या होलोकास्ट (युरोपियन यहूदियों का नरसंहार) हो, इन आरोपों को तथ्यगत रूप से सही नहीं ठहराया जा सकता। बार्न्स की विरासत का असर यह हुआ कि इतिहास-लेखन के दायरे में एक नया स्कूल ही उभर आया। राष्ट्रवादी इतिहास-लेखन का विरोध करने वाले इसके सदस्यों की कोशिश थी कि संशोधनवाद को अभिव्यक्ति की स्वतंत्रता और सत्य को धरती पर उतारने वाले बुद्धिसंगत विचार के तौर पर देखा जाना चाहिए। संशोधनवादी इतिहासकारों की रचनाएँ पश्चिम से लेकर मध्य-पूर्व तक अति-दक्षिणपंथी और पुनरुत्थानवादी रुझान वाले पाठक वर्ग और बुद्धिजीवियों के छोटे से तबके के बीच लोकप्रिय हैं।

मार्क्सवादी हलक़ों में संशोधनवादी होना एक गाली की तरह माना जाता रहा है। दिलचस्प बात यह है कि एक-दूसरे को संशोधनवादी कहने का मार्क्सवादी आंदोलन में एक लम्बा सिलसिला है। मसलन, चीनी कम्युनिस्ट नेता माओ त्से तुंग ने स्तालिन के बाद सोवियत संघ की कमान सँभालने वाले निकिता ख्रुश्चेव को संशोधनवादी क़रार दिया, लेकिन माओ को अल्बानियन कम्युनिस्टों ने संशोधनवादी बताया। इससे पहले 1957 में पोलिश नेता व्लादिस्लाव गोमुल्का बीसवीं सोवियत कांग्रेस में स्तालिन की भर्त्सना करने वाली ख्रुश्चेव रिपोर्ट की प्रशंसा करने वालों को संशोधनवादी कहते हुए पाये गये, लेकिन उन्हीं गोमुल्का को रोमानियन कम्युनिस्टों द्वारा संशोधनवादी क़रार दिया गया। दिलचस्प बात यह है कि मार्क्सवाद में 'बायें बाज़ू के भटकाव' यानी अतिक्रांतिकारी रुझान वाले भी संशोधनवादी कहलाते हैं, और 'दाएँ बाज़ू के भटकाव' यानी क्रांतिकारी होने के मामले में कमतर समझे जाने वालों पर भी संशोधनवादी होने की तोहमत मढ़ी जाती है।

संशोधनवाद को मार्क्सवादी पॉलिमिक्स के हथियार की तरह इस्तेमाल करने का इतिहास बीसवीं सदी के पहले दशक से शुरू होता है। जर्मन मार्क्सवाद के एक प्रमुख हस्ताक्षर और जर्मन सोशल डेमॉक्रैटिक पार्टी (एसपीडी) के सिद्धांतकार एडुअर्ड बर्न्सटीन ने 1896 से 1900 के बीच अपने लेखों और पुस्तकों में मार्क्सवादी सैद्धांतिकी की कठोर

आलोचना पेश की। संशोधनवाद के संस्थापक समझे जाने वाले बर्न्सटीन ने कहा कि कहा कि पूँजीवादी समाज के अपरिहार्य ध्वंस और मज़दूर वर्ग के सत्ता पर क़ब्ज़ा करने की मार्क्स द्वारा की गयी भविष्यवाणी नाकाम हो चुकी है। बर्न्सटीन के इस हमले से पूरे युरोप के मार्क्सवादी हलक़ों को काफ़ी आश्चर्य हुआ क्योंकि वे मार्क्स के जोड़ीदार फ्रेड्रिख़ एंगेल्स के घनिष्ठ मित्र और उनकी रचनाओं के वारिस थे। एंगेल्स के देहांत के बाद उन्हें युरोप के प्रमुख मार्क्सवादी स्वरों में से एक माना जाता था। बर्न्सटीन ने दावा किया कि क्रांति को 'अंतिम लक्ष्य' मानने का मार्क्स और एंगेल्स का विचार ठीक नहीं था। मार्क्सवादियों का अंतिम लक्ष्य क्रांतिकारी (रेवोल्यूशनरी) नहीं बल्कि क्रम-विकासवादी (इवोल्यूशनरी) होना चाहिए।

इस लिहाज़ से बर्न्सटीन ने कम्युनिस्टों के सामने शांतिपूर्ण और संसदीय रास्ता अपनाते हुए चुनाव के रास्ते सत्ता में आने का कार्यक्रम रखा। उनका कहना था कि अगर मार्क्सवादी लोकतंत्र के समर्थक हैं और सच्चा लोकतंत्र लाना चाहते हैं तो उन्हें साधन और साध्य के बीच घनिष्ट संबंध पर ज़ोर देना चाहिए क्योंकि लोकतंत्र की स्थापना लोकतांत्रिक तौर-तरीक़ों से ही हो सकती है। उन्होंने एसपीडी से अपील की कि वह केवल मज़दूर वर्ग में ही अपना आधार न बनाये बल्कि मध्यवर्ग को भी अपनी ओर खींचने की कोशिश करे। बर्न्सटीन मार्क्स के इस कथन से भी असहमत थे कि उदारतावाद और समाजवाद दो परस्पर विपरीत विचार हैं। उन्होंने समाजवादियों से आग्रह किया कि वे ख़ुद को उदारतावाद का वारिस मान कर ज्ञानोदयपरक चिंतन के गर्भ से निकली नागरिकता, मानवाधिकार और क़ानून के शासन की भाषा स्वीकार कर लें। बर्न्सटीन के ये विचार द्वितीय विश्व-युद्ध के बाद युरोपीय सामाजिक जनवाद की आधारशिला साबित हुए। लेकिन उनके अपने जीवन में जर्मन समाजवाद के अन्य सिद्धांतकारों, जैसे रोज़ा लक्ज़ेमबर्ग, ऑग्स्त बेबेल और कार्ल काउत्सकी ने संशोधनवादी कह कर उनकी भर्त्सना की।

1908 में लेनिन ने जर्मन और ऑस्ट्रियन सामाजिक जनवाद की उन प्रवृत्तियों को संशोधनवाद क़रार दिया जो उनकी निगाह में ग़ैर-क्रांतिकारी और सुधारवादी थीं। लेनिन के नेतृत्व में बोल्शेविकों ने रूस में सत्ता पर क़ब्ज़ा करने से पहले ही फ्रांस और ब्रिटेन के समाजवादी आंदोलनों की भी संशोधनवादी कह कर निंदा कर डाली। लेनिन के पहले संशोधनवादी होना समाजवाद का गद्दार होना नहीं था। लेकिन मार्क्सवाद में संशोधन की जुर्रत लेनिन की तीखी आलोचना के आईने में विचारधारा के प्रति एक तरह की धोखेबाज़ी लगने लगी। 1917 में अक्तूबर क्रांति की सफलता के बाद लेनिन की कार्यदिशा विजयी घोषित कर दी गयी, और क्रांतिकारिता सच्चे मार्क्सवाद का पर्याय बन गयी। इसके बाद संशोधनवादी पूँजीपति वर्ग के एजेंट, राजकीय पूँजीवाद के प्रोत्साहक, अभिजनवादी, साम्राज्यवाद के दलाल और यहाँ तक कि 'सोशल फ़ासिस्ट' तक कहे जाने लगे। बर्न्सटीन का देहांत 1932 में हुआ। अक्तूबर क्रांति के बाद बोल्शेविकों के संशोधनवाद विरोधी हमले के मुक़ाबले वे क्रांति के सबसे शुरुआती और ज़बरदस्त आलोचकों में एक साबित हुए। उन्होंने व्याख्या की कि लेनिन के नेतृत्व में सोवियत कम्युनिज़्म केवल और केवल ताक़त के प्रयोग में यक़ीन रखता है। बर्न्सटीन की भविष्यवाणी थी कि ऐसी हुकूमत ज़ार के निरंकुश शासन की ही तरह रूस को सामाजिक और आर्थिक गर्त में ले जाएगी।

मार्क्सवादी विमर्श में संशोधनवाद का प्रत्यय थोड़े दिन के लिए 1989 में रोमानियन कम्युनिस्टों के कारण एक बार फिर उभरा। रोमानिया के मार्क्सवादियों ने हंगरी और पोलैण्ड में बहुलतावादी शासन और बाज़ारोन्मुख अर्थव्यवस्था क़ायम करने की कोशिशों को संशोधनवादी क़रार दिया। नब्बे के दशक की शुरुआत में सोवियत ख़ेमे के ध्वंस के बाद संशोधनवाद का सैद्धांतिक क़ॅरियर पहले जैसा चमकदार नहीं रह गया। चीनी कम्युनिस्ट पार्टी ने भी इस शब्दावली का इस्तेमाल तक़रीबन बंद कर दिया है। लेकिन अभी भी अकादमीय हलक़ों में इस पद को राजनीतिक भाषा के अंग के रूप में बरता जाता है।

**देखें :** अर्नेस्टो चे गुएवारा, आधार और अधिरचना, ऑस्कर रायज़ार्ड लांगे, आंगिक और पारम्परिक बुद्धिजीवी, एंतोनियो ग्राम्शी, कार्ल हाइनरिख़ मार्क्स-1 से 4 तक, क्रांति, क्रांति : मार्क्सवादी विमर्श, ग्योर्गी लूकाच, नयी सदी में मार्क्सवादी विमर्श-1 से 9 तक, निष्क्रिय क्रांति, पेटी बूर्ज़्वा, फ्रेड्रिख़ एंगेल्स, फ्रेंकफ़र्ट स्कूल, भारत में किसान संघर्ष-2 और 4, भारतीय कम्युनिस्ट पार्टी, भारतीय कम्युनिस्ट पार्टी (मार्क्सवादी), भारतीय इतिहास लेखन, भाषा के मार्क्सवादी सिद्धांत, भ्रांत चेतना, बोल्शेविक क्रांति, फ्रांस्वा-चार्ल्स मारी फ़ूरिये, क्यूबा की क्रांति, फ्रेंज़ फ़ानो, हिंसा-1 और 2, मानवेंद्र नाथ राय, माओ त्से-तुंग, माओवाद और माओ विचार, मार्क्सवाद-1 से 5 तक, मार्क्सवादी इतिहास-लेखन, मार्क्सवादी समाजशास्त्र, मार्क्सवाद और पारिस्थितिकी, मार्क्सवादी अर्थशास्त्र, मिख़ायल मिख़ायलोविच बाख़्तिन, समाजवादी वसंत-1 से 4 तक, रॉबर्ट ओवेन, राज्य की मार्क्सवादी अवधारणा, रोज़ा लक्ज़ेमबर्ग, लेनिनवाद, लियोन ट्रॉट्स्की, लिबरेशन थियोलॅजी, सर्वहारा, सांस्कृतिक क्रांति, सैं-सिमों, स्तालिन और स्तालिनवाद, सोवियत समाजवाद-1 से 3 तक, सोवियत सिनेमा, वर्चस्व, व्लादिमिर इलीच लेनिन।

## संदर्भ


1. एडुअर्ड बर्न्सटीन (1899), द *प्रिकण्डीशंस ऑफ़ सोशलिज़्म,* सम्पा. और अनु., हेनरी ट्यूडर, केम्ब्रिज युनिवर्सिटी प्रेस, केम्ब्रिज.
2. आर.एफ़. हैमिल्टन (2000), *मार्क्सिज़्म, रिवीज़निज़्म, ऐंड लेनिनिज़्म : एक्सप्लिकेशन, एसेसमेंट, ऐंड कमेंटरी,* प्रेजर, वेस्टपोर्ट, सीटी.

3. *एनसाइक्लोपीडिया ऑफ़ एंटी-रिवीज़निज़्म,* ऑन लाइन उपलब्ध, मार्क्सिस्ट इंटरनेट आरकाइव, डब्ल्यूडब्ल्यूडब्ल्यू. मार्क्सिस्ट्स. ओआरजी
4. डी.ई. लिप्सटैड (1993), *डिनाइंगि द होलोकास्ट : द ग्रोइंग एसॉल्ट ऑन ट्रुथ ऐंड मेमॅरी,* फ्री प्रेस, न्यूयॉर्क.

**— अभय कुमार दुबे**

# संस्कृत काव्यशास्त्र

(Sanskrit Poetics)

आजकल काव्य का तात्पर्य पद्य रचना से लगाया जाता है, पर भारतीय परिप्रेक्ष्य में 'काव्य' शब्द अपने विस्तृत अर्थों में गद्य और पद्य रचनाओं का पर्याय है। इसकी जगह अब साहित्य शब्द प्रयोग में आ गया है। काव्य की अध्ययन-पद्धति, उसके अनुशासन और कसौटियों को लेकर संस्कृत आचार्यों ने काफ़ी गम्भीर विमर्श किया है। भरतमुनि को भारतीय काव्य-शास्त्र का प्रथम आचार्य एवं उनके ग्रंथ नाट्यशास्त्र को काव्य-शास्त्र का प्रारम्भिक ग्रंथ माना जाता है। भारतीय काव्य-चिंतन की परम्परा में कवि को स्रष्टा या विधाता का रूप माना गया है। कई आचार्यों ने काव्य को कई तरह से समझने-समझाने और परिभाषित करने का प्रयास किया है। मम्मट ने लोकोत्तर वर्णन में निपुण कवि के रचना-कर्म को ही काव्य माना है। भणिति के आधार पर भी काव्य कविकृत कर्म है। प्राय : अधिसंख्य आचार्यों ने कवि-कर्म को ही काव्य माना है।

रुद्रट ने अपनी काव्य की परिभाषा में शब्द और अर्थ के संयोग को काव्य माना है। भामह के अनुसार, 'शब्द और अर्थ सहित काव्य है जो गद्य और पद्य के भेद से दो प्रकार का होता है।' आचार्य वामन का कहना है, 'गुण एवं अलंकार से युक्त शब्दार्थ काव्य संज्ञा का वाचक है।' आनंदवर्द्धन कहते हैं, 'शब्द और अर्थ जिसके शरीर हैं वही काव्य है।' मम्मट बताते हैं कि 'दोष रहित, गुण सहित तथा कभी-कभी अलंकार रहित शब्दार्थ काव्य है।' आचार्य विश्वनाथ ने कहा है कि 'रसात्मक वाक्य काव्य है' तथा पण्डित राज जगन्नाथ ने अपनी परिभाषा में काव्य को 'रमणीय अर्थ का प्रतिपादन करने वाला शब्द' बताया है। संस्कृत काव्य-शास्त्र के प्राचीन आचार्यों द्वारा शब्दार्थ को काव्य मानने के कारण शब्द और अर्थ को समान महत्त्व मिला है। बाद के आचार्यों ने प्रत्यक्षत: पद, वाक्य या शब्द कह कर काव्य को परिभाषित किया है। इसीलिए बहुत सारे लोग भारतीय काव्यशास्त्रियों को दो वर्गों में विभाजित करते हैं— पहला, जो शब्द और अर्थ को स्वीकार करता है, तथा दूसरा जो शब्द को स्वीकारता है। इन्हीं आधारों पर आचार्यगण विभिन्न लक्षणों के ज़रिये काव्य के स्वरूप को तय करते रहे हैं।

भरतमुनि ने *नाट्यशास्त्र* में नाटक के अंतर्गत प्राप्त काव्य-तत्त्वों का निरूपण किया है। रस, गुण अलंकार, भाव आदि काव्यांगों का विवेचन करते समय उनका मुख्य बल अभिनय पर है। नाटक में काव्यत्व लाने वाली जिन बातों का उनके द्वारा उल्लेख किया गया है उनमें गुण, अलंकार, रस का समावेश है। अगर काव्य के लिहाज़ से देखा जाए तो काव्य की सबसे प्राचीन परिभाषा *अग्निपुराण* में मिलती है। जिसमें कहा गया है कि इष्ट अर्थ को प्रकट करने वाली पदावली से युक्त ऐसा वाक्य काव्य है जिसमें अलंकार प्रकट हों और जो दोषरहित और गुणयुक्त हो। यह परिभाषा इष्टार्थ, संक्षिप्त, वाक्य, अलंकार, गुण और दोष जैसी पाँच बातों पर बल देती है और काव्य को बाह्य सीमाओं में बाँधने का प्रयत्न करती है। परंतु इससे काव्य का मुख्य प्रभावकारी स्वरूप स्पष्ट नहीं हो पाता ।

भामह 'शब्दार्थौ सहितौ काव्यम' कहते हुए शब्द और अर्थ के संयोग को काव्य मानते हैं। यह परिभाषा काव्य के अत्यंत व्यापक और बाह्य स्वरूप का निरूपण करती है, उस स्वरूप का जिसके तहत काव्य के अतिरिक्त शास्त्र, इतिहास, वार्तालाप आदि भी आ जाएँगे। इस अतिव्याप्ति दोष की वजह से यह परिभाषा काव्य के स्वरूप का स्पष्टीकरण नहीं कर पाती। परवर्ती आचार्यों ने काव्य के बाह्य स्वरूप-निरूपक लक्षणों का खण्डन करते हुए काव्य की आत्मा या अंतर्भूत विशेषता की खोज करनी शुरू की। दण्डी ने कहा कि इष्टार्थ प्रकट करने वाली पदावली तो शरीर मात्र है ,और आनंदवर्द्धन ने कहा, 'काव्य तो शब्दार्थ के शरीर वाला है तथा उसकी आत्मा या वास्तविक तत्त्व कुछ और ही है। इन धारणाओं के चलते अंलकार, रीति, ध्वनि, वक्रोक्ति, औचित्य, अनुमिति और रस जैसे काव्य-सम्प्रदायों का विकास हुआ।'

अलंकार सम्प्रदाय : अलंकार शब्द की एक व्युत्पत्ति के अनुसार, 'अलंक्रियतेऽनेन इति अलंकार:' अर्थात् जिसके द्वारा अलंकृत किया जाता है वही अंलकार है। एक दूसरी व्युत्पत्ति के अनुसार, 'अलंकरोति इति अलंकार:' अर्थात् जो अलंकृत करता है, वह अलंकार है। आचार्य दण्डी के अनुसार शब्द और अर्थ काव्य शरीर के अंग हैं। इसके सौंदर्य की वृद्धि अलंकार का प्रमुख कार्य है। अलंकार काव्य सौंदर्य का पर्याय तथा उसका प्राणभूत तत्त्व है। दण्डी ने अलंकार के लक्षण प्रस्तुत करते हुए कहा है, 'काव्यशोभाकरान धर्मानलंकारान प्रचक्षते।' अर्थात् 'काव्य के शोभाकारक धर्मों को अलंकार कहा जाता है।' इस अवधारणा के आधार पर अनुप्रास, उपमा आदि तो अलंकार हैं ही, गुण, रस, ध्वनि आदि अन्य तत्त्वों

को भी अलंकार ही माना गया है। इसी दृष्टिकोण के कारण अलंकारवादी आचार्यों ने अलंकार-तत्त्व को काव्य की आत्मा घोषित किया।

भामह और दण्डी काव्य का समस्त सौंदर्य अलंकार को मानते हैं। वामन अपनी कृति *काव्यालंकार सूत्रवृत्ति* में दण्डी की तरह वे काव्य की शोभा करने वाले धर्म को अलंकार न मान कर गुण मानते हैं। उनके अनुसार अलंकार गुण के उत्कर्ष का कारण-स्वरूप है। परवर्ती आचार्यों में मतभेद इन्हीं दो स्वरूपों के कारण रहा। पर अलंकार को काव्य के लिए आवश्यक मानने वाले आचार्यों की संख्या काफ़ी रही।

रीति का कोशगत अर्थ है, 'गमन-प्रणाली', जिससे जाया जाए या गतिशील हुआ जाए। अत: मार्ग, पंथ, पद्धति, प्रणाली, शैली आदि इसके पर्यायवाची शब्द हैं। बाण ने *हर्ष चरित* में इसे साहित्यिक विशेषताओं या शैलियों के रूप में संकेतित करते हुए लिखा है, 'श्लैषप्रायमुदीच्येषु, प्रतीच्यष्वर्थमात्रकम्। उत्प्रेक्षादाक्षिणात्येषु गौडेष्वक्षरडम्बर: ॥' इस प्रकार उत्तरी, पश्चिमी, दक्षिणी और पूर्वी प्रदेशों की साहित्यिक शैली की विशेषताओं के उल्लेख रूप में बाण ने जिसका संकेत किया, वही आगे चलकर भामह, दण्डी आदि आचार्यों द्वारा रीति या मार्ग के रूप में स्वीकृत हुआ। भामह ने वैदर्भ और गौड़ीय रीति का उल्लेख किया है। दण्डी ने इनका संबंध विशेषत: गुण से स्थापित किया है। उनके विचार से जिसमें दसों गुणों का समावेश हो, वह वैदर्भ मार्ग है और इसके विपरीत जिनमें इनकी शिथिलता हो वह गौड़ीय मार्ग है। आचार्य वामन ने रीति को काव्य की आत्मा बताते हुए भारतीय काव्य-शास्त्र में काव्य की आत्मा की खोज की परम्परा डाली। और उन्होंने रीति के तीन प्रकार बताये : वैदर्भी, गौड़ीय और पांचाली।

विदर्भादि देशों में प्रचलित रीति वैदर्भी है। यह समस्त गुणों से युक्त होती है। यह दोषरहित, वीणा के स्वरों के समान मधुर और कुछ इस प्रकार की विशेषता से संबंधित है जो शब्द और अर्थ के चमत्कार से अलग तरह की है। गौड़ीय रीति ओजपूर्ण और कांतिमयी होती है। इसमें मधुरता और सुकुमारता का अभाव रहता है। समास के अधिक प्रयोग वाली इस रीति में पदावली उग्र रहती है। पांचाली रीति माधुर्य और सुकुमारता से सम्पन्न होती है। यह अगठित, भावशिथिल, छायायुक्त, मधुर और सुकुमार होती है। रुद्रट ने समास आधारित रीति के चार भेद माने हैं— वैदर्भी समास रहित, पांचाली लघु समास वाली, लाटीया माध्यम समास वाली और गौड़ीय दीर्घ समास वाली। राजशेखर के अनुसार वैदर्भी समास रहित, स्थानानुप्रयास और योगवृत्ति से युक्त तथा गौड़ी दीर्घसमास, अनुप्रासयुक्त तथा योगवृत्ति परम्परायुक्त होती है। कुंतक ने वामन की रीति संबंधित सिद्धांत की आलोचना करते हुए रीति के तीन भेद बताये हैं : सुकुमार, विचित्र और मध्यम।

ध्वनि सिद्धांत के अनुसार काव्य की आत्मा ध्वनि है। ध्वनित होने वाला व्यंग्यार्थ जहाँ पर प्रधान होता है वहाँ ध्वनि मानी गयी। आनंदवर्द्धन ने इस संबंध में कहा कि ध्वनिकाव्य वह विशिष्ट प्रकार है जिसमें शब्द और अर्थ अपने स्वरूप को छिपाते हुए उस अर्थ को अभिव्यक्त करते हैं जो काव्य का परम रहस्य है। अत: वह विशिष्ट प्रकार का उत्तम काव्य है। वाच्यार्थ से अधिक चमत्कार व्यंग्यार्थ ध्वनिकाव्य है। ध्वनिकाव्य का संबंध वाच्यार्थ-व्यंग्यार्थ आदि से है अत: ध्वनि के स्वरूप को शब्द-शक्ति के ज़रिये समझा जा सकता है।

वक्रोक्ति सिद्धांत के प्रवर्तक आचार्य कुंतक माने जाते हैं। भामह ने वक्रोक्ति के भीतर काव्य के समस्त सौंदर्य और शोभा का समावेश माना है। आचार्य कुंतक ने वक्रोक्ति के अतिरिक्त और सबको अलंकृति न मानकर विषय या अलंकार्य माना है। अलंकार के मूल वक्रोक्ति को ही कुंतक अलंकृति के रूप में देखते हैं और इसी रूप में उन्होंने वक्रोक्ति का प्रतिपादन किया है। वक्रोक्ति अलंकृति है। यह कथन की भंगिमा है, जो उक्ति को शोभा प्रदान करती है। उक्ति में चमत्कार और चारुता का सम्पादन वक्रोक्ति के द्वारा ही होता है। अत : वक्रोक्ति काव्य का जीवन है। यह विशेषता काव्य में कवि की प्रतिभा के संयोग से आती है। आचार्य कुंतक ने इसके छह भेद माने हैं : वर्णविन्यासवक्रता, पदपूर्वार्धवक्रता, पदपरार्धवक्रता, वाक्यवक्रता, प्रकरणवक्रता और प्रबंधवक्रता।

रस सिद्धांत के अनुसार जो आस्वादित किया जाए वही रस है। भरत मुनि का कथन है कि काव्यार्थ का आस्वादन किया जाता है इसलिए वह रस है। भट्ट लोल्लट, श्री शंकुक, भट्टनायक और अभिनव गुप्त आदि आचार्यों ने इस सिद्धांत की मौलिक व्याख्या की लेकिन ये आचार्य इसके संयोग और निष्पत्ति पर एकमत नहीं हो पाये।

आचार्य क्षेमेंद्र ने काव्य-औचित्य का सवाल उठाया और औचित्य-सिद्धांत का प्रतिपादन किया है। औचित्य ही काव्य का मूल तत्त्व है। इसकी वजह से ही काव्य में विविध गुणों और चमत्कारों का विकास होता है। औचित्य काव्य का अंतरंग तत्त्व है। इसके बिना सारे गुण महत्त्वहीन हो जाते हैं। यह सिद्धांत आधुनिक काव्य के संदर्भ में भी काफ़ी उपयोगी समझा जाता है।

उपर्युक्त काव्य-सिद्धांतों द्वारा संस्कृत के काव्य-आचार्यों ने काव्य के सौंदर्य, विशेषताएँ और उसके अनुशासन के लिए मानदण्ड स्थापित किये और अलंकार, रीति, वक्रोक्ति, ध्वनि, रस आदि सिद्धांत गढ़े। ये सिद्धांत शुद्ध

कवित्व की दृष्टि से काव्य की कसौटी प्रस्तुत करते हैं। इनके द्वारा अभिव्यक्ति की उत्कृष्टता या सौष्ठव की परख की जा सकती हैं। लेकिन इन सिद्धांतों के आधार पर की गयी आलोचना में काव्य का रूपवादी पक्ष ही आता है, वस्तुवादी पक्ष नहीं आ पाता। इसका कारण यह रहा कि इन आचार्यों ने कवित्व की शुद्ध स्थिति रूपवादी पक्ष में देखी और उन्होंने वस्तुगत विशेषता को शास्त्र या दर्शन का विवेच्य माना।

**देखें :** आर्यभट्ट और *आर्यभटीय*, उपनिषद्, कपिल, *अर्थशास्त्र* और कौटिल्य, गोपीनाथ कविराज, गोविंद चंद्र पाण्डे, चैतन्य महाप्रभु, जैन दर्शन, न्याय दर्शन, दया कृष्ण, नागार्जुन, पतंजलि और *योगसूत्र*, पाणिनि और *अष्टाध्यायी*, पुराण, पूर्व-मीमांसा दर्शन, बदरी नाथ शुक्ल, बादरायण, बौद्ध दर्शन, *भगवद्गीता*, भरत और *नाट्यशास्त्र*, मुकुंद लाठ, *भागवत पुराण*, *महाभारत*, यशदेव शल्य, योग दर्शन, रामानुजाचार्य, रामअवतार शर्मा, लोकायत, वात्स्यायन और *कामसूत्र*, वेदांत दर्शन, वैशेषिक दर्शन, शंकराचार्य, षड्-दर्शन-1 और 2, स्मृति-साहित्य, सांख्य दर्शन-1 और 2, सिद्ध-नाथ परम्परा।

### संदर्भ

1. भागीरथ मिश्र (1996), *पाश्चात्य काव्यशास्त्र*, विश्वविद्यालय प्रकाशन, वाराणसी.
2. सभापति मिश्र (2008-9), *साहित्यशास्त्र और हिंदी आलोचना*, ग्रीनवर्ल्ड पब्लिकेशंस, इलाहाबाद.
3. सत्येंद्र सिंह, प्रकाश उदय और दुर्गा प्रसाद ओझा, *साहित्यशास्त्र और हिंदी आलोचना*, प्रकाशन केंद्र, लखनऊ.

**— अजय कुमार पाण्डेय**

# संस्कृति

(Culture)

संस्कृति की कोई एक परिभाषा देना लगभग असम्भव है, क्योंकि इस शब्द का इस्तेमाल अनगिनत संदर्भों और भिन्न-भिन्न अर्थों में किया जाता है। अल्फ्रेड क्रोबर और क्लायड क्लुकहोन की रचना *कल्चर : अ क्रिटिकल रिव्यू ऑफ़ कंसेप्ट्स ऐंड डेफ़िनिशंस* में इसकी 164 परिभाषाएँ गिनायी गयी हैं। बहरहाल, समाज-विज्ञान में इतिहास, मानवशास्त्र और समाजशास्त्र के अनुशासन संस्कृति को ऐसे अनौपचारिक और सहज एजेंट की तरह देखते हैं जो अनूठी मानवीय गतिविधियों के ज़रिये मनुष्य और उसकी सामाजिक संरचनाओं के क्रम-विकास पर अपनी छाप छोड़ता है। संस्कृति में मानवीय सम्भावनाओं का आत्म-सचेत मूल्यांकन सुलभ कराने की सम्भावना होती है। वह मूल्यों के एक विन्यास की नुमाइंदगी करती है जिससे बनने वाले आदर्शों के आईने में मानवीय जीवन के वांछनीय स्वरूपों के दर्शन किये जाते हैं। इस लिहाज़ से संस्कृति एक ऐसा अपरिहार्य उपकरण है जिसके प्रयोग से मनुष्य और उसका पर्यावरण अपने भीतर होने वाले परिवर्तनों की गति और दिशा को एक सीमा तक नियंत्रित कर सकता है।

मनुष्य जैसे ही अपने प्रयासों से कुदरत द्वारा थमायी गयी विरासत के परे जाता है, वैसे ही संस्कृति की शुरुआत होती है। संस्कृति की मौजूदगी यह बताती है कि हम सब एक ऐसे जगत में रहते हैं जो मनुष्यों द्वारा ही रचा गया है और जिसकी सार्थकता उन्हीं की देन है। अपनी रोज़ाना की ज़िंदगी का साक्षात्कार करते हुए हमें संस्कृति और उसके असंख्य रूपों की जटिलताओं का एहसास होता है। इनमें से दो आयामों की शिनाख़्त संस्कृति के आधारभूत तत्त्वों के तौर पर की जा सकती है : रचनाशीलता और निर्माण की मानवीय क्षमता, और भाषा को बरतने की योग्यता। इन्हीं दोनों तत्त्वों के संयोग ने परिष्कृत अभिरुचियों, ललित कलाओं और मानव-विज्ञानों का विकास किया है जिनसे संस्कृति का अभिजन दायरा बनता है। यही संयोग उस प्रतीक-चिंतन और सामाजिक प्रतिभा को जन्म देता है जिससे मानवीय ज्ञान, आस्था की प्रणालियों और व्यवहार-शैलियों के समेकित प्रारूप पैदा होते हैं। यह संयोग मनुष्य को उन प्रवृत्तियों, मूल्यों, लक्ष्यों और आचरणों की साझेदारी की तरफ़ ले जाता है जिनसे संस्थाओं, समूहों और संगठनों की रचना होती है।

लैटिन के शब्द 'कल्चरा' से निकले शब्द कल्चर को उसके मौजूदा अवधारणात्मक तात्पर्य अट्ठारहवीं सदी के युरोप में मिले जब उसे परिष्कार या सुधार की प्रक्रिया के रूप में देखा गया। शुरू में इस परिष्कार का ज्ञेय उदाहरण 'एग्रीकल्चर' या 'होर्टीकल्चर' के रूप में ही दिया जाता था, पर उन्नीसवीं सदी में इसका अर्थ शिक्षा द्वारा व्यक्ति के परिष्कार से जुड़ गया। इसे राष्ट्रीय आकांक्षाओं या आदर्शों की पूर्ति से संबंधित क़रार दिया गया। इसी सदी के मध्य में संस्कृति मनुष्य की सार्वभौम क्षमता का पर्याय बन गयी। बीसवीं सदी में संस्कृति का विमर्श मानवशास्त्र के केंद्र में आ गया और उसे उन सभी मानवीय परिघटनाओं की समेकित अभिव्यक्ति की संज्ञा दी गयी जिनमें जेनेटिक्स की कोई भूमिका नहीं थी। एक तरफ़ मार्क्स से ली गयी अंतर्दृष्टियों के सहारे फ्रैंकफ़र्ट स्कूल के विद्वानों ने मज़दूर वर्ग के संदर्भ में अपना सांस्कृतिक विमर्श विकसित किया, और दूसरी ओर सांस्कृतिक मानवशास्त्र ने टैलकॉट पार्संस के नेतृत्व में संस्कृति को ठोस रूप से परिभाषित करने का यत्न किया। द्वितीय विश्व-युद्ध के बाद संस्कृति संबंधी अध्ययनों के अनुशासन का विकास हुआ।

मैथ्यू अरनॉल्ड (1822-1888)

एक संस्कृति या अनेक संस्कृतियाँ : अट्ठारहवीं सदी में युरोप की बौद्धिक ज़मीन पर जिस विचार का विकास हुआ उसमें संस्कृति को एकवचन के रूप में देखने का रुझान था। उन्नीसवीं सदी तक यह प्रवृत्ति प्रभावी हो गयी। पश्चिमी साम्राज्यवाद से जुड़ कर यह रवैया प्रगति के सार्वभौम आग्रह के सहारे कहता नज़र आया कि लोगों का व्यवहार जितना बुद्धिसंगत होगा, उनकी सांस्कृतिक प्रगति उतनी ही बेहतर होती चली जाएगी। इस तरह संस्कृति और तर्कबुद्धि के विकास को एक ही तराजू में तौल दिया गया। संस्कृति के इस मॉडल के आलोचकों की मान्यता है कि इसके पीछे एक राजनीतिक एजेंडा काम कर रहा था जिसके आधार पर साम्राज्यवादियों ने हर जगह अपनी सत्ता आरोपित करने के साथ-साथ संस्कृति के अभिजनवादी मानकों को भी थोपा। यही राजनीतिक एजेंडा आगे चल कर सांस्कृतिक साम्राज्यवाद के रूप में सूत्रीकृत हुआ।

इसके विपरीत आधुनिक मानवशास्त्र ने उदारतावादी रवैया अपनाते हुए आग्रह किया कि संस्कृति को हमेशा बहुलवादी अर्थों में ही ग्रहण किया जाना चाहिए। उसका मूल्यांकन सदैव अपने विशिष्ट संदर्भ में ही किया जा सकता है। मानवशास्त्र ने सभी संस्कृतियों को एक ही स्तर का मानते हुए पहले तो इस धारणा का खण्डन किया कि प्रौद्योगिकीय श्रेष्ठता का मतलब सांस्कृतिक श्रेष्ठता भी है। उसने हर संस्कृति को एक विशिष्ट ऐतिहासिक प्रक्रिया की देन बताया जिसके तहत लोग अपने देश-काल में ज़िंदगी गुज़ारने के तौर-तरीक़े ग्रहण करते, सीखते और रचते हैं। इस लिहाज़ से संस्कृति एक नवजात शिशु को सहज रूप से उपलब्ध नहीं होती। बालक में भाषा सीखने की स्वाभाविक क्षमता तो होती है, पर इससे यह तय नहीं होता कि वह कौन सी भाषा, उसका व्याकरण और उसकी विशिष्टताएँ लाज़मी तौर से सीख ही लेगा।

संस्कृति की बहुलतावादी अवधारणा को सर्वाधिक संगीन मुक़ाबला आधुनिकतावादी विचार से करना पड़ा है। संस्कृति के क्षेत्र में यह विमर्श बेहद नफ़ीस तरीक़े से चलाया गया। यहाँ तक कि आधुनिकता की आलोचना के नाम पर भी संस्कृति के एकवचन की पैरोकारी की गयी। इस बहस का सबसे दिलचस्प उदाहरण उन्नीसवीं सदी में मिलता है। 1896 में प्रकाशित अपनी रचना *कल्चर ऐंड एनार्की* में अंग्रेज़ शिक्षाशास्त्री और लेखक मैथ्यू अरनॉल्ड ने तर्क दिया कि संस्कृति के उच्चतर सौंदर्यशास्त्रीय रूपों का प्रचार-प्रसार किये बिना उद्योगीकरण और शहरीकरण से पैदा होने वाली विकृतियों का मुक़ाबला नहीं किया जा सकता। चूँकि आधुनिक विकास के कारण साधारण लोगों को भी नागरिक अधिकारों की दावेदारी का मौक़ा मिल गया है इसलिए ऑर्नल्ड का तर्क था कि सर्वाधिक शिक्षित वर्ग यानी अभिजन को ही अपने मूल्यों के आधार पर जन-साधारण को शिक्षित और परमार्जित करने का दायित्व उठाना पड़ेगा।

अरनॉल्ड के इस आग्रह के ठीक विपरीत कार्ल मार्क्स सामाजिक जगत में संस्कृति को एक विशिष्ट दायरे के तौर पर स्वीकार करने के लिए तैयार नहीं हुए। उन्होंने इस संदर्भ में आधार और अधिरचना (बेस ऐंड सुपरस्ट्रक्चर) का एक समीकरण तजवीज़ किया। मार्क्स का कहना था कि पूँजीवाद के केंद्र में श्रम का शोषण है जिसके कारण श्रम बेचने और ख़रीदने वालों के बीच संघर्ष अनिवार्य है। इसी 'आधार' से व्यक्तिगत चेतना और साझा विचारों का जन्म होता है। परिवार और क़ानून जैसी सामाजिक संस्थाओं के सहयोग से इसी आधार के ऊपर 'अधिरचना' तैयार होती है। इसे समझने के लिए ज़रूरी है कि आधार को बनाये रखने में उसकी भूमिका को रेखांकित किया जाए। ज़ाहिर है कि मार्क्स संस्कृति को अधिरचना की संज्ञा देते हैं जिसका काम आधार की उत्तरजीविता बरक़रार रखना है।

उन्नीसवीं सदी के आख़िरी दशक से लेकर बीसवीं सदी के तीसरे दशक का दौर मुद्रण और वितरण की नयी प्रौद्योगिकियों के विकास का माना जाता है। इस दौर में अख़बार, पत्रिकाएँ और उपन्यास बड़े पैमाने पर छपने और बिकने लगे। इसके फ़ौरन बाद रेडियो और सिनेमा के विकास ने गति पकड़ी। इन परिघटनाओं ने संस्कृति के बाज़ारू, संस्थागत और लोकप्रिय रूपों को जन्म दिया। इसके प्रति अनुक्रिया करते हुए फ्रेंक और क्वीनी लीविस जैसे साहित्यालोचकों ने स्कूली शिक्षा में ऐसे पहलुओं का समावेश करने का सुझाव दिया जिनकी मदद से छात्र शुरू से ही मुनाफ़े के मक़सद से किये जाने वाले संस्कृति के थोक उत्पादन और

उसकी बिक्री के प्रति आलोचनात्मक रवैया अख़्तियार करना सीख सकें। लीविस का तर्क था कि ऐसे शिक्षित लोग तथाकथित 'लोकप्रिय' संस्कृति की पतनशील प्रकृति को भाँप कर एक प्रामाणिक और 'ऑर्गनिक' संस्कृति की समझ ग्रहण करेंगे। इस प्रामाणिक संस्कृति के रूप ग्रामीण जीवन की कौशलपूर्ण दस्तकारी से लेकर परिष्कृत कलाओं के विकास तक फैले हुए हैं।

बाज़ारू और प्रामाणिक संस्कृति के इस अंतर्विरोध में उद्योगीकरण से पहले के युग के सांस्कृतिक विन्यास को बहुत उम्मीद भरी निगाहों से देखा गया था। लेकिन, इस प्रक्रिया में उद्योगीकरण के गर्भ से जन्मे मज़दूर वर्ग की सांस्कृतिक ज़रूरतों की अहमियत पृष्ठभूमि में चली गयी थी। हक़ीक़त यह थी कि यह वर्ग अपने सांस्कृतिक आधारों की तलाश में उन खेत-खलिहानों की तरफ़ वापसी नहीं कर सकता था जिसे छोड़ने के बाद उसे उद्योगवादी संसार की रिहाइश मिली थी।

संस्कृति और मज़दूर वर्ग के प्रश्न पर सबसे ज़्यादा नफ़ासत और गहराई से विचार करने का श्रेय फ्रैंकफ़र्ट स्कूल के मार्क्सवादी विद्वानों को जाता है। समाजवैज्ञानिकों के इस समूह ने बहुअनुशासनीय रवैया अख़्तियार करते हुए मज़दूरों की सामाजिक स्थितियों में हुए वास्तविक परिवर्तनों को रेखांकित करना शुरू किया। थियोडोर एडोर्नो और मैक्स होर्ख़ाइमर की दलील थी कि जिस तरह औद्योगिक उत्पादन एक स्टैंडर्ड फ़ॉर्मूले के तहत सम्पन्न होता है, उसी तरह सिनेमा, रिकॉर्डिंग संगीत और रेडियो के कार्यक्रमों का उत्पादन भी एक तयशुदा ढर्रे के मुताबिक़ किया जा रहा है। दर्शकों और श्रोताओं (जो इस सांस्कृतिक माल का उपभोक्ता है) के पास अधिक रचनात्मक और चुनौतीपूर्ण सांस्कृतिक उत्पादन को समझने, आनंद लेने और सराहने की न तो समय है और न ही योग्यता।

फ्रैंकफ़र्ट स्कूल के इन विद्वानों ने इसी दलील को आगे विकसित करते हुए दावा किया कि यह सांस्कृतिक माल उपभोक्ताओं की माँग के दबाव में तैयार नहीं किया जा रहा है। बल्कि यह तो एक संस्कृति-उद्योग की देन है जिसका उपयोग सामाजिक नियंत्रण के साधनों की तरह किया जाता है। एडोर्नो का तो यहाँ तक कहना था कि लोकप्रिय संगीत की धुनें फ़ौजी मार्च की धुनों की ही तरह अपने श्रोताओं को आज्ञापालन की तरफ़ ले जाती हैं।

द्वितीय विश्व-युद्ध के बाद पचास के दशक में अमेरिका की आर्थिक समृद्धि और एक महाशक्ति के रूप में उसका उदय बुद्धिजीवियों को ऐसे सामाजिक सिद्धांतों के सूत्रीकरण करने की तरफ़ ले गया जिनके पीछे उथल-पुथल और संघर्ष से बचते हुए समाज व्यवस्था को टिकाये रखने की मंशा काम कर रही थी। इन सिद्धांतों ने एक उम्मीदों से भरे हुए संसार की तस्वीर पेश की। इस युग के प्रमुख अमेरिकी समाजशास्त्री टैलकॉट पार्संस ने अन्य विद्वानों के सहयोग से समाज-विज्ञानों को एकीकृत करने की कोशिश की। उन्होंने मनोविज्ञान, समाजशास्त्र, अर्थशास्त्र, राजनीति और मानवशास्त्र की अंतर्दृष्टियों की मिली-जुली मदद से संस्कृति को परिभाषित किया।

पार्संस ने संस्कृति को एक ऐसे सामाजिक क्षेत्र के रूप में प्रस्तुत किया जिसमें साझा प्रतीकात्मक तात्पर्य पनपते हैं। इन्हीं तात्पर्यों के माध्यम से व्यक्ति विशिष्ट से सामान्य की ओर बढ़ता है जिससे सम्प्रेषण और प्रकारांतर से समाज सम्भव होता है। पार्संस ने संस्कृति को एक अवशिष्ट श्रेणी मानने से इनकार करते हुए उसे 'समाज व्यवस्था' और 'व्यक्तित्व' के साथ सामाजिक क्रिया के तीसरे आधार स्तम्भ की संज्ञा दी।

पार्संस के प्रभाव में विद्वानों ने आम जनता के लिए थोक में उत्पादित किये जाने वाले सांस्कृतिक रूपों के अध्ययन को ठंडे बस्ते में डाल दिया। लेकिन, इतिहासकारों और साहित्यालोचकों ने इस पहलू पर फिर से रोशनी डाली। इस सिलसिले का नेतृत्व मार्क्सवादी चिंतक रेमण्ड विलियम्स ने किया। विलियम्स का तर्क था कि संस्कृति को अभिजन दायरे से निकाल कर रोज़ाना की ज़मीन पर पैदा होने वाले अनुभवों, विचारों और रीति-रिवाज़ों की रोशनी में परिभाषित किया जाना चाहिए। दूसरी तरफ़ विलियम्स राजनीतिक और व्यावसायिक लाभ के लिए संस्कृति के चतुर इस्तेमाल से भी चिंतित थे।

उधर फ्रांस में संस्कृति को एक भौतिक शक्ति के रूप में व्याख्यायित करके सांस्कृतिक पूँजी की अवधारणा का विकास समाजशास्त्री पिएर बोर्दियो ने किया। साठ के दशक में नव-मार्क्सवादी सोच के दायरे में काम करते हुए बोर्दियो ने वर्ग-रचना की प्रक्रिया में सामाजिक पूँजी के साथ-साथ सांस्कृतिक ज्ञान और अभिरुचियों की भूमिका की भी जाँच-पड़ताल की। उन्होंने निष्कर्ष निकाला कि विभिन्न पीढ़ियों के बीच सत्ता और विशेष सुविधाओं का हस्तांतरण सांस्कृतिक पूँजी के रूप में होता है। सांस्कृतिक पूँजी के प्रभाव को रेखांकित करने के लिए उन्होंने समाजशास्त्र की क्लासिक तकनीक का इस्तेमाल करते हुए बड़े पैमाने के सामाजिक सर्वेक्षण किये। उन्होंने दिखाया कि यह सांस्कृतिक पूँजी एक पीढ़ी से दूसरी पीढ़ी को हस्तांतरित की जा सकती है। इसके आधार पर आर्थिक लाभ भी प्राप्त होता है। हालाँकि इन उच्चस्तरीय सांस्कृतिक अभिरुचियों की रचना सामाजिक रूप से होती है, पर वर्ग-व्यवस्था के प्रभाव में इन्हें कुछ विशेष वर्गों के लिए नैसर्गिक गुणों की तरह देखा जाता है।

इसी दौर में बरमिंघम विश्वविद्यालय स्थित सेंटर फ़ॉर कंटेम्परेरी कल्चरल स्टडीज़ में समाजशास्त्री स्टुअर्ट हाल के

नेतृत्व में संस्कृति-अध्ययन का विकास हुआ। हाल ने इतालवी मार्क्सवाद के प्रमुख हस्ताक्षर एंटोनियो ग्राम्शी द्वारा प्रवर्तित 'वर्चस्व' की धारणा का सहारा लेकर अपना विमर्श विकसित किया। हाल ने ध्यान दिलाया कि ग्राम्शी ने आधार और अधिरचना के मार्क्सवादी सिद्धांत का किस प्रकार विकास किया है। अधिरचना होने के बावजूद ग्राम्शी संस्कृति को आर्थिक आधार का मोहताज मानने के लिए तैयार नहीं थे। उन्होंने उसे स्वतंत्र और स्वायत्त रूप से सामाजिक प्रभाव पैदा करने में सक्षम क़रार दिया। हाल के इन प्रयासों से सांस्कृतिक उत्पादन के कई आयामों के विचारोत्तेजक अध्ययन का रास्ता खुला।

**देखें :** ज्याँ-पाल सार्त्र, टीवी और टीवी अध्ययन, टीवी और सेक्शुअलिटी, टीवी और समाचार, पिएर बोर्दियो, फ़्रैंकफ़र्ट स्कूल, बाज़ारू संस्कृति, बहुसंस्कृतिवाद, युरोकेंद्रीयता, रोलाँ बार्थ, लुई अलथुसे, संस्कृति-अध्ययन, संस्कृति : मार्क्सवादी परिप्रेक्ष्य, संस्कृति-उद्योग, सांस्कृतिक साम्राज्यवाद, सोप ओपेरा।

### संदर्भ

1. सिमोन ड्यूरिंग (सम्पा.) (1999), *द कल्चरल स्टडी रीडर,* रॉटलेज, लंदन.
2. बोर्दियो (1986), *डिस्टिंक्शन : अ सोशल क्रिटीक ऑफ़ द जजमेंट ऑफ़ टेस्ट,* रॉटलेज, लंदन.
3. मैथ्यू अरनॉल्ड (1952), *कल्चर ऐंड एनार्की,* मैकमिलन, न्यूयॉर्क.
4. ए.एल. क्रोबर और सी. क्लुकहोन (1952), *कल्चर : अ क्रिटीकल रिव्यू ऑफ़ कंसेप्ट्स ऐंड डेफ़िनिशंस,* पीबॉडी म्यूज़ियम, केम्ब्रिज, एमए.
5. क्लिफ़र्ड गीर्ट्ज (1973), *द इंटरप्रिटेशन ऑफ़ कल्चर : सिलेक्टिड एसेज़,* न्यूयॉर्क.

**— अभय कुमार दुबे**

# संस्कृतीकरण

(Sanskritisation)

संस्कृतीकरण का आशय एक ऐसी सामाजिक प्रक्रिया से है जिसके तहत कोई नीची मानी जाने वाली जाति, आदिवासी समूह या ऐसा ही कोई समुदाय अपनी सामाजिक हैसियत उठाने का उद्यम करता है, और इस कोशिश में किसी ऊँची जाति, ख़ाास तौर पर द्विज परम्पराओं, अनुष्ठानों, मान्यताओं, विचारधारा और जीवन-शैली का अनुकरण करता हुआ दिखाई देता है। अर्थात् संस्कृतीकरण के ज़रिये किसी समुदाय की आकांक्षा यह रहती है कि जाति के स्थानीय पदानुक्रम में उसका स्थान ऊपर उठ सके। संस्कृतीकरण के आग्रह और उसकी प्रक्रिया में दो बातें पूर्व-शर्त की तरह निहित होती हैं। एक, आकांक्षी समुदाय या जाति की आर्थिक अथवा राजनीतिक स्थिति में बढ़ोतरी और दूसरे उसकी आत्म-चेतना का हिंदू धर्म की किसी बृहत परम्परा के स्रोत जैसे धार्मिक स्थल, मठ या धर्मांतरणवादी समूह से जुड़ाव। ग़ैर-हिंदू समूहों, जैसे आदिवासी समुदायों या प्रवासी जातीयता समूहों, के मामले में संस्कृतीकरण का अनिवार्य परिणाम यह होता है कि ऐसे समूहों को हिंदू परम्परा में समाहित करके उन्हें एक जाति के रूप में मान्यता दे दी जाती है। इस तरह संस्कृतीकरण एक गहन और बहुपरती प्रक्रिया है। इसका असर समाज और उसकी संस्कृति के हर पहलू- भाषा, साहित्य, विचारधारा, संगीत, नृत्य, नाटक, जीवन-शैली तथा अनुष्ठानों पर देखा जा सकता है। यह सिर्फ़ हिंदू धर्म तक सीमित नहीं है।

संस्कृतीकरण भारतीय समाजशास्त्र की विशिष्ट अवधारणा है। इस पर विशद और व्यापक काम करने का श्रेय एम.एन. श्रीनिवास को जाता है। वैसे एक अन्य समाजशास्त्री एस.के. चटर्जी भी उसी काल में इस परिघटना का अध्ययन कर रहे थे। श्रीनिवास ने भी इस बात का उल्लेख किया है कि इस पद का ज़िक्र चटर्जी के 1950 में प्रकाशित एक लेख में किया गया था। हालाँकि श्रीनिवास अपने डीफ़िल प्रबंध में इस पद का प्रयोग 1947 में कर चुके थे, लेकिन उनका यह अध्ययन 1952 में प्रकाशित हुआ था।

चटर्जी संस्कृतीकरण को ऐतिहासिक प्रक्रिया के रूप में देखते हैं। उनके अनुसार यह एक ऐसी दोहरी प्रक्रिया थी जिसके तहत भारत में बाहर से आने वाले प्राक्-आर्य और अनार्य समुदाय एक तरफ़ स्थानीय संस्कृति को अपना रहे थे तो दूसरी ओर देशज संस्कृति उन समुदायों की संस्कृति से प्रभावित और समृद्ध हो रही थी। लेकिन एम.एन. श्रीनिवास ने इस प्रक्रिया को अलग ढंग से देख कर इसकी समझ में एक मौलिक योगदान किया। उन्होंने इस अवधारणा का उपयोग समकालीन समाज की गतिकी को समझने के लिए किया। संस्कृतीकरण को एक व्यापक प्रक्रिया के रूप में समझते हुए श्रीनिवास ने देखा कि इसकी व्याप्ति उपमहाद्वीप के सुदूर हिस्सों में भी है। इसका प्रभाव हिंदू धर्म के अनुयायियों के अलावा ग़ैर-हिंदू समुदायों पर भी पड़ा है। उनका मानना है कि जब नयी जातियाँ पहले से स्थापित जातियों के अनुष्ठानों का अनुसरण करके समाज में प्रतिष्ठा और सत्ता हासिल करने का प्रयत्न करती हैं तो इससे संस्कृतीकरण को वैधता मिलती है और वैसी ही अन्य जातियों का ऊँची जातियों में शामिल होना आसान हो जाता है। भारत में जातियों के व्यवस्थित पदानुक्रम का ढाँचा कुछ ऐसा है कि उसमें अगर निम्न जातियों के संस्कृतीकरण के

लिए गुंजाइश रहती है तो उसे हतोत्साहित भी किया जाता है। निम्न जातियाँ ऊँची जातियों की जीवन-शैली और मान्यताओं का अनुसरण इसलिए करती हैं ताकि समाज में उन्हें सम्मान से देखा जाए और स्थानीय सत्ता-संरचना में उनकी भूमिका भी बढ़े। लेकिन किसी भी क्षेत्र की प्रभुत्वशाली जाति अपनी संस्कृति की कथित श्रेष्ठता को लेकर आग्रही होती है। वह निम्न जातियों को अपने दायरे में प्रवेश करने से रोकती है। परंतु ऐसे तमाम प्रतिबंधों और नियंत्रण के बावजूद संस्कृतीकरण की प्रक्रिया लगातार चलती रहती है।

पारम्परिक सामाजिक व्यवस्था में यह गतिशीलता मुख्यतः दो रूपों में प्रकट हुई। इसका एक रूप वह था जिसमें कोई जाति एक दो पीढ़ियों के अंतराल में क्षेत्र की प्रभुत्वशाली लेकिन पदानुक्रम में अपेक्षाकृत निचली हैसियत की समझी जाने वाली जाति के अनुष्ठानों, आचारों और जीवन-शैली का अनुकरण करके अपनी हैसियत को ऊँचा करने का प्रयास करती थी। इसका दूसरा रूप यह था कि कोई जाति सीधे ही ख़ुद को ब्राह्मण, क्षत्रिय या वैश्य कहने लगती थी। इस दावे को वैध साबित करने के लिए वह ऊँची जातियों के खान-पान, जीवन-शैली और अनुष्ठानों का बेहिचक पालन करने लगती थी।

जाति और संस्कृतीकरण के आपसी संबंध की पड़ताल में कुछ अहम बातों पर ध्यान देने की ज़रूरत है। हिंदू धर्म में समाज का चार विशिष्ट श्रेणियों में विभाजन धर्मशास्त्रों द्वारा समर्थित है। इसे जाति-व्यवस्था का शास्त्रोक्त रूप कहा जा सकता है। लेकिन इसका अर्थ यह नहीं है कि वर्ण-व्यवस्था समग्र भारतीय समाज में एक साथ एक ही रूप में व्याप्त थी। दरअसल, वर्ण-व्यवस्था आदर्श के स्तर पर ही एकसार व्यवस्था थी, वर्ना देश के अलग-अलग क्षेत्रों में इसके वास्तविक और कार्यकारी स्वरूप में ख़ासी भिन्नताएँ थीं। आज़ादी के बाद जातियों की क्षेत्रीय विविधताओं को एक अखिल भारतीय रूपरेखा में समायोजित करने के लिहाज़ से वर्ण-व्यवस्था के ढाँचे का इस्तेमाल किया गया। इसे शिक्षा, बढ़ते शहरीकरण तथा स्थानिक गतिशीलता का मिश्रित परिणाम कहा जा सकता है। दूसरी तरफ़ सामाजिक यथार्थ का नया रूप यह है कि शहर का शिक्षित वर्ग केवल अपनी जाति के परिवेश में नहीं रहता और दूसरों के साथ उसके रिश्ते हमेशा अपनी जाति की विशिष्टता से तय नहीं होते। इसके साथ ग़ैर-धार्मिक विचारों का दायरा बढ़ने से प्रदूषण और शुद्धता की भावना भी उतनी महत्त्वपूर्ण नहीं रह गयी है। ग्रामीण क्षेत्रों के मुक़ाबले शहरी स्पेस में यह बात ज़्यादा साफ़ तौर पर देखी जा सकती है।

ग़ौरतलब है कि बीसवीं सदी की शुरुआत में जब जातिगत चेतना का प्रसार हो रहा था तथा निम्न जातियाँ अपनी सामाजिक हैसियत सुधारने का जतन कर रही थीं तो संस्कृतीकरण का यह दूसरा रूप ही ज़्यादा वांछनीय होकर उभरा। असल में इन जातियों को यह बात जल्द समझ आने लगी थी कि शिक्षा और उर्ध्वगामी गतिशीलता की लड़ाई में आर्थिक और राजनीतिक ताक़त महज़ संस्कृतीकरण से कहीं ज़्यादा कारगर औज़ार हैं। उनका यह आकलन इस नाते ठीक भी था क्योंकि आर्थिक और राजनीतिक सत्ता में हिस्सेदारी के बाद संस्कृतीकरण की प्रक्रिया खुद ही आसान हो जाती थी।

इस विवरण के बाद यह आसानी से देखा जा सकता है कि संस्कृतीकरण और सामाजिक गतिशीलता के बीच बहुत क़रीबी संबंध है। संस्कृतीकरण निम्न जातियों की गतिशीलता में वाहक का काम करता है। यह एक स्थापित तथ्य माना जाता है कि भारत में जातियों का पदानुक्रम आमतौर पर स्थिर और अविचल रहता आया है, लेकिन इसके बावजूद कई परिवार समूहों तथा निम्न जातियों ने उसी के अंदर नीचे से ऊपर की यात्रा की है। इस गतिशीलता का एक बड़ा स्रोत राजनीतिक व्यवस्था में देखा जा सकता है। आम धारणा के विपरीत भारतीय इतिहास में निचले स्तर पर राजनीतिक तंत्र जड़ और अपरिवर्तनीय नहीं रहा है। इसके अलावा पारिस्थितिक-भौगोलिक व्यवस्था में कुछ परिवार समूहों के लिए यह सम्भावना रही है कि वे किसी क्षेत्र में जाकर खेती बाड़ी करने लगें।

ऐतिहासिक रूप और आंतरिक संरचना के लिहाज़ से वर्ण व्यवस्था का दूसरा स्तर यानी द्विज अथवा योद्धा वर्ग संस्कृतीकरण के लिए ज़्यादा प्रवेश-गम्य रहा है। इसमें देशज और बाहरी दोनों तरह के समूह समय समय पर प्रवेश पाते रहे हैं। वैसे तो इस वर्ग में शामिल होने की आवश्यक अर्हता राजनीतिक शक्ति रही है। लेकिन जब तक यह राजनीतिक शक्ति, सत्ता या ऑथॉरिटी में परिणत नहीं होती तब तक आकांक्षी समूह की स्थिति में बुनियादी परिवर्तन सम्भव नहीं हो पाता। संस्कृतीकरण की ज़रूरत यहीं पड़ती है। इस तरह अगर कोई व्यक्ति या परिवार राजनीतिक तौर पर शक्तिशाली यानी क्षेत्र का मुखिया या राजा बन जाता था तो भी उसे अंततः यह सिद्ध करना होता था कि वह क्षत्रिय कुल या परम्परा से निकला है। इसके लिए उसे ब्राह्मण की सहायता लेनी पड़ती थी क्योंकि किसी को क्षत्रिय सिद्ध करने की सत्ता ब्राह्मण के पास ही थी। इस आनुष्ठानिक वैधता की अनिवार्यता का अंदाज़ा इस बात से लगाया जा सकता है कि ऐसे किसी मुखिया या राजा को या तो ब्राह्मणों को बाहर से बुलाना पड़ता था या फिर किसी स्थानीय सत्ताकांक्षी समूह को ब्राह्मण घोषित करना पड़ता था। ग़ौरतलब है कि ऐसे मसलों में ब्राह्मण राजनीतिक शक्ति-केंद्र का साथ देने के लिए तत्पर रहते थे। इसके लिए इस उक्ति का सहारा लिया जाता था कि राजा वही बनता है जिसमें दैवी सत्ता का अंश होता है।

दिलचस्प है कि इसी उक्ति का प्रयोग मुसलमान और ब्रिटिश शासकों को वैधता देने के लिए भी किया गया था। दीर्घकाल में राजा और उसकी जाति स्वयं संस्कृतीकरण का स्रोत बन जाते थे। ब्राह्मणों को अनुदान और आश्रय देकर ऐसी जाति अन्य शासित जातियों के लिए एक मॉडल बन जाती थी।

संस्कृतीकरण की प्रक्रिया में बड़े मंदिरों और धार्मिक स्थलों की भी अहम भूमिका रही है। इन स्थलों पर होने वाले आयोजन हिंदू धर्म के उच्च वर्णीय विश्वासों और मान्यताओं के प्रसार का काम करते थे। इसके अलावा भजन-कीर्तन, हरिकथा जैसे आयोजन तथा संन्यासी और घुमंतू परिव्राजक भी संस्कृत-निष्ठ हिंदू धर्म की मान्यताओं को जनजीवन में पुष्ट करने का काम करते थे। आधुनिक काल में संस्कृतीकरण की प्रक्रिया को औपनिवेशिक शासन के दौरान होने वाले संचार साधनों के विकास और पश्चिमी शिक्षा में दीक्षित बौद्धिक वर्ग के उभार से अभूतपूर्व बढ़ावा मिला। रेलवे, प्रिंटिंग प्रेस तथा रेडियो की संस्कृतीकरण में अप्रत्यक्ष पर आनुषंगिक भूमिका रही है। इस तकनीक के ज़रिये हिंदू धर्म की मूलभूत मान्यताओं और दर्शन की बातें निरक्षर लोगों तक भी पहुँची। इसी के समानांतर औपनिवेशिक काल में प्रशासनिक ज़रूरतों को पूरा करने के लिए कुछ आर्थिक अवसर भी पैदा हुए। लेकिन इन अवसरों का लाभ मुख्यत: उच्च जातियों को ही मिला। डॉक्टरी, वकालत और अध्यापन जैसे पेशों तथा अन्य सरकारी नौकरियों के लिए अंग्रेज़ी की अनिवार्यता की शर्तें ऐसी उच्च जातियाँ ही पूरा कर पाती थीं जिनके यहाँ पढाई-लिखाई की परम्परा थी। बाद में इस परिघटना के चलते नव-अभिजन समूह और पिछड़ी जातियों के बीच सांस्कृतिक दूरी पैदा हुई जिससे निम्न जातियों में यह अहसास और गहरा हुआ कि अंग्रेज़ी का ज्ञान हासिल किये बिना वे नयी व्यवस्था में टिक नहीं पायेंगे। इस तरह समाज और राजनीति के इस रूपांतरण में निम्न जातियों के लिए संस्कृतीकरण एक ज़रूरी रणनीति बनती चली गयी।

**देखें :** इरावती कर्वे, जातियों का राजनीतीकरण, जाति और जाति-व्यवस्था-1, 2, 3 और 4, गोविंद सदाशिव घुर्ये, प्रभुत्वशाली जाति, भारतीय समाजशास्त्र-1 और 2, मैसूर नरसिम्हचार श्रीनिवास, देवकी जैन, धीरूभाई शेठ, धूर्जटि प्रसाद मुखर्जी, नीरा देसाई, योगेश अटल, राधा कमल मुखर्जी, वेरियर एलविन, श्यामा चरण दुबे-1 और 2, त्रिलोकी नाथ मदन।

### संदर्भ

1. एम.एन. श्रीनिवास (1956), 'ए नोट ऑन संस्कृताइज़ेशन ऐंड वैस्टर्नाइज़ेशन', *द फ़ार इस्टर्न क्वार्टर्ली,* अंक 15, अंक 4.

**— नरेश गोस्वामी**

# संस्कृति-अध्ययन

(Culture-Studies)

संस्कृति-अध्ययन का उदय साठ के दशक में घटित बौद्धिक और राजनीतिक उथल-पुथल के परिणामस्वरूप हुआ। यही वह दौर था जब अंतर्राष्ट्रीय पैमाने पर संरचनावाद, सीमियोटिक्स (लक्षण-विज्ञान), मार्क्सवाद और नारीवाद के विमर्श में ज़बरदस्त उछाल देखने को मिला। ब्रिटेन के बरमिंघम विश्वविद्यालय ने 1964 में बरमिंघम सेंटर फ़ॉर कंटेम्परेरी कल्चरल स्टडीज़ की स्थापना की। इसके पीछे पचास के दशक और साठ की शुरुआत में रेमण्ड विलियम्स और रिचर्ड होगार्ट द्वारा किये गये संस्कृति अध्ययनों की प्रेरणा थी। होगार्ट ही इस सेंटर के पहले निदेशक थे जिनकी विरासत बाद में जमैका में जन्मे विद्वान स्टुअर्ट हाल ने सँभाली। इस सेंटर में हुए अनुसंधान और चिंतन की प्रकृति बहुअनुशासनात्मक थी। उसमें न केवल समाज-विज्ञान की स्थापित तकनीकों का इस्तेमाल किया गया था, बल्कि उस पर सीमियोटिक्स, नारीवाद और मार्क्सवाद प्रदत्त रैडिकल रवैये की भी स्पष्ट छाप थी। इस उद्यम के नतीजे के तौर पर पारम्परिक साहित्यिक आलोचना, सौंदर्यशास्त्र और संगीतशास्त्र के दायरे में संस्कृति की स्थापित समझ को प्रश्नांकित किया गया। सेंटर के विद्वानों ने आग्रह किया कि संस्कृति का असली तात्पर्य समझने के लिए उसकी जाँच उसके उत्पादन और उपभोग के ऐतिहासिक और सामाजिक संदर्भों की रोशनी में करनी होगी। साथ ही राजनीतिक संरचनाओं और नस्ल, वर्ग और जेंडर जैसे सामाजिक पदानुक्रम से भी लगातार सूचित रहना होगा। संस्कृति-अध्ययन का प्रसार बरमिंघम के सेंटर से परे समाज-विज्ञान के अमेरिकी दायरों में भी हुआ जहाँ इसके तहत मुख्य रूप से लोकप्रिय बाज़ारू संस्कृति के सामाजिक तात्पर्यों को रेखांकित करने की कोशिश की गयी।

संस्कृति-अध्ययन का विकास कई बौद्धिक मुक़ामों पर किये गये संवादों के माध्यम से हुआ। मसलन, नारीवादियों के साथ किये गये संवाद में केंद्रीय प्रश्न यह था कि उपसंस्कृतियाँ किस तरह से स्त्रियों को नज़रअंदाज़ करती हैं। समाजशास्त्रियों से पद्धति और सामान्यीकरण की समस्याओं के संदर्भ में बातचीत की गयी। मनोविश्लेषकों को साथ लेकर अस्मिता और आत्मपरकता के सवालों से जूझा गया। मानवशास्त्रियों के साथ नृजातिवर्णन के तौर-तरीक़ों के बारे में चर्चा की गयी। उत्तर-औपनिवेशिक और सबाल्टर्न रचनाकारों से बहुसंस्कृतिवाद के बारे में तो संवाद किया ही गया, साथ ही उनके ज़रिये संस्कृति-अध्ययन में निहित एंग्लो-अमेरिकी पूर्वग्रहों की शिनाख़्त करने का प्रयास भी

स्टुअर्ट हाल (1932- )

हुआ। फ़ूको के अनुयायियों के साथ सत्ता संबंधी बहसें हुईं। संस्कृति-अध्ययन ने नीति-निर्माताओं को भी अपने आगोश में समेटा क्योंकि वे नीति संबंधी क्षेत्र को प्रभावित करने की अपनी क्षमता की भी जाँच करना चाहते थे। संस्कृतिकर्मियों के साथ हुए संवाद के तहत गुरिल्ला-कला और सिटीज़ंस आर्ट जैसी अवधारणाओं पर बातचीत हुई।

इस अत्यंत बहुआयामी और जटिल उद्यम की बागडोर मुख्यत: सेंटर के दूसरे निदेशक स्टुअर्ट हाल के हाथों में रही। उन्होंने अपने साथियों पॉल विलिस, टोनी जैफ़सलन, डिक हैबडिगी और ऐंजला मैकरॉबी के सहयोग से एक पूरा अंतर्राष्ट्रीय बौद्धिक आंदोलन ही खड़ा कर दिया। धीरे-धीरे संस्कृति-अध्ययन के तहत सांस्कृतिक परिघटनाओं और सांस्कृतिक पाठों के अध्ययन में समाजशास्त्र के साथ-साथ राजनीतिक अर्थशास्त्र, संचार, सामाजिक सिद्धांत, साहित्य-सिद्धांत, मीडिया-सिद्धांत, फ़िल्म/वीडियो संबंधी अध्ययन, सांस्कृतिक मानवशास्त्र, दर्शनशास्त्र, म्यूज़ियम स्टडीज़ और कला-इतिहास का भी इस्तेमाल होने लगा। सेंटर के अध्येताओं द्वारा चलाई जाने वाली फ़ील्ड-रिसर्च में ज़ोर यह जानने पर दिया जाता था कि किसी ख़ास सांस्कृतिक परिघटना का संबंध विचारधारा, राष्ट्रीयता, जातीयता, सामाजिक वर्ग और जेंडर से किस क़िस्म का है। अध्येताओं ने रोज़ाना की ज़िंदगी के तात्पर्यों और व्यवहार-शैलियों की जाँच की ताकि किसी ख़ास संस्कृति में लोगों की गतिविधियों के मायने निकाले जा सकें। यह पता लगाया जा सके कि लोग जब टीवी देखते हैं या घर के बाहर ख़ाना खाने जाते हैं तो उसका मतलब क्या होता है। नब्बे के दशक के बाद से संस्कृति-अध्ययन ने भूमण्डलीकरण की प्रक्रिया पर छाये हुए पश्चिमी वर्चस्व के ख़िलाफ़ हो रहे प्रतिरोध के स्थानीय और ग्लोबल रूपों का विश्लेषण करना भी शुरू किया है।

संस्कृति-अध्ययन के ब्रिटिश अध्याय पर जहाँ स्पष्ट रूप से राजनीतिक और वामपंथी रुझानों का बोलबाला था, वहीं उसके अमेरिकी अध्याय की दिलचस्पी परिणामवादी उदार-बहुलवादी परम्परा में साबित हुई। बरमिंघम का सेंटर मास-कल्चर को पूँजीवादी कह कर आड़े हाथों ले रहा था, तो अमेरिकी अध्येता दर्शकों और श्रोताओं की आत्मपरकता को टटोलने में लगे हुए थे। दरअसल, ब्रिटिश अध्याय फ्रैंकफ़र्ट स्कूल और फ्रांस में पनपे लुई अलथुसे के प्रभाव वाले संरचनावादी स्कूल से बहुत प्रभावित रहा। उसने मार्क्सवादी चिंतन की इन धाराओं से निकली हुई पद्धतियों को अपनाते हुए निष्कर्ष निकाला कि सांस्कृतिक ज़िंसों के थोक उत्पादन को नियंत्रित करने वाले लोग और वर्ग ही लाज़मी तौर पर संस्कृति के नियंत्रक हैं।

संस्कृति-अध्ययन के अमेरिकी अध्याय और नारीवादी अध्याय ने इस रवैये से ख़ुद को दूर रखा। उन्होंने कहा कि किसी सांस्कृतिक उत्पाद का ऐसा कोई एक प्रधान तात्पर्य नहीं होता जिसे सब लोग मानते हों। सांस्कृतिक उत्पादों को लोग अलग-अलग तरीक़ों और मंशाओं के तहत इस्तेमाल करते हैं जिससे उनके लिए उत्पाद के तात्पर्य बदल जाते हैं। पॉल दु गे और उनके साथियों की रचना 'डूइंग कल्चरल स्टडीज़ : द केस ऑफ़ सोनी वॉकमैन' इस मार्क्सवादी आग्रह को चुनौती देती है कि सांस्कृतिक ज़िंसों के उत्पादक ही उनके मायनों को भी नियंत्रित करते हैं। नारीवादी संस्कृति-विश्लेषक ग्रिसेल्डा पोलॅक ने कला-इतिहास और मनोविश्लेषण के दायरे में योगदान किया है। इसी तरह फ्रांस की नारीवादी चिंतक जूलिया क्रिस्टेवा ने भी कला और मनोविश्लेषण के दृष्टिकोण से संस्कृति-अध्ययन पर अपनी छाप छोड़ी है।

**देखें :** ज्याँ-पाल सार्त्र, टीवी और टीवी अध्ययन, टीवी और सेक्शुअलिटी, टीवी और समाचार, पिएर बोर्दियो, फ्रैंकफ़र्ट स्कूल, बाज़ारू संस्कृति, बहुसंस्कृतिवाद, युरोकेंद्रीयता, रोलाँ बार्थ, लुई अलथुसे, संस्कृति, संस्कृति : मार्क्सवादी परिप्रेक्ष्य, संस्कृति-उद्योग, सांस्कृतिक साम्राज्यवाद, सोप ओपेरा।

## संदर्भ

1. एंड्रू ट्यूडर (1999), *डिकोडिंग कल्चर : थियरी ऐंड मेथड इन कल्चरल स्टडीज़*, सेज, लंदन, 1999
2. स्टुअर्ट हाल (1980), 'इनकोडिंग/डिकोडिंग', स्टुअर्ट हाल, डी. होब्सन, ए. लोव और पी. विलिस (सम्पा.), *कल्चर, मीडिया, लेंग्वेज*, हचिंसन, लंदन, 1980
3. एल. ग्रोसबर्ग, एन. कैरी और पी.ए. ट्रीशलर (सम्पा.) (1992), *कल्चरल स्टडीज़*, रॉटलेज, न्यूयॉर्क, 1992

4. एफ़. इंगलिस (सम्पा.) (1993), *कल्चरल स्टडीज़,* ब्लैकवेल, ऑक्सफ़र्ड, 1993

**— अभय कुमार दुबे**

# संस्कृति-उद्योग

(Culture Indusry)

उत्पादन और सामाजिक भूमिकाओं के लिहाज़ से संस्कृति और उद्योग एक-दूसरे के एंटीथीसिस हैं। इसके बावजूद फ्रेंटफ़र्ट स्कूल के विद्वानों थियोडोर डब्ल्यू. एडोर्नो और मैक्स होर्ख़ाइमर ने इस संस्कृति-उद्योग जैसी अवधारणा का प्रतिपादन किया ताकि औद्योगिक पूँजीवाद के तहत बड़े पैमाने पर उत्पादित करके बाज़ार में उपभोग के लिए बेची जाने वाले सांस्कृतिक ज़िंसों के सामाजिक और राजनीतिक चरित्र की शिनाख़्त की जा सके। इन विद्वानों के लिए संस्कृति-उद्योग का मतलब था सिनेमा, रेडियो, विज्ञापन, पत्रिकाएँ और रिकॉर्डिड म्यूज़िक जैसी सांस्कृतिक ज़िंसें जिसे पूँजीवादी उत्पादन और बाज़ार समाज के हर तबक़े को कारख़ाना आधारित उत्पादन की तर्ज़ पर मुहैया कराने में कामयाब रहा है। समाज में इस 'लोकप्रिय संस्कृति' के चौतरफ़ा प्रसार-प्रचार को संस्कृति के लोकतंत्रीकरण की संज्ञा देने के बजाय इन विचारकों ने उसे जन-साधारण के मानस को निष्क्रियता और पालतूपन के गर्त में धकेल देने का दोषी पाया।

1947 में प्रकाशित अपनी रचना 'डायलेक्टिक ऑफ़ इनलाइटेनमेंट' के अंतिम अध्याय द कल्चर इंडस्ट्री : एनलाटेनमेंट एज़ मास डिसेप्शन' में एडोर्नो और होर्ख़ाइमर का विश्लेषण दिखाता है कि बाज़ारू संस्कृति रोज़मर्रा की ज़िंदगी में फ़र्ज़ी ज़रूरतों की दुनिया गढ़ती है ताकि पूँजीवादी उत्पादन की निरंतर खपत से उसे संतुष्ट किया जा सके। जबकि वास्तव में मनुष्य की असली ज़रूरतें तो स्वतंत्रता, सृजनशीलता और सच्ची ख़ुशी हैं। संस्कृति-उद्योग की थीसिस से पहले फ्रैंकफ़र्ट स्कूल के एक अन्य विद्वान हरबर्ट मारक्यूज़ अपनी रचना 'इरोज़ ऐंड सिविलाइज़ेशन' में असली और नकली आवश्यकताओं के बीच अंतर करने पर ज़ोर दे चुके थे।

पश्चिम में संस्कृति के जगत को आम तौर पर तीन हिस्सों में बाँट कर देखने का चलन रहा है : हाईब्राउ (उच्चवर्गीय), मिडिलब्राउ (मध्यवर्गीय) और लोब्राउ (निम्नवर्गीय)। लेकिन, पूँजीवादी आधुनिकता का दावा है कि मास-कल्चर इस तरह से तीन दायरों में नहीं बँटी होती। वह तो बाज़ार में सभी के लिए उपलब्ध है। जो कृति सबसे ज़्यादा अच्छी (सर्वाधिक लोकप्रिय) होगी, उसी को कामयाबी मिलेगी। संस्कृति-उद्योग की अवधारणा ने पूँजीवाद के इसी दावे की जाँच करते हुए दावा किया कि मास-कल्चर के पीछे एक राजनीतिक परियोजना है जिसके तहत संस्कृति के मानकीकरण और पण्यीकरण की प्रक्रियाएँ समाज को एक ख़ास तरह से ढालने की भूमिका निभा रही हैं। उपभोक्ताओं की मनोरंजन संबंधी ज़रूरतें पूरी करने के नाम पर खपाई जाने वाली यह संस्कृति असल में उपभोक्ताओं की अभिरुचियों और कामनाओं को पूँजीवाद की आवश्यकताओं के अनुरूप रंगों में रँग देती है।

संस्कृति-उद्योग की अवधारणा दस्तकारों, कारीगरों और प्रतिभाशाली कलाकारों द्वारा रची गयी संस्कृति और कलाकृतियों की अंतर्निहित स्वायत्तता के विपरीत खड़ी है। इस अवधारणा के मुताबिक़ औद्योगिक पूँजीवाद द्वारा किये गये सांस्कृतिक उत्पादन की सतही नवीनता या विशिष्टता अपने पीछे उसका अनिवार्य दोहराव छिपा लेती है। उसकी तथाकथित ख़ूबियाँ उपभोग को तो प्रेरित कर देती हैं, पर उनमें ऐसी कोई बात नहीं होती कि वे मुनाफ़ाख़ोरी और उपभोग के गठजोड़ को चुनौती दे सकें। इसीलिए संस्कृति-उद्योग फ़ॉर्मूलाबद्ध (बाज़ारू सिनेमा, सोप ऑपेरा, पॉप म्यूज़िक, सस्ती भावनाएँ भड़काने वाले रेडियो कार्यक्रम, पल्प लिटरेचर आदि) कला को बढ़ावा देता है। विडम्बना यह है कि लोकप्रिय संस्कृति के फ़ॉर्मूले अपना स्रोत 'फ़ॉक' और 'हाई' आर्ट में ही खोजते हैं। संस्कृति-उद्योग उच्च और निम्न कला को आपस में जोड़ने की विफल इंजीनियरिंग करता है। इस प्रक्रिया में लोक और शास्त्रीय कलाएँ लगातार दोहन से न केवल खोखली होती चली जाती हैं, बल्कि उनका हाशियाकरण भी हो जाता है। इसका दूसरा परिणाम कला को शोषण की व्यापक प्रणाली का औज़ार बनाने में निकलता है। बाज़ारू कला पूँजीवाद को टिकाने और उसके विचारधारात्मक ढाँचे को मज़बूत करने के काम आती है। वह अपने दर्शकों और श्रोताओं की कुछ इस प्रकार प्रोग्रामिंग करती है कि उन्हें पूँजीवाद के अलावा दूसरे मूल्य दिखते ही नहीं। उनकी कुठाएँ और आक्रोश पर बार-बार ठंडी परतें चढ़ती चली जाती हैं।

संस्कृति-उद्योग की अवधारणा फ्रैंकफ़र्ट स्कूल के विद्वानों के लम्बे सोच-विचार का परिणाम थी। इस सिलसिले में एडोर्नो द्वारा 3 मार्च, 1936 को वाल्टर बेंजामिन को भेजे गये एक पत्र का उल्लेख करना आवश्यक है। इस पत्र में एडोर्नो ने लिखा था कि चाहे अभिजन कला हो या औद्योगिक रूप से उत्पादित उपभोक्ता-कला, दोनों पर ही पूँजीवाद का कलंक लगा हुआ है। लेकिन, दोनों में ही (समाज) परिवर्तन के तत्त्व भी निहित हैं। दोनों ही एक समेकित स्वतंत्रता के

बीच में से फाड़ कर अलग-अलग कर दिये गये आधे-आधे हिस्से हैं। लेकिन एक बार अलग-अलग हो जाने के बाद दोनों मिल कर समेकित सम्पूर्ण नहीं बन सकते।

चिंतन का यह सिलसिला जैसे-जैसे आगे बढ़ा, इन विद्वानों की समझ में आने लगा कि ज्ञानोदय से उपजे पश्चिमी तर्कणावाद की चरण परिणति समाजवाद न होकर फ़ासीवाद है। उन्होंने पारम्परिक मार्क्सवादियों की इस आस्था के साथ चलने से इनकार कर दिया कि उत्पादन की पूँजीवादी शक्तियों में (अगर वे पूँजीवाद उत्पादन संबंधों की क़ैद से आज़ाद हों) एक मुक्त समाज बनाने की क्षमता है।

एडोर्नो का विचार था कि उन्नीसवीं सदी के पूँजीवाद में पण्यों का उपयोग मूल्य अपने-आप में अपेक्षाकृत स्वतंत्र था। इसके कारण पूँजीवाद के उस संस्करण के तहत मनुष्य में स्वायत्त होने की सम्भावनाएँ थीं। वह प्रतिरोध करने की क्षमताओं से लैस हो कर पूँजीवाद को अस्थिर कर सकता था। लेकिन बीसवीं सदी का पूँजीवाद इस तरह की स्वायत्तता प्रदान नहीं करता, क्योंकि उत्पादन की शक्तियों और उत्पादन के संबंधों के बीच के रिश्ते ने मनुष्य के सांस्कृतिक प्रारब्ध को अभिशप्त कर दिया है। उद्योगों की दक्षता बढ़ाने के लिए विकसित की गयी प्रशासकीय तकनीकों और बाज़ार के संचालन के लिए तैयार किये गये तर्कबुद्धि के आधार पर काम करने वाले अधिकारीतंत्र ने उत्पादन की शक्तियों और संबंधों के बीच उन अंतर्विरोधों को तक़रीबन समाप्त कर दिया है जिनके आधार पर मार्क्स ने पूँजीवाद के अवश्यम्भावी पतन की भविष्यवाणी की थी।

एडोर्नो द्वारा दिये गये संस्कृति-उद्योग के आख्यान को संस्कृति-अध्ययन के दायरे के भीतर और बाहर आलोचनाओं का निशाना भी बनाया गया है। इस आलोचना के मुख्य पहलू इस प्रकार हैं : एडोर्नो और होर्ख़ाइमर उपभोक्ताओं को संस्कृति-उद्योग के निष्क्रिय शिकारों की तरह पेश करते हैं। वे उपभोक्ताओं और संस्कृति के क्षेत्र के भीतर प्रतिरोध की सम्भावनाएँ नहीं देखते। दूसरे, फ्रैंकफ़र्ट स्कूल के विद्वान एक ख़ुशहाल समाज की प्रवृत्तियों की ठीक-ठीक शिनाख़्त नहीं कर पाये। ऐसा समाज चिंतन (रिफ़्लेक्शन) में कम और गतिविधियों (एक्शन) में ज़्यादा दिलचस्पी रखता है। तीसरे, जिन प्रशासकीय तकनीकों और अधिकारीतंत्र की चर्चा उन्होंने की है, वह मालिक वर्ग को भौतिक लाभ ज़रूर पहुँचाता है और दरिद्रों के शोषण को भी बढ़ावा देता है, पर वह कई बार पूँजीपतियों को भी अपने सामने शक्तिहीन कर देता है।

ज़ाहिर है कि चालीस के दशक के आख़िरी वर्षों में (द्वितीय विश्व युद्ध के भीषण परिणामों की रोशनी में) किये गये इस प्रतिपादन के बाद संस्कृति-उद्योग के कार्य-व्यापार और उसके उपभोक्ताओं के उसके प्रति रवैये में कई तरह के अंतर आये हैं। सांस्कृतिक प्रवाहों की विविधता को देखने और परखने के लिए नयी दृष्टियों का विकास भी हुआ है। लेकिन, इन तमाम आलोचनाओं और बदली हुई परिस्थिति के बावजूद एडोर्नो और होर्ख़ाइमर का सूत्रीकरण आज भी पूँजीवादी सांस्कृतिक रूपों की आलोचना के औज़ार मुहैया कराने में कामयाब है।

**देखें :** ज्याँ-पाल सार्त्र, टीवी और टीवी अध्ययन, टीवी और सेक्शुअलिटी, टीवी और समाचार, दर्शक, फ्रैंकफ़र्ट स्कूल, बाज़ारू संस्कृति, बहुसंस्कृतिवाद, युरोकेंद्रीयता, रोलाँ बार्थ, लुई अलथुसे, संस्कृति, संस्कृति-अध्ययन, संस्कृति : मार्क्सवादी परिप्रेक्ष्य, सांस्कृतिक साम्राज्यवाद, सोप ओपेरा।

### संदर्भ

1. थियोडोर डब्ल्यू. एडोर्नो और मैक्स होर्ख़ाइमर (1947), 'द कल्चर इंडस्ट्री : एनलाटेनमेंट एज़ मास डिसेप्शन', *डायलेक्टिक ऑफ़ एनलाइटेमेंट*, हर्डर ऐंड हर्डर, न्यूयॉर्क.
2. थियोडोर डब्ल्यू. एडोर्नो (1991), *द कल्चर इंडस्ट्री : सिलेक्टिड एसेज़ ऑन मास कल्चर,* (सम्पा. : जे.एम. बर्नस्टीन), रॉटलेज, लंदन.
3. आर. विगर्सहौज़ (1994), *द फ्रैंकफ़र्ट स्कूल : इट्स हिस्ट्री, थियरीज़, ऐंड पॉलिटिकल सिग्नीफ़िकेंस,* एमआईटी प्रेस, केम्ब्रिज.

**— अभय कुमार दुबे**

# संस्कृति : मार्क्सवादी परिप्रेक्ष्य

(Culture: Marxist Perspective)

कार्ल मार्क्स के विशाल वांड्मय में आधार और अधिरचना के समीकरण के अलावा संस्कृति संबंधी किसी सिद्धांत का अलग से सूत्रीकरण नहीं मिलता। इसके बावजूद संस्कृति-विमर्श में मार्क्सवादियों का समृद्ध और विस्तृत योगदान है। राजनीतिक ज़मीन पर कम्युनिस्ट पार्टियों ने सारी दुनिया में सांस्कृतिक संगठन बना कर इस दायरे में सक्रिय हस्तक्षेप करने की परम्परा डाली है। रूस में सर्वहारा संस्कृति रचने का प्रयोग, बोल्शेविक नेतृत्व द्वारा उसकी आलोचना, पूर्वी जर्मनी और चीन द्वारा सांस्कृतिक क्रांति करने की दावेदारियों से लेकर युरोपीय मार्क्सवाद के तहत चले संस्कृति-विमर्श तक एक ऐसा विविध बौद्धिक संसार तैयार हुआ है जिसे सांस्कृतिक मार्क्सवाद की संज्ञा भी दी जाती है। सांस्कृतिक मार्क्सवाद ने न केवल पूँजीवाद द्वारा उत्पादित सांस्कृतिक रूपों की परिष्कृत आलोचना करने की सामग्री मुहैया करायी है, बल्कि मार्क्सवाद के अंदरूनी दायरों में सर्वहारा-अधिनायकत्व के सिद्धांत और व्यवहार को आड़े हाथों ले कर

फ्रेड्रिख़ जेमसन (1934- )

एक आंतरिक आलोचक की भूमिका भी निभायी है।

मार्क्सवादी विमर्श के तहत संस्कृति की हैसियत चेतना के मर्म में एक सचेत अस्तित्व की तरह मौजूद है। संस्कृति के ज़रिये चेतना एक तरफ़ तो मौजूदा हालात से बँधी हुई मानी जाती है, पर दूसरी तरफ़ हालात बदलने की सम्भावनाएँ भी उसी से पैदा होती हैं। इस विरोधाभासी समझ के कारण मार्क्सवाद संस्कृति को आर्थिक आधार की प्रतिच्छाया मानने के साथ-साथ वर्ग-संघर्ष के हथियार की तरह भी ग्रहण करता है।

रूस में क्रांति के बाद लेनिन ने समाजवाद के निर्माण में सांस्कृतिक क्रांति की भूमिका पर ग़ौर किया था। सर्वहारा संस्कृति की रचना करने के लिए चलाया गया प्रोलेतकुल्त आंदोलन लेनिन और ट्राट्स्की की निगाह में अप्रासंगिक और हानिकारक था। उनकी मान्यता थी कि समाजवादी संस्कृति की रचना केवल दीर्घकाल में ही हो सकती है। इसकी बुनियाद साक्षरता और शिक्षा के प्रसार से पड़ेगी और इसी आधार पर नया समाजवादी बुद्धिजीवी वर्ग पनपेगा। यह वर्ग पूँजीवादी संस्कृति के बहुमूल्य तत्त्वों को समेटता हुआ चलेगा। इसके बाद पचास के दशक में जर्मन जनवादी गणतंत्र (पूर्वी जर्मनी) और चीन में सांस्कृतिक क्रांति की अवधारणा पर अमल करने की कोशिशें की गयीं। साठ के दशक में माओ के नेतृत्व में पूँजीवादी संस्कृति पर आक्रमण के लिए जिस तरह से सांस्कृतिक क्रांति का उपयोग किया गया, वह लेनिन के बजाय रूस के उन रैडिकल तत्त्वों के मुताबिक़ अधिक था जिनके ख़िलाफ़ लेनिन ने अपनी आलोचना दर्ज करायी थी।

पश्चिमी मार्क्सवाद के सामने क्रांति करने के बाद समाजवाद के निर्माण का प्रश्न नहीं था। उनकी समस्या कहीं पेचीदा थी। वे विकसित पूँजीवाद के तहत एक फलते-फूलते सांस्कृतिक जगत का साक्षात्कार कर रहे थे। उपलब्ध मार्क्सवादी औज़ारों और अधिरचना को आधार की प्रतिच्छाया मानने वाले सैद्धांतिक रवैये से इसे समझना नामुमकिन था। इसलिए उसने संस्कृति के प्रश्न को अलग तरीक़े से संबोधित किया। उसकी शुरुआत लूकाच और ग्राम्शी के चिंतन से होती है। हंगेरियन सिद्धांतशास्त्री लूकाच ने 1920 में लिखे अपने निबंध 'ओल्ड ऐंड न्यू कल्चर' में सभ्यता और संस्कृति को अलग-अलग करके देखा। सभ्यता उनकी निगाह में किसी मक़ान की मज़बूती और टिकाऊपन का द्योतक थी। संस्कृति को उन्होंने उस मक़ान की बाहरी और भीतरी ख़ूबसूरती के मानिंद बताया। अर्थात् लूकाच के लिए संस्कृति ऐसे मूल्यवान उत्पादों और योग्यताओं के सामूहिक प्रभाव से बनने वाली शै थी जिसे ज़िंदगी के फ़ौरी रख-रखाव के लिए इस्तेमाल किया जाता है। इस लिहाज़ से वे मानते थे कि पूँजीवादी उत्पादन की प्रक्रिया में संस्कृति नष्ट होती जाती है। उनका कहना था कि नयी संस्कृति की सम्भावना तो समाजवाद के साथ ही पैदा हो सकती है। इसके बाद लूकाच ने अपना अधिकतर काम सौंदर्यशास्त्र पर किया ताकि पूँजीवादी युरोप के विचार-रूपों के मुक़ाबले सर्वहारा के विश्व-दृष्टिकोण का विकास किया जा सके। लूकाच के इस योगदान ने न केवल मार्क्सवादियों द्वारा साहित्य के समाजशास्त्र और विचारों के इतिहास पर किये गये चिंतन पर असर डाला, बल्कि फ्रैंकफ़र्ट स्कूल द्वारा विकसित किये गये आलोचनात्मक सिद्धांत (क्रिटिकल थियरी) को भी प्रभावित किया।

फ्रैंकफ़र्ट स्कूल के विद्वानों (एडोर्नो, होर्ख़ाइमर और मारक्यूज़े) ने संस्कृति की एक साझा व्यापक समझ विकसित की। एडोर्नो ने वाल्टर बेंजामिन (जिनका इंस्टीट्यूट फ़ॉर सोशल रिसर्च से थोड़ा-बहुत ही ताल्लुक़ था) और फिर ब्रेख़्त से इस विषय में संवाद भी किया। मारक्यूज़े का सूत्रीकरण उनके निबंध 'ऑन द एफ़र्मेटिव कंसेप्ट ऑफ़ कल्चर' में स्पष्ट हुआ। संस्कृति की निहायत जटिल भूमिका की चर्चा करते हुए मारक्यूज़े का ख़याल था कि वह मुक्ति और ख़ुशी की उस आकांक्षा का प्रतिनिधित्व करती है जिसे आधुनिक समाज पूरा नहीं होने देता। हक़ीक़त की ज़मीन पर इस इच्छा की पूर्ति नहीं हो पाती, पर यह कामना एक विभ्रम के जगत में प्रक्षेपित हो जाती है जिसका नतीजा 'विद्रोह की आकांक्षा को शांत करने' में निकलता है।

आगे चल कर एडोर्नो और होर्ख़ाइमर ने 1947 में प्रकाशित *डायलेक्टिक ऑफ़ इनलाइटेनमेंट* में 'संस्कृति-उद्योग' का विश्लेषण किया। इन दोनों विद्वानों का विचार था

कि पारम्परिक पूँजीवादी संस्कृति में जिस नफ़ासत, रचनात्मकता और भावातीत पहलुओं की झलक मिलती थी, संस्कृति-उद्योग उनसे भी वंचित है। इस उद्योग में तो पण्यीकरण का बोलबाला इस हद तक है कि मनुष्य का व्यक्तित्व महज़ सफ़ेद चमकते हुए दाँतों और देह से आने वाली दुर्गंध को रोकने के उपायों तक सीमित रह गया है। मारक्यूज़े ने नतीजा निकाला कि संस्कृति के पण्यीकरण के कारण 'उच्च संस्कृति' पतित हो कर 'भौतिक संस्कृति' में बदल गयी है। अपनी आलोचनात्मक सम्भावनाओं से वंचित हो जाने के बाद यह संस्कृति सेक्स की तरह सभी के लिए उपलब्ध तो हो गयी है, पर महज़ गिरे हुए रूपों में। फ्रैंकफ़र्ट स्कूल के विद्वानों में थोड़े-बहुत मतभेदों के साथ इस बात पर सहमति थी कि एक सच्ची वैकल्पिक संस्कृति की रचना करना सिर्फ़ दूर की कौड़ी ही है।

लूकाच के बाद संस्कृति के मार्क्सवादी विमर्श को सबसे ज़्यादा इतालवी सिद्धांतकार एंतोनियो ग्राम्शी ने प्रभावित किया। समाजवादी राजनीति के सांस्कृतिक आयामों पर ज़ोर देते हुए ग्राम्शी ने आग्रहपूर्वक कहा कि पूँजीपति वर्ग ताक़त के दम पर कम और 'वर्चस्व' के दम पर ज़्यादा हुकूमत करता है। ग्राम्शी ने मार्क्सवाद को विज्ञान और वस्तुनिष्ठ समझने की प्रवृत्ति पर भी आपत्ति की। उन्होंने आधार और अधिरचना के प्रचलित मार्क्सवादी फ़ार्मूले में से अधिरचना समझे जाने वाले अवयवों (विधि व्यवस्था, राज्य, संस्कृति, विचारधारा, मूल्य, आस्थाएँ) की हस्तक्षेपकारी और निर्णायक भूमिकाओं का उद्घाटन किया। ग्राम्शी से पहले यह माना जाता था कि आधार यानी उत्पादन के साधन और उत्पादन के संबंध ही इतिहास का इंजन है, और अधिरचना आधार का प्रतिबिम्ब भर है। ग्राम्शी ने वर्चस्व की धारणा का सूत्रीकरण करते हुए यह मत प्रस्तुत किया कि शासकों और शासितों के बीच वर्चस्व और प्रतिरोध का वास्तविक संघर्ष अधिरचना के दायरे में होता है। अधिरचना को उन्होंने नागर समाज और राजनीतिक समाज-दो स्तरों में बाँटा और कहा व्यवस्थाएँ बल-प्रयोग और सहमति दोनों के संयुक्ताधार पर टिकी होती हैं। राजनीतिक समाज यानी राज्य और उसके तमाम अंग बल-प्रयोग का स्थल हैं, जबकि नागर समाज (परिवार, धर्म-संस्थान, शिक्षा-संस्थान, संस्कृति आदि तमाम ग़ैर-राजनीतिक और ग़ैर-आर्थिक इकाइयाँ) सहमति का मुक़ाम हैं। ग्राम्शी के इस सूत्रीकरण ने संस्कृति की मार्क्सवादी समझ को गहराई से प्रभावित किया। ब्रिटेन के बरमिंघम विश्वविद्यालय में विकसित हुए संस्कति-अध्ययन से लेकर फ़्रांस में पिएर बोर्दियो द्वारा 'सांस्कृतिक पूँजी' के विचार तक ग्राम्शी की छाप स्पष्ट रूप से देखी जा सकती है।

संस्कृति पर मार्क्सवादी चिंतन के अधिक संश्लिष्ट आयाम रेमण्ड विलियम्स, लुई अलथुसे, रिचर्ड होगार्टन और स्टुअर्ट हाल जैसे समकालीन मार्क्सवादियों के विमर्श में मिलते हैं। संस्कृति-अध्ययन के प्रमुख संस्थापक और सांस्कृतिक भौतिकवाद के प्रतिपादक रेमण्ड विलियम्स ने संस्कृति के उन रूपों को अपने चिंतन का विषय बनाया जो लोगों द्वारा जिये जा रहे रूप या 'लिव्ड कल्चर' हैं। उन्होंने 'जीवन गुज़ारने के सम्पूर्ण तौर-तरीक़ों' को संस्कृति माना। उन्होंने उपन्यास और फ़िल्म जैसे स्थापित सांस्कृतिक उत्पादनों को ही नहीं विज्ञापन और टेलिविज़न को भी संस्कृति की विचारणीय अभिव्यक्तियों की तरह देखना शुरू किया। उनका विचार था कि समकालीन समाज में संस्कृति के इन सभी रूपों का सहअस्तित्व होता है इसलिए इन्हें अलग-अलग करके नहीं देखा जा सकता। विलियम के लेखन में 'राष्ट्रीय' और 'सांस्कृतिक' के प्रत्ययों को प्रश्नांकित किया गया। इस प्रक्रिया में उन्होंने दिखाया कि किस तरह समाज के भीतर स्थानीयता, राष्ट्रीयता और भूमण्डलीयता के तात्पर्यों का परिसंचरण होता है और वे आपस में टकराते भी हैं।

संस्कृति के मार्क्सवादी सिद्धांतकार स्टुअर्ट हाल ग्राम्शी से प्रेरणा लेते हुए उनके वर्चस्व सिद्धांत से परे गये। उन्होंने दिखाया कि किस तरह भाषा का इस्तेमाल सत्ता, संस्थाओं, राजनीति और अर्थनीति के संरचनागत दायरों से प्रभावित होता है। उन्होंने संस्कृति को सिर्फ़ अध्ययन की वस्तु न मान कर सामाजिक क्रियाशीलता और हस्तक्षेप की ऐसी ज़मीन की तरह चिह्नित किया जहाँ सत्ता-संबंध न केवल बनते-स्थापित होते हैं, बल्कि उसी ज़मीन पर उन्हें अस्थिर किये जाने की सम्भावनाएँ भी होती हैं। स्टुअर्ट हाल टेलिविज़न स्टडीज़ के क्षेत्र में 'एनकोडिंग-डिकोडिंग' के सिद्धांतकार के तौर पर भी विख्यात हैं।

संस्कृति के मार्क्सवादी सिद्धांतकारों में अग्रणी फ्रेड्रिख़ जेमसन का एक लेख 'पोस्टमॉडर्निज़म, ऑर, द कल्चरल लॉजिक ऑफ़ द लेट कैपिटलिज़म' 1984 में *न्यू लेफ़्ट रिव्यू* में प्रकाशित हुआ। बात में 1991 में इसी शीर्षक से उनकी पूरी पुस्तक प्रकाशित हुई। जेमसन उत्तर-आधुनिकता के प्रत्यय की आलोचना करते हुए कहा कि यह विचार दरअसल परवर्ती पूँजीवाद का सांस्कृतिक तर्क है जिसका स्रोत पूँजीवाद के इस दौर में हो रहे उत्पादन की विधियों में निहित है।

**देखें** : ज्याँ-पाल सार्त्र, टीवी और टीवी अध्ययन, टीवी और सेक्शुअलिटी, टीवी और समाचार, पिएर बोर्दियो, फ्रैंकफ़र्ट स्कूल, बाज़ारू संस्कृति, बहुसंस्कृतिवाद, युरोकेंद्रीयता, रोलाँ बार्थ, लुई अलथुसे, संस्कृति, संस्कृति-अध्ययन, संस्कृति-उद्योग, सांस्कृतिक पूँजी, सांस्कृतिक साम्राज्यवाद, सोप ओपेरा।

### संदर्भ


1. ग्योर्ग लूकाच, द ओल्ड कल्चर ऐंड द न्यू कल्चर', *टेलोस 5*, 1920 (1970)
2. स्टुअर्ट हाल, 'कल्चरल स्टडीज़ : टू पैराडाइम्स', टोनी बैनेट वग़ैरह (सम्पा.), *कल्चर, आइडियॉलॅजी ऐंड सोशल प्रोसेस*, बैट्सफ़र्डस, लंदन, 1990
3. हरबर्ट मारक्यूज़, *वन-डायमेंशनल मैन*, रॉटलेज ऐंड कीगन पॉल, लंदन, 1964
4. थियोडोर डब्ल्यू. एडोर्नो और मैक्स होर्ख़ाइमर, *डायलेक्टिक ऑफ़ एनलाइटेंमेंट*, हर्डर ऐंड हर्डर, न्यूयॉर्क, 1947
5. रेमण्ड विलियम्स, *कल्चर*, फ़ोंटाना, ग्लासगो, 1981


**— अभय कुमार दुबे**

# संस्था, संस्थान और संस्थानीकरण

(Institution and Institutionalisation)

अंग्रेज़ी में जिसे इंस्टीट्यूशन कहते हैं उसी का यहाँ संस्था और संस्थान के दो अर्थों में अनुवाद किया गया है। इस अंतर को इस तरह समझा जा सकता है : राज्य एक संस्था है, संविधान एक संस्था है और संसद भी एक संस्था है, लेकिन इनका कोई भौतिक और औपचारिक दिखने वाला रूप नहीं है; पर इन तीनों के तहत काम करने वाले कई इंस्टीट्यूशन संस्थान कहे जाते हैं। यहाँ संस्थान का अर्थ है सार्वजनिक या अर्धसार्वजनिक प्रकृति का कोई संगठन जिसका एक संचालक मण्डल, भवन या किसी प्रकार की भौतिक व्यवस्था होती है। इन संस्थानों की रचना किन्हीं निश्चित लक्ष्यों की पूर्ति के लिए की जाती है (जैसे, कॉलेज, विश्वविद्यालय, अस्पताल आदि)। इसी तरह समाजशास्त्र जिन इंस्टीट्यूशनों के बारे में अध्ययन करता है उन्हें हिंदी में संस्था कहना ठीक होगा, लेकिन उन संस्थाओं का अध्ययन करने वाले अनुसंधान केंद्र को संस्थान ही कहा जाएगा। समाज-विज्ञान के विभिन्न अनुशासनों में संस्था, संस्थान और संस्थानीकरण के तात्पर्य अलग-अलग हैं। समाजशास्त्र में संस्था का अर्थ मानकों और मूल्यों के संदर्भ में समझा जाता है। इस अनुशासन में संस्था उसे कहते हैं जो साझा मूल्यों के तहत बनी नियमों और नियमित प्रक्रियाओं की अंत:संबंधित संहिता के आधार पर काम करती है। समाजशास्त्र इस परिभाषा में विश्वासों, आस्थाओं, सोच-विचार और अनुभूतियों को भी जोड़ता है। ये संस्थाएँ (जैसे जाति, परिवार, धर्म आदि) सामाजिक जीवन में गहरे जड़ जमाये होती हैं और इनमें लम्बी-लम्बी समयावधियों तक अपना पुरुत्पादन करते रहने की क्षमता होती है। इस प्रकार की संस्था सामाजिक संरचना के विचार के केंद्र में रहती है और मानवीय गतिविधि के संरचनात्मक संगठन को समझने में प्रमुख भूमिका का निर्वाह करती है।

समाजशास्त्र की विभिन्न शाखाओं में संस्था को लेकर समझ में कुछ भेद भी है। जैसे, प्रकार्यात्मक समाजशास्त्र (फ़ंक्शनलिस्ट सोसियोलॅजी) के पैरोकार संस्थाओं को व्यक्ति या समाज की आवश्यकताएँ पूरी करने वाले माध्यमों की तरह देखते हैं। जबकि, घटनाक्रियाशास्त्र को महत्त्व देने वालों का ज़ोर एक भिन्न पहलू पर होता है। ये समाजशास्त्री देखते हैं कि लोगों ने संस्थाओं को कैसे बनाया है या उनके साथ अपना सामंजस्य कैसे बैठाया है। टैलकॉट पार्संस ने संस्थाओं को आर्थिक, राजनीतिक, घरेलू, धार्मिक जैसी श्रेणियों में बाँट कर देखा था। उनकी मान्यता थी कि हर क़िस्म की संस्था समाज की किसी ख़ास गतिविधि से सरोकार रखती है और कुल मिला कर पूरी सामाजिक प्रणाली के अंग की भूमिका निभाती है। इसमें अर्थव्यवस्थाएँ, राजनीतिक प्रणालियाँ और नातेदारी की व्यवस्थाएँ भी शामिल हैं। इस आधार पर कुल मिला कर संस्थाओं को पाँच मुख्य प्रकारों में विभाजित किया जाता है : आर्थिक संस्थाएँ उत्पादन, वितरण और सेवा का काम करती हैं; राजनीतिक संस्थाएँ सत्ता के विनियमन और इस्तेमाल की प्रक्रिया को तय करती हैं; स्तरीकरण से संबंधित संस्थाएँ हैसियत और संसाधनों का वितरण करती हैं; नातेदारी की संस्थाएँ विवाह, परिवार और समाजीकरण से संबंधित भूमिकाओं का निर्वाह करती है; और सांस्कृतिक संस्थाएँ धार्मिक, वैज्ञानिक और कलात्मक गतिविधियाँ चलाती हैं।

लेकिन इस तरह के विभाजनों में निहित दृष्टि की आलोचना उन विद्वानों ने की है जो मान कर चलते हैं कि संस्थाओं को उनमें निहित सत्ता की संचरना से अलग करके नहीं देखा जा सकता। संस्थाएँ हमेशा ही समाज के सत्ता-संबंधों की अभिव्यक्ति होती हैं, उन सत्ता-संबंधों की जिन्हें एक समूह किसी दूसरे समूह पर या बाक़ी समाज पर आरोपित करता है। समाज में अक्सर ऐसा लग सकता है कि मूल्यों, मानकों और संस्थाओं के स्तर पर सम्पूर्ण मतैक्य है, पर उसे हासिल करने में सत्ता और टकराव की भूमिका को नज़रअंदाज़ नहीं किया जाना चाहिए। हाल ही में फ़्रांसीसी चिंतक मिशले फ़ूको ने अपने अनूठे विश्लेषण में दिखाया है कि सामाजिक धरातल पर जिस विमर्शी ज्ञान में सबकी साझेदारी दिखती है और जिसके ज़रिये लोग अपने सामाजिक पर्यावरण को समझते और ग्रहण करते हैं, उसके भीतर भी सत्ता-संबंधों की एक इबारत छिपी रहती है अर्थात्

सामाजिक व्यवस्था ज्ञान और सत्ता के संयोग का नतीजा होती है। उसे इनमें से किसी एक के फलितार्थ की तरह नहीं देखा जाना चाहिए।

अर्थशास्त्र की एक शाखा संस्थागत अर्थशास्त्र कहलाती है। यह आधुनिक अर्थशास्त्र की प्रमुख संस्थाओं के अध्ययन को अपना विषय बनाती है। इस प्रक्रिया में अर्थशास्त्री अक्सर किसी संस्था के साथ जुड़े हुए मानवशास्त्रीय पहलुओं, परम्पराओं, रीति-रिवाज़ों, नौकरशाहानी नियमों, सम्पत्ति संबंधी अधिकारों और उसके संचालन से जुड़े हुए तंत्र आदि पहलुओं पर ग़ौर करते हैं। दरअसल, अपनी इस शाखा के ज़रिये अर्थशास्त्र, विधि, राजनीति, समाजशास्त्र और मानवशास्त्र के साथ एक परस्पर उपयोगी संवाद स्थापित करने में सफल रहा है। इंस्टीट्यूशनल इकॉनॉमिक्स ने उन्नीसवीं सदी के आख़िरी वर्षों में अमेरिका में जन्म लिया। इसके प्रमुख हस्ताक्षरों ने ट्रेड यूनियनों के अध्ययन से शुरुआत की और औद्यगिक संरचनाओं की बदलती हुई प्रकृति की जाँच करने तक गये। इस अर्थशास्त्र ने कारपोरेशन की संरचना पर गहराई से विचार करके यह पता लगाने की कोशिश की है कि आर्थिक उत्पादन और वितरण की यह संस्था (जिसका मालिक हमेशा नज़ारे से ग़ायब रहता है) किस तरह आर्थिक क्रिया को गति देने में कामयाब रहती है। इंस्टीट्यूशनल इकॉनॉमिक्स ने शुरू-शुरू में कॉरपोरेशनों में निर्णय-प्रक्रिया की जाँच करके अपने अनुसंधानों से नियोक्लासिकल अर्थशास्त्र की कई दावेदारियों को ग़लत साबित किया। लेकिन आजकल इसके नये संस्करण ने नियोक्लासिकल इकॉनॉमिक्स के साथ दोस्ती कर ली है।

संस्थानीकरण उस प्रक्रिया का नाम है जिसके तहत समाज का कोई कार्य-व्यापार, नियमाचार और आचरण-संहिता पर्याप्त रूप से नियमित हो जाती है और परिणामस्वरूप उसे भी एक संस्था की संज्ञा दी जाने लगती है। इसे यूँ भी कहा जा सकता है कि समाज में जब किसी प्रवृत्ति या रुझान में अपेक्षाकृत स्थायित्व आ जाता है तो कहा जाता है कि अमुक प्रवृत्ति का संस्थानीकरण हो गया है। संस्थानीकरण का यह विचार बताता है कि संस्थाएँ कोई अपरिवर्तनीय क़िस्म की शै नहीं होतीं। सामाजिक प्रक्रियाओं के प्रभाव के तहत संस्थाओं के बनने और बदलने का सिलसिला चलता रहता है। संस्थानीकरण अपनी प्रकृति में नकारात्मक भी हो सकता है और सकारात्मक भी। जैसे किसी समाज में नस्लवाद या किसी दूसरे क़िस्म के भेदभाव का संस्थानीकरण हो सकता है। संस्थानीकरण के इस नकारात्मक अर्थ के विपरीत किसी समाज में अगर वर्ग-संघर्ष को नियंत्रित करने के लिए राजनीतिक और औद्योगिक संघर्ष का एक-दूसरे से लगभग स्थाई रूप से संबंध विच्छेद कर दिया जाता है, तो इसकी अभिव्यक्ति इस तरह से की जाएगी कि उस समाज में वर्ग-संघर्ष का संस्थानीकरण हो गया है।

पूँजीवाद के शुरुआती दिनों में उद्योगीकरण के दुष्परिणामों के कारण सामाजिक टकराव इतना भीषण रूप ले लेता था कि क्रांतियों की सम्भावनाएँ पैदा हो जाती थीं। समाजशास्त्रियों की मान्यता है कि इस परिस्थिति के पीछे पारम्परिक प्राक्-औद्योगिक सामाजिक संबंधों के लगातार क्षय के कारण पैदा होने वाली पीड़ा और हताशा की भूमिका थी। जैसे-जैसे पूँजीवाद परिपक्व हुआ और उसे सामाजिक एकजुटता और संसक्ति के पहलुओं पर ध्यान देते हुए नये विनियमन और आचार-संहिताओं का निर्माण करना शुरू किया, टकराव की परिस्थितियाँ कम से कमतर होती चली गयीं। वर्ग-संघर्ष के संस्थानीकरण के तर्ज़ पर इस प्रक्रिया को टकराव का संस्थानीकरण कहा गया।

राजनीतिशास्त्र में लोकतंत्र के स्थायित्व के लिए ज़रूरी माना जाता है कि उसका बाक़ायदा संस्थानीकरण हो। वह विधायिका, कार्यपालिका, न्यायपालिका और स्वतंत्र प्रेस के संस्थागत ढाँचे पर टिका हो। राजनीतिक दल, एनजीओ वग़ैरह भी लोकतंत्र के इसी संस्थागत ढाँचे के महत्त्वपूर्ण अंग माने जाते हैं। इस संबंध में कई नये सिद्धांत विकसित हुए हैं जिन्हें न्यू इंस्टीट्यूशनलिज़्म्स की संज्ञा दी जाती है। यह थियरी संस्थाओं की संरचना पर तो ग़ौर करती ही है, साथ ही यह भी पता लगाती है कि उनमें निहित एजेंसी की अपनी गतिशीलता क्या है। यह दृष्टि मुख्यतः तीन प्रश्नों के उत्तर खोजने की चेष्टा करती है : पहला, आख़िर वे कौन से तौर-तरीक़े हैं जिनके ज़रिये संस्थाओं की सक्रियता अपना रूप लेती है? दूसरा, उन्हें सामाजिक सक्रियता के मैदान में उतारने वाले एजेंटों पर संस्थाओं का क्या असर होता है? तीसरा, राजनीतिक प्रक्रिया पर संस्थाओं का प्रभाव कितना गहरा होता है?

**देखें** : उद्योगीकरण-1 और 2, घटनाक्रियाशास्त्र और ऐडमण्ड हसर, टैलकॉट पार्संस, पूँजीवाद, मिशेल पॉल फ़ूको-1 और 2.

## संदर्भ

1. टैलकॉट पार्संस (1951), द *सोशल सिस्टम,* रॉटलेज ऐंड कीगन पॉल, लंदन.
2. ओ.ई. विलियम्सन (1985), द *इकॉनॉमिक इंस्टीट्यूशंसऑफ़ कैपिटलिज़्म : फ़र्म्स, मार्केट्स,* रिलेशनल कांट्रेक्टिंग, फ्री प्रेस, न्यूयॉर्क.
3. बी. गाई पीटर्स (1999), *इंस्टीट्यूशनल थियरी इन पॉलिटिकल साइंस : द न्यू इंस्टीट्यूशनिज़्म,* कंटीनुम, लंदन.
4. जेम्स मार्च और योहान पी. ओल्सन (1989), *रिडिस्कवरिंग इंस्टीट्यूशंस : द ऑर्गनाइज़ेशनल बेसिस ऑफ़ पॉलिटिक्स,* फ्री प्रेस, न्यूयॉर्क.

**— अभय कुमार दुबे**

# सांख्य दर्शन-1

(सत्कार्यवाद का सिद्धांत)

(Philosophy of Sankhya-1)

सांख्य दर्शन प्राचीनतम भारतीय दार्शनिक प्रणालियों में से एक है। महाभारत, गीता, छांदोग्य, प्रश्न, कठ तथा विशेषत: श्वेताश्वतर जैसे उपनिषदों के अलावा स्मृतियों और पुराणों में भी इस दर्शन की चर्चाएँ मिलती हैं। इस दर्शन ने तर्कपूर्ण युक्तियुक्त चिंतन को महत्त्व दिया है। सांख्य दार्शनिकों ने तर्क और युक्ति के प्रति अपना विश्वास प्रकट करते हुए कहा कि ब्रह्माण्ड पदार्थ से बना है। प्रकृति विकास की प्रक्रिया में है और जीवन तथा शक्ति, विचार और चेतना पदार्थ की ही उपज हैं। इसके ज़रिये जगत व मनुष्य के अस्तित्व के रहस्यों को युक्ति और तर्क के आधार पर सुलझाने का पहली बार प्रयास किया गया। यह दर्शन सारत: अनीश्वरवादी था। इसने वेदों को मानने से इनकार कर दिया और ब्राह्मणवादी परम्पराओं से स्वतंत्र रहा। यह अलग बात है कि आगे चलकर ब्राह्मणवादी विचारकों ने इसकी मूलभूत कुछ अवधारणाओं में उलट-फेर करके इसे परम्परानिष्ठ आदर्शवादी विचार बना दिया। लेकिन इस चिंतन की संरचना कुछ इस तरह की है कि इसमें से वेदों और स्मृति-तत्त्वों को निकाल देने पर भी कोई फ़र्क़ नहीं पड़ता।

*ब्रह्मसूत्र* या *वेदांतसूत्र* के रचयिता बादरायण और शंकराचार्य जैसे सरीखे भाष्यकारों ने सांख्य दर्शन का ध्वंसात्मक खण्डन किया है। शंकराचार्य ने तो सांख्य को वेदांत के ख़िलाफ़ लड़ने वाला 'प्रधान मल्ल' कहा है। वे इसे द्वैतवादी होने की वजह से श्रुतिमूलक या उपनिषद्सम्मत मानने से इनकार करते हैं। इस बहस से सांख्य दर्शन के शंकराचार्य के ज़माने में प्रभाव का पता चलता है। वे नयी प्रस्थापनाएँ करना चाहते थे, इसलिए ज़रूरी था कि पहले से जमे हुए दर्शन का खण्डन किया जाता। एक सम्भावना यह भी व्यक्त की जाती है कि अपने आरम्भिक दिनों में सांख्य श्रुतिमूलक और ईश्वरवादी रहा होगा, लेकिन पश्चातकाल में आकर जैन और बौद्ध दर्शन के प्रभाव में अनीश्वरवादी और वस्तुवादी बन गया होगा। समझा जाता है कि सोलहवीं शताब्दी में आकर विज्ञान भिक्षु ने एक बार फिर सांख्य में ईश्वरवाद की स्थापना की। सांख्य दर्शन का प्रतिष्ठापक आचार्य कपिल और उनकी कृति *सांख्यप्रवचनसूत्र* को माना जाता है। लेकिन इस रचना को कुछ विद्वानों ने कपिल की कृति मानने से इनकार किया है। वे इसे चौदहवीं सदी की मानते हैं। शंकराचार्य तथा अन्य प्राचीन आचार्यों ने *सांख्यप्रवचनसूत्र* का न तो उल्लेख किया है और न उससे कोई बात उद्धृत की है। निंदा और खण्डन के लिए भी नहीं। उसके स्थान पर ईश्वर कृष्ण रचित *सांख्यकारिका* से ही उद्धरण दिये गये हैं। वाचस्पति मिश्र ने भी *सांख्यकारिका* पर अपनी प्रसिद्ध *सांख्यतत्त्वकौमुदी* टीका लिखी है। स्वयं ईश्वर कृष्ण ने कपिल, आसुरी तथा पंचशिख का प्राचीन सांख्याचार्यों के रूप में उल्लेख किया है। कपिल मुनि का काल बुद्ध से पूर्व का है। उन्होंने जिस *सांख्यप्रवचनसूत्र* की रचना की होगी वह दुर्भाग्यवश बहुत पहले ही विलुप्त हो गया होगा। *भागवत पुराण* में कपिल मुनि के दर्शन का प्रतिपादन है।

सांख्य से तात्पर्य है संख्या से संबंध रखने वाला दर्शन और संख्या का प्रचलित अर्थ है गणना या गिनती। इस दर्शन में सबसे पहले तत्त्वों की संख्या पच्चीस बतायी गयी। इसलिए इस दर्शन का नाम सांख्य पड़ा। कुछ लोग सांख्य से तात्पर्य सम्यक ज्ञान से मानते हैं, जिसका प्राचीन और आध्यात्मिक अर्थ है। यह दर्शन प्रकृति तथा पुरुष को भिन्न और स्वतंत्र मानता है तथा इस संसार में इनका अविवेक या अज्ञान हमेशा बना रहता है। प्रकृति और पुरुष परस्पर घुले-मिले होते हैं। इन्हें अलग नहीं किया जा सकता। इस दर्शन के मुताबिक़ संसार की यही दशा है। इनका पार्थक्य होने पर मोक्ष प्राप्त होता है। जब प्रकृति और पुरुष का अलग-अलग ज्ञान प्राप्त हो जाता है तो जीव को क्लेशों से मुक्ति मिल जाती है। इस प्रकार इस दर्शन में संख्या और सम्यक ज्ञान का संयुक्त प्रतिष्ठापन है।

सांख्य दर्शन के अनुसार मनुष्य आध्यात्मिक, आधिभौतिक तथा आधिदैविक तीन प्रकार के दु:खों का अनुभव करते हैं। इन दुखों का स्थाई नाश भी किया जा सकता है। इसके लिए इस दर्शन में सत्कार्यवाद का सिद्धांत प्रतिपादित किया गया है। इसे कार्य और कारण का समेकन करने वाले सिद्धांत के रूप में भी जाना जाता है। वैदिक पुरोहितों का कहना था कि जीवन का परम लक्ष्य मोक्ष है जिसे बलि संबंधी कर्मकाण्ड के ज़रिये प्राप्त किया जा सकता है। सांख्य दर्शन ने अंधविश्वास कह कर इसकी आलोचना की और कहा कि यज्ञ हिंसा पर आधारित होने के कारण अपवित्र है। जीवों की हत्या के बिना यज्ञ पूरे नहीं किये जा सकते इसलिए उनसे दुखों के छुटकारे का उपाय नहीं निकल सकता। सांख्य दर्शन कहता है कि दु:ख और पीड़ा से मुक्ति प्राप्त करने का उपाय अविकसित पदार्थ, विकसित ब्रह्मांड और ज्ञाता के बारे में विवेकपूर्ण ज्ञान प्राप्त करना है। सत्कार्यवाद के अनुसार कारण के बिना कार्य की परिकल्पना नहीं की जा सकती। किसी भी वस्तु के अस्तित्व का एक कारण होता है। शून्य से कोई वस्तु पैदा नहीं हो सकती। ब्रह्माण्ड के प्रत्येक व्यापार एवं घटनाओं का कोई कारण होता है और प्रत्येक कारण अपना कारण उत्पन्न करता है। प्रभाव

और कारण परस्पर अभिन्न रूप से सम्बद्ध होते हैं। तात्पर्य यह है कि कारण में प्रभाव पहले से मौजूद रहता है। यह प्रभाव ठीक वैसे ही रहता है जैसे तिल का तेल तिल के बीजों में ही निहित है।

सत्कार्यवाद समस्त जगत को कार्य और कारण की लम्बी शृंखला मानता है। उसके हिसाब से कारण की प्रक्रिया स्वतः प्रकृति में अंतर्निहित है। इस जगत की समस्त वस्तुएँ यहाँ तक कि शरीर और मस्तिष्क, बुद्धि और इंद्रियाँ भी प्रकृति के रूपांतरण का परिणाम हैं। पूरे ब्रह्माण्ड की रचना प्रकृति से हुई है और प्रकृति ही आद्य पदार्थ है, जिससे पूरा सृजन हुआ है। परंतु परम प्रकृति का कोई मूल नहीं है। न ही स्वयं वह किसी रूपांतरण का परिणाम हैं। अस्तित्वपूर्ण से ही अस्तित्व का जन्म होता है। जो अस्तित्वहीन है उसे किसी भी उपाय से अस्तित्व में नहीं लाया जा सकता। धानों को कूटने से पहले उनमें चावल मौजूद रहते हैं, दुहने से पहले थनों में दूध मौजूद रहता है। इस प्रकार एक ऐसा कारण, जिसे पहचान पाना कठिन है, शाश्वत और सर्वव्यापी प्रकृति है जो अनंतकाल से अस्तित्व में हैं। किसी कछुए की भाँति ही वह अपने अंगों को बाहर निकालती है और उन्हें फिर समेट लेती है। प्रलय या निष्पत्ति के समय समस्त तत्त्व अंदर खींच लिए जाते हैं अर्थात् प्रकृति में वापस चले जाते हैं। प्रकृति या आद्य पदार्थ शाश्वत, अकारण, सर्वव्यापक और स्वतंत्र है। वह देखने वाले से स्वतंत्र है।

न्याय दर्शन मानता है कि चाक, डोरी, आदि की सहायता से कुम्हार मिट्टी के भीतर से 'घड़ा' नामक एक अपूर्व द्रव्य पैदा करता है, इसलिए घड़े की 'उत्पत्ति' होती है। सांख्य मत का मानना है कि मिट्टी में पूर्व-स्थित घड़े की अभिव्यक्ति कुम्हार के प्रयत्न से होती है। उसके प्रयत्न से पहले भी घड़ा उस मिट्टी के लोंदे में मौजूद था और प्रयत्न ने उसे केवल प्रकट कर दिया। सांख्य के इस विचार को सत्कार्यवाद के रूप में जाना जाता है। कुम्हार द्वारा दण्ड की सहायता से मिट्टी का घड़ा बनाने या घड़ा उत्पन्न होने से पहले वह मिट्टी में विद्यमान था या नहीं? न्याय-वैशेषिक के विद्वानों का इस मामले में उत्तर नकारात्मक है अर्थात् घड़ा मिट्टी में विद्यमान नहीं था बल्कि सामग्री की सहायता से घड़े की उत्पत्ति होती है और घड़ा नवीन वस्तु होता है। यदि वह पहले से ही विद्यमान होता तो कुम्हार को मेहनत करने और चाक घुमाने की क्या ज़रूरत होती तथा घड़े की उत्पत्ति के क्या मायने रह जाते। यदि कार्य पहले से ही कारण में मौजूद रहता तो कार्य और कारण में भेद नहीं रहता। मिट्टी और घड़े दोनों का एक ही नाम होता। मिट्टी का लोंदा घड़े का काम करता। घड़े में तो हम जल रख सकते हैं, तो क्या यही काम हम मिट्टी के लोंदे से कर सकते हैं? इसलिए मिट्टी का घड़ा आकार तथा तात्पर्य दोनों में ही भिन्न है। घड़ा एक नयी चीज़ है, जो मिट्टी में कभी भी विद्यमान नहीं था। घड़ा दण्ड, चाक आदि कारणों यानी सामग्री की सहायता से उत्पन्न एक नयी वस्तु है। नैयायिकों का यह मत असत्कार्यवाद के नाम से जाना जाता है। यह सिद्धांत प्रतिपादित करता है कि कारण में कार्य पहले से ही विद्यमान नहीं होता। कुम्हार के प्रयत्न द्वारा घड़ा नाम की एक नयी वस्तु की उत्पत्ति हुई। वह पहले मौजूद नहीं था। किंतु सांख्य दर्शन का इससे भिन्न मत है। अपने मत के समर्थन में *सांख्यकारिका* में कई युक्तियाँ मिलती हैं।

पहली युक्ति है असद्कारणात् अर्थात् यदि कार्य उत्पत्ति के पूर्व कारण में विद्यमान न हो तो, वह असत् होगा। असत् होने से वह शशशृंग तथा आकाश कुसुम के समान होगा यानी असत् की उत्पत्ति किसी प्रकार कभी नहीं हो सकती। मिट्टी में पहले से मौजूद था, नहीं तो लाख कोशिश करने पर भी घड़ा उत्पन्न नहीं हो पाता। वह उत्पन्न होता है, यही प्रमाण है कि वह मिट्टी में मौजूद है। दूसरी युक्ति है उपादानग्रहणात् अर्थात् प्रत्येक कार्य अपने उपादानकारण या समवायीकरण से सम्बद्ध रहता है और इसलिए उससे उसकी उत्पत्ति होती है। उपादानकारण के बिना कोई कार्य नहीं हो सकता। उपादान से तात्पर्य है द्रव्य की निष्पादक वस्तु, जैसे घड़े के लिए मिट्टी तथा वस्त्र के लिए तंतु उपादान है। घड़े बनाने के लिए मिट्टी का प्रयोग होता है, तेल के लिए सरसों या तिल का प्रयोग तथा वस्तु की बुनाई तंतु से की जाती है। किसी कार्य के वास्ते किसी विशेष उपादान या सामग्री को ग्रहण करना पड़ता है। तीसरी युक्ति है सर्वसम्भावात् अर्थात् कार्य की उत्पत्ति-पूर्व को भी उपादानकारण में मौजूद मानना पड़ेगा। अगर ऐसा नहीं किया जाएगा तो किसी भी कारण या सामग्री से किसी भी कार्य की उत्पत्ति सम्भव माननी पड़ेगी जो कि असम्भव है। अगर हम मिट्टी में घड़े या तंतु में वस्त्र की पूर्व-स्थिति नहीं मानते, तो सबसे सब चीज़ें पैदा होने लगेंगी। मिट्टी से कपड़ा और कंबल भी तैयार होने लगेगा। सब कारणों से सब कार्यों की उत्पत्ति दिखाई नहीं पड़ती। अतः कार्य कारण में पहले से ही विद्यमान रहता है।

**देखें :** आर्यभट्ट और *आर्यभटीय*, उपनिषद्, कपिल, *अर्थशास्त्र* और कौटिल्य, गोपीनाथ कविराज, गोविंद चंद्र पाण्डे, चैतन्य महाप्रभु, जैन दर्शन, न्याय दर्शन, दया कृष्ण, नागार्जुन, पतंजलि और *योगसूत्र*, पाणिनि और *अष्टाध्यायी*, पुराण, पूर्व-मीमांसा दर्शन, बदरी नाथ शुक्ल, बादरायण, बौद्ध दर्शन, *भगवद्गीता*, भरत और *नाट्यशास्त्र*, मुकुंद लाठ, *भागवत पुराण*, *महाभारत*, यशदेव शल्य, योग दर्शन, रामानुजाचार्य, रामअवतार शर्मा, लोकायत, वात्स्यायन और *कामसूत्र*, वेदांत दर्शन, वैशेषिक दर्शन, शंकराचार्य, षड्-दर्शन-1 और 2, संस्कृत काव्यशास्त्र, स्मृति-साहित्य, सिद्ध-नाथ परम्परा।

## संदर्भ

1. वियोगी हरि (सम्पा.) (2011), *हमारी परम्परा*, सस्ता साहित्य

मण्डल प्रकाशन, नयी दिल्ली.

2. के. दामोदरन (2001), *भारतीय चिंतन परम्परा*, अनु. जी. श्रीधरन, पीपुल्स पब्लिशिंग हाउस, नयी दिल्ली.
3. सर्वपल्ली राधाकृष्ण (2012), *भारतीय दर्शन (दो भाग)*, अन. नंदकिशोर गोभिल, राजपाल ऐंड संज़, दिल्ली.
4. चंद्रधर शर्मा (1991), *भारतीय दर्शन : आलोचना और अनुशीलन*, मोतीलाल बनारसीदास, दिल्ली.

**— अजय कुमार पाण्डेय**

# सांख्य दर्शन-2

(भाग्य, अलौकिकता और ईश्वर से मुक्त)

(Philosophy of Sankhya-2)

चौथी युक्ति है शक्तस्य शक्य कारणात् अर्थात् शक्त कारण से ही शक्य कार्य की उत्पत्ति होती है। जिस कारण में जिस कार्य को उत्पन्न करने की शक्ति होती है, उस कारण से उस कार्य की उत्पत्ति होती है। इसका तात्पर्य यह है कि जो कार्य बीजरूप से जिस कारण में मौजूद होता, वही कारण उसी कार्य को उत्पन्न करने की शक्ति रखता है। तिलों को पेरने से तेल ही निकलता है, घी नहीं। इसका कारण यह है कि कार्य तथा कारण के बीच एक प्रकार की शक्ति का निवास है। कार्य कारण में पहले से ही विद्यमान होता है। यही कारण है कि शक्त पदार्थ शक्य वस्तु को ही उत्पन्न करता है। जुलाहा कपड़ा बुनने के लिए तंतु को ही ग्रहण करता है। क्योंकि वह जानता है कि कारण में किसी विशेष कार्य को ही पैदा करने की शक्ति होती है, दूसरे को नहीं। तिलहन से तेल ही निकलता है। लाख कोशिश के बाद भी उससे घी नहीं निकलता। मिट्टी से घड़ा ही बनेगा, लौहपात्र नहीं। ये उदाहरण इस बात के पुख़्ता प्रमाण हैं कि कार्य तथा कारण परस्पर सम्बद्ध पदार्थ हैं तथा उत्पन्न होने के पूर्व भी कार्य कारण में अवश्य ही विद्यमान रहता है। पाँचवीं युक्ति है कारण भावात् अर्थात् कार्य और कार्य एक ही वस्तु के दो रूप हैं। कारण कार्य की अव्यक्तावस्था है तथा कार्य कारण का व्यक्त रूप है। कारण का जो स्वभाव होता है वही कार्य का भी स्वभाव होता है। स्निग्ध स्वभाव वाले तिलों से स्निग्ध तेल उत्पन्न होता है। मिट्टी से उत्पन्न घड़ा मिट्टी के स्वभाव वाला होता है। इस तरह से कार्य और कारण में स्वभाव की एकता बनी रहती है। यदि असत् स्वभाव वाला कार्य है तो वह असत् स्वभाव वाले कारण से उत्पन्न होता है। परंतु कार्य तो सत्स्वभाव वाला ही होता है, क्योंकि वह तो विद्यमान ही है। फलतः वह सत्स्वभाव वाले कारण से उत्पन्न होता है। इस प्रकार सत्यकार्यवाद युक्तियुक्त सिद्धांत साबित होता है।

सांख्य दर्शन ने इस ब्रह्माण्ड और उत्पत्ति का मूल कारण शाश्वत रूप से मौजूद, अकारण और सर्वव्यापक पदार्थ को बताया है। इस तरह से उसकी मान्यता बनती है कि संसार की निर्मिति के लिए किसी अन्य निर्माणक की कोई आवश्यकता नहीं। इस जगत का क्रमिक विकास प्रकृति अथवा प्रधान तत्त्व से हुआ जो बोधहीन और संवेदनाहीन है, अविकसित और अरूप है। इस ब्रह्माण्ड और विविध-व्यापारों की उत्पत्ति आद्य कारण से विकसित प्रकृति, बुद्धि, अंहकार, नाद, स्पर्श, रंग, स्वाद, गंध, आँख, कान, जिह्वा, नासिका, त्वचा, बोलने की इंद्रिय, हाथ, पैर, गुदा, जननेंद्रिय, मनस्, पृथ्वी, जल, अग्नि, वायु, आकाश और पुरुष जैसे पच्चीस तत्त्वों की क्रिया-प्रतिक्रिया के फल स्वरूप हुई।

सांख्य दर्शन के अनुसार सत्व, रजस् और तमस् के परस्पर निर्भर तीन गुणों की क्रिया-प्रतिक्रिया का परिणाम प्रकृति में निहित है। विकास की प्रक्रिया में एक या दूसरा गुण विभिन्न वस्तुओं में प्रचुरता ग्रहण कर लेता है। यही कारण है कि वस्तुओं के इतने अनंत भेद हैं। विकास इन्हीं गुणों की सक्रियता एवं असंतुलन का परिणाम है। गुणों में परिवर्तन होने से प्रकृति में भी परिवर्तन होते हैं। इन तीनों गुणों की क्रियाएँ और अंत:क्रियाएँ अविकसित पदार्थ के विकास और उससे उत्पन्न वस्तुओं के लिए अनिवार्य शर्त है। प्रकृति से जो प्रत्येक वस्तु उत्पन्न हुई उसमें विभिन्न अनुपातों में ये तीन गुण मौजूद हैं। यही कारण है कि वस्तुओं में इतनी विविधता है। इसके साथ ही गुणात्मक रूप से भिन्न समस्त वस्तुओं और घटनाओं में एक सामान्य तत्त्व मौजूद रहता है, जिसे पदार्थ कहा जाता है।

सांख्य विचारकों का मत है कि तत्त्व, ज्ञानेंद्रियाँ, मन, अहंकार और बुद्धि इन सबका भी जन्म पदार्थ से हुआ है। सिर्फ़ अपवाद स्वरूप पुरुष ही पदार्थ से स्वतंत्र और शाश्वत है फिर भी पार्थिव शरीर द्वारा पदार्थ से सम्बद्ध है। पुरुष से तात्पर्य महज़ एक आत्मा न हो कर इस संसार में विभिन्न गुणों और व्यक्तित्वों वाले व्यक्तियों से है जिनकी आत्माएँ किसी सर्वव्यापक आत्मा का अंश न होकर अलग-अलग हैं। प्रकृति और पुरुष के बीच क्रिया और प्रतिक्रिया की अनवरत प्रक्रिया जारी रहने के बावजूद भी पुरुष सक्रिय नहीं है। मूल रूप से आद्य कारण प्रकृति ही है, जिससे हर वस्तु का विकास हुआ है। कुछ लोग द्वैतवादी दार्शनिक प्रणाली के अनुसार जगत की उत्पत्ति प्रकृति और पुरुष के समागम से मानते हैं किंतु यह विचार सांख्य दर्शन के विपरीत है।

कपिल का स्पष्ट मानना है कि संसार की उत्पत्ति का आत्मा से कोई संबंध नहीं है। भौतिक विकास की एक विशिष्ट दशा में ही मनुष्य का उद्भव हुआ। पंच महाभूतों, पाँच सूक्ष्म तत्त्वों, मनस्, बुद्धि, अहंकार और अव्यक्त के योग से ही मनुष्य का निर्माण हुआ। कर्म, ज्ञान, सुख और दुःख

इस सम्मिश्रण के अंतर्गत आते हैं। मनुष्य केवल इस जीवन में ही सुख-दुख, आनंद और पीड़ा का अनुभव कर सकता है। मानसिक-शारीरिक तत्त्वों के इस सम्मिश्रण में ही चेतना का अस्तित्व हो सकता है। आत्मा का शरीर से अलग कोई अस्तित्व नहीं है। उसमें ज्ञान की संज्ञा केवल तब जागती है जब बोध-इंद्रियों से उसका सम्पर्क होता है। सांख्य दर्शन के अनुसार मनुष्य तीन मूलभूत संघटकों से निर्मित है : दस बाह्य और तीन आंतरिक इंद्रियाँ तन्मात्राओं सहित अनुभवाश्रित मनुष्य के भौतिक अधोस्तर का उसकी 'भौतिक-आत्मा' लिंग का (जिसे सूक्ष्म शरीर भी कहा जाता है) निर्माण करती हैं। यह सूक्ष्म-शरीर, अथवा लिंग ही व्यक्ति का आध्यात्मिक, मानसिक यंत्र होता है, इसमें मस्तिष्क, अंहकार, बुद्धि और पाँच सूक्ष्म-तत्त्व शामिल होते हैं। जिस प्रकार बिना अधोस्तर के कोई चित्र नहीं हो सकता, जिस प्रकार बिना वस्तु के उसकी परछाईं नहीं हो सकती, उसी प्रकार एक स्थूल शरीर के अभाव में सूक्ष्म शरीर अनुभव करने में अक्षम होता है। वह केवल शरीर में निवास कर सकता है।

यहाँ लिंग शब्द इच्छा शक्ति का, 'मैं' सिद्धांत का तथा प्रारम्भिक तत्त्वों का, द्योतक है क्योंकि वे ही ज्ञान अर्जित करने के साधन हैं और वे बिना किसी अधोस्तर के टिक नहीं सकते। केवल भौतिक जगत ही विचार को तत्त्व प्रदान करता है। प्रत्यक्ष, अनुमिति और शाब्दिक प्रमाण— ये ज्ञान के तीन स्रोत हैं। इन तीनों प्रमाणों द्वारा पुष्टि के बाद ही कपिल किसी वस्तु के अस्तित्व को मान्य करते हैं। बाह्य या ईश्वर संबंधी विचारों को प्रत्यक्ष, अनुमिति और न ही विश्वसनीय प्रमाणों के आधार पर साबित नहीं किया जा सकता है, इसलिए कपिल की दृष्टि में ये अमान्य थे। *सांख्यकारिका* के अनुसार किसी वस्तु का ज्ञान उस समय होता है जब दस बाह्य इंद्रियाँ उस वस्तु के बारे में अपनी अनुभूति को तीन आंतरिक इंद्रियों— मनस्, अंहकार और बुद्धि में संचारित करती है। अर्थात् बाह्य इंद्रियाँ जब आंतरिक इंद्रियों को संवेदनात्मक सामग्री प्रदान करती हैं केवल तभी वे सक्रिय होती हैं। ज्ञान यथार्थ, वस्तुगत, पार्थिव जगत से प्रभावित होता है।

सांख्य दर्शन वस्तुवाद और द्वितत्त्वपाद का प्रतिपादन करता है। यह प्रकृति और पुरुष— इन दो तत्त्वों के सहारे जगत के उत्पादन का दावा करता है। उसके अनुसार सारा संसार इन्हीं दो का खेल है। एक तरफ़ प्रकृति है, जो भौतिक जगत का मूल कारण है। यह प्रकृति संसार का उपादान कारण भी है और निमित्त कारण भी। यह सक्रिय और निरंतर परिवर्तनशील होती है परंतु साथ ही यह अचेतन या जड़ है। इस तरह के अचेतन तत्त्व से नियंत्रित शृंखलापूर्ण जगत का विकास कैसे होता है? वह निश्चित ध्येय की तरफ़ कैसे बढ़ता है? जब आदि में प्रकृति साम्यावस्था में थी तब फिर पहले-पहल उसमें विकार या क्षोभ क्यों उत्पन्न हुआ? इसके निमित्त सांख्य दूसरे तत्त्व का आश्रय लेता है, पुरुष या आत्मा। पुरुष शुद्ध चैतन्य-रूप आत्मा है जो नित्य और विकारी है। वह चेतन होता है परंतु साथ ही निष्क्रिय और अपरिणामी भी। इन्हीं चेतन पुरुषों के सम्पर्क से जड़ प्रकृति संसार की सृष्टि करती है।

सांख्य का कहना है कि पुरुष सन्निधि या सामीप्य मात्र से प्रकृति में क्रिया-प्रवर्तन हो जाता है। परंतु पुरुष की केवल सन्निधि मात्र से प्रकृति में क्यों विकार होने लगते हैं और पुरुष में क्यों नहीं विकार होता, इसका स्पष्ट समाधान नहीं मिलता। फिर यह प्रश्न भी उठता है कि अगर चैतन्य निराकार होता है तो निराकार चैतन्य की परछाईं साकार बुद्धि पर कैसे पड़ती है? बुद्धि तो जड़ तत्त्व है, फिर उसमें ज्ञान का उदय कैसे हो जाता है? इन बातों को समझने के लिए सांख्य में जो दृष्टांत दिये गये हैं उनसे पूरा समाधान नहीं होता है। एक शंका यह भी है कि जीवों के गुण, क्रिया, जन्म, मरण और आकृति-प्रकृति के भेद से पुरुषों का अनेकत्व सिद्ध किया जाता है। परंतु ये सब शरीर के धर्म हैं आत्मा के नहीं। जो विभेद देखने में आते हैं वे प्रकृति के हैं, शुद्ध चैतन्य स्वरूप पुरुष के नहीं। फिर उनके बल पर बहुपुरुषवाद की स्थापना कैसे की जा सकती है। व्यावहारिक जगत में जिन्हें भिन्न-भिन्न पुरुष समझते हैं वे भिन्न-भिन्न अहंकार मात्र कहे जा सकते हैं। तब पुरुष का अर्थ देह में समाया चैतन्य या एक व्यक्ति भी लिया जा सकता है। महाभारत में सेश्वर सांख्य की परम्परा बतायी गयी है। इसके आधार पर कारिका-पूर्व सांख्य तथा कारिका-पश्चात् सांख्य के दो प्रस्थान सांख्य माने गये हैं। बावजूद इसके सांख्य दर्शन का भारतीय दार्शनिक प्रणालियों में अपना एक अलग महत्त्व इस बात में है कि इसके दार्शनिक सिद्धांत भाग्य, अलौकिकता, और ईश्वर की अवधारणा से पूर्णतः मुक्त हैं। सांख्य के तहत दर्शन को एक तर्क-संगत भौतिकवादी आधार पर विकसित करने का प्रयास किया गया है।

**देखें :** आर्यभट्ट और *आर्यभटीय,* उपनिषद्, कपिल, *अर्थशास्त्र* और कौटिल्य, गोपीनाथ कविराज, गोविंद चंद्र पाण्डे, चैतन्य महाप्रभु, जैन दर्शन, न्याय दर्शन, दया कृष्ण, नागार्जुन, पतंजलि और *योगसूत्र,* पाणिनि और *अष्टाध्यायी,* पुराण, पूर्व-मीमांसा दर्शन, बदरी नाथ शुक्ल, बादरायण, बौद्ध दर्शन, *भगवद्गीता,* भरत और *नाट्यशास्त्र,* मुकुंद लाठ, *भागवत पुराण, महाभारत,* यशदेव शल्य, योग दर्शन, रामानुजाचार्य, रामअवतार शर्मा, लोकायत, वात्स्यायन और *कामसूत्र,* वेदांत दर्शन, वैशेषिक दर्शन, शंकराचार्य, षड्-दर्शन-1 और 2, संस्कृत काव्यशास्त्र, स्मृति-साहित्य, सिद्ध-नाथ परम्परा।

## संदर्भ

1. वियोगी हरि (सम्पा.) (2011), *हमारी परम्परा,* सस्ता साहित्य मण्डल प्रकाशन, नयी दिल्ली.
2. के. दामोदरन (2001), *भारतीय चिंतन परम्परा,* अनु. जी. श्रीधरन, पीपुल्स पब्लिशिंग हाउस, नयी दिल्ली.

3. सर्वपल्ली राधाकृष्ण (2012), *भारतीय दर्शन (दो भाग)*, अनु. नंदकिशोर गोभिल, राजपाल ऐंड संज़, दिल्ली.
4. चंद्रधर शर्मा (1991), *भारतीय दर्शन : आलोचन और अनुशीलन*, मोतीलाल बनारसीदास, दिल्ली.

**— अजय कुमार पाण्डेय**

# सांस्कृतिक पूंजी

(Cultural Capital)

संस्कृति को एक भौतिक शक्ति के रूप में व्याख्यायित करके सांस्कृतिक पूँजी की अवधारणा का विकास करने का श्रेय फ्रांसीसी चिंतक पियरे बोर्दियो को है। साठ के दशक में नव-मार्क्सवादी सोच के दायरे में काम करते हुए बोर्दियो ने वर्ग-रचना की प्रक्रिया में सामाजिक पूँजी के साथ-साथ सांस्कृतिक ज्ञान और अभिरुचियों की भूमिका की भी जाँच-पड़ताल की। अपने साथी विद्वान ज्याँ-क्लॉद पासरसन के साथ उन्होंने निष्कर्ष निकाला कि विभिन्न पीढ़ियों के बीच सत्ता और विशेष सुविधाओं का हस्तांतरण सांस्कृतिक पूँजी के रूप में होता है। बोर्दियो ने यह अवधारणा पूँजीपति वर्ग पर ही लागू नहीं की, बल्कि मध्य और उच्च वर्ग के बीच सत्ता और हैसियत के वितरण को भी इसी के ज़रिये समझने की कोशिश की। सांस्कृतिक पूँजी के प्रभाव को रेखांकित करने के लिए उन्होंने समाजशास्त्र की क्लासिक तकनीक का इस्तेमाल करते हुए बड़े पैमाने के सामाजिक सर्वेक्षण किये। हालाँकि उन दिनों फ्रांसीसी गणराज्य में मैरिट संबंधी मूल्य प्रचलित थे, पर बोर्दियो ने तर्क दिया कि जिन लोगों के पास पहले से ही सुविधासम्पन्न पारिवारिक पृष्ठभूमि होती है वे कथित रूप से योग्यता आधारित शिक्षा प्रणाली का लाभ उठाने के मामले में फ़ायदे में रहते हैं। शिक्षा और घरेलू पृष्ठभूमि का मिला-जुला प्रभाव उनके लिए कुछ ऐसी अभिरुचियों और प्राथमिकताओं के विकास में सहायक होता है जिनके आधार पर 'मँझोले स्तर' की या 'मज़दूर-वर्गीय' के बरक्स एक तरह की 'वैध संस्कृति' परिभाषित होती है। यह सांस्कृतिक पूँजी एक पीढ़ी से दूसरी पीढ़ी को हस्तांतरित की जा सकती है। इसके आधार पर आर्थिक लाभ भी प्राप्त होता है। हालाँकि इन उच्चस्तरीय सांस्कृतिक अभिरुचियों की रचना सामाजिक रूप से होती है, पर वर्ग-व्यवस्था के प्रभाव में इन्हें कुछ विशेष वर्गों के लिए नैसर्गिक गुणों की तरह देखा जाता है।

बोर्दियो के इस प्रतिपादन से पहले समाजशास्त्री एमील दुर्ख़ाइम अपने अवलोकनों के ज़रिये सामाजिक पूँजी की अवधारणा के सूत्रीकरण के लिए रास्ता साफ़ कर चुके थे। उन्होंने मैकेनिकल और ऑर्गनिक सामाजिक एकजुटता की व्याख्या की थी। इसी विचार को बोर्दियो भिन्न दिशा में ले गये और इसके आधार पर समाज में सामाजिक-आर्थिक ग़ैर-बराबरी के पुनरुत्पादन की व्याख्या की। बोर्दियो ने अपने साथी लोइक वाकाँ के साथ प्रकाशित रचना में लिखा कि सामाजिक पूँजी ऐसे वास्तविक और निराकार संसाधनों का योगफल है जो किसी व्यक्ति या समूह को किसी सामाजिक नेटवर्क की सदस्यता की बदौलत हासिल होते हैं। ये नेटवर्क आपसी जान-पहचान के कमोबेश संस्थागत रूप ले चुके संबंधों के ज़रिये टिके रहते हैं। व्यक्ति अपनी सामाजिक पूँजी के आधार पर हासिल की गयी उस सामाजिक-आर्थिक हैसियत को अगली पीढ़ी के हवाले कर पाता है जो उसने प्रभावशाली परिजनों, महँगे स्कूलों में पढ़ने वाले अपने सहपाठियों और किसी ख़ास क्लब के साथी सदस्यों की सोहबत के बदौलत हासिल की होती है। इस सामाजिक पूँजी को लगातार प्रासंगिक और प्रभावी रखने के लिए व्यक्ति आपसी मेल-जोल में अपने समय का योजनाबद्ध निवेश करता है।

सामाजिक पूँजी से सांस्कृतिक पूँजी की अवधारणा निकाल लेना संस्कृति संबंधी चिंतन के संदर्भ में एक रैडिकल उपलब्धि थी। क़रीब सौ साल पहले अंग्रेज़ शिक्षाशास्त्री और लेखक मैथ्यू अरनॉल्ड अपनी रचना *कल्चर ऐंड एनार्की* (1869) में तर्क दे चुके थे कि तेज़गति से हो रहे उद्योगीकरण, शहरीकरण और जन-साधारण द्वारा नागरिक अधिकारों की माँग से पैदा हुई बेचैनियों का निवारण सौंदर्यमूलक संस्कृति के उच्चतम रूपों के प्रचार-प्रसार से ही किया जा सकता है। अरनॉल्ड ने सुशिक्षित अभिजनों पर ज़िम्मेदारी डाली थी कि वे सामाजिक उथल-पुथल को शांत करने के लिए लोगों को सभ्य बनाने की मुहिम पर निकल जाएँ और इसके लिए सांस्कृतिक अभिरुचियों के विकास को औज़ार की तरह इस्तेमाल किया जाए। इस स्थापित विचार के मुक़ाबले बोर्दियो का सूत्रीकरण बताता था कि सौंदर्यमूलक उपलब्धियाँ अपने-आप में स्वयं-सिद्ध न हो कर वर्ग-संघर्ष का प्रत्यक्ष फलितार्थ होती हैं। लेकिन वर्ग-व्यवस्था इस हक़ीक़त को छिपा कर उन्हें एक तटस्थ क़िस्म की नैसर्गिक ख़ूबी और योग्यता का जामा पहना देती है।

बोर्दियो ने दिखाया कि बाख के संगीत और उत्तर-अनुभववादी कला का आनंद लेने की क्षमता या स्कीइंग का मज़ा लेने की ख़ूबी अपने-आप में किसी नैसर्गिक श्रेष्ठता का द्योतक नहीं है, बल्कि ये तमाम बातों को संकेतक की तरह इस्तेमाल करने के ज़रिये एक ख़ास तरह का सामाजिक समूह अपनी आंतरिक एकजुटता और दूसरे समूहों पर अपना रुतबा क़ायम रखता है। यह प्रक्रिया न केवल वर्गों के बीच चलती

है, बल्कि वर्गों के भीतर भी चलती है। महँगे अभिजन स्कूलों में पढ़े उच्चवर्गीय लोग हमेशा बाख का क्लासिकल संगीत सुनना-सुनाना पसंद करेंगे, जबकि अच्छी शिक्षा से वंचित रहने वाले मज़दूर वर्ग की संगीत संबंधी अभिरुचियाँ अपेक्षाकृत भदेस क़िस्म की होंगी।

बोर्दियो ने अपना फ़ील्ड-वर्क साठ के दशक में किया था। वे यह मान कर चले थे कि उच्च-भ्रू पूँजीवादी संस्कृति की श्रेष्ठता का विचार काफ़ी टिकाऊ साबित होगा। लेकिन उनकी यह पूर्वधारणा सही नहीं निकली। बीसवीं सदी में ही बाद के वर्षों के दौरान बेहद बहुलतावादी लोकप्रिय संस्कृति के परिदृश्य का विकास हुआ। एक अपेक्षाकृत खुले बाज़ार में संस्कृति का उद्योग उभरा जिसके तहत भिन्न क़िस्म की सांस्कृतिक अभिरुचियाँ सभी के लिए उपलब्ध होने लगीं। दरअसल इस नये नज़ारे ने अभिरुचियों का सवाल अस्पष्ट कर दिया। हर वर्ग से आने वाले युवजन तरह-तरह की सांस्कृतिक अस्मिताओं के साथ प्रयोगरत हो गये। इससे उच्च-भ्रू और निम्न संस्कृति के रूपों के बीच वर्गीय फ़ासले की धारणा पहले की तरह वैध नहीं रह गयी। बोर्दियो के सूत्रीकरण की दूसरी समस्या यह थी कि उन्होंने मज़दूर वर्ग को सांस्कृतिक रूप से निष्क्रिय भी मान लिया था। कुछ समकालीन समाजशास्त्रियों ने यह भी कहा है कि वर्ग को समाज व्यवस्था का आधार मानने का मार्क्सवादी विचार अब पुराना पड़ चुका है। चूँकि बोर्दियो की अवधारणा इसी पर टिकी है, इसलिए उनकी प्रस्थापनाओं की दोबारा जाँच की जानी चाहिए।

इन तमाम आलोचनाओं के बावजूद बोर्दियो द्वारा प्रतिपादित सांस्कृतिक पूँजी का सिद्धांत आज भी समाज-विज्ञान के हलकों में प्रभावी बना हुआ है। हालाँकि बोर्दियो ने अपने विश्लेषण में जेंडर के प्रश्न को नज़रअंदाज़ कर दिया था, पर नारीवादी विद्वानों ने उनकी अंतर्दृष्टियों का लाभ उठाते हुए उस सांस्कृतिक पूँजी को रेखांकित करने का प्रयास किया है जिसके कारण पितृसत्ता को अपना पुनरुत्पादन करने में आसानी होती है। सत्तर और अस्सी के दशकों में शिक्षा के समाजशास्त्र पर बोर्दियो के विचारों का काफ़ी असर रहा। कई समाजशास्त्री आज भी मानते हैं कि संस्कृति को एक भौतिक शक्ति के रूप में व्याख्यायित करने की अहमियत अभी ख़त्म नहीं हुई है।

**देखें :** ज्याँ-पाल सार्त्र, टीवी और टीवी अध्ययन, टीवी और सेक्शुअलिटी, टीवी और समाचार, पिएर बोर्दियो, फ्रैंकफ़र्ट स्कूल, बाज़ारू संस्कृति, बहुसंस्कृतिवाद, युरोकेंद्रीयता, रोलाँ बार्थ, लुई अलथुसे, संस्कृति, संस्कृति-अध्ययन, संस्कृति : मार्क्सवादी परिप्रेक्ष्य, संस्कृति-उद्योग, सांस्कृतिक पूँजी, सांस्कृतिक साम्राज्यवाद, सोप ओपेरा।

**संदर्भ**

1. पियरे बोर्दियो (1986), *डिस्टिंक्शन : अ सोशल क्रिटीक ऑफ़ द जजमेंट ऑफ़ टेस्ट,* रॉटलेज, लंदन.
2. पियरे बोर्दियो और ज्याँ-क्लॉद पासरसन (1973), *रिप्रोडक्शन इन एजुकेशन, सोसाइटी ऐंड कल्चर,* सेज, लंदन.
3. जेरेमी एफ़. लेन (2000), *पिएर बोर्दियो : अ क्रिटीकल इंट्रोडक्शन,* प्लूटो प्रेस, लंदन.
4. डेरेक रोबिंस (2000), *बोर्दियो ऐंड कल्चर,* सेज, लंदन.
5. पियरे बोर्दियो और लोइक वाकाँ (1992), *ऐन इनविटेशन टू रिफ्लेक्सिव सोसियोलॅजी,* युनिवर्सिटी ऑफ़ शिकागो प्रेस, शिकागो.

**— अभय कुमार दुबे**

# सांस्कृतिक मानवशास्त्र

(Cultural Anthropology)

मानवशास्त्र समाज-विज्ञान की एक विवादास्पद विधा रही है। आम तौर पर समझा जाता रहा है कि मानवशास्त्रियों का काम 'अन्य' संस्कृतियों का अध्ययन करना है। शुरुआती दौर में इस अनुशासन के तहत युरोपीय अनुसंधानकर्ता ग़ैर-युरोपियन संस्कृतियों को पिछड़ा, आदिम, बर्बर और असभ्य मान कर उनके बीच फ़ील्ड-वर्क किया करते थे। ज्ञान की इस राजनीति से युरोपीय उपनिवेशवाद और साम्राज्यवाद के राजनीतिक एजेंडे को बल मिलता था। यह बौद्धिक कारगुज़ारी दो रूपों में चलती थी। जैविक मानवशास्त्र और सांस्कृतिक मानवशास्त्र के रूप में। जैविक मानवशास्त्र का सरोकार मानवीय स्वरूप में आने वाले परिवर्तनों का पता लगा कर उन्हें निहायत सरलीकृत क्रम-विकासीय संदर्भों में समझना था ताकि उस समझ को श्वेत युरोपियनों की अन्य नस्लों पर श्रेष्ठता साबित करने के लिए इस्तेमाल किया जा सके। आज मानवशास्त्र की यह शाखा अपने इन गर्हित उद्देश्यों से काफ़ी-कुछ मुक्त हो कर मानवों की प्रजातीय विविधता पर ज़ोर देने लगी है। मानवशास्त्र की दूसरी शाखा की दिलचस्पी मानव समाज के सांस्कृतिक आयामों की जाँच-पड़ताल करने में थी। इसके तहत भी सफ़ेद चमड़ी के युरोपीय मानवशास्त्री अन्य संस्कृतियों का अध्ययन प्रगति के विचार की रोशनी में करते थे। उनकी निगाह में संस्कृति का विचार मुख्यत: एकवचनात्मक था। आज सांस्कृतिक मानवशास्त्र का यह रवैया बदल चुका है। यह अनुशासन मानवीय संस्कृति को विविधतामूलक मान कर चलता है। उसकी मान्यता है कि क़िस्म-क़िस्म की मानव संस्कृतियाँ

अत्यंत जटिल और वैध संरचनाओं से सम्पन्न होती हैं।

उन्नीसवीं सदी के आख़िरी दौर में मानवशास्त्र की युरोकेंद्रीयता को चुनौती मिलनी शुरू हुई। जर्मन मानवशास्त्री एडोल्फ़ बास्टियन ने समग्र मानवता की मनोगत एकता का दावा करके युरोपीय अभिजनों की जीवन-शैली और उपलब्धियों को संस्कृति का आदर्श मॉडल मानने से इनकार कर दिया। 1874 में ब्रिटिश मानवशास्त्री एडवर्ड टायलर ने संस्कृति की उस समय तक की सर्वाधिक समावेशी व्याख्या की। फ्रेंज़ बोआस ने टायलर से सकारात्मक प्रभाव तो लिए ही, साथ ही सांस्कृतिक क्रम-विकास की उस प्रवृत्ति की आलोचना भी की जिसके आधार पर टायलर और लुइस हेनरी मोर्गन जैसे मानवशास्त्रियों ने अपने निष्कर्ष निकाले थे। बोआस के नेतृत्व में अमेरिकी मानवशास्त्रियों ने इस अनुशासन को नीचे से ऊपर तक बदल डाला। 1896 में बोआस के ही प्रयासों से कोलम्बिया विश्वविद्यालय में मानवशास्त्र का स्नातक पाठ्यक्रम शुरू हुआ। इससे पहले मानवशास्त्री रवैया समाज का अध्ययन करने के लिए उसे बर्बरता से सभ्यता के बीच के चरणों में बाँट कर देखता था। बोआस ने अपने अध्ययनों के ज़रिये दिखाया कि यह रवैया पद्धति और सिद्धांत के तौर पर बुनियादी रूप से ग़लत है। उन्होंने संस्कृति के किसी एकक और सार्वभौम मॉडल की रचना को नामुमकिन मान कर सांस्कृतिक सापेक्षतावाद के सिद्धांत के लिए रास्ता साफ़ किया। उन्होंने अपने छात्रों को विभिन्न समाजों में सहभागी प्रेक्षक के तौर पर जम कर काम करने का प्रशिक्षण दिया। उन्होंने उत्तर-पश्चिमी प्रशांत क्षेत्र अमेरिकन इण्डियनों के बीच फ़ील्डवर्क करते हुए तर्क विकसित किया कि संस्कृति को जैविकी या किसी सांकेतिक विचार (जैसे भाषा) में नहीं घटाया जा सकता। संस्कृति को किसी 'चीज़' की तरह समझने के बजाय बोआस और उनके शिष्यों ने किसी संज्ञा के बजाय विशेषण की तरह ग्रहण करने पर ज़ोर दिया। बोआस का कहना था कि जिस समाज का अध्ययन किया जाए, उसके बारीक़ से बारीक़ तथ्यों का वर्णन किया जाना चाहिए। उस समाज की रोज़ाना की ज़िंदगी की कोई भी बारीक़ी शोधकर्ता के फ़ील्ड वर्क से छूटनी नहीं चाहिए।

अगर अमेरिका में मानवशास्त्र को एक सम्मानित समाज-विज्ञान बनाने की मुहिम चलाते हुए बोआस ने उसके पद्धतिमूलक और आनुभविक पहलुओं को मज़बूत किया, तो फ्रांस में समाजशास्त्री एमील दुर्ख़ाइम के भांजे और शिष्य मारसेल मॉज़ ने मानवशास्त्र में तुलनात्मक दृष्टिकोण का योगदान करके उसे मानकीय रूप से समृद्ध किया। मॉज़ ने दूसरे शोधकर्ताओं द्वारा कई तरह के प्राक्-औद्योगिक और लघु समाजों के बारे में जमा किये गये तथ्यों की मदद से सामाजिक और सांस्कृतिक जीवन के समान प्रारूपों की पहचान करने की कोशिश की। अपनी रचना द गिफ्ट' में उन्होंने दिखाया कि तोहफ़े का लेन-देन एक पारस्परिक नैतिक दायित्व की अनुभूति पैदा करता है। यह दायित्व आर्थिक, विधिक, राजनीतिक और धार्मिक क्षेत्रों को अर्थात् पूरे समाज को प्रभावित करता है। इस लिहाज़ से तोहफ़ा अपने आप में एक सम्पूर्ण 'सामाजिक तथ्य' है।

फ्रेंज़ बोआस के दो शिष्यों रुथ बेनडिक्ट और मार्गरेट मीड ने एक विशिष्ट सांस्कृतिक विन्यास के दायरे में सम्भव व्यक्ति की रचनाशीलता के रूपों का विश्लेषण करके दिखाया। 1934 में प्रकाशित रुथ बेनेडिक्ट की रचना 'पैटर्स ऑफ़ कल्चर' ने उस बहस के कम से कम एक हिस्से का अंत कर दिया जो मानवशास्त्र में एक अरसे से चल रही थी। यह बहस संस्कृति के सार्वभौमिक और पारिवेशिक पहलुओं के बीच थी। बेनेडिक्ट ने इस रचना में बोआस के सांस्कृतिक सापेक्षतावाद का सार तो प्रस्तुत किया ही, पोलिश-ब्रिटिश सामाजिक मानवशास्त्री ब्रोनिस्लॉ मैलिनोव्स्की, जर्मन इतिहासकार ओसवाल्ड स्पेंगलर और गेस्टाल्ट मनोविज्ञान से प्रभावित हो कर बोआस की विरासत से भी परे जाने का प्रयास किया। बेनेडिक्ट ने कहा कि सभी संस्कृतियाँ प्रारूपबद्ध होती हैं, पर उनके प्रारूप मानवीय रचनाशीलता के हाथों समय के साथ बदलते रहते हैं। इसीलिए दुनिया भर की संस्कृतियाँ अपने अलग-अलग विशिष्ट लक्षणों से सम्पन्न हो जाती हैं। संस्कृतियों को 'अपने आप में एक अलग जगत' और 'अपेक्षाकृत स्थिर' संरचना की तरह देखने के इस प्रभावी दृष्टिकोण की आलोचना सिडनी वाल्ट्ज़ और एरिक वोल्फ़ ने यह कह कर की कि यह नज़रिया संस्कृतियों पर साम्राज्यवाद, उपनिवेशवाद और भूमण्डलीय पूँजीवादी अर्थव्यवस्था के प्रभावों की अनदेखी करता है।

मानवशास्त्र में प्रकार्यात्मक दृष्टिकोण की नुमाइंदगी करने का श्रेय मुख्यत: मैलिनोव्स्की को जाता है। उन्हें मेलासिंया और न्यू गिनी में किये गये फ़ील्डवर्क के लिए जाना जाता है। उन्होंने नृजाति वर्णन की तकनीकों का समृद्ध प्रयोग करते हुए समाज के विभिन्न लक्षणों और संस्थाओं की व्याख्या उनके प्रकार्यों (मसलन, संस्कृति को बनाये रखने और उसके पुनरुत्पादन की कौन-कौन सी ज़रूरतें वे पूरी करते हैं) की रोशनी में की। मैलिनोव्स्की की परम्परा को ब्रिटिश मानवशास्त्री ई.ई. इवांस-प्रिचार्ड और ए.आर. रैडक्लिफ़-ब्राउन ने अपने अध्ययनों से समृद्ध किया।

फ्रांसीसी मानवशास्त्री क्लॉद लेवी-स्त्रॉस ने दुर्ख़ाइम, मारसेल मौज़ और रैडक्लिफ़-ब्राउन से प्रभावित हो कर द्वितीय विश्व-युद्ध के बाद की परिस्थितियों में संरचनागत मानवशास्त्र का विकास किया। 1970 से 1981 के बीच चार खण्डों में प्रकाशित महान् कृति *मायथोलॅजीज़* और 1966 में

प्रकाशित *सेवेज माइंड* में लेवी-स्त्रॉस ने विभिन्न समाजों में पाये जाने वाले समान पहलुओं पर ज़ोर देने के बजाय अलग-अलग क़िस्म के मिथकीय आख्यानों और वर्गीकरण करने वाली प्रणालियों के माध्यम से मानवीय प्रकृति के अमूर्त प्रारूपों की खोज करना पसंद किया। लेवी-स्त्रॉस पर स्विस भाषाशास्त्री फ़र्दिनैंद सॅस्यूर का काफ़ी असर था। उनकी मान्यता थी कि संस्कृतियों के अलग-अलग मिथक सॅस्यूर द्वारा वर्णित पारोल (बोली जाने वाली भाषा) के समान हैं, और उनकी आधारभूत संरचनाएँ लांगे (व्याकरणसम्मत भाषा) की तरह हैं।

बीसवीं सदी में हुए इस अनूठे और अद्‌भुत विकास से गुज़रते हुए सांस्कृतिक मानवशास्त्र आज एक ऐसी विधा के रूप में स्थापित हो चुका है जो संस्कृतियों की विविधता और वैधता को विभिन्न संज्ञानात्मक प्रणालियों की तरह मान्यता देता है। बीसवीं सदी के दौरान मानवशास्त्र में हुए इन सकारात्मक विकासों के बावजूद उसके आलोचकों का आरोप है कि यह अनुशासन पहले उपनिवेशवादियों के औज़ार की तरह काम करता था, और वि-उपनिवेशीकरण हो जाने के बाद आज उसके ज़रिये पश्चिम के आधुनिकतावादी मूल्यों की कसौटी पर ग़ैर-पश्चिमी संस्कृतियों को कसने की परियोजना चलाई जा रही है।

**देखें :** अर्थव्यवस्था का समाजशास्त्र, अभिजन, अभिरुचि, आत्महत्या, उन्मूलनवाद, एजेंसी, कर्मकाण्ड, कारागार, गोपनीयता, गृहविहीनता, जादू, जीवन-शैली, टेलरवाद, परम्परा, परस्पर विपरीत द्विभाजन, प्रति-(संस्कृति, विमर्श, इतिहास, वर्चस्व, स्मृति), प्राइवेसी, प्रौद्योगिकी, फ़ुरसत, बचपन, बहुपत्नी प्रथा, बहुपति प्रथा, बुद्धिसंगत चयन का सिद्धांत, बुज़ुर्गियत का समाजशास्त्र, बेगानगी, भीड़, भ्रष्टाचार का समाजशास्त्र-1 और 2, मानव-प्रकृति, मानवशास्त्र और मार्क्सवाद, मानवशास्त्र और संस्कृति की राजनीति, सांस्कृतिक सापेक्षतावाद, सेवानिवृत्ति, वाचिकता, विचलन, ज्ञान का समाजशास्त्र।

### संदर्भ

1. टी. इनगोल्ड (सम्पा.), *की डिबेट्स इन एंथ्रोपोलॅजी*, रॉटलेज, लंदन, 1996
2. ए. जेम्स, जे.एल. हॉकी और ए.एच. डॉसन (सम्पा.), *आफ़्टर राइटिंग कल्चर : इपिस्टिमोलॅजी ऐंड प्रेक्टिस इन कंटेम्परेरी एंथ्रोपॉलॅजी*, रॉटलेज, लंदन, 1997
3. ई. लीच, *सोशल एंथ्रोपॉलॅजी*, फ़ोंटाना, ग्लासगो, 1982
4. एम. स्ट्रैथर्न (सम्पा.), *शिफ़्टिंग कंटेक्स्ट्स : ट्रांसफ़ॉर्मेशन इन एंथ्रोपॉलॅजीकल नॉलेज*, रॉटलेज, लंदन, 1995

**— अभय कुमार दुबे**

# सांस्कृतिक सापेक्षतावाद

(Cultural Relativism)

सांस्कृतिक सापेक्षतावाद वह सिद्धांत है जिसने मानवशास्त्र को उपनिवेशवाद और साम्राज्यवाद के एजेंट की छवि से मुक्त करके एक अपेक्षाकृत स्वतंत्र और वैज्ञानिक आधार से सम्पन्न समाज-विज्ञान की प्रतिष्ठा दिलायी। इसके सूत्रीकरण के लिए ज्ञानमीमांसात्मक आधार बनाने का श्रेय अमेरिकी मानवशास्त्री फ्रेंज़ बोआस को जाता है। पहले और दूसरे विश्व-युद्ध के बीच की अवधि में सांस्कृतिक सापेक्षतावाद से प्राप्त औज़ारों की मदद से ही अमेरिकी मानवशास्त्रियों ने पश्चिम द्वारा की जाने वाली अपनी सार्वभौम सांस्कृतिक श्रेष्ठता की दावेदारियों को प्रश्नांकित किया और ज्ञान की राजनीति में ग़ैर-पश्चिमी संस्कृतियों को उनकी वाजिब जगह दिलाने की कोशिश की। इसी प्रक्रिया में बोआस द्वारा प्रतिपादित ज्ञानमीमांसक विचार को मानवशास्त्रीय पद्धति में विकसित होने का मौक़ा मिला। सांस्कृतिक सापेक्षतावाद के आधार पर ही मानवशास्त्र, समाजशास्त्र और मनोविज्ञान अलग छवि ग्रहण करने में सफल हो पाये। इसी सूत्र ने मानवशास्त्रियों को मौक़ा दिया कि वे प्राक्-आधुनिक समाजों का अध्ययन करके निकाले गये निष्कर्षों की रोशनी में समकालीन समाजों और संस्कृतियों की समस्याओं की समझ हासिल करने की कोशिश करें।

बोआस और उनके शिष्यों का ख़याल था कि वे स्वजातिवादी (एथनोसेंट्रिक) पूर्वग्रहों से पल्ला छुड़ाये बिना अपने से भिन्न संस्कृतियों पर समुचित वैज्ञानिक शोध नहीं कर सकते। इसके लिए उन्हें कुछ नयी पद्धतियों की आवश्यकता महसूस हुई जिनमें से एक विधि नृशास्त्र (एथनोलॅजी) थी। इसके तहत उन्होंने तय किया किसी सांस्कृतिक समुदाय के बीच लम्बे अरसे तक रहने, उसकी भाषा सीखने और उसी संस्कृति में कम से कम आंशिक रूप से रचे-बसे बिना उसकी आंतरिक शर्तों पर उसका ज्ञान प्राप्त नहीं किया जा सकता। जब तक ऐसा ज्ञान न मिले, तब तक किसी संस्कृति को समग्र मानव-संस्कृति के एक सापेक्षिक अंश के रूप में नहीं समझा जा सकता। वह अंश समग्र में अपनी अवस्थिति के तौर पर ही अपना सांस्कृतिक महत्त्व ग्रहण करता है। इस अवस्थिति से बाहर किसी और परिस्थिति में वह अंश अपनी समेकित प्रासंगिकता से वंचित हो जाता है।

बोआस स्वयं एक जर्मन-यहूदी थे और उनके ऊपर इमैनुएल कांट के नेतृत्व में हुए जर्मन ज्ञानोदय के विचारों का गहरा असर था। कांट का विचार था कि मनुष्य में इस जगत

का प्रत्यक्ष और अ-विमर्शित ज्ञान प्राप्त करने की क्षमता नहीं होती। वह दिक् और काल में पहले से मौजूद अवधारणाओं के मुताबिक़ अपनी समझ बनाता है। कांट के अनुयायी जोहान गोट्टफ्रीड हर्डर की मान्यता थी कि मानवीय अनुभव न केवल सार्वभौम विमर्श के हाथों बनता है, बल्कि वह पारिवेशिक सांस्कृतिक संरचनाओं के ज़रिये भी स्वरूप ग्रहण करता है। दार्शनिक और भाषाशास्त्री विल्हेल्म वॉन हुम्बोल्ट चाहते थे कि कांट और हर्डर के विचारों का संश्लेषण करने वाले मानवशास्त्र का सूत्रीकरण किया जाना चाहिए। समाजशास्त्री विलियम ग्राहम समर्स ने इस संदर्भ में उस मानवीय प्रकृति की तरफ़ ध्यान खींचा जिसके तहत न केवल व्यक्ति की समझ अपनी संस्कृति की सीमाओं में बँधी रहती है, बल्कि वह उसी की कसौटियों पर अन्य संस्कृतियों का मूल्यांकन करता है। इसी प्रवृत्ति को समर्स ने स्वजातिवाद या एथनोसेंट्रिज़म क़रार दिया।

जर्मन ज्ञानोदय से मिली इन शिक्षाओं की मदद से बोआस इस नतीजे पर पहुँचे कि सभी तरह के वैज्ञानिकों के व्यक्तित्व और बौद्धिकता की रचना आख़िरकार किसी न किसी संस्कृति के हाथों होती है। इसलिए उनमें अनिवार्यतः स्वजातिवादी रुझान होते ही हैं। वैज्ञानिकता की उपलब्धि इनसे सचेत मुक्ति के बिना सम्भव नहीं है। भाषा का उदाहरण देते हुए ब्रोआस ने कहा कि वह केवल संचार का उपकरण ही नहीं है, बल्कि उसके माध्यम से लोग अनुभवों को कोटियों में बाँट कर समझते हैं। बोआस के शिष्यों द्वारा किये गये एक प्रयोग में देखा गया कि जब कुछ दूसरी भाषाओं के लोगों को हरा रंग दिखाया गया तो उनमें से किसी ने उसके लिए नीला रंग बताने वाले शब्द का प्रयोग किया और किसी ने पीला रंग बताने वाले शब्द का। दरअसल, उनकी भाषाओं में अंग्रेज़ी का शब्द 'ग्रीन' था ही नहीं। इसी तरह अंग्रेज़ी में कुछ ध्वनियाँ हैं ही नहीं, इसलिए वे नहीं समझ पाते कि जापानी 'लाइस' बोल रहे हैं या 'राइस'। मेलविले हर्स्कोविट्ज़ ने निष्कर्ष निकाला कि लोग अनुभव के आधार पर निर्णय करते हैं और अनुभव की समझ संस्कृति-ग्रहण की प्रक्रिया (इनकल्चरेशन) के आधार पर बनती है। बोआस के शिष्यों ने सांस्कृतिक सापेक्षतावाद के सिद्धांत का विकास करने के लिए जर्मन ज्ञानोदय के साथ-साथ समकालीन दार्शनिकों और वैज्ञानिकों (कार्ल पियर्सन, अर्न्स्ट माक, हेनरी पोइनकेरी, विलियम जेम्स और जॉन डिवी) की प्रस्थापनाओं की मदद भी ली।

बोआस की मृत्यु के बाद एक स्थापना के रूप में सांस्कृतिक सापेक्षतावाद का बोलबाला मानवशास्त्र की दुनिया में बढ़ता चला गया। उनके योग्य शिष्यों रुथ बेनेडिक्ट, मार्गरेट मीड और अल्फ्रेड क्रोबर ने अपने अध्ययनों से इस परम्परा को और समृद्ध किया। द्वितीय विश्व-युद्ध के बाद एक स्थिति ऐसी भी थी कि कई हलकों में प्रचलित समझ में सांस्कृतिक सापेक्षतावाद को नैतिक सापेक्षतावाद का पर्याय समझा जाने लगा था। इस तरह की चर्चाएँ होने लगी थीं कि सभी संस्कृतियाँ परस्पर भिन्न और समान हैं। इसी तरह सभी मूल्य प्रणालियाँ भिन्न होते हुए भी समान रूप से वैध हैं। इस तरह के प्रश्न पूछे जाने लगे थे कि अगर कोई आदिम समुदाय ख़ास तरह का आचरण करता है, तो उस व्यवहार-शैली को आधुनिक समाज में क्यों नहीं अपनाया जा सकता? इस तरह की प्रवृत्तियों की आलोचना करते हुए 1944 में क्लायड क्लुकहोन ने सांस्कृतिक सापेक्षतावाद को तत्कालीन धुँधलकों से निकले। उन्होंने कहा कि किसी समुदाय के सकारात्मक या नकारात्मक रिवाज़ों के औचित्य का मूल्यांकन न केवल उस समुदाय के अपने देश-काल के आधार पर किया जाना चाहिए, बल्कि तुलनात्मक रूप से यह भी देखना चाहिए कि वे रिवाज़ अन्य समुदायों की आदतों के प्रारूप में किस तरह फ़िट बैठते हैं। मसलन, चरवाहों के आर्थिक जीवन के लिए बहुपत्नी प्रथा लाभकारी हो सकती थी, पर आखेट पर जीवित रहने वाले समुदायों के लिए नहीं। क्लुकहोन ने साफ़ किया कि मानवशास्त्र किसी भी नैतिक मूल्य के आलोचनात्मक आकलन के पक्ष में तो है, पर वह नैतिक आदर्शों की मौजूदगी को नकारने वाला सिद्धांत नहीं हो सकता। दरअसल, ऐसा कोई समाज न कभी था और न है जो नैतिकता के नाम पर 'सब कुछ चलता है' का रवैया अपनाता हो। तुलनात्मक पद्धति का इस्तेमाल करके मानवशास्त्र यह पता लगा सकता है कि वे कौन सी नैतिक बंदिशें हैं जिन्हें तक़रीबन सभी जीवित समाज नियम-क़ानूनों के रूप में इस्तेमाल करते हैं। ऐसे नैतिक मानकों को सार्वभौम की मान्यता दी जा सकती है।

सांस्कृतिक सापेक्षतावाद एक तरफ़ तो मानवशास्त्र के लिए अनिवार्य सिद्धांत के तौर पर उभरा, पर दूसरी तरफ़ उसके इर्द-गिर्द पूरी बीसवीं सदी में कई तरह की समृद्ध बहसें चलती रहीं जिनमें विभिन्न अनुशासनों के विद्वानों ने भाग लिया। उत्तर-आधुनिकतावादी और उत्तर-औपनिवेशिक अध्ययन से जुड़े विद्वानों ने सांस्कृतिक सापेक्षता की आड़ में मानवशास्त्रियों द्वारा चलाई गयी ज्ञान की स्वजातिवादी राजनीति और युरोकेंद्रीयता की प्रवृत्तियों पर भी रोशनी डाली है। इन आलोचकों की मान्यता है कि मानवशास्त्री प्रायः विज्ञान, धर्म, अर्थशास्त्र, राजनीति, समाज और नातेदारी की जिन अवधारणाओं को प्रासंगिक मान कर चलते हैं वे मुख्यतः पश्चिमी चिंतन और अनुभव की देन हैं। ग़ैर-पश्चिमी समाजों की सही समझ हासिल करने के लिहाज़ से ये औज़ार भोथरे साबित होते हैं। दावा कुछ भी किया जाए, इन औज़ारों के माध्यम से पश्चिमी मानस से लैस मानवशास्त्री 'अन्य' की स्थानीयता की समझ अपनी स्थानीयता के संदर्भ में हासिल करता है। उसकी अपनी स्थानीयता ही उसके लिए वह

सार्वभौम मानक है जिसके आधार पर न केवल निष्कर्ष निकाले जाते हैं, बल्कि नृजाति-वर्णन भी किया जाता है। फ्रेंज़ बोआस द्वारा जिन सापेक्षतावादी इरादों की उद्घोषणा बीसवीं सदी की शुरुआत में की गयी थी, उन्हें इस पद्धति के रास्ते धरती पर नहीं उतारा जा सकता।

**देखें :** अर्थव्यवस्था का समाजशास्त्र, अभिजन, अभिरुचि, आत्महत्या, उन्मूलनवाद, एजेंसी, कर्मकाण्ड, कारागार, गोपनीयता, गृहविहीनता, जादू, जीवन-शैली, टेलरवाद, परम्परा, परस्पर विपरीत द्विभाजन, प्रति- (संस्कृति, विमर्श, इतिहास, वर्चस्व, स्मृति), प्राइवेसी, प्रौद्योगिकी, फ़ुरसत, बचपन, बहुपत्नी प्रथा, बहुपति प्रथा, बुद्धिसंगत चयन का सिद्धांत, बुज़ुर्गियत का समाजशास्त्र, बेगानगी, भीड़, भ्रष्टाचार का समाजशास्त्र-1 और 2, मानव-प्रकृति, मानवशास्त्र और मार्क्सवाद, मानवशास्त्र और संस्कृति की राजनीति, सेवानिवृत्ति, वाचिकता, विचलन, ज्ञान का समाजशास्त्र।

### संदर्भ

1. अल्फ्रेड क्रोबर (1952), *द नेचर ऑफ़ कल्चर,* युनिवर्सिटी ऑफ़ शिकागो प्रेस, शिकागो.
2. डेविड वोंग (2006), *नेचुरल मॉरलिटीज़, अ डिफ़ेंस ऑल प्लूरलिस्टिक रिलेविटिज़म,* ऑक्सफ़र्ड युनिवर्सिटी प्रेस, ऑक्सफ़र्ड.
3. जॉर्ज मारकुस और मिशेल एम.जे. फ़िशर (1986), *एंथ्रोपोलॅजी एज़ कल्चरल क्रिटीक : द एक्सपेरीमेंटल मोमेंट इन द ह्यूमन साइंसेज़,* युनिवर्सिटी ऑफ़ शिकागो प्रेस, शिकागो.

**— अभय कुमार दुबे**

# सांस्कृतिक साम्राज्यवाद

(Cultural Imperialism)

उपनिवेशवाद के ख़ात्मे के बाद राजनीतिक और आर्थिक रूप से प्रभुत्वशाली देशों ने अपने पूर्व उपनिवेशों के समाजों और उनकी जीवन-शैलियों को अप्रत्यक्ष तरीक़ों से अपने वर्चस्व के तहत लाने के लिए जिन सांस्कृतिक उपायों का सहारा लिया, उन्हें सांस्कृतिक साम्राज्यवाद की संज्ञा दी जाती है। इसका मतलब है उन सांस्कृतिक मूल्यों, विचारों और आचरण संहिताओं का प्रचार, प्रसार और निर्यात जिन्हें 'श्रेष्ठ' माना जाता है। इस सिक्के का एक दूसरा पहलू भी है जिसके परिणामस्वरूप सांस्कृतिक साम्राज्यवाद ग़रीब और पिछड़े हुए देशों की स्थानीय संस्कृतियों के मूल्यों और जीवन-शैलियों के विनाश और क्रमशः दरकिनार होते चले जाने का कारण बनता है। सांस्कृतिक साम्राज्यवाद की थीसिस के मुताबिक़ विश्व में सूचना-व्यवस्था के सूत्र उन देशों के हाथ में हैं जिनके पास उपग्रहीय प्रसारण की प्रौद्योगिकी है और जिसके ज़रिये छवियों, सूचनाओं, विचारों, विश्लेषणों और मनोरंजन के कार्यक्रमों का ग्लोबल प्रवाह नियंत्रित किया जाता है। भूमण्डलीकरण के विरोधी सांस्कृतिक साम्राज्यवाद को एक फ़िकरे की तरह प्रयोग करते हैं। लेकिन, संस्कृति-चिंतन के क्षेत्र में इस विषय में एक बहस भी मौजूद है कि क्या संस्कृति के क्षेत्र पर इस तरह एकतरफ़ा प्रभुत्व क़ायम किया जा सकता है; और क्या भूमण्डलीकरण को सांस्कृतिक समरूपता का वाहक समझना उसकी जटिलता की एक सरलीकृत समझ नहीं है?

विचार-जगत में साम्राज्यवाद और संस्कृति के संबंधों का विधिवत् उद्घाटन सबसे पहले सत्तर और अस्सी के दशक में साहित्य के सिद्धांतकार एडवर्ड सईद के चिंतन में प्राच्यवाद की बहुचर्चित थीसिस के ज़रिये हुआ था। ज़ाहिर है कि सईद ने सांस्कृतिक साम्राज्यवाद की शिनाख़्त साहित्यिक रूपों और विमर्श के दायरों में की थी। अस्सी के दशक में ही वी.एस. नैपॉल ने इस अभिव्यक्ति का कुछ दूसरा ही इस्तेमाल किया। उन्होंने अपनी दो रचनाओं 'एमंग द बिलीवर्स : ऐन इसलामिक जर्नी' और 'बियांड बिलीफ़ : इसलामिक एक्सकर्जंस एमंग द कनवर्टिड पीपुल्स' में इसलाम की शिनाख़्त सांस्कृतिक साम्राज्यवाद के तौर पर की। उनका कहना था कि इसलाम में सांस्कृतिक विविधता को ज़ोर-ज़बरदस्ती अपने रंग में रँगने की प्रवृत्ति है।

नब्बे के दशक में सांस्कृतिक साम्राज्यवाद की अवधारणा ग्लोबल मीडिया जगत पर अमेरिकी कॉर्पोरेशनों के बोलबाले की आलोचना के रूप में विकसित होनी शुरू हुई। अफ़्रीका, एशिया, लातीनी अमेरिका और दुनिया के अन्य भागों में टीवी दर्शकों के सामने सुबह से शाम तक सिर्फ़ अमेरिकी और युरोपीय सांस्कृतिक उत्पादों की खुराक ही परोसी जाती थी। मीडिया विशेषज्ञों को साफ़ दिखाई पड़ रहा था कि पश्चिमी देश ग़रीब देशों को अपने यहाँ बने हुए टीवी सीरियल और अन्य कार्यक्रम लागत से कम दामों में निर्यात कर रहे हैं। भूमण्डलीकरण की प्रक्रिया के बाद सांस्कृतिक साम्राज्यवाद की इस परिभाषा में कुछ तब्दीली आयी। यह परिवर्तन अमेरिकीकरण की धारणा ने किया। इसका कारण यह था कि अमेरिकी खान-पान, रहन-सहन और जीवन-शैली के विभिन्न रूपों ने विकसित युरोपीय समाजों पर भी अपनी छाप छोड़नी शुरू कर दी। पहले इस परियोजना में युरोप और अमेरिका मिल कर सक्रिय नज़र आते थे।

अमेरिकीकरण के विचार को 1997 में 'फ़ॉरेन पॉलिसी' नामक पत्रिका में क्लिंटन प्रशासन के साथ जुड़े रह डेविड रॅथकॉफ़ के लेख 'इन प्रेज़ ऑफ़ कल्चरल इम्पीरियलिज़म?' के प्रकाशन के बाद और हवा मिली।

कोलम्बिया विश्वविद्यालय में इंटरनैशनल एफ़ेयर्स के एसोसिएट प्रोफ़ेसर और किसिंजर एसोसिएट्स के प्रबंध निदेशक रॅथकॉफ़ ने इस लेख में इम्पीरियलिज़्म के कल्चरल संस्करण को सकारात्मक रूप से पेश करते हुए दावा किया कि इसे स्वैच्छिक रूप से अपनाया जाए या जबरिया, इसके ज़रिये सांस्कृतिक विविधता और प्रकारांतर से पारिस्थितिकीय विविधता की संरक्षा की जा सकती है। रॅथकॉफ़ का तर्क दुनिया में संस्कृति के नाम पर होने वाले रक्तपात और नरसंहारों का हवाला दे कर कहता है कि सारी दुनिया में सहिष्णुता को बढ़ावा दिया जाना चाहिए। सांस्कृतिक विविधता के भीतर दोनों तरह के पहलू मौजूद होते हैं। सहिष्णुता को प्रोत्साहित करने वाले उसके पहलुओं का विकास किया जाना चाहिए, और उसके ख़िलाफ़ खड़े होने वाले आयामों का बेहिचक उन्मूलन कर दिया जाना चाहिए। रॅथकॉफ़ को यह स्वीकार करने में भी कोई हिचक नहीं थी कि इंटरनेट, भूमण्डलीकरण और अंग्रेज़ी भाषा का इस्तेमाल अमेरिका के सांस्कृतिक प्रभाव को बढ़ा रहा है।

सांस्कृतिक साम्राज्यवाद की थीसिस को सत्तर के दशक में हुए कुछ समाजवैज्ञानिक अध्ययनों के हवाले से भी पुष्ट किया जाता है। 1975 में प्रकाशित डॉर्फमैन और मैटेलार्ट की रचना *हाउ टू रीड डोनाल्ड डक* में दिखाया गया था कि कॉमिक्स और एनीमेशन जैसे सांस्कृतिक उत्पादों के ज़रिये 'अन्य' राष्ट्रीयताओं की नस्ली रूढ़ छवियों का कैसे इस्तेमाल किया जाता है। इसी तर्ज़ पर टीवी विज्ञापनों और उपभोक्ता संस्कृति के अध्ययनों ने पश्चिमी संस्कृतियों की श्रेष्ठता स्थापित करने वाली पूँजीवादी सांस्कृतिक परियोजना ने प्रकाश डाला।

लेकिन, पूँजीवाद के सभी आलोचक और अध्येता इस तरह के निष्कर्षों को स्वीकार करने के लिए तैयार नहीं हैं। ग्राम्शी के सिद्धांतों की रोशनी में संस्कृति का अध्ययन करने वाले विचारकों की मान्यता है कि संस्कृति का क्षेत्र राजनीति और अर्थनीति की तरह अधीनस्थ नहीं किया जा सकता। उसके भीतर प्रतिरोध की अलग तरह की क्षमताएँ होती हैं जिनके आधार पर एक तरह की सांस्कृतिक राजनीति का जन्म होता है। इस प्रतिरोध के प्रभाव में राष्ट्रीय सरकारें पश्चिमी मीडिया उत्पादों को अस्वीकार भी कर देती हैं।

भूमण्डलीकरण के कुछ अध्येताओं ने भी संस्कृति के एकतरफ़ा प्रवाह के आग्रह की आलोचना की है। उनका कहना है कि भूमण्डलीय व्यवस्था का विकास कहीं ज़्यादा पेचीदा नज़ारा पेश कर रहा है। सांस्कृतिक प्रवाह विभिन्न दिशाओं से हो रहे हैं। उनकी संरचनाएँ भी महज़ पश्चिमी या अमेरिकी या पूँजीवादी या उपभोक्तावादी न हो कर जटिल क़िस्म की हैं। अगर एक तरफ़ सीएनएन न्यूज़, 'फ्रेंड्स', 'सेक्स ऐंड सिटी' और 'डेस्परेट हाउसवाइव्ज़' जैसे अमेरिकी कार्यक्रम हैं, तो दूसरी ओर जापान (पोकेमन), लातीनी अमेरिका (टेलीनॉवेल्स) और भारत (बॉलीवुड संगीत और वीडियो) जैसे सांस्कृतिक प्रवाह भी हैं। इन अध्येताओं का यह भी कहना है कि जहाँ 'साम्राज्यवादी' कार्यक्रम देखे भी जा रहे हैं, वहाँ यह मानना अनुचित होगा कि दर्शक उन्हें निष्क्रिय रूप से आत्मसात् कर लेते हैं। दर्शकों पर स्थानीय संस्कृतियों और परिस्थितियों के असर को कम करके नहीं आँका जाना चाहिए। अमेरिकी सीरियल 'डलास' पर की गयी विस्तृत शोध से पता लगा है कि विभिन्न राष्ट्रीयताएँ और अस्मिताएँ उसके अलग-अलग तात्पर्य ग्रहण करती हैं। इसके अलावा न्यू मीडिया प्रौद्योगिकियों और मीडिया स्वामित्व के बदलते हुए पैटर्न ने भी एकतरफ़ा सांस्कृतिक साम्राज्यवाद की सम्भावनाओं को कमज़ोर किया है।

**देखें** : ज्याँ-पाल सार्त्र, टीवी और टीवी अध्ययन, टीवी और सेक्शुअलिटी, टीवी और समाचार, पिएर बोर्दियो, फ्रैंकफ़र्ट स्कूल, बाज़ारू संस्कृति, बहुसंस्कृतिवाद, युरोकेंद्रीयता, रोलाँ बार्थ, लुई अलथुसे, संस्कृति, संस्कृति-अध्ययन, संस्कृति : मार्क्सवादी परिप्रेक्ष्य, संस्कृति-उद्योग, सांस्कृतिक पूँजी, सांस्कृतिक साम्राज्यवाद, सोप ओपेरा।

## संदर्भ

1. जॉन टॉमलिंसन (1991), *कल्चरल इम्पीरियलिज़्म : अ क्रिटिकल इंट्रोडक्शन,* कंटीनुअम इंटरनैशनल पब्लिशिंग ग्रुप, न्यूयॉर्क.
2. डेविड रॅथकॉफ़ (1997), 'इन प्रेज़ ऑफ़ कल्चरल इम्पीरियलिज़्म', *फ़ॉरेन एफ़ेयर्स,* अंक 107.
3. व्हाइट ए. लिविंगस्टोन (2001), 'रिकंसीडरिंग कल्चरल इम्पीरियलिज़्म थियरी', *ट्रांसनेशनल ब्रॉडकास्टिंग स्टडीज़,* अंक 6, वसंत/ग्रीष्म.
4. हरबर्ट आई. शिलर (1976), *कम्युनिकेशन ऐंड कल्चरल डॉमिनेशन,* इंटरनैशनल आर्ट्स ऐंड साइंस प्रेस, न्यूयॉर्क.

**— अभय कुमार दुबे**

# सेंसरशिप

(Censorship)

सेंसरशिप का मतलब है समाज और राज्य के लिए आपत्तिजनक, नुक़सानदेह, संवेदनशील और असुविधाजनक समझी जाने वाली किसी भी सामग्री के प्रचार-प्रसार पर आंशिक या पूर्ण पाबंदी। उदारतावादी चिंतन सेंसरशिप को खुले समाज के लिए एंटी-थीसिस मानते हुए एक त्याज्य असहिष्णुता के रूप में परिभाषित करता है। यह अभिव्यक्ति लैटिन भाषा के शब्द 'सेंसर' से निकली है। रोमन सिनेट दो व्यक्तियों को सेंसर के पद पर निर्वाचित करती थी। ये दोनों सेंसर सार्वजनिक आचरण और नैतिकताओं की निगरानी करते थे, और इस प्रक्रिया में स्थापित मान्यताओं और प्रावधानों के ख़िलाफ़ जाने वाली प्रवृत्तियों की रोकथाम करने की कोशिश की जाती थी। यह संस्था रोमनों ने सैकड़ों वर्षों तक क़ायम रखी। आधुनिक राज्य व्यवस्थाओं में सेंसर केवल एक संस्था ही नहीं, बल्कि एक प्रवृत्ति भी है। मुख्य तौर से सेंसर करने का काम सरकारों द्वारा नियुक्त अधिकारी करते हैं, पर सेंसरशिप के सैद्धांतिक विरोध में खड़े लोकतांत्रिक समाजों में भी ऐसे सामाजिक, धार्मिक और राजनीतिक समूह सक्रिय होते हैं जिनकी तरफ़ से क़ानून और व्यवस्था के दायरे के बाहर जा कर मीडिया-उत्पादों और बौद्धिक सामग्री पर पाबंदियाँ थोपने की कोशिश की जाती है। लोकतांत्रिक समाजों में आम तौर पर सेंसर की माँग नव-दक्षिणपंथियों द्वारा की जाती है, लेकिन अपने विचारधारात्मक उद्देश्यों की पूर्ति के लिए वामपंथी भी सेंसरशिप के समर्थक रहे हैं। वैसे तो सेंसरशिप के पक्ष में कई तरह के तर्क दिये जाते हैं, पर इसे मुख्य तौर पर चार तरह की दलीलों (नैतिक, राजनीतिक, फ़ौजी और धार्मिक) के आधार पर लागू किया जाता है।

नैतिकता के प्रश्न पर सहिष्णुता के समर्थकों और विरोधियों के बीच विवाद होता रहा है। पारम्परिक उदारतावादी विचार कहता है कि व्यक्ति क्या पढ़ना, देखना और सुनना चाहता है, यह उस समय तक उसका निजी मामला समझा जाना चाहिए जब तक उसका प्रभाव किसी अन्य पर नहीं पड़ता। इसके उलट अनुदारतावादी तर्क देते हैं कि सहिष्णुता के नाम पर 'अनुचित' को फलने-फूलने की इजाज़त नहीं दी जा सकती। उनके अनुसार अनैतिकता की आलोचना करना ही पर्याप्त नहीं है बल्कि उसका सक्रिय और संस्थागत विरोध भी होना चाहिए। अस्सी के दशक से ही विकसित और लोकतांत्रिक देशों में सामाजिक नैतिकता की यह पैरोकारी उत्तरोत्तर मुखर होती जा रही है। इसके पीछे मान्यता यह है कि जब तक समाज किसी समान संस्कृति और साझा आस्थाओं के आधार पर नहीं चलेगा, तब तक उसे पतनशीलता के ख़तरे का सामना करते रहना पड़ेगा। पश्चिमी संदर्भों में ईसाई कट्टरपंथियों और पूर्वी संदर्भों में मुसलमान और हिंदू कट्टरपंथी यह मान कर चलते हैं कि व्यक्ति और समाज को नैतिक गिरावट से बचाने के लिए उनकी पसंदीदा मूल्य-प्रणाली के आधार पर ही सार्वजनिक और व्यक्तिगत दायरों में उचित और अनुचित का फ़ैसला होना चाहिए। चूँकि दुनिया के अधिकतर आधुनिक समाज बहुसांस्कृतिकता और बहु-धार्मिकता की स्थिति में हैं, इसलिए किसी भी 'स्थापित', 'पारम्परिक' या 'बहुसंख्यक' मूल्य-प्रणाली को केवल लोकतांत्रिक भावना के उल्लंघन के ज़रिये ही लागू किया जा सकता है।

नैतिकता का प्रश्न अक्सर सेक्स और सेक्शुअलिटी से संबंधित मसलों से जुड़ा रहता है। पोर्नोग्राफ़ी का उत्पादन और प्रसारण एक ऐसी ही समस्या है। नारीवादी आम तौर से सेंसरशिप के ख़िलाफ़ रहते हैं, पर पोर्नोग्राफ़ी पर पाबंदी लगाने के प्रश्न पर कई देशों में वे नव-अनुदारतावादियों के साथ गठजोड़ करते देखे गये हैं। ऐसे नारीवादियों और नव-दक्षिणपंथी इस बात पर सहमत हैं कि अख़बारों, टीवी और सिनेमा में स्त्री-देह के यौनेत्तजक चित्रण से समाज में स्त्रियों के ख़िलाफ़ बलात्कार जैसे यौन-अपराधों की घटनाओं में बढ़ोतरी हुई है।

सेंसरशिप के इस रूप का चरित्र नैतिकता के नाम पर की जाने वाली सेंसरशिप से भिन्न होता है। सत्तारूढ़ शक्तियाँ अपने आपत्तिजनक कामों को छिपाने के लिए और अपने आलोचकों के प्रयासों और टीका-टिप्पणियों को प्रसारित होने से रोकने के लिए न केवल वस्तुनिष्ठ सूचनाओं को रोकने की कोशिश करती हैं, बल्कि उनके नेटवर्कों द्वारा जनता को गुमराह करने के लिए पूरी तरह से असत्य या अर्धसत्य सूचनाएँ भी प्रसारित की जाती हैं। जो पत्रकार या लेखक सरकारों के इशारों पर काम करने से इनकार करते हैं उन्हें गिरफ़्तार किया जाता है या किसी और तरीक़े से सताने की योजनाओं पर अमल होता है। सेंसरशिप का विरोध करने वाले पत्रकारों की सरकारी एजेंटों द्वारा हत्याएँ तक की जाती रही हैं। पत्रकारों की सुरक्षा करने के लिए प्रतिबद्ध कमेटी द्वारा 2008 में किये गये 'प्रिज़न सेंसस' से पता चला था कि चीन लोक गणराज्य, क्यूबा, बर्मा, इरीट्रिया और उज़्बेकिस्तान की सरकारों की जेलों में सबसे ज़्यादा पत्रकार बंद हैं। ज़ाहिर है कि इनमें से कोई भी सरकार लोकतांत्रिक मूल्यों में विश्वास करने वाली नहीं है।

राजनीतिक सेंसरशिप के मामले में फ़ौजी तानाशाहियों और कम्युनिस्ट पार्टी की हुकूमत वाले देशों का रिकॉर्ड काफ़ी ख़राब रहा है। सोवियत संघ में मिखाइल गोर्बाचेव के सत्तारूढ़ होने से पहले स्वतंत्र प्रेस का अस्तित्व नहीं था।

सद्दाम हुसैन की कथित समाजवादी सरकार और रोमानिया की सीसेस्क्यू सरकार अपने कड़े सेंसरशिप क़ानूनों के लिए सारी दुनिया में मानवाधिकार संगठनों की आलोचना का निशाना बनी थी। भारत में राजनीतिक सेंसरशिप की एकमात्र अवधि जून, 1975 से 1977 तक चले आंतरिक आपातकाल की थी।

इस तरह की सेंसरशिप सम्भवत: सबसे ज़्यादा पेचीदा क़िस्म की है। सलमान रश्दी की रचना द *सेटेनिक वर्सिस* से जुड़ा विवाद इसका प्रमाण है। सहिष्णुता की प्रचलित कसौटियाँ इससे जुड़ी उलझनों को सुलझाने में नाकाम रही हैं। 1989 में ईरान की इसलामिक क्रांति के नेता अयातुल्ला खुमैनी ने इस रचना को ईशनिंदा की श्रेणी में मानते हुए भारतीय मूल के ब्रिटिश लेखक रश्दी को जान से मारने के लिए फ़तवा जारी किया था। खुमैनी की मान्यता थी कि यह पुस्तक इसलाम की मान्यताओं का उल्लंघन करते हुए पैगम्बर हज़रत मुहम्मद की छवि को खण्डित करती है। फ़तवा जारी होने के बाद भारत समेत दुनिया के कई देशों में इस किताब पर पाबंदी लगा दी गयी। पुस्तकों पर किसी भी क़िस्म के प्रतिबंध का विरोध करने वाले उदारतावादियों के सामने प्रश्न उठा कि अगर किसी पुस्तक से किसी तरह के धर्मावलम्बियों की आस्थाओं को ठेस लगती है तो इस तरह के अंतर्विरोध का समाधान कैसे किया जा सकता है। एक तरफ़ व्यक्ति के तौर पर रश्दी की स्वतंत्रता थी जिसके तहत उन्हें धर्म की आलोचना करने का अधिकार था, दूसरी तरफ़ सवाल यह था कि किसी धार्मिक समुदाय की बुनियादी अस्मिता पर आघात करने वाली आलोचना के संदर्भ में सहिष्णुता के आग्रह को थोड़ी देर के लिए स्थगित नहीं कर देना चाहिए?

धार्मिक सेंसरशिप का दूसरा पेचीदा मामला तब सामने आया जब फ़्रांस में कैथॅलिक लॉबी ने मार्टिन स्कोरसीस की फ़िल्म 'द लास्ट टेम्पटेशन ऑफ़ क्राइस्ट' को कई नगरों में प्रदर्शित नहीं होने दिया। फ़्रांसीसी राज्य सेकुलरवाद के सबसे ज़्यादा कड़े रूप लाइसिज़्म को अपनाने के लिए जाना जाता है। लेकिन वह भी प्रभावशाली कैथॅलिक समूहों को ग़ैरसंवैधानिक सेंसर लागू करने से नहीं रोक पाया।

युद्धकाल में लागू की जाने वाली इस सेंसरशिप का मुख्य उद्देश्य दुश्मन को किसी तरह की उपयोगी सूचनाएँ मिलने से रोकने का होता है। इसके तहत मानचित्रों को भी सेंसर किया जाता है। पूर्वी जर्मनी की कम्युनिस्ट हुकूमत ने पश्चिम जर्मनी से लगी हुई सीमा के इलाक़ों के नक्शों का प्रचार-प्रसार रोक दिया था ताकि सीमा पार करके पलायन करना मुश्किल हो जाए।

**देखें :** अभिलेखागार, आख्यान, इंटरएक्टिविटी-प्रौद्योगिकीय विमर्श, इंटरएक्टिविटी-सामाजिक विमर्श, इंटरफ़ेस, एक्टर-नेटवर्क थियरी, डिजिटल डिवायड, दिन-प्रति दिन के अभिलेखागार, नया मीडिया, नेटवर्क, नेटवर्क सोसाइटी, प्रेस की स्वतंत्रता, प्रोपेगंडा, बाज़ारू संस्कृति, भारत में संचार-क्रांति, भारतीय मीडिया-1, 2 और 3, भारतीय मीडिया स्फ़ेयर, मास मीडिया, मीडिया और राज्य, मीडिया और राजनीति, मीडिया और भारतीय राजनीति, मीडिया-पक्षपात, मीडिया-अध्ययन, संचार, संचार-क्रांति, स्मृति और अभिलेखागार, सोशल नेटवर्क विश्लेषण, सूचना, सूचना-समाज, वैकल्पिक मीडिया।

**संदर्भ**

1. द कमेटी टू प्रोटेक्ट जर्नलिस्ट्स, '10 मोस्ट सेंसर्ड कंट्रीज़', एचटीटीपी://डब्ल्यूडब्ल्यूडब्ल्यू.सीपेजे.ओआरजी/सेंसर्ड/सेंसर्ड_ 06.एचटीएमएल
2. फ़्रेंक हॉफ़मेन (1989), *इंटलेक्चुल फ़्रीडम ऐंड सेंसरशिप,* द स्केयरक्रो प्रेस, मेटुचेन, एनजे.

**— अभय कुमार दुबे**

# सैं-सिमों

(Saint-Simon)

फ़्रांसीसी समाजवाद के संस्थापक क्लॉद हेनरी द कॉम्त द सैं-सिमों (1760-1825) का शुरुआती चिंतन वैज्ञानिक और राजनीतिक विषयों पर केंद्रित था। प्राकृतिक विज्ञानों का अध्ययन करने के बाद 1817 में उन्होंने अपने समाजवादी विचारों का प्रतिपादन किया। लेकिन, अपने पीछे *नोवू क्रिश्चियनिज़्म* के रूप में जो अधूरी रचना वे छोड़ गये थे, वह उनकी सबसे महत्त्वपूर्ण कृति साबित हुई। उनके चिंतन ने कार्ल मार्क्स के विचारों पर असर डाला, आग्युस्त कॉम्त द्वारा प्रवर्तित औद्योगिक प्रगति के विचार को प्रभावित किया और आगे चल कर एमील दुर्खाइम जैसे महान समाजशास्त्री के विचारों पर भी अपनी छाप छोड़ी। सैं-सिमों नया समाज बनाना चाहते थे। फ़्रांसीसी क्रांति के 'विनाशकारी उदारतावाद' के मुक़ाबले उन्होंने समाज के नये और सकारात्मक पुनर्संगठन पर ज़ोर दिया। उनकी मान्यता थी कि हर मनुष्य समाज में अपने मौजूदा स्थान से ऊँची हैसियत प्राप्त करना चाहता है, भले ही वह कितना ही मामूली क़िस्म का क्यों न हो। इस प्रवृत्ति के कारण उसके भीतर आत्मकेंद्रीयता आ जाती है जिसे लगातार शिक्षा और आचरण के ज़रिये दूर करना होगा। सैं-सिमों ने सामंती और फ़ौजी नियंत्रण के बजाय औद्योगिक सरबराहों के नियंत्रण को उचित माना। कैथॅलिक और प्रोटेस्टेंट धर्मों को जड़सूत्रवादी क़रार दे कर ख़ारिज करने के बाद उन्होंने समाज को आध्यात्मिक

क्लॉद हेनरी द कॉम्त द सैं-सिमों (1760-1825)

दिशा देने की ज़िम्मेदारी चर्च के बजाय वैज्ञानिक मानस के धनी लोगों को देने की पैरोकारी की। पहले सैं-सिमों मानते थे कि उत्पादक श्रम का नियंत्रण करने वाले लोगों के हाथों में समाज का शासन रहना चाहिए। लेकिन अपनी अंतिम रचना *नोवू क्रिश्चयनिज़म* में उन्होंने ग़रीबों पर ज़ोर दिया और ईसाइयत को उसके बुनियादी पहलुओं तक सीमित करके एक नये बिरादराना धर्म की स्थापना की वक़ालत की। उन्होंने सिद्धांत दिया कि पूरे समाज का पुनर्गठन सर्वाधिक दरिद्र वर्ग की नैतिक और भौतिक समस्याओं के उन्मूलन के नज़रिये से करना ज़रूरी है।

सैं-सिमों का जन्म 1760 में पेरिस के एक सामंती परिवार में हुआ। उत्तरी फ्रांस में स्थित अपने पिता की गढ़ी में उनका लालन-पालन हुआ। किशोरवय से ही सैं-सिमों स्वतंत्र प्रवृत्तियों का परिचय देने लगे थे। तेरह वर्ष की आयु में उन्होंने कम्यूनियन (प्रभु भोज) में भाग लेने से इनकार कर दिया और कहा कि देवताओं के प्रसाद में उनका कोई विश्वास नहीं है। परिवार के चलन के अनुसार उन्हें युवावस्था में सैनिक जीवन अपनाना पड़ा। वे इंग्लैण्ड के विरुद्ध विद्रोही अमेरिकी उपनिवेशों की मदद के लिए भेजी गयी फ्रांसीसी अभियान सेना के साथ स्वयंसेवक बन कर अमेरिका गये। उनकी फ्रांस वापसी एक नायक के रूप में हुई। लेकिन, एक सामंत का आरामतलब जीवन न चुन कर उन्होंने विविधता और अंतर्विरोधों से भरा जीवन चुना।

फ्रांस में अपने समकालीन फ़ूरिए की भाँति सैं-सिमों भी 1789 की फ्रांसीसी क्रांति की विफलताओं का संबंध ज्ञानोदय की अवधि में विकसित कुछ विचारों से जोड़ कर देखते थे। उन्हें लगता था कि ज्ञानोदय ने मानवीय प्रकृति को जिस तरह समझा, उसी के कारण क्रांति विनाशकारी रास्ते की तरफ़ भटक गयी। इसी आधार पर इन दोनों ने अलग-अलग शैली में मनुष्य की सहजात प्रकृति के बारे में अपनी अलग-अलग धारणाएँ बनायीं और सुधार के ज़रिये नयी समाज-व्यवस्था गढ़ने की मुहिम चलाई। सैं-सिमों और फ़ूरिये को यक़ीन था कि मनुष्य का मानस बदला जा सकता है और उनकी रची गयी व्यवस्था में रहने वाले लोग परस्पर अन्योन्य-क्रिया करते हुए समरसता को प्राप्त कर सकते हैं। ज़ाहिर था कि इस सामाजिक परियोजना में ज्ञानोदय के विचारों की आलोचना निहित थी।

सैं-सिमोंवाद विकास की चार अवस्थाओं से गुज़रा। उनके पहले दौर की रचनाओं के मुख्य लक्षण थे : विज्ञान और विद्वत्ता की उपासना और अमूर्त मानवतावाद। दूसरी अवस्था उनके जीवन के अंतिम दस वर्षों के परिपक्व रचनाकाल से जुड़ी हुई है। इस दौरान उन्होंने पूँजीवाद को एक स्वाभाविक और स्थाई व्यवस्था मानने से इनकार करते हुए एक नयी समाज-व्यवस्था का तर्कसम्मत प्रतिपादन किया। यह था श्रमजीवी उद्यमियों का समाज। उन्हें उम्मीद थी कि शांतिपूर्ण विकास के ज़रिये इस समाज-व्यवस्था में विरोध और स्पर्धा की जगह आम लोगों के बीच सहयोग और मैत्री की भावना क़ायम होगी। सैं-सिमों का यह समाज सामंती तत्त्वों और निठल्ले परजीवी मालिक वर्ग की सत्ता के उन्मूलन पर आधरित था। अपनी अंतिम रचना *नया ईसाई धर्म* में सैं-सिमों ने सीधे-सीधे मज़दूर वर्ग के पक्ष में दलीलें दीं।

सैं-सिमोंवाद का तीसरा चरण उनके निधन के बाद शुरू हुआ। उनके विचारों पर उनके जीवन में विशेष अमल नहीं हुआ था, लेकिन उनके निधन के समय उनके मुट्ठी भर अनुयायी उन्हें नये धर्म का पैग़म्बर अवश्य मानते थे। उनका धर्म फैलाने की ज़िम्मेदारी उनके निकटस्थ अनुयायियों रॉदरीग़, औंफ़ौतैं और बाज़ार्ह ने सँभाली जो स्वयं को अपने पैग़म्बर द्वारा चुने गये एपोस्टल्स यानी धर्मदूतों की तरह ही देखते थे। इन्हीं तीनों के नेतृत्व में 1828 से सैं-सिमों के सम्प्रदाय का तेज़ी से प्रचार-प्रसार शुरू हुआ। 1830 की जुलाई क्रांति के समय यह प्रक्रिया चरम पर थी। 1828 में ही बाज़ार्ह ने अपने पैग़म्बर के सिद्धांतों की विस्तृत व्याख्या पेश की। इस व्याख्या के दूसरे खण्ड की रचना मुख्यत: औंफ़ौतैं ने की। बाज़ार्ह के मुक़ाबले दर्शन में अधिक कुशाग्र होने के बावजूद औंफ़ौतैं में अपने विचारों को अति तक ले जाने की प्रवृत्ति थी।

सैं-सिमोंवाद का चौथा चरण उसकी अवनति का काल है। सैं-सिमों समुदाय के कुनबे का जैसे-जैसे विस्तार हुआ, औंफ़ौतैं और बाज़ार्ह में मतभेद बढ़े। औंफ़ौतैं ने 'देह की पुनर्स्थापना' का सिद्धांत दिया जिसे ऐंद्रिक रहस्यवाद की संज्ञा दी गयी। स्त्री-पुरुष संबंधों और विवाह की संस्था के तत्कालीन मानकों के लिहाज़ से इस उसूल को यौन अनैतिकता का वाहक भी माना गया। 1832 आते-आते औंफ़ौतैं और बाज़ार्ह में विभाजन हो गया। इन्हीं दिनों मनोरंजन के ख़र्चीले कार्यक्रमों के कारण सैं-सिमों कुनबे को आर्थिक संकट का सामना करना पड़ा। कुनबे की गतिविधियाँ मेनिलोमौतैं ले जायी गयीं जहाँ सैं-सिमों के अनुयायियों ने एक ख़ास वर्दी पहन कर श्रम प्रधान कम्युनिस्ट सोसाइटी बनाने का प्रयास किया। इसी के कुछ दिनों बाद सैं-सिमों के धर्मदूतों पर समाज व्यवस्था में गड़बड़ी फैलाने के लिए मुक़दमा चला और औंफ़ौतैं को जेल जाना पड़ा।

फ्रांसीसी एनसाइक्लोपीडियावादियों की बौद्धिक परम्परा और अमेरिकी क्रांति के अनुभव से लैस सैं-सिमों एक निष्ठावान अध्येता भी थे। उन्होंने प्राकृतिक विज्ञानों का गहन अध्ययन किया और अपनी सम्पत्ति का एक बड़ा हिस्सा बौद्धिक गतिविधियों को समर्पित कर दिया। 1903 में उनकी पहली मुद्रित रचना 'जेंनेवा के एक वासी की ओर से अपने समकालीनों को पत्र' प्रकाशित हुई जिसमें फ्रांसीसी क्रांति का विश्लेषण तीन मुख्य वर्गों (सामंती, पूँजीपति और ग़रीब) के बीच संघर्ष की अभिव्यक्ति के रूप में किया। *नया ईसाई धर्म* के प्रकाशन के कुछ सप्ताह बाद ही 1825 में उनका निधन हो गया।

*कम्युनिस्ट घोषणापत्र* में मार्क्स और एंगेल्स ने सैं-सिमों के चिंतन को यूटोपियायी समाजवाद की श्रेणी में डाल कर कुछ इस तरह परिभाषित किया है : 'वर्ग संघर्ष की अविकसित स्थिति और उनके अपने माहौल के कारण इस क़िस्म के समाजवादी ख़ुद को सभी तरह की वर्ग-शत्रुताओं से परे मान बैठे थे। वे समाज के सभी सदस्यों, यहाँ तक कि सर्वाधिक सुविधाभोगियों तक की स्थिति में सुधार करना चाहते थे। यही वजह है कि वे बिना वर्ग-भेद किये हुए आदतन पूरे समाज से अपील करते रहते थे, और कुल मिला कर प्राथमिकता शासक वर्ग को ही मिल जाती थी।' मार्क्स ने कहा कि सैं-सिमों जैसे समाजवादी चिंतक सभी तरह की राजनीतिक और क्रांतिकारी कार्रवाई को ख़ारिज करके छोटे-छोटे प्रयोगों, शांतिपूर्ण प्रयासों, शिक्षा और सुधार के ज़रिये एक नये सामाजिक धर्म-सिद्धांत की स्थापना करना चाहते थे जो विफल होने के लिए अभिशप्त था।

**संदर्भ**


1. ए.वी. एनिकन (1983), *आर्थिक विज्ञान का युवाकाल : मार्क्स-पूर्व का राजनीतिक अर्थशास्त्र,* अनु. गिरीश मिश्र, पीपुल्स पब्लिशिंग हाउस, नयी दिल्ली.
2. जॉर्ज लिचहीम (1969), *द ऑरिजिंस ऑफ़ सोशलिज़्म,* वीडनफ़ेल्ड ऐंड निकल्सन, लंदन.
4. जी.सी. इग्गर्स (सम्पा.) (1958), *डॉक्ट्रिन ऑफ़ सैं-सिमों : एन एक्सपोज़ीशन,* बीकन, बोस्टन.
4. ज़ाक रांसिएर (2009), *सर्वहारा रातें : उन्नीसवीं सदी के फ्रांस में मज़दूर-स्वप्न,* अनु. अभय कुमार दुबे, सीएसडीएस-सराय-वाणी, नयी दिल्ली.


**— अभय कुमार दुबे**

# सौंदर्यशास्त्र

(Aesthetics)

सौंदर्यशास्त्र दर्शन की एक शाखा है जिसके तहत कला, साहित्य और सुंदरता से संबंधित प्रश्नों का विवेचन किया जाता है। ज्ञान के दायरे से भिन्न इंद्रिय-बोध द्वारा प्राप्त होने वाले तात्पर्यों के लिए यूनानी भाषा में *एस्तेतिको* शब्द है जिससे एस्थेटिक्स की व्युत्पत्ति हुई। प्रकृति, कला और साहित्य से संबंधित क्लासिकल सौंदर्यशास्त्रीय दृष्टिकोण विकसित हुआ। यह नज़रिया केवल कृति की सुंदरता और कला-रूप से ही अपना सरोकार रखते हुए उसके राजनीतिक और संदर्भगत आयामों को विमर्श के दायरे से बाहर रखता है। लेकिन कला और साहित्य विवेचना की कुछ ऐसी विधियाँ भी हैं जो कृतियों के तात्पर्य और उनकी रचना-प्रक्रिया के सामाजिक और ऐतिहासिक पहलुओं से संवाद स्थापित करती हैं। मार्क्सवादी सौंदर्यशास्त्र एक ऐसा ही विमर्श है। दरअसल, मार्क्सवादी हस्तक्षेप के बाद आधुनिक सौंदर्यशास्त्र कला की मूलभूत अवधारणा परिभाषित करते हुए कृति को समझने की विधियाँ प्रस्तुत करने के अलावा, कला और यथार्थ-जगत के संबंध में कलात्मक अभिव्यक्ति व निरूपण के प्रश्नों पर गहरी नज़र डालने में भी दिलचस्पी रखता है। आज सौंदर्यशास्त्र विभिन्न कला-विधाओं के लिए जो आलोचना-पद्धति प्रस्तावित करता है उसके तहत नैतिकता और कला के बीच एवं राजनीतिक-कर्म और कला के बीच संबंधों की विवेचना भी की जाती है।

प्राचीन यूनानी दर्शन में प्लेटो की रचना *हिप्पियाज़ मेजर* में सौंदर्य की अवधारणा पर चर्चा मिलती है। नाटक की दुखांत शैली पर अरस्तू द्वारा अपनी रचना *पोइटिक्स* में किये गये विचार ने कला-आलोचना को लम्बे अरसे तक प्रभावित

किया है। कला और सौंदर्य पर हुए ग़ैर-पश्चिमी प्राचीन चिंतन के संदर्भ में भारत के *नाट्यशास्त्र,* अभिनव गुप्त के रस-सिद्धांत और चीनी विद्वान चेंग यिन-युवान की रचना *ली-ताई मिंग-हुआ ची* (रिकॉर्ड ऑफ़ फ़ेमस पेंटिंग्ज़) द्वारा प्रस्तुत अनूठे और विस्तृत विमर्शों का लोहा पश्चिमी जगत में भी माना जाता है। कला-अनुशीलन की इस परम्परा की व्याख्या करने के ग़ैर-पश्चिमी मानक अभी तक नहीं बन पाये हैं, और पश्चिमी मानकों के ज़रिये की गयी व्याख्याओं के नतीजे असंतोषजनक निकले हैं।

पश्चिमी विचार-जगत में एक दार्शनिक गतिविधि के तौर पर सौंदर्यशास्त्र की पृथक संकल्पना अट्ठारहवीं सदी में उभरी जब कला-कृतियों का अनुशीलन हस्त-शिल्प से अलग करके किया जाने लगा। इसका नतीजा सिद्धांतकारों द्वारा ललित कला की अवधारणा के सूत्रीकरण में निकला। अलेक्सांदेर गोत्तलीब बॉमगारतेन ने 1750 में *एस्थेटिका* लिख कर एक बहस का सूत्रपात किया। इसके सात साल बाद डेविड ह्यूम द्वारा 'ऑफ़ द स्टैंडर्ड ऑफ़ टेस्ट' लिख कर सौंदर्यशास्त्र के उभरते हुए विमर्श को प्रश्नांकित किया गया। लेकिन आधुनिक युरोपीय सौंदर्यशास्त्रीय विमर्श की वास्तविक शुरुआत इमैनुएल कांट की 1790 में प्रकाशित रचना *क्रिटीक ऑफ़ जजमेंट* से हुई। अपनी इस कृति में कांट ने सौंदर्यशास्त्रीय आकलन की कसौटियों को सार्वभौम बनाने पर ज़ोर दिया। लेकिन दूसरी ओर वे किसी भी तरह के सार्वभौम सौंदर्यशास्त्र की सम्भावना पर संदेह करते हुए भी नज़र आये। इस विरोधाभास के बावजूद कांट की उपलब्धि यह रही कि उन्होंने कला और सौंदर्य की विवेचना के लिए कुछ अनिवार्य द्विभाजनों को स्थापित कर दिया। इन द्विभाजनों में सर्वाधिक उल्लेखनीय हैं : इंद्रियबोध और तर्क-बुद्धि, सारवस्तु और रूप, अभिव्यक्ति और अभिव्यक्त, आनंद और उपसंहार, स्वतंत्रता और आवश्यकता आदि। कांट की दूसरी उपलब्धि यह थी कि उन्होंने सौंदर्यशास्त्रीय अनुभव और ऐंद्रिक अनुभव के बीच अंतर स्थापित किया। उनका कहना था कि सौंदर्यशास्त्रीय व्याख्या और उसकी निष्पत्ति विश्लेषण के लक्ष्य के प्रति बिना किसी व्यावहारिक आसक्ति के ही की जानी चाहिए।

उन्नीसवीं सदी के बारे में कहा जा सकता है कि वह सौंदर्यशास्त्र की शताब्दी थी। कांट की बनायी गयी ज़मीन पर ही बाद में जर्मन विद्वानों ने सौंदर्यशास्त्र का वृहत्तर दार्शनिक ढाँचा खड़ा किया। हीगेल ने अपनी रचना *लेक्चर्स ऑन एस्थेटिक्स* में, शॉपेनहॉर ने *द वर्ल्ड एज़ विल ऐंड रिप्रज़ेंटेशन* में और नीत्शे ने *बर्थ ऑफ़ ट्रैजेडी* में पश्चिमी सौंदर्यशास्त्र के विभिन्न पहलुओं की बारीक़ व्याख्याएँ कीं और उसके नये आयामों को प्रकाशित किया। उन्नीसवीं सदी के आख़िरी दौर में अंग्रेज़ी भाषी सौंदर्यशास्त्र में रूपवाद का उभार हुआ। विक्टोरियायी ब्रिटेन ने 'कला के लिए कला' का नारा दिया जिसके प्रवक्ताओं में ऑस्कर वाइल्ड का नाम उल्लेखनीय है। विशुद्ध सौंदर्यशास्त्रीय अनुभव पर बल देने वाले रूपवादी दृष्टिकोण ने लगभग सभी क्षेत्रों में आधुनिक कला-रूपों को गहराई से प्रभावित किया। लेकिन इस आंदोलन के विरोध की ध्वनियाँ महान रूसी साहित्यकार लियो टॉल्स्टॉय की रचना *व्हाट इज़ आर्ट?* और अमेरिकी परिणामवाद के प्रमुख प्रवक्ता जॉन डिवी की कृति *आर्ट एज़ एक्सपीरिएंस* में सुनायी दीं। टॉल्स्टॉय का तर्क था कि जो कला मनुष्यों के बीच नैतिक अनुभूतियों का सम्प्रेषण नहीं कर सकती, वह रूपवादी कसौटियों के हिसाब से कितनी भी महान क्यों न हो, उसकी सराहना नहीं की जा सकती। डिवी ने भी सम्प्रेषण की भूमिका के सवाल पर रूपवाद से लोहा लेते हुए कला को सौंदर्यशास्त्र के नाम पर उसके दायरे के बाहर मौजूद अनुभव की संरचनाओं से काट कर रखने का विरोध किया।

सौंदर्यशास्त्रीय चिंतन की जर्मन परम्परा बीसवीं सदी में भी जारी रही। घटनाक्रियाशास्त्र, व्याख्याशास्त्र और मार्क्सवाद के औज़ारों का इस्तेमाल करके सौंदर्यशास्त्र संबंधी सिद्धांतों को और समृद्ध किया गया। 1936 में मार्टिन हाईडैगर ने 'द ओरिजन ऑफ़ द वर्क ऑफ़ आर्ट' जैसा निबंध लिखा जिसे कला के दर्शन की सर्वश्रेष्ठ रचनाओं में से एक माना जाता है। हाईडैगर ने इस निबंध में दावा किया कि कला-कृति को इस जगत में स्थित वस्तु के रूप में देखना आधुनिकता की मूलभूत लाक्षणिक त्रुटियों में से एक है। हाइडैगर के मुताबिक़ कला तो एक नये जगत के द्वार खोलती है, कला के रूप में सत्य अपने-आप में घटता ही नहीं हमारे अपने अनुभव के दायरे में वस्तुओं के अस्तित्व का उद्घाटन भी करता है। इस तरह सौंदर्यशास्त्र के माध्यम से हाईडैगर ने आधुनिकता की आलोचना करते हुए वस्तुओं की पारम्परिक अस्तित्व-मीमांसा और प्रौद्योगिकीय व्याख्या को आड़े हाथों लिया।

बीसवीं सदी के मध्य तक सौंदर्यशास्त्र की उपयोगिता पर सवाल उठने लगे। सदी की शुरुआत में दिये गये अपने कुछ व्याख्यानों में एडवर्ड बुलो यह प्रश्न पूछ चुके थे कि कहीं कला और सौंदर्य की परिभाषाएँ कलाकार की सृजन-क्षमता का क्षय तो नहीं कर रही हैं। ये व्याख्यान 1957 में छपे और साठ के दशक में अमेरिकी कलाकार बारनेट न्यूमैन ने एलान कर दिया कि सौंदर्यशास्त्र का उपयोग कला के लिए वही है जो पक्षीशास्त्र का पक्षियों के लिए है। अर्थात् सौंदर्यशास्त्र से अनभिज्ञ कलाकार ही अच्छा है।

संस्कृति-अध्ययन के तहत सौंदर्यशास्त्र के अभिजनोन्मुख रुझानों की कड़ी परीक्षा की गयी है। पिएर बोर्दियो ने संस्कृति के समाजशास्त्र के तहत कला के

विचारधारात्मक आधार की न केवल शिनाख़्त की बल्कि यह भी कहा कि इसी कारण से सौंदयशास्त्र अपनी ही सांस्कृतिक और राजनीतिक जड़ों का संधान नहीं कर पाया है। बोर्दियो के इस विचार का प्रतिवाद एडोर्नो की रचना *एस्थेटिक थियरी* में मिलता है। एडोर्नो बीसवीं सदी की अवाँगार्द कला का उदाहरण देते हुए कहते हैं कि कला में अभी भी विचारधारा का प्रतिवाद करने की क्षमता है। एडोर्नो के मुताबिक़ कला अपने समाज की उपज ज़रूर होती है, पर उसका रचना-प्रक्रिया में सामाजिक नियतत्त्ववाद से स्वायत्त क्षण भी निहित होता है। इसलिए वह कलाकार और उसके दर्शक या पाठक को तत्कालीन प्रभुत्वशाली संस्कृति द्वारा थमाये गये तौर-तरीक़ों से इतर सोचने का मौक़ा भी देती है।

कुछ मार्क्सवादी विद्वानों ने सौंदर्यशास्त्र की एक मार्क्सवादी श्रेणी विकसित करने की कोशिश भी की है। हिंदी के प्रमुख मार्क्सवादी साहित्यालोचक नामवर सिंह ने इस तरह की कोशिशों को आलोचनात्मक दृष्टि से देखते हुए इसका पहला उदाहरण सोवियत संघ में 'समाजवादी यथार्थवाद' का शास्त्र-निर्माण माना है। उन्होंने कहा है, 'शास्त्र बनते ही सामाजिक यथार्थ भी सूत्रबद्ध हो गया और उस यथार्थ को अभिव्यक्त करने की शैली भी। देखते-देखते एक नया रीतिवाद चल पड़ा, रचना में भी, आलोचना में भी। जिस देश ने समाजवादी क्रांति की, वह साहित्य और कला के क्षेत्र में कोई क्रांति करने से ठिठक गया। यथार्थ का ऐसा और इतना अपमान तो क्रांति के पहले के साहित्य में भी नहीं हुआ था और उन्नीसवीं सदी के युरोप के साहित्य में भी नहीं जब बूर्ज़्वा क्रांति ने यथार्थवाद को जन्म दिया था। हालत बहुत कुछ हिंदी की रीतिवादी कही जानेवाली साहित्य-प्रवृत्ति की-सी हो गयी, जब अलंकारशास्त्र के लक्षण ग्रंथों को सामने रख कर कविताएँ लिखी जा रही थीं।'

नामवर सिंह ने दूसरा उदाहरण ग्योर्गी लूकाच द्वारा रचित *सौंदर्यशास्त्र* नामक विशाल ग्रंथ का दिया है। वे इसे लूकाच द्वारा अपने लगभग साठ वर्षों के दीर्घ साहित्य-चिंतन को अंततः एक व्यवस्थित शास्त्र में बाँधने का विराट प्रयास क़रार देते हैं, 'हज़ारों पृष्ठों का यह विशाल ग्रंथ अभी तक जर्मन भाषा में ही उपलब्ध है और जो जर्मन अच्छी तरह जानते होंगे, वही इसके बारे में कुछ विश्वासपूर्वक कह सकने में सक्षम होंगे। अंग्रेज़ी में अभी तक उसके बारे में जो कुछ कहा गया है और उसके छिटपुट अंशों से जो आभास मिला है उसके आधार पर इतना तो कहा ही जा सकता है कि इसमें समस्त कलाओं को 'अनुकरण' में निशेष करने की असफल चेष्टा की गयी है। इस प्रकार मार्क्सवादी लूकाच जब सभी कलाओं को एक शास्त्र में बाँधने चलते हैं तो अंततः अरस्तू की शरण जाने को बाध्य होते हैं। किसी अंग्रेज़ी साप्ताहिक ने इस ग्रंथ की समीक्षा के साथ एक ऐसा कार्टून छापा था, जिसमें लुकाच मार्क्स की दाढ़ी के साथ अरस्तू की शक्ल-सूरत और पोशाक में पेश आते हैं।'

नामवर सिंह की मान्यता है कि लूकाच के दृष्टांत से मार्क्सवादी सौंदर्यशास्त्र की इस लम्बी परम्परा का एक कमज़ोर पहलू सामने आता है। वे कहते हैं कि 'अक्सर वह स्वयं 'कला' नामक संस्था को चुनौती देने में चूक गया और कला की क्लासिकी परिभाषा को स्वीकार कर लेने में उसे कोई हानि नहीं दिखाई पड़ी। बुनियादी रूप में एक बार इन परिभाषाओं को स्वीकार कर लेने के बाद तो फिर थोड़े-बहुत हेर-फेर के साथ इस-उस कवि या कृति के मूल्यांकन का कार्य ही शेष रहता है; और कहने की आवश्यकता नहीं कि मार्क्सवादी सौंदर्यशास्त्रियों ने इस क्षेत्र में अपनी प्रतिभा का जौहर बखूबी दिखाया है— ऊँची संस्कृति के बड़े-से-बड़े विचारकों से होड़ लेते हुए। व्याख्या और मूल्यांकन की भाषा निश्चय ही भौतिकवादी भी है और ऐतिहासिक भी, लेकिन कुल मिलाकर वह प्रभुत्वशाली परम्परा से बहुत अलग नहीं है।'

**देखें** : ज्याँ-पाल सार्त्र, टीवी और टीवी अध्ययन, टीवी और सेक्शुअलिटी, टीवी और समाचार, नामवर सिंह, पिएर बोर्दियो, फ़्रैंकफ़र्ट स्कूल, बाज़ारू संस्कृति, बहुसंस्कृतिवाद, युरोकेंद्रीयता, रोलाँ बार्थ, लुई अलथुसे, संस्कृति, संस्कृति-अध्ययन, संस्कृति : मार्क्सवादी परिप्रेक्ष्य, संस्कृति-उद्योग, सांस्कृतिक पूँजी, सांस्कृतिक साम्राज्यवाद, सोप ओपेरा।

## संदर्भ

1. डी.ई. कूपर (1992), *अ कम्पैनियन टू एस्थेटिक्स,* ब्लैकवेल, ऑक्सफ़र्ड, 1992
2. टैरी ईगलटन (1999), द *आइडियॉलजी ऑफ़ द एस्थेटिक,* ब्लैकवेल, ऑक्सफ़र्ड, 1999
3. इमैनुएल कांट (1790/1987), द *क्रिटीक ऑफ़ जजमेंट,* अनु, डब्ल्यू.एस. प्लुहर, हैकेट, इण्डियापोलिस, आईएन.
4. टी.डब्ल्यू. एडोर्नो (1984), *एस्थेटिक थियरी,* रॉटलेज ऐंड कीगन पॉल, न्यूयॉर्क.
5. नामवर सिंह (2013), 'मार्क्सवादी सौंदर्यशास्त्र के विकास की दिशा', *डब्ल्यूडब्ल्यूडब्ल्यू.हिंदीसमय.कॉम* पर उपलब्ध, 18 अगस्त, 2013 को देखा गया।

**— अभय कुमार दुबे**

# स्टार

(Star)

किसी अभिनेता के स्टार बनने की प्रक्रिया और उसके निहितार्थों पर फ़िल्म-अध्ययन ने गहरी नज़र डाली है। एक फ़िल्म के निर्माण में कई विधाओं का योगदान होता है जिनमें केंद्रीय भूमिका निर्देशक की होती है। लेकिन स्टार वही बनता है जो एक्टिंग के माध्यम से इस पूरी टीम के प्रयासों को पर्दे पर पेश करता है। अभिनेताओं में से भी स्टार की हैसियत एक, दो, तीन या ज़्यादा से ज़्यादा चार लोगों को मिल पाती है : नायक, नायिका, खलपात्र और कॉमेडियन। फ़िल्म-व्यवसाय में इन चारों का मूल्य-क्रम भी इसी प्रकार है। अगर फ़िल्म हास्य-प्रधान है तो कॉमेडियन मुख्य भूमिका ग्रहण करके यह क्रम बदल सकता है। अध्येताओं ने स्टार को पाँच तरीक़ों से परिभाषित करने का प्रयास किया है। एक : स्टार फ़िल्म के लिए पूँजी की भूमिका निभाता है यानी फ़िल्म उसके कारण बिकती है। दो : स्टार होता नहीं बल्कि गढ़ा जाता है। उसे न केवल फ़िल्म-उद्योग गढ़ता है बल्कि वह ख़ुद भी अपने-आप को गढ़ने का ज़िम्मेदार होता है। तीन : स्टार का मतलब है स्थापित सामाजिक मानकों से अलग हट कर ज़िंदगी गुज़ारना अर्थात् अपनी शर्तों पर अपने ढंग से आचरण करना। चार : स्टार अपने-अपने देश-काल में कुछ ख़ास सांस्कृतिक संहिताओं की नुमाइंदगी करता है। पाँच : स्टार अपने दर्शकों द्वारा भी कल्पित किया जाता है।

स्टार स्टूडियो-सिस्टम की देन है। फ़िल्म-उद्योग के शुरुआती सालों में फ़िल्मों के प्रचार में स्टूडियो के अलावा किसी का नाम नहीं दिया जाता था। सबसे पहले फ्रांस के स्टूडियो-प्रबंधकों ने महसूस किया था कि अभिनेता या अभिनेत्री की लोकप्रियता का लाभ उठाने से फ़िल्म बेहतर मुनाफ़ा कमा सकती है। अमेरिकी फ़िल्म-उद्योग में हॉलीवुड के स्टूडियोज़ ने इस प्रवृत्ति को न केवल अपनाया बल्कि 1920 तक इसे एक प्रणाली (स्टार-सिस्टम) के रूप में विकसित कर दिया। मैरी पिकफ़र्ड को पहला और चार्ली चैप्लिन को हॉलीवुड का दूसरा स्टार माना जाता है। मूक फ़िल्मों के दौर का स्टार आम तौर पर एकायामी होता था। सवाक फ़िल्मों के साथ ही पुरुष-स्टार की शख़्सियत बहुआयामी (आदर्श चरित्रवान नायक, विद्रोही नायक, प्रति-नायक, जागरूक नायक) होनी शुरू हो गयी, लेकिन स्त्री-स्टारों से अपेक्षाएँ पहले जैसी ही रहीं। उन्हें या तो चरित्रवान नायिका और चरित्रहीन खलनायिका के द्विभाजन का प्रतिनिधित्व करना होता था, या फिर वे दर्शकों और पुरुष-स्टार के लिए सौंदर्य और शृंगार की सामग्री प्रस्तुत करने वाली 'सेक्स-गॉडेस' होती थीं। बहरहाल, मूक फ़िल्मों से सवाक् फ़िल्मों की तरफ़ जाने की प्रक्रिया में ही फ़िल्म-उद्योग ने स्टार की शख़्सियत को फ़िल्म की पूँजी के रूप में विकसित किया। इस दौरान हॉलीवुड के हर बड़े स्टूडियो के पास फ़िल्मी सितारों, पटकथा लेखकों, निर्देशकों और डिज़ाइनरों की टीमें हुआ करती थीं जिन्हें वह वेतन पर रखता था। स्टारों की आमदनी इस बात पर निर्भर करती थी कि स्टूडियो कितना कमा रहा है। स्टार-सिस्टम के ज़रिये हॉलीवुड पश्चिम की अन्य फ़िल्म-संस्कृतियों से अभिनय प्रतिभाओं को अपनी तरफ़ आकर्षित कर पाया। मूक फ़िल्मों के ज़माने में ग्रेटा गार्बो और बाद में सोफ़िया लारेन, ब्रीजी बारदो, जीना लोलोब्रिजिदा और रिचर्ड बर्टन जैसे एक्टरों का हॉलीवुडीकरण इसका सबूत है। आज हॉलीवुड का स्टूडियो-सिस्टम ख़त्म हो चुका है, अर्थात् स्टूडियो हैं और फ़िल्म-निर्माण में उनकी मुख्य भूमिका है पर फ़िल्म के वितरण और प्रदर्शन पर उनकी इजारेदारी नहीं है। इस स्थिति ने उन्हें अभिनेताओं और अभिनेत्रियों की 'स्टार-पॉवर' पर और निर्भर बना दिया है। दर्शकों के मानस पर स्टार की पकड़ के कारण न केवल फ़िल्म वितरकों के बीच आसानी से बिक जाती है और प्रदर्शन के पहले हफ़्ते में उसके टिकटों की जम कर बिक्री होती है, बल्कि उन फ़िल्मों में निर्मातागण आसानी से धन लगाने के लिए तैयार हो जाते हैं जिनके साथ कोई लोकप्रिय स्टार जुड़ा हो। स्टार की प्रचलित छवि को व्यावसायिक रूप से भुनाने के लिए विशेष रूप से पटकथाएँ लिखी जाती हैं। अगर कोई स्टार ख़ास तरह की भूमिका (जैसे काउबॉय या डकैत) करना चाहता है तो वह उद्योग पर अपने प्रभाव का इस्तेमाल करके उस तरह की फ़िल्म बनवाता है।

ज़ाहिर है कि अभिनेताओं को स्टार बनाने का काम फ़िल्म उद्योग करता था, लेकिन अपनी शख़्सियत के इर्द-गिर्द मिथकों का विकास करने में ख़ुद स्टारों की भी भूमिका होती थी। दूसरी तरफ़ किसी को स्टार का दर्जा दिलाने में मीडिया (प्रेस, टीवी, रेडियो, फ़ैन-क्लबों की पत्रिकाएँ) की कारसाज़ी की भी अनदेखी नहीं की जा सकती। अपनी स्टार-छवि के प्रति सतर्क अभिनेता अक्सर कोशिश करते थे कि दर्शकों के सामने उनका स्क्रीन-अवतार ही रहे और उनके व्यक्तित्व के वास्तविक पहलू किसी न किसी तरह छिपे रहें। स्टार अपनी देह और उसकी शैलीबद्ध प्रस्तुति के माध्यम से दर्शकों तक पहुँचते हैं, इसलिए उनके जीवन में आयु बढ़ने का बहुत महत्त्व होता है। स्टार का बूढ़ा होना एक समस्या है, जिसका सामना न केवल वह और उसके कारण फ़ायदा कमा रहा फ़िल्म-उद्योग करता है, बल्कि दर्शकों का मानस भी प्रभावित होता है। पुरुष-स्टारों के मामले में उम्र बढ़ने का घाटा देर से शुरू होता है, जबकि स्त्री-स्टारों को इस समस्या का सामना जल्दी करना पड़ता है। पुरुष अधेड़ होने और

हॉलीवुड के स्टूडियो-सिस्टम ने अभिनेताओं को स्टार बनाया.

चेहरे पर पड़ने वाली ख़राशों और थोड़े-बहुत मोटापे के बावजूद दर्शकों द्वारा स्वीकार किये जाते रहते हैं। पर स्त्रियों का चेहरा तीस-पैंतीस की उम्र के बाद जैसे ही अपनी कमसिनी खोता है, वे दर्शकों की आलोचनाओं का सामना करने पर मजबूर हो जाती हैं। अपनी सुंदर छवि को दर्शकों के मानस में सुरक्षित रखने के लिए कई स्त्री-स्टार उम्र पकने से पहले ही रिटायरमेंट ले लेती हैं। अभिनेत्रियों को अक्सर यह शिकायत रहती है कि प्रौढ़ होने पर उनके लिए सार्थक और केंद्रीय भूमिकाओं का अकाल पड़ जाता है।

किसी स्टार की शख़्सियत के तीन या चार पहलू हो सकते हैं : वास्तविक व्यक्ति, पर्दे पर दिखाई जाने वाली हस्ती, उसका अपना स्टार-व्यक्तित्व जिसके ज़रिये वह ख़ुद को निजी और पर्दे की ज़िंदगी के बाहर पेश करता है। इन तीनों पहलुओं से मिल कर बनने वाली स्टार-छवि के भी चार पहलुओं की शिनाख़्त की गयी है : एक पहलू फ़िल्म-उद्योग की मर्जी से तय होता है, दूसरा मीडिया और समीक्षकों की राय के आधार पर बनता है, तीसरी ख़ुद स्टार की कथनी और करनी से निकलता है, और चौथा दर्शकों के बीच मिलने वाली उसकी स्वीकारोक्ति की अभिव्यक्ति होता है। एक बार जब स्टार की छवि बन जाती है तो वह महज़ एक कल्पित बिम्ब नहीं रह जाती। उनका विस्तार सार्वजनिक और निजी दायरों तक हो जाता है। मल्टीमीडिया (फ़ोटोग्राफ़ी, फ़िल्म, प्रेस, टीवी आदि) की कोशिशें उसे और भव्यता प्रदान करती हैं। स्टार का इतिहास उसके वजूद के ख़त्म होने के बाद भी जारी रहता है। इस लम्बी और पेचीदा अवधि में स्टार-बिम्ब के साथ कई तरह के तात्पर्य जुड़ते चले जाते हैं।

स्टार होने के लिए स्टार जैसी जीवन-शैली होना भी ज़रूरी है। स्टार न तो साधारण लोगों जैसा जीवन जी सकता है, और न ही मध्यवर्गीय नैतिकताओं की उसके लिए कोई अहमियत होती है। उपभोग और सेक्शुअलिटी के मामले में अतिवादी रवैया उसके लिए स्वाभाविक है। उसका यह दुहरा अतिवाद फ़िल्म-उद्योग के लिए फ़ायदेमंद माना जाता है। साधारण लोगों को हमेशा लगता रहता है कि स्टार का निजी जीवन भव्य क़िस्म की ज़्यादतियों से भरा होगा। इसलिए वे इंटरनेट की उन साइटों की सर्फ़िंग करते रहते हैं जिनका दावा होता है कि उन्होंने छिपे हुए कैमरों से स्टार या स्टारों की कारगुज़ारियों की तस्वीरें उतारी हैं। पहले इस तरह की दृश्य-रत्यात्मकता केवल स्टार की 'रील' लाइफ़ तक ही सीमित थी जो अब पेपराज़ी (निजी जीवन की तस्वीरें खींच कर बेचने वाले कैमरामैन) और नेट-संस्कृति के कारण फ़िल्मी सितारों की वास्तविक ज़िंदगी तक फैल गयी है। यह अलग बात है कि स्टार-अभिनेताओं की यह वास्तविक ज़िंदगी भी उनके स्टार-बिम्ब का ही एक पहलू होती है।

स्टार अपने ज़माने के सांस्कृतिक मूल्यों की नुमाइंदगी भी करता है। एक व्यक्ति और अनुकरणीय प्रतीक के रूप में वह साधारण भी होता है और असाधारण भी। कई स्टारों में अमेरिकी मूल्यों (या भारतीय मूल्यों) का फ़िल्म उद्योग और दर्शकों द्वारा आरोपण किया गया है। कई अभिनेत्रियाँ पारिवारिक मूल्यों और उन्हें क़ायम रखने के लिए त्याग की नुमाइंदगी करती रही हैं। समाज के धरातल पर स्त्री या पुरुष सेक्शुअलिटी की परिभाषा जैसे-जैसे बदलती है, स्क्रीन पर उसका निरूपण भी रंग बदलता है। स्टार भी कोशिश करते हैं कि उसी के अनुरूप उनकी छवि भी बदले। मसलन, कभी 'गर्ल नेक्स्ट डोर' जैसा लगने या मज़दूरवर्गीय या मध्यवर्गीय आदर्शवाद की छवि प्रक्षेपित करने के ज़रिये दर्शकों के साथ अधिक तादात्म्य हो सकता है, तो कभी क़ानून का तिरस्कार करने वाले विद्रोही की छवि समाज के मूड में ज़्यादा फ़िट बैठती है। फ़िल्म-उद्योग और स्टार बनाने की उसकी प्रौद्योगिकी इस तरह के पारिवेशिक परिवर्तनों पर बारीक़ निगाह रखती है।

**देखें :** अतिनाटकीयता, अनुपस्थिति-उपस्थिति, कला सिनेमा, अवाँगार्द और प्रति-सिनेमा, टीवी और समाचार, टीवी और सेक्शुअलिटी, टीवी और टीवी-अध्ययन, तीसरा सिनेमा, तीसरी दुनिया का सिनेमा, दक्षिण भारतीय सिनेमा और राजनीति, नारीवादी फ़िल्म-सिद्धांत, फ़िल्म और सेक्शुअलिटी, फ़िल्म और टीवी सेंसरशिप, फ़िल्मांतरण, फ़िल्म-सिद्धांत, फ़्लैश-बैक, भारतीय सिनेमा-1, 2 और 3, भारतीय फ़िल्म-अध्ययन, भारतीय स्टार सिस्टम, रियलिटी टीवी, विचारधारा और हिंदी सिनेमा, वृत्त-चित्र, सेलेब्रिटी, सोप ओपेरा, सिनेमाई यथार्थवाद, नव-यथार्थवाद, सोवियत सिनेमा, हिंदी सिनेमा का समाजशास्त्र।

**संदर्भ**

1. रिचर्ड डायर (1980), *स्टार्स,* ब्रिटिश फ़िल्म इंस्टीट्यूट पब्लिशिंग, लंदन.
2. सी. ग्लैडहिल (सम्पा.) (1987), *स्टारडम : द इंडस्ट्री ऑफ़ डिज़ायर,* रॉटलेज, लंदन और न्यूयॉर्क.
3. बी. किंग (1985), *आर्टीकुलेटिंग स्टारडम,* स्क्रीन, खण्ड 26, अंक 5.

**— अभय कुमार दुबे**

# स्तालिन और स्तालिनवाद

(Stalin and Stalinism)

स्तालिनवाद किसी विचारधारा या किसी दार्शनिक अवधारणा का नाम नहीं है। रूस में हुई बोल्शेविक क्रांति और उसके नेता लेनिन की मृत्यु के बाद तीन दशकों में धीरे-धीरे एक राजनीतिक परिघटना के रूप में इसका विकास हुआ । चूँकि 1927 से लेकर 1956 के बीच सोवियत कम्युनिस्ट पार्टी के प्रमुख रहे जोसेफ़ स्तालिन के जीवन में ही कुछ बुद्धिजीवियों ने मार्क्सवाद-लेनिनवाद-स्तालिनवाद नामक नयी विचारधारा का सूत्रीकरण करने का कमज़ोर सा प्रयास किया था। इसकी मिसाल दिसम्बर, 1934 के *प्रावदा* में प्रकाशित कार्ल रैडेक के एक लेख के रूप में मिलती है। पर इस रवैये को न तो स्तालिन ने प्रोत्साहित किया, और न ही सोवियत कम्युनिस्ट पार्टी के अन्य सिद्धांतकारों ने। फिर भी इस परिघटना के केंद्र में मौजूद स्तालिन की बौद्धिक और राजनीतिक शख़्सियत के कारण इसे स्तालिनवाद का नाम मिल गया। इसे दो तरीक़े से समझा जा सकता है : सोवियत संघ में स्तालिन के नेतृत्व में तीस साल तक चली समाजवाद के निर्माण की परियोजना के तौर पर, और इस दौर से निकली वैचारिक और सांगठनिक प्रवृत्तियों के रूप में जिन्होंने सारी दुनिया में मार्क्सवादी राजनीति (कला और संस्कृति के क्षेत्रों समेत) को किसी न किसी रूप में प्रभावित किया।

मार्क्सवादी आंदोलन के भीतर सोवियत इतिहास में स्तालिन की भूमिका और मार्क्सवाद-लेनिनवाद पर स्तालिन के प्रभाव का मूल्यांकन करने के बारे में ज़बरदस्त विवाद है। इस लिहाज़ से सारी दुनिया के मार्क्सवादी तीन हिस्सों में बँटे हुए हैं : एक हिस्सा वह है जो स्तालिनवाद को पूरी तरह से स्वीकारते हुए उसे मार्क्सवाद का प्रमुख व्यावहारिक रूप क़रार देता है (भारत में इसका उदाहरण ख़ुद को मार्क्सवादी-लेनिनवादी कहने वाले नक्सलवादी गुटों के रूप में मौजूद है), दूसरा हिस्सा उसे पूरी तरह से ख़ारिज करते हुए मार्क्सवादी प्रयोग की त्याज्य विकृति क़रार देता है (जैसे, भारतीय कम्युनिस्ट पार्टी), और तीसरा हिस्सा वह है जो स्तालिनवाद के प्रभाव को आम तौर पर प्रेरक और सकारात्मक मानने के बावजूद उसके कुछ पहलुओं की आलोचना करता है (जैसे, माओ त्से तुंग जो स्तालिन को सत्तर फ़ीसदी सही और तीस फ़ीसदी ग़लत मानते थे)। वामपंथियों के ग़ैर-मार्क्सवादी हिस्सों और अन्य वैचारिक हलक़ों में स्तालिनवाद को एक ऐसी अधिनायकवादी प्रवृत्ति के रूप में देखा जाता है जिसने एक अत्यंत हिंसक और दमनकारी राज्य की स्थापना की।

पार्टी कार्यकर्त्ताओं के बीच स्तालिन (मैन ऑफ़ स्टील) के नाम पुकारे जाने वाले जोसेफ़ विस्सियारोविच जुगाश्विली का जन्म ज्यार्जिया में 21 दिसम्बर, 1879 को एक ग़रीब मोची के घर में हुआ था। उनकी पढ़ाई-लिखाई तिबलिसी की एक धार्मिक सेमिनरी में हुई जहाँ अपने क्रांतिकारी रुझानों के कारण उन्हें अक्सर सज़ा भुगतनी पड़ती थी। 1899 में वे पेशेवर क्रांतिकारी हो कर मार्क्सवादी आंदोलन में सक्रिय भागीदारी करने लगे। कुशल संगठक और भूमिगत राजनीतिक काम में महारत होने के कारण स्तालिन को क्रांतिकारी हलक़ों में प्रमुखता मिलने लगी। 1904 से ही उन्होंने ख़ुद को लेनिन और बोल्शेविकों के साथ जोड़ लिया और 1912 में बोल्शेविक केंद्रीय समिति के सदस्य बने। 1902 से 1917 के बीच स्तालिन अनगिनत बार गिरफ़्तार हुए, उन्हें लम्बी-लम्बी सज़ाएँ दी गयीं और कई बार उनका निष्कासन हुआ। 1913 में उन्हें पकड़ कर साइबेरिया के सुदूर उत्तरी इलाक़े में भेज दिया गया जहाँ से उनकी रिहाई 1917 की फ़रवरी क्रांति के बाद ही हो पायी। बोल्शेविक क्रांति के तुरंत बाद और गृह-युद्ध के दौरान स्तालिन पार्टी के कई प्रमुख पदों पर रहे। पोलित ब्यूरो के सबसे शुरुआती सदस्यों में से एक स्तालिन को 1922 में पार्टी का महासचिव नियुक्त किया गया। समाज के सबसे निचले तबके से उभर कर सर्वोच्च पदों पर पहुँचने वाले वे पार्टी के एकमात्र नेता थे। जनवरी, 1924 में लेनिन की मृत्यु के बाद उन्होंने एक-एक करके अपनी नीतियों का विरोध करने वाले ट्रॉट्स्की, ज़िनोवीव और बुख़ारिन को पराजित किया और 1929 के अंत तक सोवियत पार्टी और राज्य के सर्वोच्च नेता के रूप में उभरे। स्तालिन का देहांत पाँच मार्च, 1953 को हुआ।

स्तालिन के आलोचक अक्सर उन्हें केवल जोड़-तोड़ में माहिर और मामूली बौद्धिक क्षमताओं वाले नेता के रूप में पेश करते हैं। लेकिन 1906 में ही प्रिंस क्रोपाटकिन के विचारों की आलोचना करने वाली उनकी रचना *अनार्किज़्म ऑर सोशलिज़्म?* का प्रकाशन हो चुका था। उनके सैद्धांतिक लेखन की विशेषता थी बेहद सरल अभिव्यक्ति जिसके कारण वह कार्यकर्त्ताओं के बीच काफ़ी पसंद किया जाता था।

जोसेफ़ विस्सियारोविच जुगाश्विली उर्फ़ स्तालिन (1879-1953)

स्तालिन मुख्य रूप से विश्व-क्रांति के बिना ही एक देश में समाजवाद की स्थापना के सिद्धांत के लिए जाने जाते हैं। 1924 के बाद से स्तालिन ने अपने इस तर्क को मज़बूत करने वाला लेखन और विश्लेषण किया।

स्तालिनवाद को अक्सर एक व्यक्ति स्तालिन की कारिस्तानी के रूप में देखने का सरलीकरण किया जाता है, पर इस राजनीतिक परिघटना के पीछे मौजूद संरचनागत कारणों की समझ ज़रूरी है। बोल्शेविक क्रांति के परिणामस्वरूप स्थापित हुई कम्युनिस्ट सत्ता दो विरोधाभासी आयामों से मिल कर बनी थी। एक तरफ़ उसमें सोवियतों (मज़दूरों और किसानों की निर्वाचित परिषदें) के रूप में आम जनता की सीधी भागीदारी के पहलू थे जिनमें प्रत्यक्ष लोकतंत्र की झलक दिखती थी। लोकतंत्र का यह रूप पश्चिमी देशों में विकसित हो रहे बाज़ार आधारित उदारतावादी लोकतंत्र से बेहतर और रैडिकल लगता था। दूसरी तरफ़ एक नयी उदीयमान व्यवस्था को एक अनुशासित कार्यकर्त्ता आधारित कम्युनिस्ट पार्टी द्वारा निर्देशित-नियंत्रित किया जा रहा था। इस पार्टी की बागडोर लेनिन के हाथ में थी जो सर्वहारा की तानाशाही, लोकतांत्रिक केंद्रवाद और क्रांतिकारी हरावल दस्ते के आधार पर बनी पार्टी की भूमिका में यक़ीन रखते थे। 1920 में प्रकाशित अपनी रचना *वामपंथी कम्युनिज़्म : एक बचकाना मर्ज़* में उन्होंने स्पष्ट कर दिया था कि सोवियत सत्ता की तारतम्यता का क्रम क्या रहेगा। सबसे ऊपर नेता, फिर पार्टी, फिर मज़दूर वर्ग और फिर जनता।

नेता और पार्टी की सर्वोच्चता की पृष्ठभूमि में पनपे स्तालिनवाद की ज़िम्मेदारी कुछ वैचारिक रुझानों के साथ-साथ अपने देश-काल की मजबूरियों के असाधारण संयोग पर भी डाली जा सकती है। 1918-21 के बीच चले गृह युद्ध, उसके बाद के दो वर्षों और फिर 1924-27 के बीच की अवधि को इतिहासकारों ने 'सर्वसत्तावादी लोकतंत्र' का विरोधाभासी नाम दिया है। समझा जाता है कि स्तालिनवाद का बीज इसी मुक़ाम पर पड़ा। बाद के सालों में पश्चिमी ताक़तों द्वारा पहले समाजवादी राज्य की 'पूँजीवादी और साम्राज्यवादी घेरेबंदी' का मुक़ाबला करने के नाम पर कई तरह के संस्थागत और वैचारिक तौर-तरीक़े ईजाद किये गये। इनमें कुछ को छोड़ कर हर एक के लिए स्तालिन ख़ुद ज़िम्मेदार नहीं थे। लेनिन की मृत्यु के बाद पार्टी के शीर्ष नेतृत्व में शामिल उनके तत्कालीन साथी और सत्ता के लिए उनसे होड़ करने वाले नेता भी उन अधिनायकवादी और दमनकारी प्रवृत्तियों की शुरुआत में भागीदार थे जिनके आधार पर आने वाले समय के लिए सोवियत राज्य की व्यावहारिक नींव रखी जा रही थी।

रूसी विद्वान मिखाइल इल्यिन ने स्तालिनवाद की परिघटना के विकास को कई चरणों में बाँट कर पेश किया है। सोवियत पार्टी के भीतर कई साल तक चले गहन सत्ता-संघर्ष का अंत दिसम्बर, 1927 में हुई पार्टी कांग्रेस के रूप में हुआ। इस दौर को उन्होंने नवजात स्तालिनवाद की संज्ञा दी है। बचकाना वामपंथ के मर्ज़ की आलोचना करते हुए लेनिन ने ट्राट्स्की द्वारा प्रवर्तित सतत क्रांति की थीसिस से असहमति व्यक्त की थी। इससे पाँच साल पहले ही अपने एक लेख में लेनिन ने स्थापित मार्क्सवादी नज़रिये के विपरीत दिखा दिया था कि असमान आर्थिक-राजनीतिक विकास के कारण कुछ देशों में या एक ही देश में समाजवाद की स्थापना का प्रयास करना होगा। 1921 में हुई दसवीं कांग्रेस से ही पार्टी में 'पर्जिंग' अर्थात् विरोध की आवाज़ उठाने वालों का निष्कासन करके पार्टी की सफ़ाई का चलन शुरू हो गया था। 1922 में पार्टी महासचिव के तौर पर केंद्रीय स्थिति प्राप्त करने वाले स्तालिन ने लेनिन के इस विश्लेषण को समझ कर ही 1924 में अपनी रचना *फ़ाउंडेशंस ऑफ़ लेनिनिज़्म* के दूसरे संस्करण में एक देश में समाजवाद की स्थापना के विचार को जोड़ा। स्तालिन के समकालीन सोवियत सिद्धांतकार निकोलाई बुख़ारिन ने भी इस विचार का समर्थन करते हुए कहा कि अगर दुनिया के पहले समाजवादी राज्य को फ़ौजी सुरक्षा की गारंटी दी जा सके तो एक देश में समाजवाद की रचना की जा सकती है। पर्जिंग का बार-बार इस्तेमाल करते हुए स्तालिन ने पंद्रहवीं कांग्रेस तक अपनी नीतियों के विरोधियों से पार्टी को मुक्त कर लिया। पार्टी के प्रत्येक पद पर नियुक्ति उनके हाथ में आ गयी और उन्होंने

क्षेत्रीय पार्टी कमेटियों में विशेष विभाग स्थापित किये ताकि हर तरह की नियुक्तियों की कड़ी निगरानी की जा सके। इस तरह 1927 आते-आते सोवियत संघ में पार्टी-राज्य के रूप में सर्वसत्तावादी शासन क़ायम करने का रास्ता पूरी तरह से साफ़ हो गया।

दूसरे दौर को उदीयमान स्तालिनवाद का नाम दिया गया है जो 1930 तक चला। यह उद्योगीकरण, कृषि के सामूहिकीकरण और पंचवर्षीय योजनाओं की शुरुआत का समय था। अर्थव्यवस्था पूरी तरह से राज्य के नियोजित नियंत्रण में चली गयी। समाज के धरातल पर किसी भी तरह की पृथक अस्मिता सोवियत विरोधी मान ली गयी। समरूपीकरण का बोलबाला हो गया। इन क़दमों का पार्टी के भीतर विरोध हुआ, जिसके कारण स्तालिन को 1929 से 30 के दौरान पार्टी में पर्जिंग की ज़बरदस्त मुहिम चलानी पड़ी। क़रीब एक लाख कम्युनिस्ट निकाल दिये गये। कोई दस फ़ीसदी पुराने सदस्य हटाये गये और नये औद्योगिक मज़दूरों को पार्टी का सदस्य बनाया गया। 1930-34 की अवधि को शुरुआती स्तालिनवाद क़रार देते हुए इल्यिन ने बताया है कि इस दौर में स्तालिन ने वर्ग संघर्ष को और तीखा करने की घोषणा करते हुए यह दिखाने की कोशिश की कि समाजवाद को पूँजीवादी साज़िशों से बचाने के लिए राजनीतिक विरोधियों के ख़िलाफ़ चल रहा दमनचक्र किस तरह ज़रूरी है। 1933 में एक बार फिर पर्जिंग का दौर चला और पार्टी के 18 फ़ीसदी सदस्य हटा दिये गये। लेकिन इस बार उनकी जगह नये सदस्यों की भर्ती नहीं की गयी।

1934-41 की अवधि सम्पूर्ण स्तालिनवाद की थी। इस दौर में स्तालिन की व्यक्ति-पूजा को बढ़ावा दिया गया। स्तालिनवाद की यह अवधि बोल्शेविक क्रांति के कुछ महत्त्वपूर्ण नेताओं के ऊपर चलाये गये मुक़दमों के लिए भी जानी जाती है। इन मुक़दमों में बुख़ारिन और कामेनेव जैसे नेताओं को अपने अपराध (सोवियत संघ के ख़िलाफ़ साज़िश और पूँजीवाद की स्थापना की कोशिशें) स्वीकार करने के लिए मजबूर करके मौत की सज़ा दी गयी। इसी अवधि में *नोमेनक्लेतुरा* की परिघटना उभरी। यह एक लैटिन शब्द था जिसका मतलब था नामों की सूची। *नोमेनक्लेतुरा* में अग्रिम नामज़दगी की प्रक्रिया के माध्यम से विभिन्न कमेटियों के लिए कार्यकर्त्ताओं और नेताओं को शामिल किया जाता था। इस सूची में नाम आने का मतलब था कि वह व्यक्ति पार्टी-प्रणाली द्वारा नियंत्रित रहेगा, पार्टी जब चाहेगी उसे हटा देगी, पदोन्नति करेगी या उसे हाशिये पर फेंक दिया जाएगा। मिलोवान जिलास ने स्तालिनवाद की आलोचना करते हुए *नोमेनक्लेतुरा* को नये वर्ग की संज्ञा दी है। लेकिन सोवियत संघ में शासन चलाने वालों का यह तबका मुख्यत: पार्टी और प्रशासनिक मशीनरी के बीच पुल का काम करता था। यह सरकार के नियंत्रण और सुसंगतीकरण की प्रणाली का प्रमुख अंग था। इसने राज्य की संस्था को एक प्रशासनिक बंदोबस्त में सीमित करके रख दिया।

1936 के बाद पार्टी-पर्जिंग की जगह 'जनता के गद्दारों के ख़िलाफ़ संघर्ष' किया जाने लगा। यह 'संघर्ष' निकोलाई येझोव के नेतृत्व में कार्यरत आंतरिक मामलों के मंत्रालय (एनकेवीडी) की देखरेख में चलने वाली सीक्रेट पुलिस के हवाले कर दिया गया। 1938 तक येझोव ने स्तालिन के सीधे आदेश के तहत जम कर राजकीय दमन किया। द्वितीय विश्व-युद्ध में सोवियत पार्टी-राज्य प्रणाली की फ़ौजी जीत ने स्तालिन की व्यक्ति-पूजा को ज़बरदस्त उछाल दिया। विश्व-युद्ध के परिणामस्वरूप सोवियत संघ को अमेरिका के साथ-साथ दुनिया की दूसरी महाशक्ति का दर्जा मिल गया। 1945-52 के बीच का दौर विकसित स्तालिनवाद माना जाता है जिसमें स्तालिन के नेतृत्व में दुनिया के पैमाने पर एक समाजवादी ख़ेमा उभरा। इस दौर में मार्क्सवाद को विज्ञान घोषित करके सभी तरह के विज्ञानों को उसमें समाहित मान लिया गया। प्राकृतिक विज्ञानों से निकली दलीलों के ज़रिये द्वंद्वात्मक भौतिकवाद और ऐतिहासिक भौतिकवाद को पुष्ट किया जाने लगा। स्तालिन ने ख़ुद कई तरह के विज्ञानों के बारे में मुहिमें चलवायीं। इसी दौरान भाषा-विज्ञान पर ख़ुद उनकी पुस्तिका प्रकाशित हुई।

स्तालिनवाद को सोवियत संघ से बाहर विश्व कम्युनिस्ट आंदोलन की प्रधान प्रवृत्ति बनाने में कम्युनिस्ट इंटरनैशनल यानी कोमिंटर्न (1919-1943) की उल्लेखनीय भूमिका रही। इसकी स्थापना बोल्शेविक क्रांति की पृष्ठभूमि और मध्य युरोप में चल रही क्रांतिकारी उभार की परिस्थितियों में लेनिन द्वारा 1919 में की गयी थी। इसका सदस्य बनने के लिए हर कम्युनिस्ट पार्टी को लाज़मी तौर पर सुधारवादियों और मध्यमार्गियों से ख़ुद को मुक्त घोषित करना पड़ता था। दूसरे, केवल वे ही पार्टियाँ इसकी सदस्य बन सकती थीं जो कठोर अनुशासन और संगठन के अत्यंत केंद्रीकृत नियमों का पालन करते हुए खुली राजनीति के साथ-साथ भूमिगत राजनीति का भी तालमेल बैठाती हों और जो अपने देश की सेनाओं में भी कम्युनिस्ट प्रचार चलाती हों। स्तालिन सोवियत संघ में समाजवादी अर्थव्यवस्था और सामाजिक संबंधों की रचना जिस तरह से कर रहे थे, कोमिंटर्न अपनी सदस्य कम्युनिस्ट पार्टियों को ठीक उसी पैटर्न पर चलाने की कोशिश करता था।

1952 में तेरह साल के अंतराल के बाद उन्नीसवीं पार्टी कांग्रेस हुई जिसमें स्तालिन ने पार्टी-राज्य प्रणाली में कई तरह के सुधारों की भूमिका बाँधी। इस कांग्रेस में पार्टी की गतिविधियों पर स्वंय रिपोर्ट पेश न करके स्तालिन ने ज्यार्जी मैलेंकोव से रपट रखवाई थी। कुछ लोगों का ख़याल था कि

यह पर्जिंग के नये दौर की तैयारी है। दरअसल, यह परवर्ती स्तालिनवाद की तैयारी थी जिसे सोवियत संघ की उत्तर-विश्वयुद्धीन भूमिका की रोशनी में की जाने वाली नयी तैयारियों का आगाज़ करना था। लेकिन मार्च, 1953 में स्तालिन की मृत्यु के बाद पार्टी के भीतर सत्ता-संघर्ष शुरू हो गया जिसमें निकिता ख़ुश्चेव स्तालिन के उत्तराधिकारी के रूप में उभरे।

ख़ुश्चेव ने देखा कि स्तालिनवाद के तहत अर्थव्यवस्था का आधुनिकीकरण तो हो गया है, पर कृषि की बुरी हालत है और उपभोक्ताओं को बुनियादी चीज़ें भी नसीब नहीं हैं। उन्होंने सोवियत व्यवस्था को स्तालिनवाद के प्रभाव से मुक्त करने का अभियान चलाया ताकि उसे आर्थिक रूप से अधिक कामयाब बनाया जा सके। उन्होंने स्तालिन द्वारा की गयी पर्जिंग को मार्क्सवाद-लेनिनवाद विरोधी क़रार दिया। हालाँकि कई प्रेक्षकों की उस समय भी मान्यता थी कि सोवियत प्रणाली ने जो रूप ले लिया है, उसमें किसी तरह का सुधार करना तक़रीबन नामुमकिन है।

**संदर्भ**

1. मिलोवान ज़िलास (1957), *द न्यू क्लास : ऐन एनालिसिस ऑफ़ कम्युनिस्ट सिस्टम*, प्रेजर, न्यूयॉर्क.
2. एम. वोस्लेंस्की (1984), *नोमेनक्लेतुरा : एनाटॉमी ऑफ़ सोवियत रूलिंग क्लास*, बोडली हेड, लंदन.
3. रॉय मेडवेडेव (1971), *लैट हिस्ट्री जज : द ओरिजिंस ऐंड कांसिक्वेंसिज़ ऑफ़ स्तालिनिज़्म*, नोफ़, न्यूयॉर्क.
4. रॉबर्ट टकर (1977), *स्तालिनिज़्म : एसेज़ इन हिस्टोरिकल इंटरप्रिटेशन*, नॉर्टन, न्यूयॉर्क.
5. दिमित्री वोल्कोगोनोव (1991), *स्तालिन : ट्राइम्फ़ ऐंड ट्रेजेडी*, ग्रोव वीडनफ़ील्ड, न्यूयॉर्क.

**— अभय कुमार दुबे**

# स्मृति और अभिलेखागार

(Memory and Archives)

वैश्विक स्तर पर हमेशा काम करते रहने वाले महा-अभिलेखागार के रूप में इंटरनेट के उदय के कारण मानवीय स्मृति की प्रकृति में उल्लेखनीय परिवर्तन की सम्भावनाएँ पैदा हो गयी हैं। स्मृति के सामूहिक रूपों के साथ व्यक्ति के संबंधों का पहले से कहीं ज़्यादा विस्तार हो गया है। इसके साथ ही इतिहास और स्मृति के संबंधों की परिभाषा पर भी नये सिरे से ग़ौर करने की ज़रूरत उभर आयी है। दरअसल, नये मीडिया की प्रौद्योगिकी में सूचना-सामग्री के भण्डारण की अभूतपूर्व क्षमता है और इस प्रौद्योगिकी से बनी मशीनें रोज़मर्रा की ज़िंदगी में साधारण लोगों को आसानी से उपलब्ध हैं। हर व्यक्ति नेट पर मौजूद डिजिटल आरकाइवों तक पहुँच सकता है, वेब 2.0 टेक्नॉलॅजी का सहारा ले कर अपनी मर्ज़ी से उनकी सामग्री का सम्पादन कर सकता है, नयी सामग्री पोस्ट कर सकता है और पहले से मौजूद सामग्री को चाहे तो मिटा सकता है। इस प्रक्रिया में हुआ यह है कि अभिलेखागार की परिघटना शासन और उसके द्वारा नियुक्त संचालक-अधिकारियों की जकड़ से छूट कर उसे इस्तेमाल करने वालों के हाथ में चली गयी है। डिजिटल आरकाइव का चरित्र और उसका विस्तार उसके यूज़र्स पर निर्भर है जिनकी संख्या अनगिनत है। ज़ाहिर है कि अभिलेखागार का लोकतंत्रीकरण हो गया है जिसकी वजह से फ़ोटोग्राफ़, संगीत, वीडियो और तरह-तरह की इबारतें हमारी निजी स्मृतियों और अस्मिताओं को काफ़ी हद तक प्रभावित करने लगी हैं। काग़ज़ों पर छपे हुए या दर्ज दस्तावेज़ों का सरकारी नियमों के मुताबिक़ संग्रह और नियंत्रण करने वाले अभिलेखागारों के ज़माने में यह सम्भव नहीं था।

फ्रांसीसी दार्शनिक ज़ॉक देरिदा ने नब्बे के दशक के मध्य में दिये गये *द कंसेप्ट ऑफ़ आरकाइव : अ फ्रॉयडियन इम्प्रेशन* में अभिलेखागार और मानवीय स्मृति के संबंधों की दोबारा जाँच करने का प्रस्ताव किया था। फ्रॉयड की रचनाओं पर विचार करते हुए देरिदा अपने इस व्याख्यान में ई-मेल की परिघटना की तरफ़ ध्यान दिलाते हैं कि अगर फ्रॉयड के ज़माने में यह होती तो मनुष्य के मानस की संरचना कुछ और होती। परिणामस्वरूप मनोविश्लेषण के मानक वे नहीं होते जो फ्रॉयड और उनके साथी मनोविश्लेषकों ने स्थापित किये हैं। देरिदा फ्रॉयड की इस नाकामी के लिए आलोचना भी करते हैं कि वे मीडिया प्रौद्योगिकी में हो सकने वाले इस तरह के विकास की भविष्य-कल्पना करने में असमर्थ रहे। दिलचस्प बात यह है फ्रॉयड की जिस कमी की तरफ़ देरिदा ने इशारा किया है, उसके शिकार वे कहीं ज़्यादा हैं। नब्बे के दशक के मध्य में इंटरनेट के शुरुआती रूप प्रचलित हो चुके थे। पर, देरिदा ने ज़्यादा से ज़्यादा ई-मेल को ही अपने चिंतन का विषय बनाया। दरअसल, लिखी हुई (या कम्पोज़ की हुई) इबारत का विचार उन पर इतना हावी था कि वे डिजिटल आरकाइवों की सम्भावना कल्पित नहीं कर पाये, और इसीलिए निकट भविष्य में ही मानवीय स्मृति में हो सकने वाली तब्दीलियों तक उनकी पहुँच नहीं हो पायी।

इक्कीसवीं सदी में माइक फ़ेदरस्टोन ने नये मीडिया द्वारा रचे जाने वाले अभिलेखागार की विराट कल्पना सूचना-

सामग्री के एक समूचे नगर के रूप में की जिसमें संस्कृति के विशाल कोषागार की समस्त सम्पदा जमा होगी, जिसमें रखे हुए हर दस्तावेज़ के उपलब्ध होने की सम्भावना रहेगी, जिसमें मौजूद प्रत्येक रिकॉर्डिंग कभी भी सुनी जा सकेगी और हर तस्वीर को देखना आसान होगा। ऐसे आरकाइव या आरकाइवों को अर्जुन अप्पादुरै ने व्यक्ति के निजी अस्तित्व के ऐसे कृत्रिम अंगों की संज्ञा दी है जो उसकी स्मृति-विषयक क्षमता का विस्तार कर देते हैं। इसके ज़रिये एक ऐसी संस्कृति के उभरने की सम्भावना पैदा हुई है जो अपने अनगिनत सुराग तैयार करके उसे डिज़िटल अभिलेखागार में जमा कराती जाएगी। यह एक ऐसा अभिलेखागार होगा जिससे किसी भी तरह के हालात में सामग्री को निकाल कर नष्ट नहीं किया जा सकेगा। इस तरह स्मृति के सभी रूप सुरक्षित रहने की सम्भावना को बल मिलेगा। अभिलेखागारों के पुराने रूपों के संदर्भ में किन्हीं ख़ास परिस्थितियों में सामग्री नष्ट करने का तर्क काम करता है।

इसी मुक़ाम पर आरकाइव में यादों का जमा होना और इतिहास को स्मृति के आगार के रूप में देखने का फ़र्क़ सामने आता है। अभिलेखागार सामग्री जमा और दर्ज करता है, पर इतिहास अभिलेखागार से सामग्री के टुकड़े चुन-चुन कर उसका इस्तेमाल आख्यान रचने में करता है। आरकाइव नाना प्रकार के स्रोतों और तरह-तरह की आवाज़ों से बनते हैं, जबकि कोई ख़ास इतिहास ज्ञान के एक निश्चित रूप की रचना करने के दावे के साथ सामने आता है। डिजिटल प्रौद्योगिकी ने अभिलेखागार और स्मृति के इस संबंध में एक नये आयाम का समावेश कर दिया है। काग़ज़ आधारित अभिलेखागारों के मुक़ाबले ये नये आरकाइव ब्राउज़िंग, हायपरलिंकिंग और टेगिंग के सहारे बनते और खँगाले जाते हैं। इसके कारण उनमें प्रवेश करने के मुक़ाम हमेशा एक से अधिक होते हैं और प्रवेशकर्त्ता सामग्री के आर-पार एक उछाल मार कर पल भर में कहीं से कहीं पहुँच सकता है। अर्थात् डिजिटल अभिलेखागार में घूम रहा यूज़र पहले से तय नियमित रास्ते पर चलने के लिए मजबूर नहीं है। उसे किन्हीं पूर्व-निर्धारित और तथाकथित तर्कसंगत तौर-तरीक़ों को भी नहीं अपनाना पड़ता। इलेक्ट्रॉनिक सर्च और काग़ज़ी रिसर्च प्रक्रिया के फ़र्क़ पर ज़ोर देते हुए फ़ेदरस्टोन कहते हैं कि सामग्री में घुस कर ज़रूरत की चीज़ें निकालना एक कोटिक्रमवादी तरीक़ा है, जबकि इलेक्ट्रॉनिक सर्च हायपरटेक्स्ट के इस्तेमाल से होती है जो ज्ञान को पार्श्वीय दृष्टि से देखने के आधार पर बने सामग्री को जोड़ने वाले लिंक्स के ज़रिये काम करता है।

फ़ेदरस्टोन का दावा है कि एक तरफ़ तो इन लिंक्स के कारण ही डिजिटल आरकाइव में बहुआयामी खोजबीन आसानी से हो सकती है, दूसरी तरफ़ स्मृति का ग़ैर-कोटिक्रमवादी रूप बनता है। इस दावेदारी से सभी लोग सहमत नहीं हैं। हॉवर्ड केगिल की मान्यता है कि वेब आधारित स्मृति के मर्म में स्मृति के दो रूपों के बीच का तनाव मौजूद है : एक रूप है मौलिकता के रूप में स्मृति और दूसरा है स्मरण के रूप में स्मृति। वे कहते हैं कि सभी लोगों के लिए इंटरनेट का संचालन सुलभ होना और उसकी व्यावसायिकता ने हायपरटेक्स्ट्स को उसके सर्वाधिक मौलिक आयामों से वंचित कर दिया है। इन्हीं कारणों से वेब अभिलेखन की ऐसी प्रणाली बन कर रह गया है जिसका इस्तेमाल मौजूदा भण्डार से सूचना निकालना भर है। केगिल के इस अवलोकन से टकराये बिना कुछ अन्य विद्वानों की राय है कि वेब 2.0 की प्रौद्योगिकी के चलन ने इंटरनेट के रूप में भारी परिवर्तन कर दिया है। इसके कारण अभिलेखन की प्रौद्योगिकी में रैडिकल तब्दीलियाँ आ गयी हैं। संस्कृति संबंधी तथ्यों और सामग्रियों को दर्ज करने के रूप में हुए बदलाव ने संस्कृति के उत्पादन और प्रदर्शन की परिस्थितियों को पहले जैसा नहीं रहने दिया है।

अभिलेखागार और इतिहास के संबंध पर मिशेल फ़ूको ने मुख्यत: राजनीतिक दृष्टिकोण से विचार किया है। फ़ूको के विमर्श से स्पष्ट होता है कि कुछ ख़ास तरह के क़ानूनों के ज़रिये ऐतिहासिक ज्ञान की 'अधिकारिक' सामग्री अभिलेखों के रूप में दर्ज कर ली जाती है, जबकि ज्ञान की 'अधीनस्थ' संरचनाएँ अभिलेखागारों से बहिष्कृत करके उनकी स्मृति तक मिटा दी जाती है। इस तरह फ़ूको अभिलेखागार को बहिष्करण और समावेशन के एक दायरे के रूप में देखते हैं जहाँ ऐतिहासिक स्मृति नियमानुसार दर्ज की जाती है। वेब 2.0 प्रौद्योगिकी के बाद यह सवाल उठना लाज़मी है कि क्या उत्तरोत्तर व्यक्तिपरक और खुले होते जाने वाले डिजिटल आरकाइवों पर भी फ़ूको का यह विमर्श लागू होता है? इस प्रश्न को नये संदर्भ में सामग्री के बहिष्करण और समावेशन की रोशनी में न देख कर इंटरनेट में इस्तेमाल की जाने वाली विभिन्न अभिलेखक प्रौद्योगिकियों तक नेट-यूज़र्स की पहुँच की रोशनी में भी देखा जा सकता है। इसकी वजह यह है कि नेट की दुनिया में कोटिक्रम और विषमताओं की संरचना प्रौद्योगिकी आधारित है। साथ ही यह ऊँच-नीच 'डिजिटल डिवाइड' की परिघटना में भी देखा जा सकता है। एक तरफ़ वे हैं जिनके पास कम्प्यूटर और ब्रॉडबैंड है, और एक तरफ़ वे हैं जिनके पास यह सुविधा नहीं है। दूसरे, न्यू मीडिया के आरकाइव पूँजीवादी बाज़ार के तर्क से मुक्त नहीं हैं। फ़ेसबुक, माईस्पेस, यू ट्यूब और विकीपीडिया जैसे नि:शुल्क आरकाइव हैं, तो नेट पर एडीवीएफ़एन और मनीएएम जैसे आरकाइव भी हैं जो माँगी गयी सामग्री के आधार पर शुल्क माँगते हैं। नेट पर ऐसे सर्च-इंजिनों की कमी नहीं है जो मुफ़्त सुविधा उपलब्ध कराते हैं, पर प्राथमिकता

उन्हें दी जाती है जो उसके लिए भुगतान करने के लिए तैयार हैं। मुफ़्त सर्च करने वालों को अपनी बारी का इंतज़ार करना पड़ता है।

**देखें :** अभिलेखागार, आख्यान, इंटरएक्टिविटी-प्रौद्योगिकीय विमर्श, इंटरएक्टिविटी-सामाजिक विमर्श, इंटरफ़ेस, एक्टर-नेटवर्क थियरी, डिजिटल डिवायड, दिन-प्रति दिन के अभिलेखागार, नया मीडिया, नेटवर्क, नेटवर्क सोसाइटी, प्रेस की स्वतंत्रता, प्रोपेगंडा, बाज़ारू संस्कृति, भारत में संचार-क्रांति, भारतीय मीडिया-1, 2 और 3, भारतीय मीडिया स्फ़ेयर, मास मीडिया, मीडिया और राज्य, मीडिया और राजनीति, मीडिया और भारतीय राजनीति, मीडिया-पक्षपात, मीडिया-अध्ययन, संचार, संचार-क्रांति, सोशल नेटवर्क विश्लेषण, सूचना, सूचना-समाज, सेंसरशिप, वैकल्पिक मीडिया।

### संदर्भ

1. अर्जुन अप्पादुरै (2003), 'आरकाइव ऐंड इंस्पिरेशन', जे. ब्रौवर और ए. मुल्डर (सम्पा.), *इंफ़ॉर्मेशन इज़ एलाइव,* वी2/एनयेआई, रोटरडम.
2. माइक फ़ेदरस्टोन (2000), 'आर्काइविंग कल्चर्स', *ब्रिटिश जरनल ऑफ़ सोसियोलॅजी,* खण्ड 51, अंक 1.
3. हॉवर्ड केगिल (1999), 'मेन ऐंड द इंटरनेट : बिटविन मेमॅरी ऐंड आरकाइव', *हिस्ट्री ऑफ़ ह्यूमन साइंसेज़,* खण्ड 12, अंक 2.
4. मिशेल फ़ूको (1972), द *आर्कियालॅजी ऑफ़ नॉलेज,* रॉटलेज, लंदन.

**— अभय कुमार दुबे**

# स्मृति की राजनीति

(Politics of Memory)

स्मृति की राजनीति के तहत बनाया गया अतीत और वर्तमान के बीच का रिश्ता व्यक्तियों, समूहों, संस्कृतियों और पूरे के पूरे समाजों के भविष्य को प्रभावित करता है। समाज-विज्ञान में इस पद को ऐतिहासिक स्मृति या सामूहिक स्मृति या सामाजिक स्मृति के तौर पर भी जाना जाता है। विभिन्न समुदायों, समूहों, संस्कृतियों और राष्ट्रीयताओं के भीतर उनकी अपनी ऐतिहासिक अवधियों और प्रमुख घटनाओं या हस्तियों से संबंधित आख्यानों के बारे में एक आम सहमति बन जाती है। इसकी रचना का काम उन समाजों के इतिहासकार, समाज-वैज्ञानिक, बुद्धिजीवी, साहित्यकार और अन्य लेखक किसी न किसी विचारधारा और राजनीतिक के प्रभाव में करते हैं। इस गढ़ी गयी स्मृति के आधार पर समुदायों का आपसी संबंध और राष्ट्रों का भविष्य बनता-बिगड़ता है। एक निश्चित मक़सद से तैयार की गयी ये स्मृतियाँ एक ख़ास राजनीतिक-ऐतिहासिक मुक़ाम पर सामाजिक और राजनीतिक अस्मिताओं की शक्ल-सूरत का फ़ैसला कर सकती हैं। समाज-विज्ञान के अन्य अनुशासनों में स्मृति का अध्ययन करने की पुरानी परम्पराएँ हैं, पर राजनीतिशास्त्र में यह एक नया अनुशासन ही है। इसका चलन सत्तर के दशक के मध्य में हुआ। उस समय स्पेन तानाशाही को छोड़ कर लोकतंत्र की तरफ़ बढ़ रहा था। इस समयावधि को लोकतंत्रीकरण के उभार की दूसरी लहर के रूप में जाना जाता है। इसी दौरान स्पेनी विद्वान पलोमा अगुइलर ने याद रखने और भूलने के बीच अपने देश में चले गृह-युद्ध का विशद अध्ययन पेश किया। उनकी रचना *मेमोरी ऐंड एमनीज़िया : द रोल ऑफ़ सिविल वार इन द ट्रांज़ीशन टू डेमॉक्रैसी* के बाद राजनीतिशास्त्र में स्मृति-अध्ययन एक विषय के रूप में स्थापित हो गया।

इससे पहले ज़्यादातर राजनीतिशास्त्री ऐतिहासिक स्मृति को एक आत्मगत कवायद मान कर उसे इतिहासकारों, समाजशास्त्रियों और मनोवैज्ञानिकों के दायरे का विषय समझते थे। वे कहते थे कि स्मृति को न तो नापा जा सकता है, न ही उसका तुलनात्मक और सामान्यीकृत अध्ययन किया जा सकता है। दूसरे, राजनीतिशास्त्रियों को यह भी लगता था कि सामाजिक और राजनीतिक संस्थाओं के भीतर स्मृति की पूँजी पहले से ही संचित होती है, इसलिए क्यों न इन संस्थाओं का ही अध्ययन किया जाए। यह बात राजनीतिशास्त्रियों ने कुछ देर में ही समझी कि ऐतिहासिक स्मृतियाँ राजनीति को इस शिद्दत से प्रभावित करती हैं कि उनके असर पर अलग से ध्यान देना ज़रूरी हो जाता है। ये स्मृतियाँ तथ्यों, मिथकों और व्याख्याओं के ख़ास विन्यास का परिणाम होती हैं जिनके पीछे स्पष्ट राजनीतिक उद्देश्य होते हैं। एक तरफ़ राजनीति की संस्थागत अभिव्यक्तियाँ हैं, और दूसरी तरफ़ तरह-तरह के प्रतिवेदनों, गवाहियों, बिम्बों, मीडिया, जनमत और राजनीतिक विमर्शों की कारीगरी से बनने वाली स्मृति की राजनीति होती है। दोनों अलग-अलग भी हैं, और काफ़ी हद तक परस्परव्यापी भी।

सामाजिक संघर्षों, राष्ट्रों के बीच युद्धों, गृह-युद्धों और निरंकुश हुकूमतों द्वारा किये गये अधिकारों के दमन की दारुण स्मृतियों की निजी और सामूहिक मानस पर गहरी छाप पड़ती है। जब इस उथल-पुथल भरे समय से शांतिकाल में संक्रमण होता है तो उस प्रक्रिया में बनने वाला राज्य, लोकतंत्र और अन्य संस्थाओं का शीराज़ा इन स्मृतियों के आधार पर ही खड़ा किया जाता है। स्मृतियों के आधार पर विपक्षियों को चुनौती दी जाती है, राष्ट्रीय स्मृति के आधार पर इतिहास का पुनर्लेखन करने की अपील की जाती है और किसी ज़माने के दबे हुए वीटो पॉवर हासिल करने का दावा करने लगते हैं।

ऐसी स्मृतियों के आगार के तौर पर पूरी दुनिया में जगह-जगह संग्रहालयों की स्थापना हुई है ताकि आने वाली पीढ़ियों को स्मृतियाँ और उनकी राजनीति का तैयारशुदा माल मिलता रहे। दरअसल, आज इतिहास और समाजशास्त्र के हलक़ों में यह दलील स्थापित हो चुकी है कि पीढ़ी-दर-पीढ़ी स्मृति को इस तरह सँजोया और गढ़ा जाता है कि उसके आधार पर ख़ास तरह के राजनीतिक और सामाजिक उद्देश्यों की पूर्ति हो सके।

स्मृति-अध्ययन की समाजशास्त्रीय परम्परा के जनक फ्रांसीसी विद्वान मॉरिस हालबॉश माने जाते हैं। 1925 में रचा गया उनका ग्रंथ *ऑन क्लेक्टिव मेमोरी* ज्ञान की राजनीति के लिए बेहद अहम साबित हुआ। हालबॉश का निष्कर्ष था कि समूहों और सामूहिकताओं के संदर्भ में व्यक्ति की निजी स्मृति पर सामाजिक अन्योन्यक्रियाओं का बुनियादी असर पड़ता है। याद करना अपने आप में उस प्रक्रिया का अंग होता है जिसके पीछे समाज की ज़रूरतें चालक-शक्ति की भूमिका अदा करती हैं। हाल ही में फ्रांसीसी इतिहासकार पिएर नोरा ने स्मृति और इतिहास के बीच सूत्र की पुनर्व्याख्या करने के लिए कई शोधकर्त्ताओं की मदद से सात खण्डों का एक महाग्रंथ रचा है जिसमें स्मृति के मुक़ामों (जैसे, ऐतिहासिक स्मारक, राष्ट्रीय ध्वज, राष्ट्रीय संग्रहालय, स्कूलों में पढ़ाई जो वाली इतिहास की पाठ्यपुस्तकें) की फिर से जाँच करके फ्रांसीसी राष्ट्र का भावनात्मक इतिहास उकेरने की चेष्टा की गयी है। कई विद्वानों ने नोरा पर आरोप लगाया है कि उन्होंने स्मृति और इतिहास में ज़बरदस्त घालमेल करके राष्ट्रीय स्मृति का जज़्बातीकरण कर दिया है। उत्तर-औपनिवेशिक और सबाल्टर्न रुझानों वाले आलोचकों का कहना है कि नोरा का मक़सद एक बार फिर साझा राष्ट्रीय आख्यान तैयार करना है। इससे पहले अल्जीरिया, हैती और दूसरी जगहों पर फ्रांसीसी उपनिवेशवादियों के आचरणों का पर्दाफ़ाश करने वाले स्मृतिजन्य विवरणों के कारण फ्रांसीसी राष्ट्र का रोमानीकरण तक़रीबन नामुमकिन हो गया था।

अंतर्राष्ट्रीय संबंधों के क्षेत्र में कार्यरत ब्रिटिश सिद्धांतकार जेनी एडकिंस के अनुसार युद्धों, जन-संहारों, अकालों और आतंकवाद की भीषण वारदातों के बाद स्मारकीकरण की युक्ति का इस्तेमाल करके सरकारें और संगठन लोगों की स्मृतियों को एक ख़ास मोड़ देने की कोशिश करते हैं। एडकिंस ने दिखाया है कि उनका यह प्रयास हमेशा सफल ही नहीं होता। उन्होंने प्रथम विश्व-युद्ध, वियतनाम युद्ध और होलोकास्ट के संदर्भ में लोगों की उस प्रवृत्ति को रेखांकित किया है जिसके कारण कुछ तथ्यों को उभारने और कुछ को दबाने की राज्य की परियोजना समाज की तरफ़ से प्रश्नांकित होती रहती है। दूसरी तरफ़ ऐतिहासिक स्मृति के विद्वानों ने यह भी चेताया है कि स्मृति को लेकर होने वाले विवादों में राज्य और समाज के द्विभाजन से भी बचने की ज़रूरत है। ऐसे द्विभाजन में फँसने के बजाय विद्वानगण इन दोनों पक्षों के बीच होने वाले स्मृति-विषयक संवाद, आनुषंगिकताओं और तनाव भरे सहयोग-समझौतों के साथ-साथ नागर समाज के दायरों में होने वाली जद्दोजहद की समझ बनाने की सिफ़ारिश करते हैं।

निरंकुश शासन से मुक्ति पा कर लोकतंत्र की तरफ़ संक्रमण करने वाले कई देशों में स्मृति की राजनीति पर उल्लेखनीय बहस हुई है। चाहे वे लातीनी अमेरिका के देश हों, पूर्वी युरोप के हों या फिर पूर्व सोवियत संघ से टूट कर अलग हुए नये राष्ट्र हों। यहाँ रंगभेद से मुक्त हुए दक्षिण अफ्रीका में बने ट्रुथ ऐंड रिकंसिलिएशन कमीशन का ज़िक्र करना भी ज़रूरी है। अफ्रीका में ग़ोरे नस्लवादी शासन द्वारा किये गये अत्याचारों, भेदभाव, सांस्कृतिक-संहार और विभिन्न अन्यायों की स्मृति को याद रखा जाए या उसे भूलने की तरफ़ बढ़ा जाए : यह एक ऐसा प्रश्न है जिससे अफ्रीकी जनगण जूझ रहे हैं। इसी जगह कुछ विद्वानों ने ऐतिहासिक न्याय और राजनीतिक न्याय की तुलनात्मक परख का प्रश्न उठाया है। अतीत में हुई नाइंसाफ़ियों के प्रतिकार के लिए क्या किया जाना चाहिए? इस संबंध में एक सूत्रीकरण यह भी है कि ऐतिहासिक न्याय की अवधारणा अतीतपरक है, जबकि राजनीतिक न्याय का विचार भविष्यपरक है। राजनीतिक न्याय का मतलब है अतीत के अप्रिय सत्य को याद रखा जाए, लेकिन भविष्य को मेल-मिलाप के दृष्टिकोण से सँवारा जाए। लोकतंत्र में संक्रमण कर रहे कई देशों के राजनीतिक अभिजन ही नहीं, बल्कि अत्याचारों के शिकार रहे समुदाय और परिवार भी भूल जाने और क्षमा करने के पक्ष में हैं। शायद उन्हें लगता है कि प्रतिकार की राजनीति उनके लिए नये सिरे से पीड़ादायक और महँगी साबित हो सकती है।

दूसरी तरफ़ अधिनायकवादी शासन के ज़ुल्मों की सामूहिक स्मृतियों का आरकाइव तैयार करने जैसे समाज-वैज्ञानिक प्रोजेक्ट भी चलाये गये हैं ताकि जानबूझ कर भूलने का प्रतिकार किया जा सके। होलोकास्ट पर हुए अध्ययनों से काफ़ी-कुछ लेते हुए एलिज़ाबेथ जेलिन ने अर्जेंटीना, चिली, उरुग्वे, पेरू और ब्राज़ील में निरंकुश शासन द्वारा किये गये दमन और मानवीय विनाश की स्मृतियों को सुरक्षित रखने के लिए 12 खण्डों का एक अध्ययन तैयार किया है। ऐतिहासिक स्मृति के अध्ययन की ऐसी परियोजनाएँ सरकारों और अभिजनों द्वारा वर्तमान और भविष्य के नाम पर या राष्ट्रीय एकता और शांति के नाम पर सुविधापूर्वक भूलने के ख़िलाफ़ संघर्ष से उपजी हैं।

**देखें :** अधिकार, अधिकार : सैद्धांतिक यात्रा, अरस्तू, अफ़लातून, अनुदारतावाद, अराजकतावाद, अन्य-अन्यीकरण, उदारतावाद, उपयोगितावाद, ऐडमण्ड बर्क, क्रांति, ज्याँ ज़ाक रूसो, जॉन लॉक,

जेरेमी बेंथम, जॉन स्टुअर्ट मिल, जॉन रॉल्स, थॉमस हॉब्स, थॉमस पेन, न्याय, न्याय : नारीवादी आलोचना, न्याय : रॉल्स का सिद्धांत, राजनीति में व्यक्ति की भूमिका, नागरिकता, नागरिकता : अन्य परिप्रेक्ष्य-1 और 2, नागर समाज, पनोप्टिकॉन, प्रतिनिधित्व, प्रगति, प्रगति : आलोचनात्मक परिप्रेक्ष्य, प्रशासन, फ़ासीवाद, फ्रेड्रिख़ वॉन हायक, बहुसंस्कृतिवाद, बहुसंख्यकवाद, बहुसंख्यक-अल्पसंख्यक, बुद्धिवाद, माइकेल जोसेफ़ ओकशॉट, माइकिल वाल्ज़र, मिशेल पॉल फ़ूको-1 और 2, यूटोपिया, राजनीतिक और राजनीति, राजनीतिक दर्शन के नारीवादी आयाम-1 और 2, राजनीतिक मनोविज्ञान, राजनीतिक समाजशास्त्र, राज्य-1 और 2, रॉबर्ट नॉज़िक, राज्य-1 और 2, राष्ट्र-राज्य, राष्ट्र : सांस्कृतिक या राजनीतिक, राष्ट्रवाद, राष्ट्रवाद का इतिहास, लोकतंत्र, लोकतंत्र की आलोचनाएँ, व्यक्तिवाद, व्यवहारवाद, विल किमलिका, वितरणमूलक न्याय, विदेशी-द्वेष, वैधता, वैधता का संकट, सविनय अवज्ञा, स्वतंत्रतावाद, सर्वसत्तावाद, सम्प्रभुता, समाजवाद, सरकारियत, संविधानवाद, सामाजिक समझौता, हेनरी डेविड थोरो।

### संदर्भ


1. मॉरिस हालबॉश (1980), *ऑन कलेक्टिव मेमॅरी,* हार्पर ऐंड रो, न्यूयॉर्क.
2. पलोमा अगुइलर (2002), *मेमॅरी ऐंड एमनीज़िया : द रोल ऑफ़ स्पेनिश सिविल वार इन द ट्रांज़िशन टू डेमॉक्रैसी,* बरगैन बुक्स, न्यूयॉर्क.
3. पिएर नोरा (सम्पा.) (1984), *द प्लेसिज़ ऑफ़ मेमॅरी,* गालीमार्द, पेरिस.
4. एलिज़ाबेथ जेलिन (2003), *स्टेट रिप्रेशन ऐंड लेबर्स ऑफ़ मेमॅरी,* युनिवर्सिटी ऑफ़ मिनेसोटा प्रेस, मिनापोलिस.
5. आर, विल्सन (2001), *पॉलिटिक्स ऑफ़ टुथ ऐंड रिकंसिलिएशन इन साउथ अफ़्रीका : लेजिटिमाइज़िंग द पोस्ट-अपार्थाइड स्टेट,* केम्ब्रिज युनिवर्सिटी प्रेस, केम्ब्रिज, यूके.


**— अभय कुमार दुबे**

# स्मृति-साहित्य

(Smriti Literature)

स्मृति साहित्य धर्मशास्त्र के उन ग्रंथों को कहते हैं जिनमें प्रजा के लिए उचित आचार-व्यवहार की व्यवस्था और समाज-संचालन के लिए नीति और सदाचार से संबोधित बातों का निर्देश हो। एक अन्य मत के अनुसार ऋषियों ने वेदों का चिंतन करते हुए जिन ग्रंथों की रचना की, उन्हें स्मृति कहा जाता है। श्रुति और स्मृति का नाम एक साथ ही आता है। श्रुति का अर्थ वैदिक संहिताओं से लिया जाता है और स्मृति का संबंध धर्मशास्त्र से है। विवाद की स्थिति में वेद को प्रमाण माना गया है। स्मृतियाँ कई लोगों ने लिखी हैं। लेकिन स्मृतियों में मनु द्वारा लिखी गयी स्मृति को काफी महत्त्व प्राप्त है। इसके अलावा याज्ञवल्क्य-संहिता भी अहमियत रखती है। इनके बाद बीस और प्रामाणिक स्मृतियों का उल्लेख किया जाता है : अत्रि-स्मृति, विष्णु-स्मृति, हरीत-स्मृति, औषनसी-समृति, आंगिरस-स्मृति, यम-स्मृति, आपस्तंब-स्मृति, संवर्त-स्मृति, कात्यायन-स्मृति, बृहस्पति-स्मृति, पाराशर-स्मृति, व्यास-स्मृति, शंख-स्मृति, लिखित-स्मृति, दक्ष-स्मृति, गौतम-स्मृति, शातातप-स्मृति, वशिष्ठ-स्मृति, भृगु-स्मृति और नारद-स्मृति। अपने निर्देशों का उल्लंघन करने के फलस्वरूप स्मृतियों में अनेकानेक अमानवीय और नृशंस प्रावधान भी किये गये हैं। ऐसे दण्डात्मक प्रावधान अधिकतर शूद्रों के विरुद्ध और द्विजों के पक्ष में जाते हैं। इस कारण से समतामूलक राजनीति के पैरोकारों द्वारा स्मृतियों की कठोर आलोचना की जाती है।

मनु-स्मृति के संबंध इसके स्मृतिकार मनु का संबंध कुछ लोग सृष्टि के आदि पुरुष मनु से जोड़ कर देखते हैं। भृगु संहिता में तो यहाँ तक कहा गया है कि स्मृतिकारों में मनु को उँचा स्थान प्राप्त है। तैत्तिरीय संहिता में कहा गया है कि किसी स्मृति का मनु-स्मृति के साथ विरोध होने पर वह स्वीकार्य नहीं होगी। वेदों में भी मनु का उल्लेख मिलता है। इसे प्रायः पिता मनु कहा गया है। उसी मनु को मनु-स्मृति का स्मृतिकार भी बताया गया है। यह भी कहा जाता है कि सामाजिक और नैतिक व्यवस्था के पहले स्थापक के रूप में मनु ने ही हिंदू धर्म को व्यवस्थित रूप दिया। लेकिन ऐतिहासिकता के हिसाब से यह प्रमाणित नहीं है कि मनु-स्मृति के स्मृतिकार ऋग्वेद में आये मनु ही हैं, क्योंकि इतिहास में कई मनुओं का उल्लेख मिलता है।

विलियम जोंस के अनुसार मनु-स्मृति का रचना-काल 1250 ईसा पूर्व है। श्लेगल इसे एक हज़ार ईसा पूर्व की रचना मानते हैं। मोनियर विलियम्स इसका रचना-काल 500 वर्ष ईसा पूर्व मानते हैं। वेबर मनु-स्मृति को *महाभारत* के बाद की रचना मानते हैं। उनका कहना है मनु-स्मृति का रचनाकार वैदिक साहित्य से अपरिचित है और वह पहले के विधि निर्माताओं एवं परम्पराओं का उल्लेख करता है। मनु-स्मृति पर मानव धर्मशास्त्र का गहरा प्रभाव है। प्राचीन ग्रंथों में जहाँ मानव धर्मशास्त्र के उद्धरण आये है वे सूत्र रूप में हैं। यह मानव धर्मशास्त्र अन्य स्मृतियों का भी आधार माना जाता है क्योंकि ये सभी बाद की रचनाएँ है। भाषा और शैली के लिहाज़ से कुछ लोग मनु-स्मृति का रचनाकाल महाकाव्य काल का मानते हैं। इसकी रचना उन लोगों के लिए की गयी जो वेदों को नहीं समझ सकते थे। इसमें क़ानून एवं धर्म के पारस्परिक संबंधों का प्रस्तुतीकरण है। मेघातिथि के अनुसार मनुस्मृति का कोई दार्शनिक महत्त्व नहीं है और जो थोड़े-बहुत दार्शनिक अंश हैं वे इस पुस्तक की भूमिका के रूप में

है। वे पुराणों से लिए गये हैं। मनुस्मृति में जो सृष्टि विषयक उल्लेख है वह ऋग्वेद की सृष्टि-संबंधी ऋचाओं पर आधारित है।

मनु-स्मृति मूलतः एक धर्मशास्त्र है जो नैतिक नियमों का नागरिक-प्रावधान करता है। मनु ने गंगा के किनारे बसे हिंदुओं के रिवाज़ों, परम्पराओं एवं आचारों को अपने नैतिक विधान का आधार बनाया जो काफ़ी प्रचलित थे। उन्होंने वैदिक रीतियों को मान्यता दी तथा वर्ण-व्यवस्था को ईश्वरीय आज्ञा समझ कर मानने और धर्म विरुद्ध इच्छाओं को त्याग देने को कहा। स्त्रियों और पुरुषों के संबंध में मनु-स्मृति का मत है कि माँ बनने के लिए स्त्री की तथा पिता बनने के लिए पुरुष की सृष्टि हुई है। जिसकी स्त्री और संतान हो वही पूर्ण पुरुष होता है। मनु ने सामाजिक कर्त्तव्यों का पालन पहली प्राथमिकता बतायी है। वे कहते हैं कि जिस ब्राह्मण ने वेदों का अध्ययन नहीं किया, संतानोत्पत्ति नहीं की है, न यज्ञ किया है तथा इसके बावजूद वह परम-मोक्ष की कामना करता है तो ऐसा ब्राह्मण पतित हो जाता है। मनु के अनुसार एकाग्रचित्त होकर अध्ययन करना ही ब्राह्मण का तप है, निर्बलों की रक्षा करना क्षत्रिय का तप है। व्यापार, वाणिज्य तथा कृषि वैश्य के लिए तप है और शूद्र के लिए अन्यों की सेवा करना ही तप है। आदर्श वीर वही है जिसने सबके ऊपर विजय पा ली हो। दूसरे मनुष्यों की अधीनता का नाम दुःख है और सुख अपनी निजी अधीनता है।

मनु के अनुसार ऐसा व्यक्ति जो केवल अपनी आत्मा के लिए यज्ञ करता है लेकिन सब उत्पादक प्राणियों में भी आत्मा को समान रूप से जानता है और सब उत्पादक प्राणियों को अपनी आत्मा में जानता है, वह आत्मशासक एवं स्वतःप्रकाश बन जाता है। नैतिक कर्म व्यक्ति के आगामी जीवन प्रभावित करते हैं। ऐसा आचरण जिसकी प्रवृत्ति उत्तम जन्म दिलाने की ओर है, सदाचार का कर्म है। इसी प्रकार जिस आचरण से निकृष्ट जीवन मिलेगा वह दुराचार का कर्म है। मनु ने वेद, स्मृति, आचार और अपनी अंतरात्मा को उचित और अनुचित कर्मों के निर्णय के लिए साधन बताये हैं। यानी आत्मा की आवाज सुन कर भी व्यक्ति को कर्म करने का अधिकार दिया है और तार्किक आधार पर भी।

मनु-स्मृति के अलावा अन्य स्मृतियाँ भी विषय की दृष्टि से लगभग एक-सी हैं. आचार, व्यवहार और प्रायश्चित का विवेचन प्रायः सभी स्मृतियों में है। वर्णाश्रम व्यवस्था के अनुसार चारों वर्षों के लिए कर्मों का निर्देशन किया गया है। तथा कई प्रकार के दानों और उनकी महिमा के बारे में बताया गया है। सभी दानों में भूमि का दान प्रशंसित है। कई स्मृतियों में अनेक कर्मों के प्रायश्चित्त का प्रावधान है। बावड़ी कुएँ और तालाबों का जीर्णोद्धार कराना शुभ फलादायी सत्कर्म क़रार दिया गया है। याज्ञवल्क्य का कहना है कि लोगों द्वारा बुरी समझी जाने वाली बात स्मृति-सम्मत होने पर भी उसका आचरण नहीं करना चाहिए। बृहस्पति का विचार है कि प्रत्येक देश, जाति और कुटुम्ब की चिरकाल से चली आ रही प्रथाओं या परम्पराओं को ज्यों-का-त्यों बनाये रखना चाहिए। किसी जीते हुए देश के विषय में याज्ञवल्क्य कहते हैं कि यदि प्रथाएँ अनैतिक लोकहित-विरोधी नहीं है और सदाचार के अनुकूल हैं तो उस देश में चाहे जो भी प्रथाएँ, क़ानून और रीति-रिवाज़ प्रचलित हो, राजा को चाहिए कि उनका पालन पहले की ही तरह होने दे। गौतम अपनी स्मृति में देशों जातियों और कुटुम्बों के आचरण के नियम यदि श्रुति-विरोधी न हों तो प्रामाणिक मानते हैं। याज्ञवल्क्य ने स्वयं को प्रिय लगने वाले अच्छे अंतःकारण के विचार को धर्म रूप में मानने के लिए कहा है। मनु के अनुसार जिस चीज़ से आत्मा संतुष्ट हो, वे कार्य करने चाहिए। जो युक्तियुक्त हो उसे स्वीकार करना चाहिए, चाहे वह बात बालक ने कही हो या तोते ने। पर जो बात युक्तियुक्त न हो, वह चाहे किसी वृद्ध ने कही हो या स्वयं मुनि शुकदेव ने, उसे अस्वीकार ही किया जाना चाहिए। स्मृतियों ने कुछ अपवाद भी स्वीकार किये हैं और उसके लिए उन्होंने अपने नियमों में छूट दी है। जैसे, जब व्यक्ति के जीवन और अस्तित्व का संकट पैदा हो जाए। एक-बार विश्वामित्र के लिए परिस्थिति वश प्राण-रक्षा के लिए कुत्ते का मांस चुराना आवश्यक हो गया तो उन्होंने अपने उस कृत्य को उचित ठहराया और कहा कि मरने की अपेक्षा जीवित रहना अच्छा है। व्यक्ति जीवित रहेगा तभी उससे धर्मानुसार आचरण की उम्मीद भी का जा सकेगी।

व्यास-स्मृति के अनुसार धर्म का पालन करना ही चाहिए, भले ही उसके लिए अपनी समस्त सांसारिक इच्छाओं का बलिदान क्यों न करना पड़े और चाहे उसमें प्राण जाने तक का भय क्यों न हो। धर्म के वे नियम जिनका उल्लंघन करने से क़ानूनी कार्रवाई करना आवश्यक होता है, व्यवहार या वास्तविक विधान कहलाते हैं। याज्ञवल्क्य स्मृति में तीन अध्याय हैं : आचार, व्यवहार और प्रायश्चित्त। व्यवहार या दीवानी क़ानून-अर्थविधान का संबंध विवाह पूरा गोद लेने बँटवारे और उत्तराधिकार से है। यह पहले से चली आ रही प्रथाओं पर आधारित है। बृहस्पति का कथन है कि चार प्रकार के विधान है, जिनका प्रबंध शासकों को करना होता है: धर्म या नैतिक विधान व्यवहार या दीवानी क़ानून अर्थ विधान चरित्र या प्रथाएँ और राज्यशासन या राजा के अध्यादेश। विज्ञानेश्वर का मत है कि शास्त्रसम्मत अनुपयुक्त क़ानूनों को समाप्त कर देना चाहिए और गो-बलि और गो-मांस भक्षण की पूर्व की प्रचलित परंपरा का उदाहरण देते हुए वे कहते हैं कि अनुपयुक्तता की वजह से उन्हें समाप्त कर दिया गया। नियोग की प्रथा भी हमारे समाज में थी लेकिन कालांतर में समाप्त हो गयी। हमारे स्मृतिकार समय की आवश्यकता के अनुसार

क़ानून बनाने और समाप्त करने की इजाज़त देते हैं। धार्मिक सिद्धांतों मान्यताओं और मानदण्डों में बदलते समय के अनुसार परिवर्तन के लिए स्मृतियाँ व धर्म ग्रंथ संस्तुति देते हैं। वैदिक युग में आर्यों से कहा गया था कि वे अनार्य भारतीयों द्रविड़ों, आंध्रों और पुलिंदों को सामाजिक मान्यता दें। ऐतरेय ब्राह्मण में आंध्रों को विश्वामित्र की संतान बताया गया है तथा उन्हें आर्यों के समान माना गया है। व्रात्य कौन थे इस बारे में कोई जानकारी तो नहीं है लेकिन व्रात्यस्तोम यज्ञ करने के बाद उन्हें आर्यों में सम्मिलित करने का प्रावधान वेदों में है व्रात्यों के बारे में एक मत है कि वे यवन और असभ्य थे। काफ़ी मात्रा में यूनानी यवन और सीथियन लोगों ने हिंद धर्म अपनाया। एक यवन उपराजदूत हीलियोडोरस विष्णु का भक्त हुआ और उसने श्रद्धावश एक वैष्णव मंदिर में एक स्तम्भ गरुड़ ध्वज खड़ा कराया था। विष्णु के भक्तों और उपासक होने वाले विदेशियों में यवन सीथियन और हूण शामिल थे। अनेक विदेशी आक्रमण कारी हिंदुस्तान में क्षत्रिय बनकर रहने लगे। जब मुसलमानों की विजय के कारण हिंदू स्त्री पुरुषों का सामूहिक रूप धर्मातरण होने लगा, तब देवल-स्मृति ने जो ईस्वी सन् की आठवीं शताब्दी के पश्चात् किसी समय सिंध में लिखी गयी उन्हें फिर हिंदूधर्म में दीक्षित कर लेने को उचित ठहराया। स्मृतियों में कुछ ऐसे सामाजिक प्रावधान भी किये गये हैं: जो न तो इस समय स्वीकार किये जा सकते हैं और संभवतः शायद ही उस ज़माने में भी प्रचलन में रहे होंगे। ये प्रावधान वृद्ध पुरुष रोगी या अपराधी पुरुषों की आत्महत्या से संबंधित थे। मनु और याज्ञवल्क्य के हवाले से काणे के अनुसार वानप्रस्थगामी जब किसी असाध्य रोग से पीड़ित हो जाता था और अपने आश्रम के कर्त्तव्य का पालन नहीं कर सकता था, तो उस दशा में उसे उत्तर-पश्चिम दिशा में महाप्रस्थान कर लेने की अनुमति प्राप्त थी। इस प्रस्थान में व्यक्ति तब तक चलता जाता था जब तक कि वह थककर गिर न जाए और फिर न उठ सके। इसी प्रकार ब्रह्महत्या के अपराधी को धनुर्धरों के बाणों से बिद्ध होकर मर जाने या अपने को अग्नि में झोंक देने की अनुमति प्राप्त थी। रामविलास शर्मा का मत है कि सामंती समाज एक विशेष अवस्था में अपने वृद्धों एवं रोगियों की परिचर्या का प्रबंध न कर सकता था। उन्हें अपने हाल पर छोड़ देता था और जंगल में जाकर मर जाने या अन्य प्रकार से आत्महत्या करने की अनुमति देता था।

**देखें** : आर्यभट्ट और *आर्यभटीय,* उपनिषद्, कपिल, *अर्थशास्त्र* और कौटिल्य, गोपीनाथ कविराज, गोविंद चंद्र पाण्डे, चैतन्य महाप्रभु, जैन दर्शन, न्याय दर्शन, दया कृष्ण, नागार्जुन, पतंजलि और *योगसूत्र,* पाणिनि और *अष्टाध्यायी,* पुराण, पूर्व-मीमांसा दर्शन, बदरी नाथ शुक्ल, बादरायण, बौद्ध दर्शन, *भगवद्गीता,* भरत और *नाट्यशास्त्र,* मुकुंद लाठ, *भागवत पुराण, महाभारत,* यशदेव शल्य, योग दर्शन, रामानुजाचार्य, रामअवतार शर्मा, लोकायत, वात्स्यायन और *कामसूत्र,* वेदांत दर्शन, वैशेषिक दर्शन, शंकराचार्य, षड्-दर्शन-1 और 2, संस्कृत काव्यशास्त्र, सांख्य दर्शन-1 और 2, सिद्ध-नाथ परम्परा।

### संदर्भ

1. वियोगी हरि (सम्पा.) (2011), *हमारी परम्परा,* सस्ता साहित्य मण्डल, नयी दिल्ली.
2. रामविलास शर्मा (2010), *भारतीय संस्कृति और हिंदी प्रदेश-1,* किताबघर प्रकाशन, नयी दिल्ली.
3. सर्वपल्ली राधाकृष्णन (2009), *भारतीय-दर्शन-1,* राजपाल ऐंड संस, दिल्ली.

**— अजय कुमार पाण्डेय**

# स्वच्छंदतावाद

(Romanticism)

अट्ठारहवीं सदी से आज तक दर्शन, राजनीति, कला, साहित्य और संगीत को गहराई से प्रभावित करने वाले वैचारिक रुझान स्वच्छंदतावाद को एक या दो पंक्तियों में परिभाषित करना मुश्किल है। कुछ मानवीय प्रवृत्तियों का पूरी तरह से निषेध और कुछ को बेहद प्राथमिकता देने वाला यह विचार निर्गुण के ऊपर सगुण, अमूर्त के ऊपर मूर्त, सीमित के ऊपर असीमित, समरूपता के ऊपर विविधता, संस्कृति के ऊपर प्रकृति, यांत्रिक के ऊपर आंगिक, भौतिक और स्पष्ट के ऊपर आध्यात्मिक और रहस्यमय, वस्तुनिष्ठता के ऊपर आत्मनिष्ठता, बंधन के ऊपर स्वतंत्रता, औसत के ऊपर विलक्षण, दुनियादार क़िस्म की नेकी के ऊपर उन्मुक्त सृजनशील प्रतिभा और समग्र मानवता के ऊपर विशिष्ट समुदाय या राष्ट्र को तरजीह देता है। सामंती जकड़बंदी का मूलोच्छेद कर देने वाले फ्रांसीसी क्रांति जैसे घटनाक्रम के पीछे भी स्वच्छंदतावादी प्रेरणाएँ ही थीं। फ्रांसीसी क्रांति का युगप्रवर्तक नारा 'आज़ादी, बराबरी और भाईचारा' लम्बे अरसे तक स्वच्छंदतावादियों का प्रेरणा-स्रोत बना रहा।

इस क्रांति के बौद्धिक नायक ज्याँ-ज़ाक रूसो को स्वच्छंदतावादी चिंतन की शुरुआत का श्रेय दिया जाता है। रूसो ने अपने ज़माने की सभ्यतामूलक उपलब्धियों पर आरोप लगाया था कि उनकी वज़ह से मानवता भ्रष्ट हो रही है। उनका विचार था कि अगर नेकी की दुनिया में लौटना है और भ्रष्टाचार से मुक्त जीवन की खोज करनी है तो प्रकृत-अवस्था की शरण में जाना होगा। 1761 में प्रकाशित रूसो की दीर्घ औपन्यासिक कृति *ज़्यूली ऑर द न्यू हेलोइस* और अपने

ही जीवन का अनूठा अन्वेषण करने वाली उनकी आत्मकथा *कनफ़ेशंस* इस महान विचारक के स्वच्छंदतावादी नज़रिये का उदाहरण है। प्रेम संबंधों पर आधारित भावनाप्रवण कहानी *ज़्यूली* ने युरोपीय साहित्य में स्वच्छंदतावाद के परवर्ती विकास के लिए आधार का काम किया। अंग्रेज़ी भाषा में स्वच्छंदतावाद का साहित्यिक आंदोलन विकसित हुआ जिसके प्रमुख हस्ताक्षरों के रूप में ब्लैक, वड्र्सवर्थ, कोलरिज, बायरन, शैली और कीट्स के नाम उल्लेखनीय हैं।

ऑगस्त विल्हेम वॉन श्लेगल (1767-1845)

स्वच्छंदतावाद के ही प्रभाव में जर्मन दार्शनिक हर्डर ने अपने विशिष्ट रोमांटिक नैशनलिज़्म की संकल्पना की। यही प्रेरणाएँ हर्डर को ग़ैर-युरोपीय संस्कृतियों की तरफ़ ले गयीं और उन्होंने उन्हें युरोपीय सभ्यता की आदिम प्राक्-अवस्थाओं के बजाय अपनी विशिष्ट निजता, वैधता और तात्पर्यों से सम्पन्न संरचनाओं के रूप में देखा। जर्मन दार्शनिकों में आर्थर शॉपेनहॉर को स्वच्छंदतावाद की श्रेणी में रखा जाता है। उन्होंने कांट के बुद्धिवादी नीतिशास्त्र को नज़रअंदाज़ करते हुए उनकी ज्ञान-मीमांसा और सौंदर्यशास्त्र संबंधी विमर्श की पुनर्व्याख्या की। शॉपेनहाउर का लेखन जगत के प्रति निरुत्साह और हताशा से भरा हुआ है, पर उन्हें अभिलाषाओं के संसार में राहत मिलती है। शॉपेनहॉर का लेखन दर्शन रिचर्ड वागनर की संगीत-रचनाओं के लिए प्रेरक साबित हुआ। भारत में स्वच्छंदतावाद की पहली साहित्यिक अनुगूँज बांग्ला में सुनायी पड़ी। आधुनिक हिंदी साहित्य में स्वच्छंदतावाद की पहली सुसंगत अभिव्यक्ति छायावाद के रूप में मानी जाती है।

अपने प्रभावशाली राजनीतिक और दार्शनिक तात्पर्यों के अलावा स्वच्छंदतावाद की एक बहुत बड़ी उपलब्धि क्लासिकल भाषाओं को रचनाशीलता के केंद्र से विस्थापित करके जनप्रिय भाषाओं में लेखन की शुरुआत करने से जुड़ी है। एक ज़माने में केवल लैटिन में ही लेखन होता था, उसी के पाठक और प्रकाशक थे। लेकिन स्वच्छंदतावाद ने इस परम्परा का उल्लंघन करने की ज़मीन बनायी और पहले फ्रांसीसी और फिर अंग्रेज़ी में लेखन करने का आग्रह बलवती हुआ। स्वच्छंदतावादी रचनाकारों ने मनोभावों पर नये सिरे से ज़ोर दे कर रचनाशीलता में क्लासिकीय अभिजनोन्मुखता को झटक दिया। इसका नतीजा केवल रोमानी प्रेम पर आधारित विषय-वस्तुओं में ही नहीं निकला, बल्कि साहित्य और कला ने मन के अँधेरों में छिपे भयों और दुखों की अनुभूति को भी स्पर्श करना शुरू कर दिया।

स्वच्छंदतावाद की दूसरी महत्त्वपूर्ण उपलब्धि युरोपीय ज्ञानोदय द्वारा आरोपित बुद्धिवाद के ख़िलाफ़ विद्रोह के रूप में देखी जाती है। ज्ञानोदय के विचारक प्रकृति को तर्क-बुद्धि और व्यवस्थामूलक क्रम के उद्गम के तौर पर देखते थे। न्यूटन द्वारा प्रवर्तित मैकेनिक्स इसी की चरम अभिव्यक्ति है। लेकिन स्वच्छंदतावादियों ने प्रकृति को आंगिक विकास और विविधता के स्रोत के रूप में ग्रहण किया। वे प्राकृतिक और अलौकिक को अलग-अलग मानने के लिए तैयार नहीं थे। पार्थिव और अपार्थिव के द्विभाजन को नकारते हुए उन्होंने-उसे एक-दूसरे से गुँथे हुए की संज्ञा दी। ज्ञानोदय के विचार के लिए स्वच्छंदतावादियों का यह रवैया काफ़ी समस्याग्रस्त था। वे प्रकृति को भावप्रवण और आध्यात्मिक शक्ति के आदिम प्रवाह के रूप में देखने के लिए तैयार नहीं हो सकते थे। स्वच्छंदतावादियों ने क्लासिकल द्वारा रोमन और यूनानी मिथकों पर ज़ोर को नकारते हुए मध्ययुगीन और पागान सांस्कृतिक प्रवृत्तियों को अपनाया। इसका नतीजा गोथिक स्थापत्य के पुनरुद्धार में निकला। स्वच्छंदतावाद ने युरोपीय लोक-संस्कृति और कला के महत्त्व को स्वीकारा। फ़िनलैण्ड के महाकाव्यात्मक ग्रंथ *कालेवाला* का सृजन इसी रुझान की देन है।

स्वच्छंदतावाद के विकास में फ्रेड्रिख़ और ऑगस्त विल्हेम वॉन श्लेगल की भूमिका उल्लेखनीय है। अट्ठारहवीं और उन्नीसवीं सदी के संधिकाल पर सक्रिय इन विचारकों का कहना था कि रोमानी साहित्य और कला का स्वभाव तरल और खण्डित है। इसलिए सुसंगित और सम्पूर्णता प्राप्त करने की वह महत्त्वाकांक्षा उसमें नहीं होती जो क्लासिकल साहित्य और कला का मुख्य लक्षण है। जो रोमानी है वह व्याख्या की समस्याओं से ग्रस्त रहेगा ही। श्लेगल के अनुसार कला-कृतियाँ इसीलिए समझ के धरातल पर सौ फ़ीसदी बोधगम्य होने से इनकार करती हैं। ऑगस्त श्लेगल ने रोमानी विडम्बना की थीसिस का प्रतिपादन करते हुए कविता की विरोधाभासी प्रकृति को रेखांकित किया। इसका मतलब यह था कि किसी वस्तुनिष्ठ या सुनिश्चित तात्पर्य की उपलब्धि न कराना कविता का स्वभाव है। स्वच्छंदतावादियों ने शेक्सपियर की सराहना इसलिए की कि उनमें अपने नाटकों के पात्रों के प्रति एक विडम्बनात्मक विरक्ति है। इसीलिए वे अंतर्विरोधी स्थितियों और मुद्राओं के सफल चितेरे बन पाये हैं, और इसीलिए उनके नाटक किसी एक दृष्टिकोण के पक्ष में उपसंहार नहीं करते।

हिंदी में स्वच्छंदतावाद का प्रभाव बीसवीं सदी के दूसरे दशक में छायावादी कविता के रूप में सामने आया। *हिंदी आलोचना की पारिभाषिक शब्दावली* के रचनाकार डॉ. अमरनाथ के अनुसार हिंदी में स्वच्छंदतावाद का ज़िक्र सबसे

पहले रामचंद्र शुक्ल के विख्यात ग्रंथ *हिंदी साहित्य का इतिहास* में मिलता है जहाँ उन्होंने श्रीधर पाठक को स्वच्छंदतावाद का प्रवर्त्तक क़रार दिया है। अमरनाथ के अनुसार छायावाद और स्वच्छंदतावाद में गहरा साम्य है। दोनों में प्रकृति-प्रेम, मानवीय दृष्टिकोण, आत्माभिव्यंजना, रहस्यभावना, वैयक्तिक प्रेमाभिव्यक्ति, प्राचीन संस्कृति के प्रति व्यामोह, प्रतीक-योजना, निराशा, पलायन, अहं के उदात्तीकरण आदि के दर्शन होते हैं।

**देखें** : अधिकार, अधिकार : सैद्धांतिक यात्रा, अरस्तू, अफ़लातून, अनुदारतावाद, अराजकतावाद, अन्य-अन्यीकरण, उदारतावाद, उपयोगितावाद, ऐडमण्ड बर्क, क्रांति, ज्याँ ज़ाक रूसो, जॉन लॉक, जेरेमी बेंथम, जॉन स्टुअर्ट मिल, जॉन रॉल्स, थॉमस हॉब्स, थॉमस पेन, न्याय, न्याय : नारीवादी आलोचना, न्याय : रॉल्स का सिद्धांत, राजनीति में व्यक्ति की भूमिका, नागरिकता, नागरिकता : अन्य परिप्रेक्ष्य-1 और 2, नागर समाज, पनोप्टिकॉन, प्रतिनिधित्व, प्रगति, प्रगति : आलोचनात्मक परिप्रेक्ष्य, प्रशासन, फ़ासीवाद, फ्रेड्रिख़ वॉन हायक, बहुसंस्कृतिवाद, बहुसंख्यकवाद, बहुसंख्यक-अल्पसंख्यक, बुद्धिवाद, माइकेल जोसेफ़ ओकशॉट, माइकिल वाल्ज़र, मिशेल पॉल फ़ूको-1 और 2, यूटोपिया, राजनीतिक और राजनीति, राजनीतिक दर्शन के नारीवादी आयाम-1 और 2, राजनीतिक मनोविज्ञान, राजनीतिक समाजशास्त्र, राज्य-1 और 2, रॉबर्ट नॉज़िक, राज्य-1 और 2, राष्ट्र-राज्य, राष्ट्र : सांस्कृतिक या राजनीतिक, राष्ट्रवाद, राष्ट्रवाद का इतिहास, लोकतंत्र, लोकतंत्र की आलोचनाएँ, व्यक्तिवाद, व्यवहारवाद, विल किमलिका, वितरणमूलक न्याय, विदेशी-द्वेष, वैधता, वैधता का संकट, सविनय अवज्ञा, स्मृति की राजनीति, स्वतंत्रता, स्वतंत्रतावाद, स्वजातिवाद, सर्वसत्तावाद, सम्प्रभुता, समाजवाद, सरकारियत, संविधानवाद, सामाजिक समझौता, हेनरी डेविड थोरो।

### संदर्भ

1. एम. क्रैंस्टन (1979), *द रोमांटिक मूवमेंट,* ब्लैकवेल, ऑक्सफ़र्ड.
2. एच. ऑनर (1979), *रोमांटिसिज़्म,* एलन लेन, लंदन.
3. एम. प्रैज़ (1970), *द रोमांटिक एगॅनी,* ऑक्सफ़र्ड युनिवर्सिटी प्रेस, लंदन.
4. कैनेथ आर. जांस्टन वग़ैरह (1990), *रोमांटिक रेवोल्यूशन : क्रिटिसिज़्म ऐंड थियरी,* इण्डियाना युनिवर्सिटी प्रेस, ब्लूमिंग्टन.
5. डॉ. अमरनाथ (2009), *हिंदी आलोचना की पारिभाषिक शब्दावली,* राजकमल प्रकाशन, नयी दिल्ली.

**— अभय कुमार दुबे**

# स्वजातिवाद

(Ethnocentrism)

स्वजातिवाद एक हानिकारक वैचारिक प्रवृत्ति है। इसके प्रभाव में कोई समूह अपनी जातीय और सांस्कृतिक श्रेष्ठता में इस क़दर यक़ीन करने लगता है कि उसे दूसरे सभी समूह, उनकी संस्कृतियाँ और जीवन-शैलियाँ हेय लगने लगती हैं। स्वजातिवादी आग्रह विशेष ऐतिहासिक परिस्थितियों में उपनिवेशवाद और नस्लवाद के वाहक बन जाते हैं। स्वजातिवाद के कारण 'अपने' और 'पराये' का द्वि-भाजन इतना तीखा हो जाता है कि 'अन्य' संस्कृतियों, समुदायों या सभ्यताओं के प्रति द्वेष, घृणा, संदेह, उदासीनता और अरुचि जैसे मनोभाव पैदा होने लगते हैं। अपने से भिन्न भाषाओं, विचारों, धर्मों, नैतिकताओं और दृष्टिकोणों को समझना मुश्किल हो जाता है। 'अन्य' संस्कृतियों की रूढ़-छवियाँ ही यथार्थ की जगह ले लेती हैं। बौद्धिक दायरे में स्वजातिवाद ने एक ख़ास तरह की विश्लेषण पद्धति को जन्म दिया है जिसमें विश्लेषक अपनी संस्कृति से उपजी कसौटियों को प्राथमिकता देता हुआ 'अन्य' संस्कृतियों के मूल्यांकन की परियोजना चलाता है। ऐतिहासिक रूप से इस विचार का प्रभाव युरोपीय बौद्धिक दृष्टिकोण पर सबसे ज़्यादा देखा गया है। प्रौद्योगिकीय रूप से विकसित पश्चिमी युरोप में पनपा स्वजातिवाद अश्वेत, ग़ैर-ईसाई और ग़ैर-युरोपीय संस्कृतियों को बर्बर, सुखवादी और कभी-कभी तो अ-मानवीय तक क़रार देता रहा है। स्वजातिवाद या एथनोसेंट्रिज़्म की अभिव्यक्ति गढ़ने का श्रेय समाजशास्त्री विलियम जी. समनर को जाता है जिन्होंने 1906 में एक समूह के भीतरी और बाहरी दायरों के बीच पक्षपातपूर्ण मनोवृत्तियों को समझने के लिए इस अवधारणा का प्रयोग किया था। इसके बाद इस पद का इस्तेमाल मानवशास्त्रियों द्वारा किया जाने लगा। समाज-विज्ञान में संकुचित और संकीर्ण विचारों की आलोचना एथनोसेंट्रिज़्म का आक्षेप लगा कर की जाती है।

किसी ख़ास संस्कृति में पैदा हुए और पनपे लोग उसके मूल्यों और व्यवहार-शैलियों को जज़्ब करके एक ऐसा सोच विकसित कर लेते हैं जिसके तहत उन्हें अपना सांस्कृतिक आचरण स्वाभाविक और नैसर्गिक लगने लगता है। आधुनिक मानवशास्त्र के संस्थापक फ्रेंज़ बोआस की मान्यता थी कि समाज वैज्ञानिक भी अपने तमाम ज्ञानार्जन के बावजूद इस समस्या से मुक्त नहीं हो पाते। वे अपने सांस्कृतिक दृष्टिकोण को विधेयक मान कर अन्य संस्कृतियों का अध्ययन करने निकलते हैं। बोआस और उनके शिष्यों का ख़याल था कि वे स्वजातिवादी पूर्वग्रहों से पल्ला छुड़ाये बिना

अपने से भिन्न संस्कृतियों पर समुचित वैज्ञानिक शोध नहीं कर सकते। इसी उद्देश्य से बीसवीं सदी के शुरुआती दौर में सांस्कृतिक सापेक्षतावाद के सूत्रीकरण के लिए ज्ञानमीमांसक ज़मीन साफ़ की गयी और चालीस के दशक तक आते-आते यह सिद्धांत सांस्कृतिक मानवशास्त्र का केंद्रीय उसूल बन गया।

इसमें कोई शक नहीं है कि स्वजातिवाद मुख्य तौर पर युरोपीय प्रवृत्ति रही है, पर इसका मतलब यह नहीं निकाला जा सकता कि ग़ैर-युरोपीय संदर्भ में यह पूरी तरह से प्रभावहीन है। कोई भी स्वजातिवादी हो सकता है। यहाँ तक कि दूसरे के स्वजातिवादी रवैये के जबाव में प्रतिक्रियात्मक स्वजातिवाद विकसित किया जा सकता है। नारीवाद जैसे समतामूलक और रैडिकल विमर्शों तक पर इसका असर देखा गया है। एलिज़ाबेथ स्पेलमैन ने अपनी रचना 'इनइसेंशियल वुमॅन : प्रॉब्लम्स ऑफ़ एक्सक्यूज़न इन फ़ेमिनिस्ट थॉट' में दिखाया है कि किस तरह नारीवादी विधि-सिद्धांत के कुछ पहलू एक तरह के 'फ़ेमिनिस्ट स्वजातिवाद' से पीड़ित हैं। नारीवादी सिद्धांतकार जूडिथ बटलर ने अपनी रचना 'प्रिकेरियस लाइफ़' में अपनी इयत्ता बनाये रखने के संदर्भ में 'अन्य' को मान्यता देने से जुड़ी समस्याओं की चर्चा की है। बटलर का विश्लेषण बताता है कि 'अन्य' को मान्यता देने की शर्त यही है कि उसे ऐसा माना जाए जो 'मेरे जैसा नहीं है'। अर्थात् 'अन्य' की शिनाख़्त हमेशा एक विभेद की रोशनी हो पाती है। इस प्रक्रिया में होता यह है कि उसी विभेद की फिर से स्थापना हो जाती है जिसे ख़त्म करने के लिए 'अन्य' को मान्यता देने का प्रयास किया गया था। एक अन्य नारीवादी सिद्धांतकार जैकलीन रोज़ के मुताबिक़ शिनाख़्त की प्रक्रिया, अस्मिता निर्धारित करने में खप जाती है और उस प्रक्रिया का मक़सद ही बदल जाता है।

इस नारीवादी विमर्श से समझा जा सकता है कि स्वजातिवाद से पल्ला छुड़ाना कितना मुश्किल है। यहाँ तक कि सांस्कृतिक सापेक्षतावाद की सतत पैरोकारी करने के बावजूद मानवशास्त्र को आज तक स्वजातिवादी होने के आरोपों का सामना करना पड़ता है। उत्तर-आधुनिकतावादी विद्वानों और उत्तर-उपनिवेशवादी विमर्श ने ख़ास तौर से मानवशास्त्र को इसके लिए आड़े हाथों लिया है। उनका कहना है कि वि-उपनिवेशीकरण के बाद मानवशास्त्री पश्चिमी संस्कृति की दार्शनिक, वैज्ञानिक और प्रौद्योगिक सफलताओं को पैमाना बनाते हुए एक अनुदार मानक अपनाते हैं जो उन्हें अन्य संस्कृतियों की उपलब्धियों का सही आकलन करने से रोकता है। पश्चिम की दृष्टि से जो प्रौद्योगिकी 'अपरिष्कृत' है, उसे धार्मिक संरचनाओं की दुर्बलता, शक्तिहीन चिंतन, क्षयग्रस्त कर्मकाण्डों, कमज़ोर राजनीति और अर्थव्यवस्था का नतीजा मान लिया जाता है। सादगी प्रौद्योगिकी स्तरहीन बौद्धिकता का पर्याय समझ ली जाती है। पश्चिमी वैज्ञानिकता के मुक़ाबले पूर्व को 'अन्य' जादू से गुज़र-बसर करता दिखाया जाता है। पश्चिम के पास इतिहास के बरक्स 'अन्य' के लिए सिर्फ़ मिथकों की पूँजी होती है। पश्चिम के विचार को दर्शन माना जाता है, और पूर्व के विचारों को महज़ आस्था। पश्चिम के लेखन और साक्षरता के मुक़ाबले पूर्व वाचिक परम्परा में जीता है और समुदाय की जकड़बंदी में क़ैद है। ऐसे तुलनात्मक परिप्रेक्ष्य से निकलने वाला विश्लेषण सांस्कृतिक सापेक्षतावाद की परियोजना का क्षय कर देता है।

स्वजातिवाद का एक पेचीदा पहलू यह भी है कि उससे प्रभावित समुदाय कुछ विशेष स्थितियों में अपनी जन्मना संस्कृति को ख़ारिज करके नयी संस्कृति अपनाने की तरफ़ भी जा सकते हैं। इसके पीछे यह धारणा काम करती है कि नयी संस्कृति उनकी संस्कृति से श्रेष्ठ है। स्वजातिवाद का यह संस्करण अपने शिकारों को हमेशा के लिए एक पीड़ाजनक सांस्कृतिक अंतर्विरोध से ग्रस्त कर देता है।

**देखें :** अधिकार, अधिकार : सैद्धांतिक यात्रा, अरस्तू, अफ़लातून, अनुदारतावाद, अराजकतावाद, अन्य-अन्यीकरण, उदारतावाद, उपयोगितावाद, ऐडमण्ड बर्क, क्रांति, ज्याँ ज़ाक रूसो, जॉन लॉक, जेरेमी बेंथम, जॉन स्टुअर्ट मिल, जॉन रॉल्स, थॉमस हॉब्स, थॉमस पेन, न्याय, न्याय : नारीवादी आलोचना, न्याय : रॉल्स का सिद्धांत, राजनीति में व्यक्ति की भूमिका, नागरिकता, नागरिकता : अन्य परिप्रेक्ष्य-1 और 2, नागर समाज, पनोप्टिकॉन, प्रतिनिधित्व, प्रगति, प्रगति : आलोचनात्मक परिप्रेक्ष्य, प्रशासन, फ़ासीवाद, फ्रेड्रिख़ वॉन हायक, बहुसंस्कृतिवाद, बहुसंख्यकवाद, बहुसंख्यक-अल्पसंख्यक, बुद्धिवाद, माइकेल जोसेफ़ ओकशॉट, माइकिल वाल्ज़र, मिशेल पॉल फ़ूको-1 और 2, यूटोपिया, राजनीतिक और राजनीति, राजनीतिक दर्शन के नारीवादी आयाम-1 और 2, राजनीतिक मनोविज्ञान, राजनीतिक समाजशास्त्र, राज्य-1 और 2, रॉबर्ट नॉज़िक, राज्य-1 और 2, राष्ट्र-राज्य, राष्ट्र : सांस्कृतिक या राजनीतिक, राष्ट्रवाद, राष्ट्रवाद का इतिहास, लोकतंत्र, लोकतंत्र की आलोचनाएँ, व्यक्तिवाद, व्यवहारवाद, विल किमलिका, वितरणमूलक न्याय, विदेशी-द्वेष, वैधता, वैधता का संकट, सविनय अवज्ञा, स्मृति की राजनीति, स्वतंत्रता, स्वतंत्रतावाद, सर्वसत्तावाद, सम्प्रभुता, समाजवाद, सरकारियत, संविधानवाद, सामाजिक समझौता, हेनरी डेविड थोरो।

## संदर्भ

1. वी. रेनॉल्ड्स, वी. फैल्गर और आई. वाइन (सम्पा.) (1987), द *सोसियोबायलॅजी ऑफ़ एथनोसेंट्रिज़्म,* युनिवर्सिटी ऑफ़ जार्जिया प्रेस, एथेंस, जी.ए.
2. ज़ोर्न रूज़ेन (2004), 'हाऊ टू ओवरकम एथनोसेंट्रिज़्म : एप्रोचिज़ टू अ कल्चर ऑफ़ रेकगनीशन बाई हिस्ट्री इन द ट्वेंटी-फ़र्स्ट सेंचुरी', *हिस्ट्री ऐंड थियरी : स्टडीज़ इन फ़िलॉसफ़ी ऑफ़ हिस्ट्री,* 43.

**— अभय कुमार दुबे**

# स्वतंत्रता

(Liberty)

स्वतंत्रता (स्वाधीनता या आज़ादी या मुक्ति) का विचार तीन आयामों से मिल कर बनता है। पहला है चयन करना, दूसरा है चयन करने और उस पर अमल करने में आने वाली बाधाओं का अभाव, और तीसरा है उन परिस्थितियों की मौजूदगी जो चयन करने के लिए प्रेरित करती हों। मसलन, अगर कोई सोचता है कि वह कार चलाना सीखने के लिए स्वतंत्र है, तो सबसे पहली बात तो उसे चुनाव करना होगा कि वह कार चलाना सीखना चाहता है। दूसरी यह कि इसमें कोई बाधा न डाली जाए यानी उसे शारीरिक रूप से न रोका जाए। तीसरी बात यह होनी चाहिए कि हालात कार चलाना सीखने लायक हों यानी एक कार उपलब्ध हो, उसे चलाना सिखाने वाला हो और एक सुरक्षित सड़क हो जहाँ चलाने का अभ्यास किया जा सके। स्वतंत्रता की एक कारगर परिभाषा एक तितरफ़ा संबंध के रूप में भी दी जाती है कि (क) स्वतंत्र है (ख) से ताकि (ग) कर सके या बन सके। इसमें एक पक्ष यानी (क) कर्त्ता (एजेंट) है, दूसरा पक्ष यानी (ख) उसे रोकने वाली परिस्थिति है, और तीसरा पक्ष यानी (ग) वह क्रिया या परिणाम है जो ख की अनुपस्थिति में क हासिल करेगा। स्वतंत्रता या अ-स्वतंत्रता के बारे में प्रत्येक वक्तव्य इसी परिभाषा के मुताबिक़ सूत्रीकृत किया जा सकता है : क्या स्वतंत्र या अस्वतंत्र है, किससे स्वतंत्र या अस्वतंत्र है और क्या करने या बनने के लिए स्वतंत्र या अस्वतंत्र है। स्वतंत्रता के विचार की सभी व्याख्याएँ इसी परिभाषा के इर्द-गिर्द गोलबंद की जा सकती हैं।

राजनीतिक चिंतन के इतिहास में स्वतंत्रता के विचार का विकास कई चरणों में मिलता है। प्रकृत अवस्था की अपनी कल्पना के तहत थॉमस हॉब्स क्रिया की स्वतंत्रता में आने वाली उन बाधाओं की अनुपस्थिति को स्वतंत्रता क़रार देते हैं जो कर्त्ता की प्रकृति और सहजात गुणों में निहित नहीं हैं। मसलन, जंजीरों में जकड़े व्यक्ति की अ-स्वतंत्रता उसके भीतर से नहीं निकली है, पर एक रोगी या विकलांग की अ-स्वतंत्रता सहजात है। हॉब्स डर और आवश्यकता को भी ऐसे कारकों के रूप में पेश करते हैं जिनकी वजह से व्यक्ति स्वतंत्रता की तरफ़ बढ़ता है। जैसे जेल जाने से डरने वाला व्यक्ति अपना क़र्ज़ अदा कर देता है। यह परिभाषा कई सवालों को जन्म देती है : क्या दूसरे की सुरक्षा पर आँच आने की क़ीमत पर किया जाने वाला स्वयं-संरक्षण स्वतंत्रता की श्रेणी में आता है? क्या भय या आवश्यकता के अधीन की जाने वाली कार्रवाई स्वतंत्रता है? क्या भुखमरी के डर से भीख माँगना आज़ादी है, क्योंकि उस सूरत में भिखारी को भीख माँगने से कोई नहीं रोक रहा है? ज़ाहिर है कि बाधाओं की अनुपस्थिति को ही स्वतंत्रता मानने का विचार चयन की धारणा को दरकिनार कर देता है और नैतिकता के प्रश्न की कोई परवाह नहीं करता। भिखारी मजबूरीवश भीख माँगता है, न कि अपने चयन के आधार पर। जबकि, कार चलाना सीखने का निर्णय चयन आधारित है। ख़ुद को बचाने के चक्कर में लूट-मार न कर पाने वाले लुटेरे की स्वतंत्रता के दावे में नैतिकता अनुपस्थिति है।

हॉब्स के स्वतंत्रता संबंधी चिंतन की यह ख़ामी जॉन लॉक के चिंतन में नहीं दिखाई पड़ती जहाँ स्वतंत्रता एक नैतिकतापूर्ण चयन के रूप में परिभाषित होती है। जैसे, कोई वाडियो जॉकी बनने का चयन करता है तो उसे आईएएस या एमबीए होने के लिए मजबूर नहीं किया जाना चाहिए, वरना वह स्वाधीन नहीं रह जाएगा। पर किसी को स्वतंत्रता के तर्क के तहत लुटेरा या हत्यारा बनने का अधिकार भी नहीं है, क्योंकि तब उसके चयन से दूसरे को नुक़सान पहुँचेगा। लॉक के लिए स्वतंत्रता का अधिकार जीवन और सम्पत्ति की ही तरह प्राकृतिक अधिकार है। इसलिए इसका उतना ही इस्तेमाल किया जाना चाहिए जितना प्राकृतिक क़ानून इजाज़त देता है। ये अधिकार सबके लिए बराबर हैं, इसलिए प्राकृतिक क़ानून के मर्म में समानता है। परिणामस्वरूप स्वतंत्रता का दावा समानता की क़ीमत पर नहीं किया जा सकता।

एक अविभाज्य और सार्वभौम अधिकार के रूप में लॉक के अनुसार स्वतंत्रता नागरिक और राजनीतिक समाज से पहले आती है। नागर समाज जिस अनुबंध के तहत बनता है, उसका मक़सद स्वतंत्रता समेत सभी प्राकृतिक अधिकारों की रक्षा करना है। राजनीतिक समाज स्वतंत्रता को विनियमित तो कर सकता है, पर सीमित नहीं। लॉक जिस स्वाधीन व्यक्ति की कल्पना करते हैं वह बुद्धिसंगत व्यवहार के मुताबिक़ स्वतंत्रता का दावा उन परिस्थितियों में करेगा जिन्हें बदला जा सकता है। अर्थात् वह स्वाधीन व्यक्ति किसी पक्षी की तरह हवा में उड़ने की स्वतंत्रता का दावा करने के बजाय अल्पसंख्यक होने के बावजूद अपनी बात कहने और उसके सुने जाने का दावा करना पसंद करेगा। लेकिन लॉक भी उन परिस्थितियों के बारे में चर्चा नहीं करते जो चयन की प्रक्रिया को सुगम और सुलभ करती हों। यानी वे सामाजिक बाधाओं और विषमताओं की बात नहीं करते। हॉब्स और लॉक की स्वतंत्रता संबंधी चर्चा व्यक्ति के स्तर पर ही है।

रूसो के चिंतन से यह कमी पूरी होती है। उनके यहाँ स्वतंत्रता एक सामूहिक उद्यम है जिसके तहत पूरे समूह के वृहत्तर हित के लिए स्वार्थी आग्रहों से मुक्त होना ज़रूरी है। रूसो की मान्यता के अनुसार अन्यायपूर्ण और पदानुक्रम से निकलने वाली सामाजिक विषमताओं के उन्मूलन के बिना स्वतंत्रता असम्भव है। इसलिए रूसो स्वतंत्रता को प्राकृतिक

अधिकार नहीं मानते। वह तो नागरिक और राजनीतिक समाज बनने के बाद अ-स्वतंत्रता से मुक्ति के रूप में मिलती है। अगर कोई निजी दासता के मुक्त होना चाहता है तो दूसरे व्यक्तियों या संस्थाओं पर निर्भर होने के बजाय उसे पूरे समुदाय पर निर्भर होना चाहिए, उस एकताबद्ध समुदाय पर जो प्रत्येक नागरिक के जान-माल की हिफ़ाज़त करता है। रूसो की निगाह में व्यक्ति पूरे समुदाय से एकजुट हो कर अपनी निम्न प्रकृति का उन्नयन करता है। स्वाधीन लोग अनुपालन करते है, दासता नहीं। उनके नेता होते हैं, मालिक नहीं। वे क़ानून पर चलते हैं, उन क़ानूनों पर जिनके कारण उन्हें मनुष्यों का आज्ञापालन नहीं करना पड़ता। और, क़ानून 'जन-इच्छा' (जनरल विल) का प्रतिनिधित्व करता है। अर्थात् रूसो की निगाह में चयन का अधिकार सही विकल्प चुनने का पर्याय है। कार चलाने और साइकिल चलाने के विकल्पों में से रूसो का नागरिक साइकिल चलाने का चयन करेगा, क्योंकि प्रदूषण से समाज को बचाया जा सकेगा और पैदल चलने वालों को सुविधा होगी।

उपयोगितावाद के पैरोकार जेरेमी बेंथम ने स्वतंत्रता को सुख प्राप्त करने और दु:ख से बचने के साथ जोड़ कर देखा है। यह परिभाषा एक बलात्कारी और हत्यारे की स्वतंत्रता को उसके उत्पीड़ित की स्वतंत्रता के साथ प्रतियोगिता में खड़ा कर देती है। दरअसल, उपयोगितावादी सुखों की प्रकृति में फ़र्क़ नहीं करते। सूर्योदय निहारने के सुख में निहित स्वतंत्रता और नशीले पदार्थों के सेवन से मिलने वाला सुख एक ही पायदान पर खड़ा हो जाता है। स्वतंत्रता की यह सरलीकृत व्याख्या बेंथम के शिष्य जॉन स्टुअर्ट मिल के चिंतन में अधिक परिष्कृत हो कर उभरती है।

मिल का तर्क है कि किसी व्यक्ति के मत का समाज या राज्य के सामूहिक निर्णय के आधार पर दमन नहीं किया जा सकता। अपनी विख्यात रचना *ऑन लिबर्टी* में वे निजी स्वतंत्रता को बचाना चाहते हैं और बेंथम से परे जाते हुए सुख को वैयक्तिकता की रक्षा के रूप में देखते हैं। उनके यहाँ वैयक्तिकता मनुष्य की इयत्ता के विकास की पूर्वशर्त है। प्रगति तभी होगी जब अपनी वैयक्तिकता में दूसरों से भिन्न हो कर व्यक्ति समाज के लिए उपयोगी होगा। मिल स्वतंत्रता के तीन आयाम बताते हैं : विचार और बहस की स्वतंत्रता, वैयक्तिकता का सिद्धांत और व्यक्ति की क्रियाओं पर प्राधिकार की सीमा।

आम तौर पर स्वतंत्रता को एक उदारतावादी सिद्धांत मान लिया जाता है। पर उदारतावादी न समझे जाने वाले दार्शनिकों ने भी इसके विकास में महत्त्वपूर्ण योगदान दिया है। रूसो के उदाहरण पर हम ग़ौर कर ही चुके हैं। मार्क्स इसके दूसरे उदाहरण हैं। वे अ-स्वतंत्रता की मिसाल के ज़रिये स्वतंत्रता के विचार को सामने लाते हैं। उनके लिए अ-स्वतंत्रता अपने आप से पराया हो जाने में है। मसलन, लेखक बनने की इच्छा रखने वाला अगर कारख़ाने में मज़दूरी करने के लिए विवश है तो दिन-रात की मेहनत-मशक़्क़त उसे अपने एहसासों में डूबने या अपने-आप से जुड़ने से रोकेगी। इस प्रकार उसका अपने श्रम उसे स्वयं की इयत्ता से पराया कर देगा। यह प्रक्रिया चार चरणों में चलती है : कर्त्ता का अपने श्रम के उत्पाद से परायापन, उत्पादक गतिविधि से परायापन, स्वंय की मानवीय प्रकृति (मार्क्स मानवीय प्रकृति की परिभाषा सृजनशीलता की अभिव्यक्ति-क्षमता के रूप में करते हैं) से परायापन और फिर दूसरे मनुष्यों से परायापन। इस तरह परायेपन का शिकार मनुष्य खाने, पीने, प्रजनन करने और ज़्यादा से ज़्यादा अपनी रिहाइश में वक़्त गुज़ारने वाला महज़ प्राणी बन कर रह जाएगा।

मार्क्स लिबरेशन या मुक्ति की जिस धारणा को पेश करते हैं वह आत्मविकास के बिना सम्भव नहीं हो सकती। पूँजीवाद की आलोचना वे इसीलिए करते हैं कि वह आत्मविकास के मौक़े न देने के लिए ज़िम्मेदार हैं। पूँजीवाद के तहत कामनाएँ व्यक्ति की समझ से बाहर प्रक्रिया के ज़रिये बनती हैं जिसके कारण वह अपनी कामनाओं के साथ तादात्म्य स्थापित नहीं कर पाता। वे कामनाएँ उसका मुक्त चयन न हो कर परायी शक्तियों की तरह लगने लगती हैं। नियोजन और समन्वय के अभाव में कामनाएँ पूरी नहीं होतीं। उनके लिए की जाने वाली व्यक्ति की क्रियाएँ भी स्वतंत्र और किसी परायी शक्ति की तरह लगती हैं, न कि स्वतंत्र और संयुक्त इच्छा का परिणाम। मार्क्स अपनी ही कामनाओं से तादात्म्य न कर पाने और अपनी ही इयत्ता के साथ उनके टकराव को परायेपन की संज्ञा देते हैं। लेकिन, पूँजीवाद की गहन आलोचना करते हुए वे यह भी मानते हैं कि पूँजीवाद ही ऐसी भौतिक परिस्थितियाँ बनाता है जिनके आधार पर उस समाज की रचना की जा सकती है जिसमें व्यक्ति पूरी तरह से आत्मविकास के रास्ते पर चल सकेगा।

समकालीन दार्शनिक ईसैया बर्लिन ने स्वतंत्रता के विचार को नकारात्मक और सकारात्मक स्वतंत्रताओं में बाँट कर देखा है। दोनों स्वतंत्रताएँ एक-दूसरे की पूरक हैं। नकारात्मक स्वतंत्रता यानी किसी भी हस्तक्षेप या बाधा से स्वतंत्रता। यह क्रिया करने के अवसर पर निर्भर है, न कि क्रिया पर। अवसर की अनुपलब्धि स्वतंत्रता में बाधक बन जाती है। सकारात्मक स्वतंत्रता वह है जिसके तहत व्यक्ति की उच्चतर इयत्ता उसकी निचली इयत्ता पर प्रभुत्व प्राप्त कर लेती है जिसके ज़रिये वह अपना स्वामी बन कर आत्मसिद्धि कर सकता है। यह अवसर पर निर्भर नहीं होती, बल्कि अवसरों को उपलब्ध करने के लिए क़दम भी उठाती है।

**देखें :** अधिकार, अधिकार : सैद्धांतिक यात्रा, अरस्तू, अफ़लातून, अनुदारतावाद, अराजकतावाद, अन्य-अन्यीकरण, उदारतावाद,

उपयोगितावाद, ऐडमण्ड बर्क, क्रांति, ज्याँ ज़ाक रूसो, जॉन लॉक, जेरेमी बेंथम, जॉन स्टुअर्ट मिल, जॉन रॉल्स, थॉमस हॉब्स, थॉमस पेन, न्याय, न्याय : नारीवादी आलोचना, न्याय : रॉल्स का सिद्धांत, राजनीति में व्यक्ति की भूमिका, नागरिकता, नागरिकता : अन्य परिप्रेक्ष्य-1 और 2, नागर समाज, पनोप्टिकॉन, प्रतिनिधित्व, प्रगति, प्रगति : आलोचनात्मक परिप्रेक्ष्य, प्रशासन, फ़ासीवाद, फ्रेड्रिख़ वॉन हायक, बहुसंस्कृतिवाद, बहुसंख्यकवाद, बहुसंख्यक-अल्पसंख्यक, बुद्धिवाद, माइकेल जोसेफ़ ओकशॉट, माइकिल वाल्ज़र, मिशेल पॉल फ़ूको-1 और 2, यूटोपिया, राजनीतिक और राजनीति, राजनीतिक दर्शन के नारीवादी आयाम-1 और 2, राजनीतिक मनोविज्ञान, राजनीतिक समाजशास्त्र, राज्य-1 और 2, रॉबर्ट नॉज़िक, राज्य-1 और 2, राष्ट्र-राज्य, राष्ट्र : सांस्कृतिक या राजनीतिक, राष्ट्रवाद, राष्ट्रवाद का इतिहास, लोकतंत्र, लोकतंत्र की आलोचनाएँ, व्यक्तिवाद, व्यवहारवाद, विल किमलिका, वितरणमूलक न्याय, विदेशी-द्वेष, वैधता, वैधता का संकट, सविनय अवज्ञा, स्मृति की राजनीति, स्वतंत्रतावाद, सर्वसत्तावाद, सम्प्रभुता, समाजवाद, सरकारियत, संविधानवाद, सामाजिक समझौता, हेनरी डेविड थोरो।

### संदर्भ


1. वी. श्रीरंजनी (2008), 'लिबर्टी', राजीव भार्गव और अशोक आचार्य (सम्पा.), *पॉलिटिकल थियरी : ऐन इंट्रोडक्शन,* पियर्सन लोंगमेन, नयी दिल्ली.
2. ईसैया बर्लिन (1996), *फ़ोर एसेज़ ऑन लिबर्टी,* ऑक्सफ़र्ड युनिवर्सिटी प्रेस, ऑक्सफ़र्ड.
3. एफ़.ए. हॉयक (1960), द *कांस्टीट्यूशन ऑफ़ लिबर्टी,* युनिवर्सिटी ऑफ़ शिकागो प्रेस, शिकागो,
4. सी.एल. टेन (सम्पा.) (1999), *मिल्स मॉरल, पॉलिटिकल ऐंड लीगल फ़िलॉसफ़ी,* डार्टमाउथ पब्लिशिंग कम्पनी लि., इंग्लैण्ड.


**— अभय कुमार दुबे**

# स्वतंत्रता, भारतीय विचार

(Liberty, The Indian Concept)

स्वतंत्रता के लिए भारतीय परम्परा के पास अगर कोई निकटतम शब्द है तो वह है मुक्ति। लेकिन इस मुक्ति का तात्पर्य मोक्ष से है अर्थात् जन्म-मरण के चक्र से पारलौकिक धरातल पर मिलने वाला छुटकारा। लेकिन आधुनिक और लौकिक संदर्भों में यहाँ जिस मुक्ति की चर्चा की जा रही है उसका अर्थ है सामाजिक-राजनीतिक बंधनों से छुटकारा। भारत में स्वतंत्रता का यह आधुनिक विचार मुख्यत: दो अर्थों में ग्रहण किया जाता है : राजनीतिक स्वतंत्रता और सामाजिक स्वाधीनता। स्वाधीनता के इन दोनों रूपों की चेतना का स्पर्श साथ-साथ मिलने के बावजूद भारत ज़्यादा से ज़्यादा यह कह सकता है कि उसे राजनीतिक स्वाधीनता प्राप्त हो चुकी है, और सामाजिक स्वतंत्रता के रास्ते पर कई सकारात्मक क़दम बढ़ा चुका है पर इस सिलसिले में मंजिल तक पहुँचने की जद्दोजहद अभी जारी है। स्वतंत्रता के विचार का भारत में आगमन तीन विभिन्न रास्तों से हुआ। पहला, औपनिवेशिक शासन व्यवस्था द्वारा किये गये क़ानूनी विन्यास में व्यक्ति के अधिकारों और स्वतंत्रताओं की प्रच्छन्न समझ निहित होना। दूसरा, पश्चिमी शिक्षा व्यवस्था का संस्थागत प्रसार। तीसरा, पश्चिमी सामाजिक चिंतन का प्रभाव।

भारत में जैसे-जैसे मध्य वर्ग का उभार हुआ और नौकरी पेशा लोगों की संख्या बढ़ी, स्वतंत्रता का विचार व्यक्तिगत संदर्भों में व्यक्त किया जाने लगा। संयुक्त परिवारों में स्त्रियों की स्थिति पुरुष के मुक़ाबले दोयम दर्जे की थी, लेकिन स्वतंत्रता के व्यक्ति आधारित विचार ने पुरुष के साथी की उनकी परिभाषा का रास्ता खोला। विभिन्न जाति सभाओं और धार्मिक संगठनों के गठन ने धर्म, जाति और समाज के समीकरण में उल्लेखनीय तब्दीलियाँ कीं। आधुनिक दायरे में सक्रिय रहने की विवशता से जातियों का परस्पर कर्मकाण्डीय अलगाव टूटा और धार्मिक संगठनों ने औपनिवेशिक आधुनिक राज्य द्वारा प्रदत्त लाभों में हिस्सा बँटाने के लिए सामुदायिकता की राजनीति शुरू की। शिक्षा संस्थाएँ खोलने, स्त्रियों की उन्नति और खेल-कूद क्लबों के मक़सद से स्वयंसेवी संस्थाएँ बनने का सिलसिला शुरू हुआ। शुरुआती दौर में इन संगठनों में भागीदारी का मौक़ा केवल ऊँची जातियों के अभिजनों को ही प्राप्त था। सामाजिक पाबंदियों से छुटकारे की इन विविध मुहिमों के शीर्ष पर बंगाल का नवजागरण था जिसके एक सिरे पर राजा राममोहन राय थे, और दूसरे सिरे पर रवींद्रनाथ ठाकुर। यह धारा आगे चल कर कमोबेश राजनीतिक स्वतंत्रता के लिए चलाये जा रहे उपनिवेशवादी संघर्ष में विकसित हुई।

लेकिन, पश्चिम भारत में आधुनिकता और सामाजिक मुक्ति की इस अन्योन्यक्रिया का परिदृश्य कुछ अलग तरह का था। निचली जातियों से निकले दो चिंतकों ने सामाजिक स्वतंत्रता के आधुनिक विचारों के ज़रिये जातिगत ऊँच-नीच पर आक्रमण शुरू किया। यह मशाल पहले ज्योतिबा फुले ने जलायी और फिर भीम राव आम्बेडकर उसके प्रमुख वाहक बने। सामाजिक मुक्ति का यह संदर्भ रोज़ाना की ज़िंदगी में जातिगत अवमानना से मुक्ति के रूप में परिभाषित हुआ। इसके दो रूप थे : ऊँची जातियों के प्रभुत्व से निचले जाति-समूहों की मुक्ति, और औपनिवेशिक प्रशासन में नौकरियों के लिए आरक्षण की राजनीति। सामाजिक स्वतंत्रता की यह धारा उपनिवेशवाद विरोध की राजनीतिक धारा से अलग और अक्सर उसके साथ तनाव में विकसित हुई।

स्वतंत्रता की इन दोनों धाराओं को अगर किसी एक

मुक़ाम पर एक साथ अभिव्यक्ति मिली तो वह था गाँधी-विचार। गाँधी ने स्वतंत्रता के लिए 'स्वराज' शब्द का इस्तेमाल किया जो 'स्व' और 'राज' से मिल कर बना था। इसे दो अर्थों में समझा जा सकता था : स्व या अपना शासन और स्व पर राज या अपने ऊपर शासन। इस तरह स्वराज का एक मतलब संवैधानिक और राजनीतिक स्वतंत्रता समझा गया और दूसरा मतलब सामाजिक और सामूहिक स्तर पर स्वतंत्रता के रूप में लिया गया। गाँधी ने सामाजिक मुक्ति को एक नया आयाम भी दिया जिसका तात्पर्य न केवल परंपरा की जकड़ से मुक्ति था, बल्कि पश्चिम के सांस्कृतिक रुतबे से भी मुक्ति के रूप में भी था। अपनी विख्यात रचना *हिंद-स्वराज* में गाँधी ने स्वराज की वह समझ पेश की जिसका मतलब था अमानवीकरण करने वाली संस्थाओं से मुक्ति के लिए आत्म-गौरव की उपलब्धि, अपने उत्तरदायित्व की समझ और आत्म-मुक्ति की क्षमता का विकास। इस स्वराज की प्राप्ति की लिए ज़रूरी था अपनी वास्तविक इयत्ता का साक्षात्कार करते हुए समुदाय व समाज से उसके संबंध की गहन अनुभूति। गाँधी का लक्ष्य था कि स्वराज की इस समझ के मुताबिक़ ऐसी संस्थाओं, संरचनाओं और प्रक्रियाओं के विकास का सतत प्रयास किया जाए जो भारत की विविध संस्कृतियों और परम्पराओं के मुताबिक़ होने के साथ-साथ प्राकृतिक जगत के उसूलों पर भी खरी उतरती हों। गाँधी का विश्वास था कि इस प्रकार होने वाला विकास न केवल व्यक्ति को स्वाधीन करेगा, बल्कि उन सामूहिक क्षमताओं को भी उन्मुक्त करेगा जिनकी बुनियाद न्याय के उसूल पर रखी गयी होगी।

सवाल यह है कि क्या स्वतंत्रता के विचार की ये धाराएँ स्वतंत्र भारत के संविधान में मूर्त होती हैं? दरअसल, भारतीय संविधान के तीसरे हिस्से में मूलाधिकारों के तहत स्वतंत्रता की चर्चा मिलती है। ये मूलाधिकार राज्य को दी जाने वाली सकारात्मक हिदायतों के रूप में न हो कर राज्य पर लगायी गयी कुछ पाबंदियों के नकारात्मक रूप में हैं। ये अधिकार मूल होने के बावजूद निर्बाध नहीं हैं। एक सिद्धांत के रूप में स्वतंत्रता के अधिकार और व्यक्तिगत स्वतंत्रता के अधिकारों द्वारा ही नहीं बल्कि राज्य की नीति के निर्देशक सिद्धांतों द्वारा भी सुरक्षित की गयी है। संविधान के इस हिस्से के अनुच्छेद 19 में विभिन्न स्वतंत्रताओं का ज़िक्र है और अनुच्छेद 21 स्वतंत्रता के सिद्धांत के दायरे को परिभाषित करता है। इक्कीसवाँ अनुच्छेद कहता है : *क़ानून द्वारा स्थापित क्रियाविधि को छोड़ कर किसी और तरीक़े से किसी व्यक्ति को उसके जीवन या निजी स्वतंत्रता से वंचित नहीं किया जाएगा।* मूलाधिकारों के परिच्छेद में यह अकेला सूत्रीकरण है जिसके कार्यान्वयन में किसी अपवाद या शर्त का उल्लेख नहीं है। अर्थात् अनुच्छेद 21 के मुताबिक़ भारतीय संविधान जीवन के अधिकार और निजी स्वतंत्रता को मानव अधिकार के स्तर पर ले जाता है। इसका उपभोग करने के लिए भारत का नागरिक होना भी ज़रूरी नहीं है।

**देखें :** ग़ैर-सरकारी संस्थाएँ, ग़ैर-सरकारी संस्थाएँ : भारत में, ग़ैर-दलीय राजनीति, धीरूभाई शेठ, नागरिकता, नागरिकता : अन्य परिप्रेक्ष्य, नागर समाज, नागरिक समाज पर भारतीय बहस, पार्थ चटर्जी, मानवाधिकार, भारत में उपनिवेशवाद, भारत में नागर समाज और ग़ैर-दलीय राजनीति-1 से 3 तक, भारत में नागरिकता-विमर्श-1 से 3 तक, भारत में मानवाधिकार, भारत में मानवाधिकार आंदोलन, भारत में सार्विक मताधिकार, भीखू छोटालाल पारिख, रजनी कोठारी, राजनीतिक समाज, सुदीप्त कविराज।

### संदर्भ

1. सुदीप्त कविराज (2002), 'आइडियाज़ ऑफ़ फ्रीडम इन मॉडर्न इण्डिया', राबर्ट एच. टेलर (सम्पा.), *द आइडिया ऑफ़ फ्रीडम इन एशिया ऐंड अफ्रीका,* स्टेनफ़र्ड युनिवर्सिटी प्रेस, स्टैनफ़र्ड, सीए.
2. वी. श्रीरंजनी (2008), 'लिबर्टी' अध्याय में 'द कंसेप्ट ऑफ़ लिबर्टी इन इण्डिया', राजीव भार्गव और अशोक आचार्य (सम्पा.), *पॉलिटिकल थियरी : ऐन इंट्रोडक्शन,* पियर्सन लोंगमेन, नयी दिल्ली.
3. गंगाधर पानतावणे (1993), 'महात्मा फुले और डॉ. आम्बेडकर', हरि नरके (सम्पा.), *महात्मा फुले : साहित्य और विचार,* महात्मा फुले चरित्र साधने प्रकाशन समिती, मुम्बई.

**— अभय कुमार दुबे**

# स्वतंत्रतावाद

(Libertarianism)

द्वितीय विश्व-युद्ध के बाद पूँजीवादी देशों में लोकोपकार के आग्रह के तहत राज्य की बढ़ी हुई भूमिका की प्रतिक्रिया में स्वतंत्रतावाद के सिद्धांत का विकास हुआ है। स्वतंत्रतावाद मनुष्य और समाज के जीवन में राज्य की भूमिका को बेहद सीमित कर देना चाहता है। इसकी दो प्रमुख शाखाएँ हैं। एक शाखा अराजकतावादियों की है जो मानते हैं कि सरकार अपने आप में वैध संस्था है ही नहीं। दूसरी शाखा न्यूनतमवादियों की है जो मानती है कि सरकार को न्यूनतम काम करने का अधिकार है जिनमें पुलिस-सुरक्षा, अनुबंधों का कार्यान्वयन करवाना, नागरिक और फ़ौजदारी अदालत क़ायम करना शामिल है। लेकिन अधिकतर न्यूनतमवादी यह भी मानते हैं कि उनकी सूची में टैक्स वसूलने का अधिकार शामिल नहीं है। यहाँ तक कि ऊपर वर्णित काम पूरे करने के लिए भी

सरकार को लोगों से टैक्स नहीं लेना चाहिए। अराजकतावादियों का ख़याल है कि क्रिकेट के नाइटवाचमैन क़िस्म का यह राज्य भी कुछ ज़्यादा ही व्यापक है। वे मानते हैं कि न्यूनतमवादियों ने सरकार को जो काम दिये हैं, वे भी निजी एजेंसियों द्वारा किये जाने चाहिए। कुछ अराजकतावादी तो व्यक्ति की सुरक्षा के लिए भी सरकार को किसी तरह की शक्ति का उपभोग नहीं करने देना चाहते।

स्वतंत्रतावादी व्यक्ति के आत्म-स्वामित्व या 'सेल्फ़ ऑनरशिप' के विचार पर बल देते हैं। आत्म-स्वामित्व का विचार कांट द्वारा लोगों को अपने-आप में साध्य मानने के सूत्र का ही एक रूप है। इसका अर्थ यह है कि हर व्यक्ति ख़ुद अपना मालिक है। इसलिए उसकी ज़िंदगी में किसी को भी ऐसा दख़ल देने की ज़रूरत नहीं हैं जिससे उसके आत्म-स्वामित्व का उल्लंघन होता हो। इस आधार पर भी स्वतंत्रतावाद दो धाराओं में बँट जाता है : पहला, दक्षिणपंथी स्वतंत्रतावाद और दूसरा वामपंथी स्वतंत्रतावाद।

दक्षिणपंथी स्वतंत्रतावादी न्यूनतम राज्य की अवधारणा का समर्थक है। उसका मानना है कि व्यक्ति को असीम सम्पत्ति का अधिकार है। यदि राज्य व्यक्ति पर किसी भी तरह का कर लगाता है तो वह आत्म-स्वामित्व के उसूल का उल्लंघन होगा। लॉक के विचारों में इसके सूत्र पाये जा सकते हैं। बींसवी सदी में हायक और फ्रीडमैन ने भी इस विचार का समर्थन किया है। द्वितीय विश्व युद्ध के बाद इस आंदोलन को बौद्धिक समर्थन देने वाले प्रमुख विद्वानों में अमेरिकी अर्थशास्त्री मरे एन. रोथबर्ड का नाम भी प्रमुख है। रोथबर्ड ने अ-हस्तक्षेपकारी राज्य के सिद्धांत को मानवाधिकारों के असीमवादी संस्करण से जोड़ कर राज्य को ख़ारिज कर दिया। समकालीन विद्वानों में रॉबर्ट नॉज़िक इस के सबसे बड़े समर्थक हैं। दूसरी ओर, वाम-स्वतंत्रतावाद की भी एक लम्बी परम्परा रही है। वाम-स्वतंत्रतावादी अट्ठारहवीं और उन्नीसवीं सदी विचारकों, जैसे थॉमस पेन, हेनरी जॉर्ज और पीटर वालरस, के विचारों से प्रेरणा ग्रहण करते हैं। आजकल हीलेल स्टीनर और पीटर वेलेनटाइन जैसे विचारकों ने इसका समर्थन किया है। वाम-स्वतंत्रतावाद भी आत्म-स्वामित्व पर जोर देता है। वह मानता है कि संपत्तिहीन लोगों को आत्म-स्वामित्व का अधिकार देने के लिए या तो संसाधनों का राष्ट्रीयकरण किया जाना चाहिए, या फिर सभी लोगों तक इनकी पहुँच सुनिश्चित करनी चाहिए। फ़िलहाल स्वतंत्रतावाद के नाम पर केवल दक्षिणपंथी-स्वतंत्रतावाद का ही बोलबाला है।

1974 में दार्शनिक राबर्ट नॉज़िक की कृति *एनार्की, स्टेट एंड यूटोपिया* के प्रकाशन के बाद इस आंदोलन पर काफ़ी अकादमीय ध्यान दिया गया। यह पुस्तक जॉन रॉल्स की *अ थियरी ऑफ़ जस्टिस* के 1971 के प्रकाशन में कुछ सामने आयी थी। अपनी किताब में नॉज़िक यह तर्क देते हैं कि राज्य को सिर्फ़ सुरक्षा और न्याय के काम करने चाहिए न्याय के इस सिद्धांत के तहत माना जाता है कि लोगों की विशेषताओं का ध्यान रखते हुए एक ख़ास तरीक़े से सम्पत्ति और आय का वितरण किया जाना चाहिए। नॉज़िक ने विख्यात बास्केटबॉल खिलाड़ी विल्ट चेम्बरलेन के उदाहरण से दिखाया है कि किस तरह छोटी-छोटी गतिविधियाँ व्यक्तिगत स्वतंत्रता का उल्लंघन करती हैं। नॉज़िक कहते हैं कि अगर चेम्बरलेन को बॉस्केटबॉल का खेल दिखाने के लिए एक समतावादी समाज में सभी लोग अपने एक डॉलर का चौथाई हिस्सा दें तो उसके पास बहुत ज़्यादा सम्पत्ति जमा हो जाएगी।

नॉज़िक पैटर्न आधारित न्याय की समस्याओं से बचने के लिए इसकी जगह ऐतिहासिक सिद्धांत अपनाते हैं। उन्होंने लॉक के वर्णन को अपने इस ऐतिहासिक सिद्धांत का आधार बनाया है। उनके अनुसार यह ज़रूरी नहीं है कि व्यक्ति नैतिक रूप से अपनी सम्पत्ति के लायक़ हो। इसकी जगह व्यक्ति सम्पत्ति का सिर्फ़ हक़दार हो सकता है। एक व्यक्ति सम्पत्ति का तभी हक़दार हो सकता है जब उसने किसी लावारिस पड़ी वस्तु का न्यायपूर्ण अधिग्रहण किया हो; या फिर उसने किसी ऐसे व्यक्ति से सम्पत्ति ली हो जिसका उस पर न्यायपूर्ण शुरुआती अधिग्रहण हो। साथ ही, नॉज़िक अतीत के अन्यायों के परिशोधन की व्यवस्था भी करते हैं। अर्थात् यदि ऊपर-वर्णित प्रक्रिया के अनुसार सम्पत्ति हासिल नहीं की गयी है तो व्यक्ति इसके लिए परिशोधन का दावा कर सकता है। अपनी किताब में नॉज़िक यह भी दिखाने की कोशिश करते हैं कि एक स्वतंत्रतावादी समाज यूटोपियाई सामाजिक व्यवस्था की सबसे सुसंगत परिभाषा पर खरा उतरता है।

इसके अलावा, डेविड गौथियर जैसे विद्वानों ने पारस्परिक लाभ के आधार पर स्वतंत्रतावाद की तरफ़दारी की है। दूसरी ओर, बहुत से विद्वानों ने स्वतंत्रता को ज़्यादा-से-ज़्यादा बढ़ाने को तर्क के आधार पर भी स्वतंत्रतावाद की वकालत की है।

स्वतंत्रतावाद के दक्षिणपंथी संस्करण का आधारभूत तर्क बेहद कमज़ोर है। यह समाज में सम्पत्ति और संसाधनों की असमानता को ज्यों का त्यों स्वीकार कर लेता है। नॉज़िक के सिद्धांत में इस सवाल का जवाब देने की कोशिश नहीं की गयी है कि क्या वर्तमान दौर में बड़े-बड़े पूँजीपतियों ने अपनी सम्पत्ति न्यायपूर्ण अधिग्रहण के सिद्धांत के अनुसार हासिल की थी। इसी तरह इसमें यह भी स्पष्ट नहीं है कि क्या सभी लोगों को शुरुआती रूप से समान संसाधन दिये गये थे ? यदि

ऐसा नहीं हुआ तो सम्पत्तिहीन और साधनहीन लोगों को संसाधनों के पुनर्वितरण की माँग क्यों नहीं करनी चाहिए? यद्यपि वामपंथी-स्वतंत्रतावाद इस तरह के मुद्दे उठाता है लेकिन दक्षिणपंथी-स्वतंत्रतावाद का प्रभाव लगातार बढ़ता गया है। इसका मुख्य कारण लोकोपकारी राज्य की नाकामी है।

**देखें** : अधिकार, अधिकार : सैद्धांतिक यात्रा, अरस्तू, अफ़लातून, अनुदारतावाद, अराजकतावाद, अन्य-अन्यीकरण, उदारतावाद, उपयोगितावाद, ऐडमण्ड बर्क, क्रांति, ज्याँ ज़ाक रूसो, जॉन लॉक, जेरेमी बेंथम, जॉन स्टुअर्ट मिल, जॉन रॉल्स, थॉमस हॉब्स, थॉमस पेन, न्याय, न्याय : नारीवादी आलोचना, न्याय : रॉल्स का सिद्धांत, राजनीति में व्यक्ति की भूमिका, नागरिकता, नागरिकता : अन्य परिप्रेक्ष्य-1 और 2, नागर समाज, पनोप्टिकॉन, प्रतिनिधित्व, प्रगति, प्रगति : आलोचनात्मक परिप्रेक्ष्य, प्रशासन, फ़ासीवाद, फ्रेड्रिख़ वॉन हायक, बहुसंस्कृतिवाद, बहुसंख्यकवाद, बहुसंख्यक-अल्पसंख्यक, बुद्धिवाद, माइकेल जोसेफ़ ओकशॉट, माइकिल वाल्ज़र, मिशेल पॉल फ़ूको-1 और 2, यूटोपिया, राजनीतिक और राजनीति, राजनीतिक दर्शन के नारीवादी आयाम-1 और 2, राजनीतिक मनोविज्ञान, राजनीतिक समाजशास्त्र, राज्य-1 और 2, रॉबर्ट नॉज़िक, राज्य-1 और 2, राष्ट्र-राज्य, राष्ट्र : सांस्कृतिक या राजनीतिक, राष्ट्रवाद, राष्ट्रवाद का इतिहास, लोकतंत्र, लोकतंत्र की आलोचनाएँ, व्यक्तिवाद, व्यवहारवाद, विल किमलिका, वितरणमूलक न्याय, विदेशी-द्वेष, वैधता, वैधता का संकट, सविनय अवज्ञा, स्मृति की राजनीति, स्वतंत्रता, स्वजातिवाद, सर्वसत्तावाद, सम्प्रभुता, समाजवाद, सरकारियत, संविधानवाद, सामाजिक समझौता, हेनरी डेविड थोरो।

## संदर्भ

1. विल किमलिका (2009), *समकालीन राजनीति-दर्शन : एक परिचय* (दूसरा संस्करण) (अनु. कमल नयन चौबे), पियर्सन लांग्मैन, नयी दिल्ली.
2. राबर्ट नॉज़िक (1974), *एनार्की स्टेट ऐंड यूटोपिया,* बेसिक बुक्स, न्यूयॉर्क.
3. पीटर वेलेनटाइन और एच. एल. स्टीनर (सम्पा.) (2000), *लेफ़्ट-लिबरटेरियनिज़्म ऐंड इट्स क्रिटिक्स : द कंटेम्पररी डिबेट,* पॉलग्रेव, लंदन.
4. एम. रॉथबार्ड (1982), *इथिक्स ऑफ़ लिबर्टी,* ह्यूमैनिटी प्रेस, अटलांटिक हाइलैण्ड्स, एनजे.

**— कमल नयन चौबे**

# स्वामी अछूतानंद हरिहर

(Swami Achhutanand 'Harihar')

आदि हिंदू आंदोलन के संस्थापक और उत्तर भारत में दलित चेतना के प्रमुख अग्रदूतों में से एक स्वामी अछूतानंद हरिहर (1879-1933) उन संत-महापुरुषों में से थे जिन्होंने ब्रिटिश भारत में अंग्रेज़ों की ग़लत नीतियों का विरोध करते हुए भारतीय समाज की विषमता पर ज़बरदस्त चोट करने के साथ-साथ सामंतों और ज़मींदारों के अत्याचारों के ख़िलाफ़ भी आवाज़ उठायी। उन्होंने सामाजिक और राजनीतिक अधिकारों की दावेदारी करने के साथ-साथ दलितों को भारत का मूल निवासी बताने का अभियान चलाया। उन्होंने सरकार को कई माँग-पत्र दिये जिनमें दलितों के लिए सार्वजनिक बहालियों और राजनीतिक प्रतिनिधित्व में विशेष प्रावधान की बात कही गयी थी। उनके इन प्रयासों के कारण छुआछूत के शिकार समुदायों ने औपनिवेशिक आधुनिकता को मुक्ति के एक सीमित अवसर के रूप में देखना शुरू किया। आज उत्तर भारत, ख़ास कर उत्तर प्रदेश में जिस दलित राजनीतिक जागरूकता के दर्शन होते हैं उसकी नींव बीसवीं सदी के दूसरे और तीसरे दशक में स्वामी अछूतानंद के अहर्निश संघर्ष के आधार पर ही रखी गयी थी। यह स्वामी अछूतानंद द्वारा बनायी गयी ज़मीन ही थी जिसकी बिना पर इस क्षेत्र में चालीस के दशक तक आम्बेडकरवादी चेतना अपने क़दम जमा सकी। अछूतानंद की समयावधि में उत्तर भारत में कम से कम चार और मुक़ामों पर आदि हिंदू आंदोलन चल रहा था। पंजाब में बाबा मंगूराम मुग्गोवालिया ने इसकी स्थापना की थी। इसके अलावा इस आंदोलन की गतिविधियाँ आज के हरियाणा, नयी दिल्ली, उत्तराखण्ड और राजस्थान में भी देखी जा सकती थीं।

स्वामी अछूतानंद का जन्म उत्तर प्रदेश के फ़र्रुख़ाबाद ज़िले के सौरिख नामक गाँव में 1879 में वैशाख पूर्णिमा के दिन एक अत्यंत साधारण परिवार में हुआ था। उनके परिजन उन्हें बचपन में हीरालाल के नाम से पुकारते थे। उनकी दिलचस्पी शुरुआत से ही लिखने-पढ़ने में थी, बावजूद इसके कि उनके परिवार में शिक्षा की कोई सुविधा न थी। उन्हें किताबी ज्ञान से अधिक आध्यात्मिक ज्ञान प्राप्त करने का मौक़ा मिला। प्रतिभाशाली होने के कारण छोटी-सी उम्र में ही उन्हें हिंदी, संस्कृत, फ़ारसी, उर्दू, गुरुमुखी तथा मराठी आदि भाषाओं का ज्ञान हो गया। जितना अधिक वे पढ़ते उतना ही ज़्यादा ज्ञान प्राप्त करने की भूख उनके मन में पैदा होती। दलितों के बीच समाज-सुधार और जागरण के लिए काम करते-करते दिन-रात के कठोर परिश्रम के कारण 1933 में

उनका स्वास्थ्य ख़राब हो गया और मई के महीने में 23 दिन बीमार रहने के बाद उन्होंने अपना शरीर छोड़ा।

अछूतानंद ने 1905 से 1917 तक आर्य समाजियों के साथ जाति और छुआछूत के उन्मूलन के लिए काम किया। आर्य समाज में उन्हें पण्डित हरिहरानंद का नाम दिया गया, लेकिन जल्दी ही उनका आर्य समाज से मोहभंग हो गया और उन्होंने पण्डित हरिहरानंद के बजाय अछूतानंद 'हरिहर' नाम लेना पसंद किया। उन्होंने गाँव-गाँव और क़स्बे-क़स्बे घूम कर दलित जातियों में शिक्षा की आवश्यकता पर बल देना शुरू किया। समाज सुधार के उनके एजेंडे पर दहेज, बाल-विवाह और मृत्यु-भोज इत्यादि पर होने वाले ख़र्चों का विरोध करना शामिल था। वे जहाँ भी जाते दलित समाज को कुरीतियों तथा पाखण्ड से बचने की सलाह देते। बच्चों को स्कूल जाने के लिए उत्साहित करते साथ ही महिलाओं को भी पढ़ने के लिए प्रेरित करते।

स्वामी अछूतानंद हरिहर (1879-1933)

इस बीच स्वामी अछूतानंद को अनेक प्रलोभन दिये गये। जहाँ एक तरफ़ ब्रिटिश हुकूमत ने उन्हें पदवी देकर अपना पिट्ठू बनाना चाहा, वहीं दूसरी ओर देशी राजाओं, सामंतों तथा जागीरदारों ने भी तरह-तरह के लालच भिजवा कर उन्हें अपनी ओर मिलाने का भरपूर प्रयास किया। लेकिन वे अपने कर्त्तव्य से ज़रा भी नहीं डिगे।

1917 में अछूतानंद दिल्ली गये और अछूतों के नेता वीर रतन, देवी दास जातिया और जगतराम जातिया के साथ मिल कर काम किया। इन लोगों ने मिल कर अछूत महासभा की स्थापना की और एक पत्रिका का प्रकाशन शुरू किया। 1922 में प्रिंस ऑफ़ वेल्स के दिल्ली आगमन के मौक़े पर अछूतानंद ने पुराने क़िले पर एक विशाल सम्मेलन आयोजित किया जिसमें क़रीब दस हज़ार दलितों ने भागीदारी की। प्रिंस ऑफ़ वेल्स इस सम्मेलन के मुख्य अतिथि थे। अछूतानंद ने उनके सामने 17 माँगों का एक ज्ञापन पेश किया। ज्ञापन में अछूतों को आदि हिंदू बताया गया था और उनके लिए पृथक मतदाता मण्डलों की माँग करते हुए ज़ोर दिया गया था कि अछूतों के लिए स्कूल-कॉलेजों के दरवाज़े खोले जाएँ, छुआछूत निवारण के लिए कड़ा क़ानून बने, शिक्षा प्राप्त करने वाले अछूतों को सरकारी नौकरियाँ प्रदान की जाएँ, नगर पालिकाओं परिषदों-पंचायतों आदि में अछूतों को नामज़द किया जाए, अछूतों को व्यवसाय करने और दूकानें खोलने की आज़ादी मिले, बेगार कराने पर रोक लगे, राज्य विधानसभाओं में अछूतों की नुमाइंदगी हो, उन्हें पट्टे पर ज़मीनें मिलें, अछूत छात्रों के लिए वज़ीफ़ों की प्रावधान हो, सघन अछूत आबादी वाले इलाक़ों में उनके लिए कॉलेज खोले जाएँ और उन्हें मिलने वाली मज़दूरी में बढ़ोतरी हो। दिलचस्प बात यह है कि इस ज्ञापन में एक माँग ब्राह्मण और क्षत्रिय समुदायों की स्त्रियों के बारे में भी थी। ज्ञापन में कहा गया था कि इन स्त्रियों का ब्राह्मण और क्षत्रिय पुरुषों द्वारा काफ़ी शोषण होता है इसलिए उनके बुनियादी अधिकार सुनिश्चित किये जाने चाहिए। 1920 में उन्होंने दिल्ली के जाटव सम्मेलन में भागीदारी की और 1923 में दिल्ली में उन्होंने आदि हिंदू धर्म की स्थापना की।

दलितोद्धार की इस मुहिम में अछूतानंद को तीन तरफ़ से हमलों का सामना करना पड़ा। पहला, हिंदू धर्म में फैली कुरीतियों और छुआछूत के समर्थक मठाधीशों से, दूसरा मुसलमानों की धर्म-परिवर्तन नीति से और तीसरे अंग्रेज़ों की राजनीतिक ग़ुलामी से। वे जहाँ भी जाते स्थानीय लोगों को इसी तरह के तितरफ़ा संघर्ष के लिए तैयार करने की कोशिश करते। इसी उद्देश्य की पूर्ति के लिए उन्होंने 1926 में कानपुर में दलितों का एक सम्मेलन बुलाया। इस सम्मेलन में उन्होंने पूर्ण स्वराज्य की माँग की। उन्होंने कहा कि जिस तरह हिंदू और मुसलमान स्वराज की माँग कर रहे हैं, हम दलित भी पूर्ण-स्वराज की माँग करते हैं। हम भी स्वाधीनता के सच्चे हक़दार हैं। 30 नवम्बर, 1930 को लखनऊ में स्वामी अछूतानंद अपने साथियों तिलक चंदर कुरील, गिरधारी भगत, लक्ष्मण प्रसाद और करोड़ीमल खटीक के साथ साइमन कमीशन से मिले और दावा किया कि 'हमें अंग्रेज़ों से हमदर्दी नहीं, सम्मानपूर्वक जीवन अधिकार चाहिए।' उन्होंने इस अवसर पर ज़मींदारी उन्मूलन क़ानून बनाने की भी बात भी कही। साइमन कमीशन के सामने अछूतानंद ने 'सोसियो इकॉनॉमिक कण्डीशंस ऐंड आल्टरनेटिव प्लांस फ़ॉर द लिबरेशन ऑफ़ अनटचेबिल्स' पेश किया। कमीशन के सामने उनका तर्क था कि कांग्रेस और उसके गाँधी जैसे नेता दरअसल हिंदुओं का प्रतिनिधित्व करते हैं। वे अछूतों के नुमाइंदे नहीं हो सकते। लंदन में हुए गोलमेज़ सम्मेलन के समय भी अछूतानंद ने अनगिनत पत्र और तार भेज कर अछूतों के अलग प्रतिनिधित्व का सवाल उठाया था। जिस समय गाँधी अछूतों के लिए पृथक् मतदाता मण्डलों के सवाल पर आमरण अनशन पर बैठे, अछूतानंद ने प्रयाग, इटावा, लखनऊ और कानपुर में इसके ख़िलाफ़ प्रतिरोध-सभाएँ आयोजित की थीं। इसी संदर्भ में मोतीलाल नेहरू ने उन्हें एक पत्र लिखा था कि आप तथा आपके सहयोगी आज़ादी के संघर्ष में सहयोग दें क्योंकि आज़ादी के बाद ज़मींदारी उन्मूलन अपने आप हो जाएगा।

लेकिन अछूतानंद का संघर्ष बहुमुखी था। वे राजनीतिक स्वतंत्रता और सामाजिक स्वतंत्रता के प्रश्न को अलग-अलग करके देखने या एक की क़ीमत पर दूसरे को प्राथमिकता देने के लिए तैयार नहीं थे।

अछूतानंद ने हिंदी में छह किताबें लिखीं : *शम्बूक बलिदान* (नाटक), *मायानंद बलिदान* (जीवनी), *अछूत पुकार* (गीत), *पाखण्ड खंडिनी, आदिवंश का डंका* (कविता), *रामराज्य का न्याय* (नाटक)। स्वामी अछूतानंद की साहित्य और पत्रकारिता के लिए भी प्रतिबद्ध थे। उन्होंने कानपुर में ही आदि हिंदू प्रेस स्थापित किया और 1925 से 1932 तक *आदि हिंदू* मासिक पत्र का प्रकाशन करते रहे।

अछूतानंद द्वारा शुरू किये गये संघर्ष का इतिहास हमें बताता है कि उनके नेतृत्व में आठ राष्ट्रीय अधिवेशन, तीन विशेष सम्मेलन और पंद्रह प्रांतीय सभाओं के साथ-साथ सैकड़ों की संख्या में जनपदीय सभाएँ हुईं। 1923 में दिल्ली में पहले वार्षिक अधिवेशन के अलावा दूसरा नागपुर (1924), तीसरा हैदराबाद (1925), चौथा मद्रास (1926), पाँचवाँ इलाहाबाद (1927), छठा बम्बई (1928), सातवाँ अमरावती (1929), और आठवाँ (1930) में इलाहाबाद में हुआ था। प्रांतीय सभाएँ लखनऊ कानपुर, मेरठ, मैनपुरी, मथुरा, इटावा, आगरा आदि में आयोजित की गयी थीं। अपने व्यस्त कार्यक्रम से समय निकाल कर अछूतानंद अपने ज़माने के महापुरुषों से भी मिलते थे। इन्हीं दिनों उन्हें डॉ. आम्बेडकर के बारे में जानकारी मिली। दूसरी ओर डॉ. आम्बेडकर भी अछूतानंद से मिलना चाहते थे। इस तरह नवम्बर, 1928 में बम्बई में आदि हिंदू आंदोलन के राष्ट्रीय अधिवेशन में पहली बार इन दोनों महापुरुषों की मुलाक़ात हुई। बहुत समय से स्वयं डॉ. आम्बेडकर को उत्तरी-भारत के लिए ऐसे ही व्यक्ति की आवश्यकता थी।

**देखें :** अनुसूचित जातियाँ, अस्मिता की भारतीय राजनीति, अन्य पिछड़े वर्ग, आयोतीदास पांडीतर, आयंकाली, आम्बेडकर-गाँधी विवाद, इरोड वेंकट रामस्वामी नायकर पेरियार, कांशी राम, गाड़गे बाबा, गोपाल बाबा वलंगकर, ज्योतिराव गोविंदराव फुले, जाति और जाति-व्यवस्था-1, 2, 3 और 4, बहुजन समाज पार्टी-1 और 2, बाबू मंगूराम, भदंत आनंद कौसल्यायन, भारतीय संविधान-1 से 8 तक, भीमराव रामजी आम्बेडकर।

### संदर्भ

1. कँवल भारती (2011), *स्वामी अछूतानंदजी 'हरिहर' और हिंदी नवजागरण,* स्वराज प्रकाशन्, दरियागंज, नयी दिल्ली.
2. प्रो. अंगनेलाल और डॉ. राहुल राम (2011), *उत्तर-प्रदेश में दलित आंदोलन,* गौतम बुक सेंटर, नयी दिल्ली.
3. रामनारायण एस. रावत (2012), *रीकंसीडरिंग अनटचेबिलिटी चमार्स ऐंड दलित हिस्ट्री इन नॉर्थ इण्डिया,* परमानेंट ब्लेक, रानीखेत केंट.
4. चंद्रिका प्रसाद जिज्ञासु (1960), *आदि हिंदू आंदोलन के प्रवर्तक 108 स्वामी अछूतानंद जी हरिहर,* हिंदू समाज सुधार कार्यालय, लखनऊ.
5. मार्क जुरेगेंसमेयर (1982), द *रिलीजस रिबेल्स इन पंजाब : द आदि धर्म चैलेंज,* नवभान पब्लिकेशन.

**— मोहनदास नैमिशराय**

# सत्ता

(Power)

अगर कोई किसी से अपनी मर्ज़ी के आधार पर कुछ ऐसे काम करवा सकता है जो वह अन्यथा नहीं करता, तो इसे एक व्यक्ति की दूसरे पर सत्ता की संज्ञा दी जाएगी। सत्ता की यह सहज लगने वाली परिभाषा रॉबर्ट डाह्ल की देन है। इसका सूत्रीकरण केवल व्यक्तियों के संदर्भ में किया गया है। जैसे ही समूह और सामूहिकता के दायरे में सत्ता पर ग़ौर किया जाता है, कई पेचीदा और विवादास्पद प्रश्न खड़े हो जाते हैं। समझा जाता है कि सामूहिक संदर्भ में सत्ता का आशय ऐसे फ़ैसले करने से है जिन्हें मानने के लिए दूसरे लोग मजबूर हों। मसलन, अध्यापक द्वारा किये गये निर्णय उसकी कक्षा के छात्र मानते हैं और परिवार के सदस्य माता-पिता के फ़ैसलों के आधार पर चलते हैं। लेकिन, राजनीति, अर्थव्यवस्था और समाज-नीति के मामलों के लिए सत्ता की यह परिभाषा अपर्याप्त साबित होती है।

समाज-विज्ञान के छात्र यह पूछ सकते हैं कि समाज के संदर्भ में सत्ता किस के पास रहती है, किसके पास रहनी चाहिए और किस आधार पर उसका प्रयोग किया जाना चाहिए? इन सवालों की रोशनी में आधुनिक विचार के दायरे में सत्ता के प्रश्न पर गहराई से चिंतन-मनन किया गया है। सत्ता से जुड़े अहम सवालों में सर्वाधिक महत्त्वपूर्ण यह है कि सत्ता समाज में व्यापक और समान रूप से वितरित है या किसी शासक वर्ग या किसी 'पॉवर इलीट' के हाथों में केंद्रित है? सत्ता का प्रश्न उस समय और जटिल हो जाता है जब सत्ता और उसका प्रयोग करने से जुड़े इरादे के समीकरण पर ग़ौर किया जाता है। पार्टियाँ, सरकार, हित-समूह और बड़े-बड़े कॉरपोरेशन सत्ता का इस्तेमाल करते हुए देखे जा सकते हैं। यह सत्ता के इरादतन प्रयोग के उदाहरण हैं। पर क्या यही बात एक विज्ञापक के लिए भी कही जा सकती है? उसका इरादा तो महज़ अपने उत्पाद की बिक्री बढ़ाना है। तो फिर उसके द्वारा जारी विज्ञापन उपभोक्ताओं पर अपनी सत्ता किस तरह से क़ायम करता है? उपभोक्ता उस विज्ञापन के प्रभाव

में कुछ ख़ास तरह के मूल्यों के हक़ में क्यों झुक जाते हैं? ज़ाहिर है कि सत्ता के 'अभिप्रेत' रूपों के अलावा भी कुछ ऐसे रूप हैं जिन्हें सत्ता के 'संरचनागत' रूपों की संज्ञा दी जा सकती है।

स्टीवन ल्यूक्स ने सत्ता के तीन आयामों की चर्चा करके उसके कई पहलुओं को समेटने की कोशिश की है। उनके अनुसार सत्ता का मतलब है निर्णय लेने का अधिकार अपनी मुट्ठी में रखने की क्षमता, सत्ता का मतलब है राजनीतिक एजेंडे को अपने पक्ष में मोड़ने के लिए निर्णयों के सार को बदल देने की क्षमता, और सत्ता का मतलब है लोगों की समझ और प्राथमिकताओं से खेलते हुए उनके विचारों को अपने हिसाब से नियंत्रित करने की क्षमता।

रॉबर्ट डाह्ल यह नहीं मानते कि निर्णयों को प्रभावित करने की क्षमता किसी सुपरिभाषित 'शासक अभिजन' या रूलिंग क्लास की मुट्ठी में रहती है। 1963 में प्रकाशित अपनी रचना *हू गवर्न्स?* में डाह्ल ने अमेरिका के न्यू हैविंस, कनेक्टीकट का अध्ययन पेश किया। इसमें उन्होंने पहले अपने लिहाज़ से निर्णय के तीन प्रमुख क्षेत्रों (शहरी नवीकरण, सार्वजनिक शिक्षा और राजनीतिक उम्मीदवारों का चयन) को छाँटा, निर्णय-प्रक्रिया में शामिल लोगों और उनकी प्राथमिकताओं की शिनाख़्त की और फिर उन लोगों द्वारा किये गये फ़ैसलों का उनकी प्राथमिकताओं से मिलान किया। डाह्ल ने यह तो पाया कि आर्थिक और राजनीतिक रूप से ताक़तवर लोगों की आम लोगों के मुक़ाबले फ़ैसलों में ज़्यादा चलती है, पर उन्हें अभिजनों के किसी स्थाई समूह द्वारा फ़ैसले करने या उन्हें प्रभावित करने के सबूत नहीं मिले। वे इस नतीजे पर पहुँचे कि निर्णयों को प्रभावित करने में सत्ता की भूमिका तो होती है, पर सत्ता एक नहीं बल्कि कई केंद्रों में होती हैं। दाह्ल की मान्यता है कि अगर इसी तरह से सत्ता के स्थानीय रूपों के अध्ययन कर लिए जाएँ तो उसके राष्ट्रीय स्वरूप के बारे में नतीजे निकाले जा सकते हैं।

राजनीतिक एजेंडा अपने हिसाब से बनवाने में सत्ता के इस्तेमाल की शिनाख़्त करना थोड़ा मुश्किल है। इस प्रक्रिया में ज़ोर फ़ैसले करने पर कम और दूसरों को फ़ैसलों में शामिल होने से रोकने या किसी ख़ास मत को व्यक्त होने से रोकने पर ज़्यादा रहता है। सत्ता की इस भूमिका को समझने के लिए आवश्यक है कि स्थापित मूल्यों, राजनीतिक मिथकों, चलन और संस्थाओं के काम करने के तरीक़ों पर ध्यान दिया जाए। इनके ज़रिये किसी एक समूह का निहित स्वार्थ दूसरे समूहों पर हावी हो जाता है, और कई मामलों में उन समूहों को अपनी बात कहने या निर्णय-प्रक्रिया में हिस्सेदारी का मौक़ा भी नहीं मिल पाता। अक्सर यथास्थिति के पैरोकार परिवर्तन की वकालत करने वालों को इन्हीं तरीक़ों से हाशिये पर धकेलते रहते हैं। उदार-लोकतांत्रिक राजनीति की प्रक्रियाओं को अभिजनवादियों द्वारा ऐसे फ़िल्टरों की तरह देखा जाता है जिनके ज़रिये रैडिकल प्रवृत्तियाँ छँटती चली जाती हैं।

सत्ता का तीसरा चेहरा यानी लोगों के विचारों को नियंत्रित करके अपनी बात मनवाने की प्रक्रिया लोगों की आवश्यकताओं को अपने हिसाब से तय करने की करामात पर निर्भर है। हरबर्ट मारक्यूज़ ने अपनी विख्यात रचना *वन-डायमेंशनल मैन* (1964) में विश्लेषण किया है कि क्यों विकसित औद्योगिक समाजों को भी सर्वसत्तावादी की श्रेणी में रखना चाहिए। मारक्यूज़ के अनुसार हिटलर के नाज़ी जर्मनी में या स्टालिन के रूस में सत्ता के आतंक का प्रयोग करके सर्वसत्तावादी राज्य क़ायम किया गया था, पर औद्योगिक समाजों में यही काम आधुनिक प्रौद्योगिकी के ज़रिये बिना किसी प्रत्यक्ष क्रूरता के लोगों की आवश्यकताओं को बदल कर किया जाता है। ऐसे समाजों में टकराव ऊपर से नहीं दिखता, पर इसका मतलब सत्ता के व्यापक वितरण में नहीं निकाला जा सकता। जिस समाज में विपक्ष और प्रतिरोध नहीं है, वहाँ माना जा सकता है कि मनोवैज्ञानिक नियंत्रण और जकड़बंदी के बारीक़ हथकण्डों का इस्तेमाल हो रहा है।

सत्ता की अवधारणा पर विचार करने के लिए ज़रूरी है कि उसके मार्क्सवादी, उत्तर-आधुनिक, नारीवादी आयामों और हान्ना अरेंड्ट द्वारा प्रतिपादित सत्ता की वैकल्पिक धारणा पर भी ग़ौर कर लिया जाए।

मार्क्सवादी विद्वान मानते हैं कि वर्गों में बँटे समाज में (जैसे कि पूँजीवादी समाज) शासक वर्ग का उत्पादन के साधनों पर क़ब्ज़ा होता है और वह मज़दूर वर्ग पर अपनी सत्ता थोपता है। पूँजीवादी वर्ग की सत्ता न केवल विचारधारात्मक, बल्कि आर्थिक और राजनीतिक भी होती है। मार्क्स का विचार था कि किसी भी समाज में विचारों, मूल्यों और आस्थाओं के प्रधान रूप शासक वर्ग के अनुकूल होते हैं। मज़दूर वर्ग के मानस पर उन्हीं की छाप होती है जिसका नतीजा श्रमिकों की 'भ्रांत चेतना' में निकलता है। चेतना के इसी रूप के कारण मज़दूर अपने शोषण की असलियत को पहचान नहीं पाते। इसीलिए उनके 'वास्तविक' हित यानी पूँजीवादी के उन्मूलन और उनके 'अनुभूत' हित में अंतर बना रहता है। लेनिन की मान्यता थी कि पूँजीवादी विचारधारा की सत्ता के कारण मेहनतकश वर्ग ज़्यादा से ज़्यादा केवल 'ट्रेड यूनियन चेतना' ही प्राप्त कर सकता है। अर्थात् वह पूँजीवादी व्यवस्था के दायरे के भीतर अपनी जीवन-स्थितियाँ सुधारने से परे नहीं जा पाता।

मिशेल फ़ूको ने अपने विमर्श में सत्ता और विचार-प्रणालियों के बीच सूत्र की तरफ़ ध्यान खींचा है। फ़ूको

विमर्श को सामाजिक संबंधों और आचरणों की ऐसी प्रणाली के रूप में देखते हैं जो अपने दायरे में रहने वाले लोगों को अपने हिसाब से तात्पर्य थमाती रहती है। चाहे मनोचिकित्सा हो, औषधि हो, न्याय प्रणाली हो, या कारागार, अकादमीय अनुशासन या राजनीतिक विचारधाराएँ हों, फ़ूको की निगाह में ये सभी विमर्श की प्रणालियाँ हैं, और इस नाते सत्ता के रूप हैं। फ़ूको के मुताबिक़ आधुनिक युग में सत्ता किसी को कुछ करने से नहीं रोकती, बल्कि अस्मिताओं और आत्मपरकताओं की रचना करती है। सत्ता का राज्य या शासक वर्ग जैसे कोई एक केंद्र नहीं होता, बल्कि वह उसी तरह पूरी व्यवस्था में प्रवाहित होती रहती है जिस तरह शरीर में धमनियों द्वारा रक्त प्रवाहित होता है। इस प्रक्रिया का नियंत्रण 'शासकीयता' के ज़रिये किया जाता है। एक विशाल नौकरशाही तंत्र द्वारा अननिगनत तरीक़े अपना कर लोगों का वर्गीकरण किया जाता है। समाज को उत्तरोत्तर संगठित और समरूपीकृत करते हुए उन पर निगरानी के विभिन्न रूप (आइडेंटिटी कार्ड्स, पासपोर्ट आदि) थोपे जाते हैं। इस प्रक्रिया में लोग तरह-तरह की आत्मपरकताएँ (हिंदू-मुसलमान, भारतीय-पाकिस्तानी, शिक्षित-निरक्षर, स्वस्थ-रोगी, स्त्री-पुरुष) जज़्ब कर लेते हैं। इसी आत्मसातीकरण के माध्यम से व्यक्ति सत्ता को 'नॉर्मल' ढंग से स्वीकार करता रहता है। शासकीयता इसी 'नार्मलाइज़ेशन' के माध्यम से व्यक्ति को 'सब्जेक्ट' में बदलती है। सब्जेक्ट एक ऐसी अभिव्यक्ति है जिसका एक अर्थ है स्वतंत्र कर्त्ता और दूसरा है शासित प्रजा का सदस्य। फ़ूको का मतलब यह है कि विमर्श के ज़रिये सब्जेक्ट में बदलते ही व्यक्ति शासकीयता की कारगुज़ारियों की मातहती में चला जाता है।

नारीवादी विद्वान सत्ता को पितृसत्ता की अवधारणा की रोशनी में परखते हैं। पितृसत्ता प्रभुत्व की एक ऐसी सर्वव्यापी संरचना है जो हर स्तर पर काम करती है। पितृसत्ता के तहत कोई स्त्री व्यक्तिगत स्तर पर सत्तावान भी हो सकती है। लेकिन उसे पितृसत्तात्मक शासन द्वारा तय की गयी सीमाओं में ही काम करना होगा। मसलन, घर के दायरे में स्त्री सास के रूप में तो एक हद तक सत्ताधारी हो सकती है, पर बेटी, बहू, पत्नी या बहिन के रूप में नहीं। हर जगह उसकी स्थिति पुरुष के सापेक्ष और उसके साथ संबंध के तहत ही परिभाषित होने के लिए मजबूर है। अकेली और पृथक् कोई अस्मिता न होने के कारण वह अदृश्य और सत्ता से वंचित होने के लिए अभिशप्त है।

नारीवादियों के मुताबिक़ पितृसत्ता की कोई ऐसी समरूप संरचना नहीं होती जो हर जगह एक ही रूप में मिलती हो। इतिहास, भूगोल और संस्कृति के मुताबिक़ उसके भिन्न-भिन्न रूप मिलते हैं। इसके अलावा पितृसत्ता शोषण और प्रभुत्व के अन्य रूपों (वर्ग, जाति, साम्राज्यवाद, नस्ल आदि) के साथ परस्परव्यापी भी है। हर जगह उसके प्रभाव अलग-अलग निकलते हैं। एक अमेरिकी श्वेत स्त्री और भारतीय दलित स्त्री को पितृसत्ता का उत्पीड़न अलग-अलग ढंग से झेलना पड़ता है।

हान्ना एरेंत सत्ता को केवल प्रभुत्व की संरचना के तौर पर देखने के लिए तैयार नहीं हैं। अपनी रचना *'व्हाट इज़ अथॉरिटी?'* में वे सत्ता को एक बढ़ी हुई क्षमता के रूप में व्याख्यायित करती हैं जो सामूहिक कार्रवाई के ज़रिये हासिल की जाती है। लोग जब आपस में संवाद स्थापित करते हैं और मिल-जुल कर एक साझा उद्यम की ख़ातिर क़दम उठाते हैं तो उस प्रक्रिया में सत्ता उद्‌भूत होती है। सत्ता का यह रूप वह आधार मुहैया कराता है जिस पर खड़े हो कर व्यक्ति नैतिक उत्तरदायित्व का वहन करते हुए सक्रिय होता है।

**देखें** : अधिकार, अधिकार : सैद्धांतिक यात्रा, अरस्तू, अफ़लातून, अनुदारतावाद, अराजकतावाद, अन्य-अन्यीकरण, उदारतावाद, उपयोगितावाद, ऐडमण्ड बर्क, क्रांति, ज्याँ ज़ाक रूसो, जॉन लॉक, जेरेमी बेंथम, जॉन स्टुअर्ट मिल, जॉन रॉल्स, थॉमस हॉब्स, थॉमस पेन, न्याय, न्याय : नारीवादी आलोचना, न्याय : रॉल्स का सिद्धांत, राजनीति में व्यक्ति की भूमिका, नागरिकता, नागरिकता : अन्य परिप्रेक्ष्य-1 और 2, नागर समाज, पनोप्टिकॉन, प्रतिनिधित्व, प्रगति, प्रगति : आलोचनात्मक परिप्रेक्ष्य, प्रशासन, फ़ासीवाद, फ्रेड्रिख़ वॉन हायक, बहुसंस्कृतिवाद, बहुसंख्यकवाद, बहुसंख्यक-अल्पसंख्यक, बुद्धिवाद, माइकेल जोसेफ़ ओकशॉट, माइकिल वाल्ज़र, मिशेल पॉल फ़ूको-1 और 2, यूटोपिया, राजनीतिक और राजनीति, राजनीतिक दर्शन के नारीवादी आयाम-1 और 2, राजनीतिक मनोविज्ञान, राजनीतिक समाजशास्त्र, राज्य-1 और 2, रॉबर्ट नॉज़िक, राज्य-1 और 2, राष्ट्र-राज्य, राष्ट्र : सांस्कृतिक या राजनीतिक, राष्ट्रवाद, राष्ट्रवाद का इतिहास, लोकतंत्र, लोकतंत्र की आलोचनाएँ, व्यक्तिवाद, व्यवहारवाद, विल किमलिका, वितरणमूलक न्याय, विदेशी-द्वेष, वैधता, वैधता का संकट, सविनय अवज्ञा, स्मृति की राजनीति, स्वतंत्रता, स्वतंत्रतावाद, स्वजातिवाद, स्वच्छंदतावाद, सर्वसत्तावाद, सम्प्रभुता, समाजवाद, सरकारियत, संविधानवाद, संघवाद, सामाजिक समझौता, हेनरी डेविड थोरो।

## संदर्भ

1. निवेदिता मेनन (2008), 'पॉवर', राजीव भार्गव और अशोक आचार्य (सम्पा.), *पॉलिटिकल थियरी : ऐन इंट्रोडक्शन,* पियर्सन लोंगमेन, नयी दिल्ली.
2. बी. बैरी (सम्पा.) (1976), *पॉवर ऐंड पॉलिटिकल थियरी,* विली, लंदन.
3. स्टीवन ल्यूक्स (सम्पा.) (1980), *पॉवर,* ब्लैकवेल, ऑक्सफ़र्ड.
4. मिशले फ़ूको, *पॉवर/नालेज : सिलेक्टिड इंटरव्यूज़ ऐंड द अदर राइटिंग्स 1972-1977,* हारवेस्टर व्हीटशीफ़, लंदन.
5. रॉबर्ट डाह्ल (1956), *अ प्रिफ़ेस टू डेमॉक्रैटिक थियरी,* युनिवर्सिटी ऑफ़ शिकागो प्रेस, शिकागो.

**— अभय कुमार दुबे**

# स्त्री-अध्ययन

(Women's Study)

एक अकादमिक विषय के रूप में स्त्री-अध्ययन की शुरुआत नारीवाद की दूसरी लहर के दौरान हुई। इसका पहला पाठ्यक्रम अमेरिकी विश्वविद्यालयों ने साठ के दशक के आख़िरी दौर में शुरू किया। इससे पहले ब्रिटेन में उच्च शिक्षा के तहत इस प्रकार के कुछ पाठ्यक्रम चल रहे थे, लेकिन वहाँ भी स्त्री-अध्ययन के नाम पर 1980 में ही केंट विश्वविद्यालय में पहला स्नातकोत्तर पाठ्यक्रम चालू हो पाया। दरअसल, यह एक ऐसा विषय था जिसने धीरे-धीरे वैश्विक रूप लिया, हालाँकि इसके पाठ्यक्रम की रूपरेखा बहुत हद तक किसी भी देश के सांस्कृतिक, सामाजिक तथा सांस्थानिक प्रवृत्तियों पर निर्भर थी। नारीवाद की दूसरी लहर बहुत हद तक इस आग्रह पर केंद्रित थी कि किस प्रकार विचार-प्रक्रिया तथा ज्ञान-परम्परा ने स्त्री के हितों और उसकी अस्मिता को लगातार हाशिये पर ढकेला। स्त्री-अध्ययन विषय की स्थापना इस प्रस्थापना के साथ हुई थी कि स्त्रियों को अपने अधिकारों का ज्ञान होना चाहिए। इसीलिए एक तार्किक पहल के रूप में इस अध्ययन-क्षेत्र ने नारीवादी ज्ञानमीमांसा विकसित की और इस प्रक्रिया में पाश्चात्य ज्ञानमीमांसा प्रश्नांकित हुई। यह अनुशासन अपनी प्रवृति में अन्तर-अनुशासनिक और बहु-अनुशासनिक है जिसके कारण सभी अनुशासन उसकी समग्रता में समाहित हो गये हैं। यह न सिर्फ़ स्थापित ज्ञानानुशासनों की आलोचना प्रस्तुत करता है बल्कि स्त्री-जीवन के सम्यक् विश्लेषण से भी प्रतिबद्ध है। जैसे-जैसे स्त्री अध्ययन का संस्थानीकरण हो रहा है, इसे अपनाने वाले उन विद्यार्थियों की संख्या बढ़ रही है जो इस विषय को एक समृद्ध तथा वैविध्यपूर्ण शोध परम्परा के रूप में सुदृढ़ करना चाहते हैं।

अपनी साख क़ायम करने के लिए शिक्षा-जगत में स्त्री अध्ययन को काफ़ी संघर्ष करना पड़ा। अमेरिका और ब्रिटेन के अलावा पूरे युरोप, ऑस्ट्रेलिया, एशिया तथा मध्य-पूर्व में भी स्नातक तथा स्नातकोत्तर स्तर पर शुरू होने के बाद कई महिला महाविद्यालयों में स्त्री-अध्ययन के तहत नारीवादी पाठ्यक्रम पढ़ाये जाने लगे। लेकिन वहाँ यह धारणा बनी रही कि वास्तविक पाठ्यक्रम पुरुष-केंद्रित ही हो सकता है। स्त्री-अध्ययन तो एक बकवास सी चीज़ है जिसके अध्ययन-अध्यापन में लगी हुई स्त्रियाँ बेवकूफ़ और ग़ैर-प्रोफ़ेशनल हैं। इस तरह के पूर्वाग्रहों के कारण स्त्री-अध्ययन पाठ्यक्रमों को महत्त्व नहीं मिल पा रहा था और इसके तहत किये जाने वाले शोधों की वैधता भी लगातार संदिग्ध बनी हुई थी।

एक औपचारिक विषय के रूप में लगातार संशयग्रस्त रहने के कारण स्त्री-अध्ययन सांस्थानिक तथा सरकारी स्तर पर अभी भी अन्य विषयों के साथ होड़ में पिछड़ जाता है। उसे ज़रूरी संसाधन प्राप्त करने में दिक़्क़त होती है। ब्रिटेन में स्त्री-अध्ययन का विडंबनापूर्ण इतिहास इस बात का गवाह है कि इसने वहाँ बाज़ार के दबाव तथा स्त्री-अध्ययन द्वारा जीविकोपार्जन की क्षमता जैसे प्रश्नों को लगातार झेला। हालाँकि विद्यार्थियों ने काफ़ी संख्या में स्त्री-अध्ययन अपनाना शुरू कर दिया है, लेकिन यह भी सच है कि उनमें से अधिकांश स्थापित विषयों की सुरक्षा चाहते हैं।

विक्टोरिया रॉबिन्सन का तर्क है कि अकादमिक दुनिया का सामाजिक आंदोलनों के साथ जुड़ाव का नतीजा इस तरह के पाठ्यक्रमों के रूप में निकला। दरअसल यह एक राजनीतिक एवं शैक्षिक रणनीति थी। भारतीय स्त्री-अध्ययन संघ की सदस्य नीरा देसाई मानती हैं कि स्त्री-अध्ययन महिला आंदोलन की शैक्षणिक रणनीति थी। इसके तहत स्त्री-अध्ययन की कक्षाएँ बदलाव की राजनीति से ओतप्रोत रहती हैं। इसके सैद्धांतिक विश्लेषणों का सामाजिक परिवर्तन के साथ गहरा संबंध होता है। स्त्री-अध्ययन एक तरफ़ तो अकादमिक जगत में एक औपचारिक विषय के रूप में उपस्थित है, और दूसरी तरफ़ इसका एक अनौपचारिक चरित्र भी है जिसका संबंध स्त्रियों तथा जेंडर असमानता पर केंद्रित संघर्षों से है।

उत्तर-संरचनावाद तथा उत्तर-आधुनिकता जैसे महत्त्वपूर्ण विमर्शों की तरह स्त्री-अध्ययन भी ज्ञान निर्माण की आधारभूत संरचना पर सवाल उठाता है। स्त्री-अध्ययन के तहत विद्यार्थियों को गुणवत्तापूर्ण लेखन के लिए प्रोत्साहित करने पर विशेष ज़ोर दिया जाता है ताकि वे नारीवादी सिद्धांतों के केंद्रीय सरोकारों, विमर्शों एवं पारिभाषिक शब्दावली से परिचित हो सकें। यह अकादमिक जगत में नारीवाद पढ़ाने का एक तरीक़ा भी है। साथ ही यह अध्ययन एक पद्धति के रूप में अपने विद्यार्थियों के जीवन-अनुभवों तथा व्यक्तिगत व्यवहार को भी सम्बोधित करता है ताकि वे यह समझ सकें कि किस प्रकार सामाजिक-सांस्कृतिक संरचनाएँ स्त्री तथा पुरुष को स्त्रीत्व तथा पुरुषत्व की जेंडर संरचनाओं में ढाल देती हैं। कई बार स्त्री-अध्ययन की कक्षाओं में चेतना-जागृति के सत्र में विद्यार्थियों को शिक्षक एवं विद्यार्थियों के बीच के सत्ता-संबंधों से भी अवगत कराया जाता है। इसके पठन-पाठन की सम्पूर्ण प्रक्रिया ज्ञान की रचना में निहित सत्ता-संबंधों को तोड़ने तथा ज्ञान-निर्माण की प्रक्रिया को जनतांत्रिक बनाने पर केंद्रित है। स्त्री-अध्ययन की बेहतर समझ के लिए यह आवश्यक है कि शिक्षक एवं विद्यार्थी अपने अनुभवों को साझा करते हुए उसके विश्लेषण की तरफ़ बढ़ें और यह समझने का प्रयास करें कि वे स्वयं ज्ञान को किस प्रकार से व्याख्यायित करते हैं तथा उसके उपयोग की

विक्टोरिया रॉबिन्सन

कौन सी प्रविधि स्त्री-अध्ययन में विद्यमान है।

भारत में स्त्री-अध्ययन की शुरुआत सत्तर के दशक में हुई। इसके केंद्र में उस प्रक्रिया की शक्तिशाली आलोचना थी जिसके तहत आज़ादी के बाद न केवल समाज और राज्य के मंचों से स्त्री का वजूद अदृश्य कर दिया गया, बल्कि उच्च-शिक्षा और उससे संबंधित विभिन्न अनुशासनों में स्त्री दिखाई देनी ही बंद हो गयी। 2008 में मैरी ई. जॉन द्वारा सम्पादित *वुमंस स्टडीज़ इन इण्डिया : अ रीडर* का प्रकाशन हुआ। अस्सी से ज़्यादा सम्पादित निबंधों का यह अत्यंत उपयोगी संकलन सत्तर के दशक से शुरू करके राजनीति, इतिहास, विकास, हिंसा, क़ानून, शिक्षा, स्वास्थ्य, घर-परिवार, जाति और जनजाति, धर्म और साम्प्रदायिकता, सेक्सुअलिटीज़, साहित्य और मीडिया के दायरों में नारीवादियों के बौद्धिक हस्तक्षेप के प्रमाण प्रस्तुत करता है। सत्तर के दशक से नब्बे के दशक तक की इस तस्वीर में स्त्री-आंदोलन और उच्च-शिक्षा की संरचनाओं के उन आपसी संबंधों पर रोशनी पड़ती है जो अक्सर आँखों से ओझल हो जाते हैं।

स्त्री-अध्ययन पर आलोचनात्मक निगाह डालने वालों का विचार है कि नारीवादी सिद्धांतों के साथ सिर्फ़ संवेदना के स्तर पर जुड़ाव ही पर्याप्त नहीं है, बल्कि व्यक्तिगत स्तर पर राजनीतीकरण किये बग़ैर यह सुनिश्चित कर पाना कठिन है कि अंततः स्त्री-अध्ययन या अकादमिक नारीवाद का आंदोलन से क्या संबंध है। कई नारीवादी विदुषियों का यह मानना है कि अकादमिक दायरे में प्रवेश करने के उपरांत नारीवाद के क्रांतिकारी तेवर में कमी आयी है, जबकि दूसरों का मानना है कि अकादमिक नारीवाद तथा राजनीतिक नारीवाद में स्पष्ट विभाजक रेखा है जो भविष्य में एक खाई का रूप लेगी। परिणामस्वरूप स्त्री-अध्ययन एक उच्च-सिद्धांत की व्याख्या करने वाले निज़ाम में तब्दील होकर रह जाएगा।

1971 के प्रारम्भ में लिलियन रॉबिंसन ने अपने एक आलेख में स्त्री-अध्ययन की सांस्थानिक स्वीकार्यता के मद्देनज़र पैदा होने वाले ख़तरों से पाठकों को आगाह कराया था। एड्रियन रिच ने अपने महत्त्वपूर्ण आलेख *टुवर्ड्स अ वुमॅन सेन्टर्ड युनिवर्सिटी* (1973) में यह दिखाने का प्रयास किया कि स्त्री-अध्ययन स्वयं को ज्ञान-उत्पादन की प्रक्रिया के अनुकूल बना रहा है जिससे स्त्रियों की वास्तविक जीवन-स्थितियों को बदलने में मदद मिलेगी। उदाहरणस्वरूप स्वास्थ्य तथा गर्भ-नियंत्रण पर कार्य करने वाली शोध-परियोजनाओं से स्त्रियों को अंततः लाभ ही हो सकता है। विश्वविद्यालय की वर्तमान संरचना के अन्दर भी नारीवादी विदुषियाँ संस्थान के संसाधनों का लाभ उठा कर पुस्तक तथा शोध आलेखों के प्रकाशन से अकादमिक दुनिया के इतर भी अपना प्रभाव छोड़ सकेंगी। नारीवादी शिक्षक/शिक्षिकाओं तथा उनकी पुस्तकों की चेतना-जागृति में महत्त्वपूर्ण भूमिका होगी जिससे इस विषय में पठन-पाठन कर रहे लोग उन विचारों को समझते हुए विमर्श की ज़मीन तैयार कर पाने में सफल होंगे।

इसी तरह की उम्मीदों के आधार पर यह समझा जाता है कि स्त्री-अध्ययन न सिर्फ़ एक वैध विषय के रूप में प्रतिष्ठित होगा, बल्कि उसे अकादमिक जगत तथा उसके बाहर भी नारीवादी मुहिमों की निरंतरता बनाये रखने में सफलता मिलेगी। 1980 के दशक से एक विषय के रूप में स्त्री-अध्ययन की लोकप्रियता बढ़ने के साथ ही धीरे-धीरे इसके पर्यायवाची शब्द के रूप में जेंडर स्टडीज़ अभिव्यक्ति का भी प्रयोग शुरू हुआ। इसके पीछे तर्क था कि जेंडर स्टडीज़ अकादमिक जगत में ज़्यादा सामंजस्य बैठाने वाला शब्द है जिसकी तरफ़ पुरुष विद्यार्थी भी आकर्षित होते हैं। परन्तु कई नारीवादी विदुषियों का यह मानना है कि एक पद के तौर पर स्त्री-अध्ययन ज़्यादा महत्त्वपूर्ण है। उसमें एक राजनीतिक सन्दर्भ छिपा हुआ है जो हमें याद दिलाता है कि स्त्रियाँ की ज्ञान-रचना में सहभागिता को अकादमिक संस्थानों में कई वर्षों से लगातार नज़रअंदाज़ किया जाता रहा है।

**देखें :** अश्वेत नारीवाद, आनंदीबाई जोशी, इसलामिक नारीवाद, गायत्री चक्रवर्ती स्पिवाक, चिपको आंदोलन, जूडिथ बटलर, जूलिया क्रिस्टेवा, जेंडर, दलित नारीवाद, देवदासी, देवकी जैन, नारीवाद, नारीवाद की पहली लहर, नारीवाद की दूसरी लहर, नारीवाद की तीसरी लहर, नारीवादी दर्शन, नारीवाद और अर्थशास्त्र, नारीवादी फ़िल्म-सिद्धांत, नारीवादी इतिहास-लेखन, नारीवाद और अर्थशास्त्र, नारीवाद और साम्प्रदायिकता, नैंसी शोदँरौ, पर्यावरणीय नारीवाद, पब्लिक-प्रायवेट, पण्डिता रमाबाई सरस्वती, पितृसत्ता, पुरुषत्व, प्रजनन प्रौद्योगिकी, प्रेम, प्रेम-अध्ययन और नारीवादी दर्शन, भारत में स्त्री-आरक्षण-1 और 2, महादेवी वर्मा, मनोविश्लेषण और नारीवाद, मैरी वोल्सनक्राफ़्ट, राजनीतिक दर्शन के नारीवादी आयाम, रमाबाई रानाडे, ल्यूस इरिगरे, स्त्री और साम्प्रदायिकता, स्त्री-श्रम, सम्पत्ति : नारीवाद परिप्रेक्ष्य, सीमोन द बोउवार, स्त्री-आरक्षण, हेलन सिचू।

## संदर्भ


1. वी. रॉबिंसन और डी. रिचर्डसन (सम्पा.) (1997), *इंट्रोड्यूसिंग वुमंस स्टडीज़*, दूसरा संस्करण, मैकमिलन, बेसिंगस्टोक.
2. मैरी ई. जॉन (2008), *वुमंस स्टडीज़ इन इण्डिया : अ रीडर*, पेंगुइन बुक्स, नयी दिल्ली.


**— सुप्रिया पाठक**

# स्त्री-आरक्षण

(Women Reservation)

स्त्रियों को प्रातिनिधिक संस्थाओं में आरक्षण राजनीतिशास्त्र के केंद्रीय प्रश्नों में से एक है। स्त्री-पुरुष संबंधों में समानता का विरोध तो अब शायद ही कोई करता हो, पर समानता के सैद्धांतिक आग्रह को वास्तविक और तात्त्विक लैंगिक समानता में बदलने के प्रश्न पर तीखी बहस है। स्त्रियों को आरक्षण देने के माध्यम से तात्त्विक समानता हासिल करने के पैरोकारों की मान्यता है कि समाज में ढाँचागत रुकावटों के कारण गुण और योग्यता के मुताबिक़ चयन होना असम्भव हो जाता है। ये रुकावटें स्थापित पितृसत्तात्मक आग्रहों के कारण पैदा हुई हैं। आरक्षण इन रुकावटों के कारण हुए नुक़सानों की भरपाई करता है और स्त्रियों को सांकेतिक और दिखावटी क़िस्म की नुमाइंदगी की सीमाओं से मुक्त करता है। आरक्षण के ज़रिये स्त्रियों का प्रतिनिधित्व बढ़ने से राजनीतिक जीवन में स्त्री के अनुभव की भूमिका सक्रिय हो जाती है। पिछले डेढ़ दशक में क़रीब पचास देशों ने अपने क़ानून के तहत स्त्रियों के लिए आरक्षण को विशेष प्रावधान किये हैं। नोर्डिक देशों में 41.4 फ़ीसदी, अमेरिकी देशों में 21.8 फ़ीसदी, अन्य युरोपीय देशों में 19.1 फ़ीसदी, एशियायी देशों में 17.4 फ़ीसदी, प्रशांत क्षेत्र के देशों में 13.4 फ़ीसदी, सब-सहारन अफ़्रीकी देशों में 17.2 फ़ीसदी और अरब देशों में 9.6 फ़ीसदी स्त्रियाँ विधायिकाओं की सदस्य हैं।

स्त्री-आरक्षण के विरोधियों का कहना है कि लैंगिक आधार पर कोटा निर्धारित करने से व्यक्तिगत अधिकारों का हनन होता है और योग्यतम उम्मीदवार के चयन में बाधा पहुँचती है। आरक्षण के विपक्षी उसे अलोकतांत्रिक भी बताते हैं क्योंकि आरक्षित सीटों पर मतदाता अपने चयन संबंधी अधिकारों का पूरा उपयोग नहीं कर पाते। दूसरे, अमेरिका और जर्मनी में स्त्री-आरक्षण के अनुभव का हवाला देते हुए इन विरोधियों ने तर्क दिया है कि श्वेत और वित्तीय रूप से समृद्ध स्त्रियों को ही इसका लाभ मिला है। इसी तरह की बहस और दुविधाओं के कारण सारी दुनिया में नारीवादी आंदोलन के उभार और ज्ञान के क्षेत्रों पर नारीवादी सिद्धांत के गहरे असर के बावजूद विधायिकाओं में उनकी संख्या अफ़सोसनाक ढंग से कम बनी हुई है।

राजनीति में स्त्रियों को आगे बढ़ाने के पक्ष में मुख्य तौर से तीन तर्क दिये जाते हैं : पहला, चूँकि स्त्रियाँ भी पुरुषों की तरह पूर्ण नागरिक हैं और आबादी में उनकी संख्या तक़रीबन हर जगह पचास फ़ीसदी के आसपास है; दूसरा, स्त्रियों की जीवन-स्थितियों और पुरुषों की जीवन-स्थितियों के बीच स्पष्ट रूप से अंतर है इसलिए स्त्री के अनुभव और नज़रियों की छाप राजनीति पर पड़नी चाहिए; और तीसरा, चूँकि स्त्रियों और पुरुषों के बीच कुछ मुद्दों पर अंतर्विरोध ज़रूर रहता है इसलिए स्त्री का हित स्वयं स्त्री के हाथों में ही सुरक्षित रह सकता है। नारीवादी विद्वानों ने राजनीति में स्त्रियों की भागीदारी बढ़ाने के लिए चार तरह के परिवर्तनों के सुझाव दिये हैं : राजनीतिक संस्थाओं को स्त्रियों के लिए सुगम और सहज बनाने के लिए उनके भीतर क्रियाविधि संबंधी तब्दीलियाँ की जाएँ, प्रतिनिधित्व के नियमों को इस तरह से बदला जाए कि स्त्रियों की बढ़ी हुई नुमाइंदगी की गारंटी हो सके, संस्थाओं के बाहर और भीतर विमर्श में तब्दीली लायी जाए ताकि स्त्री को देखने के नज़रिये का सामान्यीकरण हो सके, और अंत में विधि-निर्माण का स्त्रीकरण हो ताकि स्त्रियों के सरोकारों को उस प्रक्रिया के दायरे में लाया जा सके। नारीवादियों की यह भी मान्यता है कि ये चारों परिवर्तन तभी सम्भव हो सकेंगे जब स्त्रियाँ ख़ुद अपनी तरफ़ से विधायी संस्थाओं के नियमों को समझेंगी, उनका इस्तेमाल करना सीखेंगी और अंत में उन्हें बदलने की पहल करने तक लेंगी।

एन फ़िलिप्स की रचना *पॉलिटिक्स ऑफ़ प्रज़ेंस* ने राजनीति में स्त्रियों की भागीदारी के सवाल को प्रबलता से रेखांकित किया है। स्वीडिश नारीवादियों ने तर्क दिया है कि जब तक स्त्रियों को राजनीति में स्पष्ट आरक्षण नहीं दिया जाएगा तब तक विधायी संस्थाओं में उनकी तीस से चालीस फ़ीसदी तक की महत्त्वपूर्ण अल्पसंख्यक उपस्थिति भी नहीं बन पायेगी। यह प्रयास तब तक जारी रखना होगा जब तक स्त्रियों के रास्ते में आने वाली दृश्य और अदृश्य बाधाएँ नहीं हट जातीं। केवल मतदान का अधिकार देना ही काफ़ी नहीं है। संसद में स्त्रियों की सांकेतिक उपस्थिति के बजाय उनकी संख्या कम से कम इतनी ज़रूर होनी चाहिए कि उसके दबाव से राजनीतिक मानक और राजनीतिक संस्कृति में तब्दीलियाँ आ सकें। आरक्षण के ज़रिये स्त्रियों को एक व्यक्ति के तौर पर अपने हितों को बुलंद करने में सुविधा होती है। स्त्री-आरक्षण की प्रक्रिया स्त्रियों के बीच राजनीतिकरण को बढ़ाती है। स्त्रियों के बीच से उभरने वाले नेता अन्य स्त्रियों

को राजनीति में लाते हैं। इस प्रक्रिया का कुल मिला कर असर संस्थाओं के चरित्र में परिवर्तन के रूप में निकलता है।

संयुक्त राष्ट्र की आर्थिक और सामाजिक परिषद् द्वारा तय किये गये लक्ष्य के मुताबिक़ 1995 तक संसदों में स्त्री-विधिकर्ताओं का प्रतिशत तीस फ़ीसदी तक हो जाना चाहिए था। पर इंटर पार्लियामेंट यूनियन के सालाना रिपोर्ट कार्ड के मुताबिक़ क़रीब डेढ़ सदी पुराने स्त्री-आंदोलन के बावजूद संसदों और अन्य विधायिकाओं में स्त्रियों की संख्या महज़ 18.3 फ़ीसदी है। अगर यही रफ़्तार चलती रही तो विधायिकाओं में लैंगिक प्रतिनिधित्व की समानता बाईसवीं सदी तक हासिल हो पायेगी। कुल मिला कर 2,656 सीटें स्त्रियों के पास हैं जिनमें से 1,707 प्रत्यक्ष निर्वाचन के ज़रिये, 878 अप्रत्यक्ष चुनाव से और 71 नामज़दगियों के ज़रिये संसदों में पहुँची हैं। 2008 का यह आँकड़ा भी तब है जब 1995 के बाद इसमें क़रीब 60 फ़ीसदी की बढ़ोतरी देखी गयी है। दुनिया की 264 संसदों में केवल 39 में ही स्त्रियों की भागीदारी 30 फ़ीसदी तक पहुँच सकी है। 25 फ़ीसदी संसदों में स्त्री सांसद दस फ़ीसदी से भी कम हैं। क़तर, सऊदी अरब और माक्रोनेसिया की संसदों ने तो स्त्रियों की शक्ल तक नहीं देखी है। केवल रवांडा की संसद में स्त्रियों की संख्या 56.3 प्रतिशत है। इस कामयाबी का संबंध इस संसद में स्त्रियों को मिलने वाले तीस फ़ीसदी आरक्षण से जोड़ा जाता है।

स्त्रियों को प्रतिनिधित्व देने के मामले में युरोप सबसे आगे है। स्वीडन, फ़िनलैण्ड और नीदरलैण्ड्स दुनिया के पाँच सबसे ज़्यादा स्त्री-प्रतिनिधित्व वाले देशों में हैं। बेलारूस, स्पेन, मेसिडोनिया, मोनाको और फ्रांस ने भी इस दिशा में ख़ासी प्रगति की है। अफ्रीकी देशों ने भी इस संबंध में सराहनीय प्रगति की है। 2008 में अंगोला की संसद ने 37 फ़ीसदी स्त्रियों को सांसद चुना। मोज़ाम्बीक, नामीबिया, दक्षिण अफ्रीका और तंज़ानिया की संसदों में भी स्त्री सदस्यों की संख्या 25 फ़ीसदी तक पहुँच चुकी है।

एशिया के देशों में यह प्रगति सबसे धीमी है। इस क्षेत्र में स्त्रियों की संसदीय उपस्थिति केवल 17 फ़ीसदी ही है। सबसे ज़्यादा स्त्रियाँ नेपाल की संसद में (32.8 फ़ीसदी) और सबसे कम ईरान की संसद में (2.8 फ़ीसदी) हैं। भारतीय लोकतंत्र सैद्धांतिक रूप से स्त्रियों को आरक्षण देने के पक्ष में है। इसका सबूत नब्बे के दशक में किये गये 73वें और 74वें संविधान संशोधन से मिलता है जिनके मुताबिक़ स्त्रियों को ग्राम पंचायतों और स्थानीय स्वशासी संस्थाओं में 33 प्रतिशत सीटों का आरक्षण मिला हुआ है। भारत में स्त्रियाँ सरकारी नौकरियों और शिक्षा संस्थाओं में भी विशेष अवसरों के सिद्धांत का लाभ उठा रही हैं। लेकिन, संसद और प्रांतीय विधायिकाओं में उन्हें 33 फ़ीसदी आरक्षण देने का प्रस्ताव पिछले पंद्रह साल से लटका हुआ है। संविधान के 108वें संशोधन का विधेयक 9 मई, 2010 को राज्यसभा द्वारा पारित किया जा चुका है, पर आरक्षण देने के तौर-तरीक़ों पर मतभेदों के कारण लोकसभा में इसके पास होने की नौबत नहीं आ पायी है।

### संदर्भ

1. ड्रयूड डालेरूप, 'यूज़िंग कोटाज़ टू इनक्रीज़ वुमंस पॉलिटिकल रिप्रज़ेंटेशन', अज़्ज़ा करम (सम्पा.), *वुमॅन इन पार्लियामेंट : बियांड नंबर्स,* द इंटरनैशनल इंस्टीट्यूट फ़ॉर डेमौक्रेसी ऐंड इलेक्ट्रोरल असिस्टेंस, स्टॉकहोम, 1998,
2. अज़्ज़ा करम और जोनी लोवेंड्स्की , 'वुमॅन इन पार्लियामेंट : मेकिंग अ डिफ़रेंस', करम अज़्ज़ा (सम्पा.), *वुमॅन इन पार्लियामेंट : बियांड नंबर्स,* द इंटरनैशनल इंस्टीट्यूट फ़ॉर डेमौक्रेसी ऐंड इलेक्ट्रोरल असिस्टेंस, स्टॉकहोम, 1998,
3. ऐन फ़िलिप्स, *एनजेंडरिंग डेमौक्रेसी,* पॉलिटी प्रेस, केम्ब्रिज, 1991

**— अभय कुमार दुबे**

# स्त्री और साम्प्रदायिकता

(Women and Communalism)

भारत में साम्प्रदायिक-हिंसा की घटनाओं का अध्ययन करने से स्पष्ट होता है कि साम्प्रदायिकता के संदर्भ में स्त्री-प्रसंग के मुख्यत: तीन आयाम हैं। पहला आयाम यह है कि स्त्रियाँ साम्प्रदायिकता की शिकार रही हैं और उन्हें साम्प्रदायिकता के नये रूपों में उत्तरोत्तर अधिक शिकार बनाया जा रहा है। दूसरा आयाम यह है कि स्त्रियों का एक हिस्सा साम्प्रदायिकता और उससे उपजने वाली हिंसा का वाहक भी है। तीसरा आयाम उन स्त्रियों और उनके संगठनों का है जिन्होंने धर्मनिरपेक्षता का माहौल बनाने के लिए उल्लेखनीय संघर्ष किया है। भारत में स्त्री-अध्ययन के लिए साम्प्रदायिकता का प्रश्न 1986 में उस समय महत्त्वपूर्ण बौद्धिक उलझन के रूप में उभरा जब एक तलाक़शुदा मुसलमान महिला शाह बानो के मुक़दमे पर दिये गये अदालती फ़ैसले को लेकर हुए विवाद से राजनीतिक हलके बेचैन हो गये। स्त्री-मुक्ति आंदोलन के लिए धर्म या धार्मिक विविधता का सवाल इससे पहले ख़ास महत्त्वपूर्ण नहीं था। नारीवाद यह मान कर चलता था कि स्त्री-आंदोलन की राजनीति स्वाभाविक रूप से सेकुलर या अ-साम्प्रदायिक ही हो सकती है। इस लिहाज़ से नारीवाद की निगाह में स्त्रियाँ ज़्यादा से ज़्यादा साम्प्रदायिकता की शिकार ही थीं।

राष्ट्र सेविका समिति : स्त्रियों की बहुसंख्यकवादी गोलबंदी

लेकिन शाह बानो के मामले ने इसलाम, राष्ट्र और स्त्री के अधिकारों के त्रिकोण को कुछ इस तरह से सामने रखा कि नारीवादी विमर्शकारों को समकालीन समाज में धर्म के मुक़ाम की राजनीतिक अहमियत का पहली बार गम्भीर एहसास हुआ। गैब्रिएल डीट्रिश ने अस्सी के मध्य में लिखे एक बेहतरीन निबंध के ज़रिये भारतीय स्त्री आंदोलन की इस बात के लिए आलोचना की थी कि उसमें धर्म के प्रश्न को नज़रअंदाज़ करने की प्रवृत्ति है। वह अपने सेकुलर ढाँचे में धार्मिक सुधारों और धार्मिक आस्था के महत्त्व पर ग़ौर करने के लिए तैयार नहीं है। डीट्रिश ने अपने ज़्यादातर तर्क दो स्रोतों से जुटाये थे : ईसाई धर्मशास्त्रीय नारीवादी विद्वत्ता से और स्त्रियों के जीवन की वर्ग-जाति आधारित आलोचनाओं से। शाह बानो वाले मसले ने समान नागरिक संहिता के प्रश्न को एक नयी रोशनी में पेश किया। आगे चल कर कुमकुम संगारी ने एक विस्तृत निबंध में यह मानने से इनकार कर दिया कि धर्म आधारित अस्मिता को पुष्ट करने से नारीवादी आंदोलन को अग्रगति प्राप्त होगी।

इसके बाद 1992 में बाबरी मसजिद के ध्वंस के बाद बम्बई में हुए दंगों की रोशनी में कुछ विमर्शकारों ने देखा कि स्त्री-संगठनों और साम्प्रदायिक संगठनों की सीमाएँ बहुत साफ़ तौर पर रेखांकित नहीं रह गयी हैं। फ़्लैविया एग्निस ने सत्तर के दशक और अस्सी की शुरुआत की परिस्थितियों में स्त्री-आंदोलन के सेकुलर चरित्र की सतर्क जाँच-पड़ताल की। उन्होंने कई प्रसंगों की छानबीन करके दिखाया कि कई स्त्री संगठन अपने कामों के अल्पसंख्यक विरोधी फलितार्थों के प्रति सचेत नहीं थे।

नब्बे के दशक में ही हिंदू दक्षिणपंथियों के उग्र हिस्सों द्वारा साम्प्रदायिक रूप से भड़काऊ भाषा बोलने वाले स्त्री-वक्ताओं और नेताओं (साध्वी ऋतम्भरा और उमा भारती) के इस्तेमाल ने नारीवादियों का ध्यान राष्ट्रीय स्वयंसेवक संघ की स्त्री-शाखा राष्ट्र सेविका समिति की गतिविधियों की तरफ़ खींचा। 2002 में गुजरात में हुए दंगों में मुसलमान स्त्रियों और बच्चों को विशेष रूप से निशाना बनाया गया और दूसरी तरफ़ हिंदू साम्प्रदायिक तत्त्वों ने अपने लक्ष्यों के लिए स्त्रियों का इस्तेमाल भी किया। एक तरफ़ अल्पसंख्यक समुदाय की नारी साम्प्रदायिकता की शिकार हो रही थी और दूसरी तरफ़ हिंदू समुदाय की नारी उसे अपमानित करने के लिए पुरुषों को प्रोत्साहित भी कर रही थी। साफ़ देखा जा सकता है कि साम्प्रदायिकता के इस नये दौर ने स्त्रियों के कम से कम एक हिस्से को अभूतपूर्व ढंग से उसकी ख़तरनाक राजनीति के जोड़ दिया है।

राष्ट्रीय स्वयंसेवक संघ की महिला शाखा राष्ट्र सेविका समिति पर मीडिया या बुद्धिजीवी हलकों में बहुत कम चर्चा होती है। स्त्री-अध्ययन के क्षेत्र में इतिहासकार तनिका सरकार के अनुसंधान ने इस ओर विशेष रूप से ध्यान आकर्षित किया। राष्ट्र सेविका समिति एक-दूसरे से जुड़ी हुई साम्प्रदायिक-संस्थाओं के जाल का अंग है। छह दशक पहले स्थापित देश का सबसे पुराना महिला-संगठन होने के बावजूद इसने अधिकतर प्रचार से दूर से ही रखा। संघ के समान ही समिति के साहित्य में भी राष्ट्रीय ध्वज या केसरिया झंडे एवं वंदेमातरम् गान को प्रतीक के रूप में दर्ज किया जाता है। समिति में शामिल होते ही उसकी सदस्याएँ नियोजित रूप से अन्य स्त्रियों तक पहुँचने का प्रयास शुरू कर देती हैं। इनके प्रचार में व्यापकता और गहराई होती है। स्त्री-कार्यकर्ताओं का घरों में प्रवेश आसान होता है। वे संगठन की शाखा लगाने की कोशिश करती हैं। जहाँ शाखा चलाना मुश्किल होता है वहाँ समिति हर तीन महीने में निर्देश भेजती है। ज़ाहिर है कि समिति की कार्यकर्ता साम्प्रदायिकता का प्रचार तो करती हैं, पर खुले तौर पर नहीं। विश्व हिंदू परिषद् का भी एक स्त्री संगठन दुर्गा-वाहिनी है। इसका उद्भव 1990 में अयोध्या आंदोलन के उद्देश्य से लड़कियों की भर्ती के साथ हुआ। इसमें लड़कियों को शस्त्र चलाने और मारपीट का प्रशिक्षण देने के साथ-साथ उग्र नारेबाजी और भाषणबाज़ी सिखाई जाती है। तर्क यह दिया जाता है कि लड़कियों को आत्मरक्षा और सुरक्षा के दृष्टिकोण से प्रशिक्षित किया जा रहा है।

पिछले दो दशकों के इस घटना-क्रम ने साम्प्रदायिक-हिंसा के दौरान महिलाओं की मौजूदगी का प्रश्न काफ़ी पेचीदा कर दिया है। इसमें कोई शक नहीं कि दंगों के दौरान छेड़छाड़, यौन-उत्पीड़न, अपहरण और बलात्कार के ज़रिये स्त्रियों पर हिंसा बरपायी जाती है। स्त्रियों को मानसिक उत्पीड़न का भी ज़बरदस्त शिकार होना पड़ता है। दो धर्मों की राजनीतिक प्रतिस्पर्धा में उन्हीं का दमन किया जाता है। उदाहरण के तौर पर, शाहबानो केस को देखा जा सकता है। लेकिन, दूसरी तरफ़ साम्प्रदायिकता फैलाने के लिए सिर्फ़

संघ, भाजपा, बजरंग दल इत्यादि से जुड़े पुरुष ही ज़िम्मेदार नहीं है बल्कि, इसके लिए इन संगठनों से संबंधित स्त्रियाँ भी ज़िम्मेदार हैं। साम्प्रदायिक-हिंसा की वाहक स्त्रियाँ धर्म को राष्ट्रवाद से जोड़कर देखती हैं। तीसरी तरफ़ स्त्रियों के संगठन सेकुलरवाद का माहौल बनाने के लिए भी संघर्ष कर रहे हैं। ये स्त्री-संगठन धर्म और राष्ट्रवाद के अंतर्संबंधों की अहमियत अच्छी तरह जानते हैं। ये स्त्रियाँ साम्प्रदायिक राजनीति के तहत होने वाले भेदभाव की वजह से अल्पसंख्यक समुदाय एवं नारी-अस्तित्व को लेकर काफ़ी चिंतित हैं। सचेत स्त्रियों की प्रभावशाली संख्या नागरिक अधिकार संगठनों, सहमत, और निरंतर जैसी संस्थाओं के साथ मिलकर काम कर रही हैं। इसके अलावा कुछ जागरूक महिलाओं ने स्वयं भी संगठित होकर इन समस्याओं से छुटकारा पाने के लिए कुछ संस्थागत उपाय किये हैं जिनमें आवाज़-ए-निसवां, सहेली, अनहद, जागोरी, नारी-अत्याचार विरोधी मंच इत्यादि प्रमुख हैं। इन संस्थाओं के तहत महिला कार्यकर्ता धर्म-जाति-लिंग के तहत होने वाले भेदभाव के अलावा अल्पसंख्यक समुदाय के लोगों और स्त्रियों पर पड़ने वाले असर पर अपना ध्यान केंद्रित करती हैं।

**देखें :** अरुणा आसफ़ अली, आनंदीबाई जोशी, उपनिवेशवाद विरोधी आंदोलन में स्त्री-नेतृत्व-1 और 2, कमला देवी चट्टोपाध्याय, दलित-नारीवाद, पण्डिता रमाबाई सरस्वती, भारत में स्त्री-आरक्षण-1 और 2, महादेवी वर्मा, दुर्गाबाई देशमुख, रमाबाई रानाडे, विजय लक्ष्मी पण्डित, विद्याबेन शाह, संतोष कुमारी देवी।

### संदर्भ

1. मैरी ई. जॉन (सम्पा.) (2008), 'कम्युनलिज़म ऐंड रिलीजन' खण्ड के पाँच लेख (राधा कुमार, फ़्लैविया एग्नस, गैब्रिएल डीट्रिश, कुमकुम संगारी और तनिका सरकार), *वुमंस स्टडीज़ इन इण्डिया : अ रीडर*, पेंगुइन, नयी दिल्ली.
4. गैब्रिएल डीट्रिश (1988), *वुमंस मूवमेंट इन इण्डिया, कंसेप्चुअल ऐंड रिलीजस रिफ़्लेक्शंस : सिलेक्टिड एसेज़*, ब्रेकथ्रू पब्लिकेशंस, बंगलुरु.
5. कुमकुम संगारी (1995), 'पॉलिटिक्स ऑफ़ डायवर्सिटीज़ : रिलीजस कम्युनिटीज़ ऐंड मल्टीपिल पैट्रियार्कीज़', *इकॉनॉमिक ऐंड पॉलिटिकल वीकली*, खण्ड 30, अंक 12.
6. तनिका सरकार (1999), 'प्रैग्मैटिक्स ऑफ़ द हिंदू राइट : पॉलिटिक्स ऑफ़ वुमंस ऑर्गनाइज़ेशंस', इकॉनॉमिक ऐंड पॉलिटिकल वीकली, खण्ड 34, अंक 31.

**— आकांक्षा कुमारी**

# स्त्री-श्रम

(Women-Labour)

स्त्री को समान आर्थिक-नागरिक की हैसियत दिलाने के लिए सत्तर के दशक से ही स्त्री-श्रम का प्रश्न नारीवादी विमर्श के केंद्र में रहा है। श्रमिक स्त्रियों के जीवन, जेंडर और ग़रीबी के बीच संबंध, घर-परिवार के दायरे में स्त्री-श्रम के मूल्य और संबंधित नीति-निर्माण की समस्याओं ने नयी पीढ़ी के अनुसंधानकर्त्ताओं का ध्यान अपनी ओर खींचा है। सभ्यता के विकास में स्त्री-पुरुष का बराबर योगदान है, लेकिन प्रमुखता केवल पुरुष को दी गयी है और स्त्री-कार्य को गौण क़रार दिया गया है। सच्चाई यह है कि घर सँभालने, मवेशियों की देखभाल करने, बच्चों का पालन-पोषण करने जैसे कामों के अलावा खेती में भी स्त्री ने पुरुष की अपेक्षा अधिक योगदान दिया है। लेकिन 'किसान' कहलाने का अधिकार पुरुषों को ही मिला। पितृसत्तात्मक व्यवस्था ने स्त्री के काम को कभी श्रम माना ही नहीं। इसीलिए उसकी श्रम-शक्ति का मूल्यांकन नहीं किया गया। श्रम और श्रम-मूल्य की क्रांतिकारी व्याख्या करने वाले कार्ल मार्क्स ने भी औरतों की मेहनत को उत्पादक-श्रम का दर्जा नहीं दिया है। भूमण्डलीकरण की शुरुआत के बाद से स्त्री-श्रम के मुद्दे पर नये सिरे से ध्यान दिया गया है। बाज़ार के प्रसार ने स्त्रियों को बड़े पैमाने पर काम में उतारा है और इस परिघटना को श्रम के स्त्रीकरण की संज्ञा दी गयी है। हालाँकि पिछले दिनों औपचारिक क्षेत्र में स्त्रियों के काम-काज की दशाओं में कुछ सुधार आया है, लेकिन अनौपचारिक क्षेत्र में उनकी दुर्दशा की आज भी कोई सीमा नहीं है।

आँकड़ों के मुताबिक़ सारे संसार में काम के कुल घंटों का लगभग दो-तिहाई भाग औरतों की मेहनत का होता है। इसमें से भी अधिकतर काम ग्रामीण क्षेत्रों में रहने वाली स्त्रियाँ करती हैं। विकासशील विश्व में कुल जनसंख्या का तिहाई भाग ग्रामीण औरतें है, इसलिए वहाँ घरेलू उपयोग के लिए ज़्यादातर भोजन औरतें ही पैदा करती है। वही कूटती, पीसती, भोजन बनाती और परिवार को खिलाती हैं। इसके अतिरिक्त देखभाल की ज़िम्मेदारी भी उन्हीं की है। इसके बावजूद औरतों को संसार की कुल आय का दस प्रतिशत ही मिलता है और वे एक प्रतिशत से भी कम सम्पत्ति की स्वामिनी हैं। असंख्य स्त्रियाँ अपनी और अपने परिवार की आर्थिक आवश्यकताएँ पूरी करने के लिए बाज़ार और उद्योग-धंधों में भी कार्य करती है। कार्यस्थलों पर उन्हें लैंगिक भेदभाव का शिकार होना पड़ता है। उद्योगपति उन्हें नौकरी इसलिए देते हैं कि वे आसानी से उपलब्ध सस्ता श्रम

हैं, असंगठित और दबी हुई हैं और बिना किसी अतिरिक्त ख़र्च के मज़दूरों की नयी पीढ़ी को जन्म देती हैं।

इस भेदभाव का मुक़ाबला करने के लिए महिला आंदोलनों ने स्त्री को उचित श्रम-मूल्य प्रदान करने को प्रमुख मुद्दा बनाया है। उन्होंने इस धारणा को चुनौती दी है कि परिवार मुख्यत: प्यार और लगाव का केंद्र है जहाँ कोई काम करने के लिए किसी प्रकार का शुल्क देने की ज़रूरत नहीं होती। अर्थात् पति और पत्नी के बीच यह अलिखित समझौता होता है कि पति बाहर से कमा कर लाता है पत्नी बच्चों का पालन-पोषण करती है। नारीवादियों ने घर के भीतर किये जाने वाले काम की अपने ढंग से व्याख्या की। उनके अनुसार पूँजीवाद और भूमण्डलीकरण के इस युग में महिलाओं को एक आरक्षित श्रम-शक्ति के रूप में देखा जाता है। राज्य अपनी आवश्यकता के अनुसार स्त्रियों को दहलीज़ के बाहर निकालता है और आवश्यकता पूरी होने पर उन्हें वापस घरों में भेज दिया जाता है।

महिलाओं द्वारा किये जाने वाले घरेलू श्रम पर सबसे अधिक काम मार्क्सवादी नारीवादियों ने किया। क्रिस्टीन डेल्फ़ी एक ऐसी ही विख्यात नारीवादी हैं। उनका मानना है कि घरेलू श्रम पूँजीवादी समाज के लिए एक सामाजिक-सांस्कृतिक पीढ़ी तैयार कर रहा है। वह भी एक पूँजी का निर्माण कर रहा है, पर इसके लिए उसे कोई क़ीमत नहीं मिल रही है। इसलिए घरेलू श्रम को निश्चित ही सामाजिक विस्तार देते हुए उसके श्रम का मूल्य तय किया जाना चाहिए।

समाजवादी मार्क्सवादियों ने इसकी व्याख्या अलग ढंग से की है। उनके अनुसार चूँकि औरतें और मर्द समान कार्य करते हैं इसलिए उन्हें समान श्रम-मूल्य दिया जाना चाहिए। डला कोस्टा के अनुसार परिवार के भीतर स्त्री कार्य भी करती है और शोषित भी है। घरेलू काम के ज़रिये वह अधिशेष मूल्य की रचना करती है, पर वह पूँजीवाद के खाते चला जाता है। अर्थात् पूँजीपति जब किसी पुरुष की श्रम-शक्ति ख़रीदता है तो उसे एक ही श्रम-मूल्य पर दो श्रमिक प्राप्त हो जाते हैं। एक श्रमिक और उसकी पत्नी। इसमें एक उजरती मज़दूर है और दूसरा ग़ैर-उजरती मज़दूर। इसलिए घरेलू कार्य व्यक्तिगत नहीं अपितु सामाजिक माना जाना चाहिए। इसके ज़रिये घर के भीतर एक नया श्रमिक वर्ग तैयार किया जाता है। इस घरेलू श्रम के लिए भी मूल्य चुकाया जाना चाहिए।

इस पूँजीवादी समाज में स्त्री-श्रम की समीक्षा करते हुए जॉन हार्कसन कहती हैं कि विश्व-स्तर पर कार्यरत पूँजीवादी व्यवस्था देशों के भीतर काम कर रही पूँजीवादी व्यवस्था से भिन्न है। इन दोनों को मिला कर विश्वस्तरीय पूँजीवादी व्यवस्था की रचना होती है जिसमें घरेलू काम एक मौन उत्पादन-विधि की भूमिका निभाता है। उससे छोटे पैमाने का पण्यीकरण होता है। इस प्रक्रिया में स्त्रियाँ अपने श्रम का और अपना मूल्य घटा कर अपने पति के लिए सेवाएँ उपलब्ध कराती है। हीदी हार्टमान का तर्क है कि एक पूँजीवादी समाज में जेंडर, नस्ल और जाति के आधार पर तय किया जाता है कि कौन क्या कार्य करेगा। उच्चस्तरीय नौकरियाँ हमेशा ही उच्च वर्ण और पुरुष वर्ग को दी जाती है। बाहर के कार्यों में भी स्त्रियों और पुरुषों को असमान वेतन दिया जाता है। स्त्री द्वारा सहे जा रहे इन समस्त दबाबों और असमानता का वर्णन हमें बेबी हालदार लिखित आत्मकथा *आलो आंधारि* में मिलता है।

बेबी हालदार जैसी श्रमिक स्त्रियों के हिस्से में प्राय: असंगठित क्षेत्र आता है। इस दायरे में काम करने वाली मज़दूर औरतों को तीन प्रकार के दुर्व्यवहार और शारीरिक हिंसा का सामना करना पड़ता है। एक तो वे रूढ़िवादी समाज की सबसे गिरी हुई प्राणी होने के नाते पति या परिवार के दूसरे पुरुषों द्वारा भेदभाव और मारपीट का शिकार होती हैं। पुरुषों की शराबख़ोरी मारपीट का एक बड़ा कारण है। चाय बागानों में परम्परागत पदानुक्रम ढाँचे के कारण औरतों को अपने पुरुष अधिकारियों द्वारा यौनिक हिंसा का शिकार होना पड़ता है। तीसरी प्रकार की हिंसा स्त्रियों के आपस में असंगठित होने के कारण होती है जिसका भरपूर फ़ायदा ठेकेदारों या पूँजीपतियों को होता है। *आलो आंधारि* में बेबी का पति उसे तब नहीं मारता जब वह आस-पास के घरों में काम करती है, बल्कि अन्दर ही अन्दर ख़ुश भी रहता है कि उसे अब घर का ख़र्च चलाने के लिए पैसे देने की ज़रूरत नहीं पड़ेगी। लेकिन जैसे ही वह उसकी इच्छा के ख़िलाफ़ अपनी सखी पष्ठी से संबंध बनाती है या अपने मायके जाने की बात करती है, तो वह पति द्वारा बनायी गयी मर्यादा का उल्लंघन करने के लिए उसकी जम कर पिटायी करता है। श्रमिक-महिलाओं को अक्सर बहुत तनाव में रहना पड़ता है। बच्चों और घर की देखभाल करने की ज़िम्मेदारी के साथ-साथ शारीरिक मेहनत के काम भी उन्हें ही करने होते हैं। कभी-कभी ये काम जोखिम वाले भी होते हैं और उनके बदले पैसा भी कम मिलता है। घर और परिवार का दोहरा भार उठाना वैसे भी मुश्किल होता है, लेकिन ग़रीबी की हालत में यह भार दोगुना हो जाता है।

**देखें :** अश्वेत नारीवाद, आनंदीबाई जोशी, इसलामिक नारीवाद, गायत्री चक्रवर्ती स्पिवाक, चिपको आंदोलन, जूडिथ बटलर, जूलिया क्रिस्टेवा, जेंडर, दलित नारीवाद, देवदासी, देवकी जैन, नारीवाद, नारीवाद की पहली लहर, नारीवाद की दूसरी लहर, नारीवाद की तीसरी लहर, नारीवादी दर्शन, नारीवाद और अर्थशास्त्र, नारीवादी फ़िल्म-सिद्धांत, नारीवादी इतिहास-लेखन, नारीवाद और अर्थशास्त्र, नारीवाद और साम्प्रदायिकता, नैंसी शोदॅरो, पर्यावरणीय नारीवाद, पब्लिक-प्रायवेट, पण्डिता रमाबाई सरस्वती, पितृसत्ता, पुरुषत्व, प्रजनन प्रौद्योगिकी, प्रेम,

प्रेम-अध्ययन और नारीवादी दर्शन, भारत में स्त्री-आरक्षण-1 और 2, महादेवी वर्मा, मनोविश्लेषण और नारीवाद, मैरी वोल्सनक्राफ़्ट, राजनीतिक दर्शन के नारीवादी आयाम, रमाबाई रानाडे, ल्यूस इरिगरे, स्त्री-अध्ययन, स्त्री और साम्प्रदायिकता, सम्पत्ति : नारीवाद परिप्रेक्ष्य, सीमोन द बोउवार, स्त्री-आरक्षण, हेलन सिचू।

### संदर्भ

1. रीना झाबवाला और आर.के.ए. सुब्रह्मण्य (सम्पा.) (2000), द *अनऑर्गनाइज़्ड सेक्टर : वर्क सिक्यूरिटी ऐंड सोशल प्रोटेक्शन,* सेज, नयी दिल्ली.
2. जी. स्टेंडिंग (1989), 'ग्लोबल फ़ेमिनाइज़ेशन थ्रू फ्लेक्ज़िबिल लेबर', *वर्ल्ड डिवेलपमेंट,* खण्ड 17, अंक 7.

**— सुप्रिया पाठक**

# सन् 1857 का संग्राम-1

विद्रोह के कारण

(War of 1857-1)

अंग्रेज़ों के ख़िलाफ़ भारत की स्वाधीनता के लिए चला पहला राष्ट्रीय संग्राम 29 मार्च, 1857 को शुरू हो कर 8 जुलाई, 1859 तक चला। हालाँकि यह संघर्ष अंग्रेज़ों को भारत से भगाने में नाकाम रहा, लेकिन इसके कारण ईस्ट इण्डिया कम्पनी की सौ साल पुरानी अमलदारी ख़त्म हो गयी और रानी विक्टोरिया को भारत का शासन अपने हाथ में लेना पड़ा। आज़ादी की इस लड़ाई में मुख्यत: ब्रिटिश सेना के भारतीय सिपाहियों और उत्तर भारत के जुझारू किसानों ने भाग लिया था। जनता की भागीदारी का अंदाज़ा इस बात से लगाया जा सकता है कि केवल अवध के इलाक़े में अंग्रेज़ों से लड़ते हुए मारे गये डेढ़ लाख लोगों में से एक लाख लड़ाके ग़ैर-फ़ौजी थे। देशी रजवाड़ों में कुछ विद्रोहियों के साथ थे, और कुछ अंग्रेज़ों के साथ। संग्राम का मुख्य घटनास्थल वह विशाल प्रदेश था जिसे आज हिंदीभाषी क्षेत्र के रूप में जाना जाता है। कहीं कम तो कहीं ज़्यादा इस लड़ायी में पंजाब, महाराष्ट्र, कर्नाटक और हैदराबाद की हिस्सेदारी भी थी। दिल्ली से बहुत दूर पड़ने वाले कश्मीर, गुजरात, केरल, तमिलनाडु और बंगाल का इस संग्राम में न के बराबर ही योगदान था। लखनऊ, नयी दिल्ली और पटना जैसे नगर इस दौरान अंग्रेज़ विरोधी चेतना के केंद्र के तौर पर उभरे। विद्रोह के समय पश्चिमी शिक्षा से निकले बुद्धिजीवी वर्ग का अधिकतर हिस्सा इससे दूर रहा। आगे चल कर भारतीय राष्ट्रवाद की बुनियाद डालने वाले इस संघर्ष की प्रेरक स्मृति लोकगाथाओं में बदल गयी जिनके आधार पर लोकप्रिय कला, साहित्य और सिनेमा का सृजन हुआ। 1857 के गदर के नाम पर गदर पार्टी बनी। उपनिवेशवाद विरोध की सशस्त्र क्रांतिकारी धारा इस विद्रोह से लगातार प्रेरणा प्राप्त करती रही। आंदोलन की स्मृतियाँ भारतवासियों को ब्रिटिश शासन की दुर्बलता का एहसास दिलाती रहीं कि किसानों और सिपाहियों की उस संग्रामी एकता ने उसे किस क़दर हिला कर रख दिया था।

भारत में अपनी अमलदारी क़ायम रखने के लिए ईस्ट इण्डिया कम्पनी ने अट्ठारहवीं सदी के मध्य से ही भारतीयों को फ़ौज में भर्ती करके युरोपीय ढंग से प्रशिक्षित करना शुरू कर दिया था। इन तमाम सैनिकों को वर्दी पहने हुए किसानों के रूप में देखा जा सकता है। 1794 में इन भारतीय सिपाहियों की संख्या 82,000 थी, जो 1856 तक बढ़ कर 2,14,000 हो चुकी थी। बंगाल आर्मी, बोंबे आर्मी और मद्रास आर्मी में बँटे हुए इन सैनिकों को युरोपियन अफ़सरों की कमान में रखा जाता था। भारतीय अफ़सर कितना भी योग्य हो, ऊँचे पद पर नहीं पहुँच सकता था। एक अंग्रेज़ सार्जेंट ज़्यादा अनुभवी और योग्य भारतीय अफ़सर पर हुक्म चला सकता था या गाली दे कर अपमान कर सकता था। बड़े अंग्रेज़ अफ़सर ज़रूरी नहीं कि योग्य होते ही हों। उनकी तैनाती का तरीक़ा भी काफ़ी संदिग्ध क़िस्म का था। कई नियुक्तियाँ योग्यता के आधार पर न हो कर ऊँचे ख़ानदान का होने के कारण हो जाती थीं। और तो और, पदों और हैसियत को ख़रीदने की दम रखने वाले अंग्रेज़ों को आसानी से कमीशन मिल जाता था। तीनों आर्मियों में सबसे बड़ी और पुरानी बंगाल आर्मी थी जिसके ज़्यादातर सिपाही अवध और बिहार के ब्राह्मण, राजपूत और भूमिहार थे। सिपाही को सिर्फ़ सात रुपये तनख़्वाह मिलती थी जिसमें उसे अपनी वर्दी के लिए जेब से भुगतान करना पड़ता था। इतने वेतन में उसका काम बहुत मुश्किल से चलता था। बम्बई और मद्रास की फ़ौजें बंगाल के मुक़ाबले ज़्यादा मिली-जुली थीं। संरचना में अंतर होने के बावजूद इन तीनों सेनाओं के सिपाहियों में ब्रिटिश अफ़सरों के नस्लवाद, उनकी अयोग्यता, वेतन से जुड़ी शिक़ायतों, भेदभाव और ज़ुल्म-ज़्यादती के कारण असंतोष और बग़ावत की भावना थी।

1806 में वेल्लोर में विद्रोह हुआ जिसमें सिपाहियों ने गुप्त रूप से संगठित होने की क्षमता का परिचय दिया। उन्होंने रात में चुपचाप सभाएँ कीं और ज़मींदारों को विद्रोह करने के लिए पत्र लिखे। इस विद्रोह को अंग्रेज़ों ने बर्बर आतंक द्वारा दबा दिया, लेकिन यह केवल सैनिकों तक महदूद नहीं था और न ही धर्म बिगड़ने के डर से यह क़दम उठाया था। उस समय तक तो चर्बी वाले कारतूसों का दूर-दूर तक पता नहीं

था। यह एक राजनीतिक विद्रोह था जिसमें सिपाहियों ने अंग्रेज़ी राज ख़त्म करके देशी राज क़ायम करने की कोशिश करते हुए क़िले पर टीपू का झण्डा फ़हरा दिया था। इसके बाद दक्षिण भारत में पल्लमकोट्टा में सिपाहियों ने विद्रोह की कोशिश की। उन्होंने अपने इश्तहार एक साथ हिंदुस्तानी, तमिल और तेलुगु में निकाले। 1822 में आर्कट की घुड़सवार लाइनों में विद्रोह का प्रयास हुआ। देश से बाहर तैनात के लिए दूगने भत्ते की माँग पर भी कई बग़ावतें हुईं।

1857 में बग़ावत करने वाली बंगाल आर्मी में पहले भी बग़ावती स्वर उभर चुके थे। इसके सिपाही 1815 में जावा में और 1834 में ग्वालियर में विद्रोह कर चुके थे। 1839-42 के बीच चले अफ़ग़ान युद्ध में भी इस सेना के फ़ौजियों ने अपने अक्षम विलायती कमांडरों के ख़िलाफ़ बग़ावत का परचम उठाया था। दरअसल, पचास का दशक आते-आते विभिन्न कारणों से सिपाहियों के बीच असंतोष काफ़ी मुखर हो चुका था। इसके पीछे 1856 के जनरल सर्विस इनलिस्टमेंट एक्ट की भूमिका भी थी। यह एक्ट माँग करता था कि देश से बाहर भेजे जाने के लिए सिपाहियों को तैयार रहना होगा। अंग्रेज़ चाहते थे कि इस आर्मी में सिक्ख सिपाहियों की भर्ती करके अवध के सिपाहियों का वर्चस्व तोड़ दिया जाए। वाजिद अली शाह से अवध की सल्तनत हथिया लिए जाने से भी ये सिपाही काफ़ी नाख़ुश थे। इसका एक मतलब कम्पनी द्वारा थोपे गये ऊँचे करों के रूप में सामने आया जिनका भुगतान इन सिपाहियों के घरवालों को करना पड़ रहा था। इसी मुक़ाम पर गाय और सुअर की चर्बी वाले कारतूसों को विद्रोह का प्रमुख कारण मानने वाली थियरी पर विचार करना ज़रूरी है। तीस के दशक से ही अंग्रेज़ सेना में ब्राउन बेस बंदूक की जगह ली एनफ़ील्ड रायफ़लों को ला रहे थे। इनका कारतूस एक ऐसे खोल में बंद था जिसे चलाने से पहले दाँत से काट कर फाड़ना पड़ता था। बंगाल आर्मी के सिपाहियों को जैसे ही यह पता चला, हिंदू और मुसलमान फ़ौजियों के बीच नाराज़गी भड़क उठी। साथ ही यह अफ़वाह भी फैली कि जब सिपाहियों का धर्म भ्रष्ट हो जाएगा तो उन्हें आसानी से क्रिस्तान बनाया जा सकेगा। प्रश्न यह है कि क्या विद्रोह का कारण केवल धर्म-भ्रष्ट होने का डर ही था? इस थियरी पर शक होने का मुख्य कारण यह है कि विद्रोह शुरू हो जाने पर सिपाहियों ने इन्हीं कारतूसों को बार-बार दाँत से काट कर अंग्रेज़ों को निशाना बनाया था। दरअसल, कारतूस वाली थियरी पर बहुतों को विश्वास नहीं है। इस सिलसिले में सवाल उठाया गया है कि धर्म भ्रष्ट हो जाने का डर दक्षिण भारत में क्यों नहीं था? क्या वहाँ के सिपाही सेकुलर हो गये थे? वैसे भी सेना के एक बड़े हिस्से को चर्बी वाले कारतूस तब तक दिये ही नहीं जा सके थे। दूसरे, जब ब्रिटिश गवर्नर जनरल ने चर्बी वाले कारतूसों को फ़ौज से हटा लेने की घोषणा कर दी, फिर भी विद्रोह क्यों बंद नहीं हुआ?

चर्बी वाले कारतूस विद्रोह का सिर्फ़ एक पहलू था। दरअसल, विद्रोह के पीछे यह विश्वास काम कर रहा था कि अंग्रेज़ों के शासन का वक़्त अब गुज़र चुका है। यह एक राजनीतिक विश्वास था जो उन्नीसवीं सदी के प्रारम्भ से ही पनप रहा था। इस विश्वास के पीछे कम्पनी की हुकूमत के ख़िलाफ़ लगातार जारी सशस्त्र विद्रोहों की परम्परा थी। विविध कारणों से होने वाली इन बग़ावतों का मक़सद अंग्रेज़ों को भारत से भगाना था। इतिहासकारों ने इन विद्रोहों के पीछे मुख्यतः तीन कारणों का उल्लेख किया है : राजनीतिक कारणों से होने वाले विद्रोह, व्यक्तिगत कारणों से हुए विद्रोह और आर्थिक कारणों से होने वाले विद्रोह। इसके अलावा एक श्रेणी धार्मिक कारणों से हुए विद्रोहों की है जिसमें वहाबी और संन्यासी विद्रोहों को रखा गया है। बंगाल का संन्यासी विद्रोह हिंदू संन्यासियों, मुसलमान फ़क़ीरों ने शुरू किया था पर वह भूखे किसानों, ज़मीन खोने वाले भू-स्वामियों और फ़ौज से अलग किये गये सिपाहियों के समर्थन से ताक़तवर हुआ था। यह रुझान सारे देश में था। हिंदी-प्रदेश हो या सावंतवाड़ी, ख़ानदेश, गंजम, कोल्हापुर, सिलहट, पर्लाकीमेंडी, विशाख़ासटनम, कच्छ और सीमांत प्रदेश हो, लगभग हर जगह जनता ने विद्रोह किया। इन संघर्षों में कभी तो किसान अकेले लड़े, कभी सामंतों के साथ लड़े, कभी अंग्रेज़ों के हाथ बिके हुए अपने ही राजा के ख़िलाफ़ लड़े। कोल, संथाल, ख़ासी आदि जनजातियों ने भी उन्नीसवीं सदी में अंग्रेज़ों के ख़िलाफ़ हथियारबंद बग़ावतों का सिलसिला बनाया। 1819 में मध्य भारत में भीलों के शक्तिशाली संघर्ष से लेकर 1957 की पूर्व-संध्या पर 1855-56 में हुआ संथालों का महा-विद्रोह इस बात का सबूत था कि उन्नीसवीं सदी अंग्रेज़ी अमलदारी के ख़िलाफ़ लगातार खदबदाती रही। बड़े-बड़े आंदोलनों के अलावा अध्येताओं ने ऐसे अपेक्षाकृत छोटे 77 किसान आंदोलनों की सूची भी बनायी है जिनके तहत समय-समय पर तहत हज़ारों किसानों की गोलबंदी हुई। सामंती असंतोष का मुख्य कारण लॉर्ड डलहौज़ी द्वारा अपनायी जाने वाली डॉक्ट्रिन ऑफ़ लैप्स थी जिसके तहत अंग्रेज़ दत्तक पुत्र को क़ानूनी वारिस मानने से इनकार कर देते थे। 1848 से 1953 के बीच सतारा, नागपुर, सम्भलपुर, उदयपुर और झाँसी की रियासतें इसी तरह से हड़पी गयीं। 1856 में जैसे ही उन्होंने कुशासन के नाम पर अवध का राज हथियाया, वैसे ही राजे-रजवाड़ों में हड़कम्प मच गया। अंग्रेज़ों ने यह भी घोषित कर दिया कि दिल्ली में बहादुर शाह ज़फ़र की मृत्यु के बाद मुग़लों की बादशाहत भी ख़त्म हो जाएगी। 1857 के विद्रोह से पहले स्थिति यह थी कि बिठूर के नाना साहब, लखनऊ में बेगम हज़रत महल, रुहेलखण्ड में ख़ान बहादुर ख़ान और झाँसी में रानी लक्ष्मीबाई विद्रोह को राजनीतिक नेतृत्व देने के लिए तैयार थे। इंदौर के होल्कर और ग्वालियर के सिंधिया अंग्रेज़ों के वफ़ादार थे, पर उनके

सिपाहियों में बग़ावत की भावना थी। नये रेवेन्यू सेटलमेंट के कारण अपनी आधी रियासतें खो चुके बहुत से ताल्लुक़ेदार विद्रोह की कगार पर थे। इनमें अवध और उत्तर-पश्चिम प्रांत के ताल्लुक़ेदारों की संख्या बहुत थी।

एस.बी. चौधरी द्वारा किये गये विद्रोह के क्लासिक अध्ययन से पता चलता है कि किस तरह नयी राजस्व प्रणाली ने किसानों का शोषण करने वाले सामंतों और शोषित होने वाले किसानों को अंग्रेज़ों के ख़िलाफ़ एक-दूसरे से जोड़ दिया था। लगभग सभी इतिहासकार एक तथ्य पर एकमत हैं कि सारे देश में अंग्रेज़ों के ख़िलाफ़ घृणा व्याप्त थी। उनके वफ़ादारों का मानस भी अंग्रेज़ विरोधी भावनाओं से पूरी तरह मुक्त न था। इसके पीछे अंग्रेज़ों का नस्लवादी रवैया और भारतीयों के साथ अपमानजनक ढंग से व्यवहार करना तो था ही, एक बड़ा कारण ईसाई मिशनरियों की गतिविधियाँ थीं। ये मिशनरी हिंदुओं और मुसलमानों की धार्मिक परम्पराओं और रीति-रिवाज़ों की खिल्ली उड़ाते थे, और येन-केन-प्रकारेण धर्मांतरण करवाने की कोशिश करते थे।

उन्नीसवीं सदी में एक और ख़ास बात थी। 1757 में प्लासी का युद्ध जीतने के बाद से अंग्रेज़ों का जो फ़ौजी रुतबा बना था, वह 1838-42 के पहले अफ़ग़ान युद्ध, 1845-59 के बीच हुए पंजाब के युद्धों और 1854-56 के बीच हुए क्रीमियायी युद्ध में उनकी पराजय के कारण नष्ट हो गया था। इससे सिपाहियों और किसानों को यह लगने लगा था कि अंग्रेज़ों को हराया जा सकता है।

**देखें** : आनंद केंटिश कुमारस्वामी, आर्य-अवधारणा, आर्थर लेवेलिन बाशम, एडवर्ड विलियम सईद, काशी प्रसाद जायसवाल, बिपन चंद्र-1 और 2, भारतीय इतिहास-लेखन-1 से 4 तक, दामोदर धर्मानंद कोसम्बी-1 और 2, प्राच्यवाद, रमेश चंद्र दत्त, रमेश चंद्र मजूमदार, रणजीत गुहा, रामकृष्ण गोपाल भण्डारकर, राम शरण शर्मा, रोमिला थापर, वासुदेव शरण अग्रवाल, पांडुरंग वामन काणे, विश्वनाथ काशीनाथ राजवाड़े-1 और 2, सखाराम गणेश देउस्कर, सामंतवाद : एक बहस।

## संदर्भ

1. रामविलास शर्मा (1957/1990), *सन् सत्तावन की राज्य-क्रांति और मार्क्सवाद*, लोकभारती प्रकाशन, इलाहाबाद.
2. विनायक दामोदर सावरकर (1947), *द इण्डियन वार ऑफ़ इंडिपेंडेंस : 1857*, फ़ीनिक्स, बम्बई.
3. एस.बी. चौधरी (1965), *थियरीज़ ऑफ़ इण्डियन म्यूटिनी 1857-1859*, वर्ल्ड प्रेस, कलकत्ता.
4. जे.डब्ल्यू. के (1878), *अ हिस्ट्री ऑफ़ सिपॉय रिवोल्ट इन इण्डिया*, तीन खण्ड, डब्ल्यू.एच. एलेन, लंदन.
5. ए.टी. एम्ब्री (1963), *1857 इन इण्डिया : म्यूटिनी ऑर वार ऑफ़ इंडिपेंडेंस*, डी.सी. हीथ, लेक्सिंगटन, एमए.

**— अभय कुमार दुबे**

# सन् 1857 का संग्राम-2

## युद्ध, पराजय और दमन

(War of 1857-2)

लॉर्ड डलहौजी ने ईस्ट इण्डिया कम्पनी के डायरेक्टरों को लिखा था कि उसके शासनकाल में नये-नये राज्य मिलाने से अंग्रेज़ी राज की आमदनी चालीस लाख पाउण्ड बढ़ गयी है। इसी के साथ डलहौजी ने यह अंदेशा भी जताया था कि इस शांतिपूर्ण लूट में विघ्न पड़ सकता है। डलहौजी ने लिखा, 'हमारे ख़िलाफ़ कभी भी बाहर से लड़ाई छिड़ सकती है या भीतर से विद्रोह फूट सकता है। और ये युद्ध और विद्रोह ऐसे लोग शुरू कर सकते हैं जिनसे हम इनकी कम से कम आशा करते हैं, जो युद्ध और विद्रोह के लिए बहुत ही कमज़ोर समझे जाते हैं और जिनसे लड़ाई की कल्पना भी नहीं की जाती। इसलिए कोई भी व्यक्ति बुद्धिमानी से इस बात का आश्वासन नहीं दे सकता कि हिंदुस्तान में बराबर शांति बनी रहेगी।' पी.ई. रॉबर्ट्स द्वारा *हिस्ट्री ऑफ़ ब्रिटिश इण्डिया* में उद्धृत डलहौजी का यह वक्तव्य बताता है कि बग़ावत की गंध काफ़ी समय से हवाओं में थी जिसे अंग्रेज़ भी महसूस कर रहे थे।

लेकिन, इतिहासकारों में इस प्रश्न पर विवाद है कि क्या 1857 के विद्रोह के पीछे कोई व्यापक योजना थी, या इसे सिपाहियों, किसानों और सामंतों के असंतोष की अलग-अलग अभिव्यक्ति ही माना जाना चाहिए? सिपाहियों ने यदि संगठित होकर संघर्ष किया होता तो विद्रोह एक ही दिन में सभी छावनियों में न फूट पड़ता? इसी के साथ एक प्रश्न यह भी है कि अगर इस विद्रोह के पीछे कोई योजना थी तो उसे षड्यंत्र की श्रेणी में रखा जाना चाहिए या आंदोलन की श्रेणी में? इसमें कोई शक नहीं कि व्यापक असंतोष के बावजूद सारे देश में मौजूद भारतीय सिपाहियों की सारी पलटनें एक साथ अंग्रेज़ों के ख़िलाफ़ अंतिम लड़ाई के लिए उस तरह तैयार नहीं थी जिस तरह 1917 में ज़ार के ख़िलाफ़ रूसी फ़ौज की पलटनें तैयार कर ली गयी थीं। सेना का विद्रोह पहले कुछ धीमे और फिर तेज़ रफ़्तार से आगे बढ़ा। उसकी प्रगति विषम थी। रामविलास शर्मा का मत है अगर इस विद्रोह को एक आंदोलन के रूप में देखा जाए तो समझ में आ सकता है कि वह कहीं तेज़ और कहीं मंद क्यों था। उन्होंने विद्रोही-रणनीति के मुश्तरका पहलुओं पर विस्तार और प्रामाणिकता से लिख कर साबित किया है कि कोई पल्टन राजनीतिक रूप से ज़्यादा तैयार थी और कोई कम, लेकिन इसके पीछे एक समग्र राजनीतिक योजना थी जिसके मुताबिक़ सिपाही अंग्रेज़ी राज की जगह भारतीय राज्य स्थापित करना चाहते थे। 29 मार्च, 1857 को

पहला विद्रोही : मंगल पाण्डे

बंगाल आर्मी की 34वीं पल्टन के 26 वर्षीय सैनिक मंगल पाण्डे ने कलकत्ता से थोड़ी दूर स्थित बैरकपुर छावनी में विद्रोह की पहली गोली दागी जिसने उसे पकड़ने के लिए झपट रहे लेफ्टीनेंट बौ के घोड़े को गिरा दिया। बौ ने ज़मीन से उठ कर दोबारा हमला किया तो पाण्डे ने उसे और उसकी मदद के लिए आये सार्जेंट मेजर को भी तलवार से घायल कर दिया। इसके बाद मेजर जनरल हेयरसे ने सिपाहियों के साथ पाण्डे पर हमला किया। इस पर मंगल पाण्डे ने अपने साथी सिपाहियों को ललकारा, पर उन्होंने न तो उसकी और न ही उसे पकड़ने में अंग्रेज़ों की मदद की। इस पर पाण्डे ने उन्हें कायर कह कर लज्जित किया और यह आरोप भी लगाया कि पहले तो उसे उत्तेजित किया गया और फिर साथ नहीं दिया। इसके बाद पाण्डे ने बंदूक का कुंदा ज़मीन पर रखा और नली छाती से सटा कर पैर से ट्रिगर दबा दिया। घायल मंगल पाण्डे को सिपाहियों के सामने ही आठ अप्रैल को अंग्रेज़ों ने फ़ाँसी पर चढ़ा दिया।

इसके बाद 10 अप्रैल तक कुछ नहीं हुआ। बंगाल आर्मी ऊपर से शांत बनी रही। अम्बाला, लखनऊ और मेरठ की छावनियों में गहरा असंतोष पनप रहा था। 24 अप्रैल को तीसरी घुड़सवार सेना ने मेरठ में अफ़सरों की आज्ञा मानने से इनकार कर दिया। 85 सिपाहियों को क़ैद कर लिया गया। 3 मई को लखनऊ में सातवीं पैदल सेना ने विद्रोह किया। अंग्रेज़ों ने उसके हथियार रखवा लिए और नेताओं को गिरफ़्तार कर लिया। पहले से तयशुदा योजना के अनुसार 10 मई को मेरठ में सिपाहियों ने कछ युरोपियन अफ़सरों को मार कर अपने गिरफ़्तार साथियों को छुड़ा लिया। लेकिन छावनी में 2,357 भारतीय सिपाहियों के मुक़ाबले 2,038 युरोपियन सैनिक थे जिनके पास 20 तोपें भी थीं। इस टकराव में फँसने के या हथियार डालने के बजाय ख़ुद को और भी हथियारों से लैस करके विद्रोही सिपाही रात में दिल्ली रवाना हो गये। मेरठ के बाग़ियों को शहर की जनता का पूरा समर्थन था। जब वे बाज़ार से निकले तो बहुत से लोग तलवारें, भाले और बल्लम लिए उनकी मदद को तैयार खड़े थे। जनता के इसी समर्थन के कारण अंग्रेज़ सिपाही उनका पीछा न कर सके। उधर दिल्ली की पलटनें मेरठ के सिपाहियों का स्वागत करने के लिए तैयार बैठी थीं। पहले उनकी कमान बहादुर शाह के बड़े बेटे मिर्ज़ा मुग़ल के हाथों में रही। विद्रोहियों ने बहादुर शाह ज़फ़र को हिंदुस्तान का बादशाह घोषित कर दिया। जून में बरेली से आने वाली विद्रोही सिपाहियों की सेना उनसे आ मिली। इसके सिपहसालार जनरल बख़्त ख़ाँ थे। इसके बाद बख़्त ख़ाँ ने दिल्ली के युद्ध की कमान सँभाल ली।

इसके बाद बग़ावत बहुत तेज़ी से फैली। हफ़्ते भर में अवध, रुहेलखण्ड, दोआब, बुंदेलखण्ड, मध्य भारत, बिहार के बड़े हिस्से और पंजाब में ब्रिटिश राज थर्रा उठा। अंग्रेज़ों की ताबेदारी कर रही देशी रियासतों के सैनिक भी विद्रोही मूड में आ गये। ग्वालियर के सिंधिया की फ़ौज के बीस हज़ार सिपाही नाना साहब के सेनापति तात्याँ टोपे के साथ चले गये। झाँसी की रानी ने भी विद्रोह घोषित कर दिया। महाराष्ट्र और राजस्थान के छोटे राजाओं और ताल्लुक़ेदारों ने भी विद्रोहियों का साथ दिया। मई के महीने में ही पंजाब की अनेक छावनियों में विद्रोह हुए। लाहौर, फ़िल्लौर, पेशावर और फ़िरोज़पुर में अंग्रेज़ों को तोपख़ाने का इस्तेमाल करके बग़ावत दबानी पड़ी। हैदराबाद में भी स्थानीय स्तर पर बग़ावत देखी गयी। वहाँ की जनता ने रेजीडेंसी पर ज़बरदस्त आक्रमण किया। पूर्व, पश्चिम और दक्षिण के कुछ भागों को छोड़ कर सारे भारत में अंग्रेज़ों को लेने के देने पड़ गये।

दिल्ली पर विद्रोहियों का क़ब्ज़ा होने के बाद 16 मई को गुड़गाँव में, 20 मई को अलीगढ़ में, 23 मई को मैनपुरी और इटावा में, 30 मई को लखनऊ में, 31 मई को शाहजहाँपर और बरेली में सिपाहियों और जनता के आपसी गठजोड़ का परिणाम विद्रोह में निकला। यानी 10 से 31 के बीच केवल 21 दिन में उत्तर-पश्चिम प्रदेश, अवध और सीमांत प्रदेश में पचासों जगहों पर अंग्रेज़ी राज को चुनौती दी गयी। अंग्रेज़ लेखकों द्वारा दिये गये विवरणों से साबित हो जाता है कि जगह-जगह शहरों और गाँवों की जनता ने देशी सेना का साथ दिया, अक्सर उसे विद्रोह करने के लिए उत्तेजित किया और कई जगह विद्रोह करने में पहल भी की। देखते-देखते उत्तर भारत में अंग्रेज़ी राज न केवल अपदस्थ हो गया, बल्कि जब अंग्रेज़ों ने प्रत्याक्रमण किया तो सिपाही जन-सहयोग से बहुत दिनों तक मोर्चा भी टिकाए रहे।

विद्रोहियों से लड़ने के लिए अंग्रेज़ों ने क्रीमिया युद्ध में लगी हुई सेना को बुलाया और चीन में फ़ौजी कार्रवाई के लिए जमा की गयी फ़ौज का इस्तेमाल किया। उन्होंने सिक्ख और गुरखा सिपाहियों का भी प्रयोग किया। अंग्रेज़ों की दो फ़ौजें मेरठ और शिमला से दिल्ली की तरफ़ रवाना हुईं। बदली की सराय पर विद्रोहियों से उनकी ज़बरदस्त टक्कर हुई जिसे उन्होंने जीत लिया, और फिर उत्तर की तरफ़ दिल्ली रिज पर अपना आधार क़ायम किया। एक जुलाई से दिल्ली का घेरा शुरू हो कर 31 अगस्त तक चला। जर्नल बख़्त ख़ाँ के नेतृत्व में विद्रोहियों ने बेहतरीन संघर्ष किया। 14 सितम्बर को अंग्रेज़ कश्मीरी गेट की तरफ़ से दिल्ली में घुस पाये। एक हफ्ते तक दिल्ली की सड़कों और गलियों में भीषण युद्ध हुआ। अंग्रेज़ों को एक-एक इंच दिल्ली के लिए लड़ना पड़ा। 20 सितम्बर को उन्होंने दिल्ली पर फिर से क़ब्ज़ा कर लिया। फिर दिल्ली की जम कर लूट शुरू हुई, अनगिनत लोगों की हत्याएँ की गयीं, मंदिरों और मसजिदों को ढहा दिया गया।21 को बहादुरशाह ने समर्पण किया। अगले दिन बादशाह के बेटों मिर्ज़ा मुग़ल, मिर्ज़ा ख़िज्र सुल्तान और मिर्ज़ा अबू बक्र को ब्रिटिश अफ़सर हडसन ने ख़ूनी दरवाज़े पर गोली से उड़ा दिया।

1857 के युद्ध में कानपुर के बीबी-घर में अंग्रेज़ों और उनकी औरतों-बच्चों के क़त्ल की घटना का ब्रिटिश समर्थक इतिहासकारों ने बढ़ा-चढ़ा कर ज़िक्र किया है। उनका ज़ोर यह दिखाने पर है कि विद्रोही सिपाही कितने बर्बर थे। दूसरी तरफ़ राष्ट्रवादी इतिहासकार सावरकर ने इस कृत्य को प्रशंसात्मक निगाहों से देखा है। इस घटना का एक अधिक निष्पक्ष प्रतीत होने वाला विवरण भी मिलता है। इसके मुताबिक़ विद्रोही सिपाहियों से घिरे हुए अंग्रेज़ों को नाना साहब ने परिवार सहित सुरक्षित निकल जाने के लिए नावें प्रदान की थीं। पानी के बीच में जब नावें पहुँच गयीं तो उन्हें खेने वाले मल्लाह कूद पड़े और किनारे की ओर जाने लगे, क्योंकि मल्लाहों का उनके साथ रहना आत्मसमर्पण की शर्तों में शामिल न था। लेकिन, अंग्रेज़ों ने उन निहत्थों पर गोलियाँ चलाईं। यह देख कर किनारे खड़े घुड़सवार सिपाहियों को ग़ुस्सा आ गया और वे पानी में कूद कर अंग्रेज़ों को मारने के लिए झपटे। यह विवरण कैप्टन मौब्रे टॉमसन का है जो उसकी रचना *कानपुर की कहानी* में दर्ज है। इस घटना का समाचार पाते ही नाना साहब ने संदेश भेजा कि किसी अंग्रेज़ को न छोड़ा जाए लेकिन औरतों-बच्चों का वध नहीं होना चाहिए। इन औरतों-बच्चों को बीबी-घर में रखा गया। जब सर हेनरी हैवलॉक की सेना इलाहाबाद से नरसंहार करते हुए कानपुर आ रही थी, उस समय बदले की भावना से स्त्रियों-बच्चों को काट कर उनके शव कुएँ में डाल दिये गये। उन्हें किसने मारा? क्या सिपाहियों ने? जे.डब्ल्यू. के के अनुसार सिपाहियों ने तो उन पर गोली चलाने से इनकार कर दिया था। इसलिए मरवाने वालों ने बाज़ार से कसाई बुलाए, जिन्होंने उन औरतों-बच्चों को मारा। अंग्रेज़ों ने जब कानपुर पर क़ब्ज़ा किया तो दस हज़ार नागरिकों की हत्या की और जम कर लूटमार की। हिंदुओं और मुसलमानों से बीबी-घर की ज़मीन पर पड़ा ख़ून चटवाया गया और और फिर उन्हें या तो फ़ाँसियाँ दी गयीं या तोप के मुँह से बाँध कर उड़ा दिया गया।

लखनऊ में ब्रिटिश कमांडर हेनरी लारेंस ने विद्रोहियों की घेरेबंदी का नब्बे दिन तक मुक़ाबला किया। फिर हैवलॉक और आउटरम की सेना की मदद से देशी सैनिकों को हराया जा सका। बेगम हज़रत महल ने बहादुरी के साथ विद्रोहियों का नेतृत्व किया। वे दिल्ली के बूढ़े बादशाह के मुक़ाबले अधिक मज़बूत और बहादुर साबित हुईं। उन्होंने अंग्रेज़ों के सामने कभी हथियार नहीं डाले। यह लड़ाई अक्टूबर तक चलती रही। बुंदेलखण्ड में झाँसी की रानी लक्ष्मीबाई एक साथ अंग्रेज़ों की ताबेदारी करने वाले दतिया और ओरछा की फ़ौजों से भी लड़ीं और सर ह्यू रोज़ की सेनाओं से भी। मार्च 1858 में रोज़ ने झाँसी के क़िले पर क़ब्ज़ा किया। रानी अपने बेटे को पीठ पर बाँध कर भाग निकलीं। उनके साथ तात्याँ टोपे मिल गये। दोनों ने एक जून को ग्वालियर पर क़ब्ज़ा कर लिया। अंग्रेज़ों के वफ़ादार सिंधिया को आगरा में शरण लेनी पड़ी। तीन हफ़्ते बाद 17 जून को जब अंग्रेज़ों ने ग्वालियर का घेरा डाला तो एक लड़ाई में असाधारण पराक्रम दिखाते हुए लक्ष्मीबाई खेत रहीं।

अवध के इलाक़े में मौलवी अहमद शाह (जो मुख्यत: मद्रास के थे, लेकिन फ़ैज़ाबाद में बस गये थे) ने विद्रोह का नेतृत्व किया। लखनऊ के छिनने के बाद उन्होंने रुहेलखण्ड में फ़ौजों की अगुआयी की। बाद में पोवायाँ के राजा जगन्नाथ सिंह ने 50,000 रुपये के इनाम के बदले उन्हें धोखे से मरवा दिया। बिहार में जगदीशपुर के अस्सी वर्षीय शासक कुँवर सिंह ने एक योग्य सेनापति की तरह अंग्रेज़ों से लोहा लिया और आरा की लड़ाई में शानदार जीत हासिल की। बिहार में अंग्रेज़ों से लड़ने के बाद कुँवर सिंह नाना साहब की फ़ौजों से आ मिले। उन्होंने अवध और मध्य भारत में लड़ाइयाँ लड़ीं। लेकिन आरा की लड़ाई में घायल हो जाने के कारण 27 अप्रैल, 1858 को उनका देहांत हो गया। उनके भाई अमर सिंह को अंग्रेज़ों ने पराजित कर दिया। इन तमाम लड़ाइयों में जीतने के बावजूद अंग्रेज़ विद्रोहियों के एक सिपहसालार को आख़िर तक नहीं हरा पाये। वे थे तात्याँ टोपे, नाना साहब के मुख्य सेनापति। रण कौशल में तात्याँ का कोई सानी नहीं था। पण्डित सुंदर लाल ने अपनी पुस्तक *भारत में अंग्रेज़ी राज* में तात्याँ की व्यूह रचना का प्रभावी वर्णन किया है। वेश बदलने

में कुशल तात्याँ की योजना दक्षिण निकल जाने की थी ताकि हैदर अली के साथ मिल कर अंग्रेज़ों के ऊपर ज़बरदस्त हमला किया जा सके। तात्याँ की गति और चपलता से अंग्रेज़ घबराये हुए थे। उन्हें लग रहा था कि अगर दक्षिण भी इस विद्रोह में कूद पड़ा तो भारत उनके हाथ से निकल जाएगा। लेकिन राजा मान सिंह की गद्दारी के कारण 7 अप्रैल, 1859 को उन्हें पकड़ लिया गया। 18 अप्रैल को इस महान् सेनापति को फ़ाँसी दी गयी। ऐसे ही एक सेनानायक राणा बेनीमाधो थे जिन्होंने तात्याँ की ही संघर्ष को व्यापक बनाने के लिए उल्लेखनीय कूटनीतिक प्रयास किये। उन्होंने आख़िर तक हथियार नहीं डाले। अंग्रेज़ न हज़रतमहल को पकड़ पाये, न नाना साहब को। अंग्रेज़ों के पास बेहतर हथियार थे, और गोला-बारूद की लगातार सप्लाई। तात्याँ और बेनीमाधो की योजना थी कि ऐसे दुश्मन को लम्बी लड़ाई में ही थका कर हराया जा सकता है। अगर उनकी योजनाएँ सफल हो गयी होतीं तो 1857 का नतीजा कुछ और होता।

8 जुलाई, 1859 को अंग्रेज़ों ने एलान किया कि भारत में शांति स्थापित हो गयी है। यह महा-युद्ध तीन साल तक चला। रामविलास शर्मा के शब्दों में यह एक अस्थाई शांति थी। भारतीय जनता उसे बराबर भंग करती रही। 1946-47 में एक सदी बीतने से पहले ही वह पूरी तरह से भंग हो गयी।

**देखें :** आनंद केंटिश कुमारस्वामी, आर्य-अवधारणा, आर्थर लेवेलिन बाशम, एडवर्ड विलियम सईद, काशी प्रसाद जायसवाल, बिपन चंद्र-1 और 2, भारतीय इतिहास-लेखन-1 से 4 तक, दामोदर धर्मानंद कोसम्बी-1 और 2, प्राच्यवाद, रमेश चंद्र दत्त, रमेश चंद्र मजूमदार, रणजीत गुहा, रामकृष्ण गोपाल भण्डारकर, राम शरण शर्मा, रोमिला थापर, वासुदेव शरण अग्रवाल, पांडुरंग वामन काणे, विश्वनाथ काशीनाथ राजवाड़े-1 और 2, सखाराम गणेश देउस्कर, सामंतवाद : एक बहस।

### संदर्भ

1. एरिक स्टोक्स (1986), *द पीज़ेंट आर्म्ड : द इण्डियन रिवोल्ट ऑफ़ 1857,* क्लेयरंन प्रेस, ऑक्सफ़र्ड, 1986
2. एस.बी. चौधरी (1957), *सिविल रिबेलियन इन द इण्डिया म्यूटिनीज़, 1857-1859,* वर्ल्ड प्रेस प्राइवेट, कलकत्ता, 1957
3. रुद्रांग्शु मुखर्जी (1984), *अवध इन रिवोल्ट, 1857-58 : अ स्टडी ऑफ़ पॉपुलर रजिस्टेंस,* ऑक्सफ़र्ड युनिवर्सिटी प्रेस, नयी दिल्ली.
4. हीदर स्ट्रीट (2001), 'द रिबेलिन ऑफ़ 1857 : ऑरिजिंस, कांसिक्वेंसिज़, ऐंड थीम्स', *टीचिंग साउथ एशिया : ऐन इंटरनेट जरनल ऑफ़ पेडागॉजी,* खण्ड 1, अंक 1, शरद.
5. पी.ई. रॉबर्ट्स (1927), *हिस्ट्री ऑफ़ ब्रिटिश इण्डिया,* ऑक्सफ़र्ड युनिवर्सिटी प्रेस, ऑक्सफ़र्ड.

**— अभय कुमार दुबे**

# सन् 1857 का संग्राम-3

राज्य-सत्ता की रूपरेखा

(War of 1857-3)

सन् 1957 का विद्रोह पराजित हो गया। अगर वह विजयी हो जाता तो क्या होता? क्या पुराने सामंती और कुलीनतंत्र की वापसी हो जाती? 1857 के लगभग सभी ऐतिहासिक विवरणों में ये तथ्य मिलते हैं कि तकनीकी रूप से राजाओं और सामंतों के हाथ में विद्रोह की कमान थी, लेकिन व्यावहारिक रूप से निर्णय लेने के अधिकार उनके पास नहीं थे। तथ्य यह है कि सामंतों की भूमिका मिली-जुली थी। कई सामंत ऐसे थे कि अगर उन पर सिपाहियों का दबाव न होता तो वे विद्रोह में उतरते ही नहीं। कई जगहों पर उन्होंने निहायत बहादुरी और आत्मोत्सर्ग की भावना से लड़ाई लड़ी, और कहीं ढुलमुल रहे। मसलन, आरा के राजा कुँअर सिंह और अवध की बेग़म हज़रतमहल पहली श्रेणी में आती हैं। बहादुर शाह ज़फ़र दूसरी श्रेणी में आते हैं। एक तीसरी श्रेणी भी थी जिसके तहत आने वाले सामंत शुरू में हिचक रहे थे, पर जब वे एक बार विद्रोह में शामिल हो गये तो उन्होंने बेहिचक संघर्ष किया। इनमें नाना साहब और लक्ष्मीबाई के नाम शामिल हैं।

इन तथ्यों के बावजूद विद्रोहियों पर अक्सर यह लांछन लगाया जाता है कि न केवल उनकी बागडोर पुराने सामंतवर्ग के हाथ में थी, बल्कि कुल मिला कर उनका मक़सद पुरानी सामंती सत्ता की फिर से स्थापना करना था। लेकिन, बागी सिपाहियों और उनके कंधे से कंधा मिला कर लड़ रहे किसानों की राजनीतिक-प्रशासनिक गतिविधियों की जाँच करने पर कोई और ही तस्वीर उभरती है। दिल्ली में विद्रोहियों की कमान बरेली में बग़ावत के नेता जनरल बख़्त ख़ाँ के पास थी। बख़्त ख़ाँ न केवल तोपों के युद्ध में पारंगत थे, बल्कि जब दिल्ली का प्रशासन उनके हाथ में आया तो उन्होंने फ़ौजी और नागरिक मामलों में प्रभावशाली प्रबंधकीय क्षमता का परिचय दिया। करीब तीन महीने तक दिल्ली बाग़ियों के पास रही। इस बीच में बहादुर शाह बादशाह रहे, लेकिन नाममात्र के। पूरी सत्ता और सभी कार्यकारी अधिकार फ़ौज और नागरिकों के मिले-जुले कोर्ट के हाथ में थी। बख़्त ख़ाँ के नेतृत्व में बाग़ियों ने एक परवाना जारी किया जिसमें प्रस्तावित राज्य के ढाँचे का पूरा विवरण दिया गया था। पंजाब सरकार ने 1911 में ग़दर संबंधी जो काग़ज़ात जारी किये उनमें इसके प्रमाण मौजूद हैं। दिल्ली में नयी राज्य-सत्ता का प्रस्ताव करने वाली संस्था (कोर्ट) फ़ौजी सिपहसालारों और योग्य नागरिकों की मिली-जुली संरचना थी।

सारी शक्तियाँ एक प्रशासकीय कोर्ट के हवाले करने वाला यह परवाना बताता है कि शांति-व्यवस्था क़ायम करना, लगान जमा करना, मालगुज़ारी वसूल करना, महाजनों से पैसा उधार लेना, हुकूमत का इकबाल क़ायम रखना और युद्ध का संचालन करना इसी कोर्ट का काम था। इस कोर्ट के दस सदस्य होने थे जिसमें छह सेना से और चार नागरिकों के बीच से चुने जाने थे। यहाँ ध्यान देने की बात है कि बाग़ी सिपाही और उनका नेतृत्व बहुमत से चुनी सरकार के पक्ष में था। इस परवाने की निगाह में चुनाव करने वाले वोटर कौन थे? जिन वोटरों के बीच से यह नेतृत्व चुना जाना था उन्हें क़ाबिल, अक्लमंद, तजरुबेकार, अहलियतमंद, क़ुव्वती और वफ़ादार होना चाहिए था। दस चुने गये प्रशासकों में से एक को सदर-ए-जलसा (अध्यक्ष) और दूसरे को नाइन सदर-ए-जलसा (उपाध्यक्ष) के रूप में निर्वाचित होना था। अध्यक्ष के पास एक वोट ज़्यादा देने का हक़ था। कोर्ट के हर सदस्य को एक-एक विभाग का प्रभार दिया गया था। उन्हें कोर्ट के चार-चार सदस्यों और नियुक्त किये गये मंत्रियों की मदद से कामकाज चलाना था। पहली नज़र में यह मॉडल एक संविधानगत राजशाही का लगता है जिसका संचालन एक निर्वाचित परिषद् को दिया गया था। जिसमें फ़ौजियों की संख्या ज़्यादा और नागरिकों की संख्या कम थी। यह सामंतवादी मॉडल तो हरगिज़ नहीं है। इसमें आधुनिकता के कुछ निशान देखे जा सकते हैं, और ग्राम स्व-शासन की पारम्परिक पंचायत प्रणाली के प्रभाव की शिनाख़्त भी की जा सकती है।

बादशाह को इस अधिकारसम्पन्न कोर्ट की बैठकों में भाग लेने का अधिकार था। कोर्ट के हर फ़ैसले पर बादशाह के दस्तख़त होने ज़रूरी थे, लेकिन जैसा कि ज़ाहिर है निर्णय कोर्ट द्वारा ही लिए जाने थे। बहादुर शाह को अपनी नाममात्र की हैसियत का अच्छी तरह एहसास था। आत्मसमर्पण के बाद जब अंग्रेज़ों ने उन पर मुक़द्दमा चलाया (जो अंतर्राष्ट्रीय क़ानून के मुताबिक़ पूरी तरह से ग़ैर-क़ानूनी था, क्योंकि ईस्ट इण्डिया नाममात्र के लिए ही सही पर तकनीकी रूप से मुग़ल बादशाह की सम्प्रभुता मानती थी) तो बादशाह की तरफ़ से अपने बचाव में कहा भी गया था कि वे तो सैनिकों के कैदी की तरह काम कर रहे थे। उनके पास फ़ैसले लाये जाते थे और उन्हें उन पर शाही मुहर लगाने के लिए मजबूर किया जाता था।

कोर्ट ने अपनी अमलदारी सख़्ती और लचीले ढंग से क़ायम की। बहादुर शाह के बेटों ने जब इसमें दख़लंदाज़ी की कोशिश की तो उनकी एक नहीं चलने दी गयी। बादशाह का बड़ा बेटा नाराज़ था क्योंकि बख़्त ख़ाँ के आने के बाद उससे विद्रोहियों की कमान ले ली गयी थी। उनकी शह पर कुछ

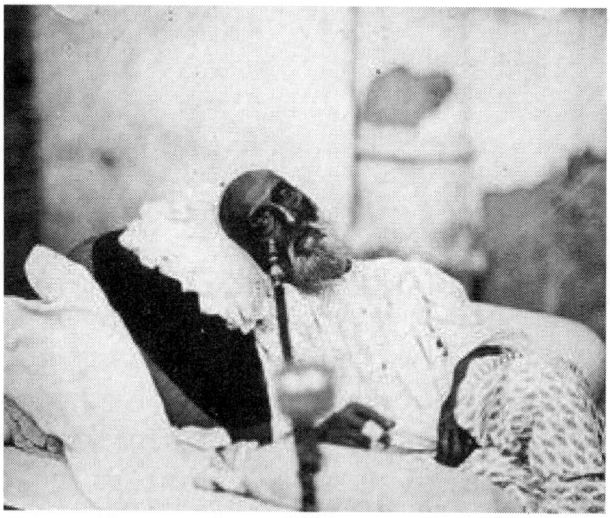

बहादुर शाह ज़फ़र : मुग़ल बादशाहत के आख़िरी दिन

शहजादों ने महाजनों से ग़लत तरीक़े से रुपया वसूल किया, तो उनकी पूरी रोकथाम की गयी। कोर्ट कार्यकारी था, विधायी नहीं। उसने क़ानूनी अदालतें स्थापित कीं, जजों की नियुक्ति की और दीवानी और फ़ौजी मामलों से संबंधित न्यायिक प्रक्रिया का विनियमन किया।

वित्तीय मामलों पर इस कोर्ट का पूरा नियंत्रण था। उसने पहला काम तो यह किया कि किसी भी क़िस्म की लूटमार पर सख़्ती से पाबंदी लगायी, और लड़ाई व प्रशासन के खर्चे के लिए चंदा जमा करने और क़र्ज़े लेने की विधियाँ अपनायीं। 11 मई को सिपाही दिल्ली पहुँचे और 16 मई को लूटमार करता हुआ एक घुड़सवार पकड़ा गया। उसे बादशाह के सामने पेश किया गया, लूटा हुआ माल वापस करवा कर आइंदा ऐसा न करने की चेतावनी दी गयी। बाग़ियों ने बादशाह से यह शिक़ायत भी की कि जो लोग लूट में पकड़े जाते हैं उन्हें शाही पुलिस घूस लेकर छोड़ देती है। कमज़ोर बादशाह के बस की बात नहीं थी कि वह शाही पुलिस को दुरुस्त कर पाते। इसलिए बख़्त ख़ाँ ने अपने आने के बाद घोषणा की कि दूकानदार अपने पास हथियार रखें और जिनके पास हथियार न हों वे फ़ौजी हैडक्वार्टर से ले लें। उन्होंने यह एलान भी किया कि जो फ़ौजी लूटमार करता हुआ पकड़ा जाएगा, उसके हथियार छीन लिए जाएँगे। बाग़ियों का यह व्यवहार अंग्रेज़ फ़ौज के उस व्यवहार के ठीक विपरीत था जिसने लूटमार और क़त्ल-ओ-ग़ारत को अपना मुख्य काम बना रखा था। सिपाहियों को अगर लूटमार ही करनी थी तो भला उन्हें चंदा जमा करने और क़र्ज़ लेने की जहमत क्यों उठानी चाहिए थी? कुछ लोगों ने सिपाहियों का वेश बना कर लूट करनी शुरू की तो उन्हें पकड़ लिया गया और उनकी जूतों से पिटायी की गयी। चार जून को दिल्ली में महाजनों की एक सभा हुई जिसमें एक लाख रुपये का चंदा जमा हुआ और एक लाख रुपया और देने का वायदा

किया गया। तीस जुलाई को बादशाह के नाम से महाजनों से क़र्ज़ माँगा गया। यहाँ ध्यान देने के ज़रूरत है कि बाग़ियों की अमलदारी में संसाधनों की बेहद कमी थी। सैनिकों को नियमित रूप से ख़ाना भी नहीं मिलता था। कई-कई दिन सूखे चने चबा कर उन्हें युद्ध करना पड़ा, लेकिन दिल्ली में लूटमार की कोई वारदात नहीं हुई।

कोर्ट लिखित रूप से तरह-तरह के आदेश पारित करता था जिनकी इबारत फ़ारसी में होती थी जिसके बीच में फ़ारसी लिपि में ही राजनीति जैसे हिंदी के शब्द भी होते थे। आदेशों पर बादशाह की मुहर होती थी। कोर्ट थानों को, तहसीलों को और डाक की व्यवस्था के लिए निर्देश देता था। जिन दस्तावेज़ों में कोर्ट की गतिविधियों का ज़िक्र है, उनसे कुछ नतीजे निकाले जा सकते हैं। मसलन, सेना का संचालन करने के साथ-साथ कोर्ट मालगुजारी वग़ैरह के मसलों का भी प्रबंधन करता था यानी उसके हाथ में दीवानी के मामले भी थे। वह एक तरह का सर्वोच्च न्यायालय भी था जिसके सामने बंदोबस्त से असंतुष्ट ज़मींदार अपनी अर्ज़ियाँ ला सकते थे। उसने नज़र लेने की सनातन प्रथा पर रोक लगा दी और घूसख़ोरी के ख़िलाफ़ कड़े क़दम उठाये। इस कोर्ट ने ग़रीब आदमियों को न सताने पर ज़ोर दिया। अंग्रेज़ अपना टैक्स वसूलने के लिए रियाया पर किसी भी हद तक जा कर ज़ुल्म-ज़्यादती करते थे, पर उनके विपरीत इस कोर्ट ने सरकारी पैसा वसूलने के लिए समझाने-बुझाने पर ज़ोर दिया।

दस्तावेज़ों का अध्ययन करके कुछ इतिहासकारों ने ज़ाहिर किया है कि इस कोर्ट ने दाम बाँधने और जमाख़ोरी रोकने की कोशिशें कीं, हालाँकि उसने किसी क़िस्म की राशनिंग लागू करने या ज़रूरत की चीज़ों की सप्लाई सुनिश्चित करने का कार्यक्रम नहीं लिया। अदालत के आदेशों में इस बात की भनक भी मिलती है कि वह एक ऐसे राजस्व-ढाँचे की तरफ़ देख रहा था जिसमें टैक्स उन लोगों पर ही लगाये जाते जिनमें उनका भुगतान करने की क्षमता होती। राजस्व प्रणाली में आमूल-चूल परिवर्तन करने की इच्छा प्रदर्शित करने के साथ-साथ इस कोर्ट के आदेश ज़मींदारी ख़त्म करने और जोतने वाले को ज़मीन देने के रुझान की तरफ़ भी इशारा करते हैं।

यह कोर्ट किसी भी क़िस्म के धार्मिक कट्टरपंथ के ख़िलाफ़ था। 19 मई को कुछ मौलवियों की शह पर जामा मसज़िद में जेहाद का झण्डा उठाया गया। कोर्ट ने बादशाह की तरफ़ से इस जेहाद का विरोध किया। आदेश जारी किया गया कि जो व्यक्ति गोवध करेगा उसे तोप के मुँह से बाँध कर उड़ा दिया जाएगा। लेकिन जो व्यक्ति बकरी ज़िबह करने का विरोध करेगा, उसे भी दण्ड मिलेगा। बादशाह के नाम से यह आदेश भी जारी किया गया कि ईद के मौक़े पर शहर में कोई गाय न मारी जाए और अगर किसी मुसलमान ने ऐसा किया तो उसे तोपदम कर दिया जाएगा। दस्तावेज़ बताते हैं कि हक़ीम एहसानुल्ला ख़ाँ ने इस आदेश पर नाख़ुशी ज़ाहिर करके धमकी दी कि वे मुसलमानों को इसकी अवज्ञा करने पर समझाएँगे, लेकिन जनरल बख़्त ख़ाँ के कारकुनों ने सख़्ती बरती और ऐसा कुछ नहीं होने दिया।

इसी तरह की संरचना बाग़ियों ने लखनऊ में भी क़ायम की थी। उसके शीर्ष पर नवाब वाजिद अली शाह के बेटे बिरजिस क़दर थे। उन्हें नवाब वज़ीर की पदवी दी गयी थी। लेकिन दिल्ली की तरह वास्तविक ताक़त कोर्ट के हाथ में थी जिसमें में फ़ौजी अफ़सरों के साथ-साथ नवाब के प्रमुख कारकुनों को भी शामिल किया गया था।

**देखें :** आनंद केंटिश कुमारस्वामी, आर्य-अवधारणा, आर्थर लेवेलिन बाशम, एडवर्ड विलियम सईद, काशी प्रसाद जायसवाल, बिपन चंद्र-1 और 2, भारतीय इतिहास-लेखन-1 से 4 तक, दामोदर धर्मानंद कोसम्बी-1 और 2, प्राच्यवाद, रमेश चंद्र दत्त, रमेश चंद्र मजूमदार, रणजीत गुहा, रामकृष्ण गोपाल भण्डारकर, राम शरण शर्मा, रोमिला थापर, वासुदेव शरण अग्रवाल, पांडुरंग वामन काणे, विश्वनाथ काशीनाथ राजवाड़े-1 और 2, सखाराम गणेश देउस्कर, सामंतवाद : एक बहस।

## संदर्भ


1. कुणाल चट्टोपाध्याय (2009), 'इण्डिया, ग्रेट रिबेलियन ऑफ़ 1857 (द सिपॉय रिवोल्ट)', इमैनुएल नेस (सम्पा.), द *इंटरनैशनल इनसाइक्लोपीडिया ऑफ़ रेवोल्यूशन ऐंड प्रोटेस्ट : 1500 टू प्रज़ेंट, विली-ब्लैकवेल,* यूके.
2. दिल्ली में बागी सिपाहियों के प्रशासन के विस्तृत विवरण के लिए देखें, रामविलास शर्मा (1990), *सन् सत्तावन की राज्य-क्रांति और मार्क्सवाद,* लोकभारती प्रकाशन, इलाहाबाद, 1990.
3. मुईनुद्दीन ख़ाँ और मुंशी जीवनलाल (1953), *ग़दर— दिल्ली की डायरी,* कर्मयोगी प्रेस, इलाहाबाद.


**— अभय कुमार दुबे**

# सन् 1857 का संग्राम-4

## मूल्यांकन पर बहस

(War of 1857-4)

सन् 1857 के संग्राम के कारणों और मूल्यांकन को लेकर इतिहासकारों, समाज-वैज्ञानिकों और अन्य बुद्धिजीवियों के बीच तीखे मतभेद हैं। अंग्रेज़ों ने इस विद्रोह को उनकी भारतीय फ़ौजों के सिपाहियों की म्यूटिनी या ग़दर क़रार दिया है। इस दृष्टि के मुताबिक़ यह ग़दर बंगाल आर्मी के ऊँची जाति के सिपाहियों द्वारा अपने जातिगत संस्कारों की रक्षा करने के लिए दिखाई गयी अनुशासनहीनता की अभिव्यक्ति था। मुसलमान सिपाही उनसे इसलिए मिल गये थे कि जिन कारतूसों को दाँत से काटना पड़ता था उनके खोल में गाय के साथ-साथ सुअर की चर्बी का भी प्रयोग किया गया था। अंग्रेज़ों के अनुसार यह या तो मुसलमानों का षड्यंत्र था, या फिर ब्राह्मणवादी प्रतिरोध। इसकी एक और अंग्रेज़-व्याख्या प्रचलित है कि यह बग़ावत लॉर्ड डलहौजी के आठ साला शासन में अपनायी गयी 'डॉक्ट्रिन ऑफ़ लैप्स' की नीति के कारण हुई थी अर्थात् यह उन राजाओं-नवाबों की कारगुज़ारी थी जिनकी रियासतें वारिस नामौजूद होने की सूरत में दत्तक पुत्र को उत्तराधिकार देने की इजाज़त न होने के कारण ईस्ट इण्डिया कम्पनी ने अपनी अमलदारी में मिला ली थीं। ब्रिटिश इतिहासकारों ने बग़ावत करने वाले देशी सिपाहियों को बर्बर, हिंस्र, बलात्कारी, लुटेरा, अनुशासनहीन, धर्मांध और जातिवादी क़रार दिया है। यह इतिहास दावा करता है कि विद्रोही सिपाही योग्य नेतृत्व से वंचित अराजक भीड़ की तरह थे। उसने भारतीय पक्ष द्वारा की गयी हर हिंसक कार्रवाई का बढ़ा-चढ़ा कर वर्णन किया है ताकि ब्रिटिश पक्ष को न्यायोचित क़रार दिया जा सके।

इस ब्रिटिश इतिहास-लेखन की पुष्टि करने में कुछ भारतीय बुद्धिजीवियों ने भी योगदान दिया है। यह काम पराजय के बाद अंग्रेज़ी राज के प्रति वफ़ादारी साबित करने के लिए अपने-अपने पक्ष से विद्रोह का मूल्यांकन करने के ज़रिये किया गया। मुसलमानों ने दिखाया कि विद्रोह की ज़िम्मेदारी उन पर डालना ग़लत है क्योंकि वे तो यह कृतघ्नता कर ही नहीं सकते थे। इसका प्रमुख उदाहरण सैयद अहमद ख़ाँ की रचना *आशाब-ए-बग़ावत-ए-हिंद* में मिलता है जिसका अनुवाद द *कॉज़िज़ ऑफ़ द इण्डियन रिवोल्ट* के नाम से उपलब्ध है। इसके अनुसार विद्रोह न तो राष्ट्रीय था, न ही इसके पीछे कोई योजना थी, न ही विद्रोह करने वाले ईस्ट इण्डिया कम्पनी की बराबर की हैसियत के थे। यह तो अवज्ञाकारी सिपाहियों की गड़बड़ी थी जो अज्ञानतावश और धार्मिक ग़लतफ़हमीवश की गयी थी। सैयद अहमद ख़ाँ इसे लोकप्रिय विद्रोह भी मानने के लिए तैयार न थे। इसके बाद उन्होंने द *लॉयल मोहम्मडंस ऑफ़ इण्डिया* का लेखन करके कहा कि किसी भी पढ़े-लिखे और भद्र मुसलमान ने इस बग़ावत में हिस्सा नहीं लिया। सैयद अहमद ने यह भी कहा कि भारत में ईसाइयों का अगर कोई सच्चा दोस्त है तो वे मुसलमान ही हैं। विद्रोह के वक़्त वे बिजनौर में थे इसलिए उन्होंने अपनी स्मृतियाँ *सरकशी-ए-ज़िला बिजनौर* में यह कह कर दर्ज की हैं कि जिन भारतवासियों ने विद्रोह किया वे सभी अहसानफ़रामोश थे। उन्होंने अंग्रेज़ों से अपील की कि इस मामले में वे हिंदुओं और मुसलमानों को एक ही खाने में न डालें।

हिंदुओं की तरफ़ से सैयद अहमद ख़ाँ के समकालीन और बंकिम चंद्र चट्टोपाध्याय के अनुयायी रजनी कांत गुप्ता ने *सिपाही युद्धेर इतिहास* लिख कर दावा किया कि हिंदू तो बड़े वफ़ादार हैं। उन्होंने बग़ावत का ठीकरा मुसलमानों की कृतघ्नता पर फ़ोड़ा। यहाँ तक कि नाना साहब को भी अजीमुल्ला ख़ाँ के शरारती मशविरों ने गुमराह कर दिया था। शंभू चंद्र मुखर्जी और किशन चंद्र मित्र ने दावा किया कि बग़ावत में हिंदू भागीदारी न के बराबर ही थी। सितार-ए-हिंद के ख़िताब से नवाज़े गये राजा शिव प्रसाद सिंह ने अपनी हिंदी पाठ्य पुस्तक *इतिहास तिमिर नाशक* में विद्रोह को अपराधी वर्गों की कारसाज़ी बताया। राजा साहब ने दावा किया कि हिंदू तो उसूलन फ़रमाबरदार हैं और उन्हें किसी भी तरह का राष्ट्रवाद या देशप्रेम छू तक नहीं गया है। विद्रोह के असली कर्ताधर्ता तो मुसलमान थे।

इस तरह के इतिहास और मूल्यांकन के दूसरे सिरे पर राष्ट्रवादी इतिहासकार हैं जो इस विद्रोह को भारत का पहला 'राष्ट्रीय' स्वाधीनता संग्राम क़रार देते हैं। इन इतिहासकारों की मान्यता है कि असंतुष्ट राजे-रजवाड़ों, सिपाहियों और किसान जनता ने मिल कर इसमें भाग लिया था; और इसी विद्रोह के दौरान भारतीय राष्ट्रवाद की बुनियाद पड़ी। राष्ट्रवादियों की तरफ़ से ब्रिटिश इतिहासकारों को पहला जवाब 1909 में विनायक दामोदर सावरकर ने दिया जब उनकी विख्यात रचना द *इण्डियन वार ऑफ़ इंडिपेंडेंस ऑफ़ 1857* प्रकाशित हुई। यह पुस्तक छपते ही भारतीय क्रांतिकारियों की बाइबिल बन गयी। इसने राष्ट्रवादियों की कम से कम दो पीढ़ियों को प्रभावित किया। रानी झाँसी का पराक्रमी संघर्ष इसी पुस्तक से पहली बार प्रकाश में आया। इससे पहले लक्ष्मीबाई के नाम की चर्चा भी नहीं होती थी। सावरकर आगे चल कर हिंदुओं और मुसलमानों को अलग-अलग क़ौम मानने लगे, पर इस पुस्तक में उन्होंने साफ़ कहा था कि शिवाजी के समय में हिंदुओं और मुसलमानों के बीच नफ़रत ज़रूर थी, लेकिन अंग्रेज़ों के मुक़ाबले उस घृणा को

जारी रखना एक मूर्खता ही होगी। सावरकर ने चर्बी वाले कारतूसों को विद्रोह का प्रमुख कारण मानने से इनकार कर दिया और कहा कि विद्रोह के पीछे 'स्वराज और स्वधर्म' की कामना और हिंदू-मुसलमान एकता थी।

तीसरी श्रेणी मार्क्सवादी विद्वानों की है जिन्होंने इन दोनों दावेदारियों को ठुकराते हुए कहा कि यह विद्रोह ईस्ट इण्डिया कम्पनी के कुछ ऐसे क़दमों की प्रतिक्रिया थी जिनसे स्थापित सामंती वर्ग की जड़ें हिल गयी थीं। इसलिए यह लड़ाई पुराने भू-स्वामी वर्गों ने छेड़ी थी। इस दृष्टि के अनुसार विद्रोह का नेतृत्व अपनी सत्ता से वंचित मुसलमान हुक्मरानों, ज़मींदारों और कम्पनी से पीड़ित कुछ हिंदू राजाओं के हाथों में था। ये विद्वान पूछते हैं कि क्या इस विद्रोह को राष्ट्रवादी भावनाओं का प्रकटीकरण कहा जा सकता है? क्या उन्नीसवीं सदी के मध्य में भारत को एक राष्ट्र की तरह देखने की शुरुआत हो चुकी थी? ऐसे मार्क्सवादी लेखन का नमूना मानवेंद्र नाथ राय की रचना *इण्डिया इन ट्रांज़ीशन* और रजनी पाम दत्त की रचना *इण्डिया टुडे* में मिलता है। राय ने विद्रोह को क्षयग्रस्त सामंती प्रणाली और नये व्यापारिक पूँजीवाद के बीच संघर्ष क़रार दे कर कहा कि इसकी नाकामी सामंती ताक़तों की आख़िरी दावेदारी विफल होने के समान थी। दत्त ने कम से कम यह ज़रूर माना कि यह एक बहुत बड़ा किसान विद्रोह था, पर इसकी बागडोर पतनशील सामंती ताक़तों ने सँभाली हुई थी।

सावरकर की रचना 1857 के पचास साल पूरे होने पर सामने आयी थी। जब इस विद्रोह के सौ साल पूरे हुए तो राष्ट्रवादी इतिहास-लेखन ने एक और करवट बदली। 1957 में पी.सी. जोशी के सम्पादन में प्रकाशित एक पुस्तक में छपी जिसमें संकलित रचनाएँ विद्रोह में लोकप्रिय भागीदारी और उसके भीतरी अंतर्विरोधों पर प्रकाश डालने वाली थीं। इसी दौरान रमेश चंद्र मजूमदार, एस.बी. चौधरी, सुरेंद्र नाथ सेन और के.के. दत्त की रचनाएँ प्रकाशित हुईं। सेन का अनुसंधान तो भारत सरकार ने ही प्रायोजित किया था। इस लेखन में एक प्रवृत्ति राय और दत्त की परम्परा को आगे विकसित करते हुए वर्गीय दृष्टिकोण का राष्ट्रवाद के साथ समन्वय करती थी। दूसरी प्रवृत्ति विद्रोह को पहला स्वाधीनता संग्राम कहने से परहेज़ करती दिखाई दी। कुल मिला कर ये रचनाएँ 1857 के आख्यान को 'सिपाही विद्रोह' की श्रेणी से निकाल कर 'नागरिक विद्रोह' की श्रेणी में ले आयीं।

1857 पर इतिहास-लेखन की चौथी और सबसे ताज़ा खेप उन इतिहासकारों की है जिन्होंने विद्रोह के कारणों, उसकी राजनीति और उसके समाजशास्त्र की बारीक़ियों में जाते हुए ऐसे कई पहलुओं का उद्‌घाटन किया जिनसे इस विद्रोह पर बिल्कुल नयी रोशनी में पड़ती है। इन इतिहासकारों की मान्यता यह लगती है कि यह विद्रोह एक किसान युद्ध था जिसके दो निशाने थे : देशी भू-स्वामी वर्ग और विदेशी साम्राज्यवाद। इसकी शुरुआत एरिक स्टोक्स की दो रचनाओं से हुई। उन्होंने यह कहने से शुरुआत की कि विद्रोह की प्रकृति अभिजातवर्गीय थी क्योंकि उस पर ऊँची जातियों का नेतृत्व हावी था जिसने अपने हिसाब से जातिगत गोलबंदी करके विद्रोह आयोजित किया। लेकिन बाद में स्टोक्स अपने इस मूल्यांकन से हट गये। उन्होंने जाति और आर्थिक कारणों से परे जाते हुए पारिस्थितिकी, संस्कृति और मानस जैसे पहलुओं को टटोला। उन्होंने प्रतिरोध के लोकप्रिय रूपों की शिनाख़्त की। रुद्रांग्शु मुखर्जी और तपाती राय की रचनाओं ने बहुत बारीक़ी से शोध करते हुए दिखाया कि विद्रोह की असली ताक़त किसानों और देहाती जनता के सहयोग-समर्थन पर टिकी हुई थी। अवध-क्षेत्र का अध्ययन करके मुखर्जी ने साफ़ तौर पर दावा किया कि किसान इस युद्ध के आख़िरी दस्ते नहीं थे, न ही उनकी स्थिति अधीनस्थ क़िस्म की थी। उनकी भूमिका सिपाहियों और अन्य प्रमुख ताक़तों के बराबर थी। मुखर्जी ने प्रमाण दिये कि जहाँ ताल्लुक़दार विद्रोह के साथ नहीं थे, वहाँ भी किसानों ने विद्रोह का साथ दिया। तपाती राय ने बुंदेलखण्ड को अपने शोध के लिए चुना। उन्होंने दिखाया कि किस तरह वहाँ के किसान छाँट-छाँट कर अंग्रेज़ों, उनके कारकुनों और महाजनों पर हमले कर रहे थे। सरकारी रिकॉर्ड जलाये जा रहे थे। उनका मक़सद ब्रिटिश सत्ता के सभी रूपों को नष्ट करना था। राय ने यह निष्कर्ष भी निकाला है कि विद्रोह के दौरान सत्ता की एक वैकल्पिक व्यवस्था उभरने लगी थी जिसमें रिपब्लिकन और जनवादी क़िस्म की प्रवृत्तियाँ थीं। रणजीत गुहा ने दलील दी है कि किसान विद्रोह के समय अपनी स्थानीय सीमाओं से बाहर नहीं निकले। तपाती राय ने इससे असहमति जताते हुए दिखाया है कि किसान न केवल शहरी क्षेत्रों की तरफ़ गये, बल्कि उन्होंने बाहर से आने वाली पल्टनों का स्वागत भी किया। राय द्वारा रेखांकित किये गये इस पहलू का प्रमाण कुमार सुरेश सिंह के अवलोकनों में भी मिलता है जिसमें वे आदिवासियों और ग़ैर-आदिवासियों की एकता के प्रमाण पेश करते हैं।

दिलचस्प बात यह है कि 1957 में प्रकाशित रामविलास शर्मा की रचना *सन सत्तावन की राज्य क्रांति और मार्क्सवाद* इतिहास-लेखन का एक ऐसा नमूना है जिसमें आगे जा कर हुए इस बेहतरीन अनुसंधान के इशारे मिलते हैं। रामविलास शर्मा का परिप्रेक्ष्य राष्ट्रवादी और मार्क्सवादी नज़रियों के विवेकसम्मत और गहन मिश्रण पर आधारित है। इस पुस्तक में विस्तार से विद्रोह के उपनिवेशवाद विरोधी चरित्र, उसमें होने वाली लोकप्रिय भागीदारी, सिपाहियों और किसानों की स्वायत्तता, राजनीतिक चेतना के रूप, जाति-धर्म और जेंडर की सीमाओं से परे जा कर बने समीकरणों और वैकल्पिक राज्य-

सत्ता की संरचनाओं पर प्रकाश डाला गया था। ज़ाहिर है कि राष्ट्रवादी और मार्क्सवादी इतिहास-लेखन की ख़ामियों की आलोचना करने वाली यह पुस्तक 1957 में ही उन निष्कर्षों पर पहुँच गयी थी जिन पर स्टोक्स, मुखर्जी और राय के प्रशंसनीय अध्ययन अस्सी और नब्बे के दशक में पहुँचे।

**देखें :** आनंद केंटिश कुमारस्वामी, आर्य-अवधारणा, आर्थर लेवेलिन बाशम, एडवर्ड विलियम सईद, काशी प्रसाद जायसवाल, बिपन चंद्र-1 और 2, भारतीय इतिहास-लेखन-1 से 4 तक, दामोदर धर्मानंद कोसम्बी-1 और 2, प्राच्यवाद, रमेश चंद्र दत्त, रमेश चंद्र मजूमदार, रणजीत गुहा, रामकृष्ण गोपाल भण्डारकर, राम शरण शर्मा, रोमिला थापर, वासुदेव शरण अग्रवाल, पांडुरंग वामन काणे, विश्वनाथ काशीनाथ राजवाड़े-1 और 2, सखाराम गणेश देउस्कर, सामंतवाद : एक बहस।

## संदर्भ

1. चार्ल्स बैल (1858-59), *द हिस्ट्री ऑफ़ द इण्डियन म्यूटिनी,* द लंदन प्रिंटिंग ऐंड पब्लिशिंग कम्पनी, लंदन.
2. पी.सी. जोशी (सम्पा.) (1957), *1857 : अ सिम्पोज़ियम,* पीपुल्स पब्लिशिंग हाउस, नयी दिल्ली.
3. एस.एन. सेन (1957), *एट्टीन फ़िफ्टीन सेविन,* पब्लिकेशन डिवीज़न, नयी दिल्ली.
4. आर.सी. मजूमदार (1957), *द सिपॉय म्यूटिनी ऐंड द रिवोल्ट ऑफ़ 1857,* फ़र्मा के.एल. मुखोपाध्याय, कलकत्ता.
6. तपाती राय (1994), *द पॉलिटिक्स ऑफ़ पॉपुलर अपराइज़िंग : बुंदेलखण्ड इन 1857,* ऑक्सफ़र्ड युनिवर्सिटी प्रेस, नयी दिल्ली.
7. रमेश रावत (2007), 'परसेप्शन ऑफ़ 1857', *सोशल साइंटिस्ट,* खण्ड 35, अंक 11/12.
8. विश्वमय पति (2007), 'हिस्टोरियंस ऐंड हिस्टोरियोग्राफ़ी : सिचुएटिंग 1857', *इकॉनॉमिक ऐंड पॉलिटिकल वीकली,* खण्ड 42, अंक 19.

**— अभय कुमार दुबे**

# सभ्यताओं का संघर्ष

(Clash of Civilisations)

बीसवीं सदी के आख़िरी दशक में दुनिया के कई विद्वानों, समीक्षकों और प्रेक्षकों ने इक्कीसवीं सदी में अंतर्राष्ट्रीय राजनीति की सम्भावनाओं के बारे में कई तरह की भविष्यवाणियाँ की थीं। कुछ का नज़रिया आशाजनक था और कुछ का निराशाजनक। अंतर्राष्ट्रीय संबंधों के अमेरिकी विद्वान सेमुअल पी. हटिंग्टन ने सभ्यताओं को विश्लेषण की इकाई बना कर अपनी भविष्य-दृष्टि पेश की जिसे 'सभ्यताओं के संघर्ष' के नाम से जाना जाता है। 1993 में *फ़ारेन एफ़ेयर्स* पत्रिका में छपे उनके लेख द क्लैश ऑफ़ सिविलाइज़ेशंस?' से अकादमीय क्षेत्रों में ज़बरदस्त बहस छिड़ गयी। तीन साल बाद इसी शीर्षक से उनकी किताब प्रकाशित हुई। इस बार उन्होंने प्रश्नवाचक चिह्न लगाये बिना अपना सूत्रीकरण पेश किया। हटिंग्टन का यह सिद्धांत न केवल वर्तमान और भविष्य के टकरावों के बारे में एक समग्र दृष्टि पेश करता है, बल्कि अंतर्राष्ट्रीय राजनीतिक प्रणाली के मुख्य लक्षणों को भी अपने दायरे में समेट लेता है। हटिंग्टन न केवल राष्ट्रों के बीच होने वाले या हो सकने वाले द्वंद्वों की चर्चा करते हैं, बल्कि राष्ट्रों के भीतर द्वंद्व की स्थितियों और सम्भावनाओं के बारे में भी बताते हैं।

अगली सदी के लिए भविष्यवाणी करते हुए कुछ प्रेक्षकों और विश्लेषकों का ख़याल था कि भूमण्डलीकरण के बोलबाले और लोकतंत्र के चौतरफ़ा प्रसार के कारण दुनिया भर के लोग आर्थिक, राजनीतिक और सांस्कृतिक रूप से एकजुटता की तरफ़ बढ़ेंगे। दूसरी तरफ़ कुछ विद्वानों का विचार था कि शांति के क्षेत्रों और युद्ध के क्षेत्रों के बीच काफ़ी बड़ा अंतर है जो आगे भी बना रहेगा। इसका नतीजा एक बहुध्रुवीय विश्व के तहत बड़ी उदीयमान ताक़तों के बीच संघर्ष में निकलेगा। भविष्य-दृष्टि के लिहाज़ से हटिंग्टन की यह बहुचर्चित थियरी अगली सदी की इसी निराशाजनक तस्वीर में फ़िट होती है। हटिंग्टन के कुछ आलोचकों का आरोप है कि इस तरह का उत्तेजक सूत्रीकरण उन्होंने जानबूझ कर अकादमीय जगत का ध्यान अपनी ओर खींचने के लिए किया ताकि वे सामान्य बुद्धिजीवी से रातों-रात बौद्धिक सेलेब्रिटी में बदल सकें। इस छींटाकशी के अलावा उनके सिद्धांत में और भी कई तरह की ख़ामियाँ निकाली गयी हैं। उदाहरण के लिए हटिंग्टन के विमर्श को बड़ी आसानी से एक पश्चिम-केंद्रीय सिद्धांत के रूप में पेश किया जा सकता है। उनके सभी सरोकार पश्चिम के राजनीतिक बोलबाले को मिलने वाली चुनौतियों से जुड़े हुए हैं। जो भी हो, इन आलोचनाओं के बावजूद यह मानना होगा कि नब्बे के दशक

में और नयी सदी के पहले दशक में हटिंग्टन का सिद्धांत सबसे ज़्यादा गरमागरम बहसों का केंद्र रहा है।

हटिंग्टन सारी दुनिया को दस मुख्य सभ्यताओं में बाँट कर देखते हैं : पश्चिमी, लातीनी अमेरिकी, अफ़्रीकी, इसलामी, चीनी, हिंदू, ईसाई, परम्परानिष्ठ ईसाई, बौद्ध और जापानी। सभ्यता की इकाई को परिभाषित करने के लिए उन्होंने माना है कि अगर भाषा, इतिहास, धर्म, रीति-रिवाज़ और संस्थाओं की समानता के आधार पर बनी समान आत्म-पहचान किसी विशाल दायरे में फैले लोगों को एक सभ्यता की श्रेणी में ले आती है। हटिंग्टन कहते हैं कि इनमें से कुछ सभ्यताओं के मर्म में राज्य की संस्था है जिसके पास आणविक हरबे-हथियार हैं। चीनी सभ्यता के मर्म में चीनी राज्य और जापान के मर्म में जापानी राज्य है। पश्चिमी सभ्यता के मर्म का निर्माण अमेरिका, फ़्रांस, जर्मनी और यूनाइटेड किंगडम जैसे राज्य करते हैं। परम्परानिष्ठ ईसाई सभ्यता का मर्म रूसी राज्य है। लेकिन, इसलामी सभ्यता का मर्म इस तरह के किसी राज्य से वंचित है। यही हालत लातीनी अमेरिका और अफ़्रीका की है। हटिंग्टन को लगता है कि आने वाले समय में ये सभ्यताएँ आपस में टकराएँगी। परम्परानिष्ठ ईसाइयत का संघर्ष पश्चिमी ईसाइयत और इसलाम से होगा। हिंदू सभ्यता मुसलमान सभ्यता से भिड़ जाएगी। चीनी सभ्यता भी हिंदू सभ्यता से संघर्ष में जा सकती है। अफ़्रीकी और लातीनी अमेरिकी सभ्यताएँ किनारे पड़ी रहेंगी। हटिंग्टन विशेष रूप से इसलाम द्वारा पश्चिमी सभ्यता को मिल सकने वाली चुनौती से चिंतित लगते हैं। उनकी दलील है कि एक तो मुसलमानों की जन्म-दर अन्य सभ्यताओं के मुक़ाबले ज़्यादा है, दूसरे बीसवीं सदी के आख़िरी वर्षों में उसकी लोकप्रियता में ज़बरदस्त उछाल आया है। इसलाम पश्चिमी मूल्यों को ख़ारिज करते हुए अमेरिकी रुतबे के सामने झुकने के लिए तैयार नहीं है, इसलिए पश्चिमी और इसलामी सभ्यताओं के बीच संघर्ष अवश्यम्भावी है। हटिंग्टन के अनुसार चीन इसलामी राज्यों से जुड़ कर अमेरिका को टक्कर देना चाहेगा जिससे युद्ध का ख़तरा बहुत बढ़ जाएगा।

इस सम्भावित द्वंद्व को टालने के लिए उनके पास कुछ तजवीज़ें भी हैं। मसलन, उनकी सिफ़ारिश है कि सभ्यताओं के केंद्र में मौजूद राज्यों को दूसरी सभ्यताओं के आंतरिक मामलों में हस्तक्षेप करने से बाज आना चाहिए। बजाय इसके उन्हें सभ्यताओं के बीच में संघर्ष के अंदेशों को निबटाने के लिए मध्यस्थता का रवैया अपनाना चाहिए। दूसरे, सभी सभ्यताओं को साझा मूल्यों के आधार पर एकजुटताओं की खोज करनी चाहिए। अमेरिका को हटिंग्टन की सलाह यह है कि उसे पश्चिम के विशिष्ट सांस्कृतिक मूल्यों को पुष्ट करने का प्रयास करते हुए अन्य पश्चिमी देशों से अपने गठजोड़ को और पुख़्ता करने का प्रयास करना चाहिए। इस संबंध में हटिंग्टन का दृष्टिकोण बहुसंस्कृतिवाद और विभिन्न अल्पसंख्यक समूहों के बीच परस्पर आदर की राजनीति का समर्थन करते हुए नहीं दिखता।

हटिंग्टन की थियरी में पहली बड़ी ख़ामी यह निकाली गयी है कि उन्होंने दुनिया में सभ्यताओं की संख्या बहुत घटा दी है। दरअसल, वे दस नहीं बल्कि नौ या आठ सभ्यताओं की चर्चा ही कर रहे हैं। एक अफ़्रीकी सभ्यता की उनकी संकल्पना संदिग्ध है। इसी तरह युरोप को भी एक सभ्यता के रूप में नहीं देखा जा सकता। अफ़्रीका और युरोप दोनों ही अलग-अलग संस्कृतियों से सम्पन्न बहुसांस्कृतिक क्षेत्र हैं। युरोप उत्तरी अमेरिकी की तरह तो निश्चित रूप से नहीं है। जिसे हटिंग्टन पश्चिमी सभ्यता क़रार दे रहे हैं, उसमें तो कई तरह की आंतरिक दरारें हैं। दूसरे, सभ्यताएँ अपने-आप में एकाश्म क़िस्म की संरचनाएँ नहीं होतीं। उन्हें परिभाषित करने वाले आयाम भी अलग-अलग होते हैं। मसलन, इसलामी सभ्यता एक धर्म के आस-पास सुपरिभाषित है। लेकिन, कनफ्यूशसवादी सभ्यता के तहत धर्म और राजसत्ता के बीच का संबंध इतना स्पष्ट नहीं है। पश्चिमी सभ्यता में विभिन्न देशों के नागरिक धार्मिक आस्थाओं के तौर पर काफ़ी बँटे हुए हैं। तुर्की और इटली जैसे युरोपीय देशों को एक पलड़े पर कैसे रखा जा सकता है। इटली अगर पाप कबूल करने वाले ईसाई विचार को मानता है, तो तुर्की सेकुलर आधार पर सोच रहा है। सभ्यताएँ न केवल धर्मों के आधार पर बँटी हुई हैं, बल्कि उनके बीच सांस्कृतिक विभाजन भी कई तरह के हैं। लातीनी अमेरिकी सभ्यता की चर्चा करते समय स्पेनी और इण्डियन संस्कृति के बीच के अंतराल को नज़रअंदाज़ नहीं किया जा सकता। इसी तरह अंतर्राष्ट्रीय आर्थिक प्रणाली से लाभ उठा रहे समूहों और उसके कारण भेदभाव और नुक़सान झेल रहे समूहों के बीच भी भारी अंतर है। अफ़्रीकी महाद्वीप में एक तरफ़ तो मुट्ठी-भर अभिजन पश्चिमी मूल्यों के हामी बने हुए हैं और दूसरी तरफ़ ज़्यादा बड़ी आबादी उन सामाजिक मूल्यों को अपनाए हुए है जिन्हें आधुनिकता के दायरे में शामिल नहीं माना जाता।

हटिंग्टन के सिद्धांत की दूसरी बड़ी आलोचना यह है कि उसमें राज्य और सभ्यता के बीच का संबंध स्पष्ट नहीं हो पाता। अगर सभ्यताएँ वास्तव में स्वतंत्र हैसियत रखती हैं तो शीत-युद्ध के दौरान उन्होंने ख़ुद को विभिन्न राज्यों के बीच बने शक्ति-संबंधों की मातहती क्यों स्वीकार कर ली थी? वैसे भी हटिंग्टन द्वारा दिखाई गयी चीनी और इसलामी एकता की सम्भावना भी शक्तिशाली राज्यों के बीच होने वाले गठजोड़ों द्वारा अदा की जाने वाली भूमिका की तरफ़ ही इशारा करती है। फ़ौजी ताक़त और देशों के बीच का शक्ति-संतुलन संस्कृति और क्षेत्र के प्रभाव को पृष्ठभूमि में धकेल

देता है।

हटिंग्टन को एक आलोचना का सामना यह भी करना पड़ा है कि सभ्यताओं के विश्लेषण की इकाई बनाने के चक्कर में उन्होंने ग्लोबल पूँजीवाद और भूमण्डलीकरण के तहत विकसित हुई अंतर-निर्भरता की निर्णायक भूमिका पर ध्यान नहीं दिया है।

**देखें :** ज्याँ-पाल सार्त्र, टीवी और टीवी अध्ययन, टीवी और सेक्शुअलिटी, टीवी और समाचार, पिएर बोर्दियो, फ़्रैंकफ़र्ट स्कूल, बाज़ारू संस्कृति, बहुसंस्कृतिवाद, युरोकेंद्रीयता, रोलाँ बार्थ, लुई अलथुसे, संस्कृति, संस्कृति-अध्ययन, संस्कृति : मार्क्सवादी परिप्रेक्ष्य, संस्कृति-उद्योग, सांस्कृतिक पूँजी, सांस्कृतिक साम्राज्यवाद, सोप ओपेरा, सौंदर्यशास्त्र।

### संदर्भ

1. सेमुअल पी. हटिंग्टन (1996), *द क्लैश ऑफ़ सिविलाइज़ेशंस ऐंड रिमेकिंग ऑफ़ वर्ल्ड ऑर्डर,* साइमन ऐंड शुस्टर, न्यूयॉर्क.
2. आर, हरज़ोग वग़ैरह (1999), *प्रिवेंटिंग द क्लैश ऑफ़ सिविलाइज़ेशंस : अ पीस स्ट्रैटजी फ़ॉर द न्यू सेंचुरी,* सेंट मार्टिन प्रेस, न्यूयॉर्क.
3. एस. राशिद (सम्पा.) (1998), *द क्लैश ऑफ़ सिविलाइज़ेशंस, द एशियन रिस्पाँस,* ऑक्सफ़र्ड युनिवर्सिटी प्रेस, न्यूयॉर्क.
4. एस. वाल्ट्ज़, (1997) 'बिल्डिंग अप न्यू बोगीमेन', *फ़ॉरेन पॉलिसी,* अंक 109.

**— अभय कुमार दुबे**

## समतावाद

(Egalitarianism)

सामाजिक और राजनीतिक चिंतन में समतावाद एक स्थापित लेकिन विवादित अवधारणा है। समतावाद का सिद्धांत सभी मनुष्यों के समान मूल्य और नैतिक स्थिति की संकल्पना पर बल देता है। समतावाद का दर्शन ऐसी व्यवस्था का समर्थन करता है जिसमें सम्पन्न और समर्थ व्यक्तियों के साथ-साथ निर्बल, निर्धन और वंचित व्यक्तियों को भी आत्मविकास के लिए उपयुक्त अवसर और अनुकूल परिस्थितियाँ प्राप्त हो सकें। समतावाद समाज के सब सदस्यों को एक ही शृंखला की कड़ियाँ मानता है जिसमें मज़बूत कड़ियाँ कमज़ोर कड़ियों की हालात से अप्रभावित नहीं रह सकतीं। उसका दावा है कि जिस समाज में भाग्यहीन और वंचित मनुष्य दु:खमय, अस्वस्थ और अमानवीय जीवन जीने को विवश हों, उसमें भाग्यशाली और सम्पन्न लोगों को व्यक्तिगत उन्नति और सुख समृद्धि प्राप्त करने की असीम स्वतंत्रता नहीं दी जा सकती। वस्तुत: समतावाद स्वतंत्रता और समानता में सामंजस्य स्थापित करना चाहता है। इसे एक विवादित संकल्पना इसलिए कहा गया है कि समानता के कई स्वरूप हो सकते हैं और लोगों के साथ समान व्यवहार करने के भी अनेक तरीक़े हो सकते हैं।

समतावाद के दर्शन पर विचार करते समय कुछ महत्त्वपूर्ण सवाल उत्पन्न होते हैं, जैसे 'किस बात की समानता होनी चाहिए' तथा 'किनके बीच समानता होनी चाहिए।' यहाँ समानता के वितरणात्मक पहलू से जुड़ा एक महत्त्वपूर्ण सवाल यह भी है कि 'किन चीज़ों की समानता होनी चाहिए?' हालाँकि इन सवालों से जुड़े वाद-विवाद के संबंध में कोई आख़िरी फ़ैसला नहीं हुआ है पर आम तौर पर विद्वानों ने समानता को मापने के तीन आधारों के बारे में बताया है : कल्याण की समानता, संसाधनों की समानता और कैपेबिलिटी या सामर्थ्य की समानता।

कल्याण के समतावाद का सिद्धांत मुख्य रूप से उपयोगितावादियों के विचार से जुड़ा है। यहाँ 'कल्याण' को मुख्य रूप से दो तरीक़ों से समझा जाता है। पहले तरीक़े को जेरेमी बेंथम जैसे क्लासिकल उपयोगितावादी चिंतकों ने आगे बढ़ाया। इनके अनुसार, किसी व्यक्ति द्वारा अनुभव किये गये दर्द या कष्ट की तुलना में आनंद की कुल मात्रा ही उसकी ख़ुशी है। इस दृष्टिकोण के अनुसार किसी व्यक्ति के बारे में यह जानने के लिए कि वह अपनी ज़िंदगी में कितना सुखी है, हमें यह देखना चाहिए कि वह कितना ज़्यादा ख़ुश है। कल्याण से संबंधित दूसरा तरीक़ा उपयोगितावाद से संबंधित हाल के लेखन में दिखाई देता है। इसमें कल्याण को इच्छा या वरीयता-संतुष्टि से जोड़ा जाता है। लोगों की कितनी इच्छाएँ या वरीयताएँ संतुष्ट होती हैं— इसके आधार पर लोगों का कम या अधिक कल्याण होता है। इसी बुनियादी अर्थ में उसकी ज़िंदगी बेहतर या बदतर होती है। हर व्यक्ति को इस बात में समर्थ होना चाहिए कि वह स्वतंत्र रूप से अपनी वरीयताएँ तय कर सके। वस्तुत: जो समाज कल्याण के समान रूप से वितरण में विश्वास करता है, वह इस बात की ज़्यादा चिंता नहीं करता है कि एक व्यक्ति को कितना संसाधन मिलता है। लेकिन इस बात की चिंता ज़रूर करता है कि ये संसाधन प्रत्येक व्यक्ति के लिए दूसरे व्यक्तियों जितनी संतुष्टि या ख़ुशी देते हैं या नहीं। इस योजना की महत्त्वपूर्ण बात यह है कि इसमें इस बात पर ज़ोर दिया जाता है कि भले ही संसाधनों के वितरण में असमानता हो, लेकिन हर व्यक्ति का समान रूप से कल्याण होना चाहिए।

कल्याण समतावादियों से भिन्न 'संसाधन समतावाद' संसाधनों की समानता पर बल देता है। जान रॉल्स, रोनॉल्ड ड्वॉर्किन, एरिक रोकोवोस्की आदि को संसाधन समतावादी

विचारक माना जाता है। ड्वॉर्किन मानते हैं कि संसाधनों की समानता का अर्थ यह है कि 'जब एक वितरण योजना लोगों को समान मानते हुए संसाधनों का वितरण या हस्तांतरण करती है, तो आगे संसाधनों का कोई भी हस्तांतरण लोगों के हिस्से को ज़्यादा समान बनाये।' लेकिन इसी जगह यह जिज्ञासा उत्पन्न होती है कि किन परिस्थितियों में संसाधनों की समानता हासिल की जा सकती है। ड्वॉर्किन इस संदर्भ में एक द्वि-स्तरीय प्रक्रिया के बारे में बताते हैं : महत्त्वाकांक्षा-संवेदी नीलामी और बीमा योजना।

ड्वॉर्किन ने संसाधन-समतावादी संकल्पना में पहले विकल्प की उपलब्धता को आवश्यक बताया है। इसके लिए वे एक सुनसान टापू पर एक समान प्रतिभाशाली व्यक्तियों के बीच वहाँ के संसाधनों के बँटवारे का उदाहरण देते हैं। अगर सभी व्यक्तियों को सौ क्लेमशेल्स (एक तरह की मुद्रा) देकर एक प्रतियोगी बाज़ार की तरह नीलामी प्रक्रिया अपनायी जाए तो सभी व्यक्ति वहाँ उपलब्ध संसाधनों पर अपनी वरीयताओं के मुताबिक़ बोली लगाएँगे। नीलामी प्रक्रिया ख़त्म होने के बाद प्रत्येक व्यक्ति के पास इच्छित संसाधन होंगे। परंतु यहाँ यह महत्त्वपूर्ण है कि ऐसी स्थिति की कल्पना करते वक़्त सभी व्यक्तियों के पास एक जैसी प्राकृतिक सक्षमताएँ मान ली गयी थीं। लेकिन समाज की वास्तविक स्थिति ऐसी होती नहीं है। मसलन समाज में वृद्ध, शारीरिक रूप से विकलांग आदि भी रहते हैं। ऐसी परिस्थिति के लिए ड्वॉर्किन एक बीमा योजना प्रस्तुत करते हैं जिसमें इस प्रकार की बदक़िस्मती से निपटने के लिए कुछ मुआवज़ा दे दिया जाता है। मसलन उन्हें 100 के स्थान पर 125 क्लेमशेल्स दिये जा सकते हैं। हालाँकि ड्वॉर्किन के इन विचारों की यह कह कर आलोचना भी की गयी है कि हर तरह के प्राकृतिक नुक़सान के लिए मुआवज़ा नहीं दिया जा सकता है। परंतु फिर भी ड्वॉर्किन ने अपनी वितरण योजना को सक्षमता-असंवेदी के साथ महत्त्वाकांक्षा-संवेदी भी बनाने की कोशिश की है।

जॉन रॉल्स को भी एक महत्त्वपूर्ण समतावादी विचारक माना जाता है। जॉन रॉल्स ने अपनी पुस्तक *अ थियरी ऑफ़ जस्टिस* में न्याय के दो सिद्धांत प्रतिपादित किये हैं। उनके पहले सिद्धांत को समान स्वतंत्रता का सिद्धांत कहते हैं जिसमें उन्होंने तर्क दिया है कि प्रत्येक को सबसे विस्तृत स्वतंत्रता का ऐसा समान अधिकार प्राप्त होना चाहिए जो दूसरों की वैसी ही स्वतंत्रता के साथ निभा सके। उनके दूसरे सिद्धांत के अनुसार सामाजिक और आर्थिक विषमताएँ इस ढंग से व्यवस्थित की जाएँ कि (क) इनसे हीनतम स्थिति वाले लोगों को अधिकतम लाभ हो (भेदमूलक सिद्धांत), और (ख) ये विषमताएँ उन पदों और स्थितियों के साथ जुड़ी हों जो अवसर की उचित समानता की शर्तों पर सबके लिए सुलभ हो (अवसर की उचित समानता का सिद्धांत)। रॉल्स ने अपने सिद्धांत को एक विशेष पूर्वताक्रम में रखा है। अर्थात् पहले सिद्धांत को दूसरे सिद्धांत की अपेक्षा प्राथमिकता दी गयी है। दूसरे सिद्धांत में (ख) को (क) पर प्राथमिकता दी गयी है। वस्तुत: यहाँ रॉल्स ने दूसरे लोगों की स्वतंत्रता के लिए किसी व्यक्ति की स्वतंत्रता में कटौती नहीं की है। परंतु इसके साथ ही उन्होंने इस बात को सुनिश्चित किया है कि समानता के सिद्धांत में किसी भी तरह का हस्तक्षेप तभी किया जा सकता है जब इससे हीनतम स्थिति के लोगों के लिए सबसे ज़्यादा फ़ायदा हो। वस्तुत: यहाँ रॉल्स का समतावाद स्वतंत्रता और समानता में सामंजस्य स्थापित करने का प्रयास करता है।

समतावाद की एक अन्य अवधारणा सामर्थ्य या कैपेबिलिटी समतावाद की है। इसे अमर्त्य सेन ने प्रस्तुत किया है। इसके अनुसार लोगों की कैपेबिलिटी को बराबर करने पर ध्यान दिया जाना चाहिए। कैपेबिलिटी एक निश्चित तरह के कार्य को करने की क्षमता है। मसलन साक्षरता एक कैपेबिलिटी है और पढ़ना एक कार्य है। एक संसाधन-समतावादी इस बात पर ज़ोर दे सकता है कि जिस क्षेत्र में साक्षरता की कमी है, वहाँ लोगों को किताबें और शैक्षिक सेवा जैसे संसाधन दिये जाने चाहिए। दूसरी ओर सामर्थ्य-समतावादी इस बात पर ज़ोर देंगे कि लोगों को बाहरी संसाधन उपलब्ध कराने से ज़्यादा महत्त्वपूर्ण यह है कि लोगों की पढ़ने-लिखने की कैपेबिलिटी या सामर्थ्य अर्थात् आंतरिक क्षमता को बढ़ावा दिया जाये।

इन सबसे अलग माइकल वॉल्ज़र ने जटिल समानता का विचार पेश किया है। वॉल्ज़र का मानना है कि समानता को कल्याण, संसाधन या कैपेबिलिटी जैसी किसी एक विशेषता पर ध्यान नहीं देना चाहिए। उनके अनुसार किसी भी वितरण का न्यायपूर्ण या अन्यायपूर्ण होना उन वस्तुओं के सामाजिक अर्थ से जुड़ा होता है जिनका वितरण किया जा रहा है। इसके साथ ही सामाजिक जीवन के सभी दायरों में वितरण का एक जैसा मानक नहीं होना चाहिए। उदाहरण के लिए बाज़ार और राजनीतिक सत्ता के दायरे अलग-अलग हैं। इसलिए वे यह दलील देते हैं कि एक दायरे के भीतर वस्तुओं का वितरण उसका आंतरिक मसला है और आदर्श रूप में इसे किसी दूसरे दायरे को प्रभावित नहीं करना चाहिए।

समतावाद सामाजिक वैज्ञानिकों के लिए आज भी एक महत्त्वपूर्ण विचार बना हुआ है। परंतु वैश्वीकरण की राजनीति ने पुनर्वितरण के कायक्रमों और राज्य की कल्याणकारी नीतियों को कमज़ोर करने में महत्त्वपूर्ण भूमिका निभायी है। इसके अतिरिक्त हाल में एक अन्य विशिष्ट राजनीतिक परिघटना भी उभरकर सामने आयी है। यह राजनीतिक परिघटना है : पहचान (या अस्मिता) के

आधार पर बने समूहों का राजनीतिक संघर्ष। इसके कारण मानकीय राजनीतिक सिद्धांत में नये सरोकार भी उभरकर सामने आये हैं। 'किस बात की समानता?' से संबंधित वाद-विवाद का स्थान 'किनके बीच समानता' ने ले लिया है। लेकिन समातावादी तेज़ी से अपने व्यक्तिगत पूर्वाग्रहों को छोड़ रहे हैं। वे अब समूहों की असमानताओं पर भी गहराई से विचार कर रहे हैं।

**देखें** : अधिकार, अधिकार : सैद्धांतिक यात्रा, अरस्तू, अफ़लातून, अनुदारतावाद, अराजकतावाद, अन्य-अन्यीकरण, उदारतावाद, उपयोगितावाद, ऐडमण्ड बर्क, क्रांति, ज्याँ ज़ाक रूसो, जॉन लॉक, जेरेमी बेंथम, जॉन स्टुअर्ट मिल, जॉन रॉल्स, थॉमस हॉब्स, थॉमस पेन, न्याय, न्याय : नारीवादी आलोचना, न्याय : रॉल्स का सिद्धांत, राजनीति में व्यक्ति की भूमिका, नागरिकता, नागरिकता : अन्य परिप्रेक्ष्य-1 और 2, नागर समाज, पनोप्टिकॉन, प्रतिनिधित्व, प्रगति, प्रगति : आलोचनात्मक परिप्रेक्ष्य, प्रशासन, फ़ासीवाद, फ्रेड्रिख़ वॉन हायक, बहुसंस्कृतिवाद, बहुसंख्यकवाद, बहुसंख्यक-अल्पसंख्यक, बुद्धिवाद, माइकेल जोसेफ़ ओकशॉट, माइकिल वाल्ज़र, मिशेल पॉल फ़ूको-1 और 2, यूटोपिया, राजनीतिक और राजनीति, राजनीतिक दर्शन के नारीवादी आयाम-1 और 2, राजनीतिक मनोविज्ञान, राजनीतिक समाजशास्त्र, राज्य-1 और 2, रॉबर्ट नॉज़िक, राज्य-1 और 2, राष्ट्र-राज्य, राष्ट्र : सांस्कृतिक या राजनीतिक, राष्ट्रवाद, राष्ट्रवाद का इतिहास, लोकतंत्र, लोकतंत्र की आलोचनाएँ, व्यक्तिवाद, व्यवहारवाद, विल किमलिका, वितरणमूलक न्याय, विदेशी-द्वेष, वैधता, वैधता का संकट, सविनय अवज्ञा, समानता, समानता : चार अवधारणाएँ, स्मृति की राजनीति, स्वतंत्रता, स्वतंत्रतावाद, स्वजातिवाद, स्वच्छंदतावाद, सत्ता, सर्वसत्तावाद, सम्प्रभुता, समाजवाद, सरकारियत, सम्पत्ति, सम्पत्ति : साझा और सरकारी, सम्पत्ति : मार्क्सवादी परिप्रेक्ष्य, सम्पत्ति : नारीवादी परिप्रेक्ष्य, संविधानवाद, संघवाद, सामाजिक समझौता, हेनरी डेविड थोरो।

### संदर्भ


1. अशोक आचार्य (2011), 'समानता', राजीव भार्गव और अशोक आचार्य (सम्पा.), *राजनीति सिद्धांत : एक परिचय* संपा. अनु. कमल नयन चौबे, पियरसन, नयी दिल्ली.
2. जी.ए. कोहेन (1989), 'ऑन द करेंसी ऑफ़ इगेलिटेरियन जस्टिस', *इथिक्स,* खण्ड 99, अंक 4,
3. रोनॉल्ड ड्वॉर्किन (1981), , 'व्हाट इज़ इक्वालिटी?' पार्ट 1 और पार्ट 2 : इक्वालिटी ऑफ़ वेलफ़ेयर, *फ़िलॉसफ़ी ऐंड पब्लिक अफ़ेयर्स,* खण्ड 10, अंक 3 और 4,
4. माइकल वॉल्ज़र (1983), *स्फ़ियर्स ऑफ़ जस्टिस : एडिफेंस ऑफ़ प्लूरलिज़म एड इक्वलिटी,* बेसिक बुक्स, न्यूयॉर्क.
6. विल किमलिका (2010), *कंटेम्परेरी पॉलिटिकल फ़िलॉसफ़ी : ऐन इंट्रोडक्शन,* भारतीय संस्करण, अनु, कमल नयन चौबे, ऑक्सफ़र्ड युनिवर्सिटी प्रेस, नयी दिल्ली.


**—विवेक रत्न**

# सम्पर्क भाषा : हिंदी / अंग्रेज़ी-1

## उपनिवेशवाद विरोधी भाषाई रणनीति

(Link Language : Hindi/English-1)

भारत जैसे एक बहुभाषी देश को सामाजिक और सांस्कृतिक एकता के लिए ऐसी लिंगुआ फ्रांका या जन-भाषा की आवश्यकता होती है जिसे देशवासी आपसी सम्पर्क के लिए अपनी-अपनी मातृभाषाओं के अलावा कमोबेश इस्तेमाल कर सकें। अर्थात् वह उनकी दूसरी पसंदीदा भाषा हो। आज़ादी से पहले उपनिवेशवाद विरोधी आंदोलन के नेताओं ने ऐसी भाषा के रूप में हिंदी की कल्पना की थी। लेकिन दूसरी तरफ़ भारतीय प्रभु वर्ग का एक हिस्सा अंग्रेज़ीभाषी भारत का स्वप्न भी देख रहा था। इसी पृष्ठभूमि के तहत उपनिवेशवाद की परिस्थितियों और व्यावहारिक राजनीति के दबाव में हिंदी को राष्ट्रीय सम्पर्क भाषा बनने के लिए अंग्रेज़ी से होड़ करनी पड़ी। राष्ट्रवादी नेतृत्व को इसका अंदेशा पहले से था कि भारत की अत्यधिक बहुभाषिता के कारण एक ऐसी स्थिति भी आ सकती है कि एक विदेशी भाषा को ही सम्पर्क भाषा या दूसरी पसंदीदा भाषा के रूप में लोकप्रिय मान्यता मिलती चली जाए। इस संदर्भ को स्पष्ट करने के लिए उपनिवेशवाद विरोधी भाषाई विरासत पर ग़ौर करना ज़रूरी है।

इस विरासत के मुख्यत: दो आयाम थे : पहला, गाँधी के नेतृत्व में राष्ट्रीय नेतृत्व का यह विश्वास कि हिंदुस्तानी / हिंदी में राष्ट्र-भाषा बनने की तमाम सम्भावनाएँ हैं। 1928 में गाँधी ने दावा किया था कि 12 करोड़ भारतवासी हिंदुस्तानी बोलते हैं और आठ करोड़ उसे समझ सकते हैं। 1937 में नेहरू ने भी इन्हीं आँकड़ों का इस्तेमाल किया। हालाँकि 1931 की जनगणना बताती है कि यह दावेदारी कुछ बढ़ी-चढ़ी थी, फिर भी औसतन उस समय एक तमिलभाषी पर छह हिंदीभाषी थे और एक बांग्लाभाषी पर दो ज़्यादा हिंदी भाषी थे। और दूसरा, भाषाई आधार पर बनने वाले सूबों में क्षेत्रीय भाषाई संस्कृतियों को खुल कर पनपने देने का आग्रह। यह कोई अंतर्विरोधी विचार नहीं था। गाँधी के लिए राष्ट्र-भाषा का मतलब सबके लिए अनिवार्य कर दी जाने वाली भाषा नहीं थी। उनकी राष्ट्र-भाषा विभिन्न भाषाई संस्कृतियों के बीच सम्पर्क के माध्यम के रूप में उभरती थी। अंग्रेज़ी को सम्पर्क-भाषा के रूप में देखने के लिए वे तैयार नहीं थे। उन्होंने अपनी नीति स्पष्ट करते हुए कहा था : 'हम अपने विचार से अपने राष्ट्रीय जीवन में प्रादेशिक भाषाओं (वरनाक्युलर्स) को उनका उचित स्थान दे रहे हैं। भाग्य राजा राममोहन राय की इस भविष्यवाणी का साथ नहीं दे रहा है कि भारत एक दिन अंग्रेज़ीभाषी देश हो जाएगा। लेकिन उस

महान समाज-सुधारक का भूत अब भी कुछ लोगों पर सवार है। कुछ प्रसिद्ध आदमी बहुत जल्दी यह फ़ैसला दे देते हैं कि राष्ट्र की सम्पर्क भाषा अंग्रेज़ी होगी।'

दरअसल, उपनिवेशवाद विरोधी आंदोलन और उसके बाद संविधान सभा की भाषाई राजनीति अंतिम विश्लेषण में युरोप के 'एक भाषा-एक राष्ट्र' पैटर्न से अलग थी। इस राजनीति के लिए राष्ट्र-भाषा का मतलब था ज़्यादा से ज़्यादा सम्पर्क-भाषा, न कि सारे देश के लिए अनिवार्य कर दी जाने वाली कोई एक भाषा। बहुभाषिता के ऊपर एकभाषिता आरोपित करने की परियोजना के बजाय इस राजनीति ने क्षेत्रीय स्तर पर कई राज-भाषाओं का विचार प्रोत्साहित किया और संघीय स्तर पर हिंदी के रूप में एक ऐसी राज-भाषा की पैरोकारी की जिसे क्षेत्रीय राज-भाषाओं के कार्यक्षेत्र का अतिक्रमण नहीं करना था। संविधान सभा के भाषाई प्रावधानों ने भारतीय संघ को इन्हीं राज-भाषाओं के विकास और प्रसार के लिए भाषा-नियोजन करने के निर्देश दिये थे। संविधान राज-भाषा के सवाल पर जितना मुखर है, राष्ट्र-भाषा / सम्पर्क-भाषा के मामले में उतना ही मौन था। न तो उसने किसी भाषा को राष्ट्र-भाषा का दर्जा दिया, और न ही भारतीय राज्य को इस सिलसिले में किसी क़िस्म का हस्तक्षेप करने की इजाज़त दी। भारतीय संघ ने सम्पर्क-भाषा बनने और विकसित करने की ज़िम्मेदारी ऐतिहासिक, सामाजिक और आर्थिक प्रक्रियाओं पर छोड़ दी। एक अत्यंत बहुभाषी राष्ट्र में सम्पर्क-भाषा के रूप में विकसित होने की संरचनागत सम्भावनाएँ केवल हिंदी के पास थीं।

गाँधी और कांग्रेस को इस विचार तक पहुँचने में लम्बा वक़्त लगा था। 1915 में कांग्रेस के बम्बई अधिवेशन में आंध्र समर्थकों और 'हिंदी की तरफ़ झुके हुए आलाकमान' के बीच जम कर संघर्ष हुआ। यह जद्दोजहद अगले साल लखनऊ अधिवेशन में और फिर उसके अगले साल कलकत्ता अधिवेशन में भी जारी रही। उस समय तक गाँधी भाषाई आधार पर राज्यों की सीमाएँ निर्धारित करने के प्रस्ताव से पूरी तरह सहमत नहीं हो पा रहे थे, हालाँकि तिलक ने कलकत्ता में उसका समर्थन कर दिया था। 1920 के नागपुर अधिवेशन तक पहुँचते-पहुँचते कांग्रेस की हिचक ख़त्म हो पायी और उसने प्रांतों के भाषाई पुनर्वितरण को अपने राजनीतिक लक्ष्यों में शामिल कर लिया। इसके बाद बीस का पूरा दशक भाषाई आधार पर विकसित हो रही उपराष्ट्रीय चेतना के राजनीतिक गठजोड़ को उपनिवेशवाद विरोधी संघर्ष के हित में इस्तेमाल करते हुए उसे नयी मंज़िलों तक ले जाने का रहा जिसकी झलक कांग्रेस के आधिकारिक प्रस्तावों और 1928 की मोतीलाल नेहरू रपट में साफ़ तौर पर मिल सकती है।

एक तरफ़ तो गाँधी और कांग्रेस का ज़ोर प्रांतीय स्तर पर क्षेत्रीय भाषाओं की स्थापना का था, दूसरी तरफ़ वे राष्ट्रीय स्तर पर एक सम्पर्क-भाषा के रूप में एक राष्ट्र-भाषा परिकल्पित करने में भी लगे हुए थे। इस काम के लिए उन्होंने हिंदी की शिनाख़्त की थी। एक टिप्पणीकार ने 1948 में विचार व्यक्त किया था कि लॉर्ड बरकिनहेड ने उन्होंने सत्ता में अधिक हिस्सेदारी की माँग कर रहे कांग्रेसियों को चुनौती दी थी कि वे अंग्रेज़ों की भाषा के अलावा किसी और भाषा में एक-दूसरे को सम्बोधित करके दिखायें। इसकी प्रतिक्रिया में ही हिंदी को चुना गया और मोतीलाल नेहरू रपट निकली।

लेकिन हम जानते हैं कि यह प्रक्रिया पहले से भी जारी थी। उत्तर भारत से परे अ हिंदीभाषी इलाक़ों में हिंदी का प्रसार करने के लिए दक्षिण भारत हिंदी प्रचार सभा की स्थापना बीस के दशक के पहले ही कर दी गयी थी। उपनिवेशवाद विरोधी आंदोलन के दौरान चक्रवर्ती राजगोपालाचारी हिंदुस्तानी के बहुत बड़े समर्थक थे। 1930 के हिंदी प्रचारक में प्रकाशित उनके वक्तव्य के अनुसार, 'भारत के किसी भी भाग में यात्रा, वाणिज्य या व्यापार करने के लिए हिंदुस्तानी भाषा का ज्ञान ज़रूरी है। प्रत्येक छात्र का यह कर्त्तव्य है कि वह अपने अवकाश के समय का सदुपयोग राष्ट्र-भाषा सीखने के लिए करे। ... हिंदी भाषा बड़ी आसानी से सीखी जा सकती है।' बंगाल के विख्यात भाषाविद् सुनीति कुमार चाटुर्ज्या ने 1940 में दिये गये एक भाषण में कहा था कि हिंदुस्तानी एक बोली के तौर पर अपने व्यापक प्रसार के लिहाज़ से दुनिया की सबसे बड़ी भाषाओं में से एक है। उत्तर भारत की तो वह वास्तविक भाषा है ही, दक्षिण भारत के बड़े शहरों में भी लोग उसे समझ लेते हैं। यह भाषा 'भारत की एकता और राष्ट्रीयता का बेहतर प्रतीक' बन सकती है। 1928 में गाँधी ने दावा किया था कि 12 करोड़ भारतवासी हिंदुस्तानी बोलते हैं और आठ करोड़ उसे समझ सकते हैं। 1937 में नेहरू ने भी इन्हीं आँकड़ों का इस्तेमाल किया। हालाँकि 1931 की जनगणना बताती है कि यह दावेदारी कुछ बढ़ी-चढ़ी थी, फिर भी औसतन उस समय एक तमिलभाषी पर छह हिंदीभाषी थे और एक बांग्लाभाषी पर दो ज़्यादा हिंदी भाषी थे।

सम्पर्क-भाषा बनने की हिंदी की क्षमता से संबंधित गाँधी का उपरोक्त वक्तव्य केवल गाँधी या राष्ट्रवादी नेताओं की निजी आस्था पर ही आधारित नहीं था। इसके पीछे कुछ उल्लेखनीय संरचनागत कारण थे जिनसे साबित होता था कि हिंदी ही बहुभाषी भारत की सम्पर्क-भाषा बन सकती है। अपने विशाल प्रदेश की जनपदीय भाषाओं के बीच तो हिंदी पहले से ही सम्पर्क-भाषा की भूमिका निभा रही थी, क्या वह ग़ैर-हिंदीभाषियों के बीच भी सम्पर्क-भाषा बनने की स्थिति में थी? इस प्रश्न का एक उत्तर रामविलास शर्मा के भाषा-चिंतन में मिलता है : 'कई शताब्दियों से देश की विशेष

परिस्थितियों के कारण हिंदी अंतर्जातीय व्यवहार की भाषा बनती जा रही है। उत्तर भारत में केंद्रबद्ध मुगल शासन का होना, यहाँ आगरा जैसे व्यापार के बड़े-बड़े केंद्रों का निर्माण, उन्नीसवीं सदी के पूर्व ही यहाँ के लोगों का विभिन्न प्रदेशों में फैलना ऐसे ही कारण थे। अंग्रेज़ व्यापारी भी उस समय अपनी सुविधा के लिए हिंदी ही सीखते थे। वर्तमान काल में दक्षिण, पूर्व, पश्चिम, सर्वत्र ऐसे व्यापारी और पूँजीपति मिलेंगे जिनकी सांस्कृतिक भाषा हिंदी है। हिंदी के प्रसार का एक बहुत बड़ा कारण कलकत्ता-बम्बई जैसे केंद्रों में लाखों 'हिंदुस्तानी' मज़दूरों का निवास है। इन बड़े-बड़े नगरों के अतिरिक्त प्रत्येक जातीय प्रदेश में अल्पसंख्यकों के रूप में हिंदुस्तानी मिलेंगे। विशाल आंध्र में हैदराबाद और उसके आस-पास हिंदुस्तानियों का भारी जमघट है। अहिंदी प्रदेशों में इस प्रकार हिंदी को अंतर्जातीय व्यवहार की भाषा बनाने में सुविधा मिली है। ... इनके सिवा हिंदी भाषा, लिपि और साहित्य की कुछ विशेषताएँ हैं जो इस कार्य में सहायता करती हैं।'

अपने इसी संक्षिप्त विवरण को रामविलास शर्मा ने काफ़ी विस्तार से अपनी महान रचना *भाषा और समाज* में पेश किया है। उन्होंने ऐसे तमाम प्रमाण जुटाये हैं जिनके मुताबिक़ हिंदी और उसके क्षेत्र की जनपदीय भाषाएँ अंग्रेज़ों के पहले से अहिंदीभाषियों की सांस्कृतिक चेतना से जुड़ी हुई थीं। वे दिल्ली के असिस्टेंट रेज़ीडेंट सी.टी. मेटकाफ़ का जे.बी. गिलक्रिस्ट को 29 अगस्त, 1806 का लिखा एक पत्र उद्धृत करते हैं। गिलक्रिस्ट ने मेटकाफ़ को हिंदुस्तानी सिखाई थी, इसलिए वे कृतज्ञता व्यक्त करते हुए कहते हैं कि 'मैं इसी वजह से कन्याकुमारी से कश्मीर तक और आवा से सिंधु के मुहाने तक इस विश्वास से यात्रा करने की हिम्मत कर सकता हूँ कि मुझे हर जगह ऐसे लोग मिल जाएँगे जो हिंदुस्तानी बोल लेते होंगे। ... हर कोई जानता है कि जिस विशाल इलाक़े का मैंने ज़िक्र किया है, उसमें बहुत सी भिन्न-भिन्न भाषाएँ बोली जाती हैं। इन भाषाओं का न बोला जाना एक ताज्जुब की बात होती, लेकिन हिंदुस्तानी एक ऐसी जुबान है जो आम तौर पर उपयोगी साबित होती है और मेरी समझ में संसार की किसी भी भाषा के मुक़ाबले उसका व्यवहार बहुत बड़े पैमाने पर होता है।' रामविलास शर्मा ने व्यापारिक पूँजी के अखिल भारतीय प्रसार के आईने में हिंदी के प्रसार का यह चेहरा साठ और सत्तर के दशक में पेश किया था। विनोद शाही ने एक पर्चे में कुछ ऐसा ही दावा किया है कि हिंदी का इस्तेमाल करने वाला वर्ग मुख्यत: शहरों के व्यापारियों, व्यवसायियों, दस्तकारों और शिल्पियों का था।

सम्पर्क-भाषा बनने के लिए हिंदी की योग्यता कुछ दूसरे तर्कों के आधार पर भी प्रमाणित होती है। दरअसल, उपनिवेशवाद विरोधी आंदोलन के नेतृत्व, विशेषकर गाँधी को भाषाओं की साहित्यिक प्रतिष्ठा या प्राचीनता में दिलचस्पी नहीं थी। रवींद्रनाथ ठाकुर को दूसरे दशक में ही नोबेल पुरस्कार मिल गया था और साहित्यिक प्रतिष्ठा के मामले में बांग्ला हिंदी से बहुत आगे थी। प्राचीनता के मामले में तमिल की साहित्य-परम्परा का कोई मुक़ाबला नहीं था। नेतृत्व तो यह देख रहा था कि हिंदुस्तानी बोलने वालों की संख्या तमिलभाषियों से छह गुनी और बांग्लाभाषियों से दोगुनी से भी ज़्यादा तो है ही, इस बहुसंख्यकता से भी ज़्यादा महत्त्वपूर्ण तथ्य कुछ और भी हैं। वे देख रहे थे कि हिंदुस्तानी से किसी भी भाषिक समुदाय को राजनीतिक-सांस्कृतिक दिक़्क़त नहीं है। हिंदी के विपरीत कलकत्ता प्रेसीडेंसी की बांग्ला और मद्रास प्रेसीडेंसी की तमिल अपने औपनिवेशिक सम्पर्कों के कारण 'सुपरऑर्डिनेटिड' भाषाएँ थीं। तेलुगु, मलयालम और कन्नड़ जैसी भाषाएँ तमिल के वर्चस्व के तले असहज महसूस करती थीं; और असमिया एवं उत्तर-पूर्व की अन्य भाषाओं को बांग्ला के सामने उत्पीड़न का एहसास था। एक और अहम कारण यह था कि एक बेहद नयी भाषा के रूप में सबसे कम मानकीकृत होने के कारण निर्मिति के दौर में थी और उसका किसी भी दिशा में विकास किया जा सकता था। उसके शीर्ष साहित्यकार भी अपनी भाषा को दोनों सिरों पर खुली मानते थे। सूर्यकांत त्रिपाठी निराला ने 1923 में ही कहा था : जो हिंदी राष्ट्र-भाषा होगी वह किसी प्रांत की मातृ-भाषा नहीं है। उस हिंदी को लेखक अभी गढ़ रहे हैं। जिस हिंदी के सहारे भारत की सामाजिक, आर्थिक, राजनीतिक, वैज्ञानिक, ऐतिहासिक और साहित्यिक शंकाओं का समाधान किया जाना निश्चित है उसे उन्नत करने के लिए भिन्न-भिन्न शब्द गढ़ने और अपनाने के लिए, उन्हें व्याकरणसम्मत स्थल देने के लिए, भाषा प्रवाह को वर्द्धित करने के लिए सभी प्रांतवासियों का समानाधिकार है।

**देखें** : अर्थ-विज्ञान, डायग्लॉसिया, नोआम चोमस्की, फ़र्दिनैंद द सॅस्यूर, भाषा के मार्क्सवादी सिद्धांत, राष्ट्र-भाषा और राज-भाषा, लक्षण-विज्ञान, सम्पर्क-भाषा : हिंदी/अंग्रेज़ी-1 से 4 तक।

## संदर्भ

1. आशा सारंगी (सम्पा.) (2009), *लेंग्वेज ऐंड पॉलिटिक्स इन इण्डिया,* ऑक्सफ़र्ड युनिवर्सिटी प्रेस, नयी दिल्ली.
2. सुरेश कुमार शर्मा (सम्पा.) (2006), *लेंग्वेज इन कंटेम्परेरी इण्डिया,* पहला और दूसरा खण्ड, विस्टा इंटरनैशनल पब्लिशिंग हाउस, नयी दिल्ली.
3. एम.के. गाँधी (1956), *थॉट्स ऑन नैशनल लेंग्वेज,* नवजीवन पब्लिशिंग हाउस, अहमदाबाद.
4. राम विलास शर्मा (2010), *भाषा और समाज,* राजकमल प्रकाशन, नयी दिल्ली, पाँचवाँ संस्करण, पुनर्मुद्रण.
5. विनोद शाही (2011), 'भाषा की ज्ञान-कुण्ठा उर्फ आधुनिकता का द्वैध और हिंदी' भारत भवन, भोपाल में 24-25 सितम्बर, 2011

को हुई विचार-गोष्ठी 'भूमण्डलीकरण और हिंदी की अस्मिता' में वितरित किया गया।

6. सुदीप्त कविराज (2009), 'राइटिंग, स्पीकिंग, बीइंग : लेंग्वेज ऐंड द हिस्टोरिकल फ़ॉर्मेशन ऑफ़ आइडेंटिटीज़ इन इण्डिया', आशा सारंगी (सम्पा.), *लेंग्वेज ऐंड पॉलिटिक्स इन इण्डिया,* ऑक्सफ़र्ड युनिवर्सिटी प्रेस, नयी दिल्ली.
7. एस.के. चटर्जी (1960), *इंडो-आर्यन ऐंड हिंदी,* के.एल. मुखोपाध्याय, कलकत्ता.

**— अभय कुमार दुबे**

## सम्पर्क भाषा : हिंदी / अंग्रेज़ी-2

आज़ादी के बाद : मल्टीप्लायर इफ़ेक्ट

(Link Language : Hindi/English-2)

साठ के दशक के उत्तरार्ध में बलदेव राज नायर ने यह जाँच की कि क्या हिंदी में एक अखिल भारतीय सम्पर्क-भाषा के रूप में विकसित होने की क्षमता है ? क्या बहुभाषी भारतीय समाज इस भाषा को स्वाभाविक रूप से अपनी दूसरी पसंदीदा भाषा के रूप में अपना पायेगा ? उन्होंने 1961 की जनगणना के आँकड़ों पर एक विश्लेषणात्मक निगाह डाली और पाया कि देश में कोई 30.4 फ़ीसदी लोग ऐसे हैं जो हिंदी को अपनी मातृ-भाषा बताते हैं। उन्होंने देखा कि इसमें अगर उर्दू और हिंदुस्तानी के आँकड़े भी जोड़ दिये जाएँ तो यह प्रतिशत 35.7 तक पहुँच जाता है। ज़ाहिर है कि हिंदी आधे से ज़्यादा भारतवासियों की भाषा नहीं थी, फिर भी उसे बोलने-बरतने वालों की संख्या बहुभाषी नज़ारे में बहुत अधिक थी। हिंदीवालों की इस एकमुश्त अधिकता और उसके कारण बने सेवाओं और उत्पादों के विशाल बाज़ार के आधार पर उन्होंने पहला निष्कर्ष यह निकाला कि व्यापारियों, उद्योगपतियों, श्रमिकों, सिपाहियों, साधु-संतों और मुसाफ़िरों की सक्रियता के दायरे में हिंदीभाषियों के साथ अन्योन्यक्रिया के पहलुओं को एक तरह के 'मल्टीप्लायर इफ़ेक्ट' के रूप में देखा जाना चाहिए। यह इफ़ेक्ट हिंदी को एक सम्पर्क-भाषा के तौर पर विकसित करने के पक्ष में जाता है। नायर ने देखा कि हिंदी की साहित्यिक प्रतिष्ठा को कोई ख़ास न मानने वाले ग़ैर-हिंदी साहित्यकार भी अपनी रचनाओं का हिंदी में प्रकाशन करने के लिए साहित्य अकादेमी पर दबाव डाल रहे हैं। वे हिंदी-क्षेत्र में बिकना चाहते हैं। अगर मलयालम का कोई उपन्यास पंजाबी में छापना चाहता है, तो वह उसके हिंदी अनुवाद का पंजाबीकरण करके वहाँ के पाठकों तक पहुँच सकता है। कोई बंगाली अगर तमिल कविता के बारे में जानना चाहता है तो वह हिंदी के माध्यम से यह काम आसानी से कर सकता है। इस तरह नायर ने देखा कि हिंदी विभिन्न भारतीय भाषाओं के बीच साहित्यिक विनिमय की एजेंसी बनती जा रही है।

नायर ने यह भी पाया कि हिंदी-विरोध का गढ़ बन चुके तमिलनाडु में कोई तीस से चालीस लाख लोग हिंदी बोल-समझ लेते हैं। वे हिंदी में प्रवीण नहीं हैं, पर उससे अपरिचित भी नहीं हैं। इसके लिए उन्होंने 1965 में प्रकाशित पी. महादेवन की पुस्तक 'ए स्टुडेंट्स गाइड टू एंटी-हिंदी' का लम्बा उद्धरण दिया। नायर ने दावा किया कि देश के लगभग सभी हिस्सों में हिंदी की मौजूदगी किसी सरकारी आदेश का फल न हो कर एक दीर्घकालीन ऐतिहासिक प्रक्रिया का परिणाम है। उद्योगीकरण, शहरीकरण और आव्रजन का उत्तरोत्तर बढ़ता हुआ सिलसिला हिंदी का प्रसार कर रहा है। ओडीशा के राउरकेला स्टील प्लांट में काम करने वाले अंग्रेज़ी न जानने वाले मज़दूर आपस में हिंदी में बातचीत करते हैं न कि ओड़िया में। बम्बई की सार्वदेशिकता ने एक भाषा के रूप में हिंदी को अपनाया है। अंडमान में रहने वाले हिंदी, मलयालम, बंगाली, तमिल और तेलुगुभाषी लोगों ने आपसी सम्पर्क के लिए हिंदी को ही अपनी भाषा बनाया है। नायर ने देखा कि हिंदी के इस प्रसार का असर जनगणना के उस आँकड़े पर पड़ा है जो मातृ-भाषा के अलावा दूसरी भाषा जानने का पता देता है। ध्यान रहे कि 1961 की जनगणना में किसी व्यक्ति से यह सवाल नहीं पूछा गया था कि क्या वह हिंदी जानता है। इसके बावजूद देश की आबादी के 2.13 प्रतिशत लोगों ने हिंदी जानने की बात क़बूली थी। इसके मुक़ाबले दूसरी भाषा के रूप में अंग्रेज़ी जानने वालों का प्रतिशत 2.74 यानी हिंदी से थोड़ा ही ज़्यादा था, बावजूद इसके कि इस आँकड़े में उन हिंदी-हिंदुस्तानी-उर्दूभाषियों की संख्या भी शामिल थी जो अंग्रेज़ी भी जानते थे। दरअसल, 1961 की जनगणना ने द्विभाषिता के पहलुओं पर ठीक से ध्यान ही नहीं दिया था। नायर बताते हैं कि 1952 से 1959 के बीच 4,54,196 लोग मद्रास राज्य में दक्षिण भारत हिंदी प्रचार सभा के इम्तहानों में बैठ चुके थे, पर जनगणना तमिल-हिंदी द्विभाषियों की संख्या केवल 29,818 ही बता रही थी। पुस्तक-पाठकों की प्राथमिकता के बारे में एक सर्वेक्षण की रपट का हवाला देते हुए नायर ने बताया कि ग़ैर-हिंदी पाठकों के बीच अंग्रेज़ी के पुस्तक-पाठक हिंदी से केवल दो गुने हैं।

नायर ने मनोरंजन के क्षेत्र को विशेष रूप से चिह्नित किया कि वह हिंदी को सम्पर्क-भाषा बनाने की तरफ़ तेज़ी से ले जा रहा है। उन्हें दिखा या कि मद्रासी फ़िल्म-उद्योग हिंदी-फ़िल्मों के बाज़ार में हिस्सा बँटाना चाहता है। हिंदी

फ़िल्मों की दक्षिण में लोकप्रियता से उन्होंने नतीजा निकाला कि वहाँ हिंदी समझने वालों की ख़ासी संख्या है और हिंदी फ़िल्मों की वजह से लोगों की हिंदी-जानकारी के स्तर में भी वृद्धि हो रही है। नायर ने फ़िल्मों से भी ज़्यादा रेडियो सिलोन और विविध भारती द्वारा प्रसारित किये जाने वाले और भारतीय संगीत, अमेरिकी जैज़ और लातीनी धुनों से घालमेल से तैयार किये गये हिंदी फ़िल्मी गीत-संगीत को इस भाषा के प्रसार का श्रेय दिया। उनका ख़याल था कि एक बाहरी भाषा का गीत गुनगुनाना एक सक्रिय कोशिश है, जबकि फ़िल्म निष्क्रिय तरीक़े से बैठ कर देखी जा सकती है।

नायर ने हिंदी के प्रसार-प्रचार में किये जाने वाले ग़ैर-सरकारी स्वयंसेवी प्रयासों को भी रेखांकित किया। 1918 में गाँधी द्वारा मद्रास से हिंदी प्रचारणी सभाओं की शुरुआत करने के बाद 1956 तक स्वयंसेवी प्रयासों से क़रीब सत्तर लाख ग़ैर-हिंदीभाषी हिंदी सीख चुके थे। हिंदी का प्रचार करने वाले संगठनों की ख़ूबी यह थी कि इनके संचालक हिंदी प्रदेशों से भेजे गये लोग नहीं थे, बल्कि वे ग़ैर-हिंदी क्षेत्रों के ही थे। 1959 में दक्षिण भारत हिंदी प्रचार सभा 1,350 केंद्रों पर हिंदी की परीक्षाएँ आयोजित कर रही थी जिनमें सवा लाख से डेढ़ लाख लोग हर साल बैठते थे। इनमें से बीस फ़ीसदी लोग बेहतर हिंदी सीखने के लिए आगे की परीक्षाएँ भी देते थे। तमिलनाडु में हुई हिंदी विरोधी हिंसा और आगज़नी के दौरान इन सभाओं के दफ़्तरों पर एक भी हमला नहीं हुआ। द्रविड़ मुनेत्र कषगम के नेताओं ने साफ़ कहा कि वे हिंदी के लिए किये जा रहे स्वयंसेवी प्रयासों के ख़िलाफ़ नहीं हैं। नायर ने पॉल फ्रेड्रिख़ के एक लेख के हवाले से यह भी कहा कि हिंदी सीखना इतना आसान है कि एक बच्चा अंग्रेज़ी के मुक़ाबले दोगुनी रफ़्तार से उसे सीखता है, क्योंकि भाषाई और सांस्कृतिक दृष्टि से हिंदी अंग्रेज़ी के मुक़ाबले अन्य भारतीय भाषाओं के बहुत नज़दीक है। हिंदी सीखने के प्रति दक्षिण भारतीयों के बीच रुचि के बारे में नायर की एक दलील यह भी थी कि हिंदी राम और कृष्ण के प्रति भक्ति-रस में डूबी हुई महान कविता की वाहक है और इन दोनों अवतारों की पूजा पूरे दक्षिण भारत में भी होती है। दक्षिण के हिंदू भी कबीर, मीरा, सूर और तुलसी को उनके मूलरूप में पढ़ने के इच्छुक हैं।

चार दशक पहले नायर द्वारा बनायी गयी हिंदी के ग़ैर-सरकारी सोशल सेक्टर की यह तस्वीर कितनी विश्वसनीय और विकासमान थी, इसका अंदाज़ा इस बात से लगाया जा सकता है कि आज के ज़माने में बढ़ती हुई साक्षरता के कारण हिंदी के 'मल्टीप्लायर इफ़ेक्ट' की परिमाणात्मकता और गुणात्मकता पहले से बहुत अधिक बढ़ चुकी है। नायर की तस्वीर में मीडिया का ज़िक्र नहीं है, क्योंकि उस समय भारत में मीडिया का विस्तार कुछ ख़ास था भी नहीं, आज अगर हम मीडिया को शामिल कर लें तो हिंदी के ग़ैर-सरकारी सोशल सेक्टर का 'नया मानचित्र' पहले से कहीं अधिक विशाल और आकर्षक है। समाज के लगातार बढ़ते हुए राजनीतीकरण की प्रक्रिया ने हिंदी को उन मंचों पर आसीन कर दिया है जहाँ पहले उसकी आवाज़ अंग्रेज़ी की अदाबाज़ी में दब जाती थी। ये मंच हैं विधायिकाओं के, यानी लोकसभा, राज्यसभा और विधानसभाओं के। सत्तर की दहाई से ही यह सिलसिला धीरे-धीरे आगे बढ़ रहा है। शूद्र और दलित जातियों के राजनीतिक उभार ने हमारी विधायिकाओं में हिंदी बोलने वाले भर दिये हैं। ग़ैर-हिंदी भाषी सांसदों के बीच हिंदी सीखने की ज़रूरत का एहसास बढ़ता जा रहा है। संसदीय परिदृश्य में आया यह भाषाई परिवर्तन जिस चीज़ की तरफ़ इशारा करता है, वह है भारतीय अभिजनों के दायरे में एचएमटी वालों की संख्या बढ़ते चले जाना। एचएमटी यानी हिंदी मीडियम टाइप। यह एचएमटी बड़ा प्रयोगधर्मी भी है। अंग्रेज़ी की सांस्कृतिक सत्ता का समीकरण उलटने के मक़सद से द्वि-भाषी बनने के लिए तैयार है, और अंग्रेज़ी सीखने पर आंदोलनकारी वेग के साथ नियोजित ज़ोर देना चाहता है। एचएमटी वालों के आगमन का सबसे ताजा उदाहरण भारतीय प्रशासनिक सेवा की परीक्षा में बैठने वालों द्वारा इम्तहान की भाषा चुनने के आँकड़ों से मिलता है। हर गुज़रते हुए साल के हिंदी में यह परीक्षा देने वालों की संख्या बढ़ते हुए पच्चीस फ़ीसदी तक पहुँच चुकी है। जिन लोगों को यह समझ में न आ रहा हो कि सिविल सर्विस की परीक्षा में इतने हिंदी वाले कहाँ से आ गये, उन्हें दिल्ली विश्वविद्यालय में एम.फ़िल. और पी.एच.डी. कर रहे छात्रों के भाषाई माध्यम पर निगाह डालनी चाहिए। केवल राजनीतिशास्त्र विभाग में ही पचास फ़ीसदी से ज़्यादा छात्र हिंदी माध्यम के हैं, और अब उन्हें अपना शोध प्रबंध भी हिंदी में लिखने में पहले की तरह संकोच नहीं रहा। प्रोफ़ेसरों और रीडरों को हिंदी रीडिंग्स की जुगाड़ करते हुए और जॉन रॉल्स व विल किमलिका की किताबों के हिंदी अनुवादक तलाश करते हुए देखा जा सकता है।

हर साल होने वाला राष्ट्रीय पाठक सर्वेक्षण बताता है कि हिंदी प्रकाशनों ने प्रसार संख्या में अंग्रेज़ी प्रकाशनों को बहुत पीछे छोड़ दिया है। हिंदी में प्रति अख़बार पाठक संख्या तेज़ी से गिर रही है। पहले एक अख़बार को अगर अनुमानत: पाँच लोग पढ़ते थे, तो अब उनमें से दो लोग अपना अख़बार अलग से ख़रीदने लगे हैं। एक हिंदी प्रकाशक के अनुसार देश में इस समय 36 करोड़ लोग ऐसे हैं जो पढ़ सकते हैं, पर जिनके पास अभी तक अख़बार पहुँचा ही नहीं है या कहिये तो वे अभी ख़बर तक नहीं पहुँचे हैं। इनमें से दो तिहाई हिंदी के सम्भावित पाठक और विज्ञापकों की निगाह में सम्भावित उपभोक्ता हैं। पहले अंग्रेज़ी प्रेस के मालिक पूरक धंधे के रूप

में हिंदी के अख़बार भी निकालते थे जिनकी हैसियत प्रकाशन गृह के भीतर सौत के पूत जैसी होती थी। अब हिंदी के दो बड़े अख़बार वालों ने अंग्रेज़ी का एक दैनिक निकालना शुरू किया है जिसकी कामयाबी ने पिछले दिनों सबका ध्यान खींचा है। 2006 के एक आँकड़े के अनुसार हिंदी के पत्र-पत्रिकाओं में साल में क़रीब 15,000 करोड़ रुपये के विज्ञापन छप रहे हैं। चूँकि बड़े शहरों का बाज़ार संतृप्त हो गया है, इसलिए विज्ञापक छोटे शहरों, ग्रामीण और अर्ध-ग्रामीण इलाकों पर जोर दे रहे हैं, जहाँ केवल हिंदी प्रेस का ही बोलबाला है। हिंदी प्रकाशकों की समझ में भी आ रहा है कि समाज-विज्ञान की कृतियों का अनुवाद कराने में व्यवस्थित निवेश करके वे एक ऐसे बाज़ार का निर्माण कर सकते हैं, जो अभी कुछ वर्ष पहले तक तक़रीबन नामौजूद था। समाज-विज्ञान के क्षेत्र में अन्य भारतीय भाषाओं के अनुवादक अगर मूल अंग्रेज़ी को भी अपना आधार बनाते हैं, तो भी हिंदी के अनुवाद उनके लिए संदर्भ के तौर पर मौजूद रहेंगे, और अनुवाद की रचनात्मक प्रक्रिया में उनका हस्तक्षेप रहेगा। दरअसल, विचार साहित्य का क्षेत्र विकसित करने के लिए हिंदी के पास अच्छी-ख़ासी आधार सामग्री है। पिछले पचास साल में बौद्धिक-राजनीतिक साहित्य हिंदी में ख़ूब प्रकाशित हुआ है। सम्पूर्ण गाँधी वाङ्मय, सम्पूर्ण लोहिया साहित्य, अन्य समाजवादी विचार साहित्य, सर्वोदयी साहित्य, अन्य राजनीतिक विचारधारओं का साहित्य, धर्म संबंधी साहित्य और बड़े पैमाने पर मार्क्सवादी साहित्य पहले से ही हिंदी के पास मौजूद है।

इस पूरे विवरण का मतलब यह नहीं समझना चाहिए कि हिंदी का यह बूम केवल राजनीतीकरण, बाज़ार, पाठक सर्वेक्षण और विज्ञापन से होने वाली आमदनी और उपभोक्ताकरण की ही झलकियाँ मार रहा है। मुनाफ़े की बेरहम और नित्य-नैतिक दुनिया में कम से कम दिलचस्पी रखने वाला सैकड़ों हिंदी लघु पत्रिकाओं का संसार भी पहले से ज़्यादा समृद्ध हुआ है। मीडिया मार्केट के किनारे-किनारे पनप रही इस विचित्र दुनिया में कुछ पत्रिकाएँ लगातार मरती रहती हैं, लेकिन उनकी भरपाई करने के लिए उसी दर पर नयी पत्रिकाओं का जन्म होता रहता है। राष्ट्रीय पाठक सर्वेक्षण इन पत्रिकाओं के बारे में कुछ नहीं जानता। इनमें ज़्यादा से ज़्यादा दस हज़ार और कम से कम डेढ़ हज़ार छपने वाली सैकड़ों पत्रिकाएँ शामिल हैं जिनके पन्नों में हिंदी के साहित्यिक-सांस्कृतिक उद्यम के राजनीतिक स्वरों का लगातार उद्घोष होता रहता है।

1968 से 2008 के बीच चालीस साल में हिंदी के लगातार विकसित हुए सोशल सेक्टर के दोनों सिरों की यह रूपरेखा कम से कम दो बातों का संदेश देती है : पहला, तत्समता और संस्कृतनिष्ठता के जिस रोग ने हिंदी को सरकारी सेक्टर में बेतहाशा नुक़सान पहुँचाया, वह सोशल सेक्टर में एकदम असर नहीं डाल पाया। इन दोनों ही तस्वीरों में हिंदी साहित्य की प्रगति का ज़िक्र नहीं है। दरअसल, साहित्य के क्षेत्र ने हिंदी के ग़ैर-सरकारी विकास को नेतृत्व और एक ठोस बुनियादी आधार प्रदान किया है। साहित्यिक हिंदी ने भी संस्कृतनिष्ठता को दृढ़ता से हाशिये पर रखा है। आधुनिक हिंदी में छायावादी कविता के बाद से जितना भी काव्य रचा गया है, वह बेहद सरल और बोलचाल की भाषा में है। हिंदी के विपुल कथा-साहित्य में केवल प्राचीन काल की पृष्ठभूमि पर लिखे गये ऐतिहासिक उपन्यासों को छोड़ दें, तो चारों तरफ़ संस्कृतनिष्ठता से सर्वथा अप्रभावित भाषाई प्रयोगधर्मिता की ही धूम दिखती है। हिंदी के साहित्यिक-क्षेत्र के विकास और विस्तार पर भी उसके मल्टीप्लायर इफ़ेक्ट का असर दिखता है। साठ और सत्तर के दशक में अन्य भारतीय भाषाओं से आने वाले वे स्वर अब नहीं सुनायी देते जो हिंदी की साहित्यिक प्रतिष्ठा से आश्वस्त नहीं थे।

दूसरी तरफ़ इसी मल्टीप्लायर इफ़ेक्ट के कारण आज तरह-तरह की हिंदियों का ज़माना है। साहित्य की हिंदी, टीवी समाचारों की हिंदी, फ़िल्मों और टीवी सीरियलों की हिंदी, अंग्रेज़ी मिश्रित हिंगलिश, एफ़एम चैनलों की हिंदी, हिंदी अख़बारों की हिंदी, राजनीतिक भाषणबाज़ी की हिंदी, समाज-विज्ञान की बनती हुई हिंदी और न जाने कितने तरह की हिंदी।

**देखें** : अर्थ-विज्ञान, डायग्लॉसिया, नोआम चोमस्की, फ़र्दिनैंद द सॅस्यूर, भाषा के मार्क्सवादी सिद्धांत, राष्ट्र-भाषा और राज-भाषा, लक्षण-विज्ञान, सम्पर्क-भाषा : हिंदी/अंग्रेज़ी-1 से 4 तक।

### संदर्भ

1. बलदेव राज नायर (1968), 'हिंदी एज़ लिंक लेंग्वेज', *इकॉनॉमिक ऐंड पॉलिटिकल वीकली,* खण्ड 3, अंक 6.
2. वी.के.आर.वी. राव (1978), 'मैनी लेंग्वेजिज़, वन नेशन : क्वेस्ट फ़ॉर ऐन आल-इण्डिया लेंग्वेज', *इकॉनॉमिक ऐंड पॉलिटिकल वीकली,* खण्ड 13, अंक 25.
3. अभय कुमार दुबे (2008), 'अंग्रेज़ी में हिंदी : भाषाई इतिहास की एक उलट यात्रा', *वाक्,* वाणी प्रकाशन, नयी दिल्ली.
4. एम.एस. गोरे, 'लेंग्वेज इन मेट्रोपॉलिटन लाइफ़', *इकॉनॉमिक ऐंड पॉलिटिकल वीकली,* खण्ड 4, अंक 28/30.

**— अभय कुमार दुबे**

# सम्पर्क भाषा : हिंदी / अंग्रेज़ी-3

## जनगणना में द्विभाषिता की होड़

## (Link Language : Hindi/English-3)

अंतरभाषाई संचार और द्विभाषिता पर अनुसंधान करने वाले महादेव एल. आप्टे का विचार है कि एक बहुभाषी नज़ारे में द्विभाषिता विकसित होने की दो शर्तें होती हैं जिनके समीकरण के आधार पर ही लोग अपनी भाषा के अलावा दूसरी भाषा सीखने का प्रयास करते हैं : भाषाओं के बीच संरचनात्मक समानता किस दर्जे की है, और सामाजिक-आर्थिक उपयोगिता के लिहाज़ से किस भाषा की दावेदारी बेहतर है। सत्तर के दशक में आप्टे ने निष्कर्ष निकाला था कि अन्य भारतीय भाषाओं से संरचनात्मक (ध्वनि, व्याकरण, शब्द-भण्डार, वाक्य-रचना और वर्णमाला) समानता के लिहाज़ से हिंदी-द्विभाषिता की सम्भावनाएँ बेहतर होनी चाहिए, और सामाजिक आर्थिक-उपयोगिता के लिहाज़ से अंग्रेज़ी-द्विभाषिता बढ़नी चाहिए। साथ ही आप्टे का कहना यह भी था कि साक्षरता में बढ़ोतरी के साथ-साथ प्रमुख भाषाओं और हिंदी के बीच अंतरभाषाई संचार बढ़ सकता है, भले ही अंग्रेज़ी की सामाजिक-आर्थिक उपयोगिता के कारण लोग इस सम्भावना को नज़रअंदाज़ करते रहें। आप्टे का यह अवलोकन इस ज़रूरत पर बल देता प्रतीत होता है कि भाषा की सामाजिक-आर्थिक उपयोगिता निर्धारित करने के लिए बनाये गये सूचकांकों में आर्थिक प्रगति उपलब्ध कराने की क्षमता को तो सर्वोच्च स्थान दिया ही जाना चाहिए, साथ ही बाज़ार से संबंधित सांस्कृतिक कारकों को भी नज़रअंदाज़ नहीं किया जाना चाहिए। आप्टे ने केवल साक्षरता का ज़िक्र किया था, पर हिंदी-द्विभाषिता के बढ़ने की सम्भावना के अन्य कारण लगातार जारी उद्योगीकरण और आबादी के आवागमन में भी चिह्नित किये जा सकते थे। कहना न होगा कि साक्षरता, शिक्षा, उद्योगीकरण और आव्रजन से अंग्रेज़ी द्विभाषिता में लाज़मी तौर पर बढ़ोतरी होनी थी। लेकिन क्या इन वैकासिक पहलुओं ने हिंदी-द्विभाषिता को भी सकारात्मक रूप से प्रभावित किया है?

साठ के दशक से हिंदी-द्विभाषिता और अंग्रेज़ी-द्विभाषिता के बीच होड़ के ग्राफ़ को देखा जा सकता है। शुरुआती दौर में अंग्रेज़ी का पलड़ा बहुत ज़्यादा झुका हुआ नज़र आता है, पर यह अंतराल धीरे-धीरे लेकिन निश्चित रूप से कम हो रहा है। बढ़ती हुई साक्षरता तो इसे घटा ही रही है, अर्थव्यवस्था में हुए परिवर्तनों और बाज़ार के विस्तार ने हिंदी के 'मल्टीप्लायर इफ़ेक्ट' को और प्रभावी बनाया है जिससे उसकी सामाजिक-आर्थिक उपयोगिता भी पहले के मुक़ाबले बढ़ी है। 1991 की जनगणना और 2001 की जनगणना से मिलने वाले द्विभाषिता के आँकड़ों के आधार पर किये गये विश्लेषण से यही संदेश मिलता है। 1991 की जनगणना दिखाती है कि आठवीं अनुसूची में दर्ज भाषाओं में द्विभाषियों की संख्या कितनी है, और उनमें कितने हिंदी-द्विभाषी हैं और कितने अंग्रेज़ी-द्विभाषी। इन आँकड़ों को पढ़ने के सवाल पर कुछ विवाद है। पॉल ब्रास के अनुसार उत्तरी और पश्चिमी भाषाएँ बरतने वाले द्विभाषी होने के लिए हिंदी को प्राथमिकता देते हैं। दक्षिणी और पूर्वी भाषाएँ बरतने वालों की प्राथमिकता अंग्रेज़ी है। यानी भारत द्विभाषिता के मामले में बँटा हुआ है। ब्रास को यह भी लगता है कि दक्षिण और पूर्वी भाषाओं ने एक 'सांस्कृतिक भाषा' के तौर पर हिंदी को ख़ारिज कर दिया है। सांस्कृतिक से उनका क्या अर्थ है, यह समझ में नहीं आता क्योंकि उनके विश्लेषण की कसौटी उन 'लाइफ़ चांसिस' पर टिकी है जिसका ज़िक्र द्विभाषिता के मामले में महादेव आप्टे ने किया है।

इन आँकड़ों को ब्रास के अलावा एक वैकल्पिक तरीक़े से भी पढ़ा जा सकता है। सिंधी, पंजाबी, नेपाली, मराठी, गुजराती और उर्दू बरतने वालों के बीच हिंदी द्विभाषिता के मामले में पहले ही अंग्रेज़ी से बहुत आगे चल रही है। यह अंतर दोगुने से भी ज़्यादा से लेकर दस-बारह फ़ीसदी तक दिखता है। असमी के संदर्भ में भी हिंदी आगे है लेकिन वहाँ दोनों द्विभाषिताओं के बीच कुछ कम यानी 2.71 प्रतिशत का अंतर है। इसी तरह मणिपुरी और ओड़िया के संदर्भ में अंग्रेज़ी आगे है लेकिन हिंदी केवल 1.96 और 1.26 प्रतिशत के बेहद मामूली अंतर से ही पिछड़ रही है। दक्षिण भारतीय भाषाओं के क्षेत्र में अंग्रेज़ी द्विभाषिता हिंदी से कहीं बेहतर है, लेकिन आँकड़ों की रोशनी में देखने पर हिंदी की स्थिति केवल तमिलनाडु के मामले में बेहद ख़राब निकलती है। यहाँ अंग्रेज़ी के 14 फ़ीसदी द्विभाषियों के मुक़ाबले हिंदी के द्विभाषी डेढ़ फ़ीसदी के आसपास ही हैं। लेकिन बाक़ी दक्षिणी क्षेत्र में स्थिति इतनी बुरी नहीं है। सौ फ़ीसदी साक्षरता वाले क्षेत्र मलयालम में अंग्रेज़ी द्विभाषिता अगर 24.35 प्रतिशत है तो हिंदी-द्विभाषिता भी 19.07 फ़ीसदी है। इस आँकड़े को देख कर किसी भी हिंदी समर्थक को सुखद आश्चर्य हो सकता है। इसी तरह कन्नड़भाषी क्षेत्र में अंग्रेज़ी-हिंदी द्विभाषिताओं का अंतर महज़ तीन फ़ीसदी से अंग्रेज़ी के पक्ष में झुका हुआ है। इसी तरह तेलुगु क्षेत्र में भी द्विभाषिता का यह अंतर केवल दो फ़ीसदी है। दक्षिण भारत में उम्मीद से बेहतर परिणाम प्राप्त करने के बाद हिंदी जिस क्षेत्र में बहुत अच्छे नतीज़े प्राप्त करती हुई दिखती है, वह बंगाल। बंगाल में दोनों द्विभाषिताओं में अंग्रेज़ी हिंदी से केवल 2.40 प्रतिशत ही आगे है।

तीस साल पहले हुए 1961 की जनगणना में द्विभाषिता के आँकड़ों पर नज़र डालते ही पॉल ब्रास द्वारा किया गया

सरलीकरण अपने आप ख़ारिज हो जाता है। हिंदी-विरोध के गढ़ समझे जाने वाले बंगाल में अंग्रेज़ी उस समय भी तीन फ़ीसदी से आगे थी। अर्थात् इस दौरान बंगाल में अंग्रेज़ी-द्विभाषिता में ज़रा भी बढ़ोतरी नहीं हुई, और हिंदी ने अपनी वृद्धि-दर क़ायम रखी है। 1961 की जनगणना बताती है कि कन्नड़भाषी, तमिलभाषी और तेलुगुभाषी क्षेत्र में हिंदी-द्विभाषिता पूरी तरह से ग़ैर-हाज़िर थी। मलयालमभाषी क्षेत्र में वह आधे फ़ीसदी से भी कम थी। इसका सीधा अर्थ यह निकलता है कि पिछले तीस सालों में दक्षिण के प्रमुख भाषाई क्षेत्रों में हिंदी-द्विभाषिता में उल्लेखनीय वृद्धि हुई है। मलयालम, कन्नड़ और तेलुगु में वह अंग्रेज़ी के निकट आती जा रही है, और तमिलनाडु में उसने अपनी उपस्थिति दर्ज करा दी है। जिन क्षेत्रों में हिंदी-द्विभाषिता ज़बरदस्त रूप से बढ़ी है वह है गुजरात। असमियाभाषियों के बीच तो स्थिति उलट ही गयी है। 1961 में वहाँ अंग्रेज़ी-द्विभाषी अधिक थे, पर 1991 में हिंदी-द्विभाषी आगे निकल गये हैं। 1961 और 1991 के बीच दोनों द्विभाषिताओं की वृद्धि-दर से स्पष्ट है कि हिंदी-द्विभाषिता की रूपरेखा में उत्तर, मध्य और उत्तर-पूर्व के साथ दक्षिण भी जुड़ गया है।

अंग्रेज़ी और हिंदी के बीच द्विभाषिता की इस होड़ के लिए 1991 से लेकर 2001 के बीच की अवधि बहुत महत्त्वपूर्ण है। यह भूमण्डलीकरण का दौर है, और समझा जाता है कि इस दौरान अंग्रेज़ी की आर्थिक-सामाजिक उपयोगिता में पहले के मुक़ाबले बहुत बढ़ोतरी हुई है। उसने युरोप की स्थापित भाषाओं के दायरों में भी अतिक्रमण शुरू कर दिया है। हमारे पास 2001 की जनगणना के आँकड़े हैं जिनसे पता लगाया जा सकता है कि भूमण्डलीकरण के प्रभाव के तहत इस होड़ की दिशा अब क्या है। दक्षिण और पूर्वी भाषाओं में हुए द्विभाषिता संबंधी परिवर्तनों का विश्लेषण बताता है इन क्षेत्रों में हिदी-द्विभाषिता का प्रतिशत कमोबेश दस साल पहले जितना ही बना हुआ है। असम में हिंदी अभी भी आगे है, बंगाल में हिंदी-द्विभाषी अंग्रेज़ी के और नज़दीक आये हैं, तमिल में हिंदी ने अपनी जो उपस्थिति दर्ज करायी थी उसमें अंग्रेज़ी की बढ़ी हुई प्रतिष्ठा कटौती नहीं कर पायी है, कन्नड़ में अंग्रेज़ी-द्विभाषिता हिंदी से केवल मामूली अंतर से ही आगे रह गयी है, मलयालम क्षेत्र में हिंदी-द्विभाषिता का मज़बूत प्रदर्शन जारी है और तेलुगु क्षेत्र में हिंदी-द्विभाषिता की स्थिति पहले की तरह आश्वस्तिकारक बनी हुई है। ओड़िया क्षेत्र में दोनों द्विभाषिताएँ क़रीब-क़रीब बराबरी की स्थिति में हैं। दूसरी उल्लेखनीय बात यह है कि जिन क्षेत्रों में हिंदी अंग्रेज़ी से बहुत आगे थी, जैसे मराठी, गुजराती, उर्दू, पंजाबी, सिंधी, नेपाली, मैथिली और डोगरी, उनमें अंग्रेज़ी-द्विभाषिता अपनी स्थिति सुधारने में विफल रही है। 1991 से 2001 के बीच दोनों द्विभाषिताओं की वृद्धि-दर का एक अंदाज़ा ग्राफ़-2 से लगाया जा सकता है। यहीं सवाल उठता है कि 1961, 1991 और 2001 की जनगणनाओं के इस विश्लेषण में हिंदी के अंग्रेज़ी-द्विभाषियों और उर्दू के अंग्रेज़ी-द्विभाषियों को किस श्रेणी में रखा जाना चाहिए? हिंदी और उर्दू का अंग्रेज़ी-द्विभाषी हर तरह से दोनों तरह की द्विभाषिताओं से सम्पन्न है। उसे द्विभाषिता की इस प्रतियोगिता से तटस्थ कर करके विश्लेषण करना चाहिए। 1961 की जनगणना में तो हिंदुस्तानी बोलने वाले भी अलग से दर्ज किये गये थे। हिंदुस्तानी के अंग्रेज़ी-द्विभाषी भी तटस्थ कर देने चाहिए।

इस विश्लेषण से पता चलता है कि अंग्रेज़ी के मुक़ाबले सम्पर्क-भाषा बनने के मामले में अखिल भारतीय पैमाने पर हिंदी की स्थिति उत्तरोत्तर सुदृढ़ हुई है। लेकिन सिर्फ़ द्विभाषिता के इन जनगणना प्रदत्त आँकड़ों के आधार पर सम्पर्क-भाषा के सभी पहलुओं पर विचार नहीं हो सकता। हिंदी-क्षेत्र में सम्पर्क-भाषा को युरोपीय क़िस्म की राष्ट्र-भाषा के आईने में देखने की प्रवृत्ति काफ़ी प्रबल है। यह रवैया दो तरह की माँग करता है : पहली, उत्तर भारत की जनपदीय भाषाओं के पैरोकार अगर उन्हें आठवीं अनुसूची में माँग करने की राजनीति करेंगे, तो हिंदी की बहुसंख्यक दावेदारी कमज़ोर हो जाएगी; और दूसरी, ग़ैर-हिंदीभाषियों के लिए हिंदी समझना-बोलना ही काफ़ी नहीं है, उन्हें उत्तर-भारतीयों की तरह हिंदी लिखना-पढ़ना भी आना चाहिए। यह आग्रह दृश्य-श्रव्य मीडिया के ज़रिये हुए हिंदी के प्रसार के प्रति असहज है क्योंकि यह प्रक्रिया अहिंदीभाषियों को हिंदी का 'लिटराटी' बनाने की तरफ़ नहीं ले जाती। दरअसल, यह दूसरी माँग हिंदी को उस खाने में फ़िट करना चाहती है जिसमें आजकल अंग्रेज़ी है। अंग्रेज़ी और भारतीय भाषाओं का रिश्ता डॉयग्लॉसिकल है जिसके तहत अंग्रेज़ी को सामाजिक-सांस्कृतिक तौर पर बेहतर मान कर सीखा-सिखाया जाता है। इस प्रक्रिया के साथ सीखने वाले की अपनी भाषा को जाने-अनजाने 'अनलर्न' करने का सिलसिला भी जुड़ा रहता है। हिंदी को सारे देश की सम्पर्क-भाषा बनते हुए देखने की इच्छा रखने वालों को यह तय करना पड़ेगा कि क्या वे भी अन्य भारतीय भाषाओं के साथ अंग्रेज़ी जैसा ही डॉयग्लॉसिक रिश्ता बनाना चाहते हैं?

**देखें** : अर्थ-विज्ञान, डायग्लॉसिया, नोआम चोमस्की, फ़र्दिनैंद द सॅस्यूर, भाषा के मार्क्सवादी सिद्धांत, राष्ट्र-भाषा और राज-भाषा, लक्षण-विज्ञान, सम्पर्क-भाषा : हिंदी/अंग्रेज़ी-1 से 4 तक।

## संदर्भ

1. महादेव एल. आप्टे, 'सम सोसियोलिंग्विस्टिक आस्पेक्ट्स ऑफ़ इंटरलिंगुअल कम्युनिकेशन इन इण्डिया', *एंथ्रोपोलॅजीकल लिंगुइस्टिक,* खण्ड 12, अंक 3.
2. पॉल ब्रास, 'इलीट इंटरेस्ट्स, पॉपुलर पैशंस, ऐंड सोशल पॉवर इन

द लेंग्वेज पॉलिटिक्स ऑफ़ इण्डिया', आशा सारंगी (सम्पा.), *लेंग्वेज ऐंड पॉलिटिक्स इन इण्डिया*, ऑक्सफ़र्ड युनिवर्सिटी प्रेस, नयी दिल्ली.

— **अभय कुमार दुबे**

# सम्पर्क भाषा : हिंदी / अंग्रेज़ी-4

## हिंगलिश का डर और अंग्रेज़ी से होड़

(Link Language : Hindi/English-4)

भूमण्डलीकरण के बाद विकसित हुए मीडिया द्वारा प्रचलित हिंदी के अंग्रेज़ी मिलवाँ खिचड़ी-रूप ने इस भाषा के पैरोकारों के बीच कई तरह की चिंताएँ पैदा की हैं। इसे कुछ प्रेक्षकों ने क्रियोलीकरण का नाम दिया है, जो ग़लत है। क्रियोलीकरण का एक निश्चित ऐतिहासिक संदर्भ है जिसे भारत में देखना एक सांस्कृतिक ज़बरदस्ती होगी। इस प्रक्रिया के लिए फ़िलहाल खिचड़ीकरण पद का प्रयोग किया जा सकता है। दरअसल, इनमें एक हिस्सा उन लोगों का है जो हिंदी के लिखित और परिनिष्ठित रूप को सारे भारत के गले उतारने की इच्छा रखते हैं। लेकिन, एक हिस्सा ऐसे लोगों का भी है जो मीडिया के नये-पुराने रूपों द्वारा किये जा रहे हिंदी के खिचड़ीकरण के तात्पर्य और फलितार्थ जानना चाहते हैं। खिचड़ीकरण कई तरह के होते हैं और अलग-अलग देश-काल में उनके परिणाम भी भिन्न-भिन्न निकलने लाज़मी हैं। अंग्रेज़ी को खिचड़ीकरण की प्रक्रियाओं का जो ऐतिहासिक लाभ हुआ, वह ज़रूरी नहीं कि तीसरी दुनिया के देशों की भाषाओं को भी हो। उन्हें नुक़सान भी हो सकता है, और ये तमाम संदेह निर्मूल भी साबित हो सकते हैं। जब भी कोई भाषा दूसरी भाषाओं से अन्योन्यक्रिया करती है, खिचड़ीकरण होना अनिवार्य है। सवाल यह है कि अन्योन्यक्रिया करने वाली भाषाओं के आपसी संबंध कैसे हैं? क्या वे डॉयग्लॉसिक हैं? अगर प्रभावित होने वाली भाषा में लम्बे अरसे से औपचारिक शिक्षा दी जा रही है और एक के बाद एक कई शिक्षित पीढ़ियाँ निकल चुकी हैं, अगर उस भाषा के पास लिखित साहित्य की समृद्ध परम्परा है, अगर उस भाषा का 'पब्लिक स्फ़ियर' विकसित है और अगर वह भाषा आत्मसातीकरण की क्षमता से सम्पन्न है, तो खिचड़ीकरण से उसके विस्तार और गहराई में वृद्धि होती है। अगर उसमें ये ख़ूबियाँ नहीं हैं, तो खिचड़ीकरण उसके संहार का कारण भी बन सकता है। कुल मिला कर अनुसंधान की यह परियोजना मुख्यतः भाषाशास्त्रीय तो है ही, पर उसके सामाजिक-राजनीतिक पहलुओं से भी इनकार नहीं किया जा सकता।

अंत में विचार करने लायक एक प्रश्न बचता है कि क्या हिंदी कभी भारतीय संघ की वास्तविक राज-भाषा बन सकेगी? इसके उत्तर के लिए हमें अंग्रेज़ी के अभेद्य गढ़ (संघीय प्रशासनिक सेवाएँ) के संदर्भ में हिंदी की स्थिति जाँचनी होगी। हम ऊपर देख चुके हैं कि इस दुर्ग के रखवालों यानी अधिकारी-तंत्र ने हिंदी को भारतीय संघ के कामकाज में अंग्रेज़ी की जगह नहीं लेने दी थी। यही वह दुर्ग था जिसमें 1968 के सरकारी भाषा प्रस्ताव से पहले भारतीय भाषाओं का प्रवेश भी निषिद्ध था। इस प्रस्ताव ने आईएएस, आईपीएस और केंद्रीय सेवाओं के लिए होने वाली संयुक्त परीक्षा में बैठने लायक़ योग्यताओं में दो परिवर्तन किये। पहला 'अंग्रेज़ी या हिंदी' का ज्ञान अनिवार्य कर दिया; और दूसरा, आठवीं अनुसूची में दर्ज हिंदी समेत सभी भारतीय भाषाओं में संघ लोकसेवा आयोग की परीक्षाएँ देने की इजाज़त दे दी। 1979 में कोठारी कमीशन की सिफ़ारिशों के अनुसार संघ लोक सेवा आयोग के परीक्षा-पैटर्न में परिवर्तन किया गया जिससे भारतीय भाषाओं के प्रतियोगियों के लिए अंग्रेज़ी के इस दुर्ग पर धावा बोलने का रास्ता खुल गया। समान स्कूल शिक्षा प्रणाली की सिफ़ारिश करने के लिए विख्यात दौलत सिंह कोठारी ने सिविल सेवाओं के लिए जो संस्तुति की, उसके पीछे उनकी दलील देखने क़ाबिल है : 'अभी तक की परीक्षाओं में अभ्यर्थियों को अंग्रेज़ी में ही उत्तर देने होते हैं। उन्हें भारतीय भाषाओं में उत्तर देने की कोई सुविधा नहीं है। इससे वे विद्यार्थी जिन्होंने भारतीय भाषाओं के माध्यम से अपनी पढ़ाई की है, हतोत्साहित रहते हैं। ऐसे विद्यार्थियों की संख्या शिक्षा के प्रचार-प्रसार के साथ लगातार बढ़ रही है। उदाहरण के लिए दिल्ली विश्वविद्यालय, जहाँ से इन सेवाओं के लिए सबसे ज़्यादा चुने जाते हैं, वहाँ ऑनर्स डिग्री में हिंदी माध्यम में पढ़ने वाले लगातार बढ़ रहे हैं। 1974 में इतिहास, अर्थशास्त्र और राजनीतिशास्त्र में क्रमशः 18, 12 और 37 प्रतिशत छात्रों ने ऑनर्स की डिग्री हिंदी माध्यम से ली है। आगे यह संख्या और बढ़ेगी। ... हम पूरे विश्वास से कहना चाहते हैं कि जो अभ्यर्थी अखिल भारतीय सेवाओं की नौकरी में आना चाहते हैं, उन्हें आठवीं अनुसूची में उल्लिखित भाषाओं का ज्ञान होना अनिवार्य है। जिन्हें ये भाषाएँ नहीं आतीं, वे सरकारी सेवाओं के लिए क़तई उपयुक्त नहीं हैं।'

1970 से लेकर 1978 तक भारतीय भाषाओं में परीक्षा देने वालों का प्रतिशत कभी भी 10.1 फ़ीसदी से नहीं बढ़ पाया था। लेकिन 1979 के बाद कोठारी आयोग की इन सिफ़ारिशों का हालात पर क्रांतिकारी असर पड़ा। 1950 में केवल 3,647 परीक्षार्थी सिविल सेवा के इम्तहान में बैठे थे जिनमें पास होने वालों की संख्या 240 थी। यह संख्या अगले

बीस साल में बढ़ कर 11,710 हो गयी जिनमें उत्तीर्ण होने वालों की संख्या 428 थी। लेकिन 1979 के वर्ष में जैसे ही भारतीय भाषाओं में परीक्षा देने का प्रावधान किया गया, वैसे ही परीक्षार्थियों की संख्या 1,74,000 से अधिक हो गयी और पास होने वालों की संख्या 703 तक पहुँच गयी। ज़ाहिर है कि सिर्फ़ अंग्रेज़ी में प्रवेश परीक्षा होने के कारण अधिसंख्य भारतीय इसमें भाग ही नहीं ले पाते थे। 2009 में प्रकाशित एक अध्ययन के अनुसार 1979 से 1988 के बीच पहले दशक में भारतीय भाषाओं में परीक्षाएँ देने वालों की संख्या में 15.6 फ़ीसदी इजाफ़ा हुआ जो अगले दस साल यानी 1989 से 1998 के बीच बढ़ कर 26.8 फ़ीसदी हो गया। अगले नौ साल में बढ़ोतरी का यह आँकड़ा 41.6 प्रतिशत तक पहुँच गया। 1979 से 2007 के बीच के 29 वर्षों में भारतीय भाषाओं को माध्यम की तरह अपनाने वाले इन परीक्षार्थियों में हिंदीवालों की संख्या 90.1 फ़ीसदी थी। देखने की बात यह है कि यह प्रतिशत पहले दशक में ही 87.8 तक पहुँच गया था, दूसरे दशक में यह आँकड़ा 89.5 हुआ और तीसरे दशक के नौ वर्षों में 93.1 रहा। इस परीक्षा का पहला पर्चा भी भारतीय भाषाओं में लिखने वाले परीक्षार्थियों का प्रतिशत पहले दशक में 66.7, दूसरे दशक में 74.9 और तीसरे दशक में 76.9 रहा। इन परीक्षार्थियों को इंटरव्यू के लिए बुलाये जाने और उनके द्वारा साक्षात्कार के लिए किसी भारतीय भाषा को चुनने का प्रतिशत कहीं कम ज़रूर है लेकिन उसमें भी लगातार बढ़ोतरी हो रही है। 1987 से 1996 के बीच यह प्रतिशत 13.3 था जो बढ़ कर 1997 से 2006 के बीच 24.3 हो गया। साक्षात्कार के स्तर तक पहुँचने वाले परीक्षार्थियों का एक चौथाई से भी बड़ा हिस्सा (2007 में 32 फ़ीसदी) अब भारतीय भाषाओं में इंटरव्यू देना पसंद करता है। 2007 के 450 ऐसे उम्मीदवारों में से 330 ने हिंदी को अपना माध्यम बनाया।

इस तथ्यगत अध्ययन के तीन नतीजे निकलते हैं : पहला, भारतीय भाषाओं में सिविल सर्विसिज़ का इम्तहान देने वाले परीक्षार्थियों की संख्या में तेज़ी से बढ़ोतरी हो रही है; दूसरा, इन परीक्षार्थियों में हिंदी अपनाने वालों की संख्या 85 से 90 के बीच में है, तीसरा, इन परीक्षाओं में बैठने वाले चार अंग्रेज़ीभाषियों में से एक का स्थान पिछले तीन दशकों में भारतीय भाषाओं के खाते में चला गया है। अध्ययनकर्त्ता मारुति पी. तंगीराला ने इन परीक्षार्थियों को मोटे तौर पर हिंदी का द्विभाषी क़रार दिया है, क्योंकि इन्हें अंग्रेज़ी की भी प्राथमिक जानकारी होती है। ख़ास बात यह है कि भारतीय भाषाओं का अनिवार्य पर्चा हिंदी में लिखने वालों का प्रतिशत 2001 के जनगणना में दर्ज हिंदीभाषियों के प्रतिशत से भी अधिक है। 76.9 फ़ीसदी परीक्षार्थियों यह पर्चा हिंदी में लिखते नज़र आये, जबकि देश की आबादी में ख़ुद को हिंदीभाषी कहने वालों की संख्या केवल 41.03 फ़ीसदी ही है। यहीं सवाल उठता है कि संघ लोक सेवा आयोग की परीक्षाओं में हिंदी वालों की सफलता दर कितनी है? इस प्रश्न का उत्तर फ़िलहाल उपलब्ध नहीं है। मोटे तौर पर दस हज़ार छात्र जब आईएएस बनने बैठते हैं तो उनमें से एक को मौक़ा मिलता है। समझा जाता है सफलता का यह प्रतिशत .00025 है। इतने कम प्रतिशत में भाषा-माध्यम की शिनाख़्त कुछ मुश्किल हो सकती है। लेकिन इसमें कोई शक नहीं कि हिंदी माध्यम से कामयाब होने वाले छात्रों की ख़बरों और साक्षात्कारों से नेट भरा पड़ा है। हर साल इस तरह की कहानियाँ आती हैं कि ग़रीब मज़दूरों, रिक्शेवालों, रेहड़ीवालों, ग्रामीण और अर्धशहरी इलाक़ों में ज़िंदगी गुज़ारने वाले हिंदी के माध्यम से प्रशासनिक सेवाओं में क़दम रख रहे हैं। उनकी संख्या जैसे-जैसे बढ़ेगी, नौकरशाह अभिजन की संरचना में फ़र्क़ पड़ने की उम्मीद की जा सकती है।

क्या हिंदी को भारतीय संघ की वास्तविक राज-भाषा बनाने की परियोजना के संदर्भ में यह प्रक्रिया 'गेम-चेंजर' साबित हो सकती है? इस प्रश्न का उत्तर किंतु-परंतु के बिना नहीं दिया जा सकता। कोठारी कमीशन की रपट के आधार पर सिविल सेवाओं की प्रवेश परीक्षा के मूल्यांकन के लिए 1988-89 में बनायी गयी सतीश चंद्र कमेटी ने भी कोठारी की सिफ़ारिशों को उचित ठहराया। इसके बाद 2000 में दूसरी पुनरीक्षण कमेटी योगेंद्र अलग के नेतृत्व में बैठी। इस कमेटी ने भी कोठारी की संस्तुतियों की भावना का साथ दिया। लेकिन 2011 में अचानक बिना किसी समीक्षा के सिविल सेवा की प्रवेश परीक्षा के पहले चरण में ही एक एप्टीट्यूड टेस्ट शामिल कर दिया गया है जिसमें तीस नंबर अंग्रेज़ी ज्ञान के लिए हैं लेकिन भारतीय भाषाओं के ज्ञान को उससे बाहर रखा गया है। अंग्रेज़ी का जो ज्ञान मुख्य परीक्षा के दूसरे चरण में जाँचा जाता था, उसे पहले चरण में डाल दिया गया है। सरकार के इस अकस्मात् फ़ैसले के ऊपर कई जानकार टिप्पणीकारों ने प्रतिक्रिया की है। इस बहस में एक मान्यता यह भी है कि यह एप्टीट्यूड टेस्ट भारतीय भाषाओं के परीक्षार्थियों के लिए एक बड़ी बाधा साबित हो सकता है। क्या यह फ़ैसला आईएएस लॉबी के दबाव में आ कर किया गया है ताकि हिंदीभाषियों और अन्य भाषाई प्रतियोगियों से सिविल सेवा के भरने की जारी प्रक्रिया को उलटा जा सके? यह प्रश्न अभी अनुत्तरित है।

**देखें** : अर्थ-विज्ञान, डायग्लॉसिया, नोआम चोमस्की, फ़र्दिनैंद द सॅस्यूर, भाषा के मार्क्सवादी सिद्धांत, राष्ट्र-भाषा और राज-भाषा, लक्षण-विज्ञान, सम्पर्क-भाषा : हिंदी/अंग्रेज़ी-1 से 4 तक।

## संदर्भ

1. अभय कुमार दुबे (2012), 'हिंदी की हैसियत, राष्ट्र-भाषा / राज-भाषा, सरकारी / सामाजिक', *पूर्वग्रह*, भोपाल.
2. मारुति पी. तंगीराला, 'लेंग्वेज चॉयसिज़ ऐंड लाइफ़ चांसेज़ :

एवीडेंस फ्रॉम द सिविल सर्विसेज़ एग्ज़ामिनेशन', *इकॉनॉमिक ऐंड पॉलिटिकल वीकली,* अंक 39.
3. मृणालिनी शर्मा (2011), 'अंग्रेज़ी का वर्चस्व', *समयांतर, नयी दिल्ली.*

**— अभय कुमार दुबे**

# सम्पत्ति

(Property)

ज़मीन के टुकड़े, मक़ान या कार जैसी चीज़ों को सम्पत्ति के रूप में देखा जाता है। लेकिन ये वस्तुएँ अपने-आप में तब तक सम्पत्ति नहीं बनतीं जब तक किसी रिवाज़, परम्परा अथवा क़ानून द्वारा उसका स्वामित्व किन्हीं स्थापित विधियों के मुताबिक़ परिभाषित न कर दिया जाए। मसलन, अगर आपके क़ब्ज़े में कोई चीज़ है, तो केवल इसीलिए वह आपकी सम्पत्ति नहीं हो जाती। उस चीज़ पर अपना मालिकाना हक़ क़ानूनन साबित करना ज़रूरी है। अगर आप किसी चीज़ के बाक़ायदा मालिक हैं तो भले ही किसी वजह से वह आपके क़ब्ज़े में न हो, उसे आपका ही माना जाएगा। 'खोया-पाया' के काउंटर पर पड़ी चीज़ों को उनके मालिक ढूँढ़ते हुए आते हैं और अपना स्वामित्व साबित करके ले जाते हैं। इस लिहाज़ से सम्पत्ति एक सामाजिक संस्था है जिसका सार स्वामित्व में निहित है। सम्पत्ति और उसके स्वामित्व का विचार मानवीय जीवन के विन्यास के लिए केंद्रीय महत्त्व का साबित हुआ है। पिछले डेढ़ सौ साल के विमर्श को प्रभावित करने वाली पूँजीवाद, उपनिवेशवाद और समाजवाद जैसी विचारधाराएँ इसी के गर्भ से जन्मी हैं।

स्वामित्व के माध्यम से सम्पत्ति के ऊपर केवल अधिकार ही प्राप्त नहीं होता, बल्कि उससे संबंधित दायित्वों और कर्त्तव्यों को भी निभाना पड़ता है। यानी स्वामित्व का प्रयोग करके किसी वस्तु का मनचाहा इस्तेमाल किया जा सकता है, पर उस वस्तु का संरक्षण और रख रखाव करने का ज़िम्मा भी उठाना पड़ सकता है। स्वामित्व व्यक्ति के पास हो सकता है, कोई समुदाय उसका स्वामी हो सकता है या सरकार उसकी मालिक हो सकती है। स्वामित्व के तीन रूपों के हिसाब से सम्पत्ति भी मुख्य तौर से तीन तरह की होती है : निजी सम्पत्ति, साझा सम्पत्ति और सरकार की सम्पत्ति।

आदिम समाजों में स्वामित्व आधारित सम्पत्ति की अवधारणा नहीं थी। धरती प्रकृति की समझी जाती थी और व्यक्ति या समुदाय ज़्यादा से ज़्यादा उसके संरक्षक हो सकते थे। राजनीतिक सिद्धांत प्राचीन यूनानी दर्शन से सम्पत्ति के विमर्श की शुरुआत करता है जिसमें प्लेटो और अरस्तू के बीच निजी और साझा सम्पत्ति के आदर्शों के बीच बहस उल्लेखनीय है। मध्य युग के चिंतकों के आग्रहों पर ईसाई प्रभावों का बोलबाला है और वे उत्तम आध्यात्मिक जीवन की उपलब्धि के लिए सम्पत्ति को एक साधन की तरह देखते हैं। सेंट थॉमस एक्विना और मध्ययुगीन चर्च धनोपार्जन पर कई तरह की सीमाएँ आरोपित करते हैं। सम्पत्ति विषयक आधुनिक विचार सत्रहवीं और अट्ठारहवीं सदी से आरम्भ होता है जब पश्चिमी समाजों ने व्यवसाय प्रधान आर्थिक प्रणालियाँ अपनानी शुरू कीं। सम्पत्ति एक आर्थिक संसाधन के रूप में देखी जाने लगी। उत्पादन के साधन या पण्य के रूप में उसे ख़रीदना और बेचना रोज़मर्रा की बात हो गयी। प्राकृतिक जगत भी सम्पत्ति में तब्दील कर दिया गया क्योंकि लाभ के लिए उसका भी दोहन किया जाना था। स्वामित्व आधारित सम्पत्ति का दायरा इतना बढ़ा कि दास प्रथा के साथ-साथ पत्नियों को पति की सम्पदा के रूप में परिभाषित किया जाने लगा।

राजनीतिक सिद्धांत सम्पत्ति के प्रश्न पर मुख्यत: एक आदर्श मानवीय जीवन की समेकित दृष्टि की रोशनी में ग़ौर करता है। प्राचीन यूनान में प्लेटो और अरस्तू अपने-अपने नीतिशास्त्र की रोशनी में सम्पत्ति पर चर्चा करते हुए दिखते हैं। यूनान के नगर-राज्यों में व्यतीत किये जाने वाला सामुदायिक और राजनीतिक जीवन ही इन दोनों दार्शनिकों के लिए मनुष्य के उत्तम जीवन का मानक था। इसी लिहाज़ से वे सम्पत्ति संबंधी व्यवस्था की तजवीज़ करना चाहते थे। प्लेटो मानते थे कि निजी सम्पत्ति व्यक्ति को स्वार्थी बना देती है इसलिए उन्होंने अपने आदर्श रिपब्लिक के शासकों को सम्पत्ति रखने के अधिकार से वंचित करने का फ़ैसला किया था। प्लेटो को अपने दार्शनिक राजा से अपेक्षा थी कि वह सम्पत्ति जमा करने में समय ख़र्च करने के बजाय राज्य के नागरिकों का हित साधन करने में सारा समय लगायेगा। राजा के पास जो कुछ होगा, वह सबकी साझा सम्पत्ति होगी। इस तरह प्लेटो निजी सम्पत्ति को नुक़सानदेह और सामूहिक स्वामित्व को आदर्श मानते हैं।

अरस्तू प्लेटो से सहमत नहीं हैं। उन्हें लगता है कि निजी सम्पत्ति का उन्मूलन करने के बेहद ख़राब नैतिक परिणाम निकल सकते हैं। साझा स्वामित्व में सम्पत्ति आधारित झगड़े निजी स्वामित्व से भी ज़्यादा बढ़ने के अंदेशे रहेंगे। दूसरे, साझा सम्पत्ति की देखभाल बहुत कम होगी। हर व्यक्ति दूसरे से यह ज़िम्मेदारी निभाने की अपेक्षा करेगा। अरस्तू का यह तर्क साझा सम्पत्ति के विरोधियों द्वारा अक्सर इस्तेमाल किया जाता है। अरस्तू मानते हैं कि निजी सम्पत्ति

के कुछ बुरे प्रभाव भी होंगे, पर उनका निराकरण शिक्षा के ज़रिये किया जा सकता है, पर निजी सम्पत्ति को ख़ारिज करके मनुष्य उसके अच्छे प्रभावों से वंचित हो जाएगा। निजी सम्पत्ति व्यक्ति में किफ़ायत और उत्तरदायित्व के गुण प्रोत्साहित कर सकती है। निजी सम्पत्ति के तहत हर व्यक्ति अपने अलग निजी हित को साधने में व्यस्त रहेगा, एक-दूसरे के ख़िलाफ़ शिकायतें नहीं होंगी और मनुष्य अधिक प्रगति करेगा। अरस्तू तो यहाँ तक मानते हैं कि निजी सम्पत्ति के बिना मैत्री और उदारता जैसे गुण विकसित नहीं हो सकते। जिसके पास सम्पत्ति होगी, वही दूसरों के प्रति उदार और मददगार होकर परम संतोष और आनंद की अनुभूति कर पायेगा। अरस्तू के मुताबिक़ निजी सम्पत्ति सुख का स्रोत है और इससे वंचित राजा का राज्य सुखी नहीं रह सकता।

दिलचस्प बात यह है कि निजी सम्पत्ति का समर्थन करने के बावजूद अरस्तू सम्पत्ति के एकतरफ़ा संचय के पक्ष में नहीं हैं। सम्पत्ति उनके लिए साधन है साध्य नहीं। सम्पत्ति का अपने आप में कोई मूल्य नहीं है अगर उसके कारण नागरिकों की सोहबत में उत्तम और नैतिक गुणों से सम्पन्न जीवन न गुज़ारा जा सके।

आधुनिक राजनीतिक सिद्धांत ने प्राचीन और मध्ययुगीन विमर्श में पहला बड़ा परिवर्तन तो यह किया कि नीतिशास्त्र और राजनीति को एक-दूसरे से अलग कर दिया। यह भूमिका सोलहवीं और सत्रहवीं सदी में मैकियावेली, थॉमस मोर, ज्याँ बोदाँ, थॉमस हॉब्स और जॉन लॉक ने निभायी। इन चिंतकों का विचार था कि राजनीतिक प्राधिकार का सबसे महत्त्वपूर्ण काम ऐसी परिस्थितियाँ मुहैया कराना है जिनके तहत व्यक्ति शांतिपूर्ण और आर्थिक रूप से सुरक्षित जीवन व्यतीत कर सके। इस आग्रह के तहत नैतिक आग्रहों की जगह आर्थिक आग्रह केंद्र में आ गये। परिणामस्वरूप सम्पत्ति के सामंती रूपों की जगह व्यावसायिक और पूँजीवादी रूपों को प्राथमिकता मिलने लगी।

अपनी रचना *टू ट्रीटाइज़िज़ ऑफ़ गवर्नमेंट* में जॉन लॉक ने निजी सम्पत्ति का ज़ोरदार नैतिक बचाव पेश किया। उनकी स्पष्ट मान्यता थी कि सम्पत्ति उसकी है जो उसे साझा स्वामित्व से सबसे पहले निकाल कर अपने क़ब्ज़े में करता है। बशर्ते इससे तीन शर्तें पूरी होती हों : पहली, साझा सम्पत्ति से निकाल कर वह उसमें अपने श्रम का योगदान करे और उसे अपनी किसी चीज़ से जोड़े; दूसरी, साझा सम्पत्ति के दायरे में इतना छोड़ना होगा कि दूसरे लोगों के लिए भी विनियोग के लिए पर्याप्त बचा रहे; तीसरा, सम्पत्ति का विनियोग इस तरह करने की इजाज़त किसी को न हो कि उसके कारण दूसरों की स्थिति ख़राब हो जाए। आगे चल कर लॉक व्यक्ति द्वारा व्यक्ति के श्रम को ख़रीदने और उस श्रम द्वारा तैयार किये जाने वाले उत्पाद को अपनी सम्पत्ति बनाने का सिद्धांत भी पेश करते हैं। कुल मिला कर लॉक प्रदत्त निजी सम्पत्ति का सिद्धांत दो बुनियादी दलीलों पर टिका है : व्यक्ति का श्रम उसकी सम्पत्ति है जिसे वह बेच सकता है, और प्रकृति के साधन उस समय तक मूल्यहीन हैं जब तक उनका निजी तौर पर विनियोग न कर लिया जाए।

लॉक के विमर्श ने निजी सम्पत्ति का जो सिद्धांत दिया उससे तिजारती पूँजीवाद का रास्ता साफ़ हुआ। स्वामित्व के एक वैध रूप की तरह स्थापित हो जाने के बाद राज्य की प्राथमिक ज़िम्मेदारी मान ली गयी कि वह व्यक्ति को उसकी सम्पत्ति से वंचित किये जाने के ख़िलाफ़ सुरक्षा दे। लॉक की दलील के अनुसार सार्वजिनक हितों के ऊपर निजी हितों को प्राथमिकता देने का उसूल क़ायम हुआ। इसी संदर्भ में निजी पूँजी के समर्थकों ने राजनीतिक स्वतंत्रता को भी परिभाषित किया।

पूँजीवाद के तहत ख़रीद-फ़रोख़्त के मक़सद से किये जाने वाले उत्पादन को एक मूल्य की तरह स्थापित किया गया। इसी विमर्श से उपनिवेशवाद भी निकला। लॉक की स्थापनाओं में ब्रिटेन द्वारा भेजे गये अधिवासियों द्वारा अमेरिका की धरती पर क़ब्ज़ा कर लेने की कार्रवाई को न्यायसंगत ठहराने की दलीलें मौजूद थीं। उनकी सेकण्ड थीसिस 'प्रकृत अवस्था' में व्यक्ति द्वारा अपने अधिकारों की दावेदारी के बारे में है। वे ऐसी जगहों पर नागरिक शासन स्थापित करने और व्यक्तिगत प्रयास द्वारा हथियायी गयी सम्पदा को अपने लाभ के लिए विकसित करने को जायज़ क़रार देते हैं। यही थीसिस आगे चल कर धरती के असमान स्वामित्व को उचित मानने का आधार बनी। लॉक की मान्यता थी कि अमेरिका में अनाप-शनाप ज़मीन बेकार पड़ी हुई है और वहाँ के मूलवासी यानी इण्डियन इस धरती का सदुपयोग करने की योग्यता से वंचित हैं। लॉक ने हिसाब लगाया कि युरोप की एक एकड़ ज़मीन अगर अपने स्वामी को पाँच शिलिंग प्रति वर्ष का मुनाफ़ा देती है, तो उसके मुक़ाबले अमेरिकी की ज़मीन से उस पर बसे इण्डियन को होने वाला कुल मुनाफ़ा एक पेनी से भी बहुत कम है। चूँकि अमेरिकी इण्डियन बाक़ी मानवता में प्रचलित धन के आधार पर किये जाने वाले विनिमय की प्रणाली अपनाने में नाकाम रहे हैं, इसलिए 'सम्पत्ति के अधिकार' के मुताबिक़ उनकी धरती को अधिगृहीत करके उस पर मानवीय श्रम का निवेश किया जाना चाहिए। लॉक की इसी थीसिस में एशियायी और अमेरिकी महाद्वीप की सभ्यता और संस्कृति पर युरोपीय श्रेष्ठता की ग्रंथि के बीज थे जिसके आधार पर आगे चल कर उपनिवेशवादी संरचनाओं का शीराज़ा खड़ा किया गया।

सम्पत्ति के पूँजीवादी संबंध जैसे-जैसे स्थापित हुए,

उनके विरोध और समर्थन के इर्द-गिर्द विमर्शों की स्पर्धा गोलबंद होती चली गयी। उपयोगितावादियों द्वारा निजी सम्पत्ति के पक्ष में और मार्क्सवादियों द्वारा निजी सम्पत्ति के ख़िलाफ़ प्रभावशाली दलीलें और कार्यक्रमों की तजवीज़ की गयी। आर्थिक ही नहीं, राजनीतिक विचारों की दुनिया उन्नीसवीं सदी के उत्तरार्ध और पूरी बीसवीं सदी में निजी सम्पत्ति के समर्थन और विरोध में ध्रुवीकृत होती चली गयी।

**देखें** : अधिकार, अधिकार : सैद्धांतिक यात्रा, अरस्तू, अफ़लातून, अनुदारतावाद, अराजकतावाद, अन्य-अन्यीकरण, उदारतावाद, उपयोगितावाद, ऐडमण्ड बर्क, क्रांति, ज्याँ ज़ाक रूसो, जॉन लॉक, जेरेमी बेंथम, जॉन स्टुअर्ट मिल, जॉन रॉल्स, थॉमस हॉब्स, थॉमस पेन, न्याय, न्याय : नारीवादी आलोचना, न्याय : रॉल्स का सिद्धांत, राजनीति में व्यक्ति की भूमिका, नागरिकता, नागरिकता : अन्य परिप्रेक्ष्य-1 और 2, नागर समाज, पनोप्टिकॉन, प्रतिनिधित्व, प्रगति, प्रगति : आलोचनात्मक परिप्रेक्ष्य, प्रशासन, फ़ासीवाद, फ्रेड्रिख़ वॉन हायक, बहुसंस्कृतिवाद, बहुसंख्यकवाद, बहुसंख्यक-अल्पसंख्यक, बुद्धिवाद, माइकेल जोसेफ़ ओकशॉट, माइकिल वाल्ज़र, मिशेल पॉल फ़ूको-1 और 2, यूटोपिया, राजनीतिक और राजनीति, राजनीतिक दर्शन के नारीवादी आयाम, राजनीतिक मनोविज्ञान, राजनीतिक समाजशास्त्र, राज्य-1 और 2, रॉबर्ट नॉज़िक, राष्ट्र-राज्य, राष्ट्र : सांस्कृतिक या राजनीतिक, राष्ट्रवाद, राष्ट्रवाद का इतिहास, लोकतंत्र, लोकतंत्र की आलोचनाएँ, व्यक्तिवाद, व्यवहारवाद, विल किमलिका, वितरणमूलक न्याय, विदेशी-द्वेष, वैधता, वैधता का संकट, सविनय अवज्ञा, स्मृति की राजनीति, स्वतंत्रता, स्वतंत्रतावाद, स्वजातिवाद, स्वच्छंदतावाद, सत्ता, सर्वसत्तावाद, सम्प्रभुता, समाजवाद, सरकारियत, सम्पत्ति : साझा और सरकारी, सम्पत्ति : मार्क्सवादी परिप्रेक्ष्य, सम्पत्ति : नारीवादी परिप्रेक्ष्य, संविधानवाद, संघवाद, सामाजिक समझौता, हेनरी डेविड थोरो।

### संदर्भ

1. मोहिंदर सिंह (2008), 'प्रॉपर्टी', राजीव भार्गव और अशोक आचार्य (सम्पा.), *पॉलिटिकल थियरी : एन इंट्रोडक्शन,* पियर्सन एजुकेशन, नयी दिल्ली.
2. एंड्रू हेवुड (1986), 'प्रॉपर्टी, प्लानिंग ऐंड मार्केट', *पॉलिटिकल थियरी : ऐन इंट्रोडक्शन,* पालग्रेव मैकमिलन, न्यूयॉर्क.
3. ए. रीव (1986), *प्रॉपर्टी,* पालग्रेव मैकमिलन, बेसिंगस्टोक.
4. ए. रायन (1984), *द पॉलिटिकल थियरी ऑफ़ प्रॉपर्टी,* बेसिल ब्लैकवेल, ऑक्सफ़र्ड.

**— अभय कुमार दुबे**

# सम्पत्ति : नारीवादी परिप्रेक्ष्य

(Property : Feminist Perspective)

सम्पत्ति संबंधी सिद्धांतों की मूलभूत आलोचना करते हुए नारीवादी विद्वानों ने सबसे ज़्यादा बुनियादी प्रश्न यह उठाया है कि आख़िर वह व्यक्ति या इनडिविजुअल कौन है जिसके सम्पत्ति रखने के अधिकार पर विचार किया जा रहा है। आधुनिक राजनीतिक सिद्धांत मान कर चलता है कि जिस इनडिविजुअल के इर्द-गिर्द उसने अपनी धारणाएँ सूत्रबद्ध की हैं, वह लैंगिक रूप से तटस्थ है यानी व्यक्ति का मतलब स्त्री भी हो सकता है और पुरुष भी। नारीवादी विद्वत्ता इस धारणा का खण्डन करते हुए दावा करती है कि यह व्यक्ति नामक शै केवल पुरुष है। कैरॅल पैटमैन के अनुसार जॉन लॉक अपनी रचना *टू ट्रीटाइज़िज़ ऑफ़ गवर्नमेंट* में स्त्रियों को सम्पत्ति के दायरे से बहिष्कृत कर देते हैं क्योंकि उनकी निगाह में स्त्री और पुरुष के बीच समानता नहीं हो सकती। लॉक के मुताबिक़ स्त्री की हैसियत स्वाभाविक रूप से पुरुष की अधीनस्थ है, और पत्नी की पति के प्रति अधीनता का आधार प्रकृति में है। इसमें कोई शक नहीं कि लॉक का सिद्धांत तत्कालीन समाज में मौजूद कई सामंती विषमताओं को चुनौती देता है, पर वह परिवार के भीतर मौजूद लैंगिक ऊँच-नीच को प्रश्नांकित करने में दिलचस्पी नहीं दिखाता। इसका कारण यह है कि परिवार सार्वजनिक दायरे से बाहर समझा जाता है।

पैटमैन का दावा है कि लॉक का राजनीतिक सिद्धांत ज़ाहिरा तौर पर रॉबर्ट फ़िलमर द्वारा किये गये पितृसत्ता के बचाव के ख़िलाफ़ सूत्रबद्ध किया गया था, पर वह अंत में पितृसत्ता के आधुनिक रूप को न्यायसंगत ठहराता हुआ नज़र आता है। लॉक के राजनीतिक सिद्धांत में दर्ज व्यक्ति सार्वजनिक दायरे में सक्रियता के ज़रिये अधिकारों का धारक और निजी सम्पत्ति का स्वामी बनता है। यही व्यक्ति, जो परिवार का पुरुष मुखिया है, सामाजिक समझौते को कार्यान्वित करता है। उसके विपरीत स्त्री परिवार के दायरे में सीमित रहने के लिए बाध्य है। परिवार निजी और ग़ैर-राजनीतिक दायरे में आता है और उसके भीतर स्त्री की सक्रियता उसे सम्पत्ति, संसाधनों और अधिकारों से वंचित कर देती है। परिणामस्वरूप पुरुष नागरिकता के सम्पूर्ण अधिकार प्राप्त कर पाता है, और स्त्री पूरी तरह से नागरिक नहीं बन पाती। लॉक के बाद आधुनिक लोकतंत्रों ने लम्बे अरसे तक स्त्रियों को कई नागरिक अधिकारों से महरूम रखा। उन्हें न तो वोटिंग का अधिकार मिला, और न ही पिता की सम्पत्ति में हिस्सेदारी मिली। हर जगह पुरुष को उनका

प्रतिनिधि मान लिया गया। पुरुष को मिले अधिकारों में ही स्त्री के अधिकार निहित समझ लिए गये।

लॉक के सिद्धांत की यह आलोचना उन तमाम नारीवादी अंतर्दृष्टियों का हिस्सा है जो बीसवीं सदी में स्त्री के अनुभव को केंद्र में रखने से निकली हैं। इनके मुताबिक़ किसी भी समाज में व्याप्त लैंगिक संबंधों की रोशनी में ही उस समाज में संसाधनों के बँटवारे की समीक्षा की जानी चाहिए। संसाधनों का यह विषम बँटवारा ही स्त्रियों के ख़िलाफ़ लैंगिक पूर्वग्रहों को मज़बूत करता है। ऐतिहासिक रूप से स्त्रियों की अधीनता का एक बहुत बड़ा कारण उन्हें आमदनी के ज़रिये (जैसे भूमि का स्वामित्व) से अलग कर देना रहा है। जिसके पास आय का माध्यम होता है, स्त्री को उसी पर निर्भर रहना पड़ता है। पुरुष पर निर्भरता की स्थिति उन विचारधाराओं द्वारा भी पुष्ट होती है जो उसे प्रकृति-प्रदत्त क़रार देती हैं। राजनीतिक सिद्धांत, चाहे आधुनिक हो या प्राक्-आधुनिक, इस तरह की विचारधाराओं को जन्म देते रहे हैं। समकालीन नारीवादी विद्वानों ने इसी दृष्टि-बिंदु से अरस्तू, रूसो और लॉक जैसे दार्शनिकों की जाँच की है।

पैटमैन का विचार है कि राजनीतिक सिद्धांत सामाजिक और राजनीतिक दायरों की चौहद्दी इस आधार पर तय करता है कि उसमें क्या-क्या शामिल है और क्या-क्या शामिल नहीं है। वह पारिवारिक और नातेदारी के संबंधों को सार्वजनिक जीवन में शामिल नहीं करता। वह सामाजिक स्पेस, जिसमें स्वतंत्र और समान हैसियत वाले व्यक्ति अन्योन्यक्रिया करते हुए अपना काम करते हैं, पारिवारिक दुनिया के लिए अपने दरवाज़े बंद रखता है। इसी दृष्टिकोण के आधार पर नारीवाद द्वारा परिवार के भीतर सम्पत्ति के वितरण का सवाल उठाया गया है, क्योंकि यह वितरण ही तय करता है कि नागरिक के तौर पर स्त्री का सामाजिक अस्तित्व कैसे परिभाषित होगा। नारीवादियों के अलावा राजनीतिक सिद्धांत ने परिवार की संस्था पर समानता और न्याय के लिहाज से ग़ौर करने में हमेशा हिचक दिखाई है।

दक्षिण एशिया के संदर्भों में बीना अग्रवाल ने सरकारी नीतियों के सूत्रीकरण और कार्यान्वयन में व्यक्त होने वाले ऐसे रवैये की आलोचना की है। अपनी रचना 'जेंडर ऐंड कमांड ओवर प्रॉपर्टी' में वे बीसवीं सदी के उत्तरार्ध में कई दक्षिण एशियाई देशों में कार्यान्वित पुनर्वितरणकरी नीतियों की अंतर्निहित प्रवृत्तियों को सामने लाती हैं। अग्रवाल का कहना है कि जब भूमि सुधार होते हैं या किसी अन्य संसाधन का बँटवारा होता है तो ज़मीन के पट्टे परिवार के मुखियाओं को दिये जाते हैं जो आम तौर पर पुरुष ही होते हैं। चूँकि परिवार समानता और न्याय के सार्वजनिक दायरे से बाहर की संस्था है इसलिए पचास और साठ के दशक में भारत, श्रीलंका और पाकिस्तान में लागू की गयी भूमि वितरण की नीतियों के तहत ज़मीन स्वतंत्र रूप से स्त्रियों को नहीं मिल सकी।

अग्रवाल दूसरा महत्त्वपूर्ण सवाल स्वामित्व और नियंत्रण का उठाती हैं। अगर सम्पत्ति के क़ानूनी स्वामित्व के मामले में लैंगिक समानता का ध्यान रखा भी जाता है, तो भी व्यवहार में स्वामित्व मिलने के बावजूद स्त्रियाँ सम्पत्ति पर व्यावहारिक नियंत्रण से वंचित ही रहती हैं। पारम्परिक पूर्वग्रहों और वास्तविक सत्ता संबंधों के कारण ज़्यादातर एशियाई स्त्रियों को ज़मीन पर अपने मालिकाना हक़ की ठोस दावेदारी में दिक़्क़त आती है। इस तरह स्त्री और सम्पत्ति के समीकरण में न केवल वैधानिक बल्कि सामाजिक और सांस्कृतिक पहलू भी महत्त्वपूर्ण बन जाते हैं।

**देखें :** अधिकार, अधिकार : सैद्धांतिक यात्रा, अरस्तू, अफ़लातून, अनुदारतावाद, अराजकतावाद, अन्य-अन्यीकरण, उदारतावाद, उपयोगितावाद, ऐडमण्ड बर्क, क्रांति, ज्याँ ज़ाक रूसो, जॉन लॉक, जेरेमी बेंथम, जॉन स्टुअर्ट मिल, जॉन रॉल्स, थॉमस हॉब्स, थॉमस पेन, न्याय, न्याय : नारीवादी आलोचना, न्याय : रॉल्स का सिद्धांत, राजनीति में व्यक्ति की भूमिका, नागरिकता, नागरिकता : अन्य परिप्रेक्ष्य-1 और 2, नागर समाज, पनोप्टिकॉन, प्रतिनिधित्व, प्रगति, प्रगति : आलोचनात्मक परिप्रेक्ष्य, प्रशासन, फ़ासीवाद, फ्रेड्रिख़ वॉन हायक, बहुसंस्कृतिवाद, बहुसंख्यकवाद, बहुसंख्यक-अल्पसंख्यक, बुद्धिवाद, माइकेल जोसेफ़ ओकशॉट, माइकिल वाल्ज़र, मिशेल पॉल फ़ूको-1 और 2, यूटोपिया, राजनीतिक और राजनीति, राजनीतिक दर्शन के नारीवादी आयाम-1 और 2, राजनीतिक मनोविज्ञान, राजनीतिक समाजशास्त्र, राज्य-1 और 2, रॉबर्ट नॉज़िक, राज्य-1 और 2, राष्ट्र-राज्य, राष्ट्र : सांस्कृतिक या राजनीतिक, राष्ट्रवाद, राष्ट्रवाद का इतिहास, लोकतंत्र, लोकतंत्र की आलोचनाएँ, व्यक्तिवाद, व्यवहारवाद, विल किमलिका, वितरणमूलक न्याय, विदेशी-द्वेष, वैधता, वैधता का संकट, सविनय अवज्ञा, स्मृति की राजनीति, स्वतंत्रता, स्वतंत्रतावाद, स्वजातिवाद, स्वच्छंदतावाद, सत्ता, सर्वसत्तावाद, सम्प्रभुता, समाजवाद, सरकारियत, सम्पत्ति, सम्पत्ति : साझा और सरकारी, सम्पत्ति : मार्क्सवादी परिप्रेक्ष्य, संविधानवाद, संघवाद, सामाजिक समझौता, हेनरी डेविड थोरो।

## संदर्भ

1. कैरॅल पैटमैन (1988), द *सेक्शुअल कांट्रेक्ट,* पॉलिटी प्रेस, केम्ब्रिज.
2. कैरॅल पैटमैन (1987), 'फ़ेमिनिस्ट क्रिटीक ऑफ़ पब्लिक/प्राइवेट डिकॉटॅमी', ए. फ़िलिप (सम्पा.), *फ़ेमिनिज़म ऐंड ईक्वलिटी,* ब्लैकवेल, ऑक्सफ़र्ड.
3. बीना अग्रवाल (1994), 'जेंडर ऐंड द कमांड ओवर प्रॉपर्टी : अ क्रिटीकल गैप इन इकॉनॉमिक इन इकॉनॉमिक एनालिसिस ऐंड पॉलिसी इन साउथ एशिया', *वर्ल्ड डिवेलपमेंट,* खण्ड 22, अंक 10.
4. जेन फ्रीडमैन (2002), *फ़ेमिनिज़म,* वीवा बुक्स, नयी दिल्ली.

**— अभय कुमार दुबे**

# सम्पत्ति : मार्क्सवादी परिप्रेक्ष्य

(Property : Marxist Perspective)

सम्पत्ति के निजी और पूँजीवादी रूपों की सर्वाधिक प्रभावशाली और आलोचना कार्ल मार्क्स ने की है। वे निजी सम्पत्ति के उन्मूलन की माँग करते हैं। निजी सम्पत्ति से उनका मतलब होता है उत्पादन के साधनों का निजी स्वामित्व। मार्क्स सम्पत्ति के सभी रूपों के उन्मूलन की पैरोकारी नहीं करते। बुनियादी ज़रूरतों के लिए थोड़ी-बहुत सम्पत्ति रखने को वे आपत्तिजनक नहीं मानते। इस विमर्श का मार्क्सवाद के लिए बुनियादी महत्त्व है। मार्क्स सम्पत्ति को केवल उसके स्वामी के अधिकारों के संदर्भ में ही नहीं देखते, वे उसे वर्गों और सामाजिक तबकों की जटिल प्रणाली में केंद्रीय भूमिका निभाते हुए देखते हैं। उन्होंने इस प्रणाली में उत्पादन के साधनों की मिल्कियत के सवाल पर गहराई से ग़ौर किया है। मार्क्स के अनुसार स्वामित्व का यह रूप ही उत्पादन और वितरण के संबंधों के संगठनकारी उसूल की तरह काम करता है। सम्पत्ति के रूपों में होने वाले परिवर्तनों का अध्ययन करते हुए ही मार्क्स और एंगेल्स सामाजिक-आर्थिक संरचनाओं को एक ख़ास तरह के ऐतिहासिक क्रम में पेश करने की तरफ़ गये। उनके इस विचार से मानव समाज के इतिहास को क्रमवार अवधियों (आदिम साम्यवाद, दास प्रथा, एशियाई समाज, सामंती समाज, पूँजीवाद, समाजवाद और साम्यवाद) में बाँट कर समझने का फ़ार्मूला निकला। मार्क्सवादी हलकों में इसका बाद में काफ़ी सरलीकरण किया गया, पर यह भी एक हक़ीक़त है कि इस विभाजन से सम्पत्ति के ग़ैर-पूँजीवादी रूपों के बारे में चिंतन करने और अनुसंधान करने की प्रवृत्ति पैदा हुई। मध्ययुगीन युरोप में भूमि अधिकारों के बारे में अनुसंधान हुआ और अंग्रेज़ों से पहले के भारत में सम्पत्ति के रूपों पर शोध हुई। कई आदिवासी समुदायों में निजी सम्पत्ति की ग़ैर-मौजूदगी की हक़ीक़त साफ़ हुई।

मार्क्स से पहले जिन चिंतकों ने सम्पत्ति के निजी स्वामित्व को प्रश्नांकित किया था, उनमें फ्रांसीसी क्रांति से पहले रूसो और मार्क्स के ज़माने में प्रूधों का नाम उल्लेखनीय है। अराजकतावादी ट्रेडयूनियनवाद (अनार्को-सिंडीकलिज़म) के इस फ्रांसीसी सिद्धांतकार ने 'सम्पत्ति का मतलब है चोरी' जैसा मशहूर फ़िकरा दिया। लेकिन, प्रूधों का तात्पर्य यह नहीं था कि व्यक्तियों को सम्पत्ति रखने का अधिकार मिलना ही नहीं चाहिए। उनकी आपत्ति केवल सम्पत्ति के निजी हाथों में संचय पर थी ताकि ग़रीबों को शोषण से बचाया जा सके। मार्क्स ने अपनी धारणाएँ विकसित करने की प्रक्रिया में न केवल जॉन लॉक जैसे उदारतावादी दार्शनिकों की आलोचना की, बल्कि अपनी रचना 'दर्शन की दरिद्रता' में प्रूधों का भी निर्मम विश्लेषण किया।

सम्पत्ति के प्रश्न के साथ मार्क्स की मुठभेड़ पहली बार उस समय हुई जब वे हीगेल के दर्शन की आलोचना कर रहे थे। हीगेल को यक़ीन था कि मनुष्य अपने व्यक्तित्व की सम्पूर्ण उपलब्धि सम्पत्ति के स्वामित्व के बिना नहीं कर सकता। मार्क्स का कहना था कि अपने पूँजीवादी रूप में सम्पत्ति व्यक्तित्व की उपलब्धि न हो कर उसके निषेध का कारण बन जाती है। उत्पादन के पूँजीवादी तरीक़ों के कारण व्यक्ति अपने संसार का स्वामी नहीं हो पाता, बल्कि वह बाज़ार की शक्तियों की मातहती में चला जाता है। बाज़ार ही तय करता है कि इस दुनिया में मनुष्य के साथ क्या होगा। पूँजीवादी सम्पत्ति के प्रभाव में व्यक्ति अपनी इयत्ता का सच्चा स्वामी नहीं रह जाता, और न ही वह अपने सम्पूर्ण जीवट को प्राप्त कर पाता है। मार्क्स उत्पादन की पूँजीवादी विधियों का उन्मूलन अनिवार्य मानते हैं, क्योंकि उसके बिना उनके द्वारा कल्पित आदर्श साम्यवादी समाज नहीं बन सकता।

मार्क्स का कहना था कि पूँजीवाद ने ऐतिहासिक रूप से उत्पादन की उन प्रणालियों को नष्ट कर दिया है जिनके तहत व्यक्तिगत उत्पादक उत्पादन के साधनों के स्वामी बने रह सकते थे। पूँजीवादी उत्पादन संबंधों के उभरने की यह बुनियाद शर्त थी। चूँकि श्रमिक के पास किसी तरह की सम्पत्ति रह ही नहीं गयी है, इसलिए वह जीवित रहने के लिए अपना श्रम बाज़ार में बेचने के लिए मजबूर है।

अपनी व्याख्या के ज़रिये इस विशेष परिस्थिति को रेखांकित करते ही मार्क्स का विमर्श जॉन लॉक के सम्पत्ति संबंधी विमर्श की तुलना में खड़ा हो जाता है। लॉक के मुताबिक़ निजी सम्पत्ति वह है जो 'अपने' (हालाँकि 'अपने' की उनकी समझ अनूठी थी, क्योंकि इसके तहत नौकरों का श्रम भी मालिकों का ही होता था) श्रम का प्रयोग करके हासिल की जाती हो। चूँकि लॉक के अनुसार श्रम को वैध रूप से ख़रीदा-बेचा जा सकता है, इसलिए श्रम का ख़रीददार उसके उत्पाद का मालिक भी हो जाता है। यानी जहाँ बाज़ार है वहाँ हो सकता है कि श्रम के मालिक का अपने श्रम के परिणाम यानी उत्पादन पर कोई नियंत्रण न हो। लॉक जिस समय यह सूत्रीकरण कर रहे थे, उस समय पूँजीवाद का विकास अपने प्रारम्भिक चरण में था। लेकिन उन्नीसवीं सदी के मध्य में मार्क्स के सामने पूँजीवादी संबंध अपने असरदार रूप में मौजूद थे। एक तरफ़ अथाह सम्पत्ति और उसके स्वामी थे, और दूसरी तरफ़ भीषण ग़रीबी थी। इस परिस्थिति में अपने श्रम के उत्पाद पर श्रमिक के नियंत्रण का यही अभाव मार्क्स को बाज़ार आधारित अर्थव्यवस्था में निजी सम्पत्ति और मेहनत-मेहनताने के समीकरण की आलोचना की तरफ़ ले गया। मार्क्स ने सम्पत्ति के स्वामियों (बूर्ज़्वा वर्ग) और श्रम बेच कर जीविका कमाने वाले (सर्वहारा वर्ग)

के बीच फ़र्क़ किया और मूल्य के श्रम-सिद्धांत का प्रतिपादन करते हुए 'अधिशेष मूल्य' की थियरी पेश की।

मार्क्स ने सम्पत्ति के पूँजीवादी संचय की प्रकृति रेखांकित करते हुए पता लगाया कि मज़दूरी और मज़दूर वर्ग के लिए उसके क्या फलितार्थ हो सकते हैं। उन्होंने सम्पत्ति और पूँजी के समीकरण की व्याख्या की और पूँजी के दो घटक रेखांकित किये : अतीत में उत्पादित की जा चुकी वस्तुओं में निहित 'मृत' श्रम उसका स्थिर घटक होता है, और वर्तमान में किया जाने वाले से श्रम उसका परिवर्ती घटक बनता है। पूँजी जैसे-जैसे संचित होगी, परिवर्ती घटक में बढ़ोतरी होती चली जाएगी। नतीजतन मुनाफ़े की दर गिरेगी जिसे रोकने या बढ़ाने के लिए पूँजीपति को श्रम का और अधिक सघन दोहन करना पड़ेगा। चूँकि मज़दूर अपने श्रम के परिणामस्वरूप पैदा होने वाले उत्पाद, उत्पादन के साधनों और उत्पादन की प्रक्रिया पर किसी भी क़िस्म के नियंत्रण से वंचित होंगे, इसलिए उनके भीतर एक परायेपन का एहसास पनपने लगेगा। उसे अपनी ज़िंदगी चलाने के लिए जितना श्रम करना चाहिए, उससे कहीं अधिक श्रम करवाया जाएगा। काम के घंटे बढ़ते चले जाएँगे और अधिक से अधिक अधिशेष मूल्य खींचा जाएगा। दरअसल, मार्क्स यह मानते हैं कि काम के घंटे लगातार बढ़ने से जो अधिशेष मूल्य पैदा होगा वह मज़दूरों द्वारा किये जाने वाले प्रतिरोध और अन्य कारणों की वज़ह से ज़्यादा दूर नहीं खींचा जा सकेगा। इसीलिए पूँजी उत्पादन की दर में बढ़ोतरी के लिए हमेशा नयी तकनीक का इस्तेमाल करती है ताकि इससे पैदा हुए सापेक्षिक अधिशेष मूल्य को लम्बे समय तक टिकाया जा सके।

साठ के दशक के बाद विद्वानों और राजनेताओं ने उन देशों में सम्पत्ति के मार्क्सवादी विमर्श को आगे बढ़ाने की कोशिश की जहाँ उत्पादन के साधनों पर निजी अधिकार का उन्मूलन कर दिया गया था। इसी समय उन प्राक्-पूँजीवादी समाजों पर भी बहस तेज़ हुई जहाँ निजी सम्पत्ति थी ही नहीं, जैसे एशियाई उत्पादन-पद्धति वाले एशियाई समाज। इस बहस के केंद्र में एशियाटिक मोड ऑफ़ प्रोडक्शन की थीसिस थी जिसे एक बार प्रतिपादित करने के बाद फिर मार्क्स ने दोबारा कभी स्पर्श ही नहीं किया था। कुल मिला कर मार्क्सवाद की मुख्य समस्या स्तालिन के ज़माने में प्रचलित हुई इस मान्यता से जुड़ी हुई थी कि अर्थव्यवस्था की अहम शाखाओं में उत्पादन के साधनों पर राज्य का क़ब्ज़ा हो जाने, कृषि के सामूहिकीकरण हो जाने, और छोटे उद्योगों और छोटे व्यापार को बढ़ावा देने से सम्पत्ति का प्रश्न हल हो गया है। लेकिन स्तालिनकालीन समाजवादी राज्य के इस नीतिगत आचरण से दो उलझनें पैदा हुईं। पहली उलझन सम्पत्ति पर राज्य के स्वामित्व और सम्पूर्ण समाज के सम्पत्ति पर स्वामित्व के अंतर्विरोध से निकली। इसके साथ राज्य के प्रबंधन की समस्या तो जुड़ी हुई थी ही, लेकिन इस समस्या का एक स्थानीय पहलू भी था। यह था स्थानीय प्रशासन का स्वामित्व बनाम स्थानीय समुदाय के स्वामित्व का प्रश्न। दूसरी उलझन आर्थिक उद्यमों के तंत्र और उद्यमों के साथ जुड़े हुए समुदाय के स्वामित्व के बीच अंतर्विरोध की थी। यह समस्या सबसे पहले सरकारी और सहकारी क्षेत्रों में सक्रिय बड़ी और मँझोली फ़र्मों में उभरी।

इन उलझनों के साथ-साथ लघु उद्योगों और वाणिज्य में उत्पादकों की अपेक्षाकृत स्वतंत्र एसोसिएशनों के स्वामित्व के विकास की सम्भावनाएँ भी देखी गयीं। अगर ये सम्भावनाएँ विकसित होतीं तो समाजवादी स्वामित्व के नये रूपों की बानगी देखने को मिल सकती थी। लेकिन, पूर्वी और पूर्वी-मध्य युरोप में सत्ता का स्तालिनवादी ढाँचा जैसे ही ढहा सम्पत्ति से समाजवादी रूपों के उभरने की सम्भावनाएँ भी उसी के साथ ढह गयीं। आज इन क्षेत्रों में सम्पत्ति के संबंधों की मुख्य प्रवृत्ति निजीकरण और पुन: निजीकरण है। निजीकरण के ज़रिये धनी वर्ग के निजी स्वामित्व में इज़ाफ़ा हो रहा है और पुन: निजीकरण के माध्यम से राष्ट्रीयकृत सम्पत्ति के पूर्व मालिकों की वापसी हो रही है। लेकिन इन प्रवृत्तियों के साथ-साथ छोटे मालिकों द्वारा स्वैच्छिक आधार पर गठित किये गये सहकारी उद्यमों की परिघटना सामने आयी है, ख़ासकर खेतिहर क्षेत्र में। बड़े उद्यमों में मज़दूरों को शेयर पूँजी का एक हिस्सा देने की प्रवृत्ति भी प्रकाश में आयी है। ऐसी एसोसिएशनें भी बनी हैं जिनके ज़रिये मज़दूर अपने उद्यम चला रहे हैं। ऐसे मज़दूर संगठन भी बने हैं जिन्होंने आर्थिक नौकरशाही के सामने झुके बिना सम्पत्ति के स्वतंत्र और स्वायत्त रूपों के विकास की कोशिश की है।

**देखें :** अधिकार, अधिकार : सैद्धांतिक यात्रा, अरस्तू, अफ़लातून, अनुदारतावाद, अराजकतावाद, अन्य-अन्यीकरण, उदारतावाद, उपयोगितावाद, ऐडमण्ड बर्क, क्रांति, ज्याँ ज़ाक रूसो, जॉन लॉक, जेरेमी बेंथम, जॉन स्टुअर्ट मिल, जॉन रॉल्स, थॉमस हॉब्स, थॉमस पेन, न्याय, न्याय : नारीवादी आलोचना, न्याय : रॉल्स का सिद्धांत, राजनीति में व्यक्ति की भूमिका, नागरिकता, नागरिकता : अन्य परिप्रेक्ष्य-1 और 2, नागर समाज, पनोप्टिकॉन, प्रतिनिधित्व, प्रगति, प्रगति : आलोचनात्मक परिप्रेक्ष्य, प्रशासन, फ़ासीवाद, फ्रेड्रिख़ वॉन हायक, बहुसंस्कृतिवाद, बहुसंख्यकवाद, बहुसंख्यक-अल्पसंख्यक, बुद्धिवाद, माइकेल जोसेफ़ ओकशॉट, माइकिल वाल्ज़र, मिशेल पॉल फ़ूको-1 और 2, यूटोपिया, राजनीतिक और राजनीति, राजनीतिक दर्शन के नारीवादी आयाम-1 और 2, राजनीतिक मनोविज्ञान, राजनीतिक समाजशास्त्र, राज्य-1 और 2, रॉबर्ट नॉज़िक, राज्य-1 और 2, राष्ट्र-राज्य, राष्ट्र : सांस्कृतिक या राजनीतिक, राष्ट्रवाद, राष्ट्रवाद का इतिहास, लोकतंत्र, लोकतंत्र की आलोचनाएँ, व्यक्तिवाद, व्यवहारवाद, विल किमलिका, वितरणमूलक न्याय, विदेशी-द्वेष, वैधता, वैधता का संकट, सविनय अवज्ञा, स्मृति की राजनीति, स्वतंत्रता, स्वतंत्रतावाद, स्वजातिवाद, स्वच्छंदतावाद, सत्ता, सर्वसत्तावाद, सम्प्रभुता, समाजवाद,

सरकारियत, सम्पत्ति, सम्पत्ति : साझा और सरकारी, सम्पत्ति : नारीवादी परिप्रेक्ष्य, संविधानवाद, संघवाद, सामाजिक समझौता, हेनरी डेविड थोरो।

### संदर्भ


1. मेघनाद देसाई (1979), *मार्क्सियन इकॉनॉमिक्स,* बेसिल ब्लेकवेल, ऑक्सफ़र्ड, 1979
2. जे.वी. स्तालिन (1945), *प्रॉब्लम्स ऑफ़ लेनिनिज़म,* विदेशी भाषा प्रकाशन गृह, मास्को.
3. एफ़. टोकी (1979), *एसेज़ ऑन एशियाटिक मोड ऑफ़ प्रोडक्शन,* एकेडमिके वरलाग, बुडापेस्ट.
4. एम.सी. हॉवर्ड (1992), *अ हिस्ट्री ऑफ़ मार्क्सियन इकॉनॉमिक्स,* मैकमिलन एजुकेशन, बेसिंगस्टोक.
5. कार्ल मार्क्स (1867/1076), *कैपिटल : अ क्रिटीक ऑफ़ पॉलिटिकल इकॉनॉमी,* अनु. बी. फ़ाउकेस, पेंगुइन, हार्मंड्सवर्थ.


**— अभय कुमार दुबे**

# सम्पत्ति : साझा और सरकारी

(Property : Common and State)

निजी के अलावा सम्पत्ति के साझा और सरकारी रूपों के बारे में अंग्रेज़ी भाषा की एक अभिव्यक्ति 'पब्लिक' के एक ख़ास तरह के इस्तेमाल के कारण कुछ ग़लतफ़हमियाँ रहती हैं। राज्य की संस्था जीवन के कई क्षेत्रों में अपनी गतिविधियों को 'पब्लिक' शीर्षक के तहत पेश करती है। चाहे वह पब्लिक सेक्टर हो या फिर सरकारी या जन-प्रतिनिधित्व वाली संस्थाओं द्वारा संचालित जन-सुविधाएँ। सरकारें राष्ट्रीयकरण का कार्यक्रम चलाती हैं और सम्पत्ति को अपने हाथों में ले कर उसे जनता की सम्पत्ति कहने लगती हैं। दरअसल वह सरकारी सम्पत्ति होती है। इसलिए यहाँ स्पष्ट कर देना ज़रूरी है कि साझा या सामूहिक या शामलात की सम्पत्ति का मतलब है सामाजिक स्वामित्व जो 'पब्लिक' यानी सरकारी स्वामित्व से भिन्न अवधारणा है।

साझा सम्पत्ति की पैरोकारी सबसे ज़्यादा समाजवादियों, कम्युनिस्टों और समुदायवादियों, और अराजकतावादियों ने की है। लेकिन इसका इतिहास आधुनिक समाजवादी विचारधारा से भी बहुत पुराना है। यूनानी दार्शनिक प्लेटो ने अपने फ़िलॉसफ़र-किंग के लिए निजी नहीं बल्कि साझा सम्पत्ति का प्रावधान किया था। इसी तरह सोलहवीं सदी की शुरुआत की अपनी मशहूर रचना 'यूटोपिया' में थॉमस मोर ने एक ऐसे समाज की परिकल्पना की है जिसमें निजी सम्पत्ति नहीं होगी। सम्पत्ति का निजी रूप अपने स्वामी को अधिकार देता है कि वह दूसरों को उसके इस्तेमाल से वंचित रखे, लेकिन साझा सम्पत्ति के संदर्भ में इस तरह का बहिष्करण सम्भव नहीं है। अर्थात् साझा सम्पत्ति पर एक समुदाय या किसी समूह के सभी सदस्यों का हक़ होता है। कोई एक व्यक्ति उस पर या उसके किसी हिस्से पर अपना हक़ जता कर उसे निजी दायरे में नहीं ले जा सकता।

यहाँ प्रश्न यह है कि क्या स्वामित्व का साझापन असीमित होता है? नहीं। साझा सम्पत्ति का दायरा आम तौर पर परिभाषित होता है। मसलन, साझा स्वामित्व किसी सहकारी संस्था के सदस्यों, किसी कम्यून के सदस्यों और या किसी स्थानीय समुदाय के सदस्यों तक सीमित हो सकता है। कई तरह की सार्वजनिक सुविधाएँ केवल नागरिकों के लिए ही उपलब्ध हो सकती हैं, ग़ैर-नागरिकों को उनके प्रयोग से रोका जा सकता है। अर्थात् साझा सम्पत्ति स्वामित्व के मामले में अपने सार्वभौम अर्थों के बावजूद बहुत अधिक साझा नहीं होती। ज्वाइंट स्टॉक कम्पनियों और कॉरपोरेशनों को तो साझा सम्पत्ति के दायरे में रखा ही नहीं जा सकता। ये संरचनाएँ संस्थागत निजी सम्पत्ति की श्रेणी में आती हैं। अपने शेयरों को बेच कर कोई भी शेयर धारक उस सम्पत्ति में से अपना हिस्सा निकाल सकता है। अगर वह साझा सम्पत्ति होती तो वह ऐसा नहीं कर सकता था।

साझा सम्पत्ति के सभी आधुनिक सिद्धांतकार मान कर चलते हैं कि मानवीय श्रम अपने-आप में एक स्वतंत्र और व्यक्तिगत गतिविधि नहीं बल्कि हर हाल में सामाजिक और सामूहिक कार्रवाई होती है। उससे पैदा होने वाली सम्पत्ति का स्वामित्व भी साझा होना चाहिए। इसी तरह उसका इस्तेमाल भी साझे हितों की पूर्ति के लिए होना चाहिए। साझा सम्पत्ति के पैरोकार निजी सम्पत्ति हासिल करने के किसी भी प्रयास को लूट की संज्ञा देते हुए दावा करते हैं कि साझा सम्पत्ति सामाजिक एकजुटता और समरसता के लिए लाभप्रद है। उसके ज़रिये ख़ुदगर्ज़ी, लालच और होड़ जैसी प्रवृत्तियों का निराकरण करके सामूहिक अस्मिता की भावना प्रोत्साहित की जा सकती है। समाजवादियों की निगाह में साझा सम्पत्ति के ज़रिये ही सभी नागरिकों को समाज का पूर्ण सदस्य बनाने की गारंटी की जा सकती है।

लेकिन, कुछ समाजवादियों ने साझा सम्पत्ति की इस आलोचना को घुमा-फिरा कर स्वीकार भी किया है कि उसके कारण एक तरह के निर्वैयक्तिक और सुरक्षित सामाजिक माहौल की रचना होने का अंदेशा रहता है। इसलिए ऐसे समाजवादी साझा सम्पत्ति को केवल 'उत्पादन के साधनों' के साझे स्वामित्व तक ही सीमित रखना चाहते हैं। उन्हें 'उपभोग के साधनों' को निजी दायरे में रखने पर आपत्ति नहीं है। साझा

सम्पत्ति की अवधारणा के साथ दूसरी दिक़्क़त यह बतायी जाती है कि वह व्यक्ति को किसी क़िस्म के भौतिक प्रोत्साहन का आश्वासन नहीं देती जिससे व्यक्तिगत प्रतिभा को पूरी तरह से खिलने का मौक़ा नहीं मिलता। साझा सम्पत्ति की तीसरी आलोचना 'ट्रैजेडी ऑफ़ कामंस' के रूप में जानी जाती है। ज़मीन की चकबंदी या बाड़ाबंदी के पहले सभी लोगों को ज़मीन के प्रयोग का असीमित अधिकार था। परिणामस्वरूप उन्होंने बेरोकटोक अपने मवेशी चराये और लम्बे अरसे तक यह गतिविधि जारी रखने का नतीजा धरती की उर्वरता घटने में निकला। शामलात की ज़मीन की यह हालत होने पर उसका विपरीत असर सभी लोगों पर पड़ना लाज़मी था। इसलिए संसाधनों की कमी की स्थिति में साझा स्वामित्व पर किसी न किसी राजनीतिक प्राधिकार द्वारा किये गये विनियमन को लागू करना पड़ता है।

साझा सम्पत्ति जैसे ही किसी राजनीतिक प्राधिकार की मातहती में जाती है, वैसे ही वह कमोबेश राजकीय सम्पत्ति या सरकारी सम्पत्ति का रूप ले लेती है। दिलचस्प बात यह है कि सरकारी सम्पत्ति में सम्पत्ति के निजी और साझा रूपों के पहलू झलकते हैं। राज्य तक़रीबन उसी तर्क के आधार पर सम्पत्ति हासिल करता है जो साझा सम्पत्ति का आधारभूत तर्क है। निजी कॉरपोरेट कम्पनियों के विपरीत सरकार अपनी सम्पत्ति को सार्वजनिक हित में इस्तेमाल करने का दावा करती है, और जनता के नाम पर उसका नियंत्रण और संचालन नौकरशाहों के हाथ में दे देती है। दूसरे अर्थों में राज्य की सम्पत्ति के बहुत से रूप लगभग निजी सम्पत्ति की तरह होते हैं। राज्य को अपने विधायी, कार्यपालिका और न्यायपालिका संबंधी कामकाज पूरे करने के लिए एक सीमा तक सम्पत्ति की ज़रूरत होती है। आम लोग उनके परिसर में घुस भी नहीं सकते। वे निजी सम्पत्ति को तो किराये पर ले सकते हैं, पर सरकारी सम्पत्ति के सार्वजनिक इस्तेमाल की कल्पना भी नहीं की जा सकती।

सरकारी सम्पत्ति का दायरा राज्य के चरित्र के मुताबिक़ तय होता है। कम्युनिस्ट पार्टी की हुकूमत वाले राज्य उत्पादन के सभी साधनों का अधिग्रहण कर लेते हैं और जनता के नाम पर उसका संचालन करते हैं। सोवियत शैली की राज्य व्यवस्थाओं की सम्पत्ति संबंधी समझ यह थी कि सहकारीकरण और सामूहिकीकरण के ज़रिये निजी सम्पत्ति के मुक़ाबले बेहतर सामाजिक दायित्वों वाले स्वामित्व को कारगर किया जा सकता है। ग़ैर-कम्युनिस्ट लेकिन कल्याणकारी राज्य में विश्वास करने वाली व्यवस्थाएँ भी बड़े पैमाने पर उद्योगों को सरकारी मालिकाने में रखती हैं। एक केंद्रीकृत नियोजन-तंत्र के निर्देशन के तहत अधिकारीतंत्र के माध्यम से पब्लिक सेक्टर नामक राजकीय सम्पत्ति के इस विशाल दायरे का वैज्ञानिक प्रबंधन करने की कोशिश की जाती है। इन संरचनाओं को राजकीय पूँजीवाद की संज्ञा भी दी गयी है।

**देखें** : अधिकार, अधिकार : सैद्धांतिक यात्रा, अरस्तू, अफ़लातून, अनुदारतावाद, अराजकतावाद, अन्य-अन्यीकरण, उदारतावाद, उपयोगितावाद, ऐडमण्ड बर्क, क्रांति, ज्याँ ज़ाक रूसो, जॉन लॉक, जेरेमी बेंथम, जॉन स्टुअर्ट मिल, जॉन रॉल्स, थॉमस हॉब्स, थॉमस पेन, न्याय, न्याय : नारीवादी आलोचना, न्याय : रॉल्स का सिद्धांत, राजनीति में व्यक्ति की भूमिका, नागरिकता, नागरिकता : अन्य परिप्रेक्ष्य-1 और 2, नागर समाज, पनोप्टिकॉन, प्रतिनिधित्व, प्रगति, प्रगति : आलोचनात्मक परिप्रेक्ष्य, प्रशासन, फ़ासीवाद, फ्रेड्रिख़ वॉन हायक, बहुसंस्कृतिवाद, बहुसंख्यकवाद, बहुसंख्यक-अल्पसंख्यक, बुद्धिवाद, माइकेल जोसेफ़ ओकशॉट, माइकिल वाल्ज़र, मिशेल पॉल फ़ूको-1 और 2, यूटोपिया, राजनीतिक और राजनीति, राजनीतिक दर्शन के नारीवादी आयाम-1 और 2, राजनीतिक मनोविज्ञान, राजनीतिक समाजशास्त्र, राज्य-1 और 2, रॉबर्ट नॉज़िक, राज्य-1 और 2, राष्ट्र-राज्य, राष्ट्र : सांस्कृतिक या राजनीतिक, राष्ट्रवाद, राष्ट्रवाद का इतिहास, लोकतंत्र, लोकतंत्र की आलोचनाएँ, व्यक्तिवाद, व्यवहारवाद, विल किमलिका, वितरणमूलक न्याय, विदेशी-द्वेष, वैधता, वैधता का संकट, सविनय अवज्ञा, स्मृति की राजनीति, स्वतंत्रता, स्वतंत्रतावाद, स्वजातिवाद, स्वच्छंदतावाद, सत्ता, सर्वसत्तावाद, सम्प्रभुता, समाजवाद, सरकारियत, सम्पत्ति, मार्क्सवादी परिप्रेक्ष्य, सम्पत्ति : नारीवादी परिप्रेक्ष्य, संविधानवाद, संघवाद, सामाजिक समझौता, हेनरी डेविड थोरो।

### संदर्भ

1. एंड्रू हेवुड (2004), 'प्रॉपर्टी, प्लानिंग ऐंड मार्केट', *पॉलिटिकल थियरी : ऐन इंट्रोडक्शन,* पालग्रेव मैकमिलन, न्यूयॉर्क.
2. एंड्रू रीव (1986), *प्रॉपर्टी,* पालग्रेव मैकमिलन, बेसिंग्स्टोक, ' 1986
3. ए. रायन (1984), द *पॉलिटिकल थियरी ऑफ़ प्रॉपर्टी,* बेसिल ब्लैकवेल, ऑक्सफ़र्ड.

**— अभय कुमार दुबे**

# सम्प्रभुता

(Sovereignity)

युरोप में आधुनिक राज्य के उदय के परिणामस्वरूप सत्रहवीं सदी में सम्प्रभुता की अवधारणा का जन्म हुआ। मध्य युरोप में युरोपीय राजशाहियों और साम्राज्यों में सत्ता राजा, पोप और सामंतों के बीच बँटी रहती थी। पंद्रहवीं और सोलहवीं सदी में सामंतवाद के तिरोहित होने और उधर प्रोटेस्टेंट मत के उभार के कारण कैथॅलिक चर्च की मान्यता में ह्रास होने से सम्प्रभु राज्यों को पनपने का मौक़ा मिला। सम्प्रभुता का मतलब है सम्पूर्ण और असीमित सत्ता। लेकिन इसके निहितार्थ इतने सहज नहीं हैं। महज़ इस अर्थ से यह पता नहीं चलता कि आख़िर इस सम्पूर्ण सत्ता की संरचना में क्या-क्या

शामिल है? क्या इसका मतलब किसी सर्वोच्च वैधानिक प्राधिकार से होता है या फिर इसका संबंध एक ऐसी राजनीतिक सत्ता से है जिसे चुनौती न दी जा सके? सम्प्रभुता के अर्थ संबंधी इसी तरह के विवादों के कारण उन्नीसवीं सदी से ही इसे दो भागों में बाँट कर समझा जाता रहा है : विधिक सम्प्रभुता और राजनीतिक सम्प्रभुता। इस अवधारणा को व्यावहारिक रूप से आंतरिक सम्प्रभुता और बाह्य सम्प्रभुता के तौर पर भी ग्रहण किया जाता है। सम्प्रभुता के आंतरिक संस्करण का मतलब है राज्य के भीतर होने वाले सत्ता के बँटवारे में यानी राजनीतिक प्रणाली के भीतर सर्वोच्च सत्ता का मुक़ाम। बाह्य संस्करण का तात्पर्य है अंतर्राष्ट्रीय व्यवस्था के तहत राज्य द्वारा एक स्वतंत्र और स्वायत्त वजूद की तरह सक्रिय रह पाने की क्षमता का प्रदर्शन। सम्प्रभुता की अवधारणा आधुनिक राष्ट्र और राष्ट्रवाद के आधार में भी निहित है। राष्ट्रीय स्वतंत्रता, स्व-शासन और सम्प्रभुता के विचारों के मिले-जुले प्रभाव के बिना अ-उपनिवेशीकरण के उस सिलसिले की कल्पना भी नहीं की जा सकती जिसके तहत द्वितीय विश्व-युद्ध के बाद एशिया, अफ्रीका और लातीनी अमेरिका में बड़े पैमाने पर नये राष्ट्रों की रचना हुई।

विधिक और राजनीतिक सम्प्रभुता के बीच अंतर का एक बौद्धिक इतिहास है जिसे समझने के लिए ज्याँ बोदाँ और थॉमस हॉब्स के तत्संबंधित मतभेदों पर नज़र डालनी होगी। बोदाँ ने अपनी रचना द *सिक्स बुक्स ऑफ़ कॉमनवील* (1576) में एक ऐसे सम्प्रभु के पक्ष में तर्क दिया है जो ख़ुद क़ानून बनाता है, पर स्वयं को उन क़ानूनों के ऊपर रखता है। इस विचार के मुताबिक़ क़ानून का अर्थ है लोगों को सम्प्रभु के आदेश पर चलाना। इसका मतलब यह नहीं बोदाँ यहाँ किसी निरंकुश शासक की वकालत करना चाहते थे। उनकी मान्यता थी कि क़ानून बनाने और उनका अनुपालन कराने वाला सम्प्रभु शासक एक उच्चतर क़ानून (ईश्वर या प्राकृतिक क़ानून) के अधीन रहेगा। यानी लौकिक शासक के प्राधिकार पर दैवी क़ानून की मुहर ज़रूरी होगी। बोदाँ के इस विचार के विपरीत हॉब्स अपनी रचना *लेवायथन* (1651) में सम्प्रभुता के विचार की व्याख्या प्राधिकार के संदर्भ में न करके सत्ता के संदर्भ में करते हैं। हॉब्स से पहले सेंट ऑगस्टीन ने एक ऐसे सम्प्रभु की ज़रूरत पर बल दिया था जो मानवता में अंतर्निहित नैतिक बुराइयों को काबू में रखेगा। इसी तर्क का और विकास करते हुए हॉब्स ने सम्प्रभुता को दमनकारी सत्ता पर एकाधिकार के रूप में परिभाषित करते हुए सिफ़ारिश की कि यह ताक़त अकेले शासक के हाथ में होनी चाहिए। हालाँकि हॉब्स निर्बाध राजशाही को प्राथमिकता देते थे, पर वे यह मानने के लिए भी तैयार थे यह सत्ता शासकों के एक छोटे से गुट या किसी लोकतांत्रिक सभा के हाथ में भी हो सकती है।

बोदाँ और हॉब्स के बीच की यह बहस बताती है कि विधिक सम्प्रभुता राज्य के क़ानून को सर्वोपरि मानने पर टिकी हुई है। इसके विपरीत राजनीतिक सम्प्रभुता सत्ता के वास्तविक वितरण से जुड़ी हुई है। इस फ़र्क़ के बावजूद यह भी मानना पड़ेगा कि सम्प्रभुता की व्यावहारिक धारणा में विधिक पहलू भी होते हैं और राजनीतिक भी। आधुनिक राज्यों की सम्प्रभुता क़ानून की सर्वोपरिता पर भी निर्भर है और उस क़ानून का अनुपालन करवाने वाले सत्तामूलक तंत्र पर भी जिसके पास दमनकारी मशीनरी होती है। कोई भी क़ानून महज़ नैतिक बाध्यताओं के दम पर लागू नहीं होता। दण्ड देने वाली व्यवस्था, पुलिस, जेल और अदालतों के बिना उसे क़ायम नहीं किया जा सकता। विधिक और राजनीतिक सम्प्रभुता का यह समीकरण दोनों तरफ़ से कारगर होता दिखाई देता है। क़ानून को अपने अनुपालन के लिए अगर सत्ता के तंत्र की ज़रूरत है, तो सत्ता को अपनी वैधता के लिए क़ानून की संस्तुति की आवश्यकता पड़ती है। शासन को क़ानूनसम्मत और संविधानसम्मत होना पड़ता है, तभी उसकी वैधता क़ायम रह पाती है। केवल राजनीतिक सम्प्रभुता के दम पर तानाशाह सरकारें ही काम करती हैं। अगर सरकार लोकतांत्रिक है तो उसकी दमनकारी मशीनरी को क़ानून की सीमाओं में रह कर अदालतों के सम्मुख जवाबदेह रहना पड़ता है।

सम्प्रभुता के आंतरिक स्वरूप के प्रश्न पर राजनीतिक सिद्धांत के दायरों में काफ़ी बहस हुई है। आख़िर सर्वोच्च और असीमित सत्ता का मुक़ाम क्या होना चाहिए? क्या उसे किसी एक शासक के हाथ में रखा जाना श्रेयस्कर होगा या उसका केंद्र किसी प्रतिनिधित्वमूलक संस्था में निहित होना बेहतर होगा? सत्रहवीं सदी में फ्रांस के सम्राट लुई चौदहवें ने दर्प से कहा था कि मैं ही राज्य हूँ। एक व्यक्ति के हाथ में सम्प्रभुता देने के पीछे तर्क यह है कि उस सूरत में सम्प्रभुता के अविभाज्य होने का गारंटी रहेगी। उसकी अभिव्यक्ति एक ही आवाज़ में होगी और उसमें कोई दूसरा प्राधिकार हस्तक्षेप नहीं कर पायेगा। सम्प्रभुता की इस सर्वसत्तावादी धारणा में प्रभावशाली हस्तक्षेप अट्ठारहवीं सदी में किया गया जब ज्याँ-ज़ाक रूसो ने लोकप्रिय सम्प्रभुता की अवधारणा पेश की।

रूसो ने राजशाही की हुकूमत को ख़ारिज करते हुए अपनी रचना *सोशल कांट्रेक्ट* में लिखा : 'मनुष्य स्वतंत्र पैदा होता है, पर हर जगह वह ज़ंजीरों में जकड़ा हुआ है।' दरअसल, *सोशल कांट्रेक्ट* आधुनिक राजनीतिक दर्शन को एकदम नया रूप दे देती है। उनका सामाजिक समझौता हॉब्स और लॉक के सामाजिक समझौते से अलग है। रूसो से पहले के दार्शनिकों का यक़ीन था कि मनुष्य अपनी बुद्धिगत क्षमताओं के कारण दूसरे प्राणियों से भिन्न है, जबकि रूसो

मानते हैं कि इनसान नैतिक चुनाव की क्षमता के कारण अलग है। अगर उसे यह चुनाव करने की आज़ादी न दी जाए तो वह दास से अधिक कुछ नहीं रह जाएगा। चूँकि समाज तरह-तरह की अ-स्वतंत्रताओं से भरा हुआ है और मनुष्य अपनी प्राकृतिक स्वतंत्रता के शुरुआती संसार में नहीं लौट सकता, इसलिए रूसो तजवीज़ करते हैं कि उसे अपनी उस आज़ादी का विनिमय नागरिक स्वतंत्रता से करना चाहिए। इसके लिए मनुष्य को एक-दूसरे से मिल कर संगठन बनाना होगा, सामाजिक अस्तित्व रचना होगा जिसके तहत सभी लोग अपने अधिकार त्याग देंगे और बदले में नागरिक के रूप में अधिकार प्राप्त करेंगे, एक सम्प्रभु के सदस्य के रूप में रहेंगे। अर्थात् एक संविधान बनाना पड़ेगा जिसके तहत हर व्यक्ति अधीन भी होगा और सहभागी नागरिक भी। केवल इसी तरह स्वतंत्रता की गारंटी की जा सकेगी। यह लोकतंत्र की अवधारणा थी, पर रूसो जनता के प्रतिनिधियों द्वारा चलाये जाने वाले लोकतंत्र या विधि-निर्माण से सहमत नहीं थे। प्राचीन यूनान के प्रत्यक्ष लोकतंत्र की तरह रूसो चाहते थे कि सभी नागरिक एक सार्वजनिक स्थान पर जमा हो कर विधि निर्माण करें। अल्पमत को बहुमत द्वारा लिए गये निर्णय के अधीन होने से बचाने के लिए रूसो ने सर्वसम्मति का पक्ष लिया जिसे कारगर बनाने के लिए उन्होंने अपने सबसे विख्यात सिद्धांत 'जन-इच्छा' (जर्नल विल) का सूत्रीकरण किया। 'जन-इच्छा' के आधार पर रचे गये क़ानून के पालन का मतलब था स्वयं अपनी इच्छा का पालन करना।

रूसो द्वारा प्रवर्तित 'जन-इच्छा' का सिद्धांत आगे चल कर आधुनिक लोकतांत्रिक सिद्धांत का आधार बना। रूसो ने ऐसे नागरिकों के सहज समुदाय कल्पना की थी जो ऊँच-नीच के संबंधों से परे समानता और एकता के वाहक होंगे, इसलिए उन्हें विश्वास था कि उनके बीच में 'जन-इच्छा' उपलब्ध करना आसान होगा। लेकिन रूसो कभी इस प्रश्न का उत्तर नहीं दे पाये कि नागरिकों की आम सभा में व्यक्त की जाने वाली इच्छाओं में से 'जर्नल-विल' कैसे निकलेगी। इसलिए अंत में वे यह कहते हुए नज़र आये कि अगर 'जन-इच्छा' नहीं उपलब्ध हो पा रही है तो बहुमत की इच्छा को ही उसका पर्याय मान लिया जाना चाहिए।

सम्प्रभुता के सिद्धांत को उदारतावादी-लोकतांत्रिक विचार के पैरोकारों ने आड़े हाथों भी लिया है। उनका कहना है कि बहुलतावादी और लोकतांत्रिक शासन के संदर्भ में सम्प्रभुता की धारणा अनावश्यक है। ये लोग सम्प्रभुता के विचार को उसके सर्वसत्तावादी अतीत से पीड़ित और इसलिए अवांछनीय मानते हैं। उनका कहना है कि लोकतांत्रिक सरकारें दमनकारी मशीनरी द्वारा थोपे जाने वाले कथित रूप से विधिसम्मत शासन द्वारा नहीं चलतीं। वे तो नियंत्रण और संतुलन के समीकरण और उसके आधार पर बने नेटवर्क के ज़रिये शासन करती हैं। दरअसल, संघात्मक चरित्र वाले आधुनिक राज्यों में आंतरिक सम्प्रभुता का केंद्र तय करना बहुत मुश्किल है। संयुक्त राज्य अमेरिका, कनाडा, ऑस्ट्रेलिया और भारत जैसे संघात्मक राज्यों में सरकार दो स्तरों में विभाजित है और प्रत्येक स्तर के पास अपने स्वायत्त अधिकार हैं। इस प्रकार के राज्यों में सम्प्रभुता केंद्र और परिधि के बीच साझेदारी के रूप में उभरती है। ऐसी परिस्थिति में अगर कोई अविभाजित सम्प्रभु है तो वह है संविधान जो केंद्र को भी सम्प्रभुता सम्पन्न बनाता है, और राज्यों को भी।

बाह्य सम्प्रभुता अंतर्राष्ट्रीय व्यवस्था में किसी राज्य की हैसियत की द्योतक है। इस तरह की परिस्थितियाँ भी होती हैं कि किसी राज्य में आंतरिक सम्प्रभुता पर विवाद चलता रहता है, पर अंतर्राष्ट्रीय क्षेत्र में उसकी बाह्य सम्प्रभुता का आदर किया जाता है। वैसे भी लोकतंत्रों के युग में आंतरिक सम्प्रभुता के मसले अब इतने ज़्यादा अहम नहीं माने जाते, पर बाह्य सम्प्रभुता का प्रश्न पहले से कहीं ज़्यादा महत्त्वपूर्ण हो चुका है। ऐसे कई अंतर्राष्ट्रीय विवाद हैं जिनमें एक देश की सम्प्रभुता का दावा दूसरे देश की तरफ़ से अपनी सम्प्रभुता के लिए चुनौती के रूप में देखा जाता है। फ़िलिस्तीनियों द्वारा अपने सम्प्रभु राष्ट्र के लिए चलाया जाने वाला आंदोलन इजरायल को अपनी सम्प्रभुता के क्षय का कारक लगता है।

**देखें** : अधिकार, अधिकार : सैद्धांतिक यात्रा, अरस्तू, अफ़लातून, अनुदारतावाद, अराजकतावाद, अन्य-अन्यीकरण, उदारतावाद, उपयोगितावाद, ऐडमण्ड बर्क, क्रांति, ज्याँ ज़ाक रूसो, जॉन लॉक, जेरेमी बेंथम, जॉन स्टुअर्ट मिल, जॉन रॉल्स, थॉमस हॉब्स, थॉमस पेन, न्याय, न्याय : नारीवादी आलोचना, न्याय : रॉल्स का सिद्धांत, राजनीति में व्यक्ति की भूमिका, नागरिकता, नागरिकता : अन्य परिप्रेक्ष्य-1 और 2, नागर समाज, पनोप्टिकॉन, प्रतिनिधित्व, प्रगति, प्रगति : आलोचनात्मक परिप्रेक्ष्य, प्रशासन, फ़ासीवाद, फ्रेड्रिख़ वॉन हायक, बहुसंस्कृतिवाद, बहुसंख्यकवाद, बहुसंख्यक-अल्पसंख्यक, बुद्धिवाद, माइकेल जोसेफ़ ओकशॉट, माइकिल वाल्ज़र, मिशेल पॉल फ़ूको-1 और 2, यूटोपिया, राजनीतिक और राजनीति, राजनीतिक दर्शन के नारीवादी आयाम-1 और 2, राजनीतिक मनोविज्ञान, राजनीतिक समाजशास्त्र, राज्य-1 और 2, रॉबर्ट नॉज़िक, राज्य-1 और 2, राष्ट्र-राज्य, राष्ट्र : सांस्कृतिक या राजनीतिक, राष्ट्रवाद, राष्ट्रवाद का इतिहास, लोकतंत्र, लोकतंत्र की आलोचनाएँ, व्यक्तिवाद, व्यवहारवाद, विल किमलिका, वितरणमूलक न्याय, विदेशी-द्वेष, वैधता, वैधता का संकट, सविनय अवज्ञा, स्मृति की राजनीति, स्वतंत्रता, स्वतंत्रतावाद, स्वजातिवाद, स्वच्छंदतावाद, सत्ता, सर्वसत्तावाद, समाजवाद, सरकारियत, सम्पत्ति, सम्पत्ति : साझा और सरकारी, सम्पत्ति : मार्क्सवादी परिप्रेक्ष्य, सम्पत्ति : नारीवादी परिप्रेक्ष्य, संविधानवाद, संघवाद, सामाजिक समझौता, हेनरी डेविड थोरो।

## संदर्भ

1. कृष्णा मेनन (2008), 'सॉवरनिटी', राजीव भार्गव और अशोक आचार्य (सम्पा.), *पॉलिटिकल थियरी : ऐन इंट्रोडक्शन,* पियर्सन

लोंगमेन, नयी दिल्ली.

2. ज्याँ हैम्पटन (1988), *हॉब्स ऐंड द सोशल कांट्रेक्ट ट्रेडीशन,* केम्ब्रिज युनिवर्सिटी प्रेस, केम्ब्रिज, यूके.
3. डेविड हेल्ड (1989), *पॉलिटिकल थियरी टुडे,* पॉलिटी प्रेस, केम्ब्रिज, यूके.
4. एफ़.एच. हिंसले (1986), *सोवरिनटी,* केम्ब्रिज युनिवर्सिटी प्रेस, केम्ब्रिज, यूके.

**— अभय कुमार दुबे**

# समाज-कार्य

(Social Work)

समाज-कार्य का अर्थ है सकारात्मक, सुचिंतित और सक्रिय हस्तक्षेप के माध्यम से लोगों और उनके सामाजिक माहौल बीच अन्योन्यक्रिया प्रोत्साहित करके व्यक्तियों की क्षमताओं को बेहतर करना ताकि वे अपनी ज़िंदगी की ज़रूरतें पूरी करते हुए अपनी तकलीफ़ों को कम कर सकें। इस प्रक्रिया में समाज-कार्य लोगों की आकांक्षाओं की पूर्ति करने और उन्हें अपने ही मूल्यों की कसौटी पर खरे उतरने में सहायक होता है। समाज-कार्य एकदम नया अनुशासन है जिसका प्रादुर्भाव हुए अभी सौ वर्ष भी नहीं हुए हैं। अक्सर लोग समाजशास्त्र एवं समाज-कार्य को एक ही समझ लेते हैं। हालाँकि समाज-कार्य का अधिकांश ज्ञान समाजशास्त्रीय सिद्धांतों से लिया गया है, लेकिन समाजशास्त्र जहाँ मानव-समाज और मानव-संबंधों के सैद्धांतिक पक्ष का अध्ययन करता है, वहीं समाज-कार्य इन संबंधों में आने वाले अंतरों एवं सामाजिक परिवर्तन के कारणों की खोज क्षेत्रीय स्तर पर करने के साथ-साथ व्यक्ति के मनोसामाजिक पक्ष का भी अध्ययन करता है। समाज-कार्य करने वाले कर्त्ता का आचरण विद्वान की तरह न होकर समस्याओं में हस्तक्षेप के ज़रिये व्यक्तियों, परिवारों, छोटे समूहों या समुदायों के साथ संबंध स्थापित करने की तरफ़ उन्मुख होता है। इसके लिए समाज-कार्य का अनुशासन पूर्ण रूप से प्रशिक्षित और पेशेवर कार्यकर्ताओं पर भरोसा करता है।

इंग्लैण्ड और संयुक्त राज्य अमेरिका में पहले चर्च के माध्यम से ही जन-कल्याणकारी कार्य किये जाते थे। धीरे-धीरे स्थिति बदली और जन-सहायता को विधिक रूप प्रदान किया जाने लगा। इंग्लैण्ड में 1536 में एक क़ानून बना जिसमें निर्धनों की सहायता के लिए कार्य-योजना बनायी गयी। अट्ठारहवीं सदी में औद्योगिक क्रांति के बाद इंग्लैण्ड और अमेरिका में सरकारों द्वारा निर्धनों व अशक्तों को समाज की मुख्यधारा से जोड़ने के लिए कई क़ानूनों का निर्माण किया गया। व्यक्तियों का मनोसामाजिक पक्ष सुधारने हेतु 1869 में लंदन चैरिटी संगठन तथा अमेरिका में 1877 में चैरिटी ऑर्गनाइजेशन सोसाइटी ने पहल ली। इन संस्थाओं ने समुचित सहायता करने के लिए ज़रूरतों की पड़ताल तथा संबंधित व्यक्तियों का पंजीकरण करना प्रारम्भ किया। इस प्रक्रिया में मनोसामाजिक स्थिति सुधारने के लिए बातचीत करना एवं भौतिक सहायता को भी शामिल किया। यह एक ऐसी प्रक्रिया थी जिसके ज़रिये संस्था के कार्यकर्त्ता अपने पास आये व्यक्ति अर्थात् सेवार्थी को स्वावलम्बी बनाते थे। धीरे-धीरे इस प्रक्रिया ने सुचिंतित प्रणालीबद्ध रूप ग्रहण कर लिया। 1887 में न्यूयॉर्क में कार्यकर्त्ताओं को इन कामों के लिए प्रशिक्षण देना प्रारम्भ किया गया। अमेरिका में इस प्रकार के प्रशिक्षण हेतु 1910 में दो वर्ष का पाठ्यक्रम शुरू हुआ।

भारत में भी समाज-कल्याण हेतु राजाओं द्वारा दान देने का चलन था, यज्ञ करवाये जाते थे एवं धर्मशालाओं इत्यादि का निर्माण होता था। अट्ठारहवीं शताब्दी में औद्योगिक क्रांति के फलस्वरूप होने वाले सुधार कार्यक्रमों ने भारतीय जनमानस को प्रभावित किया और ईश्वरचंद विद्यासागर तथा राजा राममोहन राय वग़ैरह के प्रयासों द्वारा विधवा विवाह प्रारम्भ हुआ और सती प्रथा पर रोक लगी। इसके अतिरिक्त गोपाल कृष्ण गोखले, एनी बेसेंट आदि ने भारत में आधुनिक समाज सुधारों को नयी दिशा दी। 1905 में गोखले ने सर्वेंट्स ऑफ़ इण्डिया की स्थापना करके स्नातकों को समाज सेवा के लिए प्रशिक्षण देना प्रारम्भ किया। इन प्रशिक्षुओं को वेतन भी दिया जाता था। इस तरह इंग्लैण्ड, अमेरिका तथा भारत में समाज-कल्याण के लक्ष्य को प्राप्त करने हेतु समाज-कार्य की नींव पड़ी जिसके तहत सामाजिक कार्यकर्त्ता व्यक्ति की पूर्ण सहायता हेतु प्रशिक्षण प्राप्त करता है। 1936 में भारत में समाज-कार्य के शिक्षण एवं प्रशिक्षण हेतु बम्बई में सर दोराब जी टाटा ग्रेजुएट स्कूल ऑफ़ सोशल वर्क की स्थापना हुई। आज देश में सौ से भी अधिक संस्थानों में समाज-कार्य की शिक्षा दी जाती है। समाज-कार्यकर्ता केवल उन्हीं को कहा जाता है जिन्होंने समाज-कार्य की पूरी तरह से पेशेवर शिक्षा प्राप्त की हो, न कि उन्हें जो स्वैच्छिक रूप से समाज कल्याण का कार्य करते हैं। स्वैच्छिक समाज-कल्याण के प्रयासों को समाज-सेवा की संज्ञा दी जाती है, और इन गतिविधियों में लगे लोग समाज-सेवी कहलाते हैं।

1926 में एलिस चेनी ने समाज-कार्य की गतिविधि परिभाषित करते हुए कहा कि इसके तहत ऐसी आवश्यकताओं, जो सामाजिक संबंधों से संबंधित हैं तथा जो वैज्ञानिक ज्ञान एवं ढंगों का उपयोग करती हैं, के संदर्भ में लाभ प्रदान करने के सभी ऐच्छिक प्रयास सम्मिलित हैं। इसके पश्चात् कई विद्वानों ने समाज-कार्य को अपने-अपने

शब्दों में परिभाषित करने का प्रयास किया। जुलाई, 2000 में अंतर्राष्ट्रीय फ़ेडेरेशन ऑफ़ सोशल वर्क ने समाज-कार्य की नवीनतम परिभाषा देते हुए कहा कि समाज-कार्य का काम सामाजिक परिवर्तन, मानव-संबंधों में समस्या समाधान, व्यक्तियों के सशक्तीकरण और स्वतंत्रता को बढ़ावा देता है। मानव-व्यवहार एवं सामाजिक व्यवस्था के सिद्धांतों का उपयोग करते हुए समाज-कार्य उस बिंदु पर हस्तक्षेप करता है जहाँ व्यक्ति अपने पर्यावरण के साथ अंत:क्रिया करते हैं। मानवाधिकार एवं सामाजिक न्याय के सिद्धांत समाज-कार्य के लिए बुनियादी महत्त्व के हैं। अत: कहा जा सकता है कि समाज-कार्य व्यक्ति के सामाजिक पर्यावरण से तारतम्य स्थापित करने के प्रयास का नाम है। वह ध्यान रखता है कि यदि इस पर्यावरण से व्यक्ति का सामंजस्य स्थापित नहीं होता, तो समाज टूटने की स्थिति में पहुँच जाएगा। आजकल समाज-कार्य के कार्यक्षेत्र में बहुत वृद्धि हो चुकी है। अब वह व्यक्ति के प्राकृतिक और भौतिक पर्यावरण में होने वाली समस्याओं के निराकरण में भी हस्तक्षेप करता है।

समाज-कार्य के तहत व्यावसायिक दृष्टि से विकसित छह प्रणालियों के माध्यम से लोगों की मदद की जाती है। ये हैं : सामाजिक वैयक्तिक कार्य, समूह समाज-कार्य, सामुदायिक संगठन, समाज-कल्याण प्रशासन, समाज-कार्य शोध और सामाजिक क्रिया।

सामाजिक वैयक्तिक कार्य के तहत एक समय में केवल एक व्यक्ति ही सेवा-कार्य का केंद्र होता है। इसमें व्यक्ति की आंतरिक एवं बाहरी क्षमताओं का पता लगाकर उसका उसके पर्यावरण से समायोजन स्थापित कराया जाता है। समूह समाज-कार्य में व्यक्ति की सहायता समूह के माध्यम से की जाती है। हालाँकि समूह-कार्य एक प्राचीन विधा होने के बावजूद इसे व्यावसायिकता के प्रतिमानों पर विकसित करके नयी तकनीक से सम्पन्न किया गया है। इसमें समूह में लोकतांत्रिक गुणों का विकास कर नेतृत्व तैयार किया जाता है ताकि समूह के सदस्य अपनी समस्याओं का समाधान लोकतांत्रिक तरीक़े से कर सकें। समूह-कार्यकर्त्ता संस्था के माध्यम से समूह का विकास विभिन्न स्तरों पर करता है। वह सदस्यों में मैं के बजाय हम की भावना का विकास करता है। सामुदायिक संगठन एक प्रक्रिया है जिसका तात्पर्य किसी समुदाय या समूह में लोगों द्वारा आपस में मिल कर कल्याण कार्यों की योजना बनाकर उसे क्रियान्वित करना है। समुदाय एक नगर का, क्षेत्र का या पूरा नगर, राज्य, देश या सभी कुछ हो सकता है। समाज-कार्यकर्त्ता समुदाय को संसाधनों की खोज़ करने में सहायता करता है एवं समस्या विशेष के समाधान हेतु उनका मार्गदर्शन करता है। समाज-कल्याण प्रशासन का तात्पर्य ऐसी प्रक्रिया से है जिसके तहत समाज कल्याण क्षेत्र की सार्वजनिक और निजी संस्थाओं का संगठन एवं उनका प्रबंधन किया जाता है। इसका मुख्य उद्देश्य सामाजिक, आर्थिक, सांस्कृतिक और नैतिक विकास हेतु लोकतांत्रिक नियोजन द्वारा कल्याणकारी समाज की स्थापना करना है। समाज-कल्याण प्रशासक न केवल संस्था के कार्यों को सम्पादित करता है बल्कि वह संस्थाओं को निरंतर उन्नति की दिशा में बढ़ाने का प्रयास करता है। समाज-कार्य शोध किसी भी संबंधित समस्या के पीछे छिपे कारणों का पता लगता है और फिर उनका समाधान प्रस्तुत करता है। समाज-कार्य शोध एक प्रक्रिया है जिसके माध्यम से समाज-कार्य की प्रणालियों का परीक्षण के तौर पर प्रयोग किया जाता है। परीक्षण सफल होने पर वह नज़ीर बनता है और भविष्य में समस्या विशेष हेतु उसी प्रणाली विशेष का उपयोग किया जाता है। जहाँ समाजशास्त्रीय शोध मात्र समस्या के कारणों की खोज करता है वहाँ समाज-कार्य शोध कारणों की खोज़ के साथ-साथ उनका निरोधात्मक और सुधारात्मक समाधान भी प्रस्तुत करता है। सामाजिक क्रिया के तहत आवश्यकतानुसार सामाजिक संस्थाओं, परिस्थितिओं तथा सामाजिक व्यवस्था में परिवर्तन लाने का प्रयास करने के साथ ही साथ अवांछित परिवर्तन रोकने का प्रयास भी किया जाता है। सामाजिक क्रिया का उद्देश्य सामाजिक उन्नति, सामाजिक परिवर्तनों का सूत्रपात, सामाजिक विधानों तथा समाज कल्याण संबंधी नीतियों के निर्माण में सहयोग देना है। सामाजिक क्रिया के अंतर्गत उठाया गया कोई भी क़दम मानवीय और व्यावसायिक मूल्यों पर आधारित होता है।

समाज-कार्य को इसलिए एक व्यवसाय की संज्ञा दी जाती है क्योंकि वह मुख्यत: यह एक व्यवस्थित और क्रमबद्ध ज्ञान आधारित है। इसकी अपनी कुछ विशेष प्रणालियाँ, प्रविधियाँ तथा यंत्र हैं। विश्व भर में इसके शिक्षण एवं प्रशिक्षण हेतु संस्थानों की स्थापना हो चुकी है और निरंतर इनमें वृद्धि हो रही है। समाज-कार्य के विकास के साथ-साथ इसके व्यावसायिक संगठन भी बन रहे है, जिनसे इसका स्तर ऊँचा उठ रहा है। समाज-कार्य एक व्यवसाय के रूप में सरकार द्वारा अनुमोदित है। इसकी एक निश्चित आचार संहिता है जिसका पालन सभी कार्यकर्ताओं के लिए बहुत आवश्यक है। समाज-कार्य भी समाज-विज्ञान है परन्तु इसकी प्रकृति अन्य विषयों से भिन्न है। इसकी विशेषताएँ ही इसे अन्य समाज-विज्ञानों से अलग करती है। समाज-कार्य प्रभावपूर्ण सामाजिक क्रिया एवं सामाजिक अनुकूलन के मार्ग में आने वाली सामाजिक एवं मनोवैज्ञानिक समस्याओं का वैज्ञानिक ढंग से समाधान प्रस्तुत करता है।

**देखें :** अर्थव्यवस्था का समाजशास्त्र, अभिजन, अभिरुचि, आत्महत्या, उन्मूलनवाद, एजेंसी, कर्मकाण्ड, कारागार, गोपनीयता, गृहविहीनता, जादू, जीवन-शैली, टेलरवाद, परम्परा, परस्पर विपरीत द्विभाजन, प्रति-(संस्कृति, विमर्श, इतिहास, वर्चस्व, स्मृति), प्राइवेसी, प्रौद्योगिकी,

फ़ुरसत, बचपन, बहुपत्नी प्रथा, बहुपति प्रथा, बुद्धिसंगत चयन का सिद्धांत, बुजुर्गियत का समाजशास्त्र, बेगानगी, भीड़, भ्रष्टाचार का समाजशास्त्र-1 और 2, मानव-प्रकृति, मानवशास्त्र और मार्क्सवाद, मानवशास्त्र और संस्कृति की राजनीति, सांस्कृतिक सापेक्षतावाद, सांस्कृतिक मानवशास्त्र, सेवानिवृत्ति, वाचिकता, विचलन, ज्ञान का समाजशास्त्र।

### संदर्भ

1. हेलेन हैरिस पर्लमैन (1957), *सोशल केस वर्क : अ प्रॉब्लम सॉल्विंग प्रॉसेस,* द युनिवर्सिटी ऑफ़ शिकागो प्रेस, शिकागो.
2. सुरेंद्र सिंह और पी.डी. मिश्र (2001), *समाज-कार्य : इतिहास, दर्शन एवं प्रणालियाँ,* न्यू रॉयल बुक कम्पनी, लखनऊ.
3. मेरी रिचमण्ड (1917), *सोशल डायग्नोसिस,* रसेल सेज फ़ाउंडेशन, न्यूयॉर्क.
4. रेक्स स्किडमोर, मिल्टन ठाकरे और विलियम फ़ारली (1997), *इंट्रोडक्शन टू सोशल वर्क,* एलिन ऐंड बेकन, बोस्टन.

**— रोहित मिश्रा**

# समाजवाद

(Socialism)

आर्थिक, सामाजिक और वैचारिक प्रत्यय के तौर पर समाजवाद निजी सम्पत्ति पर आधारित अधिकारों का विरोध करता है। उसकी एक बुनियादी प्रतिज्ञा यह भी है कि सम्पदा का उत्पादन और वितरण समाज या राज्य के हाथों में होना चाहिए। राजनीति के आधुनिक अर्थों में समाजवाद को अमूमन पूँजीवाद या मुक्त बाज़ार के सिद्धांत के बरअक्स रखा जाता है। एक राजनीतिक विचारधारा के रूप में समाजवाद युरोप में अठारहवीं और उन्नीसवीं सदी में उभरे उद्योगीकरण की अन्योन्यक्रिया में विकसित हुआ है। ब्रिटिश राजनीतिक विज्ञानी हैरॉल्ड लॉस्की ने कभी समाजवाद को एक ऐसी टोपी कहा था जिसे कोई भी अपने अनुसार पहन लेता है। समाजवाद की विभिन्न क़िस्में लॉस्की के इस चित्रण को काफ़ी हद तक रूपायित करती है। समाजवाद की एक क़िस्म विघटित हो चुके सोवियत संघ के सर्वसत्तावादी नियंत्रण में चरितार्थ होती है जिसमें मानवीय जीवन के हर सम्भव पहलू को राज्य के नियंत्रण में लाने का आग्रह किया गया था। उसकी दूसरी क़िस्म राज्य को यह ताक़ीद करती है कि वह अर्थव्यवस्था के नियमन द्वारा कल्याणकारी भूमिका निभाये। भारत में समाजवाद की एक अलग क़िस्म के सूत्रीकरण की कोशिश की गयी है। राममनोहर लोहिया, जय प्रकाश नारायण और नरेंद्र देव के राजनीतिक चिंतन और व्यवहार से निकलने वाले प्रत्यय को गाँधीवादी समाजवाद की संज्ञा दी जाती है जो गाँधी-विचार और समाजवादी परम्परा के चुनिंदा अंशों का संश्रय है।

समाजवाद का भावनात्मक ढाँचा गढ़ने में इंग्लैण्ड में सत्रहवीं सदी के दौरान ईसाइयत के दायरे में विकसित लेवलर्स तथा डिगर्स व सोलहवीं और सत्रहवीं सदी में मध्य युरोप में विकसित होने वाले ऐनाबैपटिस्ट जैसे रैडिकल आंदोलनों की महती भूमिका रही है। लेकिन समाजवाद की आधुनिक और औपचारिक परिकल्पना फ्रांसीसी विचारकों सैं-सिमों और चार्ल्स फ़ूरिए तथा ब्रिटिश चिंतक राबर्ट ओवेन की निष्पत्तियों से निकलती है। समाजवाद के ये शुरुआती विचारक व्यक्तिवाद और प्रतिस्पर्द्धा की जगह आपसी सहयोग पर आधारित समाज की कल्पना करते थे। उन्हें यक़ीन था कि मानवीय स्वभाव और समाज का विज्ञान गढ़ कर सामाजिक ताने-बाने को बेहतर रूप दिया जा सकता है। परंतु वांछित सामाजिक रूपों के ठोस ब्योरों, उन्हें हासिल करने की रणनीति तथा मानव प्रकृति की समझ को लेकर उनके बीच कई तरह के मतभेद थे। मसलन, सैं-सिमों तथा फ़ूरिए रूसो के इस मत से सहमत नहीं थे कि मनुष्य की प्रकृति अपनी बनावट में तो अच्छी, उदात्त और विवेकपूर्ण है लेकिन आधुनिक समाज और निजी सम्पत्ति ने उसे भ्रष्ट कर दिया है। इसके विरोध में उनका तर्क यह था कि मानवीय प्रकृति के कुछ स्थिर और निश्चित रूप होते हैं जिनका परस्पर सहयोग के आधार पर आपस में मेल कराया जा सकता है। ओवेन का मत सैं-सिमों और फ़ूरिए से भी अलग था। उनका कहना था कि मनुष्य की प्रकृति बाहरी परिस्थितियों से तय होती है और उसे इच्छित रूप दिया जा सकता है। इसलिए समाज की परिस्थितियों को इस तरह बदला जाना चाहिए कि मनुष्य की प्रकृति पूर्णता की ओर बढ़ सके। उनके अनुसार अगर प्रतिस्पर्द्धा और व्यक्तिवाद की जगह आपसी सहयोग और एकता को बढ़ावा दिया जाएगा तो समूची मनुष्यता का भला किया जा सकता है।

समाजवाद की राजनीतिक विचारधारा उन्नीसवीं सदी के तीसरे और चौथे दशकों के दौरान इंग्लैण्ड, फ्रांस तथा जर्मनी जैसे युरोपीय देशों में लोकप्रिय होने लगी थी। उद्योगीकरण और शहरीकरण की तेज रफ़्तार तथा पारम्परिक समाज के अवसान ने युरोपीय समाज को सुधार और बदलाव की शक्तियों का अखाड़ा बना दिया था जिसमें मजदूर संघों और चार्टरवादी समूहों से लेकर ऐसे गुट सक्रिय थे जो आधुनिक समाज की जगह प्राक्-आधुनिक सामुदायिकतावाद की वकालत कर रहे थे।

मार्क्स और एंगेल्स द्वारा प्रतिपादित वैज्ञानिक समाजवाद का विचार सामाजिक और राजनीतिक उथलपुथल की इसी पृष्ठभूमि में विकसित हुआ था। मार्क्स ने सैं-सिमों, फ़ूरिए और ओवेन के विचारों से प्रेरणा तो ली, लेकिन अपने

'वैज्ञानिक' समाजवाद के मुक़ाबले उनके समाजवाद को 'काल्पनिक' घोषित कर दिया। इन पूर्ववर्ती चिंतकों की तरह मार्क्स समाजवाद को कोई ऐसा आदर्श नहीं मानते कि उसका स्पष्ट ख़ाका खींचा जाए। मार्क्स और एंगेल्स समाजवाद को किसी स्वयं-भू सिद्धांत के बजाय पूँजीवाद की कार्यप्रणाली से उत्पन्न होने वाली स्थिति के रूप में देखते हैं। उनका मानना था कि समाजवाद का कोई भी रूप ऐतिहासिक प्रक्रिया से ही उभरेगा। इस समझ के चलते मार्क्स और एंगेल्स को समाजवाद की विस्तृत व्याख्या करने या उसे परिभाषित करने से भी गुरेज़ था। उनके लिए समाजवाद मुख्यत: पूँजीवाद के नकार में खड़ा प्रत्यय था जिसे एक लम्बी क्रांतिकारी प्रक्रिया के ज़रिये अपनी पहचान ख़ुद गढ़नी थी। समाजवाद के विषय में मार्क्स की सबसे महत्त्वपूर्ण रचना *क्रिटीक ऑफ़ द गोथा प्रोग्रैम* है जिसमें उन्होंने समाजवाद को साम्यवादी समाज के दो चरणों की मध्यवर्ती अवस्था के तौर पर व्याख्यायित किया है।

मार्क्स के मुताबिक़ साम्यवादी समाज के पहले चरण का समाज पूँजीवाद के अवसान के बाद अस्तित्व में आयेगा। इस चरण में शासक वर्ग के तौर पर मजदूर वर्ग को अपने शत्रुओं का मुक़ाबला करने के लिए अपने राज्य यानी सर्वहारा की तानाशाही की ज़रूरत होगी। मार्क्स के अनुसार इस समाज का मानसिक ढाँचा बूर्ज़्वा विचारों और मूल्यों से प्रभावित होगा। हालाँकि इस दौर में आय का संबंध सम्पत्ति के स्वामित्व से नहीं रहेगा लेकिन उसका निर्धारण ज़रूरत के बजाय किये गये काम के आधार पर ही किया जाएगा। मार्क्स का कहना था कि इन सीमाओं के बावजूद इस व्यवस्था में उत्पादन शक्तियाँ पूँजीवाद द्वारा खड़ी की गयी जड़ताओं का अतिक्रमण कर देंगी। मार्क्स की परिकल्पना में साम्यवादी समाज के उच्चतर चरण में राज्य की ज़रूरत नहीं रहेगी; काम के प्रति एक नया नज़रिया विकसित होगा जिसमें व्यक्ति से उसकी योग्यता के अनुसार काम लिया जाएगा और उसका प्रतिफल व्यक्ति की ज़रूरतों के हिसाब से दिया जाएगा।

गौरतलब है कि मार्क्स की इस रचना का प्रकाशन उनकी मृत्यु के आठ साल बाद हुआ था। तब तक मार्क्सवादी सिद्धांतों में इसे ज़्यादा महत्त्व नहीं दिया जाता था। इस विमर्श को मार्क्सवाद के मूल सिद्धांतों में शामिल करने का श्रेय लेनिन को जाता है, जिन्होंने अपनी कृति *स्टेट ऐंड रेवोल्यूशन* में मार्क्स के हवाले से समाजवाद को साम्यवादी समाज की रचना में पहला या निम्नतर चरण बताया। लेनिन के बाद समाजवाद मार्क्सवादी शब्दावली में इस तरह विन्यस्त हो गया कि कोई भी व्यक्ति या दल किसी ख़ास वैचारिक दिक़्क़त के बिना ख़ुद को समाजवादी या साम्यवादी कह सकता था। इस विमर्श की विभाजक रेखा इस बात से तय होती थी कि किसी दल या व्यक्ति के लिए क्रांतिकारी गतिविधियों का तात्कालिक और दूरगामी लक्ष्य क्या है। यानी अगर कोई ख़ुद को समाजवादी कहता था तो इसका मतलब यह होता था कि वह साम्यवादी समाज की रचना के पहले चरण पर ज़ोर देता है। यही वजह है कि कई समाजवादी देशों में शासन करने वाले दल जब ख़ुद को कम्युनिस्ट घोषित करते थे तो इसे असंगत नहीं माना जाता था।

बीसवीं शताब्दी में समाजवाद का अंतर्राष्ट्रीय प्रसार तथा सोवियत शासन व्यवस्था एक तरह से सहवर्ती परिघटनाएँ मानी जाती हैं। यह एक ऐसा तथ्य है जिसने समाजवाद के विचार और उसके भविष्य को गहराई से प्रभावित किया है। मसलन, क्रांति के बाद सोवियत संघ उसके समर्थकों और आलोचकों, दोनों के लिए समाजवाद का पर्याय बन गया। सोवियत समर्थकों की दलील यह थी कि उत्पादन के प्रमुख साधनों के समाजीकरण, बाज़ार को केंद्रीकृत नियोजन के मातहत करने, तथा विदेश व्यापार व घरेलू वित्त पर राज्य के नियंत्रण जैसे उपाय अपनाने से सोवियत संघ बहुत कम अवधि में एक औद्योगिक देश बन गया। जबकि उसके आलोचकों का कहना था कि यह एक प्रचारित छवि थी क्योंकि विराट नौकरशाही, राजनीतिक दमन, ग़ैरबराबरी तथा लोकतंत्र की अनदेखी स्वयं ही समाजवाद के आदर्श को ख़ारिज करने के लिए काफ़ी थी। समाजवाद के प्रसार में सोवियत संघ की दूसरी भूमिका एक संगठनकर्ता की थी। समाजवादी क्रांति के प्रसार के लिए कम्युनिस्ट इंटरनेशनल जैसे संगठन की स्थापना करके उसने ख़ुद को समाजवाद का हरावल साबित किया। इस संगठन ने विश्व की कम्युनिस्ट पार्टियों का लम्बे समय तक दिशा-निर्देशन किया। सोवियत संघ की भूमिका का तीसरा पहलू यह था कि उसने पूर्वी युरोप में कई हमशक्ल शासन व्यवस्थाएँ क़ायम की। अंतत: सोवियत संघ समाजवाद की प्रयोगशाला इसलिए भी माना गया क्योंकि रूसी क्रांति के बाद स्तालिन के नेतृत्व में यह सिद्धांत प्रचारित किया गया कि समाजवादी क्रांति का अन्य देशों में प्रसार करने से पहले उसे एक ही देश में मजबूत किया जाना चाहिए। कई विद्वानों की नज़र में यह एक ऐसा सूत्रीकरण था जिसने राष्ट्रीय समाजवाद की कई क़िस्मों के उभार को वैधता दिलायी।

दूसरे विश्वयुद्ध के बाद शुरू हुई वि-उपनिवेशीकरण की प्रक्रिया के दौरान समाजवाद और राष्ट्रवाद का यह संश्रय तीसरी दुनिया के देशों में समाजवाद के विकास का एक प्रारूप सा बन गया। चीन, वियतनाम तथा क्यूबा जैसे देशों में समाजवाद के प्रसार की यह एक केंद्रीय प्रवृत्ति थी।

सोवियत समर्थित समाजवाद के अलावा उसका एक अन्य रूप भी है जिसने पूँजीवादी देशों को अप्रत्यक्ष ढंग से प्रभावित किया है। मसलन, समाजवाद के तर्क और उसके आकर्षण को प्रति-संतुलित करने के लिए पश्चिम के पूँजीवादी देशों को अपनी अर्थव्यवस्था के साँचे को बदल कर

उसे कल्याणकारी रूप देना पड़ा। इस संदर्भ में स्कैंडेनेवियाई देशों, पश्चिमी युरोप तथा आस्ट्रेलेशिया क्षेत्र के देशों में कींस के लोकोपकारी विचारों से प्रेरित होकर सोवियत तर्ज़ के समाजवाद का विकल्प गढ़ने का प्रयास किया गया। माँग के प्रबंधन, आर्थिक राष्ट्रवाद, रोज़गार की गारंटी, तथा सामाजिक सेवाओं के क्षेत्र को मुनाफ़ाख़ोरी की प्रवृत्तियों से मुक्त रखने की नीति पर टिके इन कल्याणकारी उपायों ने एकबारगी पूँजीवाद और समाजवाद के अंतर को ही धुँधला कर दिया था। राज्य के इस कल्याणकारी मॉडल को एक समय पूँजीवाद की विसंगतियों— बेकारी, बेरोज़गारी, अभाव, अज्ञान आदि का स्थाई इलाज बताया जा रहा था। इस मॉडल की आर्थिक और राजनीतिक कामयाबी का सुबूत इस बात को माना जा सकता है कि अगर वामपंथी दायरों में इन उपायों की प्रशंसा की गयी तो दक्षिणपंथी राजनीति भी उनका खुला विरोध नहीं कर सकी। दूसरे विश्व-युद्ध की समाप्ति के बाद तीन दशकों तक बाज़ार केंद्रित समाजवाद का यह मॉडल काफ़ी प्रभावशाली ढंग से काम करता रहा।

लेकिन सातवें दशक में मंदी और मुद्रास्फीति की दोहरी मार तथा कल्याणकारी पूँजीवाद के गढ़ में बढ़ते सामाजिक और औद्योगिक असंतोष के कारण इस मॉडल के औचित्य को लेकर सवाल खड़े होने लगे। मार्क्सवादी शिविर के विद्वान भी लगातार यह कहते आ रहे थे कि कल्याणकारी भंगिमाओं ने असमानता और शोषण को खत्म करने के बजाय पूँजीवाद को ही मजबूत किया है। इस मॉडल का एक आपत्तिजनक पहलू यह भी प्रकट हुआ कि कामगार वर्ग को जीवन की बुनियादी सुविधाएँ प्रदान करने वाली मशीनरी के ज़रिये राज्य उस पर नियंत्रण करने की स्थिति में आ गया।

समाजवाद से प्रेरित लेकिन बाज़ार से संचालित इस कल्याणकारी मॉडल की समाजवादी नारीवादियों ने अलग ढंग से आलोचना की है। उनके अनुसार मॉडल के तहत लागू की गयी अनेक कल्याणकारी नीतियों में जेंडरगत पूर्वाग्रह पहले की तरह बरक़रार रहे। इस तरह परिवार और काम से संबंधित नीतियों में स्त्रियों को कुछ इच्छित उद्देश्य हासिल करने के लिए मुख्यत: प्रजनन की भूमिका तक सीमित रखा गया। नारीवादी आलोचकों का यह भी कहना है कि इस कल्याणकारी राज्य के लाभ तो मध्यवर्गीय स्त्रियों तक ही सीमित रहे लेकिन राज्य की निगरानी और नियंत्रण का खमियाजा मजदूर वर्ग की स्त्रियों को उठाना पड़ा।

बाज़ार को क़ायम रखते हुए समाजवाद के कुछ तत्त्वों पर अमल करने वाले इस मॉडल का नव-उदारतावादी बुद्धिजीवी शुरू से ही विरोध करते आये थे। सातवें दशक में यह वर्ग ज़ोर शोर से कहने लगा था कि समाजवाद न केवल अर्थव्यवस्था को जड़ बना देता है बल्कि व्यक्ति की स्वतंत्रता भी छीन लेता है। नवें दशक में जब सोवियत संघ के साथ पूर्वी युरोप की समाजवादी व्यवस्थाएँ एक के बाद एक ढहने लगी तो समाजवाद की इस आलोचना को व्यापक वैधता मिलने लगी। और समाजवाद के साथ इतिहास के अंत की भी बातें की जाने लगी। विजय के उन्माद में उदारवादी बुद्धिजीवियों ने यह भी कहा कि मनुष्यता के लिए पूँजीवाद ही एकमात्र विकल्प है लिहाज़ा अब उसके विकल्प की बात भूलकर केवल यह सोचा जाना चाहिए कि पूँजीवाद की कोई और शक्ल क्या हो सकती है।

वैधता के इस संकट के कारण इस अवधि में समाजवादी शिविर की अधिकांश प्रतिक्रियाओं और कार्यक्रमों का अंदाज़ आत्मरक्षात्मक रहा है। संस्थाओं, सिद्धांत तथा व्यावहारिक राजनीति की दृष्टि से भी समाजवादी गतिविधियों में जन-रुचि का ग्राफ़ काफ़ी नीचे गया है। निस्संदेह यह सब समाजवाद के गहरे संकट की ओर इशारा करता है परंतु चौतरफ़ा पस्ती के इस माहौल में जब भी रोज़गार हीन विकास, असुरक्षा तथा मानवीय गरिमा के ह्रास की बात की जाती है तो इस आलोचना के औजार लाजिमी तौर पर समाजवाद से ही लिए जाते हैं। बराबरी और सामूहिक कल्याण के समाजवादी मूल्य न केवल आज भी अपनी जगह पर क़ायम हैं बल्कि नयी शताब्दी के शुरुआती वर्षों में लातीनी अमेरिकी देशों के राजनीतिक रुझान, भूमण्डलीकरण के विश्वव्यापी विरोध तथा दुनिया के अलग अलग हिस्सों में चल रहे पर्यावरण आंदोलनों की शक्ल में एक बार फिर सतह पर लौट रहे हैं।

**देखें :** ऑस्कर रायज़ार्ड लांगे, निष्क्रिय क्रांति, पेटी बूर्ज्वा, फ्रेड्रिख़ एंगेल्स, फ्रेंकफ़र्ट स्कूल, बोल्शेविक क्रांति, क्यूबा की क्रांति, काल्पनिक समाजवाद, जय प्रकाश नारायण, जॉन मेनार्ड कींस, कल्याणकारी अर्थशास्त्र, नरेंद्र देव, फ्रांस्वा-चार्ल्स मारी फ़ूरिये, बाज़ार समाजवाद, मानवेंद्र नाथ राय, माओ त्से-तुंग, माओवाद और माओ विचार, मार्क्सवाद-1 से 5 तक, समाजवादी वसंत-1 से 4 तक, रॉबर्ट ओवेन, राज्य की मार्क्सवादी अवधारणा, राममनोहर लोहिया, रोज़ा लक्ज़ेमबर्ग, लेनिनवाद, लियोन ट्रॉट्स्की, लिबरेशन थियोलॅजी, सर्वहारा, संशोधनवाद, सांस्कृतिक क्रांति, सैं-सिमों, स्तालिन और स्तालिनवाद, सोवियत समाजवाद-1 से 3 तक, व्लादिमिर इलीच लेनिन।

## संदर्भ

1. पैरी ऐंडरसन और रॉबिन ब्लैकबर्न (1965), *टुवर्ड्स सोशलिज़्म*, फ़ोंटाना लायब्रेरी, लंदन.
2. एच.डब्ल्यू. लैडलर (1948), *हिस्ट्री ऑफ़ सोशलिज़्म*, क्रोवैल, न्यूयॉर्क.
3. सी. लैण्डॉर (1959), *युरोपियन सोशलिज़्म : अ हिस्ट्री ऑफ़ आइडियाज़ ऐंड मूवमेंट्स*, युनिवर्सिटी ऑफ़ कैलिफ़ोर्निया प्रेस, बर्कले.
4. ज्यॉफ़ ईले (2002), *फ़ोर्जिंग डेमॉक्रैसी : द हिस्ट्री ऑफ़ लेफ़्ट इन युरोप, 1850-2000*, ऑक्सफ़र्ड युनिवर्सिटी प्रेस, ऑक्सफ़र्ड.

**— नरेश गोस्वामी**

# समाजवादी पार्टी

(Samajvadi Party)

समाजवादी पार्टी का राजनीतिक प्रभाव मुख्य रूप से उत्तर प्रदेश में केंद्रित है। मुलायम सिंह यादव के नेतृत्व वाली यह पार्टी राममनोहर लोहिया के समाजवादी आदर्शों का पालन करने का दावा करती है। विरासत के तौर पर इस पार्टी के पास लोहिया के साथ-साथ चरण सिंह की विरासत भी है। इस लिहाज़ से यह पिछड़ों के हक, उनके राजनीतीकरण, कुटीर उद्योग और हिंदी भाषा की समर्थक है। अपने गठन के बाद से ही समाजवादी पार्टी उत्तर प्रदेश में या तो सत्ता में रही है या फिर विपक्ष में। चूँकि उत्तर प्रदेश से लोकसभा के सबसे ज़्यादा सदस्य चुने जाते हैं, इसलिए गठजोड़ राजनीति के दौर में समाजवादी पार्टी की भूमिका काफ़ी महत्त्वपूर्ण मानी जाती है। हिंदुत्ववादी राजनीति का लगातार विरोध करने के कारण यह वामपंथी दलों की भी चहेती पार्टी रही है। अपने गठन के बाद से तीसरे मोर्चे के राजनीतिक प्रयोगों में इसकी अहम भूमिका है।

समाजवादी पार्टी के संस्थापक मुलायम सिंह यादव खाँटी समाजवादी राजनेता के रूप में प्रसिद्ध हैं। युवावस्था में उन्होंने लोहिया से प्रभावित होकर राजनीति में आने का फ़ैसला किया। उन्हें लोहिया और उनके प्रमुख अनुयायी राजनारायण के साथ काम करने का अवसर भी मिला। बाद में मुलायम सिंह ने उत्तर प्रदेश में अपने आधार के ज़रिये राष्ट्रीय राजनीतिक दावेदारी की तरफ़ बढ़ रहे चरण सिंह का नेतृत्व स्वीकार कर लिया। 1977 में बनी जनता पार्टी सरकार में रामनरेश यादव के मुख्यमंत्रित्व में वे सहकारिता मंत्री बने। इसके बाद मुलायम सिंह यादव ने कभी पीछे मुड़ कर नहीं देखा। 1989 में उत्तर प्रदेश में जनता दल को भाजपा के बाहरी समर्थन से सरकार गठित करने का अवसर मिला। मुलायम सिंह इस सरकार के मुख्यमंत्री बने। दिलचस्प तथ्य यह है कि उन्होंने चरण सिंह के बेटे अजित सिंह को विधायक दल के नेता के चुनाव में हराया था। अपनी सरकार की स्थिरता के लिए भाजपा पर निर्भर होने के बावजूद मुलायम सिंह ने भाजपा की साम्प्रदायिक राजनीति से कोई समझौता नहीं किया। यहाँ तक कि उन्होंने 1990 के अक्टूबर महीने में अयोध्या में बाबरी मसज़िद पर आक्रमण कर रहे उपद्रवी कारसेवकों के ख़िलाफ़ गोली चलाने के आदेश दिये। अपने दृढ़ फ़ैसले के कारण एक ओर तो वे अल्पसंख्यकों और सेकुलर जमात में लोकप्रिय हुए, वहीं उन्हें भाजपा और दूसरे दक्षिणपंथी ताक़तों के आक्रोश का भी सामना करना पड़ा। भाजपा ने अपने अध्यक्ष लालकृष्ण आडवाणी की रथयात्रा के बिहार में रोके जाने के विरोध में केंद्र की तत्कालीन विश्वनाथ प्रताप सिंह सरकार और साथ में राज्य की मुलायम सिंह सरकार से अपना समर्थन वापस ले लिया। इस समय जनता दल के भीतर भी काफ़ी खींचतान चल रही थी जिसके परिणामस्वरूप देवीलाल और चंद्रशेखर ने जनता दल से अलग होकर समाजवादी जनता पार्टी बनायी। चंद्रशेखर को केंद्र में कांग्रेस के बाहरी समर्थन से सरकार बनाने का मौक़ा भी मिला। मुलायम सिंह यादव भी समाजवादी जनता पार्टी में शामिल हो गये और कांग्रेस की मदद से उनकी सरकार भी बच गयी। लेकिन 1991 में कांग्रेस द्वारा समर्थन वापस ले लेने के कारण उनकी सरकार का पतन हो गया। 1991 में हुए राज्य विधानसभा चुनावों में भाजपा को बहुमत मिला। समाजवादी जनता पार्टी का राज्य में दूसरे स्थान पर रही। बहरहाल, राष्ट्रीय स्तर पर समाजवादी जनता पार्टी की स्थिति काफ़ी ख़राब हो चुकी थी। अत: मुलायम सिंह ने अपने लिए अलग और स्वतंत्र रास्ता चुनने का फ़ैसला किया और 1992 में समाजवादी पार्टी का गठन किया।

समाजवादी पार्टी ने अपने गठन के बाद उत्तर प्रदेश में अपना आधार तेज़ी से फैलाया। असल में मुलायम सिंह पहले से ही पिछड़ों, ख़ासतौर पर यादवों और मुसलमानों में ख़ासे लोकप्रिय थे। इसलिए समाजवादी पार्टी को अपना आधार मजबूत बनाने में किसी ख़ास परेशानी का सामना नहीं करना पड़ा। 1993 में उत्तर प्रदेश विधानसभा चुनाव बाबरी मसज़िद गिराये जाने के बाद की स्थिति में हो रहे थे और राज्य में साम्प्रदायिक ध्रुवीकरण की स्थिति थी। मुलायम सिंह ने राजनीतिक समझदारी दिखाते हुए बहुजन समाज पार्टी (बसपा) से चुनावी गठजोड़ किया और कांशी राम के साथ संयुक्त रूप से पूरे राज्य में ज़बरदस्त चुनाव प्रचार किया। चुनावों में भाजपा की ऐतिहासिक हार हुई और सपा-बसपा गठबंधन की जीत हुई। इन चुनावों में सपा को 104 और बसपा को 61 सीटों पर जीत मिली। यह एक चमकदार राजनीतिक घटनाक्रम था, जिसके बारे में रजनी कोठारी जैसे राजनीतिशास्त्रियों ने यह विचार व्यक्त किया कि पिछड़े समूहों की यह राजनीतिक चेतना साम्प्रदायिक राजनीति का कारगर प्रतिकार है। लेकिन सपा-बसपा गठबंधन सरकार बहुत सुचारु रूप से काम नहीं कर पायी। इसका एक बड़ा कारण यह था कि बसपा और ख़ासतौर पर इसकी तत्कालीन महासचिव मायावती ने लगातार इस सरकार पर दबाव बनाया। आख़िरकार जून, 1995 में इस सरकार का पतन हो गया।

मुलायम सिंह की सरकार ने पिछड़ों-अल्पसंख्यकों की भलाई के लिए कई क़दम उठाये, लेकिन इस दौर में राज्य में अपराधों में भी ज़बरदस्त बढ़ोतरी हुई। बहरहाल, मुलायम सिंह सरकार से समर्थन वापस लेने के बाद बसपा ने भाजपा के समर्थन से सरकार बनायी। लेकिन यह सरकार भी नहीं टिक सकी।

1996 के लोकसभा चुनावों के बाद केंद्र की राजनीति

में सपा की भूमिका में काफ़ी महत्त्वपूर्ण हो गयी। इन चुनावों में किसी भी एक राजनीतिक दल को स्पष्ट बहुमत नहीं मिला। अटल बिहारी वाजपेयी के नेतृत्व में बनी भाजपा सरकार का 13 दिनों के भीतर ही पतन हो गया। इसके बाद ग़ैर-कांग्रेस और ग़ैर-भाजपा दलों ने मिलकर तीसरे मोर्चे के सरकार के गठन की क़वायद शुरू की और संयुक्त मोर्चा का गठन किया गया। यह कहा जाता है (ख़ुद मुलायम सिंह ने भी कई साक्षात्कारों में यह कहा है) कि वी. पी. सिंह और ज्योति बसु द्वारा सरकार के नेतृत्व करने से मना कर दिये जाने के बाद संयुक्त मोर्चे की सरकार के नेतृत्व के लिए मुलायम सिंह का नाम भी सामने आया। लेकिन कई नेताओं (विशेषकर लालू यादव) के विरोध के कारण वे प्रधानमंत्री नहीं बन पाये। बहरहाल मुलायम सिंह संयुक्त मोर्चा की दोनों सरकारों में रक्षा मंत्री रहे। लेकिन 1998 के चुनावों के बाद भाजपा के नेतृत्व में गठबंधन सरकार बन गयी और इसलिए केंद्र की राजनीति में सपा विपक्ष में आ गयी।

उत्तर प्रदेश विधानसभा चुनाव में 1996 में सपा अपने पहले के प्रदर्शन में कोई सुधार नहीं कर पायी और उसे राज्य विधानसभा में कुल 104 सीटों पर जीत मिली। 156 सीटों पर जीत के साथ भाजपा सबसे बड़े दल की रूप में उभरी और बसपा को 64 सीटों पर जीत मिली। कुछ महीनों तक राष्ट्रपति शासन रहने के बाद वहाँ भाजपा और बसपा में छह-छह महीने तक सरकार चलाने का समझौता हुआ। बहरहाल, छह महीने का अपना दौर ख़त्म होने के बाद बसपा ने भाजपा को सत्ता स्थानांतरित करने से मना कर दिया। लेकिन भाजपा ने बसपा में विभाजन करवा कर विधानसभा में अपना बहुमत साबित कर दिखाया। इस दौरान सपा ने राज्य में विपक्षी दल की भूमिका अदा की। 2002 में हुए राज्य विधानसभा चुनावों में सपा को 143 सीटों पर जीत मिली और यह सबसे बड़े दल के रूप में उभरी। बहरहाल, इन चुनावों के बाद एक बार फिर भाजपा के समर्थन से बसपा नेता मायावती की सरकार बनी। लेकिन यह सरकार छह महीने ही चल पायी। इसके बाद मुलायम सिंह के नेतृत्व में सरकार बनी, जिन्होंने कांग्रेस, निर्दलीय और अन्य छोटे दलों की मदद से बहुमत हासिल किया। मुलायम सिंह की इस सरकार का प्रदर्शन उल्लेखनीय नहीं रहा। ख़ास तौर पर, बिजली, पानी, सड़क के मुद्दों पर इनकी सरकार की छवि काफ़ी नकारात्मक बनती चली गयी। विरोधी दलों ने उनके शासन को 'गुंडाराज' की संज्ञा दी। 2007 के विधानसभा चुनावों के नतीजों पर भी इसका स्पष्ट प्रभाव दिखा। इन चुनावों बसपा को पूर्ण बहुमत मिला।

नब्बे के दशक के आख़िरी वर्षों से ही समाजवादी पार्टी में उसके महासचिव अमर सिंह के प्रभाव के तहत कॉरपोरेट घरानों और फ़िल्मी सितारों आदि को तरजीह दी जाने लगी थी। चुनावी जीत हासिल करने वाले समीकरण बनाने के चक्कर में मुलायम सिंह ने कट्टर हिंदुत्व का प्रतीक माने जाने वाले कल्याण सिंह को 2009 के संसदीय चुनावों के पहले अपनी पार्टी में शामिल कर लिया था। इससे सपा का आधार माने जाने वाले कुछ मुसलिम मतदाता भी नाराज हुए। इसका खामियाजा उन्हें 2009 के लोकसभा चुनावों में भुगतना पड़ा। इन चुनावों में सपा को सिर्फ़ 23 सीटों पर जीत मिली, जबकि 2004 में सपा को 35 सीटों पर जीत मिली थी। बहरहाल, इसके बाद मुलायम सिंह ने अपनी राजनीतिक भूल में सुधार किया। उन्होंने पहले कल्याण सिंह से नाता तोड़ा और बाद में अमर सिंह को भी बाहर का रास्ता दिखाया।

इसके साथ ही पार्टी में नेतृत्व के स्तर पर पीढ़ीगत बदलाव करने की भी कोशिश की गयी। मुलायम सिंह ने अपने पुत्र अखिलेश यादव को राजनीतिक रूप से ज़्यादा सक्रिय किया। अखिलेश ने 2012 के विधानसभा चुनावों के काफ़ी पहले से पूरे प्रदेश का जम कर दौरा किया और कुछ ख़ास तरह के मुद्दों पर पार्टी को नया रास्ता दिखाया। मसलन, उन्होंने पिछड़ी जातियों के युवाओं में नयी तकनीक और नये अवसरों से जुड़ने की प्रेरणा भरने की कोशिश की। हिंदी भाषा के प्रति आग्रह को क़ायम रखने के बावजूद उन्होंने अंग्रेज़ी विरोध को बहुत ज़्यादा तरजीह नहीं दी। अपने विरोधियों के ख़िलाफ़ बेजा व्यक्तिगत या राजनीतिक आलोचना करने के बजाय उन्होंने लोगों के सामने अपना एजेंडा पेश किया। इन सब कारणों से 2012 के लोकसभा चुनावों में सपा को स्पष्ट बहुमत मिला और अखिलेश यादव राज्य के मुख्यमंत्री बने। समाजवादी पार्टी के नेता घोषित तौर पर यह मानते हैं कि अब उनका अगला और सबसे बड़ा लक्ष्य मुलायम सिंह को प्रधानमंत्री बनवाना है।

इस बात कोई संदेह नहीं है कि समाजवादी पार्टी देश के सबसे बड़े राज्य में पिछड़ी जातियों के राजनीतीकरण का प्रतिनिधित्व करती है। इस संदर्भ में अपनी राजनीतिक जीवन की शुरुआत से ही राममनोहर लोहिया के विचारों से गहराई से प्रभावित रहे मुलायम सिंह की भूमिका भी स्पष्ट है। लेकिन समाजवादी पार्टी की राजनीति की कई महत्त्वपूर्ण सीमाएँ भी रही हैं : पहला, समाजवादी पार्टी में परिवारवाद छाया हुआ है। मुलायम सिंह के परिवार के कई सदस्य राजनीति में उतर आये हैं और उनकी संख्या बढ़ती ही जा रही है। यह सच है कि देश के कई दूसरे बहुत से दल भी परिवारवाद और वंशवाद से जकड़े हुए हैं, लेकिन समाजवादी पार्टी इस मामले में उनसे अलग साबित नहीं हुई है।

दूसरा, समाजवादी पार्टी पर अपराधी रेकार्ड रखने वाले नेताओं को प्रश्रय देने का आरोप भी लगता रहा है। सपा ने कभी भी ख़ुद को इस तरह के नेताओं से स्पष्ट रूप से दूर करने की कोशिश भी नहीं की। इसलिए सपा के ख़िलाफ़ इनके विरोधी (ख़ासतौर पर बसपा) 'गुंडाराज को प्रश्रय देने'

का आरोप लगाती रही है। तीसरा, पिछड़ी जातियों की राजनीति को आगे बढ़ाने और पिछड़ों में राजनीतिक जागरूकता लाने के बावजूद सपा ने इनकी आर्थिक स्थिति में बदलाव लाने के लिए कोई बुनियादी आर्थिक कार्यक्रम पेश नहीं किया। राजनीतिक प्रतिनिधित्व के संदर्भ में भी यह कहा जा सकता है कि अति-पिछड़ी जातियाँ सपा के भीतर नेतृत्व के स्तर पर बहुत आगे नहीं आ पायीं। चौथा, अल्पसंख्यकों के संदर्भ में भी यही बात कही जा सकती है। साम्प्रदायिकता विरोध के नाम पर उत्तर प्रदेश में मुसलमानों ने लगातार मुलायम सिंह को समर्थन किया। लेकिन सपा की सरकारें बनने के बावजूद उनकी आर्थिक या शैक्षणिक स्थिति में कोई ज़बरदस्त बदलाव नहीं आया है। पाँचवाँ, सपा राष्ट्रीय स्तर ज़्यादा बड़ी भूमिका निभाना चाहती है। इसके लिए यह जरूरी है कि वह ग़ैर-कांग्रेसी, ग़ैर-भाजपायी दलों के साथ मुद्दों के आधार पर राजनीतिक समझ बनाने की कोशिश करे। लेकिन अधिकांश मौकों पर सपा का व्यवहार ऐसा नहीं रहा है कि दूसरे दल इससे जुड़ें। मसलन, 2012 के राष्ट्रपति चुनावों के समय सपा और तृणमूल कांग्रेस ने एक साथ कांग्रेस उम्मीदवार का विरोध करने का फ़ैसला किया। लेकिन एक दिन बाद ही सपा अध्यक्ष अपने बयान से मुकर गये। इसी तरह, कई मौक़ों पर सपा ने संयुक्त प्रगतिशील गठबंधन सरकार की ज़बरदस्त आलोचना की, मगर संसद में हमेशा उसका समर्थन किया। इससे ग़ैर-कांग्रेस और ग़ैर-भाजपा दलों के बीच सपा की राजनीतिक विश्वसनीयता कम हुई। छठा, सपा की राजनीति की एक सीमा यह भी रही है कि यह उत्तर प्रदेश के बाहर अपना विस्तार कर पाने में नाकाम रही है।

इन सीमाओं के बावजूद इस बात से इनकार नहीं किया जा सकता है कि पिछले दो दशकों की भारतीय राजनीति में सपा ने महत्त्वपूर्ण भूमिका अदा की है। भारतीय राजनीति में इसकी पहचान ऐसे दल के रूप में रही है जिसने पिछड़ों के राजनीतिक उभार को आगे बढ़ाने के साथ-साथ साम्प्रदायिक राजनीति के ख़िलाफ़ सख़्त रुख अपनाया है। लेकिन सपा के देश की राजनीति में ज़्यादा सार्थक भूमिका निभाने के लिए यह आवश्यक है कि वह नीतिगत आधार पर विश्वसनीय तरीक़े से तीसरे मोर्चे के निर्माण की कोशिश करे और यह प्रयास भी करे कि उत्तर प्रदेश से बाहर उसका विस्तार हो।

**देखें :** अकाली दल, कांग्रेस 'प्रणाली', ग़ैर-कांग्रेसवाद, गठजोड़ राजनीति, जनता दल और उसकी विरासत-1 और 2, तेलुगु देशम पार्टी, पार्टी-गठजोड़ की राजनीति, भारत में गठजोड़ राजनीति, भारतीय जनता पार्टी-1 और 2, भारत में मतदान-व्यवहार-1, 2, 3, 4, 5 और 6, भारतीय राष्ट्रीय कांग्रेस-1 और 2, भारतीय कम्युनिस्ट पार्टी, भारतीय कम्युनिस्ट पार्टी (मार्क्सवादी), राष्ट्रीय जनतांत्रिक गठजोड़, वाम मोर्चा, शिव सेना, बहुजन समाज पार्टी-1 और 2, शिरोमणि अकाली दल, समाजवादी पार्टी, संयुक्त प्रगतिशील गठजोड़।

### संदर्भ

1. अभय कुमार दुबे (1997), *मुलायम सिंह यादव : एक राजनीतिक अध्ययन,* राजकमल प्रकाशन, नयी दिल्ली.
2. जी. के. लिटेन (1994), 'ऑन कास्टिज़म ऐंड कम्युनलिज़म इन उत्तर प्रदेश', *इकॉनॉमिक ऐंड पॉलिटिकल वीकली,* खण्ड 29, अंक 14.
3. स्मिता गुप्ता (2007). 'द मुस्लिम्स ऑफ़ उत्तर प्रदेश', *इकॉनॉमिक ऐंड पॉलिटिकल वीकली,* खण्ड 42, अंक 23
4. एस. जी. और आर. आर. (1999), 'उत्तर प्रदेश : समाजवादी पार्टी होल्ड्स ग्राउंड', *इकॉनॉमिक ऐंड पॉलिटिकल वीकली,* खण्ड 34, नंबर 49.
5. राधिका रामाशेषन (2012), 'उत्तर प्रदेश इलेक्शन ऐंड समाजवादी पार्टी'ज़ विक्टरी', *इकॉनॉमिक ऐंड पॉलिटिकल वीकली,* खण्ड 47, नंबर 14.

**— कमल नयन चौबे**

# समाजवादी वसंत-1

## हंगरी में विद्रोह

(Socialist Spring-1)

सोवियत ख़ेमे में आने वाले तीन पूर्वी युरोपीय देशों (हंगरी, पोलैण्ड और चेकोस्लोवाकिया) में पचास और साठ के दशकों में घटी उन घटनाओं को समाजवादी वसंत का नाम दिया जा सकता है जिनके दौरान मार्क्सवादी विचारधारा के तहत एक अपेक्षाकृत खुला समाज बनाने की पहलक़दमियाँ ली गयीं थीं। सभी प्रयास सोवियत संघ द्वारा बुरी तरह कुचल दिये गये ताकि इन देशों में एक पार्टी की तानाशाही जारी रखी जा सके। आज पूर्वी युरोप से सोवियत शैली की हुकूमतों का सफ़ाया हो चुका है और कम्युनिस्टों की राजनीतिक वापिसी की कोई सम्भावना नहीं है। लेकिन पीछे मुड़ कर देखने से लगता है कि अगर इस अवधि के दोनों सोवियत शासकों (ख्रुश्चेव और ब्रेज़नेव) ने इन देशों की कम्युनिस्ट पार्टियों द्वारा बनायी गयी समाज और तंत्र के जनवादीकरण की योजनाओं के सकारात्मक पहलुओं पर ज़ोर दिया होता, तो इस क्षेत्र का इतिहास कुछ और भी हो सकता था। समाजवादी वसंत की पहली घटना हंगरी में घटी थी जिसके नायक वहाँ के कम्युनिस्ट नेता इमरे नागी थे। दूसरी घटना पोलैण्ड में घटी

जिसके शिखर पर व्लादिस्लाव गोमुल्का थे जिन्होंने पोलिश जनता से समाजवाद के नये संस्करण की स्थापना का वायदा किया था। तीसरी घटना चेकोस्लोवाकिया में घटी जिसे प्राग वसंत के नाम से याद किया जाता है। इसका नेतृत्व वहाँ की पार्टी के महासचिव अलेक्सांदेर दुबचेक के हाथ में था।

पूर्वी युरोप में पोलैण्ड, चेकोस्लोवाकिया, बल्गारिया, अल्बानिया, हंगरी और रोमानिया में जो पार्टियाँ शासन कर रही थीं, उनकी नीतियाँ न केवल सोवियत संघ में अपनायी जाने वाली नीतियों की प्रतिकृति थीं, बल्कि ये देश अपनी सुरक्षा के लिए भी सोवियत संघ पर निर्भर थे। 1955 में शीत-युद्ध के दबाव में हुए वारसा पैक्ट ने इन देशों को पूरी तरह से सोवियत संघ के उपग्रहों में बदल दिया था। 1953 में स्तालिन की मृत्यु और उसके बाद 1956 में सोवियत पार्टी की बीसवीं कांग्रेस में ख़ुश्चेव की 'सीक्रेट स्पीच' द्वारा प्रस्तावित अ-स्तालिनीकरण ने समाजवाद की बहुकेंद्रीय धारणा को बल दिया। एक सम्भावना जगी कि सभी देशों में एक ही ढर्रे का समाजवाद होना ज़रूरी नहीं है। मार्क्सवाद-लेनिनवाद में प्रशिक्षित और सोवियत नेतृत्व के जाने-समझे इन तीनों नेताओं द्वारा अपने-अपने देशों की विशिष्ट परिस्थितियों में समाजवाद का एक भिन्न मॉडल स्थापित करने के प्रयासों की यही पृष्ठभूमि थी।

हंगरी में 1956 की घटनाओं को सर्वसत्तावाद के ख़िलाफ़ पहली क्रांति की संज्ञा दी जाती है। हान्ना एरेंत के मुताबिक़ यह क्रांति जन-परिषदों द्वारा संचालित स्वशासी समाज बनाना चाहती थी। हंगरी की कम्युनिस्ट पार्टी के भीतर दमनकारी राज्य-तंत्र के चरित्र और नियोजित अर्थव्यवस्था की विफलताओं पर पहली उल्लेखनीय बहस स्तालिन की मृत्यु के बाद फूटी। 1953 में सुधारवादी रुझान के नेता इमरे नागी प्रधानमंत्री बने, लेकिन पार्टी और राज्य की बागडोर कट्टरपंथी समझे जाने वालों के हाथ में ही रही। नागी ने उद्योगीकरण की गति को धीमा किया और खेतिहर क्षेत्र में ज़बरन चलाये जा रहे सामूहिकीकरण को रोक दिया। उन्होंने जनता के जीवन-स्तर को बढ़ाने की नीतियाँ अपनायीं और राज्य-तंत्र के आंतक को घटाने में प्रमुख भूमिका निभायी। पार्टी की कट्टरपंथी ताक़तों ने इसके ख़िलाफ़ प्रतिक्रिया करते हुए 1955 में नागी को निष्कासित कर दिया। एक बार फिर 1953 से पहले वाली नीतियों को लागू करने का सिलसिला चला जिससे समाज के राजनीतिकृत हिस्सों में ख़ासा असंतोष पैदा हुआ।

सोवियत संघ की बीसवीं पार्टी कांग्रेस में ख़ुश्चेव द्वारा दिये गये स्तालिन विरोधी भाषण की अनुक्रिया ने हंगरी के बुद्धिजीवियों के बीच एक ज़बरदस्त सुधार आंदोलन को जन्म दिया जिसमें प्रतिबद्ध कम्युनिस्ट बुद्धिजीवी भी शामिल थे। जुलाई, 1956 में हंगरी के प्रमुख स्तालिनवादी नेता राकोसी को पार्टी के सचिव पद से इस्तीफ़ा देना पड़ा। कई विश्वविद्यालयों में छात्रों ने अपने स्वतंत्र संगठन बना लिए। एक सोलह सूत्री माँग पत्र तैयार हुआ जिसमें लोकतंत्रीकरण और बुनियादी अधिकारों की वापिसी के साथ-साथ हंगरी को सोवियत संघ की मातहती से मुक्त करने की माँग भी शामिल थी। 23 अक्टूबर, 1956 को दोपहर बाद बुडापेस्ट में छात्रों ने एक शांतिपूर्ण प्रदर्शन किया। ये छात्र पोलिश कम्युनिस्ट नेता गोमुल्का द्वारा किये जा रहे सुधारों के साथ अपनी एकजुटता जताना चाहते थे। शाम तक छात्रों के समर्थन में दो लाख लोग संसद भवन के सामने जमा हो गये। वहाँ लगी हुई स्तालिन की विशाल प्रतिमा को प्रदर्शनकारियों ने तोड़ डाला। प्रदर्शनकारियों ने 1848 में हुई उदारतावादी हंगारी क्रांति के उन्हीं प्रतीकों का इस्तेमाल किया जिनका इस्तेमाल करके 1948 में कम्युनिस्ट पार्टी ने ख़ुद को लोकप्रिय बनाया था। उनका कहना था कि कम्युनिस्ट पार्टी के ढाँचे को लोकतांत्रिक बनाया जाना चाहिए, देश में बहुपार्टी प्रणाली स्थापित करके चुनाव कराये जाने चाहिए और इमरे नागी को फिर से प्रधानमंत्री पद पर नियुक्त किया जाना चाहिए।

कम्युनिस्ट शासन ने स्टेट प्रोटेक्शन एथॉरिटी (एवीएच) द्वारा प्रदर्शनकारियों का दमन किया, क्योंकि बुडापेस्ट की पुलिस ने छात्रों के ख़िलाफ़ कार्रवाई करने से इनकार कर दिया था। 25 अक्टूबर को संसद के सामने चौक पर एवीएच द्वारा चलाई गयी गोली से सत्तर लोग मारे गये। इसके बाद संघर्ष शुरू हो गया, और लोकतंत्र के समर्थकों की तरफ़ से भी हमले हुए। हालात हाथ से पूरी तरह निकलते देख कर पार्टी के नेता एर्नो गेरो और सोवियत राजदूत यूरी आंद्रोपोव ने विद्रोह के दमन के लिए फ़ौज के इस्तेमाल का फ़ैसला किया, लेकिन हंगरी की फ़ौज ने इसका हिस्सा बनने से इनकार कर दिया। गेरो और आंद्रोपोव प्रतिरोध की तीव्रता देख कर चकित रह गये। सोवियत फ़ौजों के हाथों क़रीब ढाई सौ विद्रोहियों के मारे जाने के बावजूद प्रतिरोध जारी रहा। परिणामस्वरूप स्तालिनवाद विरोधी लड़ाई एक क़िस्म के राष्ट्रीय स्वतंत्रता संग्राम में बदल गयी। 26 अक्टूबर तक हड़तालें और प्रतिरोध सारे देश में फैल चुके थे। जगह-जगह क्रांतिकारी संगठन उभरने लगे और पहले से मौजूद संगठनों के साथ उनका तालमेल बनने लगा। राष्ट्रीय परिषदों ने जगह-जगह सत्ता पर क़ब्ज़ा करना शुरू कर दिया। 28 अक्टूबर तक क्रांति की यह प्रक्रिया गाँवों तक पहुँच गयी।

हालात देख कर नागी को फिर से प्रधानमंत्री बनाना पड़ा और जानोस कादार नये पार्टी सचिव बने। इन दोनों से पार्टी को उम्मीद थी कि वे मेल-मिलाप वाला रवैया अख़्तियार करते हुए सशस्त्र विद्रोह की भर्त्सना करेंगे और कुछ माँगों को मानने का रुख दिखाएँगे। सारे देश में सक्रिय हो चुके क्रांतिकारी संगठनों के कारण इस आंदोलन का

फ़ौजी दमन नामुमकिन हो चुका था। नागी ने विद्रोहियों से हथियार डाल देने और समझौता वार्ता करने का आग्रह किया, पर उन्होंने शर्त रखी कि पहले सोवियत फ़ौजें वापिस जाएँ और बहुपार्टी प्रणाली स्थापित की जाए। विद्रोहियों की दृढ़ता देख कर नागी को भी अपनी हिचक छोड़नी पड़ी, और 30 अक्टूबर को उन्होंने सभी कट्टरपंथियों को बर्ख़ास्त करते हुए अपनी सरकार को एक लोकप्रिय मोर्चा सरकार में बदल दिया। सोवियत संघ ने इसके ख़िलाफ़ तीखी प्रतिक्रिया की और एक नवम्बर को ख्रुश्चेव ने पूरी ताक़त से दूसरे फ़ौजी हस्तक्षेप का फ़ैसला किया। जवाब में नागी ने हंगरी को तटस्थ राष्ट्र घोषित कर दिया ताकि रूसी हमले को किसी तरह की अंतर्राष्ट्रीय वैधता न मिल सके। इसके बाद प्रतिरक्षा के लिए एकीकृत नैशनल गार्ड का गठन किया गया। चार नवम्बर को सोवियत हमला शुरू हुआ जिसके ख़िलाफ़ पंद्रह हज़ार लोगों ने बहादुराना संघर्ष किया। क़रीब ढाई हज़ार लोग मारे गये जिनमें ज़्यादातर युवा और मज़दूर वर्ग के थे। नागी को गिरफ़्तार कर लिया गया। कादार ने सोवियत संघ का साथ देने का फ़ैसला किया। कठपुतली सरकार का नेता बनते ही उन्होंने नागी को मौत की सज़ा सुनायी। 22,000 लोग जेल में डाल दिये गये, 229 को फ़ाँसी पर लटका दिया गया और लोकतांत्रिक क्रांति के समर्थकों को अगले पाँच साल तक मार्शल लॉ के तहत अमानवीय अत्याचारों का सामना करना पड़ा।

इमरे नागी (1896-1958)

हंगरी की क्रांति विफल हो गयी, लेकिन उसकी स्मृतियाँ इस देश के लोकतांत्रिक संघर्ष को लगातार प्रेरित करती रहीं। 1977 में 34 प्रमुख हंगारी बुद्धिजीवियों ने नागरिक अधिकारों की माँग करते हुए चार्टा-77 नामक घोषणापत्र पर हस्ताक्षर किये। 1985 में 45 प्रमुख बुद्धिजीवियों ने अपने देश के बढ़ते हुए आर्थिक और सामाजिक संकट पर एक बैठक आयोजित की जिसमें सभी असंतुष्ट गुटों ने भाग लिया। अगले साल से विरोध प्रदर्शनों का सिलसिला शुरू हो गया, नये राजनीतिक संगठन बनाये जाने लगे। गिरफ़्तारियों और दमन से यह सिलसिला नहीं थमा। 22 मार्च, 1989 को राजनीतिक दलों, ट्रेड यूनियनों और सामाजिक संगठनों ने मिल कर नैशनल राउंड टेबिल की रचना की। 1956 की क्रांति के नायक इमरे नागी और उनके साथियों के शव को दोबारा बाक़ायदा दफ़नाने के लिए दो लाख लोग जुटे। 23 अक्टूबर के दिन क्रांति की शुरुआत हुई थी, और उसी दिन हंगरी को गणराज्य घोषित किया करके राष्ट्रीय अवकाश मनाने का एलान किया गया। राउंड टेबिल के परिणामस्वरूप देश की पहली ग़ैर-कम्युनिस्ट सरकार चुनी गयी जिसने अगले साल 23 मई को सत्ता ग्रहण की।

**देखें :** अर्नेस्टो चे गुएवारा, आधार और अधिरचना, ऑस्कर रायज़ार्ड लांगे, आंगिक और पारम्परिक बुद्धिजीवी, एंतोनियो ग्राम्शी, कार्ल हाइनरिख़ मार्क्स-1 से 4 तक, क्रांति, क्रांति : मार्क्सवादी विमर्श, ग्योर्गी लूकाच, नयी सदी में मार्क्सवादी विमर्श-1 से 9 तक, निष्क्रिय क्रांति, पेटी बूर्ज्वा, फ्रेड्रिख़ एंगेल्स, फ्रेंकफ़र्ट स्कूल, भारत में किसान संघर्ष-2 और 4, भारतीय कम्युनिस्ट पार्टी, भारतीय कम्युनिस्ट पार्टी (मार्क्सवादी), भाषा के मार्क्सवादी सिद्धांत, भ्रांत चेतना, बोल्शेविक क्रांति, फ्रांस्वा-चार्ल्स मारी फ़ूरिये, क्यूबा की क्रांति, फ्रेंज़ फ़ानो, हिंसा-1 और 2, मानवेंद्र नाथ राय, माओ त्से-तुंग, माओवाद और माओ विचार, मार्क्सवाद-1 से 5 तक, मार्क्सवादी इतिहास-लेखन, मार्क्सवादी समाजशास्त्र, मार्क्सवाद और पारिस्थितिकी, मार्क्सवादी अर्थशास्त्र, मिख़ाइल मिख़ाइलोविच बाख़्तिन, रॉबर्ट ओवेन, राज्य की मार्क्सवादी अवधारणा, रोज़ा लक्ज़ेमबर्ग, लेनिनवाद, लियोन ट्रॉट्स्की, लिबरेशन थियोलॅजी, सर्वहारा, संशोधनवाद, सांस्कृतिक क्रांति, सैं-सिमों, स्तालिन और स्तालिनवाद, सोवियत समाजवाद-1 से 3 तक, सोवियत सिनेमा, वर्चस्व, व्लादिमिर इलीच लेनिन।

### संदर्भ

1. हान्ना एरेंत (1962), 'रिफ्लेक्शंस ऑन द हंगेरियन रेवोल्यूशन', द *ओरिजिंस ऑफ़ टोटेलियरनिज़्म,* एलेन ऐंड अनविन, लंदन.
2. फ़ेरेंस लाज़ो (2009), 'हंगरी, रेवोल्यूशन ऑफ़ 1956', इमैनुएल नैस (सम्पा.), *द इंटरनैशनल इनसाइक्लोपीडिया ऑफ़ रेवोल्यूशन ऐंड प्रोटेस्ट, 1500 टू प्रज़ेंट,* विली-ब्लैकवेल, ऑक्सफ़र्ड.
3. कारिन ई. न्यूमैन (2009), 'हंगरी, एंटी-कम्युनिस्ट प्रोटेस्ट्स, 1945-1989', इमैनुएल नैस (सम्पा.), *द इंटरनैशनल इनसाइक्लोपीडिया ऑफ़ रेवोल्यूशन ऐंड प्रोटेस्ट, 1500 टू प्रज़ेंट,* विली-ब्लैकवेल, ऑक्सफ़र्ड.
4. पी. केनी (2002), *अ कार्निवाल ऑफ़ रेवोल्यूशन : सेंट्रल युरोप 1889,* प्रिंसटन युनिवर्सिटी प्रेस, प्रिंसटन.

**— अभय कुमार दुबे**

# समाजवादी वसंत-2

## पोलैण्ड में मज़दूरों का विद्रोह

(Socialist Spring-2)

पचास के दशक में जिस समय हंगरी सोवियतं जकड़ से बाहर निकलने की कोशिश करते हुए समाजवाद के भिन्न संस्करण की दावेदारियाँ पेश कर रहा था, उसी समय पोलैण्ड की कम्युनिस्ट पार्टी के सुधारवादी धड़े की तरफ़ से भी ऐसी ही राजनीतिक परियोजना चलाई जा रही थी। हंगरी में छात्रों के जिस शांतिपूर्ण प्रदर्शन से क्रांति की शुरुआत हुई थी, वह पोलैण्ड के कम्युनिस्ट नेता व्लादिस्लाव गोमुल्का द्वारा प्रस्तावित सुधारवादी एजेंडे का समर्थन करने के नाम पर ही आयोजित किया गया था। फ़रवरी, 1956 में हुई बीसवीं सोवियत पार्टी कांग्रेस में निकिता ख़ुश्चेव के उस ख़ुफ़िया भाषण की ख़बर ने रिस-रिस कर पूरे कम्युनिस्ट जगत में हलचल मचा दी थी जिसमें उन्होंने स्तालिन के शासन-काल की ज़्यादतियों का ब्योरा देते हुए समाज और तंत्र के अ-स्तालिनीकरण का आह्वान किया था। पोलिश कम्युनिस्टों के एक हिस्से ने एक क़दम आगे बढ़ कर इस भाषण का पूरा पाठ सार्वजनिक रूप से प्रकाशित कर दिया। परिणामस्वरूप न केवल पोलिश पार्टी सुधार के समर्थकों और विरोधियों में बँट गयी, बल्कि आम तौर पर पार्टी के भीतरी हलक़ों में चलने वाली बहस खुले आम होने लगी। कम्युनिस्ट शासन की प्रकृति पर आम सभाओं में प्रश्न उठाये जाने लगे। मज़दूर वर्ग की तरफ़ से अति-केंद्रित अर्थव्यवस्था, बदइंतज़ामी और नागरिक अधिकारों के अभाव की शिकायतें आने लगीं। किसानों की तरफ़ से अपनी ज़मीनें वापिस देने की माँग की गयी। विवाद के केंद्र में सोवियत प्रभुत्व से आज़ादी की माँग थी। पार्टी ने इस बहस पर रोक लगाने की कोशिश की, पर तब तक हालात उसके हाथ से निकल चुके थे।

लेक वालेसा (1943- )

28 जून को पोज़नान की विशालकाय फ़ैक्ट्री में हड़ताल हो गयी। हज़ारों मज़दूरों ने औरतों-बच्चों समेत जुलूस निकाल कर पार्टी के स्थानीय अधिकारियों को एक शिकायत-पत्र थमा दिया। पार्टी द्वारा माँगों की उपेक्षा किये जाने पर यह प्रतिरोध तेज़ी के साथ पूरे देश में एक विद्रोह की तरह फैलता चला गया। विद्रोहियों ने सोवियत चौधराहट से मुक्त पोलैण्ड बनाने का आह्वान किया। इसे कुचलने के लिए सोवियत प्रशिक्षित रक्षा मंत्री मार्शल रोकोसोव्स्की ने चार सौ टैंकों और बख़्तरबंद गाड़ियों का इस्तेमाल किया। इस संघर्ष में 73 विद्रोही मारे गये, सैकड़ों बुरी तरह घायल हो गये और सात फ़ौजियों की भी जान गयी। सोवियत कम्युनिस्ट पार्टी ने इस घटना को अमेरिकी साज़िश का नतीजा क़रार दिया। लेकिन इसके फलितार्थ बहुत गहरे साबित हुए। पार्टी के निचले स्तरों से हज़ारों प्रस्ताव वारसा स्थित मुख्यालय को भेजे जाने लगे जिनमें माँग की गयी थी कि सुधारवादी कम्युनिस्ट नेता गोमुल्का को पोलित ब्यूरो का फिर से सदस्य बनाया जाए। गोमुल्का 1944 से 48 के बीच सत्ता सँभाल चुके थे, और उन्हें दक्षिणपंथी भटकाव का शिकार बता कर हाशिये पर धकेल दिया गया था। अक्टूबर में गोमुल्का ने भी पहलक़दमी लेते हुए पोज़नान में हुए दमन की आलोचना की और कहा कि पार्टी को मज़दूर वर्ग के साथ अपने अलगाव पर फिर से ग़ौर करते हुए अपने भीतर रैडिकल तब्दीलियाँ करनी चाहिए। उन्होंने सरकार का आकार छोटा करने, प्रमुख मंत्रालयों में जमे बैठे सोवियत सलाहकारों को मास्को वापिस भेजने, और कुल मिला कर दोनों देशों के संबंधों को समान धरातल पर लाने की माँग भी की। बदले में रोकोसोव्स्की ने पोलैण्ड में मौजूद रूसी फ़ौजों का इस्तेमाल करने की धमकी दी।

इसी समय अपने दो पोलित ब्यूरो सदस्यों के साथ ख़ुद ख़ुश्चेव वारसा पहुँचे। वार्ता शुरू हुई जिसमें सोवियत नेता ने अपने हितों की रक्षा के लिए किसी भी हद तक जा कर हस्तक्षेप करने की धमकी दी। गोमुल्का ने संयम दिखाते हुए ख़ुश्चेव को आश्वस्त किया कि वे न केवल एक पार्टी की हुकूमत के पक्ष में हैं, बल्कि सोवियत प्रणाली में बुनियादी तौर पर यक़ीन करते हैं। उन्होंने वारसा पैक्ट के प्रति भी अपनी निष्ठा जतायी। इस वार्ता के परिणामस्वरूप गोमुल्का को दोबारा पार्टी का नेता बनाया गया। उन्होंने वारसा के पैलेस ऑफ़ कल्चर के सामने तीन लाख से ज़्यादा नागरिकों को सम्बोधित करते हुए जानकारी दी कि सोवियत फ़ौजें बैरकों में लौट गयी हैं। अब समाजवाद के नये संस्करण की रचना की जाएगी जिसमें उद्यमशीलता को अधिक प्रोत्साहन दिया जाएगा और कारख़ानों का प्रबंधन मज़दूरों के हाथ में रहेगा। गोमुल्का ने कैथॅलिक चर्च से भी अपील की कि वह राष्ट्र-निर्माण की देशभक्तिपूर्ण परियोजना में हाथ बँटाये। गोमुल्का के आग्रह पर सोवियत संघ ने अपने कई सलाहकार वापिस बुला लिए और मार्शल रोकोसोव्स्की को भी पेंशनयाफ़्ता कर दिया गया। पोलिश ज़मीन पर तैनात रूसी फ़ौजों की गतिविधियाँ नियंत्रित करने के लिए नये नियम बनाये गये। खेती के सामूहिकीकरण की कार्रवाई रोक

दी गयी। चर्च की राजनीतिक गतिविधियों पर तो पाबंदी रही, पर उसे सांस्कृतिक जीवन में भाग लेने की इजाज़त मिल गयी।

समाजवाद का यह संस्करण कुछ नया ज़रूर था, लेकिन बुद्धिजीवियों को इससे तसल्ली नहीं हुई। उन्हें अक्टूबर में गोमुल्का से की गयी घोषणाओं से कहीं ज़्यादा उम्मीद थी। उन्हें उस समय और निराशा हुई जब कुछ दिन पहले ही हटाई गयी सेंसरशिप फिर से लागू कर दी गयी। स्वतंत्र बहस-मुबाहिसे करवाने वाले क्लब प्रतिबंधित कर दिये गये। मज़दूरों को भी जल्दी ही लग गया कि दरअसल फ़ैक्ट्रियों के प्रबंधन में उनकी भागीदारी व्यावहारिक रूप से है ही नहीं। अर्थव्यवस्था फिर से जड़ता की तरफ़ जाने लगी।

1968 में वारसा विश्वविद्यालय के छात्रों ने अभिव्यक्ति की आज़ादी के प्रश्न पर पूरे देश में घूम-घूम कर प्रचार किया। गोमुल्का ने उनके ऊपर संशोधनवादियों का एजेंट होने का आरोप लगाया, उनके आंदोलन को 'यहूदी साज़िश' क़रार दिया और उन्हें सज़ा देने के लिए विश्वविद्यालय में अर्थशास्त्र, दर्शनशास्त्र, समाजशास्त्र और मनोविज्ञान की फ़ैकल्टियाँ भंग कर दी गयीं। एक हज़ार से ज़्यादा छात्र निकाल दिये गये। वारसा की टैक्निकल युनिवर्सिटी से भी डेढ़ हज़ार छात्र निकाले गये। यह छात्र आंदोलन गोमुल्का की हुकूमत को पहली गम्भीर चुनौती थी। दो साल बाद मज़दूरों के ज़बरदस्त विद्रोह के कारण गोमुल्का को सत्ता छोड़नी पड़ी। सत्तर के दशक में इन्हीं विद्रोही छात्रों ने उस राजनीतिक आंदोलन की नींव डालने में प्रमुख भूमिका निभायी जिसका विकास आगे चल सोलिडरटी के रूप में हुआ। 1988 से 1993 के बीच की अवधि पोलैण्ड के इतिहास में सोलिडरिटी नामक ट्रेड यूनियन द्वारा चलाये गये प्रतिरोध के सामाजिक-राजनीतिक आंदोलन के लिए जानी जाती है। एक ट्रेड यूनियन के रूप में सोलिडरिटी का गठन 1980-81 में ग़ैर-कम्युनिस्ट राजनीतिक शक्तियों, अर्थशास्त्रियों और मज़दूर नेताओं की प्रेरणा और सक्रियता से हुआ था। इसकी भूमिका कमेटी ऑफ़ वर्कर्स नामक संगठन द्वारा लम्बे अरसे तक संघर्ष करके बनाये गये बुद्धिजीवियों और मज़दूरों के संश्रय ने तैयार की थी। हुकूमत ने बाद में इसे ग़ैर-क़ानूनी घोषित कर दिया। कम्युनिस्टों का अपना सत्ता समर्थक ट्रेड यूनियन महासंघ (ओपीज़ेडज़ेड) था। मई और अगस्त, 1988 में हुई मज़दूर हड़तालों के परिणामस्वरूप नवम्बर में टेलीविज़न पर उस समय तक ग़ैरक़ानूनी सोलिडरिटी के नेता लेक वालेसा और ओपीज़ेडज़ेड के अध्यक्ष अल्फ्रेड मियोदोविच के बीच खुली बहस आयोजित की गयी। 1989 में सरकार को मज़दूरों के दबाव के सामने झुकना पड़ा। 59 दिनों तक चली ऐतिहासिक गोलमेज़ वार्ता के परिणामस्वरूप कई संरचनागत आर्थिक सुधार घोषित किये गये और सोलिडरिटी को क़ानूनी मान्यता एक बार फिर से मिली।

आर्थिक जड़ता बढ़ती जा रही थी। 1992 में अध्यापक भी हड़ताल पर उतर आये। मज़दूरों और जनता के अन्य तबकों ने हड़तालों और प्रदर्शनों से परे जा कर अनशन, धरना, सड़क जाम, सरकारी इमारतों पर अस्थाई क़ब्ज़ा जैसे क़दम भी उठाने शुरू कर दिये। इन तमाम गतिविधियों का नेतृत्व या तो सोलिडरिटी के हाथ में रहता था, या फिर ओपीज़ेडज़ेड के हाथ में। सोलिडरिटी का रवैया अधिक जुझारू था, और ओपीज़ेडज़ेड का अपेक्षाकृत कम। वालेसा के नेतृत्व में सोलिडरिटी की आंतरिक राजनीति तेज़ी से राजनीतिक बहुलता, यूनियनों को अधिक स्वायत्तता और कम्युनिस्ट विरोध की तरफ़ झुकती चली गयी। जून, 1989 में हुए चुनावों में सोलिडरिटी ने एक राजनीतिक पार्टी के तौर पर भागीदारी की, और नवगठित सिनेट की सौ में से 99 सीटें जीत कर इतिहास बनाया। अगले साल राष्ट्रपति के चुनाव में वालेसा को 77.5 प्रतिशत वोट मिले। इस समय तक पूर्वी युरोप सोवियत संघ के हाथ से पूरी तरह से निकल चुका था। 1991 में एक राष्ट्र के रूप में सोवियत संघ का अस्तित्व मिट गया, और पोलैण्ड ने लेक वालेसा के नेतृत्व में एक नये राजनीतिक दौर में प्रवेश किया।

**देखें :** अर्नेस्टो चे गुएवारा, आधार और अधिरचना, ऑस्कर रायज़ार्ड लांगे, आंगिक और पारम्परिक बुद्धिजीवी, एंतोनियो ग्राम्शी, कार्ल हाइनरिख़ मार्क्स-1 से 4 तक, क्रांति, क्रांति : मार्क्सवादी विमर्श, ग्योर्गी लूकाच, नयी सदी में मार्क्सवादी विमर्श-1 से 9 तक, निष्क्रिय क्रांति, पेटी बूर्ज्वा, फ्रेड्रिख़ एंगेल्स, फ्रेंकफ़र्ट स्कूल, भारत में किसान संघर्ष-2 और 4, भारतीय कम्युनिस्ट पार्टी, भारतीय कम्युनिस्ट पार्टी (मार्क्सवादी), भाषा के मार्क्सवादी सिद्धांत, भ्रांत चेतना, बोल्शेविक क्रांति, फ्रांस्वा-चार्ल्स मारी फ़ूरिये, क्यूबा की क्रांति, फ्रेंज़ फ़ानो, हिंसा-1 और 2, मानवेंद्र नाथ राय, माओ त्से-तुंग, माओवाद और माओ विचार, मार्क्सवाद-1 से 5 तक, मार्क्सवादी इतिहास-लेखन, मार्क्सवादी समाजशास्त्र, मार्क्सवाद और पारिस्थितिकी, मार्क्सवादी अर्थशास्त्र, मिख़ाइल मिख़ाइलोविच बाख़्तिन, रॉबर्ट ओवेन, राज्य की मार्क्सवादी अवधारणा, रोज़ा लक्ज़ेमबर्ग, लेनिनवाद, लियोन ट्रॉट्स्की, लिबरेशन थियोलॅजी, सर्वहारा, संशोधनवाद, सांस्कृतिक क्रांति, सैं-सिमों, स्तालिन और स्तालिनवाद, सोवियत समाजवाद-1 से 3 तक, सोवियत सिनेमा, वर्चस्व, व्लादिमिर इलीच लेनिन।

## संदर्भ


1. आर. ज़ुज़ोव्स्की (1992), *पॉलिटिकल डिसेंट ऐंड अपोज़ीशन इन पोलैण्ड,* प्रेजर, वेस्टपोर्ट, सीटी.
2. टी. गार्टन एश (2002), *द पोलिश रेवोल्यूशन : सोलिडरिटी,* येल युनिवर्सिटी प्रेस, न्यू हैविन.
3. ए. कैम्प-वेल्श (2008), *पोलैण्ड अंडर कम्युनिज़म : एक कोल्ड वार हिस्ट्री,* केम्ब्रिज युनिवर्सिटी प्रेस, केम्ब्रिज.
4. के. पेरसाक (2008), 'द पोलिश-सोवियत कन्फ्रंटेशन इन 1956', टी. कॉक्स (सम्पा.), *चैलैंजिंग कम्युनिज़म युरोप : 1956 ऐंड इट्स लीगेसी,* रॉटलेज, लंदन.


**— अभय कुमार दुबे**

# समाजवादी वसंत-3

## चेकोस्लोवाकिया में मानवीय समाजवाद की तलाश

(Socialist Spring-3)

हंगरी और पोलैण्ड में जो विद्रोह पचास के दशक में हुए थे, उनसे भी कहीं गहरे फलितार्थों वाला विद्रोह साठ के दशक में चेकोस्लोवाकिया में हुआ। पूर्वी युरोप का यह देश चेक और स्लोवाक राष्ट्रीयताओं का राजनीतिक संगम था। यहाँ के घटनाक्रम ने आर्थिक-सामाजिक नियंत्रण के सोवियत मॉडल को जो चुनौती दी, उसके शिखर पर वहाँ की कम्युनिस्ट पार्टी और उसके नेता अलेक्सांदेर दुबचेक थे। 1963 से शुरू हुई मज़दूरों, छात्रों और बुद्धिजीवियों की बार-बार होने वाली गोलबंदी हालाँकि 1968 में प्राग वसंत के रूप में शिखर पर पहुँची, लेकिन उसकी प्रेरणाओं का स्रोत वही अ-स्तालिनीकरण था जिसे ख्रुश्चेव द्वारा सोवियत संघ में 1956 से शुरू करके जल्दी ही ठंडे बस्ते में डाल दिया गया था। द्वितीय विश्व-युद्ध के बाद विद्वानों ने अगर किसी राजनीतिक प्रकरण का सबसे ज़्यादा अध्ययन किया है तो वह है प्राग वसंत। वारसा पैक्ट की आड़ में सोवियत फ़ौजों ने प्राग वसंत नामक इस अभूतपूर्व विद्रोह का दमन कर दिया, लेकिन इस घटना के कारण भारत समेत दुनिया के कई देशों के वामपंथी बुद्धिजीवियों के मानस में सोवियत मार्का मार्क्सवाद की नकारात्मक छवि अंकित हो गयी।

अलेक्सांदेर दुबचेक (1921-1992)

चेकोस्लोवाकिया पर शासन करने वाली कम्युनिस्ट पार्टी द्वारा अप्रैल, 1968 में एक्शन प्रोग्राम की शक्ल में जारी घोषणा-पत्र प्राग वसंत के केंद्र में था। राजनीतिक प्रणाली में आमूलचूल सुधार का आग्रह करने वाले इस घोषणा-पत्र को लिखने में तीन महीने लगे थे। इसमें दर्जनों संस्थाओं, जाँच रपटों, आयोगों और बहुत से बुद्धिजीवियों की भूमिका थी। इसके प्रावधान युगोस्लाविया में टीटो के नेतृत्व में किये जा रहे श्रमिकों द्वारा उद्योगों के मज़दूरों के स्व-प्रबंधन से प्रभावित थे। शुरू से ही ख़ुद को सोवियत ख़ेमे से बाहर रखने के कारण युगोस्लाविया ऐसा करने की स्थिति में था। इस घोषणा-पत्र पर दूसरी छाप युरोपीय कम्युनिस्ट पार्टियों के भीतर चल रहे विमर्श की थी। घोषणा-पत्र के मुख्य बिंदु थे : अभिव्यक्ति और संगठन पर लगी पाबंदियाँ ढीली करना, ख़ुफ़िया पुलिस द्वारा क़दम-क़दम पर की जाने वाली निगरानी में कटौती करना, नियोजित अर्थव्यवस्था में बाज़ार के पहलुओं का समावेश करना, बहुसंख्यक चेक और अल्पसंख्यक स्लोवाक राष्ट्रीयता की हैसियतों को समान धरातल पर लाना और कम्युनिस्ट पार्टी को कम से कम अर्ध-प्रतियोगात्मक चुनावों के लिए तैयार करना। इस घोषणा-पत्र के पीछे विश्वविद्यालयीय छात्रों, ट्रेड यूनियनों के संस्थाबद्ध मज़दूरों और बुद्धिजीवियों के समर्थन की ताक़त थी।

चेकोस्लोवाकिया की कम्युनिस्ट पार्टी ने 1948 में सत्ता सँभाली थी। प्राग वसंत के समय उसके नेता मास्को के पॉलिटिकल कॉलेज में शिक्षा प्राप्त दुबचेक स्वयं स्लोवाक राष्ट्रीयता के थे, और उन्हें सोवियत नेताओं का पूरा विश्वास प्राप्त था। दुबचेक चाहते थे कि वे अपने कम्युनिस्ट तंत्र को पार्टी का वर्चस्व क़ायम रखते हुए क्रमशः सुधारें। स्लोवाक पार्टी के नेता के तौर पर वे अपनी राष्ट्रीयता के बुद्धिजीवियों और लेखकों का समर्थन जीतने में कामयाब साबित हुए थे। कम्युनिस्ट होते हुए भी उन्हें स्लोवाक राष्ट्रवाद के प्रतिनिधि के तौर पर मान्यता प्राप्त थी। उनके नेतृत्व में चेकोस्लोवाकिया के कट्टरपंथी राष्ट्रपति नोवोत्नी के ख़िलाफ़ असंतोष गोलबंद हुआ जिसके फलस्वरूप सत्ता परिवर्तन में नोवोत्नी की जगह दुबचेक को मिली। दुबचेक के शासनकाल में ऐसे कई क़दम उठाये गये जिन्हें समाजवाद के मानवीय चेहरे की संज्ञा दी गयी।

घोषणा-पत्र के कारण जैसे ही सेंसरशिप ख़त्म हुई, नाटककार वाक्लाव हावेल की अगुआयी में एक विपक्षी पार्टी गठित करने की योजना बनने लगी। परिचर्चा क्लबों की स्थापना होने लगी जो कम्युनिस्ट पार्टी के नियंत्रण से बाहर थे। सोवियत पार्टी के कान खड़े हो गये और उन्होंने दुबचेक को चेताया। लेकिन इन बुद्धिजीवियों का दमन करने के बजाय दुबचेक ने प्रस्ताव रखा कि चेकोस्लोवाकियायी कम्युनिस्ट पार्टी की एक विशेष कांग्रेस आयोजित की जाए जिसमें कट्टरपंथियों और उदारपंथियों के बीच का रास्ता तलाश करने वाला नेतृत्व चुना जाए जो तंत्र में हो रहे सुधारों को बिना किसी विच्छिन्नता के अगले चरण में पहुँचा सके। सोवियत कम्युनिस्ट पार्टी के महासचिव लियोनिद ब्रेज़नेव को भरोसा नहीं हुआ कि दुबचेक ऐसा नेतृत्व निकाल कर दिखा सकते हैं। इसलिए 17 अगस्त को उन्होंने वारसा पैक्ट के नाम पर चेकोस्लोवाकिया में फ़ौजें भेजने का फ़ैसला किया। इस फ़ौजी ऑपरेशन में ज़्यादातर सोवियत सैनिकों के साथ-साथ पूर्वी जर्मनी, पोलैण्ड, हंगरी की सांकेतिक भागीदारी भी थी, पर रोमानिया ने इससे ख़ुद को अलग रखा था। अगला हफ़्ता ख़त्म होते-होते पाँच लाख फ़ौजी और छह हज़ार टैंक चेकोस्लोवाकिया की सीमा पार

कर चुके थे। दुबचेक ने अपने फ़ौजों को वारसा पैक्ट की इन फ़ौजों का प्रतिरोध न करने का आदेश दिया। दुबचेक और उनके सुधारवादी साथियों को गिरफ़्तार करके मास्को ले जाया गया, जहाँ उन्हें ब्रेज़नेव को लिखित आश्वासन देना पड़ा कि वे सोवियत हितों और एक पार्टी की हुकूमत को किसी न किसी प्रकार क़ायम रखेंगे।

इससे पहले कि चार दिन बाद दुबचेक की चेकोस्लोवाकिया वापिसी होती, क़ब्ज़ा करने वाली आक्रामक फ़ौजों के ख़िलाफ़ प्रतिरोध शुरू हो गया। नौजवान टैंकों पर पत्थर और बोतलें फेंकने लगे, बसों को बैरिकेड बना कर टैंकों की बढ़त रोक दी गयी और मानव-शृंखलाएँ बनायी गयीं। इन अपेक्षाकृत अहिंसक उपायों से चिढ़ कर कई जगह फ़ौज ने गोलियाँ चलाईं जिससे प्राग रेडियो स्टेशन के बाहर 17 लोग मारे गये। जल्दी ही सोवियत क़ब्ज़े के ख़िलाफ़ संघर्ष एक क्लासिकल अहिंसक प्रतिरोध में विकसित होता चला गया। छात्रों, शिक्षाविदों, कवियों, सम्पादकों, कलाकारों और अभिनेताओं ने मोर्चा सँभाला। भित्ति-चित्रों, नारों, याचिकाओं, लतीफ़ों, गीतों, कविताओं और नाटकों का सिलसिला फूट पड़ा। सोवियत कोशिशें रेडियो स्टेशनों की फ्रीक्वेंसी जाम करने की थीं, लेकिन क्षेत्रीय रेडियो स्टेशनों ने इसे नाकाम करते हुए प्रतिरोध-सामग्री का प्रसारण जारी रखा। फ़ैक्ट्रियों में लगे लाउडस्पीकरों का भी आंदोलनकारी इस्तेमाल किया गया। जनता से अपील की गयी कि वे फ़ौजियों को इस तरह नज़रअंदाज़ करें कि जैसे वे हों ही नहीं। चेक और स्लोवाक जनता ने ज़बरदस्त एकता का प्रदर्शन करते हुए आक्रमणकारी फ़ौज की सप्लाई लाइन जाम कर दी।

चार दिन बाद जब दुबचेक और उनके साथी मास्को से वापिस भेजे गये, तो सोवियत दबाव के कारण उनके सुधारवादी आग्रह ठंडे बस्ते में जा चुके थे। लेकिन चेक और स्लोवाक जनता अपने प्रतिरोध को ख़त्म करने के लिए तैयार नहीं हुए। कुछ दिनों की शांति के बाद 28 अक्टूबर को प्राग और अन्य शहरों में हज़ारों लोग सड़कों पर निकल आये। पुलिस, फ़ौज और पार्टी-मिलिशिया की मदद से इन प्रदर्शनकारियों के ऊपर हिंसा की गयी, गिरफ़्तारियाँ हुईं और एक व्यक्ति की जान भी गयी। प्रतिरोध का दूसरा दौर छात्रों और मज़दूरों के गठजोड़ की देन था। 16 जनवरी, 1969 को एक छात्र जान पालाक ने प्राग के बीचो-बीच बने एक चौक पर प्रतिरोधस्वरूप आत्मदाह कर लिया। पालाक की शवयात्रा में भीड़ उमड़ पड़ी। इसके बाद कई लोगों ने पालाक के नक्शे-क़दम पर चलते हुए आत्मदाह की कोशिशें कीं। प्रतिरोध की इन कार्रवाइयों ने पार्टी के भीतर ज़बरदस्त बहस पैदा कर दी। अप्रैल, 1969 में दुबचेक को सत्ता से हटा कर सोवियत संघ ने गुस्ताव हुसाक को उनकी जगह बैठा दिया। सोवियत आक्रमण का एक साल पूरे होने पर एक बार फिर चेक और स्लोवाक जनता ने प्रतिरोध का सिलसिला शुरू किया। इस बार सोवियत फ़ौजें बैरकों में रहीं, और हुसाक के निर्देश में स्थानीय पुलिस और चेकोस्लोवाक सेना ने प्रदर्शनकारियों का दमन किया। दुबचेक को तुर्की में राजदूत बना कर भेज दिया गया। बाद में वे पार्टी से निकाले गये और स्लोवाकिया में निर्वासन भोगते रहे जहाँ उन्हें एक यार्ड में क्लर्क का काम करके जीवनयापन करना पड़ा। 19 साल बाद दुबचेक 1989 में प्राग लौटे और वाक्लाव हावेल की अगुआयी में हो रही कम्युनिस्ट विरोधी राजनीति का समर्थन किया। दुबचेक की लोकप्रियता में कोई कमी नहीं आयी थी। उन्हें नवनिर्वाचित संघीय संसद का अध्यक्ष चुना गया। 1992 तक इस पद पर रहने के बाद वे स्लोवाक सोशल डेमॉक्रैटिक पार्टी के अध्यक्ष बनाये गये। उनका देहांत इसी वर्ष एक दुर्घटना में मिले ज़ख़्मों के कारण हुआ। दुबचेक के देहांत के दो महीने बाद चेकोस्लोवाकिया का चेक गणराज्य और स्लोवाकिया के बीच विभाजन हो गया।

**देखें :** अर्नेस्टो चे गुएवारा, आधार और अधिरचना, ऑस्कर रायज़ार्ड लांगे, आंगिक और पारम्परिक बुद्धिजीवी, एंतोनियो ग्राम्शी, कार्ल हाइनरिख़ मार्क्स-1 से 4 तक, क्रांति, क्रांति : मार्क्सवादी विमर्श, ग्योर्गी लूकाच, नयी सदी में मार्क्सवादी विमर्श-1 से 9 तक, निष्क्रिय क्रांति, पेटी बूर्ज़्वा, फ्रेड्रिख़ एंगेल्स, फ्रेंकफ़र्ट स्कूल, भारत में किसान संघर्ष-2 और 4, भारतीय कम्युनिस्ट पार्टी, भारतीय कम्युनिस्ट पार्टी (मार्क्सवादी), भाषा के मार्क्सवादी सिद्धांत, भ्रांत चेतना, बोल्शेविक क्रांति, फ्रांस्वा-चार्ल्स मारी फ़ूरिये, क्यूबा की क्रांति, फ्रेंज़ फ़ानो, हिंसा-1 और 2, मानवेंद्र नाथ राय, माओ त्से-तुंग, माओवाद और माओ विचार, मार्क्सवाद-1 से 5 तक, मार्क्सवादी इतिहास-लेखन, मार्क्सवादी समाजशास्त्र, मार्क्सवाद और पारिस्थितिकी, मार्क्सवादी अर्थशास्त्र, मिख़ाइल मिख़ाइलोविच बाख़्तिन, रॉबर्ट ओवेन, राज्य की मार्क्सवादी अवधारणा, रोज़ा लक्ज़ेमबर्ग, लेनिनवाद, लियोन ट्रॉट्स्की, लिबरेशन थियोलॉजी, सर्वहारा, संशोधनवाद, सांस्कृतिक क्रांति, सैं-सिमों, स्तालिन और स्तालिनवाद, सोवियत समाजवाद-1 से 3 तक, सोवियत सिनेमा, वर्चस्व, व्लादिमिर इलीच लेनिन।

## संदर्भ

1. के. विलियम्स (1997), *द प्राग स्प्रिंग ऐंड इट्स आफ्टरमाथ, चेकोस्लोवाक पॉलिटिक्स, 1968-1970,* केम्ब्रिज युनिवर्सिटी प्रेस, केम्ब्रिज.
2. अलेक्सांदेर दुबचेक, (1993) *होप डाइज़ लास्ट : द ऑटोबायोग्राफ़ी ऑफ़ अलेक्सांदेर दुबचेक,* अनु. जिरी होचमैन, कोडसाना अमेरिका, न्यूयॉर्क.
3. वी.वी. कुसिन (1971), *द इंटलेक्चुअल ओरिजिंस ऑफ़ द प्राग स्प्रिंग : द डिवेलपमेंट ऑफ़ रिफ़ॉर्मिस्ट आइडियाज़ इन चेकोस्लोवाकिया,* 1956-1967, केम्ब्रिज युनिवर्सिटी प्रेस, केम्ब्रिज.
4. जो. गोलन (1971), *द चेकोस्लोवाक रिफ़ॉर्म मूवमेंट : कम्युनिज़म इन क्राइसिस, 1962-1968,* केम्ब्रिज युनिवर्सिटी प्रेस, केम्ब्रिज.

**— अभय कुमार दुबे**

# समाजवादी वसंत-4

## टीटो और मज़दूरों का स्व-प्रबंधन

(Socialist Spring-4)

पचास के दशक में सोवियत नमूने से अलग हटते हुए अपना विशिष्ट समाजवाद बनाने का अत्यंत महत्त्वपूर्ण प्रयोग करने का श्रेय युगोस्लावियाई कम्युनिस्ट पार्टी के नेता जोसिप ब्रोज़ टीटो (1892–1980) को जाता है। द्वितीय विश्व-युद्ध के बाद 1948 में सोवियत और युगोस्लाव कम्युनिस्टों के बीच पैदा हुए मतभेदों के केंद्र में फैक्ट्रियों के प्रबंधन का प्रश्न था। सोवियत संघ में कारख़ानों का संचालन किसी भी अन्य पूँजीवादी देश की ही तरह एकल प्रबंधक प्रणाली के आधार पर होता था। इसके विपरीत युगोस्लाविया में कारख़ानों की कमान मज़दूरों की चुनी हुई परिषदों के हाथों में दी गयी। स्तालिन की आपत्तियों के बावजूद इस युगोस्लाव प्रयोग को रोका नहीं जा सका, क्योंकि टीटो ने शुरू से ही ख़ुद को सोवियत ख़ेमे से अलग रखा था। युगोस्लाविया अपनी सुरक्षा के लिए सोवियत लाल सेना का मोहताज़ नहीं था। उसकी कम्युनिस्ट पार्टी को सोवियत विरोधी होने के आरोप में कोमिनफ़ॉर्म (इंफ़ॉर्मेशन ब्यूरो ऑफ़ कम्युनिस्ट ऐंड वर्कर्स पार्टीज़) से निष्कासित भी कर दिया गया, लेकिन उसकी परवाह किये बिना युगोस्लाव प्रयोग न केवल जारी रहा, बल्कि उसने काफ़ी हद तक अर्थव्यवस्था और लोकतंत्र के मोर्चे पर कामयाब निकाल कर दिखाये।

जोसिप ब्रोज़ टीटो (1892–1980)

क्रोएशिया के एक गाँव में 7 मई, 1892 को पैदा हुए जोसिप ब्रोज़ का बचपन बेहद ग़रीबी में बीता। पहले उन्हें एक होटल में वेटर का काम करना पड़ा और फिर उन्होंने ताला बनाने का काम सीखा। ताला फ़ैक्ट्री में ही वे समाजवादी आंदोलन के सम्पर्क में आये। ज़गरेब में एक मैकेनिक के तौर पर काम करते हुए उन्होंने धातु श्रमिकों की यनियन और सोशल डेमॉक्रैटिक पार्टी की सदस्यता ग्रहण की। प्रथम विश्व-युद्ध में वे ऑस्ट्रो-हंगेरियन फ़ौज में भर्ती हो गये और उन्हें पूर्वी मोर्चे पर रूसी फ़ौजों से लड़ना पड़ा। 1915 में वे घायलावस्था में रूसियों द्वारा गिरफ़्तार करके उराल पहाड़ियों पर बने श्रम-शिविर में भेज दिये गये। यहाँ से छूट कर टीटो को 1917 में बोल्शेविक क्रांति में भागीदारी करने का ऐतिहासिक मौक़ा मिला। जुलाई में पेत्रोग्राद में हुए प्रदर्शनों में टीटो भी शामिल थे। 1920 में ऑस्ट्रो-हंगेरियन साम्राज्य के ख़ात्मे के बाद टीटो इंटरनैशनल रेड गार्ड्स के सदस्य के रूप में स्वदेश लौटे। 1929 में सर्बिया, क्रोएशिया और स्लोवानिया को मिला कर किंगडम ऑफ़ युगोस्लाविया की स्थापना के समय तक टीटो की ख्याति हड़तालें कराने में कुशल कम्युनिस्ट नेता के रूप में जम चुकी थी। इसी दौरान टीटो को पाँच साल जेल में गुज़ारने पड़े। मार्च, 1934 में उनकी रिहाई हुई और अगले साल कोमिंटर्न के बाल्कन विभाग में काम करने के लिए वे मास्को लौटे। 1936 में उन्हें विभाजित पड़ी युगोस्लाव कम्युनिस्ट पार्टी को मज़बूत करने के लिए स्वदेश भेजा गया। 1938 तक वे पार्टी के महासचिव बन चुके थे। उनके नेतृत्व में पार्टी अनुशासित हुई, उसका विस्तार हुआ और उसके राजनीतिक प्रभाव में भी बढ़ोतरी हुई। इस दौरान युगोस्लाविया में क्रांति करने के प्रश्न पर कोमिंटर्न के साथ उनके कई बार मतभेद हुए, लेकिन इसके बावजूद टीटो ने स्तालिन के प्रति अपनी निष्ठा क़ायम रखी और वे सोवियत संघ को विश्व-क्रांति का केंद्र मानते रहे।

1941 में जर्मन, इतालवी, हंगेरियायी और बल्गारियायी फ़ौजों ने युगोस्लाविया पर हमला कर दिया। टीटो और उनकी पार्टी ने इसका हथियाबंद प्रतिरोध करने का फ़ैसला किया। अगले चार साल तक टीटो के नेतृत्व में पाँच लाख फ़ौजियों वाली कम्युनिस्ट फ़ौज ने एक तरफ़ तो आक्रमणकारियों से लोहा लिया, और दूसरी तरफ़ जर्मनों के साथ सहयोग करने वाली स्थानीय ताक़तों को भी पराजित किया। 'भाईचारे और एकता' के नारे के आधार पर हुए इस फ़ासिस्ट विरोधी युद्ध में जीतने के लिए उन्हें रूसी रेड आर्मी की मदद की ज़रूरत नहीं पड़ी। युगोस्लाविया की राष्ट्रीय मुक्ति के लिए बनी फ़ासिस्ट विरोधी परिषद् ने टीटो को मार्शल की उपाधि से विभूषित किया। युगोस्लाविया की सभी घटक राष्ट्रीयताओं ने उन्हें अपना निर्विवाद नेता माना।

युद्ध के बाद टीटो ने युगोस्लाविया और सोवियत संघ के संबंधों को समान धरातल पर लाने की कोशिश की। स्तालिन ने इसे स्वीकार नहीं किया। युद्ध के दौरान युगोस्लावियायी कम्युनिस्टों द्वारा अपनी स्वतंत्र सरकार बनाने के प्रस्ताव को स्तालिन ने पसंद नहीं किया था। उसी समय से लगने लगा था कि सोवियत संघ विश्व कम्युनिस्ट आंदोलन में किसी भी पार्टी को अपनी चौधराहट से अलग सोचते और आचरण करते देखने के लिए तैयार नहीं है। 1948 में टीटो ने मुक्ति संग्राम के अपने साथी कमांडर मिलोवान जिलास को दूत बना कर वार्ता के लिए सोवियत

संघ भेजा ताकि स्तालिन से पूरी तरह नाता तोड़ लिया जाए। धीरे-धीरे युगोस्लाविया अपना अलग रास्ता खोजने लगा। पचास के शुरुआत से उसने मज़दूरों के स्व-प्रबंधन के रूप में औद्योगिक लोकतंत्र की स्थापना का फ़ैसला किया।

युगोस्लाव कम्युनिस्टों ने सोवियत संघ में समाजवाद की रचना के प्रयोग को 'विकृत' और नौकरशाही पर बहुत अधिक निर्भर क़रार देते हुए दावा किया कि मज़दूरों का स्व-प्रबंधन समाजवादी आंदोलन की जड़ों के बहुत नज़दीक है। टीटो ने 1871 के पेरिस कम्यून और बोल्शेविक क्रांति के शुरुआती दौर में सोवियतों की भूमिका की याद दिलायी। उनका कहना था कि फैक्ट्रियों और समाज के संचालन की ज़िम्मेदारी जितनी ज़्यादा श्रमिकों के हाथ में जाएगी, राज्य की संस्था उतनी ही ज़्यादा तिरोहित होने की दिशा में बढ़ेगी।

युगोस्लाविया का यह प्रयोग शुरू में काफ़ी कामयाब साबित हुआ। न केवल आर्थिक वृद्धि की दर बढ़ी, बल्कि सामाजिक और सांस्कृतिक विकास भी प्रशंसनीय रहा। द्वितीय विश्व-युद्ध के दौरान हुए विनाश से देश को निकालना आसान नहीं था। लेकिन युगोस्लावियायी कम्युनिस्ट पार्टी के नेतृत्व में अधिरचनात्मक सुविधाओं, संचार व्यवस्था और रिहाइशी इमारतों का तेज़ी से निर्माण किया गया। पचास और साठ के दशकों में युगोस्लाविया दुनिया की सबसे तेज़ रफ़्तार से विकसित होती हुई अर्थव्यवस्था थी। 1964 तक उसका औद्योगिक उत्पादन पाँच गुना हो चुका था। कम्युनिस्ट हुकूमत की स्थापना के समय युगोस्लाविया मुख्य तौर से एक ग्रामीण देश था जिसका तेज़ी से शहरीकरण हो रहा था। सत्तर के दशक तक युगोस्लाविया में जीवन-स्तर यूनान और इटली के जीवन-स्तर को छूने लगा था। स्वास्थ्य सेवाओं का नेटवर्क स्थापित कर दिया गया था, और शिक्षा प्रणाली की सफलता के कारण निरक्षरता तक़रीबन ख़त्म कर दी गयी थी। स्त्री-रोज़गार की परिघटना का भी उल्लेखनीय विकास देखा जा रहा था। अन्य समाजवादी देशों की भाँति युगोस्लाविया में व्यक्तिगत, सांस्कृतिक और राजनीतिक स्वतंत्रताएँ सीमित नहीं थीं। विदेश यात्रा पर प्रतिबंध नहीं थे। साहित्य, कला, फ़िल्मों का विदेशों से आदान-प्रदान निर्बाध था।

युगोस्लाव प्रयोग की साख जैसे-जैसे बढ़ी, उसने अन्य देशों को कम्युनिस्ट बुद्धिजीवियों को भी प्रभावित करना शुरू किया। चेकोस्लोवाकिया के साम्यवादी अर्थशास्त्री ओटा सिक ने भी मज़दूरों के स्व-प्रबंधन का विचार वहीं से लिया। अलेक्सांदेर दुबचेक के नेतृत्व में जिस एक्शन प्रोग्राम की तजवीज़ की गयी थी, उसके पीछे भी युगोस्लाव प्रयोग की प्रेरणाएँ थीं। पश्चिमी युरोप के कई कम्युनिस्ट बुद्धिजीवियों और पार्टियों के बीच भी यह प्रयोग चर्चा का विषय रहा। सोवियत संघ से अलग होने के कारण टीटो को पश्चिमी ताक़तों की हमदर्दी भी मिली। उन्हें तीन बार अमेरिका आने का निमंत्रण मिला। पश्चिम ने उनकी आर्थिक मदद भी की। टीटो के आलोचकों का कहना है कि युगोस्लाविया की आर्थिक सफलता के पीछे अमेरिका का हाथ था क्योंकि शीत-युद्ध की राजनीति में वह सोवियत प्रभुत्व के मुक़ाबले दक्षिण-पूर्व युरोप में एक स्थिर राजनीतिक ताक़त देखना चाहता था। लेकिन यह भी एक तथ्य है कि टीटो पश्चिमी ख़ेमे में शामिल नहीं हुए। उन्होंने तीसरी दुनिया के देशों के नवस्वतंत्र देशों के राजनीतिक नेतृत्व के साथ मिल कर गुटनिरपेक्ष आंदोलन की स्थापना में प्रमुख भूमिका का निर्वाह किया।

आज युगोस्लाविया जातीय संघर्ष, गृह युद्ध और साम्राज्यवादी प्रतियोगिता का शिकार हो कर दुनिया के नक़्शे से ग़ायब हो चुका है। वहाँ हुए समाजवादी प्रयोग की विद्वानों के बीच शायद ही कभी कोई चर्चा होती हो। इस प्रयोग में कई ख़ामियाँ भी थीं। मज़दूरों के प्रबंधन के बावजूद युगोस्लावियायी अर्थव्यवस्था बीच-बीच में संकटग्रस्त होती रहती थी। 1965 के आस-पास टीटो ने आर्थिक सुधारों का एक कार्यक्रम भी चलाया था। लेकिन उसके बावजूद बेरोज़गारी और सामाजिक असंतुलन की समस्याओं का निदान नहीं हो सका। स्लोवेनिया जैसे समृद्ध गणराज्यों और कोसोवो जैसे ग़रीब गणराज्य में विकास के पैमाने पर अंतराल बढ़ता गया। टीटो अपने लम्बे शासनकाल में ऐसी कमियों को दुरुस्त करने में नाकाम रहे जिसका नतीजा स्थानीय राजनीति और जातीय राजनीति में आये उछाल के रूप में सामने आया।

**देखें :** अर्नेस्टो चे गुएवारा, आधार और अधिरचना, ऑस्कर रायज़ार्ड लांगे, आंगिक और पारम्परिक बुद्धिजीवी, एंतोनियो ग्राम्शी, कार्ल हाइनरिख़ मार्क्स-1 से 4 तक, क्रांति, क्रांति : मार्क्सवादी विमर्श, ग्योर्गी लूकाच, नयी सदी में मार्क्सवादी विमर्श-1 से 9 तक, निष्क्रिय क्रांति, पेटी बूर्ज़्वा, फ्रेड्रिख़ एंगेल्स, फ्रेंकफ़र्ट स्कूल, भारत में किसान संघर्ष-2 और 4, भारतीय कम्युनिस्ट पार्टी, भारतीय कम्युनिस्ट पार्टी (मार्क्सवादी), भाषा के मार्क्सवादी सिद्धांत, भ्रांत चेतना, बोल्शेविक क्रांति, फ्रांस्वा-चार्ल्स मारी फ़ूरिये, क्यूबा की क्रांति, फ्रेंज़ फ़ानो, हिंसा-1 और 2, मानवेंद्र नाथ राय, माओ त्से-तुंग, माओवाद और माओ विचार, मार्क्सवाद-1 से 5 तक, मार्क्सवादी इतिहास-लेखन, मार्क्सवादी समाजशास्त्र, मार्क्सवाद और पारिस्थितिकी, मार्क्सवादी अर्थशास्त्र, मिख़ाइल मिख़ाइलोविच बाख़्तिन, रॉबर्ट ओवेन, राज्य की मार्क्सवादी अवधारणा, रोज़ा लक्ज़ेमबर्ग, लेनिनवाद, लियोन ट्रॉट्स्की, लिबरेशन थियोलॅजी, सर्वहारा, संशोधनवाद, सांस्कृतिक क्रांति, सैं-सिमों, स्तालिन और स्तालिनवाद, सोवियत समाजवाद-1 से 3 तक, सोवियत सिनेमा, वर्चस्व, व्लादिमिर इलीच लेनिन।

## संदर्भ

1. डी.आई. रूपीनोव (1977), द *यूगोस्लाव एक्सपेरीमेंट 1948-1974,* युनिवर्सिटी ऑफ़ कैलिफ़ोर्निया प्रेस, बर्कले.
2. एल. सेकेल्ज, (1993) *युगोस्लाविया : द प्रोसेस ऑफ़ डिसइंट्रीगेशन,* अटलांटिक रिसर्च ऐंड पब्लिकेशंस, न्यूयॉर्क.

3. मिलोवान जिलास (1980), *टीटो : द स्टोरी फ्रॉम इनसाइड,* हारकोर्ट ब्रेस जोवानोविच, न्यूयॉर्क.
4. एस. क्लिसोल्ड (सम्पा.) (1975), *युगोस्लाविया ऐंड द सोवियत यूनियन, 1939-1973,* ऑक्सफ़र्ड युनिवर्सिटी प्रेस, ऑक्सफ़र्ड.

**— अभय कुमार दुबे**

# समाजीकरण

(Socialisation)

समाजीकरण वह प्रक्रिया है जिसके माध्यम से मनुष्य समाज के विभिन्न व्यवहार, रीति-रिवाज़, गतिविधियाँ इत्यादि सीखता है। जैविक अस्तित्व से सामाजिक अस्तित्व में मनुष्य का रूपांतरण भी समाजीकरण के ज़रिये ही होता है। समाजीकरण के माध्यम से ही वह संस्कृति को आत्मसात् करता है। समाजीकरण की प्रक्रिया मनुष्य का संस्कृति के भौतिक व अ-भौतिक रूपों से परिचय कराती है। सीखने की यह प्रक्रिया समाज के नियमों के अधीन चलती है। समाजशास्त्र की भाषा में कहें तो समाज में अपनी परिस्थिति या दर्जे के बोध और उसके अनुरूप भूमिका निभाने की विधि को हम समाजीकरण के ज़रिये ही आत्मसात् करते हैं।

समाजीकरण व्यक्ति को सामाजिक रूप से क्रियाशील बनाता है। इसी के माध्यम से संस्कृति के अनुरूप आचरण करने का विवेक विकसित होता है। इसके लिए व्यक्ति द्वारा सांस्कृतिक मूल्यों का जो अभ्यंतरीकरण किया जाता है वह समाजीकरण का ही रूप है। पर समाजीकरण के विश्लेषण और अध्ययन में इस बात का ध्यान रखना चाहिए कि सीखने की प्रक्रिया में सामाजिक मानदण्डों व संस्कृति की सबसे ज़्यादा अहमियत होती है। इन्हें अस्वीकार कर जो कुछ सीखा जाता है, जैसे हत्या, चोरी या अन्य आपराधिक वारदातें करना, उन्हें समाजीकरण में नहीं गिना जाता बल्कि इनकी गिनती विपथगामी व्यवहार में होती है। इन्हें सीखने वाला व्यक्ति समाज की मुख्यधारा के विपरीत माना जाता है। वह समाज में सकारात्मक योगदान देने की अवस्था में भी नहीं रहता है। इन नकारात्मक क्रियाओं और आचरणों को प्राय: विफल समाजीकरण के उदाहरण की तरह देखा जाता है। इस प्रकार समाजीकरण व्यक्ति को समाज का प्रकार्यात्मक सदस्य बना कर समाज की क्रियाओं में भाग लेने में समर्थ बनाता है।

समाजीकरण की एक सबसे महत्त्वपूर्ण विशेषता यह है कि यह जीवन-पर्यंत चलने वाली प्रक्रिया है। व्यक्ति की परिस्थिति व सामाजिक भूमिकाएँ बदलती रहती हैं और उनके अनुरूप व्यवहार के लिए उसे आचरण तथा व्यवहार के नये प्रतिमान सीखने पड़ते हैं। उदाहरण के लिए बचपन में जहाँ बच्चा समाजीकरण के माध्यम से माता-पिता, संबंधियों व बुज़ुर्गों से व्यवहार करना सीखता है, वहीं युवावस्था में उसे नये सिरे से दफ्तर में अपने सहयोगियों, वरिष्ठों, पड़ोसियों आदि से व्यवहार के तौर-तरीक़ों को सीखना पड़ता है। यहाँ तक कि वृद्धावस्था में भी व्यक्ति नयी भूमिकागत अपेक्षाओं के अनुसार संबंधित सामाजिक व्यवहार ग्रहण करता है। इस प्रकार समाजीकरण वह प्रक्रिया है जो जन्म से लेकर मृत्यु तक लगातार चलती रहती है।

समाजीकरण में सीखे गये सामाजिक और सांस्कृतिक मूल्य देश-काल सापेक्ष होते हैं। इसलिए समाजीकरण की प्रक्रिया भी देश-काल सापेक्ष होती है। जैसे कि कुछ कबायली जातियों में बच्चों को अस्त्र-शस्त्र का प्रशिक्षण देने पर और शहरी समाजों में बच्चों को औपचारिक शिक्षा प्रदान करने पर बल दिया जाता है। भारत जैसे जाति-भेद आधारित समाज में जातिगत पेशों तथा कर्मकाण्डीय स्थिति के अनुसार भी समाजीकरण होता रहा है। जैसे कि निम्न जाति के बच्चों को कृषि, दस्तकारी व शारीरिक श्रम के लिए तैयार किये जाने का चलन था, जबकि ब्राह्मण बालकों को शिक्षा प्रदान की जाती थी। विश्व के अलग-अलग भागों की संस्कृतियों में काफ़ी भिन्नता है, इसलिए समाजीकरण स्थान सापेक्ष है। यह काल-सापेक्ष इस प्रकार है कि गुज़रे ज़माने में भारतीय समाज में स्त्रियों के लिए पर्दा करना, शर्माना और धीमे स्वर में बोलना आदर्श व्यवहार था। जबकि आज स्त्री-पुरुष बराबरी के युग में स्त्रियों से इस तरह के सामाजिक व्यवहार की अधिक अपेक्षा नहीं की जाती। पहले बच्चों को चरण-स्पर्श की शिक्षा दी जाती थी, जबकि आज वे बॉय-बॉय करते हैं। यानी मूल्यों व विकास के पैटर्न में बदलाव ने समाजीकरण की विधि को भी बदल दिया है।

समाजशास्त्रियों ने समाजीकरण की पूरी प्रक्रिया को दो हिस्सों में विभक्त किया है : प्राथमिक समाजीकरण और द्वितीयक समाजीकरण। यह विभाजन समाज के प्राथमिक व द्वितीयक संस्थाओं के विभाजन पर आधारित है। प्राथमिक समाजीकरण परिवार, पड़ोस एवं नातेदारी, मित्र-समूह व आरम्भिक स्कूली शिक्षा के माध्यम से होता है जिसमें बच्चा समाज का सहभागी सदस्य बनने के बारे में बहुत कुछ सीखता है। परिवार को सार्वभौम मान कर समाजीकरण में इसे आधारभूत संस्था के रूप में देखा जाता है। इसके तहत सहयोग, सहानुभूति, सहायता तथा आदान-प्रदान के गुणों का विकास होता है। भाई-बहनों का प्रेम, बड़ों के प्यार तथा नियंत्रण की व्यक्ति के समाजीकरण में ख़ास भूमिका होती है। द्वितीयक समाजीकरण किशोरावस्था से आरम्भ होता है जिसमें व्यक्ति अधिक औपचारिक वातावरण की

आवश्यकताओं के अनुसार आचरण करना सीखता है। इस अवस्था में कॉलेज-विश्वविद्यालय, राजनीतिक संस्थाएँ, बाज़ार व दुकान जैसी आर्थिक संस्थाएँ, सांस्कृतिक संस्थाएँ, दफ्तर व फ़ैक्ट्री जैसे व्यवसाय-समूह आदि को समाज का प्रकार्यात्मक सदस्य बनने में मदद करते हैं।

समाजीकरण सामाजिक नियंत्रण की समस्या का भी सही समाधान प्रदान करता है। सामाजिक नियंत्रण में मुश्किल तब आती है जब लोग सामाजिक मानदण्डों के अनुसार व्यवहार नहीं करते। समाजीकरण से समाज के सभी सदस्य एक सी सामाजिक स्थिति में एक सा व्यवहार करते हैं और समाज में संतुलन, शांति तथा सामंजस्य बरक़रार रहता है।

समाजीकरण के अंतर्गत वि-समाजीकरण जैसे प्रत्यय का प्रयोग भी किया जाता है। इसका अर्थ यह है कि नकारात्मक समाजीकरण के प्रभाव में समाज विरोधी आचरण करना सीख चुके लोगों को इस प्रकार का आचरण करने के लिए हतोत्साहित किया जाए। उदाहरण के लिए किसी आपराधिक चरित्र के व्यक्ति को दण्ड देकर या समझा-बुझाकर अपराधों से मुक्त करा दिया जाए तो वह उसके लिए एक प्रकार से वि-समाजीकरण होगा। वि-समाजीकरण इस रूप में भी दिखता है कि व्यक्ति पहले की शिक्षाओं को जैसे बुज़ुर्गों के चरण स्पर्श करने, हवन-पूजा करने तथा मांसाहार न करने जैसे व्यवहार को बड़े होने पर भूल जाए। इसे सीखे हुए व्यवहार की वि-समाजीकरण कहा जा सकता है।

पुनर्समाजीकरण भी इसी से जुड़ी प्रक्रिया है जिसमें व्यक्ति की जीवन-शैली व विचारों में परिवर्तन घटित होता है। फ़ौज की सेवा में व्यक्ति को पूरी तरह से जीवन की नयी शैली का प्रशिक्षण मिलना, किसी अपराधी को सकारात्मक विचारों की ओर आकृष्ट करना, विवाहोपरांत स्त्री का भिन्न जीवन-शैली वाले घर के अनुसार स्वयं को ढालना इसी पुनर्समाजीकरण के उदाहरण हैं।

समाजीकरण को विभिन्न विचारकों और समाजशास्त्रियों ने सिद्धांतों के आधार पर समझाने का प्रयास किया है जिनमें जी.एच. मीड, चार्ल्स कूले, एमील दुर्खाइम प्रमुख हैं। मीड ने मुख्य रूप से सामान्यीकृत अन्य की धारणा को आधार बनाया है। इसमें दूसरों के अपने संबंध में विचारों व अपेक्षाओं को कोई बच्चा एवं वयस्क आंतरिकीकृत करता है। बाल्यजीवन में कोई बच्चा दूसरों के कामों की कल्पना करके उसके ज़रिये स्वयं को देखता है। इस प्रकार वह सामाजिक दृष्टि से अपनी इयत्ता का निर्धारण करता है। चार्ल्स कूले ने अपने सिद्धांत की व्याख्या दर्पण में आत्मदर्शन के आधार पर की है। कूले के मुताबिक़ बच्चे की इयत्ता का निर्धारण तीन अवस्थाओं से होता है। पहला, वह जानना चाहता है कि दूसरे मेरे बारे में क्या सोचते हैं। दूसरा, वह दूसरों की राय के संदर्भ में अपने बारे में पैदा सोच को समझने की चेष्टा करता है। तीसरा, वह अपने बारे में सोचते हुए अपने को अच्छा या बुरा, श्रेष्ठ या हीन समझने लगता है। कूले की मुख्य प्रस्थापना यह है कि व्यक्ति एक लम्बी प्रक्रिया में अपने बारे में धारणा बनाता है और यह धारणा दूसरों की सहायता से ही निर्मित होती है। दुर्खाइम ने समाजीकरण को सामाजिक तथ्य और सामूहिक प्रतिनिधान के माध्यम से समझाने की कोशिश की है। उनके मुताबिक़ समाज की परम्पराएँ, मूल्य, मानदण्ड, सामूहिक विश्वास आदि सामाजिक तथ्य व्यक्ति से ऊपर होते हैं। व्यक्ति को जन्म से इनकी विरासत मिलती है। इनकी रचना व्यक्ति की अकेली इकाई के हाथों न होकर समूह द्वारा बनाये होती है। ये व्यक्ति से बाहर हैं और उसके ऊपर बाध्यता भी आरोपित करते हैं। इस प्रकार व्यक्ति समाजीकरण के रूप में इन सामूहिक प्रतिनिधानों को आत्मसात् करते हुए समाज की सक्रिय तथा उपयोगी इकाई बनता है जिससे समाज में एकता भी बनी रहती है।

**देखें :** अर्थव्यवस्था का समाजशास्त्र, अभिजन, अभिरुचि, आत्महत्या, उन्मूलनवाद, एजेंसी, कर्मकाण्ड, कारागार, गोपनीयता, गृहविहीनता, जादू, जीवन-शैली, टेलरवाद, परम्परा, परस्पर विपरीत द्विभाजन, प्रति-(संस्कृति, विमर्श, इतिहास, वर्चस्व, स्मृति), प्राइवेसी, प्रौद्योगिकी, फ़ुरसत, बचपन, बहुपत्नी प्रथा, बहुपति प्रथा, बुद्धिसंगत चयन का सिद्धांत, बुज़ुर्गियत का समाजशास्त्र, बेगानगी, भीड़, भ्रष्टाचार का समाजशास्त्र-1 और 2, मानव-प्रकृति, मानवशास्त्र और मार्क्सवाद, मानवशास्त्र और संस्कृति की राजनीति, समाज-विज्ञान, समाज-कार्य, सांस्कृतिक सापेक्षतावाद, सांस्कृतिक मानवशास्त्र, सेवानिवृत्ति, वाचिकता, विचलन, ज्ञान का समाजशास्त्र।

## संदर्भ

1. जी.एच.मीड (1934), *माइंड, सेल्फ़ ऐंड सोसाइटी,* शिकागो युनिवर्सिटी प्रेस, शिकागो.
2. एच.एम. जानसन (1963), *सोसियोलॉजी : अ सिस्टमेटिक इंट्रोडक्शन,* रॉटलेज ऐंड कीगन पाल, लंदन.
3. के. डेविस (1960), *ह्यूमन सोसाइटी,* मैकमिलन, न्यूयॉर्क.
4. पार्संस ऐंड बेल्स (1960), *फैमिली सोशलाइजेशन ऐंड इंटरेक्शन प्रासेसेज़,* द फ्री प्रेस, ग्लेनको इलीनॉय.
5. सी.एच. कूले (1922), *ह्यूमन नेचर ऐंड द सोशल आर्डर,* स्क्रिबनर, न्यूयॉर्क.

**— वैभव सिंह**

# समानता

(Equality)

समानता की अवधारणा मानकीय राजनीतिक सिद्धांत के मर्म में निहित है। यह एक ऐसा विचार है जिसके आधार पर करोड़ों-करोड़ों लोग सदियों से निरंकुश शासकों, अन्यायपूर्ण समाज व्यवस्थाओं और अलोकतांत्रिक हुकूमतों या नीतियों के ख़िलाफ़ संघर्ष करते रहे हैं और करते रहेंगे। इस लिहाज़ से समानता को स्थाई और सार्वभौम अवधारणाओं की श्रेणी में रखा जाता है।

दो या दो से अधिक लोगों या समूहों के बीच संबंध की एक स्थिति ऐसी होती है जिसे समानता के रूप में परिभाषित किया जा सकता है। लेकिन, एक विचार के रूप में समानता इतनी सहज और सरल नहीं है, क्योंकि उस संबंध को परिभाषित करने, उसके लक्ष्यों को निर्धारित करने और उसके एक पहलू को दूसरे पर प्राथमिकता देने के एक से अधिक तरीक़े हमेशा उपलब्ध रहते हैं। अलग-अलग तरीक़े अख़्तियार करने पर समानता के विचार की भिन्न-भिन्न परिभाषाएँ उभरती हैं। प्राचीन यूनानी सभ्यता से लेकर बीसवीं सदी तक इस विचार की रूपरेखा में कई बार ज़बरदस्त परिवर्तन हो चुके हैं। बहुत से चिंतकों ने इसके विकास और इसमें हुई तब्दीलियों में योगदान किया है जिनमें अरस्तू, हॉब्स, रूसो, मार्क्स और टॉकवील प्रमुख हैं।

यूनान के नगर-राज्यों, जैसे एथेंस और स्पार्टा में राज-काज के कामों में प्रत्येक नागरिक की आवाज़ का समान मूल्य समझा जाता था। अरस्तू के *एथेनियन कांस्टीट्यूशन* में उन समतामूलक सुधारों के कई हवाले मिलते हैं जिनके आधार पर लोकतांत्रिक आदर्श की आज़माइश की जा सकी। इन सुधारों का मक़सद था सामाजिक जीवन के विभिन्न क्षेत्रों में विषमताओं को घटाना ताकि भू-स्वामित्व, सत्ता और सामाजिक गौरव पर कुलीनों और सामंतों की जकड़ ढीली हो सके। क़ानून के आधार पर समानता का व्यवहार ही वह कसौटी था जिसके आधार पर लोकतंत्र कसा जा सकता था। लेकिन, प्राचीन एथेंस में इस समतामूलक दायरे से स्त्रियों, दासों और विदेशियों को अलग भी रखा गया था। अरस्तू की रचना *पॉलिटिक्स* में इस बहिर्वेशन का ज़िक्र भी किया है, और उसे जायज़ भी ठहराया है। उनके लिए समानता का अर्थ था उस वर्ग के सदस्यों की समानता जिसे नागरिक कहा जाता था। वे न्याय को केवल उन लोगों के लिए उपलब्ध मानते थे जो उनकी समानता के दायरे में आते थे। जो उससे बाहर थे, उनके लिए विषमता की स्थिति ही न्यायपूर्ण थी। अरस्तू की बुनियादी मान्यता थी कि प्रकृति ने लोगों को शासक और शासित में बाँट कर बनाया है। शासक की श्रेणी में होने के लिए व्यक्ति में बुद्धिसंगत, विचारात्मक और अधिकारपूर्णता की ख़ूबियाँ होना अनिवार्य है। वे यह भी मानते थे कि यही गुण शासक को शासित से अलग करते हैं।

अरस्तू की समानता की धारणा की आलोचना करते हुए हॉब्स ने अपने ग्रंथ *लेवायथन* में प्रकृत अवस्था की संकल्पना करके उसके तहत हर व्यक्ति को समान ठहराया। भले ही कोई व्यक्ति शारीरिक शक्ति में या कोई दिमाग़ी तेज़ी में दूसरे से कुछ बेहतर हो, पर कुल मिला कर मनुष्यों के बीच ऐसा कोई फ़र्क़ नहीं होता जिसके आधार पर वे किसी विशेष लाभ की माँग कर सकें। हॉब्स का तर्क था कि जो जिस्म के लिहाज़ से कमज़ोर है, वह ताक़तवर को योजना बना कर मार सकता है, और मस्तिष्क के स्तर पर अनुभव के ज़रिये हर व्यक्ति समान समझ विवेक हासिल करने की क्षमता से सम्पन्न होता है। इसी के साथ मनुष्य में सत्ता हासिल करने की समान आकांक्षा भी होती है जिससे उनके बीच होड़ का जन्म होता है, और प्राकृतिक समानता जोखिमग्रस्त हो जाती है। हॉब्स की मान्यता थी कि अपनी सत्ता के एक हिस्से को राजनीतिक प्राधिकार के लिए छोड़ कर ही व्यक्ति एक सभ्य और समतामूलक जीवन गुजार सकता है। अर्थात् एक निश्चित प्राधिकार का प्रभुत्व ही उसे पूरी सुरक्षा का आश्वासन दे सकता है। हॉब्स मानते थे कि धर्म समेत हर प्रकार के ग़ैर-राजनीतिक प्राधिकारों से मुक्ति के ज़रिये ही व्यक्ति को उसकी प्राकृतिक समानता उपलब्ध हो सकती है।

रूसो भी अपने हिसाब से एक प्रकृत-अवस्था कल्पित करते हैं। उन्होंने अपने दूसरे डिस्कोर्स (*डिस्कोर्स ऑन ऑरिजिन ऐंड फ़ाउंडेशन ऑफ़ इनइक्वलिटी*) में समानता के बजाय विषमता पर विचार करते हुए उसे प्राकृतिक और अप्राकृतिक में बाँटा है। प्राकृतिक विषमता केवल शारीरिक शक्ति के क्षेत्र में होती है। लेकिन, विधि निर्माण और सम्पत्ति के स्वामित्व ने विषमता के अप्राकृतिक रूपों को जन्म दिया है। दरअसल, यह विषमता का पहला स्तर है जिससे ग़रीब और अमीर के बीच का फ़र्क़ पैदा हुआ है। दूसरा स्तर दण्ड देने का संस्थागत अधिकार है जिससे शक्तिशाली और दुर्बल की असमानता पैदा हुई। विषमता का आख़िरी स्तर वैध सत्ता को स्वैच्छिक सत्ता में बदलने से पैदा हुआ है जिससे ग़ुलाम और मालिक की श्रेणियाँ पैदा हुई हैं। सम्पत्ति के स्वामी सत्ता जमा करके मालिक बन जाते हैं, और ग़रीब दुर्बल होते हुए दासत्व में पड़ जाते हैं। रूसो के मुताबिक़ इस विषमता की भी एक सीमा है। जब विषमता में वृद्धि सम्भव नहीं रह जाती तो नयी क्रांतियाँ या तो हुकूमतों को नष्ट कर देती हैं या उन्हें सत्ता की वैध संस्थाओं के नज़दीक आना पड़ता है।

मार्क्स ने अपना समानता संबंधी विचार उदारतावादी समानता की आलोचना के रूप में विकसित किया। वे मानते

थे कि पूँजीवादी वर्ग समानता के विचार का अपने हित में इस्तेमाल करता है। जिस तरह रूसो कहते थे कि अमीरों के झूठे आश्वासनों के फेर में फँस कर ग़रीब उनकी सत्ता का वैधीकरण करने के लिए तैयार हो जाते हैं, उसी तरह मार्क्स कहते हैं कि शासक वर्ग अपनी विचारधारा पैदा करता है ताकि आर्थिक शोषण की व्यवस्था जारी रखी जा सके। पूँजीवादी वर्ग के भीतर एक तरह का कार्य-विभाजन होता है। एक हिस्सा पूँजी का स्वामित्व ग्रहण करता है, और दूसरा विचारधारात्मक औज़ारों का इस्तेमाल करते हुए समानता और स्वाधीनता के विचारों के ज़रिये भ्रम का माहौल बनाये रखता है। मार्क्स के अनुसार सामंतशाही में जो स्थान गौरव और निष्ठा जैसे विचारों का था, वही स्थान पूँजीवाद में समानता और स्वाधीनता का है। इन अमूर्त विचारों की प्रभावकारिता इतनी अधिक है कि कुछ समाजवादी भी उनके चंगुल में फँस जाते हैं। लेकिन, ये विचार उस समय तक खोखले और तत्त्वहीन हैं जब तक उनमें साम्यवादी दृष्टि का समावेश न हो। मार्क्स के अनुसार शोषणकारी वर्ग-संबंधों की समाप्ति के बिना स्थापित नहीं की जा सकती। इसके लिए वे पहले समाजवादी चरण की संकल्पना करते हैं जो हर एक को उसके श्रम के मुताबिक़ देने पर आधारित होगा। दूसरा चरण साम्यवादी होगा जिसमें हर एक से उसकी क्षमता के अनुसार और हर एक को उसकी क्षमता के अनुसार देने का आधार ग्रहण किया जाएगा।

अमेरिकी लोकतांत्रिक क्रांति की जाँच-पड़ताल करते हुए टॉकवील समानता का अध्ययन आधुनिक इतिहास की प्रमुख प्रवृत्ति के रूप में करते हैं। अमेरिकी उदाहरण के ज़रिये वे समझना चाहते थे कि पश्चिमी समाज ने सामंतवाद से लोकतंत्र की तरफ़ किस तरह संक्रमण किया है। वे इस सवाल का जवाब खोजते हैं कि इस प्रक्रिया में समानता की विजय क्यों अपरिहार्य है? सामाजिक समानता उत्तरोत्तर क्यों विकसित होती चली जाएगी? टॉकवील का कहना है कि सामंतशाही किसान से लेकर राजा तक एक लम्बी शृंखला बनाती चली जाती है। पर लोकतंत्र उसे तोड़ कर शृंखला की हर कड़ी को मुक्त कर देता है। दासता और निर्भरता की जकड़ से निकलने की इच्छा समानता के विचार में लोगों की रुचि बढ़ाती है और इस प्रकार लोकतांत्रिक जीवन की सम्भावना पैदा होती है। टॉकवील के अनुसार लोकतंत्रों में व्यक्ति समानता को आज़ादी के ऊपर भी प्राथमिकता देते हुए उसके झंडे को दृढ़ता से थामे रखता है।

समानता के विचार की इन निष्पत्तियों के बाद इस प्रश्न पर ग़ौर करना ज़रूरी है कि आख़िर समानता और समरूपता में क्या फ़र्क़ है। परीक्षा में बैठने वाले हर छात्र को समान अंक नहीं दिये जा सकते। परिवार के आकार का ध्यान न रखते हुए हर एक को समान घर आबंटित नहीं किया जा सकता। प्रतिभा और क्षमता को दरकिनार करते हुए हर व्यक्ति की आमदनी समान नहीं की जा सकती। इसलिए समानता की उपयुक्त कसौटी समरूपता के बजाय कुछ और होनी चाहिए। लेकिन, दूसरी तरफ़ समरूपता का महत्त्व न्यायपूर्ण प्रक्रियाओं के लिए उभरता है। समानता लाने की प्रक्रियाएँ तभी न्यायपूर्ण हो सकती हैं जब वे सभी के लिए समरूप हों, जैसे अवसरों की समानता, क़ानून की निगाह में सबको समान समझना, आदि।

**देखें** : अधिकार, अधिकार : सैद्धांतिक यात्रा, अरस्तू, अफ़लातून, अनुदारतावाद, अराजकतावाद, अन्य-अन्यीकरण, उदारतावाद, उपयोगितावाद, ऐडमण्ड बर्क, क्रांति, ज्याँ ज़ाक रूसो, जॉन लॉक, जेरेमी बेंथम, जॉन स्टुअर्ट मिल, जॉन रॉल्स, थॉमस हॉब्स, थॉमस पेन, न्याय, न्याय : नारीवादी आलोचना, न्याय : रॉल्स का सिद्धांत, राजनीति में व्यक्ति की भूमिका, नागरिकता, नागरिकता : अन्य परिप्रेक्ष्य-1 और 2, नागर समाज, पनोप्टिकॉन, प्रतिनिधित्व, प्रगति, प्रगति : आलोचनात्मक परिप्रेक्ष्य, प्रशासन, फ़ासीवाद, फ्रेड्रिख़ वॉन हायक, बहुसंस्कृतिवाद, बहुसंख्यकवाद, बहुसंख्यक-अल्पसंख्यक, बुद्धिवाद, माइकेल जोसेफ़ ओकशॉट, माइकिल वाल्ज़र, मिशेल पॉल फ़ूको-1 और 2, यूटोपिया, राजनीतिक और राजनीति, राजनीतिक दर्शन के नारीवादी आयाम-1 और 2, राजनीतिक मनोविज्ञान, राजनीतिक समाजशास्त्र, राज्य-1 और 2, रॉबर्ट नॉज़िक, राज्य-1 और 2, राष्ट्र-राज्य, राष्ट्र : सांस्कृतिक या राजनीतिक, राष्ट्रवाद, राष्ट्रवाद का इतिहास, लोकतंत्र, लोकतंत्र की आलोचनाएँ, व्यक्तिवाद, व्यवहारवाद, विल किमलिका, वितरणमूलक न्याय, विदेशी-द्वेष, वैधता, वैधता का संकट, सविनय अवज्ञा, समानता : चार अवधारणाएँ, समतावाद, स्मृति की राजनीति, स्वतंत्रता, स्वतंत्रतावाद, स्वजातिवाद, स्वच्छंदतावाद, सत्ता, सर्वसत्तावाद, सम्प्रभुता, समाजवाद, सरकारियत, सम्पत्ति, सम्पत्ति : साझा और सरकारी, सम्पत्ति : मार्क्सवादी परिप्रेक्ष्य, सम्पत्ति : नारीवादी परिप्रेक्ष्य, संविधानवाद, संघवाद, सामाजिक समझौता, हेनरी डेविड थोरो।

## संदर्भ


1. अशोक आचार्य (2008), 'ईक्वलिटी', राजीव भार्गव और अशोक आचार्य (सम्पा.), *पॉलिटिकल थियरी : ऐन इंट्रोडक्शन,* पियर्सन लोंगमेन, नयी दिल्ली.
2. विल किमलिका (2009), *समकालीन राजनीतिक दर्शन : एक परिचय,* अनु. कमल नयन चौबे, पियर्सन लोंगमेन, नयी दिल्ली.
3. अमर्त्य सेन (1993), *इनईक्वलिटी रि-एग्ज़ामिण्ड,* ऑक्सफ़र्ड युनिवर्सिटी प्रेस, ऑक्सफ़र्ड.
4. सैनफ़र्ड ए. लैकॉफ़ (1964), *इक्वलिटी इन पॉलिटिकल फ़िलॉसफ़ी,* बीकन प्रेस, बोस्टन.


**— अभय कुमार दुबे**

# समानता, चार अवधारणाएँ

(Equality, Four Conceptions)

समाज-विज्ञान की दुनिया में इस प्रश्न पर काफ़ी बहस हुई है कि समानता के बारे में चर्चा करते हुए आख़िर हम किस समानता की बात रहे होते हैं। इस विवाद को समानता की मुख्यत: चार अवधारणाओं के रूप में सूत्रीकृत किया जा सकता है : कल्याण की समानता, संसाधनों की समानता, क्षमताओं की समानता और वैकल्पिक समानता।

कल्याण की समानता का उद्‌गम उपयोगितावादी दर्शन में निहित है। उपयोगितावाद की क्लासिकल अवधारणा जेरेमी बेंथम के विचारों में व्यक्त होती है। वे कल्याण को सुख के रूप में देखते हैं जो किसी के जीवन में पीड़ा के ऊपर आनंद के अधिशेष के रूप में परिभाषित होता है। आजकल सुख की परिभाषा नये तरीक़े से दी जाने लगी है। इसके मुताबिक़ हर किसी के जीवन पर कल्याण का कम या ज़्यादा प्रभाव होता है, और उसी के मुताबिक़ उसकी कामनाएँ और प्राथमिकताएँ संतुष्ट हो पाती हैं। उसी हिसाब से वह अपने जीवन को बेहतर और कमतर मानता है। इस लिहाज़ से जो समाज कल्याण के समान वितरण में यक़ीन करेगा, वह इस बात की चिंता नहीं करेगा कि व्यक्तिगत रूप से लोगों को कितने संसाधन मिल रहे हैं और उनके आधार पर लोग अपनी प्राथमिकताओं की कितनी पूर्ति कर पा रहे हैं। लेकिन, अगर कल्याण को प्राथमिकताओं का पर्याय मान लिया जाएगा तो उस लिहाज़ से किया गया वितरण संसाधनों की विषमता को जन्म देगा। ऐसा समाज मानेगा कि महँगी कार चलाने वाले और साइकिल पर चलने वाले का कल्याण समान रूप से हो रहा है। परिणामस्वरूप विवाद पैदा होगा कि महँगी कार का शौक़ रखने वाले का ख़र्च समाज को क्यों उठाना चाहिए? इसी तरह समाज के संसाधनों को एक जुआरी के जोखिम की भरपाई करने का आश्वासन क्यों देना चाहिए, और कार मैकेनिक बनने की इच्छा रखने वाले प्रशिक्षण पर होने वाला अपेक्षाकृत कम ख़र्च उठाने पर ज़ोर क्यों नहीं देना चाहिए? जाहिर है कि इस प्रकार के कल्याण की समानता न्याय, आत्म-सम्मान और भाईचारे की नैतिक कसौटियों पर खरी नहीं उतर सकती। उदारतावादियों ने इस पर आपत्ति की है। वे इस आधार पर सामाजिक नीति बनाने के पक्ष में नहीं हैं।

संसाधनों की समानता के विचार का प्रवर्तन मुख्यत: जॉन रॉल्स, रोनाल्ड ड्वारकिन और एरिक राकोव्स्की द्वारा किया गया है। संसाधनों के समतामूलक बँटवारे में यक़ीन करने वाला यह सिद्धांत भी विवादों में घिरा हुआ है। ऐसा बँटवारा तभी हो सकता है जब संसाधन विपुल हों और उन्हें बाँटने वाले अपनी विविध प्रतिभाओं और कामनाओं को संतुष्ट करने के आधार पर उनका समान रूप से आपस में वितरण कर रहे हों। इस स्कीम के तहत जिसे खेती करनी होगी वह उपजाऊ ज़मीन चाहेगा, जिसे डेयरी खोलनी होगी वह मवेशियों को और चराने के लिए ज़मीन हासिल करना चाहेगा, जिसे समुद्र की निकटता पसंद होगी वह तटीय क्षेत्र का स्वामी बनेगा। इस समतामूलक वितरण की कामयाबी इस शर्त पर भी निर्भर है कि बँटवारा हो जाने पर जलन वश एक व्यक्ति दूसरे के हिस्से में आये संसाधनों पर नीयत ख़राब नहीं करेगा। ज़ाहिर है कि यह आदर्श स्थिति है जो समाज में अक्सर उपलब्ध नहीं हो पाती। समाज में सभी लोग समान प्रतिभाओं और क्षमताओं के स्वामी नहीं होते और संसाधनों की मात्रा भी कम या ज़्यादा होती है। मसलन, जो विकलांग है वह संसाधनों पर किस प्रकार समान दावा कर पायेगा? वह तो विषम परिस्थितियों के बोझ से पहले ही दबा हुआ है। इस स्थिति का एक समाधान तो यह हो सकता है कि उसकी भरपाई संसाधनों के बँटवारे की शुरुआत करने से पहले ही कर दी जाए ताकि वह वितरण की प्रक्रिया में समान धरातल से भाग ले सके। अर्थात् संसाधनों के वितरण की योजना न केवल आकांक्षा के प्रति संवेदनशील होनी चाहिए, बल्कि व्यक्ति की उन परिस्थितियों के प्रति भी संवेदनशील होनी चाहिए जो उसे कुदरत द्वारा थमायी गयी हैं। यहीं समस्या पैदा होती है कि कुछ लोग ऐसी प्राकृतिक हानियों का सामना कर रहे होते हैं जिनकी भरपाई या तो हो ही नहीं सकती या केवल आंशिक रूप से ही हो सकती है। ऐसे में ज़रूरी हो जाता है कि वितरण प्रक्रिया शुरू होने से पहले अभागे लोगों के लिए संसाधनों का एक अंश निकाल कर रख दिया जाए। इसी सिद्धांत का व्यावहारिक रूप अमीरों पर ज़्यादा टैक्स लगाने के रूप में देखा जाता है ताकि दरिद्रता के मारे हुए लोगों के कल्याण के लिए संसाधनों की गारंटी की जा सके।

क्षमताओं की समानता का विचार अर्थशास्त्री अमर्त्य सेन द्वारा प्रतिपादित किया गया है। इसका ज़ोर आमदनी या संसाधनों की समानता के बजाय लोगों की क्षमताओं को बराबर करने पर है। अमर्त्य सेन के मुताबिक़ अगर सामाजिक नीति इस तरह बनायी जाए कि उसके आधार पर लोग विभिन्न काम करने लायक क्षमताएँ विकसित कर सकें तो समानता का आदर्श प्राप्त किया जा सकता है। मसलन, अगर किसी क्षेत्र में निरक्षरता है, तो संसाधनों की समानता में यक़ीन करने वालों के लिए यह पर्याप्त होगा कि राज्य और समाज उपलब्ध संसाधन किताबों और शिक्षा संबंधी सेवाओं पर ख़र्च करें। पर, क्षमताओं की समानता के पैरोकार चाहेंगे कि लोगों के भीतर शिक्षा नामक एक आंतरिक योग्यता पैदा करने की गारंटी दी जाए। अमर्त्य सेन चाहते हैं कि विषमता का विश्लेषण करते समय मानवीय विविधता का पूरी बारीकी से

ध्यान रखा जाना चाहिए। यह विविधता आंतरिक (उम्र, जेंडर, प्रतिभाएँ, स्वास्थ्य आदि) भी होती है और बाह्य (सम्पत्ति का स्वामित्व, सामाजिक पृष्ठभूमि, पर्यावरण स्थितियाँ आदि) भी। मसलन, वैसे तो हर स्त्री जेंडर संबंधी भेदभाव की शिकार होती है, पर दलित स्त्री और ऊँची जाति की स्त्री की परिस्थितियाँ एकदम अलग-अलग हो सकती हैं। सामाजिक नीतियाँ अगर इन अंतरों का ख़याल करके बनायी जाएँगी तो क्षमताओं की समानता अधिक बेहतर ढंग से प्राप्त की जा सकेगी।

वैकल्पिक समानता का विचार माइकल वाल्ज़र ने विकसित किया है। इसे कॉम्प्लेक्स इक्वलिटी के नाम से भी जाना जाता है। वाल्ज़र समतावादी तो हैं, पर वे कल्याण, संसाधनों और क्षमताओं के वितरण पर ज़ोर देने के रवैये से सहमत नहीं हैं। उनके अनुसार लोग पहले वस्तुओं और ज़िंसों को कल्पित करके उनकी रचना करते हैं और फिर उन्हें आपस में बाँटते हैं। इसलिए हमारा ज़ोर कल्पित करने और रचना करने की प्रक्रिया पर होना चाहिए। रचे जाने के बाद वस्तुएँ एक सामाजिक मूल्य और अर्थ से सम्पन्न की जाती हैं। चूँकि यह मूल्य हर समाज के लिए अलग-अलग होगा, इसलिए वस्तुओं का ऐसा कोई सेट नहीं हो सकता जो हर समाज के लिए समान रूप से वांछनीय हो। सभी तरह के वितरण इसी मूल्य और अर्थ के मुताबिक़ न्याय या अन्यायपूर्ण होते हैं। इसलिए वितरण के मानक सभी सामाजिक परिस्थितियों और दायरों में एक नहीं हो सकते। वाल्ज़र का सिद्धांत वितरण प्रक्रिया को निरंकुशता और प्रभुत्व द्वारा प्रभावित किये जाने के जोखिमों के प्रति सतर्क दिखता है। वे वैकल्पिक समानता की गारंटी करने के लिए ऐसे संबंधों के पक्ष में हैं जिनके तहत किसी के भी लिए अपने प्रभुत्व के तले वितरण प्रक्रिया को प्रभावित करना नामुमकिन हो जाए।

**देखें** : अधिकार, अधिकार : सैद्धांतिक यात्रा, अरस्तू, अफ़लातून, अनुदारतावाद, अराजकतावाद, अन्य-अन्यीकरण, उदारतावाद, उपयोगितावाद, ऐडमण्ड बर्क, क्रांति, ज्याँ ज़ाक रूसो, जॉन लॉक, जेरेमी बेंथम, जॉन स्टुअर्ट मिल, जॉन रॉल्स, थॉमस हॉब्स, थॉमस पेन, न्याय, न्याय : नारीवादी आलोचना, न्याय : रॉल्स का सिद्धांत, राजनीति में व्यक्ति की भूमिका, नागरिकता, नागरिकता : अन्य परिप्रेक्ष्य-1 और 2, नागर समाज, पनोप्टिकॉन, प्रतिनिधित्व, प्रगति, प्रगति : आलोचनात्मक परिप्रेक्ष्य, प्रशासन, फ़ासीवाद, फ्रेड्रिख़ वॉन हायक, बहुसंस्कृतिवाद, बहुसंख्यकवाद, बहुसंख्यक-अल्पसंख्यक, बुद्धिवाद, माइकेल जोसेफ़ ओकशॉट, माइकिल वाल्ज़र, मिशेल पॉल फ़ूको-1 और 2, यूटोपिया, राजनीतिक और राजनीति, राजनीतिक दर्शन के नारीवादी आयाम-1 और 2, राजनीतिक मनोविज्ञान, राजनीतिक समाजशास्त्र, राज्य-1 और 2, रॉबर्ट नॉज़िक, राज्य-1 और 2, राष्ट्र-राज्य, राष्ट्र : सांस्कृतिक या राजनीतिक, राष्ट्रवाद, राष्ट्रवाद का इतिहास, लोकतंत्र, लोकतंत्र की आलोचनाएँ, व्यक्तिवाद, व्यवहारवाद, विल किमलिका, वितरणमूलक न्याय, विदेशी-द्वेष, वैधता, वैधता का संकट, सविनय अवज्ञा, समानता, समतावाद, स्मृति की राजनीति, स्वतंत्रता, स्वतंत्रतावाद, स्वजातिवाद, स्वच्छंदतावाद, सत्ता, सर्वसत्तावाद, सम्प्रभुता, समाजवाद, सरकारियत, सम्पत्ति, सम्पत्ति : साझा और सरकारी, सम्पत्ति : मार्क्सवादी परिप्रेक्ष्य, सम्पत्ति : नारीवादी परिप्रेक्ष्य, संविधानवाद, संघवाद, सामाजिक समझौता, हेनरी डेविड थोरो।

## संदर्भ

1. अशोक आचार्य (2008), 'इक्वलिटी', राजीव भार्गव और अशोक आचार्य (सम्पा.), *पॉलिटिकल थियरी : ऐन इंट्रोडक्शन,* पियर्सन लोंगमेन, नयी दिल्ली.
2. रोनाल्ड ड्वॉरकिन (1981), 'व्हाट इज़ इक्वलिटी पार्ट-1 इक्वलिटी ऑफ़ वेलफ़ेयर और पार्ट-2 : इक्वलिटी ऑफ़ रिसोर्सिज़', *फ़िलॉसफ़ी ऐंड पब्लिक एफ़ेयर्स,* खण्ड 10, अंक 3 और 4.
3. अमर्त्य सेन (1993), *इनइक्वलिटी रि-एग्ज़ामिण्ड,* ऑक्सफ़र्ड युनिवर्सिटी प्रेस, ऑक्सफ़र्ड.
4. माइकिल वाल्ज़र (1983), *स्फ़ेयर ऑफ़ ज़स्टिस : अ डिफ़ेंस ऑफ़ प्लूरलिज़म ऐंड इक्वलिटी,* बेसिक बुक्स, न्यूयॉर्क.

**— अभय कुमार दुबे**

# समान नागरिक संहिता

(Uniform Civil Code)

भारतीय संविधान के अनुच्छेद 44 में दर्ज है कि राज्य भारत के सभी नागरिकों को एक समान नागरिक संहिता उपलब्ध कराने का प्रयास करेगा। संविधान का यह आश्वासन इस विचार की नुमाइंदगी करता है कि एक राष्ट्र में जन-सामान्य का नागरिक जीवन एक सार्वभौम स्वरूप और तात्पर्य से सम्पन्न होना चाहिए। जब इस देश में सभी नागरिक एक फ़ौजदारी क़ानून से विनियमित होते हैं, एक दण्ड संहिता है और अन्ततः एक सर्वोपरि संविधान है, तो नागरिक जीवन में विवाह, तलाक, गोद लेने, उत्तराधिकार, भरण-भोषण, अभिभावकत्व, विरासत, सम्पत्ति में महिलाओं के अधिकार आदि आयामों को भी विभिन्न धर्मों, समुदायों और जातियों की अलग-अलग निजी विधियों द्वारा संचालित नहीं होना चाहिए। भारतीय नागरिकों का निजी जीवन एक ऐसी समान नागरिक संहिता से विनियमित होना चाहिए जो नागरिक जीवन में स्वतंत्रता, समानता और न्याय का संतुलित समावेश करे। भारतीय राज्य आज तक संविधान प्रदत्त इस आश्वासन को पूरा करने में सफल नहीं हुआ है। आज भी भारत में हिंदू, सिख, जैन और बौद्ध हिंदू निजी क़ानून के तहत आते हैं; मुसलमानों, ईसाइयों और पारसियों के अपने अलग-अलग

निजी क़ानून हैं। समान नागरिक संहिता लागू करने को लेकर भारत के अल्पसंख्यक प्रारम्भ से ही शंकित रहे हैं। संविधान सभा में जब इस संहिता के स्वरूप व भूमिका पर बहस हो रही थी, उसी समय अल्पसंख्यकों (विशेषकर मुसलमानों) के प्रतिनिधियों को डर था कि इस संहिता के माध्यम से उनकी विशिष्ट पहचान को समाप्त किया जा सकता है। कुल मिला कर समान नागरिक संहिता से संबंधित बहस मुख्यत: तीन नज़रियों के इर्द-गिर्द गोलबंद हुई है। पहला दृष्टिकोण इस संहिता को भारतीयता, उसकी एकता-अखण्डता की नींव और पंथनिरपेक्षता की सशक्तता के दृढ़ आधार के रूप में स्वीकारता है। दूसरा दृष्टिकोण समान नागरिक संहिता को धार्मिक व जातीय पहचानें ख़त्म करने वाले प्रमुख कारक के तौर पर देखता है। तीसरा दृष्टिकोण वह है जो समान नागरिक संहिता को स्त्री-पुरुष समानता के सशक्त आधार के रूप में मान्यता देता है।

संविधान सभा में 23 नवम्बर 1948 को समान नागरिक संहिता पर विचार-विमर्श प्रारम्भ हुआ था। डॉ. आम्बेडकर सहित लगभग एक दर्ज़न वक़्ताओं ने इसमें भागीदारी की थी। पाँच वक्ता मुसलमान समुदाय से संबंधित थे। पहले मुसलमान वक्ता मोहम्मद इस्माइल का मानना था कि संविधान सभा प्रत्येक सम्प्रदाय की निजी विधियों को उसके मूलाधिकार के रूप में मान्यता दे देनी चाहिए। उनका कहना था कि जब भारतवर्ष को एक पंथनिरपेक्ष राज्य बनाया जा रहा है, तो विभिन्न धर्मों में भारतीय राज्य के किसी भी हस्तक्षेप को स्वीकार नहीं किया जाना चाहिए। यदि समान नागरिक संहिता के अंतर्गत निजी विधियों को भी प्रशासित किया गया तो यह पंथनिरपेक्ष व्यवस्था की अवधारणा के विपरीत होगा। दूसरे वक़्ता नज़ीरुद्दीन अहमद का तर्क था कि किसी भी निजी क़ानून में समान नागरिक संहिता के आग्रह के तहत परिवर्तन करना है, तो उसकी सहमति के आधार पर ही यह तब्दीली होनी चाहिए। नज़ीरुद्दीन अहमद ने संविधान सभा द्वारा स्वीकृत किये जा चुके उस अनुच्छेद का हवाला दिया जो प्रत्येक नागरिक को आस्था की स्वतंत्रता और किसी भी पंथ को अबाध रूप से मानने और प्रचार करने का समान अधिकार देता है। अंग्रेज़ी राज्य का उदाहरण देते हुए उन्होंने कहा कि अंग्रेज़ों ने अनेक क़ानूनों में आवश्यकतानुसार हस्तक्षेप किया, लेकिन धीरे-धीरे। अत: समान नागरिक संहिता जैसे प्रावधानों का क्रियान्वयन भी समय के साथ धीरे-धीरे ही होना चाहिए। तीसरे वक्ता महमूद अली बेग थे। उनका कहना था कि समान नागरिक संहिता के क्रियान्वयन का प्रभाव नागरिकों की निजी विधियों पर नहीं पड़ना चाहिए क्योंकि कई सम्प्रदायों को अपनी निजी विधियाँ पंथ के समान ही प्रिय होती हैं। बेग द्वारा इस संबंध में दूसरा तर्क यह दिया गया कि अ-साम्प्रदायिक राज्य में नागरिकों को अपने धर्म के पालन की स्वतंत्रता के साथ-साथ निजी विधियों के अनुरूप आचरण करने की भी स्वतंत्रता भी होनी चाहिए। अगले वक़्ता बी. पोकर का भी यह मानना था कि अनुच्छेद 35 को इस तरह दुरुस्त किया जाना चाहिए कि किसी भी सम्प्रदाय को अपनी निजी विधियाँ छोड़ने के लिए बाध्य न किया जा सके। अगले वक्ता हुसैन इमाम का विचार था कि जब पूरे देश में प्रगति और विश्वास की परिस्थितियाँ एक समान नहीं हैं, तो एक समान संहिता लागू करना कहाँ तक न्यायोचित होगा? जब तक साक्षरता, प्रगति व आर्थिक समृद्धि पर आधारित विषमता पूरे देश से दूर नहीं हो जाती है तब तक एकसे क़ानून पर अमल नहीं होना चाहिए।

इस बहस से स्पष्ट होता है कि संविधान सभा में समान नागरिक संहिता का विरोध करने के लिए सेकुलरवाद और धार्मिक बहुलवाद के तर्क का इस्तेमाल किया गया। लेकिन सभी मुसलमान सदस्य इस संहिता को कभी लागू न करने के पक्ष में नहीं थे। एक तर्क यह भी था कि इसे लागू किया जाए लेकिन धीरे-धीरे और मुसलमानों की सहमति से।

इसके बाद कन्हैयालाल माणिकलाल मुंशी ने समान नागरिक संहिता की स्थापना के विरोध में दिये जा रहे दो प्रमुख तर्कों का खण्डन किया। मुंशी का कहना था कि पहले ही विधान परिषद् द्वारा स्वीकारा जा चुका है कि अनुच्छेद 19 विधि-निर्माण के ऐसे किसी अधिकार में राज्य के लिए बाधक नहीं बनेगा जो सामाजिक कल्याण तथा सुधार के लिए आवश्यक हो। इसमें लौकिक क्रिया-कलापों के साथ-साथ पंथिक आचरण संबंधी विषय भी शामिल हैं। मुंशी का कहना था कि इससे अल्पसंख्यकों के मूलाधिकार का उल्लंघन नहीं होगा। मुंशी के मुताबिक़ अतीत में और हाल के वर्षों में भी ऐसे अनेक साक्ष्य हैं जबकि मुसलमान शरियत क़ानून में हस्तक्षेप किया गया है। उन्होंने यह भी कहा कि पंथ का सामाजिक संबंधों और उत्तराधिकार जैसे विषयों से कोई संबंध नहीं है। अतीत में पंथ जीवन के सारे क्षेत्र को अपने में समाहित किये था, लेकिन अब हमें अपनी प्रगतिशील मानसिकता का परिचय देते हुए दृढ़ता से स्वीकारना चाहिए कि पंथ के तहत ये विषय नहीं आते। बल्कि ये तो इहलौकिक क़ानून के अंतर्गत आने वाले विषय हैं और निस्संदेह अल्पसंख्यकों को भी अपने दायरे में ले लेते हैं। मुंशी का कहना था कि अगर ऐसा नहीं किया गया तो महिलाओं को समानता प्रदान करना असम्भव हो जाएगा। संविधान में लिंग के आधार पर भेदभाव न करने की बात कही गयी है। उन्होंने अंग्रेज़ों द्वारा स्थापित मान्यता को दूषित क़रार दिया कि निजी क़ानून पंथ का हिस्सा हैं।

मुंशी के बाद अल्लादि कृष्णास्वामी अय्यर ने उन्हीं के विचारों का पूर्ण समर्थन किया। अंतिम वक्ता डॉ. भीमराव आम्बेडकर थे। उन्होंने समान संहिता के विरुद्ध प्रस्तुत प्रत्येक

संशोधन से असहमति व्यक्त की। उनका मानना था कि भारतवर्ष में एक ही व्यवहार संहिता है और यह सम्पूर्ण राष्ट्र पर लागू भी है। मात्र विवाह व उत्तराधिकार का क्षेत्र ऐसा है जहाँ व्यवहार विधि का हस्तक्षेप नहीं हो पाया है। डॉ. आम्बेडकर का कहना था कि मुसलमान निजी क़ानून सार्वभौम व अपरिवर्तनशील नहीं हैं। उनकी दलील थी कि तत्कालीन मुसलमान क़ानून केवल दस वर्ष पहले ही बना है। दूसरे, पूरे भारत में उसका स्वरूप व प्रकृति भी एक सी नहीं है। धार्मिक पहचान सुरक्षित रखने वाले तर्क का विरोध करते हुए आम्बेडकर ने कहा कि सभी धर्मों को समान संरक्षण प्रदान करने वाले सेकुलर राज्य के लिए धर्म की आड़ में किये गये प्रत्येक कार्य का बचाव करना आवश्यक नहीं है। कई धर्म ऐसे हैं जो हर तरह के कार्यकलाप को धर्म का जामा पहना देते हैं। भारत में धर्म की संकल्पना इतनी विस्तृत है कि यह जन्म से मृत्यु तक जीवन के हर पक्ष पर छाई हुई है। अगर राज्य धर्म के इस स्वरूप को मान ले, तो सुधार की सारी प्रक्रिया रुक जाएगी।

1985 में शाह बानो के मुक़दमे में सर्वोच्च न्यायालय ने समान नागरिक संहिता के क्रियान्वयन पर टिप्पणी की। इस विवाद का संबंध एक तलाक़शुदा मुसलमान महिला को उसके पति द्वारा जीवन निर्वाह भत्ता दिये जाने संबंधी अदालती निर्णय से था। इस फ़ैसले को मुसलमान उलेमाओं और कुछ धार्मिक-राजनीतिक संगठनों ने निजी क़ानून में हस्तक्षेप मानते हुए विरोध प्रकट किया। उच्चतम न्यायालय का कहना था कि फ़ैसले में क़ानून की जो व्याख्या की गयी है, वह मुसलमान निजी विधि के ख़िलाफ़ नहीं जाती। तत्कालीन मुख्य न्यायाधीश वाई.वी. चंद्रचूड़ की अध्यक्षता में गठित खण्डपीठ की टिप्पणी थी कि एक समान नागरिक संहिता राष्ट्रीय अखण्डता की स्थापना में सहायक होगी, क्योंकि उसके द्वारा परस्पर विरोधी विचारधाराओं की विधि के प्रति बिखरी हुई निष्ठाओं को समाप्त किया जा सकेगा। सुप्रीम कोर्ट ने याद दिलाया कि राज्य का यह कर्त्तव्य नागरिकों के लिए एक समान नागरिक संहिता उपलब्ध कराना है और निस्संदेह राज्य के पास इस कार्य हेतु वैधानिक योग्यता भी है।

इसी तरह 1995 में सरला मुद्गल विवाद में उच्चतम न्यायालय ने पुन: यह स्पष्ट किया कि 41 वर्षों बाद भी वर्तमान शासन व्यवस्था संविधान के अनुच्छेद 44 को सजीव नहीं कर सकी। यह अनुच्छेद 1949 की स्थिति में ही जैसा का तैसा पड़ा है। इसी निर्णय में शीर्ष न्यायालय ने भारत सरकार को यह बताने का निर्देश दिया था कि भारतवर्ष के नागरिकों हेतु एक समान नागरिक संहिता की स्थापना के लिए उसने कौन से उपाय व प्रयास किये? न्यायालय द्वारा रेखांकित किये गये विवाह व उत्तराधिकार जैसे प्रश्न पूरी तरह से सेकुलर प्रकृति के है। उनका पूजा-पद्धति और आस्था के साथ घालमेल नहीं होना चाहिए। न्यायालय का मानना था कि भारतवर्ष की अस्सी प्रतिशत से अधिक विधियाँ संहिताबद्ध हो चुकी हैं, तो शेष को संहिताबद्ध न करने का कोई आधार नहीं हो सकता है। इसलिए समान नागरिक संहिता भारतवर्ष के सभी नागरिकों पर क्रियान्वित होनी चाहिए। उच्चतम न्यायालय का मत था कि संविधान के अनुच्छेद 44 के अनुसार किसी भी सभ्य समाज में पंथ और निजी विधि के मध्य कोई अनिवार्य संबंध नहीं होता। भारतीय संविधान का अनुच्छेद 25 यदि धार्मिक स्वतंत्रता सुनिश्चित करता है, तो अनुच्छेद 44 सामाजिक संबंधों और निजी विधियों को पंथ से पृथक करता है।

भारत का स्त्री-आंदोलन हमेशा से ही लैंगिक न्याय का झण्डा बुलंद करते हुए समान नागरिक संहिता का पक्षधर रहा है। अस्सी और नब्बे के दशकों में जब शाह बानो के मुक़दमे पर दिये गये सुप्रीम कोर्ट के फ़ैसले के इर्द-गिर्द साम्प्रदायिक राजनीति होने लगी, तो नारीवादी संगठनों और अन्य स्त्री-समूहों ने अपना रुख बदला। उन्होंने लैंगिक न्याय की अपनी माँग का अल्पसंख्यक अधिकारों की सुरक्षा के प्रश्न से तालमेल करने की कोशिश की। उल्लेखनीय है कि मुसलमान स्त्रियों के संगठन आवाज़-ए-निस्वाँ, वुमॅन रिसर्च ऐंड एक्शन ग्रुप्स और मुसलमान स्त्रियों के अधिकारों के लिए काम करने वाले संगठनों के नेटवर्क लगातार लैंगिक न्याय के आधार पर अपने समाज के विवाह क़ानून में तब्दीली करवाने का अभियान चला रहे हैं।

**देखें** : अनुसूचित जातियाँ, अनुसूचित जनजातियाँ, अन्य पिछड़े वर्ग, आरक्षण, कन्हैयालाल माणिकलाल मुंशी, जवाहर लाल नेहरू, भारतीय अभिजन, भारतीय आधुनिकता, भारतीय इसलाम, भारतीय उदारतावाद, भारतीय डायसपोरा, भारत में उपनिवेशवाद, भारत में नियोजन, भारत में प्रातिनिधिक प्रणाली, भारत में पृथकतावादी राजनीति, भारत में मतदान-व्यवहार-1 से 6 तक, भारतीय राज्य, भारतीय राष्ट्रवाद, भारतीय लोकतंत्र, भारतीय राजनीतिक संस्कृति, भारतीय लोकतंत्र का संस्थानीकरण-1 से 3 तक, भारतीय स्वभाव और राजनीति, भारतीय संविधान-1 से 8 तक, भारतीय सामाजिक आंदोलन, भीमराव रामजी आम्बेडकर, संविधान सभा में भाषा-विवाद-1 से 3 तक।

## संदर्भ

1. मधु किश्वर (1998), 'प्रो-वुमॅन ऑर एंटी-मुसलमान? : द शाह बानो कंट्रोवर्सी', मधु किश्वर, *रिलीजन एट द सर्विस ऑफ़ नैशनलिज़म ऐंड अदर एसेज़,* ऑक्सफ़र्ड युनिवर्सिटी प्रेस, नयी दिल्ली.
2. लीला सेठ, 'अ युनिफ़ॉर्म सिविल कोड : टुवर्ड्स जेंडर जस्टिस', *इण्डिया इंटरनैशनल सेंटर क्वार्टरली,* खण्ड 31, अंक 4.

**— पुनीत कुमार**

# समुदायवाद

(Communitarianism)

जैसा कि नाम से ही ज़ाहिर है समुदायवाद राजनीतिक सिद्धांत के मर्म में उदारतावादी चिंतन के गर्भ से निकले अमूर्त व्यक्ति की जगह मानव समुदाय की स्थापना करता है। समुदायवादियों का विचार है कि सामुदायिक जीवन में स्वेच्छा के साथ सचेत रूप से भागीदारी करने पर व्यक्ति अपने जीवन का बेहतर संचालन कर सकेगा। राजनीतिक और सामाजिक मसलों के साथ जुड़ाव के कारण उसे एक निजीकृत संसार में महज़ उपभोक्ता बन कर नहीं रहना होगा। समुदायवाद के पैरोकार जिस सामुदायिकता की सिफ़ारिश करते हैं वह किसी एक समुदाय द्वारा अधिकाधिक व्यक्तियों पर इज़ारेदारी का पर्याय नहीं है। वे कहते हैं कि व्यक्तियों को एक से अधिक समुदायों के साथ प्रतिबद्ध होना होगा। इनमें से हर समुदाय किसी व्यापक समुदाय का अंग होगा जिससे सामुदायिक मूल्य किसी एक समूह के क़ब्ज़े में न रह कर संकीर्णता के पर्याय नहीं बन सकेंगे।

समुदायवाद की अवधारणा अरस्तू के प्राचीन यूनानी दर्शन से लेकर हीगेल और मार्क्स के विचारों तक में मौजूद है। लेकिन एक वैचारिक स्कूल के रूप में जिस समुदायवाद की ज़िक्र यहाँ किया जा रहा है उसका उभार समाज-विज्ञान में अस्सी के दशक के दौरान हुआ। अरस्तू के विमर्श में समुदाय, अर्थात् पोसिल, को उत्तम जीवन का सबसे अहम घटक माना गया है। हीगेल ने भी एक उत्तम जीवन के लिए समुदाय को महत्त्वपूर्ण माना और राज्य को इस समुदाय के मूर्त्त रूप में देखा। मार्क्सवादी विमर्श के तहत समुदाय को कम्युनिस्ट आदर्श की एक मुख्य विशेषता के रूप में ग्रहण किया जाता है। मार्क्सवादी समुदाय को ऐसे आदर्श की तरह देखते हैं जिसे समाज में क्रांतिकारी बदलाव के बाद ही हासिल किया जा सकता है, और इसके लिए पूँजीवाद को ख़त्म करके समाजवादी समाज का निर्माण करना ज़रूरी है।

लेकिन अस्सी के दशक में माइकल सैंडल, माइकल वॉल्ज़र, ,ऐलिस्डेयर मैकेंटायर और चार्ल्स टेलर के प्रयासों से सामने आया समुदायवाद का विचार पारम्परिक मार्क्सवाद से बहुत अलग है। लेकिन नये समुदायवादी मानते हैं कि सामान्य सामाजिक व्यवहारों, सांस्कृतिक परंपराओं और सहभागी समझदारियों के रूप में समुदाय का पहले से ही अस्तित्व है। नये सिरे से समुदाय का निर्माण करने के बजाय ज़रूरत इस बात की है कि पहले से मौजूद समाज का सम्मान करते हुए उसकी सुरक्षा की जाए। स्वतंत्रता और समानता के साथ ही समुदाय पर ध्यान देना भी ज़रूरी है। समुदायवादियों का यह मानना है कि न्याय के उदारतावादी सिद्धांतों में या उदारतावादी समाजों की सार्वजनिक संस्कृति में समुदाय के मूल्य को पर्याप्त मान्यता नहीं दी गयी है।

नये समुदायवाद को उदारतावाद की समीक्षा करने का श्रेय भी है। दरअसल आधुनिक उदारतावाद की समुदायवादी समीक्षा और क्लासिकल उदारतावाद की हीगेल द्वारा की गयी समीक्षा में कई समानताएँ हैं। इसीलिए कई विचारक मानते हैं कि यह 'नया' समुदायवाद हीगेल के विचारों से प्रेरित है। लॉक और कांट जैसे क्लासिकल उदारतावादियों ने मानवीय आवश्यकताओं और मानवीय तार्किकता की एक सार्वभौमिक अवधारणा रेखांकित करने की कोशिश की थी। हीगेल इस दृष्टिकोण को 'मॉरलिटेट' कहते हुए अमूर्त्त क़रार देते हैं। उनकी आपत्ति है कि यह किसी तरह का दिशा-निर्देश नहीं दे सकता, यह बहुत अधिक व्यक्तिवादी है, और यह इस बात की उपेक्षा करता है कि मनुष्य अनिवार्य रूप से किन्हीं विशिष्ट ऐतिहासिक व्यवहारों और संबंधों में रचे-पगे होते हैं। इसके विकल्प के रूप में हीगेल 'स्टिलिखेट' पर जोर देते हैं जिसके तहत नैतिक कर्त्ता के रूप में व्यक्ति की पूरी पहचान अर्थात् उसके उत्तम आयाम और उनकी पूरी क्षमता उनके समुदाय से जुड़ जाती है। 'मॉरलिटेट' और 'स्टिलिखेट' के बीच इस हीगेलियन विरोध की अनुगूँज समकालीन समुदायवादी लेखन में भी काफ़ी-कुछ पायी जाती है। हीगेल की तरह ही समुदायवादी आधुनिक उदारतावादियों पर अमूर्त्त और व्यक्तिवादी दृष्टिकोण लगाने का आरोप लगाते हुए उसकी जगह अधिक संदर्भयुक्त और समुदाय-संवेदनशील दृष्टिकोण अपनाते हैं।

लेकिन समुदायवादी विचारकों के भीतर भी कई तरह की धारायें मौजूद हैं। पहला, माइकल सैंडल और एलिस्डेयर मैकेंटायर के मुताबिक़ उदारतावाद की यह संकल्पना सही नहीं है कि व्यक्ति स्वायत्त रूप से उत्तम जीवन की अपनी संकल्पना का चुनाव कर सकता है। उदारतावादियों की व्यक्ति की संकल्पना में व्यक्ति को ऐसे अणु के रूप में माना गया है जो पूरी दुनिया से अलग-थलग हो। उदारतावादी व्यक्ति को इस सीमा तक स्वायत्त मानते हैं मानो व्यक्ति पर उसकी सामाजिक पृष्ठभूमि का कोई प्रभाव नहीं पड़ता है। लेकिन सच्चाई यह है कि व्यक्ति की इयत्ता उसके सामाजिक व्यवहारों में समाहित होती है। इस संदर्भ में सैंडल का मानना है कि व्यक्ति की इयत्ता उसके लक्ष्यों से पहले नहीं आती, बल्कि वह इससे निर्मित होती है। अर्थात् हम जिस समाज में जन्म लेते हैं और जहाँ हमारा पालन-पोषण और समाजीकरण होता है, उसी से हमारा लक्ष्य तय होता है। इसलिए हमें अपनी ज़िंदगी किस तरह गुज़ारनी है, यह सामाजिक भूमिकाओं के चुनाव का मसला नहीं है। इसके लिए तो उन भूमिकाओं को समझना ज़रूरी है जिसमें हम ख़ुद को पहले से ही पाते हैं।

दूसरा, माइकल वॉल्ज़र जैसे समुदायवादियों ने ज़ोर दिया है कि न्याय के सार्वभौम सिद्धांत की खोज सही नहीं है। न्याय के बारे में सही तरीक़े से सिद्धांत-रचना का तरीक़ा यह है कि किसी विशिष्ट समुदाय के लिए सामाजिक वस्तुओं के महत्त्व पर ध्यान दिया जाए। यदि कोई समाज अपने सदस्यों की सहभागी समझ के आधार पर काम करता है तो वह न्यायपूर्ण होता है। सदस्यों की यह सहभागी समझ सामाजिक व्यवहारों और संस्थाओं के मार्फ़त सामने आती हैं। ज़ाहिर है कि वाल्ज़र सार्वभौमिक दार्शनिक तर्क की जगह सांस्कृतिक व्याख्या को महत्त्वपूर्ण मानते हैं। इस संदर्भ में उन्होंने समकालीन पश्चिमी समाजों के लिए 'जटिल समानता' की तरफ़दारी की है।

तीसरा, बहुत से समुदायवादियों ने व्यक्तिगत स्वायत्तता के प्रति उदारतावादी वचनबद्धता को स्वीकार कर लिया है। लेकिन उन्होंने उदारतावाद की इसलिए आलोचना की कि यह स्वायत्तता के प्रयोग के लिए ज़रूरी सामाजिक परिस्थितियों की उपेक्षा करता है। मसलन, चार्ल्स टेलर यह दावा करते हैं कि बहुत से उदारतावादी सिद्धांत अणुवाद पर आधारित हैं। इसमें यह माना जाता है कि व्यक्ति में आत्म-निर्णय की क्षमता का विकास करने या उसका प्रयोग करने के लिए किसी सामुदायिक क्षमता की ज़रूरत नहीं है। इसकी जगह, टेलर 'सामाजिक थीसिस' पेश करते हैं जिसमें माना जाता है कि स्वायत्तता के विकास के लिए ख़ास तरह के सामाजिक वातावरण की ज़रूरत होती है। किसी रूढ़िवादी समाज में कोई व्यक्ति ग़लत प्रथाओं को उसी सूरत में चुनौती दे सकता है जब उसे ऐसा सामाजिक माहौल मिले जिसके तहत वह तार्किक रूप से विचार करने की क्षमता विकसित कर पाये।

दरअसल, समुदायवाद को दो तरीक़े से देखा जा सकता है। पहला, 'पीछे देखने वाला समुदायवाद' और दूसरा 'आगे देखने वाला समुदायवाद।' सैंडल, मैकेंटायर और वॉल्ज़र के विचारों में जिस समुदायवाद पर जोर दिया जाता है उसमें यह सम्भावना मौजूद है कि कोई रूढ़िवादी समाज कुछ ख़ास तरह के मूल्यों को अल्पसंख्यकों, महिलाओं और हाशिये पर पड़े समूहों पर थोपने में कामयाब हो जाए। मसलन, समाज की सहभागी समझ के आधार पर समाज में जाति-प्रथा (वॉल्ज़र इसका उदाहरण देते हैं) और महिलाओं के साथ भेदभाव जैसी प्रवृत्तियों को सही ठहराया जा सकता है। यह व्यक्ति द्वारा अपनी सामाजिक परिस्थितियों पर सवाल खड़ा करने की क्षमता और सम्भावना को भी ख़त्म करता है। परम्परावादी और कट्टरपंथी जातीय या धार्मिक समूहों के नेता इसे आकर्षक मान सकते हैं। इसी वजह से अधिकतर समुदायवादियों ने अब चार्ल्स टेलर के विचारों से निकले इस तर्क को अपना लिया है कि व्यक्तिगत आज़ादी के लिए सामाजिक संदर्भ की आवश्यकता है। इसे 'आगे देखने वाले समुदायवाद' संज्ञा दी जा सकती है। यह धारा मानती है कि हम बहुप्रजातीय, बहुधार्मिक और बहुसांस्कृतिक समाजों में रहते हैं। इनके सदस्यों के पास यह फ़ैसला करने का अधिकार होता है कि क्या पारम्परिक जीवन-शैलियाँ मानने लायक हैं। साथ में सदस्यगण सामाजिक जुड़ाव और सामुदायिकता के मूल्य को बहुत अहमियत भी देते हैं। वे सामुदायिक जुड़ाव क़ायम रखने के नये तरीक़े खोजना चाहते हैं जिनसे हमारे विविध चयनों और जीवन-शैलियाँ को सुव्यवस्थित और समायोजित हो सकते हों। दरअसल, उदारतावादी-राष्ट्रवाद और नव-गणतंत्रवाद जैसे विचारों को इसी बौद्धिक परियोजना के नतीजे के रूप में देखा जा सकता है।

यद्यपि वॉल्ज़र, सैंडल, मैकेंटायर जैसे समुदायवादियों के विचारों को उदारतावादी चिंतकों ने बहुत आड़े हाथों लिया है, लेकिन यह भी सच है कि उन्होंने समुदायावादी पहुलओं को उदारतावादी सिद्धांत के भीतर जगह देने की कोशिश भी की है। न्याय के उदारतावादी सिद्धांत के जनक जॉन रॉल्स द्वारा अपनी दूसरी कृति *पॉलिटिकल लिबरलिज़्म* में समुदायवादी आलोचना का जवाब देते हुए राजनीतिक-उदारतावाद की संकल्पना पेश करते हैं। इसमें रॉल्स समाज में समुदायों के अस्तित्व को स्वीकार करते हुए कहते हैं कि उदारतावादी समाजों में समुदाय या समूह होते हैं। ऐसे समाजों में उदारतावादी राज्य और समूह के बीच परस्परव्यापी-आम सहमति होती है। अर्थात् दोनों ही गहरे विश्वास के साथ एक-दूसरे के मूल्यों को स्वीकार करते हैं। विल किमलिका जैसे बहुत से विचारकों ने रॉल्स के ओवरलैपिंग कंसेंसस की इस आधार पर आलोचना की है कि यह एक स्थाई व्यवस्था नहीं हो सकती। दूसरे, उदारतावादी-व्यक्तिवादी और समुदायवादी समीक्षा के कारण ही उदारतावादी विमर्श में विभेदीकृत नागरिकता के विचार और बहुसंस्कृतिवाद जैसे विचारों का उभार हुआ है।

इस पूरे वाद-विवाद की सबसे बड़ी कमी है आर्थिक मुद्दों की उपेक्षा। समाज में सांस्कृतिक पहचान के मसले पर ज़ोर देने के कारण इन विद्वानों ने आर्थिक असमानता और इस कारण होने वाले अन्याय को नज़रअंदाज़ कर दिया है। समुदायवाद की उदारतावादी समीक्षा के कारण सामने आये बहुसंस्कृतिवाद जैसी अवधारणाओं की भी इसी आधार पर आलोचना की गयी है। इन सीमाओं के बावजूद इस बात से इंकार नहीं किया जा सकता कि अस्सी के दशक में उभर कर सामने आयी उदारतावाद की समुदायवादी समीक्षा ने राजनीतिक सिद्धांत काफ़ी समृद्ध किया है। इसने उदारवाद को समाज में मौजूद समुदाय के बारे में विचार करने और उन्हें मान्यता देने के लिए प्रेरित किया जिससे उदारतावाद ज़्यादा व्यापक और समावेशी रूप में सामने आ पाया।

**देखें :** अर्थव्यवस्था का समाजशास्त्र, अभिजन, अभिरुचि, आत्महत्या, उन्मूलनवाद, एजेंसी, कर्मकाण्ड, कारागार, गोपनीयता, गृहविहीनता, जादू, जीवन-शैली, टेलरवाद, परम्परा, परस्पर विपरीत द्विभाजन, प्रति- (संस्कृति, विमर्श, इतिहास, वर्चस्व, स्मृति), प्राइवेसी, प्रौद्योगिकी, फ़ुरसत, बचपन, बहुपत्नी प्रथा, बहुपति प्रथा, बुद्धिसंगत चयन का सिद्धांत, बुजुर्गियत का समाजशास्त्र, बेगानगी, भीड़, भ्रष्टाचार का समाजशास्त्र-1 और 2, मानव-प्रकृति, मानवशास्त्र और मार्क्सवाद, मानवशास्त्र और संस्कृति की राजनीति, समाज-विज्ञान, समाज-कार्य, समाजीकरण, सांस्कृतिक सापेक्षतावाद, सांस्कृतिक मानवशास्त्र, सेवानिवृत्ति, वाचिकता, विचलन, ज्ञान का समाजशास्त्र।

### संदर्भ

1. एमी गटमन (1985), 'कम्युनिटेरियन क्रिटिक्स ऑफ़ लिबरलिज़म', *फ़िलॉसफ़ी ऐंड पब्लिक एफ़ेयर्स,* खण्ड 14, अंक 3.
2. माइकल सैंडल (1982), *लिबरलिज़म ऐंड द लिमिट्स ऑफ़ जस्टिस,* केम्ब्रिज युनिवर्सिटी प्रेस, केम्ब्रिज.
3. अलस्डेयर मैकेंटायर (1981), *आफ़्टर वर्च्यू : अ स्टडी इन मॉरल थियरी,* युनिवर्सिटी ऑफ़ नोत्रे दम प्रेस, नोत्रेदम, इण्डियाना.
4. चार्ल्स टेलर (1985), *फ़िलॉसफ़ी एंड द ह्यूमन साइंस : फ़िलॉसफ़ीकल पेपर्स,* खण्ड 2, केम्ब्रिज युनिवर्सिटी प्रेस, केम्ब्रिज.
5. विल किमलिका, *समकालीन राजनीति-दर्शन : एक परिचय* (दूसरा संस्करण), अनु. कमल नयन चौबे, पियर्सन लोंगमेन, नयी दिल्ली.

**— कमल नयन चौबे**

# सरकारियत

(Governmentality)

सरकारियत या गवर्नमेंटलिटी का मतलब है अनुशासन और नियंत्रण की प्रौद्योगिकी। हालाँकि भारत तथा अन्य एशियाई देशों में प्राक्-आधुनिक अवधियों में भी सरकारें थीं, लेकिन यहाँ जिस सरकार का ज़िक्र किया जा रहा है उसका ताल्लुक़ उस आधुनिक राज्य से है जिसका विकास युरोप में हुआ है और जिसे आज सारी दुनिया में अपना लिया गया है। कहा जाता है कि सरकार चलाना या गवर्नेंस करना एक कला है। चूँकि यह कला या आर्ट है इसलिए इसकी बनावट में आर्टीफ़िशियलिटी या कृत्रिमता है। इसी बुनियादी अवधारणा के आधार पर सत्तर के दशक में फ्रांसीसी दार्शनिक मिशेल फ़ूको ने सत्ता का नया विश्लेषण करते हुए सरकारियत या शासकीयता या गवर्नमेंटलिटी की अवधारणा का सूत्रीकरण किया जिसका मतलब था कि सरकार मनुष्यों द्वारा गढ़ी गयी एक ऐसी संस्था है जो कुछ युक्तियों और ज्ञान के कुछ रूपों का इस्तेमाल करते हुए ख़ुद को प्रभावोत्पादक बनाती है। इस सिद्धांत के लिहाज़ से हर सरकार कालातीत न हो कर ऐतिहासिक रूप से ही वैध है। हर समाज की स्थानीय संस्कृति और परिप्रेक्ष्य के लिहाज़ से सरकारियत की युक्तियाँ बदलती रहती हैं। शासकीयता और उसके ज़रिये किये जाने वाले सामाजिक नियंत्रण और अनुशासन की आधारभूत तार्किकता, क्रिया-विधियाँ, सत्ता का तंत्र और कार्रवाई की विधियाँ इसी के हिसाब से तय होती हैं।

फ़ूको के प्रतिपादन ने राज्य और सरकार के संबंधों को देखने की दृष्टि में रैडिकल परिवर्तन किया। इससे पहले सरकार और सरकारियत की व्याख्या उदारतावाद अराजकतावाद के आईने में की जाती थी। उदारतावाद ने सत्रहवीं और अट्ठारहवीं सदी की उन सरकारों की आलोचना विकसित की थी जिनका एकमात्र सरोकार सामाजिक व्यवस्था और उसका विनियमन था। अराजकतावाद सरकार के विचार को ही मानव समाज के लिए अनुपयोगी मान कर ख़ारिज करता था। फ़ूको के विमर्श ने एक नयी ज़मीन तोड़ी जिसके बाद से सरकार सबंधी विमर्श बदल गया और जाँच-पड़ताल के एक नये व्यापक क्षेत्र सरकारियत या गवर्नमेंटलिटी का विकास हुआ। भारतीय विद्वानों ने भी गवर्नमेंटलिटी की थियरी के इर्द-गिर्द कुछ अहम सूत्रीकरण किये हैं जिनमें पार्थ चटर्जी द्वारा विकसित राजनीतिक समाज की अवधारणा प्रमुख है। चटर्जी ने अस्सी के दशक में सेकुलरवाद पर होने वाले महा-विवाद में भाग लेते हुए सहिष्णुता के प्रश्न पर अपने विचार व्यक्त करने के लिए भी सरकारियत के विचार का इस्तेमाल किया था।

सरकारियत के विचार ने चार नये परिप्रेक्ष्यों के लिए सम्भावना खोली है जिसके आधार पर सरकार की संस्था को सत्ता और प्रभुत्व की संरचनाओं के बीच स्थापित करके देखा जा सकता है। सबसे पहले तो यह विचार आग्रह करता है कि राजनीतिक कार्यनीतियों, रणनीतिक संरचनाओं और राजनीतिक कार्यक्रमों की जाँच की जानी चाहिए कि किस तरह इनके ज़रिये कल्पनाएँ, आवश्यकताएँ और उद्यम गढ़े जाते हैं। इसके तहत नागरिकों और बाशिंदों के आचरण और जीवन-शैलियों को एक ख़ास मोड़ दिया जाता है। फ़ूको कहते हैं कि इन प्रक्रियाओं से सरकार एक ऐसे कर्ता को तैयार करती है जो मानता तो यह है कि उसकी कार्रवाइयाँ उसकी स्वतंत्र चेतना का परिणाम हैं, पर दरअसल वह सरकारियत की इन प्रौद्योगिकियों से नियंत्रित और निर्देशित हो रहा होता है। फ़ूको यह भी दिखाते हैं कि गवर्नमेंटलिटी का यह पहलू किस तरह प्रति-सत्ता की सम्भावना भी खोलता है। यह सम्भावना कर्ता की उस सक्रियता में ही निहित रहती है जो गढ़ी गयी कल्पनाओं, आवश्यकताओं और उद्यमों के तहत पैदा हुई सक्रियता का ही एक उत्पाद है।

दूसरा परिप्रेक्ष्य सरकार को एक आचरण और व्यवहार के रूप में देखता है। प्रशासन और नियंत्रण की गतिविधियों को प्रौद्योगिकीय विकास ने एक नया आयाम दिया है। ऐसी नयी तकनीकों और क्रियाविधियों का विकास कर लिया गया है जिनके तहत डेटा या आँकड़ों-तथ्यों को जमा किया जा सकता है, उनकी प्रतियाँ बनायी जा सकती हैं और आवश्यकताओं के अनुसार उन्हें कहीं भी किसी भी जगह फिर-फिर प्राप्त किया जा सकता है। इस विकास ने प्रशासन करने को पिछले किसी भी काल के मुक़ाबले अधिक सक्षम बना दिया है। आबादियों को भिन्न-भिन्न ग्रुपों में बाँटना, विभिन्न श्रेणियों में छाँटना और भिन्न मानकों के लिहाज़ से उनके बीच सामाजिक लाभों का आबंटन करना अब पहले के मुक़ाबले कहीं अधिक सम्भव हो गया है। हर बार जब एक कम्प्यूटर प्रोग्राम किसी व्यक्ति को तकनीकी रूप से डेटा के रूप में दर्ज करता है अर्थात् जब भी उसे उसकी व्यक्तिगत आदतों और आचरणों के अनुसार सूचीबद्ध किया जाता है, 'इंडिविडुअल' दरअसल 'डिविडुअल' में बदल जाता है।

गवर्नमेंटलिटी का विचार ज्ञान के ऐतिहासिक रूपों को सरकारियत के व्यवहार के साथ जोड़ कर देखने का आग्रह करता है। वह मानता है कि राजनीतिक तर्क के आधार पर लोगों और समाजों के विचार बनते हैं। राजनीतिक कार्यक्रम न केवल जनता के सामने समस्या को नये सिरे से रखता है, बल्कि उसके समाधान को सुझाने की प्रक्रिया में यथार्थ को नये सिरे से गढ़ डालता है। वह समाज और समुदाय द्वारा उस यथार्थ की स्वीकृति की परिस्थितियाँ रचता है और नियम बनाता है। यह प्रक्रिया परिवर्तन की दिशा निर्धारित ही नहीं करती, बल्कि उसके मूल्यांकन के लिए एक बौद्धिक ढाँचा भी प्रदान करती है। चूँकि इस प्रक्रिया में क्या करना चाहिए और क्या नहीं करना चाहिए का फ़ैसला होता है, इसलिए इसी प्रक्रिया में व्यक्ति ख़ुद को एक मूल्यगत ढाँचे में बँधा हुआ पाते हैं, ऐसे मूल्यों के ढाँचे में जो उन्हें थमाये गये होते हैं।

चौथा परिप्रेक्ष्य राज्य और सरकार को अपने हितों की पूर्ति में जुटे एकल अभिनेता के तौर पर न देख कर शासन करने की विविध प्रौद्योगिकियों के समुच्चय के रूप में देखने का आग्रह करता है। इस विचार से पहले होता यह था कि सरकारी प्रक्रियाओं में एक प्रकार्यात्मक तर्क खोजते हुए उसकी ऐतिहासिक निरंतरता के निष्कर्ष पर पहुँचा जाता था। सरकार की यह मानकीय व्याख्या आसानी से मान लेती थी कि उसके पास कोई सम्प्रभुता है जिसका या तो क्षय हो रहा है या वह पुष्ट हो रही है। इसी आधार पर बाहर से पड़ने वाले आर्थिक दबावों और बहुराष्ट्रीय प्रभावों की व्याख्याएँ की जाती थीं। लेकिन जैसे ही फ़ूको ने शासन करने की प्रौद्योगिकियों की जाँच करने का आग्रह किया, वैसे ही यह दिखने लगा कि किस तरह सरकारें परिस्थितियों के मुताबिक़ ख़ुद को बदलती रहती हैं, समायोजन की प्रक्रिया चलती रहती है। यहाँ तक कि 'पब्लिक' और 'प्राइवेट' के मायने परिस्थितिजन्य ढंग से बदलते रहते हैं। इसी जगह फ़ूको 'राज्य के सरकारीकरण' की थीसिस देते हैं।

**देखें :** अधिकार, अधिकार : सैद्धांतिक यात्रा, अरस्तू, अफ़लातून, अनुदारतावाद, अराजकतावाद, अन्य-अन्यीकरण, उदारतावाद, उपयोगितावाद, ऐडमण्ड बर्क, क्रांति, ज्याँ ज़ाक रूसो, जॉन लॉक, जेरेमी बेंथम, जॉन स्टुअर्ट मिल, जॉन रॉल्स, थॉमस हॉब्स, थॉमस पेन, न्याय, न्याय : नारीवादी आलोचना, न्याय : रॉल्स का सिद्धांत, राजनीति में व्यक्ति की भूमिका, नागरिकता, नागरिकता : अन्य परिप्रेक्ष्य-1 और 2, नागर समाज, पनोप्टिकॉन, प्रतिनिधित्व, प्रगति, प्रगति : आलोचनात्मक परिप्रेक्ष्य, प्रशासन, फ़ासीवाद, फ्रेड्रिख़ वॉन हायक, बहुसंस्कृतिवाद, बहुसंख्यकवाद, बहुसंख्यक-अल्पसंख्यक, बुद्धिवाद, माइकेल जोसेफ़ ओकशॉट, माइकिल वाल्ज़र, मिशेल पॉल फ़ूको-1 और 2, यूटोपिया, राजनीतिक और राजनीति, राजनीतिक दर्शन के नारीवादी आयाम-1 और 2, राजनीतिक मनोविज्ञान, राजनीतिक समाजशास्त्र, राज्य-1 और 2, रॉबर्ट नॉज़िक, राज्य-1 और 2, राष्ट्र-राज्य, राष्ट्र : सांस्कृतिक या राजनीतिक, राष्ट्रवाद, राष्ट्रवाद का इतिहास, लोकतंत्र, लोकतंत्र की आलोचनाएँ, व्यक्तिवाद, व्यवहारवाद, विल किमलिका, वितरणमूलक न्याय, विदेशी-द्वेष, वैधता, वैधता का संकट, सविनय अवज्ञा, समानता, समानता : चार अवधारणाएँ, समतावाद, स्मृति की राजनीति, स्वतंत्रता, स्वतंत्रतावाद, स्वजातिवाद, स्वच्छंदतावाद, सत्ता, सर्वसत्तावाद, सम्प्रभुता, समाजवाद, सरकारियत, सम्पत्ति, सम्पत्ति : साझा और सरकारी, सम्पत्ति : मार्क्सवादी परिप्रेक्ष्य, सम्पत्ति : नारीवादी परिप्रेक्ष्य, संविधानवाद, संघवाद, सामाजिक समझौता, हेनरी डेविड थोरो।

## संदर्भ

1. ए. बैरी, टी. ओसबोर्न और एन. रोज़ (सम्पा.) (1996), *फ़ूको ऐंड पॉलिटिकल रीज़न : लिबरलिज़म, नियो लिबरलिज़म, ऐंड रैशनलिटीज़ ऑफ़ गवर्नमेंट,* यूनिवर्सिटी ऑफ़ शिकागो प्रेस, शिकागो.
2. जी. बरशैल, सी. गोर्डन और पी. मिलर (सम्पा.) (1991), *द फ़ूको इफ़ेक्ट : स्टडीज़ इन गवर्नमेंटलिटीज़,* हारवेस्टर व्हीटशैफ़, हेमल हेम्पस्टीड.

**— अभय कुमार दुबे**

# सर्वसत्तावाद

(Totalitarionism)

राजनीतिक व्यवस्था के एक प्रकार के रूप में सर्वसत्तावाद एक ऐसा पद है जो निरंकुशता, अधिनायकवाद, और तानाशाही जैसे पदों का समानार्थक लगता है। यद्यपि इस समानार्थकता को ख़ारिज नहीं किया जा सकता, लेकिन द्वितीय विश्व-युद्ध के बाद प्रचलित ज्ञान के समाजशास्त्र की निगाह से देखने पर सर्वसत्तावाद भिन्न तात्पर्यों से सम्पन्न अभिव्यक्ति की तरह सामने आता है। शुरुआत में इतालवी फ़ासिस्ट सर्वसत्तावाद को अपनी व्यवस्था के सकारात्मक मूल्य की तरह पेश करते थे। पर बाद में इसका अधिकतर इस्तेमाल शीतयुद्धीन राजनीति के दौरान पश्चिमी ख़ेमे के विद्वानों द्वारा किया गया ताकि उदारतावादी लोकतंत्र के ख़ाँचे में फ़िट न होने वाली व्यवस्थाओं को कठघरे में खड़ा किया जा सके। इन विद्वानों ने सर्वसत्तावाद के ज़रिये राजनीतिक व्यवस्थाओं के इतिहास का फिर से वर्गीकरण करने का प्रयास किया। इसके परिणामस्वरूप नाज़ी जर्मनी, फ़ासीवादी इटली, स्तालिनकालीन सोवियत संघ और सेंडिनिस्टा की हुकूमत वाले निकारागुआ को ही सर्वसत्तावादी श्रेणी में नहीं रखा गया, बल्कि प्लेटो द्वारा वर्णित रिपब्लिक, चिन राजवंश, भारत के मौर्य साम्राज्य, डायक्लेटियन के रोमन साम्राज्य, कैल्विनकालीन जिनेवा, जापान के मीज़ी साम्राज्य और प्राचीन स्पार्टा को भी उसी पलड़े में तौल दिया गया।

बीसवीं सदी के दूसरे दशक से पहले समाज-विज्ञान में इस पद का इस्तेमाल किया ही नहीं जाता था। 1923 में इतालवी फ़ासीवाद का एक प्रणाली के रूप वर्णन करने के लिए गियोवानी अमेंडोला ने इसका प्रयोग किया। इसके बाद फ़ासीवाद के प्रमुख सिद्धांतकार गियोवानी जेंटील ने बेनिटो मुसोलिनी के नेतृत्व में स्थापित व्यवस्था को 'टोटलिरिटो' की संज्ञा दी। यह नये क़िस्म का राज्य जीवन के हर क्षेत्र को अपने दायरे में लेने के लिए तत्पर था। वह राष्ट्र और उसके लक्ष्यों का सम्पूर्ण प्रतिनिधित्व करने का दावा करता था। मुसोलिनी ने टोटलिटेरियनिज़म को एक सकारात्मक मूल्य की तरह व्याख्यायित किया कि यह व्यवस्था हर चीज़ का राजनीतीकरण करने वाली है, चाहे वह आध्यात्मिक हो या पार्थिव। मुसोलिनी का कथन था : 'हर चीज़ राज्य के दायरे में, राज्य के बाहर कुछ नहीं, राज्य के विरुद्ध कुछ नहीं।'

फ़ासीवादियों द्वारा अपनाये जाने के बावजूद 1933 में प्रकाशित *इनसाइक्लोपीडिया ऑफ़ सोशल साइंसेज़* के पहले संस्करण से यह पद नदारद है। हान्ना एरेंत द्वारा किये गये विख्यात विश्लेषण में सर्वसत्तावाद को राजनीतिक उत्पीड़न के पारम्परिक रूपों से भिन्न बताया गया है। एरेंत के अनुसार बीसवीं सदी में विकसित हुई इस राज्य-व्यवस्था का इतिहास नाज़ीवाद से स्तालिनवाद के बीच फैला हुआ है। यह परिघटना विचारधारा और आतंक के माध्यम से न केवल एक राज्य के भीतर बल्कि सारी दुनिया पर सम्पूर्ण प्रभुत्व क़ायम करने के सपने से जुड़ी है। विचारधारा से एरेंत का मतलब इतिहास के नियमों का पता लगा लेने की दावेदारियों से था। आतंक के सर्वाधिक भीषण उदाहरण के रूप में उन्होंने नाज़ी यातना शिविरों का हवाला दिया। उन्होंने समकालीन युरोपीय अनुभव की व्याख्या करते हुए उन आयामों की शिनाख़्त की जिनके कारण सर्वसत्तावाद मुमकिन हो सका। उन्होंने दिखाया कि यहूदियों की विशिष्ट राजनीतिक और सामाजिक हैसियत के कारण सामीवाद विरोधी मुहिम को नयी ताक़त मिली; साम्राज्यवाद के कारण नस्लवादी आंदोलन पैदा हुए; और युरोपीय समाज के उखड़े हुए समुदायों में बँट जाने के कारण अकेलेपन और दिशाहीनता के शिकार लोगों को विचारधाराओं के ज़रिये गोलबंद करने में आसानी हो गयी। एरेंत के बाद दार्शनिक कार्ल पॉपर ने प्लेटो, हीगेल और मार्क्स की रैडिकल आलोचना करते हुए 'यूटोपियन सोशल इंजीनियरिंग' के प्रयासों को (चाहे वह जर्मनी में की गयी हो या रूस में) सर्वसत्तावाद का स्रोत बताया। पॉपर के चिंतन ने जिस समझ की नींव डाली उसके आधार पर आंद्रे ग्लुक्समैन, बर्नार्ड हेनरी लेवी और अन्य युरोपियन दार्शनिकों ने बीसवीं सदी में सोवियत संघ में हुए मार्क्सवाद के प्रयोग से मिली निराशाओं के तहत इस पद का प्रयोग जारी रखा। धीरे-धीरे सर्वसत्तावाद पश्चिम के वैचारिक हथियार के रूप में रूढ़ हो गया।

शासन पद्धतियों का तुलनात्मक अध्ययन करने वाले विद्वानों कार्ल फ्रेड्रिख़ और ज़िगनियू ब्रेज़िंस्की ने सर्वसत्तावाद की परिभाषा जीवन के हर क्षेत्र को अपने दायरे में समेट लेने वाली विचारधारा, एक पार्टी की हूकूमत वाले राज्य, ख़ुफ़िया पुलिस के दबदबे और आर्थिक-सांस्कृतिक-प्रचारात्मक ढाँचे पर सरकारी जकड़ के संयोग के रूप में की। यह परिभाषा अपने आगोश में फ़ासीवादी और मार्क्सवादी व्यवस्थाओं को समेट लेती थी। पर सत्तर के दशक में सर्वसत्तावाद के ज़रिये पश्चिमी विद्वानों ने नयी कारीगरी करने की कोशिश की और मार्क्सवादी हुकूमतों को फ़ासीवादी हुकूमतों से अलग करके दिखाया जाने लगा। इस दिलचस्प कवायद का परिणाम 'सर्वसत्तावाद' और 'अधिनायकवाद' की तुलनात्मक श्रेणियों में निकला। इसके तहत दक्षिणपंथी ग़ैर-लोकतांत्रिक राज्यों (जिनसे पश्चिम गठजोड़ बनाये हुए था) को 'टोटलिटेरियन' वामपंथी राज्यों के मुक़ाबले बेहतर ठहराने के लिए 'एथॉरिटेरियन' नामक नयी संज्ञा को जन्म दिया गया। इस बौद्धिक उपक्रम के कारण सर्वसत्तावाद का प्रयोग पूरी तरह

से बदल गया। जो पद शुरुआत में फ़ासीवाद को परिभाषित करने के लिए इस्तेमाल किया गया था और जिसे अपनी बौद्धिक वैधता आधुनिक तानाशाहियों के वामपंथी और दक्षिणपंथी रूपों को एक ही श्रेणी में रखने से मिली थी, उसे रोनाल्ड रेगन के राष्ट्रपतित्व के दौरान केवल कम्युनिस्ट व्यवस्थाओं के वर्णन में सीमित कर दिया गया।

ज्ञान के समाजशास्त्र के इस शीतयुद्धीन संस्करण में राजनीतिशास्त्रियों ने जम कर योगदान किया। उनके प्रयासों से ही सर्वसत्तावाद की नयी व्याख्याएँ पचास और साठ के दशक में उभरे आधुनिकीकरण और विकास के सिद्धांतों के नतीजे के रूप में सामने आयीं। इसके पहले चरण में सभी समाजों को परम्परागत से आधुनिकता की तरफ़ सिलसिलेवार रैखिक गति से बढ़ते हुए दिखाया गया। इसके बाद कहा गया कि आधुनिक हो जाने के बाद कुछ समाज सकारात्मक (लोकतांत्रिक) व्यवस्थाओं की तरफ़ चले गये क्योंकि वे आगे बढ़े हुए थे, और कुछ नकारात्मक (सर्वसत्तावादी) प्रणालियों को अपना बैठे क्योंकि वे पिछड़े हुए समाज थे। इस बौद्धिकता ने लोकतांत्रिक और सर्वसत्तावादी शासन व्यवस्थाओं को आदर्शीकृत रूप में पेश किया।

1968 में अमेरिकी बुद्धिजीवी सेमुअल पी. हंटिंग्टन की रचना *पॉलिटिकल ऑर्डर इन चेंजिंग सोसाइटी* का प्रकाशन हुआ। हॉब्स की युगप्रवर्तक रचना *लेवायथन* से प्रभावित इस कृति में हंटिंग्टन ने तर्क दिया कि अविकसित समाजों में कई बार फ़ौज के अलावा ऐसी कोई आधुनिक, पेशेवर और संगठित राष्ट्रीय संस्था नहीं होती जो लोकतंत्र की तरफ़ संक्रमण करने की मुश्किल अवधि में उनका नेतृत्व कर सके। ऐसे समाजों में केवल फ़ौजी शासन ही शांति-व्यवस्था क़ायम रखते हुए आधुनिकीकरण की प्रक्रिया से निकले अशांतकारी प्रभावों को काबू में रख सकता है। हंटिंग्टन के इस विश्लेषण ने आधुनिकीकरण के साथ जुड़े हुए कार्य-कारण संबंधों को नयी दृष्टि से देखने का रास्ता खोला। पहली बार यह सूत्रीकरण सामने आया कि आधुनिकीकरण के दबावों से राज्य प्रणाली के संस्थागत ढाँचे का क्षय हो जाता है। फ़ौजी तानाशाही इस ढाँचे की पुनर्रचना कर सकती है जिसका बाद में लोकतंत्रीकरण किया जा सकता है। सैनिक तानाशाही को लोकतंत्र के वाहक की संज्ञा देने वाले इस विकट सूत्रीकरण के पीछे ग़रीब देशों पर क़ाबिज़ अलोकतांत्रिक हुकूमतों का अनुभव था।

लोकतंत्र और सर्वसत्तावाद के बीच इस द्विभाजन को पहली चुनौती 1970 में मिली। समाज-वैज्ञानिकों ने 1964 से 1974 के बीच के दौर में देखा कि लातीनी अमेरिका के अपेक्षाकृत विकसित देशों में ही नहीं, बल्कि स्पेन और पुर्तगाल जैसे धनी देशों में अधिनायकवादी शासन चल रहा है। मैक्सिको में भी लोकतंत्र के आवरण के नीचे दरअसल तानाशाही है। ये व्यवस्थाएँ अफ़्रीकी देशों की व्यक्तिगत क़िस्म की तानाशाहियों से भिन्न बेहद संगठित और जटिल क़िस्म की प्रणालियाँ थीं। इनका दावा था कि वे अपने-अपने समाजों में विकास और आधुनिकीकरण की प्रक्रिया का नेतृत्व कर रही हैं। उधर एशिया में भी दक्षिण कोरिया और ताइवान में निरंकुश सरकारें आर्थिक विकास करने में कामयाब दिखने लगी थीं। इस घटनाक्रम का अध्ययन करते हुए युआन लिंज़ ने अपनी क्लासिक रचना 'एन एथॉरिटेरियन रिज़ीम : अ केस ऑफ़ स्पेन' में एक ऐसी व्यवस्था की शिनाख़्त की जिसमें लोकतंत्र और सर्वसत्तावाद के मिले-जुले लक्षण थे। इसके बाद गुलेरमो ओडोनेल ने 1973 में दक्षिण अमेरिकी राजनीति का अध्ययन करके दावा किया कि पूँजीवादी विकास और आधुनिकीकरण के गर्भ से लातीनी अमेरिका के अपेक्षाकृत निर्भर लेकिन विकसित देशों में एक नौकरशाह-तानाशाही ने जन्म लिया है।

अमेरिकी राजनीतिशास्त्री जीन किर्कपैट्रिक ने 1979 में हंटिंग्टन, लिंज़ और ओडोनेल की व्याख्याओं के आधार पर स्पष्ट सूत्रीकरण किया कि सर्वसत्तावादी केवल मार्क्सवादी-लेनिनवादी हूकूमतें हैं। अधिनायकवादी शासन दमनकारी तो होता है पर उसमें पूँजीवादी लोकतंत्र के रूप में सुधरने की गुंजाइश होती है। किर्कपैट्रिक के इस बहुचर्चित लेख 'डिक्टेटरशिप ऐंड डबल स्टैंडर्ड' से हंगामा मच गया। इसकी आलोचना में कहा गया कि सर्वसत्तावादी राज्य अगर गिरफ़्तारी, यातना और हत्या पर निर्भर रहता है तो अधिनायकवादी राज्य इसी तरह के काम निजी क्षेत्र के ज़रिये करवाता है। बहरहाल, किर्कपैट्रिक रेगन प्रशासन की कारकुन बनीं और उन्होंने शीतयुद्धीन राजनीति के लिए अपने राजनीतिशास्त्रीय ज्ञान का जम कर दोहन किया।

शीत युद्ध ख़त्म हो जाने के बाद राजनीतिशास्त्र के दायरों में इस समय स्थिति यह है कि विद्वानों ने सर्वसत्तावाद की श्रेणी को पूरी तरह से ख़ारिज करके अधिनायकवादी व्यवस्थाओं की एक नयी व्यापक श्रेणी बनायी है। इसमें दमनकारी, असहिष्णु, निजी अधिकारों और नागरिक स्वतंत्रताओं का अतिक्रमण और ग़ैर-राजकीय हित समूहों को सीमित स्वायत्तता देने वाली प्रणालियों को रखा गया है। इस वर्णन से ज़ाहिर है कि इन प्रवृत्तियों की शिनाख़्त ख़ुद को पूरी तरह से लोकतांत्रिक कहने वाले राज्यों में भी की जा सकती है। इस लिहाज़ से स्थापित उदारतावादी लोकतांत्रिक व्यवस्थाओं के मुक़ाबले अधिनायकवाद अधिकांशत: अब एक रुझान का नाम रह गया है।

**देखें :** अधिकार, अधिकार : सैद्धांतिक यात्रा, अरस्तू, अफ़लातून, अनुदारतावाद, अराजकतावाद, अन्य-अन्यीकरण, उदारतावाद, उपयोगितावाद, ऐडमण्ड बर्क, क्रांति, ज्याँ ज़ाक रूसो, जॉन लॉक,

जेरेमी बेंथम, जॉन स्टुअर्ट मिल, जॉन रॉल्स, थॉमस हॉब्स, थॉमस पेन, न्याय, न्याय : नारीवादी आलोचना, न्याय : रॉल्स का सिद्धांत, राजनीति में व्यक्ति की भूमिका, नागरिकता, नागरिकता : अन्य परिप्रेक्ष्य-1 और 2, नागर समाज, पनोप्टिकॉन, प्रतिनिधित्व, प्रगति, प्रगति : आलोचनात्मक परिप्रेक्ष्य, प्रशासन, फ़ासीवाद, फ्रेड्रिख़ वॉन हायक, बहुसंस्कृतिवाद, बहुसंख्यकवाद, बहुसंख्यक-अल्पसंख्यक, बुद्धिवाद, माइकेल जोसेफ़ ओकशॉट, माइकिल वाल्ज़र, मिशेल पॉल फ़ूको-1 और 2, यूटोपिया, राजनीतिक और राजनीति, राजनीतिक दर्शन के नारीवादी आयाम-1 और 2, राजनीतिक मनोविज्ञान, राजनीतिक समाजशास्त्र, राज्य-1 और 2, रॉबर्ट नॉज़िक, राज्य-1 और 2, राष्ट्र-राज्य, राष्ट्र : सांस्कृतिक या राजनीतिक, राष्ट्रवाद, राष्ट्रवाद का इतिहास, लोकतंत्र, लोकतंत्र की आलोचनाएँ, व्यक्तिवाद, व्यवहारवाद, विल किमलिका, वितरणमूलक न्याय, विदेशी-द्वेष, वैधता, वैधता का संकट, सविनय अवज्ञा, समानता, समानता : चार अवधारणाएँ, समतावाद, सर्वसत्तावाद, स्मृति की राजनीति, स्वतंत्रता, स्वतंत्रतावाद, स्वजातिवाद, स्वच्छंदतावाद, सत्ता, सम्प्रभुता, समाजवाद, सरकारियत,सम्पत्ति, सम्पत्ति: साझा और सरकारी, सम्पत्ति : मार्क्सवादी परिप्रेक्ष्य, सम्पत्ति : नारीवादी परिप्रेक्ष्य, संविधानवाद, संघवाद, सामाजिक समझौता, हेनरी डेविड थोरो।

### संदर्भ

1. हान्ना एरेंत (1958), *द ओरिजिंस ऑफ़ टोटलिटेरियनिज़्म,* मेरिडियन, न्यूयॉर्क, दूसरा संस्करण.
2. कार्ल पॉपर (1945), *ओपन सोसाइटी ऐंड इट्स एनिमीज़,* रॉटलेज, लंदन.
3. सेमुअल पी. हंटिंग्टन (1967), *पॉलिटिकल ऑर्डर इन चेंजिंग सोसाइटी,* येल युनिवर्सिटी प्रेस, न्यू हैविन.
3. सी.जे. फ्रेड्रिख़ और ज़ैड. ब्रेज़िंस्की (1967), *टोटलिटेरियन डिक्टेटरशिप ऐंड ऑटोक्रेसी,* प्रेजर, न्यूयॉर्क.
4. जीन किर्कपैट्रिक (1979), 'डिक्टेटरशिप ऐंड डबल स्टेंडर्ड', *कमेंटरी,* खण्ड 68, अंक 5.
5. जे.जे. लिंज़ (1970), 'एन एथॉरिटेरियन रिज़ीम : अ केस ऑफ़ स्पेन', ई. अलार्ड और एस रोकन (सम्पा.), *मास पॉलिटिक्स : स्टडीज़ इन पॉलिटिकल सोसियोलॅजी,* फ्री प्रेस, न्यूयॉर्क.

**— अभय कुमार दुबे**

# सविनय अवज्ञा

(Civil Disobedience)

अमूमन सविनय अवज्ञा का अर्थ होता है कि धार्मिक, नैतिक या राजनीतिक सिद्धांत के कारण किसी भी क़ानून का जानबूझकर पालन न करना। इसका एक अधिक सीधा अर्थ यह भी है कि ऐसे क़ानून का उल्लंघन किया जाए जो अपने-आप में अन्यायपूर्ण है। लेकिन इस शब्द का प्रयोग ऐसे विरोध के बारे मे बताने के लिए भी किया जाता है जिसमें किसी ख़ास नीति का विरोध करने के लिए या किसी राजनीतिक सुधार की माँग करने के लिए क़ानून का उल्लंघन किया जाता है। अर्थात् सविनय अवज्ञा के तहत क़ानून का उल्लंघन करना हमेशा अपने-आप में प्राथमिक लक्ष्य नहीं होता है। यह सिद्धांत दो हस्तियों के साथ जुड़ा है। थोरो के साथ और फिर गाँधी के साथ। सबसे पहले अमेरिकी चिंतक हेनरी डेविड थोरो ने सिविल डिसओबिडिएंस या सविनय अवज्ञा शब्द प्रयोग किया। यह 1948 में उनके द्वारा लिखे गये एक निबंध का शीर्षक था। इस निबंध में थोरो ने व्याख्या की थी कि आख़िर उन्होंने मैसाचुसेट्स राज्य को बहुत दिनों तक टैक्स क्यों नहीं दिया। इसके कारण उन्हें जेल में एक रात गुज़ारनी पड़ी। उन्होंने संयुक्त राज्य अमेरिका की दो नीतियों का विरोध करने के लिए यह काम किया था। पहला, उन्होंने मैक्सिको के ख़िलाफ़ युद्ध का विरोध किया तथा दूसरा उन्होंने दक्षिण में क़ायम दास प्रथा की निंदा की। थोरो ने इस बात पर जोर दिया कि सिर्फ़ वोट देना ही काफ़ी नहीं है। जब आपकी अपनी चुनी हुई सरकार अन्याय को बढ़ावा देने लगे तो इस अन्याय का विरोध करने के लिए लोगों को सक्रिय रूप से काम करना चाहिए। राजनीति दार्शनिकों ने अक्सर इस बात की व्याख्या करने की कोशिश की है कि लोगों को अपनी चुनी हुई सरकार के प्रति सिविल ओबिडिएंस (या सविनय आज्ञापालन) की भावना रखनी चाहिए। इस अर्थ में सिविल डिसओबिडिएंस (या सविनय अवज्ञा) का थोरो द्वारा प्रतिपादित कर्त्तव्य इसके विपरीत है।

थोरो के पहले सिविल डिसओबिडिएंस और पैसिव रेज़िस्टेंस जैसे प्रतिरोध के स्वरूप उभरने शुरू हो चुके थे। पैसिव रेज़िस्टेंस का मक़सद संवैधानिक अधिकारों के लिए शांतिपूर्ण आंदोलन करना था, यानी क़ानून के ढाँचे के भीतर रह कर एक नैतिक दबाव तैयार करना। सविनय अवज्ञा और निष्क्रिय प्रतिरोध के सैद्धांतिक स्वरूप पर चर्चा की शुरुआत सोलहवीं सदी के प्रारम्भ हो चुकी थी। फ्रांस के राजनीतिज्ञ और विचारक ला बोइती अपनी रचना डिस्कोर्स ऑन वालंटरी सरवीट्यूड में कह चुके थे कि अत्याचारी के अत्याचार के

प्रतिकार का एक तरीक़ा यह भी है कि उससे सहयोग न किया जाए अंग्रेज़ चिंतक इमर्सन ने ला बोइती की प्रशंसा में एक कविता भी लिखी थी, और इमर्सन थोरो के मित्र भी थे। इससे अनुमान लगाया जा सकता है कि सम्भवत: थोरो पर ला बोइती का भी प्रभाव रहा होगा।

थोरो ने प्रतिरोध की इसी परम्परा को सैद्धांतिक आधार प्रदान किया। इस सिलसिले में *ऑन द ड्यूटी ऑफ़ सिविल डिसओबिडिएंस* उनकी प्रतिनिधि रचना है। इस लेख में उन्होंने महत्त्वपूर्ण दार्शनिक प्रश्न उठा कर उनका समाधान प्रस्तुत किया है। थोरो व्यक्ति और राज्य पर विचार करते हुए कहते हैं कि हम पहले मनुष्य हैं, किसी राज्य की प्रजा बाद में। लेकिन राज्य के दृष्टिकोण से देखने पर हम पहले प्रजा हैं, उसकी आज्ञा का पालन करना ही नैतिकता है। इस द्वंद्व में थोरो स्पष्ट करते हैं कि राज्य-नागरिक संबंधों का निर्वाह करते हुए हमें मनुष्य होने का अधिकार नहीं छोड़ना चाहिए। सत्य बड़ी चीज़ होता है, न कि विधान। अत: क़ानून का उल्लंघन अनिवार्यत: बुरी चीज़ नहीं है।

गाँधी ने थोरो के तक़रीबन साठ-सत्तर साल बाद सविनय अवज्ञा के सिद्धांत और व्यवहार को और ज़्यादा परिष्कृत किया। उन्होंने अहिंसा और अहिंसक संघर्ष के अपने दर्शन के विकास के संदर्भ में सविनय अवज्ञा के सिद्धांत का प्रयोग किया। 1932 में अंग्रेज़ों द्वारा लागू किये गये नमक क़ानून को तोड़ने के लिए उन्होंने सविनय अवज्ञा आंदोलन चलाया। गाँधी ने यह तर्क दिया कि सविनय अवज्ञा सामान्य तौर पर क़ानून के प्रति गहरे सम्मान पर आधारित होता है। उहोंने इस बात पर भी ज़ोर दिया कि जो लोग सविनय अवज्ञा करते हैं उन्हें अहिंसक तरीक़े से और सार्वजनिक रूप से ऐसा करना चाहिए। वे भी मानते थे कि केवल उसी वक़्त सविनय अवज्ञा का सहारा लेना चाहिए जब दबाव डालने या याचिका दायर करने के दूसरे सारे तरीक़े नाकाम हो चुके हों। गाँधी के विचार थोरो से इस अर्थ में अलग थे कि उन्होंने कठोरता से अहिंसा पालन करने, सविनय अवज्ञा के सामान्य कर्त्तव्य और सविनय अवज्ञा शुरू करने से पहले हर तरह की संवैधानिक राजनीतिक कार्रवाई को पहले आजमा लेने पर बल दिया। थोरो का नज़रिया ज़्यादा व्यक्तिवादी था और उनके विचारों में सरकार विरोधी भावना ज़्यादा थी।

सविनय अवज्ञा की हालिया विवेचनाओं में अमूमन गाँधी की संकल्पना को स्वीकार किया जाता है। मसलन, जॉन रॉल्स ने अपनी किताब *अ थियरी ऑफ़ जस्टिस* में सविनय अवज्ञा को परिभाषित करते हुए यह लिखा है कि 'यह सार्वजनिक, अहिंसक और अंत:करण पर आधारित कार्रवाई होती है, जो क़ानून के विपरीत होती है; अमूमन इसका लक्ष्य यह होता है कि क़ानून या सरकार की नीतियों में बदलाव किया जाए।' लेकिन यह भी अपने-आप में एक रोचक तथ्य है कि अपनी पूरी विवेचना में रॉल्स थोरो, मार्टिन लूथर आदि का ज़िक्र करते हैं, लेकिन वे गाँधी का कोई ज़िक्र नहीं करते।

सविनय अवज्ञा का औचित्य साबित करने के लिए किसी ख़ास सरकार के क़ानूनों की तुलना में एक उच्चतर नैतिक सत्ता के क़ानून का आह्वान किया जाता है और इसमें मानवाधिकारों के स्पष्ट उल्लंघन का प्रतिरोध करने पर ज़ोर है। ये दोनों ही तर्क थोरो के विचारों में मौजूद हैं। इसके अलावा, कई बार इसमें एक उच्चतर राष्ट्रीय या अंतर्राष्ट्रीय क़ानून का भी आह्वान किया जाता है। मसलन, 1955-1963 के बीच अमेरिका के ठेठ दक्षिणी इलाक़े में नागरिक अधिकारों की वकालत करने वाले विरोधियों ने नस्ली अलगाव क़ायम करने वाले स्थानीय क़ानूनों को तोड़ा। उन्होंने अपने काम का औचित्य बताने के लिए अमेरिकी संविधान के सिद्धांतों का सहारा लिया। वियतनाम युद्ध के समय परमाणु हथियारों के प्रयोग का विरोध करने वाले लोगों ने यह दावा किया कि वे अंतर्राष्ट्रीय क़ानून क़ायम रखने की बात कर रहे हैं। सविनय अवज्ञा का औचित्य साबित करने के लिए अक्सर इस तर्क का प्रयोग किया जाता है कि कई बार मानव जीवन को इस तरह का ख़तरा होता है कि उससे सामान्य लोकतांत्रिक और चुनावी प्रक्रियाओं के द्वारा नहीं निबटा जा सकता है। बर्टेंड रसेल ने परमाणु हथियारों के ख़िलाफ़ सविनय अवज्ञा करने के लिए यही तर्क दिया।

सविनय अवज्ञा के केंद्र में एक मुख्य सवाल यह है कि इसका प्राथमिक मकसद दबाव डालना है या बल प्रयोग करना। आम तौर पर सविनय अवज्ञा का सहारा लेने वाले आंदोलनों द्वारा इस सवाल का सीधे जवाब नहीं दिया जाता। मान लीजिए कि सविनय अवज्ञा का सहारा लेने वालों का लक्ष्य किसी नीति के ख़िलाफ़ अपने विरोध को ज़ोरदार तरीक़े से पेश करना है और इसके द्वारा वे दिखाना चाहते हैं कि वे अपने विश्वासों के लिए दु:ख सहने को तैयार है। सविनय अवज्ञा का प्रयोग करके वे अपने कुछ विरोधियों या सह-नागरिकों का मन बदल सकते हैं। यह सविनय अवज्ञा का दबावकारी उपयोग है। यह किसी टकराव को बातचीत से सुलझाने या नीतिगत सुधार की प्रक्रिया को तेज़ कर सकता है। लेकिन मान लीजिए कि सविनय अवज्ञा का सहारा एक दूरगामी लक्ष्य को हासिल करने के लिए या किसी नीति के क्रियान्वयन को नामुमकिन बनाने के लिए किया जाता है। ऐसे में प्रदर्शनकारी सरकार के संसाधनों पर सीधा दबाव डालते हैं या तात्कालिक जीत हासिल करना चाहते हैं। व्यवहार में इन दोनों के बीच में कोई स्पष्ट विभाजन नहीं है और इसमें शामिल लोगों की संख्या के आधार पर इनमें अंतर किया जा सकता है। सविनय अवज्ञा की गतिविधियाँ दबाव या सीधे प्रभाव पर ज़ोर दे सकती हैं।

दरअसल, सविनय अवज्ञा का स्थान राजनीतिक कार्रवाई के संवैधानिक रूपों और बग़ावत या क्रांति के बीच में आता है। इसे संवैधानिक और लोकतांत्रिक राज्यों द्वारा प्रयोग में लाए जाने वाली राजनीतिक प्रक्रियाओं के व्यापक दायरे के भीतर एक अतिवादी क़दम के रूप में देखा जा सकता है, लेकिन कुछ परिस्थितियों में इसे स्वीकार भी किया जा सकता है। सविनय अवज्ञा की ऐसी कार्रवाइयों का समर्थन करना आसान है जिनका मक़सद दबाव डालना होता है और जिन्हें सार्वजनिक तौर पर तथा पूर्ण अहिंसा के साथ किया जाता है। लेकिन यह मुमकिन है कि सविनय अवज्ञा वर्तमान शासन के ख़िलाफ़ एक व्यापक प्रतिरोध को जन्म दे और आगे चल कर हिंसक भी बन जाए। अक्सर यह माना जाता है कि तानाशाही, विदेशी शासन या बुनियादी रूप से अन्यायपूर्ण शासन के ख़िलाफ़ पूरी तरह से प्रतिरोध करना न्यायसंगत है। लेकिन मान लीजिए कि यह एक ऐसे शासन के ख़िलाफ़ होता है जो नागरिकों के अधिकारों की इज़्ज़त करता है और जिसमें नीचे से आम लोगों के दबाव द्वारा ही सरकार की नीतियों को प्रभावित किया जा सकता है या उन्हें बदला जा सकता है; ऐसी स्थिति में सरकार के पूर्ण प्रतिरोध की निंदा की जाती है। बहरहाल, किसी भी ख़ास मामले में सविनय अवज्ञा का पक्ष लेने वाले या इसका विरोध करने वाले लोगों में इस बात पर भी असहमति हो सकती है कि सरकार किस सीमा तक अधिकारों और स्वतंत्रताओं की इज़्ज़त करती है; या उनके बीच लोकतंत्र की सीमा के बारे में भी असहमति होती है।

1950 के दशक के बाद से पश्चिमी देशों में विरोध के एक तरीक़े के रूप में सविनय अवज्ञा को व्यापक रूप से स्वीकार किया जाने लगा है। लेकिन अभी भी ऐसे लोग हैं जो यह मानते हैं कि यदि विरोध करने या दबाव डालने के अन्य क़ानूनी साधन मौजूद हैं तो सविनय अवज्ञा का सहारा लेने की कोई आवश्यकता नहीं है। ऐसे लोगों का यह मानना है कि इससे क़ानूनों को तोड़ने की प्रवृति का फैलाव होगा और इससे एक ऐसा राजनीतिक वातावरण बन सकता है, जिसमें लोकतांत्रिक प्रक्रियाओं का कोई महत्त्व ही न बचे। यह एक ऐसा वाद-विवाद है जिसे पूरी तरह से सुलझाया नहीं जा सकता है।

**देखें :** अधिकार, अधिकार : सैद्धांतिक यात्रा, अरस्तू, अफ़लातून, अनुदारतावाद, अराजकतावाद, अन्य-अन्यीकरण, उदारतावाद, उपयोगितावाद, ऐडमण्ड बर्क, क्रांति, ज्याँ ज़ाक रूसो, जॉन लॉक, जेरेमी बेंथम, जॉन स्टुअर्ट मिल, जॉन रॉल्स, थॉमस हॉब्स, थॉमस पेन, न्याय, न्याय : नारीवादी आलोचना, न्याय : रॉल्स का सिद्धांत, नागरिकता, नागरिकता : अन्य परिप्रेक्ष्य-1 और 2, नागर समाज, पनोप्टिकॉन, फ्रेड्रिख़ वॉन हायक, बुद्धिवाद, माइकिल ओकशॉट, माइकिल वाल्ज़र, मिशेल पॉल फूको-1 और 2, मोहनदास कर्मचंद गाँधी-1 से 3 तक, यूटोपिया, राजनीतिक दर्शन के नारीवादी आयाम-1 और 2, रॉबर्ट नॉज़िक, राज्य-1 और 2, विल किमलिका, सविनय अवज्ञा, स्वतंत्रतावाद, सर्वसत्तावाद, सम्प्रभुता, समाजवाद, सरकार और सरकारियत-1 और 2, सामाजिक समझौता, हेनरी डेविड थोरो।

### संदर्भ

1. डब्ल्यू. हार्डिंग और एम. मेयर (1980), *द न्यू थोरो हैंडबुक,* सनी प्रेस, न्यूयॉर्क.
2. एच.ए. बेड्यु (सम्पा.) (1980), *सिविल डिसओबिडिएंस : थियरी ऐंड प्रैक्टिस,* बॉब्स-मेरिल, इंडियानापॉलिस.
3. एम.के. गाँधी (1961), *नॉन वायलेंट रेज़िस्टेंस,* स्कोकीन, न्यूयॉर्क.
4. जॉन रॉल्स (1971), *अ थियरी ऑफ़ जस्टिस,* ऑक्सफ़र्ड युनिवर्सिटी प्रेस, न्यूयॉर्क.

**— कमल नयन चौबे**

# सर्वोदय

(Sarvodaya)

एक आंदोलन और विचारधारा के रूप में सर्वोदय (सर्व+उदय अर्थात् सभी के उत्थान और सत्ता के समतामूलक वितरण के आधार पर समाज की पुनर्रचना) की शुरुआत 1948 में गाँधी के निधन के डेढ़ महीने बाद की गयी थी। इसके आधार में गाँधी द्वारा प्रतिपादित 'सर्वोदय समाज' का आदर्श था। गाँधी जॉन रस्किन के उद्योगवाद विरोधी विचारों से काफ़ी प्रभावित थे। उन्होंने उनकी रचना *अन टू दिस लास्ट* का अनुवाद भी *सर्वोदय* शीर्षक से किया था। इस विचार के पीछे रस्किन के अलावा वेदांत, बौद्ध धर्म, ईसाइयत, तॉल्स्तॉय और थोरो की प्रेरणाएँ भी थीं। 11 से 14 मार्च के बीच सेवाग्राम में गाँधी के कुछ प्रमुख अनुयायियों ने विचार-विमर्श करके निर्णय किया कि वे गाँधी के इस ख़याल को धरती पर उतारेंगे। कुछ संगठनों के ढीले-ढाले संघ के तौर पर जन्मे इस आंदोलन की केंद्रीय विभूति विनोबा भावे थे जिन्हें अपने सत्याग्रह आंदोलन के दौरान गाँधी ने पहले सत्याग्रही की उपाधि दी थी। स्थापना के एक वर्ष बाद इंदौर में हुए एक सम्मेलन में सर्व सेवा संघ का गठन करके सर्वोदय आंदोलन का संस्थानीकरण किया गया।

गाँधी प्रवर्तित सामाजिक-आर्थिक-राजनीतिक पुनर्रचना का कार्यक्रम धरती पर उतारने के लिए विनोबा ने 1951-52 में ज़मीन के बँटवारे के सवाल को रचनात्मक कार्यक्रम के मर्म में रखते हुए भूदान की मुहिम चलाई। भूदान के साथ 1956 में ग्रामदान का कार्यक्रम जोड़ कर विनोबा ने राज-नीति के मुक़ाबले लोक-नीति और राज-शक्ति के

मुक़ाबले लोक-शक्ति की अवधारणाएँ विकसित कीं। सर्वोदय ने विकास की जगह उत्थान को प्राथमिकता दी। विकास अगर प्रगति को आर्थिक और भौतिक अर्थों में नापने का नाम था, तो उत्थान का मतलब था नैतिक मूल्यों में तब्दीली करके हृदय-परिवर्तन करना। सर्वोदय को शुरू में सरकार का सहयोग और प्रोत्साहन भी प्राप्त हुआ। लेकिन, समाजवादी नेता और चिंतक जयप्रकाश नारायण के सर्वोदय से जुड़ जाने के बाद इस आंदोलन को एक नया उछाल मिला। सत्तर के दशक की राजनीति में जेपी की भागीदारी से पहले अन्य कारणों से और फिर उसके कारण सर्वोदय आंदोलन वैचारिक संकटों और अंतर्विरोधों का शिकार हो गया। धीरे-धीरे इसकी महत्त्वाकांक्षाएँ सिमट कर स्वयंसेवी भाव से किये गये समाज-कार्य तक सिमट कर रह गयीं।

गाँधी के लिए सर्वोदय का व्यावहारिक मतलब था उनका बनाया हुआ 18 सूत्रीय रचनात्मक कार्यक्रम। विनोबा ने इसे बढ़ा कर 22 सूत्रीय कर दिया। लेकिन विनोबा की ख़ास बात भूदान-ग्रामदान कार्यक्रम के ज़रिये गाँधी-विचार को एक नया रूप देने की थी। यही वह समय था जब एक तरफ़ तेलंगाना और दूसरी जगहों पर कम्युनिस्टों के नेतृत्व में रैडिकल भूमि-सुधारों के लिए जुझारू ज़मींदार विरोधी संघर्ष चल रहे थे, और दूसरी तरफ़ आज़ाद भारत की सरकार भूमि-हदबंदी क़ानून लागू करने की कोशिश कर रही थी। सरकार ने सर्वोदय आंदोलन की मदद करने के लिए भूदान-ग्रामदान क़ानून भी बनाया।

1951 में शिवनामपल्ली में हुए सर्वोदय सम्मेलन में भाग लेने के बाद विनोबा ने तेलंगाना किसान संघर्ष के इलाक़ों में पैदल शांति-यात्रा करनी शुरू की। 18 अप्रैल को पोचमपल्ली गाँव (जहाँ सबसे ज़्यादा रक्तपात हुआ था) के हरिजनों (दलित) ने उनसे कहा कि जीवनयापन के लिए उन्हें अस्सी एकड़ खेती योग्य ज़मीन की ज़रूरत है। विनोबा ने गाँव के डरे हुए भू-स्वामियों से पूछा कि वे हरिजनों की यह आवश्यकता क्यों नहीं पूरी सकते? रामचंद्र रेड्डी नामक भू-स्वामी ने वहीं अपनी सौ एकड़ ज़मीन दान करने की घोषणा की। इस अनायास घटना से भूदान की मुहिम शुरू हुई। तेलंगाना में विनोबा को प्रति दिन दो सौ एकड़ ज़मीन दान में मिली। पवनार से दिल्ली तक की यात्रा में विनोबा ने औसतन तीन सौ एकड़ भूमि का दान पाया। वे पाँच करोड़ एकड़ ज़मीन पाने के लक्ष्य के साथ चले। 1952 में उत्तर प्रदेश में यात्रा करते समय विनोबा को एक पूरा गाँव ही दान में मिल गया। इस घटना से ग्रामदान की मुहिम का जन्म हुआ। 1964 तक 6,807 गाँव ग्रामदान के दायरे में आ चुके थे। विनोबा 13 साल तक मुतवातिर चलते रहे। 12 सितम्बर, 1951 को उन्होंने पवनार आश्रम छोड़ा, और 10 अप्रैल, 1964 को वापिसी की। जुलाई, 1965 में उन्होंने बिहार की तूफ़ानी यात्रा शुरू की जो चार साल तक चलती रही। इस दौरान उन्होंने हज़ारों सभाएँ कीं और जाति-धर्म के आरपार असंख्य लोगों को सर्वोदय विचार के इर्द-गिर्द गोलबंद किया। मई, 1960 में विनोबा के चरणों में चम्बल के कुछ डकैतों ने हथियार भी डाले। 1975 के आँकड़ों के अनुसार सारे देश में 25,000 मील के पैदल भ्रमण के दौरान 7,00,000 भू-स्वामियों से उन्हें 41,49,270 एकड़ ज़मीन मिली जिसमें से 18,57,300 एकड़ ज़मीन खेती योग्य नहीं थी। 12,85,738 एकड़ ज़मीन भूमिहीनों में बाँटी गयी।

भूदान-ग्रामदान कार्यक्रम की सफलता-विफलता के बारे में विवाद है। रैडिकल राजनीति करने वाले वामपंथियों का आरोप है कि जब-जब इस देश के भूमिहीनों ने ज़मींदारों से अपना हक़ छीनना चाहा, तब-तब सर्वोदयी लोग कभी भूदान तो कभी ग्रामदान का कार्यक्रम लेकर उनके आंदोलन की क्रांतिकारी धार कुंद करने और इस तरह देहाती इलाक़ों पर क़ाबिज़ ज़मींदारों को बचाने के लिए पहुँच गये। सर्वोदय के प्रशंसक भी यह बात मानते हैं कि जिस समय बड़े भू-स्वामी किसान सभाओं के प्रहार से डरे हुए थे, उस समय विनोबा के अभियान से उन्हें काफ़ी राहत मिली। बहरहाल, इस आरोप को अगर विचारधारा-प्रेरित मान लिया जाए, तो भी आँकड़ों के लिहाज़ से भूदान ज़मीन के बँटवारे की समस्या में कोई ख़ास योगदान नहीं कर पाया। एक अध्ययन के अनुसार केवल बिहार में भूदान-यज्ञ के दौरान ज़मींदारों ने कुल 21 लाख एकड़ ज़मीन दान में दी जिसमें केवल छह लाख एकड़ ज़मीन ही खेती के क़ाबिल थी। इसे 4,80,000 दलितों-आदिवासियों में बाँटा गया। लेकिन, भूदान यज्ञ कमेटी की सरकार को दी गयी रपट बताती है कि इसके नब्बे फ़ीसदी हिस्से पर जल्दी ही ज़मींदारों ने फिर से क़ब्ज़ा कर लिया।

जो भी हो, 1969 के बाद विनोबा के भूदान-ग्रामदान आंदोलन की रफ़्तार धीमी हो गयी। बिहार में भूदान करवाने के बाद वे अपने पवनार आश्रम में लौट गये। इसके बाद उन्होंने दोबारा कभी इस मक़सद के लिए देश का दौरा नहीं किया और आध्यात्मिक चिंतन में डूब गये। सर्वोदय की बागडोर फिर जयप्रकाश नारायण ने सँभाली। जो काम विनोबा ने पोचमपल्ली को चुन कर किया था, उसी को जयप्रकाश नारायण ने सत्तर के दशक में मुशहरी (बिहार) को ग्रामदान के लिए चुन कर दोहराया जो नक्सलवादी आंदोलन के गढ़ के रूप में उभर रहा था। जयप्रकाश ने डेढ़ साल मुशहरी में गुज़ारे। उन्होंने इस अनुभव को अपनी रचना *फ़ेस टू फ़ेस* में दर्ज किया है। इस अनुभव की रोशनी में ही जेपी ने एक बार फिर राजनीति में कूदने की ज़रूरत महसूस की। उन्हें लगा कि ग्रामदान से ग़रीबों और ग्रामों की समस्या हल होने वाली नहीं है। उन्होंने यह भी देखा कि राजनीति

में ज़बरदस्त भ्रष्टाचार है और इसका स्रोत दिल्ली की सरकार से जुड़ा है।

जेपी के इंदिरा सरकार विरोधी संघर्ष ने सर्वोदय आंदोलन के लिए समस्या पैदा कर दी। विनोबा सर्वोदय को ग़ैर-राजनीतिक रखना चाहते थे। उन्होंने जेपी से कहा कि वे सर्वोदय के मंच का प्रतिपक्षी राजनीति के लिए इस्तेमाल न करें। जेपी द्वारा सरकार विरोधी सत्याग्रह का आह्वान करने पर विनोबा ने उसे नकारात्मक क़रार दे कर कहा कि इस तरह के आंदोलन का स्वतंत्र भारत में कोई स्थान नहीं होना चाहिए। इस प्रश्न पर आंदोलन बँट गया। सर्व सेवा संघ के बहुमत ने जेपी का साथ देने का निश्चय किया। विनोबा के समर्थकों का कहना था कि जेपी ने राजनीति में भाग लेकर संघ और सर्वोदय के मानकों का उल्लंघन किया है। दिलचस्प बात यह है कि इस दौरान जेपी ने जिस भाषा और शब्दावली का इस्तेमाल किया, वह विनोबा की ही थी। लोक-शक्ति और सम्पूर्ण क्रांति जैसी अभिव्यक्तियाँ विनोबा द्वारा ही गढ़ी गयी थीं। मुशहरी के अनुभव की रोशनी में जयप्रकाश इस निष्कर्ष पर पहुँचे थे कि भूदान-ग्रामदान के बजाय 'नीचे से पुनर्निर्माण' के बजाय 'सभी दिशाओं से पुनर्निमाण' की राजनीति की जानी चाहिए।

जेपी के कारण जैसे ही सर्वोदय का राजनीतिकरण हुआ, अभी तक मददगार रही सरकार नाराज़ हो गयी। इंदिरा गाँधी ने जब आपातकाल लगाया तो उसका कोप कई सर्वोदयी नेताओं को भी अपनी गिरफ़्तारी के रूप में झेलना पड़ा। विनोबा ने आपातकाल की आलोचना करने के बजाय उसे अनुशासन पर्व की संज्ञा दी, और इंदिरा गाँधी की अंतर्राष्ट्रीय भूमिका की प्रशंसा करते हुए कहा कि वे देश को एक रखने का प्रयास कर रही हैं। उन्होंने सरकारी कर्मचारियों को लोक-सेवक भी बताया। बदले में जयप्रकाश के समर्थकों ने उन्हें सरकारी संत क़रार दिया। 1977 में इंदिरा गाँधी की पराजय और जनता पार्टी की सरकार के आगमन के बाद सर्व सेवा संघ पूरी तरह से जेपी के साथ हो गया। विडम्बना यह रही कि जनता पार्टी ने जेपी द्वारा देश के लिए बनायी गयी सर्वोदयी योजनाओं को कोई तरजीह नहीं दी।

1979 में जेपी का देहांत हो गया। जनता पार्टी के आंतरिक बिखराव ने इंदिरा गाँधी की प्रधानमंत्री पद पर वापिसी करायी। इसका परिणाम बदले की भावना से गठित किये गये कुदाल आयोग में निकला जिसने सर्वोदय आंदोलन से जुड़ी संस्थाओं (सर्व सेवा संघ और एसोसिएशन ऑफ़ वालंटरी एजेंसीज़ फ़ॉर रूरल डिवेलपमेंट) की गतिविधियों का जाँच शुरू कर दी। इंदिरा गाँधी के इस क़दम से न केवल वे विदेशी दानदाता एजेंसियाँ हतोत्साहित हुईं जो सर्वोदय के रचनात्मक कार्यक्रम की मदद कर रही थीं, बल्कि पूरे आंदोलन को ही एक तरह अपमानजनक दौर से गुज़रना पड़ा। इन विवादों के कारण सर्वोदय आंदोलन की गतिशीलता मंद होती चली गयी। 1984 में राजीव गाँधी द्वारा प्रौद्योगिकीय विकास को सामाजिक और आर्थिक परिवर्तन का वाहक बनाने से इस आंदोलन को एक और झटका लगा। 1984 के आम चुनाव में बिहार और गुजरात से सर्व सेवा संघ द्वारा दो लोक-उम्मीदवार भी खड़े किये गये थे जो उल्लेखनीय समर्थन प्राप्त करने में नाकाम रहे थे। 1985 में सर्व सेवा संघ ने ग्राम स्वराज्य को अपना बुनियादी लक्ष्य घोषित करते हुए अपनी ऊर्जा तीन कार्यक्रमों में लगाने का फ़ैसला किया : मतदाता परिषदें बनाना, ग्राम सभाएँ खड़ी करना और शांति ब्रिगेडें तैयार करना। यह तीन सूत्रीय कार्यक्रम विनोबा और जेपी की विरासत की मिली-जुली अभिव्यक्ति थी। मसलन, मतदाता परिषदें अगर जेपी द्वारा किये गये राजनीतीकरण की निशानी थी, तो शांति ब्रिगेडें विनोबा प्रवर्तित भारतीय शांति सेना के विचार की अभिव्यक्ति थी।

इस समय यह आंदोलन विकास के तकनीकशाही प्रतिमानों, भूमण्डलीकरण के तहत आये बाज़ारवादी रुझानों और गठजोड़ राजनीति की पेचीदगियों के सामने ख़ुद को पूरी तरह से असहाय महसूस कर रहा है।

**देखें :** अरविंद घोष, कन्हैयालाल माणिकलाल मुंशी, क़ाज़ी नज़रुल इसलाम, कुमारन् आशान्, गजानन माधव मुक्तिबोध, गोवर्धन राम त्रिपाठी और गुजराती अस्मिता, जय प्रकाश नारायण, प्रेमचंद, फ़क़ीर मोहन सेनापति और ओडिया अस्मिता, बंकिम चंद्र चट्टोपाध्याय, भारतेंदु हरिश्चंद्र, महादेव गोविंद रानाडे, महावीर प्रसाद द्विवेदी, मोहनदास कर्मचंद गाँधी-1 से 3 तक, रवींद्रनाथ ठाकुर, राजा राममोहन राय, रामविलास शर्मा, रामचंद्र शुक्ल, रुक्मिणी देवी अरुंडेल, विनोबा भावे, वल्लतोल, सच्चिदानंद हीरानंद वात्स्यायन अज्ञेय, सुब्रह्मण्य भारती, हजारी प्रसाद द्विवेदी।

## संदर्भ

1. अर्चना सिन्हा (1978), द *सोशल ऐंड पॉलिटिकल फ़िलॉसफ़ी ऑफ़ सर्वोदय,* जानकी प्रकाशन, पटना.
2. विश्वनाथ टंडन (1965), *सर्वोदय आफ़्टर गाँधी,* सर्व सेवा संघ प्रकाशन, वाराणसी.
3. जयप्रकाश नारायण (1970), *फ़ेस टू फ़ेस,* नवचित्र प्रकाशन, वाराणसी.
4. ईश्वर सी. हैरिस (1986), 'द भूदान मूवमेंट : ऐन इनवेस्टीगेशन इनटु विनोबा भावेज़ लीगेसी इन कंटेम्परेरी इंडिया', *एशियन थॉट ऐंड सोसाइटी,* जुलाई-नवम्बर.
5. ईश्वर सी. हैरिस (1987), 'सर्वोदय इन क्राइसिस : द गाँधियन मूवमेंट इन इण्डिया टुडे', *एशियन सर्वे,* खण्ड 27, अंक 9.

**— अभय कुमार दुबे**

# सशक्तीकरण-1

## वितरणमूलकता और संबंधवाचकता

(Empowerment-1)

समाज-विज्ञान में सशक्तीकरण की दो एक-दूसरे से विपरीत व्याख्याएँ प्रचलित हैं। एक व्याख्या इस अवधारणा की ऐसी समझ की ओर ले जाती है जहाँ यह समाज और व्यक्ति के लिए लाभकारी दिखती है। इसके तहत दावा किया जाता है कि सशक्तीकरण के ज़रिये सामाजिक-राजनीतिक-आर्थिक भेदभाव के शिकार और पारम्परिक रूप से उपेक्षित रहे वंचित समूहों को राजनीतिक और सामाजिक सत्ता में हिस्सेदारी मिलती है या मिलने की सम्भावनाएँ खुलती हैं। दूसरी व्याख्या इस अवधारणा को ग्लोबल नव-उदारतावादी निज़ाम की पैदाइश मानती है जिसके तहत सशक्तीकरण एक मिथक और विभ्रम के रूप में सामने आता है। यानी सशक्तीकरण केवल सत्ता में हिस्सेदारी की ग़लतफ़हमी पैदा करता है और वास्तव में वंचित समूहों का उनके सामने कुछ टुकड़े फेंक कर इस प्रविधि के माध्यम से ग्लोबल पूँजीवाद की सेवा के लिए विनियोग कर लिया जाता है।

सशक्तीकरण को कल्याणकारी मानने वाली पहली व्याख्या के दो आयाम हैं : वितरणमूलक और संबंधवाचक। वितरणमूलक आयाम के अर्थ है सत्ता को संसाधनों, क्षमताओं और पदों के रूप में बाँटना। इस वितरणमूलकता के ज़रिये वंचित समूह सशक्त किये जा सकते हैं। सशक्तीकरण की इस प्रक्रिया को मात्रात्मक और गुणात्मक रूप से नापा जा सकता है। संबंधवाचकता का मतलब है सत्ता का इस्तेमाल करके मौजूदा सामाजिक, आर्थिक, सांस्कृतिक और राजनीतिक संबंधों में आमूल परिवर्तन करने की परियोजना चलाना। समझा जाता है कि इन संबंधवाचक परिवर्तनों के साथ-साथ इस विधि से रूढ़ छवियों पर प्रहार किये जा सकते हैं, स्थाई रूप से पराजित मानस बदला जा सकता है, उत्पीड़ित समुदायों के भीतर एक मनोवैज्ञानिक उछाल लाया जा सकता, और कुल मिलाकर प्रभुत्व और उत्पीड़न की संरचनाओं की बुनियादी ज़मीन पर ही चोट की जा सकती है। सशक्तीकरण का यह पहलू मुख्यत: आत्मनिष्ठ है, और इसे आसानी से देखा या स्पर्श नहीं किया जा सकता। इसके ठोस रूप केवल लम्बी प्रक्रिया के ज़रिये ही सामने आ सकते हैं।

सशक्तीकरण के इन दोनों मिले-जुले पहलुओं का असर परखने के लिए दुनिया के कई देशों में अध्ययन हुए हैं। माइकल बांड्स ने अमेरिका में अश्वेतों के अधिकारों के लिए संघर्ष करने वाले नागरिक अधिकार आंदोलन के सत्ता की संरचनाओं और वोटिंग व्यवहार पर हुए प्रभाव का अध्ययन किया है। बांड्स का कहना है कि काले अमेरिकनों द्वारा बड़ी संख्या में मतदान करने से ऐसे काले उम्मीदवारों के उभरने की अपेक्षा थी जो इस समुदाय की ज़रूरतों के प्रति अधिक संवेदनशील होंगे। बांड्स के मुताबिक़ यह तय कर पाना मुश्किल है कि सत्ता में हिस्सेदारी बढ़ने से अफ़्रीकी-अमेरिकी समुदाय को सीधा फ़ायदा हुआ है। लेकिन यह ज़रूर कहा जा सकता है कि राजनीतिक सशक्तीकरण और तरफ़दारी वाली सरकारी नीतियों ने इस समुदाय के लिए पहले के मुक़ाबले अधिक गुंजाइश पैदा की है। बांड्स का यह अध्ययन मुख्यत: वितरणमूलकता के इर्द-गिर्द हुआ है।

सशक्तीकरण की अवधारणा का नारीवादी आंदोलन ने भी इस्तेमाल किया है जो मुख्यत: संबंधवाचकता का उदाहरण है। ऊपर वर्णित प्रक्रिया से अलग तरह का रवैया अपनाते हुए नारीवादियों का कहना है कि सशक्तीकरण तब तक नहीं हो सकता जब तक व्यक्ति की निजी चेतना में तब्दीली न हो और साथ में वह सामूहिक रूप से मुक्ति प्राप्त करने के उद्यम में भागीदारी करने के लिए तैयार न हो। इस दोहरी प्रक्रिया में जिस शक्ति का उदय होता है, वही परिवर्तनकारी होती है। नारीवादी चिंतन कहता है कि केवल सत्ता की मौजूदा संरचनाओं में महज़ हिस्सेदारी से कुछ नहीं होगा। ज़रूरत तो ख़ुद अपने आपको बदलने और साथ में सत्ता की संरचनाओं को भी बदलने की है। नारीवादी परिप्रेक्ष्य ने सशक्तीकरण के प्रत्यय के संदर्भ में अंतर्राष्ट्रीय ताक़तों और संस्थाओं की भूमिका को भी प्रश्नांकित किया है। उनका कहना है कि नेक इरादों से लैस बाहरी ताक़तें मान कर चलती हैं कि वे अपनी ख़ास तरह की सशक्तीकरण-रणनीतियों से वंचितों को सक्षम बना सकती हैं, लेकिन असल में राष्ट्रीय सरकार की मदद से विकसित की गयी स्थानीय सहभागिता और पहलक़दमी ही सशक्तीकरण के लक्ष्यों को वेध पाती है।

भारत में सशक्तीकरण के कल्याणकारी पक्ष की इस दोहरी समझ को दलित समुदाय की कसौटी पर भी कस कर देखा गया है। इतिहासकार बद्री नारायण ने अपनी रचना 'लोकतंत्र का भिक्षु-गीत : अति-उपेक्षित दलितों के अध्ययन की एक प्रस्तावना' में उत्तर प्रदेश के दलित समुदायों पर सशक्तीकरण के असर में निहित अंतर्विरोधों की जाँच की है और इस प्रत्यय की सीमाओं को उजागर किया है। बद्री नारायण एक साथ वितरणमूलकता और संबंधवाचकता के परिप्रेक्ष्यों का उपयोग करते हुए सवाल उठाते हैं कि क्या उत्तर प्रदेश के दलितों में सशक्तीकरण की प्रक्रिया को वितरणमूलकता और संबंधवाचकता के दोनों आइनों में देखा जा सकता है? दलितों की ऊपरी परत का लाभान्वित होना किस श्रेणी में आयेगा? क्या वह दोनों तरफ़ से लाभान्वित हुई है, या वह केवल वितरणमूलक दायरे में ही आगे बढ़ पायी है? चूँकि सशक्तीकरण के इन दोनों पहलुओं के बीच में आपसी संवाद है, इसलिए अगर दलितों के ज़्यादा बड़े हिस्से

को वितरणमूलक लाभ मिले हैं तो संबंधवाचक लाभों की ज़मीन कहीं न कहीं थोड़ी-बहुत ज़रूर बनी होगी। निचली परत को अगर वितरणमूलक लाभ नहीं मिल पाये तो क्या वह उस संबंधवाचक लाभ से भी वंचित रह गयी है?

इस अध्ययन का निष्कर्ष है कि आरक्षण की नीतियों पर अमल के ज़रिये राज्य के नेतृत्व में जनतंत्र-प्रसार का जो अभियान चल रहा है उसमें सशक्तीकरण तो हो ही रहा है, लेकिन साथ में कुछ समुदायों के अ-सशक्तीकरण की प्रक्रिया भी चल रही है। दलित तबक़ों के भीतर मौजूद ताक़तवर सामाजिक समूह नहीं चाहते कि उन्हें मिले संसाधनों का एक हिस्सा उनके ही उपेक्षित भाइयों में वितरित हो। सशक्तीकरण की यह प्रक्रिया अपने आप में एक आधिपत्यशाली समूह सृजित करती है जिसके कारण बहुत से छोटे-छोटे समूह उपेक्षित पड़े रह जाते हैं। इन उपेक्षित समूहों के लिए जनतंत्र और सशक्तीकरण की चाह दूर से आ रही एक रुलाई की तरह गूँज कर रह जाती है।

बद्री नारायण का तर्क है कि वास्तव में किसी समुदाय की आवाज़ वह होती है जिसे प्रजातंत्र में सुना या पहचाना जा सके। सशक्तीकरण का अभ्यर्थी होने की क्षमता प्राप्त करने के लिए भी समुदायों को अधिकतम स्तर प्राप्त करना होता है ताकि वे दृश्यमूलकता प्राप्त करके दावेदारी पेश करने लायक बन सकें। किसी लोकतंत्र में लोगों को वह मिलता है जो वे माँगते हैं। जिसे वे नहीं माँग पाते, वह उन्हें नहीं मिलता। राजनीतिक प्रतिनिधित्व प्राप्त कर लेने वाली आवाज़ें भी अनसुनी और अनजानी रह जाती हैं। ये आवाज़ें सत्ता में रहने वाले लोगों, राज्य द्वारा या स्वयं सीमांत समुदायों के अपने नेतृत्व द्वारा जानबूझ कर उपेक्षित की जा सकती हैं। यह प्रातिनिधिक राजनीति की एक महत्त्वपूर्ण सीमा है। इसके अतिरिक्त बेआवाज़ समूहों को दृश्यमूलकता प्राप्त करने में उस जगह समस्या आती है जहाँ डिजिटल मीडिया से संचालित संचार माध्यम अति-यथार्थ दिखा रहे हों और जहाँ उनकी आवाज़ों को सुने जाने के स्पेस के बिखर जाने का ख़तरा हो। दरअसल, हमें केवल आवाज़ ही नहीं चाहिए बल्कि इन आवाज़ों का मूल्य भी चाहिए। किसी आवाज़ का मूल्य तभी हो सकता है जब इसे सम्मान और पहचान मिले। आवाज़ों को सम्मान और पहचान तभी मिल सकती है जब बेआवाज़ समुदाय अपनी ख़ुद की कहानी सबको सुनाने का आत्मविश्वास और शक्ति प्राप्त कर ले। प्रतीकात्मक रूप से शक्ति प्राप्त करने के संघर्ष में इन समुदायों के अपने इतिहास, नायक और राजनीतिक वृत्तांत उनका मूल्यवर्द्धन करते हैं।

इस अध्ययन के अनुसार भारतीय लोकतंत्र में केवल कुछ दलित जातियों ने अपनी आवाज़ उठाने की क्षमता और विश्वास हासिल किया है। साफ़ तौर से दिखाई पड़ता है कि केवल कुछ जातियाँ ही अपने तरीक़े से अन्य सब जातियों की ओर से व्याख्या करती और बोलती हैं। इस दशा में कुछ जातियों के समक्ष अपने को सही ढंग से प्रस्तुत न किये जाने और जड़ों से उखड़ी हुई प्रतीकात्मक पहचान हावी होने का ख़तरा अवश्यम्भावी हो जाता है। राज्य और सत्ता भी इस प्रकार की ग़लत प्रस्तुति को बढ़ावा देती हैं और अपनी सहमति से उन दशाओं का निर्माण करती हैं जिनके कारण राजनीतिक और सामाजिक आंदोलनों द्वारा निर्मित दावे सही ढंग से प्रस्तुत नहीं हो पाते। इस प्रकार की ग़लत प्रस्तुति और उसके बाद पहचान न दिये जाने के कारण एक ऐसी तस्वीर बनती है जिसमें प्रजातंत्र के सूची-पत्र में कुछ लोग दृश्यमान होते हैं और अन्य लोग धुँधले और अदृश्य रह जाते हैं। शासन और राज्य द्वारा प्रकीर्णित प्रजातंत्र की प्रक्रिया में राज्य स्वयं अपनी ही भाषा विकसित कर लेता है। इससे एक ज्ञानमीमांसीय स्पेस रचा जाता है। ऐसे लोग या समुदाय इस यह भाषा को समझने और प्रत्युत्तर देने में समर्थ हैं, वे राज्य के अखाड़े में आसानी से समाहित हो जाते हैं। जो लोग या समुदाय इस भाषा में अपनी माँग रखने में सक्षम नहीं हैं वे ख़ुद को बहिष्कृत महसूस करते हैं और उनकी आवाज़ें अनसुनी रह जाती हैं। राज्य और प्रजातंत्र के अखाड़े में जो लोग बेआवाज़ बनाये गये हैं, वे अपनी आकांक्षाओं और स्वप्नों के बारे में अपनी संस्कृति और सांस्कृतिक भाषा में बात करने के लिए मजबूर हैं। ज़ाहिर है कि राजनीतिक सशक्तीकरण प्रवसन, गतिशीलता, शिक्षा और सामाजिक-आर्थिक सुधार की आकांक्षा द्वारा ही हो सकता है। यदि इनमें से कोई भी कड़ी छूटेगी तो लोकतांत्रिक दृश्यता कम होगी जिसके कारण सशक्तीकरण में बाधा आयेगी।

**देखें** : आरक्षण, अनुसूचित जातियाँ, एफ़र्मेटिव एक्शन, नारीवाद, नारीवाद की पहली लहर, नारीवाद की दूसरी लहर, नारीवाद की तीसरी लहर, नियोक्लासिकल अर्थशास्त्र, नवउदारतावाद, नस्लवाद।

## संदर्भ

1. माइकिल बांड्स (2007). 'ब्लैक पॉलिटिकल पॉवर रिअसेस्ड : रेस, पॉलिटिक्स ऐंड फ़ैडरल फ़ण्ड्स', *जर्नल ऑफ़ अफ़्रीकन अमेरिकन स्टडीज़,* दूसरा अंक, पृष्ठ 189-203.
2. एलन ऐमी (2008), 'पॉवर ऐंड पॉलिटिक्स ऑफ़ डिफ़रेंस : ऑप्रेशन, एम्पॉवरमेंट ऐंड ट्रांसनैशनल जस्टिस', *हायपैतिया,* खण्ड 23, अंक 3. पृष्ठ 156-72.
3. कँवल भारती (1997), *लोकतंत्र में भागीदारी के सवाल,* बोधिसत्व प्रकाशन, रामपुर.
4. अर्जुन अप्पादुरै (2004), 'द कैपेसिटी टू ऐस्पायर : कल्चर ऐंड द टर्म्स ऑफ़ रिकॉग्निशन इन कल्चर ऐंड पब्लिक एक्शन', विजयेंद्र राव और माइकल वॉल्टन (सम्पा.), *कल्चर ऐंड पब्लिक ऐक्शन,* परमानेंट ब्लैक, रानीखेत.
5. बद्री नारायण (2013), 'लोकतंत्र का भिक्षु-गीत : अति-उपेक्षित दलितों के अध्ययन की प्रस्तावना', *प्रतिमान : समय समाज संस्कृति,* खण्ड 1, प्रवेशांक.

**— अभय कुमार दुबे**

# सशक्तीकरण-2

## नव-दक्षिणपंथी संस्करण

(Empowerment-2)

सशक्तीकरण की अवधारणा के कल्याणकारी पहलुओं की समीक्षा करने के बाद अब इससे जुड़ी उस समझ पर भी नज़र डालना आवश्यक है जिसके कारण यह प्रत्यय बौद्धिक हलक़ों में संदेह की दृष्टि से देखा जाता है। राष्ट्रीय-अंतर्राष्ट्रीय राजनीति से लेकर निजी उद्यम, मीडिया, सार्वजनिक उद्यम तथा अकादमियों में इस शब्द की चर्चा है। लेकिन सशक्तीकरण सुनने में ही एक प्रगतिशील अवधारणा लगती हो, लेकिन विद्वानों का एक हिस्सा इसकी वंशावली नवउदारतावादी निज़ाम में देखता है। यह शब्द एक मिथक, एक विभ्रम खड़ा करने के लिए गढ़ा गया है। हर व्यवस्था को अपने पक्ष में सकारात्मक माहौल बनाना होता है ताकि उसकी स्वीकार्यता बढ़ सके। नवउदारतावादी वित्तीय पूँजीवाद ने जीवन तथा रोज़गार पर प्रतिकूल असर डाला है लेकिन इस नुक़सान को भी नफ़ा दिखाने के लिए सशक्तीकरण जैसे प्रगतिशील लगने वाले शब्द की ईज़ाद की गयी है।

सशक्तीकरण की इस व्याख्या के अनुसार इस शब्द का धड़ाधड़ इस्तेमाल अस्सी की दहाई के दौरान होना शुरू हुआ। यही वह दौर था जब भूमण्डलीकरण की शुरुआत हुई और पूरी दुनिया के स्तर पर नवउदारतावादी वित्तीय आर्थिक-निर्माण की नींव डाली गयी। इस व्यवस्था में उत्पादक गतिविधियों के अतिरिक्त सेवाएँ प्रदान करवाने पर मुख्य ज़ोर हो जाता है। यह व्यवस्था चाहती है कि आर्थिक गतिविधियों की बागडोर राज्य की बजाय पूँजीधारी खिलाड़ियों के हाथ में आ जाए। कल्याणकारी राज्य से भी इसकी असहमति है। रोज़गार की गारंटी तथा श्रम क़ानूनों के साथ भी इस व्यवस्था की संगति नहीं बैठती। सिर्फ़ निजी क्षेत्र में ही नहीं बल्कि सरकार तथा नौकरशाही के स्तर पर भी ख़ासकर पहली दुनिया के देशों में कार्य-शैली में कई तरह के परिवर्तन किये गये हैं। इस नयी कार्य-शैली को नया-मैनेजरवाद, नवीन सार्वजनिक प्रबंधन अथवा उद्यमी सरकार कहा जाता है। इनका सीधा मक़सद रहा है लागत घटा कर अधिक काम करवाना। मालिकों का अपना मुनाफ़ा बढ़ाने तथा अपनी ज़िम्मेदारियाँ कम करने पर ज़ोर रहता है। इसीलिए उपभोक्ता तथा श्रमिकों पर अतिरिक्त लागत तथा ज़िम्मेदारियाँ लाद दी जाती हैं। लेकिन यह सुनिश्चित करना भी ज़रूरी है कि उपभोक्ता तथा श्रमिक इस व्यवस्था के नियम-क़ायदों को स्वीकार करें, इसके समर्थक बनें। इसलिए श्रमिक तथा उपभोक्ता को हुई हानि की पर्दापोशी करने के लिए, उसे लाभ के रूप में दर्शाने के लिए एक मधुर-भाषित, प्रगतिशील अवधारणा की दरकार पड़ती है। इसी अवधारणा के ज़रिये पिछले जीवन-मूल्यों की आलोचना की जाती है और नयी व्यवस्था के प्रति सकारात्मक और उत्साहजनक माहौल बनाया जाता है। सशक्तीकरण एक ऐसी ही अवधारणा है।

सशक्तीकरण की घोर आलोचना करने वाली इस व्याख्या के अनुसार इस शब्द का इतिहास भी बहुत पुराना नहीं है। साठ और सत्तर की दहाइयों के दौरान विकसित हुए एक तरह के रैडिकल सोच में सशक्तीकरण की अवधारणा की शुरुआत देखी जा सकती है। इन चिंतन में निहित रणनीतियों तथा विचारों में आवश्यक परिवर्तन कर के ही धुर-दक्षिणपंथ ने सशक्तीकरण की अवधारणा तैयार की। ये रैडिकल विचारक पेशा-आधारित आर्थिक-सामाजिक गतिविधियों और जीवन के हर क्षेत्र में एक्सपर्टों के उभार को सामाजिक नियंत्रण के तौर-तरीक़ों के रूप में देख कर उनकी आलोचना करते थे। व्यक्तिगत आत्माभिव्यक्ति का विचार इन आंदोलनों का मुख्य विचार था। इनका कहना था कि उद्योगीकरण तथा आधुनिकता के दौर में हर पेशा सामाजिक नियंत्रण का माध्यम बन गया है। मसलन, आधुनिक चिकित्सा लोगों को बीमार बना कर डॉक्टरों पर आश्रित बना देती है। इन विचारकों का मानना था कि उत्तर-उद्योगीकरण तथा उत्तर-आधुनिकता के इस दौर में पेशों की इस तानाशाही से छुटकारा पाया जा सकता है। इसके लिए इन्होंने आत्म-निर्भरता तथा आत्माभिव्यक्ति को रास्ता माना। इन विचारकों का ज़ोर सामूहिकता की बजाय व्यक्तिगत आज़ादी और आत्मनिर्भरता पर रहा। इनकी सोच तथा रणनीतियों को देखते हुए इन्हें अराजक पूँजीवादी कहा गया था। अपनी ज़िंदगी का ज़िम्मेदार ख़ुद बनने वाले इस तर्क का विस्तार अन्य क्षेत्रों तक भी किया गया।

दक्षिणपंथ ने इसी तर्क को आगे बढ़ाते हुए श्रमिकों तथा उपभोक्ताओं पर लागू कर दिया। उसने कहा कि श्रमिकों तथा उपभोक्ताओं को अब संस्थाओं (राज्य, कल्याणकारी व्यवस्था तथा श्रम-क़ानून) पर निर्भर न रहकर उद्यमी बन कर अपनी कुशलतम योग्यताओं का प्रदर्शन करना चाहिए। अपने काम में कुशलता हासिल करना, अधिकाधिक ज़िम्मेदारियों का निर्वाह करना ही व्यक्ति के सशक्तीकरण की निशानी बना दिया गया। इस तरह अराजक पूँजीवादी रैडिकलवाद तथा धुर-दक्षिणपंथी के बीच के मेल से सशक्तीकरण की अवधारणा निकाली गयी।

सशक्तीकरण के इस पहलू पर रोशनी डालने वाले विद्वानों का कहना है कि आत्म-सुधार तथा आत्माभिव्यक्ति सशक्तीकरण की मुख्य चिंताएँ हैं। मनोविश्लेषकों ने इस अवधारणा के इर्द-गिर्द बहुत अधिक काम किया है। बक़ौल रैपोपोर्ट सशक्तीकरण का मतलब है अपने जीवन को ख़ुद

निर्धारित करने की भावना। सशक्तीकरण सामूहिकता के ह्रास तथा व्यक्तिवाद की बढ़ोतरी का द्योतक है। सशक्तीकरण व्यक्ति को यह अहसास करवाता है कि वह नियंत्रक की भूमिका में है और उसके पास ताक़त है। इसका यह मतलब नहीं कि व्यक्ति के हाथ में सच में ताक़त आ जाती है। दरअसल ताक़त का अहसास भर करवाया जाता है, विभ्रम रचा जाता है। कई तरह की मनोवैज्ञानिक गतिविधियाँ हैं जो यह मापती हैं कि व्यक्ति का अपने ऊपर किस हद तक नियंत्रण है, वह कितना सामर्थ्यवान महसूस करता है। ये गतिविधियाँ यह तो मापती हैं कि व्यक्ति ख़ुद को कितना ताक़तवर महसूस करता है, पर यह नहीं देखता कि उसके पास सच में कितनी ताक़त है।

कुल मिला कर सशक्तीकरण एक निष्क्रिय अवधारणा है क्योंकि यह बताती है कि व्यक्ति को एक बड़ी सत्ता द्वारा ताक़त अता की गयी है तथा उसके इस्तेमाल की इजाज़त दी गयी है। उसने ख़ुद अपने बूते पर ताक़त नहीं पायी है। यानी ताक़त तो आभासी होती है, पर असल में अतिरिक्त ज़िम्मेदारियाँ तथा बंदिशें व्यक्ति पर लाद दी जाती हैं। इस तरह, आभासी ताक़त पाने के चक्कर में व्यक्ति बंदिशें तथा ज़िम्मेदारियाँ उठाने को राज़ी हो जाता है। इस तरह का सशक्तीकरण व्यक्ति पर बोझ बन जाता है। यह व्यक्ति को बँधुआ बनाने की कोशिश है।

सशक्तीकरण का नव-उदारवाद तथा सार्वजनिक क्षेत्र की कार्य-पद्धति में किये जा रहे हालिया बदलावों— नये मैनेजरवाद के साथ सीधा संबंध है। विश्व बैंक तथा नवउदारतावादी वित्तीय संस्थानों ने नये मैनेजरवादी कार्यक्रम को इमदाद की प्रमुख पूर्वशर्त बनाकर इसे बहुत से देशों पर लाद दिया है। अमेरिका, ब्रिटेन, ऑस्ट्रेलिया तथा न्यूज़ीलैण्ड में नये मैनज़रवादी कार्यक्रमों को अधिक तीव्रता के साथ निजी तथा सार्वजनिक दोनों ही क्षेत्रों में लागू किया गया है। नये मैनज़रवाद के पक्ष में वैश्विक सहमति बनाने की कोशिश की जा रही है। इसे वाशिंगटन सहमति कहा जाता है। इसी से स्पष्ट हो जाता है कि इन नीतियों का उद्गम कहाँ है। वैश्विक सहमति तो अभी तक नहीं बनी है लेकिन यह प्रवृत्ति उरूज़ पर है।

नया मैनज़रवाद नौकरशाही की आलोचना करता है। इसका कहना है कि आर्थिक गतिविधियों को परस्पर होड़ करने वाले बाज़ार के खिलाड़ियों के हाथ में दे देना चाहिए तथा सरकार को भी बाज़ार के मॉडल पर काम करना चाहिए। नौकरशाही की बजाय समुदायों को ताक़त मिलनी चाहिए। इस विचार के तहत हर समस्या को व्यक्तिगत समस्या के तौर पर देखा जाता है। इस तरह सशक्तीकरण व्यक्तिवाद को बढ़ावा देता है तथा व्यक्ति का वि-राजनीतीकरण करता है। सशक्तीकरण को वर्तमान अर्थव्यवस्था की हर ख़ामी का इलाज बताया जाता है तथा बाज़ार को सरकार के विकल्प के तौर पर खड़ा किया जाता है। इस तरह से इस अवधारणा ने सरकार के विपक्ष की भूमिका अख़्तियार कर ली है। इसने विपक्ष की भाषा और उसके कार्यक्रमों पर आधिपत्य सा जमा लिया है।

सशक्तीकरण किसी क्षेत्र में कैसे काम करता है इसका एक उदाहरण चिकित्सा का क्षेत्र है। अस्सी की दहाई से ही चिकित्सा के क्षेत्र में भी मरीजों के सशक्तीकरण का शोर बढ़ा। इसका सीधा मतलब यह था कि अब उन्हें मरीज़ नहीं बल्कि सेवार्थी अथवा उपभोक्ता माना जाये। मरीज़ शब्द पीड़ा का अहसास करवाता है। पीड़ा के इस अहसास की पर्दापोशी के लिए सेवार्थी और उपभोक्ता जैसे मधुर शब्द तलाश लिए गये। यह तो हुआ भाषाई परिवर्तन। संरचनागत परिवर्तन यह हुआ है कि 1981 के बाद से ब्रिटेन में अस्पतालों में बिस्तरों की संख्या में 34 फ़ीसदी की कटौती की गयी। पूरे युरोप में ब्रिटेन सार्वजनिक चिकित्सा पर सबसे कम ख़र्च करने वाला राष्ट्र बन गया। अमेरिका में बाक़ायदा क़ानून बना दिया गया है जिसके तहत असाध्य बीमारी से ग्रसित मरीज़ इलाज कराने से इनकार कर सकता है। पर ऐसे ऐसा कोई क़ानून नहीं बनाया जो जीवन-रक्षक इलाज की गारंटी देता हो। सशक्त मरीज़ से यह अपेक्षा की जाती है कि वह अपना ख़याल ख़ुद रख सकता है। परिणामत: तीमारदारी तथा विशेषज्ञों द्वारा देख-रेख को सीमित किया जा रहा है तथा सलाहकारी की भूमिका को बढ़ाया जा रहा है। चिकित्सा के बारे में जानकारी देने के लिए कई वेबसाइटें तथा टेलीफ़ोन हेल्पलाइन खुल चुकी हैं। नर्सों को अपने वार्ड का मैनेजर बना दिया गया है। अब उन्हें इलाज की गुणवत्ता के साथ-साथ बजट का भी ध्यान रखना होता है। इससे उनपर कार्यभार बढ़ा है। जब भी वे किसी मरीज़ की तीमारदारी कर रही होती हैं तो ख़र्चे का हिसाब-किताब भी उनके दिमाग़ में चलता रहता है। सशक्तीकरण से उन्हें इतना ही फ़ायदा हुआ है कि उनकी नौकरियाँ घट गयीं हैं, कार्यभार बढ़ा है तथा ग़लतियों की ज़िम्मेदारी उन्हें खुद उठानी होती है।

काम करने-करवाने का ढंग भी बदला है। इन परिवर्तनों को स्वीकार करने तथा नये हालात के अनुसार ख़ुद को ढालने के उद्देश्य से कर्मचारियों को अपना सशक्तीकरण करने की नसीहत दी जाती है। कर्मचारियों के सशक्तीकरण का मतलब है कि वे काम के प्रति अधिक प्रतिबद्धता दिखाएँ, अपने काम में निपुणता हासिल करें, किसी एक क्षेत्र में जीवन-पर्यंत रोज़गार की गारंटी को भूल जाएँ, ख़ुद को एक से अधिक क्षेत्रों में प्रवीण बनायें, अपने मालिकों द्वारा तय किये गये लक्ष्यों को हासिल करने का प्रयास करें। इस दौर में बेरोज़गारी बढ़ी है, रोज़गार की गारंटी जाती रही है, यूनियनें तथा श्रम-क़ानून प्रभावहीन बनाये जा रहे हैं।

**देखें :** आरक्षण, अनुसूचित जातियाँ, एफ़र्मेटिव एक्शन, नारीवाद, नारीवाद की पहली लहर, नारीवाद की दूसरी लहर, नारीवाद की तीसरी लहर, नियोक्लासिकल अर्थशास्त्र, नवउदारतावाद, नस्लवाद।

### संदर्भ

1. डी. कोलिंस (1997), 'द डिसएम्पॉवरिंग लॉजिक ऑफ़ एम्पॉवरमेंट', *एम्पॉवरमेंट इन ऑर्गनाइज़ेशन,* प्लूटो प्रेस, लंदन.
2. सी. गिब्सन (1991), 'ए कंसेप्ट एनालिसिस ऑफ़ एम्पॉवरमेंट', *जर्नल ऑफ़ एडवांस्ड नर्सिंग,* खण्ड 16.
3. जी. रिट्ज़र (1996), *मैकडोनल्डाइज़ेशन ऑफ़ सोसाइटी,* पाइन फ़ोर्ज प्रेस, थाउज़ेंड ओक्स, कैलिफ़.
4. ई. हीरी और जे. सालमन (2000), द *इनसिक्यौर वर्कफ़ोर्स,* रॉटलेज, लंदन.

**— सुनील कुमार**

# सहजानंद सरस्वती

(Sahajanand Saraswati)

भारत में किसान आंदोलन के प्रमुख जनकों में से एक स्वामी सहजानंद सरस्वती (1880-1950) समाज-सुधारक, स्वतंत्रता संग्राम सेनानी एवं विद्वान लेखक थे। सामाजिक न्याय के उद्घोषक सहजानंद को मार्क्सवाद का ठेठ देसी संस्करण कहा जाता था। किसानों के बीच वे अत्यंत लोकप्रिय थे और उन्हें सुनने के लिए ज़बरदस्त भीड़ जुटा करती थी। स्वामी सहजानंद अखिल भारतीय किसान सभा के संस्थापक अध्यक्ष थे और एक दशक से ज़्यादा समय तक किसान सभा के अध्यक्ष या महासचिव रहे। उनका मानना था कि किसानों को सामंती उत्पीड़न से मुक्ति दिलाने के लिए एक वर्गीय संगठन के रूप में संगठित करना आवश्यक है। उन्होंने कृषि क्रांति को साम्राज्यवाद के विरुद्ध लड़ाई का हिस्सा माना और किसानों को आज़ादी के आंदोलन में सक्रिय रूप से भाग लेने के लिए प्रेरित किया। सहजानंद द्वारा बनायी गयी किसान आंदोलन की लकीर पर चल कर ही सत्तर और अस्सी के दशक में मध्य बिहार के खेत-खलिहानों में भारतीय कम्युनिस्ट पार्टी (मार्क्सवादी-लेनिनवादी-लिबरेशन) रैडिकल भूमि सुधारों के नारे के इर्द-गिर्द एक जुझारू किसान आंदोलन खड़ा कर सकी। सुभाषचंद्र बोस स्वामी सहजानंद को उग्र वामपंथ का अग्रणी चिंतक एवं क्रांतिकारी धारा का पथप्रदर्शक मानते थे। स्वतंत्रता संग्राम के दौरान स्वामीजी के गिरफ़्तार होने पर बोस ने 28 अप्रैल को ऑल इण्डिया स्वामी सहजानंद डे घोषित करके देश भर में हड़ताल करायी। सहजानंद के विविधतापूर्ण व्यक्तित्व के बारे में संक्षेप में कहा जा सकता है कि वे एकांतप्रिय, सरलचित्त, सत्यनिष्ठ विचारक, जिज्ञासु, साधनारत, धुनी, नि:संग, अनासक्त, कर्मशील, योद्धा-क्रांतिकारी, सक्रिय वेदांत के मर्मज्ञ, मीमांसा के ज्ञाता, बहुपठित शास्त्री, वर्ग-संघर्ष के पैरोकार, व्यवहारिक मार्क्सवाद के जानकार और राष्ट्रवादी वेदांती मार्क्सवादी थे।

1880 में महाशिवरात्रि के दिन गाज़ीपुर ज़िले के देवा नामक ग्राम में एक निम्न-मध्यवर्गीय किसान परिवार में नौरंग राय का जन्म हुआ था। यही नौरंग राय आगे चलकर आदि शंकराचार्य सम्प्रदाय के दसनामी संन्यासी अखाड़े के दण्डी संन्यासी बने और स्वामी सहजानंद सरस्वती कहलाए। वंश परम्परा से वे जुझौतिया ब्राह्मण थे। अध्यात्म एवं वैराग्य की ओर उनका झुकाव देखकर परिवारवालों ने जल्दी ही उन्हें विवाह-बंधन में बाँध दिया, लेकिन एक साल बाद ही पत्नी का निधन हो गया। घरवालों द्वारा पुन: विवाह किये जाने की बात जान कर वे घर छोड़ कर चले गये और काशी पहुँचकर दसनामी संन्यासी स्वामी अच्युतानंद से प्रथम दीक्षा प्राप्त कर संन्यासी बने। लगभग एक वर्ष तक गुरु की खोज में उन्होंने भारत के अनेक तीर्थों एवं स्थानों का भ्रमण किया।

1909 में वे पुन: काशी पहुँचे और दण्डी स्वामी अद्वैतानंद सरस्वती से दीक्षा ग्रहण कर दण्ड प्राप्त किया और दण्डी स्वामी सहजानंद सरस्वती बने। संन्यास ग्रहण करने के बाद कई वर्षों तक काशी और दरभंगा में संस्कृत साहित्य, व्याकरण, न्याय और मीमांसा का गहन अध्ययन किया। इसी समय काशी के कुछ पण्डितों ने स्वामी सहजानंद के संन्यास ग्रहण करने का यह कह कर विरोध किया कि ब्राह्मणेतर जातियों को दण्ड धारण करने का अधिकार नहीं है। स्वामी सहजानंद ने इस आपत्ति को चुनौती के रूप में स्वीकार किया और विभिन्न मंचों पर शास्त्रार्थ करके सिद्ध किया कि भूमिहार भी ब्राह्मण हैं और प्रत्येक योग्य व्यक्ति संन्यास ग्रहण करने की पात्रता रखता है।

इस तरह जीवन के प्रारम्भिक चरण में ही स्वामीजी को धार्मिक कट्टरता और बाहरी आडम्बरों के विरुद्ध संघर्ष करना पड़ा। अपनी जाति के गौरव की प्रतिष्ठा के लिए उन्हें ब्राह्मण जाति की एक उपजाति के एकाधिकार के विरुद्ध संघर्ष करना पड़ा। भारत के विभिन्न हिस्सों में घूम-घूमकर उन्होंने भूमिहार ब्राह्मणों एवं अन्य ब्राह्मणों का विवरण एकत्रित किया और 1916 में *भूमिहार ब्राह्मण परिचय* के रूप में प्रकाशित किया। दिसम्बर 1913 में स्वामी पूर्णानंद सरस्वती के प्रयास से बलिया में हथुआ नरेश की अध्यक्षता में अखिल भारतीय भूमिहार ब्राह्मण महासभा आयोजित की गयी। पहली बार इस सभा में उपस्थित होकर स्वामी सहजानंद ने ब्राह्मण समाज की स्थिति पर भाषण दिया। 1914 में काशी से *भूमिहार ब्राह्मण* पत्र निकाला और 1916 तक

उसके संचालन एवं प्रकाशन का दायित्व वहन किया।

इस समय स्वामी सहजानंद तत्कालीन सामाजिक एवं राजनीतिक स्थितियों को अच्छी तरह समझ चुके थे। दिसम्बर, 1920 में पटना में कांग्रेस नेता मौलाना मजहरुल हक़ के निवास पर स्वामी सहजानंद ने गाँधी से भेंट की और उनकी प्रेरणा से कांग्रेस में शामिल हो गये। 1921 में वे गाज़ीपुर ज़िला कांग्रेस के अध्यक्ष चुने गये और कांग्रेस के अहमदाबाद अधिवेशन में शामिल हुए। 1922 में उन्हें एक साल की सज़ा हुई। जेल से छूटने के बाद उन्होंने सिमरी में निवास किया और सिमरी एवं आसपास के इलाक़ों में बड़े पैमाने पर खादी वस्त्रोत्पादन कराया। इस दौरान वे सामाजिक सभाओं में ब्राह्मणों की एकता तथा संस्कृत शिक्षा के प्रचार हेतु भाषण देते रहे। 1925 में भूमिहार ब्राह्मण परिचय का परिवर्धन कर *ब्रह्मर्षि वंश विस्तार* नाम से प्रकाशन कराया। सिमरी में रहते हुए ही उन्होंने *कर्मकलाप* नामक बारह सौ पृष्ठों के विशाल ग्रंथ की रचना की। इस ग्रंथ में जन्म से मृत्यु तक के संस्कारों का वर्णन किया गया है। 1927 में उन्होंने पटना ज़िले के बिहटा में श्री सीता रामदास द्वारा दी गयी भूमि में श्री सीतारामाश्रम बनाकर स्थाई निवास किया और पश्चिमी पटना किसान सभा की स्थापना की।

महात्मा गाँधी के असहयोग आंदोलन को बिहार में गति देने में स्वामी सहजानंद की सक्रिय भूमिका रही। उन्होंने घूम-घूमकर लोगों को अंग्रेज़ी शासन के विरुद्ध खड़ा किया। इसी समय उनका इस सच्चाई से सामना हुआ कि बिहार के गाँवों के निर्धन किसान अंग्रेज़ी शासन की अपेक्षा ज़मींदारों के शोषण से त्रस्त हैं। 1929 में वे सोनपुर छपरा में बिहार प्रांतीय किसान सम्मेलन के अध्यक्ष चुने गये। किसान सभा में काम करते हुए स्वामी सहजानंद ने यह अनुभव किया कि कांग्रेसी नेतागण ज़मींदारों के पक्ष में हैं। उन्होंने किसानों को ज़मींदारों के शोषण से मुक्ति दिलाने का अभियान शुरू किया। 1930 में पटना के अमहरा में नमक क़ानून तोड़ने के कारण छह महीने का कारावास मिला। हजारीबाग जेल में उन्होंने गीता पर एक महत्त्वपूर्ण भाष्य *गीता रहस्य* की रचना की। जेल में कांग्रेसी नेताओं की सुविधाभोगी प्रवृत्ति देखकर कांग्रेस से उनका मोहभंग होना शुरू हुआ। 1934 में बिहार में भूकम्प से भारी तबाही मची। स्वामी सहजानंद ने समिति गठित कर सेवा कार्य का संचालन किया। उन्होंने देखा कि उस संकटकालीन समय में भी ज़मींदार किसानों को कर देने के लिए प्रताड़ित कर रहे थे। वे पटना में कैंप कर रहे गाँधी के पास पहुँचे और वस्तुस्थिति सामने रखी। गाँधी ने स्वामी जी से दरभंगा महाराज से मिलकर समस्याओं के समाधान की बात कही। दरभंगा महाराज को किसानों का सबसे बड़ा शोषक मानने वाले स्वामीजी गाँधी जी की इस बात से नाराज़ हो गये और गाँधी से अपना संबंध ख़त्म करते हुए किसानों के अधिकार के लिए संघर्ष करने में जुट गये।

अप्रैल, 1936 में कांग्रेस के लखनऊ सम्मेलन में अखिल भारतीय किसान सभा की स्थापना हुई और स्वामी सहजानंद को उसका पहला अध्यक्ष चुना गया। किसान सभा का लक्ष्य था किसानों को आर्थिक शोषण में पूर्ण मुक्ति दिलाना तथा किसानों, मज़दूरों और अन्य शिक्षित तबकों के लिए पूर्ण आर्थिक, राजनीतिक अधिकार प्राप्त करना। अखिल भारतीय किसान सभा ने किसान घोषणा पत्र जारी कर जमींदारी प्रथा के समग्र उन्मूलन और किसानों के सभी तरह के ऋण माफ़ करने की माँग उठायी। अब स्वामीजी किसान सभा के माध्यम से किसानों को लामबंद करने में जुट गये। उन्होंने कांग्रेस में रहते हुए भी अपने जीवन का लक्ष्य किसानों को उनका हक़ दिलाना बना लिया। उनके प्रयासों से किसान आंदोलन जल्दी ही बिहार में फैल गया। एन.जी. रंगा, ई.एम.एस. नंबूदिरीपाद, पण्डित कार्यानंद शर्मा, पण्डित यमुना कार्यजी, आचार्य नरेंद्र देव, राहुल सांकृत्यायन, राममनोहर लोहिया, जयप्रकाश नारायण, पण्डित यदुनंदन शर्मा, पी. सुन्दरैया, बंकिम मुखर्जी आदि समाजवादी और वामपंथी नेता किसान सभा से जुड़े। उन्होंने फ़ॉरवर्ड ब्लॉक के प्रमुख के तौर पर सुभाष चंद्र बोस के साथ अनेक सभाएँ कीं।

कांग्रेस का मानना था कि किसानों की समस्याओं का समाधान आज़ादी के बाद करना ठीक होगा। 1936 में अखिल भारतीय कांग्रेस कमेटी की कार्यकारिणी समिति ने अपने प्रस्ताव द्वारा सभी किसान एवं मज़दूरों के वर्ग-संघर्ष पर रोक लगा दी। उस समय स्वामी सहजानंद, सुभाष चंद्र बोस एवं कुछ अन्य लोगों ने कांग्रेस के इस किसान-मज़दूर विरोधी फ़ैसले के विरुद्ध प्रतिवाद दिवस मनाया। कांग्रेस की कार्यकारिणी समिति ने इन नेताओं के विरुद्ध अनुशासनात्मक कार्यवाही की और तीन वर्ष तक कांग्रेस संस्था में कोई भी पदाधिकारी बनने पर रोक लगा दी, लेकिन स्वामी जी और नेताजी ने वर्ग-संघर्ष का रास्ता नहीं छोड़ा।

अक्टूबर, 1937 में अखिल भारतीय किसान सभा ने लाल झण्डा को संगठन का निशान घोषित किया। इस सभा ने टेकारी, मंझियावाँ, भोरी, रेवड़ा, बड़हिया हाल, अमवारी, पंडौल, टेकुसी इत्यादि में संघर्ष किया। स्वामीजी और इंदुलाल याग्निक ने गुजरात में ग़रीब किसान जातियों को संगठित कर संघर्ष के लिए खड़ा किया। 1940 में बिहार के रामगढ़ में सुभाष चंद्र बोस की अध्यक्षता में आयोजित अखिल भारतीय समझौता विरोधी सम्मेलन में स्वागत भाषण के लिए उन्हें तीन वर्ष का कारावास मिला। जेल में रहते हुए उन्होंने कई पुस्तकों की रचना की।

कांग्रेस, समाजवादी, फ़ॉरवर्ड ब्लॉक, कम्युनिस्ट धीरे-धीरे किसान सभा से अलग होते गये लेकिन स्वामीजी के संघर्ष की आँच मंद नहीं हुई। समाजवादियों एवं कम्युनिस्ट

पार्टी ने किसान सभा को अपना जन-संगठन बनाने की कोशिश की। लेकिन स्वामीजी ने ग़रीब किसान और खेत मज़दूर को अलग-अलग मानने से इनकार कर दिया जबकि कम्युनिस्ट खेत मज़दूर को किसान मानने से इनकार करते रहे। सुभाष चंद्र बोस साम्राज्यवाद से मुक्ति को प्राथमिकता दे रहे थे जबकि सहजानंद साम्राज्यवाद एवं सामंतवाद दोनों से एक साथ मुक्ति चाहते थे। कुछ अन्य मुद्दों पर असहमति के कारण फ़ॉरवर्ड ब्लॉक और किसान सभा में अलगाव हो गया। दिसम्बर, 1948 में स्वामी सहजानंद ने कांग्रेस की प्राथमिक एवं अखिल भारतीय सदस्यता त्याग दी। उन्होंने आज़ाद देश में समाजवादी गणतंत्र की स्थापना के लिए प्रयास शुरू किये और पटना में भारत की सभी वामपंथी पार्टियों एवं वर्गीय संस्थाओं के प्रतिनिधियों का सम्मेलन किया। इस वामपंथी मोर्चा सम्मेलन में एक घोषणा पत्र तैयार हुआ जिस पर अट्ठारह वामपंथी पार्टियों एवं किसान-मज़दूर संस्थाओं के नेताओं ने हस्ताक्षर किये।

कृषक क्रांति के अग्रदूत होने के साथ स्वामी सहजानंद एक प्रबुद्ध लेखक भी थे। अत्यधिक व्यस्त रहने के बाद भी उन्होंने लगभग दो दर्जन पुस्तकों का प्रणयन किया। स्वतंत्रता संग्राम तथा किसानों के लिए संघर्षों के अनुभवों को उन्होंने *किसान सभा के संस्मरण, महारुद्र का महातांडव, जंग और राष्ट्रीय आज़ादी, अब क्या हो, गया ज़िले में सवा मास* आदि में दर्ज किया है। उनकी आत्मकथा *मेरा जीवन संघर्ष* नाम से प्रकाशित हुई। 26 जून, 1950 को स्वामी सहजानंद मुजफ़्फ़रपुर में चिरनिद्रा में लीन हो गये।

**देखें :** अबुल क़लाम आज़ाद, उपनिवेशवाद विरोधी आंदोलन-1 से 3 तक, एलमकुलम मनक्कर शंकरन नम्बूदिरीपाद, कांशी राम, गोपाल कृष्ण गोखले, चरण सिंह, जवाहरलाल नेहरू, जय प्रकाश नारायण, दादाभाई नौरोजी, वल्लभभाई पटेल, बाल गंगाधर तिलक, भारत में किसान संघर्ष-1 से 4 तक, मोहनदास कर्मचंद गाँधी-1 से 3 तक, राममनोहर लोहिया, विनायक दामोदर सावरकर।

### संदर्भ

1. वाल्टर हाउज़र (2011), 'स्वामी सहजानंद सरस्वती और समाज-सुधार की राजनीति', *अभिनव क़दम (किसान विशेषांक-1)*, अंक 26, मऊ.
2. स्वामी सहजानंद सरस्वती (सम्पा. जयप्रकाश धूमकेतु) (2011), *अभिनव क़दम*, किसान विशेषांक-1 और 2, मऊ.

**— बीर पाल सिंह यादव**

# साइमन कुज़्नेत्स
(Simon Kuznets)

बीसवीं सदी के अंत में जब अधिकतर अर्थशास्त्री आँकड़ागत और तथ्यपरक अर्थशास्त्र को नीची निगाहों से देखते थे, साइमन कुज़्नेत्स (1901-1985) ने अमूर्त और सैद्धांतिक चिंतन का लोभ संवरण करते हुए आर्थिक विज्ञान को आनुभविक (इम्पेरिकल) विवेचन का आयाम प्रदान किया। इस लिहाज़ से वे विलियम पेटी द्वारा स्थापित 'राजनीतिक अंकगणित' वाली परम्परा की सर्वाधिक प्रतिभाशाली कड़ियों में से एक थे। कुज़्नेत्स के अनुसंधानों के परिणामस्वरूप इस अनुशासन के पास आज आर्थिक वृद्धि और विकास से संबंधित जानकारियों का ख़ज़ाना मौजूद है। दुनिया की तक़रीबन हर अर्थव्यवस्था अपने बारे में आँकड़ा बैंकों से सम्पन्न है जिसकी कसौटियों पर तमाम आर्थिक सिद्धांतों को कसा जा सकता है। यह कुज़्नेत्स की ही उपलब्धि है जिसकी बदौलत सरकारें नियमित रूप से अपने समष्टिगत आँकड़ों को जमा करके प्रकाशित कर सकती हैं। राष्ट्रीय आमदनी का लेखा-जोखा लगाने में आज सारी दुनिया में कुज़्नेत्स द्वारा बतायी गयी विधियों का इस्तेमाल किया जाता है। अगर अर्थशास्त्र आर्थिक जीवन की ज़मीन पर हो रही घटनाओं के अध्ययन का शास्त्र है तो कुज़्नेत्स को उसके कुछ सर्वाधिक महत्त्वपूर्ण हस्ताक्षरों में से एक समझा जाना चाहिए।

साइमन कुज़्नेत्स पिंस्क (बेलारूस) के एक ख़ुशहाल परिवार में पैदा हुए थे। प्रथम विश्व युद्ध की शुरुआत पर उनका परिवार खारकोव चला गया जो अपने बौद्धिक जीवन के लिए जाना जाता था। उन्होंने खारकोव विश्वविद्यालय में ही अर्थशास्त्र का अध्ययन किया और वहीं उनका परिचय जोसेफ़ शुमपीटर द्वारा प्रवर्तित नवपरिवर्तन और व्यापार चक्रों के सिद्धांत से हुआ। रूस में कम्युनिस्ट क्रांति होने पर खारकोव विश्वविद्यालय बंद कर दिया गया। कुज़्नेत्स का परिवार भाग कर तुर्की होता हुआ अमेरिका चला गया जहाँ कुज़्नेत्स ने अंग्रेज़ी सीखी और कोलम्बिया विश्वविद्यालय में दाख़िला ले लिया। वेज़्ली क्लेयर मिशेल के शिष्यत्व में ने कुज़्नेत्स आनुभविक अर्थशास्त्र की पद्धतियों पर महारत हासिल की। यहीं से पीएचडी करके कुज़्नेत्स ने नैशनल ब्यूरो ऑफ़ इकॉनॉमिक रिसर्च में तीन साल तक काम किया और फिर पेंसिलवानिया विश्वविद्यालय चले गये। रिटायरमेंट से पहले के अंतिम दस वर्ष उन्होंने जॉन हॉपकिंस विश्वविद्यालय में गुज़ारे। नोबेल पुरस्कार मिलने से पहले कुज़्नेत्स को अमेरिकी आर्थिक जगत की कई संस्थाओं की बागडोर सँभालने का मौक़ा मिला।

साइमन कुज़्नेत्स (1901-1985)

कुज़्नेत्स की विशेषता यह थी कि उन्होंने न केवल बीसवीं सदी के अमेरिका में आमदनी के वितरण में हुए परिवर्तनों की पहचान की, बल्कि आयगत विषमता के कारणों का भी पता लगाया। उन्होंने अर्थव्यवस्थाओं में आने वाले वृद्धि-चक्रों का अध्ययन करके यह जानने की कोशिश की कि आर्थिक वृद्धि का आय-वितरण पर क्या असर पड़ता है। 1971 में उन्हें आर्थिक विज्ञान का नोबेल पुरस्कार देते हुए राष्ट्रीय आय का अनुमान लगाने के क्षेत्र में उनके काम की अहमियत स्वीकार की।

सत्रहवीं सदी में विलियम पेटी ने इंग्लैण्ड की आर्थिक गतिविधियों की गणना करने की शुरुआती कोशिशें की थीं। उनके प्रयासों की वजह से आर्थिक विज्ञान के इस क्षेत्र में इंग्लैण्ड धीरे-धीरे काफ़ी आगे निकल गया। अर्थव्यवस्था के समष्टिगत या सकल आर्थिक (मैक्रोइकॉनॉमिक) पहलुओं की जानकारी में अमेरिका का पिछड़ापन 1920 के दशक तक क़ायम रहा। लेकिन, कुज़्नेत्स के प्रयासों ने इस स्थिति को बदल दिया। उन्होंने 1929 से 1932 के बीच के सालों में अमेरिका की राष्ट्रीय आमदनी का पहला लेखाजोखा पेश किया। इस सफलता के बाद उन्होंने अपनी परियोजना का दायरा बढ़ाया और 1919 से 1938 के बीच की आय का तख़मीना तैयार किया। वे यहीं नहीं रुके और अतीत में जाते हुए 1869 से आमदनी का लेखा बनाने में कामयाबी हासिल की। उन्होंने अपनी रचनाओं में आर्थिक गतिविधियों की जानकारी हासिल करके उनका जोड़-बाक़ी लगाने की पद्धति की सुसंगत जानकारी प्रदान की और उन समस्याओं का भी वर्णन किया जिनका सामना उन्हें करना पड़ा। उन्होंने जिन मानकों का सूत्रीकरण किया, उनका इस्तेमाल आज तक किया जाता है।

कुज़्नेत्स को इस बात का एहसास था कि राष्ट्रीय आमदनी का जोड़ लगाते वक़्त बाजार व्यवस्था के दायरे से बाहर वस्तुओं और सेवाओं को उसमें शामिल नहीं किया जाता है। जब परिवारों के भीतर ख़ाना पकाया जाता है, घरों की सफ़ाई होती है, लॉन की घास छाँटी जाती है, जिनका भुगतान बाज़ार व्यवस्था द्वारा किया है, तो उसका आर्थिक मतलब भी वस्तुओं और सेवाओं के रूप में लगाया जाना चाहिए। कुज़्नेत्स को पता था कि सरकारें ऐसा नहीं करती हैं। दूसरी तरफ़ वे चाहते थे कि देह व्यापार और नशे की तिजारत जैसी ग़ैरक़ानूनी आर्थिक गतिविधियों का तख़मीना भी लगाया जाए, हालाँकि ऐसा करना एक बेहद मुश्किल काम था। ठीक वैसे ही जिस तरह आज विशाल और सतत वृद्धिमान काली आय और सम्पत्ति के अनुमान डेढ़ी खीर बन चुके हैं। कुज़्नेत्स ने मध्यवर्ती वस्तुओं और अंतिम रूप से बने हुए माल के बीच फ़र्क़ का भी ध्यान रखा ताकि गणना करने में दोहराव न हो। मसलन, उपभोक्ता को बेची गयी एक कार की क़ीमत जोड़ते समय उसमें से टायरों, शीशों, इंजिनों और ब्रेकों की क़ीमत घटा दी जानी चाहिए क्योंकि इन मध्यवर्ती वस्तुओं की क़ीमत पहले जोड़ी चुकी होती है।

कुज़्नेत्स को यह एहसास भी था कि राष्ट्रीय आमदनी का लेखाजोखा किसी देश की ख़ुशहाली का एक सीमित सूचक ही हो सकता है। राष्ट्रीय आमदनी बढ़ने का मतलब वे यह नहीं मानते थे कि उस देश को अनिवार्य रूप से पहले से बेहतर ही मान लेना चाहिए। इसलिए उनकी निगाह में आमदनी के वितरण का अध्ययन बहुत ज़रूरी था। विषमतामूलक वितरण की सूरत में ऊँची आमदनी होते हुए भी किसी अर्थव्यवस्था के तहत ज़्यादातर परिवार ग़रीबी के शिकार हो सकते थे। कुज़्नेत्स ने नोट किया कि आर्थिक वृद्धि के कई अवांछित नतीजे भी निकलते हैं। मसलन, अनावश्यक शहरीकरण शुरू हो जाता है, सड़कों पर ट्रैफ़िक जाम लगने शुरू हो जाते हैं और प्रदूषण की समस्या जटिल हो जाती है। इसी तरह राष्ट्रीय आमदनी का लेखाजोखा यह भी नहीं बताता कि कितनी आय सरकार के खाते में जा रही है और कितनी आय अनिवार्य क़रारोपण के कारण हुई है।

कुज़्नेत्स के अनुसंधानों का स्वाभाविक नतीजा यह निकला कि अर्थशास्त्रियों ने व्यापार चक्रों का अध्ययन शुरू कर दिया। आर्थिक गतिविधि के फैलने और सिकुड़ने के क्षेत्र में रूसी अर्थशास्त्री निकोलाई कोंद्रातीफ़ कुज़्नेत्स के पहले काम कर चुके थे। उन्होंने 45 से 60 साल तक चलने वाले आर्थिक-चक्रों की पहचान की थी। इन्हीं चक्रों को आगे चल कर शुम्पीटर ने अपने अध्ययन में 'कोंद्रातीफ़ लहरों' की संज्ञा दी। आर्थिक उतार-चढ़ाव के अपने अध्ययन में कुज़्नेत्स ने बीस-बीस साल तक चलने वाले मध्यवर्ती चक्रों की खोज की जो अर्थशास्त्र की शब्दावली में 'कुज़्नेत्स चक्र' के नाम से जाने जाते हैं। कुज़्नेत्स ने निष्कर्ष निकाला कि ये चक्र आबादी में हुए परिवर्तनों पर निर्भर हैं। बेहतर आर्थिक परिस्थिति या तो

आव्रजन की दर बढ़ा देती है या उसके कारण जन्म-दर ऊपर की तरफ़ जाती है। उपभोक्ता माल और घरों की माँग बढ़ती है। अतिरिक्त निवेश की परिस्थितियाँ बनती हैं। नतीजतन बड़े पैमाने पर किये जाने वाले उत्पादन का लाभ मिलता है और उत्पादकता में उछाल आता है। जीवन-स्तर बढ़ता है, लेकिन श्रम-शक्ति का आकार बढ़ने पर वेतन-दर पर दबाव पड़ने के कारण वह घटने लगती है। इससे ख़र्च और निवेश में गिरावट आती है। आर्थिक चक्र नीचे की तरफ़ जाने लगता है। कुज़्नेत्स ने इन चक्रों का बचत, उपभोग, उत्पादकता, आय के वितरण, पूँजी और माल के अंतर्राष्ट्रीय प्रवाह पर पड़ने वाले असर का भी अध्ययन किया।

कुज़्नेत्स ने उत्पादकता बढ़ने के पीछे प्रौद्योगिकीय परिवर्तनों और आविष्कारों के महत्त्व पर ज़ोर दिया। उन्होंने दिखाया कि पचास साल की अवधि में अमेरिकी उत्पादकता की तीन बटा पाँच वृद्धि इसी कारण से हुई है।

**देखें :** अर्थ-विज्ञान का समाजशास्त्र, आर्थिक जनसांख्यिकी, अल्फ्रेड मार्शल, अमर्त्य कुमार सेन, अंतर्राष्ट्रीय मुद्रा कोष, आधार और अधिरचना, ऑस्कर रायज़ार्ड लांगे, ऐडम स्मिथ, क़रारोपण, कल्याणकारी अर्थशास्त्र, क्लासिकल अर्थशास्त्र, कार्ल हाइनरिख़ मार्क्स-3, कार्ल मेंगर, कींसियन अर्थशास्त्र, गुन्नार मिर्डाल, जोआन रोबिंसन, जॉन कैनेथ गालब्रेथ, जॉन मेनार्ड कींस, जॉन स्टुअर्ट मिल, जोसेफ़ शुमपीटर, जैव विविधता, ट्रस्टीशिप, डेविड रिकार्डो, ढाँचागत समायोजन कार्यक्रम, थॉमस मन और वणिकवाद, थॉमस रॉबर्ट माल्थस, दक्षता, धन, नियोक्लासिकल अर्थशास्त्र, नीतिशास्त्र और अर्थशास्त्र, निकोलस काल्दोर, नियोजन, नियोजन : मार्क्सवादी विमर्श, पण्य, पण्य-पूजा, पेटेंट, पॉल सेमुअलसन, पियरो स्राफ़ा, पूँजी, प्रतियोगिता, फ्रांस्वा केस्ने और प्रकृतिवाद, फ्रेड्रिख़ वॉन हायक, बहुराष्ट्रीय निगम, बाज़ार, बाज़ार की विफ़लताएँ, बाज़ार-समाजवाद, बौद्धिक सम्पदा अधिकार, ब्रेटन वुड्स प्रणाली, भारत में बहुराष्ट्रीय निगम, भारत में नियोजन, भारत में पेटेंट क़ानून, भारत में शेयर संस्कृति, भूमण्डलीकरण और पूँजी बाज़ार, भूमण्डलीकरण और वित्तीय पूँजी, भूमण्डलीकरण और वित्तीय उपकरण, मार्क्सवादी अर्थशास्त्र, मिल्टन फ्रीडमेन, मूल्य, राजनीतिक अर्थशास्त्र, राजनीतिक अर्थशास्त्र : भारतीय आयाम, राजकोषीय नीति और मौद्रिक नीति, रॉबर्ट ओवेन, विलफ्रेडो परेटो, विश्व व्यापार संगठन, विश्व बैंक, विलियम पेटी, विलियम स्टेनली जेवंस, वैकासिक अर्थशास्त्र, शोषण।

### संदर्भ


1. मोजेज़ अब्रामोवित्ज़ (1961), 'द नेचर ऐंड सिगनीफ़िकेंस ऑफ़ द कुज़्नेत्स साइकिल', *इकॉनॉमिक डिवेलपमेंट ऐंड कल्चरल चेंज*, 9.
2. हैरियट हिंक (1989), 'साइमन कुज़्नेत्स 1971', बर्नार्ड एस. कात्ज़ (सम्पा.), *नोबेल लॉरिट्स इन इकॉनॉमिक साइंसेज़ : अ बायोग्राफ़ीकल डिक्शनरी,* गारलैण्ड, न्यूयॉर्क.
3. एरिक लुडबर्ग (1971), 'साइमन कुज़्नेत्स' कंट्रब्यूशन इन इकॉनॉमिक्स', *स्वीडिश जरनल ऑफ़ इकॉनॉमिक्स*, 73.


**— अभय कुमार दुबे**

# साझा संसाधनों की त्रासदी

(Tragedy of Commons)

आर्थिक विकास और पर्यावरण सुरक्षा के अंतर्विरोधों, ग्लोबल वार्मिंग की परिघटना और टिकाऊ विकास जैसी अवधारणा को अगर किसी एक सूत्रीकरण ने सबसे ज़्यादा गहराई से प्रभावित किया है तो वह है ट्रैजेडी ऑफ़ कॉमंस अर्थात् साझा संसाधनों की त्रासदी। यह सूत्रीकरण सबसे पहले 1968 में 'साइंस' नामक पत्रिका में प्रकाशित ग़ैरेट हार्डिन के लेख में किया गया था। इस लेख में एक ऐसी परिस्थिति का वर्णन था जिसमें कुछ लोग अपने-अपने स्तर पर साझा स्वामित्व के तहत आने वाले एक सीमित संसाधन का स्व-हित के लिहाज़ से उस समय तक दोहन करते हैं जब तक उसका क्षय नहीं हो जाता। अंत में इस तरह का बेरोकटोक दोहन दूरगामी दृष्टि से उन सभी लोगों के हितों के लिए नुक़सानदेह साबित हुआ। पर्यावरण की निरंतर क्षति से चिंतित लोगों ने हार्डिन के निबंध में व्यापक तात्पर्य के दर्शन किये और नतीजा निकाला कि अगर मनुष्य के अस्तित्व को बचाये रखने के लिए आवश्यक पृथ्वी की क्षमता बरक़रार रखनी है तो पुनरुत्पादन की स्वतंत्रता पर रोक लगानी होगी। व्यक्ति अपने बुद्धिसंगत स्व-हित की मातहती में सार्वजनिक हित को नज़रअंदाज़ भी कर सकता है जिससे अंत में उसी के स्व-हित को ठेस लग सकती है। पानी, ज़मीन, मछली, तेल और कोयला जैसे संसाधनों के धुआँधार दोहन का परिणाम यह होगा कि समूची मानवता ट्रैजेडी ऑफ़ कॉमंस की शिकार हो जाएगी।

हार्डिन ने अपने लेख में एक सरलीकृत परिस्थिति कल्पित करके एक रूपक बनाया है। वे पशुचारी समाज की मिसाल लेते हैं जिसमें ज़मीन के एक टुकड़े पर कुछ लोगों को अपनी-अपनी गायें चराने का हक़ मिल जाता है। प्रत्येक पशुपालक अपनी ज़्यादा से ज़्यादा गायें उस भूमि पर चराना चाहता है। उन्हें चरागाह की क्षमता की कोई परवाह नहीं है कि अंधाधुंध चरायी के कारण वह ज़मीन आख़िरकार उनमें से किसी के काम की भी नहीं रह जाएगी। हर नयी गाय पशुपालक के लिए मुनाफ़े का स्रोत बन कर आती है, पर चरागाह को हुआ नुक़सान सभी के हिस्से में जाता है। इस उदाहरण के ज़रिये हार्डिन अपील करते हैं कि साझा सम्पत्ति के बेहतर प्रबंधन के लिए सरकार हस्तक्षेप करे और अंतर्राष्ट्रीय स्तर पर कुछ नियंत्रणकारी संस्थाओं का गठन किया जाए। ट्रैजेडी ऑफ़ कॉमंस के रूपक से सैद्धांतिक प्रेरणा ले कर अर्थशास्त्र, मनोविज्ञान, गेम थियरी और समाजशास्त्र के साथ-साथ कई और अनुशासनों में उल्लेखनीय विश्लेषण हुए हैं। सबसे ज़्यादा अहम तो यह बहस है कि कुदरत से

मिले हुए साझा संसाधनों की तबाही की ज़िम्मेदरी किस पर डाली जानी चाहिए? हार्डिन पहले व्यक्ति नहीं थे जिन्होंने साझा संसाधनों के इस्तेमाल से जुड़ी हुई इस दुविधा पर ग़ौर किया हो। अट्ठारहवीं सदी से ही खेतिहर मसलों पर ग़ौर करने वाले विद्वान और कार्यकर्त्ता इन दुविधाओं पर सोचते रहे हैं। हार्डिन के रूपक में इस्तेमाल किया गया उदाहरण 1833 में प्रकाशित विलियम फ़ोस्टर लॉयड के एक पैम्फ़लेट से लिया गया था।

दिलचस्प बात यह है कि एक तरफ़ तो साझा संसाधनों की त्रासदी के सिद्धांत का इस्तेमाल आर्थिक विकास की आधुनिक धारणा की आलोचना के लिए होता है, और दूसरी ओर इसी का प्रयोग करके साझा संसाधनों के निजीकरण की दलील भी दी जाती है। युरोप में चली बाड़ाबंदी (एनक्लोज़र) मुहिम को न्यायोचित ठहराने के लिए भी इस थीसिस का हवाला दिया जाता है। इसमें कोई शक नहीं कि हार्डिन की यह थियरी काफ़ी प्रभावशाली साबित हुई, पर अपनी कुछ ख़ामियों की वजह से उसे आलोचना का निशाना भी बनना पड़ा। इसकी अनुक्रिया में हार्डिन को कहना पड़ा कि उन्हें अपने लेख का शीर्षक 'ट्रैजेडी ऑफ़ अनरेगुलेटिड कॉमंस' रखना चाहिए था। दरअसल, आलोचकों ने उनके रूपक में ऐतिहासिक ख़ामी तलाशते हुए बताया कि जिन साझा संसाधनों का ज़िक्र उन्होंने किया है उनके अतिरिक्त दोहन को रोकने के लिए बाक़ायदा सामाजिक इंतज़ाम किये गये थे जिनकी बागडोर स्थानीय स्तर पर सक्रिय सामुदायिक संगठनों के हाथों में रहती थी। साझा संसाधनों के अनियंत्रित दोहन की समस्या पारम्परिक प्रबंधन या सांस्कृतिक विनियमन की कमी के कारण पैदा नहीं हुई है। बल्कि इसके पीछे बाह्य कारण हैं जिनके कारण यह संयम भंग हुआ है। स्वामित्व-अधिकारों में परिवर्तन, लोगों की आवाजाही के कारण इलाक़े में आये जनसंख्यामूलक परिवर्तन या ग्लोबल आबादी में हुई बढ़ोतरी के कारण साझा सम्पत्ति के लिए क्षयकारी हालात पैदा हो सकते हैं। आलोचकों का कहना है कि समुद्र भी एक साझा सम्पत्ति है और उसके पानियों से अंधाधुंध मछली पकड़ने की समस्या पारम्परिक संयमकारी नियमों की नामौजूदगी के कारण पैदा हुई है, न कि पारपंरिक प्रबंधन की ख़ामियों के कारण है।

समाज-विज्ञान में 'त्रासदी' के इस पहलू पर भी विवाद हुआ कि क्या व्यक्ति हमेशा उसी तरह से व्यवहार करेंगे जिस तरह से हार्डिन ने दिखाया है। मानवशास्त्री जी.एन. एपिल के अनुसार हार्डिन के निबंध को उन विद्वानों और विशेषज्ञों ने एक धार्मिक रचना की तरह ग्रहण कर लिया है जो दूसरी समाज व्यवस्थाओं पर (बिना उनके बारे में पूरी जानकारी प्राप्त किये हुए) अपनी आर्थिक और पर्यावरणीय समझ के आधार पर गढ़े गये भविष्य को थोपना चाहते हैं।

बहरहाल, इन आलोचनाओं के बावजूद साझा संसाधनों की त्रासदी ने कुछ उपयोगी धारणाओं को जन्म दिया है जो अभी विकास के दौर में हैं। इनमें से एक है कुछ साझा संसाधनों का बाक़ायदा मूल्यांकन न करने की प्रवृत्ति। इसका सबसे अच्छा उदाहरण हवा है जिसका एक बेहद आवश्यक संसाधन के रूप में लगातार इस्तेमाल होता है पर उसकी आर्थिक क़ीमत कभी नहीं लगायी जाती। पनचक्की का मालिक हवा को घुमा कर ऊर्जा पैदा करता है और फ़ैक्ट्री का मालिक अपने कचरे के लिए हवा का कूड़ेदान की तरह इस्तेमाल करता रहता है। चूँकि हवा का कोई आर्थिक मूल्य नहीं होता इसलिए उसका वाजिब या ग़ैर-वाजिब दोहन करने से पहले कोई कुछ नहीं सोचता। अगर हवा का उचित प्रतीत होने वाला मूल्य निर्धारित कर दिया जाए तो उसे दूषित करने वाले पर उसकी आर्थिक भरपाई की ज़िम्मेदारी डाली जा सकती है।

आर्थिक तर्क कहता है कि जैसे-जैसे शुद्ध हवा की कमी होगी, उसका आर्थिक मूल्य बढ़ता जाएगा, उसके प्रबंधन में और होशियारी बरतनी पड़ेगी। पर्यावरण के अर्थशास्त्र पर ग़ौर करने वाले विद्वान प्राकृतिक सम्पदाओं और उनसे निकलने वाली सेवाओं का मूल्य तय करने के आधारभूत सिद्धांतों और पद्धतियों के बारे में सोच-विचार कर रहे हैं। वे यह पता लगाना चाहते हैं कि पर्यावरण के किसी आयाम के बदलने लोगों से कितना भुगतान वसूला जा सकता है, और पर्यावरण के क्षय की भरपाई के तौर पर कितना जुर्माना वसूलना उचित होगा। इन विद्वानों का तर्क है कि सरकारें, बड़े औद्योगिक घराने और कॉरपोरेट हाउस धन की भाषा ही समझते हैं इसलिए क्यों न उसी भाषा के माध्यम से पर्यावरण के मुद्दों पर चर्चा की जाए।

**देखें** : चिपको आंदोलन, जैवविविधता, पर्यावरणीय नारीवाद, पारिस्थितिकवाद, पारिस्थितिकीय दर्शन, पेटेंट, भविष्यशास्त्र, भारत में पेटेंट क़ानून, मार्क्सवाद और पारिस्थितिकी।

## संदर्भ

1. ग़ैरेट हार्डिन (1968), 'ट्रैजेडी ऑफ़ कामंस', *साइंस*, अंक 162.
2. ग़ैरेट हार्डिन (1994), 'द ट्रैजेडी ऑफ़ अनमैनेज्ड कॉमंस', *ट्रेंड्स इन इकॉलॅजी ऐंड इवोल्यूशन*, खण्ड 9. अंत 199.
3. ई. ओस्ट्रोम (1990), *गवर्निंग द कॉमंस : द इवोल्यूशन ऑफ़ इंस्टीट्यूशंस फ़ॉर कलेक्टिव एक्शन*, केम्ब्रिज युनिवर्सिटी प्रेस, केम्ब्रिज.

**— अभय कुमार दुबे**

# सामंतवाद : एक बहस-1

(Feudalism : A Debate-1)

सामंतवाद एक युरोपीय विचार-श्रेणी है। यह अंग्रेज़ी भाषा के शब्द फ़्यूडलिज़्म शब्द का हिंदी तर्जुमा है। फ़्यूडल शब्द की उत्पत्ति लैटिन शब्द फ़ियोडेलिस से हुई है। मध्ययुगीन युरोप में फ़्यूडल शब्द का क़ानूनगत इस्तेमाल हुआ और यह एक प्रकार के सम्पत्तिगत अधिकार का द्योतक बन गया। फ़्यूडलिज़्म (सामंतवाद) शब्द के प्रचार का श्रेय मुख्य रूप से अट्ठारहवीं सदी के फ्रांसीसी दार्शनिक बूलेवीये और मोंतेस्क्यू की रचनाओं को जाता है। वे इस शब्द का इस्तेमाल मध्ययुग के दौरान छोटे-छोटे राजकुमारों और अधिपतियों की सम्प्रभुता में साझेदारी व्यक्त करने के लिए कर रहे थे। बाद में इसमें अलग-अलग पहलू जुड़ते गये और एक सामान्य सहमति बनी कि सामंतवाद का आशय उस राजनीतिक ढाँचे और सामाजिक स्वरूप से है जो दसवीं और बारहवीं शताब्दियों के दौरान पश्चिमी और मध्य युरोप में प्रणालीगत व्यवस्था का रूप धारण कर चुका था। इस व्यवस्था में सत्ता सामंती भू-स्वामियों के हाथों में थी और उसका स्वरूप अत्यंत विकेंद्रीकृत था। प्रारम्भिक दौर में सामंतवाद को परम्परागत क़ानूनों पर टिके भूमिस्वामी-दास संबंधों के रूप में देखा गया। बाद में उसे एक पिछड़ी और धीमी गति से बदलने वाली व्यवस्था के रूप में परिभाषित किया जाने लगा।

भारतीय संदर्भों में सामंतवाद की प्रथम अभिव्यक्ति कर्नल जेम्स टॉड की रचना *अनाल्स ऐंड एंटीक्विटीज़ ऑफ़ राजस्थान इन 1829-1832* में मिलती है। टॉड ने यह पुस्तक उन्नीसवीं सदी के आरम्भिक दौर में ब्रिटिश ईस्ट इण्डिया कम्पनी के मुलाज़िम के तौर पर काम करते हुए लिखी थी। इसमें कर्नल टॉड ने सामंतवाद को अपने समकालीन हेनरी हेलम कृत *हिस्ट्री ऑफ़ द मिडिल एजेज़* की तर्ज़ पर परिभाषित किया और पाया कि युरोपीय सामंतवाद की संस्थाएँ और उनका पैटर्न तत्कालीन राजस्थान में भी विद्यमान था। ग़ौरतलब है कि मध्यकालीन युरोप में भू-स्वामी ही अपने दासों की सुरक्षा और भरण-पोषण का ध्यान रखता था और बदले में उनसे सैन्य एवं अन्य सेवाएँ प्राप्त करता था। दासों और भू-स्वामियों के बीच एक प्रकार की निष्ठा उन्हें अटूट बंधन में बाँधती थी। टॉड ने दिखाया कि भारत के राजपूत नस्ली तौर पर कैसे उसी मध्य-एशियाई सिंथियन श्रेणी से सम्बद्ध थे जिन्होंने प्रारम्भिक युरोप में कबीलाई संस्कृति का निर्माण किया था। सम्प्रभु और मातहत वर्ग के बीच इस दायित्वबोध ने एक प्रकार के सामंती समझौते को जन्म दिया। टॉड के सामंतवाद संबंधी विचार को बाद के ज़्यादातर साम्राज्यवादी इतिहासकारों ने अपनाया और कुछ ने उन्हें अन्य सिद्धांतों द्वारा प्रतिस्थापित किया। पर अंततः सामंतवाद प्राचीन और मध्यकालीन राजनीति की केंद्रीभूत, विभाजक प्राच्यवादी निरंकुशता को व्याख्यायित करने की बहुप्रयुक्त अभिव्यक्ति बन गया। दूसरी तरफ़ राष्ट्रवादी इतिहासकारों ने स्वर्ण युग के पतन के लिए इसी सामंती राजनीतिक अराजकता को उत्तरदायी बताया।

1950-60 के दशक में भारतीय इतिहास-लेखन पर मार्क्सवादी विचारधारा के बढ़ते प्रभाव ने इस संबंध में नया दृष्टिकोण अपनाया। भारतीय सामंतवाद के प्रमुख लक्षणों में से एक पूर्व-औपनिवेशिक भारतीय इतिहास को मार्क्स द्वारा उत्पादन की एशियाई पद्धति की श्रेणी में रखने पर मार्क्सवादी इतिहासकारों में एक राय नहीं थी। मार्क्स ने उत्पादन की एशियाई पद्धति को वर्ग-संघर्ष के इतिहास की सामान्य गति में एक अपवाद माना था। 1850 के दशक में लिखे अपने बहुतेरे पर्चों में मार्क्स ने दिखाया था कि एशिया में वर्ग नहीं थे क्योंकि सारी सम्पत्ति या तो राजा की होती थी अथवा समुदाय की। इसलिए वहाँ कोई वर्ग-संघर्ष नहीं था और न ही समय के साथ इसमें कोई परिवर्तन आया। यह सोच मोंतेस्क्यू, जेम्स मिल और हीगेल के अपरिवर्तनशील प्राच्य की अवधारणा से साम्यता रखती थी। ये विद्वान मानते थे कि पूर्वी देशों में औपनिवेशिक शासन प्रणालियों की स्थापना से ही वास्तविक गतिशीलता आयी। लेकिन 1950-60 के दशकों के भारतीय मार्क्सवादी इतिहासकार यह स्वीकार करने के लिए तैयार नहीं थे कि भारत या वास्तव में सम्पूर्ण एशिया की मानवजाति इतने बड़े कालखण्ड में अपरिवर्तनशील ही रही।

दामोदर धर्मानंद कोसम्बी ने *ऐन इंट्रोडक्शन टू द स्टडी ऑफ़ इण्डियन हिस्ट्री* (1956) में सामंतवाद की गम्भीर पड़ताल की। इतिहास लेखन में कोसम्बी ने मार्क्स का अंधानुकरण नहीं किया। उन्होंने प्रमुख मार्क्सवादी धारणाओं एशियाई उत्पादन पद्धति और दास प्रथा को ख़ारिज करते हुए कहा कि भारतीय समाज में न तो युरोप की तर्ज़ पर उत्पादन पद्धति का विकास हुआ न ही उत्पादन में दास-पद्धति पायी जाती थी। उनका मानना था कि भारत में एक अलग तरह का सामंतवाद मौजूद था। कोसम्बी ने बौद्धिक और सांस्कृतिक उत्पादन को मौजूदा सामाजिक और आर्थिक परिस्थिति से जोड़ने का प्रयास किया। उन्होंने *भगवद्गीता* में शासकीय समाज के दर्शन के माध्यम से दिखाया कि सामंत, मालिक, नौकर, प्रजा और राजा किस तरह एक व्यक्तिगत निष्ठा के बंधन से बंधे होते हैं। कोसम्बी ने इसी तरह का सामंती दर्शन सातवीं शताब्दी में भक्ति आंदोलन के कवि भर्तृहरि के चिंतन

में भी चिह्नित किया। कोसम्बी यह मत भी प्रतिपादित करते हैं कि मध्यकालीन भारतीय समाज में युरोपीय सामंतवाद के प्रमुख तत्त्व जैसे जागीरदारी प्रणाली, (मैनॅरियल सिस्टम), भू-सम्पत्ति और कृषि-दास प्रथा आदि) मौजूद नहीं थे। उन्होंने भारत में दो तरह के सामंतवाद की चर्चा की। एक था ऊपर से आरोपित सामंतवाद और दूसरा था नीचे से आया सामंतवाद। ऊपर से आये सामंतवाद का तात्पर्य राज्य से है जिसमें एक सम्राट या शक्तिशाली राजा अपने उन सामंतों से नज़राना प्राप्त करता है जो अपने क्षेत्र में अपनी मर्ज़ी से शासन करते हैं और जहाँ उनका पूर्ण अधिकार होता है। जब तक वे सम्राट को नज़राना देते रहते हैं, सम्राट उनसे छेड़-छाड़ नहीं करता। नीचे से आये सामंतवाद का तात्पर्य उस अगले चरण से है जिसमें गाँव में राज्य और किसानों के बीच भूमिपतियों के एक ऐसे वर्ग का उदय होता है जो धीरे-धीरे स्थानीय जनता पर अपना अधिपत्य स्थापित कर लेता है। यह वर्ग प्रभुत्वशाली होता है, सत्ता से सीधे संबंध का दावा करता है और इसके कार्यक्षेत्र में किसी का हस्तक्षेप नहीं होता। कोसम्बी का मानना था कि ऊपर से आने वाला सामंतवाद उन राजनीतिक निर्णयों का परिणाम था जिसके तहत राज कर्मचारियों को भूमि और न्याय संबंधी अधिकार दिये गये थे। जबकि नीचे से आया सामंतवाद अनेक व्यक्तियों और लघु-समूह द्वारा सत्ता के ग्राम-स्तरों से राजाओं के अधीन ज़मींदार और सामंत बनने का परिणाम था। कोसम्बी ने अपनी विशेषता-सूचक पद्धति में सामंतवाद की धारणा को किसी अनुभवजन्य विश्लेषण की बजाय एक सूत्र की शक्ल में निरूपित किया।

सामंतवाद को लेकर भारत में विश्लेषण की जिस देशज परम्परा की शुरुआत कोसम्बी ने की थी उसे किंचित् भिन्नताओं के साथ राम शरण शर्मा ने अपनी रचना *इण्डियन फ़्यूडलिज़म* (1965) में और आगे बढ़ाया। शर्मा ने 1920-30 के दशकों के दौरान बेल्जियम के इतिहासकार हेनरी पिरेन द्वारा निरूपित सामंतवाद के उत्थान और पतन संबंधी प्रतिमान का अनुसरण किया। पिरेन ने युरोपीय सामंतवाद के स्थाई रूप और भूस्वामी-दास संबंधों का विश्लेषण करते हुए बताया कि कैसे मुख्य व्यापार (भूमध्यसागर पार युरोप में लम्बी दूरी के व्यापार) ने युरोपीय अर्थव्यवस्था, समाज और सभ्यता को तब तक फलने-फूलने दिया, जब तक सातवीं शताब्दी में अरबों के हमलों से उनका विघटन नहीं हो गया। व्यापार-विघटन ने अर्थव्यवस्था का ग्रामीणीकरण करके उसे अंतर्मुखी बना दिया। इसे पिरेन ने एकाकी भू-सम्पदा वाली अर्थव्यवस्था में परिणत होना माना, जहाँ ये भू-सम्पदाएँ आर्थिक रूप से आत्मनिर्भर इकाइयाँ थी। पिरेन के अनुसार ग्यारहवीं सदी में धर्मयुद्धों द्वारा अरबों को वापस निकट-पूर्व की ओर खदेड़ दिये जाने से व्यापार का विकास और शहरों का पुनरुत्थान हुआ जिससे सामंतवाद की जमीन खिसकने लगी।

राम शरण शर्मा ने भारतीय परिप्रेक्ष्य में पिरेनवादी सिद्धांतों का अनुकरण करते हुए बताया कि गुप्तकाल के पतन के परिणामस्वरूप कैसे विश्व के विभिन्न भागों के साथ भारत के लम्बी दूरी के व्यापार का पतन हुआ। इसके कारण शहरीकरण पर नकारात्मक प्रभाव पड़ा जिसने आर्थिक संरचना और प्रवृत्ति का ग्रामीणीकरण करते हुए इसे अंतर्मुखी अर्थव्यवस्था के रूप में परिणत कर दिया। राम शरण शर्मा साथ में इस बात को भी जोड़ते हैं कि तब आर्थिक संसाधन दुर्लभ नहीं थे, बल्कि मुद्रा की दुर्लभता थी। उन्होंने बताया कि उत्तर गुप्त काल में व्यापार में आयी गिरावट के कारण राज्याधिकारियों को वेतन के बदले भूमि और धार्मिक कर्मकाण्डों के एवज में ब्राह्मणों को अग्रहार दिये जाने लगे। इस परिघटना का सामाजिक संबंधों पर व्यापक असर पड़ा। परिणामस्वरूप कृषक वर्ग उनका मातहत बनता गया और ऐसे भू-पतियों पर आश्रित होता गया जिनके पास न्यायिक अधिकार भी हुआ करते थे। ऐसे बिचौलियों, जिन्हें राज्य से अनुदान प्राप्त था, से मध्यस्थ वर्ग का उदय भारतीय सामंतवाद संबंधी राम शरण शर्मा की व्याख्या में निर्णायक तत्त्व रूप में सामने आता है। शर्मा ने दिखाया कि कैसे इस दौरान किसान एक जगह भूमि से बँध कर रह गये, उनसे ज़बरन मज़दूरी करायी जाने लगी और बिचौलियों के रहमोकरम पर जीने के लिए मजबूर हुए। साथ ही शर्मा ने तत्कालीन परिस्थितियों में राज्य द्वारा प्रदत्त अनुदानों को दर्ज़ करने की अनिवार्य प्रक्रिया के कारण मुंशियों की संख्या में बढ़ोतरी को कायस्थों के जाति रूप में संगठित होने की तरह व्याख्यायित किया। शर्मा बताते हैं कि युरोप की तर्ज़ पर भारत में भी लम्बी दूरी के व्यापार के पुनरुत्थान, शहरों के उदय, किसानों के पलायन और मुद्रा आधारित अर्थव्यवस्था के विकास से भारत में सामंतवाद का पतन हुआ। राम शरण शर्मा की इस अवधारणा के अनुसार भारत में सामंतवाद का उदय चौथी शताब्दी के आसपास हुआ और बारहवीं शताब्दी में इसका पतन हुआ। शर्मा ने इन निष्कर्षों पर पहुँचने के लिए उत्तर भारत के विभिन्न अभिलेखीय साक्ष्यों का प्रयोग किया।

इस तरह राम शरण शर्मा ने सामंतवाद के बहाने भारतीय इतिहास-लेखन के क्षेत्र में एक बौद्धिक बहस छेड़ दी। इसका भारतीय इतिहास-लेखन पर गहरा प्रभाव पड़ा। कई इतिहासकारों ने शर्मा के इस पक्ष को कुछ और तथ्यों के साथ समर्थन प्रदान किया, यद्यपि व्यवहारतः सामंतवाद

के किसी अन्य नवीन पहलू का अन्वेषण नहीं किया गया। बी.एन.एस. यादव और डी.एन. झा भारत में सामंतवाद के नये पैरोकार बन कर उभरे जिसे दक्षिण भारतीय इतिहास लेखन में एम.जी.एस. नारायणन और नोबोरू काराशिमा ने समर्थन प्रदान किया।

**देखें :** आनंद केंटिश कुमारस्वामी, आर्य-अवधारणा, आर्थर लेवेलिन बाशम, काशी प्रसाद जायसवाल, बिपन चंद्र-1 और 2, भारतीय इतिहास-लेखन-1 से 4 तक, दामोदर धर्मानंद कोसम्बी-1 और 2, रमेश चंद्र दत्त, रमेश चंद्र मजूमदार, रामकृष्ण गोपाल भण्डारकर, रमेश चंद्र मजूमदार, राम शरण शर्मा, रोमिला थापर, वासुदेव शरण अग्रवाल, पांडुरंग वामन काणे, विश्वनाथ काशीनाथ राजवाड़े, सखाराम गणेश देउस्कर।

**संदर्भ**


1. दामोदर धर्मानंद कोसम्बी (1956), *एन इंट्रोडक्शन टू द स्टडी ऑफ़ इण्डियन हिस्ट्री*, पीपुल्स पब्लिशिंग हाउस, बम्बई.
2. राम शरण शर्मा (1980), *इण्डियन फ़्यूडलिज़्म : सिरका 300-1300*, मैकमिलन, नयी दिल्ली.
3. बी.एन.एस. यादव (1973), *सोसाइटी ऐंड कल्चर इन द नार्दर्न इण्डिया इन द ट्वेल्थ सेंचुरी*, सेंट्रल बुक डिपो, इलाहाबाद.
4. डी.एन. झा (सम्पा.)(2000), *द फ़्यूडल ऑर्डर : स्टेट, सोसाइटी एन आइडियोलॅजी इन अर्ली मिडिवल इण्डिया*, मनोहर, नयी दिल्ली.


**— निर्मल कुमार पाण्डेय**

# सामंतवाद : एक बहस-2

(Feudalism : A Debate-2)

1979 में भारतीय इतिहास कांग्रेस के अध्यक्षीय सम्बोधन में हरबंस मुखिया ने 'वाज़ देयर फ़्यूडलिज़्म इन इण्डियन हिस्ट्री' शीर्षक से एक पर्चा पढ़ा और इसके माध्यम से सामंतवाद की अवधारणा पर शर्मा के तर्कों से असहमत होते हुए कई सैद्धांतिक और तथ्यगत सवाल उठाये। उनका कहना था कि लम्बी दूरी के व्यापार के उत्थान और पतन से सामंतवाद का रिश्ता बहुत स्पष्ट नहीं है। यह कहना मुश्किल है कि आरम्भिक मध्यकालीन भारत में व्यापार और शहरों का कोई ख़ास पतन हुआ या नहीं। इसी तरह यह स्वीकार करना भी दिक़्क़त-तलब लगता है कि सामंतवाद जैसा जटिल सामाजिक ढाँचा केवल प्रशासनिक और क़ानूनी कारवाइयों से खड़ा किया जा सकता है। सामंतवाद के एक प्रमुख तथ्य— भूपतियों पर किसानों की निर्भरता— के बारे में मुखिया ने यह माना कि भारत में इसका कोई प्रमाण नहीं मिलता। मुखिया ने सामंतवाद को परिभाषित करते हुए लिखा कि, भूपतियों पर किसान का पूरी तरह आश्रित होना सामंतवाद की सर्वस्वीकृत परिभाषा नहीं हो सकती, क्योंकि सामंतवाद पूरी दुनिया की व्यवस्था नहीं थी। सामंतवाद अपने पूरे इतिहास में एक विशिष्ट सामाजिक-आर्थिक संगठन रहा जो पूरी दुनिया में एक जैसा नहीं था। वह एक ख़ास समय और क्षेत्र तक सीमित था जहाँ उत्पादन के लिए विशिष्ट प्रविधि अपनायी गयी और संगठन का निर्माण किया गया। मुखिया ने सामंतवाद को एक संक्रमणकालीन व्यवस्था माना।

सामंतवाद को एक सार्वभौम व्यवस्था मानने से इनकार करते हुए मुखिया ने बताया कि युरोप की पूर्व-पूँजीवादी अर्थव्यवस्थाओं में मुनाफ़ा कमाने के बजाय उपभोग की प्रवृत्ति ज़्यादा अहम थी। लिहाज़ा उनके विस्तार की क्षमता स्थानीय या क्षेत्रीय स्तर से ज़्यादा व्यापक नहीं हो सकती थी। अतः मुखिया के अनुसार सामंतवाद केवल एक क्षेत्रीय परिघटना ही हो सकती थी न कि एक वैश्विक व्यवस्था। साथ ही उन्होंने इस बात पर भी ज़ोर दिया कि सामंतवाद की युरोपीय, चीनी, जापानी और भारतीय क़िस्मों को तथ्य के तौर पर पेश करने से भी यह समस्या हल नहीं होती क्योंकि सामंतवाद को सरलीकृत परिभाषा में बाँधने की प्रक्रिया के दौरान भिन्नताएँ इतनी व्यापक हो जाती हैं कि वे उसे अनुपयोगी बना देती हैं।

हरबंस मुखिया ने सामंतवाद के संबंध में मध्यकालीन पश्चिमी युरोपीय और मध्यकालीन भारत के इतिहास के तुलनात्मक अध्ययन द्वारा कुछ तथ्यगत आधार प्रस्तुत किये। ये थे पारिस्थितिक दशाएँ, तत्कालीन मौजूदा प्रौद्योगिकी तथा कृषि-क्षेत्र में श्रमिकों का सामाजिक संगठन। मुखिया ने बताया कि पश्चिमी युरोप की पारिस्थितिकी में खेत जोतने से लेकर बीज बोने, फसल की रखवाली करने, फ़सल की कटाई-मड़ाई और भण्डारण आदि क्रिया-कलापों के लिए एक वर्ष में धूप के केवल चार महीने मिलते थे। इसके अलावा कृषि कार्य हेतु जिस प्रौद्योगिकी का इस्तेमाल होता था वह अत्यधिक श्रमसाध्य और भूमि तथा श्रम दोनों की ही उत्पादकता निराशाजनक थी। बीज-उपज अनुपात 1:2.5 था। फलस्वरूप इन चार महीनों में श्रमिकों की माँग बहुत अधिक रहती थी जिसका समाधान तत्कालीन युरोपीय समाज ने श्रमिकों को भूमि के साथ बाँध कर अर्थात् कृषि-दास प्रथा के रूप में खोजा। भूस्वामी-कृषि दास संबंधों की इस व्यवस्था में धीरे-धीरे तनाव पैदा होने लगा। इस तनाव ने प्रौद्योगिकी सुधार का मार्ग प्रशस्त किया। फलस्वरूप बारहवीं शताब्दी तक

उत्पादन में 1:4 की आनुपातिक वृद्धि हुई। जनसंख्या में वास्तविक वृद्धि हुई। जिससे श्रमिक भूमि बंधन से मुक्त होने लगे। कृषि का विस्तार हुआ और व्यापार एवं शहरीकरण में तेजी आयी। 1348–51 में आयी ब्लैक डेथ की घटना ने, जिसने जनसंख्या का लगभग एक-चौथायी हिस्सा निगल लिया था। इस प्रक्रिया में व्यवधान उत्पन्न किया। फलस्वरूप पुनः श्रमिक-संकट उत्पन्न हो गया। भू-स्वामियों ने कृषि-दास प्रथा के पुराने तरीक़ों को पुनः आत्मसात् करने का प्रयत्न किया। लेकिन चूँकि कृषकों ने ग्यारहवीं-बारहवीं सहित पिछली दो सदियों में अच्छी स्थिति में जीवनयापन किया था, इसलिए विशेष रूप से 14वीं शताब्दी के दौरान उन्होंने पूरे युरोप में विद्रोह कर दिया और पलायन कर गये। ये विद्रोह ग़रीब कृषकों के बजाय सम्पन्न किसानों द्वारा किये गये। चौदहवीं सदी का अंत सामंतवादी महल को खँडहर में तब्दील कर चुका था।

भारतीय पारिस्थितिकी की युरोप से तुलना करते हुए मुखिया इस बात पर ज़ोर देते हैं कि भारतीय पारिस्थितिकी में धूप दस महीने उपलब्ध रहती थी जिससे कृषि-प्रक्रिया को लम्बी अवधि तक विस्तृत करना आसान था। एक ओर जहाँ भीषण गर्मी के बाद की बारिश से ज़मीन की जुताई के लिए बहुत मेहनत की ज़रूरत नहीं पड़ती थी, क्योंकि यहाँ मिट्टी की ऊपरी परत अत्यधिक उर्वर होती थी वहीं दूसरी तरफ़ सपाट पीठ वाले युरोपीय बैलों की तुलना में भारतीय बैल अपने कूबड़ के कारण किसान के लिए कहीं ज़्यादा लाभदायक थे। साथ ही उन्होंने बताया कि मध्यकालीन भारत में भूमि की उत्पादक क्षमता अधिक होने के कारण साल में दो बार फसल उगायी जाती थी। उन्नीसवीं सदी तक युरोप के लिए यह कल्पना की बात थी। युरोपीय कृषि व्यवस्था की तुलना में यह एक बुनियादी अंतर था जिसने भारतीय कृषि के क्षेत्र में श्रम-प्रयोग के एक अलग ढाँचे को जन्म दिया। मुखिया इस बात का भी उल्लेख करते हैं कि यहाँ बेगार यानी बँधुआ मज़दूरी, वैतनिक अथवा अवैतनिक, शायद ही कभी उत्पादन प्रक्रिया का हिस्सा रहा था। भारतीय संदर्भों में बेगारों का इस्तेमाल ज़्यादातर अनुत्पादक कार्यों के लिए होता था, जैसे ज़मींदार का सामान ढोना अथवा विशेष अवसरों पर नज़राना प्रदान करना। वे कहते हैं कि इसी कारण मध्यकालीन भारत में उत्पादन प्रक्रियाओं की प्रौद्योगिकी में कोई आमूलचूल परिवर्तन दृष्टिगोचर नहीं होता। हरबंस मुखिया निष्कर्ष रूप में इस बात की महत्ता स्थापित करते दिखायी देते हैं कि भारत में तो प्रौद्योगिकी और कृषि-उत्पादन की प्रक्रिया ही स्थिर या अपरिवर्तनशील नहीं रही।

मुखिया ने मध्यकालीन भारतीय व्यवस्था को कृषक अर्थव्यवस्था रूप में दर्शाते हुए बताया कि जहाँ एक ओर मध्यकालीन युरोप के कृषि-दास का श्रम जमींदार के नियंत्रण में था, वहीं दूसरी ओर भारतीय परिप्रेक्ष्य में कृषकों का श्रम उसके ख़ुद के नियंत्रण में होता था। भू-राजस्व के एक हिस्से पर ही राज्य का नियंत्रण होता था। मुखिया बताते हैं कि श्रम-नियंत्रण संबंधी तनाव के कारण बारहवीं सदी के युरोप की कृषि उत्पादन प्रणाली का सामंती से पूँजीवादी रूप में परिवर्तन होने लगा था। जबकि भारतीय संदर्भों में इस प्रकार का रूपांतरण बीसवीं सदी में ही अंकुरित होता दिखायी दिया।

राम शरण शर्मा ने इसके जवाब में 'भारतीय सामंतवाद किस प्रकार सामंती था?' (1985) नामक लेख लिखा जिसमें उन्होंने यह तो स्वीकार किया कि सामंतवाद एक सार्वभौम परिघटना नहीं थी पर साथ ही इस बात को उठाया कि सभी पूर्व-पूँजीवादी समाजों पर यह बात लागू नहीं होती। हरबंस मुखिया के तर्कों को काटते हुए उन्होंने बताया कि देश के कई हिस्सों में ज़बरन मज़दूरी के प्रमाण मिलते हैं। उन्होंने यह भी कहा कि आरम्भिक मध्यकाल में सामंतवाद मौजूद था जिसमें भूपतियों का एक वर्ग और मातहत किसानों का एक वर्ग शामिल था। दोनों ही कृषक अर्थव्यवस्था पर आश्रित थे। इससे पता चलता है कि व्यापार और शहरीकरण का ह्रास हुआ और धातु से बनी मुद्राओं में तेज़ी से कमी आयी। सामंतवाद को एक आर्थिक प्रक्रिया मानते हुए शर्मा ने बताया कि सामंतवाद, समाज में आर्थिक एवं सामाजिक संकटों के क्रम में विकसित हुआ, और कलियुग की अवधारणा अस्तित्व में आयी।

बी.एन.एस. यादव ने *सोसाइटी ऐंड कल्चर इन द नॉर्दर्न इण्डिया इन द ट्वेल्थ सेंचुरी* (1973) में इस कलियुग संबंधी अवधारणा के लक्षणों पर दृष्टिपात करते हुए बताया कि समाज की एक अवस्था से दूसरी अवस्था में संक्रमण से कलियुग भी अछूता नहीं रह गया था। डी.एन. झा ने *द फ़्यूडल ऑर्डर : स्टेट, सोसाइटी एन आइडियालॅजी इन अर्ली मिडिवल इण्डिया* (2000) में उत्तर-भारत की जगह प्रायद्वीपीय भारत में मिले प्रमाणों पर ध्यान दिया। उन्होंने कलियुग को व्याख्यायित करने वाले साक्ष्यों के आधार पर बताया कि ऐसे संकट की उपस्थिति ब्राह्मणवादी उत्तर भारत में अपेक्षित थी। भैरवी प्रसाद साहू ने *लैण्ड सिस्टम ऐंड रूरल सोसाइटी इन अर्ली इण्डिया* (1997) में संकट के सूचक-स्वरूप कलियुग की अवधारणा के साक्ष्य की वैधता पर ही सवाल खड़ा कर दिया।

आगे चल कर राम शरण शर्मा ने कृषक विद्रोहों के कई अन्य उदाहरणों की खोज की और अर्ली-मिडिवल

*इण्डियन सोसाइटी : ए स्टडी इन फ़्यूडलाइज़ेशन* (2001) में अपने आलोचकों का सिलसिलेवार खण्डन किया। इसके लिए उन्होंने ऐतिहासिक भौतिकवाद के सैद्धांतिक नज़रिये का प्रयोग करते हुए सामाजिक भेद और आर्थिक विकास के चरण तथा विचारधारा के क्षेत्र में आये बदलावों को भी चिह्नित किया।

सामंतवाद की धारणा का पक्षधर ख़ेमा भक्ति की परिघटना को किसी देवता के प्रति सम्पूर्ण समर्पण, अधीनता एवं निष्ठा संबंधी विचारधारा को ब्राह्मणवादी प्रभुत्व के आधार-स्तम्भ के रूप में देखता है। जिसके पीछे संभवत: यह मान्यता है कि समर्पण और निष्ठा को बड़ी आसानी से सामंतों या स्वामी को स्थानान्तरित किया जा सकता था।

पिरेन के विचारों का खण्डन करते हुए मोरिस डॉब ने *स्टडीज़ इन द डिवेलपमेंट ऑफ़ कैपिटलिज़म* (1946) में व्यापार और सामंतवाद के बीच विरोधाभास पर सवाल खड़ा करते हुए तर्क दिया कि पश्चिमी युरोप में व्यापार के उभार की वजह से सामंतवाद का पतन नहीं हुआ, बल्कि ऐसा इसलिए हुआ क्योंकि गाँवों में भूस्वामियों के बढ़ते शोषण के कारण कृषक शहरों की ओर पलायन करने लगे थे। भारतीय संदर्भों में व्यापार के पतन और मुद्रा की कमी संबंधी धारणा के साथ-साथ भारतीय सामंतवाद में काल संबंधी समस्याओं पर प्रकाश पड़ा। डी.एन. झा ने राम शरण शर्मा के इस मत का खण्डन किया भारत में सामंतवाद के उदय और उत्पादन के सामंती स्वरूप में परिवर्तन होने का कारण लम्बी दूरी के बाहरी व्यापार का पतन था जिसके परिणामस्वरूप आत्मनिर्भर अर्थव्यवस्था नष्ट हो गयी।

इतिहासकारों ने दावा किया है कि युरोप के ही समानांतर एक हज़ार ईस्वी के आसपास भारत में व्यापार का पुनरुत्थान हुआ। लेकिन भारतीय संदर्भों में यह बात प्रामाणिक रूप से सामने आयी है कि भारत के अनेक क्षेत्रों में इससे बहुत पहले ही व्यापार फल-फूल रहा था। बी.डी. चट्टोपाध्याय ने *द मेकिंग ऑफ़ अर्ली मिडिवल इण्डिया* (1994) में दर्शाया है कि यह परिघटना कम से कम एक शताब्दी पहले घटित हो चुकी थी। रणबीर चक्रवर्ती ने पर्याप्त प्रमाण के साथ अपनी कृतियों *ट्रेड इन अर्ली इण्डिया* (2001) और *ट्रेड ऐंड ट्रेडर्स इन अर्ली इण्डियन सोसाइटी* (2002) में फलते-फूलते व्यापार के साक्ष्य प्रस्तुत किये हैं। एक ओर मुद्रा की कमी संबंधी अवधारणा का बी.डी. चट्टोपाध्याय ने ज़बरदस्त प्रतिवाद किया वहीं जॉन एस. डेल ने भी *लिविंग विदाउट सिल्वर : द मोनिटरी हिस्ट्री ऑफ़ अर्ली मिडिवल नॉर्थ इण्डिया* (1990) में मुद्रा के अभाव संबंधी धारणा को चुनौती देते हुए बताया कि केवल सोना, चाँदी या तांबा जैसी धातुएँ ही मध्यकालीन समाज में मुद्रा का एकमात्र रूप नहीं थी। बकौल मार्क ब्लॉक लगभग हर चीज़ विनिमय का माध्यम बनकर मुद्रा का कार्य कर सकती थी। भारत में विनिमय-माध्यम के रूप में कौड़ियों के इस्तेमाल की महत्ता ने हाल के इतिहासकारों में रुचि पैदा की है। यह तथ्य इस लिहाज़ से और भी महत्त्वपूर्ण हो जाता है कि कौड़ियों की प्राप्ति में वस्तुत: लम्बी दूरी का व्यापार शामिल था, क्योंकि कौड़ियाँ सुदूर मालदीव से आती थीं।

**देखें** : आनंद केंटिश कुमारस्वामी, आर्य-अवधारणा, आर्थर लेवेलिन बाशम, काशी प्रसाद जायसवाल, बिपन चंद्र-1 और 2, भारतीय इतिहास-लेखन-1 से 4 तक, दामोदर धर्मानंद कोसम्बी-1 और 2, रमेश चंद्र दत्त, रमेश चंद्र मजूमदार, रामकृष्ण गोपाल भण्डारकर, रमेश चंद्र मजूमदार, राम शरण शर्मा, रोमिला थापर, वासुदेव शरण अग्रवाल, पांडुरंग वामन काणे, विश्वनाथ काशीनाथ राजवाड़े, सखाराम गणेश देउस्कर।

## संदर्भ

1. हरबंस मुखिया (सम्पा.) (1999), *द फ़्यूडलिज़म डिबेट*, मनोहर, नयी दिल्ली.
2. भैरवी प्रसाद साहू (सम्पा.)(1997), *लैण्ड सिस्टम ऐंड रूरल सोसाइटी इन अर्ली इण्डिया*, मनोहर, नयी दिल्ली.
3. बी.डी. चट्टोपाध्याय (1994), *द मेकिंग ऑफ़ अर्ली मिडिवल इण्डिया*, ऑक्सफ़र्ड युनिवर्सिटी प्रेस, नयी दिल्ली.
4. जॉन एस. डेल (1990), *लिविंग विदाउट सिल्वर : द मोनेटरी हिस्ट्री ऑफ़ अर्ली मिडिवल नॉर्थ इण्डिया*, ऑक्सफ़र्ड युनिवर्सिटी प्रेस, नयी दिल्ली.
5. बर्टन स्टीन (सम्पा.) (1975), *एसेज़ ऑन साउथ इण्डिया एशियन स्टडीज़*, युनिवर्सिटी प्रेस ऑफ़ हवाई, होनोलुलू.
6. बर्टन स्टीन (1985), 'स्टेट फ़ार्मेशन ऐंड इकॉनमी रिकंसीडर्ड', भाग 1, *मॉडर्न एशियन स्टडीज* 19.

**— निर्मल कुमार पाण्डेय**

# साम्प्रदायिकता

(Communalism)

पश्चिमी संदर्भ में कम्युनलिज़म का अर्थ है समुदाय आधारित कार्रवाई। लेकिन जैसे ही भारतीय और दक्षिण एशियाई संदर्भ में इसका अनुवाद साम्प्रदायिकता या फ़िरकापरस्ती के रूप में किया जाता है, सामुदायिकता में निहित सकारात्मकता काफ़ूर हो कर पूरी तरह से नकारात्मक हो जाती है। साम्प्रदायिकता का मतलब हो जाता है समुदायों के बीच, आमतौर पर धार्मिक समुदायों के बीच, होड़ और टकराव जो अक्सर हिंसा का रूप लेती रहती है। लेकिन साम्प्रदायिकता की यह परिघटना उस समय बेहद पेचीदा हो जाती है जब इसके इर्द-गिर्द होने वाली समाज-वैज्ञानिक बहस में मध्ययुगीन इतिहास, उपनिवेशवाद, भारत-विभाजन, आधुनिकतावाद, राष्ट्रवाद और सेकुलरवाद की भूमिका उभरती है। आधुनिक राज्य के आचरण, चुनाव के लिए की जाने वाली गोलबंदी, सत्ता पर क़ब्ज़ा करने के लिए अपनायी जाने वाली बहुसंख्यकवादी और अल्पसंख्यकवादी रणनीतियाँ साम्प्रदायिकता के प्रश्न को और उलझा देती हैं। यह एक विडम्बना ही है कि विद्वानों ने भारतीय समाज और आधुनिकीकरण की प्रक्रिया को गहराई से प्रभावित करने वाली इस परिघटना का सैद्धांतिक सूत्रीकरण करने की कोई सिक्काबंद कोशिश नहीं की है। सीधे-सीधे साम्प्रदायिकता पर चर्चा मिलने के बजाय समाज-वैज्ञानिक साहित्य में इसका ज़िक्र सेकुलरवाद, राष्ट्रवाद और आधुनिकता पर होने वाली बहस में ज़्यादा मिलता है।

साम्प्रदायिकता के बारे में एक प्रचलित समझ यह है कि इसका जन्म अंग्रेज़ों द्वारा अपनायी गयी 'फूट डालो और राज्य करो' की कुटिल नीति के कारण हुआ था। 1857 के विद्रोह से पहले देश में कम से कम नौ-दस जगहों पर हिंदुओं और मुसलमानों में साम्प्रदायिक दंगे हुए थे। लेकिन विद्रोह के दौरान तीन वर्षों में हिंदुओं और मुसलमानों ने ज़बरदस्त एकता का प्रदर्शन करके उपनिवेशवाद को हिला दिया। साम्प्रदायिकता की यह थियरी कहती है कि इसीलिए अंग्रेज़ों ने मुसलमान, हिंदू, सिक्ख और ईसाई हितों को अलग-अलग एक दूसरे की होड़ में प्रोत्साहित करना शुरू किया। बीस के दशक में इस नीति का आग़ाज़ मुसलमानों को दिये साम्प्रदायिक प्रतिनिधित्व की शक्ल में हुआ, जिसकी प्रतिक्रिया में हिंदू महासभा ने संयुक्त मतदाता मण्डलों की माँग की। दिलचस्प बात यह है कि ये दोनों माँगें साम्प्रदायिक होते हुए भी प्रातिनिधिक शासन के आधुनिक और सेकुलर उसूलों के सहारे की गयी थीं। साम्प्रदायिकता की इसी थियरी का एक परिष्कृत संस्करण कहता है कि साम्प्रदायिक नुमाइंदगी देने की नीति के पीछे प्रतिनिधित्व के उसूल की ब्रिटिश समझ थी। अंग्रेज़ एक समरूप समाज से आये थे जहाँ प्रतिनिधित्व का मतलब समूहों को नुमाइंदगी देने से था। चूँकि उनके समाज में राष्ट्रीय एकीकरण पहले हो गया था, और प्रतिनिधित्वमूलक संस्थाओं का विकास बाद में हुआ था इसलिए उन्हें इस तरह के प्रतिनिधित्व से कोई दिक़्क़त नहीं हुई। भारत में स्थिति दूसरी थी। लेकिन इसके बावजूद उन्होंने यहाँ साम्प्रदायिक और विशेष प्रतिनिधित्व की प्रणाली लागू की। बीसवीं सदी के पहले दशक से ही यह सिलसिला शुरू हो गया और उसके साथ ही हिंदुओं और मुसलमानों की राजनीतिक खाई बढ़ती गयी। साम्प्रदायिकता में उल्लेखनीय जटिलता का प्रवेश हुआ। साम्प्रदायिक माँगें सेकुलर मंचों से और सेकुलर भाषा में की जाने लगीं। राजनीतिक होड़ ने फ़िरकापरस्तों को मौक़ा दिया कि वे ख़ुद की साम्प्रदायिकता को अपने विपक्षी की साम्प्रदायिकता की प्रतिक्रिया क़रार दे कर बच निकलें। साम्प्रदायिकता की परिघटना में ब्रिटिश योगदान से इनकार नहीं किया जा सकता, लेकिन उसे केवल अंग्रेज़ों के मत्थे मढ़ने से यह प्रश्न अनुत्तरित रह जाता है कि अंग्रेज़ों के चले जाने के बाद भी यह समस्या भारतीय लोकतंत्र को आज तक क्यों सता रही है? भारतीय राज्य तो अंग्रेज़ों की तरह फूट डालते हुए हुकूमत करने की नीति पर नहीं चलता। दूसरे, साम्प्रदायिकता को केवल उपनिवेशवाद की देन मान लेने के कारण इसे शासन की एक रणनीति में सीमित करने की प्रवृत्ति को बल मिलता है। यह रुझान भी साम्प्रदायिकता के सिद्धांतीकरण की कमी का एक बड़ा कारण है।

मार्क्सवादी विद्वानों ने साम्प्रदायिकता की एक ठोस परिभाषा पेश करने की कई कोशिशें की हैं। दिलचस्प बात यह है कि उनके बीच इस अहम मसले पर मतभेद भी हैं। मसलन, इतिहासकार बिपिन चंद्र के अनुसार साम्प्रदायिकता एक ऐसा आग्रह है जिसके तहत एक धर्म के अनुयायी अपने सामाजिक, राजनीतिक और आर्थिक हितों को समान मान लेते हैं। लेकिन दिलीप सीमियन को यह परिभाषा काफ़ी अपर्याप्त लगती है क्योंकि इसे ज्यों का त्यों राष्ट्रवाद की परिघटना पर भी लागू किया जा सकता है। कुछ अन्य अध्येताओं ने इस परिभाषा का कुछ विस्तार करने की कोशिश की है। इसमें यह जोड़ा गया है कि न केवल एक धर्म के अनुयायी अपने विभिन्न हितों को समान समझते हैं बल्कि उन्हें दूसरे धार्मिक समुदाय के हितों के विपरीत भी मानते हैं। यानी हिंदू, मुसलमान, ईसाई अथवा सिक्ख समुदायों के हित परस्पर विरोधी हैं। दूसरे, यह बहुलवाद के तहत अपनाये जाने वाले शांतिपूर्ण सहअस्तित्व के सिद्धांत के विपरीत है। साम्प्रदायिकता को एक शत्रु की ज़रूरत होती है और यह शत्रु

एक दूसरा धर्मावलम्बी ही हो सकता है। इसके तहत एक समुदाय के सदस्यों को विश्वास दिलाया जाता है कि उनके लौकिक और पारलौकिक हित दूसरे समुदाय के हितों को चोट पहुँचा कर ही सुरक्षित रखे जा सकते हैं।

दिलीप सीमियन द्वारा की गयी परिभाषा के अनुसार साम्प्रदायिकता का सार ऐतिहासिक स्मृति में निहित है जिसकी अभिव्यक्ति मिथकों, प्रतीकों और सांस्कृतिक पूर्वजों से जुड़े हुए जज़्बात में होती है। इस सूत्रीकरण के अनुसार मिथकीय स्मृति के प्राचीन तत्त्वों और जन-इच्छा (रूसो की तर्ज़ पर) के आधुनिक आयामों के संयोग से साम्प्रदायिकता की विकृति का जन्म होता है। यह थियरी भारत में साम्प्रदायिकता को अंततः फ़ासीवादी लोकलुभावनवाद और प्रजातीय राष्ट्रवाद का मिश्रण बता कर दिखाती है कि साम्प्रदायिक शक्तियाँ किस तरह अतीत के तथ्यों और भविष्य की कल्पना का घालमेल वर्तमान पर प्रक्षेपित करके अपना एजेंडा तैयार करती हैं। मुसलमान साम्प्रदायिक 'मुसलमान सम्प्रभुता' की चर्चा कुछ इस अंदाज़ में करते हैं जैसे मध्ययुगीन सल्तनतों में हर मुसलमान को भागीदारी मिलती हो। सिक्ख साम्प्रदायिक रंजीत सिंह के शासन काल को खालसा की हुकूमत क़रार देने का भ्रम फैलाते हैं। हिंदू राष्ट्रवाद के सिद्धांत से लैस हिंदुत्ववादी अपने समुदाय की बहुसंख्यकता को अपने अल्पसंख्यक विरोधी दावों के प्रमाण के रूप में पेश करने से नहीं हिचकते।

रणधीर सिंह के अनुसार समकालीन भारत में अपनी विचारधारा और व्यवहार के रूप में साम्प्रदायिकता शासक वर्गों द्वारा की जाने वाली राजनीति का एक प्रकार है। रणधीर सिंह मानते हैं कि साम्प्रदायिकता का राजनीतिक खेल एक ऐसे समाज में खेला जाता है जो अपनी सामंती-औपनिवेशिक विरासत की जकड़ में बुरी तरह से फँसा हुआ है, जो गहरे धार्मिक विभाजनों का शिकार है और जो पूँजीवादी विकास के अपने एक विशिष्ट रूप से गुज़र रहा है।

ग़ैर-मार्क्सवादी विद्वानों में एक अन्य परिभाषा प्रचलित है जिसके मुख्य प्रणेता आधुनिकता के आलोचक आसिश नंदी हैं। नंदी के अनुसार साम्प्रदायिकता की सतत और व्यापक उपस्थिति राष्ट्रवादी, सेकुलरवादी और आधुनिकतावादी परियोजना की देन है। यह परियोजना रोज़मर्रा की धार्मिकता और सहजीवन की परम्पराओं का क्षय कर देती है। नंदी की दलील है कि साम्प्रदायिकता फैलाने में उन नेताओं का ही सबसे बड़ा हाथ रहा है जो अपने निजी जीवन में घोर सेकुलर, अनीश्वरवादी और आधुनिक थे। हिंदुओं की तरफ़ से यह भूमिका विनायक दामोदर सावरकर निभा रहे थे, और मुसलमानों की तरफ़ से मुहम्मद अली जिन्ना।

देश के प्रमुख राजनीतिशास्त्री रजनी कोठारी ने भी साम्प्रदायिकता पर विस्तार से विचार किया है। उन्होंने उसके आठ बुनियादी कारणों को गिनाया है : बहुदेववादी हिंदू धर्म के सामीकरण की कोशिश, चुनाव आधारित लोकतंत्र में पनपने वाली बहुसंख्यकवादी गुंजाइशें, इंदिरा गाँधी और राजीव गाँधी के दूसरे शासन काल में हुआ व्यापक अराजनीतीकरण और तकनीक का वर्चस्व, राजनीति का दक्षिणपंथी रुझान और कॉरपोरेट मॉडल, कठोर राज्य का विचार, राज्य द्वारा साम्प्रदायिक हिंसा को बढ़ावा देना, इंदिरा गाँधी द्वारा हिंदू वोट बैंक बनाने की कोशिश और उसका लाभ हिंदुत्ववादियों के खाते में जाना, बहुलतावाद और लोकतंत्र के ऊपर धर्मतंत्र और प्रभुत्ववाद का हावी हो जाना।

**देखें** : केशवराव बलिराम हेडगेवार, बहुसंख्यकवाद, बहुसंख्यक-अल्पसंख्यक, भारतीय जनता पार्टी-1 और 2, माधवराव सदाशिवराव गोलवलकर, मुसलिम राजनीतिक विचार, रामजन्मभूमि आंदोलन-1 से 4 तक, राष्ट्रीय स्वयंसेवक संघ, विनायक दामोदर सावरकर, विवेकानंद, स्त्री और साम्प्रदायिकता, हिंदुत्व।

### संदर्भ

1. दिलीप सीमियन (1986), 'कम्युनलिज़म इन मॉडर्न इण्डिया : अ थियरीटकल एग्ज़ामिनेशन', *मेनस्ट्रीम, नयी दिल्ली,* 13 दिसम्बर.
2. अभय कुमार दुबे (सम्पा.) (1993); *साम्प्रदायिकता के स्रोत,* विनय प्रकाशन, नयी दिल्ली.
3. बिपन चंद्र (1990), 'कम्युनलिज़म ऐंड द स्टेट : सम इशूज़ इन इण्डिया', *सोशल साइंटिस्ट,* खण्ड 18, अंक 8/9.
4. रजनी कोठारी (1998), *कम्युनलिज़म इन इण्डियन पॉलिटिक्स,* रेनबो पब्लिशर्स, नयी दिल्ली.
5. ज्ञानेंद्र पाण्डेय (1985), *कंस्ट्रक्शन ऑफ़ कम्युनलिज़म इन कोलोनियल नॉर्थ इण्डिया,* ऑक्सफ़र्ड युनिवर्सिटी प्रेस, नयी दिल्ली.
6. रणधीर सिंह (1988), 'थियराइज़िंग कम्युनलिज़म : अ फ्रेगमेंटरी नोट इन द मार्क्सिस्ट मोड', *इकॉनॉमिक ऐंड पॉलिटिकल वीकली,* खण्ड 23, अंक 30.

**— अभय कुमार दुबे**

# सामाजिक आंदोलन

(Social Movements)

राजनीतिक भागीदारी के संस्थागत दायरों के बाहर परिवर्तनकामी राजनीति करने वाले आंदोलनों को सामाजिक आंदोलनों की संज्ञा दी जाती है। लम्बे समय तक सामूहिक राजनीतिक कार्रवाई करने वाली ये आंदोलनकारी संरचनाएँ नागर समाज और राजनीतिक तंत्र के बीच अनौपचारिक सूत्र का काम भी करती हैं। हालाँकि ज़्यादातर सामाजिक आंदोलन सरकारी नीति या आचरण के ख़िलाफ़ कार्यरत रहते

हैं, लेकिन स्वत:स्फूर्त या असंगठित प्रतिरोध या कार्रवाई को सामाजिक आंदोलन नहीं माना जाता। इसके लिए किसी स्पष्ट नेतृत्व और एक निर्णयकारी ढाँचे का होना ज़रूरी है। आंदोलन में भाग लेने वालों के लिए किसी साझा मक़सद और विचारधारा का होना भी आवश्यक है। क्या ये ख़ूबियाँ राजनीति के औपचारिक दायरों में काम करने वाले किसी राजनीतिक दल या दबाव समूह में नहीं होतीं? दरअसल, सामाजिक आंदोलन अपने बुनियादी चरित्र में अनौपचारिक नेटवर्कों की अन्योन्यक्रिया से बनते हैं। वे ऐसे मुद्दे चुनते हैं जिन्हें औपचारिक राजनीति अपनाने से इनकार कर देती है। साथ ही वे प्रतिरोध और गोलबंदी के ग़ैर-परम्परागत रूपों का इस्तेमाल करते हैं। सामाजिक आंदोलनों ने अल्पसंख्यकों, हाशियाग्रस्त समूहों और अधिकार-वंचित तबकों की राजनीति को बढ़ावा दिया है। इसी कारण से यह भी माना जाता है कि समकालीन लोकतंत्र अपने विस्तार और गहराई के लिए सामाजिक आंदोलनों का ऋणी है।

द्वितीय विश्व-युद्ध के बाद ग्लोबल और राष्ट्रीय राजनीतिक प्रणालियों में इस परिघटना का उदय हुआ। इनके पीछे ऐसी शख़्सियतें, नेटवर्क, समूह और संगठन थे जिनका उद्देश्य औपचारिक राजनीति के दायरों के बाहर समाज, राज्य, सार्वजनिक नीतियों को जन-हित के लिहाज़ से प्रभावित करना था। पिछले साठ वर्षों में सामाजिक आंदोलनों ने राजनीतिक प्रणालियों और लोकतंत्रीकरण की प्रक्रिया पर उल्लेखनीय असर डाला है। सारी दुनिया में पर्यावरण का आंदोलन, युद्ध विरोधी आंदोलन, असंगठित मज़दूरों के आंदोलन, स्त्री-अधिकारों के आंदोलन, वैकल्पिक यौनिकताओं के आंदोलन इस परिघटना की सफलता के प्रमाण हैं। वित्तीय पूँजी के भूमण्डलीकरण से उपजी जन-विरोधी प्रवृत्तियों के ख़िलाफ़ चल रहे आंदोलन भी इसी श्रेणी में आते हैं। सामाजिक आंदोलनों की एक ख़ूबी यह भी है कि भले ही उनकी राजनीतिक कार्रवाई में स्थानीयता या ज़मीन से जुड़े होने या ग्रासरूट्स के संबंध को अहमियत दी जाए, लेकिन वे समस्याओं और मुद्दों को उत्तरोत्तर ग्लोबल संदर्भों में देखते और परिभाषित करते हैं। इसी कारण से वे स्थानीय स्तर पर चलाई जा रही प्रतिरोध की कार्रवाइयों को ग्लोबल नेटवर्किंग के ज़रिये टिकाने में समर्थ हो पाते हैं। उनका नारा होता है 'थिंक ग्लोबली, एक्ट लोकली'। इंटरनेट की परिघटना के उभार के बाद सामाजिक आंदोलनों के लिए प्रसार, समन्वय और नेटवर्किंग की सुविधा में और बढ़ोतरी हो गयी है।

द्वितीय विश्व-युद्ध के बाद पश्चिमी देशों में उभरे मध्य वर्ग ने स्वयं को पुराने वर्ग आधारित आंदोलनों के मुक़ाबले राजनीतिक, सांस्कृतिक और बौद्धिक रूप से विशिष्ट महसूस करते हुए सामूहिक राजनीतिक कार्रवाई के ऐसे रूपों को अपनाना पसंद किया जिनके दायरे में कहीं व्यापक क़िस्म के नैतिक, सांस्कृतिक और सामाजिक मुद्दे आते थे। इस ज़माने में चले कई सामाजिक आंदोलन नागरिक अधिकारों, स्त्री-अधिकारों, युद्ध का विरोध करने और पर्यावरण की हिफ़ाज़त करने के आग्रहों के इर्द-गिर्द गोलबंद हुए। साठ का दशक आते-आते इन आंदोलनों की गतिविधियाँ युरोप और उत्तरी अमेरिका में काफ़ी बढ़ गयीं। इन्हें राजनीतिक कामयाबी भी मिलने लगी। यह देख कर समाज-वैज्ञानिकों ने इस परिघटना का अध्ययन शुरू किया।

सामाजिक आंदोलनों को समझने के लिए सबसे पहले मनोविज्ञान का प्रयोग किया गया। इससे आंदोलनरत लोगों, समूहों और नेटवर्कों के सामूहिक व्यवहार पर रोशनी पड़ी। दूसरी तरीक़ा संरचनागत-प्रकार्यवादी क़िस्म का था। उसने यह देखने की कोशिश की कि इन आंदोलनों का सामाजिक स्थिरता पर क्या असर पड़ रहा है। मास सोसाइटी का अध्ययन करने वाले मनोवैज्ञानिकों को लगा कि सामाजिक आंदोलन निजी तनाव से जूझ रहे व्यक्तियों की अभिव्यक्तियाँ हैं। दूसरी तरफ़ संरचनागत-प्रकार्यवादी विद्वानों का ख़याल था कि ये आंदोलन सामाजिक प्रणाली में आये तनावों का फलितार्थ हैं।

सत्तर के दशक में इस अनुसंधान ने नयी करवट बदली। इस परिवर्तन के पीछे नये छात्र आंदोलनों और उनसे निकली प्रतिरोध की कार्रवाइयों का प्रभाव था। एक नये सिद्धांत ने जन्म लिया जिसे 'रिसोर्स मोबिलाइज़ेशन' थियरी (संसाधनों की लामबंदी का सिद्धांत) के नाम से जाना जाता है। इस सिद्धांत ने सामाजिक आंदोलनों को एक ऐसी सामाजिक प्रक्रिया के रूप में देखा जिसके तहत राजनीतिक उद्यमी किसी इच्छित सामाजिक परिवर्तन की ख़ातिर पहले तो संसाधनों का तर्कसंगत संचय करते हैं और फिर लक्ष्यों को वेधने के लिए संसाधनों का प्रयोग करते हैं। इस सिद्धांत के पैरोकार मानते हैं कि सामाजिक आंदोलन पूरी तरह से अपनी संसाधन उपलब्ध कर पाने की क्षमता पर ही निर्भर करते हैं। ये संसाधन आर्थिक और मानवीय सहयोग जुटाने पर भी आधारित हो सकते हैं, और इनका उद्‌गम नैतिक सरोकारों और प्राधिकार वग़ैरह में भी हो सकता है।

सामाजिक आंदोलनों की समझ बनाने की प्रक्रिया में एक थियरी सांगठनिक व्यवहार के अध्ययन के रूप में भी विकसित हुई। उसने सामाजिक आंदोलन को किसी भी अन्य संगठित समूह की तरह समझने की चेष्टा की। आगे चल कर कई विद्वानों ने सामाजिक आंदोलनों और संस्थागत राजनीति के बीच अन्योन्यक्रिया पर विशेष ध्यान दिया जिससे राजनीति को प्रक्रियाओं के रूप में समझने के परिप्रेक्ष्य का विकास हुआ।

अस्सी के दशक में हुए कुछ अनुसंधानों ने वामपंथी रुझान वाले कई आंदोलनों पर ध्यान दिया। ये वामपंथी

जत्थेबंदियाँ पदानुक्रम पर आधारित संगठन के बजाय क्षैतिज बनावट वाले संगठन और बारी-बारी से नेतृत्व करने या अनौपचारिक क़िस्म के नेतृत्व में यक़ीन करने वाली थीं। युरोप की ज़मीन और वहीं के परिप्रेक्ष्य के आधार पर हुए इस शोध ने संस्कृति और अस्मिता संबंधी आंदोलनों को अपनी विषय-वस्तु बनाया। उन्होंने देखा कि पर्यावरण संबधी आंदोलन और स्त्री-अधिकारों के लिए होने वाले आंदोलन किस प्रकार प्रतिरोध के नये-अनूठे तौर-तरीक़े इस्तेमाल कर रहे हैं। इस विमर्श से नव-सामाजिक आंदोलनों की थीसिस निकली। दरअसल, अस्सी और नब्बे के दौरान प्रकाश में आयी यह थीसिस वामपंथ की स्थापित समझ को चुनौती देने वाली साबित हुई। इससे पहले वामपंथी राजनीतिक कार्रवाई का मतलब वर्ग-आधारित गतिविधि के अलावा कुछ और नहीं समझा जाता था। लेकिन, जब अमेरिका में अफ्रो-अमेरिकनों ने अपने अधिकारों के समर्थन में ब्लैक पॉवर और ब्लैक पेंथर जैसे रैडिकल और जुझारू आंदोलन चलाये; जब वियतनाम युद्ध के ख़िलाफ़ साम्राज्यवाद विरोधी मुहिमें संगठित की गयीं; जब आणुविक निःशस्त्रीकरण के पक्ष में शांति आंदोलन चला; जब रैडिकल फ़ेमिनिज़्म ने अपनी दावेदारियाँ पेश कीं; और जब हवा और पानी के प्रदूषण के ख़िलाफ़ आवाज़ बुलंद की गयी, तो वर्ग संघर्ष को ही केंद्रीय सामाजिक अंतर्विरोध मानने वाली दृष्टि को प्रश्नांकित होना पड़ा।

इन आंदोलनों में एक विचारधारात्मक विविधता थी। इनकी ज़मीन भी एक-दूसरे से भिन्न दिख रही थी। पारम्परिक मार्क्सवादी समझ को ठुकराते हुए आंद्रे ग्रोज़, रुडोल्फ़ बाहरो, एलाँ तूरेन और युरगन हैबरमास ने अपने-अपने तरीक़े से दावा किया कि सामाजिक-राजनीतिक अस्मिता और राजनीतिक कार्रवाई की ख़ातिर की जाने वाली गोलबंदी के लिए वर्ग अब एक कारगर प्रत्यय नहीं रह गया है। इन विद्वानों ने नव-सामाजिक आंदोलनों को उत्तर-औद्योगिक सामाजिक संरचनाओं की पैदाइश क़रार दिया। उनका कहना था कि लोकोपकारी राज्य ने शोषण के पुराने रूपों को काफ़ी-कुछ निष्प्रभावी कर दिया है। नयी परिस्थितियों में आधुनिक समाज परायेपन के नये रूपों को जन्म दे रहा है। इससे पैदा होने वाले विक्षोभ को नव-सामाजिक आंदोलन अपना केंद्र बना रहे हैं।

फ्रांसीसी समाजशास्त्री एलाँ तूरेन ने *द रिटर्न ऑफ़ द एक्टर* की रचना की। तूरेन ने रैडिकल रवैया अख़्तियार करते हुए अपील की कि समाजशास्त्रियों को सामाजिक आंदोलनों की केवल व्याख्या तक ही सीमित न रह कर उनमें भागीदारी करते हुए उनकी गहरी पड़ताल करनी चाहिए। भूमण्डलीकरण के उभार ने सामाजिक आंदोलन संबंधी युरोपीय और अमेरिकी परिप्रेक्ष्यों के बीच मेल-मिलाप की परिस्थितियाँ बनायी हैं। अब विद्वानगण सामाजिक आंदोलन में नेटवर्कों की भूमिका पर विशेष ध्यान दे रहे हैं। इस परिघटना और भूमण्डलीकरण-विरोधी आंदोलन के सहयोजन पर भी ख़ास ज़ोर दिया जा रहा है।

**देखें :** अर्थव्यवस्था का समाजशास्त्र, अभिजन, अभिरुचि, आत्महत्या, उन्मूलनवाद, एजेंसी, कर्मकाण्ड, कारागार, गोपनीयता, गृहविहीनता, जादू, जीवन-शैली, टेलरवाद, परम्परा, परस्पर विपरीत द्विभाजन, प्रति-(संस्कृति, विमर्श, इतिहास, वर्चस्व, स्मृति), प्राइवेसी, प्रौद्योगिकी, फ़ुरसत, बचपन, बहुपत्नी प्रथा, बहुपति प्रथा, बुद्धिसंगत चयन का सिद्धांत, बुज़ुर्गियत का समाजशास्त्र, बेगानगी, भीड़, भ्रष्टाचार का समाजशास्त्र-1 और 2, मानव-प्रकृति, मानवशास्त्र और मार्क्सवाद, मानवशास्त्र और संस्कृति की राजनीति, समाज-विज्ञान, समाज-कार्य, समाजीकरण, समुदायवाद, सांस्कृतिक सापेक्षतावाद, सांस्कृतिक मानवशास्त्र, सेवानिवृत्ति, वाचिकता, विचलन, ज्ञान का समाजशास्त्र।

### संदर्भ

1. अल्बर्टो मेलुची (1996), *नोमेड्स ऑफ़ द प्रज़ेंट्स : सोशल मूवमेंट्स ऐंड द इंडिविडुअल नीड्स इन कंटेम्पररी सोसाइटीज़,* केम्ब्रिज युनिवर्सिटी प्रेस, केम्ब्रिज.
2. एडर क्लॉस (1985), 'द न्यू सोशल मूवमेंट्स' : मॉरल क्रुसेड्स, पॉलिटिकल प्रेशर ग्रुप्स, ऑर सोशल मूवमेंट्स', *सोशल रिसर्च,* 52, अंक 4.
3. दोंतेला डेल पोर्ता और मारियो दानी (1999), *सोशल मूवमेंट्स : ऐन इंट्रोडक्शन,* ऑक्सफ़र्ड युनिवर्सिटी प्रेस, ऑक्सफ़र्ड.
4. सिडनी टैरो (1998), *पॉवर इन मूवमेंट : सोशल मूवमेंट्स ऐंड कंटेशियस पॉलिटिक्स,* केम्ब्रिज युनिवर्सिटी प्रेस, न्यूयॉर्क.
5. चार्ल्स टिली (1978), *फ़्रॉम मोबिलाइज़ेशन टू रेवोल्यूशन,* एडिसन-वेज़ली, रीडिंग, एमए.

**— अभय कुमार दुबे**

# सामाजिक एकजुटता

(Social Cohesion)

समाज की रचना तरह-तरह के व्यक्तियों और समूहों से मिल कर होती है। आधुनिकता ने इस विभेदीकरण को बढ़ाया ही नहीं बल्कि चरम पर पहुँचा दिया है। सामाजिक एकजुटता की अवधारणा उन सामाजिक प्रक्रियाओं और आग्रहों को रेखांकित करती है जो इन विभेदों के बीच समूहों और व्यक्तियों को मिल-जुल कर परस्पर एकजुटता के साथ रहने की तरफ़ ले जाते हैं। दरअसल सभी समाज अपनी अंतर्निहित अनेकता के बावजूद एकजुटता के कुछ रूपों को पैदा करते ही हैं। इन रूपों की संरचना उन समाजों के उदय और विकास

की ऐतिहासिक परिस्थितियों पर निर्भर करती हैं। ज़रूरी नहीं कि एकजुटता की संरचनाएँ और प्रक्रियाएँ लम्बे समय तक एक सी ही रहें। आधुनिकता के दबाव में सामाजिक संरचनाएँ लगातार परिवर्तनशील रहती हैं और उसी के मुताबिक़ एकजुटता के बंदोबस्त भी बदलते रहते हैं। एकजुटता साझे विश्वासों, आस्थाओं और मूल्यों से उपज सकती है; समाज में प्राधिकार के पारम्परिक रूपों से उसका जन्म हो सकता है; बहिर्वेशन और समावेशन के समीकरणों से एकता निकल सकती है। इस विचार का सूत्रीकरण सबसे पहले एमील दुर्ख़ाइम ने उन्नीसवीं सदी के आख़िर में प्रकाशित अपनी रचना *द डिवीज़न ऑफ़ लेबर इन सोसाइटी* में किया था। हाल ही में युरोपीय संघ के गठन के बाद इस विचार पर समाज-वैज्ञानिकों ने काफ़ी ज़ोर देना शुरू कर दिया है। सामाजिक एकजुटता की अवधारणा का इस्तेमाल करते हुए नीति-निर्माण के लिहाज़ से इस बारे में राजनीतिशास्त्रीय चिंतन भी होने लगा है। मार्क्सवादी और समुदायवादी विमर्श ने भी सामाजिक एकजुटता से संबंधित परिप्रेक्ष्य पेश किये हैं।

चालू बौद्धिक फ़ैशन के लिहाज़ से इस अवधारणा को *सोशल कोहिज़न* कहा जाता है। लेकिन ऐसा हमेशा नहीं था। दुर्ख़ाइम के विमर्श में यह विचार *सोशल सोलिडरिटी* के रूप में उभरता है। इस फ्रांसीसी समाजशास्त्री की मुख्य चिंता यह थी कि आधुनिकता के दबाव में समाज की एकता कैसे क़ायम रहेगी। यह जानने के लिए उन्होंने सरल और जटिल संरचना वाले समाजों में एकजुटता के आधारों की अलग-अलग जाँच की। दुर्ख़ाइम ने दो श्रेणियाँ बनायीं : यांत्रिक एकता और सावयविक एकता। यांत्रिक एकता का मतलब था इकाइयों द्वारा किसी एक समष्टि में पूरी तरह से विलीन हो जाना। दुर्ख़ाइम ने इस श्रेणी में आदिकालीन समाजों को रखा जो अपेक्षाकृत छोटे और अशिक्षित होते थे। इनमें श्रम का विभाजन इतना सहज हुआ करता था और विशेषीकृत सामाजिक भूमिकाएँ इतनी कम होती थीं कि इनसान की शख़्सियत समाज के सामूहिक व्यक्तित्व में पूरी तरह घुल-मिल जाती थी। लोग रीति-रिवाज़ों, परम्पराओं और धर्म के कठोर नियंत्रण में पूरी जीवन गुज़ार देते थे। इस तरह की एकजुटता की मुख्य अभिव्यक्ति समाज की सभी इकाइयों की समानता में होती थी। दुर्ख़ाइम ने एकजुट होते हुए भी अपना अलग अस्तित्व बनाये रखने को सावयविक श्रेणी में रखा। उनका ख़याल था कि यह आधुनिक औद्योगिक समाजों का लक्षण है जिसमें श्रम-विभाजन पेचीदा और विशेषीकृत होता है। सावयविक एकजुटता का मतलब होता है अलग-अलग काम करते हुए भी कामों की परस्पर निर्भर प्रकृति के कारण एक-दूसरे से जुड़ा रहना। इस एकजुटता की अभिव्यक्ति समानता में एकता के बजाय विभिन्नता में एकता के रूप में होती है।

दुर्ख़ाइम के ये विचार शुरुआती क़िस्म के थे। अपने अधिक परिपक्व विमर्श में उन्होंने यांत्रिक और सावयवी एकजुटता की श्रेणियों का इस्तेमाल नहीं किया, लेकिन समाज-व्यवस्था के स्वरूप में हुए अनिवार्य परिवर्तन की विषय-वस्तु उनके चिंतन में प्रतिध्वनित होती रही। दुर्ख़ाइम के अनुयायियों ने इसी के इर्द-गिर्द अपना समाजशास्त्र विकसित किया। वे इस निर्णय पर पहुँचे कि सामाजिक एकजुटता एक आर्थिक परिघटना से ज़्यादा एक सांस्कृतिक परिघटना है जिसकी रचना धर्मिक या उसके समकक्ष सेकुलर घटकों से मिल कर होती है। लोगों की एकजुटता के कारणों की शिनाख़्त दुर्ख़ाइम के शिष्यों ने साझा मूल्यों में की और दिखाया कि इनकी बुनियाद और पुष्टि धर्मविधियों और अन्य कर्मकाण्डों के कारण पड़ती है।

सामाजिक एकजुटता के आधारों की जाँच कुछ अन्य धरातलों पर भी की गयी है। कार्ल मार्क्स इसका आधार वर्गीय एकता में मानते हैं। एक वर्ग के सदस्य अपने साझा हितों को पहचान कर दूसरे वर्ग के साझा विरोधियों के ख़िलाफ़ एकजुट होते हैं। मार्क्स का यह सूत्रीकरण सामाजिक एकजुटता को सांस्कृतिक के बजाय एक बुद्धिसंगत परिघटना के रूप में पेश करता है। मार्क्स का विचार था कि मज़दूरों को दीर्घकालीन वर्गीय हितों की सिद्धि के लिए अपने निजी हितों का साधन स्थगित कर देना चाहिए। वे यह तक मानते थे कि मज़दूरों के भीतर ऐसा करने की चेतना होती है। अपनी आमदनी बढ़ाने के लिए ही नहीं, बल्कि अपनी वर्गीय सत्ता की प्राप्ति के लिए वे लम्बे अरसे तक ग़ुरबत का जीवन गुज़ारने के लिए भी तैयार हो सकते हैं। इसलिए मार्क्स ने दुनिया के मज़दूरों एक होने का नारा भी दिया। मैक्स वेबर ने मार्क्स की इस अपील को आदर्शवादी क़रार दे कर आलोचना पेश की कि मज़दूर स्थानीयता, उद्योग, जेंडर, आयु, धर्म, जातीयता और राष्ट्रीयता के आधार पर बँटे हुए हैं। उनका कहना था कि तबकाई हित व्यापक वर्गीय एकता पर हावी हो जाते हैं और सीमित संसाधनों पर क़ब्ज़े के लिए सामाजिक समूहों में होड़ शुरू हो जाती है।

सामाजिक एकजुटता के आधारों के बारे में परिप्रेक्ष्यों की कमी नहीं है। गियोर्ग ज़िमेल का विचार है कि एकजुटता सबसे ज़्यादा सीक्रेट सोसाइटियों में ही सम्भव है। उन्होंने माफ़िया के उदाहरण की चर्चा करते हुए दिखाया कि उसके सदस्यों के भीतर अंतरनिर्भरता और साथ-साथ डूबने-उतराने के एहसास की शिद्दत सबसे ज़्यादा होती है। उद्योगवाद और नगरवाद जैसी धारणाओं के विश्लेषक फ़र्डिनांड टॉनीज़ जैसे विचारकों का ख़याल है कि आधुनिकता ने पारम्परिक सामुदायिक एकजुटताओं का क्षय कर दिया है और उनकी जगह कमज़ोर और भंगुर क़िस्म के सामाजिक संबंधों ने ले ली है।

उलरिख़ बेक और एंथनी गिडेंस जैसे विचारकों ने दलील दी है कि निरंतर बढ़ते हुए सामाजिक और भौगोलिक आवागमन और आव्रजन ने वर्ग और समुदाय से निकलने वाली पारम्परिक एकजुटताओं को कमज़ोर कर दिया है। इस प्रक्रिया में कल्याणकारी राज्य द्वारा नागरिकों को आर्थिक और सामाजिक सुरक्षा न दे पाने के साथ-साथ व्यक्तिवाद और भूमण्डलीकरण के चौतरफ़ा बढ़ते हुए प्रभाव ने भी योगदान किया है। साथ ही साथ एकजुटता में हुई इस गिरावट की एक समझ भी बनी है जिसके कारण लोग नयी एकजुटताओं की खोज करने लगे हैं। नये सामाजिक आंदोलनों के ज़रिये पैदा हुई एकजुटता इसकी मिसाल है। आजकल समाजशास्त्रियों के बीच एक बहस यह भी चल रही है कि सामाजिक एकजुटता की चालक-शक्ति क्या है? लोग स्व-हित का ध्यान रख कर एकजुटता की तरफ़ जाते हैं या परोपकार की भावना से त्याग करते हुए दूसरे सामाजिक अभिनेताओं के साथ एकता और संवाद करना चाहते हैं। ज़िग्मंट बाउमैन का विचार स्व-हित को चालक-शक्ति मानने का है, और मैरी डगलस का विचार है कि एकजुटता तब तक हासिल नहीं की जा सकती जब तक लोग त्याग की भावना से प्रेरित न हों। ज़ाहिर है कि इन दोनों विद्वानों के विचार एक-दूसरे के विपरीत हैं।

सामाजिक एकजुटता का समुदायवादी परिप्रेक्ष्य भी महत्त्वपूर्ण है। समुदायवादी विचारक मानते हैं कि सामाजिक एकजुटता बाज़ार या राज्य द्वारा प्रोत्साहित नहीं की जा सकती। उसके लिए सहकार और समर्थन सामुदायिक संगठनों की तरफ़ से ही आ सकता है। सामुदायिक सम्पर्क-सूत्र एक नैतिक संयम की तरह व्यक्तिवादी रवैये के ख़िलाफ़ काम ही नहीं करते, बल्कि उनके प्रभाव के तहत लोगों का रुझान स्वंयसेवी भाव से काम करने की तरफ़ होने लगता है। समुदायवाद के आलोचकों का कहना है कि सामुदायिक एकजुटता की अवधारणा समाज में जेंडर आधारित भूमिकाओं और वर्ग आधारित संबंधों को सम्बोधित करने में असमर्थ है। अक्सर सामुदायिकता स्त्रियों और कमज़ोरों को ऐसे दायित्वों के बंधन में बाँध देती है जिनके कारण उनका अपने वर्तमान और भविष्य पर कोई नियंत्रण नहीं रह जाता।

नीति-निर्माण के लिहाज़ से सामाजिक एकजुटता पर होने वाली समाज-वैज्ञानिक चर्चा को युरोपीय संघ द्वारा नब्बे के दशक में की गयी परिभाषा से उछाल मिला है। इस परिभाषा के अनुसार एकजुट समाज का मतलब है स्वतंत्र व्यक्तियों द्वारा साझे लक्ष्यों की प्राप्ति के लिए लोकतांत्रिक तौर-तरीक़ों द्वारा किया गया परस्पर सहकार और समर्थन। यह परिभाषा राज्य को साझा हित-साधन करने वाली संस्था के रूप में देखने वाले पारम्परिक नज़रिये से अलग है। युरोपीय संघ के विमर्श में इस अवधारणा की केंद्रीयता उत्तरोत्तर बढ़ती जा रही है। उसने रोज़गार, आमदनी और जन-सेवाएँ मुहैया कराने संबंधी सूचकांकों की रचना भी की है, ताकि उनके आईने में देखा जा सके कि कौन सा समाज एकजुटता की बेहतर कोशिश कर रहा है।

**देखें :** अर्थव्यवस्था का समाजशास्त्र, अभिजन, अभिरुचि, आत्महत्या, उन्मूलनवाद, एजेंसी, कर्मकाण्ड, कारागार, गोपनीयता, गृहविहीनता, जादू, जीवन-शैली, टेलरवाद, परम्परा, परस्पर विपरीत द्विभाजन, प्रति- (संस्कृति, विमर्श, इतिहास, वर्चस्व, स्मृति), प्राइवेसी, प्रौद्योगिकी, फ़ुरसत, बचपन, बहुपत्नी प्रथा, बहुपति प्रथा, बुद्धिसंगत चयन का सिद्धांत, बुजुर्गियत का समाजशास्त्र, बेगानगी, भीड़, भ्रष्टाचार का समाजशास्त्र-1 और 2, मानव-प्रकृति, मानवशास्त्र और मार्क्सवाद, मानवशास्त्र और संस्कृति की राजनीति, समाज-विज्ञान, समाज-कार्य, समाजीकरण, समुदायवाद, सामाजिक आंदोलन, सामाजिक बहिर्वेशन, सामाजिक पूँजी, सामाजिक स्तरीकरण, सांस्कृतिक मानवशास्त्र, सांस्कृतिक सापेक्षतावाद, सांस्कृतिक पूँजी, सेवानिवृत्ति, वाचिकता, विचलन, ज्ञान का समाजशास्त्र।

## संदर्भ


1. ग्राहम क्रो (2002), *सोशल सोलिडरिटीज़ : थियरीज़, आइडेंटिटीज़ ऐंड सोशल चेंज,* ओपन युनिवर्सिटी प्रेस, बकिंघम.
2. एमील दुर्ख़ाइम (1984), *द डिवीज़न ऑफ़ लेबर इन सोसाइटी,* मैकमिलन, लंदन.
3. नोह ई. फ्रीडकिन (2004), 'सोशल कोहिज़न', *एनुअल रिव्यू ऑफ़ सोसियोलॅजी,* खण्ड 30.
4. पी. डोरियन और टी. फैरारो (सम्पा.) (1998), *द प्रॉब्लम ऑफ़ सोलिडरिटी : थियरीज़ ऐंड मॉडल्स,* गोर्डन ऐंड ब्रीच, एम्सटर्डम.


**— अभय कुमार दुबे**

# सामाजिक चयन का सिद्धांत

(Social Choice Theory)

एक-दूसरे से भिन्न निजी, सामूहिक और संस्थागत प्राथमिकताओं, गतिविधियों और सरोकारों के बीच समग्र कल्याण, समग्र जन-हित और समग्र ग़रीबी के संदर्भ में पूरे समाज को प्रभावित करने वाले निर्णय को सामाजिक चयन क़रार दिया जाता है। सामाजिक चयन का सिद्धांत कल्याणकारी अर्थशास्त्र के लिए तो उपयोगी है ही, उसे राजनीतिशास्त्र के लिए भी उपयोगी माना जाता है। मसलन, इस सिद्धांत को लागू करके न केवल किसी समाज में आर्थिक वृद्धि और विकास के रिश्ते को रेखांकित किया जा सकता है, बल्कि किसी के पक्ष में या किसी के ख़िलाफ़ वोट डालने के सामूहिक निर्णय के फलितार्थों की व्याख्या भी की जा सकती

है। पूरे समाज की ख़ुशहाली का आग्रह करने वाले इस सिद्धांत के दायरे में नागरिक-अधिकार और स्वतंत्रताओं पर भी विचार किया जाता है। इस थियरी का ज़ोर समतामूलक वितरण पर रहता है, और इससे उपयोगितावाद की आलोचना निकलती है। हालाँकि पूरे समाज के हितों को ध्यान में रखते हुए फ़ैसले लेने का आग्रह प्राचीन काल से ही दार्शनिकों और सिद्धांतवेत्ताओं का सरोकार रहा है, पर बीसवीं सदी में सामाजिक चयन की थियरी प्रतिष्ठित करने का श्रेय कैनेथ जे. एरो की रचना *सोशल चॉयस ऐंड इंडिविडुअल वैल्यूज़* को जाता है। हाल ही में अमर्त्य कुमार सेन ने उपयोगितावाद की आलोचना करने के साथ-साथ इस सिद्धांत को विकसित करने के लिए कुछ तजवीज़ें की हैं।

अरस्तू और कौटिल्य जैसे प्राचीनकालीन विचारकों ने भी अपने विमर्श में विपरीत हितों और चिंताओं के बीच समाज के व्यापक हितों की सिद्धि कर सकने वाले फ़ैसले लेने की ज़रूरत पर ज़ोर दिया है। अट्ठारहवीं सदी में फ्रांसीसी क्रांति के इर्द-गिर्द इस विमर्श को एक सुसंगत सिद्धांत का रूप देने का प्रयास किया गया। अमर्त्य सेन ने तो अपने एक लेख में यह तक बताया है कि फ्रांसीसी क्रांति के बौद्धिक नेताओं में सामाजिक चयन के सिद्धांतकार भी शामिल थे। दरअसल, इसके पीछे युरोपीय ज्ञानोदय से निकली वे प्रेरणाएँ थीं जिनके तहत समाज-व्यवस्था को तर्कसंगत आधार पर गढ़ने की परियोजना चलाई जानी थी। अट्ठारहवीं सदी में माना यह जाता था कि लोकतंत्र में पूरे समाज की चिंता की ही नहीं जा सकती, क्योंकि उसमें नीतिगत फ़ैसले हितों की टकराहट में फँस जाते हैं। इस मान्यता के समर्थक अंततः इस तर्क के आधार पर निरंकुश शासन की वकालत करते नज़र आते थे कि केवल एक तानाशाही ही इस तरह के टकराव के परे जा कर फ़ैसला कर सकती है। ऐसे माहौल में दो फ्रांसीसी गणितज्ञों जे.सी. बोरदा और मार्क्विस द कोंदोर्स ने मतदाताओं के व्यवहार का सूत्रीकरण प्रमेयों के रूप में किया ताकि लोकतांत्रिक सिद्धांत को एक तर्कसंगत रूप मिल सके।

बीसवीं सदी के मध्य में जैसे ही कैनेथ एरो ने सामाजिक चयन की बुनियादी प्रमेय का सूत्रीकरण किया, कल्याणकारी अर्थशास्त्र में निर्णायक मोड़ आ गया। इससे पहले अर्थशास्त्र के कल्याणकारी संस्करण पर उपयोगितावादी रुझान बहुत हावी थे। उपयोगितावाद मत-आधारित सामाजिक चयन के सिद्धांत के बजाय कल्याण की समानता पर विचार करता है। उपयोगितावाद के मुताबिक़ हर किसी के जीवन पर कल्याण का कम या ज़्यादा प्रभाव होता है, और उसी के मुताबिक़ उसकी कामनाएँ और प्राथमिकताएँ संतुष्ट हो पाती हैं। उसी हिसाब से वह अपने जीवन को बेहतर और कमतर मानता है। इस लिहाज़ से जो समाज कल्याण के समान वितरण में यक़ीन करेगा, वह इस बात की चिंता नहीं करेगा कि व्यक्तिगत रूप से लोगों को कितने संसाधन मिल रहे हैं और उनके आधार पर लोग अपनी प्राथमिकताओं की कितनी पूर्ति कर पा रहे हैं। ज़ाहिर है कि उपयोगितावाद ने कल्याण की बात करते हुए समतामूलक वितरण के प्रश्न की चिंता नहीं की, और इसीलिए आगे चल कर कल्याणकारी अर्थशास्त्र को एक नये सिद्धांत की ज़रूरत पड़ी।

चालीस के दशक और उसके बाद विलफ्रेडो परेटो द्वारा प्रतिपादित अनुकूलतम परिस्थिति के सिद्धांत से इस भरपाई की उम्मीद लगायी गयी। इस सिद्धांत के अनुसार बिना किसी का नुक़सान किये अगर हर व्यक्ति की बहबूदी हो सके तो आर्थिक कल्याण में सुधार हो सकता है। लेकिन एरो ने अपने विश्लेषण में दिखाया कि उपयोगितावादी रवैया, अनुकूलतम परिस्थिति का सिद्धांत, निरंकुशता की अनुपस्थिति या लोकतंत्र के होने की शर्त और सम्पूर्ण रूप से व्यवस्थित सामाजिक चयन एक साथ सम्भव नहीं है। इसीलिए ऐरो की प्रमेय को असम्भाव्यता की प्रमेय के रूप में भी जाना जाता है। एरो ने निष्कर्ष निकाला कि सामाजिक चयन का प्रश्न विशुद्ध गणितीय या औपचारिक रवैये से हल नहीं हो सकता। उसके लिए समाज की असली समस्याओं से जूझना होगा और उस प्रक्रिया में किसी भी तरह की व्यक्तिगत प्राथमिकताओं से बचने के रुझान को भी त्यागना होगा। ज़ाहिर है कि इसमें असंगतियाँ आएँगी इसलिए उनका सामना करने के लिए तैयार रहना पड़ेगा।

एरो ने कहा कि अगर एक व्यक्ति अपने हिस्से को बढ़ाने के आग्रह के तहत दूसरों के हिस्से की चिंता छोड़ देता है तो इस प्रकार की शासन लोकतंत्र या बहुमत का शासन सामाजिक चयन के मुताबिक़ नहीं लगेगा। यह भी हो सकता है कि लोकतंत्र में आम चुनाव या जनमंत संग्रह या समितियों द्वारा लिए गये फ़ैसले नेताओं, राजनीतिक दलों या मीडिया द्वारा अपनायी जाने वाली चालाकियों के कारण सही सामाजिक चयन की नुमाइंदगी न करते दिखाई दें। परिस्थिति के मुताबिक़ सामाजिक चयन का फ़ार्मूला इन्हीं असंगतियों के बीच खोजना होगा।

आगे चल कर सामाजिक चयन के सिद्धांत की रोशनी में किये गये अनुसंधानों से विभिन्न संस्थागत और निर्णयकारी नियमों के फलितार्थों का मूल्यांकन इस आधार पर किया जाने लगा कि क्या उनसे व्यक्तियों की प्राथमिकताएँ पूरी हो रही हैं और क्या उनसे सामाजिक हितों की गारंटी करने वाले विकल्प निकल रहे हैं या नहीं। कैनेथ एरो द्वारा प्रतिपादित असम्भाव्यता की प्रमेय बताती है कि समुचित और स्थाई क़िस्म के सामाजिक हितों की गारंटी कोई एक नियम नहीं कर सकता। लेकिन यह प्रमेय यह भी बता सकती है कि कुछ नियम दूसरे नियमों के मुक़ाबले अधिक असंगत चयनों को

जन्म देते हैं। ज़ाहिर है कि संस्थागत मूल्यांकन और डिज़ाइन में सुसंगति प्राप्त के लिए ऐसे नियमों से बचना बहुत उपयोगी हो सकता है।

सामाजिक चयन के सिद्धांत के तकनीकी और गणितीय पहलुओं पर महारत हासिल करने वाले विद्वानों ने लोकतांत्रिक व्यवस्थाओं के विभिन्न रूपों का विश्लेषण किया है। इनके मुताबिक़ चाहे एक पार्टी के वर्चस्व की संसदीय हुकूमत हो, या राष्ट्रपति-प्रणाली का लोकतंत्र हो, एक चुनाव के माध्यम से ही विविध नीतिगत मुद्दे सरकारी एजेंडे का हिस्सा बन जाते हैं। विद्वानों की राय है कि कई तरह के मुद्दों को एक ही दायरे में हल करने की कोशिश करने वाला संस्थागत विन्यास अपेक्षाकृत अस्थिर और परिवर्तनशील नीतियों को जन्म देता है। इसके उलट बहुपार्टी चुनाव प्रणाली गठजोड़ सरकारों को जन्म देती है जिसके तहत विभिन्न मुद्दों को अलग-अलग दायरों में अधिक सक्षमता से हल किया जा सकता है। इसी तरह अगर व्यवस्था में सत्ता एक जगह केंद्रित न हो कर बँटी हुई है, उसके अलग-अलग केंद्रों के लिए अलग-अलग चुनाव हो रहे हैं, तो हर केंद्र के हिस्से में एक या कुछ मुद्दे ही आएँगे। नतीजतन सामाजिक हितों की संगति और स्थिरता की सम्भावना अधिक रहेगी।

अमर्त्य सेन ने 1977 में एरो के विमर्श का नये सिरे से मूल्यांकन किया और मुख्यत: उसकी मुश्किलों को रेखांकित किया। उनका कहना था कि हितों की नुमाइंदगी के संदर्भ में सूचना संबंधी ख़ामियाँ समस्या पैदा करती हैं, और सामाजिक प्राथमिकताएँ तय करने की बुनियाद के रूप में द्विभाजनों की भूमिका भी इस विश्लेषण को समस्याग्रस्त करती है। इसके अलावा स्वतंत्रतावादियों ने भी सामाजिक चयन के सिद्धांत में निजी अधिकारों के समावेश की अपील की है। उनका कहना है कि संबंधित व्यक्ति को ही उस अधिकार के उपभोग का मौक़ा मिलना चाहिए।

**देखें :** अर्थव्यवस्था का समाजशास्त्र, अभिजन, अभिरुचि, आत्महत्या, उन्मूलनवाद, एजेंसी, कर्मकाण्ड, कारागार, गोपनीयता, गृहविहीनता, जादू, जीवन-शैली, टेलरवाद, परम्परा, परस्पर विपरीत द्विभाजन, प्रति-(संस्कृति, विमर्श, इतिहास, वर्चस्व, स्मृति), प्राइवेसी, प्रौद्योगिकी, फ़ुरसत, बचपन, बहुपत्नी प्रथा, बहुपति प्रथा, बुद्धिसंगत चयन का सिद्धांत, बुज़ुर्गियत का समाजशास्त्र, बेगानगी, भीड़, भ्रष्टाचार का समाजशास्त्र-1 और 2, मानव-प्रकृति, मानवशास्त्र और मार्क्सवाद, मानवशास्त्र और संस्कृति की राजनीति, समाज-विज्ञान, समाज-कार्य, समाजीकरण, समुदायवाद, सामाजिक आंदोलन, सामाजिक बहिर्वेशन, सामाजिक पूँजी, सामाजिक स्तरीकरण, सामाजिक एकजुटता, सामाजिक चयन का सिद्धांत, सांस्कृतिक मानवशास्त्र, सांस्कृतिक सापेक्षतावाद, सांस्कृतिक पूँजी, सेवानिवृत्ति, वाचिकता, विचलन, ज्ञान का समाजशास्त्र।

**संदर्भ**

1. कैनेथ जे. एरो (1963), *सोशल चॉयस ऐंड इंडिविडुअल वैल्यूज़* (दूसरा संस्करण), येल युनिवर्सिटी प्रेस, न्यू हैविन, सीटी.
2. जे.एम. कोलोमर (1983), *पॉलिटिकल इंस्टीट्यूशंस : डेमॉक्रैसी ऐंड सोशल चॉयस*, ऑक्सफ़र्ड युनिवर्सिटी प्रेस, ऑक्सफ़ोर्ड, यूके.
3. एन.आर. मिलर (1983), 'प्लूरलिज़म ऐंड सोशल चॉयस', *अमेरिकन पॉलिटिकल साइंस रिव्यू*, 21.
4. अमर्त्य कुमार सेन (1970), *कलेक्टिव चॉयस ऐंड सोशल वेलफ़ेयर*, होल्डेन डे, सैन फ़्रांसिस्को.
5. अमर्त्य कुमार सेन (1999), 'द पॉसिबिलिटी ऑफ़ सोशल चॉयस', ट्रिनिटी कॉलेज, केम्ब्रिज में दिया गया व्याख्यान, *अमेरिकन इकॉनॉमिक रिव्यू 89*, अंक 3.

**— अभय कुमार दुबे**

# सामाजिक न्याय

(Social Justice)

एक विचार के रूप में सामाजिक न्याय की बुनियाद सभी मनुष्यों को समान मानने के आग्रह पर आधारित है। इसके मुताबिक़ किसी के साथ सामाजिक, धार्मिक और सांस्कृतिक पूर्वग्रहों के आधार पर भेदभाव नहीं होना चाहिए। हर किसी के पास इतने न्यूनतम संसाधन होने चाहिए कि वे 'उत्तम जीवन' की अपनी संकल्पना को धरती पर उतार पाएँ। विकसित हों या विकासशील, दोनों ही तरह के देशों में राजनीतिक सिद्धांत के दायरे में सामाजिक न्याय की इस अवधारणा और उससे जुड़ी अभिव्यक्तियों का प्रमुखता से प्रयोग किया जाता है। लेकिन इसका मतलब यह नहीं है कि उसका अर्थ हमेशा सुस्पष्ट ही होता है। सिद्धांतकारों ने इस प्रत्यय का अपने-अपने तरीक़े से इस्तेमाल किया है। व्यावहारिक राजनीति के क्षेत्र में भी, भारत जैसे देश में सामाजिक न्याय का नारा वंचित समूहों की राजनीतिक गोलबंदी का एक प्रमुख आधार रहा है। उदारतावादी मानकीय राजनीतिक सिद्धांत में उदारतावादी-समतावाद से आगे बढ़ते हुए सामाजिक न्याय के सिद्धांतीकरण में कई आयाम जुड़ते गये हैं। मसलन, अल्पसंख्यक अधिकार, बहुसंस्कृतिवाद, मूल निवासियों के अधिकार आदि। इसी तरह, नारीवाद के दायरे में स्त्रियों के अधिकारों को ले कर भी विभिन्न स्तरों पर सिद्धांतीकरण हुआ है और स्त्री-सशक्तीकरण के मुद्दों को उनके सामाजिक न्याय से जोड़ कर देखा जाने लगा है।

यद्यपि एक विचार के रूप में विभिन्न धर्मों की बुनियादी शिक्षाओं में सामाजिक न्याय के विचार को देखा जा

सकता है, लेकिन अधिकांश धर्म या सम्प्रदाय जिस व्यावहारिक रूप में सामने आये या बाद में जिस तरह उनका विकास हुआ, उनमें कई तरह के ऊँच-नीच और भेदभाव जुड़ते गये। समाज-विज्ञान में सामाजिक न्याय का विचार उत्तर-ज्ञानोदय काल में सामने आया और समय के साथ अधिकाधिक परिष्कृत होता गया। क्लासिकल उदारतावाद ने मनुष्यों पर से हर तरह की पुरानी रूढ़ियों और परम्पराओं की जकड़न को ख़त्म किया और उसे अपने मर्जी के हिसाब से जीवन जीने के लिए आज़ाद किया। इसके तहत हर मुनष्य को स्वतंत्रता देने और उसके साथ समानता का व्यवहार करने पर ज़ोर ज़रूर था, लेकिन ये सारी बातें औपचारिक स्वतंत्रता या समानता तक ही सिमटी हुई थीं। बाद में उन्नीसवीं सदी की शुरुआत में कई उदारतावादियों ने राज्य के हस्तक्षेप द्वारा व्यक्तियों की आर्थिक भलाई करने और उन्हें अपनी स्वतंत्रता को उपभोग करने में समर्थ बनाने की वकालत की। कई यूटोपियाई समाजवादियों ने भी एक ऐसे समाज की कल्पना की जहाँ आर्थिक, सामाजिक या सांस्कृतिक आधार पर लोगों के साथ भेदभाव न होता हो। स्पष्टत: इन सभी विचारों में सामाजिक न्याय के प्रति गहरा सरोकार था। इसके बावजूद मार्क्स ने इन सभी विचारों की आलोचना की और ज़ोर दिया कि न्याय जैसी अवधारणा की आवश्यकता पूँजीवाद के भीतर ही होती है क्योंकि इस तरह की व्यवस्था में उत्पादन के साधनों पर क़ब्ज़ा जमाये कुछ लोग बहुसंख्यक सर्वहारा का शोषण करते हैं। उन्होंने क्रांति के माध्यम से एक ऐसी व्यवस्था क़ायम करने का लक्ष्य रखा जहाँ हर कोई अपनी क्षमता के अनुसार काम करने और अपनी आवश्यकता के अनुसार चीज़ें हासिल करने की परिस्थितियाँ प्राप्त हों।

लेकिन बीसवीं सदी के पूर्वार्ध में मार्क्सवाद और उदारतावाद का जो व्यावहारिक रूप सामने आया, वह उनके आश्वासनों जैसा न हो कर विकृत था। मार्क्सवाद से प्रेरित रूसी क्रांति के कुछ वर्षों बाद ही स्तालिनवाद की सर्वसत्तावादी संरचनाएँ उभरने लगीं। वहीं उदारतावाद और पूँजीवाद ने आंतरिक जटिलताओं के कारण दुनिया को दो विश्व-युद्धों, महामंदी, फ़ासीवाद और नाज़ीवाद जैसी भीषणताओं में धकेल दिया। पूँजीवाद को संकट से उबारने के लिए पूँजीवादी देशों में क्लासिकल उदारतावादी सूत्र से लेकर कींसवादी नीतियों तक हर सम्भव उपाय अपनाने की कोशिश की गयी। इस पूरे संदर्भ में सामाजिक न्याय की बातें नेपथ्य में चली गयीं या सिर्फ़ इनका दिखावे के तौर पर प्रयोग किया गया। इसी दौर में उपनिवेशवाद के ख़िलाफ़ चलने वाले संघर्षों में मानव-मुक्ति और समाज के कमज़ोर तबक़ों के हक़ों आदि की बातें ज़ोरदार तरीक़े से उठायी गयीं। ख़ास तौर पर भारतीय स्वतंत्रता आंदोलन में सभी तबकों के लिए सामाजिक न्याय के मुद्दे पर गम्भीर बहस चली। इस बहस से ही समाज के वंचित तबक़ों के लिए संसद एवं नौकरियों में आरक्षण, अल्पसंख्यकों को अपनी आस्था के अनुसार अधिकार देने और अपनी भाषा का संरक्षण करने जैसे प्रावधानों पर सहमति बनी। बाद में ये सहमतियाँ भारतीय संविधान का भाग बनीं।

इसी के साथ-साथ मानकीय उदारतावादी सिद्धांत में राज्य द्वारा समाज के कुछ तबकों की भलाई या कल्याण के लिए ज़्यादा आय वाले लोगों पर टैक्स लगाने का मसला विवादास्पद बना रहा। कींस ने पूँजीवाद को मंदी से उबारने के लिए राज्य के हस्तक्षेप के ज़रिये रोज़गार पैदा करने के प्रावधानों का सुझाव दिया, लेकिन फ्रेड्रिख़ वान हायक, मिल्टन फ्रीडमैन और बाद में रॉबर्ट नॉज़िक जैसे विद्वानों ने आर्थिक गतिविधियों में राज्य के हस्तक्षेप की आलोचना की। इन लोगों का मानना था कि इससे व्यक्ति की स्वतंत्रता और आर्थिक आज़ादी को चोट पहुँचती है। जॉन रॉल्स ने 1971 में अपनी किताब *अ थियरी ऑफ़ जस्टिस* में ताक़तवर दलीलें दीं आख़िर क्यों समाज के कमज़ोर तबकों की भलाई के लिए राज्य को सक्रिय हस्तक्षेप करना चाहिए। अपनी थियरी में रॉल्स शुद्ध प्रक्रियात्मक न्याय की अवधारणा प्रस्तुत करते हुए वितरणमूलक न्याय के लक्ष्य को हासिल करने की कोशिश करते हुए दिखाई देते हैं। अपने न्याय के सिद्धांत में उन्होंने हर किसी को समान स्वतंत्रता के अधिकार की तरफ़दारी की। इसके साथ ही भेदमूलक सिद्धांत के माध्यम से यह स्पष्ट किया कि सामाजिक और आर्थिक अंतरों को इस तरह समायोजित किया जाना चाहिए कि इससे सबसे वंचित तबके को सबसे ज़्यादा फ़ायदा हो।

बाद के वर्षों में रॉल्स के सिद्धांत की कई आलोचनाएँ भी सामने आयीं, जो दरअसल साामाजिक न्याय के संदर्भ कई नये आयामों का प्रतिनिधित्व करती थीं। इस संदर्भ में समुदायवादियों और नारीवादियों की द्वारा की गयी आलोचनाओं का विशेष रूप से उल्लेख किया जा सकता है। समुदायवादियों ने सामान्य तौर पर उदारतावाद और विशेष रूप से रॉल्स के सिद्धांत की इसलिए आलोचना की कि इसमें व्यक्ति की अणुवादी संकल्पना पेश किया गया है। रॉल्स जिस व्यक्ति की संकल्पना करते हैं वह अपने संदर्भ और समुदाय से पूरी तरह कटा हुआ है। बाद में, 1980 के दशक के आख़िरी वर्षों में, उदारतावादियों ने समुदायवादियों की आलोचनाओं को उदारतावाद के भीतर समायोजित करने की कोशिश की जिसके परिणामस्वरूप बहुसंस्कृतिवाद की संकल्पना सामने आयी। इसमें यह माना गया कि अल्पसंख्यक समूहों के साथ वास्तविक रूप से तभी न्याय हो सकता है, जब उन्हें अपनी संस्कृति से जुड़े विविध पहलुओं की हिफ़ाज़त करने और उन्हें सार्वजनिक रूप से अभिव्यक्त करने की आज़ादी मिले। इसके लिए यह ज़रूरी है कि इनके

सामुदायिक अधिकारों को मान्यता दी जाए। इस तरह सैद्धांतिक विमर्श के स्तर पर बहुसंस्कृतिवाद ने सामाजिक न्याय की अवधारणा में एक नया आयाम जोड़ा।

यहाँ उल्लेखनीय है कि साठ के दशक से ही पश्चिम में नारीवादी आंदोलन, नागरिक अधिकार आंदोलन, गे, लेस्बियन और ट्रांस-जेंडर आंदोलन और पर्यावरण आंदोलन आदि उभरने लगे थे। बाद के दशकों में इनका प्रसार ज़्यादा बढ़ा और इन्होंने सैद्धांतिक विमर्श को भी गहराई प्रदान की। मसलन, नारीवादियों ने उदारतावाद और रॉल्सवादी रूपरेखा की आलोचना की। अपने विश्लेषण द्वारा उन्होंने पितृसत्ता को नारीवादियों के समान हक़ के रास्ते में सबसे बड़ी रुकावट के रूप में रेखांकित किया। इसी तरह, गे, लेस्बियन और ट्रांस-जेंडर लोगों ने समाज में 'सामान्य' या 'नार्मल' की वर्चस्वी रूपरेखा पर सवाल उठाया और अपने लिए समान स्थिति की माँग की। नागरिक अधिकार आंदोलनों द्वारा पश्चिम में, ख़ास तौर पर अमेरिकी समाज में काले लोगों ने अपने लिए बराबरी की माँग की। मूल निवासियों ने भी अपने सांस्कृतिक अधिकारों की माँग करते हुए बहुत सारे आंदोलन किये हैं। बहुसंस्कृतिवादियों ने अपनी सैद्धांतिक रूपरेखा में इन सभी पहलुओं को समेटने की कोशिश की है। इन सभी पहलुओं ने सामाजिक न्याय के अर्थ में कई नये आयाम जोड़े हैं। इससे स्पष्ट होता है कि विविध समूहों के लिए सामाजिक न्याय का अलग-अलग अर्थ रहा है।

असल में विकासशील समाजों में पश्चिमी समाजों की तुलना में सामाजिक न्याय ज़्यादा रैडिकल रूप में सामने आया है। मसलन, दक्षिण अफ्रीका में अश्वेत लोगों ने रंगभेद के ख़िलाफ़ और सत्ता में अपनी हिस्सेदारी के लिए ज़ोरदार संघर्ष किया। इस संघर्ष की प्रकृति अमेरिका में काले लोगों द्वारा चलाये गये संघर्ष से इस अर्थ में अलग थी कि दक्षिण अफ्रीका में काले लोगों को ज़्यादा दमनकारी स्थिति का सामना करना पड़ रहा था। इस संदर्भ में भारत का उदाहरण भी उल्लेखनीय है। बहुसंस्कृतिवाद ने जिन सामुदायिक अधिकारों पर जोर दिया उनमें से कई अधिकार भारतीय संविधान में पहले से ही दर्ज हैं। लेकिन यहाँ सामाजिक न्याय वास्तविक राजनीति में संघर्ष का नारा बन कर उभरा। मसलन, भीमराव आम्बेडकर और उत्पीड़ित जातियों और समुदायों के कई नेता समाज के हाशिये पर पड़ी जातियों को शिक्षित और संगठित होकर संघर्ष करते हुए अपने न्यायपूर्ण हक़ को हासिल करने की विरासत रच चुके थे। इसी तरह पचास और साठ के दशक में राममनोहर लोहिया ने इस बात पर जोर दिया कि पिछड़ों, दलितों, अल्पसंख्यकों और स्त्रियों को एकजुट होकर सामाजिक न्याय के लिए संघर्ष करना चाहिए। लोहिया चाहते थे कि ये समूह एकजुट होकर सत्ता और नौकरियों में ऊँची जातियों के वर्चस्व को चुनौती दें। इस पृष्ठभूमि के साथ नब्बे के दशक के बाद सामाजिक न्याय भारतीय राजनीति का एक प्रमुख नारा बनता चला गया। इसके कारण अभी तक सत्ता से दूर रहे समूहों को सत्ता की राजनीति के केंद्र में आने का मौक़ा मिला। ग़ौरतलब है कि भारत में भी पर्यावरण के आंदोलन चल रहे हैं। लेकिन ये लड़ाइयाँ स्थानीय समुदायों के अपने 'जल, जंगल और जमीन' के संघर्ष से जुड़ी हुई हैं। इसी तरह विकासशील समाजों में अल्पसंख्यक समूह भी अपने ख़िलाफ़ पूर्वग्रहों से लड़ते हुए अपने लिए ज़्यादा बेहतर सुविधाओं की माँग कर रहे हैं। इस अर्थ में सामाजिक न्याय का संघर्ष लोगों के अस्तित्व और अस्मिता से जुड़ा हुआ संघर्ष है।

इस बात से इनकार नहीं किया जा सकता है कि सामाजिक न्याय के नारे ने विभिन्न समाजों में विभिन्न तबकों को अपने लिए गरिमामय ज़िंदगी की माँग करने और उसके लिए संघर्ष करने के लिए प्रेरित किया है। सैद्धांतिक विमर्श में भी यूटोपियाई समाजवाद से लेकर वर्तमान समय तक सामाजिक न्याय में बहुत सारे आयाम जुड़ते गये हैं। यह भी उल्लेखनीय है कि विकसित समाजों की तुलना में विकासशील समाजों में सामाजिक न्याय का संघर्ष बहुत जटिलताओं से घिरा रहा है। अधिकांश मौक़ों पर इन समाजों में लोगों को सामाजिक न्याय के संघर्ष में बहुत ज़्यादा संरचात्मक हिंसा और कई मौक़ों पर राज्य की हिंसा का भी सामना करना पड़ा है। लेकिन सामाजिक न्याय के लिए चलने वाले संघर्षों के कारण इन समाजों में बुनियादी बदलाव हुए हैं। कुल मिला कर समय के साथ सामाजिक न्याय के सिद्धांतीकरण में कई नये आयाम जुड़े हैं और एक संकल्पना या नारे के रूप में इसने लम्बे समय तक ख़ामोश या नेपथ्य में रहने वाले समूहों को भी अपने के लिए जागृत किया है।

**देखें :** अधिकार, अधिकार : सैद्धांतिक यात्रा, अरस्तू, अफ़लातून, अनुदारतावाद, अराजकतावाद, अन्य-अन्यीकरण, उदारतावाद, उपयोगितावाद, ऐडमण्ड बर्क, क्रांति, ज्याँ ज़ाक रूसो, जॉन लॉक, जेरेमी बेंथम, जॉन स्टुअर्ट मिल, जॉन रॉल्स, थॉमस हॉब्स, थॉमस पेन, न्याय, न्याय : नारीवादी आलोचना, न्याय : रॉल्स का सिद्धांत, राजनीति में व्यक्ति की भूमिका, नागरिकता, नागरिकता : अन्य परिप्रेक्ष्य-1 और 2, नागर समाज, पनोप्टिकॉन, प्रतिनिधित्व, प्रगति, प्रगति : आलोचनात्मक परिप्रेक्ष्य, प्रशासन, फ़ासीवाद, फ्रेड्रिख़ वॉन हायक, बहुसंस्कृतिवाद, बहुसंख्यकवाद, बहुसंख्यक-अल्पसंख्यक, बुद्धिवाद, भीखू छोटालाल पारिख, माइकेल जोसेफ़ ओकशॉट, माइकिल वाल्ज़र, मिशेल पॉल फ़ूको-1 और 2, यूटोपिया, राजनीतिक और राजनीति, राजनीतिक दर्शन के नारीवादी आयाम-1 और 2, राजनीतिक मनोविज्ञान, राजनीतिक समाजशास्त्र, राज्य-1 और 2, रॉबर्ट नॉज़िक, राज्य-1 और 2, राष्ट्र-राज्य, राष्ट्र : सांस्कृतिक या राजनीतिक, राष्ट्रवाद, राष्ट्रवाद का इतिहास, लोकतंत्र, लोकतंत्र की आलोचनाएँ, व्यक्तिवाद, व्यवहारवाद, विल किमलिका, वितरणमूलक न्याय, विदेशी-द्वेष, वैधता, वैधता का संकट, सविनय अवज्ञा, समानता, समानता : चार अवधारणाएँ, समतावाद, सर्वसत्तावाद, स्मृति की

राजनीति, स्वतंत्रता, स्वतंत्रतावाद, स्वजातिवाद, स्वच्छंदतावाद, सत्ता, सर्वसत्तावाद, सम्प्रभुता, समाजवाद, सरकारियत, सम्पत्ति, सम्पत्ति : साझा और सरकारी, सम्पत्ति : मार्क्सवादी परिप्रेक्ष्य, सम्पत्ति : नारीवादी परिप्रेक्ष्य, संविधानवाद, संघवाद, सामाजिक समझौता, सिद्धांत, सिद्धांत: राजनीतिक-सामाजिक, सुधार, हान्ना एरेंत, हेनरी डेविड थोरो।

### संदर्भ

1. जॉन रॉल्स (1971), *अ थियरी ऑफ़ जस्टिस,* ऑक्सफ़र्ड युनिवर्सिटी प्रेस, लंदन.
2. इलानोर ज़िलियट (1986), 'द सोशल ऐंड पॉलिटिकल थॉट ऑफ़ बी.आर. आम्बेडकर', थॉमस पैंथम और केनेथ एल. ड्युश्च (सम्पा.), *पॉलिटिकल थॉट इन मॉडर्न इण्डिया,* सेज पब्लिकेशंस, नयी दिल्ली.
3. विल किमलिका (1996), *मल्टीकल्चरल सिटीज़नशिप : अ लिबरल थियरी ऑफ़ माइनॉरिटी राइट्स,* क्लैरेंडन प्रेस, ऑक्सफ़र्ड.
4. विल किमलिका (2009), *समकालीन राजनीति दर्शन : एक परिचय,* (अनु. कमल नयन चौबे) पियर्सन, नयी दिल्ली.

**— कमल नयन चौबे**

# सामाजिक पूँजी

(Social Capital)

सामाजिक पूँजी के विचार को नये सिरे से प्रासंगिक बनाने का श्रेय अमेरिकी समाज-विज्ञान को जाता है। फ्रांसीसी समाजशास्त्री एमील दुर्खाइम के समय से ही इससे मिलती-जुलती धारणाओं पर ग़ौर किया जाता रहा है, पर बीसवीं सदी के आख़िरी दशक में अमेरिकी समाज-विज्ञान के हलकों ने इस पर नये लहजे में बहस शुरू की। अमेरिकी समाज में नागरिक संस्थाओं की गिरती हुई सदस्यता से पैदा हुए सरोकारों की इस बहस के पीछे मुख्य भूमिका रही। समाज वैज्ञानिकों ने देखा कि महामंदी और विश्वयुद्ध के बाद पैदा हुई पीढ़ी के तिरोहित हो जाने और मनोरंजन के इलेक्ट्रॉनिक साधनों के सहारे घर की दुनिया में क़ैद हो जाने की प्रवृत्ति के कारण अमेरिका में सामाजिक संस्थाओं की गतिविधियाँ ठप पड़ गयी हैं। इसके प्रति अनुक्रिया करते हुए रॉबर्ट पुटनैम ने सामाजिक पूँजी की अवधारणा को टटोला। दुर्खाइम के समाजशास्त्रीय परिप्रेक्ष्य में जो सूत्रीकरण सामाजिक एकजुटता और उसके मैकेनेकिल और ऑर्गनिक आयामों के रूप में उभरता है, उसी से मिलता-जुलता परिप्रेक्ष्य पुटनैम के विमर्श में दिखाई पड़ता है। सामाजिक पूँजी के सिद्धांत के मर्म में आग्रह यह है कि सामाजिक नेटवर्कों के महत्त्व को नज़रअंदाज़ नहीं किया जाना चाहिए क्योंकि सामाजिक संपर्क व्यक्तियों और उनके समूहों की उत्पादकता को प्रभावित करते हैं। लोग विभिन्न मक़सदों से अपने सम्पर्कों और रिश्तों को एक महत्त्वपूर्ण संसाधन की तरह इस्तेमाल करते हैं। वे जैसे ही किसी समस्या में फँसते हैं या उनके जीवन में कोई परिवर्तन होता है, वे दोस्तों, नाते-रिश्तों और परिजनों को आवाज़ देते हैं। लोगों का समूह आपस में जुड़ कर अपने समान हितों को साधने का प्रयास करता है। इसी बात को व्यापक धरातल पर इस प्रकार कहा जा सकता है कि सामाजिक संगठन के सभी रूप अंतर्वैयक्तिक संबंधों के धागों से बँधे होते हैं।

नब्बे के दशक के मध्य में रॉबर्ट पुटनैम ने इस प्रश्न पर कई विवादात्मक लेख लिखे। इसके बाद 2000 में तथ्यों-आँकड़ों से भरी हुई उनकी विश्लेषणात्मक पुस्तक *बौलिंग एलोन* प्रकाशित हुई जिसके पन्नों पर दर्ज एक विचलित कर देने वाली छवि ने सभी का ध्यान आकर्षित किया। इस किताब में पुटनैम दिखाते हैं कि अमेरिकी लोग एक बौलिंग एली में अकेले ही खेल रहे हैं जबकि कुछ समय पहले तक वहाँ विभिन्न टीमें एक संगठित लीग के तहत आपस में खेला करती थीं। नब्बे के दशक में हुई बहस से पहले सामाजिक पूँजी के विचार के साथ समुदाय की अवधारणा नहीं जोड़ी जाती थी। पर, पुटनैम और उनके साथियों ने तर्क दिया कि सामाजिक पूँजी की अहमियत व्यक्ति तक ही सीमित नहीं है, बल्कि वह एक व्यापक सामाजिक हित की गारंटी भी करती है। सामाजिक पूँजी के स्तर में गिरावट आने पर समुदाय के अस्तित्व पर ही विपरीत असर पड़ता है।

पुटनैम के प्रयासों से राजनीतिक समाजशास्त्र की उन परम्पराओं में नयी जान पड़ी जिनके तहत माना जाता था कि स्वयंसेवी संस्थाएँ व्यक्तियों को आपस में सूत्रबद्ध करके एक व्यापक संसार की रचना करती हैं। उन्नीसवीं सदी में अलैक्सिस द टॉकवील ने अमेरिकी लोकतंत्र से संबंधित अपने विख्यात अवलोकनों में दिखाया था कि किस तरह विभिन्न हित-समूह और नागरिक संगठन निरंतर अन्योन्यक्रिया के माध्यम से पूरी लोकतांत्रिक व्यवस्था की एकजुटता बनाये हुए हैं। ध्यान रहे कि युरोप के बारे में टॉकवील की मान्यता थी कि वहाँ स्थिरता लाने की यही भूमिका राजशाही और कुलीनतंत्र के नेतृत्व में जारी परम्पराओं ने निभायी है। पुटनैम के विचारों की प्रासंगिकता का अंदाज़ा इस बात से लगाया जा सकता है कि मीडिया ने उन्हें हाथो-हाथ लिया और उनका प्रभाव समाज-विज्ञान के दायरों के परे चला गया। अनगिनत रेडियो और टीवी कार्यक्रमों में उन्हें अपनी बात कहने का मौक़ा मिला। दो अमेरिकी राष्ट्रपतियों ने उनसे राय ली और कई युरोपीय प्रधानमंत्रियों ने उनके विचारों पर ग़ौर किया।

रॉबर्ट पुटनैम (1941- )

पुटनैम से पहले दूसरे बुद्धिजीवी सामाजिक रिश्तों और नेटवर्कों के आईने में विभिन्न सामाजिक-राजनीतिक परिघटनाओं की जाँच का प्रयास कर चुके थे। जेन जैकब्स द्वारा विभिन्न शहरों में होने वाले अपराधों के बीच फ़र्क़ का पता लगाने के लिए सामाजिक रिश्तों की असमानता का अध्ययन किया चुका था। इसी विचार के आधार पर फ्रांसीसी समाजशास्त्री पिएर बोर्दियो भिन्न दिशा में सामाजिक-आर्थिक ग़ैर-बराबरी के पुनरुत्पादन की व्याख्या कर चुके थे। बोर्दियो ने अपने साथी लोइक वाकाँ के साथ प्रकाशित रचना में लिखा था कि सामाजिक पूँजी ऐसे वास्तविक और निराकार संसाधनों का योगफल है जो किसी व्यक्ति या समूह को किसी सामाजिक नेटवर्क की सदस्यता की बदौलत हासिल होते हैं। ये नेटवर्क आपसी जान-पहचान के कमोबेश संस्थागत रूप ले चुके संबंधों के ज़रिये टिके रहते हैं। व्यक्ति अपनी सामाजिक पूँजी के आधार पर हासिल की गयी उस सामाजिक-आर्थिक हैसियत को अगली पीढ़ी के हवाले कर पाता है जो उसने प्रभावशाली परिजनों, महँगे स्कूलों में पढ़ने वाले अपने सहपाठियों और किसी ख़ास क्लब के साथी सदस्यों की सोहबत के बदौलत हासिल की होती है। इस सामाजिक पूँजी को लगातार प्रासंगिक और प्रभावी रखने के लिए व्यक्ति आपसी मेल-जोल में अपने समय का योजनाबद्ध निवेश करता है।

इस व्याख्या से स्पष्ट है कि बोर्दियो साठ के दशक में प्रचलित वर्ग-विश्लेषण के नव-मार्क्सवादी दायरे में चिंतन कर रहे थे। उनकी दिलचस्पी यह दिखाने में थी कि अभिजनों के समूह किस तरह अपनी सत्ता की निरंतरता बनाये रखते हैं। इसके विपरीत जेम्स कोलमैन ने सामाजिक पूँजी की अवधारणा का इस्तेमाल करते हुए कई अफ्रीकन-अमेरिकन हाई स्कूल छात्रों के बीच किये गये आनुभविक अध्ययनों के ज़रिये दिखाया कि परिवार और समुदाय द्वारा मिले हुए गुणों द्वारा कम आमदनी और अच्छे स्कूल में पढ़ने की सुविधा न मिल पाने जैसी कमियों की भरपाई हो जाती है। बच्चे के संज्ञानात्मक विकास में ऐसे गुण महत्त्वपूर्ण भूमिका अदा करते हैं। कोलमैन एक ऐसे समाजशास्त्री थे जिनकी अर्थशास्त्र में काफ़ी दिलचस्पी थी। उन्होंने तर्कसंगत सामाजिक चयन सिद्धांत (रैशनल चॉयस थियरी) का आलोचना करते हुए कहा कि यह सिद्धांत व्यक्तिगत निजी-हित पर आधारित रवैये की तो व्याख्या कर लेता है, पर सहकारी व्यवहार और परोपकारी रवैये को नहीं समझ पाता। इस लिहाज़ से सामाजिक पूँजी का सिद्धांत रैशनल चॉयस थियरी की यह कमी पूरी कर देता है।

कहना न होगा कि बोर्दियो की निगाह में सामाजिक पूँजी की अवधारणा ऊँच-नीच क़ायम रखने में मददगार थी, और कोलमैन उसे वंचित समूहों को आगे बढ़ाने में सहायक के तौर पर देख रहे थे। हालाँकि यह एक अहम मानकीय अंतर था, पर कुल मिला कर दोनों ही विद्वानों ने इस सिद्धांत के विभिन्न आयामों को समृद्ध किया। नब्बे के दशक में जब इसके इर्द-गिर्द बहस शुरू हुई तो इस सिद्धांत को नये सिरे से प्रश्नांकित किया गया और अपने-अपने तर्कों के पक्ष में ढेर सारी तथ्यगत दलीलें जुटायी गयीं। कुछ अध्ययनों से स्पष्ट हुआ कि सामाजिक नेटवर्कों का लाभ असामाजिक और अपराधिक मक़सदों से भी उठाया जाता है। कुछ नेटवर्क ऐसे मूल्यों और आचरण-संहिताओं को मजबूत करते हैं जिनके प्रभाव के तहत लोग समस्याओं के ठीक से निदान करने में असमर्थ हो जाते हैं। बहस यह भी हुई कि इस सिद्धांत का कितना हिस्सा समाजशास्त्रीय है और कितना अर्थशास्त्री। इसी के तहत पूछा गया कि क्या पूँजी शब्द का इस्तेमाल इसमें केवल रूपक के तौर पर किया जा रहा है या सामाजिक पूँजी को बाक़ायदा नापा भी जा सकता है और उससे होने वाले मुनाफ़े की दर का भी पता लगाया जा सकता है।

**देखें :** अर्थव्यवस्था का समाजशास्त्र, अभिजन, अभिरुचि, आत्महत्या, उन्मूलनवाद, एजेंसी, कर्मकाण्ड, कारागार, गोपनीयता, गृहविहीनता, जादू, जीवन-शैली, टेलरवाद, परम्परा, परस्पर विपरीत द्विभाजन, प्रति-(संस्कृति, विमर्श, इतिहास, वर्चस्व, स्मृति), प्राइवेसी, प्रौद्योगिकी, फ़ुरसत, बचपन, बहुपत्नी प्रथा, बहुपति प्रथा, बुद्धिसंगत चयन का सिद्धांत, बुज़ुर्गियत का समाजशास्त्र, बेगानगी, भीड़, भ्रष्टाचार का समाजशास्त्र-1 और 2, मानव-प्रकृति, मानवशास्त्र और मार्क्सवाद, मानवशास्त्र और संस्कृति की राजनीति, समाज-विज्ञान, समाज-कार्य, समाजीकरण, समुदायवाद, सामाजिक आंदोलन, सामाजिक बहिर्वेशन, सांस्कृतिक मानवशास्त्र, सांस्कृतिक सापेक्षतावाद, सांस्कृतिक पूँजी, सेवानिवृत्ति, वाचिकता, विचलन, ज्ञान का समाजशास्त्र।

**संदर्भ**

1. रॉबर्ट डी. पुटनैम (2000), *बौलिंग एलोन : द कलेप्स ऐंड रिवाइवल ऑफ़ अमेरिकन कम्युनिटी,* साइमन एंज शुस्टर, न्यूयॉर्क.
2. पिएर बोर्दियो और लोइक वाकाँ (1992), ऐन *इनविटेशन टू रिफ्लेक्सिव सोसियोलॅजी,* युनिवर्सिटी ऑफ़ शिकागो प्रेस, शिकागो.
3. जेम्स कोलमैन (1994), *फ़ाउंडेशन ऑफ़ सोशल थियरी,* बेल्कनैप प्रेस, केम्ब्रिज, एमए.
4. जॉन फ़ील्ड (2003), *सोशल कैपिटल,* रॉटलेज, लंदन.

**— अभय कुमार दुबे**

# सामाजिक बहिर्वेशन

(Social Exclusion)

सामाजिक बहिर्वेशन केवल ग़रीबी या बेरोज़गारी का परिणाम न हो कर समान अवसरों से वंचित करने की उस प्रक्रिया का नाम है जो समाज के कुछ समूहों पर थोप दी जाती है। नतीजा यह निकलता है कि उन समूहों के सदस्य निजी तौर पर राजनीतिक, आर्थिक और सामाजिक प्रक्रिया में भागीदारी करने की हैसियत में नहीं रह जाते। बहिर्वेशन की यह प्रक्रिया सामाजिक संबंधों और सामाजिक संस्थाओं पर निर्भर करती है। अगर वे बहिर्वेशनकारी और भेदभावपूर्ण हैं तो जीवन के हर क्षेत्र में व्यक्तियों और समूहों को नकारात्मक रूप से प्रभावित करेंगे। सामाजिक बहिर्वेशन का दायरा बहुत बड़ा होता है। उसमें रोज़ी-रोटी न कमा पाने और गृहविहीनता की स्थितियों से लेकर जेंडर या जातीयता से जुड़ा पक्षपात भी शामिल है। सामाजिक बहिर्वेशन के सिद्धांतकारों के अनुसार यह बहुआयामी परिघटना अपनी प्रकृति में प्रक्रियात्मक होती है। अर्थात् कोई व्यक्ति या समूह बहिर्वेशनों के एक सिलसिले से क्रमशः गुज़रता हुआ अलगाव, तिरस्कार, अवमानना और असुरक्षा का शिकार होता चला जाता है। अमर्त्य कुमार सेन ने सामाजिक बहिर्वेशन की बारीक़ व्याख्या करते हुए बताया है कि किस प्रकार कुछ लोग शामिल न किये जाने के कारण परित्यक्तता की अनुभूति करते हैं, और कुछ लोग शामिल किये जाने के बावजूद भेदभाव का शिकार होने के कारण उसी अनुभूति से गुज़रते हैं। यानी बहिर्वेशन न केवल खुले तौर से अलगाव में डाल दिया जाने का परिणाम है, बल्कि वह उपेक्षा और अन्याय से भी उपजता है। अमर्त्य सेन ने सक्रिय और निष्क्रिय बहिर्वेशन की भी चर्चा की है। सरकार द्वारा बनायी गयी नीतियों के परिणामस्वरूप होने वाला बहिर्वेशन सक्रिय श्रेणी में आता है, और समाज की ख़ामोशी से चलने वाली प्रक्रियाओं के कारण होने वाले परिस्थितिजन्य बहिर्वेशन को निष्क्रिय क़रार दिया जा सकता है।

प्राचीन यूनानी दर्शन में बहिर्वेशन के प्रश्न और उसकी सीमाओं के बारे में अरस्तू ने अपनी रचना *पॉलिटिक्स* में विचार किया है। अरस्तू दासों, स्त्रियों, दस्तकारों, शारीरिक श्रम करने वालों और बाहर से आये लोगों को अपने पोलिस यानी राज्य की प्रक्रियाओं में भागीदारी करने की इजाज़त नहीं देते। लेकिन, साथ में वे यह चेतावनी देना भी नहीं भूलते कि वही राज्य और वही संविधान टिकाऊ होता है जिसमें बहिर्वेशन के शिकार लोगों की संख्या कम से कम होती है। अरस्तू ने एक दिलचस्प सुझाव यह भी दिया है कि सत्ता के टिकाऊ होने के लिए उसका विशाल मध्यवर्ग पर आधारित होना अधिक कारगर हो सकता है। अरस्तू के विमर्श से सामाजिक बहिर्वेशन के बारे में दो सूत्र निकलते हैं। पहला, सफल राज्य-प्रणालियाँ बहिर्वेशन को कम से कम करने की कोशिश करती हैं, और जिस राज्य में मध्यवर्ग का आकार बढ़ता जाता है उसमें बहिर्वेशन घटता है। अरस्तू के दर्शन की रोशनी में अगर भारत में सामाजिक और शैक्षिक रूप से पिछड़े समुदायों को दिये जाने वाले आरक्षण पर निगाह डाली जाए तो दिखता है कि विशेष सुविधाओं का यह सिद्धांत व्यावहारिक रूप से दलित, पिछड़े और आदिवासी समुदायों में एक मध्यवर्ग की रचना कर रहा है।

समाज-विज्ञान में सामाजिक बहिर्वेशन की अवधारणा नब्बे के दशक में ख़ास तौर से प्रचलित हुई। आज युरोप और अन्य विकसित देशों में लिए गये नीतिगत फ़ैसलों का मूल्यांकन करने के लिए इसे एक आईने की तरह इस्तेमाल किया जाने लगा है। 1965 में फ्रांसीसी विद्वान ज्याँ क्लेनफ़र की रचना *सोशल एक्सक्लूज़न : द स्टडी ऑफ़ मार्जिनलिटी इन वेस्टर्न सोसाइटीज़* से इस विचार की शुरुआत मानी जाती है। इस रचना में ज़्यादातर बहिर्वेशन के आर्थिक रूपों को रेखांकित किया गया था। इसके बाद सत्तर के दशक में एक और फ्रांसीसी विद्वान रेने लेनोइर ने दिखाया कि किस तरह ग़रीबी और अधिकारहीनता के कारण फ्रांसीसी नागरिकों का एक हिस्सा आर्थिक और सामाजिक प्रक्रियाओं में भागीदारी से वंचित है। अस्सी और नब्बे के दशक तक सामाजिक बहिर्वेशन ने एक अहम सिद्धांत की हैसियत प्राप्त कर ली। फ्रांस की अर्थव्यवस्था पर हावी लगभग स्थाई क़िस्म की दीर्घकालीन बेरोज़गारी की स्थितियों की भी इसमें भूमिका रही। इसी के साथ-साथ इसी अवधि में आव्रजन और जातीय अल्पसंख्यकों के असमान दर्जे पर हुई बहसों ने इस अवधारणा को महज़ आर्थिक दायरों में होने वाली चर्चाओं से निकाला। धीरे-धीरे फ्रांसीसी राजनीति में सामाजिक बहिर्वेशन के ख़िलाफ़ आवाज़ उठाना मतदाताओं की हमदर्दी जीतने के लिए ज़रूरी समझा जाने लगा। सदी के अंत तक

युरोप के अन्य देशों में भी बहिर्वेशन को एक सामाजिक बुराई के रूप में देखा जाने लगा और धीरे-धीरे नीतिगत बहसों का केंद्रीय सरोकार बन गया। 1997 में ब्रिटेन में लेबर पार्टी के टोनी ब्लेयर ने सत्ता सँभालते ही ख़ुद को बहिर्वेशन के ख़िलाफ़ जिहाद करने वाले योद्धा के रूप में चित्रित किया। उन्होंने इस समस्या से निबटने के लिए अपनी सरकारी में एक विशेष इकायी का गठन तक कर डाला। युरोपीय यूनियन ने भी इस सिलसिले में पहल ली और अपने लिस्बन सम्मेलन में इसे रोज़गार और सामाजिक नीति संबंधी रणनीति का प्रमुख हिस्सा बनाया। यूनियन ने 2000 में एक दस्तावेज़ जारी किया जिसका शीर्षक था *फ़ाइट अगेंस्ट पॉवर्टी ऐंड सोशल एक्सक्लूज़न*।

सामाजिक बहिर्वेशन से संबंधित इस युरोपीय अध्याय का एक विरोधाभास भी है। फ्रांसीसी राजनेताओं ने अपनी राजनीतिक गोटी लाल करने के लिए इस मुद्दे के इर्द-गिर्द काफ़ी लच्छेदार बातें कीं, लेकिन उसके मुक़ाबले इस सामाजिक बुराई को दूर करने के लिए कहीं छोटी रक़म आबंटित की। ब्रिटेन में टोनी ब्लेयर ने बहिर्वेशन का मुक़ाबला करने के लिए फ्रांसीसियों के मुक़ाबले बेहतर बजट का प्रावधान किया, लेकिन इसकी आड़ में वे बाज़ारोन्मुख आर्थिक नीतियाँ भी चलाते रहे। युरोपीय यूनियन ने बहिर्वेशन के सवाल को एक नैतिक मुद्दे के रूप में परिभाषित करने से परहेज़ किया जिसके कारण इससे संबंधित नीतिगत बहस श्रम-बाज़ार के दायरे में सिमट गयी।

युरोप के बाहर ऑस्ट्रेलिया और कनाडा जैसे विकसित औद्योगिक देशों में भी सामाजिक बहिर्वेशन का सवाल नीतिगत दायरों में चर्चा का केंद्र बना है। लेकिन, अमेरिका में यह अभी भी कमोबेश हाशिये पर है, बावजूद इसके कि युरोप के मुक़ाबले अमेरिका में ग़रीबी और सामाजिक विषमता के सूचकांक ऊँचे हैं। अमेरिकी विद्वान आज भी अपने समाज की इन समस्याओं की व्याख्या करने के लिए बहिर्वेशन की धारणा का इस्तेमाल करने से बचते हैं।

बहिर्वेशन की अवधारणा से जुड़ा दूसरा अहम सवाल यह है कि क्या इस विचार को युरोप की भाँति ही ग़ैर-पश्चिमी और ग़ैर-विकसित देशों और समाजों पर लागू किया जा सकता है? अमीर देशों में रोज़गार का बाज़ार औपचारिक रूप से गठित है, और वहाँ समाज-कल्याण के लिए सरकारें बहुत बड़े-बड़े बजट आबंटित कर सकती हैं। इस तरह की परिस्थितियाँ और सुविधाएँ ग़रीब देशों को उपलब्ध नहीं हैं। ग़रीब देशों में अनौपचारिक क्षेत्र का दायरा औपचारिक क्षेत्र से बड़ा होता है, और सरकारी नीतियों के कार्यान्वयन की पहुँच समाज के सभी तबकों तक नहीं हो पाती। इसलिए ऐसे देशों में सामाजिक बहिर्वेशन का कार्यक्रम मुख्यत: ग़रीबी हटाओ कार्यक्रमों तक सीमित रह गया है।

भारतीय समाज-विज्ञान के दायरों में पिछले डेढ़ दशकों से इस धारणा पर चर्चा हो रही है। इस विमर्श के केंद्र में जाति आधारित बहिर्वेशन है। एक्शन एड नामक स्वयंसेवी संस्था (एनजीओ) द्वारा किये गये एक अखिल भारतीय अध्ययन से पता चला है कि देश के क़रीब 36 फ़ीसदी गाँवों में अनुसूचित जाति का होने के कारण मज़दूरों को खेतिहर रोज़गार से वंचित किया जाता है। क़रीब 25 फ़ीसदी गाँवों में पूर्व-अछूत जातियों का होने के कारण उन्हें बाज़ार में प्रचलित दर से कम वेतन दिया जाता है। छुआछूत की प्रथा के सामाजिक प्रभाव के कारण इन जातियों के मज़दूरों को गाँवों में इमारती काम मिलने में कठिनाई होती है। इसी तरह उन्हें जल संबंधित रोज़गारों से भी वंचित होना पड़ता है। देश के क़रीब 47 फ़ीसदी गाँव ऐसे हैं जहाँ अनुसूचित जातियों के लोग दूध नहीं बेच सकते। उन्होंने अगर पशु पाले हैं तो उनका दूध और दूध से बनी चीज़ें न तो गाँव की सहकारी समितियाँ ख़रीदतीं हैं और न ही निजी तौर पर लोग ख़रीदते हैं। आंध्र प्रदेश में किये गये एक अध्ययन के अनुसार अनुसूचित जातियों के लोग अगर अपना पारम्परिक व्यवसाय बदलना चाहें, तो इससे उन्हें रोका जाता है। कर्नाटक के एक अध्ययन से पता चला है कि इस प्रदेश में अनुसूचित जाति समाज के केवल 15 फ़ीसदी लोग ही अपना पारम्परिक पेशा बदलने में कामयाब हो पाये हैं। राजस्थान में पूर्व-अछूतों को दोपहर का ख़ाना देने की योजनाओं में रसोइये और भोजन बाँटने की नौकरी मिलना मुश्किल है।

सुखदेव थोरात ने विभिन्न प्रदेशों में किये गये अध्ययनों के आधार पर दिखाया है कि जाति और जातीयता की बिना पर कुछ समूहों के साथ भेदभाव किया जाता है जिसके कारण उन्हें सामाजिक-आर्थिक और राजनीतिक प्रक्रियाओं से अलगाव में पड़ जाना पड़ता है। थोरात की मान्यता है कि जाति प्रथा निचली जातियों को न केवल समान अवसरों और स्वतंत्रताओं से वंचित करती है, बल्कि उनके मानवाधिकारों को भी छीन लेती है। इसलिए नागरिक, सांस्कृतिक और आर्थिक अधिकारों के सिलसिले में सामाजिक बहिर्वेशन के सैद्धांतिक सूत्रीकरण का भारतीय संदर्भ जाति के प्रश्न के साथ अनिवार्य रूप से जुड़ा है।

**देखें :** अर्थव्यवस्था का समाजशास्त्र, अभिजन, अभिरुचि, आत्महत्या, उन्मूलनवाद, एजेंसी, कर्मकाण्ड, कारागार, गोपनीयता, गृहविहीनता, जादू, जीवन-शैली, टेलरवाद, परम्परा, परस्पर विपरीत द्विभाजन, प्रति-(संस्कृति, विमर्श, इतिहास, वर्चस्व, स्मृति), प्राइवेसी, प्रौद्योगिकी, फ़ुरसत, बचपन, बहुपत्नी प्रथा, बहुपति प्रथा, बुद्धिसंगत चयन का सिद्धांत, बुज़ुर्गियत का समाजशास्त्र, बेगानगी, भीड़, भ्रष्टाचार का समाजशास्त्र-1 और 2, मानव-प्रकृति, मानवशास्त्र और मार्क्सवाद, मानवशास्त्र और संस्कृति की राजनीति, समाज-विज्ञान, समाज-कार्य, समाजीकरण, समुदायवाद, सांस्कृतिक सापेक्षतावाद, सामाजिक आंदोलन, सांस्कृतिक मानवशास्त्र, सेवानिवृत्ति, वाचिकता, विचलन, ज्ञान का समाजशास्त्र।

## संदर्भ

1. अमर्त्य कुमार सेन (2000), 'सोशल एक्सक्लूज़न : कंसेप्ट, एप्लीकेशन ऐंड स्क्रूटिनी', *एशियन डिवेलपमेंट वर्किंग पेपर.*
2. रूही सेठ (2007), सोशल एक्सक्लूज़न : द कंसेप्ट ऐंड एप्लीकेशन टू डिवेलपिंग कंट्रीज़', एफ़. स्टीवार्ट, आर. सेठ और बी. हैरिस-व्हाइट (सम्पा.), *डिफ़ाइनिंग पॉवर्टी इन द डिवेलपिंग वर्ल्ड*, पालग्रेव मैकमिलन, बेसिंग्स्टोक, यूके.
3. एम. डाली (2006), *सोशल एक्सक्लूज़न एज़ कंसेप्ट ऐंड पॉलिसी टेम्प्लेट इन द युरोपीय यूनियन,* केम्ब्रिज, एमए : हार्वर्ड युनिवर्सिटी.
2. सुखदेव थोरात (2003), 'कास्ट, एथ्निसिटि ऐंड रिलीजन : ऐन ओवरव्यू ऑफ़ एक्सक्लूज़न / डिस्क्रिमिनेशन ऐंड डिप्राइवेशन', *डीएफ़आईडी कंसेप्ट पेपर, नयी दिल्ली.*

**— अभय कुमार दुबे**

# सामाजिक स्तरीकरण

(Social Stratification)

सामाजिक स्तरीकरण का प्रयोग समाज में मौजूद असमानता और क्रम-विन्यास का वर्णन करने के लिए किया जाता है जिससे समाज के विभेदीकरण की जानकारी हासिल करने में मदद मिलती है। समाजशास्त्र की इस अवधारणा को इस प्रकार परिभाषित किया जा सकता है : वह विभेदीकरण स्तरीकरण कहलाता है जिसका आधार क्रम-विन्यास है और जिसके तहत परिस्थितियों (स्टैटस या दर्जे) के हिसाब से ऊँचे और नीचे समझे जाने वाले समूहों का अध्ययन किया जाता है। समाज में व्यक्ति का विभेदीकरण उम्र, चमड़ी के रंग और लिंग-भेद के आधार पर होता है, पर स्तरीकरण में जैवकीय भिन्नताओं के स्थान पर देखा यह जाता है कि पदों और परिस्थितियों के वितरण का स्वरूप क्या है और उससे हैसियत या दर्जे का क्या आधार बन रहा है। स्तरीकरण बनाये रखने में समाजीकरण की भूमिका मुख्य है, क्योंकि समाजीकरण की प्रक्रिया में ही व्यक्ति समाज में ऊँच-नीच के भेद को स्वीकार करता है। उसी तरह जैसे परम्परागत भारतीय समाज में जाति-प्रथा के अंतर्गत व्यक्ति जातियों के अपेक्षित व्यवहार-प्रतिमानों को सीखता और स्वीकार करता है।

सामाजिक स्तरीकरण सभी समाजों में और सभी कालखंडों में किसी न किसी रूप में रहा है। विभिन्न समाजों में सामाजिक-सांस्कृतिक कारक इसे अलग-अलग स्वरूप देते रहते हैं। भारत में जाति-प्रथा का रूप जन्म-आधारित है, जबकि वर्ग आधारित युरोपीय समाजों में अर्जित गुणों के आधार पर ऊँच-नीच का भेद स्थापित होता है। जिन समाजों में प्रजातीयता के आधार पर स्तरीकरण होता है, वहाँ त्वचा के रंग को सर्वप्रमुख माना जाता है। ज़ाहिर है कि स्तरीकरण या सामाजिक श्रेणीबद्धता का कोई सार्वभौम नियम नहीं है। इसके सामाजिक परिणाम भी अलग-अलग होते हैं। जीवन-अवसरों व जीवन-शैली पर इसका स्पष्ट प्रभाव पड़ता है। बच्चों की शिक्षा व मृत्यु, बीमारियाँ, वैवाहिक संघर्ष, मानसिक अवसाद जैसे कारक जीवन-अवसरों से प्रभावित होते हैं। जबकि समाज में श्रेणी व स्तर के हिसाब से ही व्यक्ति को मक़ान, पड़ोस, मनोविनोद के साधन, भोजन, क़ीमती वस्तुएँ आदि प्राप्त होती हैं।

स्तरीकरण शब्द भू-विज्ञान से लिया गया है। यूनानी दार्शनिकों प्लेटो और अरस्तू ने भी इस पर विचार किया है। उनकी मान्यता है कि व्यक्ति प्रकृति से ही असमान होते हैं और उनकी हैसियत का निर्धारण कौशल, बुद्धिमत्ता और शारीरिक शक्ति पर निर्भर करता हूँ। ज़ाहिर है कि ये प्राचीन विचारक सामाजिक असमानता की ज़िम्मेदारी सीधे-सीधे प्राकृतिक असमानता पर डाल देते थे। युरोप में ज्ञानोदय-काल के पश्चात मुख्य रूप से स्तरीकरण पर उसके सामाजिक कारण केंद्र में रख कर इस पर चर्चा आरम्भ हुई। रूसो ने व्यक्तिगत सम्पत्ति को स्तरीकरण का मुख्य आधार माना और कार्ल मार्क्स ने भी निजी सम्पत्ति के आधार पर होने वाले वर्ग विभाजन को स्तरीकरण का आधार माना।

सामाजिक स्तरीकरण के मुख्यत: चार स्वरूप माने गये हैं : जाति, वर्ग-व्यवस्था दास-प्रथा और जागीरें। भारत में जाति-प्रथा के अंतर्गत जाति की सदस्यता जन्मजात मानी जाती थी और उसके सदस्यों को भोजन संबंधी व अन्य निषेधों का पालन करना होता था। जातियों का संबंध व्यवसायों से भी रहा है। यह जिस शास्त्रीय वर्णक्रम का अंग रही है उसमें ब्राह्मण, क्षत्रिय, वैश्य और शूद्र के क्रम-विन्यास का निर्धारण किया गया। जाति में परिवर्तन की अनुमति नहीं रही है और जाति से भिन्न योग्यता होने पर भी जन्म की जाति को नकारना सम्भव नहीं रहा है। हालाँकि कुछ समाजशास्त्रियों, जैसे एम.एन श्रीनिवास, ने संस्कृतीकरण की अवधारणा के ज़रिये निम्न जातियों के मध्य सामाजिक गतिशीलता के ऐतिहासिक पक्ष का अध्ययन करके दिखाया है कि वर्ण-व्यवस्था की जड़ता के बावजूद संस्कार, शुद्धि या राजनीतिक बल से निम्न जातियाँ अपने दर्जे को ऊँचा करने की कोशिश करती थीं।

इसी प्रकार वर्ग-व्यवस्था में सामाजिक परिस्थिति की बुनियाद में धन-संपत्ति की महत्त्वपूर्ण भूमिका होती है और इसमें जन्मजात सदस्यता के स्थान पर निजी गुणों व प्रतिभा के आधार पर वर्ग-विकास को महत्त्व देने का चलन होता है। एक ही वर्ग के सदस्यों के मध्य वैवाहिक और सामाजिक संबंध बनते हैं और उनकी उपसंस्कृति बन जाती है। इसके

अलावा दास-प्रथा भी स्तरीकरण का आधार रही है। दासों को प्राचीन यूनानी और रोमन साम्राज्य में क़ानूनन अधिकारविहीन रखा जाता था। मालिकों के सामाजिक स्तर की तुलना में वे काफ़ी निम्न माने जाते थे। अट्ठारहवीं और उन्नीसवीं सदी में संयुक्त राज्य अमेरिका के दक्षिणी भाग में भी दास-प्रथा का चलन था। स्तरीकरण के रूप में दास-प्रथा एक आदिम व्यवस्था मानी जाती है। मध्यकाल में युरोप में पायी जाने वाली जागीरें भी बड़े पैमाने पर लोगों के मध्य सामाजिक विभेदीकरण पैदा करती थीं और लोग भिन्न-भिन्न स्तरों में विभक्त रहते थे। इसे भी परम्परा व क़ानून की मान्यता मिली हुई थी। इनके तीन वर्ग होते थे : पादरी, राजा-सरदार और आम जनता। चर्च के मुखिया के रूप में पादरियों को काफ़ी सामाजिक अधिकार मिले हुए थे और इन्हें समाज में भी ऊँचा दर्जा प्राप्त था। हालाँकि राजाओं को पादरियों से ऊपर गिना जाता था, पर पादरियों का सामाजिक रुतबा उनकी उच्च-परिस्थिति का आधार था।

सामाजिक स्तरकीरण की व्याख्या के लिए दो प्रमुख सैद्धांतिक दृष्टिकोणों का प्रयोग किया गया है : प्रकार्यात्मक दृष्टिकोण और द्वंद्वात्मक दृष्टिकोण।

प्रकार्यात्मक दृष्टिकोण के प्रमुख समर्थक टैलकॉट पार्संस, किंग्सले डेविस और विल्बर्ट ई. मूर जैसे समाजशास्त्री हैं। इन लोगों ने स्तरीकरण यानी सामाजिक असमानता को उचित ठहराने के तर्क दिये हैं। उदाहरण के लिए पार्संस का मत है कि सामाजिक स्तरीकरण समाज के लिए अनिवार्य है क्योंकि समाज को विभिन्न योग्यता और कार्य-दक्षता वाले लोगों की आवश्यकता पड़ती है। अलग-अलग योग्यता के हिसाब से लोगों को सम्मान व पारिश्रमिक मिलता है। हर समाज को अपने अस्तित्व और विकास के लिए ख़ास मूल्य-व्यवस्था बनानी होती है जो समाज के सभी सदस्यों की सर्वसम्मति पर आधारित होती है। इन्हीं मूल्यों या पैमाने पर व्यक्ति की योग्यता की जाँच कर उसकी सामाजिक हैसियत तय की जाती है। पार्संस के अनुसार इससे समाज में तनाव या द्वंद्व नहीं बल्कि एकता पैदा होती है क्योंकि लोग यह मानकर आश्वस्त रहते हैं कि उन्हें उनकी योग्यता के अनुसार ही काम मिल रहा है और कार्यकुशलता और क्षमता बढ़ाने की प्रेरणा भी मिलती है। इस सिद्धांत के अनुसार स्तरीकरण भिन्न-भिन्न प्रतिभा वाले लोगों को भिन्न हैसियत देकर उनकी योग्यता का सम्मान करता है। सबसे महत्त्वपूर्ण पदों पर सबसे योग्य लोगों को आसीन करने का भी यही एकमात्र सही तरीक़ा है। प्रकार्यात्मक दृष्टिकोण में यह भी माना जाता है कि कोई भी समाज वर्गहीन अथवा बग़ैर स्तरीकरण के नहीं हो सकता और सभी जटिल समाजों के लिए सामाजिक स्तरीकरण अनिवार्य है। किंग्सले डेविस और विल्बर्ट मूर जैसे समाजशास्त्रियों का मत है कि समाज में कम सुलभ और विशेषज्ञतापूर्ण पदों के लिए अधिक सम्मान-पुरस्कार मिलता है क्योंकि ऐसे कार्य करने के लिए योग्य व्यक्ति अधिक संख्या में नहीं मिलते हैं। इस विषय में मैक्स वेबर जैसे विचारकों का सोच भी महत्त्वपूर्ण है जो मानते हैं कि समाज में वर्ग, परिस्थिति समूह और दल के आधार पर स्तरीकरण होता है। वेबर ने परिस्थिति को सम्मान का पर्याय माना है जो वर्ग से कई बार मुक्त होती है। मसलन, आर्थिक रूप से सम्पन्न लोगों को समाज में कम सम्मान मिल सकता है, और किसी अच्छे प्रतिष्ठापूर्ण मध्यवर्गीय व्यवसाय करने वाले व्यक्ति को अधिक सम्मान प्राप्त हो सकता है।

दूसरी ओर सामाजिक स्तरीकरण के संदर्भ में द्वंद्वात्मक या संघर्षात्मक सिद्धांत है जिसने इस बारे में प्रकार्यात्मक सिद्धांत की कड़ी आलोचना विकसित की है। प्रकार्यात्मक सिद्धांत जहाँ सामाजिक स्तरीकरण को समाज की ज़रूरत बताता है, वहीं संघर्षात्मक सिद्धांत इसे वर्ग व समुदाय की दृष्टि से देखता है और मानता है कि असमानता पूरे समाज की आवश्यकता नहीं बल्कि ख़ास उच्च वर्ग की आवश्यकता है और उसके हितों की पूर्ति का माध्यम है। संघर्षात्मक सिद्धांत के प्रमुख प्रणेता कार्ल मार्क्स का मानना है कि मानव समाज का पूरा इतिहास ही वर्ग संघर्ष का इतिहास है और पूँजीवादी समाज स्तरीकृत यानी विषमतामूलक समाज का अंतिम अध्याय होगा।

प्रकार्यात्मक सिद्धांतकार समाज में शक्ति, सम्मान व पद के विभाजन को हानिकारक या आपत्तिजनक नहीं मानते, वहीं संघर्षात्मक सिद्धांतकारों का मानना है कि समाज में मौजूद वर्गगत असमानता उसके विकास में बाधक होती है और वर्ग-संघर्ष सामाजिक परिवर्तन का मुख्य स्रोत है। संघर्षात्मक सिद्धांत के एक अन्य महत्त्वपूर्ण समर्थक सी. राइट मिल्स हैं जिन्होंने अमेरिकी समाज के अभिजनों की सत्ता पर प्रकाश डाला है। अपनी प्रख्यात पुस्तक *द पॉवर इलीट* में उन्होंने बताया है कि किस प्रकार तीन शक्तिशाली संगठन औद्योगिक प्रतिष्ठान, सेना और संघीय सरकार मिल कर अमेरिका को नियंत्रित करते हैं और राजनीति में अपने किसी विकल्प को नहीं उभरने देते। मार्क्स से थोड़ा अलग मिल्स, गेरहार्ड लास्की और आर. डैहरेनन्डौर्फ जैसे विचारकों ने वर्ग के स्थान पर शक्ति की धारणा का प्रयोग अधिक किया है। इस दृष्टिकोण के अंतर्गत विचारधारा की भूमिका का भी अध्ययन किया गया है जिसका प्रयोग समाज के प्रभावशाली समूह अपने प्रभुत्व को बनाये रखने और सामाजिक स्तरीकरण के रूप में मौजूद विषमता न्यायोचित ठहराने के लिए करते हैं।

**देखें :** अर्थव्यवस्था का समाजशास्त्र, अभिजन, अभिरुचि, आत्महत्या, उन्मूलनवाद, एजेंसी, कर्मकाण्ड, कारागार, गोपनीयता, गृहविहीनता, जादू, जीवन-शैली, टेलरवाद, परम्परा, परस्पर विपरीत द्विभाजन, प्रति-

(संस्कृति, विमर्श, इतिहास, वर्चस्व, स्मृति), प्राइवेसी, प्रौद्योगिकी, फ़ुरसत, बचपन, बहुपत्नी प्रथा, बहुपति प्रथा, बुद्धिसंगत चयन का सिद्धांत, बुज़ुर्गियत का समाजशास्त्र, बेगानगी, भीड़, भ्रष्टाचार का समाजशास्त्र-1 और 2, मानव-प्रकृति, मानवशास्त्र और मार्क्सवाद, मानवशास्त्र और संस्कृति की राजनीति, समाज-विज्ञान, समाज-कार्य, समाजीकरण, समुदायवाद, सामाजिक आंदोलन, सामाजिक बहिर्वेशन, सामाजिक पूँजी, सांस्कृतिक मानवशास्त्र, सांस्कृतिक सापेक्षतावाद, सांस्कृतिक पूँजी, सेवानिवृत्ति, वाचिकता, विचलन, ज्ञान का समाजशास्त्र।

### संदर्भ

1. एम.एम. ट्यूमिन (1967), *सोशल स्ट्रैटिफ़िकेशन : द फ़ार्म्स ऐंड फंक्शन ऑफ़ इनइक्वैलिटी,* प्रेंटिस हाल, न्यू जर्सी.
2. टी.बी. बॉटमोर (1965), *क्लासेज़ इन मॉडर्न सोसाइटी,* जॉर्ज एले ऐंड अनविन, लंदन.
3. आर. बेन्डिक्स और एस.लिपसेट (सम्पा.) (1967), *क्लास, स्टेटस ऐंड पावर : सोशल स्ट्रैटिफ़िकेशन इन कम्परेटिव पर्सपैक्टिव,* रॉटलेज ऐंड कीगन पाल, लंदन.
4. एम.हारलम्बस, (1980) *सोसियॉलोजी : थीम्स ऐंड पर्सपेक्टिव्ज़,* ऑक्सफ़र्ड युनिवर्सिटी प्रेस, नयी दिल्ली.
5. जे.एच.हटन (1961), *कास्ट इन इण्डिया : इट्स नेचर, फंक्शन ऐंड ओरिजिन,* ऑक्सफ़र्ड युनिवर्सिटी प्रेस, नयी दिल्ली.

**— वैभव सिंह**

# सामाजिक समझौता

(Social Contract)

सामाजिक समझौता एक ऐसा सिद्धांत है जिसके केंद्र में मुख्य विचार यह है कि वैध सरकार स्वतंत्र नैतिक कर्त्ताओं के बीच स्वैच्छिक समझौते का कृत्रिम नतीजा होती है। इसके पीछे मान्यता है कि 'प्राकृतिक' राजनीतिक प्राधिकार जैसी कोई चीज़ नहीं होती है। आधुनिक युग में इस सिद्धांत ने दैवीय सिद्धांत का खण्डन करके व्यक्तियों की नैतिक समानता का तथ्य रेखांकित किया। इसलिए माइकल ओकशॉट ने समझौतावाद को 'इच्छा और कौशल' का सिद्धांत कहा है। लॉक के इस कथन से इसका पूरा महत्त्व सामने आता है कि 'स्वैच्छिक सहमति गवर्नर को राजनीतिक सत्ता देती है।' प्राचीन और मध्यकालीन चिंतन में भी समझौता सिद्धांत के सूत्रों को देखा जा सकता है। लेकिन 1650-1800 के बीच के दौर को समझौता सिद्धांत का स्वर्ण-युग माना जा सकता हैं। इसकी शुरुआत हॉब्स की रचना *लेवायथन* से हुई और अंत कांट के *मेटाफ़िज़िकल एलीमेंट्स ऑफ़ जस्टिस* से हुआ। बीसवीं सदी में जॉन रॉल्स जैसे उदारतावादी-समतावादी चिंतक ने अपनी किताब *अ थियरी ऑफ़ जस्टिस* में इस उसूल का नये सिरे से प्रयोग किया।

यह विवाद का विषय है कि आख़िर पश्चिमी चिंतन में 'स्वैच्छिक सहमति' को इतना महत्त्वपूर्ण स्थान कैसे मिल गया। इसका एक सम्भावित जवाब यह है कि ईसाइयत के प्रभाव के कारण प्राचीन सिद्धांतों ने 'अच्छे कार्यों' को उत्तम शासन और आदमी का स्वाभाविक सामाजिक लक्ष्य क़रार दे कर इस तरह की राजनीति के बारे में विचार करने का रास्ता तैयार किया होगा। दरअसल, अच्छा काम करने के लिए अच्छा क्या है, इसका ज्ञान और अच्छा करने की इच्छा— दोनों ही महत्त्वपूर्ण है। इसी तरह राजनीति को भी नैतिक सहमति की ज़रूरत होती है। इसका मतलब है कि व्यक्ति की अपनी इच्छा-शक्ति से राजनीति में जुड़ाव। ईसाइयत के भीतर हमेशा ही असीम मानकों का स्वैच्छिक रूप से अनुमोदन करने की आज़ादी रही है। धर्मसुधार आंदोलन के बाद जहाँ नैतिक प्राधिकार की भूमिका कम हुई, वहीं नैतिक चिंतन में व्यक्तिगत चुनाव और दायित्व के तत्व को मजबूती मिली। धर्मसुधार आंदोलन का प्रभाव बेहद गहरा था। इसलिए यह एक स्वाभाविक सी बात है कि व्यक्तिगत नैतिक स्वायत्तता के प्रोटेस्टेंट दृष्टिकोण का प्रभाव धर्मशास्त्र और नैतिक दर्शन से लेकर राजनीति तक फैला। इसने सामाजिक समझौता सिद्धांत के लिए एक बौद्धिक आधार उपलब्ध कराया। धर्मसुधार के बुनियादी सामाजिक विचारों के सामने आने के साथ ही किसी संस्था की श्रेष्ठता उसकी वैधता का आधार नहीं रह गयी। अब इस संदर्भ में हर व्यक्ति के द्वारा व्यक्त किये जाने वाले विचारों को महत्त्व दिया जाने लगा। बहरहाल, स्वेच्छावाद और सामाजिक समझौता के अभाव के साथ ही वैध राज्य के विचारों ने उत्तम राज्य के विचारों की जगह ले ली और सत्रहवीं सदी के बाद अमूमन यह माना जाने लगा कि वैधता इच्छा की अवधारणा पर निर्भर है।

संत ऑगस्टीन के लेखन ने पश्चिमी सामाजिक चिंतन को निर्णायक रूप से स्वेच्छावाद की ओर मोड़ा। ऑगस्टीन ने अपने नैतिक सिद्धांत में सहमति और इच्छा के बीच गहरा जुड़ाव क़ायम किया। इस जुड़ाव के बिना सामाजिक समझौता सिद्धांत की कल्पना नहीं की जा सकती थी। लेकिन सामाजिक समझौता स्कूल के उभार से पहले राजनीतिक स्वेच्छावाद का सबसे विकसित रूप फ्रैंसिस्को सुरेज के लेखन में पाया जाता है। सुरेज के अनुसार मुक्त इच्छा और राजनीतिक सहमति एक-दूसरे के समानान्तर हैं। इच्छा को राज्य का सबसे महत्त्वपूर्ण कारण माना जा सकता है। सुरेज ने अपने सिद्धांत को संक्षिप्त रूप में व्यक्त करते हुए यह टिप्पणी की कि 'आदमियों को एक पूर्ण समुदाय में संगठित करने के लिए मानव इच्छा आवश्यक है।'

आधुनिक समझौतावादी सिद्धांत में भी यह बात शामिल है कि सहमति द्वारा राजनीति को वैधता मिलती है, इसलिए दायित्व और प्राधिकार हर किसी की मूल आज़ादी और दायित्व के कारण उत्पन्न होते हैं। दरअसल, समझौतावाद पर काफ़ी हल्के तरीक़े से भी विचार किया जा सकता है। इस तरह के विचार में यह माना जाता है कि समझौतावाद ऐसे मध्ययुगीन विचारों का विस्तार है जिसमें शासकों और लोगों के बीच में हुए समझौते पर ज़ोर दिया जाता है; या इसे एक ऐसे सिद्धांत के रूप में देखा जाता है जिसने राज्य की सीमाएँ तय की। लेकिन समझौतावाद पर इतने हल्के तरीक़े से विचार करने का नुक़सान यह है कि क्रिश्चियन विचारों के द्वारा राजनीतिक और नैतिक दर्शन में किये गये क्रांतिकारी विचारों का बहुत ही नाकाफ़ी विवरण मिलता है। इस तरह इसमें स्वायत्तता, दायित्व, कर्त्तव्य, प्राधिकरण और इच्छा जैसे नैतिक घटकों पर बहुत कम ध्यान दिया जाता है।

सत्रहवीं सदी से इच्छा पर आधारित सहमति को एक नैतिकता के रूप में स्वीकार किया जाने लगा। ख़ास तौर पर हॉब्स, लॉक और रूसों के विचारों ने सामाजिक समझौता की अवधारणा को बहुत लोकप्रिय बना दिया। इन सभी लेखकों ने मनुष्यों की प्रकृति, प्राकृतिक अवस्था, सामाजिक समझौता और इसके बाद सम्प्रभु के निर्माण की एक पूरी कहानी पेश की। इसके द्वारा इन्होंने अन्य बातों के अलावा, इस बात को स्पष्ट किया कि राज्य का प्राधिकार व्यक्तियों की सहमति पर निर्भर होता है। मसलन, हॉब्स ने *लेवायथन* में इस बात पर ज़ोर दिया कि मूल रूप से सभी सम्प्रभु अधिकार शासित होने वाले हर व्यक्ति की सहमति से उत्पन्न होते हैं। उन्होंने इस बात पर भी ज़ोर दिया कि मनुष्यों की इच्छाएँ हर तरह के समझौते की बुनियाद हैं। इसी तरह लॉक यह मानते हैं कि 'स्वैच्छिक सहमति से ... गवर्नरों को राजनीतिक सत्ता मिलती है कि वे अपने सब्जेक्ट्स (या प्रजाजनों की भलाई के लिए काम करें।' इसी तरह से रूसो ने भी इस बात पर ज़ोर दिया कि 'जिनसे मैंने कोई वायदा नहीं किया, उनके प्रति मेरी कोई ज़िम्मेदारी नहीं है ... नागरिक साहचर्य इस दुनिया में सबसे स्वैच्छिक कार्य है, चूँकि हर व्यक्ति इस दुनिया में स्वतंत्र पैदा होता है और खुद अपना मालिक होता है, इसलिए किसी भी आधार पर किसी को उसकी सहमति के बिना अपने अधीन नहीं किया जा सकता है।' यह कथन इस बात को दिखाता है कि किस तरह सहमति, समझौता और स्वेच्छावाद के विचार एक दूसरे से जुड़े हुए हैं। कांट ने भी इस बात पर ज़ोर दिया कि सभी वैध नियम ऐसे होने चाहिए कि तार्किक व्यक्ति उन्हें अपनी स्वीकृति दे सकें। हीगेल ने भी स्पष्ट रूप से इस बात पर ज़ोर दिया कि प्राचीन काल में व्यक्तिपरक साध्य राज्य की इच्छा के अनुरूप होते थे' लेकिन 'आधुनिक दौर में हम निजी फ़ैसले, निजी इच्छा और निजी अंत:करण का दावा करते हैं।' जब सामाजिक फ़ैसला लिया जाता है, तो व्यक्ति के द्वारा खुद अपनी इच्छा अभिव्यक्त की जानी चाहिए।

अपने स्वेच्छावाद के बावजूद हीगेल ने राज्य के समझौतावादी सिद्धांत की तीखी आलोचना की। 1831 में उनकी मौत के बाद सामाजिक समझौता सिद्धांत काफ़ी हल्का पड़ गया। इसमें एक तरफ़ उपयोगितावाद और दूसरी ओर राज्य के ऐतिहासिक सिद्धांतों ने बहुत ही महत्त्वपूर्ण भूमिका निभायी। बीसवीं सदी के दूसरे भाग में यह विचार फिर से उभर कर सामने आया, ख़ासतौर पर रॉल्स ने अपनी किताब *अ थियर ऑफ़ जस्टिस* में इसे नये सिरे से सामाजिक प्रतिष्ठा दिलायी। उन्होंने अपने न्याय के सिद्धांतों को ऐसे सिद्धांतों के रूप में पेश किया जिन्हें अपने हितों को बढ़ावा देने की इच्छा रखने वाले स्वतंत्र व्यक्ति मूल स्थिति में स्वीकार करेंगे। इस मूल स्थिति में सभी लोग समान होते हैं। इसमें चुने गये सिद्धांत को हर व्यक्ति अपने साहचर्य की बुनियादी शर्तों को परिभाषित करने वाला मानता है।

आधुनिक दौर में हॉब्स, लॉक, रूसो के विचारों में सामने आये सामाजिक समझौता सिद्धांत ने इस बात को स्पष्ट किया कि राज्य किसी देवी-देवता या कुछ लोगों की मर्जी का नतीजा नहीं है, बल्कि यह सभी व्यक्तियों द्वारा किये गये समझौते का नतीजा है। इसमें सभी लोगों की समानता का विचार निहित है। कई मर्तबा इस आधार पर सामाजिक समझौते की आलोचना की जाती है कि यह ऐतिहासिक नहीं है और किसी ख़ास चिंतक की अपनी मनमर्जी और दिमागी ख़यालों की उपज है। हॉब्स, लॉक, रूसो और कांट जैसे सामाजिक समझौता का प्रयोग करने वाले चिंतकों की मूल आलोचना यही हुई कि कभी भी प्राकृतिक अवस्था का अस्तित्व नहीं था या कभी भी इस तरह का समझौता नहीं हुआ। इसलिए न तो नागरिक और न ही सरकार इससे बँधे हुए हैं। इस संदर्भ में ड्वॉर्किन का यह मानना है कि 'यह बात सही है कि काल्पनिक सहमति वास्तविक समझौते का धुँधला रूप है; या फिर यह कोई समझौता ही नहीं है'। लेकिन ड्वॉर्किन के अनुसार सामाजिक समझौता के तर्कों को हमें एक ऐसे साधन के रूप में देखना चाहिए जिससे लोगों की नैतिक समानता से जुड़े निश्चित नैतिक आधार-वाक्यों के अर्थ को समझा जा सकता है। प्राकृतिक अवस्था के विचार का सहारा लेने का मतलब यह नहीं है कि समाज के ऐतिहासिक निर्माण या सरकार और लोगों के ऐतिहासिक दायित्वों को स्पष्ट किया जा रहा है। दरअसल, इसका उपयोग व्यक्तियों की नैतिक समानता का मॉडल बनाने के लिए किया जाता है।

एक सामाजिक समझौता सिद्धांत को भी, अन्य

सिद्धांतों की तरह, इस आधार पर ख़ारिज या स्वीकार किया जा सकता है कि इसके द्वारा पेश किये जाने वाले तर्क किस सीमा तक हमारे सहजबोध के अनुरूप हैं। स्पष्टतः इस आधार पर हॉब्स, लॉक, रूसो और रॉल्स की भी तीखी आलोचना की गयी है। लेकिन यह मनुष्यों की समानता और संस्थाओं की रूपरेखा और उत्तम जीवन की अवधारणाओं पर विचार करने के एक साधन के रूप में सामाजिक समझौते के महत्त्व को पूरी तरह ख़ारिज नहीं करता है।

**देखें** : अधिकार, अधिकार : सैद्धांतिक यात्रा, अरस्तू, अफ़लातून, अनुदारतावाद, अराजकतावाद, अन्य-अन्यीकरण, उदारतावाद, उपयोगितावाद, ऐडमण्ड बर्क, क्रांति, ज्याँ ज़ाक रूसो, जॉन लॉक, जेरेमी बेंथम, जॉन स्टुअर्ट मिल, जॉन रॉल्स, थॉमस हॉब्स, थॉमस पेन, न्याय, न्याय : नारीवादी आलोचना, न्याय : रॉल्स का सिद्धांत, नागरिकता, नागरिकता : अन्य परिप्रेक्ष्य-1 और 2, नागर समाज, पनोप्टिकॉन, फ्रेड्रिख़ वॉन हायक, बुद्धिवाद, माइकिल ओकशॉट, माइकिल वाल्ज़र, मिशेल पॉल फूको-1 और 2, यूटोपिया, राजनीतिक दर्शन के नारीवादी आयाम-1 और 2, रॉबर्ट नॉज़िक, राज्य-1 और 2, विल किमलिका, स्वतंत्रतावाद, सर्वसत्तावाद, सम्प्रभुता, समाजवाद, सरकार और सरकारियत-1 और 2, सामाजिक समझौता।

### संदर्भ

1. ई. बार्कर (1946), द *सोशल कांट्रेक्ट,* ऑक्सफ़र्ड युनिवर्सिटी प्रेस, लंदन.
2. जे. प्लेमेंनात्ज़ (1938), *कंसेंट, फ्रीडम ऐंड पॉलिटिकल ऑब्लिगेशन,* ऑक्सफ़र्ड युनिवर्सिटी प्रेस, लंदन.
3. माइकल ओकशॉट (1946), *इंट्रोडक्शन टू लेवायथन,* ऑक्सफ़र्ड, ब्लैकवेल, 1946।
4. विल किमलिका (2009), *समकालीन राजनीतिक दर्शन : एक परिचय,* अनुवाद : कमल नयन चौबे, पियर्सन, नयी दिल्ली.

**— कमल नयन चौबे**

# साम्राज्यवाद

(Imperialism)

अपनी सीमाएँ लाँघ कर विदेशी धरती को फ़ौजी ताक़त से जीत कर अपने क़ब्ज़े में रखने वाले साम्राज्यों की कहानियों से विश्व-इतिहास भरा हुआ है। मिस्रियों, असीरियनों, बेबीलोनियनों, रोमनों और मंगोलों ने इस तरह के बड़े-बड़े साम्राज्य खड़े किये थे। लेकिन, साम्राज्य स्थापित करने की इस प्रक्रिया को आधुनिक अर्थों में साम्राज्यवाद की संज्ञा पंद्रहवीं सदी में मिली जब युरोपियन ताक़तों ने अपना विस्तार शुरू किया। साम्राज्यवाद का यह सिलसिला बीसवीं सदी के मध्य तक चला जब वि-उपनिवेशीकरण की प्रक्रिया के तहत राष्ट्रीय मुक्ति संग्रामों और क्रांतियों की लहर ने इसका अंत कर दिया। साम्राज्यवाद के कारणों और उसकी संरचनाओं के बारे में मुख्य तौर पर पाँच तरह की व्याख्याएँ प्रचलित हैं : अनुदारतावादी, उदारतावादी, मार्क्सवादी, यथार्थवादी और समाज-मनोवैज्ञानिक। इनके बीच में काफ़ी मतभेद हैं।

सन् 1500 के आसपास स्पेन, पुर्तगाल, ब्रिटेन, फ्रांस और हालैण्ड की विस्तारवादी कार्रवाइयों को युरोपीय साम्राज्यवाद का पहला दौर माना जाता है। इसका दूसरा दौर 1870 के आसपास शुरू हुआ जब मुख्य तौर पर ब्रिटेन साम्राज्यवादी विस्तार के शीर्ष पर था। अगली सदी में जर्मनी और संयुक्त राज्य अमेरिका उसके प्रतियोगी के तौर पर उभरे। इन ताक़तों ने दुनिया के विभिन्न हिस्सों में जीत हासिल करके अपने उपनिवेश क़ायम करने के ज़रिये शक्ति, प्रतिष्ठा, सामरिक लाभ, सस्ता श्रम, प्राकृतिक संसाधन और नये बाज़ार हासिल किये। साम्राज्यवादी विजेताओं ने अपने अधिवासियों को एशिया और अफ्रीका में फैले उपनिवेशों में बसाया और मिशनरियों को भेज कर ईसाइयत का प्रसार किया गया। ब्रिटेन के साथ फ्रांस, जापान और अमेरिका की साम्राज्यवादी होड़ के तहत उपनिवेशों की स्थापना दुनिया के पैमाने पर प्रतिष्ठा और आर्थिक लाभ का स्रोत बन गया। यही वह दौर था जब युरोपियनों ने अपनी सांस्कृतिक श्रेष्ठता के दम्भ के तहत साम्राज्यवादी विस्तार को एक सभ्यता के वाहक के तौर पर देखना शुरू किया।

साम्राज्यवाद की दूसरी लहर ने सबसे पहले अफ्रीका को अपना शिकार बनाया। इस महाद्वीप की हुकूमतें युरोपियन फ़ौजों के सामने आसानी से परास्त हो गयीं। बेल्जियम के लिए हेनरी स्टेनली ने कोंगो नदी घाटी पर क़ब्ज़ा कर लिया, फ्रांस ने अल्जीरिया को हस्तगत करके स्वेज नहर का निर्माण किया और उसके जवाब में ब्रिटेन ने मिस्र पर क़ब्ज़ा करके इस नहर पर नियंत्रण कर लिया ताकि एशिया की तरफ़ जाने वाले समुद्री रास्तों पर उसका प्रभुत्व स्थापित हो सके। इसी के बाद फ्रांस ने ट्यूनीशिया और मोरक्को को अपना उपनिवेश बनाया। इटली ने लीबिया को हड़प लिया। लातीनी और दक्षिणी अमेरिका में मुख्य तौर पर स्पेन के उपनिवेश रहे। इन क्षेत्रों की कई अर्थव्यवस्थाओं की लगाम अमेरिका और युरोपीय ताक़तों के हाथों में रही।

एक तरफ़ उन्नीसवीं सदी में अफ्रीका के लिए साम्राज्यवादी होड़ चल रही थी, और दूसरी ओर दक्षिण एशिया पर प्रभुत्व जमाने की प्रतियोगिता भी जारी थी। उन्नीसवीं सदी के मध्य तक ब्रिटेन ईस्ट इण्डिया कम्पनी के ज़रिये भारत के बड़े हिस्से का उपनिवेशीकरण करके

बेशक़ीमती मसालों और कच्चे माल की प्राप्ति शुरू कर चुका था। पूर्वी एशिया में हालाँकि चीन ने विदेशियों के लिए दरवाजे बंद कर रखे थे, पर अंग्रेज़ अफ़ीम की सप्लाई के ज़रिये चीन से बड़े पैमाने पर मुनाफ़ा कमाने में लगे हुए थे। पश्चिमी प्रभाव के सामने घुटने टेकने के बाद जापान दक्षिण-पूर्व एशिया और प्रशांत क्षेत्र में अपनी साम्राज्यवादी नीतियाँ चला रहा था।

साम्राज्यवाद की अनुदारतावादी व्याख्या का दावा है कि साम्राज्यवादी हुकूमतों ने अपने भीतरी सामाजिक संघर्षों को सीमित रखने के लिए साम्राज्यवादी विस्तार की नीतियाँ अपनाने की तरक़ीब अपनायी थी। सेसिल रोड्स और रुडयार्ड किपलिंग जैसे लेखकों की राय थी कि अगर ये राज्य ऐसा न करते तो उनके अपने देश में तत्कालीन समाज व्यवस्था को क़ायम रख पाना मुश्किल हो जाता। उदारतावादी व्याख्या की मुख्य दलील है कि साम्राज्यवादी देशों के भीतर धन-सम्पत्ति के बढ़ते हुए केंद्रीकरण के कारण वहाँ की साधारण जनता आमदनी की किल्लत (अंडर-कंज़म्पशन) के दौर से गुज़र रही थी। जॉन हॉब्सन और नॉर्मन एंजिल जैसे व्याख्याकारों के मुताबिक़ अगर ये देश चाहते तो इस समस्या का समाधान अपने स्तर पर कर सकते थे। वे इस तरह की नीतियाँ अपना सकते थे जिनके तहत अमीरों का कुछ धन ग़रीबों के हाथ में पहुँच जाता। उनके सामने नये क़ानून बनाने का विकल्प भी था। पर उन्होंने ऐसा न करके साम्राज्यवादी विस्तार की नीति अपनायी ताकि उत्पादन की लागत घटा कर नये उपभोक्ता बाज़ार को हासिल कर सकें।

साम्राज्यवाद की मार्क्सवादी व्याख्या मानती है कि उदारतावादियों का विश्लेषण मोटे तौर पर सही है, पर उनकी तजवीज़ें ठीक नहीं हैं। साम्राज्यवादी देशों में राज्य पूँजी के हितों की नुमाइंदगी करता है, न कि श्रम के हितों की। साम्राज्यवाद के प्रश्न पर मार्क्सवादी न केवल अन्य व्याख्याओं से बहस करते हैं, बल्कि ख़ुद उनके बीच भी तीखी बहसें रही हैं। साम्राज्यवाद का सर्वाधिक प्रचलित मार्क्सवादी सिद्धांत प्रतिपादित करने का मुख्य श्रेय रूसी बोल्शेविक क्रांति के जनक व्लादीमिर इलीच लेनिन को है। उन्होंने ऑस्ट्रियायी मार्क्सवादी अर्थशास्त्री रुडॉल्फ़ हिल्फ़र्डिंग की रचना *फ़ायनेंस कैपिटल* और अंग्रेज़ अर्थशास्त्री की जॉन ए. हॉब्सन की 1902 की रचना *इम्पीरियलिज़्म : अ स्टडी* को आधार बनते हुए आर्थिक आयामों को केंद्रस्थ किया। लेनिन ने साम्राज्यवाद को पूँजीवाद की सर्वोच्च अवस्था के तौर पर दिखाया और निष्कर्ष निकाला कि प्रथम विश्व-युद्ध नये बाज़ारों और निवेश के अवसरों की पूँजीवादी देशों के बीच हुई होड़ का नतीजा था।

लेनिन ने अपनी रचना *इम्पीरियलिज़्म, हाइएस्ट स्टेज ऑफ़ कैपिटलिज़्म* में साम्राज्यवाद के लक्षणों की सूची पेश की है : जिंसों के निर्यात के साथ-साथ साम्राज्यवाद के तहत पूँजी का निर्यात महत्त्वपूर्ण हो जाना, बड़े-बड़े ट्रस्टों या कार्टेलों में उत्पादन और वितरण का संकेंद्रण, बैंकिंग और औद्योगिक पूँजी का आपस में विलय हो जाना, पूँजीवादी ताक़तों द्वारा दुनिया को अपने-अपने प्रभुत्व क्षेत्रों में बाँट लेना, परिणामस्वरूप अगले दौर में पूँजीवादी ताक़तों द्वारा विश्व के पुन: विभाजन की सम्भावना पैदा हो जाना। आम तौर पर इन सभी लक्षणों में पूँजी के निर्यात वाले पहलू को ही प्रधान समझ कर साम्राज्यवाद के मार्क्सवादी सिद्धांत की समझ हासिल करने का दावा किया जाता है। दिलचस्प बात है कि हाल ही में कुछ विद्वानों द्वारा किये गये दावे के अनुसार लेनिन ने पूँजीवाद की अवस्था बताने के लिए जो रूसी शब्द इस्तेमाल किया है उसके मायने 'हाइएस्ट' के बजाय 'लेटेस्ट' ज़्यादा बैठते हैं। दरअसल, लेनिन द्वारा रचित दो अन्य लेखों ('ऑन द सो काल्ड मार्केट क्वेश्चन' और 'ए करेक्टराइज़ेशन ऑफ़ इकॉनॉमिक रोमांटिसिज़म') का हवाला दिये बिना साम्राज्यवाद के मार्क्सवादी सिद्धांत की समझ पूरी नहीं हो सकती। इन दो लेखों में लेनिन उदारतावादियों द्वारा प्रतिपादित अंडर-कंज़म्पशन के सिद्धांत के मुक़ाबले मार्क्स द्वारा प्रवर्तित एकाधिकारी पूँजीवाद के दौर में विश्व स्तर पर पूँजी-संचय के सिद्धांत का बचाव करते हैं।

अंतर्राष्ट्रीय संबंधों के क्षेत्र में यथार्थवादी व्याख्या साम्राज्यवाद को मुख्यत: शक्ति-संतुलन की अभिव्यक्ति के तौर पर देखती है। हैंस मोरगेंथाउ के अनुसार साम्राज्यवाद उस प्रक्रिया का अंग है जिसके तहत विभिन्न शक्तियाँ यथास्थिति को अपने पक्ष में झुकाने की कोशिश करती हैं। साम्राज्यवाद के ज़रिये बड़ी ताक़तें अपने राज्य की राजनीतिक और सामरिक दुर्बलता को घटाना चाहती थीं। लेनिन की दलील की आलोचना करते हुए यथार्थवादी कहते हैं कि सभी पूँजीवादी देश साम्राज्यवादी नहीं थे, और सभी साम्राज्यवादी देश पूँजीवादी नहीं थे।

साम्राज्यवादी की व्याख्या कई तरह के समाज-मनोवैज्ञानिक सिद्धांतों के मुताबिक़ भी की गयी है। ये व्याख्याएँ जोसेफ़ शुमपीटर के विमर्श से प्रभावित हैं। शुमपीटर मानते थे कि साम्राज्यवाद एक ध्येयहीन गतिविधि थी ताकि राज्य की संस्था अपना ज़बरन असीमित विस्तार कर सके। वे इस गतिविधि को एक मनोभाव के रूप में देखते हैं जो साम्राज्यिक राज्यों को 'योद्धा वर्ग' की देन है। हालाँकि योद्धा वर्ग की रचना राज्य की विदेशी आक्रमणों से प्रतिरक्षा के उद्देश्य से हुई थी, पर उसने अपने निरंतरता बनाये रखने के लिए साम्राज्यवाद का सहारा लिया।

प्रथम विश्व-युद्ध के बाद साम्राज्यवाद का प्रभाव तेज़ी से घटा। जर्मनी में नाज़ियों के उत्थान से इसे थोड़े समय के लिए फिर उछाल मिला, पर 1945 में विश्व-युद्ध के ख़ात्मे

के बाद से स्पष्ट हो गया कि अंतर्राष्ट्रीय समुदाय पर उपनिवेशवाद विरोधी रुझान हावी हो चुके हैं। अमेरिका और सोवियत संघ ने इस दौर में उपनिवेशवाद का जम कर विरोध किया और आत्म-निर्णय के उसूल का पक्ष लिया। युरोप की हालत इस समय तक पतली हो चुकी थी। वह दूर-दराज़ क्षेत्रों में फैले हुए उपनिवेशों की आर्थिक लागत उठाने की हालत में नहीं था। नवगठित संयुक्त राष्ट्र उपनिवेशों में चल रहे राष्ट्रवादी आंदोलनों के प्रभाव में अ-उपनिवेशीकरण की प्रक्रिया को प्रोत्साहित कर रहा था। नतीजे के तौर पर 1947 से 1980 के बीच में ब्रिटेन को क्रमश: भारत, बर्मा, घाना, मलाया और ज़िम्बाब्वे का क़ब्ज़ा छोड़ना पड़ा। इसी सिलसिले में आगे डच साम्राज्यवादियों को 1949 में इण्डोनेशिया से जाना पड़ा और अफ़्रीका में आख़िरी औपनिवेशिक ताक़त के रूप में पुर्तगाल ने अपने उपनिवेशों को 1974-75 में आज़ाद कर दिया। 1954 में इंडो-चीन क्षेत्र और 1962 में अल्जीरिया के रक्तरंजित संघर्ष के सामने फ्रांस को घुटने टेकने पड़े। साठ के दशक में ही भारत के प्रांत गोवा से पुर्तगाल ने अपना बोरिया-बिस्तर समेटा।

ज़ाहिर है कि पुराने क़िस्म का साम्राज्यवाद ख़त्म हो चुका है। उसके कुछ अवशेष ज़रूर बाक़ी हैं। बरमूडा अभी भी ब्रिटिश साम्राज्य का अंग है। बाक़ी सभी जगहों पर साम्राज्यवाद का यह रूप अपने दिन गिन रहा है। लेकिन, इसका मतलब यह नहीं कि साम्राज्यवादी प्रभुत्व की समस्या से दुनिया को छुटकारा मिल गया हो। शीत-युद्ध के दौरान अमेरिका और सोवियत संघ ने विश्व को अपने-अपने प्रभुत्व वाले क्षेत्रों में कुछ इस तरह से बाँट रखा था कि विश्लेषक *पैक्स-ब्रिटानिका* की जगह *पैक्स-अमेरिकाना* और *पैक्स-सोवियतिका* की चर्चा करने लगे थे। विश्व की राजनीति में बहस इस बात की थी कि दोनों महाशक्तियों में से किसकी में साम्राज्यवादी क्षमता अधिक है या किसकी क्षमता गिरती हुई है और किसकी उभरती हुई है। सत्तर के दशक के बाद चीन के नेता माओ त्से-तुंग ने सोवियत संघ को सामाजिक साम्राज्यवाद की संज्ञा दे कर साम्राज्यवाद की समझ में एक नया आयाम जोड़ा। आज सोवियत संघ के पराभव के बाद माओ के इस सूत्रीकरण को तक़रीबन भुला दिया गया है। दुनिया इस समय एक-ध्रुवीय है। अमेरिका सबसे बड़ी फ़ौजी ताक़त है, पर एक आर्थिक ताक़त के रूप में उसकी श्रेष्ठता संदिग्ध हो चुकी है। विकसित युरोपीय देश और एशिया में जापान उसके साथ कड़ी प्रतियोगिता कर रहे हैं। नयी उभरती हुई आर्थिक ताक़त के रूप में चीन भी इस होड़ में अपनी उपस्थिति दर्ज कराने जा रहा है। प्रश्न यह है कि उपनिवेशवाद और शीत-युद्ध के ख़ात्मे के बाद क्या विश्व में शक्ति-संतुलन की प्रक्रिया से एक बार फिर ऐसी कोई ताक़त उभरेगी जिसकी तुलना अतीत की साम्राज्यवादी ताक़तों से की सके, और अगर ऐसा होगा तो उस साम्राज्यवाद का रूप क्या होगा?

**देखें :** आदर्शवाद, आतंकवाद, अंतर्राष्ट्रीय मुद्रा कोष, इमैनुएल कांट, इतिहास का अंत, एडवर्ड हैलेट कार, जाति-संहार, पृथकतावाद, तृतीय विश्व, द्वितीय विश्व-युद्ध, नस्लवाद, नव-उपनिवेशवाद, निर्भरता सिद्धांत, नि:शस्त्रीकरण, पेटेंट, प्रथम विश्व-युद्ध, प्रगति, बौद्धिक सम्पदा अधिकार, ब्रेटन वुड्स प्रणाली, भारत में पेटेंट क़ानून, रंगभेद, उपनिवेशवाद, यथार्थवाद, युद्ध, युरोपीय संघ, रचनात्मकतावाद, राजनय, विश्व व्यापार संगठन, विश्व बैंक, विश्व-सरकार, वि-उपनिवेशीकरण, सभ्यताओं का संघर्ष, सम्प्रभुता, संयुक्त राष्ट्र, शस्त्र-नियंत्रण, शांति, शांतिवाद, शीत-युद्ध, हथियारों की होड़।

### संदर्भ

1. जे.ए. हॉब्सन (1965), *इम्पीरियलिज़म : अ स्टडी,* युनिवर्सिटी ऑफ़ मिशिगन प्रेस, ऐन आरबर, एमआई.
2. वी.आई. लेनिन (1968), *इम्पीरियलिज़म एज़ द हाईएस्ट स्टेट ऑफ़ कैपिटलिज़म,* फ़ॉरेन लेंग्वेज प्रेस, मास्को.
3. जे. स्नायडर (1991), *मिथ ऑफ़ : डोमेस्टिक पॉलिटिक्स ऐंड इंटरेनशनल एम्बीशन,* कॉरनेल युनिवर्सिटी प्रेस, इथाका, एनवाई.
4. ए. ब्रुअर (1980), *मार्क्सिस्ट थियरी ऑफ़ इम्पीरियलिज़म,* रॉटलेज, लंदन.

**— अभय कुमार दुबे**

# सिक्किम

(Sikkim)

हिमालय की पहाड़ियों के बीच बसे सिक्किम का भारत में विलय 16 मई, 1975 को हुआ था। इससे पहले सिक्किम पर विदेशी मामलों, राजनय, रक्षा और संचार के संबंध में भारत का नियंत्रण था, लेकिन अन्य मामलों में सिक्किम प्रशासनिक रूप से एक स्वायत्त राज्य था जिस पर उसके शासक चोग्याल की हुकूमत थी। भारत में पूर्ण विलय के बाद से सिक्किम की राजनीति में क्षेत्रीय दलों का वर्चस्व रहा है। यहाँ तुलनात्मक रूप से शांति और व्यवस्था क़ायम रही है और विकास भी हुआ है। सिक्किम के बारे में एक अन्य महत्त्वपूर्ण बात यह है कि यहाँ उत्तर-पूर्व के अधिकांश राज्यों की तरह कोई विद्रोही गतिविधि नहीं चल रही है और न ही यहाँ ऑफ़स्पा (आर्म्ड फोर्सेज़ स्पेशल पॉवर एक्ट-1958) लागू है। ये दोनों ही बातें इस राज्य के शांतिपूर्ण माहौल की ओर इशारा करती हैं।

सिक्किम की राजधानी गांतोक है। इसके पश्चिम में नेपाल, उत्तर और पूर्व में चीन का स्वायत्तशासी क्षेत्र तिब्बत,

दक्षिण-पूर्व में भूटान और दक्षिण में पश्चिम बंगाल स्थित है। सिक्किम का भौगोलिक क्षेत्रफल 7,096 वर्ग किमी है और इस लिहाज़ से यह भारत का सत्ताईसवाँ बड़ा राज्य है। 2011 की जनगणना के अनुसार यहाँ की कुल जनसंख्या 6,07,688 है। इस लिहाज़ से यह भारत का सबसे छोटा राज्य है। यहाँ का जनसंख्या घनत्व 85.6 व्यक्ति प्रति वर्ग किमी है। सिक्किम भारत में सबसे कम जनसंख्या घनत्व वाला राज्य है। यहाँ की साक्षरता दर 76.6 प्रतिशत है और साक्षरता के लिहाज़ से भारत में इसका स्थान सातवाँ हैं। सिक्किम में एक हजार पुरुषों पर 889 महिलाएँ हैं। यहाँ की विधायिका एकसदनीय है जिसमें कुल 32 सदस्य होते हैं। इन 32 सीटों में से 12 सीट भूटिया लेपचा समुदाय के लोगों के लिए और दो सीटें अनुसूचित जातियों के लिए आरक्षित हैं। यहाँ से लोकसभा का एक और राज्यसभा का एक सदस्य चुना जाता है। यहाँ की राजकीय भाषाओं में नेपाली, भूटिया, लेपचा, लिम्बू, नेवारी, राय, गुरूंग, मंगार, शेरपा, तमांग, और सुनवार शामिल हैं।

सिक्किम में नेपाली जातीय मूल के लोगों का बहुमत है। मूल सिक्किमी लोगों में भूटिया और लेपचा शामिल हैं। भूटिया चौदहवीं सदी में तिब्बत के खाम ज़िले से यहाँ आये थे, जबकि माना यह जाता है कि लेपचा दूर पूर्वी भाग से यहाँ आये थे। राज्य के उत्तरी और पूर्वी भागों में तिब्बती लोग रहते हैं। इसके अलावा यहाँ बिहारी, बंगाली और मारवाड़ी समुदायों के भी लोग हैं जो मुख्य रूप से दक्षिणी सिक्किम और गांतोक में बसे हुए हैं। जनसंख्या का कुल 60.93 प्रतिशत लोग हिंदू है। बौद्ध धर्म सिक्किम का दूसरा सबसे बड़ा धर्म है। 28.2 प्रतिशत जनसंख्या बौद्ध धर्म को मानती है। इसके अलावा यहाँ ईसाई, मुसलमान और जैन भी हैं।

ऐतिहासिक रूप से सिक्किम सांस्कृतिक रूप से नेपाल और तिब्बत के ज़्यादा नजदीक है। 1642 में तिब्बत के एक संत खेये बैमसा के पाँचवीं पीढ़ी के वंशज फुंटसोग नामग्याल ने यहाँ राजतंत्र की स्थापना की। यहाँ के शासक को चोग्याल या पुरोहित-नरेश के रूप में जाना गया। चोग्याल राजाओं को अक्सर भूटानी या नेपाली शासकों के हमलों का सामना करना पड़ता था। भारत में अंग्रेज़ी शासन की शुरुआत होने पर सिक्किम ने दुश्मनों से बचने के लिए अंग्रेज़ों से समझौता कर लिया। लेकिन 1853 में अंग्रेज़ों ने सिक्किम के एक ज़िले दार्जिलिंग और मोरांग को ब्रिटिश भारत में मिला लिया। इसके बाद चोग्याल नाममात्र का शासक रह गया। अंग्रेज़ों ने उस पर नज़र रखने और अपना नियंत्रण क़ायम रखने के लिए यहाँ अपना गवर्नर भी नियुक्त कर दिया। 1890 में सिक्किम ब्रिटेन का प्रोटेक्टोरेट (संरक्षित राज्य) बन गया। 1947 में भारत के आज़ाद होने के समय सिक्किम ने भारत में विलय के प्रस्ताव को नकार दिया। प्रधानमंत्री जवाहरलाल नेहरू सिक्किम को विशेष प्रोटेक्टोरेट की हैसियत देने पर सहमत हो गये। इसके बाद सिक्किम की विदेश नीति, राजनय, रक्षा और संचार भारत के नियंत्रण में आ गये, लेकिन अन्य मामलों में सिक्किम प्रशासनिक रूप से स्वायत्त बना रहा। चोग्याल शासक के अंतर्गत संवैधानिक सरकार की इजाज़त देने के लिए एक राज्य परिषद् की स्थापना की गयी।

इस बीच सिक्किम नेशनल कांग्रेस ने नये चुनाव और सिक्किम में नेपालियों को ज़्यादा प्रतिनिधित्व देने की माँग की। उस समय के चोग्याल पालडेन थॉनडुप नामग्याल लोगों में बहुत अलोकप्रिय थे। 1973 में चोग्याल के महल के सामने हुए दंगों के कारण उन्हें भारत से सुरक्षा देने की माँग करनी पड़ी। 1975 में सिक्किम के प्रधानमंत्री ने यह अपील की कि सिक्किम को औपचारिक रूप से भारत का राज्य बना दिया जाए। अप्रैल, 1975 में भारतीय सेना ने गांतोक में प्रवेश करके चोग्याल के महल के सुरक्षा घेरे को हस्तगत कर लिया। एक जनमत संग्रह कराया गया जिसमें 97.5 प्रतिशत लोगों ने भारतीय संघ में शामिल होने और राजतंत्र को ख़त्म करने के पक्ष में मत दिया। सिक्किम को भारतीय संघ में शामिल करने के लिए भारतीय संसद ने पैंतीसवाँ संविधान संशोधन किया। इसे सहायक राज्य (या एसोसिएट स्टेट) का दर्जा दिया गया। बाद में छत्तीसवें संविधान संशोधन द्वारा पैंतीसवें संविधान संशोधन को ख़त्म करके सिक्किम को भारत के पूर्ण राज्य का दर्जा मिला।

सिक्किम के एक अलग राज्य बनने के बाद कांग्रेस के काजी लेहडुप दोरजी यहाँ के पहले मुख्यमंत्री बने। वे मई, 1975 से अगस्त, 1975 तक राज्य के मुख्यमंत्री रहे। अगस्त, 1979 से अक्टूबर, 1979 तक राज्य में राष्ट्रपति शासन लगा रहा। इसके बाद राज्य की राजनीति में नर बहादुर भण्डारी का उभार हुआ। भण्डारी ने 1977 में सिक्किम जनता परिषद् (एसजीपी) की स्थापना की। इस पार्टी ने 1979 के विधानसभा चुनावों में जीत हासिल की और भण्डारी राज्य के मुख्यमंत्री बने। वे मई, 1984 तक राज्य के मुख्यमंत्री रहे। इसके बाद कुछ समय के लिए (11 मई, 1984-25 मई, 1984) कांग्रेस के भीम बहादुर गुरंग मुख्यमंत्री बने। फिर 25 मई, 1984 से 8 मार्च, 1985 तक राज्य में राष्ट्रपति शासन लगा रहा। 1985 में हुए विधानसभा चुनावों में नर बहादुर भण्डारी ने अपनी नयी पार्टी सिक्किम संग्राम परिषद् (एसएसपी) के बैनर तले चुनाव लड़ा। भण्डारी की पार्टी को बहुमत मिला और वे फिर राज्य के मुख्यमंत्री बने। अगले चुनावों में भी इनकी पार्टी जीती और वे मुख्यमंत्री बने। इस तरह वे मार्च, 1985 से 17 जून, 1994 तक राज्य के मुख्यमंत्री रहे। जून, 1994 में सिक्किम संग्राम परिषद् में ही भण्डारी के ख़िलाफ़ असंतोष हो जाने के कारण उनकी सरकार गिर गयी, और एसएसपी के ही संचामन लिम्बू (जून,

सिक्किम : राजशाही से लोकतंत्र की ओर

1994–दिसम्बर, 1994) मुख्यमंत्री बने। दरअसल, भण्डारी के कई सहयोगियों को उनके तथाकथित तानाशाही रवैये से नाराजगी थी। इसके कारण उनके एक कैबिनेट सहयोगी पवन कुमार चामलिंग ने 1993 में कैबिनेट से इस्तीफ़ा देकर सिक्किम डेमॉक्रैटिक फ्रंट (एसडीएफ) का निर्माण किया। 1994 में हुए विधानसभा चुनावों में इस पार्टी को जीत मिली और इसके बाद चामलिंग राज्य के मुख्यमंत्री बने। इसके बाद से हुए हर चुनावों में चामलिंग की पार्टी की लगातार जीत हासिल हुई है और उस समय से लेकर अब तक चामलिंग ही राज्य के मुख्यमंत्री हैं।

सिक्किम राज्य के गठन के बाद से ही यहाँ राजनीति की एक मुख्य विशेषता यह रही है कि राष्ट्रीय दल यहाँ अपनी जड़ नहीं जमा पाये हैं। कांग्रेस ने यहाँ दो बार अपनी सरकार बनायी लेकिन वह यहाँ की राजनीति में मजबूती से पैर नहीं जमा पायी। भाजपा या अन्य राष्ट्रीय दलों की यहाँ कोई ख़ास मौजूदगी नहीं है। स्पष्टत: यहाँ की जनसंख्या के एक बड़े हिस्से के हिंदू होने के बावजूद भाजपा की हिंदुत्ववादी राजनीति यहाँ नहीं चल पायी। दूसरा, यहाँ की राजनीति पर अमूमन क्षेत्रीय दलों का वर्चस्व रहा है। 1994 से पहले नर बहादुर भण्डारी ने पहले सिक्किम जनता परिषद् (1984 तक) और फिर सिक्किम संग्राम परिषद् (1984–1994) के माध्यम से अपना वर्चस्व क़ायम रखा। वही, 1994 से राज्य की राजनीति में सिक्किम डेमॉक्रैटिक फ्रंट और इसके नेता पवन कुमार चामलिंग का वर्चस्व है। तीसरा, सिक्किम की राजनीति की एक मुख्य विशेषता यह है कि यहाँ पर 1994 के बाद सत्ताधारी दल के पक्ष में एक तरह का रुझान रहा है। इसका मुख्य उदाहरण राज्य में हुए पिछले दो विधानसभा चुनाव हैं। जहाँ 1994 में चामलिंग की पार्टी को 32 में से 31 सीटों पर जीत मिली, वहीं 2009 के विधानसभा चुनावों में इनकी पार्टी ने सभी 32 सीटों पर जीत हासिल की। इसका मुख्य कारण चामलिंग का कुशल नेतृत्व भी है। उनके मुख्यमंत्रित्व में पिछले तक़रीबन 18 सालों में राज्य ने हर मोर्चे पर प्रगति की है। यही कारण है विकासशील समाज अध्ययन पीठ (सीएसडीएस) द्वारा पिछले दो चुनावों में किये गये सर्वेक्षणों में तक़रीबन तीन–चौथायी मतदाताओं ने राज्य सरकार के काम के प्रति अपना संतोष जाहिर किया।

**देखें :** अरुणाचल प्रदेश, असम, आंध्र प्रदेश, उत्तर प्रदेश, उत्तराखण्ड, ओडीशा, कर्नाटक, केरल, गोवा, गुजरात, छत्तीसगढ़, जम्मू और कश्मीर, झाड़खण्ड, तमिलनाडु, त्रिपुरा, दिल्ली, नगालैण्ड, पंजाब, पश्चिम बंग, बिहार, मणिपुर, महाराष्ट्र, मध्य प्रदेश, मिज़ोरम, मेघालय, राजस्थान, हरियाणा।

### संदर्भ

1. रंजन गुप्ता (1975), 'सिक्किम : द मर्जर विद इण्डिया', *एशियन सर्वे,* सितम्बर, खण्ड 4, अंक 9.
2. एन. राम (1975) 'सिक्किम स्टोरी : प्रोटेक्शन टू एब्ज़ॉर्पशन', *सोशल साइंटिस्ट,* सितम्बर, खण्ड 3, अंक 2.
3. बनस्मिता बोरा (2009), 'सिक्किम : अ प्रो-इंकम्बेंसी फैक्टर', संदीप शास्त्री, के.सी. सूरी और योगेंद्र यादव (सम्पा.), *इलेक्टोरल पॉलिटिक्स इन इण्डियन स्टेटस : लोकसभा इलेक्शंस 2004 ऐंड बियांड,* ऑक्सफ़र्ड युनिवर्सिटी प्रेस, नयी दिल्ली.

**— कमल नयन चौबे**

# सिक्ख धर्म और गुरु नानक

(Religion of Sikhs and Guru Nanak)

सिक्ख धर्म के संस्थापक, संत कवि और समाज-सुधारक गुरु नानक देव (1469-1539) ने पारम्परिक शिक्षा, कर्मकाण्ड और प्रपंच की कड़ी आलोचना करते हुए अपना संदेश दिया। नानक बाणी का बुनियादी रुख उनके भाषाई चुनाव में निहित है। उन्होंने परमात्मा के संधान को बोलचाल की पंजाबी में व्यक्त किया। हालाँकि करीब ढाई सौ साल पहले हुए बाबा शेख़ फ़रीद का कलाम पंजाबी में मिलता है, लेकिन नानक बाणी ने अपनी गहन, विस्तृत और विधिवत रागात्मकता से पंजाबी को बोलचाल से ऊपर उठा कर वैचरिकता से भरपूर भाषा में बदल दिया। इसी भाषाई चुनाव का अगला पड़ाव है जन-साधारण के जीवन का मर्म सहेजना और उनके रूहानी अधिकारों की वकालत करना। इसी नज़रिये के आधार पर नानक ने तत्कालीन दौर के हुक्मरानों और धर्माधिकारियों का तीखा प्रतिकार किया। लोक-प्रचलित काव्य रूप 'वार' (जिसमें योद्धाओं के शौर्य और पराक्रमी कृत्यों का वर्णन होता है) को नानक ने मनुष्य के अंत:करण मे चल रहे युद्ध की अभिव्यक्ति के लिए इस्तेमाल किया, जैसे 'आसा दीवार'। 'माझ दी वार' अपने दौर के अन्याय पर बेबाक टिप्पणी है। नानक के इस रुख का शिखर 'बाबरवाणी' के शीर्षक के तहत संकलित चार शबदों की रचना में हासिल है। सिक्ख स्टडीज़ के डब्ल्यू.एच. मैक्लयोड जैसे विद्वान गुरु नानक को केवल आत्मिक अनुभूति के रस में सराबोर संत परम्परा की सीमा में ही आँकते हैं। उनकी निगाह में नानक बाणी में ऐसे शबद लगभग अपवाद ही हैं। वहीं पंजाबी मार्क्सवादी विद्वान किशन सिंह ने गुरु बाणी में और विशेष तौर पर नानक बाणी में सामाजिक संघर्ष की उस केंद्रीयता को स्थापित किया है जो 'नाम' और 'माया' के परस्पर विरोधी संकल्पों पर आधारित है।

नानक का जन्म लोधी वंश के शासन दौरान आज के पाकिस्तान में स्थित गाँव राय भोयं दी तलवंडी गाँव (ननकाणा साहिब नाम से मशहूर) में 1469 सत् में गुरु नानक का पटवारी कालू मेहता के घर माता तृप्ता की कोख से हुआ। बड़ी बहन का नाम नानकी था, इसलिए भाई का नाम नानक रखा गया। बचपन से ही नये सवालों में दिलचस्पी रखने वाले नानक की शादी बटाला में माता सुलक्खनी से हुई जिससे दो पुत्र श्री चंद और लखमी चंद पैदा हुए। नानक ने सुलतानपुर के नवाब दौलत ख़ान लोधी के मोदीख़ाने में नौकरी की और गहन अध्ययन जारी रखा। इसकी झलक उनकी बाणी में समाविष्ट अपने समय की प्रशासनिक, आर्थिक, राजनीतिक और सामाजिक मसलों के प्रति गहरी जानकारी से मिलती है। पंद्रहवीं सदी के आख़िरी सालों में वेईं नदी में स्नान के समय हुई गहन अनुभूति को नानक का रूहानी साक्षात्कार माना जाता है। नानक ने 'सोदरू' के ज़रिये परमात्मा के सान्निध्य का वर्णन किया है। विशाल जीवनानुभव और वैचारिक माधुर्य को अंगीकार करने वाले गुरु नानक ने 1539 में करतारपुर में आख़िरी साँस ली और भाई लहणा को गुरु अंगद कह कर सिक्ख धर्म के संस्थागत निर्माण की शुरुआत की।

उत्तर भारत और ख़ास कर पंजाब में यह दौर सामाजिक गतिहीनता, वैचारिक जड़ता और राजनीतिक-प्रशासनिक अव्यवस्था का था जिसकी बुनियाद जमीन से मालिया उगाहने पर टिकी हुई थी। इस समय तक ज़मींदारी व्यवस्था मज़बूती से जम चुकी थी। सत्ताधारियों में जनता के प्रति तिरस्कार था। हिंदुओं में जातिवाद और अस्पृश्यता का बोलबाला था। औरतों की सामाजिक दुर्दशा थी और धार्मिक पाखण्ड के पैर जम चुके थे। अपने शासन के अंतिम वर्षों में समाज और प्रजा से कटे हुए लोधी हाकिम उत्तर-पश्चिम से होने वाले बाबर के हमलों के सामने बहुत कमज़ोर थे। यह दो साम्राज्यों के बीच संक्रमण का समय भी था। नयी परिस्थितियों, नये अनुभवों और हिंसा के आधिक्य ने भी अपना गहरा असर छोड़ा। ऐसे समय में गुरु नानक ने शासक वर्ग को लगातार अपने निशाने पर रखा जिसका दूरगामी असर सिक्ख धर्म की संस्थाओं के विकास पर पड़ा।

अपने रूहानी अनुभव और सामाजिक-आध्यात्मिक पथ पर बढ़ते हुए नानक की चार महा-यात्राओं का पंजाबी मानस गढ़ने में मिसाली योगदान है। राग में रची वाणी और भाई मरदाना (जो मुसलमान रबाबी थे) की सोहबत के साथ जंगल-पहाड़, थल-डूँगर, बस्तियों और नये भौगोलिक खित्तों में गुरु नानक का पहुँचना आज तक पंजाब के वैचरिक स्पेस में प्रतिमान की तरह स्थित है। इन महा-यात्राओं को सिक्ख पंथ में उदासियाँ कहा जाता है। गुरु नानक वाणी इन यात्राओं का स्मरण भी है। मसलन उन की महान कृति *आरती* जगन्नाथ पुरी में हो रही आरती में हिस्सा लेने से मना करने पर उकेरी गयी। ऐसी ही यात्रा से लौटते हुए भाई मरदाना चल बसे तो उन्हें गुरु नानक ने ही आज के पाकिस्तान के सीमांत प्रदेश में दफ़नाया। आज तक मुसलमान रबाबी गुरुबाणी के कीर्तन के प्रति समर्पित हैं।

गुरु नानक के संघर्ष का अगला चरण उन संन्यासियों, जोगियों, सिद्धों, जैन मुनियों, काज़ियों और पंडितों की आत्मिक-धार्मिक आलोचना में दिखता है जो सामाजिक परजीविता, श्रम से अलगाव और सत्ता के सान्निध्य में अपनी मुक्ति का दर्शन बघार रहे थे। 'सिद्ध गोष्ठि' और 'रामकली की वार' आदि कुछ ऐसी ही रचनाएँ हैं। दूसरे, गुरु नानक ने संन्यासी विरक्ति को गार्हस्थ्य धर्म में धारण करने पर बल दिया। 'ग्रहस्थ महि उदासा' रहने को उन्होंने उत्तम माना। करतारपुर बसाते हुए की गयी उनकी रचना 'जपुजी' में नानक

गुरु नानक देव (1469-1539) और मुसलमान रबाबी भाई मरदाना (बायें) काष्ठशिल्प

के प्रौढ़ चिंतन का प्रमाण मिलता है। जिसे गुरवाणी की कुंजी भी कहा जाता है। इसका रचना प्रबंध कड़क्क् शैली का है जिसे विद्वानों ने दस कोटियों में बाँट कर देखा है। इसमें सिक्ख धर्म के मूलभूत सिद्धांतों जैसे नाम, हुकम, विस्माद, रज़ा इत्यादि से गुज़रते हुए आत्मिक साधना के पाँच पड़ावों को खण्ड कहा गया है : धर्मखण्ड, ज्ञानखण्ड, सर्म खण्ड, करम खण्ड और सच खण्ड। जिज्ञासु साधक इन खण्डों से गुजरता हुआ स्थूलता से सूक्ष्म की तरफ़ बढ़ता है। सूत्रिक शैली की इस रचना की सहज ताल, उसका भाषाई कौशल और अर्थ विस्तार इसे टीकाकारों के लिए चुनौती बना देते हैं। 'इहलोक' में कूड़ की शृंखला तोड़ना हर सिक्ख के लिए अनिवार्य है और ऐसा करके ही वह 'साचा' होने से भी आगे 'सचु आचार' का वाहक बन सकता है। यही गुरु नानक का शब्द है। इसी रुख से सिक्ख धर्म के नैतिक सदाचार और राजनीतिक अवधारणाओं का उद्भव होता है जिनके इर्द-गिर्द तवील अध्ययन हो रहे हैं और सामाजिक सरगर्मियाँ बनी हुई हैं।

अपनी उदासियों के बाद गुरु नानक ने डेरा बाबा नानक के नज़दीक ही करतारपुर गाँव बसाया और स्वयं खेती करनी शुरू की। श्रम और सामाजिकता की बुनियाद पर खड़ी हो रही संगत ने यहीं बसेरा किया और सामूहिक लंगर की प्राप्ति आरम्भ हुई। शाम को गुरुवाणी कीर्तन होता और शबद विचार भी। इस लिहाज़ से करतारपुर में सिक्ख धर्म की संस्थाओं की सर्वप्रथम स्थापना हुई। संगत-पंगत-लंगर-कीर्तन आदि को यहाँ अभ्यास में उतारा गया। इसी जगह लहणा (बाद में दूसरे गुरु अंगद देव) और सिक्ख इतिहास में भाई बुड्ढा के नाम से मशहूर होने वाली हस्तियाँ संगत में शामिल हुईं। गुरु नानक ने सिक्ख सिद्धांत का वैचारिक चौखटा बड़े परिश्रम से तैयार किया जिससे परवर्ती गुरुओं के लिए ज़मीन तैयार हुई। इसी के आधार पर बाद में तत्कालीन दौर के मुताबिक़ नये अर्थ भरते हुए सिक्ख सिद्धांत का नवीकरण भी हुआ और परिपक्वता भी बरक़रार रह सकी। गुरु नानक से जुड़ी हुई जन्म साखी परम्परा में सब से प्राचीन पुरातन जन्म-साखी को माना जाता है जो सोलहवीं शताब्दी से संबंध रखती है। विद्वानों की एक जमात असली गुरु नानक की तलाश को तथ्यात्मकता तक घटा देती है और जन्म-साखी परम्परा में मिलने वाले उनके जीवन के विवरण को सच-झूठ तक ले आती है। 'इतिहास में' गुरु नानक से ज़्यादा वह 'इतिहास के गुरु नानक' पर केंद्रित होते हुए उन्हें संत परम्परा की कड़ी का पंजाबी संत साबित करती है। मैक्लयोड इस मत के प्रस्तावक है और उन्होंने इन विषयों पर लम्बे समय तक काम करके सिक्ख स्टडीज़ के उप-अनुशासन को सुदृढ़ किया और परवर्ती विद्वानों का सिलसिला पैदा किया। इस मत के बरक्स ऐसे समाजशास्त्री और साहित्यिालोचक सामने आये जो जन्म-साखिओं की तथ्यात्मकता से ज़्यादा उन में दर्शाए गुरु नानक के बिम्ब से तात्कालिक संगत के सामाजिक आधार, विचारधारा और आस्था का आकलन करते हैं। इसी प्रक्रिया में इसलामी विचारों से गुरु नानक का साक्षात्कार काफ़ी जटिल और विस्तृत रूप में उभरता है। ऐसे विद्वानों में निहार रंजन राय, जे.पी.एस ओबरॉय, किशन सिंह और सुरजीत हांस इत्यादि शामिल हैं।

गुरु नानक के अवसान के बाद हुए विकास में एक अहम मुक़ाम वह है जब दूसरे गुरु अंगद देव ने पंजाबी लिखने के लिए गुरुमुखी लिपि को प्रामाणिकता दी और खडूर में संगत को संगठित किया। गुरु अमर दास ने गोइंदवाल बसाया। रस्मों के निर्वाह के लिए ब्राह्मणी पूजा पद्धति के स्थान पर वाणी रचना की जिसकी मिसाल 'आनंद साहब' में मिलती है। बढ़ती जा रही संगत को संगठित करने के उद्देश्य से मंजीयाँ और उनके मंजीदार नियुक्त किये जो बाद में मसंद कहे जाने लगे। इसी के साथ सिक्ख पंथ ने जन-हित में कुएँ खुदवाने और सराय बनवाने जैसे गतिविधियाँ भी अपनाईं। चौथे गुरु राम दास ने चक रामदास (अमृतसर) बसाया और उत्तरोत्तर बढ़ती जा रही संगत संगठित करने के लिए अमृतसर को केंद्रीय स्थान बनाया। पाँचवें गुरु अर्जुन देव ने संकलित बाणी को और भक्तों और सूफ़ियों की रचनाओं को सम्पादित

करके आदि ग्रंथ सम्पूर्ण किया जिसका प्रकाश हरिमंदिर साहिब में किया गया। यही समय अकबर के बाद जहाँगीर के बादशाह बनने का भी था। सिक्खों की आपसी धड़ेबंदी, मुगल शहज़ादों में तख़्त के लिए होड़ और 'नयी किताब' का आगमन— इन सब ने मिलकर गुरु अर्जुन की शहादत में भूमिका निभायी। इसी दौर में जट्ट समुदाय पशुचारी क़बीलों से निकल कर खेतीबाड़ी की ज़िंदगी अपना चुका था, पर वर्ण-व्यवस्था में वह कहीं न था। मुगल साम्राज्य द्वारा की जाने वाली ज़मीनी कर की माँग से असंतुष्ट जाट सिक्ख पंथ में शामिल होने लगे। गुरु हरिगोबिंद ने इसी दौर में मीरी (दुनियावी) और पीरी (आध्यात्मिक) सम्प्रभुता की तलवारें धारण कीं, अकाल तख़त स्थापित किया, ढाड़ीयों से वीर रस में वारों के गायन की माँग की और सिक्खों की एक फ़ौजी टुकड़ी खड़ी करनी शुरू की। गुरु हरि राय और हरिकृष्ण क्रमश: सातवें और आठवें गुरु स्थापित हुए और मुगलों से टक्कर के चलते सिक्ख पंथ को अमृतसर और माझा इलाके में अलग-अलग किया गया। इसकी एक वजह यह भी थी कि बाबा पिरथी चंद के वंशज अमृतसर पर अपना क़ब्ज़ा के चलते संगत से गुरुओं का राबिता काफ़ी क्षीण हो चला था। ऐसे में गुरु तेग बहादुर नवें गुरु-स्थापित हुए। संगत को पुन:संगठित करने के लिए उन्होंने लम्बे दौरे किये, जनहित के काम शुरू किये गये और मुगलों से दूरी रखते हुए पहले कीरतपुर और बाद में आनंदपुर साहिब बसाये गये। अपनी इन सांगठनिक कार्यवाहियों के चलते उन्हें 1675 में दिल्ली के चाँदनी चौक में शहीद कर दिया गया। उस समय उनके पुत्र गोबिंद राय सिर्फ़ नौ साल के थे। इस विचार-यात्रा और सांगठनिक-सामाजिक पहलकदमियों में गुरु नानक निर्मित पंथ की एकता और विभिन्न स्वरूपों में ढलने की क्षमता को कुछ अध्ययनकर्ता विचलन, राजनीतिकरण या सैन्यीकरण कहते हैं। दूसरी तरफ़ गुरु नानक की बाणी में प्रस्तुत राजनीतिक विवेक इन परिस्थितियों को अंगीकार करते हुए ज्ञानातीत रूप से इनके परे जाने की सम्भावना लिए हुए है। 1699 के बैसाख में खालसा की साजना इसी वैचारिक परिपाटी का विस्तार है, अंत नहीं।

**देखें** : खालसा पंथ।

**संदर्भ**

1. *आदि ग्रंथ,* शिरोमणि गुरद्वारा प्रबंधक कमेटी, अमृतसर.
2. जे.पी.एस. ओबेरॉय (1999), *रिलीजन, सिविल सोसाइटी ऐंड द स्टेट : ए स्टडी ऑफ़ सिक्खिज़म,* ऑक्सफ़र्ड युनिवर्सिटी प्रेस, नयी दिल्ली.
3. जे.एस. गरेवाल (1969), *गुरु नानक इन हिस्ट्री,* गुरु नानक देव युनिवर्सिटी, अमृतसर.
4. सुरजीत हांस (1988), *अ रिकंस्ट्रक्शन ऑफ़ सिक्ख हिस्ट्री फ़्रॉम सिक्ख सोर्सेज़,* एबीएस पब्लिशर्स, जालंधर.

**— सुमेल सिंह सिद्धू**

# सिद्ध-नाथ परम्परा

(Siddh-Nath Tradition)

हिंदी साहित्य के आदिकाल का आरम्भ विक्रम की ग्यारहवीं शताब्दी से माना जा सकता है। अपभ्रंश और हिंदी साहित्य का यह संधिकाल अपने बहुलार्थक रूप में संक्रांतिकाल है। यहाँ अपभ्रंश और हिंदी का अद्‌भुत मिश्रण एवं सामंजस्य घटित होता दिखाई पड़ता है। बौद्ध धर्म के वज्रयानी सिद्धों द्वारा रचित साहित्य इसी संक्रांतिकाल की देन है। धार्मिक कर्मकाण्ड की प्रतिक्रिया में बौद्ध धर्म का विकास हुआ और इसी धर्म की महायान शाखा में वैयक्तिक साधना के स्थान पर सामूहिक करुणा और लोकमंगल की भावना को महत्त्व मिला। यह महायान शाखा जनता की चित्तवृत्तियों को आत्मसात करने में समर्थ होकर जनप्रिय हुई। वैदिक और बौद्ध-जैन धाराओं के बीच समय-समय पर विचारों का संघर्ष होता रहा है। शंकराचार्य और कुमारिल भट्ट जैसे दार्शनिकों ने अपने-अपने तरीक़े से वैदिक धर्म के पुनरुत्थान का प्रयास किया, लेकिन वे जनता के हृदय में बस गये बौद्ध प्रभाव को हटा नहीं सके। आठवीं शताब्दी में शंकराचार्य का अद्वैतवाद अपनी शुष्क-जटिल दर्शन चर्चा के कारण जनता के मन में प्रवेश नहीं कर पाया। जनता महायान शाखा की ओर निरंतर उन्मुख हुई। इसी महायान शाखा ने आगे चल कर वज्रयान समुदाय के रूप में धर्म साधना का सहज-सुगम मार्ग प्रस्तुत किया।

धीरे-धीरे अपने ही विरोधी शैवधर्म से प्रभावित होकर महायान शाखा के वज्रयान सम्प्रदाय में तंत्र, मंत्र, गुह्य साधना, महासुखवाद आदि तांत्रिक प्रकृतियों को स्थान मिलने लगा। इस प्रकार शैवधर्म वज्रयान सम्प्रदाय से समझौता-प्रेम संगति करते हुए एक-दूसरे में समाते गये। अनेक तांत्रिक प्रवृत्तियों के समावेश के कारण बौद्ध धर्म में देहवाद, व्यभिचारवाद, विकृत नारी भोगवाद, मद्यपान, मैथुन आदि प्रकृतियों ने स्थाई आसन जमा लिया। भैरवी चक्र के रूप में नैतिक मूल्यों की उपेक्षा का संसार सक्रिय होकर आगे बढ़ा। लेकिन सदाचार प्रधान बौद्ध धर्म विकृत होने के बावजूद जनता को अपनी ओर आकृष्ट करता रहा, क्योंकि उसके मूल में जन-साधारण को जीने की राह दिखाई देती थी। ईसा की छठी शताब्दी के बाद लगभग पूरे देश में तांत्रिक उपासकों की संख्या इतनी तेज़ी से बढ़ी थी कि उसने जिसने सभी सम्प्रदायों को, चाहे वे भागवत धर्म के हों या शैवधर्म के, सभी को अपने आगोश में ले लिया था। इस दौर के तुरंत बाद सातवीं शताब्दी से ग्यारहवीं शताब्दी तक वज्रयान सम्प्रदाय ने अनेक रूप धारण किये और वह निरंतर बदलता रहा। मंत्रों से सिद्धि प्राप्त करने

वाली युक्तियों का प्रचार करने वाले वज्रयान सम्प्रदाय के अनुयायी बौद्ध साधक 'सिद्ध' नाम से प्रसिद्ध हुए। उन्होंने अपने सामाजिक-धार्मिक सिद्धांतों का प्रचार-प्रसार तत्कालीन लोक भाषा में किया, जिसे मगधी अपभ्रंश या विकसित 'मगही' भाषा कहा गया। 'इन सिद्धों' की संख्या चौरासी मानी जाती है। उनमें अनेक सिद्ध अच्छे कवि थे जिन्होंने काव्य के माध्यम से अपने सिद्धांतों का प्रसार-प्रचार किया। इनमें सरहपा, शबरपा सुसुकुपा, लुइपा, विरूपा, टारिकपा, औम्बिपा, गुंडरीपा, कुक्करिपा, कण्हपा, गोरक्षपा और तिलोपा के नाम उल्लेखनीय हैं।

इन सिद्धचार्यों-कवियों में समाज के सभी वर्णों और व्यवसायों के लोग सम्मिलित थे। जाति या वर्ण भेद और वर्गभेद की अवहेलना करते हुए इन सिद्धों ने सामाजिक क्षेत्रों में वैचारिक क्रांति की। इन्होंने वज्रयान-सम्प्रदाय के सिद्धांतों को समयानुरूप ढाला और उनका परिष्कार करते हुए नया भाष्य प्रस्तुत किया। इनके ही भगीरथ प्रयासों से वेद विरोधी होने के बावज़ूद बौद्ध धर्म में ईश्वर की प्रतिष्ठा हुई। आरम्भ में तो ख़ैर इनकी धर्म-कर्म-साधना में मांस-मदिरा और मैथुन का अधिक प्रयोग हुआ, लेकिन समाज-समय के प्रभाव दबाव से इन तीनों का प्रयोग कम होता गया। इन सिद्धों ने सहज मार्ग अपनाकर जीवन के भोगों को अपनाने का मार्ग प्रशस्त किया।

इन सिद्धों की कृतियों की ख़ोज करते हुए हर प्रसाद शास्त्री, प्रबोधचंद्र बागची, राहुल सांकृत्यायन ने समाज का ध्यान इनकी ओर आकृष्ट किया। महामहोपाध्याय हरप्रसाद शास्त्री ने नेपाल में उपलब्ध सरहपा और कृष्णाचार्यपा के दोहों का संग्रह करके *बौद्धगान ओ दोहा* नाम से बंगीय साहित्य परिषद् से प्रकाशन कराया। प्रबोधचंद्र बागची ने अनेक हस्तलिखित ग्रंथों की खोज करके तिलोपा और सरहपा के दोहों का संग्रह *दोह-कोष* नाम से प्रकाशित किया। राहुल ने अनेक सिद्ध कवियों की रचनाओं को *हिंदी-काव्यधारा* शीर्षक से प्रकाशित कराया। आज सिद्धों की रचनाएँ प्राय: दो काव्य रूपों में उपलब्ध होती हैं— *चर्यापद* तथा *दोहा कोष*। *दोहा-कोष* चतुष्पदियों की कड़वक शैली में रचे गये हैं। सिद्धाचार्यों के *चर्यापद* लोक में गाये जाते हैं। अनेक स्थानों, समयों में रचे जाने के कारण इनकी काव्य भाषा में निरंतर बदलाव देखा गया है।

राहुल सांकृत्यायन ने माना है कि वज्रयानी सिद्धाचार्यों में सरहपा का स्थान सर्वोपरि है। उन्होंने एकाग्र भाव से वज्रयानी सम्प्रदाय के सिद्धांतों का प्रतिपादन किया। कहना चाहिए कि उन्होंने ही वज्रयानी सम्प्रदाय का प्रवर्तन किया और लगभग 32 ग्रंथ लिखे। इनके लिखे ग्रंथों में *दोहा कोष* विशेष प्रसिद्ध हुआ। सरहपा के शिष्य शबरपा हुए और शवरों की वेश-भूषा अपनाने के कारण इनका नाम शबरपा पड़ गया। इनकी कृतियाँ *चर्यापदों* के रूप में मिलती है। इनका ध्यान महासुखवाद की ओर रहा जिसमें ऐंद्रिक भोगों का प्राधान्य था। क्षत्रिय भिक्षु भुसुकुपा नालंदा में डेरा जमाये हुए थे और तांत्रिक साधना में महासुखवाद का प्रतिपादन करने वालों में आगे थे।

वज्रयान की संशोधित पद्धति से सहजयान का विकास हुआ। सहजयान ही समय के साथ नाथ सम्प्रदाय के रूप में सामने आया। नाथ सम्प्रदाय के संतों ने सिद्ध-संतों के धार्मिक-नैतिक सिद्धांतों में कई तरह के संशोधन-सम्पादन के बाद उन्हें नया रूप दिया। इस तरह नाथ सम्प्रदाय का मूलस्रोत सिद्ध साहित्य को ही मानना चाहिए। बौद्ध धर्म के विकृतरूप वज्रयान-सम्प्रदाय में जब पंच मक़ारों का समावेश हुआ और उसमें निरीश्वरवाद ने ज़ोर पकड़ा तो प्रतिक्रियास्वरूप नाथपंथी संतों ने वीभत्स साधना पद्धतियों, अनाचारवाद और तमाम बाह्य आडम्बरों का विरोध दिया। साथ ही यौगिक साधना पर बल देते हुए ईश्वरवादी-आस्थावादी साधना पद्धतियों की प्रतिष्ठा की। यह नवीन साधना-पद्धति ही नाथ सम्प्रदाय के नाम से प्रख्यात हुई है।

गोरखनाथ को नाथ-सम्प्रदाय का प्रवर्तक-आचार्य माना जाता है। सिद्धाचार्यों में सिद्ध गोरक्षपा की महिमा बखानी जाती है। लेकिन ज़्यादातर विद्वानों का मत है कि नाथ-सम्प्रदाय के प्रवर्तक-गुरु गोरखनाथ ही सिद्ध गोरक्षपा है। यह माना जाता है कि पहले गोरखनाथ वज्रयानी सिद्ध थे और बाद में शैवधर्म के उपासक हो गये। सच बात तो है कि वज्रयानी सिद्धों और नाथ सम्प्रदाय के संत-योगियों में साधना-पद्धति के स्तर पर ख़ूब आदान-प्रदान चलता रहा। बौद्धों और शैवों की योगपरक तांत्रिक साधनाएँ एक-दूसरे में प्रवेश करती रहीं। गोरखनाथ के समय को लेकर भी विद्वानों में मतभेद रहा है। कुछ विद्वान उनका आविर्भाव दसवीं और दूसरे अनेक विद्वान तेरहवीं शताब्दी में मानते हैं।

पीताम्बरदत्त बड़थ्वाल ने गोरखनाथ की रचनाओं का संग्रह *गोरख बानी* नाम से प्रकाशित किया है। इसमें 'सबदी', 'पद', 'सिष्या दरसन', 'त्राण संकली', 'नरवै बोध', 'आत्म-बोध', 'अभै मात्रा जोग' आदि तेरह रचनाएँ सम्मिलित हैं। इन तेरह रचनाओं के अतिरिक्त संस्कृत में लिखी कुछ रचनाएँ भी गोरखनाथ रचित कहीं जाती हैं, किंतु आज तक उनकी प्रामाणिकता संदिग्ध है। बड़ी बात यह है कि गोरखनाथ ने अपने सिद्धांतों के प्रचार-प्रसार के लिए लोक-भाषा को अपनाया। नाथ सम्प्रदाय निवृत्ति मार्गी- ज्ञानयोग पर केंद्रित है और गुरु की महिमा का बखान करता है। वैराग्य-प्राप्ति के लिए इंद्रिय निग्रह पर विशेष बल देता है- जैसे, 'गुर कीजै गहिला, निगुरा न रहिला। गुर बिन ग्यान न पायला रे भाइला। दूधैं धोयो कोयला उजला न होयला। कागा कंठै पहुय माल

हँसना न भैयला।'

गोरखनाथ ने नाथ-पंथ की साधना में उन अनेक परम्परागत रूढ़ियों और मनोवृत्तियों की कठोर आलोचना की है जो उनके विचार से धर्म को विकृत करने वाली थीं। उन्होंने साधना-पद्धति में संयम-सदाचार की महिमा का वर्णन करते हुए आध्यात्मिक अनुभूतियों के लिए सहजमार्ग का प्रतिपादन किया। नाथ-सम्प्रदाय में नौ नाथों की प्राय: चर्चा की जाती हैं। दिलचस्प तथ्य यह है कि इन नौ नाथों के भिन्न-भिन्न परम्पराओं में नाम भिन्न-भिन्न रूप में प्राप्त होते हैं। इन नौ नाथों के नाम हैं- आदिनाथ, मत्स्येंद्रनाथ, गोरखनाथ, चर्पट नाथ, गाहिमिनाथ, चौरंगीनाथ, ज्वालेंद्रनाथ, भर्तनाथ तथा गोपीचंद्रनाथ। पर्याप्त अनुसंधान के अभाव में नाथों की ज़्यादातर रचनाएँ अनुपलब्ध हैं। नाथ-सम्प्रदाय में जनश्रुति है कि आदिनाथ साक्षात् शिव थे और गोरखनाथ मत्स्येंद्रनाथ के शिष्य। मत्स्येंद्रनाथ को मीननाथ और मछंदरनाथ नाम से भी स्मरण किया जाता है।

जनश्रुति है कि आदिनाथ शिव मत्स्येंद्रनाथ के ज्ञान-गुरु थे। सर्वप्रथम तो शिव ने पार्वती को योग की शिक्षा दी। मत्स्येंद्रनाथ ने मछली का रूप धारण कर गुप्त रूप से उस ज्ञान-शिक्षा को सुना। उसके बाद मत्स्येंद्रनाथ के अपने योग्य शिष्य गोरखनाथ को योग में पारंगत किया। प्रतिभाशाली गोरखनाथ के योग की ज्ञान-शिक्षा को व्यवस्थित करके उसका परिष्कार किया। गोरखनाथ ने ही शैव प्रत्यभिज्ञादर्शन के आधार पर योगमार्ग में शिव और शक्ति को आदितत्त्व के रूप में स्थान दिया। मछली के रूप में मत्स्येंद्रनाथ ने शिव की योग शिक्षा को छिप कर प्राप्त किया तो शिव ने उन्हें मोहासक्त होने का शाप दिया। इस शाप से कुएँ में गिरे अपने गुरु मत्स्येंद्रनाथ को देखकर गोरखनाथ ने आवाज़ दी 'जाग मछंदर गोरख आया।'

समय के साथ-साथ नाथपंथियों की अन्य रचनाओं में योग, ज्ञान, वैराग्य, आत्मज्ञान, शील, संयम आदि नाना विषयों का समावेश हुआ। चर्पटनाथ आदि के कारण नाथ-सम्प्रदाय सारे देश में फैल गया। कबीरदास के आविर्भाव से पहले ही नाथ-पंथ पूरे देश में शक्तिशाली हो चला था। आगे चलकर निर्गुणिये संतों-कवियों ने नाथ-पंथ की अनेक विचारधाराओं को लेकर निर्गुण सम्प्रदाय की प्रतिष्ठा की । दरअसल संत कवियों पर वज्रयानी सिद्धों-नाथों का प्रभाव दूर तक भिदा हुआ मिलता है। नाथ-पंथ सिद्ध सम्प्रदाय और संतों के निर्गुण सम्प्रदाय के बीच संवाद-सेतु बनाता है। संतों ने इनकी अनेक परम्पराओं को ग्रहण किया। समाज को सुधार के मार्ग पर लाने के लिए इन्हीं के मार्ग पर बढ़ कर संतों ने, जाति-पाँति, भेदभाव, बाह्य आडम्बर, तीर्थाटन, मूर्तिपूजा आदि का डटकर विरोध किया। संतों ने अनेक पारिभाषिक शब्दों-प्रतीकों को सिद्धों और योगियों की परम्परा से प्राप्त किया। संतों की गुरु-महिमा गायन पर सिद्धों-नाथों का गहरा प्रभाव है। इसी प्रभाव के तहत संतों ने कहा कि शरीर में शिव-शक्ति के निवास के कारण देवालय मौजूद है, इसलिए तीर्थों में भटकना व्यर्थ है। हठयोग के षट्चक्र, उनकी स्थिति और कमलदलों की संख्या नाथ सम्प्रदाय से संतों ने प्राप्त की। तीन नाड़ियों, इला-पिंगला-सुषुम्णा को ही गंगा-जमुना-सरस्वती कहा गया। योग साधना के शब्द सुरति-निरति, शून्य, गगन, नाद, अनहद शब्द नयी काव्य रूप शैली, नयी संध्या-भाषा के साथ सिद्धों-नाथों से संतों को प्राप्त हुए। और तो और कबीर की उलटबाँसियों की शैली सिद्ध-नाथ योगियों से आयी है। संतकाव्य की परम्पराओं पर सिद्धों-नाथों का प्रदेय अविस्मरणीय है।

**देखें** : अष्टछाप, 'अंग्रेज़ी हटाओ' आंदोलन, गजानन माधव मुक्तिबोध-1 और 2, छायावाद, डायग्लॉसिया, नंद दुलारे वाजपेयी, नगेंद्र और सैद्धांतिक समीक्षा, नयी कविता, नामवर सिंह, पाश्चात्य काव्यशास्त्र, प्रेमचंद, प्रयोगवाद, प्रगतिवाद, भक्ति आंदोलन-1 और 2, भक्ति-काव्य-1 और 2, भारतेंदु हरिश्चंद्र, भारतेंदु युग-1 और 2, भाषा नियोजन-1 से 4 तक, भाषा के मार्क्सवादी सिद्धांत, महादेवी वर्मा, महावीर प्रसाद द्विवेदी, मीरांबाई और प्रेमाभक्ति, राहुल सांकृत्यायन, रामानुजाचार्य, रामानंद, रामचंद्र शुक्ल-1 और 2, रामविलास शर्मा, राष्ट्रीय-सांस्कृतिक कविता, रीतिकाल-1 और 2, विजय देव नारायण साही, वैष्णव धर्म, श्याम सुंदर दास, सम्पर्क भाषा-1 से 4 तक, सगुण और निर्गुण-1 और 2, संस्कृत काव्यशास्त्र, संविधान सभा में भाषा-विवाद-1, 2 और 3, संत-काव्य, सूफ़ीयत और प्रेमाख्यान, हजारी प्रसाद द्विवेदी, हिंदी विरोधी आंदोलन, हिंदी जाति-1 से 3 तक, हिंदी साहित्य का आदिकाल, हिंदी साहित्य का इतिहास, हिंदी साहित्य का इतिहास : नये परिप्रेक्ष्य, हिंदी-पद्य में इतिहास, हिंदी-जगत और 'लोकप्रिय'-1 और 2, हिंदी नवजागरण, हिंदी-संस्थाएँ।

## संदर्भ

1. रामचंद्र शुक्ल (1940), *हिंदी साहित्य का इतिहास,* काशी नागरी प्रचारिणी सभा, काशी.
2. हजारीप्रसाद द्विवेदी (1981), *आचार्य हजारी प्रसाद द्विवेदी ग्रंथावली,* (हिंदी साहित्य की भूमिका, नाथ सम्प्रदाय, मध्ययुगीन धर्म साधना, मध्ययुगीनबोध का स्वरूप, कबीरदास), राजकमल प्रकाशन, नयी दिल्ली.
3. धीरेंद्र वर्मा (सम्पा.) (1959), *हिंदी साहित्य,* द्वितीय खण्ड-भारतीय हिंदी परिषद्, प्रयाग..
4. रामधारी सिंह दिनकर (1956) *संस्कृति के चार अध्याय,* पटना.

**— कृष्णदत्त पालीवाल**

# सिद्धांत

(Theory)

इस जगत के विभिन्न पहलुओं पर विधिपूर्वक विचार करने के भाषा-आधारित माध्यमों में से एक प्रमुख और प्रभावशाली माध्यम का नाम सिद्धांत है जिसे थियरी या दर्शन का नाम भी दिया जा सकता है। अगर किसी सिद्धांतकार या दार्शनिक से समय के बारे में प्रश्न पूछा जाए तो उससे अपेक्षा की जाती है कि वह घड़ी देख कर वक़्त बताने के बजाय उस समय के तात्पर्य पर चर्चा करेगा जिसमें हम रह रहे हैं। अगर उससे बुनियादी आवश्यकताओं के बारे में पूछा जाए तो हमारी कामनाओं की सूची पेश करने के बजाय वह हमें बतायेगा कि साधारण कामनाओं और आवश्यकताओं के बीच क्या फ़र्क़ होता है, और किस तरह हम अपनी अपरिहार्य और टाली जा सकने वाली ज़रूरतों के बीच अंतर कर सकते हैं। विधिपूर्वक विचार करने के अन्य भाषा-आधारित माध्यमों और समाज वैज्ञानिक सिद्धांत-रचना के बीच अंतर को छह तरह से समझा जा सकता है : विचारों के प्रति अक्षुण्ण संवेदनशीलता, बुद्धिसंगत संरचना, वस्तुनिष्ठता और सत्य उपलब्ध करने की इच्छा, सामान्यता और अमूर्तन, पृष्ठभूमि में छिपी धारणाओं को सामने लाना और अटकलबाज़ी से मुक्ति।

पहला आयाम है सिद्धांत का अवधारणाओं या विचारों के साथ संबंध, अर्थात् उनकी भीतरी संरचना के साथ एक अनिवार्य क़िस्म का सरोकार रखना, यह पता लगाना कि अवधारणाएँ किस तरह परस्पर ताल्लुक़ रखती हैं और किस तरह गुच्छों में सामने आती हुई उस प्रक्रिया में अपनी चौहद्दी तय करती हैं। उदाहरण के लिए सत्ता, प्रभाव, बल, हिंसा और आग्रह आदि विचारों के एक ही गुच्छे के सदस्य हैं। इसी तरह स्वाधीनता, समानता और न्याय अवधारणाओं एक अन्य गुच्छा है। सिद्धांतकार शब्द या पद के तात्पर्य पर बारीक़ी से ध्यान दे कर इन विचारों का सीमांकन करने की भूमिका निभाता है। कवि, उपन्यासकार और निबंधकार भी शब्दों का सुचिंतित इस्तेमाल करते हैं, पर उनका काम यह बताना नहीं है कि किसी विचार के लिए एक ख़ास शब्द या पद ही क्यों इस्तेमाल किया जाना चाहिए। यह काम सिद्धांतकार का है। मसलन, एक आम आदमी सामाजिक क्रांति, समाज सुधार और सामाजिक इंजीनियरिंग जैसे पदों को बिना अंतर किये ढीले-ढाले ढंग से इस्तेमाल कर सकता है। लेकिन, एक सिद्धांतकार के लिए ये तीनों अलग-अलग अवधारणाएँ हैं। अर्थात् विचारों के तात्पर्यों के प्रति अभंग संवेदनशीलता और उन्हें उनकी सम्पूर्णता में व्यक्त करने के प्रति प्रतिबद्धता सिद्धांत का पहला तत्त्व है।

सिद्धांत को अन्य माध्यमों से अलग करने वाला दूसरा तत्त्व है उसमें निहित बुद्धिसंगत उद्यम। इसका मतलब यह नहीं निकाला जाना चाहिए कि सिद्धांतकार मनोभावों या अंतर्ज्ञान से कतई काम नहीं लेते। इसका मतलब यह भी नहीं कि हर सिद्धांत को तर्कशास्त्र के मुताबिक़ ही होना चाहिए। दरअसल, सिद्धांतकार किसी विचार को पेश करके ही नहीं रह जाता, बल्कि उसका कारण बताता है। दिये हुए कारण का भी एक कारण होता है, और उस शुरुआती कारण के अन्य कारण भी दिये जाते हैं। इस तरह एक सैद्धांतिक निर्मिति बुद्धिसंगत कारणों की शृंखला से तैयार होती है। कुछ की मान्यता है कि इस प्रक्रिया का अंत एक अंतिम कारण से होता है यानी जिसके परे कोई अन्य कारण नहीं होता। लेकिन, समाज-विज्ञान की दुनिया में सिद्धांतकारों के बीच इस दावे पर मतैक्य नहीं है। कुल मिला कर यह दूसरा तत्त्व कहता है कि हर सिद्धांत की संरचना बुद्धिसंगत कारणों के एक सिलसिले से बननी चाहिए।

इसी मुक़ाम से सिद्धांत की संरचना को दूसरों से अलग करने वाला तीसरा तत्त्व निकलता है : सिद्धांत रचने के साथ जुड़ी सत्य और वस्तुनिष्ठता उपलब्ध करने की आकांक्षा। समाज-विज्ञान में सिद्धांत रचना के ज़रिये जो सत्य प्राप्त किया जाता है, वह सर्वकालीन और सार्वभौम होने के बजाय अधिकतर संदर्भ-निर्भर होता है। हालाँकि कुछ असाधारण सिद्धांत दिक् और काल की सीमाओं के परे जा पाते हैं, फिर भी जो सत्य उपलब्ध किया जाता है सीमित ही होता है। यही स्थिति वस्तुनिष्ठता की है। मानवीय ज्ञान न तो आत्मगत दृष्टिकोण से पूरी तरह मुक्त हो सकता है, और न ही उसे अमीर या ताक़तवर वर्ग की आत्मगत समझ में हमेशा के लिए क़ैद रखा जा सकता है। कुछ दिनों के लिए हो सकता है कि उसे ज्ञान समझा जाता रहे, पर जल्दी ही उसकी सीमाएँ स्पष्ट हो जाती हैं।

सिद्धांत का चौथा तत्त्व है हमारे वक्तव्यों, आस्थाओं, क्रियाओं और आचरणों के पीछे मौजूद पूर्वधारणाओं को सामने लाना। मसलन, सत्रहवीं सदी के इंग्लैण्ड में राजनेता बिना धार्मिक अपील का सहारा लिए राजनीतिक चर्चाएँ करने लगे थे, पर इस बात को एक पूर्वधारणा की तरह मान कर अक्सर कहने की ज़रूरत नहीं समझी जाती थी। पृष्ठभूमि में छिपी इस हक़ीक़त को पहली बार थॉमस हॉब्स ने सैद्धांतिक रूप से पेश किया कि राजनीति विशुद्ध सेकुलर ढंग से करने का वक़्त आ गया है। सिद्धांत का पाँचवाँ तत्त्व है एक हद तक सामान्यता और अमूर्तन प्राप्त करने का लक्ष्य। इसकी वजह यह है कि एक सिद्धांत आपस में जुड़ी हुई पर अलग-अलग परिघटनाओं को अपने दायरे में समेटने की कोशिश करता है। यह काम बिना सामान्यता और अमूर्तन के नहीं हो सकता। इसका अर्थ यह नहीं है कि सिद्धांत को अपने दायरे

में सार्वभौम ही होना चाहिए। इसका मतलब यह है कि सिद्धांत का ताल्लुक़ किसी एक ख़ास और ठोस परिघटना से नहीं होता। मसलन, गति का सिद्धांत ग्रहों से लेकर लुढ़कते पत्थरों तक पर लागू होता है। यह उदाहरण प्राकृतिक विज्ञान की श्रेणी का माना जा सकता है, लेकिन समाज-विज्ञान के सिद्धांतों की प्रकृति इस तरह की नहीं होती है। मसलन, भारतीय राष्ट्रवाद का अलग से वर्णनात्मक अध्ययन किया जा सकता है या भारतीय राष्ट्रवाद के कारणों पर तथ्यगत शोध किया जा सकता है, पर यह कहना मुश्किल है कि राष्ट्रवाद का कोई ऐसा सिद्धांत हो सकता है जो सिर्फ़ भारत पर ही लागू होता हो।

छठा तत्त्व इस मान्यता पर आधारित है कि सिद्धांत-रचना की जिस परिघटना की हम चर्चा कर रहे हैं वह आधुनिक परिस्थितियों की देन है और आधुनिक विज्ञान के उदय से जुड़ी हुई है। आधुनिक सिद्धांत विशुद्ध अटकलबाज़ी पर आधारित नहीं हो सकते। उन्हें इस जगत के तथ्यगत यथार्थ के अनुकूल होना होगा, और फिर उसके बाद ही वे उसके परे जा पाएँगे। सिद्धांत इस आनुभविक जगत से पूरी तरह कतरा कर नहीं निकल सकते। सिद्धांतकार न तो वैज्ञानिकों द्वारा जमा किये गये आँकड़ों और तथ्यों को नकार सकते हैं, न ही अंतर्दृष्टि-सम्पन्न प्रेक्षकों, सामाजिक विचारकों और विशेषज्ञ समाज वैज्ञानिकों की रचनाओं में व्यक्त होने वाले समाज के जीवंत अनुभवों की उपेक्षा कर सकते हैं। इसीलिए एक सिद्धांत को हमेशा ही समाज के सामूहिक अनुभव की जड़ों में निहित होना होता है और उसी के साथ समुदाय के सामान्य ज्ञान और अंतर्निहित आचरण के परे भी जाना होता है। इस तरह से सिद्धांत न तो सामाजिक अनुभव का वर्णन मात्र है और न ही उसका अस्तित्व अनुभव से विच्छिन्न है। वैसे यह भी कोई ज़रूरी नहीं कि हर सिद्धांत में ये सभी छह तत्त्व हों। पर यह आवश्यक है कि वह अस्थाई प्रकृति के सोच-विचार, अटकलबाजी, किसी एक ख़ास परिघटना के बारे में की गयी तथ्यगत जाँच-पड़ताल, किसी एक समृद्ध अंतर्दृष्टि, किसी कल्पनाशील गद्य और उससे संबंधित वर्णनों से स्पष्ट रूप से भिन्न हो। इसी तरह उसे विचारधारा, विश्व-दृष्टि कॉस्मोलॅजी से भी अलग होना चाहिए।

**देखें** : अधिकार, अधिकार : सैद्धांतिक यात्रा, अरस्तू, अफ़लातून, अनुदारतावाद, अराजकतावाद, अन्य-अन्यीकरण, उदारतावाद, उपयोगितावाद, ऐडमण्ड बर्क, क्रांति, ज्याँ ज़ाक रूसो, जॉन लॉक, जेरेमी बेंथम, जॉन स्टुअर्ट मिल, जॉन रॉल्स, थॉमस हॉब्स, थॉमस पेन, न्याय, न्याय : नारीवादी आलोचना, न्याय : रॉल्स का सिद्धांत, राजनीति में व्यक्ति की भूमिका, नागरिकता, नागरिकता : अन्य परिप्रेक्ष्य-1 और 2, नागर समाज, पनोप्टिकॉन, प्रतिनिधित्व, प्रगति, प्रगति : आलोचनात्मक परिप्रेक्ष्य, प्रशासन, फ़ासीवाद, फ्रेड्रिख़ वॉन हायक, बहुसंस्कृतिवाद, बहुसंख्यकवाद, बहुसंख्यक-अल्पसंख्यक, बुद्धिवाद, माइकेल जोसेफ़ ओकशॉट, माइकिल वाल्ज़र, मिशेल पॉल फ़ूको-1 और 2, यूटोपिया, राजनीतिक और राजनीति, राजनीतिक दर्शन के नारीवादी आयाम-1 और 2, राजनीतिक मनोविज्ञान, राजनीतिक समाजशास्त्र, राज्य-1 और 2, रॉबर्ट नॉज़िक, राज्य-1 और 2, राष्ट्र-राज्य, राष्ट्र : सांस्कृतिक या राजनीतिक, राष्ट्रवाद, राष्ट्रवाद का इतिहास, लोकतंत्र, लोकतंत्र की आलोचनाएँ, व्यक्तिवाद, व्यवहारवाद, विल किमलिका, वितरणमूलक न्याय, विदेशी-द्वेष, वैधता, वैधता का संकट, सविनय अवज्ञा, समानता, समानता : चार अवधारणाएँ, समतावाद, सर्वसत्तावाद, स्मृति की राजनीति, स्वतंत्रता, स्वतंत्रतावाद, स्वजातिवाद, स्वच्छंदतावाद, सत्ता, सर्वसत्तावाद, सम्प्रभुता, समाजवाद, सरकारियत, सम्पत्ति, सम्पत्ति : साझा और सरकारी, सम्पत्ति : मार्क्सवादी परिप्रेक्ष्य, सम्पत्ति : नारीवादी परिप्रेक्ष्य, संविधानवाद, संघवाद, सामाजिक समझौता, सिद्धांत : राजनीतिक-सामाजिक, हेनरी डेविड थोरो।

### संदर्भ

1. राजीव भार्गव (2008), 'व्हाट इज़ पॉलिटिकल थियरी', राजीव भार्गव और अशोक आचार्य (सम्पा.), *पॉलिटिकल थियरी : ऐन इंट्रोडक्शन,* पियर्सन लोंगमेन, नयी दिल्ली.
2. ब्राइन बैरी (1990), *पॉलिटिकल आर्गूमेंट,* हारवेस्टर व्हीट शीफ़, हेमेल हेम्पस्टीड.
3. एस. स्टेनली क्लीनबर्ग (1991), *पॉलिटिक्स ऐंड फ़िलॉसफ़ी,* ब्लैकवेल, ऑक्सफ़र्ड.
4. जोनाथन वोल्फ़ (1996), ऐन *इंट्रोडक्शन टू पॉलिटिकल फ़िलॉसफ़ी,* ऑक्सफ़र्ड युनिवर्सिटी प्रेस,ऑक्सफ़र्ड.

**— अभय कुमार दुबे**

# सिद्धांत, राजनीतिक-सामाजिक

(Theory, Political-Social)

मानवीय जीवन और जगत को समझने के संदर्भ में राजनीतिक-सामाजिक सिद्धांत मुख्यत: तीन भूमिकाएँ निभाता है : व्याख्यात्मक, विचारात्मक और नैतिक अथवा मानकीय।

व्याख्यात्मक भूमिका : राजनीतिक-सामाजिक सिद्धांत का पहला काम है जीवन और जगत को समझना, व्याख्या करना और उसके भविष्य के बारे में अंदाज़ा लगाना। समझ के धरातल पर सभी मानवीय क्रियाओं, आचरण और परिस्थितियों का संघटन-संस्थापन अवधारणाओं द्वारा होता है। उन्हें समझना उन अवधारणाओं को समझना है। इसीलिए व्याख्यात्मक घटक सभी तरह के मानव विज्ञानों के आनुभविक पहलू के लिए महत्त्वपूर्ण है। समाज-विज्ञान के लिए इस आनुभविक आयाम की प्रकृति प्राकृतिक विज्ञान से भिन्न होती है। इसकी वजह है कि प्राकृतिक जगत की

संस्थापना अवधारणाओं से स्वतंत्र होती है, क्योंकि प्रकृति तो अवधारणाओं से पहले भी थी। लेकिन सामाजिक परिघटनाओं की जानने की प्रक्रिया अनुभवपरक अध्ययन के ज़रिये सम्पन्न होती है।

उदाहरण के लिए अगर हम पूँजीवादी सामाजिक-आर्थिक संरचनाओं के जन्म और विकास की परिघटना समझना चाहते हैं तो हमें देखना होगा कि अनुभवपरक और तथ्यात्मक अध्ययन के किस पहलू पर ज़ोर दिया गया है। मार्क्स ने मनुष्य द्वारा अपनी भौतिक ख़ुशहाली बेहतर करने की प्रवृत्ति पर बल दिया और इस नतीजे पर पहुँचे कि ऐसा करने के लिए वह अपनी उत्पादकता बढ़ाने का प्रयास करता है। इससे उत्पादन के सामाजिक संबंध बनते हैं, और ख़ास तरह के यही संबंध उत्पादक शक्तियों के विकास को आगे बढ़ाते हैं। एक सीमा के बाद इन्हीं संबंधों के कारण उत्पादक शक्तियाँ विकसित नहीं हो पातीं। उत्पादकता नहीं बढ़ती, पर उसे बढ़ाने की इच्छा बनी रहती है। यह अंतर्विरोध उत्पादन के सामाजिक संबंधों में तब्दीली की तरफ़ ले जाता है। मार्क्स ने अपनी यह प्रस्थापना पूँजी और श्रम के बीच उन संबंधों को परिभाषित करते हुए की जो मुक्त बाज़ार द्वारा बनाये जाते हैं। लेकिन, मैक्स वेबर पूँजीवाद के विकास का दूसरा सिद्धांत देते हैं क्योंकि उनका ज़ोर भिन्न क़िस्म के तथ्यों पर है। उनके मुताबिक़ अगर कुछ समाजों में धर्म की भूमिका न बदलती तो पूँजीवाद का उदय नहीं हो सकता था। कैथॅलिक मूल्यों की जगह प्रोटेस्टेंट मूल्यों के आगमन के कारण लौकिकता पर बल देने की प्रवृत्ति पैदा हुई, पूँजी संचय के लिए आवश्यक अनुशासित श्रम सम्भव हुआ और एक कार्यकुशल और सक्षम श्रम-शक्ति का उदय हो सका।

विचारात्मक भूमिका : राजनीतिक-सामाजिक सिद्धांत का दूसरा काम है उन सामाजिक और राजनीतिक परिघटनाओं के बारे में चिंतन सुलभ करना जो बहुत विशाल पैमाने पर घटती हैं, और केवल तथ्यात्मक या अनुभवपरक जाँच-पड़ताल उनके साथ न्याय नहीं कर सकती। इसे राजनीतिक सिद्धांत की विचारात्मक भूमिका कहा जाता है। मसलन, पूँजीवाद का उदय या सामंतवाद से पूँजीवाद में संक्रमण की परिघटना केवल तथ्यात्मक अध्ययन के ज़रिये ग्रहण नहीं की जा सकती। उसके लिए चिंतन के स्तर पर एक सीमा तक एक ऐसा उद्यम करना ही होगा जो अनुभवपरकता या तथ्यों की सीमा से परे जाता हो। इसी तरह अगर आधुनिकता की प्रकृति समझनी है या आधुनिक जगत में मानवीय दुविधाओं की क़िस्मों का पता लगाना है या औपनिवेशिकता के तहत अधीनता के आयामों की शिनाख़्त करनी है, तो महज़ अनुभवपरक जाँच से काम नहीं चलेगा। उसके साथ विचारात्मक या चिंतनपरक उद्यम अनिवार्य है।

यह उद्यम उस समय और भी आवश्यक हो जाता है जब नयी खोजों की रोशनी में मानवीय स्थितियों पर नये सिरे से चिंतन करना पड़ता है, क्योंकि उनके कारण अनुभव बदल जाता है।

नैतिक भूमिका : राजनीतिक-सामाजिक सिद्धांत का तीसरा काम है मानवीय और सामाजिक परिघटनाओं के बारे में नैतिक और मानकीय सवाल उठाना। यह काम प्राकृतिक विज्ञान के दायरे में नहीं होता। मसलन, गुरुत्वाकर्षण के नैतिक मूल्यांकन में किसी की दिलचस्पी नहीं हो सकती। इसी तरह गति के नियमों के अच्छे या बुरे होने की चर्चा व्यर्थ की क़वायद ही मानी जाएगी। लेकिन, नैतिक और मानकीय प्रश्न उठाना मानवीय जीवन और जगत के मर्म में निहित है। दरअसल, मानव-समाज एक क्रिया-निर्भर समाज है। हर क्रिया सम्पन्न होते समय कर्त्ता के सामने उसे करने के बारे में कई विकल्प होते हैं। उन विकल्पों में से एक का चुनाव करने के लिए कभी-कभी तो उसे पल भर का ही समय मिलता है। उसी थोड़े या अधिक समय में किये गये उसके फ़ैसले का असर दूसरी बहुत सी संबंधित स्थितियों पर पड़ना लाज़मी है। इसलिए जिस समझ के आधार पर कर्त्ता अपनी क्रिया का फ़ैसला करता है, उसका मूल्यांकन दूसरे भी करते हैं। इसी जगह उस मानकीय घटक की भूमिका सामने आती है जिसके आधार पर वह फ़ैसला किया जाता है। अगर इसी बात को राज्य की संस्था के संदर्भ में सोचा जाए तो राजनीतिक-सामाजिक सिद्धांत का यह आयाम और स्पष्ट हो सकता है। मान लीजिए कि राज्य शिक्षा के क्षेत्र से अपने क़दम खींच रहा है। ऐसे में सवाल उठ सकता है कि अब आरक्षण की नीति का क्या होगा? निजी क्षेत्र द्वारा मैरिट का सवाल उठाया जाएगा, और उसके आधार पर दिये गये दाख़िलों या नौकरियों में कमज़ोर वर्ग को स्थान मिलना मुश्किल हो जाएगा। ऐसे में क्या किया जाए? क्या असहाय हो कर अनुसूचित जातियों और जनजातियों या पिछड़े वर्गों को उनके हाल पर छोड़ दिया जाए? या निजी क्षेत्र को मजबूर किया जाए कि वह कुछ स्थान उनके लिए आरक्षित करे? यहीं पर राज्य नैतिक दृष्टि से मानकीय निर्णय करेगा, और उसके निर्णय का सभी पक्षों द्वारा मूल्यांकन भी होगा।

राजनीतिक सिद्धांत की नैतिक भूमिका पर प्रत्यक्षवाद के तहत पश्चिमी जगत के कई विद्वानों ने सवालिया निशान लगाये हैं। उनकी मान्यता है कि नैतिक और राजनीतिक दर्शन के ज़रिये केवल मत-मतांतर व्यक्त किये जा सकते हैं, प्राथमिकताएँ पेश की जा सकती है, पर उन्हें ज्ञान की कोटि में नहीं रखा जा सकता क्योंकि उनकी तथ्यात्मक या अनुभवपरक अध्ययन से पुष्टि नहीं की जा सकती। इसलिए अनुभवसिद्ध विज्ञानों के उदय के बाद राजनीतिक सिद्धांत-रचना पतन के लिए अभिशप्त है। यह प्रत्यक्षवादी दावा

इसलिए ग़लत है कि अगर मूल्यों को बुद्धि और वस्तुनिष्ठता के परे मान लिया जाएगा तो फिर जगत का केवल आत्मपरक ज्ञान ही सम्भव रह जाएगा और समाज-विज्ञानों के होने की सम्भावना ही प्रश्नांकित हो जाएगी। दरअसल, प्राकृतिक विज्ञानों और समाज-विज्ञानों के बीच अंतर का आधार ही यही है कि समाज-विज्ञान जीवन और जगत के बारे में विधिपूर्वक मानकीय और नैतिक चिंतन कर सकते हैं।

**देखें** : अधिकार, अधिकार : सैद्धांतिक यात्रा, अरस्तू, अफ़लातून, अनुदारतावाद, अराजकतावाद, अन्य-अन्यीकरण, उदारतावाद, उपयोगितावाद, ऐडमण्ड बर्क, क्रांति, ज्याँ ज़ाक रूसो, जॉन लॉक, जेरेमी बेंथम, जॉन स्टुअर्ट मिल, जॉन रॉल्स, थॉमस हॉब्स, थॉमस पेन, न्याय, न्याय : नारीवादी आलोचना, न्याय : रॉल्स का सिद्धांत, राजनीति में व्यक्ति की भूमिका, नागरिकता, नागरिकता : अन्य परिप्रेक्ष्य-1 और 2, नागर समाज, पनोप्टिकॉन, प्रतिनिधित्व, प्रगति, प्रगति : आलोचनात्मक परिप्रेक्ष्य, प्रशासन, फ़ासीवाद, फ्रेड्रिख़ वॉन हायक, बहुसंस्कृतिवाद, बहुसंख्यकवाद, बहुसंख्यक-अल्पसंख्यक, बुद्धिवाद, माइकेल जोसेफ़ ओकशॉट, माइकिल वाल्ज़र, मिशेल पॉल फ़ूको-1 और 2, यूटोपिया, राजनीतिक और राजनीति, राजनीतिक दर्शन के नारीवादी आयाम-1 और 2, राजनीतिक मनोविज्ञान, राजनीतिक समाजशास्त्र, राज्य-1 और 2, रॉबर्ट नॉज़िक, राज्य-1 और 2, राष्ट्र-राज्य, राष्ट्र : सांस्कृतिक या राजनीतिक, राष्ट्रवाद, राष्ट्रवाद का इतिहास, लोकतंत्र, लोकतंत्र की आलोचनाएँ, व्यक्तिवाद, व्यवहारवाद, विल किमलिका, वितरणमूलक न्याय, विदेशी-द्वेष, वैधता, वैधता का संकट, सविनय अवज्ञा, समानता, समानता : चार अवधारणाएँ, समतावाद, सर्वसत्तावाद, स्मृति की राजनीति, स्वतंत्रता, स्वतंत्रतावाद, स्वजातिवाद, स्वच्छंदतावाद, सत्ता, सर्वसत्तावाद, सम्प्रभुता, समाजवाद, सरकारियत, सम्पत्ति, सम्पत्ति : साझा और सरकारी, सम्पत्ति : मार्क्सवादी परिप्रेक्ष्य, सम्पत्ति : नारीवादी परिप्रेक्ष्य, संविधानवाद, संघवाद, सामाजिक समझौता, सिद्धांत, हेनरी डेविड थोरो।

### संदर्भ

1. राजीव भार्गव (2008), 'व्हाई डू वी नीड पॉलिटिकल थियरी ?', राजीव भार्गव और अशोक आचार्य (सम्पा.), *पॉलिटिकल थियरी : ऐन इंट्रोडक्शन*, पियर्सन लोंगमेन, नयी दिल्ली.
2. हान्ना एरेंत (1958), *द ह्यूमन कण्डीशन*, युनिवर्सिटी ऑफ़ शिकागो प्रेस, शिकागो.
3. भीखू पारिख (1983), 'पॉलिटिकल थियरी : ट्रेडिशंस ऑफ़ पॉलिटिकल थियरी', डेविड मिलर और लैरी सीडेनटॉप (सम्पा.), *अ न्यू हैंडबुक ऑफ़ पॉलिटिकल साइंस*, क्लैरेंडन प्रेस, ऑक्सफ़र्ड.
4. मैक्स वेबर (1930), *द प्रोटेस्टेंट इथिक्स ऐंड स्पिरिट ऑफ़ कैपिटलिज़्म*, जॉर्ज एलन ऐंड अनविन, लंदन.

**— अभय कुमार दुबे**

# सिनेमाई यथार्थवाद / नियोरियलिज़्म / न्यू-वेव

(Cinematic Realism/Neo-Realism/New Wave)

ज़िंदगी जैसी है उसके वैसे ही चित्रण पर ज़ोर देने वाली यथार्थवाद की धारणा सिनेमा ने उन्नीसवीं सदी के दौरान चले साहित्यिक आंदोलन से प्राप्त की। फ़िल्म के कैमरे को यथार्थ के दृश्यात्मक बयान के लिए एक स्वाभाविक औज़ार माना गया। लेकिन लिखे हुए शब्द के मुक़ाबले यह एक दोहरा यथार्थवाद था। एक परत कथांकन की रहती थी और दूसरी दृश्यात्मकता की। देखा गया कि इस प्रक्रिया में कथांकन की संरचनाओं के तहत भौतिक यथार्थ और मनोगत यथार्थ का संगम हो कर एक मानीख़ेज़ वक्तव्य का जन्म होता है। सामाजिक मुद्दों पर रोशनी डालने के लिए इस सिनेमाई यथार्थवाद का ख़ूब इस्तेमाल किया गया। पर जल्दी ही लगने लगा कि ऐसी फ़िल्मों में कथांकन का जहाँ उपसंहार होता है, वहाँ फ़िल्मकार को समस्याओं का आसान सा समाधान तजवीज़ करना पड़ता है जिससे समाज के तनावों और द्वंद्वों की तल्ख़ी कुछ नरम पड़ जाती है और ऐसा सिनेमा दर्शक को गहन सोच-विचार करने के लिए मजबूर नहीं कर पाता। इस उलझन ने फ़िल्मकारों और विमर्शकारों को सिनेमाई यथार्थवाद की जटिल प्रकृति पर सोचने के लिए विवश किया। परिणामस्वरूप यथार्थवाद के इर्द-गिर्द कई परिष्कृत सिद्धांतों और आचार-संहिताओं का विकास हुआ। यथार्थवाद से युरोपीय और भारतीय न्यू-वेव तक चली इस यात्रा ने उल्लेखनीय सिनेमा आंदोलनों को जन्म दिया।

तीस के दशक में फ्रांसीसी फ़िल्मकारों ने और फिर पचास के दशक में आंद्रे बाज़िन ने यथार्थवादी सौंदर्यशास्त्र की जम कर वकालत की। बाज़िन ने दावा किया कि कैमरे का यथार्थ से अलग तरह का रिश्ता होता है। एक पेंटर अपनी कल्पना के ज़रिये या देख कर जिस पेड़ का चित्र बनाता है उसमें वह पेड़ सजीव रूप से शामिल नहीं होता। परंतु कैमरामैन जिस वृक्ष का फ़ोटो उतारता है, उस फ़ोटो की रचना में वह वृक्ष और कैमरा दोनों शामिल हो जाते हैं। चित्रकार बनायी गयी पेंटिंग पर अपनी मर्ज़ी लागू करता है, पर कैमरामैन कितनी भी कोशिश कर ले, कैमरे और वस्तु का संयोग फ़ोटोग्राफ़ में एक ऐसी बात पैदा कर देता है जो खींचने वाले की मंशा से परे होती है। ज़ाहिर है कि इस व्याख्या में यह मान्यता भी शामिल थी कि पर्दे पर चलने वाला यथार्थवादी विमर्श कुछ ख़ास तरह की सच्चाइयों को दबा देता है, और कुछ को गढ़ कर पेश कर देता है। यानी यथार्थवाद के उपकरणों से उसका अपना यथार्थ

निकलता है। यानी स्क्रीन पर दिखाया जाने वाला यथार्थ दरअसल यथार्थ की प्रतीति ही है।

इसलिए यथार्थवाद के सिद्धांतकारों ने फ़िल्मकारों को सुझाव दिया कि वे तकनीक का इस्तेमाल कुछ इस तरह से करें कि दर्शकों को फ़िल्म के पाठ की अपनी समझ बनाने की गुंजाइश मिल सके। दर्शक फ़िल्मकार द्वारा दृश्यात्मकता और कथांकन में दर्ज तात्पर्य के परे जा कर उसका प्रेक्षण कर सके। इस मक़सद की पूर्ति के लिए यथार्थवादी फ़िल्मकारों ने स्टूडियो से बाहर स्वाभाविक जगहों पर, कुदरती रोशनी में और ग़ैर-पेशेवर अभिनेताओं के साथ फ़िल्में शूट कीं। उन्होंने डीप-फ़ोकस सिनेमैटोग्राफ़ी का इस्तेमाल करते हुए लांग शॉट लिए ताकि पर्दे पर उभरने वाले बिम्बों के साथ दर्शक बँध न जाए। उन्होंने लांग टेक यानी लम्बे-लम्बे दृश्य रचे ताकि सम्पादन की कला से पैदा होने वाली सींवनहीनता का प्रभाव कम हो जाए।

द्वितीय विश्व-युद्ध के बाद दर्शकों की बेचैनियों को शांत करने के बजाय और उकसाने के लिए इटली में नव-यथार्थवादी सिनेमा आंदोलन चला। इसके पीछे राजनीतिक प्रेरणाओं से संचालित सामाजिक-यथार्थवादी फ़िल्में बनाने का वह आग्रह था जिसके तहत 1934 में फ्रांस में ज्याँ रेनुआँ *टोनी* जैसी फ़िल्म बना चुके थे। 1942 से 1956 के बीच रॉबर्टो रोज़ेलीनी, लुशियानो विस्कोंती और विट्टोरियो डि सिका ने कुछ असाधारण फ़िल्में बनायीं। विस्कोंती रेनुआँ के सहायक के रूप में काम कर चुके थे। उनकी फ़िल्म *ऑब्सेशंस* (1942) से ही इस आंदोलन की शुरुआत हुई। उन्हीं के पटकथाकार अंतोनियो पीत्रागेली ने इस सिनेमा को पहली बार नियो-रियलिज़्म का लक़ब दिया। रोज़ेलीनी की कृति *रोम ओपिन सिटी* (1945) को पहली पूर्णतः नियो-रियलिस्ट फ़िल्म माना जाता है। डि सिका की *बाइसकिल थीफ़* (1948) एक ऐसी प्रभावशाली फ़िल्म थी जिसने पचास के दशक में सारी दुनिया में फ़िल्मकारों की उदीयमान पीढ़ी को प्रभावित किया। भारत में सत्यजीत राय और जापान में आकिरी कुरोसोवा ने अपनी फ़िल्म-कला पर रेनुआँ से लेकर डि सिका का गहरा प्रभाव स्वीकार किया है। स्वयं इटली में इमैनुएल ओल्मी, माइकिल एंजिलो अंतोनियोनी और फ़ेदरीको फ़ेलीनी की पीढ़ी ने इस आंदोलन को आगे बढ़ाया।

फ्रांस और ब्रिटेन में इस आंदोलन की विरासत से सिनेमा की न्यू-वेव का जन्म हुआ। फ्रांस में इस नयी लहर के शीर्ष पर 'काहीर द्यु सिनेमा' नामक फ़िल्म-समीक्षकों और विमर्शकारों का एक समूह था जिनमें क्लॉद शबरोल, एरिक रोहमर, एग्नेस वरदा, ज्याँ-लुक गोदार और फ्रांसुआ त्रुफ़ो प्रमुख थे। इन लोगों ने पहले किसी फ़िल्मकार के सहायक की भूमिका नहीं निभायी थी। फ्रांसीसी न्यू-वेव की फ़िल्मों ने पूँजीपति वर्ग की आलोचना का रवैया तो अख़्तियार किया ही ऑल्युर शैली अपनाते हुए शैली और रूप से संबंधित सभी स्थापित मान्यताओं को ख़ारिज कर दिया। यथार्थवादी सिनेमा चिंतक बाज़िन को अपना पितामह मानते हुए इन समीक्षक-फ़िल्मकारों ने अभिव्यक्ति के अभूतपूर्व तौर-तरीक़ों का इस्तेमाल किया। फ़िल्म-सेट के नाम पर वे किसी दोस्त के फ़्लैट में शूटिंग करते और फ़िल्म-यूनिट के सदस्य ही उनके अभिनेता बन जाते। वे लम्बे-लम्बे ट्रैकिंग शॉट लेते और जब फ़िल्म लम्बी हो जाती तो जम्प कट के ज़रिये उन्हें बीच में से काट देते। इससे फ़िल्म छोटी तो ही ही जाती, साथ ही एक अनूठा प्रभाव भी पैदा होता। उन्होंने संवाद-लेखन के क्षेत्र में नवाचार किया, दृश्यों को तेज़ी से बदलते हुए दिखाया और ऐसे शॉट लिए जो सामान्य 360 डिग्री के अक्ष से परे जाते थे। दर्शकों को सम्मोहित करने के बजाय उन्होंने अपने कैमरा-वर्क से उन्हें चौंकाया, अस्थिर किया। ये फ़िल्मकार बेहतर सिनेमा की सराहना करने में अक्षम दर्शक के प्रति तिरस्कारपूर्ण रवैया भी अपनाते थे। कम बजट की इन फ़िल्मों ने प्रोडक्शन से जुड़ी हुए ख़र्चीले तौर-तरीक़ों पर पुनर्विचार का माहौल भी बनाया। न्यू-वेव ने जिन नयी सिनेमाई संहिताओं को जन्म दिया उन्होंने कैमरे के उपयोग का लोकतंत्रीकरण करने की भूमिका निभायी। इसने फ्रांसीसी फ़िल्मकारों को स्त्रियों, कालों और फ्रेंच-अरबों की जीवन-स्थितियों की तरफ़ कैमरा घुमाने की प्रेरणा भी दी।

इतालवी नियोरियलिज़्म के अलावा इन फ़िल्मकारों ने अपनी कला पर हॉलीवुड के महान स्टूडियो निर्देशकों (चार्ली चैपलिन, ओरसन वेल्स, जॉन फ़र्ड, अल्फ्रेड हिचकॉक और निकोलस रे) का असर भी स्वीकार किया। शबरोल की फ़िल्म *ले हियू सर्ज* (1958), त्रुफ़ो की द *400 ब्लोज़* (1959) और गोदार की *ब्रेथलेस* (1960) को असाधारण अंतर्राष्ट्रीय कामयाबी मिली। समीक्षकों ने उनकी सराहना की और टिकट खिड़की पर भी दर्शक उनकी ओर खिंचे। फ्रांसीसी न्यू-वेव का शैलीगत असर जल्दी ही हॉलीवुड की व्यावसायिक फ़िल्मों पर दिखाई देने लगा। 1967 में आर्थर पेन की फ़िल्म *बोनी ऐंड क्लायड* इसका पहला सबूत ले कर आयी। इसके बाद फ्रांसिस फ़र्ड कोपोला, ब्राइन द पामा, मार्टिन स्कोरसीस और क्वेंटिन टारंटीनो जैसे विख्यात फ़िल्मकारों ने 1958 से 1964 के बीच बनी इन फ़िल्मों का अपने काम पर प्रभाव स्वीकार किया है।

फ्रांसीसी न्यू-वेव सिनेमा को लेकर विमर्शकारों के बीच कई तरह के विवाद हैं। इनमें पहला और सबसे अहम यह है कि क्या यह सिनेमा एक राजनीतिक सिनेमा था। दावा किया जाता है कि इस न्यू-वेव से आगे चल कर कोंस्तातिन कोस्टागवरास और लुई माले का राजनीतिक रूप से प्रतिबद्ध सिनेमा जन्मा, लेकिन इसके पीछे साठ के दशक में फ्रांस के

संकटग्रस्त राजनीतिक हालात की भूमिका अधिक बताई जाती है जिसकी रोशनी में शबरोल, गोदार और त्रुफ़ो की फ़िल्मों को राजनीतिक आभा मिल गयी।

**देखें :** अतिनाटकीयता, अनुपस्थिति-उपस्थिति, कला सिनेमा, अवाँगार्द और प्रति-सिनेमा, टीवी और समाचार, टीवी और सेक्शुअलिटी, टीवी और टीवी-अध्ययन, तीसरा सिनेमा, तीसरी दुनिया का सिनेमा, दक्षिण भारतीय सिनेमा और राजनीति, नारीवादी फ़िल्म-सिद्धांत, फ़िल्म और सेक्शुअलिटी, फ़िल्म और टीवी सेंसरशिप, फ़िल्मांतरण, फ़िल्म-सिद्धांत, फ़्लैश-बैक, भारतीय सिनेमा-1, 2 और 3, भारतीय फ़िल्म-अध्ययन, भारतीय स्टार सिस्टम, रियलिटी टीवी, विचारधारा और हिंदी सिनेमा, वृत्त-चित्र, सेलेब्रिटी, सोप ओपेरा, सोवियत सिनेमा, स्टार, हिंदी सिनेमा का समाजशास्त्र।

### संदर्भ

1. आंद्रे बाज़िन (1967), *व्हाट इज़ सिनेमा? वॉल्युम 1*, युनिवर्सिटी ऑफ़ कैलिफ़ोर्निया प्रेस, बर्कले.
2. मिशेल मैरी (2002), *द फ़्रेंच न्यू वेव : ऐन आर्टिस्टिक स्कूल*, जॉन विली ऐंड संज़, न्यूयॉर्क.

**— अभय कुमार दुबे**

# सिमोन द बोउवार

(Simone de Beauvoir)

फ्रांस की अस्तित्ववादी दार्शनिक, उपन्यासकार और पत्रकार सिमोन द बोउवार (1908-1986) की विख्यात रचना *द सेकण्ड सेक्स* (1949) को युरोप और अमेरिका में नारीवाद की दूसरी लहर की प्रणेता माना जाता है। चालीस के दशक आख़िरी सालों में जब बोउवार यह किताब लिख रही थीं, पश्चिमी जगत में नारीवाद अपनी शुरुआती कामयाबियों के परे देखने की कोशिश कर रहा था। राजनीतिक रूप से पश्चिमी स्त्रियों को वोट देने का, सम्पत्ति का स्वामी बनने का और ऊँची शिक्षा प्राप्त करने का अधिकार मिल चुका था। विभिन्न पेशों के द्वार उनके लिए खुल चुके थे। स्त्रियाँ सामाजिक और यौनिक रूप से पहले के मुक़ाबले कहीं आज़ाद थीं। ऐसे माहौल में बोउवार ने दलील दी कि इन सफलताओं के बाद भी स्त्रियाँ पुरुष की अधीनता में ही हैं। उन्होंने उदारतावादी क़ानूनी अधिकारों के महत्त्व को कम करके नहीं आँका, लेकिन उन्होंने महिलाओं के संघर्ष को इससे आगे ले जाने पर ज़ोर दिया। इतिहास, मानवशास्त्र, मिथक, नृजातिवर्णन, जैविकी, साहित्य और समाजशास्त्र के औज़ारों का इस्तेमाल करके बोउवार ने साबित किया कि स्त्रियों को कैसे कमतर रखा जाता है जिसके कारण उनकी सृजनशीलता कुंठित हो गयी है और वे आसानी से पराजय और दासता स्वीकार कर लेती हैं। पुरुष के मुक़ाबले उनका नम्बर दूसरे सेक्स का है। उन्होंने अपने घनिष्ठ मित्र और दार्शनिक ज्याँ-पॉल सार्त्र की रचना *बीइंग ऐंड नथिंगनेस* (1943) में प्रतिपादित अस्तित्ववादी श्रेणियों का इस्तेमाल भी किया और कई बार उनके परे भी गयीं। बोउवार ने कहा कि ज़्यादातर समाजों में पुरुष अपनी इयत्ता के ज़रिये और स्त्री 'अन्य' होने के ज़रिये समझी जाती है। मानवता को पुरुष और मानवीय स्थिति को पुरुषत्व की तरह परिभाषित किया जाता है, और स्त्री हमेशा पुरुष के साथ संबंधों के परिप्रेक्ष्य में परिभाषित होती है। *द सेकंड सेक्स* दो खण्डों में प्रकाशित एक बृहद रचना थी जो छपते ही बेहद लोकप्रिय साबित हुई। इसके बाद जल्दी ही उसका एक थोड़ा सा संक्षिप्त अंग्रेज़ी संस्करण प्रकाशित हुआ जिसके इर्द-गिर्द विकसित हुए विमर्श ने साठ और सत्तर के दशक में पश्चिमी नारीवादी आंदोलन की वैचारिक भित्ति का निर्माण किया।

बोउवार ने अपना वर्णन 'शब्दों की महिला' के रूप में किया है। उनका यह कथन बहुत ज्यादा प्रसिद्ध हुआ कि 'औरत पैदा नहीं होती है, बल्कि बना दी जाती है।' बोउवार ने जीवविज्ञान को ही परम-सत्य मानने की प्रवृत्ति को चुनौती दी। दरअसल, महिलाओं की जैविक स्थिति का उपयोग उनकी आर्थिक, राजनीतिक और सामाजिक अधीनता को सही साबित करने के लिए किया जाता था। अस्तित्ववाद के साथ-साथ कई जगहों पर बोउवार ने मार्क्सवाद का भी सहारा लिया। उन्होंने दिखाया कि एक पित्तृसत्तात्मक समाज में महिलाओं की 'स्थिति' बहुत सी ऐतिहासिक और भौतिक सीमाओं से घिरी होती है। उन्होंने सिर्फ़ इस बात को उजागर नहीं किया कि किस तरह पितृसत्ता महिलाओं का दमन करती है, बल्कि उन्होंने यह भी दिखाया कि किस तरह कई मर्तबा महिलाएँ भी अपने दमन को बढ़ावा देती हैं। उन्होंने यह दिखाया कि बहुत से मौक़ों पर महिलाएँ जेंडर द्वारा तय की गयी भूमिकाओं से बाहर काम करने की आज़ादी का उपयोग नहीं करतीं।

उन्होंने अपने समय के मनोविज्ञान और विज्ञान के भीतर मौजूद सेक्सिज़म पर सवाल खड़ा किया और स्पष्ट करने की कोशिश की कि ऐतिहासिक रूप से 'महिला' शब्द एक ख़ास तरह के अर्थ का प्रतिनिधित्व करता है और इसलिए यह एक सार्वभौम या बुनियादी श्रेणी नहीं है। इस तरह उन्होंने लम्बे समय तक अपने बौद्धिक साथी (और जीवन-साथी) रहे ज्याँ पॉल सार्त्र की उस कोशिश से अलग अपना विचार पेश किया। सार्त्र का शुरू में विचार था कि आज़ादी और चुनाव की ऐसी अस्तित्ववादी श्रेणियाँ व्यक्ति की सामाजिक सीमाओं से स्वतंत्र होती हैं। लेकिन बोउवार ने एक व्यक्ति की आज़ादी और उस आज़ादी का उपयोग करने की उसकी सीमित सामर्थ्य के बीच अंतर किया।

सिमोन द बोउवार (1908-1986)

अपने इस महान ग्रंथ में वे दो मुख्य तर्क पेश करती है : पहला, एक श्रेणी के रूप में 'महिला' का निर्माण सामाजिक रूप से होता है; और दूसरा, ऐतिहासिक रूप से महिलाओं को, हीगेलवादी शब्दों में 'अन्य' के रूप में देखा जाता रहा है। बोउवार सीधे तौर पर हीगेल के मालिक/दास द्विभाजन को अपनाते हुए यह नहीं कहती हैं कि आदमी मालिक होता है और औरत दास। इसकी बजाय वे इस द्वंद्व के ज्यादा उदात्त रूप को अपनाती हैं। हीगेल यह मानते हैं कि अपनी 'चेतना' के लिए संघर्ष या किसी व्यक्ति की अपनी पहचान की संकल्पना को निश्चित रूप से किसी अन्य की चेतना की मृत्यु होने में ख़त्म होना चाहिए। मालिक/दास द्वंद्व की अपनी व्याख्या में बोउवार स्पष्ट करती हैं कि किसी भी एक कर्त्ता (या एक्टर) की चेतना की मौत होने से ख़त्म नहीं होता। इसकी बजाय 'पारस्परिकता' या एक-दूसरे की मानवता की पारस्परिक-मान्यता की गुंजाइश रहती है। बोउवार ने सबसे पहले अपनी दार्शनिक श्रेणियों को चालीस के दशक में *द सेकंड सेक्स* से पहले प्रकाशित किताबों में व्यक्त किया था। इस संबंध में उनकी एक कृति अंग्रेज़ी में *द एथिक्स ऑफ़ एम्बीगुइटी* (1994) के रूप में अंग्रेज़ी में प्रकाशित हुई है।

बोउवार द्वारा लिखा गया रचनात्मक साहित्य भी उनकी दार्शनिक रुचि प्रदर्शित करता है। बोउवार की कृति *द मण्डारिंस* (1954) में जर्मन क़ब्ज़े के ख़िलाफ़ फ्रेंच प्रतिरोध का वर्णन किया गया है। उनकी यह रचना आत्मकथात्मक है और आलोचकों का मानना है कि इसमें बहुत कम बातें काल्पनिक हैं। 1954 में *द मण्डारिंस* को पुरस्कृत किया गया। इसमें मुक्ति के बाद के फ्रेंच प्रतिरोध में शामिल किरदार के सामने आने वाली विभिन्न स्थितियों का वर्णन करने के लिए अस्तित्ववादी चिंतन का प्रयोग किया गया है। मसलन, इसमें व्यक्तियों को इस फ़ैसले का सामना करना होता है कि नाज़ियों के साथ सहयोग करने वाले फ्रांसीसी नागरिकों के साथ किस तरह का व्यवहार किया जाए। इस किताब में लेखिका ने दूसरे कई विषयों को भी उठाया है। वे एक ऐसी महिला की स्थिति का वर्णन करती हैं जो पाती है कि वह एक बुरे विश्वास का प्रयोग कर रही है क्योंकि वह काफ़ी पहले ख़त्म हो चुके संबंध के बाहर निहित स्वतंत्रता को मान्यता देने से इनकार करती है।

बोउवार ने चार खण्डों में अपनी आत्मकथा लिखी। पहला खण्ड *मेमॉयर्स ऑफ़ अ ड्युटीफुल डॉटर* 1954 में प्रकाशित हुआ। इसमें उन्होंने अपने बचपन से लेकर सार्त्र से मुलाक़ात तक का वर्णन किया है। दूसरा खण्ड 1960 में *द प्राइम ऑफ़ लाइफ़* शीर्षक से प्रकाशित हुआ। इस भाग में सार्त्र से उनकी मुलाक़ात से लेकर द्वितीय विश्व-युद्ध तक की घटनाओं का वर्णन है। 1963 में तीसरा खण्ड *फ़ोर्स ऑफ़ सरकमस्टांसेज़* शीर्षक से प्रकाशित हुआ। इसमें उन्होंने अन्य बातों के अलावा अमेरिकन उपन्यासकार नेल्सन अल्ग्रीन के साथ अपने प्रेम-संबंधों और अपने और सार्त्र के प्रसिद्ध हस्तियों के रूप में उभरने के बारे में बताया है। बोउवार की माँ की मौत आँतों के कैंसर से 1963 में हो गयी। माँ की याद में उन्होंने 1964 में *द वेरी इज़ी डेथ* नामक किताब लिखी। आत्मकथा का चौथा खण्ड *आल सैड ऐंड डन* 1972 में प्रकाशित हुआ।

बोउवार द्वारा लिखी गयी दार्शनिक, साहित्यिक और आत्मकथात्मक रचनाएँ उनके बौद्धिक साथियों के जीवन और कार्यों के बारे में भी जानकारी देती हैं। इन साथियों में सार्त्र, अल्बर्ट कैमियो तथा मॉरिस मर्ली पोंती आदि शामिल हैं। इस बात में किसी शक की गुंजाइश नहीं है कि फ्रांसीसी अस्तित्ववादी चिंतन पर बोउवार का स्पष्ट प्रभाव रहा है, लेकिन यह भी सच है कि अमूमन उन्हें जितना श्रेय दिया जाना चाहिए उतना नहीं दिया जाता है। कुछ आलोचक दावा करते हैं कि बोउवार ज़्यादातर सार्त्र के अस्तित्ववाद को ही पेश करती थीं। लेकिन इस तरह के विश्लेषण में इस बात पर ध्यान नहीं दिया जाता है कि किस तरह से बोउवार का लेखन सार्त्र के विचारों को चुनौती देता है। इसके अलावा, इस तरह का विश्लेषण इस बात की भी उपेक्षा करता है कि बोउवार जेंडर के आधार पर विचार करते हुए 'अन्य' (या अदर) की श्रेणी जैसे मूल सैद्धांतिक शब्दों में बुनियादी संशोधन करती हैं।

1970 के दशक से लेकर अपनी मृत्यु तक बोउवार एक समर्पित नारीवादी कार्यकर्त्ता बनी रहीं। अल्जीरियाई

स्वतंत्रता संग्राम के दौरान (1954-62) उन्होंने अल्जीरिया की महिलाओं के अधिकारों के लिए संघर्ष किया। उन्होंने गर्भनिरोधकों और गर्भपात के अधिकार के लिए अभियान चलाया। 1974 में इसे परीक्षण के लिए पाँच वर्षों तक क़ानूनी मान्यता दी गयी और इसके बाद 1979 में इसे स्थाई बना दिया गया। 1973 में सिमोन ने *ला तौ मोदार्न* पत्रिका में नारी समर्थक कॉलम की शुरुआत की। वे 1974 में नारी मुक्ति आंदोलन की अध्यक्ष चुनी गयीं। 1978 में उनके जीवन पर एक फ़िल्म बनायी गयी। 1979 में उनके आजीवन साथी रहे सार्त्र की मृत्यु हो गयी। इसके बाद धीरे-धीरे उनके कई अन्य दोस्तों की भी मृत्यु हो गयी। अपने जीवन के आख़िरी दिनों में वे अकेली रहीं लेकिन पूरी शिद्दत से काम में जुटी रहीं। 14 अप्रैल, 1986 को उनका निधन हुआ।

दरअसल 1970 के पहले बोउवार नारी मुक्ति आंदोलन के प्रति एक समाज-सुधारक का दृष्टिकोण रखती थीं लेकिन इसके बाद वे स्त्री की स्थिति में आमूल परिवर्तन चाहने लगीं। वे मानने लगीं कि युगों से चल रहे नारी-उत्पीड़न का पूर्ण उन्मूलन ज़रूरी है। सोवियत संघ के उदाहरण देते हुए वे इस बात पर ज़ोर देती थीं कि समाजवाद से स्त्री की समस्या हल नहीं हो सकती। इसलिए स्त्रियों को सारी जातियों और राष्ट्रों का अतिक्रमण करके एक अधीनस्थ जाति की तरह लम्बी लड़ाई लड़नी होगी। उन्होंने समान काम के लिए समान वेतन देने और घरेलू काम-काज के निष्पक्ष पुनर्वितरण के लिए अभियान चलाया। बोउवार के बाद नारीवादी आंदोलन में बहुत ज़्यादा विस्तार और विभेदीकरण भी हुआ। लेकिन बाद की नारीवादियों की तुलना में बोउवार इस लिहाज़ से अलग हैं कि इनके विचार पश्चिमी समाजों से बाहर भी फैले और विकासशील समाजों में भी नारीवाद के प्रचार-प्रसार में उन्होंने महत्त्वपूर्ण भूमिका निभायी। उनकी किताब ने *द सेकेंड सेक्स* ने नारीवादियों की एक पूरी पीढ़ी को प्रेरणा दी है; इसमें रैडिकल नारीवादियों से लेकर जूडिथ बटलर जैसी उत्तर-आधुनिकतावादी नारीवादी भी शामिल हैं। इस किताब का हिंदी सहित बहुत सी भाषाओं में अनुवाद हुआ है।

**देखें :** अश्वेत नारीवाद, आनंदीबाई जोशी, इसलामिक नारीवाद, गायत्री चक्रवर्ती स्पिवाक, चिपको आंदोलन, जूडिथ बटलर, जेंडर, दलित नारीवाद, देवदासी, देवकी जैन, नारीवाद, नारीवाद की पहली लहर, नारीवाद की दूसरी लहर, नारीवाद की तीसरी लहर, नारीवादी दर्शन, नारीवाद और अर्थशास्त्र, नारीवादी फ़िल्म-सिद्धांत, नारीवादी इतिहास-लेखन, नारीवाद और अर्थशास्त्र, नारीवाद और साम्प्रदायिकता, नैंसी शोदॅरौ, पर्यावरणीय नारीवाद, पब्लिक-प्रायवेट, पण्डिता रमाबाई सरस्वती, पितृसत्ता, प्रेम, प्रेम-अध्ययन और नारीवादी दर्शन, भारत में स्त्री-आरक्षण-1 और 2, महादेवी वर्मा, मैरी वोल्सनक्रॉफ़्ट, राजनीतिक दर्शन के नारीवादी आयाम, रमाबाई रानाडे, ल्यूस इरिगरे, स्त्री और साम्प्रदायिकता, स्त्री-श्रम, सम्पत्ति : नारीवाद परिप्रेक्ष्य, स्त्री-आरक्षण, हेलन सिचू।

**संदर्भ**

1. सीमोन द बोउवार (1998) *स्त्री : उपेक्षिता, द सेकण्ड सेक्स* का संक्षिप्त हिंदी रूपांतर, जीवनी, संदर्भ और प्रस्तुति : ,प्रभा खेतान, हिंद, पॉकेट बुक्स, दिल्ली.
2. डी. बेयर (1990), *सीमोन द बोउवार : अ बायोग्राफ़ी*, सम्मिट बुक्स, न्यूयॉर्क.
3. जे. ओकली (1986), *सीमोन द बोउवार : ए रिरीडिंग*, विरगो, लंदन.

**— कमल नयन चौबे**

# सुकरात

(Socrates)

प्राचीन एथेंस के महान दार्शनिक सुकरात (469-399 ईसा पूर्व) को पश्चिमी दर्शन का पितामह माना जाता है, बावजूद इसके कि उन्होंने कभी कुछ नहीं लिखा। वे मुख्यतः वाचिक परम्परा के दार्शनिक थे। ऐतिहासिक रिकॉर्ड के लिहाज़ से न केवल उनके लिखित विचार अनुपलब्ध हैं, बल्कि उनके व्यक्तिगत जीवन के बारे में भी बहुत कम जानकारी मिलती है। सुकरात के बारे में जानकारियाँ हासिल करने के लिए उनके शिष्य ज़ेनोफ़ोन और अफ़लातून (प्लेटो) की रचनाओं का सहारा लेना पड़ता है। सुकरात के इन महान शिष्यों ने अपने गुरु और पथप्रदर्शक की शिक्षाओं को संवाद (प्रश्नोत्तर) की तरह लिखना शुरू किया जिससे सोक्रैटिक डायलॉग की शैली आरम्भ हुई। अफ़लातून ने अपनी सारी बातें सुकरात के मुँह से कहलवायी हैं। ज़ाहिर है कि यह समस्त लेखन संवादों के रूप में है, और इसमें सुकरात राजनीति और समाज के बारे में वे तमाम सिफ़ारिशें करते हुए दिखते हैं जो प्लेटो करना चाहते हैं। इस तरह से सुकरात का ऐतिहासिक व्यक्तित्व उनके शिष्य की कल्पनाओं के सुकरात से गड्डमड्ड हो जाता है। दिलचस्प बात यह है कि शिष्यों के माध्यम से मिली जानकारी पर निर्भर होने के कारण प्रामाणिकता की कमी उनके विचारों के महत्त्व को प्रश्नांकित नहीं कर पायी। सुकरात के विचारों ने पिछली सहस्राब्दियों में मानवीय चिंतन को गहराई से प्रभावित किया है।

सुकरात ने दार्शनिक प्रज्ञा के विकास के लिए जिस प्रश्नोत्तर शैली की द्वंद्वात्मकता का विकास किया उसे सोक्रैटिक मैथॅड के नाम से जाना जाता है। ज्ञानी होते हुए भी ख़ुद को अज्ञानी बताने की सुकरात की शैली सोक्रैटिक आयरनी कही जाती है। ख़ुद को अज्ञानी कह कर सुकरात

स्वघोषित विशेषज्ञों और जानकारों के घमण्ड भरे दावों को भीतर से हिला देते थे। इससे उन्हें नये विचारों के विकास के लिए रास्ता साफ़ करने में मदद मिलती थी। सुकरात के लिए दार्शनिक का मतलब था एक ऐसा विनम्र व्यक्ति जो ख़ुद को अज्ञानी समझता हो। उनकी निगाह में ऐसा व्यक्ति ही दार्शनिक अर्थात् प्रज्ञा का सच्चा प्रेमी हो सकता है। प्लेटो के मुताबिक़ सुकरात ने कहा था कि 'कोई भी व्यक्ति स्वत: ग़लत काम नहीं करता।' इसका मतलब था हर ग़लत काम ज्ञान की कमी का फलितार्थ होता है। इसका विरोधाभासी मतलब यह निकलता है कि अच्छा काम करना अथवा सद्‌गुण सम्पन्न होना ही ज्ञान है। इसे ही सोक्रैटिक पैराडॉक्स कहा जाता है। सुकरात ऐसे अनूठे दार्शनिक थे जिन्होंने अपने विचारों के लिए अपनी जान देना पसंद किया। युगों-युगों से सुकरात के बारे में यह निर्विवाद धारणा है कि जब तक इस संसार में व्यक्तिगत और निजी निष्ठा को एक अनुकरणीय आदर्श माना जाता रहेगा तब तक वे उसके मूर्तिमान प्रतीक बने रहेंगे।

हैलेनिक और रोमन युग के विभिन्न विचार-पंथ सुकरात को अपने दार्शनिक-अभिभावक के तौर पर देखते थे। सिनिकवादियों या दोषदर्शियों को लगता था कि सुकरात द्वारा गुज़ारा गया संतों जैसा जीवन ही उनके अपने आदर्श के नज़दीक है। इसी तरह संशयवादी दार्शनिकों को सुकरात का यह विनम्र दावा पसंद था कि मैं तो अज्ञानी हूँ। स्टोइकवादी दार्शनिकों की निगाह में सुकरात इसलिए महान थे कि उन्होंने केवल सद्‌गुणों को ही वास्तविक ईश्वर का दर्जा दिया था। दूसरी सदी के ईसाई चिंतकों ने सुकरात को ईसा के पूर्वगामी होने का दर्जा देकर सम्मानित किया क्योंकि उत्पीड़नकारी राज्य द्वारा ज़हर का प्याला पीने के लिए विवश किये जाने पर भी सुकरात ने ईसा के तर्ज़ पर ही अपने हत्यारों को माफ़ कर दिया था। पंद्रहवीं सदी में नव-प्लेटोवादी भी सुकरात को ईसा का पूर्वगामी मानते थे। मध्ययुगीन इसलाम में सुकरात को मूर्तिपूजा के विरुद्ध बोलने वाले और एकेश्वरवाद के समर्थक के तौर पर देखा जाता है। रिनेसाँ और फिर ज्ञानोदय के दौर में सुकरात को मानवीय गुणों के ऐसे सर्वोत्तम प्रतिनिधि के तौर पर चित्रित किया गया जिसके बुद्धिवाद को अंधविश्वास के हाथों अपनी बलि देनी पड़ी। आधुनिक दर्शन में हीगेल, कीर्केगार्द और नीत्शे ने सुकरात को मानवीय चिंतन के विकास की धुरी मान कर उनके इर्दगिर्द अपने दर्शन के कई पहलुओं की रचना की। मिशेल फ़ूको के विचारों पर भी सुकरात का गहरा प्रभाव माना जाता है। कार्ल पॉपर ने व्यक्तिवादी उदारतावादी चिंतक रूप में पेश किया है। सुकरात की आलोचना भी होती है। कुछ विचारकों का मानना है कि वे प्रतिक्रियावादी सर्वसत्तावाद के प्रवर्तक थे और इसीलिए उनसे प्रभावित हो कर कई सामंतों द्वारा एथेनियन लोकतंत्र का तख़्ता पलटने की कोशिश की गयी थी।

अब यहीं सवाल उठता है कि सुकरात के दर्शन और जीवन में ऐसा क्या था जिसने मानवता को उनका ऋणी बना दिया है? सुकरात के बारे में अधिकतर जानकारी देने वाले ज़ेनोफ़ोन और अफ़लातून के शुरुआती संवाद उनकी छवि अलग-अलग ढंग से पेश करते हैं। ज़ेनोफ़ोन के विवरण के अनुसार सुकरात एक परम्परावादी ढंग से सोचने वाले चिंतक थे। पर प्लेटो ने उनकी तस्वीर एक ऐसे चिंतक के रूप में बनायी है जिसके विचार अपने वक़्त की मान्यताओं को चुनौती देने वाले थे। सुकरात की मान्यता थी कि समाज की बेहतरी के लिए दर्शन का इस्तेमाल कुछ इस तरीक़े से होना चाहिए कि उसके ठोस नतीजे निकलें। उन्होंने तर्क-बुद्धि पर आधारित एक नैतिक प्रणाली की स्थापना की कोशिश की जिसके केंद्र में मनुष्य द्वारा ख़ुद को जाँचने-परखने की क्षमता का आग्रह था। वे कहते थे कि स्वयं न परखा हुआ जीवन जीने योग्य नहीं होता। व्यक्ति ख़ुद को जितना जानेगा और बुद्धि आधारित चयन में जितना समर्थ होगा, उसी के अनुपात में वह ख़ुशी हासिल करता चला जाएगा। सुकरात ने अपने इस उसूल का राजनीतिक तात्पर्य यह निकाला कि शासन का सबसे अच्छा रूप न तो निरंकुशता है और न ही लोकतंत्र। वही शासन अच्छा काम करता है जिसकी बागडोर ऐसे लोगों के हाथ में हो जो योग्यता, ज्ञान और सद्‌गुणों में सबसे आगे हों और ख़ुद को गहराई से जानते हों।

सुकरात एथेंस के उस लोकतंत्र और उसके हुक्मरानों के कड़े आलोचक थे जिसे अपनी सहिष्णुता पर गर्व था। वहाँ के लोकतंत्र में आस्था रखने के बजाय उन्होंने पूरे एथेंस को एक कक्षा की तरह लिया और वहाँ के अभिजनों से लेकर साधारण व्यक्तियों से सवाल पूछने निकल पड़े ताकि राजनीतिक और नैतिक सत्य की खोज की जा सके। वे भाषण देने से परहेज़ करते थे। उनका कहना होता था कि उनके पास तो कोई विचार है ही नहीं। वे तो अज्ञानी हैं, और उनकी प्रज्ञा इस बात में ही निहित है कि उन्होंने अपने अज्ञानी होने को जान लिया है। सवाल पूछने का उनका तरीक़ा इस तरह से द्वंद्वात्मक होता था कि उससे लोगों को सोचने और एक तार्किक निष्कर्ष तक पहुँचने में मदद मिलती थी। कभी-कभी तो समस्याओं के समाधान इतने प्रकट होते थे कि सुकरात के विरोधियों को अपनी मूर्खता का एहसास होने लगता था। सुकरात के इस रवैये के प्रशंसकों की कोई कमी न थी, लेकिन इसी रवैये के कारण उनके विरोधियों की संख्या भी बढ़ती चली गयी।

सुकरात ने समकालीन राजनीति के दोषों को निर्ममता से रेखांकित किया। उनका कहना था कि बहुमत से होने वाले निर्णय सही नहीं होते क्योंकि उनके पक्ष में वोट देने वाले नागरिकों में मुद्दों को समझने की न तो क्षमता होती है और

सुकरात (469-399 ईसा पूर्व)

न ही समय। उन्होंने सवाल उठाया कि जब एथेंस के डॉक्टरों और वास्तुशिल्पियों के लिए प्रशिक्षण और योग्यता की ज़रूरत है तो राजनीतिज्ञों को बौद्धिक रूप से प्रशिक्षित क्यों नहीं होना चाहिए। ऐसा क्यों है कि राजनेताओं की ताक़त उनकी योग्यता के बजाय लोकप्रिय अपील पर निर्भर होती है? सुकरात सोफ़ीवादियों के विरोधी थे। सोफ़िस्ट उस शब्दाडम्बर के पैरोकार थे जिसका इस्तेमाल करके राजनेताओं को आम लोगों की भावनाएँ भड़काने में कामयाबी मिल जाती थी।

प्लेटो की रचना *रिपब्लिक* का पहला अध्याय सुकरात और सोफ़ीवादी दार्शनिक थ्रेसीमेकस के बीच बहस के रूप में लिखा गया है। थ्रेसीमेकस की तरफ़ से मिली चुनौती में यह दावा निहित है कि न्याय का मतलब सिर्फ़ एक ही हो सकता है : सत्तारूढ़ का हित। अगर शासक द्वारा अपने फ़ायदे के लिए बनाये गये न्याय के नियमों से कोई असंतुष्ट है तो वह सत्तारूढ़ के कोप से बचने का कौशल दिखाते हुए अवज्ञा के ज़रिये अपना हित साध सकता है। थ्रेसीमेकस का कहना है कि महज़ न्यायसम्मत रहने से कुछ फ़ायदा नहीं होने वाला। अफ़लातून के सुकरात जवाब में साबित करते हैं कि थ्रेसीमेकस के तर्क के विपरीत न्यायसम्मत होना और न्याय के पक्ष में होना ही लाभकारी है। इसके लिए प्लेटो न्याय को व्यापक फलक पर परिभाषित करते हैं। वे न्यायप्रद राज्य की कसौटियाँ बनाते हैं और फिर देखते हैं कि क्या ये कसौटियाँ व्यक्ति के संदर्भ में भी लागू हो सकती हैं।

सुकरात के जीवन-काल में एथेंस नाटकीय परिवर्तनों से गुज़र रहा था। स्पार्टा के साथ हुए युद्ध में उसे अपमानजनक पराजय झेलनी पड़ी थी। अपनी अस्मिता और विश्व में अपने स्थान को लेकर संशयग्रस्त होने के कारण उसके प्रभु वर्ग में अतीत के गुणगान की प्रवृत्तियाँ बढ़ गयी थीं। धन-सम्पत्ति का महत्त्व बढ़ता जा रहा था और शारीरिक सौंदर्य के प्रति आग्रह की कोई सीमा नहीं थी। सुकरात इन सभी पहलुओं की आलोचना करते थे। वे दैहिक सौंदर्य की जगह मस्तिष्क की श्रेष्ठता के पैरोकार थे। उन्होंने एथेंस के प्रभु वर्ग के रवैये का बार-बार उपहास किया। उन्होंने युवकों से कहा कि वे राजनीति में तब तक हिस्सा न लें जब तक उनके ज्ञान का दार्शनिक पक्ष प्रबल न हो जाए। एक तरफ़ तो लोकतंत्र की आलोचना, दूसरी तरफ़ प्रभु वर्ग की धारणाओं का उपहास और तीसरी तरफ़ युवकों से की गयी अपील— इन तीनों पहलुओं ने मिल कर सुकरात को तत्कालीन सत्तारूढ़ों का शत्रु बना दिया।

नतीजा उनके ख़िलाफ़ मुक़दमे में निकला। सुकरात के ऊपर तीन आरोप लगाये गये : पहला, वे उन देवताओं को मानने से इनकार करते हैं जिन्हें एथेंस का शहर मान्यता देता है; दूसरा, वे नये देवताओं की तजवीज़ करते हैं; और तीसरा, वे युवाओं को भ्रष्ट कर रहे हैं। ईसा से 399 वर्ष पूर्व सुकरात को उनके ही शहरवासियों की एक जूरी ने मौत की सज़ा के रूप में हेमलॉक नाम के ज़हर से भरा प्याला पीने का आदेश दिया। एथेंस के क़ानून के मुताबिक़ सुकरात को इस सज़ा का विकल्प चुनने का अधिकार था। वे चाहते तो बदले में निर्वासन चुन कर अपने प्राण बचा सकते थे। लेकिन जब उनसे विकल्प पूछा गया तो उन्होंने बेहिचक कहा कि उन्होंने युवकों को जो सिखाया है उसके बदले एथेंस को उनका सम्मान करना चाहिए और एक शिक्षक के तौर पर उन्हें उसका शुल्क भी मिलना ज़रूरी है। सुकरात के इस कथन को उनकी उद्दंडता समझा गया। सुकरात के समर्थकों ने उन्हें मृत्युदण्ड वाले दिन से ठीक पहले कारागार से छुड़ाना चाहा ताकि वे एथेंस से बाहर जा कर अपना जीवन गुज़ार सकें। लेकिन अपना सारा जीवन एथेंस में ही गुज़ारने वाले सुकरात ने यह प्रस्ताव ठुकरा दिया। उन्होंने कहा कि वे एथेंस के क़ानून का आदर करते हैं, उस क़ानून का भी जिसने उन्हें मौत की सज़ा दी है। प्लेटो के विवरण के अनुसार सुकरात ने शांति से ज़हर का प्याला पिया। उनका शरीर धीरे-धीरे सुन्न होने लगा। आख़िरी साँस लेने से पहले सुकरात ने अपनी मृत्यु को देह से आत्मा की मुक्ति की संज्ञा दी।

**देखें :** अफ़लातून, आग्युस्त कॉम्त, इमैनुएल कांट, ईसैया बर्लिन, कार्ल हाइनरिख़ मार्क्स-1, 2, 3 और 4, कार्ल रायमुंड पॉपर, ज्याँ ज़ाक रूसो, चार्ल्स-लुई द सेकोंद मोंतेस्क्यू, जार्ज विल्हेल्म फ्रेड्रिख़ हीगेल, निकोलो मैकियावेली, मार्सिलियस : पाडुआ के, रेने देकार्त, संत ऑग्स्तीन, सुकरात, संत थॉमस एक्विना।

### संदर्भ

1. आर. क्रॉत (1984), *सोक्रैटीज़ ऐंड द स्टेट,* प्रिंसटन युनिवर्सिटी प्रेस, प्रिंसटन, एनजे.
2. अन्ना एस. बेंजामिन (1965), *रिफ़्लेक्शंस ऑफ़ सोक्रैटीज़ ऐंड सोक्रैटीज़ डिफ़ेंस बिफ़ोर द जूरी ऑफ़ ज़ेनोफ़ोन,* बॉब्स-मेरिल, इण्डियानापोलिस.
3. *राजनीतिक सिद्धांतों का इतिहास* (1985), अनु. बुद्धिप्रसाद भट्ट, खण्ड-1, प्रगति प्रकाशन, मास्को.
4. जे. कोलमेन (2000), *अ हिस्ट्री ऑफ़ पॉलिटिकल थॉट,* खण्ड-1, ब्लैकवेल, ऑक्सफ़र्ड.

**— अभय कुमार दुबे**

# सुदीप्त कविराज

(Sudipta Kaviraj)

राजनीतिक सिद्धांतकार, सांस्कृतिक-चिंतक, भाषा-साहित्य के विमर्शकार और समर्पित अध्यापक सुदीप्त कविराज (1945- ) का लेखन सिद्धांत और व्यवहार के स्थापित फ़र्क़ को बौद्धिक रूप से अस्थिर करने की भूमिका निभाता है। वे भारतीय राजनीति के अध्ययन के माध्यम से युरोकेंद्रित राजनीतिक सिद्धांत और राजनीतिक दर्शन की सर्वमान्यता पर सवाल उठाने वाले विचारक हैं। लेकिन उनकी यह कोशिश एकतरफ़ा नहीं है। वे युरोकेंद्रीय दर्शन के योगदान के प्रति सजग रहते हुए वे भारतीय संदर्भों में राजनीतिक सिद्धांत रचने का आह्वान करते हैं और यही संवेदनशील और रैडिकल बौद्धिक प्रोजेक्ट कविराज की कृतियों को विशिष्ट और चुनौतीपूर्ण बनाता है। समाजशास्त्र, इतिहास, संस्कृति-अध्ययन, साहित्य-अध्ययन और राजनीतिक विश्लेषण के शोधार्थी और लेखक उनके काम की संवेदनशीलता और सैद्धांतिक व्यापकता को एक स्थापित कसौटी मानते हैं। कविराज के विमर्श की विशिष्टता को समझने के लिए उनके लेखन की गतिशीलता को आधार बनाना ज़रूरी है। इस लिहाज़ से तीन प्रमुख संदर्भ-बिंदुओं की पहचान हो सकती है : भारतीय राजनीति के विश्लेषण के लिए मार्क्सवाद की सैद्धांतिक उपयोगिता से संबंधित लेखन, भारतीय आधुनिकता की समझ के लिए उपनिवेशवाद और राष्ट्रवाद संबंधी लेखन, राजनीतिक विचारों के इतिहास, राजनीतिक अमल और साहित्य के रिश्तों से संबंधित लेखन। हालाँकि ये तीनों विषय उनके लेखन के मूलबिंदु हैं, पर विश्लेषण की दृष्टि से इन विषयों को किसी काल-खण्ड में बाँटना भ्रामक और एकतरफ़ा हो सकता है। इसी वजह से कविराज के लेखन की तारतम्यता के प्रति सजग रहना ज़रूरी है। शैली के लिहाज़ से उनके लेख व्यवस्थित और क्रमबद्ध रहते हैं, लेकिन अपने तर्क की विभिन्न परतों को उघाड़ने के लिए वे अपनी भाषा के साथ कई तरह के प्रयोग करते हैं जिसकी वजह से उनका गद्य एक प्रवाहपूर्ण विशिष्टता से सम्पन्न हो जाता है। कविराज की रचनाएँ हमसे कहती हैं कि राजनीतिक गद्य का भी अपना अलग रूप-विधान हो सकता है। कविराज के अधिकांश लेख अंग्रेज़ी में हैं, लेकिन वे बांग्ला भाषा में भी लिखते रहे हैं।

सुदीप्त कविराज का जन्म और शुरुआती शिक्षा पश्चिम बंगाल में हुई। कलकत्ता के मशहूर प्रेसीडेंसी कॉलेज से राजनीति शास्त्र में एमए करने के बाद वे 1971 में दिल्ली के जवाहरलाल नेहरू विश्विद्यालय में राजनीतिशास्त्र के प्रवक्ता बन गये। अध्यापन के प्रारम्भिक दौर में ही उन्होंने मार्क्सवाद और भारतीय कम्युनिस्ट पार्टी के विभाजन पर जनेवि से ही पीएचडी शुरू की। उनका यह शोध 1979 में पूरा हुआ। इस अभी तक अप्रकाशित थीसिस में कविराज ने भारतीय कम्युनिस्ट आंदोलन की जो मार्क्सवादी व्याख्या पेश की है, उसके कई तर्कों का विस्तार उनके इस दौर के अन्य लेखों में भी देखा जा सकता है। उदाहरण के लिय 1983 में प्रकाशित अपने लेख *ऑन द स्टेट्स ऑफ़ मार्क्सेज़ रायटिंग्ज़ ऑन इण्डिया* में वे बताते हैं कि मार्क्स के भारत से संबधित लेखन में ऐतिहासिकता की खोज करना या उनके द्वारा प्रतिपादित एशियाई उत्पादन पद्धति को एक क्रमबद्ध अवधारणा मानना उचित नहीं है। मार्क्स के युरोपीय-संदर्भ में लिखे अन्य लेखों का हवाला देते हुए कविराज साबित करते हैं कि मार्क्स द्वारा भारत पर लिखे लेखों को एक पद्धतिमूलक टिप्पणी की तरह में लेना चाहिए जो मार्क्स के सैद्धांतिक ढाँचे से निकलती है। कविराज की यह प्रस्तावना अपने आप में रैडिकल थी, क्योंकि उस समय तक भारतीय समाज-विज्ञान में मार्क्सवाद ने एक स्थापित मान्यता का रूप ग्रहण कर लिया था और मार्क्सवादी होने का अर्थ इतिहास और राजनीति को तयशुदा अर्थों में समझने से लिया जाता था।

अस्सी के दशक में कविराज ने मार्क्सवादी परिपेक्ष्य के भीतर रह कर संदर्भ-केंद्रित सिद्धांत की अपनी तलाश जारी रखी। यही वजह थी कि उनके लेखन में इतालवी मार्क्सवादी चिंतक एंतोनियो ग्राम्शी द्वारा प्रतिपादित अवधारणाएँ केंद्रस्थ होती चली गयीं। ग्राम्शी ने मार्क्सवाद को अपने देश के संदर्भ में समझने की कोशिश करते हुए एक ऐसे मार्क्सवाद को प्रस्तुत किया था जिसके ज़रिये विशिष्ट

सुदीप्त कविराज (1945- )

इतालवी पूँजीवाद और उससे सम्बद्ध राजनीतिक विमर्श का अध्ययन किया जा सके। कविराज ने ग्राम्शी ही की तर्ज़ पर आधुनिक राज्य का सैद्धांतिक अध्ययन और समकालीन भारतीय राजनीति और पूँजीवाद की एक संशोधनपरक-मार्क्सवादी व्याख्या पर शोध प्रारम्भ किया। 1986-88 में प्रकाशित दो लेख *इंदिरा गाँधी ऐंड इण्डियन पॉलिटिक्स* और *ए क्रिटीक ऑफ़ द पैसिव रेवोल्यूशन* इस संबंध में उल्लेखनीय हैं। इन लेखों में कविराज भारतीय पूँजीवाद और राजनीति के रिश्तों की संरचनात्मक-मार्क्सवादी व्याख्या करने का प्रयास करते हैं। उनका मूल तर्क यह है कि भारत में पूँजीवाद के संकट की बजाय उसकी सफलता ने शासक वर्ग के लिए राजनीतिक दुविधाएँ पैदा की जिसके चलते एक विशिष्ट राजनीतिक संकट उभरा। ग्राम्शी के पैसिव रेवोल्यूशन के सिद्धांत के हवाले से कविराज दर्शाते हैं कि ग्राम्शी की पद्धति के प्रासंगिक होने के बावजूद इस स्थिति को पैसिव रेवोल्यूशन नहीं कहा जा सकता।

तक़रीबन इसी समय में रणजीत गुहा और उनके सहयोगियो ने सबाल्टर्न स्टडीज़ प्रोजेक्ट कि शुरुआत की। सबाल्टर्न स्टडीज़ का यह आरम्भिक काल भी ग्राम्शी के मार्क्सवाद से प्रभावित था। रणजीत गुहा स्वयं ब्रिटिश राज्य को 'डोमिनंस विदाउट हेजेमॅनी' के सिद्धांत से समझने कि वकालत कर रहे थे। इस स्थिति में कविराज का सबाल्टर्न स्टडीज़ की ओर रुझान स्वाभाविक था। वे स्वयं संशोधनपरक मार्क्सवाद के पक्षधर थे और अपने आरम्भिक लेखन में भारतीय इतिहास की विशिष्ट गतिशीलता को रेखांकित कर चुके थे।

कविराज के इस बदलते रुझान ने उनके लेखन को एक नयी दिशा दी। उन्होंने भारतीय राष्ट्रवाद के सैद्धांतिक पक्षों के अध्ययन के लिए ब्रिटिश औपनिवेशिक विमर्श का क्रमबद्ध विवेचन शुरू किया। भारत में उदारतावादी विचारधारा का विस्तार, औपनिवेशिक राज्य का स्वरूप और बंकिमचंद्र चट्टोपाध्याय पर लिखे उनके कई लेख इस संदर्भ में उद्धृत किये जा सकते हैं। इन्ही लेखों का विस्तृत रूप उनकी पुस्तक *अनहैपी कांशसनेस : बंकिमचंद्र चट्टोपाध्याय ऐंड द फॉरमेशन ऑफ़ नैशनलिस्ट डिस्कोर्स* (1993) में देखा जा सकता है। इस अपेक्षाकृत छोटी पुस्तक में कविराज ने साहित्य और राजनीति के अंतर्संबंधों का एक जटिल मूल्यांकन पेश किया। उनका मूल तर्क यह है कि राष्ट्रवाद की स्थापित कहानी के विपरीत ब्रिटिश औपनिवेशिकता को एक आधुनिक विमर्श के रूप में देखना चाहिए। ब्रिटिश उपनिवेशवाद ने तत्कालीन राजनीतिक परिस्थितियों और पहले से चले आ रहे राजनीतिक व्यवहारों के साथ एक नया रिश्ता क़ायम किया जिसकी वजह से एक अलग तरह की आधुनिक बौद्धिक परम्परा शुरू हुई। इस तर्क को उन्होंने अपने लेख 'द इमेजनरी इंस्टीट्यूशन ऑफ़ इण्डिया' में विकसित किया। दिलचस्प बात यह है की यह सबाल्टर्न स्टडीज़ के लिए लिखा गया कविराज का एकमात्र लेख है।

1990 में कविराज स्कूल ऑफ़ ओरिएंटल ऐंड अफ़्रीकन स्टडीज़ में बतौर रीडर नियुक्त हुए। इस समय तक उनका बौद्धिक कार्य दो दिशाओं में जारी था। एक ओर वे उपनिवेशवाद के विमर्श का अध्ययन करने के लिए भारतीय आधुनिकता में भाषा और साहित्य के रिश्तों पर शोध कर रहे थे। वहीं दूसरी ओर भारतीय राजनीति में होने वाले नये परिवर्तनों का सैद्धांतिक विश्लेषण उनका प्रमुख बौद्धिक प्रोजेक्ट बन रहा था। यही कारण है कि 1995-2005 तक के उनके लेखन में न केवल उपनिवेशवाद के विमर्श का एक बेहद बारीक विश्लेषण मौजूद है बल्कि हिंदू राष्ट्रवाद और दलित राजनीति का उद्गम और भारतीय राजनीति में इन तत्त्वों के विशिष्ट समायोजन की व्याख्या भी है। कविराज के इस समय के लेखन ने आधुनिक दक्षिण एशिया/भारत की समझ के लिए ब्रिटिश उपनिवेशवाद के इतिहास और भारतीय राजनीति की रोज़मर्रा की कशमकश के बीच एक बेहद दिलचस्प सैद्धांतिक रिश्ता क़ायम किया है।

कविराज के लेखन की इस गतिशीलता को समझने के लिए यह ज़रूरी है कि हम उनके बौद्धिक प्रोजेक्ट में ऐतिहासिकता की अवधारणात्मक स्थिति और सिद्धांत-वास्तविकता के अंत:संबंध को समझें। उपनिवेशवाद के विमर्श पर आधारित अपने लेख, 'ऑन द कंस्ट्रक्शन ऑफ़ कोलोनियल पॉवर : स्ट्रक्चर, डिस्कोर्स, हेजेमॅनी' में कविराज स्पष्ट करते हैं कि उपनिवेशवाद और उसके द्वारा तीसरी दुनिया के समाजों में

लाये गये बदलावों को तब तक नहीं समझा जा सकता जब तक हम इतिहास और राजनीतिक सिद्धांत के बीच की स्थापित दूरी को न मिटा दे। वे यह बात स्पष्ट करते हैं कि उपनिवेशवाद का अध्ययन एक सैद्धांतिक प्रोजेक्ट भी हो सकता है। इसके लिए ज़रूरी है कि हम इतिहास को नये सिरे से रचने का प्रयोजन छोड़ कर इतिहास के मौजूदा ज्ञान से कुछ दूसरी क़िस्म के राजनीतिक सवाल पूछें। घटनाओं की तारीख़ और उनमें व्यक्तियों की भूमिका की चर्चा करने के बजाय यदि हम उन संरचनाओं को समझने की कोशिश करें जिनके मध्य कोई एक घटना वास्तव में घटना बनती है, तब हम उस विमर्श की सामाजिक पैठ का विश्लेषण कर सकते हैं जिसने हमें ऐतिहासिक तौर पर निर्मित किया है।

कविराज का मत है कि सिद्धांत-रचना का अर्थ क़तई तौर पर व्यावहारिकता को नज़रअंदाज़ करना नहीं है। उनके लिए सिद्धांत रचना सदैव ऐतिहासिक क्रमबद्धता से जुड़ी होती है। अपने लेख 'ऐन आउटलाइन ऑफ़ अ रिवीज़निस्ट थियरी ऑफ़ मॉडर्निटी' में वे लिखते हैं कि युरोप-केंद्रित सामाजिक-राजनीतिक विचारधाराएँ और सिद्धांत हमें अपनी ओर आकर्षित करते से लगते हैं। ये सिद्धांत युरोप की विशिष्ट परिस्थितियों और संकटों के गर्भ से निकले हैं लेकिन इनमें एक सैद्धांतिक गूढ़ता है। कविराज के अनुसार भारतीय आधुनिकता की ऐतिहासिकता और क्रम अलग तरह का है। इसलिए उत्तर-औपनिवेशिक भारतीय आधुनिकता की व्याख्या के लिए ज़रूरी है कि युरोपीय सिद्धांतों की विश्लेषण सीमा इंगित करते हुए भारतीय परिस्थितियों का संवेदनशील और बारीक अध्ययन हो ताकि राजनीतिक स्पष्टीकरण की एक विशिष्ट भारतीय पद्धति विकसित हो सके।

कविराज की प्रासंगिकता उनके वैचारिक खुलेपन में निहित है। सत्तर के दशक में वे मार्क्सवादी हो कर भी मार्क्स के सिद्धांत की सीमाओं पर लिख रहे थे। अस्सी के दशक में वे ग्राम्शी से प्रभावित होने के बावजूद पैसिव रिवोल्यूशन की सीमित उपयोगिता की ओर इशारा कर रहे थे। सबाल्टर्न स्टडीज़ से सहानुभूति रखने के बावजूद उन्होंने सबाल्टर्न लेखन का दावा नहीं किया। हाल के वर्षों में आधुनिकता और लोकतंत्र को समझने के लिए उन्होंने कभी भी फ़ैशनेबिल उत्तर-आधुनिकता का सहारा नहीं लिया। उनके लेखन में जहां मार्क्स, ग्राम्शी, फ़ूको, टॉकवील और टेलर के लिए स्थान है; वहीं बंकिमचंद्र, रवींद्रनाथ, गाँधी और नेहरू भी सहजता से मिल जाते हैं। इस खुलेपन के बावजूद, कविराज की एक सटीक बौद्धिक-राजनीतिक मुद्रा है जिसकी बदौलत वे विचारों की संवेदनशीलता के प्रति सजग रहते हुए भी पश्चिमी वर्चस्व का विरोध कर पाते हैं।

कविराज इस समय न्यूयॉर्क की कोलम्बिया युनिवर्सिटी में प्रोफ़ेसर हैं।

**देखें** : आंगिक बुद्धिजीवी, एंतोनियो ग्राम्शी, धीरूभाई शेठ, नागर समाज, नागर समाज : भारतीय बहस, निष्क्रिय क्रांति, पार्थ चटर्जी, बंकिम चंद्र चट्टोपाध्याय, मानवाधिकार, भारत में उपनिवेशवाद, भारत में नागर समाज और ग़ैर-दलीय राजनीति-1 से 3 तक, भारत में नागरिकता-विमर्श-1 से 3 तक, भारत में सार्विक मताधिकार, भीखू छोटालाल पारिख, रजनी कोठारी, राजनीतिक समाज, सुदीप्त कविराज, संस्कृति : मार्क्सवादी विमर्श।

## संदर्भ

1. सुदीप्त कविराज (2005), द *अनहैपी कांशसनेस : बंकिम चंद्र चट्टोपाध्याय ऐंड द फ़ार्मेशन ऑफ़ नैशनलिस्ट डिस्कोर्स इन इण्डिया,* ऑक्सफ़र्ड युनिवर्सिटी प्रेस, नयी दिल्ली.
2. सुदीप्त कविराज (2010), *इमेजिनरी इंस्टीट्यूशन ऑफ़ इण्डिया : पॉलिटिक्स ऐंड आइडियाज़,* कोलम्बिया युनिवर्सिटी प्रेस, न्यूयॉर्क.
3. सुदीप्त कविराज (1997), *ऑन द कंस्ट्रक्शन ऑफ़ द कोलोनियल पॉवर : स्ट्रक्चर, डिस्कोर्स, हेजेमॅनी,* सुदीप्त कविराज (सम्पा.), ऑक्सफ़र्ड युनिवर्सिटी प्रेस, नयी दिल्ली.
4. सुदीप्त कविराज (1983), 'ऑन द स्टैटस ऑफ़ मार्क्सेज़ राइटिंग्ज़ ऑन इण्डिया', *सोशल साइंटिस्ट,* खण्ड 11, अंक 9 (कार्ल मार्क्स विशेषांक).

**— हिलाल अहमद**

# सुधार

(Reform)

सुधार या रिफ़ॉर्म का आधुनिक अर्थ है निरंतरता क़ायम रखते हुए परिवर्तन अर्थात् उथल-पुथल मचा देने वाले किसी एकमुश्त बुनियादी परिवर्तन से बचते हुए पहले के मुक़ाबले बेहतर होते चले जाना। सुधारों में पुराने समाजों का नवीकरण करने की क्षमता होती है। सुधारों से गुज़रने वाले व्यक्ति, समाज या संस्था में से अवांछित समझे जाने वाले पहलू निकल जाते हैं, लेकिन जो पहले था उसे नष्ट करके एकदम नया बनाने की क्रांतिकारी प्रक्रिया नहीं चलती। दिलचस्प बात यह है कि आधुनिकता से पहले रिफ़ॉर्म का अर्थ इसका ठीक उल्टा था। इसका मतलब था रि-फ़ॉर्म यानी जो रूप पहले था उसी को फिर से धारण करना। मसलन, सिपाहियों को अपनी क़तारें रि-फ़ॉर्म करने का आदेश दिया जाता था। इस अर्थ को समाज, धर्म और राजनीति के दायरों में रूढ़ करने की भूमिका सोलहवीं सदी के दौरान ईसाई धर्म के भीतर मार्टिन लूथर के नेतृत्व में चले प्रोटेस्टेंट रिफ़ॉर्मेशन आंदोलन ने निभायी। लूथर की मुहिम तत्कालीन कैथॅलिक चर्च के भ्रष्टाचार के बरक्स आध्यात्मिकता के पुराने और अपेक्षाकृत शुद्ध रूपों की पुनः स्थापना के लिए थी। ज़ाहिर है कि सुधार की परिघटना का

यह पीछे मुड़कर देखने वाला पहलू अपने व्यापक अर्थों में अतीतोन्मुखता और पुरानी व्यवस्था के जीर्णोद्धार जैसे कार्यक्रमों से जुड़ा हुआ था। आधुनिकता और सेकुलरीकरण ने रिफ़ॉर्म के इस अर्थ को पूरी तरह से बदल कर उसे प्रगति के विचार से जोड़ दिया। व्यक्तिगत चरित्र से लेकर सामुदायिक रीति-रिवाज़ों, धार्मिक तौर-तरीक़ों, राजनीतिक और आर्थिक प्रणालियों में सुधार की कोई भी माँग या उसके आधार पर चलाई जाने वाली किसी भी मुहिम की आलोचना प्रतिक्रियावादी या यथास्थितिवादी कही जाने लगी।

भूमण्डलीकरण संबंधी अध्ययनों में सुधार का तात्पर्य न्यू पब्लिक मैनेजमेंट (एनपीएम) से है। इसके तहत अपनायी जाने वाली प्रक्रियाओं और रणनीतियों से राजनीतिक प्रणालियों में भीतरी तब्दीलियाँ लायी जाती हैं। एनपीएम की थियरी का प्रतिपादन लुई गन और क्रिस्टोफ़र हुड ने अस्सी के दशक के मध्य में किया था। इन परिवर्तनों का मक़सद होता है नियम-आधारित और प्राधिकार-आधारित प्रक्रियाओं को बाज़ार-आधारित और स्पर्धा-आधारित कार्यनीतियों से प्रतिस्थापित करना। एनपीएम को सुधार के ग्लोबल मूवमेंट की संज्ञा भी दी जाती है, क्योंकि तक़रीबन एक सी रणनीतियों के आधार पर अस्सी से नब्बे के दशक के बीच में कई राष्ट्रों ने सुधार के इस एजेंडे पर अमल किया। एनपीएम के छह मुख्य लक्षण गिनाये गये हैं : उत्पादकता में बढ़ोतरी करने वाले कार्यक्रमों को अपनाना, प्रबंधकों की कार्यशैली बदलने के लिए बाज़ार द्वारा अख़्तियार करने वाले तौर-तरीक़ों पर ज़ोर देना, नागरिकों को 'क्लाइंट' के तौर पर देखना, शासन के निचले स्तर तक विभिन्न कार्यक्रमों का विकेंद्रीकरण करना, सरकार के नीति संबंधी दायित्वों को उसके सेवा मुहैया कराने वाले दायित्वों से अलग कर देना, और जवाबदेही की कसौटियों को बदलना (ऊपर से नीचे आने वाले नियम आधारित ढाँचे की जगह नीचे से ऊपर जाने वाले परिणाम आधारित ढाँचे को क़ायम करना ताकि प्रक्रियाओं और संरचनाओं की जगह उत्पादन और नतीजों पर ज़्यादा ज़ोर दिया जा सके)। एनपीएम मान कर चलता है कि प्रबंधन में सुधार लाने की यह मुहिम भूमण्डलीकरण के युग में आर्थिक समृद्धि और सामाजिक स्थिरता के उद्देश्य से सुशासन की धारणा के इर्द-गिर्द ख़ुद को गोलबंद करती है और उसी के मुताबिक़ लक्ष्य, भूमिका, क्षमता और संबंधों के समीकरण का विन्यास किया जाता है। एनपीएम की धारणा है कि पब्लिक मैनेजमेंट संबंधी सुधारों से सरकार और नागरिकों के बीच का संबंध बदल कर उसे नव-उदारतावादी मूल्यों के मुताबिक़ ढाला जा सकता है।

विभिन्न तरह की सरकारों द्वारा एनपीएम को अपनाये जाने के बावजूद उसे दुतरफ़ा आलोचना का सामना करना पड़ा है। नियोक्लासिकल अर्थशास्त्र के आलोचक एनपीएम के भी सबसे बड़े आलोचक हैं। मार्क्सवादी दृष्टिकोण से भी उसे आड़े हाथों लिया गया है और कल्याणकारी राज्य का समर्थन करने वालों ने भी उसे स्वीकार करने से इनकार कर दिया है।

मार्क्सवादियों की परम्परा परिवर्तन के संदर्भ में सुधार के बजाय क्रांति को प्राथमिकता देने की रही है। किसी विफल होती हुई संस्था में सुधार की माँग का तात्पर्य होगा उसके सांगठनिक ढाँचे का पुनर्गठन, अधिकारों का नये सिरे से बँटवारा और ज़िम्मेदारियों के पुनः आबंटन। बजाय इसके क्रांतिकारी रवैया उस संस्था को पूरी तरह से भंग करके उसकी जगह नयी संस्था स्थापित करने की माँग करेगा। दरअसल, क्रांति का विमर्श परिवर्तन के माध्यम के रूप में 'सुधार' को किसी क़िस्म की वैधता देने से इनकार करता है। मार्क्सवाद में विश्वास करने वाले क्रांतिकारियों की पीढ़ियाँ संसदीय राजनीति को सुधारवाद का पर्याय मान कर उसके विरोध की खुराक पर पली-बढ़ी हैं। क्रांतिकारी विचारकों की मान्यता है कि सुधार कभी बुनियादी स्थितियों को नहीं बदलते। वे केवल सतही परिवर्तन ही अंजाम दे पाते हैं। सुधार कभी भी निजी सम्पत्ति के संस्थागत रूपों को नहीं बदलते और इस तरह पूँजीवादी व्यवस्था को टिकाये रखने के माध्यम बन जाते हैं। रोज़ा लक्ज़ेमबर्ग ने 1899 में प्रकाशित अपनी रचना *सोशल रिफ़ॉर्म ऑर रेवोल्यूशन* में जर्मन समाजवादियों के सुधारवादी रुझानों पर आक्रमण करते हुए उसे पूँजीवादी लोकतंत्र का ही एक रूप क़रार देती हैं। रोज़ा की स्पष्ट मान्यता थी कि संसदीय राजनीति के तहत होने वाला क्रमिक परिवर्तन सर्वहारा वर्ग के हितों की सेवा नहीं कर सकता। सुधारवाद के सबसे बड़े आलोचक तो लेनिन थे। उन्होंने अपनी विख्यात रचना *द स्टेट ऐंड रेवोल्यूशन* में लिखा है कि संसदीय चुनावों के ज़रिये एक निश्चित अवधि के बाद यह तय होता है कि शासक वर्ग का कौन सा हिस्सा और कौन सा नेता जनता का दमन और उत्पीड़न करेगा।

दूसरी तरफ़ उदारतावादी सुधारों में यक़ीन करते हैं। जेरेमी बेंथम और उनके द्वारा प्रतिपादित उपयोगितावाद के दर्शन ने उन्नीसवीं सदी के ब्रिटेन में हुए कई प्रमुख सुधारों को दार्शनिक आधार मुहैया कराया था। 'अधिकतम लोगों को अधिकतम ख़ुशी' मुहैया कराने के उसूल के मुताबिक़ उपयोगितावाद के पैरोकारों ने कई तरह के वैधानिक, आर्थिक और राजनीतिक सुधारों के लिए दबाव बनाया। बेंथम का आग्रह था कि 'प्राकृतिक क़ानून' या 'प्राकृतिक अधिकार' जैसे हवाई विचारों के चक्कर में फँसे बिना उपयोगिता की बुद्धिसंगत पैमाइश करते हुए उसके आधार पर विधिनिर्माण किया जाना चाहिए। इन उपयोगितावादियों ने ऐडम स्मिथ और डेविड रिकॉर्डो द्वारा प्रवर्तित क्लासिकल पॉलिटिकल इकॉनॉमी का समर्थन किया। ज़ाहिर है कि ये लोग बाज़ार के

कामकाज में किसी भी क़िस्म के संरक्षणवाद या इजारेदारी द्वारा बाधा डालने का विरोध करते थे। इन लोगों ने राजनीतिक सुधारों के जिस कार्यक्रम को आगे बढ़ाया उसके केंद्र में लोकतंत्र और गुप्त मतदान द्वारा होने वाला चुनाव था। इन सुधारकों की बदौलत ब्रिटेन एक पदानुक्रमवादी और कुलीनतंत्रीय व्यवस्था से बदल कर आधुनिक संसदीय लोकतंत्र का रूप ग्रहण कर पाया।

समाजवादी सुधारकों ने भी उदारतावाद के कई आयामों को अपनाया। 1884 में स्थापित फ़ेबियन सोसाइटी ने क्रांतिकारी समाजवाद को ख़ारिज करते हुए एक ऐसे समाजवादी समाज की तजवीज़ की जिसे निरंतर चलने वाले योजनाबद्ध सुधारों के ज़रिये पूँजीवादी व्यवस्था के भीतर से उभरना था। फ़ेबियन समाजवाद ने अपना नामकरण उस रोमन सेनापति फ़ेबियस मैक्सिमस के नाम पर किया था जिसने अपनी धीरजभरी और टालू क़िस्म की समरनीति के दम पर हनीबाल की हमलावर फ़ौजों को हरा दिया था। यही नीति आगे चल कर 'क्रमश:वाद की अपरिहार्यता' के रूप में सूत्रीकृत हुई। सुधारवाद की यह वामपंथी परम्परा संसदीय प्रणाली में यक़ीन करने वाले युरोपियन और अन्य समाजवादियों ने अपनायी। जर्मनी में एडुअर्ड बर्नस्टीन ने 1898 में 'इवोल्यूशनरी सोशलिज़म' लिख कर क्रांतिकारी मार्क्सवाद की आलोचना की और पूँजीवाद से समाजवाद में शांतिपूर्ण संक्रमण का सिद्धांत पेश किया। पश्चिमी सामाजिक जनवाद का आधार यही है। 1956 में एंथनी क्रॉसलैण्ड ने अपनी रचना 'द फ़्यूचर ऑफ़ सोशलिज़म' में दावा किया कि समाजवाद का मतलब पूँजीवाद का उन्मूलन करके उसकी जगह जन-स्वामित्व की स्थापना नहीं है, बल्कि समाज में सुविधाओं के अधिक समतामूलक बँटवारे के ज़रिये समानता के लक्ष्य की तरफ़ निरंतर बढ़ते जाना है। क्रॉसलैण्ड का विचार था कि यह लक्ष्य समाज सुधार की क्रमिक प्रक्रिया, कल्याणकारी राज्य के विस्तार और शिक्षा सुविधाओं में निरंतर सुधार के माध्यम से हो सकता है।

सुधार के पक्ष में तीन सबसे मज़बूत तर्क दिये जाते हैं। पहला, सुधार शांतिपूर्ण होते हैं। टुकड़ों-टुकड़ों में धीरे-धीरे एक लम्बी अवधि में किये जाने के कारण उनके कारण हिंसा और उथल-पुथल नहीं मचती। शुरू में भले ही सतही लगें पर अंत में उनका कुल योगफल बुनियादी परिवर्तन जैसा ही निकलता है। दूसरा, जो पहले से मौजूद है उसे ख़ारिज या नष्ट करने के बजाय सुधार उसी के आधार पर अपने ढाँचे का निर्माण करते हैं। इस तरह वे अतीत और वर्तमान दोनों से लाभान्वित होने में सफल रहते हैं। तीसरा, सुधार एक वर्धमान प्रक्रिया है जो छोटे-छोटे क़दम उठा कर पूरी होती है। आधुनिक कल्याणकारी राज्य का विकास इसी तरह से हुआ है। तीस के दशक में रूज़वेल्ट द्वारा उठाये गये क़दमों की बुनियाद पर ही अमेरिका राज्य साठ के दशक में कल्याणकारी नीतियों का कार्यक्रम लागू कर पाया। इसी तरह ब्रिटेन में प्रथम विश्व-युद्ध के दौरान किये गये कार्यक्रमों की बुनियाद पर ही चालीस के दशक में एटली ने सुधार की नीतियाँ तैयार कर पायीं।

**देखें** : अधिकार, अधिकार : सैद्धांतिक यात्रा, अरस्तू, अफ़लातून, अनुदारतावाद, अराजकतावाद, अन्य-अन्यीकरण, उदारतावाद, उपयोगितावाद, ऐडमण्ड बर्क, क्रांति, ज्याँ ज़ाक रूसो, जॉन लॉक, जेरेमी बेंथम, जॉन स्टुअर्ट मिल, जॉन रॉल्स, थॉमस हॉब्स, थॉमस पेन, न्याय, न्याय : नारीवादी आलोचना, न्याय : रॉल्स का सिद्धांत, राजनीति में व्यक्ति की भूमिका, नागरिकता, नागरिकता : अन्य परिप्रेक्ष्य-1 और 2, नागर समाज, पनोप्टिकॉन, प्रतिनिधित्व, प्रगति, प्रगति : आलोचनात्मक परिप्रेक्ष्य, प्रशासन, फ़ासीवाद, फ्रेड्रिख़ वॉन हायक, बहुसंस्कृतिवाद, बहुसंख्यकवाद, बहुसंख्यक-अल्पसंख्यक, बुद्धिवाद, माइकेल जोसेफ़ ओकशॉट, माइकिल वाल्ज़र, मिशेल पॉल फ़ूको-1 और 2, यूटोपिया, राजनीतिक और राजनीति, राजनीतिक दर्शन के नारीवादी आयाम-1 और 2, राजनीतिक मनोविज्ञान, राजनीतिक समाजशास्त्र, राज्य-1 और 2, रॉबर्ट नॉज़िक, राज्य-1 और 2, राष्ट्र-राज्य, राष्ट्र : सांस्कृतिक या राजनीतिक, राष्ट्रवाद, राष्ट्रवाद का इतिहास, लोकतंत्र, लोकतंत्र की आलोचनाएँ, व्यक्तिवाद, व्यवहारवाद, विल किमलिका, वितरणमूलक न्याय, विदेशी-द्वेष, वैधता, वैधता का संकट, सविनय अवज्ञा, समानता, समानता : चार अवधारणाएँ, समतावाद, सर्वसत्तावाद, स्मृति की राजनीति, स्वतंत्रता, स्वतंत्रतावाद, स्वजातिवाद, स्वच्छंदतावाद, सत्ता, सर्वसत्तावाद, सम्प्रभुता, समाजवाद, सरकारियत, सम्पत्ति, सम्पत्ति : साझा और सरकारी, सम्पत्ति : मार्क्सवादी परिप्रेक्ष्य, सम्पत्ति : नारीवादी परिप्रेक्ष्य, संविधानवाद, संघवाद, सामाजिक समझौता, सिद्धांत, सिद्धांत : राजनीतिक-सामाजिक, हेनरी डेविड थोरो।

## संदर्भ


1. एंड्रू हेवुड (2004), 'ट्रेडिशन, प्रोग्रेस ऐंड यूटोपिया', *पॉलिटिकल थियरी : ऐन इंट्रोडक्शन,* पालग्रेव मैकमिलन, न्यूयॉर्क.
2. रोज़ा लक्ज़ेमबर्ग (1899/1937), *रिफ़ॉर्म ऑर रेवोल्यूशन,* थ्री एरोज़, न्यूयॉर्क.
3. एडुअर्ड बर्नस्टीन (1909), *इवोल्यूशनरी सोशलिज़म,* आईएलपी, लंदन.
4. आर. गुडिन (1995), *यूटिलिटेरियनिज़म एज़ अ पब्लिक फ़िलॉसफ़ी,* केम्ब्रिज युनिवर्सिटी प्रेस, केम्ब्रिज.


**— अभय कुमार दुबे**

# सुब्रह्मण्य भारती

(Subhramanya Bharti)

आधुनिक भारतीय साहित्य के निर्माताओं में से एक सुब्रह्मण्य भारती (1882-1921) का कृतित्व भारतीय सांस्कृतिक नवजागरण और स्वाधीनता आंदोलन की लय से सम्पन्न है। वे द्रष्टा कवि, भारतीय नवजागरण के अग्रदूत तथा नयी वैचारिक संवेदना के संदेशवाहक हैं। भारती ने तमिल जाति के इतिहास में नये विचारों का योगदान किया जिससे तमिल साहित्य में परिवर्तन की गति तेज़ हो गयी। भारती को देशभक्ति का कवि-गायक माना जाता है, पर यह कम लोग ही जानते हैं कि आधुनिक तमिल गद्य के निर्माताओं में भी उनका नाम अविस्मरणीय है। तमिल का परिष्कार करके उन्होंने ओजस्वी गद्य लिखा। पत्रकार के रूप में उन्होंने राजनीति, धर्म, संस्कृति, पुराण और मिथक पर कलम चलाई और अनुवाद, कहानी, निबंध, रिपोर्ताज सभी विधाओं में रचनाएँ कीं। इस गद्य की अंतर्वस्तु काव्य की ही भाँति सुधार भावना तथा देशभक्ति से पूर्ण है। नारी यातना तथा अछूतों के शोषण पर वे जम कर लिखते रहे। उन्होंने पुरुषों से आग्रह किया कि वे नारी को बराबरी का दर्जा दें तथा उसकी महिमा-महत्ता स्पष्ट करें।

सुब्रह्मण्य भारती ने 1882 में तिरुनेलवेली एट्टयपुरम ग्राम में जन्म लिया। उनके पिता चिन्नस्वामी अय्यर एक जमींदार की सेवा में थे। उनके नाना ने उन्हें तमिल की प्राचीन साहित्य परम्परा से परिचित कराया और वे दस वर्ष की आयु में ही कविता लिखने लगे। जनता में इतने लोकप्रिय हुए कि उन्हें 'भारती' की उपाधि दी गयी। परिस्थितियाँ इस प्रसिद्ध कवि को बनारस ले गयीं जहाँ अपनी बुआ के पास रह कर उन्होंने संस्कृत-हिंदी-अंग्रेज़ी का ज्ञान प्राप्त किया। बनारस के दिनों में ही उन्होंने पगड़ी बाँधना शुरू किया और मूँछें बढ़ा लीं। एनी बेसेंट के भाषणों से प्रभावित हो कर भारती का कवि जड़ काव्य-रूढ़ियों को तोड़कर क्रांतिकारी हो गया। भारती शेली की कविता पर मुग्ध थे और फ़ुरसत के क्षणों में शेली, कम्बन और इलंगो का अध्ययन करते। उन्होंने स्वामी विवेकानंद, अरविंद और तिलक के भाषणों का अनुवाद किया। इसी बीच कवि भारती ने तीन संकल्प किये— राजनीतिक चेतना, जाति भेद का अंत तथा भारतीय नारियों का उत्थान।

भारत की प्राचीन भाषाओं में तमिल का स्थान संस्कृत के बराबर है। इस भाषा के पास दो हज़ार वर्षों की सृजन-चिंतन परम्परा का ख़ज़ाना है। विद्वान मानते हैं कि तमिल का लिखित इतिहास ईसा की दूसरी शताब्दी से प्राप्त होता है। तमिल परम्परा में 473 कवियों (जिनमें 102 अज्ञात हैं) की पुष्प माला है जिसे *एट्टुनोगै* तथा *पात्तुपार* में संकलित किया गया है। इस सम्मिलित रूप को ही संगम काव्य कहा जाता है। संगम काव्य के बाद तमिल में महाकाव्य का युग आया। इलंगो के *शिलप्पदिकारम्*, सित्तलै सात्तनार के *मणि मेखलै* और तिरुवक्क देवट के *जीवंत चिंतामणि* इन तीन महाकाव्यों में काव्य-कला का उत्कर्ष तथा परम्परा का नया संदर्भ मिलता है। मध्यकाल में तमिल ने जन भाषा की सर्जनात्मक शक्ति को पहचान कर उसमें सृजन प्रयोग किये। संत कवियों ने तमिल में पुनः प्राण-प्रतिष्ठा की और कम्बन के प्रख्यात महाकाव्य *रामावतारम्* की रचना से नयी पौ फटी। कम्बन रामायण का प्रभाव तुलसीदास के *रामचरितमानस* पर भी दिखाई देता है। इसी परम्परा में नये स्वर फूटे और परम्परा का विपरीत दिशा में विकास हुआ। वेद नायकम् पिल्लै, राजन अय्यर, उ.व. स्वामिनाथ अय्यर जैसे कवि-कथाकार हुए लेकिन कविता तथा गद्य का ढाँचा नहीं बदला। तमिल भाषा तथा काव्य को सुब्रह्मण्य भारती की प्रतीक्षा थी। उन्होंने आकर परम्परा को आधुनिक रूप दिया।

फिरंगी शासन ने भारती देशभक्तिपूर्ण कविताओं पर कड़ा रुख अपनाया। भारती पाण्डुचेरी चले गये और वहीं से अपनी गतिविधियों को चालू रखने का मन बनाया। *विजया, कर्मयोगी* तथा *बाल भारत* जैसी पत्रिकाओं का प्रकाशन किया। अपने स्वभाव के कारण वे लाला लाजपतराय, अरविंद तथा तिलक से प्रभावित हुए। 20 नवम्बर, 1918 को भारती फ्रेंच और ब्रिटिश इण्डिया की सीमा में क़ैद कर लिए गये। एनी बेसेंट तथा रामास्वामी अय्यर के कारण जेल से छूटे। तिरुनेलवेली में उनका भव्य स्वागत किया गया। गाँधी और उनके विचार-दर्शन के प्रति निष्ठा से वे गाँधीमय हो गये। त्रियलिकेन मंदिर में एक हाथी को नारियल खिलाते समय उस हाथी ने ही उन्हें पटक दिया। 12 दिसम्बर, 1921 को उन्होंने संसार छोड़ दिया। उनकी उम्र अभी चालीस वर्ष की भी नहीं थी।

भारती के सम्पूर्ण काव्य-साहित्य को विविधता की दृष्टि से चार भागों में विभक्त किया जा सकता है : देशभक्तिपरक गीत, भक्तिपरक गीत, विविध गीत और तीन महान गीत— कण्णनपट्टु (कृष्ण गीत), पांचाली शपथम् , कोइलपट्टु (कोयल गीत)। दिलचस्प बात यह है कि उनके गीतों का कथा-प्रवाह विचारों की लय को तीव्र बनाता चलता है और प्रत्येक कविता अपने में स्वतंत्र है। उनके छोटे गीत दूर तक मार करते हैं। जैसे 'चिंगारी' कविता में भारती लिखते हैं : *संयोग से मैंने एक चिंगारी उठाई/ और उसे एक जंगली पेड़ की खोखल में रख दिया/ और वह जंगल राख हो गया/ हा, हा, हा,/ आग की इस विनाश-शक्ति के समक्ष/ क्या कोई बड़ा या छोटा है/ या फिर, जवान या बूढ़ा है भला।* कविता

सुब्रह्मण्य भारती (1882-1921)

में आग का प्रतीक बहुलार्थक है और उसे अनेक संदर्भों से जोड़ कर एक पाठ उठाया जा सकता है और उस पाठ के अनेक निहितार्थ सामने आ सकते हैं। इसका ध्वन्यर्थ व्यंजनाओं की शक्ति का प्रतीक है। हिंदी कवि जयशंकर प्रसाद, निराला, माखनलाल चतुर्वेदी तथा भवानी प्रसाद मिश्र की कविताओं की तरह भारती के गीत अर्थ की एकलयता को तोड़ते हैं और एक साथ कई नये अर्थों की निष्पत्ति करते हैं।

पाण्डुचेरी प्रवास के दिनों में भारती की रचनाओं में आलवार वैष्णव भक्तों का कृष्ण रस बाल लीला चित्रण में छलक उठा। 'कृष्ण गीत' की संगीतात्मकता में लोकलय की झूम है। कृष्ण गीतों में तेईस गीत हैं। *गीत-गोविंद* का यह नया कृष्ण स्वर है जिसमें सूरदास के पदों की लयात्मक तन्मयता एवं मीरा-भाव की समग्र चरम समाधि है। भारती निरंतर पौराणिक प्रसंगों की आधुनिकता सामने लाते रहे। 'द्रौपदी का गीत' नारी शक्ति का स्मरण है। यह कविता है तो राजनीतिक, लेकिन इसका सांस्कृतिक स्रोत कम महत्त्वपूर्ण नहीं है। द्रौपदी को कुरु दरबार में परतंत्र मातृभूमि के रूप में पाना एक सशक्त प्रतीक है। 'पांचाली शपथम्' राजनीतिक कविता है जिसमें द्रौपदी का क्रोध सामने आता है। कुछ समय बाद भारती ने 'कुइलपाट्टु' (कोयल गीत) की रचना की। यह कथात्मक कविता सात सौ पचास पंक्तियों की है जिसके पात्र पशु हैं और नायिका एक भारतीय कोयल। यह कॉलरिज की 'कुबला ख़ाँ' जैसी फ़ंतासी है। भारती अछूतों को देखकर द्रवित थे। रघुनाथ राव की पत्रिका *रैडिकल सोशल रिफ़ार्म* में उन्होंने लेख लिख, जातिवाद का खण्डन किया तथा नारी सुधार आंदोलन की ओर क़दम उठाये। प्रश्नाभाव से भारती पूछते रहे कि धर्म-धर्म के बीच यह कैसा भेदभाव। बाल विवाह, विधवा विवाह जैसे समाज सुधार आंदोलनों में उन्होंने अगुआ भूमिका निभायी। भारती की 'नूतन नारी' कविता एक नयी हवा की लहर है। उनकी 'गद्य कविताओं' का आज विशेष महत्त्व है।

**देखें :** अरविंद घोष, कन्हैयालाल माणिकलाल मुंशी, क़ाज़ी नज़रुल इसलाम, कुमारन् आशान्, गजानन माधव मुक्तिबोध-1 और 2, गोवर्धन राम त्रिपाठी और गुजराती अस्मिता, जय प्रकाश नारायण, प्रेमचंद, फ़क़ीर मोहन सेनापति और ओडिया अस्मिता, बंकिम चंद्र चट्टोपाध्याय, भारतेंदु हरिश्चंद्र, महादेव गोविंद रानाडे, महावीर प्रसाद द्विवेदी, रवींद्रनाथ ठाकुर, राजा राममोहन राय, रामविलास शर्मा, रामचंद्र शुक्ल, रुक्मिणी देवी अरुंडेल, विनोबा भावे, वल्लत्तोल नारायण मेनन, सच्चिदानंद हीरानंद वात्स्यायन अज्ञेय, हजारी प्रसाद द्विवेदी।

### संदर्भ

1. शिशिर कुमार दास (सम्पा.) (1996), *इंटीग्रेटिड हिस्ट्री ऑफ इण्डियन लिट्रेचर* (दो भाग), साहित्य अकादेमी, नयी दिल्ली.
2. डॉ. नगेंद्र (सम्पा.) (1994), *भारतीय साहित्य का समेकित इतिहास,* हिंदी माध्यम कार्यान्वयन, निदेशालय, नयी दिल्ली.
3. प्रेमानंद कुमार (1979), *भारती* (भारतीय साहित्य के निर्माता) साहित्य अकादेमी, नयी दिल्ली.
4. के. एस. रामस्वामी शास्त्री (1995), *सुब्रह्मण्य भारती, हिज़ माइंड ऐंड आर्ट,* वेल्थ ऐंड वेलफ़ेयर ऑफ़िस, मद्रास.

**— कृष्णदत्त पालीवाल**

# सूचना

(Information)

अनुसंधान से विवेक तक की यात्रा का पहला महत्त्वपूर्ण पड़ाव सूचना है। शोध और संग्रह से तथ्यों और सामग्री की प्राप्ति होती है जिनके सुव्यवस्थित रूप से सूचना बनती है। सूचना या सूचनाओं के आधार पर ही ज्ञान की संरचनाएँ खड़ी होती हैं। ज्ञान का संश्लेषण करके उसे किसी उद्देश्य के लिए प्रयोग करने का निर्णय विवेक द्वारा लिया जाता है। तथ्यों और सामग्री की तरह सूचना आसानी से स्थानांतरित की जा सकती है, इसलिए वह विनिमय की वस्तु बन कर एक पण्य के रूप में आर्थिक गतिविधि का अंग बनती है। फ़र्में और संस्थाएँ सूचना के उत्पादन, संग्रह, विनिमय, वितरण, परिसंचार, संसाधन, प्रसारण और नियंत्रण में लगी रहती हैं। अर्थव्यवस्था

में सूचना के बढ़ते हुए महत्त्व ने एक पूरे इनफ़ॉर्मेशन सेक्टर को ही जन्म दे दिया है। एक अवधारणा के रूप में सूचना को उसकी संचार-प्रणाली से काट कर व्याख्यायित नहीं किया जा सकता। इसलिए समाज-विज्ञान में अधिकांशतः सूचना और उसकी प्रौद्योगिकी पर एक साथ विचार किया गया है।

जिस तरह कभी राष्ट्र-राज्य भू-क्षेत्र पर क़ब्ज़े और नियंत्रण के लिए संघर्ष किया करते थे और जिस तरह कच्चे माल व सस्ते श्रम के संसाधनों के दोहन के लिए साम्राज्यवादी और औपनिवेशिक अभियान चलाये जाते थे, आज के ज़माने में उसी तरह सूचनाओं पर क़ाबिज़ होने की कोशिशें की जाती हैं। समाज-विज्ञान की निगाह में सूचना एक ऐसा प्रतिमान है जिसके माध्यम से सामाजिक विकास की नयी प्रवृत्तियों की व्याख्या की जा सकती है। चूँकि समाज का आर्थिक आधार कारख़ाना-उत्पादन के बजाय सेवा-आधारित होता जा रहा है, इसलिए दो दशक पहले तक सिद्धांतकारों द्वारा उसे उत्तर-औद्योगिक की संज्ञा दी जा रही थी। हालाँकि सेवा-आधारित अर्थव्यवस्था की अहमियत अभी कम नहीं हुई है, पर इसके बावजूद समाजवैज्ञानिकों ने मौजूदा दौर की व्याख्या उत्तर-औद्योगिक के बजाय सूचना-समाज के रूप में करनी शुरू कर दी है।

मानव-इतिहास के प्रत्येक दौर में सूचना के उत्पादन, प्रयोग, संग्रह और वितरण का केंद्रीय महत्त्व रहा है। लेकिन, एक अवधारणा के तौर पर सूचना की जाँच-पड़ताल बहुत कम हुई है। सूचना-समाज के पैरोकार भी एक विचार के रूप में सूचना के सूत्रीकरण पर ज़्यादा दिमाग़ खपाते नहीं दिखाई देते। इसीलिए इतनी महत्त्वपूर्ण होने के बावजूद सूचना का वैचारिक इतिहास उकेरना आसान नहीं है। आधुनिक युग में सूचना पर सैद्धांतिक चिंतन की शुरुआत 1948 में प्रकाशित क्लॉड शैनन के लेख 'द मैथेमेटिकल थियरी ऑफ़ कम्युनिकेशन' से मानी जाती है। शैनन बैल टेलिफ़ोन कम्पनी में काम करते थे। पहली नज़र में उनकी यह रचना पूरी तरह से गणितीय है, लेकिन इसने मीडिया और संस्कृति संबंधी चिंतन को बुनियादी रूप से प्रभावित किया है।

शैनन ने अपने इस लेख में संचार के तकनीकी पहलुओं को उसके समाजशास्त्रीय या दार्शनिक सार से काट कर देखने की कोशिश की है। उनके लिए संचार एक इंजीनियरिंग संबंधी प्रश्न है, न कि समाजशास्त्रीय। साठ साल पहले लिखे गये इस लेख की केंद्रीय जिज्ञासा यह है कि कोई भी संचार-प्रणाली किसी सूचना-संदेश को कैसे संसाधित करती है। आज की भाषा में इसी बात को यूँ भी कहा जा सकता है कि एक मोबाइल फ़ोन वह टेक्स्ट मैसेज कैसे भेज देता है जिसकी जानकारी उस फ़ोन की डिज़ाइन बनाने वाले इंजीनियर को पहले से नहीं थी। शैनन के पास इसका जवाब यह था कि कुछ पूर्व-परिभाषित चरों (वेरिएबिल्स) के माध्यम से वह संदेश बनता और स्थानांतरित होता है।

इस तरह शैनन संचार को एक अर्थ-विषयक (सीमेंटिक) समस्या के रूप में न देख कर एक सांख्यिकीय सम्भावना की तरह पेश करते हैं। उनका बुनियादी विचार यह है कि उत्पादन और प्रसारण की एक निश्चित दर के आधार पर एक निश्चित मात्रा में सूचना उस समय पैदा होती है जब किसी संदेश के माध्यम से पूर्व-परिभाषित चरों में से कुछ का चयन किया जाता है। संदेश जारी करने वाली प्रणाली जितनी जटिल होगी, वह अपने प्रयोगकर्त्ता को उतनी ही ज़्यादा संख्या में पूर्व-परिभाषित चरों में से चुनाव करने का मौक़ा देगी। चयन का अवसर जितना बड़ा होगा, प्रणाली उतनी बढ़ी हुई दर से सूचना का उत्पादन और प्रसारण कर पायेगी। शैनन के अनुसार ऐसी किसी भी प्रणाली के पाँच बुनियादी घटक होते हैं : सूचना का स्रोत (मनुष्य या मशीन), ट्रांसमीटर (संदेश को कोड्स में बदल कर सिगनल बनाना), चैनल (माध्यम जिससे सिगनल प्रसारित होगा), रिसीवर (जो कोड्स को डिकोड करेगा) और डेस्टिनेशन यानी सूचना की मंज़िल। सूचना भेजने की इस प्रक्रिया में शोर-गुल या कोलाहल की दख़लंदाज़ी से वह विकृति का शिकार हो सकती है। यहीं रिसीवर की अहमियत पैदा होती है जो प्राप्त कोड्स (चाहे वे टेलिफ़ोनी के ध्वन्यात्मक कोड हों या डॉट-डैश सरीखे वायरलैस कोड हों) को डिकोड करके मंजिल तक पहुँचाता है।

शैनन के साथी वारेन वीवर ने उनके साथ प्रकाशित एक निबंध में संचार को तीन हिस्सों में बाँटा है : तकनीकी समस्या, संदेश की अर्थ-विषयक समस्या और उसके समाजशास्त्रीय पहलू। उनके लिहाज़ से तकनीकी पक्ष की अहमियत सबसे ज़्यादा होनी चाहिए क्योंकि सिगनल जितना सही पैदा होगा, अर्थ उतना ही स्पष्ट होगा जिससे उसके सामाजिक या कार्रवाईगत पहलू उतने ही प्रभावित होंगे। शैनन और वीवर द्वारा तैयार किये गये सूचना-उत्पादन और प्रसारण के इस मॉडल को कई विद्वानों द्वारा उलट-फेर कर आज़माया गया है। ज़्यादातर समाजवैज्ञानिक सूचना और संचार के तकनीकी पहलू को नज़रअंदाज़ करते हुए अर्थ-विषयक और समाजशास्त्रीय पहलू पर अधिक बल देते हैं। लेकिन भले ही वे शैनन और वीवर की तरह संचार की गणितीय प्रकृति की उपेक्षा कर दें, अपने उद्देश्य की प्राप्ति के लिए उन्हें भी सूचना के माध्यम की प्रौद्योगिकीय प्रकृति पर गहरा ध्यान देना पड़ता है।

मार्शल मैकलुहन ने 1964 में प्रकाशित अपनी प्रमुख रचना *अंडरस्टैंडिंग मीडिया* में शैनन की ही भाँति प्रौद्योगिकी के विश्लेषण को अधिक अहमियत दी है, न कि प्रसारित संदेश की सारवस्तु को। इसीलिए उनका निष्कर्ष इस मशहूर फ़िकरे के रूप में सामने आता है कि 'माध्यम ही संदेश है।'

शैनन और वीवर की दिलचस्पी केवल सिगनल और उसकी कोडिंग और डिकोडिंग कर सकने वाली गणितीय प्रक्रियाओं में थी, पर मैकलुहन इसी तर्क का विस्तार करते हुए दावा करते हैं कि प्रसारित सूचना का चरित्र उसे भेजने वाली प्रौद्योगिकी द्वारा तय होता है। अर्थात् सूचना को उसे पैदा और प्रसारित करने वाले प्रौद्योगिकीय यंत्र से अलग करके नहीं समझा जा सकता। बाद में मैकलुहन ने अपनी इसी धारणा को टेलिविज़न स्क्रीन पर तेज़ी से बदलते हुए बिम्बों और छोटे-छोटे साउंड-बाइट्स पर लागू किया। उन्होंने सूचना के स्रोत (मानव या मशीन) और उसकी आख़िरी मंज़िल पर ग़ौर करने के बजाय यह देखा कि संचार की प्रौद्योगिकी के कारण इनसानी दुनिया में किस तरह की तब्दीलियाँ हो रही हैं। इस तरह मैकलुहन की रचनाएँ मानवीय इयत्ता और उसके विकल्प के रूप में सूचना की मशीनरी के बीच तनाव में फँसी नज़र आती हैं।

फ्रेड्रिख़ किटलर ने अपनी व्याख्याओं में मैकलुहन द्वारा छोड़े गये अंतरालों पर नज़र डाली है। वे इस ज़ोरदार दावे के साथ सामने आते हैं कि मीडिया हमारे हालात को तय करता है इसीलिए उसका आलोचनात्मक विश्लेषण करना अनिवार्य है। लेकिन यह कोई आसान काम नहीं है। पहली बाधा तो यह है कि अधिकतर मीडिया प्रौद्योगिकियाँ फ़ौजी मक़सदों से रची गयी थीं इसलिए उनके जन्म के ऐतिहासिक ब्योरे गोपनीय दस्तावेज़ों में बंद हैं। दूसरी बाधा यह है कि मीडिया के किसी रूप का वर्णन और विश्लेषण करने के लिए हम किसी दूसरे मीडिया का इस्तेमाल करने के लिए मजबूर हैं। इसलिए मीडिया की जिन प्रौद्योगिकियों को हम प्रश्नांकित करना चाहते हैं उनसे एक ज़रूरी आलोचनात्मक फ़ासला नहीं बन पाता। तीसरी बाधा यह है कि नये मीडिया की प्रौद्योगिकियों द्वारा पैदा की गयी सूचनाओं के ज़रिये ही उनकी जाँच की जा सकती है, लेकिन ये सूचनाएँ बाइनरी कोड की शक्ल में होने के कारण उस समय तक निरर्थक सी होती हैं जब तक उन्हें मशीनों द्वारा संसाधित न किया जाए। इस मुक़ाम पर किटलर शैनन से सहमत नज़र आते हैं कि सूचना और उसके संचार का माध्यम व्याख्यात्मक अर्थों में नहीं समझा जा सकता। किटलर मैकलुहन की आलोचना करते हैं कि वे प्रौद्योगिकियों और मशीनों में एक तरह का मानवपन देखते थे। इस लिहाज़ से वे एंथ्रोपोसेंट्रिक मतिभ्रम के शिकार थे। किटलर के अनुसार सूचना का तात्पर्य प्रौद्योगिकी में निहित नहीं है, बल्कि प्रौद्योगिकी की उपस्थिति उसकी तरफ़ इशारा करके उसकी समझ सम्भव बनाती है। अपने सूत्रीकरण में शैनन और वीवर से परे जाते हुए किटलर 'सूचना भौतिकवाद' की धारणा पेश करते हैं जिसके तहत सूचना और उसकी संचार-प्रणाली उत्तरोत्तर एक-दूसरे में समाते जा रहे हैं। सूचना पदार्थ बनती जा रही है और पदार्थ सूचना।

किटलर द्वारा स्थापित सूचना की इस भौतिकता को नारीवादी विचारक डोना हरावे और कैथरीन एन. हायल्स ने सवालों के घेरे में खड़ा किया है। हायल्स का कहना है कि शैनन द्वारा सूचना को सांख्यिकीय रूप की तरह पेश करने का चिंतन सूचना को उसकी देह से काट कर अलग कर देता है। परिणामस्वरूप मीडिया की विभिन्न क़िस्मों में व्याप्त तत्क्षणिकता की प्रवृत्ति की व्याख्या नहीं हो पाती। डोना हरावे अपनी रचना 'सायबर्ग मेनिफ़ेस्टो' में सूचना, सत्ता और देह के बीच एक बेहद पेचीदा सूत्र पर विचार करती हैं। उनका विश्लेषण निष्कर्ष निकालता है कि सत्ता जिस तरह उत्पादन के दैहिक संबंधों में निवास करती है, उसी तरह अब उसका वास सूचना प्रणालियों में भी है। प्रभुत्व के इनफ़ॉर्मेटिक्स की चर्चा करते हुए हरावे दावा करती हैं कि कोडिंग से कुछ भी बचा नहीं रह गया है : न कोई वस्तु, न कोई स्पेस और न ही मानवीय देह।

हरावे के विमर्श के केंद्र में सूचना की अवधारणा है। उन्होंने जिस नये संसार का चित्र खींचा है उसमें प्रकृति और संस्कृति के बीच पहले से चला आ रहा अंतर निरर्थक हो चुका है। ये दोनों दायरे कई तरह के जटिल और अक्सर परस्पर विनिमय कोड्स का रूप धारण कर चुके हैं। जो जीवन-रूप और प्रौद्योगिकियाँ पहले आपस में नहीं जुड़े हुए थे, इन कोड्स के कारण उनका जुड़ाव सम्भव हो गया है। शैनन की तरह वे सूचना को महज़ सांख्यिकीय सम्भावना की तरह देखने तक ही सीमित नहीं रहना चाहतीं। वे उसे एक कोड की तरह देखती हैं जो प्रौद्योगिकीय मीडिया की शरीर-रचना और मानवीय देह की प्रणालियों से गुँथा हुआ है। पहले जो प्रणालीगत कोड कहीं छिपे पड़े रहते थे, उनका इंटरफ़ेस संस्कृति के 'सार्वभौम अनुवाद' की सम्भावना पैदा कर रहा है। हरावे इस विकास-क्रम के ख़तरों की तरफ़ भी इशारा करती हैं कि इससे एक नयी 'यंत्रीय सत्ता' पैदा हो सकती है। फ़ूको के विश्लेषण ने सत्ता/ज्ञान के जिस इंटरफ़ेस की तरफ़ इशारा किया है, हरावे उसे बदल कर सत्ता/सूचना के रूप में पेश करती हैं।

**देखें :** अभिलेखागार, आख्यान, इंटरएक्टिविटी-प्रौद्योगिकीय विमर्श, इंटरएक्टिविटी-सामाजिक विमर्श, इंटरफ़ेस, एक्टर-नेटवर्क थियरी, डिजिटल डिवायड, दिन-प्रति दिन के अभिलेखागार, नया मीडिया, नेटवर्क, नेटवर्क सोसाइटी, प्रेस की स्वतंत्रता, प्रोपेगंडा, बाज़ारू संस्कृति, भारत में संचार-क्रांति, भारतीय मीडिया-1, 2 और 3, भारतीय मीडिया स्फ़ेयर, मास मीडिया, मीडिया और राज्य, मीडिया और राजनीति, मीडिया और भारतीय राजनीति, मीडिया-पक्षपात, मीडिया-अध्ययन, संचार, संचार-क्रांति, स्मृति और अभिलेखागार, सोशल नेटवर्क विश्लेषण, सूचना-समाज, सेंसरशिप, वैकल्पिक मीडिया।

**संदर्भ**

1. क्लॉड शैनन और वारेन वीवर (1994), *द मैथेमेटिकल थियरी ऑफ़ कम्युनिकेशन,* युनिवर्सिटी ऑफ़ इलिनॉय प्रेस, अरबाना.
2. मार्शल मैकलुहन (1997), *अंडरस्टेंडिंग मीडिया,* रॉटलेज, लंदन.
3. फ्रेड्रिख किटलर, *लिटरेचर, मीडिया, इनफ़ॉर्मेशन सिस्टम्स,* जी+बी आर्ट्स, एमस्टर्डम.
4. डोना हारावे (1991), *सिमियंस, सायबर्ग, और वुमॅन : द रिइन्वेंशन ऑफ़ नेचर,* फ्री एसोसिएशन, लंदन.
5. एन.के. हायल्स (1999), *हाउ वी बिकेम पोस्टह्यूमन : वर्चुअल बॉडीज़ इन सायबरनेटिक्स, लिटरेचर, ऐंड इनफ़ॉर्मेटिक्स,* युनिवर्सिटी शिकागो प्रेस, शिकागो.

**— अभय कुमार दुबे**

# सूचना-समाज

(Information Society)

सूचना के उत्पादन, विनिमय और उपभोग के इर्द-गिर्द संगठित समाज की इस धारणा का प्रतिपादन नब्बे के दशक में किया गया। सत्तर के दशक के मध्य में डेनियल बेल के उत्तर-औद्योगिक समाज संबंधी लेखन में सूचना-समाज की आहटें सुनी जा सकती थीं, पर नब्बे के दशक में इंटरनेट जैसी ग्लोबल इनफ़ॉर्मेशन प्रौद्योगिकियों के विस्फ़ोट के बाद ही यह विचार पूरी तरह विकसित हो पाया। सूचना और सूचना-समाज का रिश्ता कमोबेश वैसा ही है जैसा उद्योगों और औद्योगिक युग के बीच है। मशीनों, कारख़ानों और उजरती श्रम का अस्तित्व औद्योगिक युग से पहले भी था, लेकिन उन्नीसवीं सदी में उनकी केंद्रीयता कुछ इस तरह से बढ़ी कि लोगों की ज़िंदगी और उनके दृष्टिकोण में बुनियादी तब्दीली हो गयी। सूचना, जो हमेशा से मौजूद और अहम थी, एक निश्चित प्रौद्योगिकीय अवस्था के कारण पिछले तीन दशक के दौरान मानव-समाज की नियामक बन गयी है। इसके कारण सामाजिक संगठन का एक विशिष्ट रूप पैदा हो गया है जिसमें उत्पादकता और सत्ता का बुनियादी स्रोत सूचनाओं के उत्पादन, संसाधन और प्रसारण में निहित है। सूचना ने सबसे क़ीमती और ज़रूरी पण्य का रूप ग्रहण कर लिया है। इसका मतलब यह नहीं है कि कारख़ाना-उत्पादन और सेवा-आधारित अर्थव्यवस्था का महत्त्व ख़त्म हो गया है। अर्थव्यवस्था के ये क्षेत्र अपनी भूमिका निभा रहे हैं, लेकिन औद्योगिक समाज या उत्तर-औद्योगिक समाज की धारणाएँ अब परिवर्तन की मुख्य चालक-शक्ति नहीं रह गयी हैं।

कुछ विद्वानों का आग्रह है कि सूचना-समाज की परिघटना सूचना-आधारित बाज़ारों के चौतरफ़ा उदय की रोशनी में परिभाषित की जानी चाहिए। शारीरिक श्रम के बजाय सूचना आधारित पूँजी कहीं अधिक धन पैदा कर सकती है। सूचना-आधारित उत्पादों की संख्या बहुत तेज़ी से बढ़ी और बढ़ती ही जा रही है। 1945 में समूची धरती पर जितनी कम्प्यूटर-पॉवर मौजूद थी, उससे ज़्यादा ताक़त खोलते ही संगीत सुनाने वाले सिर्फ़ एक ग्रीटिंग कार्ड में मौजूद होती है। सुबह काग़ज़ पर छपा अख़बार खोलते ही हम पाठक के साथ-साथ श्रोता भी हो जाते हैं। हमारी निगाह न केवल विज्ञापनों में दर्ज सूचनाओं पर पड़ती है, बल्कि किसी-किसी विज्ञापन में लगे हुए एक छोटे से यंत्र से आती हुई आवाज़ भी उस उत्पाद का प्रचार करती हुई सुनायी देती है। किसी ज़माने में कार की ज़्यादातर क़ीमत उसमें लगे इस्पात के आधार पर तय होती थी, पर आज नयी टोयोटा कार का 70 फ़ीसदी से ज़्यादा मूल्य उसके इनफ़ॉर्मेटिक्स संबंधी घटक से निकाला जाता है। मार्केट-रिसर्च के आधार पर प्राप्त सूचनाओं के आधार पर उपभोक्ता के चरित्र और प्रवृत्तियों की शिनाख़्त की जाती है जिसका निर्णायक असर उत्पादन संबंधी फ़ैसलों पर पड़ता है। जैविक सूचनाओं की डिकोडिंग के माध्यम से विज्ञान की सम्भावनाओं में लगातार वृद्धि की जा रही है। इसके नतीजे ह्यूमन जिनोम प्रोजेक्ट में निकले हैं। क्लोनिंग और सूचना की प्रतिकृति बनाना एक-दूसरे के पर्याय ही हैं। सूचना प्रौद्योगिकियाँ बाज़ारों और संस्कृतियों की गतिशीलता और फैलाव का माध्यम बन गयी हैं।

राष्ट्र-राज्य भू-क्षेत्रों पर क़ब्ज़े और नियंत्रण के लिए आज भी संघर्ष करते हैं। कच्चे माल व सस्ते श्रम के संसाधनों के दोहन के लिए साम्राज्यवादी और नव-औपनिवेशिक अभियान आज भी चलाये जाते हैं। लेकिन सूचनाओं पर क़ाबिज़ होने के लिए किया जाने वाला संघर्ष आज कहीं ज़्यादा बड़ा हो चुका है। सूचना एक ऐसा प्रतिमान है जिसके माध्यम से सामाजिक विकास की नयी प्रवृत्तियों की व्याख्या की जा सकती है। सूचना-आधारित विकास-क्रम के कारण मीडिया, औषधि और निगरानी से संबंधित प्रौद्योगिकी से संबंधित नैतिक सरोकारों का जन्म हुआ है। सूचना के वितरण, उस पर अधिकार और लेखकत्व की परिभाषाओं से जुड़े प्रश्न लगातार विवादास्पद होते जा रहे हैं। ये नयी प्रवृत्तियाँ केवल सकारात्मक ही नहीं हैं। विचारकों के बीच सूचना के बोलबाले के कारण पैदा हुई दुश्चिंताओं पर भी चिंतन-मनन चल रहा है। सूचना-समाज में ज्ञान की संरचनाओं की स्थिति को लेकर भी समाजवैज्ञानिकों में काफ़ी चिंता देखी गयी है।

सूचना-समाज पर बहस का ध्रुवीकरण हो गया है। एक पक्ष की मान्यता है कि समाज के इस रूप ने उन्हें

आज़ादी के नये आयामों से परिचित कराया है। ऐसे समाज में लोग अधिक सूचना-सम्पन्न होने के नाते बेहतर आत्माभिव्यक्ति के योग्य होंगे। नयी प्रौद्योगिकियों के माध्यम से उन्हें राजनीतिक और सांस्कृतिक दायरों में बेहतर सहभागिता का मौक़ा मिल पायेगा। यह पक्ष प्रौद्योगिकी के प्रभुत्व में किसी क़िस्म का जोखिम नहीं देखता। इसके विपरीत दूसरा पक्ष सूचना-बाहुल्य और सूचना-प्रधानता के कारण कई तरह की दुश्चिंताओं की तरफ़ इशारा कर रहा है। सत्ता संरचनाएँ सूचना-प्रौद्योगिकियों का सहारा ले कर व्यक्ति और समाज की गतिविधियों की अधिक निगरानी कर रही हैं जिससे निजता और प्राइवेसी अंत के क़रीब पहुँच गयी है। नयी टेक्नॉलॅजी के ज़रिये लगातार नज़र रखना और रिकॉर्ड करना सम्भव हो गया है। इसके अलावा अगर हमारी ख़रीद-फ़रोख़्त और घूमने-फिरने से संबंधित जानकारियाँ भी जमा की जा रही हैं, तो उनके आधार पर भी हमें एक पूर्व-निर्धारित क़िस्म के आचरण की तरफ़ जाने-अनजाने धकेला जा सकता है। यह पक्ष मानता है कि सूचना-समाज स्वतंत्र नहीं है। उसने तरह-तरह के विकेंद्रीकृत नेटवर्कों के माध्यम से नियंत्रण किया जा रहा है। पहले बेंथम ने और फ़ूको ने जिस पनोप्टीकॉन के विचार का प्रतिपादन किया है, वह सूचना-समाज की परिस्थितियों पर पूरी तरह से लागू होता है।

सूचना-समाज के सबसे चर्चित सिद्धांतकार मैनुएल कैसेल्स हैं जिनकी रचना द *इनफ़ॉर्मेशन एज : इकॉनॉमी, सोसाइटी ऐंड कल्चर* ने इस प्रत्यय को प्रचलित किया है। कैसेल्स के विमर्श से इस प्रश्न का संतोषजनक उत्तर नहीं मिलता कि सूचना-समाज में ज्ञान की संरचनाओं की क्या स्थिति होगी। उन्होंने सूचना और ज्ञान को जिस चिंतन (डेनियल बेल : द *कमिंग ऑफ़ पोस्ट-इंडस्ट्रियल सोसाइटी,* फ़्रिट्ज़ मैकलुप : द *प्रोडक्शन ऐंड डिस्ट्रीब्यूशन ऑफ़ नॉलेज इन द यूनाइटिड स्टेट्स,* मार्क पोराट : द *इनफ़ॉर्मेशन इकॉनॉमी*) के आधार पर परिभाषित किया है वह 1962 से 1977 के बीच प्रकाश में आया था। मार्शल मैकलुहन का मीडिया से संबंधित सिद्धांत भी साठ के दशक में प्रकाशित हुआ था। इस शास्त्र द्वारा दी गयी परिभाषाओं के मुताबिक़ सूचना (सुव्यवस्थित तथ्य और सामग्री) के आधार पर ज्ञान की रचना होती है, और सूचना को उसे उत्पादित और प्रसारित करने वाली प्रौद्योगिकी से काट कर नहीं समझा जा सकता। नतीजतन प्रौद्योगिकीय स्थिति ज्ञान की संरचना को गहराई से प्रभावित करती है। अगर यह विमर्श सही है तो फिर सवाल उठता है कि सूचना-प्रौद्योगिकी में होने वाले किसी अचानक परिवर्तन से सूचना-समाज में ज्ञान भी बदल जाएगा?

ज्याँ-फ्रास्वाँ ल्योतर ने भी 1979 में प्रकाशित अपनी रचना *पोस्टमॉडर्न कण्डीशन* में यह चौंका देने वाला अवलोकन किया था कि कम्प्यूटरीकृत पूँजीवाद के ज़माने में ज्ञान परिवर्तित हुए बिना नहीं रह सकता। ल्योतर ने उसी समय देख लिया था कि ज्ञान 'सूचनात्मक पण्य' बनता जा रहा है। डिजिटलाइज़ेशन ने ज्ञान को सूचना के टुकड़ों में बदल दिया है और उन बिट्स को मशीनों पर संसाधित करके तेज़ रफ़्तार से प्रसारित किया जा सकता है। इस तरह ल्योतर की निगाह में सूचना ज्ञान का वह रूप बन जाती है जिसे चैनल के मार्फ़त प्रसारित करने के लिए डिज़ाइन किया गया है ताकि वह कारगर या ऑपरेशनल हो सके। इस लिहाज़ से ज्ञान का यह रूप चिंतनपरक न हो कर प्रदर्शनपरक और परिणामात्मक है। मैकलुहन इसी बात को इस तरह कहते हैं कि सूचना एक ग़ैर-विमर्शी कोड या डाटा है जिसे टीवी के छोटे-छोटे साउंड बाइट्स की तरह उत्पादित किया जाता है और मनुष्य जिसका मशीनों की तरह उपभोग करते चले जाते हैं।

सूचना-समाज में ज्ञान की ऐसी चिंताजनक स्थिति पर विचार करते हुए स्कॉट लैश ने अपनी रचना *क्रिटीक ऑफ़ इनफ़ॉर्मेशन* में आख्यान आधारित ज्ञान और प्रौद्योगिकीय सूचना आधारित ज्ञान में फ़र्क़ किया है। लैश के अनुसार आख्यान आधारित ज्ञान धीरज के साथ चिंतन और मनन की माँग करता है, जबकि ज्ञान का यह नया रूप जितनी तेज़ी से प्रकट होता है उतनी ही तेज़ी से लुप्त भी हो जाता है। इस लिहाज़ से लैश सूचना को प्रतिनिधित्वमूलक मानने के बजाय प्रस्तुतिमूलक मानते हैं। सूचना एक 'अनगढ़ तथ्यात्मकता' का नाम है। उसकी यह प्रकृति समाज और संस्कृति के सिद्धांतकारों के लिए कठिनाई पेश करती है। उनके पास सूचना-समाज के दायरों से बाहर रह कर उनकी आलोचना विकसित करने का कोई मौक़ा ही नहीं है। इसीलिए उन्हें पहले संस्कृति और समाज को परिभाषित करने वाली बुनियादी धारणाओं पर पुनर्विचार करना होगा। ये धारणाएँ आख्यानात्मक ज्ञान की उपज होने के कारण सूचना-समाज के भीतर कारगर साबित नहीं होतीं।

**देखें :** अभिलेखागार, आख्यान, इंटरएक्टिविटी-प्रौद्योगिकीय विमर्श, इंटरएक्टिविटी-सामाजिक विमर्श, इंटरफ़ेस, एक्टर-नेटवर्क थियरी, डिजिटल डिवायड, दिन-प्रति दिन के अभिलेखागार, नया मीडिया, नेटवर्क, नेटवर्क सोसाइटी, प्रेस की स्वतंत्रता, प्रोपेगंडा, बाज़ारू संस्कृति, भारत में संचार-क्रांति, भारतीय मीडिया-1, 2 और 3, भारतीय मीडिया स्फ़ेयर, मास मीडिया, मीडिया और राज्य, मीडिया और राजनीति, मीडिया और भारतीय राजनीति, मीडिया-पक्षपात, मीडिया-अध्ययन, संचार, संचार-क्रांति, स्मृति और अभिलेखागार, सोशल नेटवर्क विश्लेषण, सूचना, सेंसरशिप, वैकल्पिक मीडिया।

## संदर्भ

1. मैनुएल कैसेल्स (1996), द *राइज़ ऑफ़ द नेटवर्क सोसाइटी,* द *इनफ़ॉर्मेशन एज : इकॉनॉमी, सोसाइटी ऐंड कल्चर,* ब्लैकवेल, ऑक्सफ़र्ड, खण्ड 1.

2. ज्याँ-फ्रांस्वा ल्योतर (1984), *द पोस्टमॉडर्न कण्डीशन : अ रिपोर्ट ऑन नॉलेज,* मैंचेस्टर युनिवर्सिटी प्रेस, मैनचेस्टर.
3. मार्क पोराट (1977), *द इनफ़ॉर्मेशन इकॉनॉमी : डेफ़िनिशन ऐंड मेज़रमेंट,* यूएस डिपार्टमेंट ऑफ़ कॉमर्स, वाशिंगटन डीसी.
4. स्कॉट लैश (2002), *क्रिटीक ऑफ़ इनफ़ॉर्मेशन,* सेज, लंदन.

**— अभय कुमार दुबे**

# सूफ़ीयत और प्रेमाख्यान

(Sufi Thought and *Premakhyan*)

भारतीय मध्ययुग में एक ओर तो निर्गुणीय संत कवि एकेश्वरवाद का प्रचार करते हुए हिंद-इसलाम के बीच सामंजस्य की प्रतिष्ठा कर रहे थे, दूसरी ओर मुसलमान सूफ़ी संत सांस्कृतिक एकता लाने के लिए प्रयत्नशील थे। निर्गुणीय संतों की खण्डन-मण्डन प्रकृति और ज्ञान-धारा सामान्य जनता के हृदय में स्थान बनाने में कम सक्षम थी। किंतु सूफ़ी संत कवियों को प्रेममयी मधुरवाणी द्वारा जनता के हृदय को लुभाने में पर्याप्त सफलता मिली। इन सूफ़ी संतों ने अपनी प्रेम-गाथाओं द्वारा प्रेम की गंगा को निर्बाध प्रवाहित किया। प्राय: सूफ़ी शब्द का व्यवहार इसलाम धर्म के रहस्यवादियों के लिए किया जाता है। भारत की धरती पर सूफ़ियों के क़दम ग्यारहवीं सदी में पड़े। ख़्वाजा मुईनुद्दीन चिश्ती (1190) से उनका क्रमबद्ध इतिहास मिलता है। सूफ़ी पवित्र, सदाचारी और सादा जीवन व्यतीत करने वाले सदाचारी साधक होते हैं। सूफ़ियों के चिश्तिया, सुहरावर्दिया, क़ादरिया, नक़्शबंदिया, मेहदरी और सत्तारी सिलसिले मशहूर हैं। ध्यान रहे कि इस सूफ़ी प्रेम गाथा परम्परा के सभी कवि मुसलमान थे और उन पर फ़ारसी साहित्य का गहरा प्रभाव था। लेकिन उन्होंने नव-अफ़लातूनी प्रभाव के साथ भारतीय वेदांत की सहायता से अपने सिद्धांतों का निर्माण किया।

सूफ़ी शब्द की अलग-अलग परिभाषाएँ एवं व्याख्याएँ हैं। सूफ़ी तथा तसव्वुफ़ (सूफ़ी विचारधारा) को लेकर शेख़ फ़रीदुद्दीन सत्तार (1230) ने सूफ़ी संतों के बारे में अपनी पुस्तक *तज़्किरातुल औलिया* में सत्तर परिभाषाएँ दी हैं। यह भी सच है कि सूफ़ी मत इसलाम के अंतर्गत ऐसा संगठित सम्प्रदाय नहीं था कि उसके मतों-सिद्धांतों को एक प्रणाली के रूप में पेश किया जा सके। सूफ़ी शब्द को 'सफ़ा' 'अहअल सुफ़्फ़ाह', 'सफ़', 'सुफ़ाह', 'बनसूफ़ा', 'सूफ़वतुलकजा', 'सोफ़िया' और 'सूफ़ानी' से जोड़ा गया। शेख़ हुज्वेरी का मानना है कि 'सफ़ा' अर्थात् पवित्रता शब्द से सूफ़ी की व्युत्पत्ति हुई है। कुछ विद्वान कहते हैं 'पैग़म्बर मोहम्मद साहब के समय मदीने की मसज़िद नवबी के सामने सुफ़्फ़ा (चबूतरा) पर आसन लगाने वाले भक्त साधक 'सुफ़्फ़ाह' कहलाये। कुछ विद्वानों ने 'सफ़्फ़ा' शब्द से प्रार्थना में निरत ईमान में आस्था रखने वालों को सफ़्फ़ या सूफ़ी कहा है। एक विवरण यह भी है कि 'सफ़' के एक अर्थ 'क़यामत' (अंतिम निर्णय) से जुड़े साधक सूफ़ी कहलाये। 'ग़िया मुललग़ाती' के अनुसार अरबों की एक जाति मक्का के देवालय की सेवा में सांसारिकता से दूर थी। रामपूजन तिवारी ने 'बनसूफ़ा' नामक एक यायावर जाति से 'सूफ़ी' की व्युत्पत्ति मानी है।

कुछ विद्वानों ने 'सोफ़िस्ता' से सूफ़ी और कुछ ने ग्रीक भाषा के शब्द 'सोफ़िया' (ज्ञान) से सूफ़ी शब्द का संबंध माना है। अरबी शब्द 'सूफ़' का अर्थ है ऊन (मोटे वस्त्र) जिसे पहनने वाला साधक 'सूफ़ी' कहलाया। ज़्यादातर विद्वान 'सूफ़' शब्द से सूफ़ी की व्युत्पत्ति स्वीकार करते हैं। 'तसव्वुफ़' शब्द के अर्थ पर बहुत विवाद है। ज़्यादातर विद्वान मानते हैं कि इसका मतलब है परमात्मा के प्रति प्रेम की अनुभूति करने वाला। अल ग़ज़ाली उसे सूफ़ी मानते हैं जो ईश्वरानुभूति में तन्मय जीवन व्यतीत करता है, इसलिए सूफ़ी का अंतिम लक्ष्य है 'मारफ़त'। निकल्सन की रचना *द आइडिया ऑफ़ पर्सनैल्टी इन सूफ़ीइज़्म* में सूफ़ीमत के विकास में नव-अफ़लातूनी ईसाई धर्म तथा बौद्ध धर्म का हाथ माना गया है। सूफ़ियों का चरम लक्ष्य है 'फ़ना' से 'बक़ा' अर्थात् एकत्व प्राप्त करना है।

सूफ़ीमत में संत भक्त सूफ़ी कवियों ने अंधानुकरण करने के बजाय क़ुरान का भाष्य अपने ढंग से किया। यह सच है कि इसलाम की तरह सूफ़ीयत भी एकेश्वरवाद का समर्थन करती है, किंतु सूफ़ियों का एकेश्वरवाद क़ुरान में प्रतिपादित एकेश्वरवाद से भिन्न है। इसलाम के अनुयायी परमात्मा की सृष्टि में सभी पदार्थों को शामिल मानते हैं, जबकि सूफ़ी सृष्टि में व्याप्त परमात्मा की सत्ता कण-कण में स्वीकार करते हैं। उनकी मान्यता है कि नाम और रूप अलग होने पर भी आत्म-सत्ता नित्य है। परमात्मा सत्य भी है और सौंदर्य भी। परमात्मा निर्गुण-निराकार होते हुए भी प्रेमरूप है। सच्चा सालिक (साधक) ही उसका साक्षात्कार कर सकता है। प्रेम रूप परमात्मा का ज्ञान प्रेम-पंथ अपनाकर ही हो सकता है। परमात्मा का नाम 'हक़' है, वही साधक की साधना का इष्ट है। सूफ़ी मानते हैं कि यह जीवन एक यात्रा है— इस यात्रा की अनेक मंज़िलें हैं— जिन्हें पार करने पर ही साधक ईश्वर तक पहुँच सकता है। सूफ़ी मार्ग की चार मंजिलें हैं— नासूत-अर्थात् साधक की प्रकृत-अवस्था, मलकूत अर्थात् नैतिकता से ऊपर उठ कर पवित्र जीवन अपना कर, मारिफ़त-अर्थात् परमात्मा से मिलने की साधक की क्षमता और

हक़ीक़त अर्थात् परम सत्य का साक्षात्कार। इस अवस्था में 'सालिक' को 'लाहूता' की अवस्था प्राप्त होती है। चरम लक्ष्य प्राप्त करने वाले सालिक (साधक) को 'अनलहक़' की अनुभूति होने लगती है।

सूफ़ीयत में सर्वाधिक महत्त्व 'इश्क़' या प्रेम को प्राप्त है। उनके मत से इश्क़ मज़ाज़ी ही इश्क़ हक़ीक़ी को पाने का सोपान है। सालिक को सारा संसार इश्क़मय दिखाई देता है— इश्क़ का भाव अपनी तन्मयता से साधक में विरह की अग्नि सुलगा देता है, प्रेम में 'लौ' लग जाती है तो साधक स्त्री रूप में अपने को मानकर पुरुष— परमात्मा से राग, रागात्मक संबंध जोड़ता है। वह परमात्मा से अलौकिक संबंध जोड़कर उसके सौंदर्य पर न्योछावर हो जाता है। आत्मा-परमात्मा के बीच मिलन में बाधा शैतान है— वह साधक को साधना पथ से विचलित करने के लिए अलग-अलग प्रेम-परीक्षाएँ लेता है। अंतिम विश्लेषण में शैतान भी अल्लाह से प्रेम करता है, घृणा नहीं। शंकर के अद्वैत-दर्शन में माया का वही स्थान है जो सूफ़ीमत में शैतान का। इस शैतान से बचाव के लिए सूफ़ीमत में पीर (गुरु) की आवश्यकता होती है।

कुछ विद्वानों का मत है कि सूफ़ियों का आत्मा-परमात्मा का सिद्धान्त-निरूपण इसलाम की अपेक्षा भारतीय वेदांत के अधिक निकट है। क़ुरान में ब्रह्म की वैसी विस्तृत व्याख्या नहीं है जैसी भारतीय उपनिषद्, वेदांत-चिंतन में की गयी है। अल्लाह सर्वोपरि है और मुहम्मद साहब उसके रसूल। ब्रह्म और जीव भिन्न दिखाई देने पर भी अभिन्न हैं। जीव को 'अहं' ब्रह्म से दूर करता है— लेकिन ज्ञान हो जाने पर 'मैं ही ब्रह्म हूँ' की अनुभूति पैदा हो जाती है। सृष्टि विकास से संबंधित सूफ़ियों की अवधारणा वेदांतियों के प्रतिबिम्बवाद के निकट है। इसलाम की सृष्टि-विकास को लेकर धारणा है कि अल्लाह के 'कुन' मात्र कहने से सृष्टि की उत्पत्ति हुई। किंतु सूफ़ियों में इस विषय को लेकर कई तरह के मत हैं। सूफ़ियों के अनुसार यह समस्त दृश्यमान जगत उसी अल्लाह की झलक है। अल्लाह से तादात्म्य स्थापित करना ही साधक की साधना का उद्देश्य है।

हिंदी में सूफ़ी संत कवियों ने प्रेम-गाथाओं में वर्णित लौकिक प्रेम का आश्रय लेकर अलौकिक प्रेम-व्यंजना के लिए काव्य सृजन किया। उदार-हृदय सूफ़ी कवियों ने हिंदुओं में प्रचलित प्रेम-गाथाओं को लेकर उन्हीं की भाषा में प्रेमाख्यानक काव्य रचे और हिंदुओं के हृदय को स्पर्श किया। सूफ़ी काव्य परम्परा का प्राचीनतम काव्य मुल्ला दाऊद का *चंदायन* है। इस सूफ़ी काव्य-परम्परा की प्रतिनिधि रचना *पद्मावत* है, जिसका सृजन मलिक मुहम्मद जायसी ने किया है। इसकी रचना शेरशाह सूरी के शासन काल में हुई। मलिक मुहम्मद जायसी ने *पद्मावत* में अपने पहले की छह प्रेमगाथाओं का उल्लेख किया है : स्वप्नावती, मुग्धावती, मृगावती, खण्डरावती, मधुमालती और प्रेमावती। इनमें से *मृगावती* और *मधुमालती* तो आज उपलब्ध हैं— पर शेष रचनाओं का आज ठीक से अता-पता नहीं है। चन्द्रगिरी के राजा गणमति देव के पुत्र तथा कंचननगर की राजकुमारी मृगावती की प्रेमकथा *मृगावती* काव्य में है। मंझन कृत *मधुमालती* में कलेसर के राजकुमार मनोहर और महारस नगर की राजकुमारी मधुमालती के प्रेम का काव्यात्मक विदग्धता से भरा वर्णन है।

हिंदी की सूफ़ी काव्य परम्परा की सर्वोतम सर्जनात्मक उपलब्धि जायसीकृत *पद्मावत* ही है। आचार्य रामचंद्र शुक्ल ने *जायसी ग्रंथावली* की भूमिका में पहली बार जायसी के महत्त्व का प्रतिपादन किया। आचार्य शुक्ल से पूर्व जायसी पर सतही चर्चा होती थी। लेकिन आचार्य शुक्ल ने जायसी के एक पूरे पाठ से ही हिंदी आलोचना को समृद्ध किया। आचार्य शुक्ल के बाद सूफ़ी काव्य परम्परा पर विचार करने वाले विद्वान जायसी के *पद्मावत* को सूफ़ी सिद्धांतों की विशिष्ट कृति मानने लगे। डॉ. माता प्रसाद गुप्त, डॉ. वासुदेवशरण अग्रवाल जैसे विद्वानों ने *पद्मावत* का नया भाष्य किया। जायसी संबंधी इस विद्वत्ता की परम्परा में नया मोड़ तब आया जब मार्च, 1982 में हिंदुस्तानी अकादमी, प्रयाग में नयी कविता के कवि-आलोचक एवं सिद्धांतकार विजयदेव नारायण साही के तीन व्याख्यान हुए। साही बहुत वर्षों तक जायसीमय रहे। नतीजा यह हुआ कि *जायसी* शीर्षक से प्रकाशित उनकी कृति में प्रखर बौद्धिकता और संवेदनात्मक गहराई से सम्पन्न अध्ययन-अनुसंधान नयी स्थापनाओं के साथ सामने आया। यह लघु समीक्षा पुस्तक जायसी के नये भाष्य के कारण सृजनात्मक समीक्षा का प्रेरक प्रतिमान बन गयी। अपने जायसी विमर्श में साही ने आचार्य शुक्ल की बहुत सी स्थापनाओं की अस्वीकार करते हुए नयी स्थापनाएँ कीं।

साही ने प्रमाण देते हुए यह सिद्ध किया कि *पद्मावत* सूफ़ी ग्रंथ नहीं है— भले ही उसमें सूफ़ीमत के कुछ अंश हों। इसी आधार पर वे जायसी को 'सूफ़ी' नहीं, 'कवि' मानते हैं। इस मान्यता के अनुसार *पद्मावत* की कथा ऐतिहासिक कथा न हो कर कवि जायसी की मौलिक उद्‌भावना है। *पद्मावत* के कथानक में 'अलोक' तथा 'इतिहास-लोक' का पूरक द्वंद्व है। यह द्वंद्व इस कृति को निरंतर बेधता रहता है और एक अद्‌भुत ढंग की त्रासदी का जन्म होता है। साही ने स्वयं माना है कि जायसी अध्यात्मवादियों के बीच भौतिकवादी हैं और भौतिकवादियों के बीच अध्यात्मवादी। विशिष्ट बात यह है कि जायसी में पहली बार अवधी भाषा सहज काव्यात्मक प्रवाह में बहने लगती है। हिंदी का अवधी रूप काव्यमय हो उठता है। इस तथ्य के आधार पर कहा जा सकता है कि जायसी हिंदी के

पहले महत्त्वपूर्ण कवि हैं। जायसी कहते हैं— 'मुहम्मद कवि जो प्रेम का' या 'हौं सब कविन्ह केर पिछलगा' या 'एक नैत कवि मुहम्मद गुनी' आदि। कबीर में कवि के प्रयास-चिह्न हैं जबकि जायसी में प्रयास कहीं दिखलायी नहीं देता। जायसी पहुँचे हुए सिद्ध थे। उनके आशीर्वाद से संतानें पैदा होती थीं। फिर जायसी किसी सूफ़ी सम्प्रदाय से प्रतिबद्ध नहीं थे।

तसव्वुफ़ या सूफ़ी सम्प्रदाय के चौखटे में जायसी को घेरने की शुरुआत डॉ. ग्रियर्सन ने की। ग्रियर्सन ने जायसी को मुसलमान एसेटिक अर्थात् मुसलमान संन्यासी कहा है। जायसी देखा-समझा जाए तो सूफ़ी नहीं हैं— अगर हैं तो 'कुजात सूफ़ी' हैं। जायसी की चिंता का विषय ईश्वर या तसव्वुफ़ नहीं है— मनुष्य है। उनका कवि-लोक यूटोपिया से निर्मित है। उसमें वेदांत और हठयोग है, सिद्धों-नाथों के चिंतन की धमक है। इतिहासकारों ने पद्मावती और अलाउद्दीन खिलजी की कथा जायसी से ली है। इस तरह उन्होंने इस त्रासदी-काव्य में इतिहास-लोक निर्मित किया है जिसमें यूनानी ट्रेजेडी नहीं, विषाद योग है और बैकुंठी प्रेम की जयकार है।

सूफ़ियों ने इश्क़ मजाज़ी और इश्क़ हक़ीक़ी के माध्यम से भारतीय समाज-संस्कृति में मानवतावादी रंग प्रगाढ़ किया। आपसी फूट, बैर एवं विद्वेष से तबाह होते मध्यकालीन समाज को प्रेम का पाठ पढ़ाया। टूटे हुए हिंदू-मुसलमान हृदयों को जोड़ने का बड़ा भारी काम किया। उदार दृष्टि से प्रेम की महिमा को सूफ़ी फ़क़ीरों-दरवेशों-पीरों-संतों ने परम पुरुषार्थ घोषित किया। नतीजा यह हुआ कि भक्तिकाल की निर्गुण-सगुण, विशेषकर कृष्ण भक्ति धारा पर इन सूफ़ियों का बहुत गहरा असर पड़ा। सूरदास, अष्टछाप, मीरां, रसखान की कविता में यह सूफ़ी प्रभाव भिंदा हुआ है। रीतिकाल कवियों में रीतिमुक्तधारा के कवि घनानन्द-बोधा-आलम-ठाकुर आदि सभी पर यह सूफ़ी रंग चढ़ा हुआ है। आधुनिक काल में भारतेंदु से लेकर पण्डित जगन्नाथ रत्नाकर तक यह सूफ़ी प्रेम मद छलकता है। सूफ़ियों ने भारत आकर भारतीयता को खुले हृदय से अपनाया, इसीलिए यह खुलापन भारतीय हृदयों की मुक्ति के द्वार खोल सका।

**देखें :** अष्टछाप, 'अंग्रेज़ी हटाओ' आंदोलन, गजानन माधव मुक्तिबोध-1 और 2, छायावाद, डायग्लॉसिया, नंद दुलारे वाजपेयी, नगेंद्र और सैद्धांतिक समीक्षा, नयी कविता, नामवर सिंह, पाश्चात्य काव्यशास्त्र, प्रेमचंद, प्रयोगवाद, प्रगतिवाद, भक्ति आंदोलन-1 और 2, भक्ति-काव्य-1 और 2, भारतेंदु हरिश्चंद्र, भारतेंदु युग-1 और 2, भाषा नियोजन-1 से 4 तक, भाषा के मार्क्सवादी सिद्धांत, महादेवी वर्मा, महावीर प्रसाद द्विवेदी, मीरांबाई और प्रेमाभक्ति, राहुल सांकृत्यायन, रामानुजाचार्य, रामानंद, रामचंद्र शुक्ल-1 और 2, रामविलास शर्मा, राष्ट्रीय-सांस्कृतिक कविता, रीतिकाल-1 और 2, विजय देव नारायण साही, वैष्णव धर्म, श्याम सुंदर दास, सम्पर्क भाषा-1 से 4 तक, सगुण और निर्गुण-1 और 2, संस्कृत काव्यशास्त्र, संविधान सभा में भाषा-विवाद-1, 2 और 3, संत-काव्य, सिद्ध-नाथ परम्परा, हजारी प्रसाद द्विवेदी, हिंदी विरोधी आंदोलन, हिंदी जाति-1 से 3 तक, हिंदी साहित्य का आदिकाल, हिंदी साहित्य का इतिहास, हिंदी साहित्य का इतिहास : नये परिप्रेक्ष्य, हिंदी-पद्य में इतिहास, हिंदी-जगत और 'लोकप्रिय'-1 और 2, हिंदी नवजागरण, हिंदी-संस्थाएँ।

## संदर्भ

1. धीरेंद्र वर्मा (1960), 'जायसी : तिथिक्रम और गुरु परम्परा', *हिंदी अनुशीलन* (धीरेंद्र वर्मा विशेषांक), भारतीय हिंदी परिषद्
2. विजयदेव नारायण साही (1983), *जायसी,* हिंदुस्तानी एकेडमी, इलाहाबाद.
3. रामचंद्र शुक्ल (1940), *हिंदी साहित्य का इतिहास,* नागरी प्रचारणी सभा, काशी.
4. धीरेंद्र वर्मा (सम्पा.), *हिंदी साहित्य- खण्ड दो,* हिंदी परिषद्, प्रयाग.
5. रामस्वरूप चतुर्वेदी (1986), *हिंदी साहित्य और संवेदना का विकास,* लोकभारती प्रकाशन, इलाहाबाद.

**— कृष्णदत्त पालीवाल**

# सेक्शुअलिटी

(Sexuality)

सेक्शुअलिटी यौनिकता का समानार्थक नहीं है। सेक्शुअलिटी के समाज-वैज्ञानिक तात्पर्य का पूर्ण समाहार न लैंगिकता में होता है, न ही कामुकता में। समाज-विज्ञान में आम तौर पर सेक्शुअलिटी को दो तरीक़ों से समझा गया है। पहला मॉडल है तात्त्विकतावादी, यानी मनुष्य के जैविक तत्त्व के आधार पर सेक्शुअलिटी की व्याख्या। यह रवैया सेक्शुअलिटी के तात्पर्यों को मानवीय कामना और यौनिक आनंद तक सीमित कर देता है। दूसरा मॉडल है सामाजिक संरचनावादी यानी व्यक्ति और समाज के आपसी संबंधों के ऐतिहासिक, राजनीतिक और सामाजिक पहलुओं के आईने में यौनिक कामनाओं, आचरणों, मनोविश्लेषण और अस्मिताओं की निर्मितियों का संधान। यह रवैया न केवल समाजशास्त्रीय है, बल्कि विभिन्न समाजों की सांस्कृतिक विशिष्टताओं का ध्यान भी रखता है। मैरी ई. जॉन और जानकी नायर के मुताबिक़ बीसवीं सदी में एक विषय के रूप में सेक्शुअलिटी के विकास के पाँच प्रमुख आयाम हैं।

पहला, ज़िग्मण्ड फ्रॉयड की रचनाएँ, साठ के दशक में स्त्री-आंदोलन की रैडिकल 'सेक्शुअल राजनीति', ज़ाक लकाँ और 'फ्रांसीसी' नारीवादी सिद्धांतशास्त्र, मिशेल फ़ूको द्वारा रचित सेक्शुअलिटी का तीन खण्डीय इतिहास और हाल ही में निकाला गया सेक्शुअलिटी का नया मतलब यानी उसे सेक्शुअल चुनाव के रूप में देखना। समाज-विज्ञान आज जैविकी का महत्त्व स्वीकारते हुए सेक्शुअलिटी की सामाजिक रूप से अवस्थित और बेहद परिष्कृत व्याख्याएँ पेश कर रहा है। आज के विमर्श के केंद्र में सेक्शुअलिटी का समाजशास्त्र है। सेक्शुअलिटी की नारीवादी समझ अलग है। इसी तरह पुरुषत्व और सेक्सुअलिटी के संबंधों की व्याख्या का भिन्न दायरा है। क्वियर थियरी भी सेक्शुअलिटी अध्ययन की देन है। इन सभी पहलुओं को जेंडर, नस्ल, जातीयता, वर्ग, आयु और राष्ट्रीयता के रंग विशिष्टता प्रदान करते हैं।

उन्नीसवीं सदी के सेक्शुअलिटी-विमर्श के एक सिरे पर समलैंगिकता (होमोसेक्शुअलिटी) थी और दूसरे सिरे पर इतरलैंगिकता (हेटरोसेक्शुअलिटी)। सेक्शुअलिटी की परिभाषा इस द्विभाजन पर ही टिकी थी। बीसवीं सदी के पहले दशक में ज़िग्मण्ड फ्रॉयड ने मनुष्य के सेक्शुअल विकास का मनौवैश्लेषिक मॉडल पेश करके इस निर्मिति द्वारा की जाने वाली सार्वभौमिकता और स्वाभाविकता की दावेदारियाँ गड़बड़ा दीं। उन्होंने अपनी रचना *थ्री एसेज़ ऑन द थियरी ऑफ़ सेक्शुअलिटी* में बच्चों की सेक्शुअलिटी पर विचार करते हुए स्त्रीत्व और स्त्री की सेक्शुअलिटी का संधान किया। इस मॉडल ने बताया कि व्यक्ति बाइसेक्शुअलिटी के साथ पैदा होता है जिसका विकास धीरे-धीरे सामाजिक परिस्थितियों के तहत एक स्थिर हेटरोसेक्शुअल अस्मिता में होता चला जाता है। विकास की इस प्रक्रिया में होमोसेक्शुअलिटी एक अस्थाई लेकिन 'बचकाने' चरण के रूप में सामने आती है। हालाँकि फ्रॉयड का मॉडल क्रमिक रैखिकता से ग्रस्त था, पर उसकी ख़ास बात यह थी कि उसने होमोसेक्शुअलिटी को परवर्जन या यौन-विकृति मानने से इनकार कर दिया। साथ ही उसने मनुष्य की प्रकृति को मूलत: बाइसेक्शुअल दिखाया जिससे इनसान के नैसर्गिक रूप से हेटरोसेक्शुअल होने की मान्यता पर सवालिया निशान लग गया। फ्रॉयड के सेक्शुअलिटी विमर्श के दो तरह के परिणाम निकले। एक तरफ़ उनके कारण सेक्शुअलिटी-विमर्श में नयी ज़मीन टूटने की सम्भावनाएँ पैदा हुईं, और दूसरी तरफ़ फ्रॉयड के विचारों ने उस बौद्धिक संरचना को भी पुष्ट किया जो हेटरो/हेमो के द्विभाजन की निरंतरता के लिए ज़िम्मेदार थी।

चालीस और पचास के दशकों में अल्फ्रेड किंसी और उनकी टीम ने दो विशाल अध्ययन किये जिनके ज़रिये पहले पुरुष और फिर स्त्री के सेक्शुअल व्यवहार का समाजशास्त्र सामने आया। किंसी ने कई तरह के सेक्शुअल व्यवहार रेखांकित किये। उन्होंने नतीजा निकाला कि अगर एक सिरे पर पूरी तरह हेटरोसेक्शुअल व्यवहार है और दूसरे सिरे पर होमोसेक्शुअल व्यवहार, तो उनके बीच में दोनों जेंडरों के प्रति आकर्षण की नुमाइंदगी करने वाली सेक्शुअलिटीज़ भी हैं। किंसी ने यह भी कहा कि मनुष्य जीवन-भर इन सेक्शुअल श्रेणियों के बीच इधर-उधर होता रहता है। ज़ाहिर है कि किंसी स्थिर सेक्शुअल अस्मिता को वैध नहीं मानते थे। एक पृथक समलैंगिक अस्मिता की निर्मिति उनकी निगाह में समाज द्वारा होमोसेक्शुअलिटी को ख़ारिज करने की प्रतिक्रिया का परिणाम थी। हालाँकि किंसी स्वयं एक जीवविज्ञानी थे, पर उनके अनुसंधान से सेक्शुअलिटी संबंधी समाजशास्त्रीय चिंतन को ख़ासा उछाल मिला। विद्वानों ने निष्कर्ष निकाला कि सेक्शुअलिटी के मामले में पथभ्रष्ट आचरण जैसी कोई चीज़ नहीं होती। हर तरह का सेक्शुअल व्यवहार एक सामाजिक गढ़ंत है। समलैंगिकों को पथभ्रष्ट या डेविएंट कहना भी उनके प्रति शत्रुता रखने वाले सामाजिक रवैये का परिणाम है। सेक्शुअल व्यवहार की एक श्रेणी के रूप में समलैंगिकता से जुड़ी अस्मिता, संस्कृति और सामुदायिकता का व्यापक और गहरा अध्ययन किया गया। इससे यह बात भी सामने आयी कि किसी व्यक्ति को निजी स्तर पर समलैंगिक श्रेणी में डालने से होता यह है कि फिर उसके बाद उसके समलैंगिक आचरण की निगरानी आसान हो जाती है। सामाजिक नियंत्रण का यह तरीक़ा दूसरे व्यक्तियों को समलैंगिक श्रेणी में आने से हतोत्साहित करता है। यह लेबिलिंग उसे अलग-थलग डाल कर एक होमोसेक्शुअल उप-संस्कृति के निर्माण की तरफ़ धकेलती है।

अस्सी के दशक की शुरुआत में मिशेल फ़ूको ने पश्चिमी समाजों में सेक्शुअलिटी का इतिहास तीन खण्डों में पेश किया। उन्होंने मानने से इनकार कर दिया कि होमो/हेटरो द्विभाजन कोई स्थिर और इतिहास से परे जाने वाली परिघटना है। फ़ूको ने बताया कि 1869 से पहले होमोसेक्शुअलिटी और हेटरोसेक्शुअलिटी जैसे पद ही नहीं थे। इस द्विभाजन से पहले अट्ठारहवीं सदी में सेक्शुअलिटी को एक जैविकी आधारित सहज-वृत्ति मानने का आग्रह था। इसी के परिणामस्वरूप सेक्शुअलिटी को व्यक्ति के स्वास्थ्य, उसकी रुग्णता और अस्मिता की कुंजी समझा जाने लगा। इसी तर्ज़ पर उन्नीसवीं सदी में सेक्सोलॉजी का विकास हुआ। जनसंख्या नियंत्रण की विधियाँ निकलीं। सांख्यिकी और जनसांख्यकी के अनुशासन विकसित हुए। सेक्सोलॉजी ने दैहिक रोगों की औषधि और सेक्शुअल रोगों की औषधि के क्षेत्र अलग-अलग कर दिये। सेक्शुअल उपचारों का विमर्श पैदा हुआ। सेक्स का मतलब हो गया यौनक्रिया, और सेक्शुअलिटी व्यक्ति की अस्मिता का सार बनती चली गयी।

कुछ सेक्शुअल प्रवृत्तियों को स्वाभाविक माना गया, कुछ को विकृत और पथभ्रष्ट। इन श्रेणियों को यौन व्यवहार के मुताबिक़ व्यक्तियों पर आरोपित किया जाने लगा। फ़ूको ने दिखाया कि किस तरह इस विकास-क्रम के फलितार्थ ने होमो और हेटरो अस्मिताओं को सुदृढ़ किया। देह के विविध विज्ञानों ने मिल कर ज्ञान की जिस सत्ता का निर्माण किया, वह सेक्स यानी दैहिक आनंद के विज्ञान के साथ घुल-मिल गयी। इस मिश्रण में होमोसेक्शुअलिटी को विकृति के ख़ाने में डाल कर उसकी निगरानी और नियंत्रण की संरचनाएँ बनायी गयीं। इतरलैंगिक विवाह और मातृत्व को महिमामण्डित करने का दूसरा पक्ष यह था कि पुरुष समलैंगिकता के ख़िलाफ़ क़ानून बनाये गये, और स्त्री-समलैंगिकता को अदृश्य होने पर मजबूर कर दिया गया।

सेक्शुअलिटी विमर्श में नारीवादी हस्तक्षेप निर्णायक साबित हुआ। आधुनिक नारीवाद ने एक तरफ़ तो हेटरोसेक्शुअल सेक्स में सत्ता के पितृसत्तात्मक संबंध निहित देखे, और दूसरी तरफ़ सेक्स को स्त्रियों के लिए एक सकारात्मक जीवनी-शक्ति के रूप में दिखाने का प्रयास किया। साठ के दशक के दौरान और उसके बाद हुई यौन क्रांति के प्रभाव के कारण स्त्री को कामना की वस्तु मानने के बजाय पितृसत्ता की भाषा का इस्तेमाल किये बिना कामना करने वाले कर्ता की तरह परिभाषित किया गया। रैडिकल फ़ेमिनिस्टों ने इतरलैंगिकता के दायरे में स्त्री-सेक्शुअलिटी को निष्क्रिय और पुरुष-सेक्शुअलिटी को सक्रिय क़रार देने के स्थापित रवैये से लोहा लिया। अस्सी के दशक में ही पोर्नोग्राफ़ी और स्त्री-समलैंगिकता (लेस्बियनिज़्म) के इर्द-गिर्द बुने गये पितृसत्ता विरोधी सेक्शुअल विमर्श ने दावा किया कि अनिवार्य इतरलैंगिकता के ज़रिये पितृसत्ता (जो पुरुष समलैंगिकता के प्रति भी शत्रुभाव रखती है) स्त्री की सेक्शुअलिटी और प्रजनन-क्षमताओं का नियंत्रण करके उस पर भौतिक, आर्थिक और जज़्बाती क़ब्ज़ा कर लेते हैं। दूसरी तरफ़ लेस्बियनिज़्म को रुग्णता का पर्याय क़रार दे दिया जाता है।

सेक्शुअलिटी के इर्द-गिर्द होने वाली इन बहसों से एक भरा-पूरा विमर्श उभरा और सेक्शुअलिटी स्टडीज़ का विकास हुआ। कुछ पुरुष समाजशास्त्रियों ने पुरुषत्व का अध्ययन करना शुरू किया और उसे सेक्शुअलिटीज़ के सामाजिक संगठन से जोड़ कर देखा। इस सिलसिले में सत्ता और पुरुषत्व के बीच रिश्ते की मुख्य रूप से जाँच-पड़ताल की गयी। मर्दानगी की तीन क़िस्में रेखांकित की गयीं : वर्चस्वी पुरुषत्व, अधीनस्थ पुरुषत्व और सहापराधी पुरुषत्व। इतरलैंगिकता को वर्चस्वी पुरुषत्व की श्रेणी में रखा गया, और समलैंगिकता को अधीनस्थ पुरुषत्व के तहत।

नब्बे के दशक में अमेरिका में सेक्शुअलिटी के अध्येताओं ने लेस्बियन और गे स्टडी कार्यक्रम चलाया। इसका नतीजा क्वियर थियरी में निकला जिसके तहत सभी तरह की सेक्शुअल श्रेणियों और नामकरणों के प्रतिरोध की राजनीति परवान चढ़ी। फ़ूको और देरिदा के विमर्श का सहारा ले कर क्वियर थियरी ने समलैंगिकों को उनके घेटो से बाहर निकालने और इतरलैंगिक मानकीयता पर आधारित ज्ञान और सामाजिकता की संरचनाओं की गहरी जाँच-पड़ताल करने की सम्भावनाएँ जगायीं। एक विचार के तौर पर क्वियर का उभार समलैंगिक सेक्शुअलिटियों की राजनीति और एक हद तक नारीवादी राजनीति के कुछ पहलुओं के मिश्रण से हुआ है। नब्बे के दशक में इसके ज़रिये इयत्ता-रचना के कुछ सम्भव आयाम टटोले गये। क्वियर थियरी के तहत हाशियाकृत सेक्शुअलिटीज़ को अल्पसंख्यक राजनीति की तरह सूत्रबद्ध करने से बचा जाता है। यह थियरी केंद्र और परिधि के द्विभाजन के पक्ष में नहीं है। क्वियर थियरी भिन्नता के नाम पर बने तरह-तरह के केंद्रों के ख़िलाफ़ बग़ावत का संदेश देती है। वह उन भिन्नताओं के पक्ष में है जो आपस में गुँथी हुई हैं, अस्तित्व-बहुल और अर्थ-बहुल हैं और ठोस न होकर सरंध्र हैं। क्वियर थियरी किसी भी धारणा को समाज की केंद्रीय या बुनियादी मानने के लिए तैयार नहीं है। क्वियर थियरी को पूरी तरह से उत्तर-आधुनिकतावादी भी नहीं कह सकते, क्योंकि उत्तर-आधुनिक विद्वानों ने उसकी हमदर्द आलोचनाएँ भी की हैं।

**देखें** : अंतरंगता, ज़िग्मण्ड फ्रॉयड-1 और 2, जूडिथ बटलर, नैंसी शोदॅरौ, जूलिया क्रिस्टेवा, पुरुषत्व, प्रेम, प्रेम-अध्ययन और नारीवादी दर्शन, फ़िल्म और सेक्शुअलिटी, ब्रह्मचर्य और सेलिबेसी, मिशेल पॉल फ़ूको-1 और 2, सेक्शुअलिटी-अध्ययन।

## संदर्भ

1. मिशेल फ़ूको (1979-1985), *द हिस्ट्री ऑफ़ सेक्शुअलिटी* (तीन खण्ड), अनु. आर. हर्ली, पेंगुइन, हारमंड्सवर्थ, लंदन.
2. जे.एन. कैट्ज़ (1996), *द इनवेंशन ऑफ़ हेटरोसेक्शुअलिटी*, प्लम पेंगुइन, लंदन.
3. के. प्लमर (सम्पा.) (1981), *द मेकिंग ऑफ़ द मॉडर्न होमोसेक्शुअल*, हचिंसन, लंदन.
4. जेफ़्री वीक्स (1985), *सेक्शुअलिटी ऐंड इट्स डिसकंटेंट्स : मीनिंग, मिथ्स ऐंड मॉडर्न सेक्शुअलिटीज़*, रॉटलेज, लंदन.
5. एड्रियन रिच (1980), 'कम्पल्सरी हेटरोसेक्शुअलिटी ऐंड लेस्बियन एक्ज़िस्टेंस', *साइंस*, खण्ड 5, अंक 4.
6. मैरी ई. जॉन और जानकी नायर (सम्पा.) (2008), *कामसूत्र से 'कामसूत्र' तक : आधुनिक भारत में सेक्शुअलिटी के सरोकार*, अनु. अभय कुमार दुबे, वाणी प्रकाशन, नयी दिल्ली.
7. निवेदिता मेनन (सम्पा.) (2007), *सेक्शुअलिटीज़*, वुमन अनलिमिटेड, नयी दिल्ली.

**— अनामिका**

# सेक्शुअलिटी-अध्ययन

(Sexuality Studies)

सेक्शुअलिटी-अध्ययन के दायरे में मुख्य तौर पर पुरुष सेक्शुअलिटी के विभिन्न रूपों की जाँच-पड़ताल की जाती है। साथ में समलैंगिक पुरुषों (गे) और समलैंगिक स्त्रियों (लेस्बियन) से जुड़े सामाजिक-राजनीतिक एजेंडों का गहन विश्लेषण किया जाता है। अध्ययन का यह क्षेत्र सेक्शुअलिटी के अन्य रूपों, जैसे उभयलैंगिकता और अंतर-यौनिकता वग़ैरह, में भी झाँकता है। सेक्शुअलिटी-अध्ययन से जुड़े हुए विद्वान पहले तो यह देखने की कोशिश करते हैं कि उत्पीड़नकारी सत्ता संबंधों में सेक्शुअलिटी और सेक्शुअलिटी संबंधी अस्मिताएँ किस तरह सहभागिता करती हैं, फिर वे यह भी पता लगाते हैं कि सत्ता की संरचनाओं को सेक्शुअलिटी के ज़रिये किस तरह विचलित किया जा सकता है। यह देख कर थोड़ा ताज्जुब हो सकता है कि सेक्शुअलिटी-अध्ययन स्त्री की सेक्शुअलिटी पर ज़्यादा ध्यान नहीं देता। इसका कारण यह है कि स्त्री-अध्ययन और जेंडर स्टडी के दायरे में स्त्री के प्रश्न पर विस्तृत विचार-विमर्श की परम्परा पहले से ही चली आ रही है। नारीवाद और सेक्शुअलिटी-अध्ययन के बीच एक फ़र्क़ यह भी है कि स्त्री-आंदोलन पर उन्नीसवीं सदी से ही उदारतावादी विचार-श्रेणियों की छाप रही है, जबकि सेक्शुअलिटी-अध्ययन का सरोकार सामाजिक परिवर्तन के मक़सद से मोटे तौर पर मार्क्सवाद प्रेरित राजनीतिक कार्रवाई के सिद्धांतीकरण से जुड़ा रहा है। बावजूद इस अंतर के नारीवादी विद्वानों ने भी इस क्षेत्र के विमर्शों में उल्लेखनीय भागीदारी की है। उनकी सहभागिता को दो चरणों में समझा जा सकता है। पहला दौर वह था जब वे सेक्शुअलिटी को पितृसत्ता की भींच में फँसा हुआ मानती थीं, और इसलिए उनका रवैया कुछ चौकन्ना होता था। दूसरे दौर में वे सत्ता और सेक्शुअलिटी के प्रति अधिक सकारात्मक नज़रिये के साथ सामने आयीं। कुल मिला कर सेक्शुअलिटी-अध्ययन और सेक्शुअलिटी की राजनीति आपस में काफ़ी गुँथी रही है।

अपनी पूर्ण विकसित अवस्था में पहुँचने से पहले सेक्शुअलिटी-अध्ययन का ज़ोर मुख्य तौर पर समलैंगिकों के साथ होने वाले भेदभाव का विरोध करने तक सीमित था। उन्नीसवीं सदी के आख़िरी और बीसवीं सदी के शुरुआती दौर की यह बौद्धिक-राजनीतिक प्रवृत्ति समलैंगिकों को समाज की पूर्ण नागरिकता दिलाने के कार्यक्रम पर अमल करती थी। इन गतिविधियों की अगली क़तारों में समलैंगिकता से हमदर्दी रखने वाले इतरलैंगिक रहते थे। लेकिन साठ और सत्तर के दशक तक यह स्पष्ट हो गया कि समलैंगिकों के व्यापक समाज में आत्मसातीकरण का यह आग्रह कोई ख़ास कामयाबी हासिल नहीं कर पा रहा है। इसके बात 'गे लिबरेशन' का झण्डा बुलंद किया गया। इसमें गे शब्द दोनों तरह के समलैंगिकों के लिए इस्तेमाल किया गया था। राजनीतिक कार्रवाई के तौर पर इस आंदोलन का मॉडल अफ़्रीकन-अमेरिकी ब्लैक-पॉवर आंदोलन से प्रभावित था। इसका केंद्रीय रूपक स्टोनवाल इन में हुए समलैंगिकों के जमावड़े पर हमले के ख़िलाफ़ उपजे रोज़ और मुक्ति के आग्रह ने मुहैया कराया। गे लिबरेशन का विमर्श एक ऐसी सेक्शुअलिटी हासिल करने के पक्ष में था जो उत्पीड़नकारी बंदिशों और समाज द्वारा आरोपित वर्जनाओं से परे जाते हुए मनुष्य की सच्ची इयत्ता की अभिव्यक्ति करती हो। इस आंदोलन ने दावा किया कि सेक्शुअलिटी सत्ता-संबंधों को पलट सकती है। डेनिस आल्टमैन जैसे लेखक इसके मुख्य प्रवक्ता थे।

सेक्शुअलिटी-अध्ययन में दूसरा बड़ा योगदान दूसरी लहर के नारीवादियों ने किया। गे लिबरेशन के चिंतकों से अलग हट कर इन विद्वानों ने इतरलैंगिकता की गहन आलोचना तैयार की। उनका कहना था कि इतलैंगिकता पर सेक्शुअलिटी का पुरुष मॉडल हावी है जिसके तहत शिश्न-प्रवेश को ही वास्तविक सेक्स की मान्यता दी जाती है और बाक़ी सब कुछ को प्राक्कीड़ा या फ़ोरप्ले कह कर कमतर बना दिया जाता है। स्त्री-मुक्ति को केंद्र बना कर किये गये इस सेक्शुअलिटी विमर्श ने आत्मरति, सेलिबेसी (जिसे भारत में ग़लती से ब्रह्मचर्य की संज्ञा दी जाती है), बलात्कार और बाल यौन-शोषण जैसी परिघटनाओं की गहन विवेचना की। इस विमर्श का परिणाम यह हुआ कि पुरुष की इतरलैंगिक कामनाओं को स्वाभाविक और सहजात मानने वाले आग्रहों पर सवालिया निशान लगाते हुए उसके राजनीतिक और सत्तासंबंधी पहलुओं का उद्घाटन किया जा सका। इसी मुक़ाम पर इतरलैंगिकता को लेकर एक यह बहस भी चली कि क्या यह स्त्री के लिए स्थाई रूप से समस्याग्रस्त शै है या इसे स्त्री के पक्ष में झुकाया भी जा सकता है।

अस्सी का दशक आते-आते समलैंगिकों के आंदोलन में ख़ुद को जातीय अल्पसंख्यकों की तरह परिभाषित करने की शक्तिशाली प्रवृत्ति पैदा हुई। लेस्बियनों को लगा कि वे पुरुष समलैंगिकों से भिन्न हैं इसलिए एक ही झण्डे के बजाय उन्हें अपनी अस्मिता पर अलग से ज़ोर देना चाहिए। वे गे-मुक्ति छोड़ कर स्त्री-मुक्ति के मुहावरे से जुड़ने लगीं। इसके तीन असर हुए। पहला, इतरलैंगिक स्त्रियों और समलैंगिक स्त्रियों की दावेदारियों के बीच एकता हुई। पहचान और अनुभव के मामले में औरतों की एक मुश्तरका तहरीक़ बनी। दूसरा, गे-पुरुषों के अलग आंदोलन की ज़मीन बनी जिससे

गे-स्टडीज़ का तानाबाना उभरा। तीसरा, इस दौर के सेक्शुअलिटी विमर्श के स्त्री-पक्ष पर लेस्बियन डिस्कोर्स बहुत हद तक हावी रहा और इतरलैंगिक स्त्रियों पर न के बराबर ही ध्यान दिया गया।

नब्बे के दशक में सेक्शुअल अस्मिताओं की राजनीति से थोड़ा मोह भंग-सा दिखाई देने लगा। गे/लेस्बियन द्विभाजन पर सवालिया निशान लगने लगे। लेस्बियन रैडिकल चिंतकों ने गे-पुरुषों की राजनीति में प्रचलित 'सेक्शुअलिटी एज़ प्लेज़र' की तरफ़दारी करते हुए स्त्री-मुक्ति के दायरे में प्रचलित वे आग्रह को ख़ारिज कर दिये जो शिश्न-प्रवेश विरोधी अनाक्रमक सेक्स की ज़रूरत पर बल दे रहे थे। इन लेस्बियनों को मुख्य तौर पर सेक्शुअलिटी की नकारात्मक परिभाषा पर आपत्ति थी। लेस्बियन रैडिकल चिंतकों का कहना था कि सेक्शुअल आनंद लेने के विकृत समझे जाने वाले तरीक़े (जैसे, परपीड़क कामुकता, पोर्नोग्राफ़ी) अनिवार्यतः पितृसत्तात्मक नहीं माने जा सकते। इन विचारकों ने आपसी सहमति के आधार पर परपीड़ा में आनंद लेने वाला सेक्स-एक्ट किया जा सकता है, स्त्रियों के लिए अलग से पोर्नोग्राफ़ी हो सकती है, और स्त्रियों के बीच बच (यौनक्रिया में सक्रिय पार्टनर) और फ़ेमे (निष्क्रिय पार्टनर) जैसे संबंधों का समर्थन किया।

गे/लेस्बियन द्विभाजन पर नस्ल, जातीयता, वर्ग और साम्राज्यवाद की रोशनी में भी आपत्तियाँ की गयीं। अल्पसंख्यक, निम्नवर्गीय और उत्तर-औपनिवेशिक संस्कृतियों से आये विमर्शकारों ने कहा कि उनके अपने अनुभवों और आवश्यकताओं की बात तो गे और लेस्बियन में विभाजित मुख्य धार की सेक्शुअलिटी राजनीति में कोई करता ही नहीं। इसके अलावा उभयलैंगिकता और द्विलैंगिकता की तरफ़ से गे/लेस्बियन विभाजन की सीमाओं पर उँगली रखी गयी। पूछा गया कि अगर स्त्री से पुरुष बना एक उभयलैंगिक व्यक्ति किसी स्त्री की तरफ़ आकर्षित होता है तो उसकी सेक्शुअल अस्मिता इतरलैंगिक समझी जाएगी या लेस्बियन? जेंडर के आईने में ऐसा व्यक्ति इतरलैंगिक लगेगा, और जैविकी के लिहाज़ से लेस्बियन। गे/लेस्बियन सेक्शुअल अस्मिता की राजनीति सामाजिक संरचनावादियों की तरफ़ से भी आलोचना का निशाना बनायी गयी। इन विद्वानों ने अस्मिताओं को ख़ारिज नहीं किया, बल्कि उनके भीतर मौजूद तात्त्विकतावादी प्रवृत्तियों को आड़े हाथों लिया।

सेक्शुअलिटी-अध्ययन के दायरे में नब्बे के दशक में मिशेल फ़ूको से प्रभावित हो कर उत्तर-आधुनिकता की ज़बरदस्त दावेदारी उभरी। इसका नतीजा क्वियर थियरी में निकला। इस विमर्श ने गे या लेस्बियन अस्मिताओं को तो ख़ारिज किया ही, परिप्रेक्ष्य-आधारित विश्लेषण की वकालत भी की। इसमें जेंडर और सेक्शुअलिटी को जोड़ने वाले विमर्शकार भी शामिल थे, और उनके बीच कोई संबंध न देखने वाले भी। उत्तर-आधुनिक विमर्श ने सेक्शुअलिटी को सत्ता का अंग ज़रूर माना, पर साथ में यह भी कहा कि क़िस्म-क़िस्म की सेक्शुअलिटियों के बीच ये सत्ता-संबंध केवल नकारात्मक और अधीनस्थता की तरफ़ धकेलने वाले नहीं होते। बल्कि, इनके तहत इयत्ता अपनी रचना करते हुए यौनानंद के स्रोतों की शिनाख़्त करती है। आज अपने नये अवतार में सेक्शुअलिटी-अध्ययन उत्तर-आधुनिक/क्वियर और 'सेक्स की तरफ़दारी' करने वाले रवैये के लिए जाना जाता है। लेकिन, इसका पहले से चला आ रहा ध्रुव भी पूरी तरह से सक्रिय है। गे और लेस्बियन अस्मिताओं के आधार पर की जाने वाली राजनीति भी मुखर है।

**देखें :** अंतरंगता, पुरुषत्व, प्रेम, प्रेम-अध्ययन और नारीवादी दर्शन, फ़िल्म और सेक्शुअलिटी, ब्रह्मचर्य और सेलिबेसी, मिशेल पॉल फ़ूको-1 और 2, सेक्शुअलिटी।

## संदर्भ

1. एच. एबेलोव वग़ैरह (सम्पा.) (1993), द *लेस्बियन ऐंड गे स्टडीज़ रीडर,* रॉटलेज, लंदन.
2. बी. ऐडम (1995), द *राइज़ ऑफ़ अ गे ऐंड लेस्बियन मूवमेंट,* ट्वायनी, न्यूयॉर्क.
3. डी. आल्टमैन (1996), *होमोसेक्शुअल : ऑप्रेशन ऐंड लिबरेशन,* न्यूयॉर्क युनिवर्सिटी प्रेस, न्यूयॉर्क.
4. एम. वार्नर (1999), द *ट्रबुल विद नॉर्मल सेक्स : सेक्स, पॉलिटिक्स, ऐंड द इथिक्स ऑफ़ क्वियर लाइफ़,* फ्री प्रेस, न्यूयॉर्क.
5. जेफ़री वीक्स (1985), *सेक्शुअलिटी ऐंड इट्स डिसकंटेंट्स : मीनिंग्स, मिथ्स ऐंड मॉडर्न सेक्शुअलिटीज़,* रॉटलेज कीगन पॉल, लंदन.
6. जे. डी'इमिलियो (1997), 'कैपिटलिज़म ऐंड गे आइडेंटिटी', आर. लंकास्टर और एम. डी'लिओनार्डो (सम्पा.), द *जेंडर/सेक्शुअलिटी रीडर : कल्चर, हिस्ट्री, पॉलिटिकल इकॉनॉमी,* रॉटलेज, न्यूयॉर्क और लंदन.

**— अनामिका**

# सेकुलरवाद

(Secularism)

सेकुलरवाद की व्युत्पत्ति लैटिन भाषा के शब्द 'सेकुलरिस' से हुई है। सेकुलरिस से फ्रेंच भाषा ने सेकुलर शब्द हासिल किया जिसे मध्यकालीन अंग्रेज़ी ने अपना लिया। इसका मतलब है 'आज का समय' अर्थात् जो 'दैवी समय' से भिन्न है। आज के समय की अवधारणा में ही 'इहलोक' का विचार निहित है जो उस दुनिया यानी 'परलोक' से अलग है। धार्मिक संदर्भों में मान्यता यह है कि इस दुनिया में रहने का मतलब है एक कमतर क़िस्म के वजूद की गिरफ़्त में रहना जिससे मुक्ति केवल तभी हो सकती है जब एक बेहतर अस्तित्व यानी पारलौकिक संसार में गमन किया जा सके। सेकुलरवाद इस मान्यता का खण्डन करते हुए दावा करता है कि आज का समय यानी इहलौकिक अस्तित्व किसी पारलौकिक अस्तित्व के मुक़ाबले निकृष्ट नहीं है। मनुष्य का भौतिक और सामाजिक जगत अपने-आप में एक महत्त्वपूर्ण और निर्णायक तथ्य है। सेकुलरवाद मनुष्य और उसके संसार की इहलौकिकता का सिद्धांत है। वह धर्म के वर्चस्व, उसकी निरंकुशता और उसके आधार पर किये जाने वाले किसी भी क़िस्म के बहिर्वेशन के विरोध में खड़ा है।

सेकुलरवाद आग्रह करता है कि सामाजिक और राजनीतिक व्यवस्था संस्थागत धार्मिक प्रभुत्व से पूरी तरह मुक्त होनी चाहिए। धर्म के उत्पीड़नकारी, निरंकुश, विषमतामूलक और बहिर्वेशनकारी पहलुओं का विरोध करने के लिए सेकुलरवाद को अक्सर धर्म का ही विरोध करने की हद तक जाना पड़ता है। लेकिन, वह अनिवार्यत: धर्म का उन्मूलन करने की अपील करने वाली विचारधारा नहीं है। वह धर्मों की स्वतंत्रता, धर्म से स्वतंत्रता, धर्मों की आपसी समानता और आस्तिकों व नास्तिकों के बीच समानता की वकालत करता है। इससे स्पष्ट होता है कि सेकुलरवाद धर्म के उदात्त और आध्यात्मिक पहलुओं के प्रति शत्रुतापूर्ण रवैया नहीं अपनाता। उसका रवैया धर्म के प्रति आलोचनात्मक आदर का है।

घटनात्मक इतिहास : विरोधाभास यह है कि इहलोक के महत्त्व को स्थापित करने वाले इस सिद्धांत का उद्गम ईसाई धर्म के अंदरूनी विवादों में निहित है। *सुकुलरिस* मूलत: पुरोहितों की जमात के उस हिस्से का द्योतक था जो ईसाई मठ-व्यवस्था के नियम-क़ानूनों से असंतुष्ट थे। कैथॅलिक चर्च के सर्वग्रासी वर्चस्व के ख़िलाफ़ मार्टिन लूथर के नेतृत्व में चले प्रोटेस्टेंट आंदोलन की सफलता ने पहली बार सिद्धांत और व्यवहार में दिखाया कि ईश्वर से तादात्म्य स्थापित करने के लिए चर्च की बिचौलिया भूमिका की आवश्यकता नहीं है। सोलहवीं सदी में कैथॅलिक चर्च की धार्मिक पदानुक्रमता और परम्परानिष्ठा को दी गयी इस चुनौती ने सच्चे धर्म की भिन्न व्याख्या की और मनुष्य और ईश्वर के बीच सीधी घनिष्ठता पर ज़ोर दिया, धर्म को पुरोहितों की जकड़ से निकाला, श्रद्धालुओं की भावना को प्रमुखता दी और इस प्रक्रिया में व्यक्ति की स्वायत्तता स्थापित करने का रास्ता खोला। चर्च का प्राधिकार कमज़ोर होने का पहला लाभ राजशाहियों ने उठाया। सोलहवीं सदी में ही इंग्लैण्ड के राजा हेनरी अष्टम ने रोम से नाता तोड़ कर चर्च की सम्पत्ति ज़ब्त कर ली। धीरे-धीरे राज्य चर्च के प्रभाव से मुक्त होने लगा। प्रोटेस्टों ने धर्म-सुधार के ज़रिये जिन नये मूल्यों की स्थापना की, उन्होंने युरोपीय ज्ञानोदय द्वारा प्रवर्तित व्यक्तिवाद पर निर्णायक असर डाला। ज्ञानोदय ने धर्म को पूरी तरह से ख़ारिज तो नहीं किया, पर उसे तर्क बुद्धि की सीमाओं में क़ैद करने की तजवीज़ ज़रूर कर डाली। ऐसी बात नहीं कि धर्म ने सेकुलरवाद का बोलबाला आसानी से स्थापित हो जाने दिया हो। प्रोटेस्टेंटों के ख़िलाफ़ कैथॅलिकों ने कड़ी प्रतिक्रिया की और धार्मिक युद्धों का सिलसिला शुरू हुआ। युरोप में तीस साल तक चले युद्धों के समापन पर चर्च की सम्पत्ति पूरी तरह से राजाओं के हाथ में जाने लगी।

सत्रहवीं सदी में वेस्टफ़ेलिया की संधि तक पहुँचते-पहुँचते यह प्रक्रिया राजनीति की ज़मीन पर व्यापक रूप ग्रहण करने लगी। 1648 में इस परिघटना को सेकुलरीकरण का नाम दिया गया। उस समय तक इसका मतलब था चर्च की सम्पत्ति का राजा के नियंत्रण में हस्तांतरण। अट्ठारहवीं सदी में इस प्रवृत्ति ने और ज़्यादा ज़ोर पकड़ा। फ्रांसीसी क्रांति में ज्ञानोदय के विचारधारा और सेकुलरीकरण के आग्रह काफ़ी ताक़तवर ढंग से व्यक्त हुए। इस क्रांति के बाद यह विचार एक मूल्यगत वक्तव्य बन गया। दो नवम्बर, 1789 को टैलीरैंड ने फ्रांसीसी नैशनल एसेम्बली के सामने गिरजाघर की सम्पत्तियों को राष्ट्र की मातहती में लाने का एलान कुछ इस तर्ज़ पर किया जैसे कि ऐसा तो होना ही चाहिए था। इसे एक वाद का रूप उन्नीसवीं सदी के मध्य मिला। इंग्लैण्ड के एक रैडिकल अनीश्वरवादी जॉर्ज जैकब होलियॉक ने 1851 में पहली बार सेकुलरवाद शब्द का प्रयोग किया। होलियॉक राबर्ट ओवेन के समाजवादी विचारों, उपयोगितावाद और गणराज्यवाद से प्रभावित थे। नास्तिकता का झण्डा बुलंद करने के कारण वे ज़ेलयात्रा भी कर चुके थे। उनकी कोशिश थी कि नास्तिक, काफ़िर, फ्री थिंकर और अनीश्वरवादी जैसे शब्दों की जगह कोई नयी अभिव्यक्ति खोजी जाए। उन्हें लगा कि यह ज़रूरत सेकुलरवाद पूरा कर सकता है।

होलियॉक और उनके उत्तराधिकारी चार्ल्स ब्रैडलॉ ने मिल कर इंग्लैण्ड में सेकुलर संस्थाएँ कुछ इस अंदाज़ में

खोलीं जैसे कि किसी वैकल्पिक चर्च की स्थापना करने की कोशिश की जा रही हो। इन सेकुलर संस्थाओं ने अंग्रेज़ मज़दूरों के अपेक्षाकृत खाते-पीते हिस्से को अपनी ओर आकर्षित किया। उन्होंने माँग की कि एंग्लिकन चर्च की विशेष सुविधाएँ ख़त्म की जानी चाहिए, अन्य धर्मों और नास्तिकों को भी समान अधिकार दिये जाने चाहिए, ईश्वर में आस्था न रखने वालों की गवाही भी वैध समझी जानी चाहिए और ईशनिंदा को अपराध क़रार देने वाला क़ानून रद्द कर दिया जाना चाहिए। ब्रैडलॉ जब पहली बार संसद के लिए चुने गये तो उन्होंने ईश्वर के नाम पर शपथ लेने से इनकार कर दिया। इस तरह पहली बार किसी अनीश्वरवादी को सरकारी हैसियत प्राप्त हुई। होलियॉक की मृत्यु के बाद ब्रैडलॉ का साथ एनी बेसेंट ने दिया जो बाद में हिंदू और बौद्ध प्रभाव वाले थियोसिफ़िकल आंदोलन के साथ जुड़ी और भारत आ कर उसके उपनिवेशवाद विरोधी आंदोलन की नेता बनीं।

1860 से 1914 की अवधि युरोपीय देशों में सेकुलरीकरण का दौर माना जाता है। उन्नीसवीं सदी में ही इटली के राजा विक्टर इमैनुएल ने पोप को राज्यच्युत करके उसके साथ अपना रिश्ता तोड़ लिया। इस तरह पोप की सत्ता केवल रोम स्थित वेटिकन तक रह गयी। फ्रांस में सरकार और चर्च के बीच क्रांति के ज़माने से चला आ रहा संघर्ष 1901 से 1905 के बीच अपनी चरम परिणति तक पहुँचा और चर्च की सम्पत्ति ज़ब्त कर ली गयी। फ्रांस ने सेकुलर शब्दावली में 'लाइसिज़म' जैसी अभिव्यक्ति जोड़ी जो सम्भवत: राज्य और धर्म के अलगाव को सर्वाधिक कड़ाई से परिभाषित करती है। पश्चिम युरोपीय देशों के राज्य और समाज पर रोमन कैथॅलिकवाद के शिकंजे को तोड़ने में लाइसिज़म ने निर्णायक भूमिका निभायी। रूस में पीटर द ग्रेट ने चर्च की ताक़त को कमज़ोर करने वाले क़दम उठाये। उनके बाद कैथरीन द ग्रेट और परवर्ती जारों ने चर्च की सत्ता को भंग कर दिया। पुर्तगाल, स्पेन और लातीनी अमेरिकी देशों में भी कमोबेश इसी तरह के घटनाक्रम चले। उन्नीसवीं सदी में संयुक्त राज्य अमेरिका के नेताओं ने भी सेकुलर सिद्धांतों के आस-पास राजनीतिक जीवन की संरचनाएँ बनायीं। अमेरिका में धार्मिक स्वतंत्रता इतनी ज़्यादा थी कि कोई भी अपना धार्मिक सम्प्रदाय स्थापित कर सकता था, पर बुद्धिजीवियों के बीच धर्म की सामाजिक भूमिका बुद्धिवादी विवेचना के आधार पर ही निर्धारित की जाती थी।

उन्नीसवीं सदी ख़त्म होते-होते चर्च के दुर्बल हो जाने और सेकुलर विचारों के मज़बूत होने के कारण धार्मिक और अनीश्वरवादी अल्पसंख्यकों को राज्य का संरक्षण मिलने लगा। होलियॉक और ब्रैडलॉ जैसे प्रतिबद्ध लोगों द्वारा चलाये गये आंदोलनों की कोई ज़रूरत ही नहीं रह गयी। डार्विन के विकासवाद और मार्क्स के समाजवादी विचारों का प्रचार-प्रसार बढ़ गया। सेकुलरवाद इन आधुनिकतावादी और प्रगतिवादी वैचारिक आग्रहों का अभिन्न अंग था।

फ्रांसीसी क्रांति के ज़माने से ही यह अनुभूति होने लगी थी कि राष्ट्र-राज्य आधारित राष्ट्रवाद एक ऐसी शै है जो एक ग़ैर-धार्मिक, नैतिक, राजनीतिक और सामाजिक साझेदारी का आधार बन सकती है। पोलैण्ड और आयरलैण्ड के अपवाद को छोड़ कर बाक़ी जगहों पर राष्ट्रवाद और सेकुलरीकरण का ताक़तवर गठजोड़ बनता चला गया। सेकुलरवाद की मदद से राष्ट्र के प्रति निष्ठा धार्मिक दावेदारियों से ऊपर समझी जाने लगी। अभिजन और बौद्धिक हलक़ों में समझा जाने लगा कि राष्ट्रवाद और सेकुलरीकरण के सम्मिलित प्रभाव से धर्म अब हाशिये पर जाने के लिए अभिशप्त हो गया है। 1917 की बोल्शेविक क्रांति के बाद लगा कि फ्रांसीसी क्रांति के मूल्यों की चरम रैडिकल परिणति का वक़्त आ गया है।

राजनीतिक सेकुलरवाद का उभार : बीसवीं सदी में सेकुलरवाद आधुनिक राज्य के वैचारिक औज़ार के रूप में उभरा जिसके मुताबिक़ धर्म और उसकी संस्थाओं को सरकारी नितंत्रण में रखा जाता है, क़ानून बना कर धर्म का स्वरूप बदला जाता है और सामाजिक-आर्थिक आधुनिकीकरण किया जाता है। राज्य और धर्म के संबंध को परिभाषित करने वाले इस सिद्धांत को राजनीतिक सेकुलरवाद की संज्ञा दी जाती है। सेकुलरवाद के ऐसे इस्तेमाल के उदाहरण हैं मुस्तफ़ा कमाल पाशा का तुर्की, रज़ा शाह पहलवी का ईरान, बौरगुइबा का ट्यूनीशिया, लेनिन का सोवियत संघ, माओ का चीन और कम्युनिस्ट हुकूमतों वाले पूर्वी युरोप के देश। सेकुलरवाद की अवधारणा के घटनात्मक विकास से ज़ाहिर है कि किस तरह यह विचार धीरे-धीरे बुद्धिवाद, ग़ैर-धार्मिकता, आधुनिकतावाद और राष्ट्रवाद के साथ के साथ गुँथता चला गया। इसका परिणाम दोहरा निकला। एक तरफ़ तो सेकुलरवाद को आधुनिक युग की एक स्वाभाविक विचारधारा और स्वागतयोग्य प्रवृत्ति का दर्जा मिला, और दूसरी ओर इसे आधुनिक जीवन से उपजी कई समस्याओं का ज़िम्मेदार भी माना गया। आधुनिकता के आलोचकों ने, परम्परा को हमदर्दी की निगाह से देखने वालों ने और पश्चिमी छाप वाले समरूपीकरण के मुक़ाबले सांस्कृतिक विविधता के पैरोकारों ने सेकुलरवाद पर वैचारिक प्रहार किये। इससे भी ज़्यादा संगीन परिघटना यह हुई कि लोकतंत्र और सेकुलरवाद पर दावा ठोकने वाली एक बहुसंख्यकवाद नामक एक नयी अशुभ परिघटना उभर आयी। इन तमाम पहलुओं के अंतर्गुम्फ़न से एक ऐसा विमर्श उभरा जिसने सेकुलरवादी विचार की कई कोणों से आलोचना पेश की।

सेकुलरवाद को भारत जैसे बहुधार्मिक देशों के लिए

भी उपयुक्त माना गया। लेकिन इस प्रक्रिया में राजनीतिक सेकुलरवाद की सैद्धांतिक निष्पत्तियाँ नये सिरे से प्रश्नांकित हुई हैं। भारत में बहुसंख्यक समाज से आये नेताओं ने सेकुलरवाद को आधुनिकीकरण के मुहावरे के तौर पर अपनाया है और अल्पसंख्यकों के राजनीतिक प्रवक्ताओं ने उसे धार्मिक आज़ादी के नाम पर अपने धार्मिक-सांस्कृतिक अधिकारों की रक्षा के लिए अंगीकार किया है। भारत के संदर्भ में सेकुलरवाद, राज्य और धर्म का त्रिकोण युरोपीय या अमेरिकी मॉडल की तरह स्पष्ट नहीं है। इसी अस्पष्टता के गर्भ से भारतीय सेकुलरवाद की विशिष्ट संरचना विकसित हुई है। भारतीय राज्य को विभिन्न परिस्थितियों में विभिन्न धर्मों में हस्तक्षेप करने या न करने के बारे में संवेदनशील क़िस्म के फ़ैसले लेने पड़ते हैं जिससे राजनीति और सामाजिक चेतना में बेचैनियाँ पैदा होती हैं। अपने धुँधलकों और अपने फलितार्थों के कारण सेकुलरवाद की यह भारतीय क़िस्म समाज-विज्ञान की दुनिया में एक महाविवाद का कारण बन चुकी है।

**देखें** : आधुनिकता, आधुनिकीकरण, केशवराव बलिराम हेडगेवार, बहुसंख्यकवाद, बहुसंख्यक-अल्पसंख्यक, भारतीय जनता पार्टी-1 और 2, माधवराव सदाशिवराव गोलवलकर, मुसलिम राजनीतिक विचार, रामजन्मभूमि आंदोलन-1 से 4 तक, राष्ट्रीय स्वयंसेवक संघ, विनायक दामोदर सावरकर, विवेकानंद, स्त्री और साम्प्रदायिकता, सेकुलरीकरण, सेकुलरवाद बनाम बहुसंख्यकवाद, सेकुलर बनाम धार्मिक राज्य, सेकुलर राष्ट्रवाद के धार्मिक आयाम, सेकुलरवाद : भारतीय मॉडल-1 और 2, सेकुलरवाद : महाविवाद-1 से 7 तक, साम्प्रदायिकता, हिंदुत्व।

### संदर्भ

1. राजीव भार्गव (2008), 'सेकुलरिज़्म', राजीव भार्गव और अशोक आचार्य (सम्पा.), *पॉलिटिकल थियरी : ऐन इंट्रोडक्शन,* पियर्सन लोंगमेन, नयी दिल्ली.
2. अभय कुमार दुबे (सम्पा.) (2005), *बीच बहस में सेकुलरवाद,* लोक-चिंतन ग्रंथमाला, वाणी, नयी दिल्ली.
3. सच्चिदानंद सिन्हा (1993), *धर्मनिरपेक्षता : परम्परा और प्रासंगिकता,* 'आज के प्रश्न' शृंखला, वाणी, नयी दिल्ली.
4. सत्यपाल गौतम (1991), 'धर्मनिरपेक्षता', *समाज दर्शन,* हरियाणा साहित्य अकादमी, चंडीगढ़.

**— अभय कुमार दुबे**

# सेकुलरीकरण

(Secularisation)

अगर सेकुलरिज़्म एक सिद्धांत और विचारधारा का नाम है जिसके आधार पर राज्य और धर्म के बीच पार्थक्य की दीवार खड़ी की जाती है, तो सेकुलरीकरण एक प्रक्रिया है जो आधुनिकता के इतिहास और आधुनिकीकरण के सिलसिले से जुड़ी हुई है। समाज-विज्ञान की दुनिया में मैक्स वेबर जैसे उत्तर-मार्क्स समाजशास्त्रियों ने सेकुलरीकरण की प्रक्रिया को अपने विमर्श में महत्त्वपूर्ण स्थान दिया। इसी मुक़ाम पर समाज वैज्ञानिकों ने सेकुलरवाद के सिद्धांत और सेकुलरीकरण की अलग-अलग शिनाख़्त की। उन्होंने देखा कि हमजोली होने के साथ-साथ इन दोनों का विकास एक-दूसरे से स्वतंत्र भी है।

वेबर के मुताबिक़ समाज में बुद्धिवाद और विज्ञान का विकास अलौकिक शक्तियों में आस्था और अंधविश्वास को प्रतिस्थापित करता चला जाता है जिससे 'दुनिया का मोहभंग' सम्पन्न होता है। इसके फलस्वरूप धार्मिक संस्थाओं को कुछ ऐसे परिवर्तनों की शुरुआत करनी पड़ती है जो उन्हें सेकुलरीकरण के कारण बदलती हुई दुनिया के साथ तालमेल करने में मददगार हो सकें। अपने बेहद शुरुआती चरण में यह प्रक्रिया वाचिक परम्परा से लेखन की संस्कृति की तरफ़ धीमे संक्रमण के रूप में घटित हुई थी जिसके कारण ज्ञान का पहले के मुक़ाबले अधिक प्रसार होने लगा। इस परिघटना के कारण ईश्वर प्रदत्त ज्ञान के वाहक के रूप में पुरोहितों की प्रतिष्ठा कम कर दी। धीरे-धीरे शिक्षा की ज़िम्मेदारी परिवार और समुदाय के हाथ से निकल कर राज्य की होती चली गयी जिसके दो नतीजे निकले। पहला, सामुदायिक विवेक की व्यक्ति के विवेक पर श्रेष्ठता का ह्रास हुआ, और दूसरा, सामुदायिक गतिविधियों के बिखराव के कारण धर्म अधिकतर सार्वजनिक जीवन से निजी जीवन की परिघटना बनता चला गया।

सामाजिक संरचनाओं के संदर्भ में सेकुलरीकरण का एक मतलब विभेदीकरण भी लगाया जाता है। युरोपीय समाजशास्त्र ने मानवशास्त्रीय अध्ययनों के ज़रिये आदिम समाजों के आधुनिकता में दीक्षित होने की प्रक्रियाओं पर काफ़ी ज़ोर दिया था। समाज-विज्ञान की यह परम्परा परिवर्तन के इस सिलसिले को प्रगति के विचार की विजय के रूप में देखती थी, पर विख्यात समाज वैज्ञानिक टालकोट पार्संस ने समाज को एक ऐसी प्रणाली की तरह देखने पर बल दिया जो लगातार विभेदीकरण के दौर से गुज़रती रहती है। पार्संस के मुताबिक़ समाज के टिके रहने के लिए ज़रूरी होता है कि पुरानी एकाश्म संस्थाएँ टूटें और उनकी जगह नयी

संस्थाएँ लें। इस तरह कम विभेदीकृत संस्थागत ढाँचे की जगह अधिक विभेदीकृत ढाँचा लेता चला जाता है। इसका मतलब यह भी है सेकुलरीकरण की वजह से चलने वाली वह प्रक्रिया जिसके कारण समाज के आर्थिक, राजनीतिक, क़ानूनी, वैज्ञानिक और नैतिक आयाम उत्तरोत्तर एक-दूसरे से विशिष्ट होते चले जाते हैं। धर्म या धार्मिक अनुभव हर तरह के ज्ञान का स्रोत नहीं रह जाता। संस्थाओं पर सेकुलरीकरण का असर किस तरह पड़ता है इसका उदाहरण हार्वर्ड विश्वविद्यालय के रूप में देखा जा सकता है। किसी ज़माने में प्रमुख रूप से धार्मिक समझी जाने वाली इस विश्व प्रसिद्ध संस्था के धर्म संबंधी आयाम केवल अब उसके डिविनिटी स्कूल में सिमट कर रह गये हैं।

विभेदीकरण की थीसिस का इस्तेमाल करते हुए खोसे कासानोवा ने सूत्रीकरण किया है कि सेकुलरीकरण न सिर्फ़ राज्य, अर्थव्यवस्था और विज्ञान को अलग-अलग करते हुए स्वतंत्र दायरों में ले जाता है, बल्कि इसके कारण स्वयं धार्मिक दायरा अपने भीतर विभेदीकृत और विशिष्टीकृत होता चला जाता है। यह थीसिस बताती है कि किस तरह सेकुलरीकरण धर्म के प्रभाव को सीमित ही नहीं करता, बल्कि वह उसे भीतर से बदलने की भूमिका भी निभाता है।

इतिहास : उन्नीसवीं सदी के मध्य में इंग्लैण्ड के रैडिकल अनीश्वरवादी जॉर्ज जैकब होलियॉक द्वारा सेकुलरवाद शब्द का पहली बार इस्तेमाल किये जाने से पहले ही सेकुलरीकरण का पद गढ़ा जा चुका था। सत्रहवीं सदी के आठवें दशक में ही चर्च की सम्पत्ति का राज्य के संचालन में हस्तांतरण होने की प्रक्रिया को सेकुलरीकरण का नाम दे दिया गया था। इस प्रक्रिया ने अट्ठारवीं सदी में ज़ोर पकड़ा और अमेरिकी क्रांति और फ्रांसीसी क्रांति ने इस प्रक्रिया को आधुनिकता और राष्ट्रवाद के साथ पूरी तरह से जोड़ दिया।

सेकुलरवाद जहाँ आधुनिक राज्य के औज़ार की तरह उभरा वहाँ सेकुलरीकरण की प्रक्रिया राज्य के इरादों पर निर्भर होने के बावजूद अनिवार्य तौर पर उसके आधीन कभी नहीं रही। राज्य अगर सेकुलर है तो यह प्रक्रिया तेज़ रफ़्तार से चलती है, पर अगर राज्य सेकुलर नहीं है तो भी समाज के धरातल पर धीमी गति से ही सही पर यह प्रक्रिया चलती रहती है। कुछ विशेष परिस्थितियों को छोड़ कर यह कभी बंद नहीं होती। सेकुलरीकरण के सिलसिले पर निगाह रखने वालों का कहना तो यहाँ तक है कि ख़ुद को धर्मतंत्रीय घोषित करने वाले राज्यों (जैसे, ईरानी इसलामी गणराज्य) में भी भले ही स्वीकार न किया जाए पर सेकुलरीकरण की गतिशीलता सामाजिक संरचनाओं और व्यक्तिगत जीवन को प्रभावित करती रहती है। परम्परागत समाजों का आधुनिक दायरे में आना, धर्म का सार्वजनिक दायरे से हट कर उत्तरोत्तर निजी दायरे में जाना, आधुनिक शिक्षा के प्रचार-प्रसार, शहरीकरण और उद्योगीकरण को सेकुलरीकरण का माध्यम और परिणाम माना गया है।

कालांतर में यह भी देखा गया है कि मंदिर जाने वालों, चर्च में प्रार्थना करने वालों या मसजिद में नमाज़ पढ़ने वालों की संख्या में कमी आने या बढ़ोतरी जैसे आँकड़ों से सेकुलरीकरण की रफ़्तार का ठीक-ठीक अंदाज़ा नहीं लगाया जा सकता। इसकी वजह है कि कई परिस्थितियों में सेकुलरीकरण उपासना के चलन को कम हतोत्साहित करने के बावजूद धर्म के सार और उसकी लोकप्रिय समझ में ख़ामोशी से परिवर्तन कर देता है। लोग पूजा-अर्चना करते रहते हैं, और उनका व्यक्तिगत व सार्वजनिक जीवन सेकुलरीकृत भी होता रहता है।

इस लिहाज़ से कहा जा सकता है कि सेकुलरीकरण एक ऐसी प्रक्रिया है जो धार्मिकता के स्वरूप को और अंतत: धर्म के स्वरूप को ही बदल देती है। वह एक ऐसी अस्मिता रचती है जो भले ही किसी पुराने नाम से पुकारी जाती हो, पर अपने सार में बदली हुई होती है। युरोपीय और अमेरिकी ईसाइयों पर सेकुलरीकरण का ऐसा असर साफ़ दिखता है। सेकुलरीकरण के दौर में पला-बढ़ा, ख़ुद को हिंदू कहने वाला और कुछ हिंदू धर्म-विधियों का पालन करने वाला व्यक्ति भी सेकुलरीकरण के दौर से पहले वाले हिंदू से कई मायनों में भिन्न होता है। अपने सार्वजनिक जीवन में या उत्पादन प्रक्रिया में संलग्न होने पर वह या तो धर्म का कतई इस्तेमाल नहीं करता या फिर धर्म के राजनीतिक संस्करण का प्रयोग करता है जिसका धार्मिकता या आध्यात्मिकता से कोई ताल्लुक़ नहीं होता। इसी तरह दक्षिण एशिया की अन्य धार्मिक परम्पराओं का भी सेकुलरीकरण हुआ है। माना जाता है कि मुहम्मद इक़बाल और सैयद अहमद ख़ान ने इसलाम के सेकुलरीकरण की मुहिमें चलाई थीं। डॉ. भीमराव आम्बेडकर ने तो बुद्ध धर्म के सेकुलरीकरण का पूरा शास्त्र ही तैयार कर डाला था।

स्वामी विवेकानंद को श्रेय दिया जाता है कि उन्होंने भगवा वस्त्र पहनने और अद्वैत का प्रचार करने के बावजूद हिंदू धर्म में सामाजिक न्याय के पहलुओं का समावेश करके उसके सेकुलरीकरण का आधार तैयार किया। विद्वानों ने राजनीति से धर्म को आवेशित करने का आग्रह कई बार करने वाले गाँधी को भी हिंदू धर्म का भरपूर सेकुलरीकरण करने का श्रेय दिया है। हिंदू समाज के भीतरी मामलों में अंग्रेज़ी हुकूमत के हस्तक्षेप का विरोध करने वाले बाल गंगाधर तिलक ने भी अपने प्रयासों से हिंदू समाज के अंदरूनी सेकुलराइज़ेशन में योगदान किया था। दरअसल, बहुत से भारतीय समाज सुधारकों ने धर्म विरोध हुए बिना धर्म से लगाव के कारण अपने-अपने धार्मिक समुदायों में सुधार की जो मुहिमें चलाईं, उनके भीतर सेकुलरीकरण के प्रभावशाली पहलू मौजूद थे।

**देखें :** आधुनिकता, आधुनिकीकरण, केशवराव बलिराम हेडगेवार, बहुसंख्यकवाद, बहुसंख्यक-अल्पसंख्यक, भारतीय जनता पार्टी-1 और 2, माधवराव सदाशिवराव गोलवलकर, मुसलिम राजनीतिक विचार, रामजन्मभूमि आंदोलन-1 से 4 तक, राष्ट्रीय स्वयंसेवक संघ, विनायक दामोदर सावरकर, विवेकानंद, स्त्री और साम्प्रदायिकता, सेकुलरवाद, सेकुलरवाद बनाम बहुसंख्यकवाद, सेकुलर बनाम धार्मिक राज्य, सेकुलर राष्ट्रवाद के धार्मिक आयाम, सेकुलरवाद : भारतीय मॉडल-1 और 2, सेकुलरवाद : महाविवाद-1 से 7 तक, साम्प्रदायिकता, हिंदुत्व।

## संदर्भ

1. सी.जे. समरविले (1998), 'सेकुलर सोसाइटी, रिलीजस पॉपुलेशन : अवर टेसिट रूल्स फ़ॉर यूज़िंग द टर्म सेकुलराइज़ेशन', *जरनल फ़ॉर द साइंटिफ़िक स्टडी ऑव रिलीजन,* खण्ड 37, अंक 2.
2. जोसे कासानोवा (1994), *पब्लिक रिलीजंस इन द मॉडर्न वर्ल्ड,* युनिवर्सिटी ऑफ़ शिकागो प्रेस, शिकागो.
3. मार्टिन डेविड (2005), *ऑन सेकुलराइज़ेशन : टुवर्ड्स अ रिवाइज़्ड जरनल थियरी,* एशगेट पब्लिशिंग कम्पनी, न्यूयॉर्क.
4. पिपा नॉरिस और रोनाल्ड इंग्लेहार्ट (2004), *सेक्रेड ऐंड सेकुलर, रिलीजन ऐंड पॉलिटिक्स वर्ल्डवाइड,* केम्ब्रिज युनिवर्सिटी प्रेस, केम्ब्रिज.

**— अभय कुमार दुबे**

# सेकुलर बनाम धार्मिक राज्य

(Secular Versus Religious State)

सेकुलरवाद, राज्य और धर्म के त्रिकोण का आज तक कोई एक निश्चित फ़ार्मूला नहीं बन पाया है। समाज-विज्ञान की दुनिया में इस मुद्दे पर कई बौद्धिक क़वायदें हुई हैं। धर्म को अहमियत देने वाले राज्य और सेकुलर राज्य के बीच तुलनात्मक चर्चा करके इस त्रिकोण की कुछ समझ बनायी जा सकती है।

धर्म को अहमियत देने वाले राज्य मोटे तौर पर तीन तरह के देखे गये हैं : धर्मतंत्रीय राज्य, किसी एक धर्म को स्थापित करने वाले राज्य और कई धर्मों को स्थापित करने वाले राज्य। धर्मतंत्रीय राज्य में पुरोहित वर्ग किन्हीं दैवी क़ानूनों के तहत राजतंत्र का संचालन करता है। ऐसे राज्यों में धर्मतंत्र और राजतंत्र एक-दूसरे के पर्याय हो जाते हैं। अयालुल्ला ख़ुमैनी ने जिस ईरानी इसलामिक गणराज्य की स्थापना की थी और तालिबान द्वारा अफ़ग़ानिस्तान में स्थापित हुकूमत धर्मतंत्रीय राज्य के स्पष्ट उदाहरण हैं। अगर भारतीय राज्य धर्मशास्त्रों के मुताबिक़ ब्राह्मणों द्वारा संचालित किया जाए, तो उसे भी धर्मतंत्रीय कहा जाएगा। किसी एक धर्म को औपचारिक और क़ानूनी मान्यता दे कर उसके साथ अधिकारिक गठजोड़ करने वाला राज्य धर्मतंत्रीय राज्य से भिन्न होता है, क्योंकि पुरोहित वर्ग उसके ऊपर सीधे हुकूमत नहीं करता। ऐसे राज्य में धार्मिक संस्थाएँ और धार्मिक कारकुन राजनीतिक संस्थाओं और राजनीतिक कारकुनों से अलग होते हैं। राज्य धार्मिक लक्ष्यों को सर्वोपरि मानते हुए भी अलग तरह से काम करता है, उसकी सत्ता संरचनाएँ और उसके आंतरिक मानक भिन्न होते हैं। राज्य और धर्म का यह अलगाव अंतिम विश्लेषण में धर्म की सेवा में लगता है। मसलन, राज्य द्वारा जमा किया गया राजस्व धार्मिक कामों में ख़र्च किया जाता है और राज्य ऐसे क़ानून भी बना सकता है जो लोगों को धार्मिक एकत्रीकरण के लिए विवश करते हों। शताब्दियों तक इंग्लैण्ड, स्कॉटलैण्ड और जर्मनी ऐसे ही राज्य रहे हैं। उनमें प्रोटेस्टेंट ईसाइयत का बोलबाला रहा है। इटली और स्पेन ने कैथॅलिक धर्म को झण्डा बुलंद किया है। आज के ज़माने में पाकिस्तान और सऊदी अरब ऐसे ही राज्य हैं। एक से ज़्यादा धर्मों को मान्यता देने वाले राज्यों में धार्मिक सहिष्णुता का गुण होता है। अशोक द्वारा स्थापित राज्य इसका एक नज़दीकी उदाहरण है। मुग़ल सम्राट अकबर की महत्त्वाकांक्षाएँ भी इसी तरह का राज्य स्थापित करने की थी। चौदहवीं सदी का विजयनगर साम्राज्य भी ऐसा ही एक उदाहरण है जिसमें शैव, वैष्णव और जैन मत को एक साथ मान्यता दे रखी थी।

सेकुलर राज्य इन तीनों क़िस्म के राज्यों से अलग तरह का होता है। न तो धार्मिक लक्ष्य उसके लक्ष्य हो सकते हैं, न ही उसका संस्थागत रूप से धर्म से कोई रिश्ता हो सकता है और न ही क़ानून और सरकारी नीति के स्तर पर उसका धर्म से कोई लेन-देन सम्भव है। न वह किसी एक धर्म की स्थापना करेगा, न ही धार्मिक सहिष्णुता के नाम पर एक से अधिक धर्मों की।

राज्य और धर्म के अलगाव का एक स्थापित मॉडल राज्य और चर्च के पार्थक्य का है। कुछ विद्वान सेकुलरवाद को इस मॉडल का पर्याय मानते हैं, पर अधिक गहराई में जाने पर पता लगता है कि चर्च और राज्य का पार्थक्य किसी राज्य को सेकुलर बनाने के लिए ज़रूरी तो है पर अपने आप में पर्याप्त शर्त नहीं है। इस तरह का पार्थक्य तो तकनीकी रूप से उन राज्यों में भी होता है जो पुरोहित वर्गों द्वारा शासित नहीं होते और जहाँ धार्मिक और राजनीतिक तंत्र अलग-अलग काम करते हैं। सेकुलर राज्य के लिए लाज़मी यह है कि वह न केवल धार्मिक तंत्र से उसके विशेषाधिकार छीन ले, बल्कि उसके लक्ष्य भी प्रमुख रूप से सेकुलर हों। लेकिन, अगर

कोई राज्य सिर्फ़ सत्ता और सम्पत्ति अर्जित करने तक सीमित रहता है और शासितों की वफ़ादारी जीतने के लिए उनके धर्म में अ-हस्तक्षेप की नीति अपनाता है तो उसका सेकुलरवाद मूल्य आधारित नहीं माना जाएगा। भारत में अंग्रेज़ों की औपनिवेशिक हुकूमत इसी क़िस्म की थी। ऐसी हुकूमत ज़रूरत पड़ने पर धर्म से नाता जोड़ भी लेती है। एक मूल्य आधारित सेकुलर राज्य तभी बन सकता है जब वह सत्ता और सम्पत्ति को सेकुलर आधारों पर अर्जित करने के साथ-साथ शांति, स्वतंत्रता और समानता का वाहक बनते हुए शासितों को पूर्ण नागरिकता प्रदान करता हो।

एक मूल्य आधारित सेकुलर राज्य सामाजिक शांति-व्यवस्था की गारंटी करता है, भले ही उस राज्य में उत्तम जीवन की एक से अधिक परस्पर प्रतियोगितारत धारणाएँ सक्रिय हों। ऐसा राज्य अपनी नीतियों को इस प्रकार बनायेगा ताकि इन धारणाओं की वाहक शक्तियाँ आपस में बर्बरतापूर्ण संघर्ष पर न उतर सकें। मूल्य आधारित सेकुलर राज्य सहिष्णुता के उसूल पर चलता है और धार्मिक आधार पर किसी के उत्पीड़न की इजाज़त नहीं देता। वह एक तितरफ़ा धार्मिक स्वतंत्रता को कार्यान्वित करेगा। इसके तहत एक धर्म के भीतर उसके सदस्यों को बिना किसी उत्पीड़न के डर के उस धर्म की प्रधान या वर्चस्वी व्याख्याओं से असंतुष्ट होने, उन्हें चुनौती देने, उनकी आलोचना करने और उनके ख़िलाफ़ गोलबंदी करने के अधिकार की गारंटी होनी चाहिए। दूसरे, यह धार्मिक स्वतंत्रता एक धर्म को दूसरे धर्म पर प्राथमिकता नहीं प्राप्त करने देगी। तीसरे, यह अपने जन्मना धर्म को त्यागने और दूसरा धर्म क़बूल करने या बिना किसी धर्म के रहने की पूरी छूट देगी।

मूल्य आधारित सेकुलर राज्य से आशा की जाती है कि वह अपने नागरिकों को हुकूमत की आलोचना करने, उसके ख़िलाफ़ लोकतांत्रिक ढंग से जन-गोलबंदी करने और उसका विकल्प प्रस्तावित करने तक की अनुमति देगा। अमेरिकी संविधान में फ़र्स्ट एमेंडमेंट के नाम से मशहूर अनुच्छेद सेकुलरवाद से जुड़ी हुई धार्मिक स्वतंत्रता का विस्तार एक अधिक सामान्य धरातल पर अभिव्यक्ति की, शांतिपूर्ण गोलबंदी की और राजनीतिक असहमति की स्वतंत्रता तक करता है।

भिन्न सेकुलर राज्य धर्म के साथ अपने संबंध अलग-अलग ढंग से परिभाषित करते हैं। कुछ सेकुलर राज्य अपने मामलों में धर्म को क़तई हस्तक्षेप नहीं करने देते, पर स्वयं उनका रवैया हस्तक्षेपकारी होता है। भारत का सेकुलर राज्य धर्म में विधि निर्माण के ज़रिये सुधार करता है और आधुनिकीकरण की परियोजना अंजाम देता है। लेकिन वह धर्म को नष्ट करने के लिए अपनी शक्तियों का उपयोग नहीं करता। लेकिन, कुछ ऐसे राज्य भी होते हैं जो अपनी दख़लंदाज़ी के ज़रिये धर्म को नियंत्रित करने से लेकर उसे नष्ट करने तक के उपाय करते हैं। धर्म को भ्रांत चेतना, दकियानूसीपन या अंधविश्वास क़रार दे कर ऐसे राज्य पूरी तरह से धर्मविरोधी रवैया तक अख़्तियार कर लेते हैं। कम्युनिस्ट राज्य, तुर्की का सेकुलर राज्य या उन्नीसवीं सदी का फ़्रांसीसी लाइसिज़म इसका उदाहरण है। कुछ अन्य सेकुलर राज्य न तो धर्म को हस्तक्षेप करने देते हैं और न ही उसमें दख़ल देते हैं। धर्म को निजी मामला मान कर वे न तो उसके साथ सकारात्मक संबंध रखते हैं और न ही नकारात्मक संबंध। ऐसे राज्यों में धर्म का निजीकरण हो जाता है। अमेरिकी सेकुलरवाद इसी क़िस्म का है। दिलचस्प बात यह है कि एक धर्म की स्थापना करने के बावजूद कोई राज्य सेकुलर राज्य की श्रेणी में माना जा सकता है। ब्रिटेन एक ऐसा ही राज्य है। वह एंग्लीकन चर्च को औपचारिक मान्यता देने के बावजूद एक मूल्य आधारित सेकुलर राज्य की ऊपर वर्णित कसौटियों पर खरा उतरता है।

**देखें :** आधुनिकता, आधुनिकीकरण, केशवराव बलिराम हेडगेवार, बहुसंख्यकवाद, बहुसंख्यक-अल्पसंख्यक, भारतीय जनता पार्टी-1 और 2, माधवराव सदाशिवराव गोलवलकर, मुसलिम राजनीतिक विचार, रामजन्मभूमि आंदोलन-1 से 4 तक, राष्ट्रीय स्वयंसेवक संघ, विनायक दामोदर सावरकर, विवेकानंद, स्त्री और साम्प्रदायिकता, सेकुलरवाद, सेकुलरीकरण, सेकुलरवाद बनाम बहुसंख्यकवाद, सेकुलर राष्ट्रवाद के धार्मिक आयाम, सेकुलरवाद : भारतीय मॉडल-1 और 2, सेकुलरवाद : महाविवाद-1 से 7 तक, साम्प्रदायिकता, हिंदुत्व।

## संदर्भ

1. माइकिल वाल्ज़र (1984), 'लिबरलिज़्म ऐंड द आर्ट ऑफ़ सेपरेशन', *पॉलिटिकल थियरी,* खण्ड 12, अंक 3.
2. राजीव भार्गव (2008), 'सेकुलरिज़्म', राजीव भार्गव और अशोक आचार्य (सम्पा.), *पॉलिटिकल थियरी : ऐन इंट्रोडक्शन,* पियर्सन लोंगमेन, नयी दिल्ली.
2. अभय कुमार दुबे (सम्पा.) (2005), *बीच बहस में सेकुलरवाद,* लोक-चिंतन ग्रंथमाला, वाणी, नयी दिल्ली.
4. निकी आर. किड्डी, (2003) 'सेकुलरिज़्म ऐंड इट्स डिस्कटेंट्स', *डेडलस,* ग्रीष्म.
5. बर्नार्ड लेविस (1968), इमरजेंस ऑफ़ मॉडर्न टर्की, ऑक्सफ़र्ड युनिवर्सिटी प्रेस, लंदन.

— **अभय कुमार दुबे**

# सेकुलर राष्ट्रवाद के धार्मिक आयाम

(Religious Dimensions of Secular Nationalism)

क्या धर्म को राजनीतिक और सार्वजनिक जीवन से विस्थापित कर देने वाले सेकुलर राष्ट्र-राज्य के भी धार्मिक आयाम हो सकते हैं? क्या ये आयाम एक सीमा के बाद राष्ट्र-राज्य के सेकुलर पहलुओं के ऊपर हावी भी हो जाते हैं? इन प्रश्नों का उत्तर देने से पहले हमें मार्क्स का वह कथन याद रखना चाहिए जिसमें उन्होंने राज्य और धर्म के पार्थक्य पर टिप्पणी करते हुए कहा था कि राज्य के धर्म से मुक्त हो जाने का मतलब यह नहीं निकाला जाना चाहिए कि मनुष्य भी धर्म से मुक्त हो जाएगा। इसलिए विरोधाभासी और अंतर्विरोधी लगने के बावजूद इन सवालों का जवाब हाँ में है। सेकुलर राष्ट्र-राज्य ने धर्म को राजसत्ता का सिंह-द्वार नहीं रहने दिया, लेकिन वह उसे राजनीति से पूर्णत: बहिष्कृत नहीं कर पाया। सामाजिक धरातल पर धर्म का निजीकरण हो गया, अर्थात् उसके लिए गुंजाइशें बनी रहीं। इसका फ़ायदा उठा कर आमने-सामने की लड़ाई में पिट जाने के बावजूद उसने पिछले दरवाज़े से सेकुलर राष्ट्र-राज्य में घुसपैठ करने में कामयाबी हासिल की। इस परियोजना में उसे पश्चिमी सेकुलरवाद के उन आयामों से मदद मिली जिनके पीछे धार्मिक अंत:प्रेरणाएँ काम कर रही थीं।

ये धार्मिक अंत:प्रेरणाएँ क्या थीं और क्या हैं? इतिहास पर एक सरसरी नज़र डालने से स्पष्ट हो जाता है कि चर्च और राज्य का पार्थक्य ईसाइयत का आंतरिक और पश्चिमी सेकुलरवाद का अभिन्न घटक है। इसका उद्‌गम ईसाई धर्म के भीतरी विवादों में निहित रहा है। मार्टिन लूथर द्वारा प्रवर्तित प्रोटेस्टेंटवाद के बिना आज के सेकुलरवाद की कल्पना भी नहीं की जा सकती। इसीलिए सेकुलरवाद के कई आलोचक उसे एक प्रोटेस्टेंट रचना के रूप में पेश करते हैं। उनकी मान्यता है कि सेकुलरवाद सार्वभौम होने के दिखावे के पीछे अपने प्रोटेस्टेंट उद्‌गम को छिपाने की कोशिश करता है। अपने इसी पहलू के कारण वह संस्कृतियों के आर-पार मान्यता प्राप्त विचार की तरह विकसित होने में नाकाम हो गया है। प्रोटेस्टेंटीकृत और निजीकृत धर्मों के साथ सहज महसूस करने वाला सेकुलरवाद ऐसे धर्मों से निबटने में अक्षम है जो समुदायपरक हैं और जिनकी सार्वजनिक जीवन में प्रभावशाली उपस्थिति है। समूहों और समुदायों के प्रति ग़ैर-संवेदनशील होने के नाते यह सामुदायिक अधिकारों को सेकुलर दायरे से बाहर की चीज़ मानता है।

विचार के तौर पर सेकुलरवाद के ये पहलू उस समय धर्म के बाहरी और भीतरी प्रभाव से ग्रस्त हो जाने के लिए और अभिशप्त हो जाते हैं जब उसका राष्ट्रवाद से गठजोड़ होता है। उन्नीसवीं सदी तक सेकुलरवाद एक सिद्धांत के तौर पर नास्तिकवाद, अज्ञेयवाद और बुद्धिवाद का पर्याय बन चुका था। लेकिन, सेकुलर राष्ट्रवाद की व्यावहारिकताएँ विद्वत्तापूर्ण पुस्तकों में दर्ज सेकुलर सिद्धांत से अलग तरह की थीं। अपने बोलबाले के लिए सेकुलर राष्ट्रवाद को भी तर्कातीत क़िस्म की निष्ठाओं ('बुद्धि की देवी के शिष्यों में अंध आस्था') की आवश्यकता थी। यह ज़रूरत सेकुलर आस्था में निहित एक अदृश्य धार्मिक मर्म की तरफ़ इशारा करती है।

फ्रांसीसी क्रांति ने रैडिकल लोकतंत्र, राष्ट्रवाद और सेकुलरवाद के गठजोड़ की जो विरासत आधुनिक जगत को सौंपी है, उसमें धार्मिक आवेग के तत्त्व रहे हैं। यह क्रांतिकारी लोकतंत्र अपने अनुयायियों से उम्मीद करता था कि वे बुद्धि की देवी के उन प्रिय शिष्यों के नेतृत्व में अंध आस्था रखेंगे जिनकी प्रगल्भ वक्तृता उन्हें लोकतंत्र की मशाल थमाने जा रही है। इसी तरह अमेरिकी सेकुलरवाद को जन्म देने वाली लोकतांत्रिक क्रांति का भी एक धार्मिक पहलू था। उसके कई नेताओं के ऊपर अट्‌ठारहवीं सदी के उस धार्मिक मत का प्रभाव था जिसके तहत चर्च के धर्म को विज्ञान की कसौटी पर कसने के बाद ख़ारिज करने की मुहिम चलाई गयी थी। अमेरिका की ही तरह फ्रांस ने भी 'सिविल रिलीज़न' जैसी धारणाएँ विकसित की थीं जिसमें सेकुलर राष्ट्रवाद और ईसाइयत के प्रतीक चिह्नों का सहअस्तित्व था।

दूसरी तरफ़ ईसाइयत ने भी सेकुलर आक्रमण के ख़िलाफ़ दोहरी रणनीति अपनायी। इस रणनीति का एक पहलू रक्षात्मक पैंतरा लेते हुए सेकुलर ईसाइयत के विचार का सूत्रीकरण करना था। बीसवीं सदी में जर्मन धर्मशास्त्री बीट्रिश बॉनहोफ़र ने घोषित किया कि ईसाइयत की सेकुलर व्याख्या अनिवार्य है। इस प्रक्रिया के परिणामस्वरूप पश्चिम ने बाक़ी दुनिया को जो सेकुलर संरचनाएँ थमायीं, उनमें ईसाइयत के कई सेकुलरीकृत रूप थे। मिसाल के तौर पर पोप ग्रेगरी द्वारा बनाया गया कैलेण्डर, रविवार को रखा जाने वाला साप्ताहिक अवकाश और क्रॉस की प्रतीक चिह्न नेक-टाई। रोज़मर्रा के इस्तेमाल में आने वाली इन बातों के ईसाई इतिहास की चर्चा शायद ही कभी होती हो।

रणनीति का दूसरा पहलू ईसाइयत द्वारा सेकुलर राजनीति में सीधे हस्तक्षेप के रूप में सामने आया। जिस ज़माने में युरोप में सेकुलरवाद की दुंदुभि बज रही थी, उसी समय जर्मनी के कैथॅलिकों ने अपना राजनीतिक दल बनाया और उल्लेखनीय ताक़त हासिल करके दिखाई। पिछले पचास

साल में युरोपीय राजनीति में धर्म आधारित पार्टियों ने बार-बार अपनी दावेदारियाँ पेश की हैं। अमेरिका में धर्म की समाजशास्त्रीय और बुद्धिवादी व्याख्याओं के ख़िलाफ़ उन्नीसवीं सदी के आख़िरी दशकों से ही प्रोटेस्टेंट अनुदारतावादियों का आंदोलन चल रहा है। ये लोग प्राथमिक शिक्षा के स्तर से ही व्यक्ति के जीवन में धार्मिक अंश बढ़ाने की पैरोकारी करते हैं। अमेरिकी जन-जीवन पर कैथॅलिक चर्च के प्रभाव को भी कम करके नहीं आँका जा सकता। गर्भपात को वैध करने और समलैंगिक रिश्तों को क़ानूनी जामा पहनाने की मुहिमों को लगातार कैथॅलिकों के कड़े प्रतिरोध का सामना करना पड़ा है।

पश्चिम के सेकुलर देशों का रवैया उपनिवेशवाद के दौर में अपने अधीनस्थ देशों के प्रति सेकुलर नहीं रहा है। फ्रांस ने अपने यहाँ तो धार्मिक शिक्षा को हतोत्साहित किया, पर उपनिवेशों में ईसाई शिक्षा को बढ़ावा दिया। भारत में दलित समाज के नेता भीमराव आम्बेडकर ने हिंदू समाज के सेकुलरीकरण की उपेक्षा करने के लिए अंग्रेज़ों की कड़ी आलोचना की है। भारत में धार्मिक अस्मिताओं का उपनिवेशवादी स्वार्थों के लिए दोहन करने के चक्कर में अंग्रेज़ों ने धार्मिक आधार पर गोलबंदी के लिए ऐतिहासिक रूप से ज़मीन बनायी। इसीलिए आज़ादी के बाद भारतीय सेकुलरवाद को विभिन्न राजनीतिकृत धार्मिक अस्मिताओं का सामना करना पड़ा।

**देखें** : आधुनिकता, आधुनिकीकरण, केशवराव बलिराम हेडगेवार, बहुसंख्यकवाद, बहुसंख्यक-अल्पसंख्यक, भारतीय जनता पार्टी-1 और 2, माधवराव सदाशिवराव गोलवलकर, मुसलिम राजनीतिक विचार, रामजन्मभूमि आंदोलन-1 से 4 तक, राष्ट्रीय स्वयंसेवक संघ, विनायक दामोदर सावरकर, विवेकानंद, स्त्री और साम्प्रदायिकता, सेकुलरवाद, सेकुलरीकरण, सेकुलरवाद बनाम बहुसंख्यकवाद, सेकुलर बनाम धार्मिक राज्य, सेकुलरवाद : भारतीय मॉडल-1 और 2, सेकुलरवाद : महाविवाद-1 से 7 तक, साम्प्रदायिकता, हिंदुत्व।

### संदर्भ

1. कार्ल मार्क्स (1975), *ऑन द ज्युइश क्वेश्चन*, कलेक्टिड वर्क्स, प्रोग्रेस पब्लिशर्स, मास्को.
2. टी.एन. मदन (1997), *मॉडर्न मिथ्स, लॉक्ड माइंड्स*, ऑक्सफ़र्ड युनिवर्सिटी प्रेस, नयी दिल्ली.
3. त्रिलोकी नाथ मदन (2005), 'सेकुलरवाद की सीमा', अभय कुमार दुबे (सम्पा.), *बीच बहस में सेकुलरवाद*, लोक-चिंतन ग्रंथमाला, वाणी, नयी दिल्ली.
4. मार्क जुरगेंसमेयर (1993), *रिलीजस नैशनलिज़्म कन्फ्रंट्स द सेक़ुलर स्टेट*, ऑक्सफ़र्ड युनिवर्सिटी प्रेस, नयी दिल्ली.
4. राजीव भार्गव (2008), 'सेकुलरिज़्म', राजीव भार्गव और अशोक आचार्य (सम्पा.), *पॉलिटिकल थियरी : ऐन इंट्रोडक्शन*, पियर्सन लोंगमेन, नयी दिल्ली.

**— अभय कुमार दुबे**

# सेकुलरवाद बनाम बहुसंख्यकवाद

(Secularism Versus Majoritarianism)

सेकुलरवाद के साथ घनिष्ठता का दावा बहुसंख्यकवाद के कई पैरोकारों ने किया है। यह असम्भव नहीं है कि कोई निजी ज़िंदगी में घोषित रूप से सेकुलर हो, पर सार्वजनिक जीवन में किसी एक धर्म या जातीयता आधारित राजनीतिक पहचान के वर्चस्व के लिए काम करता नज़र आये। ज़ियनवादी इज़रायल के संस्थापक थियोडोर हर्ज़ल, मुसलमानों के लिए पाकिस्तान की स्थापना करने वाले मुहम्मद अली जिन्ना और राजनीतिक हिंदुत्व के संस्थापक विनायक दामोदर सावरकर बुद्धिवादी आग्रहों के हामी थे। इन तीनों की मिसाल बताती है कि किसी एक समुदाय के दबदबे वाले राष्ट्र की स्थापना के लिए ग़ैर-सेकुलर मुहिम चलाने के बाद उसे सेकुलर रूप देने की कोशिशें भी की जा सकती हैं। ज़ियनवादी आधार के बावजूद इज़रायल आज सेकुलर समाज होने का दावा करता है। जिन्ना की बात उनके उत्तराधिकारियों ने नहीं मानी, हालाँकि उन्होंने 14 अगस्त, 1947 को एक राष्ट्र के रूप में पाकिस्तान का उद्घाटन करते हुए उसे आधुनिक सेकुलर राज्य बनाने का आह्वान किया था। सावरकर के हिंदुत्व का एक महत्त्वपूर्ण तात्पर्य यह भी है कि वह अल्पसंख्यकों के लिए ग़ैर-सेकुलर, लेकिन हिंदू बहुसंख्या के लिए सेकुलर मंतव्यों वाला सिद्धांत है। ज़ाहिर है कि अगर सेकुलरवाद को बहुलतावाद से आवेशित न किया जाए, और उसे केवल धर्मतंत्रीय राज्य की मुख़ालफ़त तक ही सीमित रखा जाए तो कोरी आधुनिकता, निर्मम बुद्धिवाद और सामाजिक-सांस्कृतिक समरूपीकरण का बुलडोज़र उसे अनुदार, बहुसंख्यकवादी और यहाँ तक फ़ासीवादी हाथों का औज़ार भी बना सकता है। बहुलतावाद से रहित सेकुलरवाद किसी समुदाय के आंतरिक आधुनिकीकरण का वाहक़ तो हो सकता है, पर समुदाय की सीमाओं से बाहर वह 'अन्यीकरण' अर्थात् कुछ समुदायों को पराया घोषित करने की राजनीति के ख़िलाफ़ कुछ नहीं कर पाता।

बहुसंख्यकवाद एक धर्म या जाति या जातीयता में पैदा हुए लोगों के किसी दूसरे धार्मिक समुदाय पर प्रभुत्व का ही नाम नहीं है। यह रवैया एक धर्म के भीतर भी पनपता है। पाकिस्तान का उदाहरण बताता है कि किस तरह इसलाम के भीतर सुन्नी बहुसंख्यकवादी प्रभुत्व ने शियाओं और अहमदियों को दूसरे दर्जे के नागरिक की हैसियत में धकेल दिया है। पाकिस्तानी संविधान का अनुच्छेद 260 अहमदियों को ग़ैर-मुसलमान अल्पसंख्यक क़रार दे कर उनके धार्मिक

और सामाजिक जीवन को इसलामिक प्रतीकों के इस्तेमाल से वंचित कर देता है। अहमदियाओं के लिए अपने पूजा स्थल को मसजिद तक कहना एक अपराध है। इज़रायल घोषित रूप से यहूदी बहुसंख्यक राष्ट्र है। उसका लोकतंत्र यहूदी बहुसंख्या के हितों के लिए काम करने वाली व्यवस्था है। जब वह अपने अरब नागरिकों को ही पूरे अधिकार नहीं देता, तो उससे यह उम्मीद करना बेकार ही है कि वह फ़िलस्तीनियों को आज़ादी दे देगा।

सेकुलरवाद की व्यावहारिक राजनीति और सेकुलर राज्य के समकालीन इतिहास पर नज़र दौड़ाने पर प्रतीत होता है कि विचार पिछले कुछ दशकों से संकट का सामना कर रहा है। सेकुलर उसूलों पर आधारित राजनीतिक संस्थाएँ और सेकुलर उद्देश्यों को प्राप्त करने में लगी हुई हुकूमतों की वैधता साँसत में पड़ी हुई है। मिस्र, सूडान, अल्जीरिया, ट्यूनीशिया, नाइजीरिया, सेनेगल और तुर्की में सेकुलर राज्य और सेकुलर सिद्धांत को प्रश्नांकित करने वाला घटनाक्रम चला है। पिछले दो दशकों में पाकिस्तान और बांग्लादेश के राज्य अगर पूरी तरह से धर्मतंत्रीय नहीं बने, तो कम से कम उनमें उस तरह के रुझान अवश्य पैदा हो गये हैं। पोलैण्ड में धार्मिक आधार वाले आंदोलन का उदय हो चुका है, और अमेरिकी राजनीति में भी प्रोटेस्टेंट कट्टरपंथ की ताक़तें मज़बूत हुई हैं। पश्चिमी युरोप में सेकुलर राज्य को पूर्व-उपनिवेश से आये प्रवासी मज़दूरों के साथ-साथ भूमण्डलीकरण की सघन हो रही प्रक्रियाओं का सामना करना पड़ रहा है। सिक्ख राष्ट्रवाद तो भारतीय राष्ट्रवाद के सेकुलर आधारों के ख़िलाफ़ सशस्त्र विद्रोह ही कर चुका है। श्रीलंका में बौद्ध सिंहली राष्ट्रवाद ने निरंकुश रवैया अख़्तियार करके तमिलों के जातीय नरसंहार पर कमर कस रखी है। इनमें से ज़्यादातर उदाहरण बहुसंख्यकवादी राजनीति के हैं, जो अक्सर धर्म आधारित राजनीतिक पहचान के ज़रिये सेकुलर राज्य की संकल्पना को चुनौती देने में लगी हुई है।

ज़ाहिर है कि पिछले पचास साल से एक सदी के सेकुलर प्रयोगों के सभी नतीजे इच्छित नहीं निकले हैं। समाज, धर्म और राज्य के रिश्तों का सेकुलर विकास होने के साथ-साथ कुछ नयी विकृतियाँ भी पैदा हुई हैं जिनकी ज़िम्मेदारी से बचना सेकुलरवाद के लिए मुश्किल होता जा रहा है। सेकुलरवाद पर आक्रमण करने वालों में राजनेता, नागर समाज के समूह और पुरोहित ही नहीं, बल्कि अकादमीशियन भी शामिल हैं। इन आलोचकों का मक़सद अलग-अलग है। पुरोहितों और धर्म आधारित राजनीति की मंशा तो स्पष्ट रूप से सेकुलर राज्य को इतिहास के कूड़ेदान में फेंकने की है। लेकिन, बहुसंख्यकवाद के कुछ पैरोकार लोकतंत्र और सेकुलरवाद को ख़ारिज करने के बजाय उनकी परिभाषा ही बदल देना चाहते हैं। सेकुलरवाद को भीतर से पलट देने की यह संगीन कोशिश बेहद नफ़ीस ढंग से चलाई जा रही है।

हिंदू बहुसंख्यकवाद : सेकुलरवाद को ऐसी चुनौती भारत की ज़मीन पर हिंदू राष्ट्रवाद की दावेदारियों ने दी है। उसने चुनावी लोकतांत्रिक राजनीति में भागीदारी करते हुए सेकुलरवाद की मौजूदा संरचनाओं को छद्म क़रार देकर राजतंत्र को बहुसंख्यकवादी मोड़ देने का नियोजित प्रयास किया है। इन बहुसंख्यकवादियों का तर्क है कि भारतीय समाज तो अपनी हिंदू बहुसंख्या के कारण नैसर्गिक रूप से सेकुलर और सहिष्णु है। इन लोगों की निगाह में संविधानसम्मत सेकुलर राज्य अपने मर्म में हिंदू राष्ट्र ही है, भले ही ऐसी घोषणा न की गयी हो। अल्पसंख्यक समुदायों को मिलने वाली किसी भी विशेष सुविधा को बहुसंख्यकवाद तुष्टीकरण की नीति क़रार देते हैं। लोकतंत्र में होने वाले चुनावी संख्या के खेल का फ़ायदा उठा कर ये लोग हिंदुओं की आंतरिक बहुलता, विविधता और सहिष्णुता को अपने सच्चे सेकुलरवाद का पर्याय बताते हुए उसे छद्म यानी सरकारी सेकुलरवाद के ख़िलाफ़ स्थापित करने की कोशिश करते हैं। हम जानते हैं कि बहुलता और सहिष्णुता सेकुलरवाद का एक गुण अवश्य है, पर वह उसकी पर्याप्त शर्त नहीं हो सकती। इसी तरह बहुसंख्यकवाद की भित्ति हिंदू के रूप में पैदा हुए लोगों के स्थाई और इस प्रकार अलोकतांत्रिक बहुमत के आधार पर बनती है। लोकतांत्रिक बहुमत अस्थाई और बनते-बिगड़ते बहुमत और अल्पमत से तैयार होता है।

दिलचस्प बात यह है कि इस दावे के प्रति उन राजनीतिक शक्तियों के बीच भी हमदर्दी देखी जाती है जो साम्प्रदायिक आधार पर की जाने वाली राजनीति का विरोध करती हैं। हिंदुओं की धार्मिक बहुलता और विविधता को सेकुलर प्रवृत्तियों से सम्पन्न मान लेने का नतीजा यह निकला है कि अल्पसंख्यकों को पूर्ण नागरिकता प्रदान करने के समर्थक भी भीतर ही भीतर राष्ट्र-निर्माण की प्रक्रिया में उनकी भूमिका न के बराबर ही देखते हैं। यह रवैया कुछ इस प्रकार का है : अल्पसंख्यकों (ख़ासकर मुसलमान समुदाय) को लोकतंत्र के मानकों के लिहाज़ से बराबरी का दर्जा मिलना चाहिए। वैसे भी ज़्यादातर मुसलमान किन्हीं परिस्थितियों में धर्मांतरण करने वाले हिंदू ही हैं। उन्हें एक व्यापक हिंदू संस्कृति का अंग समझा जाना चाहिए। उनकी तो केवल पूजा पद्धति अलग है। वे 'मुहम्मदिया हिंदू' या 'सनातनी मुसलमान' हैं। राष्ट्रीय स्वंयसेवक संघ जैसे हिंदू राष्ट्रवादी संगठन यह सूत्रीकरण खुले रूप में करते हैं, पर उसके कई विरोधी (जिनका ताल्लुक़ कम्युनिस्ट, समाजवादी और गाँधीवादी आंदोलन तक से है) इसी तरह के विमर्श को घुमा फिरा कर चलाते हैं। सेकुलरवाद के बारे में चर्चा करते समय उनका ज़ोर उसे कट्टर हिंदू के मुक़ाबले उदार हिंदू के संघर्ष

में सीमित कर देने पर रहता है। देखने में हिंदू बनाम हिंदू का यह फ़ार्मूला डॉ. लोहिया की एक बेहतरीन रचना से उठाया गया ज़रूर लगता है, पर असल में इसकी मंशा हिंदू मानस पर आलोचनात्मक दृष्टि न डाल कर सेकुलर विमर्श से अल्पसंख्यकों (विशेष रूप से मुसलमान) ग़ैरहाज़िर करने की रहती है।

छद्म और सच्चे सेकुलरवाद की इस बहस में सांस्कृतिक राजनीति के ज़रिये कई तरह की पेचीदगियाँ पैदा की गयी हैं। सेकुलरिज़्म शब्द के विभिन्न विभिन्न भारतीय भाषाओं में अनुवादों की मिसाल से इस चालाकी को समझा जा सकता है। सेकुलरिज़्म को हिंदी में धर्मनिरपेक्षता के रूप में व्यक्त करने वाले लोगों की समझ यह है कि राज्य को किसी भी धर्म (चाहे वह हिंदू हो या कोई और) से निरपेक्ष रहना चाहिए। लेकिन, सेकुलरिज़्म को पंथनिरपेक्षता के रूप में व्यक्त करने वाले धर्म और पंथ में फ़र्क़ करते हैं। उनकी निगाह में हिंदू एक धर्म होने के नाते श्रेष्ठ और राज्य द्वारा धारण किये जाने योग्य है। इसलाम, ईसाई, सिक्ख आदि पंथ होने के नाते कमतर हैं और राज्य को इनसे निरपेक्ष रहना चाहिए। सेकुलरिज़्म का तीसरा अनुवाद सर्वधर्म समभाव के रूप में सामने आता है, जिसका मतलब यह निकलता है कि राज्य को सभी धर्मों से बराबर की दूरी रखनी चाहिए। अगर राज्य ऐसा नहीं कर पाता, तो उसका सेकुलरवाद दोषपूर्ण है। उर्दू में सेकुलरिज़्म का एक अनुवाद ला-दीनियत प्रचलित है जिसका मतलब निकलता है धर्म का विरोध। यह अनुवाद केवल उन लोगों को पसंद आ सकता है जो सेकुलरवाद को नास्तिकता और बुद्धिवाद का पर्याय मानते हैं। कन्नड़ में सेकुलरिज़्म को लौकिकवाद के रूप में व्यक्त किया जाता है, जो एक बार फिर उसकी समझ को बुद्धिवादी श्रेणी में सीमित करने का प्रयास है। इस तरह की सेकुलरवादी समझ धर्म के प्रति आलोचनात्मक आदर के दृष्टिकोण से वंचित रह जाती है।

ये परिभाषाएँ या तो सेकुलर राज्य को हिंदू वर्चस्व की तरफ़ धकेलने का बेहिचक मक़सद रखती हैं, या सेकुलरवाद को धर्म विरोधी सिद्धांत के रूप में पेश करके उसे सामाजिक वैधता से पूरी तरह काट देती हैं। सामाजिक वैधता से कटते ही राज्य का सेकुलरत्व सार्वजनिक जीवन में आधारहीन हो कर कुछ मुट्ठी भर आधुनिकतावादियों और बुद्धिवादियों की विचारधारा में सीमित रह जाता है।

**देखें** : आधुनिकता, आधुनिकीकरण, केशवराव बलिराम हेडगेवार, बहुसंख्यकवाद, बहुसंख्यक-अल्पसंख्यक, भारतीय जनता पार्टी-1 और 2, माधवराव सदाशिवराव गोलवलकर, मुसलिम राजनीतिक विचार, रामजन्मभूमि आंदोलन-1 से 4 तक, राष्ट्रीय स्वयंसेवक संघ, विनायक दामोदर सावरकर, विवेकानंद, स्त्री और साम्प्रदायिकता, सेकुलरवाद, सेकुलरीकरण, सेकुलर बनाम धार्मिक राज्य, सेकुलर राष्ट्रवाद के धार्मिक आयाम, सेकुलरवाद : भारतीय मॉडल-1 और 2, सेकुलरवाद : महाविवाद-1 से 7 तक, साम्प्रदायिकता, हिंदुत्व।

**संदर्भ**

1. अभय कुमार दुबे (2005), 'सेकुलर हिंदू वर्चस्व : अनुवाद, निरपेक्षता और समभाव की राजनीति', अभय कुमार दुबे (सम्पा.), *बीच बहस में सेकुलरवाद*, लोक-चिंतन ग्रंथमाला, वाणी, नयी दिल्ली.
2. राजीव भार्गव (2008), 'सेकुलरिज़्म', राजीव भार्गव और अशोक आचार्य (सम्पा.), *पॉलिटिकल थियरी : ऐन इंट्रोडक्शन*, पियर्सन लोंगमेन, नयी दिल्ली.
3. राममनोहर लोहिया (1995), 'हिंदू बनाम हिंदू', *परिवेश*, मुरादाबाद.
4. रजनी कोठारी (2005), 'बहुसंख्यकवाद से निकली साम्प्रदायिकता', अभय कुमार दुबे (सम्पा.), *बीच बहस में सेकुलरवाद*, लोक-चिंतन ग्रंथमाला, वाणी, नयी दिल्ली.

**— अभय कुमार दुबे**

# सेकुलरवाद : भारतीय मॉडल-1

## (उसूली फ़ासले का सिद्धांत)

## (Secularism: Indian Model-1)

सेकुलरवाद के पश्चिमी मॉडल के साथ तुलना की जाए तो भारतीय सेकुलरवाद में उसके सभी लक्षण दिखाई पड़ते हैं। धार्मिक स्वतंत्रता और नागरिक समानता के लिहाज़ से भारतीय संविधान पश्चिम की ही भाँति राज्य और धर्म के बीच पार्थक्य की दीवार खड़ा करता है। लेकिन, इस समानता के साथ-साथ भारतीय सेकुलरवाद पश्चिमी मॉडल से काफ़ी भिन्न भी है। इन समानताओं और भिन्नताओं को समझना आवश्यक है।

समानताएँ : संविधान के अनुच्छेद 25, 25(1), 27, 28 और धार्मिक कामकाज में सरकारी धन ख़र्च करने को प्रतिबंधित करते हैं। सरकारी कोष द्वारा संचालित किसी भी स्कूल में धार्मिक शिक्षा पर पाबंदी है। हर व्यक्ति को अपने अंत:करण के आधार पर अपना धर्म चुनने, उसका पालन करने और प्रचार करने की आज़ादी है। अंत:करण की यह स्वतंत्रता किसी धर्मविहीन व्यक्ति की स्वतंत्रता की भी गारंटी करती है। संविधान धर्म और धर्म से संबंधित किसी भी ख़र्चे के लिए राज्य को व्यक्ति पर कोई टैक्स लगाने का अधिकार नहीं देता। अगर किसी शिक्षा संस्था में किसी भी तरह का धार्मिक पूजा-पाठ होता है या धार्मिक शिक्षा दी जाती है तो उसमें भाग लेने के लिए किसी व्यक्ति को मजबूर नहीं किया जा सकता।

दूसरी तरफ़ संविधान के अनुच्छेद 14, 15(1) और 29(2) धर्म, जाति, नस्ल, लिंग और जन्मस्थान के आधार पर किसी नागरिक के साथ भेदभाव को प्रतिबंधित करते हैं। राज्य द्वारा संचालित किसी शिक्षा संस्थान में इन आधारों पर किसी व्यक्ति को दाख़िले से वंचित नहीं किया जा सकता, न ही सरकार नौकरी देने के मामले में किसी के साथ इस तरह का भेदभाव कर सकती है। सार्विक मताधिकार संबंधित अनुच्छेद और उसके साथ-साथ अनुच्छेद 325 के तहत मतदाता सूची में कोई व्यक्ति उक्त आधारों पर अपना नाम शामिल नहीं करा सकता।

इन प्रतिबंधों का मतलब साफ़ है। संविधान के प्रावधान धर्मतंत्रीय राज्य और किसी धर्म को औपचारिक मान्यता की सम्भावनाओं को ख़ारिज करते हैं। हालाँकि उसकी सहिष्णुता पारम्परिक हिंदू सहिष्णुता से अलग तरह की है, पर इससे भी इनकार नहीं किया जा सकता कि भारतीय समाज की पारम्परिक सहिष्णुता के तत्त्वों ने संविधान प्रदत्त सहिष्णुता की संरचना में योगदान किया है।

भिन्नताएँ : कम से कम छह ऐसे लक्षण हैं जो भारतीय सेकुलरवाद को पश्चिमी मॉडल से अलग दिखाते हैं।

पहली भिन्नता यह है कि भारतीय मॉडल संविधान के अनुच्छेद 26 और 30(1) के अनुसार धार्मिक और ग़ैर-धार्मिक स्वतंत्रताओं और समानता को व्यक्तिगत आधार पर ही नहीं बल्कि शांति, सहिष्णुता और ग़ैर-व्यक्तिगत आधार पर स्थापित स्वतंत्रता और समानता के मूल्यों को भी मान्यता देता है। इसका मतलब यह हुआ कि यह मॉडल व्यक्तियों को ही नहीं, बल्कि समुदायों को भी अपनी धार्मिक आस्थाओं के मुताबिक़ शिक्षा संस्थाएँ चलाने की इजाज़त देता है ताकि वे अपनी विशिष्ट धार्मिक परम्पराओं की संरक्षा कर सकें।

दूसरी भिन्नता यह है कि सेकुलरवाद का भारतीय मॉडल एक बहुधार्मिक समाज में एक धर्म द्वारा किसी दूसरे धर्म पर प्रभुत्व जमाने के प्रति ही नहीं, बल्कि किसी धर्म के भीतर प्रभुत्व की परिघटना का भी ध्यान रखता है। इसीलिए भारत में अल्पसंख्यकों को उनकी विशेष आवश्यकताओं और माँगों के हिसाब से अधिकारों का प्रावधान किया गया है। धार्मिक समुदायों को राजनीतिक आरक्षण दिया भी जाता है, और कुछ निश्चित संदर्भों में उनकी यह माँग नहीं भी मानी जाती है। कुल मिला कर इस तरह के आरक्षण की भारतीय संविधान में गुंजाइश है।

तीसरी भिन्नता यह है कि भारतीय मॉडल राज्य और धर्म के बीच पार्थक्य के मामले में उसूली फ़ासले के सिद्धांत से प्रतिबद्ध है। भारतीय मॉडल की समझ स्पष्ट करने के लिए ज़रूरी है कि उसूली फ़ासले के सिद्धांत पर विस्तार से ग़ौर किया जाए।

पश्चिमी मॉडल में पार्थक्य का मतलब है राज्य और धर्म का परस्पर अलगाव। पर उसूली फ़ासले का सिद्धांत पार्थक्य के सिद्धांत की अलग समझ सामने लाता है। लक्ष्यों और संस्थाओं के धरातल पर धर्म और राज्य का पार्थक्य बिल्कुल स्पष्ट है, पर क़ानून और नीति के धरातल उसकी स्थिति अलग है। युरोपीय ज्ञानोदय के विचारों से अलग हटते हुए भारतीय मॉडल मानता है कि मनुष्य भौतिक जगत और अपने अस्तित्व से परे जाते हुए किसी अलौकिक सत्ता में यक़ीन कर सकता है, और उस आस्था के आधार पर सार्वजनिक जीवन में अपनी गतिविधियों को नियोजित भी कर सकता है। भारतीय मॉडल मानता है कि धर्म एक संचित परम्परा होने के साथ-साथ लोगों की अस्मिता का स्रोत भी है। लेकिन इस मान्यता के साथ-साथ भारतीय मॉडल धार्मिक निष्ठा को किसी अनिच्छुक व्यक्ति के गले उतारने के ख़िलाफ़ भी है, और न ही वह धार्मिक आधार पर स्वतंत्रताओं और अन्य संसाधनों के असमान वितरण की अनुमति देता है। उसूली फ़ासले का तात्पर्य यह है कि धर्म के आधार पर राष्ट्र और राज्य को परिभाषित नहीं किया जा सकता, पर इससे धर्म का सार्वजनिक महत्त्व ख़ारिज नहीं हो जाता।

उसूली फ़ासले का सिद्धांत धर्म और राज्य के बीच पार्थक्य के मामले में लचीला रवैया अपना कर देखता है कि किसी धर्म की प्रकृति, संदर्भ और मौजूदा स्थिति क्या है। वह राज्य में धर्म के हस्तक्षेप की इजाज़त देने के लिए तैयार हो सकता है, बशर्ते उसके ज़रिये स्वतंत्रता, समानता या सेकुलर मूल्यों को प्रोत्साहन मिलता हो। इसी आधार पर भारतीय राज्य तय करता है कि किस धर्म में कितना हस्तक्षेप करना है और किस धर्म के प्रति अ-हस्तक्षेप की नीति अख़्तियार करनी है। अपने ऐतिहासिक विकास और सामाजिक स्थिति के कारण कोई एक धर्म सेकुलर मूल्यों के लिहाज़ से राज्य के हस्तक्षेप के लिए अधिक उपयुक्त हो सकता है, जबकि किसी दूसरे धर्म में भिन्न स्थिति के कारण राज्य उसी तरह का क़ानूनी हस्तक्षेप न करने की निर्णय ले सकता है। उदाहरण के लिए सामाजिक समानता के सिद्धांत के मुताबिक़ राज्य को जातिगत ऊँच-नीच ख़त्म करने के लिए हिंदू धर्म में अधिक हस्तक्षेप करना चाहिए। उसी तरह धार्मिक विविधता क़ायम रखने के लिए इसलाम और ईसाइयत उसके अधिक हस्तक्षेप का पात्र होना चाहिए। ज़ाहिर है कि राज्य सभी धर्मों में एक ही तरह और बराबर का हस्तक्षेप करने या न करने का निर्णय नहीं ले सकता। ज़ाहिर है कि इसके लिए राज्य को कुछ निश्चित मूल्यों और सिद्धांतों के मुताबिक़ एक ग़ैर-संकीर्ण रवैया अपनाते हुए अलग-अलग धर्मों की स्थिति के मुताबिक़ उनमें हस्तक्षेप का विवेकसम्मत अख़्तियार करना होगा।

वैसे भी कई क़ानून किन्हीं ख़ास धार्मिक प्रथाओं और रिवाज़ों को सेकुलर मूल्यों के हिसाब से तरमीम करने के लिए बनाये जाते हैं, और उनका प्रयोग दूसरे धर्मों पर नहीं होता जहाँ वे रीति-रिवाज़ प्रभावी नहीं होते। मसलन, देवदासी प्रथा को प्रतिबंधित करने वाला क़ानून ग़ैर-हिंदू धर्मों पर लागू नहीं किया जा सकता। दूसरे, उदारतावादी लोकतंत्र में कोई भी क़ानून जन-वैधता की माँग करता है। कम से कम उसके लिए समुदाय के प्रतिनिधियों की सहमति तो आवश्यक है ही। अगर किसी क़ानून के लिए केवल एक ही समुदाय के प्रतिनिधियों ने सहमति दी है तो बेहतर यही होगा कि केवल उसी समुदाय के लिए क़ानून बनाया जाए।

ज़ाहिर है कि यह रवैया धर्मों के प्रति पूर्ण तटस्थता के दृष्टिकोण से तो अलग है ही, यह सभी धर्मों को समान भाव से देखने के विचार से भी भिन्न है। समभाव का सिद्धांत उसूली के बजाय बराबरी के फ़ासले का प्रतिपादन करता है। यानी अगर राज्य किसी एक धर्म में निश्चित हस्तक्षेप करता है तो वह दूसरे धर्म में भी उतना ही हस्तक्षेप करे। दरअसल, उसूली फ़ासले के पीछे वैचारिक आग्रह यह है कि अगर सभी के साथ समानता का व्यवहार करना है तो उस समानता को वास्तविक बनाने के लिए समरूप नहीं बल्कि विवेकसम्मत विभेदीकृत व्यवहार का सहारा लेना होगा।

मसलन, अगर किसी एक धार्मिक संस्कृति में कोई आचरण प्रतिबंधित या विनियमित है, तो उसूली फ़ासले के मुताबिक़ दूसरी धार्मिक संस्कृति में उसकी अनुमति दी जा सकती है अगर उसके सदस्यों के बीच उसके लिए सकारात्मक मान्यता प्रचलित है। सारी दुनिया में मुसलमान, सिक्ख या यहूदी ऐसी कई माँगें करते हैं। कई रिपब्लिकन या उदारतावादी सिद्धांतकारों को इन माँगों से दिक़्क़त होती है क्योंकि वे समान व्यवहार या समान स्वतंत्रता के हामी होते हैं। धार्मिक समूह न केवल राज्य से उनके मामलों में अ-हस्तक्षेप की नीति अपनाने की माँग कर सकते हैं, बल्कि वे राज्य से इस प्रकार का हस्तक्षेप करने की माँग भी कर सकते हैं जिसके तहत मिलने वाली विशेष सहायता के ज़रिये उन्हें वह उपलब्ध हो सके जो बहुसंख्यक या प्रधान समूहों को सहज रूप से प्राप्त होता रहता है। इसके अलावा धार्मिक समूह अपने अलग विवाह क़ानूनों की माँग कर सकते हैं, सम्पत्ति और उत्तराधिकार संबंधी भिन्न क़ानूनों का आग्रह कर सकते हैं। उसूली फ़ासले का सिद्धांत एक सेकुलर राज्य को गुंजाइश देता है कि वह धार्मिक समूहों को ऐसे क़ानूनों की मातहती में न रहने दे जो उन्हें अन्यायपूर्ण लगते हैं।

चौथी भिन्नता यह है कि उसूली फ़ासले के सिद्धांत के तहत राज्य धर्म के किन्हीं आयामों के प्रति शत्रुतापूर्ण रवैया अख़्तियार करेगा, और किन्हीं प्रश्नों पर धार्मिक दृष्टिकोण का आदर करते हुए मसलों को नज़रअंदाज़ करेगा। अर्थात् धर्म की आलोचना और आदर साथ-साथ चलाने वाला यह रवैया उन महान भारतीय धर्म सुधारकों जैसा है जो अपने धर्म के प्रति लगाव के कारण ही उसमें परिवर्तन करना चाहते थे।

पाँचवीं भिन्नता यह है कि उसूली फ़ासले का सिद्धांत सेकुलर दृष्टिकोण को आधुनिक बनाम पारम्परिक, पश्चिमी बनाम पूर्वी, विदेशी बनाम देशज जैसे द्विभाजनों में फँसने से रोकता है। उसके मुताबिक़ भारतीय सेकुलरवाद आधुनिक तो है, पर पश्चिमी मॉडल से पर्याप्त रूप से भिन्न है।

छठी भिन्नता भारतीय सेकुलरवाद को नैतिक मूल्यांकन के अलग तरह के मॉडल की तरफ़ ले जाती है जो बेहद संदर्भगत है और जिसके तहत विभिन्न समाज अपने अलग-अलग तरह के सेकुलरवादों की अभिकल्पना कर सकते हैं। इससे एकाधिक सेकुलरवादों की सम्भावनाएँ खुलती हैं। अर्थात् सेकुलरवाद का रूप और सार अलग-अलग परिस्थितियों, समय और सदंर्भों में अलग-अलग हो सकता है।

भारतीय सेकुलरवाद के इस मॉडल को दुनिया भर में काफ़ी आलोचना का सामना करना पड़ा है। लेकिन, ज़्यादातर आलोचक भारतीय सेकुलरवाद के अनुभव को अमेरिकी या फ़्रांसीसी अनुभव की कसौटियों पर कसते रहे हैं। इस तरह का तुलनात्मक रवैया सेकुलरवाद के समर्थकों को ही नहीं, विरोधियों को भी भारतीय मॉडल ख़ारिज करने का मौक़ा दे देता है। दोनों ही कहने लगते हैं कि भारतीय सेकुलरवाद नाकाम है क्योंकि वह उस सेकुलर आदर्श पर खरा नहीं उतरता जो सार्वभौम (वस्तुतः पश्चिमी) है। ज़्यादातर आलोचनाएँ सेकुलरवाद के भारतीय मॉडल की बारीक़ियों का ध्यान न रखते हुए की जाती हैं।

दूसरी तरफ़ यह भी एक तथ्य है कि भारतीय राज्य कई बार अपने सेकुलर मॉडल के व्यावहारिक कार्यान्वयन के लिए आवश्यक विवेकसम्मत नीतिगत रवैया अपनाने में नाकाम रहा है जिसके अवांछित सामाजिक और राजनीतिक नतीजे निकले हैं। इन विफलताओं ने सेकुलरवाद के आलोचकों का उत्साह बढ़ाया है। उन्होंने न केवल भारत की ज़मीन पर सेकुलरवाद के आधार पर किये जाने वाले अमल को आड़े हाथों लिया है, बल्कि सेकुलरवाद, आधुनिकता, बुद्धिवाद और राष्ट्रवाद के पूरे पैकेज की समृद्ध आलोचना की है। इस प्रक्रिया ने समाज-विज्ञान के क्षेत्र में एक महाविवाद को जन्म दिया है जिसकी पहली आहट उस समय सुनायी पड़ी थी जब भारतीय सेकुलरवाद के मॉडल ने अपने दस साल पूरे किये थे।

**देखें** : आधुनिकता, आधुनिकीकरण, केशवराव बलिराम हेडगेवार, बहुसंख्यकवाद, बहुसंख्यक-अल्पसंख्यक, भारतीय जनता पार्टी-1 और 2, माधवराव सदाशिवराव गोलवलकर, मुसलिम राजनीतिक विचार, रामजन्मभूमि आंदोलन-1 से 4 तक, राष्ट्रीय स्वयंसेवक संघ, विनायक

दामोदर सावरकर, विवेकानंद, स्त्री और साम्प्रदायिकता, सेकुलरवाद, सेकुलरीकरण, सेकुलरवाद बनाम बहुसंख्यकवाद, सेकुलर बनाम धार्मिक राज्य, सेकुलर राष्ट्रवाद के धार्मिक आयाम, सेकुलरवाद : महाविवाद-1 से 7 तक, साम्प्रदायिकता, हिंदुत्व।

### संदर्भ

1. राजीव भार्गव (2008), 'सेकुलरिज़्म' (विशेष तौर से देखें, 'ऐन आल्टरनेटिव कंसेप्शन : इण्डियन सेकुलरिज़्म'), राजीव भार्गव और अशोक आचार्य (सम्पा.), *पॉलिटिकल थियरी : ऐन इंट्रोडक्शन,* पियर्सन लोंगमेन, नयी दिल्ली.
2. राजीव भार्गव, (2005) 'सेकुलरवाद का उद्देश्य और उसूली फ़ासले का सिद्धांत', अभय कुमार दुबे (सम्पा.), *बीच बहस में सेकुलरवाद,* लोक-चिंतन ग्रंथमाला, वाणी, नयी दिल्ली.
3. नीरा चंडोख (1999), बियांड सेकुलरिज़्म : राइट्स ऑफ़ रिलीजस माइनॉरिटीज़, ऑक्सफ़र्ड युनिवर्सिटी प्रेस, नयी दिल्ली.
4. थॉमस पेंथम (2004), 'अंडरस्टेंडिंग इण्डियन सेकुलरिज़्म : लर्निंग फ्रॉम इट्स रियसेंट क्रिटिक्स', राजेंद्र वोरा और सुहास पल्शीकर (सम्पा.), *इण्डियन डेमॉक्रैसी,* नयी दिल्ली, सेज.

**— अभय कुमार दुबे**

## सेकुलरवाद : भारतीय मॉडल-2

(गाँधी-नेहरू विरासत)

(Secularism: Indian Model-2)

सेकुलरवाद के भारतीय मॉडल की सैद्धांतिक चर्चा करने के बाद यह जानना जरूरी है कि आख़िर संविधान सभा ने यह सूत्रीकरण कैसे किया। 1946 से 1950 के बीच संविधान सभा में अल्पसंख्यक अधिकारों पर हुई बहस में कुछ आवाज़ें ऐसी भी थीं जिन्हें बहुसंख्यकवाद को सेकुलरवाद का पर्याय बताने में कोई संकोच नहीं था। सभा के ये सदस्य हिंदुओं की आंतरिक विविधता और सहिष्णुता को सेकुलरवाद का पर्याय बताने पर तुले हुए थे। उदारतावादी लोकतंत्र के विचार से प्रतिबद्ध राष्ट्रीय नेतृत्व अपनी समझ और साख के बल पर इस खुले बहुसंख्यकवाद को आसानी से ख़ारिज कर सकता था। पर, उसके सामने असली मुश्किल पश्चिमी सेकुलरवाद नज़रिये से पेश किये गये प्रस्तावों को लेकर थी। इन्हें मान लेने का मतलब था भारतीय राज्य पर अल्पसंख्यकों की सुरक्षा का कोई दायित्व न रहना। इन प्रस्तावों की अंतर्निहित कल्पनाशीलता कुछ इस तरह की थी कि जैसे भारत धर्मबहुल न हो कर समरूप समाज वाला कोई युरोपीय देश हो। जाहिर है कि पश्चिमी सेकुलरवाद की व्यावहारिक निष्पत्ति भी दूसरे तरीक़े से भारत को एक बहुसंख्यकवादी लोकतंत्र बनाने की तरफ़ ले जाने वाली थी।

सौभाग्य से संविधान सभा ने न केवल खुले बहुसंख्यकवाद को ठुकराया, बल्कि पश्चिमी आग्रहों को भी मानने से इनकार कर दिया। धर्म को राज्य से अलग रख कर उसने अपने सेकुलरवादी मॉडल को बुद्धिवादी टेक दी। धर्मों का आलोचनात्मक आदर करने की थीसिस दे कर अल्पसंख्यकों के सांस्कृतिक अधिकारों की रक्षा को राज्य की प्रमुख ज़िम्मेदारियों में से एक बनाया। यह सेकुलरवादी मॉडल में बहुलतावाद का समावेश था। समान नागरिक संहिता लागू करने का संकल्प लेकर संविधान सभा ने यह तय कर दिया कि विभिन्न समुदायों के निजी जीवन और सांस्कृतिक आचरण का राज्य निर्देशित सेकुलरीकरण किया जाएगा।

बुद्धिवाद, बहुलतावाद और राज्य की भूमिका के मिले-जुले रूप के पीछे गाँधी और नेहरू के विचारों की छाप स्पष्ट रूप से देखी जा सकती है। सवाल यह है कि क्या इस विशिष्ट क़िस्म के भारतीय सेकुलरवाद को गाँधी-नेहरू विरासत का वाहक माना जा सकता है? नेहरू और उनके सेकुलरवाद का विरोध करने वाले कई प्रभावशाली विद्वानों का दावा है कि इस मामले में गाँधी की नेहरू के साथ जोड़ी नहीं बनायी जा सकती, क्योंकि गाँधी राजनीति को धार्मिकता से आवेशित करना चाहते थे और नेहरू धर्म विरोधी थे। वैसे भी नेहरू ने स्वतंत्रता आंदोलन में धार्मिक प्रतीकों के इस्तेमाल के लिए गाँधी की आलोचना की थी। गाँधी के बारे में प्रचलित है कि वे आधुनिकता के विरोधी थे, स्वाभाविक तौर पर कतई सेकुलर नहीं थे और उन्हें अपनी प्रेरणाएँ सनातन धर्म से मिला करती थीं।

सेकुलरवाद के भारतीय मॉडल की रोशनी में गाँधी और नेहरू के बारे में अकाट्य समझी जाने वाली इस समझ की दोबारा जाँच-पड़ताल करने पर एक अलग यथार्थ सामने आता है। यह सही है कि गाँधी वांगमय में धर्म और राजनीति के एक-दूसरे का पर्याय बताने वाले कई कथन उपलब्ध हैं। लेकिन, गाँधी के राजनीतिक जीवन का एक और पक्ष है जिसकी चर्चा करने में जिसकी चर्चा गाँधीवादियों द्वारा अक्सर नहीं की जाती। गाँधी ने चालीस के दशक में धर्म और राजनीति के संबंधों पर दोबारा ध्यान दिया था। उस समय तक स्पष्ट हो गया था कि भारत को आज़ादी मिलने वाली है और हिंदुत्ववादी राजनीति के ख़तरे भी साफ़ होने लगे थे। गाँधी के ये विचार निकट भविष्य में बनने वाले स्वतंत्र भारतीय राष्ट्र के सम्भावित चरित्र के लिहाज़ से बहुत अहम हैं।

1940 में गाँधी ने अपनी 'धार्मिक' राजनीति को दो बार ठोस रूप से परिभाषित किया कि वे जिस धर्म का ज़िक्र करते हैं वह हिंदू, इसलाम और ईसाइयत से परे जाता है। उन्होंने सेकुलर लहज़े में ज़ोर दे कर कहा कि धर्म एक निजी

सरोकार है जिसके ज़रिये व्यक्ति ईश्वर से तादात्म्य स्थापित करता है। अगस्त, 1942 में गाँधी ने बेहिचक कहा कि धर्म का राजनीति में कोई स्थान नहीं होना चाहिए। अक्टूबर, 1946 में केंद्रीय और प्रांतीय सरकारों के संदर्भ में उनका कहना था कि उनमें हिंदू और मुसलमानों का कोई भेदभाव नहीं किया जाना चाहिए क्योंकि सभी भारतीय हैं और धर्म एक निजी मसला है। सितम्बर, 1946 में गाँधी ने कहा था कि अगर वे तानाशाह होते तो धर्म और राज्य को अलग-अलग कर देते क्योंकि राज्य का धर्म से कोई नाता नहीं होना चाहिए। 1947 में उन्होंने तीन बार (फ़रवरी, अगस्त और नवम्बर में) धर्म को राजनीति से अलग करने की वकालत की। उनका अगस्त का वक्तव्य इस प्रकार है : 'धर्म एक निजी मामला है और अगर हम इसे निजी स्तर पर सीमित करने में सफल हो गये तो राजनीति में सब कुछ ठीक-ठाक रहेगा। ... राज्य पूरी तरह सेकुलर होने के लिए प्रतिबद्ध है।' नवम्बर, 1947 में एक प्रार्थना सभा में गाँधी ने कहा : 'हम कांग्रेस के चवन्नी वाले सदस्य हों या न हों, हमें इस बात पर गर्व होना चाहिए कि हमारे बीच धर्मतंत्रीय राज्य की स्थापना से नफ़रत करने वाली संस्था मौजूद है। इस संस्था को हमेशा विश्वास रहेगा और वह इस विश्वास पर खरी भी उतरेगी कि हमारी कल्पनाओं का राज्य सेकुलर और लोकतांत्रिक होना चाहिए।' जहाँ तक बुद्धिवाद का सवाल है, गाँधी कुरान और गीता को तर्क की कसौटी पर कसने के हामी थे। 1940 से 1947 के बीच उनके कई कथन बिना किसी हीले-हवाले के यह कहते नज़र आते हैं। रामराज्य के अपने आदर्श के बारे में भी उन्होंने स्पष्ट किया था कि ईसाइयों के लिए इसका मतलब किंगडम ऑफ़ गॉड और मुसलमानों के लिए इसका तात्पर्य ख़ुदाई हुकूमत है। गाँधी-विचार को इस दृष्टिकोण से देखने पर पता चलता है कि अपनी प्रार्थना सभाओं में सभी धर्मों के ग्रंथों से पाठ कराने वाले गाँधी ने अज्ञेयवादी नेहरू को अपना राजनीतिक उत्तराधिकारी क्यों चुना था।

तो क्या गाँधी भी नेहरू की भाँति धार्मिक समुदायों के राज्य-निर्देशित सेकुलरीकरण के पक्ष में थे? इस प्रश्न का उत्तर कुछ पेचीदा है। क्या ऐसा तो नहीं है कि गाँधीजी राज्य को धर्म के हस्तक्षेप से बचाने में नहीं, बल्कि धर्म को राज्य हस्तक्षेप से बचाने में ज़्यादा दिलचस्पी दिखा रहे थे? सम्भवत: गाँधी धर्म के सेकुलरीकरण की प्रक्रिया सरकारी और क़ानूनी दायरे से बाहर चलाना चाहते थे। उनकी निगाह में राज्य की गतिविधियाँ स्वास्थ्य, संचार, विदेश नीति, मुद्रा इत्यादि सेकुलर मामलों तक सीमित रहनी चाहिए थीं।

दूसरी तरफ़ नेहरू गाँधी की तरह धर्म पर ज़ोर न दे कर धार्मिकता से रहित आध्यात्मिकता की खोज में लगे हुए नज़र आते हैं। वे इस मामले में पूरी तरह साफ़ थे कि राज्य का कोई धर्म नहीं होना चाहिए, लेकिन साथ ही वे सारे जीवन कोशिश करते रहे कि किसी तरह उनके निर्माणाधीन सेकुलर राष्ट्र को भारत के सांस्कृतिक इतिहास से वैधता नसीब हो जाए। उन्होंने अपनी इतिहास संबंधी रचनाओं में अतीत के हमलावरों की शिनाख़्त उनके धर्म से न करके उनकी भौगोलिक पहचान के ज़रिये की, और भारतीय उद्योगीकरण के लिए भविष्य के मंदिरों का रूपक गढ़ा। नेहरू के आलोचक भी मानते हैं कि लेनिन और अतातुर्क का प्रशंसक होने के बावजूद नेहरू ने सोवियत संघ या तुर्की के तर्ज़ पर राज्य की दमनकारी ताक़त का इस्तेमाल करते हुए भारत पर सेकुलरीकरण थोपने का प्रयास कभी नहीं किया। उनकी कोशिश थी कि किसी तरह सेकुलरवाद भारतीय स्वभाव का अंग बन जाए। बहरहाल, दो भिन्न-भिन्न प्रस्थान बिंदुओं की सम्भावनाओं के बावजूद गाँधी और नेहरू की संयुक्त विरासत धर्म को सार्वजनिक जीवन से अलग रखने और राज्य और उसके बीच पार्थक्य की दीवार उठाने के बारे में ही थी। विभाजन के दौरान गाँधी और नेहरू दोनों ही निजी पहलक़दमी लेकर अल्पसंख्यकों को साम्प्रदायिक हिंसा की आग से बचाने में लगे हुए थे। नेहरू और गाँधी की इस संयुक्त सेकुलर विरासत की पृष्ठभूमि में ही सेकुलरवाद के भारतीय मॉडल की व्यावहारिक रचना को समझा जाना चाहिए।

**देखें** : आधुनिकता, आधुनिकीकरण, केशवराव बलिराम हेडगेवार, बहुसंख्यकवाद, बहुसंख्यक-अल्पसंख्यक, भारतीय जनता पार्टी-1 और 2, माधवराव सदाशिवराव गोलवलकर, मुसलिम राजनीतिक विचार, रामजन्मभूमि आंदोलन-1 से 4 तक, राष्ट्रीय स्वयंसेवक संघ, विनायक दामोदर सावरकर, विवेकानंद, स्त्री और साम्प्रदायिकता, सेकुलरवाद, सेकुलरीकरण, सेकुलरवाद बनाम बहुसंख्यकवाद, सेकुलर बनाम धार्मिक राज्य, सेकुलर राष्ट्रवाद के धार्मिक आयाम, सेकुलरवाद : महाविवाद-1 से 7 तक, साम्प्रदायिकता, हिंदुत्व।

## संदर्भ

1. बिपिन चंद्र (2004), 'गाँधीजी, सेकुलरिज़्म ऐंड कम्युनलिज़्म', *सोशल साइंटिस्ट*, खण्ड 32, अंक 1-2.
2. भीखू पारेख (2003), 'नेहरू ऐंड सेकुलरिज़्म', एम.वी. कामथ (सम्पा.), *नेहरू रिविज़िटेड*, नेहरू सेंटर, मुम्बई.
3. भीखू पारिख (1991), 'नेहरू ऐंड द नैशनल फ़िलॉसफ़ी ऑफ़ इण्डिया', *इकॉनॉमिक ऐंड पॉलिटिकल वीकली, खण्ड 26, अंक 1-2.*
4. अभय कुमार दुबे (2005), 'सेकुलरवाद की अजीब दास्तान', संकलित : अभय कुमार दुबे (सम्पा.), *बीच बहस में सेकुलरवाद*, लोक-चिंतन ग्रंथमाला, वाणी, नयी दिल्ली.
5. शेफाली झा (1997), 'सेकुलरिज़्म इन द कांस्टीट्युऐंड एसेंबली डिबेट : 1946-1950', इण्डियन इंस्टीट्यूट ऑफ़ एडवांस स्टडी, शिमला द्वारा 1997 में आयोजित 'स्टडी वीक ऑन सेकुलर-कम्युनल क्वेश्चन' में पेश.

**— अभय कुमार दुबे**

# सेकुलरवाद : महाविवाद-1

## साठ के दशक की बहस

(Secularism: Great Debate-1)

सेकुलरवाद के भारतीय मॉडल की सैद्धांतिक निष्पत्तियों पर ग़ौर करने और उसके पीछे काम कर रही गाँधी-नेहरू विरासत की चर्चा के बाद उसकी व्यावहारिक राजनीति को समझना भी आवश्यक है। यह सही है कि उपनिवेशवाद विरोधी आंदोलन की नेतृत्वकारी शक्तियों में आज़ादी प्राप्त करने के बाद भारत को एक सेकुलर लोकतंत्र के रूप में विकसित करने के बारे में आम सहमति थी। लेकिन इसके बावजूद संविधान सभा ने 1950 में जो दस्तावेज़ पारित किया उसमें भारतीय राज्य को स्पष्ट रूप से सेकुलर क़रार नहीं दिया गया था। आपातकाल में किये गये बयालीसवें संविधान संशोधन से पहले भारत औपचारिक रूप से एक सेकुलर गणराज्य नहीं था। इस विरोधाभास का कारण क्या था कि जो संविधान धर्म और राज्य के बीच अपने कई अनुच्छेदों के ज़रिये पार्थक्य की स्पष्ट दीवार खड़ा करता था, वह घोषित रूप से सेकुलर नहीं था? संविधान निर्माण प्रक्रिया के दौरान ही भारतीय राज्य के चरित्र का निर्धारण क्यों नहीं किया गया? इस प्रश्न का उत्तर देते हुए एक विद्वान का कहना है कि दरअसल सेकुलरवाद संविधान निर्माताओं का सरोकार था ही नहीं। इसलिए उन्होंने सेकुलरवाद के विभिन्न मॉडलों पर ग़ौर करके भारत के लिए एक मॉडल चुनने में वक़्त ज़ाया नहीं किया। उनकी चिंता तो अधिकारों, कर्त्तव्यों, स्वतंत्रताओं और संस्थाओं की भाषा में राज्य और धर्म के संबंधों को इस तरह व्यक्त करने की थी कि एक बहुधार्मिक और बहुसांस्कृतिक देश में सभी समुदाय शांतिपूर्ण सह-अस्तित्व में रह सकें। यह तर्क आश्वस्त तो करता है, पर आज़ादी के बाद पैदा होने वाली छोटी-बड़ी व्यावहारिक समस्याओं पर नज़र पड़ते ही यह और अधिक गहन उत्तर की माँग करने लगता है।

आज़ादी मिलने के तुरंत बाद गाँधी की अंत्येष्टि के समय यह सवाल उठा था कि उनके अंतिम संस्कार का सरकारी कार्यक्रम धार्मिक रीति-रिवाज़ से किया जाए या सेकुलर शैली से? फिर इसके बाद ऐसे सवालों की लाइन लग गयी। गौतम बुद्ध की ढाई हज़ारवीं जयंती नेहरू की सरकार को मनानी चाहिए या नहीं? सोमनाथ मंदिर का जीर्णोद्धार सरकारी ख़र्चे से होना चाहिए या नहीं? राष्ट्रपति बाबू राजेंद्र प्रसाद को बनारस में ब्राह्मणों के पैर धोने चाहिए थे या नहीं? सरकारी मंत्रियों, राज्य के मुखिया या विदेशों में भारत के राजदूतों को धार्मिक पूजा स्थलों पर जाने की इजाज़त दी जानी चाहिए या नहीं? ये तमाम प्रश्न प्रतीकात्मक भी थे, और उनके साथ सेकुलरवाद के भारतीय मॉडल की परीक्षा भी जुड़ी हुई थी। आख़िर भारतीय मॉडल धर्म को सार्वजनिक जीवन से पूरी तरह ख़ारिज कर देने के पक्ष में नहीं था, पर वह सरकार और धर्म को अलग रखने की हिमायत भी करता था। यह परीक्षा राज्य के विवेकसम्मत आचरण की थी कि वह किस तरह धर्म की सार्वजनिक उपस्थिति और उसूली फ़ासले के विलक्षण भारतीय सिद्धांत के बीच संगति किस तरह बैठाएगा।

संविधान सभा की संबंधित बहस का अध्ययन करने वाले विद्वानों की मान्यता है कि सेकुलरवाद के मॉडल पर भले ही सीधे चर्चा न हुई हो, पर राज्य की सेकुलर शक्ल-सूरत पर जम कर विवाद हुआ था। जिन प्रावधानों को आज हम भारतीय राज्य को सेकुलर बनाने का श्रेय देते हैं, उनका सूत्रीकरण मतभेदों के बीच हुआ था। इसलिए सेकुलर राज्य अपने ही बनाये गये सिद्धांतों पर कई बार अमल करने के मामले में ढुलमुल नज़र आता था। अन्यान्य कारणों से नेहरू की सरकार तदर्थ रवैया अपनाने पर मजबूर हो जाती थी। सत्तारूढ़ शक्तियों और सरकार से बाहर राजनीति कर रही ताक़तें एकमत नहीं थीं। मसलन, सेकुलरवाद पर अमल की व्यावहारिकताओं के प्रश्न पर नेहरू की राय पुरुषोत्तम दास टंडन, वल्लभभाई पटेल और गोविंदबल्लभ पंत से अलग थी। जयप्रकाश नारायण और राममनोहर लोहिया जैसे वामपंथियों की निगाह में सेकुलरवाद कोई बहुत अहम मसला था ही नहीं। डॉ. आम्बेडकर ने इस सवाल पर ख़ासी मग़जपच्ची की, पर वे नेहरू के साथ किसी सैद्धांतिक विवाद में नहीं उलझे। बावजूद इसके हिंदू कोड बिल के सवाल पर नेहरू और उनके क़ानून मंत्री आम्बेडकर में मतभेद हो गये। समान नागरिक संहिता पर दुविधा रह गयी। अकाली दल और मुसलिम लीग जैसी धर्म आधारित पार्टी को धर्म-आधारित गोलबंदी करने की इजाज़त मिल गयी। बहुसंख्यक और अल्पसंख्यक जैसी श्रेणियों का इस्तेमाल ढीले-ढाले ढंग से होने लगा। चुनावी राजनीति में वोट के लिए सामुदायिक गोलबंदी के ख़िलाफ़ कोई विचार नहीं पनप पाया।

समाज-विज्ञान की दुनिया के पास एक ख़ास तरह के मॉडल के रूप में भारतीय सेकुलरवाद का सूत्रीकरण आज की तरह मौजूद नहीं था। इसलिए साठ के दशक की शुरुआत में जैसे ही भारतीय प्रयोग ने अपने दस साल पूरे किये, ज़बरदस्त बहस फूट पड़ी। इसकी राजनीतिक पृष्ठभूमि में भाषाई आधार पर राज्यों का पुनर्गठन कराने के लिए चले आंदोलन थे। उत्तर-पूर्व के अलगावादी भारतीय राष्ट्रवाद को सीधी चुनौती दे रहे थे। भाषाई और सांस्कृतिक इयत्ताएँ भारत की बनती हुई सेकुलर इयत्ता में संशोधन करने का दबाव डाल रही थीं। एक तरह से साठ का दशक भारतीय सेकुलरवाद के

लिए पहला संकट ले कर आया था। इसमें यह संदेश भी छिपा हुआ था कि अगर सेकुलर इयत्ता को समरूप बनाने की कोशिश की गयी तो एक दीर्घकालीन संकट भी पैदा हो सकता है। इस बहस के पक्ष-विपक्ष में जिन विद्वानों ने मुख्य रूप से भाग लिया उनमें विल्फ्रेड कैंटवेल स्मिथ, वेदप्रकाश लूथरा, डोनाल्ड यूजेन स्मिथ और मार्क गैलेंटर प्रमुख थे।

केंटवेल स्मिथ का कहना था कि भारत का सेकुलरवाद एक ऐसी आकांक्षा है जिसे धरती पर उतारा जाना अभी बाक़ी है। हमदर्दी से भरे हुए इस वक्तव्य में यह अफ़सोस भी झलकता था कि भारतीय राज्य 1950 से 1965 के बीच सेकुलर कसौटियों पर खरा नहीं उतर पाया है। यूजेन स्मिथ ने अफ़सोस भी व्यक्त नहीं किया और अंदेशों की एक लम्बी सूची पेश की। उनका ख़याल था कि भारत का आधुनिक राज्य हिंदू मामलों में ज़्यादा हस्तक्षेप करके अपनी हिंदू छवि उभार रहा है। ऊपर से उसने धार्मिक समुदायों को अपने निजी क़ानून अलग रखने की इजाज़त भी दे रखी है जो सेकुलर सिद्धांत के एकदम ख़िलाफ़ है। यूजेन स्मिथ चाहते थे कि भारतीय राज्य अल्पसंख्यकों की सुरक्षा की गारंटी करे, पर समान नागरिकता के सिद्धांत के तहत। अमेरिकी मॉडल को आदर्श मानने वाले वेद प्रकाश लूथरा ने तो भारतीय सेकुलरवाद को सिरे से ही ख़ारिज करके दावा किया कि भारत में न तो सेकुलर राज्य है, और न ही बन सकता है।

मार्क गैलेंटर ने इन अंदेशों का जवाब दिया। उनका कहना था कि जिन बातों को स्मिथ भारतीय सेकुलरवाद की ख़ामी मान रहे हैं वे उसकी ख़ूबियाँ हैं। भारत पर राज्य और धर्म के पार्थक्य का अमेरिकी फ़ार्मूला थोपना उचित नहीं है। भारतीय सेकुलरवाद प्रगति और धार्मिक स्वतंत्रता के आग्रहों के बीच संतुलन बनाते हुए विकसित हो रहा है। गैलेंटर ने व्याख्या करते हुए कहा कि प्रत्येक सेकुलर राज्य धर्मों के किन्हीं पहलुओं को प्रोत्साहित करता है, कुछ की उपेक्षा करता है और धर्मों के कुछ तत्त्वों को प्रतिबंधित भी करता है। वह एक क़ानूनी ढाँचा बनाता है जिसके ज़रिये धर्म के दायरों से बाहर रहते हुए उसे विनियमित करने का काम किया जाता है। गैलेंटर का ख़याल था कि भारतीय संविधान का मुख्य रुझान धर्म को अदालतों द्वारा की जाने वाली पुनर्व्याख्याओं के ज़रिये बदल डालने की बजाय विधि-निर्माण द्वारा उसके दायरों का सीमांकन करने का है। गैलेंटर ने इस बात की आलोचना की कि भारतीय अदालतें धर्म की पुनर्व्याख्या का काम अपने हाथ में लेकर संविधान प्रदत्त सेकुलरवाद के मॉडल को नुक़सान पहुँचा रही हैं।

साठ के दशक में चली बहसों के इस संक्षिप्त विवरण से ज़ाहिर है कि सेकुलरवाद के भारतीय मॉडल को सबसे ज़्यादा मार्क गैलेंटर ने ही समझा था। आपातकाल में संविधान संशोधन करके भारतीय गणराज्य को सेकुलर घोषित करने से भारतीय मॉडल मजबूत नहीं हुआ। 1979 की ईरानी इसलामिक क्रांति की सफलता ने राज्य के प्रयासों से सेकुलर समाज की रचना को गम्भीर रूप से प्रश्नांकित कर दिया। अस्सी के दशक में सिखों का भीषण क़त्ले-आम हुआ और तत्कालीन सरकार जानबूझ कर अपनी आँखें बंद किये रही। एक साम्प्रदायिक रक्तपात के साथ एक सेकुलर सरकार की यह मिलीभगत भीषण बहुसंख्यकवादी रुझानों की तरफ़ इशारा कर रही थी। अस्सी के दशक में ही सुप्रीम कोर्ट द्वारा शाह बानो वाले मामले में धर्म की व्याख्या के प्रयास ने भारतीय सेकुलरवाद के लिए कई समस्याएँ पैदा कीं। ख़ुद को सेकुलर कहने वाली सरकार शाह बानो वाले मसले पर मुसलमान कट्टरपंथियों के सामने घुटने टेकने के बाद अयोध्या में विवादित स्थल पर लगे ताले खुलवा कर हिंदू कट्टरपंथियों के सामने झुकती नज़र आयी। ऐसा लगा कि सरकारी सेकुलरवाद का व्यावहारिक मतलब दो साम्प्रदायिकताओं के बीच संतुलन का खेल खेलना हो गया है।

इसी पृष्ठभूमि में सेकुलरवाद पर दूसरी बहस फूटी। यह एक ज़बरस्त महाविवाद था जिसके तहत पक्ष-विपक्ष में समृद्ध विमर्श रचा गया। समाज-विज्ञान के लिहाज़ से इसे एक विशिष्ट भारतीय उपलब्धि भी कहा जा सकता है।

**देखें :** आधुनिकता, आधुनिकीकरण, केशवराव बलिराम हेडगेवार, बहुसंख्यकवाद, बहुसंख्यक-अल्पसंख्यक, भारतीय जनता पार्टी-1 और 2, माधवराव सदाशिवराव गोलवलकर, मुसलिम राजनीतिक विचार, रामजन्मभूमि आंदोलन-1 से 4 तक, राष्ट्रीय स्वयंसेवक संघ, विनायक दामोदर सावरकर, विवेकानंद, स्त्री और साम्प्रदायिकता, सेकुलरवाद, सेकुलरीकरण, सेकुलरवाद बनाम बहुसंख्यकवाद, सेकुलर बनाम धार्मिक राज्य, सेकुलर राष्ट्रवाद के धार्मिक आयाम, सेकुलरवाद : भारतीय मॉडल-1 और 2, हिंदुत्व।

## संदर्भ

1. विलफ्रेड कैंटवेल स्मिथ (1965), 'द प्रॉब्लम', *सेमिनार, अ सिम्पोज़ियम ऑन द इम्प्लीकेशन ऑफ़ द नैशनल पॉलिसी,* 67.
2. वेद प्रकाश लूथरा (1962), *द कंसेप्ट ऑफ़ द सेकुलर स्टेट इन इण्डिया,* ऑक्सफ़र्ड युनिवर्सिटी प्रेस, नयी दिल्ली.
3. डोनाल्ड यूजेन स्मिथ (1963), *इण्डिया एज़ द सेकुलर स्टेट,* प्रिंसटन युनिवर्सिटी प्रेस, प्रिंसटन.
4. मार्क गैलेंटर (1999), 'हिंदुइज़्म, सेकुलरिज़्म ऐंड इण्डियन जुडीशियरी' और 'सेकुलरिज़्म, ईस्ट ऐंड वेस्ट', संकलित : राजीव भार्गव, *सेकुलरिज़्म ऐंड इट्स क्रिटिक्स,* ऑक्सफ़र्ड युनिवर्सिटी प्रेस, नयी दिल्ली.

**— अभय कुमार दुबे**

# सेकुलरवाद : महाविवाद-2

## नंदी-मदन थीसिस : आलोचनाओं का मौसम

(Secularism: Great Debate-2)

अस्सी का दशक राष्ट्रवादी कल्पनाशीलता की स्थापित संरचनाओं के लिए चुनौतियाँ ले कर आया। राजनीतिक घटनाक्रम का विकास कुछ इस तर्ज़ पर हुआ कि भारतीय राष्ट्रवाद और आधुनिकता पर सेकुलर इजारेदारी भंग लगने लगी। ऐसा प्रतीत होने लगा कि सेकुलर ही नहीं सांस्कृतिक राष्ट्रवाद भी हो सकता है, और आधुनिक इयत्ता अनिवार्यतः सेकुलर होने के बजाय धार्मिक मूल्यों से आवेशित होने के बावजूद बुद्धिवादी औज़ारों का उपयोग कर सकती है। इसी दशक में छोटी पहचानों ने स्थापित राष्ट्रीय महा-पहचान के साथ टकराव की शुरुआत भी की। हरित क्रांति के ज़रिये कृषि में पूँजीवाद का बिगुल बजाने वाले पंजाब ने राष्ट्रीय मंच पर सिखों के धार्मिक राष्ट्रवाद की हथियारबंद दावेदारी पेश की। उत्तर-पूर्व के सबसे बड़े राज्य असम में चले स्थानीयतावाद पर आधारित जुझारू आंदोलन ने केंद्र के वर्चस्व को कमज़ोर करना शुरू कर दिया। क्षितिज पर हिंदुत्ववादी बादल उमड़ने लगे। बहुसंख्यकवादियों ने दावा किया कि भारतीय राष्ट्रवाद उनके रंग में रँगे बिना राष्ट्रीय एकता-अखण्डता के पैदा हो रहे इन जोखिमों का सामना नहीं कर सकता।

इस माहौल को संगीन बनाने में कुछ और पहलुओं ने अपना योगदान किया। अस्सी के दशक में ही पहली बार किसी प्रधानमंत्री (इंदिरा गाँधी) ने सार्वजनिक मंच से मुसलमानों की देशभक्ति पर शक किया। ऑपरेशन ब्लू स्टार, प्रधानमंत्री की उनके सिक्ख अंगरक्षकों द्वारा हत्या, उसकी प्रतिक्रिया में हज़ारों सिखों का क़त्ले-आम, इस कुकृत्य में कांग्रेस के कई नेताओं की भड़काऊ भूमिका और प्रशासन का हाथ पर हाथ रखे बैठे रहना, शाह बानो विवाद में इसलामिक कट्टरपंथियों के तुष्टीकरण को संतुलित करने के लिए कांग्रेस सरकार द्वारा अयोध्या में विवादित स्थल के ताले खुलवा कर रामजन्मभूमि विवाद को बल प्रदान करना, कांग्रेस सरकार द्वारा ही मंदिर का शिलान्यास करवाना और दिवराला (राजस्थान) में रूपकंवर के सतीदाह पर पूरे देश में फूटी बहस ने राष्ट्रवाद, सेकुलरवाद, सेकुलरीकरण, और धार्मिक सहिष्णुता जैसे मसलों पर नये सिरे से सोचने-विचारने की स्थितियाँ पैदा कीं।

अस्सी के दशक की इन्हीं बेचैनियों के गर्भ से सेकुलरवाद पर एक महाविवाद का जन्म हुआ जो साठ के दशक की बहस से काफ़ी अलग क़िस्म का था। साठ के दशक की चिंताएँ भारतीय सेकुलरवाद के कारगर होने या न होने के इर्द-गिर्द केंद्रित थीं। लेकिन, यह ताज़ा बहस आधुनिकता, राष्ट्रवाद, धार्मिकता और उदारतावाद के बुनियादी प्रश्नों से जूझ रही थी। इसका फलक वैश्विक था और उसके केंद्र में भारत का बहुधार्मिक और बहुसांस्कृतिक अस्तित्व अपने दक्षिण एशियाई पन के साथ एक प्रमुख मिसाल के तौर पर मौजूद था।

महाविवाद का उद्घोष 1985 में 'सेमिनार' पत्रिका में प्रकाशित एक लेख से हुआ जिसका शीर्षक था 'एंटी-सेकुलरिस्ट मेनिफ़ेस्टो'। इसके लेखक थे राजनीतिक दृष्टिकोण से सामाजिक मनोविज्ञान का अध्ययन करने वाले आशिस नंदी, जो इससे पहले अपनी आधुनिकताविरोधी अवधारणाओं और औपनिवेशिक ज्ञान परम्पराओं की बखिया उधेड़ने के लिए चर्चित हो चुके थे। इस बेहद दिलचस्प लेख का शीर्षक भड़काऊ ज़रूर था, पर उसका विश्लेषण काफ़ी पेचीदा और नफ़ीस साबित हुआ। अपने घोषणापत्र में नंदी ने एक तालिका के ज़रिये सेकुलरवाद की डिग्रियाँ पेश कीं। इस तालिका के अनुसार कोई निजी जीवन में धार्मिक हो कर भी सार्वजनिक जीवन में सेकुलर हो सकता है, और कोई इसका ठीक उलट। कोई ख़ुफ़िया तौर पर धार्मिक या सेकुलर हो सकता है, तो कोई खुला धार्मिक या सेकुलर। कोई निजी और सार्वजनिक यानी दोनों दायरों में धार्मिक या सेकुलर हो सकता है।

नंदी ने आधुनिक राष्ट्र द्वारा आरोपित धार्मिक और सेकुलर का द्विभाजन दिखाते हुए सेकुलरवाद के दो रूपों के बीच फ़र्क़ भी किया। उनके अनुसार एक रूप धर्म को राजनीति से अलग करने में दिलचस्पी रखने वाला पश्चिमीकृत आधुनिकतावादी क़िस्म का है, दूसरा धर्म का विरोधी न हो कर युरोकेंद्रीयता, विदेशीद्वेष और कट्टरपंथ का विरोधी है। नंदी ने दावा किया कि सेकुलरवाद के दूसरे रूप की भूमिका भारत में गौण हो चुकी है। पहले सेकुलरवाद के आधुनिकतावादी और राज्यवादी दुराग्रह के कारण धर्म आधारित राजनीति का प्रभाव बढ़ता चला जा रहा है।

नंदी ने धर्म के दो रूपों के बीच भी फ़र्क़ करते हुए दिखाया कि धर्म की एक निर्मिति आधुनिकतावादी और विचारधारात्मक क़िस्म की है, जिसके साथ तादात्म्य स्थापित करने में पश्चिमीकृत सेकुलरवाद को कोई दिक़्क़त नहीं होती। लेकिन उसकी दूसरी निर्मिति दैनंदिन जीवन की आध्यात्मिकता से जुड़ी है जिसे सेकुलरीकरण ख़त्म कर देना चाहता है।

नंदी ने अपनी बात साबित करने के लिए ठोस राजनीतिक प्रेक्षण भी किये। जैसे, उन्होंने तर्क दिया कि आज़ादी के बाद शुरू में राजनीतिक गोलबंदी का दायरा शहरों तक ही सीमित था, इसलिए सेकुलरीकरण की प्रक्रिया

कामयाबी से चली। पर जैसे ही लोकतांत्रिक सहभागिता का विस्तार हुआ, सेकुलरवाद की सीमाएँ साफ़ होने लगीं। धर्म के राजनीति से बहिष्करण का नतीजा यह हुआ कि धर्म की बुराइयाँ तो राजनीति में व्यक्त होने लगीं, लेकिन उसकी अच्छाइयाँ सार्वजनिक जीवन के भ्रष्टाचार और हिंसा को संयमित करने के लिए उपलब्ध नहीं रह गयीं। आधुनिकतावादी आग्रहों ने धार्मिक और जातीय अल्पसंख्यकों के प्रति प्रबंधकीय रवैया अख़्तियार कर लिया जिसका पतन बहुसंख्यकवाद के मुताबिक़ लिए निर्णयों में होना ही था। भारतीय राष्ट्र-राज्य को मिलने वाली जातीय और धार्मिक चुनौतियाँ इन्हीं हालात की पैदाइश थीं। नंदी के मुताबिक़ सेकुलरवादी व्यवहार ने कट्टरपंथी राजनीति को जन्म दिया। सार रूप में दोनों ही आधुनिकता के प्रत्यय की उपज थे। दोनों ही साधारण धर्मावलम्बियों से नफ़रत करते पाये गये। धार्मिक जज़्बात नहीं, बल्कि साम्प्रदायिकता का सेकुलर इस्तेमाल ही दंगों का कारण बना। नतीजे के तौर पर दक्षिण एशियाई समाजों में धार्मिक सहिष्णुता के आयामों का प्रयोग किये बिना एक सहिष्णु समाज बनाने के तजरुबे के तौर पर सेकुलरवाद आज नाकाम हो चुका है।

दो साल बाद 1987 में धर्म और उसके समाजशास्त्र पर महारत रखने वाले वरिष्ठ समाजशास्त्री त्रिलोकी नाथ मदन अपनी रचना 'सेकुलरिज़म इन इट्स प्लेस' ले कर आये। शीर्षक बता रहा था कि वे नंदी की तरह सेकुलरवाद को पूरी तरह से ख़ारिज करने के पक्ष में नहीं थे। उनकी चिंता तो यह थी कि सेकुलरवाद को राष्ट्रीय स्वभाव का अंग कैसे बनाया जाए। इसके लिए उन्होंने तजवीज़ की कि बात धार्मिक दायरे से सेकुलर दायरे के अलग होने की नहीं है। हिंदू परम्परा को सेकुलर तत्त्वों के नकार के रूप में नहीं देखा जाना चाहिए। उसे सेकुलर और धार्मिक के बीच एक ख़ास तरह के संबंध के रूप में ग्रहण किया जाना चाहिए। एक ऐसा संबंध जो पदानुक्रमवत है और जिसमें सेकुलर को धर्म अपने दायरे में ले लेता है।

नंदी की रचना सेकुलरवाद को आधुनिक समाज के संबंध में जाँचती थी, पर मदन की रचना ने उसे धार्मिक परम्परा के दायरे में जाँचा। उनके अनुसार सेकुलरवाद आधुनिक विज्ञान और प्रोटेस्टेंट मत के द्वंद्वात्मक संबंधों की देन है, इसलिए दक्षिण एशिया की धार्मिक परम्पराओं में इस उधार की विचारधारा के तत्त्व खोजना बेकार की क़वायद है। हिंदू, सिख, इसलामी और बौद्ध परम्पराएँ धार्मिक और सेकुलर के बीच फ़र्क़ तो करती हैं, पर वहाँ सेकुलर को धार्मिक अपने दायरे में समेट लेता है। इसलिए सेकुलरवाद का कोई स्वायत्त आधार नहीं बन पाता। यह विचार इस इलाक़े की मिट्टी से जुड़ने के बजाय मुट्ठी भर लोगों को सपना बन कर रह जाता है जो वैज्ञानिक मानस के नाम पर जनसाधारण की जीवन-शैली को अंधविश्वास की संज्ञा देते हुए उन्हें अपनी छवि के साँचे में गढ़ना चाहते हैं। मदन ने तर्क दिया कि धर्म की विधेयक भूमिका को स्वीकार किये बिना भी सेकुलर मक़सदों से धर्म का दोहन किया जाता है जिससे हिंदू पुनरुत्थानवाद, सिक्ख आतंकवाद और मुसलमान कट्टरपंथ पैदा होता है। दरअसल, धर्मबहुल समाजों में सेकुलरवाद बुद्धिवाद का पर्याय नहीं हो सकता। सेकुलरवाद का भारतीय रूप रचने के लिए हमारे आधुनिकतावादियों को समझना होगा कि धर्म किसी धोखे का नाम नहीं है। गाँधी जैसे लोगों की बातों से हम धर्म और राजनीति के उपयुक्त रिश्ते के बारे में कुछ सबक सीख सकते हैं। मदन का दावा था कि धर्म को गम्भीरतापूर्वक लिए बिना दक्षिण एशिया में सहिष्णु समाज सम्भव नहीं हो सकता।

इन रचनाओं में धार्मिक राष्ट्रवाद के समर्थन में एक भी शब्द नहीं था। अगर कुछ था तो केवल उसकी कड़ी आलोचना। सेकुलरवाद की अपर्याप्ताओं पर सहमति थी, पर उसके मूल्यांकन को लेकर कई मतभेद थे। नंदी सेकुलरवाद को ख़ारिज करके गाँधीवादी चिंतन के आधार पर उत्तर-सेकुलर राजनीति की रचना आह्वान करते दिख रहे थे। मदन सेकुलरवाद को ख़ारिज न करके एक धर्मप्राण देश में उसकी सीमाओं की शिनाख़्त कर रहे थे। वे सेकुलरवाद और धार्मिकता का जोड़ चाहते थे। धार्मिकता के रूपों के बारे में भी दोनों के प्रेक्षण अलग-अलग थे। नंदी की मान्यता थी कि धार्मिकता का क्षय हो गया है, पर मदन मानते थे कि सेकुलरीकरण के बावजूद धार्मिकता के रूपों का प्रसार हुआ है। साल भर बाद यानी 1988 में नंदी ने 'द पॉलिटिक्स ऑफ़ सेकुलरिज़म ऐंड रिकवरी ऑफ़ रिलीजस टॉलरेंस' की रचना करके सेकुलरवादी दबदबे को 'वैचारिक श्रेणियों के साम्राज्यवाद' की संज्ञा दी। लेकिन, इन अंतरों के बावजूद नंदी और मदन के विमर्श को समाज-विज्ञान की दुनिया ने आगे चल कर नंदी-मदन थीसिस के नाम से याद किया।

दिलचस्प बात यह है कि नंदी और मदन की रचनाओं के छपने और चर्चित होने के बहुत दिनों के बाद यानी 1994 तक भारतीय सेकुलरवादियों ने उनका जवाब नहीं दिया। अमर्त्य सेन की मान्यता है कि भारतीय बुद्धिजीवियों को आम तौर पर आधुनिकता, राष्ट्रवाद और सेकुलरवाद की तिकड़ी में इतनी ज़बरदस्त आस्था थी कि अस्सी के दशक की राजनीतिक बेचैनियों और नंदी-मदन के लेखों में हुई उनकी बौद्धिक अभिव्यक्तियों पर तुरंत प्रतिक्रिया की कोई ज़रूरत नहीं समझी गयी।

लेकिन, नब्बे का दशक सेकुलरवाद के लिए ज़्यादा बड़े धक्के की तैयारी कर रहा था। इस दशक की तूफ़ानी शुरुआत ही मण्डल और मंदिर राजनीति से हुई। छह

दिसम्बर, 1992 को कार सेवकों ने अयोध्या में बाबरी मसजिद ढहा दी। यह भारतीय सेकुलरवाद पर निर्मम प्रहार था। सेकुलरवाद के समर्थकों को खुल कर सामने आना पड़ा और उनके एक बड़े हिस्से को इस विचार के नवीकरण की ज़रूरत महसूस हुई। मार्क्सवादियों ने अलग मोर्चा सँभाला, और उदारतावादियों ने अलग। बीसवीं सदी के पूरे आख़िरी दशक में सेकुलरवाद पर जम कर विवाद होता रहा।

**देखें :** आधुनिकता, आधुनिकीकरण, केशवराव बलिराम हेडगेवार, बहुसंख्यकवाद, बहुसंख्यक-अल्पसंख्यक, भारतीय जनता पार्टी-1 और 2, माधवराव सदाशिवराव गोलवलकर, मुसलिम राजनीतिक विचार, रामजन्मभूमि आंदोलन-1 से 4 तक, राष्ट्रीय स्वयंसेवक संघ, विनायक दामोदर सावरकर, विवेकानंद, स्त्री और साम्प्रदायिकता, सेकुलरवाद, सेकुलरीकरण, सेकुलरवाद बनाम बहुसंख्यकवाद, सेकुलर बनाम धार्मिक राज्य, सेकुलर राष्ट्रवाद के धार्मिक आयाम, सेकुलरवाद : भारतीय मॉडल-1 और 2, हिंदुत्व।

## संदर्भ

1. आशिस नंदी (1985), 'एंटी सेकुलरिस्ट मेनिफ़ेस्टो', सेमिनार, 314, अक्टूबर, 1985 और हिंदी में 'सेकुलरवाद के ख़िलाफ़ घोषणापत्र', अभय कुमार दुबे (सम्पा.), *बीच बहस में सेकुलरवाद,* लोकचिंतन ग्रंथमाला, सीएसडीएस-वाणी, नयी दिल्ली.
2. टी.एन. मदन (2005), 'सेकुलरिज़म इन इट्स प्लेस', *जरनल ऑफ़ एशियन स्टडीज़,* खण्ड 46, अंक 4, 1987 और हिंदी में 'सेकुलरवाद की सीमा', अभय कुमार दुबे (सम्पा.), *बीच बहस में सेकुलरवाद,* लोकचिंतन ग्रंथमाला, सीएसडीएस-वाणी, नयी दिल्ली.
3. आशिस नंदी (1988), 'द पॉलिटिक्स ऑफ़ सेकुलरिज़म ऐंड द रिकवरी ऑफ़ रिलीजस टॉलरेंस', *आल्टर्नेटिव्ज़,* खण्ड 13, अंक 2.
4. अमर्त्य कुमार सेन (1993), 'द थ्रेट टू सेकुलर इण्डिया', *सोशल साइंटिस्ट,* खण्ड 21, अंक 3-4.

**— अभय कुमार दुबे**

# सेकुलरवाद : महाविवाद-3

## पार्थ चटर्जी का हस्तक्षेप और मार्क्सवादी बेचैनियाँ

(Secularism: Great Debate-3)

अस्सी के दशक में सेकुलरवाद की आलोचना में नंदी-मदन थीसिस आ जाने के बावजूद वामपंथी और मार्क्सवादी ख़ेमे ने एक बहुधार्मिक देश में सेकुलरवाद की प्रासंगिकता की जाँच करने की ज़रूरत नहीं समझी। नब्बे के दशक के शुरुआती वर्षों ने सेकुलरवाद के लिए दो नयी चुनौतियाँ पेश कीं। पहली चुनौती भारतीय लोकतंत्र के विकास और उसकी चुनावी प्रक्रिया के गर्भ से निचली जातियों की दावेदारी के रूप में निकली जिसे मण्डल परिघटना के नाम से जाना जाता है। दूसरी चुनौती इस परिघटना की प्रतिक्रिया में रामजन्मभूमि आंदोलन, बाबरी मसज़िद ध्वंस और भारतीय जनता पार्टी द्वारा केंद्र की तरफ़ कूच के रूप में सामने आयी।

दलितों और आदिवासियों के लिए आरक्षण पहले से चल रहा था। सेकुलर-आधुनिकतावादी मानस इन उपायों को अस्थाई मान कर समझता था कि कमज़ोर समुदाय के लोग जब व्यक्ति के रूप में आरक्षण के ज़रिये अन्य लोगों की बराबरी कर लेंगे तो अमूर्त नागरिकता का महान उदारतावादी सपना सच हो जाएगा। लेकिन अब उन्हें दिखा कि मण्डल कमीशन की सिफ़ारिशों के सहारे आज़ादी के चालीस साल बाद जनता के नये तबक़े आरक्षण के दायरे में आ रहे हैं। यह परिघटना केवल सेकुलरवाद के समर्थकों के लिए ही नहीं, बल्कि उसके विरोधियों के लिए भी पेचीदा थी। साम्प्रदायिकता की राजनीति पर तो उनकी निगाह थी, पर जाति का प्रश्न अलग-अलग कारणों से दोनों ने ही उपेक्षित कर दिया था।

बहरहाल, कारसेवकों के हाथों बाबरी मसजिद टूटने के बाद सोये हुए वामपंथी जागे और उन्होंने सोचना शुरू किया कि सेकुलरवाद और सेकुलर राज्य इस दक्षिणपंथी उभार को रोकने में क्यों नाकाम रहा। सुमित सरकार ने सामाजिक इतिहास लेखन में जाति की उपेक्षा की शिनाख़्त की, संघ परिवार की विचारधारा को फ़ासीवाद का एक रूप क़रार दिया और सेकुलरवाद के आलोचकों पर आरोप लगाया कि उनका विमर्श संघ परिवार के साथ कहीं न कहीं एक साझी ज़मीन पर खड़ा है। एक अन्य वामपंथी एजाज़ अहमद ने अपने लेख 'ग्राम्शी, इटली का फ़ासीवाद और हमारे लिए सबक़' में फ़ासीवाद के रूपक का सहारा लेकर संघ परिवार की राजनीति को व्याख्यायित करने की कोशिश की।

इससे पहले कि वामपंथी ख़ेमा थोड़ी-बहुत आत्मालोचना और फ़ासीवाद की चौखट पर ठीकरा फोड़ कर

संतुष्ट हो जाता, पार्थ चटर्जी के विमर्श ने उसमें हलचल मचा दी। 1994 में 'सेकुलरिज़म ऐंड टॉलरेंस' के ज़रिये उन्होंने कुछ ऐसे सवाल उठाये जिनसे न केवल सेकुलरवाद का मौजूद मॉडल प्रश्नांकित होता था, बल्कि अल्पसंख्यक प्रश्न से निबटने के मामले में उदारतावादी थीसिस की क्षमताओं पर भी सवाल खड़ा होता था। चटर्जी ने सबसे पहले तो इस बात का खण्डन किया कि हिंदुत्ववादी राजनीति का फ़ासीवाद या नाज़ीवाद से कोई ताल्लुक़ है। फिर उन्होंने दिखाया कि भारतीय मुसलमान अपने धार्मिक मामलों में राज्य के हस्तक्षेप के हमेशा से विरोधी नहीं थे। लेकिन आज़ाद भारत में जैसे ही उन्होंने अपने सांस्कृतिक जीवन को बुद्धिवाद के दायरों से अलग रखने का आग्रह किया तो उदारतावादी सिद्धांत संकट का शिकार हो गया।

चटर्जी ने तर्क दिया कि राज्य और धर्म के बीच पार्थक्य की दीवार खड़ा करने वाले सेकुलरवाद और आधुनिक राज्य की उदारतावादी विचारधारा के गर्भ से सामाजिक सहिष्णुता की गारंटी अपने आप नहीं निकलती। उदारतावादी सिद्धांत को उस समय बगलें झाँकनी पड़ती हैं जब धार्मिक अल्पसंख्यक सार्वभौम नागरिकता के बुद्धिवादी विमर्श में भागीदारी करने से ही इनकार कर देते हैं। वे अपनी सांस्कृतिक भिन्नता क़ायम रखने का दावा ही नहीं करते, उस दावे की वजह न बताने का दावा भी पेश करते हैं। फ़ूको के शासकीयता के सिद्धांत का सहारा लेते हुए चटर्जी ने कहा कि अल्पसंख्यक राज्य प्रदत्त मंचों पर विवाद न करके आग्रह करते हैं कि उनके सांस्कृतिक आचरण से संबंधित मसलों को उनके अपने धार्मिक दायरों में ही सुलझाया जाना चाहिए। ऐसे में ज़रूरी हो जाता है कि सहिष्णुता की गाँधीवादी समझ के बजाय एक ऐसी समझ खोजी जाए जो प्रचलित उदारतावादी सिद्धांत में बनी-बनायी नहीं मिलती।

चटर्जी ने तजवीज़ की कि इस नयी समझ के पैरोकार को एक द्वि-आयामी संघर्ष की शुरुआत करनी पड़ेगी : 'वह किसी भी अल्पसंख्यक समुदाय में बाहर से पड़ने वाले समरूपीकरण के दबावों का प्रतिरोध कर सकता है, और समुदाय के भीतर लोकतांत्रिकीकरण के लिए दबाव डाल सकता है।' यह थी चटर्जी द्वारा प्रतिपादित सहिष्णुता की रणनीतिक राजनीति।

मार्क्सवादी ख़ेमे से जावीद आलम ने नंदी-मदन थीसिस पर पलट कर हमला किया, पर उनके विमर्श में धर्म से निबटने के मामले में कम्युनिस्टों के रवैये की आलोचना भी थी। हालाँकि आलम का स्वर विवादात्मक था, पर वे अपने भीतर झाँकते हुए भी नज़र आ रहे थे।

जावीद आलम ने 'इण्डिस्पेंसिबिलिटी ऑफ़ सेकुलरिज़म' में सवाल उठाया कि नंदी और मदन सेकुलरवाद की तो कड़ी जाँच-पड़ताल करते हैं पर परम्परा को किसी कसौटी पर नहीं कसते। विश्लेषण का यह तरीक़ा परम्परा के नाम पर जो कुछ है, उसे ग़ैर-आलोचनात्मक ढंग से ग्रहण कर लेता है। आलम ने दावा किया कि सेकुलरवाद विरोधी दलील में एक पद्धतिमूलक अस्पष्टता भी है। ऊपर से तो वह पश्चिमी विचारधाराओं के वर्चस्व के ख़िलाफ़ लड़ती नज़र आती है, पर वास्तव में उसकी जड़ पश्चिमी पूर्व-धारणाओं में ही दिखती है। उनकी दलीलें सिर के बल खड़ी हुई युरो-केंद्रीय दृष्टि का ही प्रतिनिधित्व करती हैं।

आलम की मान्यता थी कि आधुनिकता ने हमें जिस मुक़ाम पर पहुँचा दिया है, वहाँ से वापसी नामुमकिन है। जिस परिघटना को पश्चिमी विचार श्रेणियाँ थोपना कहा जाता है, उसे पारंपरिक समाजों के आधुनिकीकरण से उपजी ज़मीनी ज़रूरत के रूप में देखा जाना चाहिए। पारम्परिक समाज आपसी संवाद के ज़रिये जिन समझौतों तक पहुँचते थे, आधुनिक समाज में विवादों का हल उन तरीक़ों से नहीं हो सकता। उसके लिए नये दार्शनिक सिद्धांत, नये मूल्य और नयी प्रणाली की ज़रूरत पड़ेगी। समानता और लोकतंत्र के साथ सेकुलरवाद इसी ज़रूरत की पूर्ति करता है।

नंदी-मदन थीसिस की प्रत्यालोचना करने के बाद आलम ने अपनी निगाह आधुनिकतावादियों और मार्क्सवादियों के रवैये पर फेंकी। उन्होंने पाया कि इसमें भी कई ख़ामियाँ हैं। मसलन, सेकुलरवाद या आधुनिकता को केवल युरोपीय ज्ञानोदय की बुद्धिवादी विचारधारा के आईने में देखा जाना एक समस्या है। देशकाल के मुताबिक़ कई तरह की आधुनिकताएँ और तरह-तरह के सेकुलरवाद हो सकते हैं। भारतीय परिस्थितियों के मुताबिक़ सेकुलरवाद का सिद्धांत-निरूपण करने के लिए देकार्तवादी या कांटवादी वैचारिक बुनियादपरस्ती से बचना चाहिए। ज्ञानोदय से पहले के युरोपीय पुनर्जागरण काल में धर्म और राज्य को अलग-अलग करने के लिए किये गये चिंतन पर भी निगाह फेंकनी चाहिए। वह चिंतन धर्म का विरोधी नहीं था, पर वह धर्म को राजकीय मामलों से अलग रखने का हिमायती ज़रूर था।

भारतीय मार्क्सवादियों को आलम की हिदायत थी कि हमें जो मार्क्सवाद थमाया गया है और जिसके तहत कम्युनिस्ट इस मसले को देखते हैं, वह दरअसल ग़लत बौद्धिक परिप्रेक्ष्य से उपजा है। यह परिप्रेक्ष्य धर्म को जंजीरों में जकड़ कर रखना चाहता है। कम्युनिस्टों को चाहिए कि वे ऐतिहासिक दृष्टिकोण का इस्तेमाल करते हुए उन परिस्थितियों पर नज़र डालें जिनमें आधुनिक व्यक्ति की रचना होती है। विभिन्न समाजों की ज़मीन पर भिन्न-भिन्न सांस्कृतिक और भौतिक परिस्थितियों में यह प्रक्रिया अलग-अलग ढंग से चलती है। अगर कम्युनिस्ट इस तरह से देखते तो उनके सामने समाजवादी लोकतंत्र के विभिन्न रूप खोजने का रास्ता खुल सकता था। लेकिन, मार्क्स के बाद विकसित समाजवादी

विचार परम्परा में विभिन्न परिस्थितियों के तहत आधुनिक इनसान की रचना-प्रक्रिया के दौरान पैदा हुई सामाजिक-दार्शनिक समस्याओं पर गम्भीरता से गौर नहीं किया गया।

ज़ाहिर है कि आलम के पास आधुनिकता और सेकुलरवाद से संबंधित मार्क्सवादी समझ और व्यवहार में संशोधन के गम्भीर प्रस्ताव थे। एक अन्य वामपंथी चिंतक अकील बिलग्रामी ने इसी दौरान नेहरूवादी सेकुलरवाद को आर्कमीडियायी या गढ़ा हुआ क़रार देकर इस बहस में एक नया दृष्टिकोण जोड़ने की कोशिश की।

कुल मिला कर नंदी-मदन थीसिस से प्रकट नाराज़गी के बावजूद वामपंथी ख़ेमे भी सेकुलरवाद के नये संस्कार की आवश्यकता महसूस कर रहा था। पार्थ चटर्जी तो एक तरह से नंदी और मदन के साथ ही खड़े दिख रहे थे। आधुनिकता और दक्षिण एशियाई समाजों के बीच अन्योन्यक्रिया पर भारतीय अनुभव की रोशनी में नये सिरे से विचार करने की गुंजाइशें खुल रही थीं। सेकुलरवाद का संकट भारतीय समाज-विज्ञान में स्थापित और रूढ़ हो चुकी कई अवधारणाओं को चिंतन के लिए दोबारा खोलने के मौक़े प्रदान कर रहा था।

**देखें** : आधुनिकता, आधुनिकीकरण, केशवराव बलिराम हेडगेवार, बहुसंख्यकवाद, बहुसंख्यक-अल्पसंख्यक, भारतीय जनता पार्टी-1 और 2, माधवराव सदाशिवराव गोलवलकर, मुसलिम राजनीतिक विचार, रामजन्मभूमि आंदोलन-1 से 4 तक, राष्ट्रीय स्वयंसेवक संघ, विनायक दामोदर सावरकर, विवेकानंद, स्त्री और साम्प्रदायिकता, सेकुलरवाद, सेकुलरीकरण, सेकुलरवाद बनाम बहुसंख्यकवाद, सेकुलर बनाम धार्मिक राज्य, सेकुलर राष्ट्रवाद के धार्मिक आयाम, सेकुलरवाद : भारतीय मॉडल-1 और 2, हिंदुत्व।

### संदर्भ

1. सुमित सरकार (1994), 'द एंटी सेकुलरिस्ट क्रिटीक ऑफ़ हिंदुत्व : प्रॉब्लम्स ऑफ़ ए शेयर्ड डिस्कर्सिव स्पेस', *जर्मिनल,* खण्ड 1.
2. जावीद आलम (2005), 'द इंडिस्पेंसिबिलिटी ऑफ़ सेकुलरिज़म', *सोशल साइंटिस्ट,* खण्ड 27, अंक 7-8, जुलाई-अगस्त 1998 और हिंदी में 'सेकुलरवाद की अनिवार्यता', अभय कुमार दुबे (सम्पा.), *बीच बहस में सेकुलरवाद,* लोकचिंतन ग्रंथमाला, वाणी-सीएसडीएस, नयी दिल्ली.
3. सुदीप्त कविराज (1995), 'रिलीजन, पॉलिटिक्स ऐंड मॉडर्निटी', संकलित : उपेंद्र बख़्शी और भीखू पारेख (सं.), *क्राइसिस ऐंड चेंज इन कंटेम्परेरी इण्डिया,* सेज, नयी दिल्ली और 'ऑन द डिस्कोर्स ऑफ़ सेकुलरिज़म', विद्युत चक्रवर्ती (सम्पा.), *सेकुलरिज़म ऐंड इण्डियन पॉलिटी,* सेगमेंट बुक डिस्ट्रीब्यूटर्स, नयी दिल्ली.

**— अभय कुमार दुबे**

# सेकुलरवाद : महाविवाद-4

## भाषा, जाति और छोटी पहचानों का प्रश्न

(Secularism: Great Debate-4)

सेकुलरवाद पर तुर्की-बतुर्की बहस करने वाले समर्थक और विरोधी पैरोकारों के विमर्श से भाषा, जाति और लघु अस्मिताओं के पहलू पूरी तरह से नदारद थे। उनके विमर्श का भाषाई स्वरूप अंग्रेज़ी में था, उनकी दावेदारियों में राष्ट्र के महा-आख्यान की विवेचना थी और वे इस राष्ट्र को बड़ी-बड़ी अल्पसंख्यक और बहुसंख्यक पहचानों से मिल कर बना हुआ मान रहे थे। आशिस नंदी के विमर्श में सेकुलरवाद को वैचारिक श्रेणियों के साम्राज्यवाद के ख़ाने में ज़रूर रखा गया था, पर वे भी हिंदू और मुसलमान को विभेदीकृत समुदायों की तरह ग्रहण न करके, बेख़याली में ही सही, पर एकाश्म समुदाय मानते दिखाई पड़ते थे। प्रोफ़ेसर मदन का विमर्श तो हिंदू, इसलामिक, सिक्ख और बौद्ध जैसी चार दक्षिण एशियाई धार्मिक परम्पराओं के संदर्भ में ही रचा गया था। उन्हें भी इन धार्मिक परम्पराओं के विभेदीकरण में कोई दिलचस्पी नहीं थी। दूसरा ख़ाँचा आधुनिकता बनाम परम्परा के द्विभाजन का था जिसमें अगर कोई विभेद किया गया था तो वह था आशिस नंदी द्वारा परम्परा के उच्च-भ्रू और ज़मीनी रूपों के बीच किया गया अंतर। इस कमी को पूरा किया कुछ ऐसे चिंतकों ने जिनके रुझान वामपंथी थे, लेकिन जिन्हें सुपरिभाषित वामपंथी श्रेणी में नहीं रखा जा सकता था या जिनकी हैसियत वामपंथियों के आंतरिक आलोचक जैसी थी। इनमें सुदीप्त कविराज, विवेक धारेश्वर, रजनी कोठारी और आदित्य निगम प्रमुख थे। इन लोगों ने भाषा, जाति और राष्ट्र व सेकुलरवाद जैसे महा-आख्यानों के वर्चस्व के तले छटपटा रही छोटी पहचानों के आईने में सेकुलरवादी विमर्श को परखा। इससे एक नया दृष्टिकोण सामने आया।

राष्ट्रीय मोर्चा सरकार द्वारा मण्डल आयोग की सिफ़ारिशों को लागू करके पिछड़ी जातियों को आरक्षण प्रदान करने से पहले सेकुलरवादियों के बीच जाति के प्रश्न पर चर्चा आम तौर पर ख़ामोश ही रहती थी। वे जाति पर ग़ौर करने में अपना वक़्त ख़राब करने के लिए तैयार नहीं थे क्योंकि उन्हें सेकुलरीकरण की प्रक्रिया के हाथों जाति को समाज के धरातल पर अपदस्थ कर दिये जाने का विचारधारात्मक यक़ीन था। लेकिन, पहले मण्डलीकरण की राजनीति और फिर उत्तर प्रदेश में दलित-पिछड़े गठजोड़ द्वारा हिंदुत्ववादी ताक़तों को चुनावी मैदान में परास्त कर दिये जाने की परिघटना के कारण उन्होंने जाति को नये नज़रिये से देखना

शुरू किया। उन्हें लगा कि जातिगत राजनीतिक गोलबंदी सेकुलर भूमिका भी निभा सकती है।

जाति के प्रश्न पर सेकुलर अंधता के अपवाद वरिष्ठ राजनीतिशास्त्री रजनी कोठारी थे। 1965 में ही उन्होंने अपने एक शिष्य ऋषिकेश मारू के साथ एक जाति महासभा का अध्ययन करके निष्कर्ष निकाला था कि जातिगत राजनीतिक गोलबंदी जाति को मजबूत करने के बजाय उसकी संरचना में बदलाव का रास्ता खोलती है और इसके ज़रिये सेकुलरीकरण होता है। कोठारी ने अपने इस प्रेक्षण के सहारे समाजशास्त्री एम.एन. श्रीनिवास के इस दावे का खण्डन किया कि लोकतांत्रिक राजनीति जाति को पुनः जीवन प्रदान कर देगी। इसी तर्क को आगे बढ़ाते हुए उन्होंने राजनीति में जातिवाद की जगह 'जातियों के राजनीतीकरण' की विख्यात थीसिस सूत्रबद्ध की। नब्बे के दशक की राजनीति में उन्होंने इसी टेक पर दलितों के उभार की व्याख्या की और साम्प्रदायिकता विरोधी संघर्ष में जाति की भूमिका को रेखांकित किया।

कोठारी के काम से इत्तफ़ाक रखते हुए भी आदित्य निगम ने इस मसले को एक दूसरी निगाह से देखा, क्योंकि छोटी जातियों के एक प्रभावी हिस्से में सेकुलर विमर्श की परवाह न करके साम्प्रदायिक पक्ष के नुमाइंदों के साथ जाने की प्रवृत्ति भी दिख रही थी। नेहरूवादियों और वामपंथियों द्वारा स्थापित सेकुलर-राष्ट्रवादी आग्रहों के बरक्स 'छोटी पहचानों की बग़ावत' का सूत्रीकरण करते हुए उन्होंने सामाजिक इतिहास के धरातल पर सुमित सरकार जैसे स्थापित वामपंथी समाज वैज्ञानिकों की उस स्वीकारोक्ति की विवेचना की जिसमें सरकार ने बताया था कि उनकी रचनाओं में जाने-अनजाने जाति का पहलू किस तरह से हाशिये पर चला जाता रहा है। निगम का तर्क था कि सेकुलर-राष्ट्रवाद ने एक समरूप संस्कृति गढ़ने की प्रक्रिया में अपने लिए एक ख़ास तरह का एक द्विज हिंदू सांस्कृतिक साँचा तैयार कर लिया है। इसीलिए नब्बे के दशक में दलित राजनीतिक नेतृत्व ने सेकुलरवाद को उसी तरह से ख़ारिज कर दिया है जिस तरह कभी आम्बेडकर ने उपनिवेशवाद विरोधी राष्ट्रवाद को कर दिया था।

विवेक धारेश्वर ने सेकुलर इयत्ता को प्रश्नांकित करते हुए भाषा, जाति और सेकुलरवाद के त्रिकोण पर ग़ौर किया। क्लिफ़र्ड गीट्ज़ की स्थापना 'अनुभव-दूरस्थ' और 'अनुभव-निकटस्थ' का इस्तेमाल करते हुए उन्होंने कहा कि हिंदुओं और बौद्धों के लिए जाति अनुभव-निकटस्थ है, जबकि सेकुलरवादियों के लिए यह अनुभव-दूरस्थ अवधारणा है। धारेश्वर ने इसका एक महत्त्वपूर्ण कारण सेकुलर विमर्श की अंग्रेज़ी केंद्रीयता को क़रार दिया। अपनी बात को साफ़ करते हुए धारेश्वर ने दावा किया कि सेकुलर इयत्ता के लिए अंग्रेज़ी सिर्फ़ एक भाषा ही नहीं है, बल्कि वह प्रतीक रूप में आधुनिकता का एक नाम बन गयी है। उसके ज़रिये सेकुलर अभिजन अपनी श्रेणियाँ ग़ैर-आधुनिक दुनिया पर थोपना चाहता है। धारेश्वर का तर्क था कि उत्तर-संरचनावाद के बाद से भाषा अनुभव और सामाजिक आचरणों के विधेयक तत्त्व के रूप में उभर आयी है। जब महानगरीय इयत्ता ख़ुद को अंग्रेज़ी में रचती और व्यक्त करती है तो जाति की केंद्रीयता वाले सामाजिक संघर्ष से उसका नाता दूर का हो जाता है। इसी कारण से जाति उनके विमर्श में या तो दब जाती है, या उसे सिरे से लापता हो जाना पड़ता है। इस सेकुलर इयत्ता के पैरोकार ऊँची जातियों से आते हैं और मान कर चलते हैं कि वे जातिवादी नहीं हैं या उनका आचरण जातिवादी नहीं है। पर दलित प्रवक्ताओं की तरफ़ से उन्हें जातिवादी क़रार दिया जाता रहता है।

धारेश्वर ने अपनी बात कहते हुए सुदीप्त कविराज का हवाला दे कर कहा था कि अभिजन और सबाल्टर्न प्रतीक-भाषा के बीच एक तरह के अपरिचय और शत्रुता का संबंध है। कविराज ने सेकुलर विमर्श की विफलता को उसकी आज़ादी के पहले और बाद की निर्मितियों के बीच अंतर की तरह पढ़ा था। उनकी मान्यता थी कि आज़ादी के पहले चलने वाला सेकुलरवाद का विमर्श जनता के लिए अधिक ग्राह्य था,क्योंकि वह भारतीय भाषाओं में चलाया जाता था। उपनिवेशवादी विरोधी नेतृत्व बाक़ायदा द्विभाषी था, और अपनी बातें अंग्रेज़ी के साथ-साथ भारतीय भाषाओं में भी कहता था। जबकि आज़ादी के बाद का सेकुलर विमर्श पूरी तरह सिर्फ़ अंग्रेज़ी में चलाये जाने के कारण जनसाधारण के मानस को प्रभावित नहीं कर पाया, और उत्तरोत्तर मुट्ठी भर अभिजनों का विचार बन कर रह गया। अंग्रेज़ी के दायरे में रह जाने के कारण इस सेकुलर विमर्श को स्थानीय परम्पराओं और जीवन से कट जाना पड़ा।

इतिहासकार ज्ञानेंद्र पाण्डेय ने भी सेकुलरवाद-साम्प्रदायिक टकराव में भाषा की भूमिका को उभारा कि किस प्रकार साम्प्रदायिक गोलबंदी के लिए हिंदी का इस्तेमाल किया गया। इसका भी तात्पर्य यही था कि सेकुलर विमर्श हिंदी या अन्य भारतीय भाषाओं में स्वयं को व्यक्त करने में नाकाम रहा है। थोड़ा आगे चल कर धीरूभाई शेठ ने भी गुजरात की घटनाओं के संदर्भ में सेकुलर विमर्श के द्विज-अभिजन-अंग्रेज़ीदाँ चरित्र की शिनाख़्त करते हुए आग्रह किया कि दलित-पिछड़ी जातियों की राजनीति की सेकुलर सम्भावनाओं को नज़रअंदाज़ नहीं किया जाना चाहिए।

**देखें :** आधुनिकता, आधुनिकीकरण, केशवराव बलिराम हेडगेवार, बहुसंख्यकवाद, बहुसंख्यक-अल्पसंख्यक, भारतीय जनता पार्टी-1 और 2, माधवराव सदाशिवराव गोलवलकर, मुसलिम राजनीतिक विचार, रामजन्मभूमि आंदोलन-1 से 4 तक, राष्ट्रीय स्वयंसेवक संघ, विनायक दामोदर सावरकर, विवेकानंद, स्त्री और साम्प्रदायिकता, सेकुलरवाद,

सेकुलरीकरण, सेकुलरवाद बनाम बहुसंख्यकवाद, सेकुलर बनाम धार्मिक राज्य, सेकुलर राष्ट्रवाद के धार्मिक आयाम, सेकुलरवाद : भारतीय मॉडल-1 और 2, हिंदुत्व।

### संदर्भ


1. सुदीप्त कविराज (1995), 'ऑन द डिस्कोर्स ऑफ़ सेकुलरिज़्म', बिद्युत चक्रवर्ती (सम्पा.), *सेकुलरिज़्म ऐंड इण्डियन पॉलिटी,* सेगमेंट बुक डिस्ट्रीब्यूटर्स, नयी दिल्ली.
2. विवेक धारेश्वर (1993), 'कास्ट ऐंड सेकुलर सेल्फ़', *जरनल ऑफ़ आर्ट्स ऐंड आइडियाज़,* अंक 25-26, बंगलूरु.
3. आदित्य निगम (2003), 'ब्राह्मणवादी आधुनिकता की आलोचना : ज्ञानमीमांसा के नये पहलू', अभय कुमार दुबे (सम्पा.), *आधुनिकता के आईने में दलित,* सीएसडीएस-वाणी, नयी दिल्ली.
4. आदित्य निगम (2005), *इंसरेक्शन ऑफ़ द लिटिल सेल्व्ज़,* ऑक्सफ़र्ड युनिवर्सिटी प्रेस, नयी दिल्ली.
5. रजनी कोठारी (2003), 'दलित उभार के मायने : जातियों के राजनीतीकरण का एक और पहलू' अभय कुमार दुबे (सम्पा.), *आधुनिकता के आईने में दलित,* सीएसडीएस-वाणी, नयी दिल्ली.
6. रजनी कोठारी और ऋषिकेश मारू (1965), 'कास्ट ऐंड सेकुलरिज़्म इन इण्डिया : केस स्टडी ऑफ़ अ कास्ट फ़ेडरेशन', *जरनल ऑफ़ एशियन स्टडीज़,* खण्ड 25, अंक 1.


**— अभय कुमार दुबे**

# सेकुलरवाद : महाविवाद-5

## नयी सेकुलर राजनीति के प्रस्ताव

(Secularism: Great Debate-5)

सेकुलरवाद पर चल रहे महाविवाद का एक ऐसा आयाम भी था जो उस बहस को आधुनिकता के पक्ष-विपक्ष और उदारतावादी सिद्धांत के इर्द-गिर्द चल रहे तर्क-वितर्क से निकाल कर व्यावहारिक राजनीति की ज़मीन पर लाना चाहता था। इस तरह के विद्वानों का ज़ोर इस बात पर था कि आधुनिक राज्य की संरचनाओं में आ रहे परिवर्तनों पर ग़ौर किया जाना चाहिए। इस संबंध में तीन समाज वैज्ञानिकों (रजनी कोठारी, धीरूभाई शेठ और मधु किश्वर) द्वारा किये गये बौद्धिक हस्तक्षेप उल्लेखनीय हैं।

वरिष्ठ राजनीतिशास्त्री रजनी कोठारी आपातकाल से लेकर 1984 तक के सिक्ख विरोधी हत्याकाण्ड तक की दस साला अवधि में पनपी साम्प्रदायिकता के कारणों का विश्लेषण करते-करते अपनी सेकुलरवाद संबंधी तजवीज़ों पर पहुँचे। कोठारी ने कहा कि भारत आज उसी नशे में चूर है जिसे कभी मार्क्स ने 'जनता की अफ़ीम' क़रार दिया था। भारतीय समाज का स्वाभाविक चरित्र इसकी इजाज़त नहीं देता। कोठारी की मान्यता थी कि इस देश की प्रकृति मूलतः न तो धार्मिक है और न ही सेकुलर, फिर भी भारत पर धार्मिक राजनीति का असर भरपूर दिख रहा है। उन्हें यह बात विडम्बनापूर्ण लगी कि मुसलमान और ईसाई तो संयम से काम ले रहे हैं, पर धर्मशास्त्रीय अर्थों में ग़ैर-धार्मिक समझे जाने वाले हिंदू समुदायों ने धर्म के आधार पर गोलबंदी को स्वीकार करना शुरू कर दिया है।

कोठारी इस नतीजे पर पहुँचे कि भारतीय सेकुलरवाद इस समय तकनीकशाही और प्रबंधकीय राज्य, चुनाव आधारित लोकतंत्र के कारण आये बहुसंख्यकवाद, कठोर राज्य की अवधारणा और राज्य की संस्था के साम्प्रदायिकीकरण के कारण साँसत में है। हालात धार्मिक ध्रुवीकरण के अनुकूल हो गये हैं। मध्यवर्गीय राजनीति का दायरा असरदार नहीं रह गया है। मध्यवर्ग लोकतांत्रिक राजनीति के प्रति अरुचि का शिकार हो चुका है। सेकुलरवाद इन बाधाओं से तब तक पार नहीं पा सकता जब तक राजनीति पर एक बार फिर बीच का दायरा प्रभावी नहीं हो जाता और मध्यवर्ग की परिवर्तनकारी सृजनशीलता पुनः जागृत नहीं हो जाती। ऐसा करने के लिए केवल सेकुलर-राजनीतिक दायरे की तरफ़ ध्यान देना ही काफ़ी नहीं होगा। इसके लिए भारतीय बहुलतावाद की नैसर्गिकता को पकड़ना होगा। समझना होगा कि भारतीय आधुनिकता का इतिहास पश्चिमी आधुनिकता से भिन्न है। भारतीय बहुलतावाद सेकुलर विकास-क्रम की उपज नहीं है,बल्कि भारतीय सेकुलरवाद हमारे बहुलतावाद के आधार की देन है।

कोठारी ने आशा-निराशा के झूले में झूलते हुए कहा कि राजनीतिक दलों की नाकामी के बावजूद उन्होंने उम्मीद का दामन नहीं छोड़ा है। इसकी वजह ख़ुद मध्यवर्ग का नैसर्गिक चरित्र और उसका लोकतंत्र के साथ रिश्ता है। सैद्धांतिक रूप से लोकतंत्र एक मध्यवर्गीय मूल्य ही है। राज्य के खुले आम साम्प्रदायिकीकरण से मध्यवर्ग को एक तरह का सदमा लगा है। इसी का परिणाम तरह-तरह के नागरिक समूहों की सक्रियता में निकला है जो मोटे तौर पर साम्प्रदायिकता के ख़िलाफ़ और सेकुलर राजनीति के पक्ष में खड़े हुए हैं। आज का मध्यवर्ग जिस हक़ीक़त का सामना कर रहा है वह उस हक़ीक़त से कहीं पेचीदा है जिसका आज़ादी मिलने के वक़्त तत्कालीन मध्यवर्ग ने सामना किया था।

धीरूभाई शेठ का विचार था कि सेकुलरीकरण की प्रक्रिया में केवल हिंदुत्व ही बाधा नहीं डालता, बल्कि सेकुलरवाद पर चल रही बहस का लहज़ा भी इसका ज़िम्मेदार है। सेकुलर विमर्श को अभिजनोन्मुख क़रार देते हुए धीरूभाई ने दावा किया कि आज़ादी के पहले क़ौमी

एकता के रूप में जो सेकुलरवाद धार्मिकता का विलोम नहीं था, आज़ादी के बाद आधुनिकतावादी-राज्यवादी बन कर एक छोटे से शासक वर्ग को वैधता दिलाने वाली विचारधारा बन गया। निचली जातियों की जीवन-शैली को नीची निगाह से देखने वाले इस सेकुलरवाद ने बहुसंख्यक भारतीय समाज को हिंदुत्ववादियों के हाथ में खेलने के लिए छोड़ दिया।

धीरूभाई का विचार था कि भारतीय राष्ट्र-राज्य की वैधता ऊपर से भूमण्डलीकरण की ताक़तों और नीचे से क्षेत्रीयता की ताक़तों की चुनौती का सामना कर रही है। इससे भी अधिक गम्भीर चुनौती हिंदुत्व के आंदोलन ने दी है। इसने सेकुलर-लोकतांत्रिक राज्य और बहुलतावादी राष्ट्रवाद की विचारधारा के बीच पनपे संस्थागत सूत्र को भंग कर दिया है। चूँकि अधिकतर हिंदू इस विचारधारा के पक्ष में नहीं है, इसलिए फ़िलहाल इसे गठजोड़ की राजनीति का सहारा लेना पड़ रहा है। पर इसका लक्ष्य है हिंदुत्व को भारतीय राज्य की विचारधारा के रूप में मान्यता दिलाना जिसकी अभिव्यक्ति जातीय-धार्मिक बहुसंख्यकवाद में होगी। अगर हिंदुत्ववादी संगठन हिंदुओं की बहुसंख्या का दीर्घकालीन राजनीतिक समर्थन पाने में कामयाब रहे तो भारतीय राष्ट्र-राज्य बहुसंख्यक-जातीय राज्य का चरित्र ग्रहण कर लेगा। उस सूरत में भारत के भीतर अल्पसंख्यकों के साथ वही सुलूक होना शुरू हो जाएगा जैसे उपमहाद्वीप के अन्य देशों में होता है। राज्य को अपने सेकुलर दायित्वों से पल्ला झाड़ने से रोकने के लिए धीरूभाई ने सुझाव दिया कि इसके लिए संविधान में विशेष प्रावधान किया जाना चाहिए। दूसरी तरफ़ राजनीतिक और सामाजिक जीवन में मुसलमानों की भागीदारी बढ़ानी होगी। साथ ही हिंदुओं के धार्मिक जीवन के प्रति कठोर रवैया अपनाने की अवांछित प्रवृत्ति से बचना होगा। निचली जातियों की राजनीति के लोकतांत्रिक और सेकुलर आयामों का महत्त्व नये सिरे से समझना होगा। सेकुलर विमर्श को भूमण्डलीय स्तर पर ले जा कर भारतीय राज्य को इसलाम विरोधी बनाने के प्रयासों का प्रतिकार करना होगा।

मधु किश्वर ने शाह बानो प्रकरण पर केंद्रित होते हुए समान नागरिक संहिता के प्रश्न को खँगाला। सेकुलरवाद के भारतीय मॉडल का यह महत्त्वपूर्ण और विवादास्पद पक्ष मधु किश्वर के हस्तक्षेप से पहले इस महाविवाद से बाहर था। उनकी मान्यता थी कि शाह बानो के मुक़दमे में सर्वोच्च न्यायालय के फ़ैसले से समान नागरिक संहिता की माँग का साम्प्रदायिकीकरण हुआ है। इसी फ़ैसले के बाद मुसलमान औरतों के साथ होने वाले भेदभाव की आड़ में इसलाम और मुसलमानों के ख़िलाफ़ आक्रामक मुहिम शुरू हुई। मुसलमान लॉ में परिवर्तन की कसौटी पर अल्पसंख्यकों की देशभक्ति को कसा जाने लगा। किश्वर ने इतिहास का हवाला देते हुए कहा कि ठीक इसी तरह कभी हिंदू स्त्रियों के साथ होने वाले भेदभाव की आड़ में अंग्रेज़ों ने हमारे स्वशासन के अधिकार पर सवालिया निशान लगाया था। अंग्रेज़ों ने जो किया था, ठीक वैसा ही कथित हिंदू प्रवक्ताओं ने मुसलमानों के साथ किया और स्त्री अधिकारों का मसला पृष्ठभूमि में चला गया। ऐसा लगने लगा कि हिंदू पर्सनल लॉ ज़्यादा सेकुलर और बेहतर क़ानून है। माहौल बनाया जाने लगा कि समान नागरिक संहिता के नाम पर इसी क़ानून के प्रावधान ग़ैर-हिंदू समुदायों को थमा दिये जाएँ। असलियत यह है कि स्त्री को सम्पत्ति का अधिकार देने के मामले में यह मुसलमान पर्सनल लॉ से भी बदतर है।

मधु किश्वर की चेतावनी थी कि एक सेकुलर क़िस्म की नागरिक संहिता तैयार करने की कोशिश करते समय सतर्क रहना होगा। कहीं हिंदू पर्सनल लॉ के प्रावधानों को ही नये सिरे से पेश करने की साज़िश तो नहीं की जा रही है। साथ ही यह भी सुनिश्चित करना होगा कि नयी संहिता का मसविदा स्त्रियों को समान अधिकार की रोशनी में ही तैयार किया जाए।

**देखें** : आधुनिकता, आधुनिकीकरण, केशवराव बलिराम हेडगेवार, बहुसंख्यकवाद, बहुसंख्यक-अल्पसंख्यक, भारतीय जनता पार्टी-1 और 2, माधवराव सदाशिवराव गोलवलकर, मुसलिम राजनीतिक विचार, रामजन्मभूमि आंदोलन-1 से 4 तक, राष्ट्रीय स्वयंसेवक संघ, विनायक दामोदर सावरकर, विवेकानंद, स्त्री और साम्प्रदायिकता, सेकुलरवाद, सेकुलरीकरण, सेकुलरवाद बनाम बहुसंख्यकवाद, सेकुलर बनाम धार्मिक राज्य, सेकुलर राष्ट्रवाद के धार्मिक आयाम, सेकुलरवाद : भारतीय मॉडल-1 और 2, हिंदुत्व।

## संदर्भ

1. धीरूभाई शेठ (2005), 'गुजरात के बाद हिंदुत्व और राज्य का सेकुलरत्व', अभय कुमार दुबे (सम्पा.), *बीच बहस में सेकुलरवाद*, लोकचिंतन ग्रंथमाला, वाणी-सीएसडीएस, नयी दिल्ली.
2. रजनी कोठारी (2005), 'चार बाधाएँ और बीच का रास्ता', अभय कुमार दुबे (सम्पा.), *बीच बहस में सेकुलरवाद*, लोकचिंतन ग्रंथमाला, वाणी-सीएसडीएस, नयी दिल्ली.
3. मधु किश्वर (1998), 'प्रो-वुमॅन ऑर एंटी-मुसलमान? : द शाह बानो कंट्रोवर्सी', मधु किश्वर, *रिलीजन एट द सर्विस ऑफ़ नैशनलिज़म ऐंड अदर एसेज़*, ऑक्सफ़र्ड युनिवर्सिटी प्रेस, नयी दिल्ली.

**— अभय कुमार दुबे**

# सेकुलरवाद : महाविवाद-6

## हिंदी के बुद्धिजीवी

(Secularism: Great Debate-6)

नब्बे का दशक सेकुलरवाद पर महाविवाद का दशक इसलिए भी था कि उस दौरान यह बहस केवल अकादमीय दायरों तक सीमित नहीं थी। हिंदी बोलने-बरतने वाले तक़रीबन चालीस करोड़ लोगों की बौद्धिक और सांस्कृतिक दुनिया में भी ये तर्क-वितर्क चल रहे थे। हिंदी के प्रमुख बुद्धिजीवियों द्वारा की जाने वाली यह चर्चा अंग्रेज़ी में लिखने-बोलने वाले समाज वैज्ञानिकों के बीच होने वाले सवाल-जवाब से भिन्न थी। समाज वैज्ञानिकों का विश्लेषण अगर सेकुलरवाद के समर्थन या विरोध का पैंतरा लेकर सामने आ रहा था, तो हिंदी के बुद्धिजीवियों का प्रस्थान बिंदु मुख्यत: साम्प्रदायिक राजनीति के बरक्स सेकुलरवाद का समर्थन ही था। दिलचस्प बात यह थी कि वे एक नहीं बल्कि कई तरह के सेकुलरवादों की पैरोकारी कर रहे थे, लेकिन उनकी इस भिन्नता में भारतीय सेकुलरवाद के मॉडल के बारे में एक समान समझ भी देखी जा सकती थी।

एक-दो अपवादों को छोड़ कर इन सभी की मान्यता थी कि भारतीय सेकुलरवाद का मॉडल त्रुटिपूर्ण है और उसके मुताबिक़ किया गया भारतीय राज्य का आचरण भी सेकुलरवाद की भावना के मुताबिक़ नहीं है। ज़ाहिर है कि उनकी टिप्पणियाँ सेकुलरवाद की संरचना पर न हो कर उसके सार पर थीं। बहस में भाग लेने वाले पत्रकारों, साहित्यकारों और संस्कृतकर्मियों को उनके असंख्य पाठकों के बीच ज़बरदस्त वैधता प्राप्त थी। हिंदी क्षेत्र का यह चिंतन किसी दक्षिण, वाम या उदारतावादी विचारधारा के आधार पर की गयी निर्मिति नहीं था। इसमें मार्क्सवादी आवाज़ें थीं, वामपंथी-जनवादी सांस्कृतिक आंदोलन के पुराने सिपहसालार शामिल थे। लोहिया और जयप्रकाश नारायण में अपनी राजनीतिक विरासत खोजने वाले लोगों के साथ-साथ इसमें गाँधी के प्रति भक्ति और श्रद्धा से आप्लावित स्वर भी शामिल थे। नेहरू का गुणगान करने वालों की भी इस विमर्श में भागीदारी थी। समाज-विज्ञान में प्रशिक्षित न होने के कारण इन लोगों में सैद्धांतिक सजगता का अभाव था, पर उनकी बातें नकारी नहीं जा सकती थीं क्योंकि उनमें देश के सबसे बड़े सांस्कृतिक भू-भाग का मानस झलक रहा था। आख़िरकार इसी क्षेत्र को रामजन्मभूमि आंदोलन के ज़रिये हिंदुत्ववादी ताक़तों ने अपनी प्रयोगस्थली बनाया था।

एकाधिक सेकुलरवादों की यह झलक अंग्रेज़ी के सेकुलरिज़म शब्द के विभिन्न हिंदी अनुवादों में देखी जा सकती थी। हर अनुवाद अलग तरह की राजनीतिक और सामाजिक समझ की नुमाइंदगी कर रहा था। मसलन, जो बुद्धिजीवी सेकुलरिज़म को धर्मनिरपेक्षता लिखना चाहते थे, वे राज्य को धर्म से पूरी तरह निरपेक्ष रखने के लिए प्रतिबद्ध थे। उनकी निगाह हिंदू, मुसलमान, ईसाई, सिक्ख और बौद्ध आदि सभी समुदायों के बीच फ़र्क़ नहीं करती थी। राज्य धर्म से निरपेक्ष तभी रह सकता था जब राजनीति का धर्म से पूरी तरह बहिष्करण कर दिया जाता। ऐसे बुद्धिजीवियों का रुझान घोषित-अघोषित रूप से काफ़ी-कुछ मार्क्सवादियों से मिलता-जुलता था। कुछ दूसरे क़िस्म के बुद्धिजीवियों का आग्रह था कि वे सेकुलरिज़म को पंथनिरपेक्षता लिखेंगे। ये लोग राज्य को पंथों से अलग रखने के पक्षधर थे। धर्म की जगह पंथ का इस्तेमाल करने के पीछे उनकी मंशा थोड़ी पेचीदा थी। वे मान कर चल रहे थे कि हिंदू एक धर्म है, जबकि बाक़ी सभी (इसलाम, ईसाइयत, सिख, बौद्ध, जैन आदि) पंथ हैं। हिंदू धर्म असंगठित, सहिष्णु और बहुदेववादी होने के साथ-साथ कहीं गहरे और व्यापक अर्थों में मनुष्य के कर्त्तव्य का आधार है और राजनीति किसी भी तरह से कर्त्तव्य निरपेक्ष नहीं हो सकती। जबकि बाक़ी सभी समुदाय किसी न किसी पंथ को मानने वाले हैं जो सामी, एकेश्वरवादी और संगठित क़िस्म के सम्प्रदाय हैं। राज्य और राजनीति को इनसे निरपेक्ष रहना चाहिए। हिंदी के बुद्धिजीवियों की तीसरी श्रेणी सेकुलरिज़म को सर्वधर्म समभाव के रूप में अनूदित करना चाहती थी। ये लोग राज्य की सभी धर्मों से बराबर दूरी के समर्थक थे और उस लिहाज़ से उनकी मान्यता थी कि भारतीय राज्य को या तो किसी धर्म में कोई हस्तक्षेप नहीं करना चाहिए था या सभी में समान दख़लंदाज़ी करनी चाहिए थी। सेकुलरिज़म शब्द के तीनों अनुवाद बता रहे थे कि हिंदी के बुद्धिजीवी सेकुलरवाद के भारतीय मॉडल से असंतुष्ट हैं।

तक़रीबन दो हज़ार पृष्ठों में फैले हुए इस विमर्श के प्रमुख हस्ताक्षर थे : प्रभाष जोशी, किशन पटनायक, राजेंद्र माथुर, खगेंद्र ठाकुर, राजेंद्र यादव, राजकिशोर और सच्चिदानंद सिन्हा। इसकी विषद समीक्षा अभय कुमार दुबे ने की और एक विचारोत्तेजक निष्कर्ष निकाला कि आम तौर पर हिंदी क्षेत्र के बुद्धिजीवी सेकुलरवाद की एक बहुसंख्यकवादी 'हिंदू' निर्मिति के पैरोकार हैं। उल्लेखनीय है कि यह हिंदू निर्मिति थी, न कि हिंदुत्ववादी। इसके तहत वामपंथियों के साम्प्रदायिकता विरोधी विमर्श में भी हिंदू-श्रेष्ठता राष्ट्रीयता के स्वाभाविक दावेदार के रूप में सूत्रीकृत होती है। इस हिंदू-श्रेष्ठता का अल्पसंख्यकों के प्रति दोहरा रवैया है। एक तरफ़ तो यह चाहती है कि अल्पसंख्यकों का झंझट ख़त्म किया जाना चाहिए पर बिना साम्प्रदायिक हुए। दूसरी तरफ़ वह चाहती है कि जब तक अल्पसंख्यक रहें तब तक उनके साथ बराबरी का सुलूक किया जाए।

हिंदी के बुद्धिजीवियों की निगाह में अल्पसंख्यकों से किया जाने वाला यह बराबरी का सुलूक उन्हें पूर्ण नागरिकता का दर्जा देने का पर्याय था। लेकिन, इन बुद्धिजीवियों को शक था कि राष्ट्र-निर्माण की प्रक्रिया में अल्पसंख्यकों (ख़ासकर मुसलमानों) की शायद ही कोई सकारात्मक भागीदारी हो सकती है। अधिकतर हिंदी बुद्धिजीवियों की मान्यता थी कि मुसलमान स्वाभाविक रूप से कट्टरपंथी, दकियानूसी, ग़ैर-आधुनिक और पिछड़े हुए हैं। इस गर्त से उनका निकलना भी मुश्किल है। सेकुलरवाद के संघर्ष में उनकी भागीदारी भी मुश्किल ही है। मुसलमानों को सेकुलर दायरे से स्थाई रूप से बाहर मान लेने के बाद हिंदी के बुद्धिजीवी इस निष्कर्ष पर पहुँचते हुए दिख रहे थे कि सेकुलरवाद की स्थापना की लड़ाई तो हिंदुओं के बीच ही लड़ी जानी है। कट्टर हिंदू के ख़िलाफ़ उदार हिंदू का संघर्ष ही सेकुलरवाद का असली मोर्चा है।

हिंदी के बुद्धिजीवियों की यह समान समझ एक ही लहज़े में व्यक्त नहीं होती। किसी के लेखन में यह नरम और समझदारीपूर्ण लहज़े में सामने आती है (जैसे किशन पटनायक)। पटनायक धर्मनिरपेक्षता के लिए पाँच घोषणापत्रों की रचना करते हैं जिसमें उनके तेरह सूत्र और आर्थिक राष्ट्रवाद को एक तरह की भावात्मक राष्ट्रीयता से आवेशित करने की वकालत दर्ज है। पर इस भावात्मक राष्ट्रीयता का मुसलमानों के लिए क्या तात्पर्य होगा या वे भारत माता के प्रतीक के साथ अपना सांस्कृतिक नाता कैसे जोड़ेंगे, यह स्पष्ट नहीं होता। दरअसल, इस विमर्श में जो चीज़ ख़ामोश रह जाती है, वही सबसे ज़्यादा मुखर है। इस विमर्श से मुसमलान लापता हैं। इसका पूरा संदर्भ हिंदू है। पटनायक के विपरीत प्रभाष जोशी के लेखन में यह समझ आक्रामक तेवर अपनाती है। पंथनिरपेक्षता या सम्प्रदायनिरपेक्षता के पैरोकार प्रभाष जोशी भारतीय सेकुलरवाद को 'सनातन धर्म' का पर्याय बनाने में भी संकोच नहीं करते। उनकी निगाह में धर्म को धारण करने वाले हिंदू राष्ट्रीयता के स्वाभाविक वाहक बन जाते हैं, और 'पंथ' को मानने वाले मुसलमानों के लिए अपनी राष्ट्रीयता साबित करने का कार्यभार बाक़ी रह जाता है।

हिंदी बुद्धिजीवियों का विमर्श बताता है कि मुसलमानों और इसलामी कट्टरता की रूढ़ छवि समाज में कितने गहरे बस चुकी है। संघ परिवार की राजनीति के ख़िलाफ़ संघर्ष करने वाले भी इसी रूढ़ छवि के प्रभाव में उसी विमर्श में अनजाने में साझा करते नज़र आते हैं जिसका विरोध करना उनका मक़सद है।

**देखें** : आधुनिकता, आधुनिकीकरण, केशवराव बलिराम हेडगेवार, बहुसंख्यकवाद, बहुसंख्यक-अल्पसंख्यक, भारतीय जनता पार्टी-1 और 2, माधवराव सदाशिवराव गोलवलकर, मुसलिम राजनीतिक विचार, रामजन्मभूमि आंदोलन-1 से 4 तक, राष्ट्रीय स्वयंसेवक संघ, विनायक दामोदर सावरकर, विवेकानंद, स्त्री और साम्प्रदायिकता, सेकुलरवाद, सेकुलरीकरण, सेकुलरवाद बनाम बहुसंख्यकवाद, सेकुलर बनाम धार्मिक राज्य, सेकुलर राष्ट्रवाद के धार्मिक आयाम, सेकुलरवाद : भारतीय मॉडल-1 और 2, हिंदुत्व।

### संदर्भ

1. प्रभाष जोशी (2003), *हिंदू होने का धर्म*, राजकमल प्रकाशन, नयी दिल्ली.
2. राजेंद्र यादव (2003), *काँटे की बात* (ग्यारह खण्ड), वाणी प्रकाशन, नयी दिल्ली.
3. राजेद्र माथुर (2003), *सपनों में बनता देश* (दो खण्ड), सामयिक प्रकाशन, नयी दिल्ली.
4. किशन पटनायक (2000), *विकल्पहीन नहीं है दुनिया*, राजकमल प्रकाशन, प्रकाशन, नयी दिल्ली.
5. सच्चिदानंद सिन्हा (1993), 'धर्मनिरपेक्षता : परम्परा और प्रासंगिकता', राजकिशोर (सम्पा.), *आज के प्रश्न : अयोध्या और उसके आगे*, वाणी प्रकाशन, नयी दिल्ली.
6. खगेंद्र ठाकुर (1993), 'सबसे अधिक मनुज मोहे भाए', *देशज*, प्रवेशांक, पटना.
7. राजकिशोर (1993), 'साम्प्रदायिकता से संघर्ष कैसे न करें', राजकिशोर (सम्पा.), *आज के प्रश्न : अयोध्या और उसके आगे*, वाणी प्रकाशन, नयी दिल्ली.
8. अभय कुमार दुबे (2005), 'सेकुलर 'हिंदू' वर्चस्व : अनुवाद, निरपेक्षता और समभाव की राजनीति', अभय कुमार दुबे (सम्पा.), *बीच बहस में सेकुलरवाद*, लोकचिंतन ग्रंथमाला, वाणी-सीएसडीएस, नयी दिल्ली.

**— अभय कुमार दुबे**

# सेकुलरवाद : महाविवाद-7

## आलोचना की आलोचना

(Secularism: Great Debate-7)

सेकुलरवाद की आलोचना में नंदी, मदन और पार्थ चटर्जी की रचनाएँ प्रकाशित हो जाने के बाद देर-सबेर सेकुलरवाद के समर्थकों द्वारा उन पर प्रत्याक्रमण होना ही था। लेकिन, जैसा कि हमने देखा कि इन तीनों विद्वानों को दिये गये जवाबों में आत्म-ऊहापोह भी निहित था। मार्क्सवादी ख़ेमे से संबंधित विद्वानों को यह मानना पड़ा कि कोरे बुद्धिवाद और धर्म को ज़ंजीरों में जकड़ने की कोशिशों के परिणाम अच्छे नहीं निकलेंगे। उन्होंने यह भी स्वीकार किया कि भारतीय परिस्थितियों में व्यक्ति के आधुनिकीकरण की प्रक्रिया कुछ अलग तरीक़े से चली है। उदारतावादी चिंतकों ने बहुसंख्यकवाद के प्रभाव में भारतीय राज्य के

साम्प्रदायिकीकरण की परिघटना को रेखांकित किया और भविष्य में उससे बचने की तजवीज़ें कीं। सेकुलरवाद के भारतीय मॉडल के दायरे से समान नागरिक संहिता के बार-बार फ़िसल जाने को ध्यान में रखते हुए स्त्री अधिकारों के दृष्टिकोण से इस प्रश्न पर पुनर्विचार भी किया गया। लेकिन, नंदी, मदन और चटर्जी के विमर्शों और उन पर की गयी इन तमाम अनुक्रियाओं के बावजूद भारतीय सेकुलरवाद के मॉडल की साफ़ तस्वीर नहीं उभर पायी। इस अंतराल को भरने का काम राजनीतिक दर्शन के विद्वान राजीव भार्गव ने किया। उन्होंने उदारतावादी मुक़ाम पर खड़े हो कर सेकुलरवाद की भारतीय निर्मिति का सवाल बड़ी कुशलतापूर्वक उठाया।

उनकी रचना 'गिविंग सेकुलरिज़म इट्स ड्यू' केवल आलोचकों का जवाब दे कर ही नहीं रह गयी। उसने राजनीतिकि सैद्धांतिकी का सहारा लेते हुए भारत के सेकुलरवाद के लिए उपयुक्त मॉडल की खोज करने की गम्भीर क़वायद की। उन्होंने आलोचनाओं के सकारात्मक पक्षों को स्वीकार करते हुए उनके सरलीकृत और एकतरफ़ा नज़रिये को रेखांकित किया।

भार्गव ने स्पष्ट रूप से कहा कि मदन और नंदी की आलोचना आधुनिकता का अंधविरोध करने वाले अति-सरलीकृत गाँधीवाद पर आधारित है। इन लोगों का बहुलतावाद पक्षपातपूर्ण है और वे पारम्परिक समुदायों की आपसी सहिष्णुता से कुछ ज़्यादा ही उम्मीद लगाये बैठे हैं। ये आलोचक परम्परा को दो अच्छी और ख़राब परम्परा में बाँट कर देखने के लिए तैयार हैं, पर आधुनिकता इन लोगों के ख़याल में केवल ख़राब ही है। आधुनिकता पर ये लोग अपना बहुलवाद लागू नहीं करते। इस लिहाज़ से इनका बहुलवाद एकतरफ़ा है। नंदी और मदन के आग्रह के विपरीत राजीव भार्गव ने दावा किया कि सेकुलरवाद धर्म को राजनीति से अनिवार्यत: अलग नहीं करता। वह धर्म विरोधी तो होता है, पर हर हालत में नहीं। इसलिए उसे केवल राज्य और चर्च के अलगाव की रोशनी में देख कर नहीं समझा जा सकता। राजनीति से धर्म के अलगाव के मतलब यह नहीं होता कि राज्य की सभी संस्थाओं से धर्म को एकदम अलग कर दिया जाए। दोनों के बीच कुछ सम्पर्क रह सकता है और साथ ही वे आपसी फ़ासला भी क़ायम रख सकते हैं। होना यह चाहिए कि धर्म और राजनीति न तो आपस में गुँथे रहें और न ही पूरी तरह से पृथक हो जाएँ।

भार्गव ने माना कि नंदी और मदन ने सेकुलरवाद के कुछ प्रचलित रूपों को ठीक ही आड़े हाथों लिया है, पर साथ ही सेकुलरवाद के कुछ अन्य रूपों को पहचानने तक से इनकार कर दिया है। हक़ीक़त यह है कि आज़ादी के बाद भारत ने सेकुलरवाद के जिस रूप को विकसित किया है, वह सभी धर्मों से अलगाव या समान फ़ासले के सिद्धांत पर आधारित नहीं है। भारत का सेकुलरवाद इंग्लैण्ड, फ्रांस या अमेरिकी सेकुलरवाद जैसा नहीं है। उसे धर्मबहुल राज्य में विभिन्न धर्मों के बीच होने वाले या हो सकने वाले टकरावों को टालने और साधारण जनता के लिए सामाजिक सहअस्तित्व की गारंटी देने वाली परियोजना के संदर्भ में देखा जाना चाहिए। नंदी और मदन सेकुलरवाद को जिस बात के लिए ख़ारिज करते हैं, दरअसल उसी बात के लिए उसकी सख़्त ज़रूरत है। आवश्यकता सेकुलरवाद के विकल्प की नहीं, वैकल्पिक सेकुलरवाद की है। भार्गव ने स्पष्ट किया कि भारतीय सेकुलरवाद को हिंदू-मुसलमान समस्या से निबटने के लिए ही पहले-पहल सूत्रबद्ध किया गया था। वह प्रयोजन आज भी उतना ही महत्त्वपूर्ण है। इसी लक्ष्य को वेधने के लिए भारतीय राज्य धर्मों से पूर्ण अलगाव या उनके साथ समान फ़ासला रखने के बजाय धर्मों से उसूली फ़ासले के सिद्धांत पर चलता है।

भार्गव ने उसूली फ़ासले के सिद्धांत की इस तरह व्याख्या की : इसके तहत राज्य धर्म और राज्य के बीच पार्थक्य के मामले में लचीला रवैया अपना कर देखता है कि किसी धर्म की प्रकृति, संदर्भ और मौजूदा स्थिति क्या है। वह राज्य में धर्म के हस्तक्षेप की इजाज़त देने के लिए तैयार हो सकता है, बशर्ते उसके ज़रिये स्वतंत्रता, समानता या सेकुलर मूल्यों को प्रोत्साहन मिलता हो। इसी आधार पर भारतीय राज्य तय करता है कि किस धर्म में कितना हस्तक्षेप करना है और किस धर्म के प्रति अ-हस्तक्षेप की नीति अख़्तियार करनी है। अपने ऐतिहासिक विकास और सामाजिक स्थिति के कारण कोई एक धर्म सेकुलर मूल्यों के लिहाज़ से राज्य के हस्तक्षेप के लिए अधिक उपयुक्त हो सकता है, जबकि किसी दूसरे धर्म में भिन्न स्थिति के कारण राज्य उसी तरह का क़ानूनी हस्तक्षेप न करने की निर्णय ले सकता है। उदाहरण के लिए सामाजिक समानता के सिद्धांत के मुताबिक़ राज्य को जातिगत ऊँच-नीच ख़त्म करने के लिए हिंदू धर्म में अधिक हस्तक्षेप करना चाहिए। उसी तरह धार्मिक विविधता क़ायम रखने के लिए इसलाम और ईसाइयत उसके अधिक हस्तक्षेप का पात्र होना चाहिए। ज़ाहिर है कि राज्य सभी धर्मों में एक ही तरह और बराबर का हस्तक्षेप करने या न करने का निर्णय नहीं ले सकता। ज़ाहिर है कि इसके लिए राज्य को कुछ निश्चित मूल्यों और सिद्धांतों के मुताबिक़ एक ग़ैर-संकीर्ण रवैया अपनाते हुए अलग-अलग धर्मों की स्थिति के मुताबिक़ उनमें हस्तक्षेप का विवेकसम्मत अख़्तियार करना होगा।

वैसे भी कई क़ानून किन्हीं ख़ास धार्मिक प्रथाओं और रिवाज़ों को सेकुलर मूल्यों के हिसाब से तरमीम करने के लिए बनाये जाते हैं, और उनका प्रयोग दूसरे धर्मों पर नहीं होता जहाँ वे रीति-रिवाज़ प्रभावी नहीं होते। मसलन, देवदासी प्रथा को प्रतिबंधित करने वाला क़ानून ग़ैर-हिंदू धर्मों

पर लागू नहीं किया जा सकता। दूसरे, उदारतावादी लोकतंत्र में कोई भी क़ानून जन-वैधता की माँग करता है। कम से कम उसके लिए समुदाय के प्रतिनिधियों की सहमति तो आवश्यक है ही। अगर किसी क़ानून के लिए केवल एक ही समुदाय के प्रतिनिधियों ने सहमति दी है तो बेहतर यही होगा कि केवल उसी समुदाय के लिए क़ानून बनाया जाए।

भार्गव ने पार्थ चटर्जी द्वारा उदारतावादी लोकतंत्र और आधुनिक राज्य की संस्थाओं की आलोचना के जवाब में कहा कि सेकुलरवाद की संगति सामुदायिक अधिकारों के विचार के साथ न बैठ पाने का उनका दावा ग़लत है। उसूली फ़ासले का सिद्धांत धर्मों के प्रति पूर्ण तटस्थता के दृष्टिकोण से तो अलग है ही, यह सभी धर्मों को समान भाव से देखने के विचार से भी भिन्न है। समभाव का सिद्धांत उसूली नहीं बराबरी के फ़ासले की प्रतिपादन करता है। यानी अगर राज्य किसी एक धर्म में निश्चित हस्तक्षेप करता है तो वह दूसरे धर्म में भी उतना ही हस्तक्षेप करे। दरअसल, उसूली फ़ासले के पीछे वैचारिक आग्रह यह है कि अगर सभी के साथ समानता का व्यवहार करना है तो उस समानता को वास्तविक बनाने के लिए समरूप नहीं बल्कि विवेकसम्मत विभेदीकृत व्यवहार का सहारा लेना होगा। मसलन, अगर किसी एक धार्मिक संस्कृति में कोई आचरण प्रतिबंधित या विनियमित है, तो उसूली फ़ासले के मुताबिक़ दूसरी धार्मिक संस्कृति में उसकी अनुमति दी जा सकती है अगर उसके सदस्यों के बीच उसके लिए सकारात्मक मान्यता प्रचलित है। सारी दुनिया में मुसलमान, सिक्ख या यहूदी ऐसी कई माँगें करते हैं। कई रिपब्लिकन या उदारतावादी सिद्धांतकारों को इन माँगों से दिक़्क़त होती है क्योंकि वे समान व्यवहार या समान स्वतंत्रता के हामी होते हैं। धार्मिक समूह न केवल राज्य से उनके मामलों में अ-हस्तक्षेप की नीति अपनाने की माँग कर सकते हैं, बल्कि वे राज्य से इस प्रकार का हस्तक्षेप करने की माँग भी कर सकते हैं जिसके तहत मिलने वाली विशेष सहायता के ज़रिये उन्हें वह उपलब्ध हो सके जो बहुसंख्यक या प्रधान समूहों को सहज रूप से प्राप्त होता रहता है। इसके अलावा धार्मिक समूह अपने अलग विवाह क़ानूनों की माँग कर सकते हैं, सम्पत्ति और उत्तराधिकार संबंधी भिन्न क़ानूनों का आग्रह कर सकते हैं। उसूली फ़ासले का सिद्धांत एक सेकुलर राज्य को गुंजाइश देता है कि वह धार्मिक समूहों को ऐसे क़ानूनों की मातहती में न रहने दे जो उन्हें अन्यायपूर्ण लगते हैं।

उसूली फ़ासले के सिद्धांत की व्याख्या करने के बाद भार्गव ने सवाल पूछा कि आज के भारत के लिए सेकुलरवाद का क्या तात्पर्य है और उसके तीन सम्भव जवाब भी दिये : अल्पसंख्यक अधिकारों के पक्ष में मज़बूती से खड़ा होना, धर्मांधता के अलगाव में डालने के लिए धार्मिक सहिष्णुता के संसाधनों का इस्तेमाल करते हुए विभिन्न धर्मों में आंतरिक सुधारों को बढ़ावा देना, और व्यापक समान हित की पहले से मौजूद सभी गुंजाइशों को और मज़बूत करना।

**देखें** : आधुनिकता, आधुनिकीकरण, केशवराव बलिराम हेडगेवार, बहुसंख्यकवाद, बहुसंख्यक-अल्पसंख्यक, भारतीय जनता पार्टी-1 और 2, माधवराव सदाशिवराव गोलवलकर, मुसलिम राजनीतिक विचार, रामजन्मभूमि आंदोलन-1 से 4 तक, राष्ट्रीय स्वयंसेवक संघ, विनायक दामोदर सावरकर, विवेकानंद, स्त्री और साम्प्रदायिकता, सेकुलरवाद, सेकुलरीकरण, सेकुलरवाद बनाम बहुसंख्यकवाद, सेकुलर बनाम धार्मिक राज्य, सेकुलर राष्ट्रवाद के धार्मिक आयाम, सेकुलरवाद : भारतीय मॉडल-1 और 2, हिंदुत्व।

## संदर्भ

1. राजीव भार्गव (2005), 'गिविंग सेकुलरिज़म इट्स ड्यू', राजीव भार्गव, *सेकुलरिज़म ऐंड इट्स क्रिटिक्स*, ऑक्सफ़र्ड युनिवर्सिटी प्रेस, नयी दिल्ली, 1999 और हिंदी में : 'सेकुलरवाद का उद्देश्य और उसूली फ़ासले का सिद्धांत', अभय कुमार दुबे (सम्पा.), *बीच बहस में सेकुलरवाद*, लोकचिंतन ग्रंथमाला, वाणी-सीएसडीएस, नयी दिल्ली.
2. मार्क गैलेंटर (1999), 'हिंदुइज़म, सेकुलरिज़म ऐंड इण्डियन जुडीशियरी' और 'सेकुलरिज़म, ईस्ट ऐंड वेस्ट', राजीव भार्गव, *सेकुलरिज़म ऐंड इट्स क्रिटिक्स*, ऑक्सफ़र्ड युनिवर्सिटी प्रेस, नयी दिल्ली.

**— अभय कुमार दुबे**

# सेलेब्रिटी

(Celebrity)

सेलेब्रिटी एक अस्मिता का नाम है। इस श्रेणी में कुछ ख़ास तरह से चर्चित हस्तियाँ ही आती हैं। हर मशहूर व्यक्ति सेलेब्रिटी नहीं होता। मसलन, फ़िल्म और खेल की दुनिया के सितारे, राजनीतिक नेता, कॉरपोरेट घरानों के अरबपति मालिक, धर्मोपदेशक या शाही परिवार के लोग सेलेब्रिटी की कोटि में नहीं आते। सेलेब्रिटी वह है जिसकी शिनाख़्त मीडिया द्वारा सेलेब्रिटी होने के नाते ही की जाए। मीडिया यह दर्जा अच्छा और कल्याणकारी काम करने वाले व्यक्ति को तो दे ही सकता है, वह किसी अपराधी या किसी दुर्घटना में संयोग से बच गये व्यक्ति को भी सेलेब्रिटी बना सकता है। बहुत ज़्यादा मोटा व्यक्ति या तेज़ी से वज़न घटाने में कामयाब व्यक्ति भी सेलेब्रिटी हो जाता है। सेलेब्रिटी की ख्याति लम्बे अरसे तक भी चल सकती है, और उसकी उम्र केवल पंद्रह मिनट की भी हो सकती है। 'फ़िफ़्टीन मिनट्स ऑफ़ फ़ेम'

जैसा फ़िकरा ऐंडी वारहोल की देन है। सेलेब्रिटी को एक अनुकरणीय और सम्पूर्ण व्यक्तित्व की चमकदार मिसाल की तरह भी पेश किया जा सकता है, और स्कैंडल में फँसने पर पतनशीलता और अनैतिकता के उदाहरण की तरह भी चित्रित किया जा सकता है। इससे कोई फ़र्क़ नहीं पड़ता कि आम लोग उनसे प्रेम करते हैं या घृणा। सेलेब्रिटी 'नैतिकेतर' होती है, संक्रमणशील होती है। अगर मीडिया चाहता है तो दोनों ही हालात में उसका सेलेब्रिटी दर्जा ख़त्म नहीं होता। वह सेलेब्रिटीज़ को श्रेणियों में बाँट कर देखता है : ए, बी, सी और डी। ए श्रेणी में वे सेलेब्रिटी आते हैं जिनकी ख्याति अपेक्षाकृत स्थाई होती है, और डी श्रेणी में क्षणभंगुर ख्याति वालों को रखा जाता है। यह सूची इलाक़ों के हिसाब से बदलती रहती है। मसलन, फ़िल्म जगत में डी लिस्ट का सेलेब्रिटी अपने जातीय क्षेत्र के लिए ए लिस्ट का सेलेब्रिटी माना जा सकता है।

समकालीन आधुनिक समाजों के लिए अस्मिता एक अहम सामाजिक-सांस्कृतिक और राजनीतिक मुद्दा है। 'मनोरंजन की संस्कृतियों' के उदय के कारण इन समाजों के लिए महज़ अस्मिताएँ उन हस्तियों से भी ज़्यादा महत्त्वपूर्ण बन जाती हैं जो देश और समाज के लिए फ़ैसले लेने की ज़िम्मेदारी निभाते हैं या सामाजिक कार्रवाइयों का नेतृत्व करते हैं। ऊपर से देखने में सेलेब्रिटी और स्टार की संरचना एक सी लगती है, पर स्टार किसी विशिष्ट माध्यम (जैसे फ़िल्म, संगीत या खेल) की देन होता है। स्टार अपने-आप में एक महा-आख्यान है, जबकि सेलेब्रिटी उत्तर-आधुनिक स्थिति से निकलता है जिसमें छवियों के अति-उत्पादन, अति-प्रदर्शन, अति-दर्शन की निरंतर चलने वाली प्रक्रिया के तहत कुछ चेहरों और कुछ ख़ास तरह की देहों को दूसरों के मुक़ाबले ज़्यादा पहचाना जाने लगता है। सेलेब्रिटी की परिघटना की नींव फ़ोटोग्राफ़ी और थिएटर के प्रचलन से पड़ी थी। आज के ज़माने में मीडिया का आकार और उसके विविध रूपों (टेबिलॉयड अख़बार, रंगीन-चमकदार पत्रिकाएँ, मनोरंजन आधारित टीवी नेटवर्क) में हुई ज़बरदस्त बढ़ोतरी ने इस सम्भावना को धरती पर उतारा है। विद्वानों ने सेलेब्रिटी और स्टार में फ़र्क़ करते हुए कहा है कि सेलेब्रिटी ऐसी सामग्री और घटनात्मकता पर निर्भर होता है जो रोज़ाना की ज़िंदगी से आती है। इस लिहाज़ से सेलेब्रिटी उस समारोहप्रिय व्यक्ति का नाम है जिसकी गतिविधियों का संदर्भ साधारण या रोज़मर्रा का है। सेलेब्रिटी और मामूलीपन के बीच के रिश्ते ने कुछ विद्वानों से यह तक कहलवा दिया है कि एक परिघटना के तौर पर सेलेब्रिटी आम लोगों की जीत की आदर्श नुमाइंदगी है। इसी बात को कुछ अन्य विद्वानों ने इस प्रकार भी कहा है कि सेलेब्रिटी होना आम की ख़ास जीत की नुमाइंदगी तो नहीं है, पर वह निजी ज़िंदगी और साधारण बातों के लोकप्रिय निरूपण की सम्भावनाओं का प्रतिनिधित्व ज़रूर है। सेलेब्रिटी की परिघटना से पहले सार्वजनिक जीवन पर पुरानी नैतिकताओं और अभिजन भद्रता का घिसा-पिटा मॉडल ही हावी रहता था।

कोई व्यक्ति सेलेब्रिटी कैसे बनता है, इस विषय में टीवी-अध्ययन के विद्वानों ने थोड़ा दिमाग़ खपाया है। हर सांस्कृतिक दायरे में सेलेब्रिटी रचना की अपनी अलग-अलग प्रक्रिया होती है। लेकिन, सेलेब्रिटी होने के लिए उस दायरे में विशिष्ट रूप से सफल होना ज़रूरी नहीं है। दरअसल, कामयाबी हासिल कर चुके लोग तो सेलेब्रिटी स्टेटस से परे चले जाते हैं। जोशुआ गेमसन की मान्यता है कि सेलेब्रिटी बनने की प्रक्रिया दो परस्पर विरोधी विमर्शों के ज़रिये चलती है : ये हैं लोकतांत्रिकऔर कुलीनवर्गीय विमर्श। लोकतांत्रिक विमर्श के मुताबिक़ किसी भी व्यक्ति को, चाहे वह कितना भी मामूली क्यों न हो, सेलेब्रिटी बनाया जा सकता है बशर्ते उसे मीडिया की तरफ़ से आगे बढ़ाने में कोई कसर न रखी जाए। कुलीनवर्गीय विमर्श कहता है कि सेलेब्रिटी वही बन सकता है जिसमें वैसा बनने की 'स्पेशल' क्वालिटी होती है। सेलेब्रिटी बनने-बनाने को परिभाषित करने वाली एक दलील यह भी है कि टीवी कार्यक्रमों के सफल फ़ार्मेट ('बिग ब्रदर', 'पॉप स्टार', 'पॉप आइडॅल' और 'फ़ेम एकैडेमी') सेलेब्रिटीज़ को जन्म देते हैं। सेलेब्रिटी की ख्याति ख़त्म हो जाती है, पर उस कार्यक्रम की लोकप्रियता जारी रहती है और वह नये-नये सेलेब्रिटी लोगों को पैदा करता रहता है।

भारत जैसे ग़ैर-पश्चिमी देशों में जब अमेरिकी टीवी कार्यक्रमों के देशी संस्करण मनोरंजन टीवी नेटवर्कों पर पेश किये जाते हैं, तो मोटे तौर पर ऐसी ही प्रक्रिया चलती है। लेकिन साथ में उस पर क्षेत्रीय भावनाओं का काफ़ी असर होता है। 'अमेरिकन आइडॅल' के नमूने पर पिछले पाँच साल से चल रहे कार्यक्रम 'इण्डियन आइडॅल' के गायक प्रतियोगियों की तरफ़ से एसएमएस के ज़रिये दर्शकों के वोट बटोरने के लिए प्रांतीयता का लाभ उठाने की कोशिश की गयी। महाराष्ट्र, दक्षिण भारत और उत्तर-पूर्व के दर्शकों को इस बात का एहसास दिलाया गया कि उनके इलाक़े से आकर प्रतियोगिता के मंच पर पहुँचे गायक की पराजय दरअसल उनकी पराजय है। इस सांस्कृतिक राजनीति ने उत्तर-पूर्व के एक गायक को प्रतियोगिता जिताने में उल्लेखनीय भूमिका निभायी। इसके बाद से स्पर्धात्मक रियलिटी शो के प्रतियोगियों द्वारा यह रणनीति अपनाना आम हो गया है। कार्यक्रम के प्रोड्यूसर, उसके संचालक और वहाँ बैठाये गये निर्णायक भी इस तरह की प्रवृत्तियों को प्रोत्साहन देते प्रतीत होते हैं। टीवी सेलेब्रिटी बनने का यह ग़ैर-पश्चिमी संदर्भ इस उत्तर-आधुनिक प्रक्रिया का पारिवेशिक संस्करण माना जा सकता है।

**देखें :** अतिनाटकीयता, अनुपस्थिति-उपस्थिति, कला सिनेमा, अवाँगार्द और प्रति-सिनेमा, टीवी और समाचार, टीवी और सेक्शुअलिटी, टीवी और टीवी-अध्ययन, तीसरा सिनेमा, तीसरी दुनिया का सिनेमा, दक्षिण भारतीय सिनेमा और राजनीति, नारीवादी फ़िल्म-सिद्धांत, फ़िल्म और सेक्शुअलिटी, फ़िल्म और टीवी सेंसरशिप, फ़िल्मांतरण, फ़िल्म-सिद्धांत, फ़्लैश-बैक, भारतीय सिनेमा-1, 2 और 3, भारतीय फ़िल्म-अध्ययन, भारतीय स्टार सिस्टम, रियलिटी टीवी, विचारधारा और हिंदी सिनेमा, वृत्त-चित्र, सोप ओपेरा, सिनेमाई यथार्थवाद, नव-यथार्थवाद, सोवियत सिनेमा, स्टार, हिंदी सिनेमा का समाजशास्त्र।

### संदर्भ


1. जे. गेमसन (2005), 'द एसेम्बली लाइन ऑफ़ ग्रेटनेस : सेलेब्रिटी इन ट्वेंटियथ सेंचुरी अमेरिका', *क्रिटिकल स्टडीज़ इन मास कम्युनिकेशन,* खण्ड 9, अंक 1.
2. एस. होम्स और एस. रेडमण्ड (सम्पा.) (2006), *स्टारडम ऐंड सेलेब्रिटी : अ रीडर,* सेज, लंदन.
3. रिचर्ड शिकेल (1985), *इंटीमेट स्ट्रेंजर्स : द कल्चर ऑफ़ सेलब्रिटी,* डबलडे, न्यूयॉर्क.
4. एल. ब्रॉडी (1986), *द फ्रेंज़ी ऑफ़ द रिनाउन : फ़ेम ऐंड इट्स हिस्ट्री,* ऑक्सफ़र्ड युनिवर्सिटी प्रेस, न्यूयॉर्क.


**— अभय कुमार दुबे**

# सेवानिवृत्ति

(Retirement)

सेवानिवृत्ति व्यक्ति के जीवन की एक ऐसी संक्रमण अवस्था की ओर इंगित करती है जिसमें उसकी जीविका का स्रोत स्थाई रोज़गार के बजाय पेंशन हो जाती है। आम तौर पर सेवानिवृत्ति को आयु के साथ भी जोड़ कर देखा जाता है। लेकिन इसका बुज़ुर्गियत की प्राकृतिक प्रक्रिया से ज़्यादा लेना देना नहीं है। वास्तव में आयु और सेवानिवृत्ति की समीकरण राज्य और बाज़ार द्वारा निर्धारित की गयी है। जिसके पीछे मक़सद यह दिखायी पड़ता है कि आयु के एक निश्चित पड़ाव के बाद व्यक्ति को स्थाई रोज़गार की आश्वस्ति के बदले कुछ संचित और नियमित लाभ दे दिये जाए ताकि रोज़गारहीन होने पर वह दूसरों पर आश्रित न रहे। सेवानिवृत्ति के बाद मिलने वाली पेंशन के साथ कई देशों में सेवानिवृत्त व्यक्ति को सार्वजनिक और निजी बीमा व्यवस्था के ज़रिये स्वास्थ्य सेवाएँ और दीगर लाभ भी मुहैया कराये जाते हैं। लेकिन इसे सेवानिवृत्ति का सार्वभौमिक लक्षण नहीं माना जा सकता।

सेवानिवृत्ति के साथ पेंशन के रूप में अर्जित आय की निश्चितता को आमतौर पर एक पूर्वनिर्धारित तथ्य माना जाता है लेकिन पिछले दो तीन दशकों में यह घटक लगातार कमज़ोर पड़ता गया है। इस दौरान बुज़ुर्गों की आबादी में वृद्धि, राजकोषीय चुनौतियों की विकरालता, वैश्विक स्तर पर अर्थव्यवस्था के पनुर्गठन तथा परिवार और घर की संरचना में होने वाले बदलाव आदि के मद्देनज़र आय और स्वास्थ्य की नीतियों का ढाँचा बुनियादी तौर पर बदल गया है। एक संस्था के तौर पर सेवानिवृत्ति भी इन संरचनात्मक बदलावों से अछूती नहीं रही है।

इन बदलावों को अमेरिका के हवाले से समझना ज़्यादा सार्थक होगा। यहाँ अमेरिका का उदाहरण इसलिए भी दिया जा रहा है क्योंकि पिछले दो तीन दशकों और ख़ास तौर पर वैश्विक अर्थव्यवस्था के एकीकरण यानी भूमण्डलीकरण के बाद विश्व के अधिकांश विकासशील देशों में सेवानिवृत्ति की संस्था में आने वाले बदलाव कमोबेश अमेरिकी ढर्रे से संचालित रहे हैं। बीसवीं सदी के दौरान अमेरिका में रोज़गार के क्षेत्र में बुज़ुर्ग व्यक्तियों की भागीदारी लगातार गिरती गयी है। इसके पीछे ख़राब स्वास्थ्य और बेरोज़गारी को प्रमुख कारण माना जाता है। लेकिन इसके साथ यह जानना भी जरूरी है कि बुज़ुर्ग आबादी के श्रम बाज़ार से पलायन करने के पीछे एक अहम वजह यह भी रही है कि बीसवीं सदी के तीसरे दशक में सार्वजनिक और निजी क्षेत्र में पेंशन की व्यापक व्यवस्था की गयी थी। सामाजिक सुरक्षा अधिनियम, 1935 द्वारा सेवानिवृत्ति की आयु 65 वर्ष तय की गयी थी। यह मानक आगामी कई दशकों तक क़ायम रहा। उक्त अधिनियम में पेंशन की व्यवस्था करने के लिए कर्मचारी की आयु, नौकरी की अवधि, तथा आय के स्तर को आधार बनाया गया था। कर्मचारियों के लिए यह एक ऐसी आश्वस्ति थी जिसके कारण वे औपचारिक रूप से सेवानिवृत्ति की आयु तक या सामाजिक सुरक्षा का लाभ पाने की अर्हता हासिल करने तक नौकरी करते रहते थे। लेकिन निजी क्षेत्र में पेंशन की सुविधा कुछ ख़ास क्षेत्रों जैसे मैन्युफ़ैक्चरिंग, संचार, परिवहन तथा वित्तीय और व्यवसायगत क्षेत्रों में ही उपलब्ध थी। पेंशन के लिहाज़ से सेवा और व्यापार के क्षेत्र बहुत अनुकूल नहीं माने जाते थे।

छठे दशक में सेवानिवृत्ति की इस संस्था में दो विरोधाभासी प्रवृत्तियाँ उभरने लगीं। पहली प्रवृत्ति से यह उजागर हुआ कि सेवानिवृत्त बुज़ुर्गों का एक वर्ग विपन्नता में जी रहा है। आँकड़ों के अनुसार उस समय औसतन तीन बुज़ुर्गों में एक बुज़ुर्ग ग़रीबी रेखा से नीचे जीवनयापन कर रहा था। इसलिए इस समूह की दिक़्क़तें दूर करने के लिए आगामी वर्षों में सामुदायिक स्तर पर स्वास्थ्य, आर्थिक सुरक्षा जैसे कई कार्यक्रम शुरू किये गये। सेवा निवृत्ति की आयु 62 कर दी

गयी ताकि बुज़ुर्गों को सेवानिवृत्ति के लाभ जल्दी मिलने शुरू हो जाएँ। 1972 में सामाजिक सुरक्षा क़ानून के दायरे से बाहर पड़ने वाले बुज़ुर्ग लोगों के लिए आय सृजन का एक और कार्यक्रम शुरू किया गया।

इन कार्यक्रमों के लागू होने के बाद निम्न आय वर्ग में समय से पहले ही सेवानिवृत्त हो जाने का चलन बढ़ने लगा। उल्लेखनीय है कि इस वर्ग में मुख्यत: अल्पसंख्यक और महिलाएँ शामिल थीं। अध्ययन से इस बात का भी पता चला कि सेवानिवृत्ति के बाद ऐसे समूहों के अधिकांश सदस्य गरीबी के सीमांत पर मँडराते रहते हैं। अध्ययन के मुताबिक़ इनमें बहुत से लोग विकलांगता और बेरोज़गारी के आधार पर सामाजिक सुरक्षा का दावा करते पाये गये थे। चिकित्सा और रोज़मर्रा के बढ़ते जेब ख़र्च के कारण ऐसे बुज़ुर्गों की जीवन स्थितियाँ लगातार बदतर होती जा रही थीं।

इस काल की दूसरी प्रमुख प्रवृत्ति पेंशन पर जीवन यापन करने वाले एक समृद्ध वर्ग का उभार था। बुज़ुर्गों का यह एक ऐसा समूह था जो पेंशन की उदार नीतियों से लाभान्वित हुआ था। ग़ौरतलब है कि पेंशन की कुछ योजनाएँ स्वास्थ्य बीमे से भी जुड़ी थीं। बढ़ी हुई पेंशन तथा सामाजिक सुरक्षा से मिलने वाले लाभों से कर्मचारियों में जल्दी सेवानिवृत्त हो जाने का चलन तेज हुआ। जो पुरुषों में लगभग नौवें दशक तक जारी रहा। जबकि महिलाओं में समय पूर्व सेवानिवृत्ति लेने की प्रवृत्ति 1985 तक शीर्ष पर पहुँच चुकी थी। उसके बाद इस दर में ज़बरदस्त कमी आयी है।

सेवानिवृत्ति के लाभ और सुरक्षा में आठवें और नवें दशक के बीच व्यापक गिरावट आयी है। इस बीच नियोक्ता और कर्मचारी के संबंधों में एक संरचनात्मक बदलाव आया है। एक समय नियोक्ता और कर्मचारी के बीच का यह संबंध दीर्घ अवधि के लिए और स्थाई होता था। वास्तव में रोज़गार के स्थायित्व को औद्योगिक तथा संबंधित क्षेत्रों का एक अहम लक्षण माना जाता था। लेकिन उक्त अवधि में रोज़गार का ढाँचा पूरी तरह बदल गया। स्थाई कर्मचारियों की जगह आउटसोर्सिंग लेने लगी यानी उत्पादन का काम वहाँ भेजा जाने लगा जहाँ श्रम और मज़दूरी की दर सस्ती होती थी। वैश्विक बाज़ार में बढ़ती प्रतिस्पर्द्धा और अर्थव्यवस्था के नये ढाँचे चलते रोज़गार के लिए तात्कालिक और ज़रूरत के हिसाब से प्रबंधन विकसित किया जाने लगा।

रोज़गार और उद्योगों के प्रबंधन में होने वाले इन बदलावों से पेंशन की व्यवस्था भी अप्रभावित नहीं रह सकती थी। लिहाज़ा इस दौर में पेंशन के नये-नये रूप सामने आये। जो उसके पारम्परिक लाभों से क़तई भिन्न थे। पेंशन की नयी व्यवस्था में पेंशन के लिए बचत करने की ज़िम्मेदारी ख़ुद कर्मचारी पर डाल दी गयी तथा इस बचत को स्टॉक, बॉन्ड, रीयल एस्टेट और सम्पत्ति के ऐसे ही अन्य रूपों के साथ जोड़ दिया गया। इन समस्त चीज़ों का प्रबंधन ख़ुद कर्मचारियों को करना पड़ता था। जाहिर है कि इन बदलावों के मद्देनज़र पेंशन में निहित आय की निश्चितता और नियमितता का पहलू कमज़ोर होने लगा। उसके निर्धारण में आय, नौकरी की अवधि, और आयु के पहले की तरह महत्त्वपूर्ण नहीं रह गये। यानी अब पेंशन को लेकर लोग पहले की तरह आश्वस्त नहीं हो सकते थे। अगर पेंशन के मौजूदा स्वरूप को परिभाषित करने का प्रयास किया जाए तो उसका बुनियादी सूत्र यह होगा कि फ़िलहाल आय की जिस सुरक्षा को पेंशन कहा जाता है वह रोज़गार के दौरान कर्मचारी की आय की ऐच्छिक कटौती और योगदान की संचित राशि होती है। अब वह पहले की तरह निरापद नहीं रह गयी है। उसके साथ कई तरह के जोखिम जुड़ चुके हैं।

नवें दशक में जब स्टॉक मार्केट अपने शीर्ष पर था तो बहुत सारे कर्मचारियों ने बड़े पैमाने पर नौकरी को अलविदा कह दिया था। उस दौर में कर्मचारी लगातार नौकरी छोड़ रहे थे लेकिन उस बुलबुले के फूटते ही लोग सेवानिवृत्ति का समय टालने लगे। कुछ विद्वानों का कहना है कि आगामी समय में सेवानिवृत्ति को टालने की यह प्रवृत्ति और मज़बूत होगी। निर्धारित समय से पहले तथा सामान्य सेवानिवृत्ति की अवधि और जीवन प्रत्याशा सभी में वृद्धि हो रही है। इससे यह आशंका बढ़ने लगी है कि भविष्य में पेंशन और स्वास्थ्य बीमे की व्यवस्था कहीं और भी कमज़ोर न हो जाए।

सेवानिवृत्ति के वैश्विक संदर्भ पर नज़र डालें तो जाहिर होता है कि युरोप के अन्य विकसित देश बुज़ुर्गों की आबादी में इज़ाफ़े और समय पूर्व सेवानिवृत्ति लेने की परिघटनाओं से अमेरिका से पहले ही रूबरू हो चुके थे। युरोप में प्रजनन की दर अमेरिका से पहले ही कम हो चुकी थी। इसके अलावा वहाँ श्रमशक्ति के स्वरूप को बदलने के सायास प्रयास भी किये जा रहे थे। मसलन, युरोप में रोज़गार में युवाओं को जगह देने के लिए बाक़ायदा एक नीति बनायी गयी जिसका मक़सद नौकरी शुदा लोगों को समय पूर्व सेवानिवृत्ति लेने के लिए प्रोत्साहित करना था।

फ़िलहाल स्थिति यह है कि विकसित देशों में सेवानिवृत्ति से जुड़ी नीतियाँ संक्रमण के गहरे दौर से गुज़र रही हैं। अब वहाँ समय पूर्व सेवानिवृत्ति लेने वालों को हतोत्साहित किया जा रहा है। इंग्लैण्ड और जर्मनी में सेवानिवृत्ति की उम्र 65 वर्ष कर दी गयी है। अमेरिका में भी सेवानिवृत्ति की सामान्य उम्र 65 वर्ष ही रखी गयी है लेकिन पेंशन पाने के लिए न्यूनतम आयु 62 वर्ष होनी चाहिए। जापान और आस्ट्रेलिया में हालाँकि समय पूर्व सेवानिवृत्ति के विकल्प को क़ायम रखा गया है परंतु सेवानिवृत्ति की सामान्य

उम्र वहाँ भी 65 वर्ष ही है। कल्याणकारी योजनाओं के लिहाज़ से सबसे ज़्यादा जनपक्षधर माने जाने वाले स्वीडन में भी समय पूर्व सेवानिवृत्ति को हतोत्साहित करने के लिए सेवानिवृत्ति के लाभों को कर्मचारी के व्यक्तिगत योगदान से जोड़ने की योजनाएँ बनायी गयी हैं ताकि लोगबाग समयपूर्व सेवानिवृत्ति के बारे में न सोचें।

संक्षेप में, फ़िलहाल सेवानिवृत्ति की नीति समूची दुनिया में बुनियादी बदलावों से गुज़र रही है। स्पेन और चीन जैसे देशों में जेंडर निरपेक्ष योजनाओं को बढ़ावा दिया जा रहा है। इन देशों का ज़्यादा ज़ोर आर्थिक विकास पर है और वे अधिक से अधिक नागरिकों को औपचारिक अर्थव्यवस्था में समाहित करना चाहते हैं। लेकिन आर्थिक विकास के इन दबावों के परे आबादी में बुज़ुर्गों की बढ़ती संख्या तथा रोज़गार में महिलाओं की बढ़ती हिस्सेदारी सेवानिवृत्ति की नीतियों के तईं एक नये तरह का संदर्भ बनती जा रही है।

अर्थव्यवस्था के इस वैश्विक समायोजन का अल्पविकसित और विकासशाली देशों पर भी असर देखा जा रहा है। अगर भारत जैसे विकासशील देश की स्थिति पर विचार करें तो पता चलता है कि यहाँ 2004 में सार्वजनिक क्षेत्रों के रोज़गार में पेंशन की व्यवस्था ख़त्म कर दी गयी। इससे पहले गोल्डन हैंडशेक जैसी ऐच्छिक सेवानिवृत्ति की योजनाएँ भी सरकार द्वारा प्रचारित की गयीं। इसके तहत किसी कर्मचारी को उसकी नौकरी के शेष वर्षों की राशि का एकमुश्त भुगतान कर दिया जाता था। एक तरह से यह अर्थव्यवस्था के वैश्विक पुनर्संयोजन का ही परिणाम था। भारत में निजी क्षेत्र में भी पेंशन की व्यवस्था की गयी है लेकिन उसका ढाँचा कमोबेश अमेरिका जैसा ही ही है।

**देखें :** अर्थव्यवस्था का समाजशास्त्र, अभिजन, अभिरुचि, आत्महत्या, उन्मूलनवाद, एजेंसी, कर्मकाण्ड, कारागार, गोपनीयता, गृहविहीनता, जादू, जीवन-शैली, टेलरवाद, धर्म, प्राइवेसी, फ़ुरसत, बचपन, बुज़ुर्गियत का समाजशास्त्र, बेगानगी, भीड़, भ्रष्टाचार का समाजशास्त्र-1 और 2, विचलन, ज्ञान का समाजशास्त्र।

## संदर्भ

1. डी. कोस्टा (1998), *द इवोल्यूशन ऑफ़ रिटायरमेंट : एन अमेरिकन इकॉनॉमिक हिस्ट्री 1880-1990,* युनिवर्सिटी ऑफ़ शिकागो प्रेस, शिकागो.
2. जी. एस्पिंग ऐंडरसन (1999), *द सोशल फ़ाउंडेशन ऑफ़ पोस्ट-इण्डस्ट्रियल इकॉनॉमिक्स,* ऑक्सफ़र्ड युनिवर्सिटी प्रेस, ऑक्सफ़र्ड.
3. ए. गस्टमैन और टी.एल. स्टीनमेयर (2002), *रिटायरमेंट ऐंड स्टॉक मार्केट बबल,* एनबीईआर वर्किंग पेपर 9494, नैशनल ब्यूरो ऑफ़ इकोनॉमिक रिसर्च, केम्ब्रिज़, एम.ए.

**— नरेश गोस्वामी**

# सैयद अहमद ख़ाँ

(Syed Ahmad Khan)

सर सैयद के सम्बोधन से विख्यात सैयद अहमद ख़ाँ (1817-1898) भारतीय आधुनिकता के अग्रदूतों में से एक थे। उन्होंने दक्षिण एशिया के मुसलमान समुदाय के आधुनिकीकरण में प्रमुख भूमिका निभायी। सर सैयद की प्रचलित छवि ख़ासी विरोधाभासी है। जहाँ एक ओर उन्हें अलीगढ़ मुसलिम विश्वविद्यालय का संस्थापक, मुसलिम धर्म सुधारक, मुसलिम नवजागरण की मशाल और राष्ट्रवादी चिंतक माना जाता है, तो वहीं दूसरी ओर मुसलमानों के उच्च वर्ग और अशराफ़ हितों का संरक्षक, अंग्रेज़ों का वफ़ादार, उर्दू-हिंदी की लड़ाई का सक्रिय सिपाही, मुसलिम पृथकतावाद का अगुआ और पाकिस्तान के विचार का अग्रदूत भी कहा जाता है। इन विरोधाभासी मगर स्थापित छवियों के आईने में आम तौर पर हमारा परिचय या तो मसीहा सर सैयद से होता है या फिर इलीट सर सैयद से। सेकुलरवाद की हिंदुस्तानी बहस के बाद तो स्थिति यह हो गयी है कि सर सैयद के कृतित्व पर बात करने से अधिक ऊर्जा उन्हें राजनीतिक तौर पर सही या ग़लत साबित करने में लगाई जाने लगी है। यही कारण है कि आज सर सैयद के विचारों की गतिशीलता और उनकी राजनीतिक में आये बदलाव का सटीक पुनर्मूल्यांकन पहले से ज़्यादा प्रासंगिक हो गया है।

सर सैयद का जन्म 17 अक्तूबर, 1817 को दिल्ली में हुआ था। वे सम्भ्रांत सैयद परिवार से ताल्लुक़ रखते थे। उनके पूर्वज मुग़ल दरबार में उच्च पदों पर कार्यरत रहे थे। तत्कालीन मुग़ल बादशाह बहादुरशाह ज़फ़र से भी उनके अच्छे संबंध थे। अपने पिता की मृत्यु के बाद 22 वर्ष की उम्र में सर सैयद ने ईस्ट इण्डिया कम्पनी में क्लर्क की नौकरी शुरू कर दी। वे कम्पनी के कर्मचारी के तौर पर काफ़ी सफल रहे और उन्हें नियमित तरक़्क़ी मिलती रही।

1840-58 का समय सर सैयद के वैचारिक रुझानों को समझने के लिए बहुत महत्त्वपूर्ण है। इस काल की उनकी दो मुख्य रचनाएँ *असर-उस-सनादीद* (1847) और *असबाब-ए-बग़ावत* (1860), हमारा परिचय सर सैयद की आरम्भिक आधुनिकता से कराती हैं। *असर-उस-सनादीद* दिल्ली के ऐतिहासिक स्मारकों के इतिहास और दिल्ली शहर की विशिष्ट संस्कृति पर लिखी गयी सबसे पहली किताबों में से एक है। दिलचस्प बात यह है इस किताब में सर सैयद का उद्देश्य हिंदुतान के मुसलमानों का इतिहास लिखना नहीं है। न ही वे दिल्ली की तारीख़ी इमारतों को हिंदू या मुसलमान साबित करने की कोशिश करते हैं। इसके विपरीत वे तारीख़ी

इमारतों को उनके निर्माण काल और उनके निर्माण करवाने वाले शासकों की श्रेणियों में बाँट कर शहर का एक सिलसिलेवार इतिहास पेश करते हैं। दरअसल, *असर-उस-सनादीद* अपने आप में एक मुक़म्मल आधुनिक ऐतिहासिक दस्तावेज़ है। अपने तर्क को पुख़्ता करने के लिए सर सैयद ऐतिहासिक स्रोतों और इमारतों के रेखा-चित्रों का इस्तेमाल करते हैं ताकि पाठक इमारत का इतिहास और वर्तमान दोनों से परिचित हो सके। पुस्तक का आख़िरी भाग शहर की तत्कालीन मौजूदा संस्कृति पर आधारित है जिसमें दिल्ली के लोगों के रहन-सहन और रिवाज़ों की चर्चा है। उल्लेखनीय है कि पुस्तक में सर सैयद एक देहलवी (दिल्ली वाला) या हिंदुस्तानी लेखक के तौर पर ज़्यादा उभर कर आते हैं, न कि किसी मुसलमान सुधारक के तौर पर।

1857 का विद्रोह सर सैयद के वैचारिक राजनीतिक जीवन में एक निर्णायक मोड़ साबित हुआ। वे विद्रोह के मुख़ालिफ़ थे; लेकिन उनका ब्रिटिश समर्थन व्यक्तिगत हितों की पूर्ति करने वाली चापलूसी क़तई नहीं कहा जा सकता। इस का सबसे बड़ा प्रमाण है उनकी पुस्तक *असबाब-ए-बग़ावत*। यह पुस्तक ब्रिटिश प्रशासन की उन कमज़ोरियों और ग़लतियों को उजागर करती है जिनके कारण असंतोष और देशव्यापी विरोध पनपा था। उल्लेखनीय है कि यह पुस्तक मुसलमान या हिंदू दृष्टिकोण के बजाय एक व्यापक भारतीय पक्ष प्रस्तुत करती है। सर सैयद का मूल तर्क यह है कि कम्पनी सरकार ने अपनी विस्तारवादी नीति के कारण हिंदुस्तानियों की जायज़ माँगों और ज़रूरतों को नज़रअंदाज़ किया। नतीजा यह हुआ कि लोगों में असंतोष बढ़ता चला गया।

ऐसा नहीं है कि सर सैयद हिंदू और मुसलमान जैसी श्रेणियों का ज़िक्र नहीं करते, या मुसलमानों पर लगे इल्ज़ामों का जवाब नहीं देते। वास्तव में वे मज़हबी समुदायों को साम्प्रदायिक समूहों के रूप में नहीं देखते। उनके लिए हिंदू और मुसलमान मज़हबी समूह भी हैं और साथ ही साथ हिंदुस्तानी भी। समुदायों की इस बारीक समझ के कारण उनके विशलेषण की परिधि व्यापक रहती है और तर्क सटीक होते चले जाते हैं। यही वजह है कि उनकी ब्रिटिश नीतियों की आलोचना कोई लफ़्फ़ाजी या राजनीतिक नारा नहीं लगती। सर सैयद के तर्क विश्लेषण पर आधारित हैं जिसमें उनका राजनीतिक धैर्य और सहनशीलता साफ़ झलकती है।

1861 तक आते आते ब्रिटिश भारत की राजनीति का एक दूसरा अध्याय शुरू होता है। हाल के वर्षों में हुए शोध (विशेषकर सबाल्टर्न इतिहास-लेखन) यह बताते हैं कि 1858 के बाद औपनिवेशिक राज्य ने भारत में नयी आधुनिक शासकीय तकनीकों के ज़रिये अपना वर्चस्व स्थापित करना शुरू किया। भारतीय समुदायों की मज़हबी जनगणना ने पहली बार भारत में बसने वाले अनगिनत धार्मिक पंथों को सिर्फ़ और सिर्फ़ हिंदू, मुसलमान और सिख बना दिया। नतीजतन राजनीतिक प्रतिनिधित्व के लिए बहुसंख्यक / अल्पसंख्यक जैसी शब्दावली का इस्तेमाल शुरू हो गया और मज़हबी संख्या भारतीय राजनीति का प्रमुख विमर्श बन गयी। सर सैयद के इस समय के लेखन और राजनीतिक गतिविधियों को इन दूरगामी परिवर्तनों के बरक्स रखना ज़रूरी है। 1860 से 1880 तक सर सैयद के लेखन और राजनीतिक गतिविधियों से पता चलता है कि हिंदुतानी मुसलमानों की विशिष्ट मज़हबी और सामाजिक पहचान को परिभाषित करना उनके लिए एक प्रमुख राजनीतिक प्रोजेक्ट बन चुका था। इस काल में वे इंग्लैण्ड/युरोप का सफ़र कर चुके थे, साइंटिफ़िक सोसाइटी और अलीगढ़ स्कूल की स्थापना हो चुकी थी और उर्दू-हिंदी की बहस राजनीतिक रंग लेने लगी थी। इन घटनाओं पर काफ़ी कुछ लिखा जा चुका है। इसलिए ज़रूरी है कि इन घटनाओं और सर सैयद के लेखन के अंतर्संबंधों को देखा जाए। इस विषय में दो बातें उल्लेखनीय हैं : पहला, सर सैयद का इसलामी नज़रिया और दूसरा उनका राजनीतिक दृष्टिकोण।

सर सैयद इसलामी इतिहास की एक बेहद दिलचस्प समझ पेश करते हैं। वे इसलाम के इतिहास को मोटे तौर पर तीन हिस्सों में बाँटते हैं : मुहम्मद साहब और उनके अनुयायियों का समय, इसलाम के प्रसार और पतन का इतिहास और हिंदुस्तानी मुसलमानों का वर्तमान। इतिहास के ये तीन हिस्से जहाँ एक ओर इसलाम के आरम्भिक काल को आदर्श समाज के मॉडल के रूप में स्थापित करते है, वहीं दूसरी ओर यह काल-विभाजन इसलाम के उदय और पतन की स्थापित ब्रिटिश कहानी से आगे ले जाता है। दूसरे शब्दों में कहें तो सर सैयद का यह इतिहास बोध उन्नीसवीं सदी की उभरती मुसलिम आधुनिकता के लिए बौद्धिक स्रोत बन जाता है।

अपने एक लेख में सर सैयद कहते हैं कि इसलाम के ख़लीफ़ा की सम्प्रभुता हिंदुस्तानी मुसलमानों पर नहीं चलती। उनके अनुसार हिंदुस्तानी मुसलमान ब्रिटिश साम्राज्य के नागरिक हैं जहाँ उन्हें पूरी मज़हबी आज़ादी है। यह वक्तव्य इस तथ्य का परिचायक है कि सर सैयद हिंदुस्तानी मुसलमानों के वर्तमान को किसी भी तरह की इसलामी सत्ता या पुरातन संस्था से जोड़ना नहीं चाहते। लेकिन वे इस बात के लिए भी पूरी तरह सजग हैं कि हिंदुस्तानी मुसलमान विश्वव्यापी इसलामी समुदाय का अभिन्न अंग है। उनका मत है कि इसलाम की सांस्कृतिक और मज़हबी एकता और हिंदुस्तानी मुसलमानों के आधुनिक राजनीतिक हित दो अलग-अलग विमर्श हैं जिन्हें मिलाना न तो सम्भव है और न ही व्यावहारिक।

सैयद अहमद ख़ाँ (1817-1898)

सर सैयद के बदलते विचारों का दूसरा पक्ष भारतीय राजनीतिक संदर्भों की विशिष्टता से संबंधित है। मोहम्मडन एजुकेशन कांफ्रेंस की लखनऊ बैठक (28 दिसम्बर, 1888) में दी गयी तक़रीर में सर सैयद ने कांग्रेस की आलोचना करते हुए कहा था कि कांग्रेस इंग्लैण्ड के हॉउस ऑफ़ कॉमंस की तर्ज़ पर एक व्यक्ति-एक वोट की बात करती है। लेकिन भारतीय परिस्थितियों में यह सिद्धांत कारगर नहीं है। यदि ऐसा होता है तो हिंदुओं को चार गुनी सीटें मिलेंगी क्योंकि उनकी संख्या मुसलमानों से चार गुनी ज़्यादा है। सर सैयद की यह तक़रीर या तो मुसलिम पृथकतावाद के उदाहरण के रूप में पेश की जाती है या फिर पाकिस्तान के विचार के बीज रूप में। लेकिन इस तर्क का एक बिलकुल अलग अर्थ भी निकाला जा सकता है। सर सैयद इस बात की ओर इशारा कर रहे हैं कि पश्चिमी तर्ज़ का लोकतंत्र हिंदुस्तान में तभी सफल हो सकता है जब कि मज़हबी समुदायों की विशिष्टता को पहचान कर उनके राजनीतिक प्रतिनिधित्व के लिए उपयुक्त संस्थाएँ विकसित की जाएँ। लेकिन इस तर्क की संरचना में एक आंतरिक विरोधाभास भी मौजूद है। यह सही है कि पश्चिमी लोकतंत्र को ज्यों का त्यों हिंदुस्तान में आरोपित नहीं किया जा सकता और यह भी सही है कि हिंदुस्तान के समुदायों की बनावट अपने आप में विशिष्ट है जिसके कारण अलग तरह की राजनीतिक संस्थाएँ और राजनीतिक संस्कृति अनिवार्य है, लेकिन जिन हिंदू और मुसलमान क़ौमों की बात सर सैयद कर रहे हैं वे असंख्य सामाजिक, सांस्कृतिक, और यहाँ तक कि मज़हबी समुदायों का एक बेहद लचीला समुच्चय है। यह उदाहरण इस तथ्य को साबित करता है कि अल्पसंख्यक/बहुसंख्यक का आधुनिक विमर्श वास्तव में ब्रिटिश नीतियों और आधुनिक राजकीय तकनीकों का ही परिणाम था। शायद यही कारण था कि 1858 में *असबाब-ए-बग़ावत* लिखने वाले सर सैयद का नज़रिया 1880 के दशक आते-आते अल्पसंख्यकवाद में बदल गया। अपने जीवन के अंतिम वर्षों में वे मुसलिम राजनीतिक हितों की रक्षा के लिए प्रयत्नशील रहें। सर सैयद का निधन 27 मार्च, 1898 को अलीगढ़ में हुआ।

**देखें :** अबू-अला मौदूदी, अबुल कलाम आज़ाद, आरक्षण और धर्म, भारतीय इसलाम, उपनिवेशवाद, उपनिवेशवाद विरोधी आंदोलन-1, 2 और 3, उपनिवेशवाद विरोधी संघर्ष में स्त्री-नेतृत्व-1, दलित-पसमंदा मुसलमान, प्रारम्भिक इसलाम, मोहनदास कर्मचंद गाँधी-1, 2 और 3, मुसलिम राजनीतिक विचार, मुहम्मद इक़बाल, मुहम्मद अली जिन्ना, हज़रत मुहम्मद-1 और 2.

## संदर्भ

1. हफ़ीज़ मलिक (1980), *सर सैयद अहमद ख़ाँ ऐंड मुसलिम मॉडर्निज़म इन इण्डिया ऐंड पाकिस्तान,* कोलम्बिया युनिवर्सिटी प्रेस, न्यूयॉर्क.
2. मुहम्मद शान (सम्पा.) (1972), *राइटिंग्ज़ ऐंड स्पीचेज़ ऑफ़ सर सैयद अहमद ख़ाँ,* नचिकेता पब्लिकेशंस, बम्बई.
3. अल्ताफ़ हुसैन हाली (1957), *हयात-ए-जाविद,* एकेडमी पंजाब ट्रस्ट, लाहौर.
4. वीरेंद्र कुमार बरनवाल (2013), *मुसलिम नवजागरण की मशाल : सर सैय्यद अहमद ख़ाँ,* तद्भव, लखनऊ.

**— हिलाल अहमद**

# सोप ओपेरा

(Soap Opera)

टीवी के जिन नाटकीय मनोरंजन कार्यक्रमों को सीरियलों के नाम से जाना जाता है, उनकी शुरुआत 'सोप ओपेरा' के नाम से अमेरिकी टीवी पर तीस के दशक में हुई थी। सोप ओपेरा का मतलब है एक ऐसी धारावाहिक कथा जिसका उपसंहार कभी नहीं होता और जिसकी हर किश्त इस आश्वासन के साथ ख़त्म होती है कि कहानी अगले दिन भी जारी रहेगी। चूँकि अमेरिका की बड़ी-बड़ी कपड़े धोने के साबुन की कम्पनियों (प्रोक्टर ऐंड गैम्बिल, कोलगेट-पामोलिव और लीवर ब्रदर्स) ने उन्हें प्रायोजित किया था, इसलिए उनके नाम से साथ सोप जुड़ गया। इन धारावाहिक कार्यक्रमों को ओपेरा कहने की वजह यह थी कि इनमें रोज़ाना की ज़िंदगी का बेहद जज़्बाती और अतिनाटकीय चित्रण किया जाता था। अमेरिकी सोप ओपेरा दिन में प्रसारित किये जाते थे, ताकि गृहणियाँ उन्हें देख सकें। उनकी विषयवस्तु भी घर-परिवार और नाते-रिश्तों की समस्याओं, उखाड़-पछाड़ और घरेलू राजनीति के इर्द-गिर्द बुनी जाती थी। यह एक दिलचस्प तथ्य है कि इसी दौरान रेडियो पर भी सोप ओपेरा आने शुरू हुए। दरअसल, नेटवर्कों और विज्ञापकों ने दिन के बाज़ार में निहित अत्यंत लाभकारी सम्भावनाएँ इसी दौरान चिह्नित कीं। उनकी दलील थी कि दिन में घर के मालिक बाहर काम करने जाते हैं और बच्चे स्कूल में होते हैं, इसलिए घर की मालकिन अकेली होती है और वह अपना वक़्त गुज़ारने के लिए या तो टीवी देखेगी या फिर रेडियो सुनेगी। इसलिए ऑडिएंस के रूप में उसकी वफ़ादारी जीती जा सकती है। सबसे पहले डब्ल्यूजीएन-एएम नामक रेडियो स्टेशन ने 16 जून, 1930 को 'क्लारा, लू और एम' शीर्षक से एक सोप ओपेरा दिखाना शुरू किया जिसे ज़बरदस्त सफलता मिली। जैसे ही कोलगेट-पामोलिव कम्पनी ने इसे स्पांसर किया, यह भी टीवी की ही भाँति सोप ओपेरा की श्रेणी में आ गया।

ब्रिटेन के टीवी पर इन धारावाहिकों का प्रसारण 1948 में शुरू हुआ जो दिन भी प्रसारित होते थे, और रात की शुरुआत में टीवी के प्राइम टाइम में भी उन्हें दिखाया जाता था। अमेरिका और ब्रिटेन के कुछ धारावाहिक ('मिसेज़ डेल्स डायरी' और 'द आर्चर्स') तो ऐसे हैं जिनका समापन आज तक नहीं हुआ है। आज सोप ओपेरा की शैली भारत समेत सारी दुनिया में मनोरंजन का सर्वाधिक लोकप्रिय रूप बन चुकी है। ब्रिटिश और अमेरिकी टीवी के धारावाहिकों के अलावा ऑस्ट्रेलियायी, मैक्सिकन और ब्राज़ीलियन टीवी के धारावाहिक भी ग्लोबल टीवी मार्केट में लोकप्रिय हैं। कम ख़र्चे में प्रोड्यूस किये जाने वाले ये कार्यक्रम अपने स्थानीय बाज़ार में तो जम कर कमाते ही हैं, इनका निर्यात भी टीवी प्रोड्यूसरों को ख़ासी आमदनी करके देता है।

अमेरिकी टीवी धारावाहिकों (जैसे, 'डलास', 'बोल्ड ऐंड ब्यूटीफुल' और 'डायनेस्टी') के किरदार आम तौर पर धनी और लुभावनी शख़्सियत के मालिक दिखाये जाते हैं। ऑस्ट्रेलिया और ब्रिटेन के सीरियलों (जैसे 'ईस्टऐंडर्स', 'कोरोनेशन स्ट्रीट', 'नेबर्स' और 'होम ऐंड अवे') में मज़दूर वर्गीय पृष्ठभूमि के चरित्रों और उनकी रोज़ाना की ज़िंदगी को पेश किया जाता है। इनमें कॉमेडी के तत्त्वों का ख़ास तौर से समावेश होता है। सीरियलों में फ़िल्मों की तरह स्टंट, मारपीट और एक्शन दृश्य बहुत कम होते हैं। अधिकतर गतिविधियाँ नाटकीय संवादों, अतिरंजित स्थितियों और मुख-मुद्राओं के माध्यम से सम्पन्न की जाती हैं। भारत में सोप ओपेरा शैली का प्रारम्भ अस्सी के दशक में बेहद कामयाब 'हम लोग' सीरियल से हुआ था। लेकिन जल्दी ही भारतीय टीवी सीरियलों पर भी पश्चिमी सीरियलों की विषय-वस्तुओं का असर साफ़ तौर पर दिखने लगा। आज 'सास-बहू सीरियलों' को लोकप्रियता एक टीवी-परिघटना का रूप ले चुकी है। घरेलू स्त्रियों के बीच इन सीरियलों के आकर्षण पर समाज वैज्ञानिकों ने काफ़ी दिमाग़ खपाया है।

ऐसी बात नहीं कि टीवी धारावाहिकों को पुरुष न देखते हों। काफ़ी समय तक कमाई करने वाला पुरुष और उसकी पत्नी के जोड़े को धारावाहिक के दर्शक-युग्म की तरह ग्रहण किया जाता रहा है। पर सोप ओपेरा की टीवी शैली पर हुए अकादमीय चिंतन के केंद्र में मुख्य तौर पर स्त्रियों का प्रश्न रहा है। न केवल इनकी शुरुआत स्त्री-दर्शकों को ध्यान में रख कर हुई थी, बल्कि इन्हें देखने वाली भी ज़्यादातर स्त्रियाँ होती हैं। इनकी कथावस्तु पर भी स्त्रियों का बोलबाला दिखता है। नारीवादी विद्वानों ने टीवी धारावाहिकों पर ख़ास तौर से ग़ौर किया है।

आम तौर पर लोगों का जीवन बहुत घटनाप्रद नहीं होता। ख़ासकर घरेलू स्त्रियों के जीवन की रफ़्तार धीमी, दोहराव भरी और नीरस होती है। इस यथार्थ के विपरीत टीवी धारावाहिक जीवन की एक ऐसी तस्वीर पेश करते हैं जिसमें विवाह, प्रेम-प्रसंग, तलाक़, जन्म-मृत्यु और पारिवारिक साज़िश का अबाध सिलसिला चलता रहता है। धारावाहिक की हर क़िस्त में कुछ ऐसी नयी घटनाएँ घटित करवाई जाती हैं जिनके ज़रिये मुख्य कहानी के साथ-साथ कई उप-कहानियों और पात्रों का आवागमन होता रहता है। असली ज़िंदगी में लम्बे चलने वाले रिश्तों को प्रशंसा की दृष्टि से देखा जाता है, पर सीरियल में कोई भी रिश्ता कभी सुरक्षित नहीं होता। अतीत का कोई पात्र या किसी पुराने रिश्ते के कारण पैदा हुआ बच्चा कभी भी आकर मौजूदा परिस्थिति को बेचैन कर देता है। आलोचकों ने टीवी स्क्रीन पर दिखाई जाने

वाली ज़िंदगी की इस अति-घटनात्मकता पर कड़े आक्षेप किये हैं, पर रोज़मर्रा की बोर ज़िदगी की गिरफ़्त में फँसे हुए लोगों, ख़ास कर स्त्रियों के लिए, यह अतिरंजित निरूपण बहुत आकर्षक साबित हुआ है।

दूसरे, टीवी धारावाहिकों में स्त्री को कमज़ोर दिखाने के बजाय मज़बूत शख़्सियत का मालिक दिखाया जाता है। वह पूरे परिवार का बोझ उठाने वाली नैतिक गुणों से सम्पन्न नायिका से लेकर षड्यंत्र और हत्या में भाग लेने वाली खलनायिका के विभिन्न रूपों में सामने आती है। अक्सर वह पुरुषों पर निर्भर नहीं दिखाई जाती, बल्कि पुरुष उसकी उँगलियों पर नाचते हैं। सोप ओपेरा में निरूपित की जाने वाली स्त्रियाँ सिर्फ़ गृहिणी नहीं होतीं, उन्हें घर की दहलीज़ से बाहर विभिन्न भूमिकाओं में पेश किया जाता है। गृहिणी के रूप में भी घरेलू स्त्री की रूढ़ छवि से परे जाते हुए अच्छे या बुरे अपने अलग व्यक्तित्व के साथ सामने आती है। टीवी पर आने वाली औरत एक ही परिवार में रहते हुए कई-कई शादियाँ कर सकती है। जीवन के विभिन्न चरणों में उसका आगमन भिन्न-भिन्न सज्जाओं के साथ होता है। कुल मिला कर वह सीन से कभी तिरोहित नहीं होती। विद्वानों की मान्यता है कि शायद इसीलिए स्त्री दर्शकों को सामाजिक भूमिकाओं के इन रंगा-रंग रूपों में अपनी छवि देख कर क्षणिक संतोष मिल जाता है। इन निरूपणों में कुछ ऐसी सम्भावनाएँ छिपी रहती हैं जिनसे सामान्य स्त्री का अन्यथा साक्षात्कार भी नहीं होता। स्त्री की सेक्शुअलिटी का मुद्दा भी सोप ओपेरा के संदर्भ में महत्त्वपूर्ण है। धारावाहिकों की स्त्री पात्र अपनी गतिविधियों से 'सक्रिय यौनिकता' की छवि प्रक्षेपित करती हैं। अर्थात् उनकी यौनिकता केवल पुरुष-कामना की वस्तु नहीं होती, बल्कि उसका स्रोत ख़ुद उनकी अपनी कामना होती है।

कुछ समीक्षकों ने धारावाहिकों की लोकप्रियता का कारण उनकी वर्णनात्मक संरचना में तलाशने की कोशिश की है। इस दलील के अनुसार किसी भी मनोरंजन कार्यक्रम के सामान्यतः तीन हिस्से होते हैं : प्रारम्भ, बीच का हिस्सा और अंत। इन तीनों हिस्सों के बीच संतुलन को कुछ इस तरह भंग किया जाता है ताकि जो शुरू हुआ है उसे क्लाइमेक्स पर ले जा कर ख़त्म किया जा सके। लेकिन धारावाहिक की वर्णनात्मक संरचना में बीच का हिस्सा लगातार अपना विस्तार करता रहता है। अंत तक पहुँचना उसका मक़सद होता ही नहीं। वह उस समस्या का समाधान ही नहीं करना चाहता जो शुरू में उठायी जाती है। उस समस्या को तो नयी समस्याओं की भीड़ में न केवल पटकथा लेखक और निदेशक द्वारा बल्कि दर्शकों द्वारा भी भुला दिया जा चुका होता है। धारावाहिकों का उपसंहार कभी नहीं होता और बहुत सी घटनाओं की तर्कसंगत निष्पत्ति नहीं होती। यह विचित्रता भी उनके प्रति आकर्षण का उल्लेखनीय स्रोत है।

**देखें :** अतिनाटकीयता, अनुपस्थिति-उपस्थिति, कला सिनेमा, अवाँगार्द और प्रति-सिनेमा, टीवी और समाचार, टीवी और सेक्शुअलिटी, टीवी और टीवी-अध्ययन, तीसरा सिनेमा, तीसरी दुनिया का सिनेमा, दक्षिण भारतीय सिनेमा और राजनीति, नारीवादी फ़िल्म-सिद्धांत, फ़िल्म और सेक्शुअलिटी, फ़िल्म और टीवी सेंसरशिप, फ़िल्मांतरण, फ़िल्म-सिद्धांत, फ़्लैश-बैक, भारतीय सिनेमा-1, 2 और 3, भारतीय फ़िल्म-अध्ययन, भारतीय स्टार सिस्टम, रियलिटी टीवी, विचारधारा और हिंदी सिनेमा, वृत्त-चित्र, सेलेब्रिटी, सिनेमाई यथार्थवाद, नव-यथार्थवाद, सोवियत सिनेमा, स्टार, हिंदी सिनेमा का समाजशास्त्र।

### संदर्भ


1. आर. सी. एलेन (1985), *स्पीकिंग ऑफ़ सोप ओपेराज़,* युनिवर्सिटी ऑफ़ नॉर्थ कैरोलिना प्रेस, चापेल हिल.
2. आई. आँग, (1985) *वाचिंग डलास : सोप ओपेरा ऐंड द मेलोड्रैमेटिक इमेजिनेशन,* मेथ्युन, लंदन.
3. एम.बी. ब्राउन (2005), *'पॉलिटिक्स ऑफ़ सोप्स : प्लेज़र ऐंड फ़ेमिनिन इम्पावरमेंट', ऑस्ट्रेलियन जरनल ऑफ़ कल्चरल स्टडीज़,* खण्ड 4, अंक 2.
4. पूर्णिमा मनकेकर (1999), *स्क्रीनिंग कल्चर, व्युइंग पॉलिटिक्स : ऐन एथ्नोग्राफ़ी ऑफ़ टेलिविज़न, वुमॅनहुड, ऐंड नेशन इन पोस्टकोलोनियल इण्डिया,* ड्यूक युनिवर्सिटी प्रेस, डरहम.


**— अभय कुमार दुबे**

# सोरेन आबी कीर्केगार्द

(Soren Aabye Kierkegaard)

उन्नीसवीं सदी के मध्य में सक्रिय रहे सौंदर्यशास्त्री, दार्शनिक और धार्मिक चिंतक सोरेन आबी कीर्केगार्द (1813-55) के चिंतन को आधुनिक अस्तित्ववाद के उभार के लिए अवधारणात्मक ज़मीन साफ़ करने का श्रेय जाता है। हीगेल और उनके अनुयायियों की कठोर आलोचना करके उत्तर-हीगेल दर्शन की स्थापना करने वाले कीर्केगार्द का कहना था कि अगर इस जर्मन दार्शनिक ने ख़ुद को सत्य की खोज में सफल न मान कर हास्यास्पद न बना लिया होता और मुख्यतः अपनी विचार-प्रणाली को एक प्रयोग की तरह देखता तो उसे दुनिया का सबसे बड़ा चिंतक माना जा सकता था। हीगेल का खण्डन करते हुए कीर्केगार्द ने कहा कि यह जगत एक नैतिक व्यवस्था है और व्यक्ति का कर्त्तव्य है कि वह नैतिक नियमों के सामने समर्पण कर दे। उन्होंने सत्य को आत्मपरक बनाते हुए कहा कि चिंतन और चुनाव के लिए मनुष्य स्वतंत्र है और यह स्वतंत्रता उसके चिंतन का मूल है। कीर्केगार्द के मुताबिक़ व्यक्ति की आंतरिकता ही उसका सत्य है। उनके इसी विचार

ने दर्शन के क्षेत्र में अस्तित्ववाद के लिए मंच तैयार किया। बीसवीं सदी के चिंतन पर कीर्केगार्द का विरोधाभासी असर पड़ा है। हीगेलपंथियों ने उन्हें बुद्धिवाद विरोधी कह कर ठुकरा दिया, और व्यक्ति के अस्तित्व को बहुत अधिक तरजीह देने के कारण मार्क्सवादियों ने उनके विचारों पर जम कर हमला किया। उनके चिंतन में फ़ासीवादी रुझान तक देखे गये। लेकिन दिलचस्प बात यह है कि दूसरी तरफ़ कीर्केगार्द ने अज्ञेयवादी और नास्तिकवादी चिंतकों को भी प्रभावित किया। लूकाच, हाइडैगर और एडोर्नो जैसे विचारकों ने किसी न किसी मुक़ाम पर कीर्केगार्द के विचारों से कुछ न कुछ अवश्य लिया है। ख़ास तौर से हाइडैगर के सोच पर तो उनका बहुत गहरा प्रभाव है। समझा जाता है कि हाइडैगर की विख्यात रचना *बीइंग ऐंड टाइम* कीर्केगार्द के बिना सम्भव ही नहीं थी। विटगेंस्टाइन की तो मान्यता है कि कीर्केगार्द उन्नीसवीं सदी के सबसे गहन चिंतक थे।

बचपन में सोरेन को प्रारम्भिक शिक्षा के लिए कोपेनहेगन के प्रसिद्ध विद्यालय द स्कूल ऑफ़ सिविक वर्च्यू में प्रवेश दिलाया गया जहाँ उन्होंने पारम्परिक शिक्षा प्राप्त की। विद्यालय में लैटिन व इतिहास उनके प्रिय विषय थे। 1830 में कीर्केगार्द ने धर्मशास्त्र, दर्शन और साहित्य के अध्ययन के लिए कोपेनहेगन विश्वविद्यालय में प्रवेश लिया। उन्होंने निश्चय किया कि अपने जीवन में कुछ करने से पूर्व वे स्वयं के बारे में जानने का प्रयास करेंगे। 1834 में उनकी माता की मृत्यु हो गयी। इसी वर्ष उन्होंने एक पत्रिका का प्रकाशन करना प्रारम्भ किया जिसे वे आगामी 20 वर्षों तक प्रकाशित करते रहे। 1837 में लैटिन व साहित्य के शिक्षण के उद्देश्य से उन्होंने घर छोड़ दिया। इसी समय उनकी मुलाक़ात रीजन ओलसेन से हुई जिसने उनकी बौद्धिक यात्रा में उनका बहुत साथ दिया। 1838 में उनके पिता की मृत्यु हो गयी। 1840 में उन्होंने ओलसेन के साथ सगाई कर ली परन्तु अगले साल यह सोच कर कि घरेलू ज़िम्मेदारियाँ उन्हें उनके दर्शन के कार्य से विमुख कर सकती हैं, उन्होंने सगाई तोड़ दी। अगले दस वर्ष तक वे एकाकी और विरक्त जीवन जीते हुए निरंतर लेखन व प्रकाशन के कार्य में लगे रहे। जब वे अपने रचनाशीलता के चरम पर थे कि 11 नवम्बर, 1855 को रीढ़ की बीमारी से कीर्केगार्द की मृत्यु हो गयी।

कीर्केगार्द एक जटिल हस्ती के मालिक थे। उनके वांगमय में धर्म, राजनीति, सौंदर्य और नीतिशास्त्र के बहुआयामी तात्पर्य निहित मिलते हैं। मसलन, उन्हें एक अ-राजनीतिक चिंतक कहा जाता है, पर उन्होंने अपने ज़माने में चर्च की राजनीति के साथ-साथ तत्कालीन सांस्कृतिक राजनीति और समाज परिवर्तन की प्रक्रिया में लगातार हस्तक्षेप किया। समझा जाता है कि डेनमार्क की राजधानी कोपेनहेगन के बौद्धिक हल्क़ों में ख़ुद को शामिल करवाने के लिए उन्होंने अपने क़ॅरियर की शुरुआत में नारी-मुक्ति की अवधारणा के ख़िलाफ़ एक निबंध लिखा था। इस प्रतिक्रियावादी रचना में पितृसत्तात्मक मूल्यों का समर्थन किया गया था।

कीर्केगार्द के युग में ही युरोप ने मास सोसाइटी (जन-पुंज समाज) की तरफ़ बढ़ना शुरू किया था। तत्कालीन डेनिश समाज अपने सामंती अतीत को त्याग कर पूँजीवादी वर्तमान में प्रवेश कर रहा था। शिक्षा के प्रसार और देहाती इलाक़ों से बड़े पैमाने पर शहरों में जाते हुए किसान सामाजिक एक तरफ़ तो सामाजिक बेचैनियाँ पैदा कर रहे थे, और दूसरी तरफ़ सामाजिक तरतमता की जगह क्षैतिक संरचनाओं का उदय हो रहा था। समाज-परिवर्तन की इस प्रक्रिया पर टिप्पणी करते हुए कीर्केगार्द ने 'भीड़' या 'समूह' के मुक़ाबले 'एकल व्यक्ति' की आत्मनिष्ठता का झण्डा बुलंद किया। उन्हें डर था कि रूढ़ छवियों के सामाजिक उत्पादन के बोझ तले मनुष्य अपनी सच्ची इयत्ता खोजने की सम्भावना से वंचित हो जाएगा। उन्हें यह देख कर चिंता हो रही थी कि जज़्बाती प्रतिबद्धताओं के चक्कर में व्यक्ति अनासक्त चिंतन की क्षमता खोता जा रहा है। अपनी रचना *हाउ टू बिकम क्रिश्चियन इन क्रिश्चियनडम* में कीर्केगार्द सम्प्रेषण का एक ऐसा प्रारूप गढ़ने का प्रयास किया जिससे रूढ़ अस्मिताएँ न पैदा हों। बल्कि, लोग अपने संसाधनों पर भरोसा करते हुए अपनी अस्तित्वगत ज़िम्मेदारियाँ ख़ुद उठाने के लिए आगे बढ़ें। कीर्केगार्द का ख़याल था कि केवल इसी प्रकार लोग समाज द्वारा थोपी गयी पहचानों से बचते हुए वह हो पाएँगे जो वह हो सकते हैं या जो उन्हें होना चाहिए।

कीर्केगार्द के ये विचार उस सिलसिले की परिपक्व कड़ी थे जो उन्होंने अपनी डॉक्टोरल थीसिस *ऑन द कंसेप्ट ऑफ़ आयरनी विद द कोंस्टेंट रिफ़रेंस ऑफ़ सोक्रटीज़* में व्यक्त किये थे। सुकरात के चिंतन और चिंतन-विधि से अत्यंत प्रभावित कीर्केगार्द अपनी इस रचना में दिखाते हैं कि किस तरह सुकरात द्वारा उठाये गये प्रश्न उन लोगों को झुँझला देते थे जिनका दावा था कि ज्ञान मिल चुका है और नीतिसार उनकी मुट्ठी में है। कीर्केगार्द का विचार था कि सुकरात ने अपने संवादों में आयरनी (विडम्बना और विरोधाभास) का इस्तेमाल करके ऐसे लोगों को बने-बनाये उत्तरों की जकड़ से मुक्त किया जो दरअसल उन्हें थमाये गये थे। सुकरात से संवाद करके ये लोग अपने बारे में स्वतंत्र और मौलिक संदर्भ के तहत सोचने-विचारने में समर्थ हुए। सुकरात की ही तरह कीर्केगार्द ने भी डेनिश बुद्धिजीवियों को बनी-बनायी धारणाओं से मुक्त करने के लिए अपने लेखन में विडम्बना, पैरोडी, व्यंग्य, हास्य और विखण्डन की प्रविधियों का कुशल इस्तेमाल किया। उनके विचार तत्कालीन बौद्धिकों को लगातार चिढ़ाते रहे। इसी वजह से अपने जीवन में कीर्केगार्द

को लगातार उपेक्षा और अप्रतिष्ठित रह जाने के फलितार्थों का सामना करना पड़ा।

डेनिश चर्च को हीगेल के प्रभाव से मुक्त करने के लिए उन्होंने फ़र्ज़ी नाम से कई किताबें लिखीं जिनमें *आइदर / ऑर* एवं *कनक्ल्यूडिंग अनसाइंटिफ़िक पोस्टस्क्रिप्ट* उल्लेखनीय है। इन रचनाओं में उन्होंने हिगेलियन द्वंद्ववाद को सिर के बल खड़ा करते हुए दावा किया कि यह सिद्धांत लोगों को ज्ञान के नज़दीक ले जाने के बजाय उससे दूर ले जाता है। डेनमार्क में ईसाई धर्म के लोकप्रिय निरूपण को बदलने की उनकी चेष्टा भी उल्लेखनीय है। उनके ज़माने में धर्मशास्त्री और शिक्षक-कवि एन.एफ़.एस. ग्रंडविग ने ईसाइयत का जो विमर्श तैयार किया था उसमें इस धर्म के हल्के-फुल्के, ख़ुशनुमा, समारोहात्मक और सामुदायिक पहलुओं पर ज़ोर था। लेकिन कीर्केगार्द ने गम्भीरता, दुःख, पाप, कष्ट और निजी अलगाव जैसे आयामों को उभारने की चेष्टा की। कीर्केगार्द के जीवन की विडम्बना यह थी कि वे इन सभी प्रयासों में नाकाम रहे। न तो वे हीगेलपंथियों को पराजित कर पाये, और न ही डेनमार्क में ईसाई धर्म की छवि और उद्देश्यों में उन्होंने कोई परिवर्तन कर पाया।

कीर्केगार्द एक प्रचुर लेखक थे। केवल 42 वर्ष जीवित रहने वाले इस विचारक ने अपने पीछे 55 खण्डों में फैला हुआ विशाल वांगमय छोड़ा है। काफ़ी समय तक विश्व उनकी रचनाओं से अनभिज्ञ रहा। इसके पीछे एक कारण तो यह था कि उन्होंने ख़ुद अपनी कई रचनाएँ गोपनीय नाम से लिखीं। दूसरा कारण यह था कि वे केवल डेनिश भाषा में लिखते थे जिसकी जानकारी बहुत कम लोगों को थी। जब उनकी कृतियाँ अनूदित हो कर प्रकाशित हुईं तो सम्पूर्ण विश्व उनके ज्ञान और विविधता से परिचित हुआ। उन्नीसवीं सदी के आख़िरी दशक में हेनरिक इब्सन, ऑग्युस्त स्ट्रिंडबर्ग और फ्रेड्रिख़ नीत्शे ने कीर्केगार्द द्वारा किये गये 'वर्तमान युग' को प्राथमिकता देने वाले गहन मनोवैज्ञानिक और दार्शनिक विवेचन से सीखते हुए आधुनिकतावाद की भित्ति रचने में योगदान किया।

5 मई, 1813 को डेनमार्क की राजधानी कोपेनहेगन में पैदा हुए कीर्केगार्द एक समृद्ध व्यापारी माइकल पेडरसन कीर्केगार्द तथा उनकी दूसरी पत्नी एनी सोरेनडेटर लुण्ड की सातवीं संतान थे। उनकी माता विवाह से पूर्व पिता के घर पर घरेलू नौकरानी के रूप में कार्य करती थीं। वे अल्प शिक्षित थीं जिस कारण कीर्केगार्द के जीवन पर उनकी विशेष छाप नहीं पड़ी। उन्हें अपनी माता से कोई लगाव नहीं था। उनके किसी भी लेख, कृति या डायरी में उनकी माता का ज़िक्र नहीं मिलता। सोरेन कीर्केगार्द की रचनाओं में उनके पिता से संबंधित प्रसंगों का ज़िक्र बहुतायत से है और इससे स्पष्ट होता है कि उनके जीवन पर पिता का बहुत अधिक प्रभाव था। वे अपने पिता की उदासी, अपराधभाव तथा चिंता की भावना, ईसाइयत के प्रति विश्वास तथा उनके दार्शनिक रुझानों से प्रभावित थे। यह प्रभाव उनके लेखन कार्य में भी प्रदर्शित होता है। पिता की मृत्यु के बाद पैतृक सम्पत्ति के रूप में उन्हें काफ़ी धनराशि प्राप्त हुई जिसका उपयोग उन्होंने अध्ययन तथा पुस्तक लेखन में किया।

**देखें :** अस्तित्ववाद, आत्मनिष्ठता-वस्तुनिष्ठता, इयत्ता, इमैनुएल कांट, इंद्रियानुभववाद, ईसैया बर्लिन, उत्तर-आधुनिकतावाद, उदारतावाद, कल्पित समुदाय, घटनाक्रियाशास्त्र और ऐडमण्ड हसर, चेतना, जॉर्ज विल्हेल्म फ्रेड्रिख़ हीगेल, जॉन लॉक, ज़ाक लकाँ, ज्याँ फ्रांस्वा ल्योतर, ज्याँ-पॉल सार्त्र, ज़ाक देरिदा, जॉर्ज विल्हेल्म फ्रीड्रिख़ हीगेल, तत्त्वमीमांसा और अस्तित्वमीमांसा, तात्त्विकतावाद, थियोडोर लुडविग वीज़ेनग्रंड एडोर्नो, द्वैतवाद, परिणामवाद, प्रत्यक्षवाद और उसका समाज-विज्ञान पर प्रभाव, फ्रेड्रिख़ नीत्शे-1 और 2, बुद्धिवाद, भाववाद, भौतिकवाद, मनोविश्लेषण, मिशेल पॉल फ़ूको-1 और 2, यथार्थवाद, युरोपीय पुनर्जागरण, युरोपीय ज्ञानोदय, रेने देकार्त, लुई अलथुसे, संत ऑग्स्तीन, संरचनावाद और उत्तर-संरचनावाद, ज्ञानमीमांसा, ज्ञान का समाजशास्त्र।

## संदर्भ

1. थियोडोर डब्ल्यू. एडोर्नो (1989), *कीर्केगार्द : कंस्ट्रक्शन ऑफ़ द एस्थेटिक्स,* अनु. रॉबर्ट हुलोट-केंटर, युनिवर्सिटी ऑफ़ मिनेसोटा प्रेस, मिनेपोलिस.
2. जूलिया वाटकिन (2001), *हिस्टोरिकल डिक्शनरी ऑफ़ कीर्केगार्द्ज़ फ़िलॉसफ़ी,* द स्केयरक्रो प्रेस, लैनहैम, मैरीलेंड और लंदन.
3. हैरल्ड ब्लूम (सम्पा.) (1989), *सोरेन कीर्केगार्द,* चेलसी हाउस पब्लिशर्स, न्यूयॉर्क.

**— मीना मनराल**

# सोवियत सिनेमा

(Soviet Cinema)

फ़िल्म-अध्ययन का इतिहास सोवियत सिनेमा की असाधारण उपलब्धियों पर नज़र डाले बिना पूरा नहीं हो सकता। अक्टूबर क्रांति से लेकर सवाक् सिनेमा के शुरुआती दौर के बीच की इस सिनेमाई प्रयोगधर्मिता को कई स्तरों पर नयी ज़मीन तोड़ने का श्रेय जाता है। सिनेमा के फ्रांसीसी और जर्मन विमर्शकार भी इससे प्रभावित हुए बिना नहीं बच सके। समाजवादी समाज बनाने के प्रयोगों के संदर्भ में एक आम समझ यह है कि उत्तर-क्रांति समाजों में सांस्कृतिक उत्पादन विचारधारात्मक प्रोपेगंडे के मातहत कर दिये जाने के कारण कलात्मक पतन का शिकार हो जाता है। लेकिन प्रौद्योगिकी और कला के मेल से तैयार हुई सिनेमा की विधा इस धारणा को झुठलाती हुई प्रतीत होती है।

सिनेमा में अंतर्निहित प्रचारात्मक और शैक्षणिक सम्भावनाओं की पहचान अक्टूबर क्रांति के तुरंत बाद कर ली गयी थी। निरक्षर और विभिन्न बोलियाँ बोलने वाली सोवियत कृषक जनता तक राजनीतिक संदेश पहुँचाने का क्रांतिकारी दायित्व पूरा करने के लिए मूक फ़िल्में एक आदर्श माध्यम थीं। इसके पीछे वैचारिक धारणा एक ऐसी व्यवस्था के निर्माण की थी कि जिसमें कला, विज्ञान और प्रौद्योगिकी का इस्तेमाल किसानों, मज़दूरों और मध्यवर्गीय जनता के हित में किया जा सके। इसी लक्ष्य को ध्यान में रखते हुए पहले लेनिन और फिर स्तालिन के नेतृत्व में सोवियत सिनेमा का जो ढाँचा खड़ा किया गया उससे सेर्गेई आइज़ेंस्टीन, लेव कुलेशोव, ज़िगा वेरतोव, व्सेवोलोद पुद्वोकिन और अलेक्सांदेर दोवज़ेंको जैसे विश्व-विख्यात फ़िल्मकारों की कृतियाँ निकलीं जिनके कारण विश्व-सिनेमा का ध्यान सोवियत संघ की तरफ़ आकृष्ट हुआ। सोवियत फ़िल्मकारों ने मोंटाज (फ़िल्म-संग्रंथन) तकनीक का विकास किया और फ़िल्म-एक्टिंग को थिएटर-एक्टिंग के प्रभाव से निकाला। इन प्रयोगों को आगे चल कर न केवल आर्ट और अवाँगार्द सिनेमा ने अपनाया, बल्कि व्यावसायिक फ़िल्मों ने भी इनका सफल इस्तेमाल किया।

1917 में अक्टूबर क्रांति होने के फ़ौरन बाद सोवियत संघ गृह-युद्ध में फँस गया जो 1921 तक जारी रहा। इस दौरान रेल गाड़ियों के ज़रिये सभी सोवियत गणराज्यों में घूम-घूम कर बहादुराना सर्वहारा संघर्ष की सराहना करने वाले फ़िल्म-शो किये गये जिनसे कम्युनिस्ट सत्ता को पैर जमाने में मदद मिली। इन्हें 'एजिट-ट्रेन' कहा जाता था। इनमें प्रदर्शन के लिए तैयार डॉक्युमेंटरी फ़िल्में तो होती ही थीं, साथ में कुलेशोव और वेरतोव जैसे फ़िल्मकार भी होते थे। इनका कैमरा खेतों में खटते हुए किसानों और ग्रामीण जीवन की शूटिंग करता और ट्रेन में ही उनके प्रिंट्स बना कर उपस्थित जनता के सामने फ़िल्म-शो कर दिया जाता।

गृह-युद्ध के बाद 1924 से 1929 के बीच की अवधि सोवियत सिनेमा के लिए स्वर्णकाल जैसी साबित हुई। यह क्रांति के बाद तरह-तरह के प्रयोगों को प्रोत्साहन देने का दौर था। सोवियत फ़िल्मकारों ने भाषा के साथ प्रयोग और नवाचार करने वाले क्रांति-पूर्व रूसी भविष्यवादियों से प्रभाव ग्रहण करके उसके कलात्मक परिणामों को क्रांति-उत्तर रचनात्मकतावाद के साथ जोड़ दिया। भविष्यवादी युरोपीय आधुनिकतावादी कला द्वारा प्रवर्तित अमूर्तन के पैरोकार थे और साथ में उनकी आस्था तकनीक में भी थी। सोवियत रचनात्मकतावाद ने कला और श्रम को एक-दूसरे का पर्याय बताया। इस तरह सिनेमा की तकनीकोन्मुख आधुनिकतावादी कला उदीयमान समाजवादी राज्य की राजनीतिक ज़रूरतें पूरी करने में जुट गयी। बीस के दशक के सोवियत सिनेमा ने तय किया कि वह नये सोवियत गणराज्यों द्वारा राष्ट्रीय अस्मिता प्राप्त करने की राजनीति का संदेशवाहक बनेगा।

1919 में ही फ़िल्म-उद्योग का राष्ट्रीयकरण कर दिया गया था जिसके कारण कई स्वतंत्र फ़िल्म-निर्माता अपने उपकरण और कच्ची फ़िल्म ले कर दूसरे देशों में चले गये थे। कच्ची फ़िल्म तक़रीबन अनुपलब्ध थी क्योंकि पश्चिमी देशों ने इसके सोवियत निर्यात पर रोक लगा दी थी। 1921 में लेनिन की नयी अर्थनीति के तहत कुछ प्राइवेट कम्पनियाँ फ़िल्म निर्माण में उतरीं। उनके ज़रिये फ़िल्मकार कच्ची फ़िल्म के दुर्लभ स्टॉक और उपकरणों का इस्तेमाल कर पाये। इनके कारण *किनो-प्रावदा* (फ़िल्म-सत्य) नामक समाचार फ़िल्मों की शृंखला बन पायी। साथ में कुछ पारम्परिक कथा-चित्रों का निर्माण भी किया गया। इसी प्रक्रिया में कुछ नये फ़िल्मकार उभरे जिनका मक़सद नयी क्रांतिकारी संस्कृति का प्रचार करना था ताकि नायक की व्यक्तिगत हैसियत की जगह सर्वहारा वर्ग को नायक के रूप में स्थापित किया जा सके। आइज़ेंस्टीन और कुलेशोव ने मिल एसोसिएशन ऑफ़ रेवोल्यूशनरी सिनेमैटोग्राफ़ी की स्थापना की जिसमें वेरतोव के साथ एस्फ़िर शुब भी शामिल थीं।

इन फ़िल्मकारों के बीच क्रांतिकारी सिनेमा की तकनीक और सार के मामले में मतभेद थे। नतीजा विभाजन में निकला। वेरतोव ने आइज़ेंस्टीन और कुलेशोव के कथा-सिनेमा की आलोचना की और अपना अलग किनोकी ग्रुप (सिने-आई ग्रुप) बना लिया। इसके बाद वेरतोव ने रचनात्मकतावाद का रास्ता पकड़ते हुए वृत्त-चित्रात्मक सिनेमा बनाया जो मज़दूर और उद्योगीकरण को बुलंद करता

था। 1929 में बनी वेरतोव की फ़िल्म 'मैन विद अ मूवी कैमरा' एक ऐसी ही मशहूर कृति है।

1919 में मास्को फ़िल्म कमेटी ने एक विशेष पुनर्सम्पादन विभाग खोला जिसके तहत काम करते हुए लेव कुलेशोव ने फ़िल्म सम्पादन की मोंटाज पद्धति का आविष्कार किया। इस उपलब्धि में व्लादिमिर गार्दिन का भी योगदान था। कुलेशोव का विचार था कि फ़िल्मकार द्वारा लिया गया प्रत्येक शॉट अपने संदर्भ से तात्पर्य ग्रहण करता है और उसकी स्थिति दीवार बनाने वाली एक ईंट की तरह होती है। अगर उसी शॉट को साथ-साथ रखने का क्रम (सन्निधि) बदल दिया जाए तो अर्थ बदल जाएगा और साथ में वह क्रम भी वैसा नहीं रहेगा। कुलेशोव ने इसे एक प्रयोग द्वारा सिद्ध किया। उन्होंने फ़िल्म के अलग-अलग टुकड़ों से कई शॉट लिए। इनमें एक था अभिनेता इवान मोज़ुकाइन का स्टिल क्लोज़अप, एक सूप की प्लेट थी, एक मृत स्त्री और उसका कफ़न था, और एक खेलता हुआ बच्चा था। जब एक्टर के स्टिल क्लोज़अप के साथ इन तीनों को अलग-अलग सन्निधियों में पेश किया गया तो दर्शकों को लगा कि अभिनेता के चेहरे के भाव बदल रहे हैं। असल में वे भाव नहीं बदल सकते थे क्योंकि चेहरा तो स्थिर फ़ोटोग्राफ़ी का परिणाम था। कुछ अन्य प्रयोगों में कुलेशोव ने अलग-अलग फ़िल्मों के एक्शन दृश्यों का इस प्रकार सम्पादन करके दिखाया जिससे वे एक ही निरंतर शॉट की तरह लगने लगे। 1920 में किये गये एक प्रयोग के पहले शॉट में मास्को में एक स्त्री और पुरुष मिलते दिखाये जाते हैं, पुरुष एक इशारा करता है, दोनों कहीं और देखते हैं, फिर दूसरा शॉट वाशिंगटन स्थित व्हाइट हाउस का है, तीसरे और अंतिम शॉट में वे दोनों सीढ़ियाँ चढ़ते दिखाये जाते हैं। भूगोलों को सृजनात्मक ढंग से मिलाने के इस प्रयोग को कुलेशोव ने 'द क्रिएटिड सरफ़िस ऑफ़ द अर्थ' की संज्ञा दी। आइज़ेंस्टीन द्वारा बनायी गयी फ़िल्मों ने अंतर्राष्ट्रीय पुरस्कार जीते और सारी दुनिया में घूम-घूम कर दिये गये उनके व्याख्यानों और सैद्धांतिक लेखन ने विमर्शकारों का मार्गदर्शन किया।

आइज़ेंस्टीन एक प्रतिबद्ध मार्क्सवादी थे। उन्होंने सम्पादन की मोंटाज पद्धति को नये आयाम दिये। उन्होंने कहा कि मोंटाज केवल सन्निधि पर ही आधारित नहीं होता, वह टकराव और द्वंद्व पर भी आधारित होता है। उन्होंने अपनी फ़िल्मों में मोंटाज का इस्तेमाल स्क्रीन और दर्शक के बीच अन्योन्यक्रिया स्थापित करने के लिए किया। वे मोंटाज के ज़रिये दर्शक को चाक्षुष रूप से, भावनात्मक रूप से और बौद्धिक रूप से चौंकाने में विश्वास करते थे। उन्होंने मोंटाज को राजनीतिक सौंदर्यशास्त्र में बदल दिया ताकि मार्क्स के द्वंद्वात्मक भौतिकवाद को चाक्षुष रूप में देखा जा सके। उनकी मान्यता थी कि मोंटाज जो द्वंद्व पैदा करेगा उससे एक तीसरा तात्पर्य निकलेगा जिसके ज़रिये सोवियत संघ का क्रांतिकारी इतिहास संश्लेषित हो कर दर्शक तक पहुँच सकेगा।

मोंटाज पद्धति पर आधारित प्रयोगधर्मिता ने 'परकीयता के सिद्धांत' को भी जन्म दिया। इसका श्रेय एफ़ईके ग्रुप ( द फ़ैक्ट्री ऑफ़ द इकसेंट्रिक एक्टर) के फ़िल्मकारों को जाता है। बाद में यह सिद्धांत बर्तोल्त ब्रेख़्त ने मशहूर किया। इसके तहत वस्तुओं या व्यक्तियों को अनजाने संदर्भों में स्थित करने के ज़रिये दर्शक को परकीय की अनुभूति में ले जाने की कोशिश की जाती थी ताकि वह पर्दे पर दिखाये जा रहे बिम्ब के तात्पर्यों पर ग़ौर करने के लिए मजबूर हो सके।

कुलेशोव ने फ़िल्म-एक्टिंग की नयी तकनीक भी विकसित की। वे मानते थे कि थिएटर के एक्टर फ़िल्मों के लिए उपयुक्त नहीं होते। फ़िल्म के लिए एकदम नये अभिनेता चुन कर उनकी अलग से ट्रेनिंग होनी चाहिए। उन्होंने मनोविज्ञान को ख़ारिज करके सामाजिक शक्तियों को अभिनय का चालक शक्ति घोषित किया और प्रतिवर्तों (रिफ़्लेक्सिज़) और अभिनय-यांत्रिकी के आधार पर भूमिका निभाने की वकालत की। कुलेशोव ने एक एक्टिंग लेबोरेटरी की स्थापना भी की जिसमें एक्टर की देह और आंगिक मुद्राओं के इस्तेमाल पर विशेष ज़ोर दिया जाता था। इस सिद्धांत के मुताबिक़ मानवीय देह एक ऐसा मुक़ाम होती है जिस पर सामाजिक शक्तियाँ अपना प्रभाव डालती हैं और अभिनय उन प्रभावों के प्रति देह की अनुक्रिया व्यक्त करता है। आइज़ेंस्टीन ने 1925 की अपनी विख्यात फ़िल्म 'बैटिलशिप पोतेमकिन' में इसी उसूल का और भी रैडिकलाइज़ेशन किया और बड़ी संख्या में ग़ैर-अभिनेताओं को जुटा कर व्यक्तिरूप नायक के बजाय एक सामूहिक सर्वहारा नायक की छवि पेश करने की कोशिश की। सोवियत कम्युनिस्ट पार्टी की केंद्रीय समिति द्वारा प्रायोजित इस फ़िल्म के केंद्र में 1905 की विफल क्रांति के दौरान एक युद्धपोत पर हुआ विद्रोह था। मोंटाज थियरी ने दो तरह के सोवियत सिनेमा को जन्म दिया। इनमें एक था आइज़ेंस्टीन का जिसमें मोंटाज द्वारा बौद्धिक बेचैनी पैदा की जाती थी। दूसरा था दोवज़ेंको और पुद्वोकिन का जिसे गीतात्मक-प्रतीकावादी मोंटाज सिनेमा कहा जाता है। मोंटाज का एक तीसरा इस्तेमाल वेरतोव और एस्फ़िर ने वृत्त-चित्र बनाने में किया। ये दोनों मानते थे कि केवल तथ्यों पर आधारित वृत्त-चित्र ही सच्चा क्रांतिकारी सिनेमा हो सकता है।

1929 तक सोवियत सिनेमाई प्रयोगधर्मिता का यह दौर ख़त्म हो गया। कला के क्षेत्र में समाजवादी यथार्थवाद के सिद्धांत ने अपने पैर जमा लिए। आइज़ेंस्टीन की फ़िल्मों में पार्टी की कमेटियाँ बड़े पैमाने पर कतरब्योंत करने लगीं। रूपवाद की कड़ी आलोचना होने लगी, यहाँ तक कि वह एक

कलात्मक अपराध की श्रेणी में गिना जाने लगा था। इन प्रक्रियाओं और घटनाक्रम ने सोवियत फ़िल्मों के उस दौर को जन्म दिया जिनमें न तो दर्शकों को कोई रुचि थी, और न ही विमर्शकारों को। वह सिर्फ़ थोथा प्रोपेगंडा था जो सोवियत संघ की समाप्ति के साथ ही ख़त्म हो गया।

**देखें :** अतिनाटकीयता, अनुपस्थिति-उपस्थिति, कला सिनेमा, अवाँगार्द और प्रति-सिनेमा, टीवी और समाचार, टीवी और सेक्शुअलिटी, टीवी और टीवी-अध्ययन, तीसरा सिनेमा, तीसरी दुनिया का सिनेमा, दक्षिण भारतीय सिनेमा और राजनीति, नारीवादी फ़िल्म-सिद्धांत, फ़िल्म और सेक्शुअलिटी, फ़िल्म और टीवी सेंसरशिप, फ़िल्मांतरण, फ़िल्म-सिद्धांत, फ़्लैश-बैक, भारतीय सिनेमा-1, 2 और 3, भारतीय फ़िल्म-अध्ययन, भारतीय स्टार सिस्टम, रियलिटी टीवी, विचारधारा और हिंदी सिनेमा, वृत्त-चित्र, सेलेब्रिटी, सोप ओपेरा, सिनेमाई यथार्थवाद, नव-यथार्थवाद, स्टार, हिंदी सिनेमा का समाजशास्त्र।

### संदर्भ

1. आर. टेलर और आई. क्रिस्टी (सम्पा.) (1994), *द फ़िल्म फ़ैक्ट्री : रशियन ऐंड सोवियत सिनेमा इन डॉक्युमेंट्स 1896-1939,* रॉटलेज, लंदन और न्यूयॉर्क.
2. आर. टेलर और आई. क्रिस्टी (सम्पा.) (1994), *इनसाइड द फ़िल्म फ़ैक्ट्री: न्यू एप्रोचिज़ टू रशियन ऐंड सोवियत सिनेमा,* रॉटलेज, लंदन और न्यूयॉर्क.
3. आर. टेलर और जी. स्प्रिंग (सम्पा.) (1993), *स्तालिनिज़म ऐंड सोवियत सिनेमा,* रॉटलेज, लंदन और न्यूयॉर्क.

**— अभय कुमार दुबे**

# सोवियत समाजवाद : उत्थान और पतन-1

(Soviet Socialism: Rise and Fall-1 )

1917 की बोल्शेविक क्रांति के बाद अपनी हुकूमत को मज़दूर वर्ग का पहला राज्य या समाजवादी राज्य होने का दावा करने वालों ने पाया कि प्रशासन, अर्थव्यवस्था और विदेश नीति के मामले में पूरी तरह से अनुभवहीन हैं। उनके सामने यह भी स्पष्ट था कि रूस की अर्थव्यवस्था और समाज का विकास केवल इतना ही हुआ है कि राजनीतिक क्रांति करने लायक मात्रा में मेहनतकशों और रैडिकल बुद्धिजीवियों की गोलबंदी की जा सके। लेकिन सामाजिक क्रांति करने के लिए रूसी समाज तैयार नहीं था। रूस की बहुसंख्यक जनता किसान थी जिसे विचारधारात्मक रूप से नवांकुरित समाजवादी राज्य ऊपर से हस्तक्षेप करके एक नयी सामाजिक संरचना में ढालना चाहता था। बोल्शेविकों को युरोप के अन्य देशों में भी क्रांति की उम्मीद थी। लेकिन जब तक युरोप में क्रांति होती, तब तक अक्टूबर क्रांति के लाभों की रक्षा करना भी ज़रूरी था। फ़ौरी तौर पर उसके सामने मुख्य तौर पर दो विकट समस्याएँ थीं : बाहरी हस्तक्षेप और भीतरी विरोध से नवजात क्रांति की रक्षा कैसे की जाए, और ऐसा करते हुए समाजवादी समाज बनाने के रास्ते पर पहला क़दम कैसे बढ़ाया जाए।

न ऐसी क्रांति पहले कभी दुनिया में हुई थी, और न ही ऐसा राज्य कभी बना था। बहुसंख्यक लाल ताक़तें यानी किसान-मज़दूर और उनके राजनीतिक प्रतिनिधि आपसी बहस-मुबाहिसे के बावजूद क्रांति के पक्ष में मज़बूती से खड़े थे। मुट्ठी भर सफ़ेद ताक़तें यानी सम्पत्तिशाली वर्ग, अधिकारी तंत्र और ज़्यादातर बुद्धिजीवी पुरानी व्यवस्था की वापिसी चाहते थे। ज़ारशाही के तहत जिन्होंने कभी हड़ताल नहीं की थी, उन सफ़ेदपोश कर्मचारियों ने नयी सरकार का स्वागत हड़तालों से किया। लेनिन समेत बोल्शेविक नेताओं पर क़ातिलाना हमले होने लगे। बोल्शविक पार्टी के भीतर ज़िनोवीव, कामेनेव, रिकोव और लूनाचार्स्की जैसे नेता मेंशेविकों और सोशलिस्ट-रेवोल्यूशनरियों (एसआर) की पार्टियों के साथ गठजोड़ के पक्ष में थे। उनका मानना था कि अकेले पड़ जाने पर बोल्शेविक सत्ता टिक नहीं पायेगी। उधर युरोपीय और अन्य पश्चिमी ताक़तों ने रूस की न केवल आर्थिक नाकेबंदी शुरू कर दी, बल्कि कई मुक़ामों पर फ़ौजी दख़लंदाज़ी भी होने लगी। हालात का मुक़ाबला करने के लिए बोल्शेविकों को एक तरफ़ तो निगरानी और आंतरिक सुरक्षा का बंदोबस्त सुदृढ़ करना पड़ा जिसका नतीजा सीक्रेट पुलिस (चेका) को अधिकाधिक अधिकार देने में निकला। दूसरी तरफ़ तेज़ी से फ़ौजीकरण की तरफ़ क़दम बढ़ाने पड़े जिसके परिणामस्वरूप क्रांति में जिन रेड गार्डों की मौजूदगी मामूली क़िस्म की थी, उनका विस्तार विशाल रेड आर्मी में होता चला गया। क्रांति को 'वार कम्युनिज़म' के दौर में प्रवेश करना पड़ा।

1918 में बोल्शेविकों ने अपनी पार्टी का नाम रशियन कम्युनिस्ट पार्टी (बोल्शेविक) से बदल कर कम्युनिस्ट पार्टी ऑफ़ सोवियत यूनियन (बोल्शेविक) रख लिया। क्रांति के बाद से ही जर्मनी कमज़ोर होते हुए रूस पर हमले की फ़िराक़ में था। लेनिन और ट्रॉट्स्की का विचार था कि रूसी सेनाएँ जर्मनों का मुक़ाबला नहीं कर पायेंगी और इस युद्ध से क्रांति का उबरना मुश्किल होगा। इसलिए उन्होंने जर्मनी से शांति संधि की नीति अख़्तियार की। बोल्शेविक पार्टी के भीतर वामपंथी रुझान के तौर पर चिह्नित नेताओं ने इसकी आलोचना की। इनके नेता बुखारिन जर्मनी के ख़िलाफ़ क्रांतिकारी युद्ध के पक्ष में थे। वामपंथी बोल्शेविक यहीं नहीं

रुके, उन्होंने पार्टी द्वारा लिए जाने वाले फ़ैसलों के अतिकेंद्रीकरण, पूँजीवादी वर्ग के विशेषज्ञों की अहम पदों पर नियुक्तियों और मज़दूरों की चुनी हुई परिषदों की जगह फ़ैक्ट्रियों में एक मैनेजर के नेतृत्व में उत्पादन का नियोजन करने की नीतियों को भी आड़े हाथों लिया। दरअसल, इनमें से कई नीतियाँ तेज़ी से उत्पादन बढ़ा कर पूँजीवादी देशों के औद्योगिक विकास का स्तर छू लेने के आग्रह का परिणाम थीं। फ़रवरी क्रांति के बाद लिखी अपनी ही रचना *राज्य और क्रांति* में व्यक्त विचारों के विपरीत तत्कालीन परिस्थितियों में लेनिन का ज़ोर मज़दूरों के लोकतांत्रिक नियंत्रण पर न हो कर अनुशासन और केंद्रीकरण पर हो गया था।

एक तरफ़ बोल्शेविक पार्टी में ये बहसें थीं, दूसरी ओर वसंत ऋतु में गृह युद्ध फूट पड़ा जो 1921 तक चला। इस भीषण और रक्त-रंजित युद्ध में रूस के उद्योगीकृत शहर और वहाँ रहने वाले मज़दूरों ने पहलक़दमी लेकर लाल फ़ौज का साथ दिया जिसके सेनापति ट्रॉट्स्की थे। किसान जनता कभी तटस्थ रही तो कभी बोल्शेविकों के पक्ष में लड़ी। मेंशेविकों और सोशलिस्ट रेवोल्यूशनरी पार्टी (एसआर) से जुड़ी कई ताक़तों ने भी इस दौरान बोल्शेविकों की मदद की। विभिन्न राष्ट्रीयताओं ने भी मोटे तौर पर बोल्शेविकों का साथ दिया। किसान जनता और राष्ट्रीयताएँ ज़ारशाही की वापसी के बारे में कल्पना करने के लिए भी तैयार नहीं थीं। कुल मिला कर युद्ध बोल्शेविकों ने जीता, लेकिन इसके परिणामस्वरूप मज़दूरों का राज्य वैसा नहीं रह गया जिसकी कल्पना लेनिन *स्टेट ऐंड रेवोल्यूशन* में कर चुके थे। बजाय इसके कि रैडिकल डेमॉक्रैसी की रचना होती और मज़दूरों का राज्य अपनी स्थापना के क्षण से ही तिरोहित होने लगता, एक पार्टी की तानाशाही स्थापित हुई जिसके कारण राज्य का ढाँचा उत्तरोत्तर विशाल, सर्वव्यापी और नौकरशाहाना होता चला गया।

पार्टी के भीतर भी इन बातों को लेकर चिंता थी जिसकी अभिव्यक्ति का सिलसिला पार्टी के भीतर वामपंथी कहे जाने वाले धड़े के बोल्शेविकों की आलोचनाओं से जुड़ता था। बोल्शेविकों के भीतर इस बात को लेकर बेचैनी थी कि पार्टी अपने घोषित आदर्शों पर नहीं चल पा रही है। 1921 में ही लेनिन को अस्थाई रूप से नयी अर्थनीति (एनईपी) की शुरुआत करनी पड़ी जिसमें किसानों को बाज़ार में अपने उत्पाद का व्यापार करने की इजाज़त दी गयी। छोटे पैमाने के निज़ी उद्यमों को मान्यता मिली। परिणामस्वरूप मुद्रास्फीति घटायी जा सकी और रूबल को कुछ स्थिरता प्राप्त हुई। ऐसी बात नहीं कि एनईपी की आलोचना न हुई हो, पर आर्थिक संकट की मजबूरियों के कारण यह क़दम सभी रुझानों वाले बोल्शेविकों को अपने गले उतारना पड़ा। लेनिन का विचार था कि इस क़दम से आर्थिक संकट में राहत मिलेगी, और मज़दूरों और किसानों के बीच एक बार फिर से गठजोड़ की परिस्थितियाँ बनेंगी जिससे क्रमशः समाजवाद की तरफ़ बढ़ा जा सकेगा। इस क़दम का विरोधाभास अपने-आप में स्पष्ट था। एक तरफ़ तो एक पार्टी की तानाशाही मज़बूत की जा रही थी, और दूसरी तरफ़ अस्थाई तौर से ही सही आंशिक रूप से बाज़ार अर्थव्यवस्था की वापिसी हो रही थी। दरअसल, जिसे मज़दूरों का राज्य कहा जा रहा था वह संकटों से भी उबरना चाहता था और साथ ही अपने समाजवादी चरित्र की गारंटी भी करना चाहता था। इन्हीं दबावों के चलते गृह युद्ध के आख़िर में मेंशेविकों की पार्टी और सोशलिस्ट रेवोल्यूशनरी पार्टी की पार्टियाँ अंतिम रूप से प्रतिबंधित कर दी गयी थीं। अगले साल रूसी, उक्रैनियायी, बेलारूसी और काकेशियन गणराज्यों को मिला कर संयुक्त सोवियत समाजवादी गणराज्य का गठन घोषित किया गया (इसके बाद चालीस के दशक में विस्तार के ज़रिये इस गणराज्य में आरमीनिया, अजरबैजान, एस्तोनिया, जार्जिया, कज़ाकिस्तान, किर्गिस्तान, लातविया, लिथुआनिया, मोल्दावा, ताजिकिस्तान, तुर्कमेनिस्तान और उज़्बेकिस्तान भी जोड़ लिए गये)।

क्रांति के शुरुआती वर्षों में संकट-दर-संकट झेलते हुए, प्रयोगधर्मिता का सहारा लेते हुए और पार्टी के भीतर और बाहर चल रहे वैचारिक और रणनीतिक वाद-विवाद के बीच एक आदर्शवादी मोड़ भी आया। गृह युद्ध ख़त्म होने के फ़ौरन बाद बोल्शेविकों के नेतृत्व में बन रहे राज्य ने व्यापक सामाजिक और सांस्कृतिक स्वतंत्रता के दौर में प्रवेश किया। 1922 में सरकार ने एक बेहद उदार श्रम-संहिता पारित की। हड़तालें करने का अधिकार दिया गया। संस्कृति के क्षेत्र में प्रयोगधर्मिता को प्रोत्साहन मिला। राष्ट्रीयताओं ने सच्ची स्वायत्तता का स्वाद चखा। एंगेल्स की बतायी गयी हिदायतों पर चलते हुए परिवार की संस्था संवैधानिक रूप से मंसूख़ कर दी गयी। तकनीकी रूप से स्त्रियाँ पारम्परिक बंधनों से स्वतंत्र हो गयीं। लेकिन क्या रूस सामाजिक-आर्थिक तौर पर इस आदर्शवादी रैडिकल उछाल के लिए तैयार था? इस सवाल का जवाब जल्दी ही मिल गया। रूस में राजनीतिक परिवर्तन तो हो गया था, पर सामाजिक धरातल पर किसान जनता जीवन-शैली, परिवार की संस्था, लैंगिक संबंधों और आत्मगत आस्थाओं में किसी तरह का आमूलचूल परिवर्तन हज़म करने के लिए तैयार नहीं थी। नतीजतन पार्टी को रैडिकल लगने वाले कई क़दम वापिस लेने पड़े जिसके कारण आदर्शवादी उत्साह को ज़बरदस्त धक्का लगा। दरअसल, इस अवधि के बाद पार्टी ने लौट कर इस सामाजिक आदर्शवाद का दामन कभी नहीं थामा।

इतिहासकारों और सिद्धांतकारों में मतभेद है कि ऐसा क्यों हुआ। एक पक्ष की राय है कि परिस्थितियाँ कैसी भी

होतीं, लेनिन द्वारा प्रवर्तित बोल्शेविकवाद के भीतर 1903 से ही कुछ ऐसे पहलू मौजूद थे जिनके प्रभाव में क्रांति को लाज़मी तौर पर इसी दिशा में बढ़ना था। दूसरा पक्ष कहता है कि यह मजबूरी का सौदा था। अगर बाहरी ताक़तें हस्तक्षेप न करतीं, अगर रूस के बाद युरोपीय देशों में भी क्रांति हो जाती और अगर अन्य समाजवादी ताक़तें क्रांति के साथ सहयोग करतीं तो सम्भवत: गृह युद्ध ही नहीं होता, और अगर होता भी तो उसे बहुत कम समय में ही जीता जा सकता था।

**देखें** : अर्नेस्टो चे गुएवारा, आधार और अधिरचना, ऑस्कर रायज़ार्ड लांगे, आंगिक और पारम्परिक बुद्धिजीवी, एंतोनियो ग्राम्शी, कार्ल हाइनरिख़ मार्क्स-1 से 4 तक, क्रांति, क्रांति : मार्क्सवादी विमर्श, ग्योर्गी लूकाच, नयी सदी में मार्क्सवादी विमर्श-1 से 9 तक, निष्क्रिय क्रांति, पेटी बूर्ज़्वा, फ्रेड्रिख़ एंगेल्स, फ्रेंकफ़र्ट स्कूल, भारत में किसान संघर्ष-2 और 4, भारतीय कम्युनिस्ट पार्टी, भारतीय कम्युनिस्ट पार्टी (मार्क्सवादी), भाषा के मार्क्सवादी सिद्धांत, भ्रांत चेतना, बोल्शेविक क्रांति, फ्रांस्वा-चार्ल्स मारी फ़ूरिये, क्यूबा की क्रांति, फ्रेंज़ फ़ानो, हिंसा-1 और 2, मानवेंद्र नाथ राय, माओ त्से-तुंग, माओवाद और माओ विचार, मार्क्सवाद-1 से 5 तक, मार्क्सवादी इतिहास-लेखन, मार्क्सवादी समाजशास्त्र, मार्क्सवाद और पारिस्थितिकी, मार्क्सवादी अर्थशास्त्र, मिख़ाइल मिख़ाइलोविच बाख़्तिन, समाजवादी वसंत-1 से 4 तक, रॉबर्ट ओवेन, राज्य की मार्क्सवादी अवधारणा, रोज़ा लक्ज़ेमबर्ग, लेनिनवाद, लियोन ट्रॉट्स्की, लिबरेशन थियोलॅजी, सर्वहारा, संशोधनवाद, सांस्कृतिक क्रांति, सैं-सिमों, स्तालिन और स्तालिनवाद, सोवियत सिनेमा, वर्चस्व, व्लादिमिर इलीच लेनिन।

## संदर्भ


1. डेविड मेंडल (2009), 'वार कम्युनिज़म ऐंड द राइज़ ऑफ़ सोवियत यूनियन', इमैनुएल नैस (सम्पा.), द *इंटरनैशनल एनसाइक्लोपीडिया ऑफ़ रेवोल्यूशन ऐंड प्रोटेस्ट 1500 टू द प्रज़ेंट*, विली-ब्लैकवेल, ऑक्सफ़र्ड.
2. हरबर्ट मारक्यूज़े (1958), *सोवियत मार्क्सिज़म : अ क्रिटिकल एनालिसिस*, रॉटलेज ऐंड कीगन पॉल, लंदन.


**— अभय कुमार दुबे**

# सोवियत समाजवाद : उत्थान और पतन-2

(Soviet Socialism: Rise and Fall-2 )

1923 से ट्रॉट्स्की के नेतृत्व में पार्टी के भीतर नौकरशाहीकरण और हद दर्जे के केंद्रीकरण के ख़िलाफ़ मुहिम शुरू हुई। इस अभियान को स्वास्थ्य की दृष्टि से उत्तरोत्तर कमज़ोर होते जा रहे लेनिन की हमदर्दी प्राप्त थी। पार्टी के भीतर लोकतंत्र की मात्रा बढ़ाने और निरंकुशता की बढ़ती प्रवृत्तियों को संयमित करने के लिए लेनिन ने कुछ क़दमों का सुझाव दिया। लेनिन ने राष्ट्रीयताओं के साथ किये जाने वाले सुलूक के सवाल पर ही नहीं, बल्कि पार्टी-प्रशासन के संचालन में अपनाये जाने वाले रवैये के लिए स्तालिन की कड़ी आलोचना भी की, और एक समय उन्हें ज़िम्मेदारी के पदों से हटाने की बात भी कही। लेकिन उस समय तक पार्टी-प्रशासन पर स्तालिन और उनके सहयोगी छा चुके थे। लेनिन के सुझावों पर अमल की ख़ानापूरी भी की गयी, लेकिन वास्तव में कोई परिवर्तन नहीं हुआ। अगले साल लेनिन को दिल का दूसरा दौरा पड़ा जिसे वे नहीं झेल पाये। अब तक यह भी स्पष्ट हो चुका था कि युरोप में क्रांति की वे सम्भावनाएँ मर चुकी हैं जिनसे लेनिन समेत सभी बोल्शेविकों को बड़ी उम्मीद थी।

बोल्शेविकों का वामपंथी धड़ा शुरू से डर जता रहा था कि पार्टी की नीतियाँ पूँजीवाद की स्थापना की तरफ़ जा रही हैं। लेकिन किसानों से गठजोड़ बना कर समाजवाद की तरफ़ क्रमश: बढ़ने के बजाय स्तालिन के नेतृत्व में खेती के सामूहिकीकरण और बड़े पैमाने पर उद्योगीकरण का फ़ैसला किया गया। रूसी समाज को एक झटके में बदल डालने की इस भीषण परियोजना को स्वयं स्तालिन 'रेवोल्यूशन फ्रॉम एबव' की संज्ञा देते थे। ऊपर से लायी गयी इस क्रांति के पीछे एक देश में समाजवाद के निर्माण की स्तालिन द्वारा प्रवर्तित थीसिस थी जिसके साथ उस समय बुखारिन का भी समर्थन था। इस नीति का ट्रॉट्स्की ने विरोध किया, लेकिन पार्टी की भीतरी राजनीति में स्तालिन ने उन्हें आसानी से परास्त कर दिया। ट्रॉट्स्की लाल सेना के कमांडर के पद से हटाये गये, फिर उनका पार्टी से निष्कासन हुआ और आख़िर में उन्हें सोवियत राज्य के ख़िलाफ़ साज़िश करने के आरोप में देश-निकाला दे दिया गया।

स्तालिन ने खेती के सामूहिकीकरण और साथ-साथ उद्योगीकरण की नीति को लागू करने में आ सकने वाली बाधाओं को हटाने के लिए समाज में वर्ग-संघर्ष को तीखा करने की थीसिस भी दी। इससे उन्हें कुलकों (धनी

किसानों) का एक वर्ग के तौर पर सफ़ाया करने का तर्क मिल गया। तीस के दशक में स्तालिन ने ऐलान किया कि समाजवाद में संक्रमण करने के बावजूद सर्वहारा का राज्य तिरोहित नहीं होने दिया जाएगा, क्योंकि पूँजीवादी ताक़तों ने सोवियत संघ की घेराबंदी कर रखी है। इसका मुक़ाबला करने के लिए इस राज्य को और मज़बूत बनाना होगा। 1936-37 के दौरान अपने पार्टी के भीतर से अपने आलोचकों का पूरी तरह से सफ़ाया करते हुए स्तालिन ने घोषणा की कि समाजवाद की पूरी तरह से स्थापना हो चुकी है, और जितने भी शत्रुतापूर्ण अंतर्विरोध हैं उनका स्रोत रूस के बाहर है। 1941-45 के बीच स्तालिन ने नाज़ी हमले के ख़िलाफ़ लाल सेना का शानदार नेतृत्व किया और द्वितीय विश्व-युद्ध में धुरी राष्ट्रों की पराजय में प्रमुख भूमिका निभा कर सोवियत संघ को दुनिया की एक महाशक्ति बनने का रास्ता खोल दिया। युद्ध के बाद अमेरिका, सोवियत संघ और ब्रिटेन ने धुरी राष्ट्रों के समर्पण की शर्तें निर्धारित कीं। चूँकि ब्रिटेन का विश्व-युद्ध में पूरी तरह से दिवाला निकल चुका था, इसलिए व्यावहारिक रूप से केवल दो महाशक्तियाँ बचीं जिनमें अमेरिका ने पश्चिमी युरोप और सोवियत संघ ने पूर्वी युरोप की सुरक्षा का ज़िम्मा सँभाला। केवल टीटो के नेतृत्व में युगोस्लाविया सोवियत प्रभाव के बाहर रहा, बाक़ी पूर्वी युरोपीय देशों में सोवियत राज्य-व्यवस्था की प्रतिकृतियाँ स्थापित कर दी गयीं। इस घटनाक्रम के परिणामस्वरूप सोवियत ख़ेमे का उदय हुआ। 1949 में स्तालिन ने परमाणु विस्फ़ोट करके एटम बम बनाने की क्षमता प्राप्त कर ली जिससे उसके ऊपर महाशक्ति होने की मुहर लग गयी।

स्तालिन की मृत्यु के बाद पार्टी की बीसवीं कांग्रेस (1956) में उनके उत्तराधिकारी निकिता ख्रुश्चेव ने वर्ग-संघर्ष को तीखा करने की स्तालिन की थीसिस की कड़ी आलोचना की और 'महान नेता' की व्यक्ति-पूजा की प्रवृत्ति के ख़ात्मे का आह्वान किया। लेकिन ख्रुश्चेव ने एक पार्टी की तानाशाही में किसी क़िस्म का परिवर्तन नहीं किया। इस समय तक सोवियत संघ में एक सामाजिक-राजनीतिक तबक़े नोमेनक्लेतुरा के क़दम जम चुके थे। यह पार्टी के विशेष सुविधा-सम्पन्न अधिकारियों के गुट का नाम था जिनके पास राज्य के संसाधनों को अपनी मर्ज़ी से इस्तेमाल करने के अधिकार रहते थे। ख्रुश्चेव ने स्तालिनवाद को ख़त्म किया, पर उस तंत्र को नहीं जिसे स्तालिन ने क़ायम किया था।

1936 में पारित संविधान में सोवियत संघ को मज़दूरों और किसानों का राज्य घोषित किया था, लेकिन 1961 में ख्रुश्चेव ने जो दीर्घकालीन पार्टी कार्यक्रम पारित किया उसमें इसे समग्र जनता का राज्य घोषित कर दिया गया। ख्रुश्चेव के लिहाज़ से समाजवाद पूरी तरह से और अंतिम रूप से जीत चुका था, और साम्यवाद की तरफ़ क़दम बढ़ने लगे थे जिसकी प्राप्ति 1980 तक हो जानी थी। इस सूत्रीकरण का मतलब था कि सोवियत राज्य के पास केवल सीमाओं की रक्षा के अधिकार रह जाने चाहिए थे, उसके बाक़ी तंत्र को तिरोहित हो जाना चाहिए था और उसकी जगह समाज के संचालन में आम जनता की लोकप्रिय भागीदारी द्वारा ले ली जानी चाहिए थी।

1964 में ख्रुश्चेव के सत्ता से बेदख़ल होने के बाद लियोनिद ब्रेज़नेव के हाथों में पार्टी का नेतृत्व आया। दो साल बाद उन्होंने एक नया फ़िकरा इस्तेमाल किया जिसका मतलब था कि समाजवाद अपने विकसित चरण में है और यह दौर समाजवाद से साम्यवाद में जाने की संक्रमणकालीन अवस्था का है। स्तालिन से लेकर ब्रेज़नेव तक की इस यात्रा में सोवियत संघ के राजनीतिक प्रभुत्व को क्रमशः हंगरी, चेकोस्लोवाकिया और चीन की कम्युनिस्ट पार्टियों और नेताओं की तरफ़ से उल्लेखनीय चुनौतियाँ मिलीं। इमरे नागी ने हंगरी में और अलेक्सांदेर दुबचेक ने चेकोस्लोवाकिया में कम्युनिस्ट शासन के तहत खुले समाज और राजनीति के प्रयोग करने चाहे जिनका फ़ौज के ज़रिये क्रूर दमन किया गया। लेकिन समाजवाद के निर्माण के अलग मॉडल का दावा करने वाला चीन सोवियत ख़ेमे से बाहर था। उसकी क्रांति भी स्तालिन और कोमिंटर्न के निर्देशों का उल्लंघन करते हुए हुई थी।

एक महाशक्ति के रूप में सोवियत संघ के लक्ष्य और कार्यक्रम सत्तर के दशक में ही बहुत बड़े परिवर्तन के दौर से गुज़र चुके थे। चीन से संबंध ख़राब हो जाने के कारण भूमण्डलीय कम्युनिस्ट ब्लॉक बनाने का सपना टूट गया था। माओ और निक्सन के प्रयासों से बनी चीन-अमेरिकी धुरी की रोशनी में सोवियत नेतृत्व को लगा कि उसे अमेरिका के साथ तनाव-शैथिल्य (देताँ) की दिशा में बढ़ना चाहिए। 1972 में दोनों महाशक्तियों के बीच हथियारों की होड़ सीमित करने के लिए स्ट्रैट्जिक आर्म्स लिमिटेशन ट्रीटीज़ (साल्ट संधियाँ) हुईं। ब्रेज़नेव का विचार था कि इसका फ़ायदा उठा कर वे घरेलू मोर्चे पर आर्थिक और सामाजिक विकास को आगे बढ़ा पाएँगे जिससे सोवियत प्रणाली की वैधता में इज़ाफ़ा होगा और कमज़ोर अर्थव्यवस्था वाली महाशक्ति मज़बूत आर्थिकी वाली महाशक्ति में बदल पायेगी। लेकिन उन्हें नहीं पता था कि सत्तर और अस्सी के दशक सोवियत अस्तित्व के लिए बेहद संगीन साबित होने जा रहे हैं।

1975 से 1985 के दौरान अर्थव्यवस्था में एक ऐसी जड़ता आयी जिससे सोवियत संघ कभी नहीं उबर पाया। इसका ज़िम्मेदार पंचवर्षीय योजनाओं को माना गया। साठ और सत्तर के दशक में पूरी तरह से राज्य के निर्देशों पर चलने

वाली अर्थव्यवस्था असल में भारी पूँजी सघनता और ऊँची प्रौद्योगिकी वाली उस उत्पादकता को प्राप्त नहीं कर पायी जो अमेरिकी की सिलिकॉन वैली में विकसित हो रही थी। सोवियत संघ उद्योगीकरण की नयी मंज़िल से पीछे रह गया। पश्चिमी जगत और सोवियत संघ के बीच प्रौद्योगिकीय फ़ासला बढ़ता चला गया। इस दौरान उसे युरोपीय देशों, ख़ास कर पश्चिम जर्मनी से बड़े-बड़े ऋण लेने पड़े और प्राकृतिक संसाधनों का निर्यात बढ़ा कर बदले में अमेरिका से अनाज हासिल किया गया। अमेरिका और पश्चिम युरोप की निगाह सोवियत संघ के उस स्वर्ण-भण्डार पर थी जो स्तालिन के दौर में संचित किया गया था। उनकी तरफ़ से कम्युनिस्ट विरोधी भाषा का इस्तेमाल भी होता रहा, साथ में सोवियत संघ से वाणिज्यिक रिश्ते भी बने रहे। ब्रेज़नेव ने कुछ आर्थिक सुधार अवश्य किये और विदेश-व्यापार में भी बढ़ोतरी हुई लेकिन इतना काफ़ी नहीं था। नियोजन-तंत्र अर्थव्यवस्था की समस्याओं की शिनाख़्त करने और उत्पादकता बढ़ाने में नाकाम साबित हुआ। सोवियत नागरिकों का जीवन-स्तर पश्चिम के मुक़ाबले कहीं नहीं पहुँच पाया। 1980 तक केवल नौ फ़ीसदी नागरिकों के पास ही कारें थीं। कम्प्युटरीकरण का स्तर भी न के बराबर था।

**देखें :** अर्नेस्टो चे गुएवारा, आधार और अधिरचना, ऑस्कर रायज़ार्ड लांगे, आंगिक और पारम्परिक बुद्धिजीवी, एंतोनियो ग्राम्शी, कार्ल हाइनरिख़ मार्क्स-1 से 4 तक, क्रांति, क्रांति : मार्क्सवादी विमर्श, ग्योर्गी लूकाच, नयी सदी में मार्क्सवादी विमर्श-1 से 9 तक, निष्क्रिय क्रांति, पेटी बूर्ज्वा, फ्रेड्रिख़ एंगेल्स, फ्रेंकफ़र्ट स्कूल, भारत में किसान संघर्ष-2 और 4, भारतीय कम्युनिस्ट पार्टी, भारतीय कम्युनिस्ट पार्टी (मार्क्सवादी), भारतीय इतिहास लेखन, भाषा के मार्क्सवादी सिद्धांत, भ्रांत चेतना, बोल्शेविक क्रांति, फ्रांस्वा-चार्ल्स मारी फ़ूरिये, क्यूबा की क्रांति, फ्रेंज़ फ़ानो, हिंसा-1 और 2, मानवेंद्र नाथ राय, माओ त्से-तुंग, माओवाद और माओ विचार, मार्क्सवाद-1 से 5 तक, मार्क्सवादी इतिहास-लेखन, मार्क्सवादी समाजशास्त्र, मार्क्सवाद और पारिस्थितिकी, मार्क्सवादी अर्थशास्त्र, माइकिल बाख़्तिन, समाजवादी वसंत-1 से 4 तक, रॉबर्ट ओवेन, राज्य की मार्क्सवादी अवधारणा, रोज़ा लक्ज़ेमबर्ग, लेनिनवाद, लियोन ट्रॉट्स्की, लिबरेशन थियोलॉजी, सर्वहारा, संशोधनवाद, सांस्कृतिक क्रांति, सैं-सिमों, स्तालिन और स्तालिनवाद, सोवियत सिनेमा, वर्चस्व, व्लादिमिर इलीच लेनिन।

## संदर्भ

1. ई.एच. कार (2004), द *रशियन रेवोल्यूशन : फ्रॉम लेनिन टू स्तालिन (1917-1929)*, पालग्रेव, न्यूयॉर्क.
2. एम. लेविन (1975), *लेनिन्ज़ लास्ट स्ट्रगल*, प्लूटो प्रेस, लंदन.
3. एम. लीबमैन (1980), *लेनिनिज़्म अंडर लेनिन*, मरलिन प्रेस, लंदन.

**— अभय कुमार दुबे**

# सोवियत समाजवाद : उत्थान और पतन-3

(Soviet Socialism-3 )

सोवियत विखण्डन का अध्ययन करने वालों में उसके कारणों पर मतभेद हैं। उनकी राय मुख्यतः दो भागों में बँटी हुई है। एक पक्ष कहता है कि रोनाल्ड रेगन की आक्रामक नीतियों से होड़ करने के चक्कर में सोवियत संघ आर्थिक रूप से दिवालिया होता चला गया। रेगन ने न केवल सोवियत संघ को 'शैतानी साम्राज्य' क़रार दे कर नैतिक रूप से आड़े हाथों लिया, बल्कि उसे अपनी औक़ात से ज़्यादा प्रतिरक्षा-व्यय करने के लिए मजबूर किया। दूसरा पक्ष सोवियत संघ की नियोजित अर्थव्यस्था के अंतर्विरोधों को उसके विखण्डन का ज़िम्मेदार मानता है। पहला नज़रिया अगर अमेरिका-केंद्रित है, तो दूसरा पहले से मान कर चलता है कि ऐसा तो होना ही था क्योंकि सोवियत संघ आर्थिक रूप से एक नाकाम होती जा रही महाशक्ति थी।

दोनों नज़रियों में आंशिक से अधिक सच्चाई है। एक तरफ़ सोवियत संघ आर्थिक जड़ता और प्रौद्योगिकीय पिछड़ेपन से जूझ रहा था, दूसरी ओर महाशक्ति के दर्जे के अनुकूल प्रतिरक्षा उद्योग के इर्द-गिर्द बेहद ताक़तवर हित-समूह गोलबंद होते चले गये। तनाव-शैथिल्य की नीतियों के तहत सोवियत राजनेताओं, विशेषज्ञों, अधिकारियों, अकादमीशियनों और सोवियत प्रभु वर्ग के सदस्यों ने पश्चिम की यात्राएँ शुरू कीं। यही सब लोग मिल कर सोवियत-तंत्र का संचालन कर रहे थे। पश्चिम के सम्पर्क में आने के कारण इस तबक़े पर गहरे राजनीतिक-सांस्कृतिक प्रभाव पड़े। इनके साथ अगर कुछ और अहम पहलू जोड़ दिये जाएँ तो सोवियत विखण्डन की तस्वीर पूरी की जा सकती है। उत्तर-स्तालिन सोवियत नेतृत्व ने पंचवर्षीय योजनाओं के तहत किये गये ज़बरदस्त उद्योगीकरण और कृषि के सामूहिकीकरण का लाभ उठाते हुए कुछ ऐसी नीतियाँ अपनायीं जिनसे अर्थव्यवस्था की वृद्धि दर में इज़ाफ़ा हुआ और लोगों के जीवन-स्तर पर सकारात्मक असर पड़ा। परिणामस्वरूप सोवियत समाज में संरचनागत परिवर्तन की शुरुआत हुई। अस्सी के दशक तक शहरीकरण में सोवियत संघ दुनिया में केवल अमेरिका से ही पीछे रह गया। सोवियत आबादी उत्तरोत्तर शिक्षित होती चली गयी। कम्यून में जीवन गुज़ारने वालों की संख्या तेज़ी से घटी। शिक्षित होने के कारण विचारधारात्मक जकड़बंदी से बच निकलने वाले और घर-परिवार के निजी दायरे में व्यवस्था की आलोचना का जोखिम उठा सकने वाले मध्यवर्ग का बहुत तेज़ी से उभार हुआ। बुद्धिजीवी वर्ग से निकले

विशेषज्ञों की संख्या बढ़ती चली गयी। विश्व-युद्ध से पहले ऐसे विशेषज्ञ कोई बीस लाख हुआ करते थे जो अस्सी के दशक में तीन करोड़ हो गये। स्तालिन के उपरांत सोवियत राजतंत्र के भीतर ख़ुश्चेव ने जिस राजनीतिक-आर्थिक उदारीकरण की शुरुआत की थी, उसके गर्भ में पार्टी और राज्य के सर्वसत्तावादी दायरों से अलग एक नागर समाज भ्रूण रूप में पनपने लगा।

अस्सी के दशक में सोवियत संघ ने अफ़ग़ानिस्तान की लड़खड़ाती हुई कम्युनिस्ट हुकूमत को बचाने के लिए फ़ौजी हस्तक्षेप करने का फ़ैसला किया। लम्बे अफ़ग़ान-युद्ध में मिली विफलता का सोवियत फ़ौजों, केजीबी और राजनीतिक-तंत्र पर तक़रीबन वैसा ही नकारात्मक मनोवैज्ञानिक असर पड़ा जैसा साठ के दशक में वियतनाम-युद्ध का अमेरिका पर पड़ा था। इसी बीच पोलैण्ड में लेक वालेसा के नेतृत्व में मज़दूरों का सोलिडरिटी आंदोलन शुरू हो गया जो एक साथ पोलिश कम्युनिस्ट पार्टी की हुकूमत और सोवियत प्रभुत्व के लिए चुनौती था। अफ़ग़ान युद्ध के फँसाव और तेल की बढ़ी हुई क़ीमतों के कारण पहले से ही दबाब के शिकार सोवियत अर्थतंत्र को और गहरे संकट में फँस जाना पड़ा।

1982 में ब्रेज़नेव की मृत्यु के बाद यूरी आंद्रोपोव ने सत्ता सँभाली और घोषित किया कि विकसित समाजवाद का चरण ऐतिहासिक रूप से बहुत लम्बा चलेगा। दरअसल, यूरी आंद्रोपोव बहुत दिनों तक शासन नहीं कर पाये। 1984 की शुरुआत में ही उनका बीमारी से निधन हो गया। उनके उत्तराधिकारी बने कोंस्तांतिन चेरनेंको जिनका स्वास्थ्य पहले से ही ख़राब चल रहा था। मार्च, 1985 में वे भी नहीं रहे और उनकी जगह ली सोवियत पार्टी के पोलित ब्यूरो के सबसे युवा सदस्य मिख़ाइल गोर्बाचेव ने, जिन्हें आंद्रोपोव का प्रिय पात्र माना जाता था। गोर्बाचेव ने अर्थव्यवस्था की पुन: संरचना की योजना बनायी जिसे पेरेस्त्रोइका के नाम से जाना जाता है। आगे चल कर पेरेस्त्रोइका के दायरे में राजनीतिक प्रणाली और सामाजिक संबंधों में सुधार की परियोजना भी आ गयी। उनका दूसरा क़दम था ग्लैसनॉस्त यानी मीडिया पर लगे सरकारी नियंत्रणों को घटाना। इसी के साथ अधिकारी-तंत्र के अधिकारों में कटौती की गयी और जवाबदेही पर ज़ोर दिया गया। गोर्बाचेव ने एक पार्टी शासन में चुनाव के नाम पर होने वाले नाटक को ख़त्म करने का प्रस्ताव करते हुए सोवियतों और पार्टी संगठन में एक से ज़्यादा उम्मीदवारों वाले चुनाव गुप्त मतदान के आधार पर कराने का निश्चय किया। गोर्बाचेव ने पार्टी से स्वतंत्र नागरिक समूहों को बढ़ावा देने की वकालत भी की। आर्थिक पुनर्रचना की प्रक्रिया के दौरान 1988 में कुछ उद्योगों में निजी स्वामित्व की इजाज़त दी गयी। मुश्किल यह हुई कि इन क़दमों से भी अर्थव्यवस्था में कोई उछाल नहीं आ पाया। निजी उद्योग घाटे के शिकार हुए तो राज्य को उन्हें सबसिडी देनी पड़ी। कुल मिला कर इन सुधारों से हुकूमत की वैधता मज़बूत होने के बजाय कमज़ोर ही हुई। परिणामस्वरूप गोर्बाचेव को दोनों तरफ़ से विरोध का सामना करना पड़ा। पोलित ब्यूरो के पार्टी के द्वितीय सेक्रेटरी येगोर लिगाचेव ने लोकतंत्रीकरण की आलोचना की, और दूसरी तरफ़ मास्को के पार्टी मुखिया बोरिस येल्तसिन ने यह शिकायत करते हुए अपने पद से इस्तीफ़ा दे दिया कि सुधारों की गति बहुत धीमी है।

अपने विरोधियों से संघर्ष के बाद जब गोर्बाचेव ने लोकतंत्रीकरण की प्रक्रिया को ज़मीन पर उतारा तो 1989 में यह देख कर सभी स्तब्ध रह गये कि जनता के प्रतिनिधियों की कांग्रेस के लिए हुए चुनावों में 35 पार्टी सचिव और दो सौ उच्चपदस्थ कम्युनिस्ट अधिकारी चुनाव हार गये। एक आकलन के अनुसार गोर्बाचेव को मालूम था कि जैसे ही ज़बरन थोपे गये नेतृत्व को जनता की अदालत में उतारा जाएगा, ज़्यादातर नेता धराशाई हो जाएँगे। ख़ुद येल्तसिन ने मास्को में कम्युनिस्ट पार्टी के उम्मीदवार के मुक़ाबले 89 फ़ीसदी वोट हासिल किये। लेकिन अंतत: इसका असर यह भी पड़ा कि पेरेस्त्रोइका और ग्लैसनॉस्त ने पार्टी की वैधता बढ़ाने के बजाय उस पर सवालिया निशान लगा दिया। इन चुनावों के ज़रिये न केवल रूस में बल्कि अन्य सोवियत गणराज्यों में एक अलग तरह का राजनीतिक तबक़ा उभरा। इसकी राजनीतिक महत्त्वाकांक्षाएँ समाजवाद की स्थापना से भिन्न थीं। इसने अलोकप्रिय और कमज़ोर होते हुए कम्युनिस्ट पार्टी के शासन के मुक़ाबले राष्ट्रवादी भावनाओं को हवा दी।

सोवियत संघ में हुए राजनीतिक और आर्थिक सुधारों ने पूर्वी युरोप के उन देशों को भी स्पर्श किया जिनमें एक पार्टी की हुकूमतें थीं। 1988 में ही गोर्बाचेव ने पोलैण्ड का दौरा करते हुए स्पष्ट कर दिया कि वे कम्युनिस्ट शासन क़ायम रखने के लिए फ़ौजी हस्तक्षेप के ख़िलाफ़ हैं। उसी साल संयुक्त राष्ट्र में भाषण देते हुए गोर्बाचेव ने पूर्वी युरोप से दसियों हज़ार सोवियत फ़ौजी और टैंक आदि हटाने का एलान किया। इन नीतियों के जो नतीजे निकले उनकी किसी को उम्मीद नहीं थी। पोलैण्ड में स्वतंत्र ट्रेड यूनियन सोलिडरिटी ने चुनाव में खड़े होने की इजाज़त मिलते ही कम्युनिस्टों को बुरी तरह से हरा दिया। उधर जर्मनी के पूर्वी और पश्चिमी भागों को बाँटने वाली दीवार जनता ने ढहा दी। हंगरी, चेकोस्लोवाकिया और रोमानिया में भी कम्युनिस्ट शासनों को पलट दिया गया।

पूर्वी युरोप के हाथ से निकल जाने के बावजूद सोवियत संघ फ़ौजी लिहाज़ से एक बेहद ताक़तवर देश था। अपनी कम्युनिस्ट विरोधी लफ़्फ़ाजी के बावजूद रेगन के गोर्बाचेव से संबंध बहुत मधुर थे। उनके उत्तराधिकारी जॉर्ज

बुश भी सोवियत संघ को एकीकृत देखने के इच्छुक थे, क्योंकि उन्हें लगता था कि सोवियत संघ का अचानक विखण्डन दुनिया के लिए अनपेक्षित सुरक्षा संबंधी मुश्किलों में फँसा सकता है। इसलिए अमेरिका और युरोपीय ताक़तों ने सोवियत गणराज्यों में खदबदा रहे असंतोष को हवा देने की कोशिश नहीं की। 1988 के बाद से ही बाल्टिक गणराज्यों (जिन्हें चालीस के दशक में ज़बरन सोवियत संघ में मिलाया गया था) में कम्युनिस्ट पार्टी के केंद्रीय शासन के ख़िलाफ़ पृथक होने के रुझान दिखने लगे थे। जल्दी ही विकेंद्रीकरण की प्रवृत्तियाँ उन गणराज्यों में दिखने लगीं जो पुराने रूसी साम्राज्य के हिस्से भी रह चुके थे। 1990 में कई गणराज्यों ने ख़ुद को सम्प्रभु घोषित कर दिया। उनके क़ानून को सोवियत क़ानून पर तरजीह मिलने लगी। उन्होंने सोवियत सरकारों को टैक्स देना बंद कर दिया।

पूर्वी युरोप की घोषणा के तर्ज़ पर गोर्बाचेव पहले ही कह चुके थे कि वे गणराज्यों का फ़ौजी दमन नहीं करेंगे। उन्होंने प्रस्ताव किया कि एक विकेंद्रीकृत सोवियत संघ की रचना की जाए जिसमें गणराज्यों को अधिक से अधिक स्वायत्तता और अधिकार हों। इस पर जनमत-संग्रह हुआ जिसमें मतदाताओं से पूछा गया सवाल इस तरह था : *क्या आप सोवियत समाजवादी गणराज्यों के संघ को समान अधिकार वाले सम्प्रभु गणराज्यों के नवीकृत महासंघ के रूप में क़ायम रखना चाहेंगे जिसमें किसी भी राष्ट्रीयता के प्रत्येक व्यक्ति के अधिकार और स्वतंत्रता की गारंटी हो।* 1991 के मार्च में पड़े इस वोट से साफ़ हो गया कि रूस, उक्रैन, बेलारूस, अज़रबैजान, ताजिकिस्तान, तुर्कमेनिस्तान, कज़ाकिस्तान और किर्गिजस्तान के सत्तर फ़ीसदी मतदाता सोवियत संघ को बनाये रखने के पक्षधर हैं। आरमीनिया, जार्जिया, मोल्दाविया और बाल्टिक गणराज्यों ने इस जनमत-संग्रह में हिस्सा नहीं लिया। अगस्त तक नौ में से आठ गणराज्यों ने नयी संघीय संधि पर दस्तख़त भी कर दिये। जून में एक दूसरा जनमत-संग्रह कराया गया जिसका मक़सद रूस में राष्ट्रपति शासन क़ायम करना था। यह भी ज़बरदस्त रूप से कामयाब रहा और बोरिस येल्तसिन रूस के पहले राष्ट्रपति चुने गये।

आठ गणराज्यों के दस्तख़त हो जाने और पार्टी की केंद्रीय कमेटी द्वारा सिद्धांततः मंज़ूर कर लिए जाने के बावजूद कम्युनिस्ट पार्टी के भीतर कट्टरपंथी नेताओं का मानना था कि गोर्बाचेव के इन क़दमों से सोवियत संघ का वजूद ख़तरे में पड़ता जा रहा है। इसलिए प्रधानमंत्री, उपराष्ट्रपति, रक्षा मंत्री, आंतरिक सुरक्षा मंत्री, केजीबी के मुखिया और पीज़ेंट यूनियन के अध्यक्ष ने गोर्बाचेव के ख़िलाफ़ बग़ावत कर दी। 18 अगस्त को वे क्रीमिया स्थित गोर्बाचेव के ग्रीष्मकालीन आवास (डाचा) में गये और उन पर इमरजेंसी घोषित करने का दबाव डाला। गोर्बाचेव के मना करने पर उन्हें उनके घर में बंदी बना लिया गया और मास्को की सड़कों पर फ़ौजी उतार दिये गये। लोगों से कहा गया कि गोर्बाचेव बीमार हो गये हैं। लेकिन इस फ़ौजी ऑपरेशन के मुखिया पावेल ग्राचेव ने गोर्बाचेव और येल्तसिन का साथ देने का फ़ैसला किया। राजधानी में आम लोग फ़ौजों के ख़िलाफ़ सड़कों पर निकल आये। मौक़ा देख कर येल्तसिन ने राष्ट्रपति भवन के सामने हज़ारों लोगों की गोलबंदी की और एक टैंक पर चढ़ कर उन्हें सम्बोधित किया। जनता का मूड देख कर सैनिकों ने उस पर फ़ायरिंग करने से इनकार कर दिया। दो दिन के भीतर ही बाग़ी कम्युनिस्ट नेताओं को पीछे हटना पड़ा। येल्तसिन का दावा था कि इस बग़ावत की ज़िम्मेदार कम्युनिस्ट पार्टी है। जब गोर्बाचेव मास्को लौटे, उस समय तक उनकी साख गिर चुकी थी, और येल्तसिन को नायक का प्रभामण्डल मिल चुका था। येल्तसिन के दबाव में उन्हें कम्युनिस्ट पार्टी भंग कर देनी पड़ी। गोर्बाचेव ने पार्टी के मुखिया के तौर पर इस्तीफ़ा दे दिया और सोवियत संघ के राष्ट्रपति बने रहे। येल्तसिन ने पूरे रूसी गणराज्य में पार्टी को प्रतिबंधित कर दिया। उनके सामने दो विकल्प थे। या तो जनमत-संग्रह के परिणामों के मुताबिक़ महासंघनुमा सोवियत संघ बनाने की प्रक्रिया को आगे बढ़ाएँ, या सोवियत संघ को पूरी तरह से समाप्त कर दें। येल्तसिन ने दूसरा विकल्प अपनाया। उन्होंने उक्रैन और बेलारूस के साथ मिल कर सोवियत संघ को विखण्डित घोषित कर दिया। इसके लिए न तो किसी से राय ली गयी, न ही कोई जनमत-संग्रह कराया गया। बचे हुए गणराज्यों को सुरक्षा और आर्थिक सहयोग के मक़सद से स्वतंत्र राज्यों का एक राष्ट्रमण्डल गठित करना पड़ा। 25 दिसम्बर को गोर्बाचेव ने इस्तीफ़ा दिया और 31 दिसम्बर की आधी रात को सोवियत संघ का वजूद ख़त्म हो गया।

गोर्बाचेव ने 1991 तक शासन किया और इन छह वर्षों में उनके द्वारा अपनायी गयी नीतियों और ली गयी पहलक़दमियों के कारण 74 साल पहले स्थापित और 'विकसित समाजवाद की दीर्घकालीन ऐतिहासिक अवस्था' से गुज़रने का दावा करने वाले सोवियत संघ का विखण्डन हो गया। अमेरिका के साथ जिस राज्य ने अपने प्रभुत्व के लिए सारी दुनिया की बंदरबाँट कर रखी थी, वह एक झटके में ढह गया। जिस तरह बोल्शेविक क्रांति धरती हिला देने वाली घटना थी, उसी तरह उसके कारण अस्तित्व में आये राज्य के ख़ात्मे से भी सभी लोग स्तब्ध रह गये। मार्क्सवादी हों या मार्क्सवाद विरोधी, सोवियत संघ को विश्व-क्रांति का केंद्र मानने वाले हों या उसके समाजवाद को विकृत क़रार देने वाले हों, किसी को यह अंदेशा नहीं था।

सवाल यह है कि क्या सोवियत संघ का विखण्डन एक व्यावहारिक आवश्यकता थी या उसके ज़रिये

लोकतंत्रीकरण का लक्ष्य हासिल किया गया? विडम्बना यह रही कि जिस समय गोर्बाचेव सोवियत संघ का संरचनात्मक चरित्र बदलने के सवाल पर गणराज्यों के बीच ज़बरदस्त बहुमत (सत्तर से नब्बे फ़ीसदी के बीच) प्राप्त कर चुके थे, इतिहास की साज़िश ने निहायत अलोकतांत्रिक तरीक़े से यह मौक़ा उनके हाथ से छीन लिया। सोवियत संघ के घटक गणराज्य कम्युनिस्ट पार्टी के केंद्रीय शासन को समाप्त करना चाहते थे, न कि सोवियत संघ को।

**देखें :** अर्नेस्टो चे गुएवारा, आधार और अधिरचना, ऑस्कर रायज़ार्ड लांगे, आंगिक और पारम्परिक बुद्धिजीवी, एंतोनियो ग्राम्शी, कार्ल हाइनरिख़ मार्क्स-1 से 4 तक, क्रांति, क्रांति : मार्क्सवादी विमर्श, ग्योर्गी लूकाच, नयी सदी में मार्क्सवादी विमर्श-1 से 9 तक, निष्क्रिय क्रांति, पेटी बूर्ज्वा, फ्रेड्रिख़ एंगेल्स, फ्रेंकफ़र्ट स्कूल, भारत में किसान संघर्ष-2 और 4, भारतीय कम्युनिस्ट पार्टी, भारतीय कम्युनिस्ट पार्टी (मार्क्सवादी), भारतीय इतिहास लेखन, भाषा के मार्क्सवादी सिद्धांत, भ्रांत चेतना, बोल्शेविक क्रांति, फ्रांस्वा-चार्ल्स मारी फ़ूरिये, क्यूबा की क्रांति, फ्रेंज़ फ़ानो, हिंसा-1 और 2, मानवेंद्र नाथ राय, माओ त्से-तुंग, माओवाद और माओ विचार, मार्क्सवाद-1 से 5 तक, मार्क्सवादी इतिहास-लेखन, मार्क्सवादी समाजशास्त्र, मार्क्सवाद और पारिस्थितिकी, मार्क्सवादी अर्थशास्त्र, माइकिल बाख़्तिन, समाजवादी वसंत-1 से 4 तक, रॉबर्ट ओवेन, राज्य की मार्क्सवादी अवधारणा, रोज़ा लक्ज़ेमबर्ग, लेनिनवाद, लियोन ट्रॉट्स्की, लिबरेशन थियोलॉजी, सर्वहारा, संशोधनवाद, सांस्कृतिक क्रांति, सैं-सिमों, स्तालिन और स्तालिनवाद, सोवियत सिनेमा, वर्चस्व, व्लादिमिर इलीच लेनिन।

### संदर्भ


1. ए.बी. इवांस (1977), 'डिवेलप्ड सोशलिज़म इन सोवियत आइडियोलॅजी', *सोवियत स्टडीज़,* 29.
2. आर. कैनेट (1968-69), 'द राइज़ ऐंड फ़ाल ऑफ़ आल पीपुल्स स्टेट', *सोवियत स्टडीज़,* 20.
3. ए. ब्राउन और एल. शव्त्सोवा (2001), *गोर्बाचेव, येल्तसिन, ऐंड पुतिन : पॉलिटिकल लीडरशिप इन ट्रांज़ीशन,* ब्रुकिंग इंस्टीट्यूट, वाशिंगटन, डीसी.
4. वी. ब्यूंस, (1993) 'डोमेस्टिक रिफ़ॉर्म ऐंड इंटरनैशनल चेंज : द गोर्बाचेव रिफ़ॉर्म्स इन हिस्टोरिकल पर्सपेक्टिव, *इंटरनैशनल ऑर्गनाइज़ेशन,* 47.


**— अभय कुमार दुबे**

# सोशल नेटवर्क विश्लेषण

(Social Network Analysis)

नब्बे के दशक के मध्य में जिस समय मैनुएल कैसेल्स 'नेटवर्क सोसाइटी' के सिद्धांत का प्रतिपादन कर रहे थे, तक़रीबन उसी दौरान बैरी वेलमैन और जॉन स्कॉट ने सूचना संचार की प्रौद्योगिकियों के संदर्भ में 'सोशल नेटवर्क एनालिसिस' की नये सिरे से स्थापना की। हालाँकि सोशल नेटवर्क विश्लेषण आधुनिक समाजशास्त्र की प्रमुख तकनीक के रूप में बहुत पहले से प्रतिष्ठा प्राप्त कर चुका था, लेकिन नये मीडिया की प्रौद्योगिकियों के कारण इसे अधिक ठोस आनुभविक आधार मिला। वेलमैन ने दावा किया कि नेटवर्क एनालिसिस केवल एक पद्धति या रूपक ही नहीं है, बल्कि उसे सामाजिक संरचनाओं के अध्ययन के एक बुनियादी बौद्धिक औज़ार की तरह ग्रहण किया जाना चाहिए। सतही तौर पर नेटवर्क सोसाइटी के सिद्धांत और सोशल नेटवर्क विश्लेषण के बीच समानताएँ दिखती हैं, पर दोनों के बीच बुनियादी अंतर यह है कि कैसेल्स की तर्ज़ पर अपने-आप में सम्पूर्ण एक नेटवर्क के दायरे के भीतर ही विश्लेषण तक सीमित रहने के बजाय यह सिद्धांत संबंधों को सामाजिक संरचना की प्राथमिक इकाई मान कर चलता है।

सोशल नेटवर्क व्यक्तियों, कॉरपोरेशनों, समूहों, घर-परिवारों, राष्ट्र-राज्यों या ऐसी ही सामूहिकताओं से मिल कर बनी सामाजिक संरचना है। इसके सदस्यों को नोड्स की संज्ञा दी जाती है। सोशल नेटवर्क के लिए ज़रूरी है कि ये नोड्स एक-दूसरे से तरह-तरह की परस्पर-निर्भरताओं के बंधन (टाइज़) में बँधे हुए हों। यह बंधन मित्रता, नातेदारी, समान हित, वित्तीय विनिमय, पसंद-नापसंद और यौन-संबंधों का हो सकता है। यह बंधन आस्था आधारित, ज्ञान आधारित और प्रतिष्ठा आधारित रिश्तों का भी हो सकता है। दरअसल, नोड्स के बीच अनगिनत क़िस्म के संबंध सम्भव हैं। सोशल नेटवर्कों के विश्लेषण के ज़रिये पता चला है कि ये नेटवर्क कई स्तरों पर काम करते हैं। परिवार से लेकर राष्ट्र के स्तर पर कार्यरत रहने वाले इन नेटवर्कों की गतिविधियाँ समस्याओं के निबटारे में अहम भूमिका निभाती हैं। संगठनों के संचालन में उनका उल्लेखनीय हाथ होता है। ये नेटवर्क व्यक्तियों की मदद करते हैं ताकि उन्हें अपने मक़सद हासिल करने में सफलता मिल सके। उनके ज़रिये उस सामाजिक पूँजी का आकलन भी किया जा सकता है जो व्यक्ति को नेटवर्क के माध्यम से नसीब होती है।

सोशल नेटवर्क विश्लेषण समाज या समूह को अपना प्रस्थान-बिंदु न बना कर नोड्स के बीच रिश्तों की सघनता

या बनावट में दिलचस्पी रखता है। विश्लेषण की तकनीकों से इन संबंध-सूत्रों की तथ्यात्मक और गणितीय थाह ली जा सकती है। लेकिन यह एनालिसिस मात्रात्मक अनुसंधान की तकनीक भर नहीं है, क्योंकि यह नोड्स के बीच रिश्तों की क्वालिटी का पता लगाने पर काफ़ी ज़ोर देता है।

एक संचार माध्यम के रूप में इंटरनेट के बढ़ते हुए चलन के कारण अब सोशल नेटवर्कों से संबंधित तथ्य और सामग्री पहले से कहीं ज़्यादा जमा की जा सकती है। इसके अलावा कम्प्यूटरों की अभूतपूर्व प्रोसेसिंग पॉवर का लाभ उठा कर विभिन्न सामाजिक और व्यक्तिगत संबंधों के गुणवत्तामूलक, संबंधमूलक और वैचारिक पहलुओं का विश्लेषण किया जा सकता है। इसे सुलभ करने के लिए कई तरह के सॉफ़्टवेयर विकसित हो गये हैं। दैनंदिन जीवन में इंटरनेट के प्रयोग ने व्यक्ति व व्यक्ति के बीच और व्यक्ति व संगठन के बीच संबंधों को संसाधित करना शुरू कर दिया है। वेलमैन का विचार है कि जो रिश्ता 'ऑन-लाइन' बना है, वह 'ऑफ़-लाइन' यानी वास्तविक संसार से कटा हुआ नहीं होता। दरअसल, कम्प्यूटर जिन संबंधों के बीच मध्यस्थता करता है वे बिल्कुल अलग तरह के हवाई या निराकार संबंध न हो कर रोज़ाना की ज़िंदगी में बनने वाले ठोस संबंधों का ही हिस्सा होते हैं। फ़र्क़ यह पड़ा है कि संबंधों की ऑन-लाइन क़िस्म के प्रसार से पहले सामाजिक संबंध सुरक्षा और नियंत्रण के बंधनों के दबाव में अपनी शक्ल-सूरत ग्रहण करते थे। नेटवर्क सोसाइटी के तहत बनने और पनपने वाले संबंधों की सीमाएँ अधिक तरल होती हैं। कम्प्यूटर के ज़रिये होने वाली अन्योन्यक्रियाओं में अपेक्षाकृत अधिक विविधता होती है। इन संबंधों में ऊँच-नीच या किसी और कोटिक्रम की संरचना अधिक सपाट होती है। संबंधों के एक दूसरे से फँसाव की बुनावट बड़े-बड़े और दूर-दूर बुने गये फंदों जैसी होती है। लोगों के पास कई-कई दिन, हफ़्तों और महीनों तक नेटवर्क के सदस्यों के साथ बदल-बदल कर रिश्ते क़ायम करने का अवसर रहता है। ज़ाहिर है कि इन नये परिवर्तनों ने समुदाय की स्थापित परिभाषाओं को गहराई से प्रश्नांकित किया है।

कैसेल्स की मान्यता यह है कि नेटवर्क सोसाइटी के उदय ने मानवीय अस्तित्व के सामुदायिक रूपों को बदल डाला है। अब उन्हें मज़बूत सामाजिक बंधनों और शारीरिक निकटता की आवश्यकता नहीं रह गयी है। वे 'मी-सेंटर्ड' नेटवर्कों की सदस्यता ग्रहण करके अपने निजी हितों को उत्तरोत्तर साधते रह सकते हैं। इसके विपरीत वेलमैन की निगाह में समुदाय ही अपने आप में एक क़िस्म का नेटवर्क है। वेलमैन और उनके साथी विद्वानों (हेथॉर्नव्हाइट, बरकोविट्ज़ और स्कॉट) की दिलचस्पी नेटवर्क के नोड्स के बीच संबंधों की सघनता और गुणवत्ता में ज़्यादा है। सत्तर के दशक में किये गये अपने समुदाय संबंधी चिंतन को आधार बनाते हुए वेलमैन ने इन विचारों को इंटरनेट युग पर भी लागू किया है। वे इस धारणा के साथ शुरुआत करते हैं कि इंटरनेट के आगमन से पहले भी सामाजिक नियंत्रण के आधार पर कार्यरत समुदायों के परे व्यक्तिपरक, विखण्डित और निजी क़िस्म के समुदायों का अस्तित्व था। यह कहने के पीछे उनका उद्देश्य यह दिखाना है कि इंटरनेट के आगमन से समुदाय के अस्तित्व ने ढलान से उतरना शुरू नहीं कर दिया है। वे यह भी नहीं मानते कि इंटरनेट शारीरिक निकटता के आधार पर बने संबंधों को अनिवार्यतः कमज़ोर करता ही है। साथ ही वे इस आग्रह के समर्थक भी नहीं हैं कि वर्चुअल या निराकार समुदायों का सोशल नेटवर्किंग के दायरे से अलग करके अध्ययन किया जाना चाहिए। वर्चुअल कम्युनिटीज़ द्वारा दिक् और काल से परे जाने की दावेदारियों के बावजूद वेलमैन यह कहते हुए नज़र आते हैं कि व्यक्तियों के बीच अधिकतर सम्पर्क निजी धरातल और स्थानिकता के दायरों में ही हो रहा है।

इस तरह कहा जा सकता है कि सोशल नेटवर्क विश्लेषण नेटवर्क प्रोटोकॉल, हार्डवेयर और सूचना-प्रवाह पर बल देने के बजाय नये मीडिया के ज़रिये बनने वाले मानवीय रिश्तों पर ज़ोर देता है। जब कोई कम्प्यूटर नेटवर्क लोगों या संगठनों को आपस में जोड़ता है तो वह भले ही नये क़िस्म की कनेक्टिविटी हो, पर अंततः वह एक सोशल नेटवर्क ही है। परिणामस्वरूप सोशल नेटवर्क विश्लेषण के लिए नेटवर्क अपने-आप में एक सैद्धांतिक रूपक रहने के बजाय एक प्रतिनिधित्वमूलक औज़ार बन जाता है।

**देखें :** अभिलेखागार, आख्यान, इंटरएक्टिविटी-प्रौद्योगिकीय विमर्श, इंटरएक्टिविटी-सामाजिक विमर्श, इंटरफ़ेस, एक्टर-नेटवर्क थियरी, डिजिटल डिवायड, दिन-प्रति दिन के अभिलेखागार, नया मीडिया, नेटवर्क, नेटवर्क सोसाइटी, प्रेस की स्वतंत्रता, प्रोपेगंडा, बाज़ारू संस्कृति, भारत में संचार-क्रांति, भारतीय मीडिया-1, 2 और 3, भारतीय मीडिया स्फ़ेयर, मास मीडिया, मीडिया और राज्य, मीडिया और राजनीति, मीडिया और भारतीय राजनीति, मीडिया-पक्षपात, मीडिया-अध्ययन, संचार, संचार-क्रांति, स्मृति और अभिलेखागार, सूचना, सूचना-समाज, सेंसरशिप, वैकल्पिक मीडिया।

## संदर्भ

1. बैरी वेलमैन और एस. बरकोविट्ज़ (1988), *सोशल स्ट्रक्चर्स : अ नेटवर्क एप्रोच*, केम्ब्रिज युनिवर्सिटी प्रेस, केम्ब्रिज,
3. जे. स्कॉट (2000), *सोशल नेटवर्क एनालिसिस : अ हैंडबुक*, सेज, लंदन.

**— अभय कुमार दुबे**

# ह

## हज़रत मुहम्मद-1

इसलाम की स्थापना, प्रसार और पाँच उसूल

(Mohmmad-1)

इसलाम के संस्थापक मुहम्मद को मुहम्मद बिन अब्दुल्ला, पैग़म्बर मुहम्मद, मुहम्मद सल्लाहुआले हि वसल्लम (उन पर अल्लाह की ओर से शांति हो) और यहाँ तक कि एक ने 'झूठा पैग़म्बर' भी कहा हैं। यूँ तो मुहम्मद साहब पर अनगिनत जीवनियाँ, व्याख्याएँ, काव्यग्रंथ और यहाँ तक कि आधुनिक उपन्यास तक लिखे जा चुके हैं, लेकिन उनके व्यक्तित्व और सिद्धांतों का दार्शनिक और राजनीतिक मूल्यांकन अभी तक नहीं हुआ है। या तो मुहम्मद साहब का गरिमा-गान करने वाला इसलामी साहित्य है जिसमें तार्किकता के स्थान पर व्यक्ति-पूजा को प्राथमिकता दी जाती है, या फिर नीरस सेकुलरवादी ऐतिहासिक वर्णन है जिसमें मुहम्मद साहब इसलाम के जन्मदाता और ख़ुद को पैग़म्बर बताने वाले एक व्यक्तित्व के अलावा कुछ भी नहीं हैं। ये दोनों प्रवृत्तियाँ यह तो मानती हैं कि इसलाम के तेज़ गति से उत्थान और प्रसार के पीछे मुहम्मद साहब के व्यक्तित्व का प्रत्यक्ष योगदान था, लेकिन उनके इस योगदान के आलोचनात्मक तार्किक और सैद्धांतिक आधारों की समीक्षा करने से ये कतराती भी हैं। इसलामी लेखक 'हजूर की बेहुरमती' (मुहम्मद साहब को दक्षिण एशियाई और हिंदी/उर्दू बोलने वाले अनुयायी 'हजूर' भी कहते हैं। बेहुरमती का अर्थ है असम्मान) की जुर्रत नहीं कर सकते। वहीं आधुनिक और मूलतः पाश्चिमी लेखकों का वर्णनात्मक इतिहासबोध और विशेषकर उनका प्राच्यवाद उन्हें इजाज़त नहीं देता कि वे मुहम्मद साहब में दर्शन के तत्त्व तलाशें।

सारी दुनिया के मुसलमानों के लिए पैग़म्बर की हस्ती रखने वाले हज़रत मुहम्मद का जन्म अरब के एक व्यावसायिक केंद्र मक्का में सन् 570 में हुआ था। उस समय तक मक्का एक धार्मिक केंद्र के तौर पर स्थापित हो चुका था। उस ज़माने में ईसाई और यहूदी मत पूरे अरब में फैल चुका था, पर मक्का में प्राचीन इस्माइली मज़हब मानने वाले क़बीलों का प्रभाव था। व्यावसायिक केंद्र होने के कारण मक्का में पूरे अरब और मध्य एशिया के व्यापारी आते रहते थे। इस धार्मिक और राजनीतिक पृष्ठभूमि की एक विशेषता यह भी थी कि यहाँ किसी भी तरह की केंद्रीय सत्ता का अभाव था। न तो धार्मिक तौर पर लोग किसी एक ईश्वर को मानते थे और न ही उनमें राजनीतिक तौर पर किसी बड़ी इकाई के गठन की प्रवृत्ति थी। सबका अपना-अपना धर्म था, देवी-देवता थे। क़बीले थे, और उनके बीच हमेशा संघर्ष चलता रहता था।

मुहम्मद साहब के क़बीले का नाम क़ुरैश था जिसकी गिनती अरब के चुनिंदा क़बीलों में होती थी। मुहम्मद साहब के माता-पिता का देहांत उनके बचपन में ही हो गया था। इसलिए उनके दादा और बाद में उनके चाचा अबु तालिब ने उनकी परवरिश की। 25 वर्ष की उम्र तक मुहम्मद अपने क़बीले की परम्परा के अनुसार ख़रीद-फरोख़्त का काम करने लगे। इसी दौरान क़बीलाई समाज में उनकी ईमानदारी और सच्चाई की धाक जमी। उसी समय अरब की एक विधवा ख़दीजा ने उनकी निष्ठा से प्रभावित हो कर विवाह का प्रस्ताव किया जिसे मुहम्मद ने स्वीकार कर लिया। इस तरह उनका पहला विवाह चालीस साल की एक विधवा महिला से हुआ।

सन् 610-11 में जब मुहम्मद साहब की उम्र चालीस की थी, उनहोंने दावा किया कि अरबों में प्रचलित मूर्ति-पूजा और बहुदेववाद वास्तविक धर्म नहीं है। इस दुनिया को केवल

एक ही शक्ति ने बनाया है जिसका नाम 'अल्लाह' है। अल्लाह न मर्द है, न औरत, वह न मरता है, न ज़िंदा होता है। उसी ने आदम, नूर, मूसा और ईसा को पैग़म्बर बना कर दुनिया में भेजा है। मुहम्मद ने यह भी दावा किया कि इस शृंखला के अंतिम पैग़म्बर या नबी वे ख़ुद हैं और उनके बाद कोई पैग़म्बर इस दुनिया में नहीं आयेगा। इस तरह पहला कलिमा 'ला इल्लाहा इल्लाह, मुहम्मद रसूल्लाह' इसलाम नामक इस नये धर्म का मूलाधार बना। इसका मतलब था : सिर्फ़ अल्लाह के अलावा कोई और ख़ुदा नहीं है, और मुहम्मद ही अल्लाह के रसूल (नबी) हैं)।

यह नया मज़हब मूलतः एक सामाजिक आंदोलन था जो ग़ुलामों को बराबरी का दर्जा दिये जाने, औरतों को पुरुषों के बराबर मानने, अमीरों और ग़रीबों के बीच आर्थिक बराबरी स्थापित करने और एक समन्वयकारी लोकतांत्रिक राजसत्ता के निर्माण के लिए संघर्षरत था। यही कारण था कि तत्कालीन अरब के सबसे कमज़ोर और पिछड़े हुए लोगों ने मुहम्मद के इस नये मज़हब को स्वीकार किया। लेकिन यह सामाजिक आंदोलन तत्कालीन राजनीतिक व्यवस्था के लिए एक चुनौती भी था। अरबों की अत्यंत प्राचीन मान्यताएँ और उनकी राजनीतिक-आर्थिक शक्ति को तोड़ कर एक नया समतामूलक समाज बनाने की यह एक धार्मिक मुहिम थी। परिणामस्वरूप मुहम्मद और उनके मानने वालों का बहिष्कार और दमन प्रारम्भ हुआ। यह दमन इस हद तक पहुँच गया कि कई बार मुहम्मद की जान लेने की कोशिशें भी हुईं।

बहरहाल इन दिक़्क़तों के बावजूद एक नये विचार के तौर पर इसलाम का प्रसार तेज़ी से होने लगा, विशेषकर मक्का के बाहर। यहाँ तक कि इथोपिया के ईसाई शासक ने मुहम्मद के अनुयायियों को अपने राज्य में सुरक्षित रहने की अनुमति भी दे दी। लेकिन मुहम्मद द्वारा इसलाम के खुले-आम प्रचार करने के बाद मक़्क़ा में स्थिति बेहद ख़राब हो गयी। इस परिस्थिति में पड़ोसी शहर यथरिब के कुछ लोगों ने मुहम्मद से मक्का छोड़कर उनके नगर आने की पेशकश की। उनका मक़सद यथरिब के क़बीलों और अन्य धर्मावलम्बियों के बीच सौहार्द क़ायम कर एक शांतिपूर्ण नगर-राज्य बनाने का था। मुहम्मद का मज़हब इसलाम इस संदर्भ में एक आदर्श वैचारिक पृष्ठभूमि प्रदान कर सकता था।

इन्हीं राजनीतिक-धार्मिक कारणों ने मुहम्मद साहब की ज़िंदगी को सन् 612 में नया मोड़ दिया। मुहम्मद और उनके अनुयाइयियों ने मक्का से यथरिब यानी मदीना की ओर कूच कर दिया। इस यात्रा को हिज़रत कहा गया। मदीना पहुँचने के बाद मुहम्मद साहब ने एक नये क़िस्म की राजनीतिक सत्ता की स्थापना की। इस सत्ता का केंद्र कोई व्यक्ति न होकर अल्लाह नाम की एक सर्वव्यापी शक्ति थी। क्योंकि अल्लाह अमूर्त था, इसलिए उसे मानने वालों का समुदाय इस सत्ता का रक्षक बन गया। नबी का दर्जा इस सत्ता के रक्षकों और सत्ता के बीच समन्वय कराने का था। इसलिए मसजिद इस सत्ता का केंद्र बनी। दिलचस्प बात यह थी कि इस राजनीतिक बंदोबस्त में इसलाम न मानने वालों की धार्मिक-राजनीतिक स्वतंत्रताओं का भी ख़याल रखा गया। मदीना में मौजूद यहूदियों और ईसाइयों को अहले-किताब (पवित्र पुस्तक के अनुयायी) मान कर अपना अपना धर्म मानने की इजाज़त दे दी गयी।

मदीना के इस मॉडल की सफलता ने इसलाम के प्रसार में एक अत्यंत महत्त्वपूर्ण भूमिका निभायी। और शीघ्र ही (लगभग दस वर्षों में) इसलाम रोमन साम्राज्य की सीमाओं को छूने लगा। लेकिन इन सफलताओं ने मुहम्मद साहब की अपनी ज़िंदगी पर कोई प्रभाव नहीं डाला। मुहम्मद उसी तरह सादा ज़िंदगी जीते रहे। यहाँ तक कि उन्होंने अपने परिवार के लोगों को किसी भी प्रकार की अतिरिक्त आर्थिक मदद देने पर मनाही लगा दी। अलबत्ता एक कोष की स्थापना ज़रूर हुई जिसे 'बैतुल माल' कहा गया जो आगे चलकर इसलामी साम्राज्य का वित्त मंत्रालय बना।

मुहम्मद साहब का अगला लक्ष्य मक्का-विजय था। हिज़रत के कुछ वर्ष बाद मुसलमानों ने मक्का पर हमला करके उसे अपने क़ब्ज़े में कर लिया। यह विजय न केवल व्यावहारिक थी, बल्कि इसके कई प्रतीकात्मक पहलू भी थे। मक्का-विजय के बाद मक्का और मदीना दोनों ही इसलाम के केंद्र बन गये। काबा जो तब तक नमाज़ पढ़ने की दिशा तय करने का प्रतीक बन चुका था, विशुद्ध इस्लामिक इबादतगाह बन गया। मक्का-विजय के बाद मुहम्मद ने मक्का में भी मदीना वाली राज्य व्यवस्था स्थापित की। लेकिन वे स्वयं मदीना में ही रहे। मुहम्मद ने सन् 631 में अपना आख़िरी हज किया। इसकी दो विशेषताएँ थीं।

पहली विशेषता यह थी कि इस हज के दौरान मुहम्मद साहब ने इसलाम के सम्पूर्ण होने की घोषणा की। अपने इस क़ुतबे (सम्बोधन) में उन्होंने इसलाम के पाँच सिद्धांतों दिन में पाँच बार नमाज़, साल में एक माह के रोज़े, हर साल अपनी कमाई का चालीसवीं हिस्सा ज़कात (दान) में देना, क्षमता के अनुसार जीवन में कम से कम एक हज और इन सब व्यावहारिकताओं के साथ-साथ एकेश्वरवाद में विश्वास रखने का आह्वान शामिल था। चूँकि आगे कोई और नबी आने वाला नहीं था, इसलिए लोगों को बुराइयों से रोकने और अच्छाइयों की ओर ले जाने की ज़िम्मेदारी इसलाम पर यक़ीन रखने वालों की थी, इसलिए इसलाम का प्रचार-प्रसार मुसलमानों के लिए एक धार्मिक ज़िम्मेदारी बन गयी। इसके कई व्यापक राजनीतिक परिणाम हुए।

इस आख़िरी हज की दूसरी विशेषता थी इसका केंद्रीय संदेश। मुहम्मद साहब ने ग़ुलामों को आज़ाद करने, औरतों

को मर्दों के बराबर अधिकार देने, सांस्कृतिक असमानताओं का अंत करने और एक समतामूलक समाज बनाने की हिदायत दी। इस तरह सामाजिक न्याय की विशुद्ध इसलामी अवधारणा का जन्म हुआ जोकि इसलाम के प्रसार की मज़हबी मुहिम के साथ जुड़ गयी। सामाजिक न्याय की यही अपील तत्कालीन विश्व के सबसे कमज़ोर और पीड़ित समुदायों के लिए प्रेरणा का स्रोत बनी। इस प्रकार मुहम्मद साहब के आख़िरी हज के अंतिम क़ुतबे ने इसलाम की दो प्रवृतियों, धर्म प्रसार और सामाजिक बराबरी की नींव रखी। अगले वर्ष सन् 632 में 22 वर्ष तक विश्व के सफल धार्मिक राजनीतिक आंदोलन का नेतृत्व करने वाले मुहम्मद साहब का मदीना में देहांत हो गया। उन्हें उनके घर में ही दफ़न किया गया।

**देखें :** अल-किंदी, अल-ग़ज़ाली, अबू-अला मौदूदी, इब्न ख़ाल्दून, इब्न-रश्द, प्रारम्भिक इसलाम, जिहाद, दलित-पसमंदा मुसलमान, प्रारम्भिक इसलाम, फ़लसिफ़ा और कलाम, भारतीय इसलाम, मसजिद, मुसलिम राजनीतिक विचार, मुहम्मद अली जिन्ना, मुहम्मद इक़बाल, सैयद अहमद ख़ाँ।

### संदर्भ

1. माइकल कुक (1983), *मुहम्मद,* ऑक्सफ़र्ड युनिवर्सिटी प्रेस, पास्ट मास्टर्स सीरीज़, ऑक्सफ़र्ड.
2. माजिद फ़ाख़री (1983), *अ हिस्ट्री ऑफ़ इसलामिक फ़िलॉसफ़ी,* लोंगमेन, लंदन.
3. डब्ल्यू.एम. वैट (1961), *मुहम्मद, प्रोफ़ेट ऐंड स्टेट्समैन,* ऑक्सफ़र्ड युनिवर्सिटी प्रेस, ऑक्सफ़र्ड.
4. एस.एच. नस्र और ओ. लीमैन (सम्पा.) (1996), *हिस्ट्री ऑफ़ इसलामिक फ़िलॉसफ़ी,* रौटलेज, लंदन.

**— हिलाल अहमद**

# हज़रत मुहम्मद-2

## इसलामी राज्य-व्यवस्था का सिद्धांत

(Mohmmad-2)

मुहम्मद साहब के जीवनीकार हमें बताते हैं कि वे बिल्कुल पढ़े-लिखे नहीं थे। बुख़ारी हदीस, जो इसलाम के सबसे ज़्यादा विश्वसनीय स्रोतों में से एक हैं, के मुताबिक़ मुहम्मद साहब ने सिर्फ़ एक बार कलम अपने हाथ में लिया था और वह भी अपने नाम के आगे से पैग़म्बर शब्द काटने के लिए। लेकिन ख़ास बात यह है कि मुहम्मद के बिना पढ़े-लिखे होने के बावजूद क़ुरान का पहला लफ़्ज़ 'इक़रा' (पढ़ो) था। बुख़ारी की हदीसों के अनुसार जब अल्लाह के फ़रिश्ते ज़िबराइल ने मुहम्मद साहब को नबी होने की ज़िम्मेदारी सौंपी तो उनसे 'इक़रा' यानी 'पढ़ो' कहने के लिए कहा तो मुहम्मद ने जवाब दिया कि वे पढ़े-लिखे नहीं हैं। इस पर ज़िबराइल ने दोबारा ज़ोर देकर कहा 'इक़रा'। इस तरह क़ुरान की आयतों का सिलसिला शुरू हुआ। मुहम्मद, जो बिल्कुल पढ़े-लिखे नहीं थे, इस ज्ञान के न केवल माध्यम बने बल्कि वे इस क़ुरान-ज्ञान के प्रथम व्याख्याकार भी हुए। इस तरह मुहम्मद साहब द्वारा दीन-ओ-दुनिया का नया इसलामी विमर्श शुरू किया गया। इसकी बुनियाद थी कि इनसानी ज़िंदगी का हर एक कृत्य एक इबादत है जिसके दो पहलू हैं। पहला, ज्ञान का वर्तमान स्तर जिसे 'दुनिया' कहा जा सकता है, और दूसरा ज्ञान के सृजन का माध्यम जो 'दीन' है। मानव की मुक्ति 'दीन और दुनिया' के आपसी सामंजस्य में ही है। दुनियावी आधार पर बिल्कुल अनपढ़ मुहम्मद जब ज़िबराइल से प्रतीकात्मक तौर पर क़ुरान के संवाद 'पढ़' रहे थे तब सैद्धांतिक तौर पर 'दीन और दुनिया' का विमर्श स्थापित हो रहा था। दुर्भाग्य यह है कि इसलाम की पहली कुछ सदियों के बाद दीन-ओ-दुनिया का सिद्धांत इतना ज़्यादा धार्मिक बना दिया गया कि उसमें से दर्शन बिल्कुल निकल ही गया।

मुहम्मद साहब की मौजूदा और स्थापित छवियों का दूसरा अहम विरोधाभास मुहम्मद साहब द्वारा अपनी ख़ुद की व्याख्या है। वे न तो आज के इसलामी साहित्य के नज़रिये से अपने को 'अल्लाह के बाद सर्वोत्तम' के तौर पर देखते हैं और न ही एक क्रूर धर्म-संस्थापक और प्रचारक के रूप में। अगर हदीस का तार्किक विश्लेषण करें तो मुहम्मद अपने व्यक्तित्व, अल्लाह और अल्लाह के पैग़ाम के अलग-अलग क्षेत्रों की निशानदेही करते नज़र आते हैं। उनकी वैचारिक पृष्ठभूमि में अल्लाह एक ऐसी सर्वव्यापी शक्ति है जिसे विभक्त नहीं किया जा सकता। इस सर्वव्यापी शक्ति का एक विरोधाभासी तत्त्व है शैतान। शैतान नहीं चाहता था कि फ़रिश्तों की बजाय अल्लाह 'इनसान' बनाये। इसलिए उसने अल्लाह से बग़ावत कर दी। पर यह बग़ावत सर्वव्यापी शक्ति के विरोध में होने के बजाय उसकी एक अन्य कृति यानी इनसान के ख़िलाफ़ थी।

इस तरह न केवल 'अल्लाह' एक व्यापक अवधारणा है, परंतु शैतान और इनसान की अवधारणाएँ भी काफ़ी हद तक स्वतंत्र हैं। ऐसे में सर्वव्यापी शक्ति के लिए यह ज़रूरी हो जाता है कि अपने, शैतान और इनसान के बीच एक तारतम्यता स्थापित की जाए। मुहम्मद साहब के चिंतन-परिप्रेक्ष्य में 'अल्लाह का पैग़ाम' ऐसी ही एक कड़ी है जिसकी भूमिका इस व्यवस्था का प्रबंधन करने की है। दूसरे शब्दों में, अल्लाह का काम है व्यवस्था, शैतान का काम है

इनसान का अहित, स्वयं अल्लाह के गुणों से युक्त इनसान वह ज़रिया है जिससे व्यवस्था में गतिशीलता आती है।

इसलामी दर्शन के मुताबिक़ इनसान भी तीन विरोधाभासी प्रवृत्तियों के असर में है। पहली प्रवृति उसका अपना स्वतंत्र अस्तित्व है जो किन्हीं मामलों में स्वच्छंद भी है। दूसरी प्रवृत्ति शैतान का प्रभाव है जो इनसान को लगातार बहकाता रहता है। तीसरी प्रवृत्ति इनसान की 'नब्ज़' है यानी उसकी भौतिक ज़रूरतें जैसे भूख लगना, यौन-सम्बन्ध इत्यादि। अल्लाह का पैग़ाम इनसान को न केवल अपनी इन तीनों बुनियादी प्रवृत्तियों में सामंजस्य स्थापित करना सिखाता है, बल्कि उसे एक ऐसी एजेंसी बना देता है जो कि अल्लाह के पैग़ाम के ज़रिये एक धार्मिक राजनीतिक व्यवस्था का निर्माण कर सकती है। इसलामी राज्य व्यवस्था के दर्शन का मूलाधार यही है। मुहम्मद साहब का स्थान यहाँ पैग़ाम देने वाले प्रवर्तक का है। वे राज्य-व्यवस्था के दार्शनिक व्याख्याकार हैं जो क़ुरान नामक एक संविधान के ज़रिये व्यवस्था के संस्थागत निर्माण की परिकल्पना प्रस्तुत करते हैं, अपने जीवन को एक मॉडल के तौर पर दर्शाते हैं।

यह परिकल्पना किसी भी तरह प्लेटो के आदर्श राज्य की परिकल्पना जैसी नहीं हैं। यहाँ इनसानी प्रवृत्तियों को प्राथमिकता देते हुए ऐसी व्यवस्था बनाने का आह्वान है जो व्यावहारिकता पर टिकी हो। पर इसे व्यावहारिक बनाने के लिए ज़रूरी था कि हमेशा बदलती परिस्थितियों, संदर्भों और आर्थिक-सांस्कृतिक परिवर्तनों का सिद्धांतीकरण किया जाए। एक ऐसे सार्वभौम सिद्धांत का निर्माण हो जिसके माध्यम से इस आदर्श व्यवस्था की परिकल्पना व्यावहारिक भी हो सके और लचीली भी।

मुहम्मद साहब के दर्शन में इस सार्वभौम सिद्धांत की स्थापना के दो उपाय दिखते हैं। क़ुरान की आयतों का ऐतिहासिक-दार्शनिक चरित्र इस संदर्भ में पहला उपाय है। क़ुरान की आयतों की रूपरेखा ऐतिहासिक घटनाओं के माध्यम से दार्शनिक सिद्धांतों की व्यावहारिकता दर्शाने की है। उदाहरण के लिए क़ुरान में ईसा का क़िस्सा कुछ इस तरह सुनाया गया है कि उनकी ज़िंदगी का व्यावहारिक तर्क आने वाली पीढ़ियों को सत्य के विभिन्न रूपों से परिचित करा सके और साथ ही यह भी बता सके कि सत्य के दर्शन को मानव-समाज में कैसे स्थापित किया जा सकता है। इस तरह इस्लामिक व्यवस्था को मुहम्मद एक ऐतिहासिक आधार देते हैं ताकि बदलती परिस्थितियों की नवीनता को इतिहास में तलाश कर उनकी सही समझ बनायी जा सके।

इस सार्वभौम थियरी का दूसरा पक्ष भविष्योन्मुखता है। मुहम्मद इस बात से परिचित हैं कि भविष्य में ऐसा भी हो सकता है जो इतिहास में कभी न हुआ हो। ऐसे में व्यवस्था की एकरूपता और उसकी बुनियादों को कैसे परिभाषित किया जाएगा? इस समस्या का समाधान बुखारी में वर्णित एक हदीस में मिलता है। मक्का फ़तह के बाद जब यमन भी मुसलमानों के नियंत्रण में आ गया तब माज़-विन-जबल को यह ज़िम्मेदारी सौंपी गयी कि वे यमन जाकर इसलाम की शिक्षा दें। मुहम्मद साहब ने माज़ से तीन सवाल पूछे। पहला, 'जब कोई मसला आयेगा तब तुम उसका फ़ैसला किस आधार पर करोगे?' माज़ ने जवाब दिया, 'अल्लाह की किताब (यानी क़ुरान) देखकर।' इस पर मुहम्मद साहब ने सवाल उठाया, 'अगर तुम्हें क़ुरान में उस मसले का ज़िक्र न मिले तब क्या करोगे?' माज़ ने जवाब दिया, 'मैं तब आपकी ज़िंदगी और आपके द्वारा किये गये कृत्यों और फ़ैसलों (नबी की सुन्नतें) पर विचार करके मसलों का हल निकालने की कोशिश करूँगा।' मुहम्मद साहब ने तीसरा सवाल किया, 'और अगर मेरी ज़िंदगी में भी इस मसले का कोई हल न मिले तब क्या करोगे? तब माज़ ने जवाब दिया, 'मैं चिंतन और विमर्श करूँगा और मसले का निदान अपने विवेक से करने की कोशिश करूँगा।' माज़ का जवाब सुन कर मुहम्मद साहब ने अपनी पूर्ण सहमति दी। इस प्रसंग ने इसलाम में नये विचार को जन्म दिया, जिसे आगे जाकर 'इज्तेहाद' कहा गया।

इस हदीस से स्पष्ट होता है कि मुहम्मद के दर्शन में बदलती परिस्थितियों की विशेषताओं और जटिलताओं के लिए तो स्थान है ही, साथ ही मानवीय विवेक और विमर्श का समर्थन भी है। इस प्रकार मुहम्मद का दर्शन न केवल मानवोन्मुख है, बल्कि इसमें ज्ञान के हर माध्यम से सीखने और उसे आत्मसात् करने की भी गुंजाइश है। यही कारण है कि इसलाम के युरोप में प्रसार के बाद मुसलमान दार्शनिकों ने, जिनमें अल-किन्दी (812-873 ई.), अल-फ़राबी (870-950 ईसवी) और इब्न सिना (180-1097 ई.) प्रमुख हैं, यूनानी दर्शन का अध्ययन करके इसलामी व्याख्याओं की पेशकश की।

**देखें :** अल-किंदी, अल-ग़ज़ाली, अबू-अला मौदूदी, इब्न ख़ाल्दून, इब्न-रश्द, प्रारम्भिक इसलाम, जिहाद, दलित-पसमंदा मुसलमान, प्रारम्भिक इसलाम, फ़लसिफ़ा और कलाम, भारतीय इसलाम, मसजिद, मुसलिम राजनीतिक विचार, मुहम्मद अली जिन्ना, मुहम्मद इक़बाल, सैयद अहमद ख़ाँ।

## संदर्भ

1. एल. गोल्डज़िहेर (1981), *इंट्रोडक्शन टु इसलामिक फ़िलॉसफ़ी ऐंड लॉ,* प्रिंसटन युनिवर्सिटी प्रेस, प्रिंसटन.
2. मुहम्मद इक़बाल (1980), *द रिकंस्ट्रक्शन ऑफ़ रिलीजस थॉट इन इसलाम,* न्यू ताज ऑफ़िस, दिल्ली.
3. डब्ल्यू.एम. वैट (1962), *इसलामिक फ़िलॉसफ़ी ऐंड थियॉलॅजी,* एडिनबरा युनिवर्सिटी प्रेस, एडिनबरा.
4. अल्फ्रेड गुइलॉम (1956), *इसलाम,* पेंगुइन बुक्स, हार्मंड्सवर्थ.

**— हिलाल अहमद**

# हज़ारी प्रसाद द्विवेदी

(Hazari Prasad Dwivedi)

हिंदी साहित्य के शीर्ष आलोचक और इतिहासकार, उपन्यासकार और संस्कृति-मर्मज्ञ हज़ारी प्रसाद द्विवेदी (1907-1979) को मध्ययुगीन साहित्य की आधुनिक दृष्टि से व्याख्या करने का श्रेय जाता है। अपनी व्याख्याओं से उन्होंने हिंदी आलोचना के एक अंतर्विरोध का शमन किया जिसके मुताबिक़ आज के ज़माने के साहित्य को बेजोड़ मान लिया जाता है और साथ ही मध्ययुगीन दृष्टि को प्रतिगामी मान कर तिरस्कृत करने की प्रक्रिया भी चलती रहती है। द्विवेदी ने अपने सृजन-चिंतन में दो बड़े काम और किये : कबीर का नये प्रतिमानों से मूल्यांकन किया और भारतीय चिंतनधारा में लोक-परम्पराओं को रेखांकित किया। हज़ारी प्रसाद द्विवेदी का रामचंद्र शुक्ल से मतभेद साहित्य के इतिहास के प्रति एक दृष्टिकोणगत बुनियादी मतभेद है। वे शुक्ल और शुक्लोत्तर युग के अन्य साहित्य-चिंतकों से इसलिए भिन्न हैं कि उन्होंने साहित्य की आलोचना को न तो कविगत-चेतना से देखा, न राजनीतिक दृष्टि से और न ही युग-प्रवृत्तियों से। वे तो साहित्य को सांस्कृतिक प्रक्रिया मानते थे और देश-काल के व्यापक संदर्भों में रख कर उसे समझने-परखने वाली सहृदय-रसज्ञ आलोचना करते थे। इसी दृष्टि का नतीजा यह हुआ कि उन्होंने हिंदी साहित्य को संस्कृत, पालि-प्राकृत, अपभ्रंश, बौद्ध-जैन, नाथ-सिद्ध, संत आदि परम्पराओं में रख कर उसे भारतीय चिंतनधारा के स्वाभाविक विकास के रूप में परखने का प्रयत्न किया।

उत्तर प्रदेश के बलिया जिले के दुबे का छपरा गाँव में जन्मे हज़ारी प्रसाद द्विवेदी का परिवार परम्परागत रूप से ज्योतिषियों का था। पिता अनमोल द्विवेदी संस्कृत के विद्वान थे। हज़ारी प्रसाद ने भी ज्योतिष का अध्ययन-प्रशिक्षण ग्रहण किया। तीस के दशक में वे विश्वभारती, शांतिनिकेतन के हिंदी भवन के निदेशक बने। 1950 में हज़ारी प्रसाद द्विवेदी की नियुक्ति काशी हिंदू विश्वविद्यालय में प्रोफ़ेसर के रूप में हुई।

हज़ारी प्रसाद द्विवेदी का साहित्य-इतिहास संबंधी दृष्टिकोण समझने में उनकी प्रसिद्ध पुस्तक *हिंदी साहित्य की भूमिका* (1940) का ऐतिहासिक महत्त्व है। इस रचना का नाम उन्होंने पहले *भारतीय साहित्य की प्राणधारा* रखा था। पुस्तक में आरम्भ के दो अध्याय, 'हिंदी साहित्य : भारतीय चिंता का स्वाभाविक विकास' पर हैं। आरम्भ में ही कहा गया है : 'आज से लगभग हज़ार वर्ष पहले हिंदी साहित्य बनना शुरू हुआ। इन हज़ार वर्षों में भारतवर्ष का हिंदी भाषी क्या सोच-समझ रहा था, इस बात की जानकारी का एकमात्र

हजारी प्रसाद द्विवेदी (1907-1979)

साधन हिंदी साहित्य ही है। कम से कम भारतवर्ष के आधे हिस्से की सहस्रवर्ष-व्यापी आशा-अकांक्षाओं का मूर्तिमान प्रतीक यह हिंदी साहित्य अपने आप में एक ऐसी शक्तिशाली वस्तु है कि इसकी उपेक्षा भारतीय विचारधारा को समझने में घातक सिद्ध होगी। पर नाना कारणों से यह उपेक्षा होती चली आयी है। प्रधान कारण यह है कि इस साहित्य के जन्म के साथ ही साथ भारतीय इतिहास में एक अभूतपूर्व राजनीतिक और धार्मिक घटना हो गयी। भारतवर्ष के उत्तर-पश्चिम सीमांत से विजयी इसलाम का प्रवेश हुआ जो देखते-देखते इस देश के इस कोने उस कोने तक फैल गया है।' इसी सिलसिले में द्विवेदी ध्यान दिलाते हैं कि, 'दुर्भाग्यवश हिंदी साहित्य के अध्ययन को लोक-चक्षुगोचर करने का भार जिन विद्वानों ने अपने ऊपर लिया था, वे भी हिंदी साहित्य का संबंध हिंदू जाति के साथ ही अधिक बतलाते हैं और इस प्रकार अनजान आदमी को दो ढंग से सोचने का मौक़ा देते हैं— एक यह कि हिंदी साहित्य एक हतदर्प पराजित जाति की सम्पत्ति है, इसलिए उसका महत्त्व उस जाति के राजनीतिक उत्थान-पतन के साथ अंगादिभाव से सम्बद्ध है, और दूसरा यह कि ऐसा न भी हो तो भी वह एक निरंतर पतनशील जाति की चिंताओं का मूर्त प्रतीक है जो अपने आप में विशेष महत्त्व नहीं रखता। मैं इस दोनों बातों का प्रतिवाद करता हूँ।'

हज़ारी प्रसाद द्विवेदी की मान्यता थी कि इस जाति के साहित्य का अध्ययन करना आवश्यक है क्योंकि एक हज़ार वर्षों तक दबे-कुचले हुए मनुष्यों की बात करना मानवता की प्रगति के लिए उपेक्षणीय नहीं। उन्होंने कहा, 'ऐसा करके मैं इसलाम के महत्त्व को भूल नहीं रहा हूँ, लेकिन ज़ोर देकर कहना चाहता हूँ कि अगर इसलाम नहीं आया होता तो भी इस साहित्य का बारह आना वैसा ही होता जैसा आज है।'

यहाँ इस तथ्य का उल्लेख आवश्यक है कि हज़ारी प्रसाद द्विवेदी ने रामचंद्र शुक्ल से मतभेद रखते हुए भी उनके महत्त्व और सर्वोपरिता को स्वीकारने में कोई हिचक नहीं दिखाई। उन्होंने शुक्ल के बारे में कहा कि भारतीय काव्यालोचन का इतना बड़ा विद्वान भारतीय भाषाओं में कोई दूसरा नहीं हुआ, 'नया लेखक उनसे डरता है, पुराना घबराता है, पण्डित सिर हिलाता है। वे पुराने की ग़ुलामी पसंद नहीं करते और नये की ग़ुलामी तो एकदम असह्य है।'

हज़ारी प्रसाद द्विवेदी की मान्यता थी कि हिंदू-समाज के पास दो हजार वर्ष का गौरवपूर्ण इतिहास है, 'भारतवर्ष का ऐसा कोई भी प्रांत नहीं है जो इस प्रकार चौमुखी प्रकृति और संस्कृति से घिरा न हो। इस घिराव के कारण उसे भिन्न-भिन्न संस्कृतियों और भिन्न-भिन्न विचारों के साथ विचार-संघर्ष में आना पड़ा पर जो बात और भी ध्यानपूर्वक लक्ष्य करने की है, वह यह है कि यह 'मध्यदेश' वैदिक युग से आज तक अतिशय रक्षणशील और प्रक्रियाभिमानी रहा है।' द्विवेदी के अनुसार यह मध्यदेश प्राचीन आचारों से लिपटे रहने पर भी निरंतर परिवर्तित होता रहा। दूसरे धर्मों, मतों, सम्प्रदायों और संस्कृतियों के प्रति सहनशील रहा। इस देश में बौद्ध धर्म के उच्छेद और ब्राह्मण धर्म के जम जाने के कारण अभूतपूर्व क्रांतियाँ हुईं। भारतीय चिंतनधारा का स्वाभाविक विकास संत मत के नाम से हुआ और इसमें सभी विरोधों का सामंजस्य होता गया।

हज़ारी प्रसाद द्विवेदी में परम्परा के भिन्न रूपों के प्रति आदर-भाव कैसे पैदा हुआ, इसकी कहानी अलग है। नामवर सिंह के अनुसार शांति निकेतन में किसी ने कह दिया कि नांदी श्राद्ध विधवा नहीं कर सकती। गुरुदेव (रवींद्रनाथ ठाकुर) ने नये-नये आये काशी के ज्योतिषाचार्य पण्डित हज़ारी प्रसाद द्विवेदी को बुलावा भेजा। उन्होंने उनसे पूछा—'हिंदुओं का हज़ारों वर्ष का इतिहास है, क्या उसमें पहली बार यह घटना हो रही है। पहले भी तो ऐसी स्थिति कभी आयी होगी?' पण्डित जी घर आये, स्मृति-ग्रंथों की छानबीन की। पाया कि पूर्वपक्ष में ऐसे बहुत से वचन हैं जो विधवा के इस अधिकार को स्वीकार करते हैं, लेकिन वचनों की संगति लगाते समय निष्कर्ष रूप में यही कहा गया है कि विधवा को ऐसा अधिकार नहीं। जाकर गुरुदेव को यह बताया तो वे हँस कर बोले, 'क्या पूर्वपक्ष के ऋषि कुछ कम पूज्य हैं जिनका खण्डन उत्तरपक्ष में किया गया है।' इस प्रश्न ने पण्डित जी को झकझोर दिया। क्या परम्परा का उत्तरपक्ष ही है? पूर्वपक्ष नहीं? जिस परम्परा को वे अब तक अखण्ड समझते आ रहे थे वह देखते-ही देखते शिव-धनुष के समान खण्ड-खण्ड हो गयी। उन्होंने लगा परम्परा और भी हो सकती है। यह एक तरह से इतिहास बोध का उदय था।'

इस इतिहास बोध के उदय के बाद द्विवेदी परम्परा के नये-नये पक्षों को खोलने लगे। इसी बीच उन्होंने रवींद्रनाथ ठाकुर का प्रसिद्ध निबंध 'भारतवर्ष में इतिहास की धारा' पढ़ा। इस निबंध में ऐसी अनेक स्थापनाएँ हैं जिनका पल्लवन द्विवेदी की अनेक कृतियों में हुआ। उन्होंने इसी राह पर चल कर यक्षों, गंधर्वों और नागों जैसी आर्येतर जातियों के कलात्मक अवदान की खोज की। रवींद्रनाथ का यह विचार कि 'वैष्णवधर्म में एक ओर तो *भगवद्गीता* का विशुद्ध धर्मतत्त्व है तो दूसरी ओर अनार्य ग्वालों में देवलीला की विचित्र कहानियाँ भी सम्मिलित हैं। वैष्णवधर्म का आश्रय लेकर जो लोक प्रचलित पौराणिक कथाएँ आर्य समाज में प्रतिष्ठित हुईं उनमें प्रेम, सौंदर्य, और यौवन की लीला है, प्रलयपिनाक के स्थान पर बाँसुरी का स्वर है, भूत-प्रेत के स्थान पर गोपियाँ का विलास है। वहाँ वृंदावन का चिर वसंत और स्वर्गलोक का चिर ऐश्वर्य है। आभीर सम्प्रदाय में प्रचलित कृष्ण कथा वैष्णव धर्म में घुलमिल गयी।' इस तरह कृष्ण आभीर जाति के प्रेम देवता हैं जो आर्य-धर्म में प्रवेश पा गये और पूरी तरह वैष्णव धर्म में रूप-स्वरूप पाते गये। द्विवेदी की प्रथम आलोचना पुस्तक *सूरसाहित्य* का एक प्रेरणास्रोत यह निबंध भी है। आभीर भाषा उन्हें अपभ्रंश की ओर ले गयी जिस पर उन्होंने काफ़ी महत्त्वपूर्ण अनुसंधानकार्य किया।

विद्वानों ने अब लगभग मान लिया है कि कबीर की ओर ध्यान देने वाले लोगों में रवींद्रनाथ ठाकुर ही सर्वप्रमुख हैं। विद्वानों का एक वर्ग द्विवेदी में कबीर के प्रति और कालिदास की लालित्य-योजना के प्रति अनुराग जगाने का श्रेय भी रवींद्रनाथ को ही देता है। मुख्य बात यह है कि द्विवेदी को भारतीय संस्कृति और साहित्य की परम्परा रवींद्रनाथ के माध्यम से मिली। यह अलग बात है कि इस प्रेरणा से आचार्य हज़ारी प्रसाद द्विवेदी ने हिंदी को वह दिया जो किसी ने नहीं दिया। कबीर के रहस्यवाद से ध्यान हटाकर द्विवेदी हिंदी पाठक का ध्यान कबीर के क्रांतिकारी रूप की ओर ले गये। नामवर सिंह के अनुसार 'कबीर के माध्यम से जाति-धर्म निरपेक्ष मानव की प्रतिष्ठा का श्रेय द्विवेदीजी को ही है। एक प्रकार से यह दूसरी परम्परा है।' शांतिनिकेतन में उन्हें विश्व-दृष्टि प्राप्त हुई जो अन्य कहीं नसीब नहीं थी। इसी व्यापक विश्व-दृष्टि के आधार ने उन्हें भक्ति-काव्य के प्रति समर्पित कर दिया। उन्होंने पाया कि हमारी भाषा का प्राचीन साहित्य प्रांतीय सीमाओं में बँधा हुआ नहीं।

1931 में गुरुदेव सोवियत संघ गये और वहाँ से लौटने पर *रूस की चिट्ठी* शीर्षक पुस्तक लिखी। इस पुस्तक ने लेखकों-बुद्धिजीवियों का ध्यान समाजवाद की नयी दुनिया के प्रति आकृष्ट किया। इसी आकर्षण के कारण हज़ारी प्रसाद प्रगतिशील आंदोलन की ओर गये। गाँधी के विपरीत रवींद्रनाथ ने उस समय वैज्ञानिक दृष्टि की वकालत की और

आधुनिकता को फ़ैशन न मान कर उसे उठता हुआ पैर कहा। हज़ारी प्रसाद के लिए इतिहास शव था और इसी दृष्टि से 'शव साधना' की ओर उनकी दृष्टि उन्मुख हुई। उनमें लोकजीवन और लोक-कलाओं के प्रति गहरा अनुराग जागृत हुआ। भारतीय स्वाधीनता संग्राम और सांस्कृतिक नवजागरण ने उनके चिंतन में नया ख़मीर पैदा किया। इस लोकजीवन के प्रति सजगता के कारण ही भारतीय परम्परा का अवदान उन्हें विरासत में मिला। प्रेमचंद के माध्यम से उन्होंने हिंदी जाति के भाव-बोध को पाया।

*सूरसाहित्य* में उन्होंने जयदेव, विद्यापति, चण्डीदास की राधा के साथ सूरदास की राधा पर गहराई से विचार किया। *हिंदी साहित्य का आदिकाल* और *हिंदी साहित्य की भूमिका* में वे हिंदी की जातीय परम्पराओं को खोजते रहे। भिन्न दृष्टि अपनाने के कारण हिंदी आलोचना में नया चिंतन लाने में समर्थ हुए। वैसे द्विवेदी शुक्ल की परम्परा के ही आलोचक हैं, लेकिन शुक्ल के लोक-धर्म के प्रतीक हैं तुलसीदास, जबकि द्विवेदी के लोक-धर्म के प्रतीक हैं कबीरदास। कबीरदास उनकी दृष्टि में वाणी के डिक्टेटर और व्यंग्य के बादशाह हैं। दिलचस्प बात यह है कि द्विवेदी कबीर को सराहते हैं लेकिन तुलसीदास से भी इतने अभिभूत हैं कि उन्हें सोते-जागते भूल नहीं पाते। दूसरी ओर रामचंद्र शुक्ल ने सूर-तुलसी-जायसी पर विस्तृत भूमिकाएँ लिखीं, पर कबीर पर चुप्पी साध गये, हालाँकि हरिऔध की *कबीर वचनावली* (1916) और श्यामसुंदर दास की *कबीर ग्रंथावली* (1928) उनके सामने थीं। *हिंदी साहित्य का इतिहास* में उन्होंने कबीर को निम्न श्रेणी की जनता में आत्मगौरव का भाव जगाने के लिए सराहा ज़रूर, लेकिन इससे पहले वे *तुलसीदास* नामक पुस्तक में कह चुके थे कि ये निर्गुणियाँ संत लोक-विरोधी थे। शुक्ल के उलट क्षितिमोहन सेन ने कबीर को लोक-विरोधी नहीं पाया और 1910 में चार भागों में उनकी रचनाएँ प्रकाशित करवायीं। ख़ुद रवींद्रनाथ ने *वन हंड्रेड पोएम्स ऑफ़ कबीर* (1914) में उनके सौ पद चुन कर उनका अंग्रेज़ी अनुवाद करवाया और उनकी भूमिका ऐवेलिन अंडरहिल से लिखवायी। अंततः शुक्ल में कबीर के उपेक्षा पाकर वे *कबीरदास* पर संकल्पबद्ध होकर विचार करने में जुट गये। इस पुस्तक में उन्होंने घोषणा की है, 'हिंदी साहित्य के हज़ार वर्षों के इतिहास में कबीर जैसा व्यक्तित्व लेकर कोई लेखक उत्पन्न नहीं हुआ। महिमा में यह व्यक्तित्व केवल एक ही प्रतिद्वंद्वी जानता है तुलसीदास।'

द्विवेदी के सम्पूर्ण चिंतन का आधार है मानव और प्रकृति-प्रेम। उनके विचार से प्रेम ही परम पुरुषार्थ है। उनका पहला प्रकाशित लेख है : 'वैष्णव कवियों की रूपोपासना।' कृष्ण-भक्त कवियों से उन्होंने यह मूल-मंत्र पाया और उनकी पूरी चिंतन-दृष्टि ही बदल गयी। उनके सभी उपन्यास— *बाणभट्ट की आत्मकथा, चारुचंद्र लेख, पुनर्नवा, अनामदास का पोथा,* प्रेम-उपन्यास हैं। उनकी दृष्टि में मानव देह ही विधाता की सर्वोत्तम सृष्टि है। नारायण का पवित्र मंदिर है। इस तरह कृष्ण भक्ति की एक निगूढ़ भावना उनकी कृतियों में निवास करती है। वे यह भी मानते थे कि प्रेम पाप नहीं है बल्कि मानव का 'स्व-भाव' है। प्रेम के लोकाधार से ही उन्होंने भक्ति-काव्य की व्याख्या की और माना कि *सूरसागर* शास्त्रीय वैष्णव भक्तिशास्त्र से प्रेरणा अवश्य लेता है किंतु वह शास्त्रीय की अपेक्षा लोक-धर्म के निकट है।

भारतीय संस्कृति और सौंदर्य के पक्षों पर द्विवेदी ने प्रामाणिक अनुसंधान किया है। वे कहते हैं, 'देश और जाति की विशुद्ध संस्कृति केवल बात की बात है— सब कुछ में मिलावट है। सब कुछ अविशुद्ध है।' समझा जाता है कि आर्य संस्कृति की शुद्धता के अहंकार पर चोट करने के लिए ही 'अशोक के फूल' जैसा निबंध लिखा गया जो उनकी अपूर्व संस्कृति-दृष्टि का दस्तावेज़ है। 'अशोक के फूल' में द्विवेदी कहते हैं, 'मनुष्य की जीवनी शक्ति बड़ी निर्मम है, वह सभ्यता और संस्कृति के वृथा मोहों को रौंदती चली आ रही है। न जाने कितने धर्माचारों, विश्वासों, उत्सवों और व्रतों को धोती-बहाती यह जीवन-धारा आगे बढ़ी है। संघर्षों से मनुष्य ने नयी शक्ति पायी है। हमारे सामने समाज का जो रूप है वह न जाने कितने ग्रहण और त्याग का रूप है।' द्विवेदी संस्कृति-चिंतन में इतने डूबे हुए थे के जीवन के अंतिम दिनों में सौंदर्यशास्त्र पर *लालित्य मीमांसा* नामक पुस्तक लिखने में लगे हुए थे। उनका निष्कर्ष था कि सौंदर्य विद्रोह है— 'मानव मुक्ति का नया मार्ग। सौंदर्य ही सर्जना है।'

द्विवेदी साहित्य की उपभोक्ता-दृष्टि का विरोध करते हैं, और प्रगतिवाद-प्रगतिशील आंदोलन की चर्चा करते हैं। वे अलंकारशास्त्र के ग्रंथों से बाहर निकल कर सर्जनात्मक साहित्य के आधार पर साहित्य-सिद्धांतों पर विचार करते हैं। इनके सभी निबंधों में लोक का बोलबाला है, शास्त्र का नहीं। 'साहित्य-सहचर' ,'प्राचीन भारत के कलात्मक विनोद', 'साहित्य का मर्म', 'मध्ययुगीन धर्मसाधना'— हर जगह लोक-सौंदर्य का उजला प्रकाश फैला मिलता है।

व्योमकेश शास्त्री के नाम से भी लिखने वाले हज़ारी प्रसाद द्विवेदी ने *अशोक के फूल* (1948), *विचार और वितर्क* (1949), *कल्पतरुलता* (1951) के निबंधों में ललित-तत्त्व के महत्त्व को केंद्रीय स्थान दिया। साहित्येतिहास, कालिदास, आदिकाल, सिद्ध-नाथ साहित्य, भक्तिकाल, रीतिकाल आदि पर अध्ययन की नयी दिशाओं को खोला। प्राचीन, मध्यकालीन, निर्गुण संत साहित्य पर उन्होंने ही पहली बार हिंदी पाठकों का ध्यान आकृष्ट किया। शुक्ल से अलग निबंधों की एक अलग शैली विकसित की और उसमें 'गप्प' का सर्जनात्मक प्रयोग किया। उनके निबंधों

के गद्य का छंद पाठक को अभिभूत कर लेता है। इन निबंधों में वानस्पतिक सम्पदा का भण्डार है और परम्पराओं के सांस्कृतिक प्रवाहों की अनेक ध्वनियाँ। यहाँ रवींद्रनाथ से प्रभावित हज़ारी प्रसाद का एक नया रूप है। वे मिथक की महिमा से बहुत कुछ कहने में सक्षम रहे हैं, लोकानुभव और कथात्मक विन्यास इन निबंधों की बनावट का अनिवार्य हिस्सा है। 'एक कुत्ता एक मैना', 'वसंत आ गया', 'शिरीष के फूल', 'देवदारु' के साथ 'भीष्म को क्षमा नहीं किया गया' जैसे निबंधों का विचित्र स्वाद है। भाषा-चिंतन हो या संस्कृति-सभ्यता संबंधी मनन, धर्म-परम्परा या आधुनिकता से जुड़े सवाल हों, वे निरंतर मौलिक चिंतन करते हैं। इसी कारण वे पुराने सवालों के नये उत्तर देते हैं। उनकी बौद्धिकता पर पण्डिताई बोझ नहीं है। वह बंधनों से मुक्ति ले कर आती है।

**देखें** : अष्टछाप, 'अंग्रेज़ी हटाओ' आंदोलन, गजानन माधव मुक्तिबोध-1 और 2, छायावाद, डायग्लॉसिया, नंद दुलारे वाजपेयी, नगेंद्र और सैद्धांतिक समीक्षा, नयी कविता, नामवर सिंह, पाश्चात्य काव्यशास्त्र, प्रेमचंद, प्रयोगवाद, प्रगतिवाद, भक्ति आंदोलन-1 और 2, भक्ति-काव्य-1 और 2, भारतेंदु हरिश्चंद्र, भारतेंदु युग-1 और 2, भाषा नियोजन-1 से 4 तक, भाषा के मार्क्सवादी सिद्धांत, महादेवी वर्मा, महावीर प्रसाद द्विवेदी, मीरांबाई और प्रेमाभक्ति, राहुल सांकृत्यायन, रामानुजाचार्य, रामानंद, रामचंद्र शुक्ल-1 और 2, रामविलास शर्मा, राष्ट्रीय-सांस्कृतिक कविता, रीतिकाल-1 और 2, विजय देव नारायण साही, वैष्णव धर्म, श्याम सुंदर दास, सम्पर्क भाषा-1 से 4 तक, सगुण और निर्गुण-1 और 2, संस्कृत काव्यशास्त्र, संविधान सभा में भाषा-विवाद-1, 2 और 3, संत-काव्य, सिद्ध-नाथ परम्परा, सूफ़ीयत और प्रेमाख्यान, हिंदी विरोधी आंदोलन, हिंदी जाति-1 से 3 तक, हिंदी साहित्य का आदिकाल, हिंदी साहित्य का इतिहास, हिंदी साहित्य का इतिहास : नये परिप्रेक्ष्य, हिंदी-पद्य में इतिहास, हिंदी-जगत और 'लोकप्रिय'-1 और 2, हिंदी नवजागरण, हिंदी-संस्थाएँ।

### संदर्भ

1. रास्वरूप चतुर्वेदी (1995), *हिंदी साहित्य और संवेदना का विकास,* लोकभारती प्रकाशन, इलाहाबाद.
2. डॉ. नामवर सिंह (1981), *दूसरी परम्परा की खोज,* राजकमल प्रकाशन, नयी दिल्ली.
3. जगदीश द्विवेदी और मुकुंद द्विवेदी (सम्पा.) (1981), *आचार्य हज़ारी प्रसाद द्विवेदी ग्रंथावली* (ग्यारह खण्ड), राजकमल प्रकाशन, नयी दिल्ली.
4. विश्वनाथ प्रसाद तिवारी (1989), *हज़ारी प्रसाद द्विवेदी* (भारतीय साहित्य के निर्माता सिरीज), साहित्य अकादेमी, नयी दिल्ली.
5. कृष्णदत्त पालीवाल (1988), *हिंदी आलोचना का सैद्धांतिक आधार,* वाणी प्रकाशन, नयी दिल्ली.

**—कृष्णदत्त पालीवाल**

# हथियारों की होड़

(Arms Race)

सीमाओं की सुरक्षा को और मज़बूत करते जाने के नाम पर दो या दो से अधिक देशों के बीच ज़्यादा से ज़्यादा हथियार ख़रीदने या उनका उत्पादन बढ़ाने की प्रक्रिया हथियारों की होड़ को जन्म देती है। इसके पीछे क्रिया-प्रतिक्रिया का तर्क काम करता है। अपने विपक्षी देश की फ़ौजी ताक़त को बढ़ा-चढ़ा कर आँकने का दोतरफ़ा खेल चलता रहता है। सुरक्षा बेहतर करने की इन कोशिशों का नतीजा असुरक्षा के लाइलाज एहसास में निकलता है। मसलन, बीसवीं सदी में पचास, साठ और सत्तर के दशक में अमेरिकी नीति-निर्माता हमेशा सोवियत संघ की आणुविक-शक्ति को अपने से ज़्यादा बताते थे, और यही बात सोवियत ख़ेमे की तरफ़ से भी कही जाती थी। छोटे पैमाने पर इसका उदाहरण भारत और पाकिस्तान के बीच या इजरायल और अरब देशों के बीच लगातार चलने वाली वाली हथियारों की होड़ के रूप में देखा जा सकता है। पूरी बीसवीं सदी में विश्व-शांति को इस प्रवृत्ति से ख़तरा रहा है। समाज-विज्ञान के दायरे में हथियारों की होड़ पर अंतर्राष्ट्रीय संबधों के अनुशासन के तहत विचार किया जाता है। हथियारों की होड़ जैसे-जैसे बढ़ती है, तनाव में वृद्धि होती है, परस्पर सहयोग कठिन होता जाता है और सुरक्षा का गारंटी अधिक ख़र्चीली और पेचीदा होती चली जाती है। विश्व-शांति के लिए घातक होने के बावजूद हथियारों की होड़ को विचारधारात्मक और राजनीतिक धारणाओं के तहत परिभाषित करके जायज़ ठहराने के हथकण्डे का सहारा लेना आम बात है।

अगर कोई देश अचानक तय करता है कि उसे बड़े पैमाने पर हथियार ख़रीदने चाहिए और वह अपने सालाना बजट में प्रतिरक्षा के मद में भारी बढ़ोतरी करता है, तो पूरी सम्भावना यह है कि उसके पड़ोसी देश उसकी तरफ़ से युद्ध का ख़तरा महसूस करने लगेंगे। दिक़्क़त यह है कि जब पड़ोसी देश भी प्रतिक्रिया में नये हथियार प्राप्त करने की कोशिश करेंगे और वह देश इसे अपने ख़िलाफ़ शत्रुभाव से की गयी कार्रवाई मान सकता है। इस तरह हथियारों की होड़ के ज़रिये शक्ति-संतुलन प्राप्त करने की कोशिश विफल होने के लिए अभिशप्त हो जाती है। दरअसल, हथियारों की होड़ में विभिन्न पक्षों के बीच परस्पर अविश्वास की भावना की मुख्य भूमिका निभाती है।

1906 में ग्रेट ब्रिटेन ने *एचएमएस ड्रेडनॉट* नामक अपेक्षाकृत तेज़ रफ़्तार का युद्ध-पोत अपनी नौसेना में शामिल किया। यह एक बख़्तरबंद पोत था जिसकी तोपें ज़्यादा दूरी

तक मार कर सकती थीं। इससे जर्मनी चिंतित हो गया और उसने भी इसी शक्ति और क्षमता का पोत बनाना शुरू कर दिया। इसकी प्रतिक्रिया में ब्रिटेन ने और भी बड़ी क्षमता के पोत बनाने का अभियान चलाया। इसका नतीजा *सुपरड्रेडनॉट* नामक पोत के निर्माण में निकला और अंततः इस सिलसिले से समुद्री जंग की प्रौद्योगिकी एक नये धरातल पर पहुँच गयी।

चालीस के दशक के मध्य में अमेरिका ने आणुविक प्रौद्योगिकी विकसित की और एटम बम बनाया। उसकी दलील थी कि अगर यह बम जापान पर डाल दिया जाए तो द्वितीय विश्व-युद्ध का तुरंत ख़ात्मा हो सकता है। लेकिन, यह एटमी होड़ की शुरुआत साबित हुई। अमेरिकी नीति-निर्माताओं को लगा कि एटम बम के डर के कारण अब कोई उससे टकराने का साहस नहीं कर पायेगा और वे स्तालिन के सोवियत संघ के ऊपर भी बढ़ोतरी हासिल कर लेंगे। इससे राजनयिक हलक़ों में यह धारणा बनी कि अमेरिका में तीसरा विश्व-युद्ध शुरू करने की क्षमता है। लेकिन जैसे ही 1949 में सोवियत संघ ने अपना एटमी विस्फोट किया, अमेरिका को शक्ति-संतुलन में मिलने वाला यह फ़ायदा ख़त्म हो गया। इसके जवाब में अमेरिका ने बहुत बड़े पैमाने पर एटमी हथियारों का निर्माण शुरू किया। सोवियत संघ ने भी जवाबी मुहिम चलाई और अगले तीस सालों में इन दो महाशक्तियों ने मिल कर क़रीब एक लाख आणुविक हथियारों का निर्माण कर डाला।

हथियारों की होड़ हमेशा ही बमों, तोपों, जहाज़ों, विमानों और टैंकों को बढ़ाने की प्रतियोगिता नहीं होती। 1914-18 के दौरान हुए प्रथम विश्व-युद्ध से पहले फ्रांस और जर्मनी के बीच फ़ौजी सिपाहियों की संख्या बढ़ाने की प्रतियोगिता हुई थी। इसके अलावा इस होड़ का एक अन्य पहलू युद्ध की प्रौद्योगिकी बेहतर से बेहतर करना भी है। शीत-युद्ध के दौरान अमेरिका और सोवियत संघ ने लगातार अपने वेपन डिलीवरी सिस्टम, अर्ली वार्निंग सिस्टम और ख़ुफ़िया सूचनाएँ जमा करने की प्रणालियों को सुधारने की कोशिश की। इसके लिए भू-स्थिर उपग्रहों और हाई-रिज़ोल्यूशन कैमरे का इस्तेमाल किया गया।

हथियारों की होड़ से हथियारों की तिज़ारत को अलग करके नहीं देखा जा सकता। यह एक विडम्बना है कि विश्व-शांति की ज़िम्मेदारी सँभालने का दावा करने वाले संयुक्त राज्य सुरक्षा परिषद् के पाँचों स्थाई सदस्य अंतर्राष्ट्रीय पैमाने पर हथियारों के सबसे बड़े आपूर्तिकर्ता भी हैं। शीत-युद्ध ख़त्म हो जाने पर उम्मीद थी कि ख़तरनाक हथियार बनाने वाली फ़ैक्ट्रियाँ अब शांतिपूर्ण उपयोग की सामग्री बनाने लगेंगी। पर ऐसा नहीं हुआ और इक्कीसवीं सदी में भी हथियारों की उत्पादन उसी रफ़्तार से चलता रहा। ऐसी बात नहीं कि शीत-युद्ध ख़त्म होने का असर इस उद्योग पर न पड़ा हो। दरअसल, सोवियत संघ और कम्युनिस्ट ब्लॉक का जैसे-जैसे पराभव हुआ, इस उद्योग का कारोबार घटता गया और कुछ वर्षों के बाद क़रीब आधा रह गया। नाटो जैसे फ़ौजी संगठन ने भी अपनी फ़ौजें घटायीं। अपनी आमदनी घटते देख कर हथियारों के व्यापारी देशों और उनके उद्योगों ने हथियारों के निर्यात की नयी विधियाँ और ज़रियों को ईज़ाद करने की शुरुआत की।

नतीजे के तौर पर अमेरिका आज भी दुनिया का सबसे बड़ा शस्त्र-आपूर्तिकर्ता है। हथियारों के बाज़ार के पचास फ़ीसदी हिस्सा उसी के हाथ में है। वह क़रीब बीस अरब डॉलर प्रति वर्ष का फ़ौजी सामान बेचता है। रूसियों के हाथ में हथियारों के कुल बाज़ार का क़रीब दस फ़ीसदी हिस्सा है। ब्रिटेन और फ्रांस भी इस धंधे के बड़े खिलाड़ी हैं। धीरे-धीरे चीन भी इस मार्केट में अपनी उपस्थिति बढ़ाता जा रहा है। हथियार बनाने वाले प्रमुख देशों ने अपने समग्र प्रौद्योगिकीय विकास को इस उद्योग के साथ जोड़ दिया है। इससे मिलिट्री-इण्डस्ट्रियल कॉम्प्लेक्स की धारणा सामने आयी है। तीसरी दुनिया के देश कुल हथियार निर्यात का दो-तिहाई प्राप्त करते हैं। मध्य-पूर्व का इलाक़ा सम्भवतः सबसे ज़्यादा हथियार आयात करता है।

हथियारों की होड़ शुरू में केवल राष्ट्रीय सरकारों के बीच और फ़ौजी संधियों द्वारा निर्धारित दायरों में ही होती थी, लेकिन अब उसमें एक नया आयाम पैदा हो गया है। काला बाज़ार के ज़रिये हथियारबंद विद्रोहियों, पृथकतावादी संगठनों, आतंकवादियों और अर्धसैनिक क़िस्म के संगठनों को भी हथियारों की सप्लाई होती है।

हथियारों की तिज़ारत के इस उत्तर-शीतयुद्धीन चरित्र ने मानवाधिकार और आर्थिक विकास के संदर्भ में नयी बहस को जन्म दिया है। आलोचकों का तर्क है कि ज़्यादातर हथियार दमनकारी सरकारों को बेचे जाते हैं। ये सरकारें विकास पर ख़र्च किये जाने वाले संसाधनों का दुरुपयोग फ़ौजी साज-सामान ख़रीदने पर करती हैं। हथियार व्यापारियों की लॉबी के समर्थकों का कहना है कि उनकी सप्लाई के कारण क्षेत्रीय शक्ति-संतुलन क़ायम रहता है। दूसरे, अगर उन्होंने अपने कारख़ाने एकतरफ़ा बंद कर दिये तो उसका असर संबंधित देशों के प्रौद्योगिकीय विकास पर पड़ेगा।

**देखें :** आदर्शवाद, आतंकवाद, अंतर्राष्ट्रीय मुद्रा कोष, इमैनुएल कांट, इतिहास का अंत, एडवर्ड हैलेट कार, जाति-संहार, पृथकतावाद, तृतीय विश्व, द्वितीय विश्व-युद्ध, नस्लवाद, नव-उपनिवेशवाद, निर्भरता सिद्धांत, निःशस्त्रीकरण, पेटेंट, प्रथम विश्व-युद्ध, प्रगति, बौद्धिक सम्पदा अधिकार, ब्रेटन वुड्स प्रणाली, भारत में पेटेंट क़ानून, रंगभेद, उपनिवेशवाद, यथार्थवाद, युद्ध, युरोपीय संघ, रचनात्मकतावाद,

राजनय, विश्व व्यापार संगठन, विश्व बैंक, विश्व-सरकार, वि-उपनिवेशीकरण, सभ्यताओं का संघर्ष, सम्प्रभुता, संयुक्त राष्ट्र, साम्राज्यवाद, शस्त्र-नियंत्रण, शांति, शांतिवाद, शीत-युद्ध।

### संदर्भ

1. सी. एचसन (1989), *आर्म्ड रेस थियरी*, ग्रीनवुड, लंदन.
2. एम. इवांजेलिस्ता (1989), *इन्नोवेशन ऐंड आर्म्ड रेस : हाउ द युनाइटेड स्टेट्स ऐंड सोवियत यूनियन डिवेलप न्यू मिलिट्री टेक्नॉलॅजीज़*, कॉरनेल युनिवर्सिटी प्रेस, इथाका, एनवाई.
3. आर. माकनमारा (1986), *ब्लंडरिंग इन टु डिज़ास्टर : सरवाइविंग द फर्स्ट सेंचुरी इन द न्यूक्लियर एज*, पेंथियन प्रेस, न्यूयॉर्क.
4. आर. पोवास्की (2000), *रिटर्न टु आर्मागडन : द युनाइटेड स्टेट्स ऐंड द न्यूक्लियर आर्म रेस, 1981-1999*, ऑक्सफ़र्ड युनिवर्सिटी प्रेस, ऑक्सफ़र्ड, 2000

**— अभय कुमार दुबे**

# हरबर्ट स्पेंसर

(Herbert Spencer)

ब्रिटिश समाजशास्त्री और दार्शनिक हरबर्ट स्पेंसर (1820-1930) सामाजिक डार्विनवाद के संस्थापक थे। चार्ल्स डार्विन द्वारा प्रतिपादित मत्स्य न्याय (सरवाइवल ऑफ़ द फ़िटेस्ट) और प्राकृतिक वरण के सिद्धांत से प्रभावित स्पेंसर ने इसी की तार्किक परिणति के रूप में अर्थव्यवस्था के क्षेत्र में भी मुक्त बाज़ार तथा राज्य के अहस्तक्षेप की नीति की पुरज़ोर वकालत की। स्पेंसर एक प्रचुर लेखक थे। दर्शन के क्षेत्र में उन्हें एक 'स्वनियुक्त दार्शनिक' और 'सिंथेटिक फ़िलॉसफ़ी' का प्रणेता भी माना जाता है। उन्हें दूसरों का लेखन पढ़ने में ज़्यादा दिलचस्पी नहीं थी। वे साफ़ कहते थे कि जिनके विचारों से वे असहमत हैं, उनकी किताबें पढ़ने से उनका सिर दर्द करने लगता है। ऑग्यूस्त कॉम्त की तरह स्पेंसर भी मानते थे कि समाज निरंतर परिवर्तनशील है और वह एक के बाद एक प्रगति और विज्ञान के उच्चतम मुक़ामों को छूता चला जाएगा। स्पेंसर की राय थी कि समाज स्वयं अपना नियमन और संचालन करेगा। उसमें किसी हस्तक्षेप की आवश्यकता नहीं है। समाजशास्त्र को वे केवल सामाजिक प्रक्रियाओं के अध्ययन का माध्यम समझते थे। स्पेंसर की मान्यता थी कि जीव-विज्ञान, समाज, राजनीति और अर्थव्यवस्था आदि हर क्षेत्र एक ही सार्वभौम नियम से संचालित होता है। यह नियम उनके अनुसार विकासवाद के सिद्धांत पर आधारित था। स्पेंसर ने समाजशास्त्र को ऐसे विषय के रूप में स्थापित करने की चेष्टा की जो समाज का तर्कसंगत ढंग से अध्ययन करते हुए सामाजिक विकास के नियम खोज सके। उन्होंने विकासवाद के सिद्धांत का मुख्य तौर पर समाज की प्रगति तथा संरचना की व्याख्या के लिए प्रयोग किया। उन्होंने मनोविज्ञान व नीतिशास्त्र के क्षेत्र में भी महत्त्वपूर्ण प्रस्थापनाएँ रखीं।

स्पेंसर ने समाज के भौतिक तथा मनुष्य के जैविक विकास के सूत्रों के आधार पर अपने समाजशास्त्रीय ज्ञान की इमारत तैयार की है। उनकी सबसे पहली पुस्तक 1850 में *सोशल स्टैटिक्स* नाम से प्रकाशित हुई थी। बाद में *द स्टडी ऑफ़ सोसियॉलॅजी* (1973) और *प्रिंसिपल्स ऑफ़ सोसियॉलॅजी* (1875) जैसी अहम रचनाएँ भी प्रकाशित हुईं। स्पेंसर ने समाजशास्त्रीय ज्ञान को दर्शनशास्त्र की अमूर्त संकल्पनाओं और ज्ञानमीमांसा से अलगाने की भरपूर चेष्टा की है। उनका मानना था कि पूरी सृष्टि दो भागों में विभाजित है : ज्ञेय और अज्ञेय। समाजशास्त्र के विश्लेषण का क्षेत्र ज्ञेय पक्ष से संबंधित है। अज्ञेय का संबंध सम्भव है कि आत्मा-परमात्मा, रहस्य तथा धर्म से हो, पर विज्ञान ज्ञेय पर ही आश्रित होता है। वह पदार्थ तथा गति के अध्ययन के माध्यम से भौतिक विकास का पता लगाता है। स्पेंसर ने विज्ञान के इसी पक्ष का प्रयोग सामाजिक विकास के अध्ययन में भी किया। उन्हें यक़ीन था कि भौतिक विकास में गति सरल से जटिल की दिशा में होती, इसलिए उन्होंने इसका व्यापक प्रयोग समाजशास्त्र में किया। भौतिक विज्ञान में स्पेंसर के समय तक यह बात स्वीकार की जा चुकी थी कि पदार्थ अविनाशी है और मनुष्य, जंगल, ज़मीन, लकड़ी, झील इत्यादि में उसकी उपस्थिति रहती है। जब ये चीज़ें नष्ट होती हैं तो पदार्थ नष्ट नहीं होता है, बल्कि उसका केवल रूपांतरण हो जाता है। इसी प्रकार पदार्थ की तरह ही गति भी निरंतर बनी रहती है, भले ही पदार्थ व उसके विभिन्न रूपों में कितने भी परिवर्तन होते रहें। भौतिक विज्ञान के इस दावे से ही विकासवाद के सिद्धांत का जन्म हुआ था जिसमें यह माना गया था कि प्रत्यक्ष संसार में रूपांतरण निरंतर चलने वाली घटना है और रूपांतरण को व्यवस्थित ढंग से समझना मानव अस्तित्व के रहस्यों पर से पर्दा उठाने के लिए ज़रूरी है।

इस विकासवाद का प्रयोग जीव-वैज्ञानिकों ने भी किया। उन्होंने पदार्थवादी दृष्टिकोण से देखा कि मनुष्य के शरीर के विभिन्न अवयव तथा रक्त, मांस-मज्जा, हड्डी आदि रूप बदलकर प्रकृति में ही विलीन हो जाते हैं। उन्होंने यह भी देखा कि एक-कोषीय प्राणी से मनुष्य जैसे जटिल-कोषीय प्राणी का विकास भी पदार्थ की ही बदलती और जटिल होती संरचना का परिणाम है। इस तरह भौतिक विज्ञान और जीव-शास्त्र, दोनों ने ही स्पेंसर के दृष्टिकोण पर असर डाला। इनसे प्राप्त ज्ञान के आधार पर ही स्पेंसर ने कहा कि समाज भी बदलती हुई संरचना है जिसका विकास सरल से

हरबर्ट स्पेंसर (1820-1930)

जटिल तथा सजातीयता से विजातीयता की दिशा में होता रहा है। इस प्रकार समाज अनिश्चितता से क्रमशः निश्चितता की ओर बढ़ता रहता है। सामाजिक उद्विकास के निश्चित स्तरों से समाज तीन चरणों में गुज़रा है : आदिम, बर्बर और औद्योगिक। स्पेंसर ने समाजों को दो ऐतिहासिक चरणों में भी विभक्त किया : युद्धप्रिय समाज और औद्योगिक समाज।

स्पेंसर के मुताबिक़ युद्धप्रिय समाज की विशेषता सदस्यों के मध्य अनिवार्य सहयोग, केंद्रीकृत सत्ता, समाज की विषमता सही सिद्ध करने वाले विश्वासों-मिथकों की बहुलता और सार्वजनिक-निजी जीवन के बीच एकरूपता होती है। औद्योगिक समाज में स्वैच्छिक सहयोग, निजी अधिकार, राजनीतिक नियंत्रण से मुक्त अर्थव्यवस्था तथा मुक्त समितियों-संस्थाओं की विशेषताएँ होती हैं। स्पेंसर ने एक नैतिक व सम्पूर्ण समाज की परिकल्पना भी की है जो मानव की सम्पूर्ण समृद्धि और चरम विकास पर आधारित होगा। भौतिक अभाव ख़त्म हो जाने से अनैतिकता समाप्त हो जाएगी और मनुष्य नैतिकता से स्वशासित होने लगेगा। इस स्थिति में राज्य का भी उन्मूलन हो जाएगा। इस रूप में स्पेंसर ने स्वयं को डार्विन से अलगाया भी, यह मान कर कि सामाजिक स्तर पर विकासवाद का अंतिम बिंदु भी आयेगा और मनुष्य एक पूर्ण, नैतिक समाज का लक्ष्य प्राप्त कर लेगा।

व्यापक मान्यता है कि स्पेंसर की रचनाओं में ही सबसे पहले व्यवस्थित रूप से सामाजिक डार्विनवाद का सिद्धांतीकरण हुआ। सामाजिक डार्विनवाद की विशेषता यह थी कि प्रकृति की तरह ही यह सामाजिक जीवन में भी स्वस्थ, होनहार व योग्यतम के जीवित रहने तथा निर्बल के समाप्त होने की धारणा पर आधारित था। स्पेंसर मानते थे कि सरकार व राज्य-संस्था को प्रकृति द्वारा बनाये गये सबल और योग्य को जीवित रखने तथा कमज़ोर को समाप्त करने की प्रक्रिया में हस्तक्षेप नहीं करना चाहिए। उन्होंने राज्य से लोकोपकारी नीतियाँ न अपनाने के लिए कहा। यहाँ तक कि उन्होंने नागरिकों को शिक्षा, स्वास्थ्य सुविधाएँ देने, सफ़ाई कार्य करने और डाक-तार विभाग खोलने जैसे कामों के लिए भी मना किया। उन्हें केवल मुक्त बाज़ार पसंद था जिसमें सहयोग करने के लिए उन्होंने नागरिकों से अपील की ताकि व्यक्तियों के बीच स्वतंत्र रूप से अपने हितों के लिए प्रतिस्पर्धा हो सके। उनका स्पष्ट मानना था कि अगर निर्बल वर्ग के पक्ष में राज्य लोकोपकारी कार्य करेगा तो इससे निर्बलों की संख्या बढ़ जाएगी और समाज अशक्त होता जाएगा। इसी प्रकार सबल लोगों के पक्ष में अगर राज्य हस्तक्षेप करेगा तो सबल व निर्बल का वास्तविक संघर्ष न हो पाने के कारण समाज का विकास अवरुद्ध हो जाएगा। राज्य की भूमिका के बारे में स्पेंसर के इतने नकारात्मक विचारों का सार यह था कि राज्य किसी रूप में व्यक्ति का कल्याण नहीं कर सकता। व्यक्ति को अपना कल्याण स्वयं करना होगा।

स्पेंसर ने समाज की तुलना जीवित प्राणी के शरीर से की है और इसी आधार पर उनके द्वारा विकसित सिद्धांत को समाज का सावयवी सिद्धांत भी कहा गया है। इसमें मान्यता निहित थी कि समाज और जीवित प्राणी-शरीर, दोनों ही जड़ पदार्थ से भिन्न हैं। दोनों ही सरलता से जटिलता की ओर बढ़ते हैं। समाज अपने आरम्भिक रूप में जटिल होता है और यह कारीगरी, शिल्प व कृषि के सरल रूपों में होता है, पर सभ्यता के विकास के क्रम में उसमें विभिन्न गतिविधियों में विशेषीकरण आने तथा श्रम विभाजन के फलस्वरूप जटिलता आती जाती है। इसी के साथ समाज के विभिन्न अंगों के बीच अंतःनिर्भरता में भी वृद्धि होती जाती है। दूसरे शब्दों में सामाजिक संरचना के अंगों में विशेषीकरण और विभेदीकरण के साथ ही संरचना के अंगों में परस्पर-निर्भरता बढ़ती जाती है। स्पेंसर का कहना है कि जिस तरह आँख, कान, नाक, मस्तिष्क आदि के अभाव में जीव की कल्पना नहीं की जा सकती है, उसी तरह समाज के अंगों के रूप में धर्म, अर्थव्यवस्था, संस्कृति, विवाह, परिवार और क़ानून जैसी संस्थाएँ होती हैं और इनके अभाव में समाज चल नहीं सकता है। स्पेंसर की इस मान्यता के आधार पर ही कई समाजशास्त्रियों की राय है कि स्पेंसर ही समाजशास्त्र के क्षेत्र में आरम्भिक प्रकार्यवाद के जनक हैं जिसका आगे चलकर दुर्खाइम, पार्सन्स, रेडक्लिफ़ ब्राउन आदि समाजशास्त्रियों ने विस्तृत विकास किया। स्पेंसर ने भले ही समाज के विभिन्न अंगों की सामूहिकता पर बल दिया हो, पर यह कभी नहीं

माना कि समाज केवल व्यक्तियों का जमावड़ा है; बल्कि यह कहा कि व्यक्तियों के समूह के बावजूद समाज व्यक्ति से भिन्न, अधिक बड़ी और एक स्थाई सच्चाई है। ठीक उसी तरह जिस प्रकार किसी मक़ान में ईंट-पत्थर लगने के बावजूद वह केवल ईंट-पत्थर नहीं रहता, बल्कि बदल कर कुछ और हो जाता है।

समाज की श्रेष्ठता मानने के बावजूद स्पेंसर समूहवादी विचारों के कायल नहीं थे, बल्कि उन्होंने व्यक्ति की स्वतंत्रता तथा अधिकार पर ख़ासतौर पर बल दिया। इसीलिए उन्होंने जीवशास्त्रीय आधार पर समाज की संरचना समझाने की दिशा को व्यक्ति स्वातंत्र्य के सवाल पर स्वयं ही उलट दिया। उन्होंने कहा कि जिस तरह प्राणी के विभिन्न अंग पूरी संरचना के लिए होते हैं, उसी तरह समाज के विभिन्न अंग सामूहिकता के लिए नहीं बल्कि व्यक्ति के अस्तित्व और आवश्यकताओं के लिए होते हैं। यानी व्यक्ति का अस्तित्व समाज के लिए नहीं होता, बल्कि समाज का अस्तित्व व्यक्ति के लिए होता है। अपने व्यक्तिवादी विचारों के कारण स्पेंसर बाद के वर्षों में अधिकाधिक रूढ़िवादी होते चले गये और उन्होंने राज्य द्वारा महिलाओं को मताधिकार प्रदान करने का भी विरोध किया।

उन्नीसवीं सदी के मध्य व उत्तरार्ध में स्पेंसर को बौद्धिक जगत में अपार लोकप्रियता प्राप्त थी। उनकी पुस्तकें लाखों की संख्या में बिकती थीं। उनके निधन से कुछ समय पहले 1902 में नोबल पुरस्कार के लिए भी उनका नामांकन किया गया। लेकिन बीसवीं सदी में स्वयं पूँजीवाद द्वारा अराजक पूँजी पर अंकुश लगाने की चेष्टा, लोकोपकारी तथा जनतांत्रिक राज्यों के उदय के साथ-साथ समाजवाद के विश्वव्यापी असर से स्पेंसर के विचारों की प्रासंगिकता कम होती चली गयी।

**देखें :** अस्तित्ववाद, आत्मनिष्ठता-वस्तुनिष्ठता, इयत्ता, इमैनुएल कांट, इंद्रियानुभववाद, ईसैया बर्लिन, उत्तर-आधुनिकतावाद, उदारतावाद, कल्पित समुदाय, घटनाक्रियाशास्त्र और एडमण्ड हसर, चेतना, जॉर्ज विल्हेल्म फ्रेड्रिख़ हीगेल, जॉन लॉक, ज़ाक लकाँ, ज्याँ फ्रांस्वा ल्योतर, ज्याँ-पॉल सार्त्र, ज़ाक देरिदा, तत्त्वमीमांसा और अस्तित्वमीमांसा, तात्त्विकतावाद, थियोडोर लुडविग वीज़ेनग्रंड एडोर्नो, द्वैतवाद, परिणामवाद, प्रत्यक्षवाद और उसका समाज-विज्ञान पर प्रभाव, फ्रेड्रिख़ नीत्शे-1 और 2, बुद्धिवाद, भाववाद, भौतिकवाद, मनोविश्लेषण, मिशेल पॉल फ़ूको-1 और 2, यथार्थवाद, युरोपीय पुनर्जागरण, युरोपीय ज्ञानोदय, रेने देकार्त, लुई अलथुसे, संत ऑग्स्तीन, सोरेन आबी कीर्केगार्द, संरचनावाद और उत्तर-संरचनावाद, ज्ञानमीमांसा, ज्ञान का समाजशास्त्र।

### संदर्भ

1. एस. अंद्रेस्की (1972), *हरबर्ट स्पेंसर : स्ट्रक्चर, फ़ंक्शन ऐंड इवोल्यूशन,* मेथुइन, लंदन.
3. डेविड डंकन (सम्पा.) (1908), द *लाइफ़ ऐंड लेटर्स ऑफ़ हरबर्ट स्पेंसर,* मिथ्युन, लंदन.
4. जेम्स जी. केनेडी (1978), *हरबर्ट स्पेंसर,* ट्वायने पब्लिशर्स, बोस्टन.
5. डेविड विल्टशायर (1978), द *सोशल ऐंड पॉलिटिकल थॉट ऑफ़ हरबर्ट स्पेंसर,* ऑक्सफ़र्ड युनिवर्सिटी प्रेस, ऑक्सफ़र्ड.

**— वैभव सिंह**

# हरियाणा

(Haryana)

उत्तर भारत का होते हुए भी हरियाणा इस क्षेत्र के अन्य राज्यों जैसा नहीं है। पड़ोसी राज्यों हिमाचल प्रदेश, राजस्थान और दिल्ली की तरह हरियाणा में कांग्रेस और भारतीय जनता पार्टी के बीच दो दलीय होड़ का विकास नहीं हुआ। न ही उत्तर प्रदेश और बिहार की तरह मण्डल और दलित राजनीति का उभार हो सका। यहाँ की राजनीति में शुरू से ही कांग्रेस का वर्चस्व रहा, लेकिन पिछले दो दशकों में यहाँ एक छोर पर ग़ैर-कांग्रेसी क्षेत्रीय दल हैं, तो दूसरे पर कांग्रेस। यहाँ भाजपा का उभार नहीं हो पाया है, लेकिन उसने क्षेत्रीय दलों से मिलकर राज्य की राजनीति पर गहरा असर डाला है। एक अन्य उल्लेखनीय बात यह है कि अच्छी-ख़ासी संख्या में होने के बावजूद हरियाणा में दलितों या पिछड़ी जातियों का उभार नहीं हुआ है। देश की राजधानी से सटे होने के कारण यहाँ के कई शहर औद्योगिक और आर्थिक गतिविधियों का केंद्र ज़रूर बन गये हैं, फिर भी यहाँ के लोगों की जीविका का मुख्य सहारा खेती है। राजनीतिक रूप से राज्य की सबसे प्रभुत्वशाली किसान जाति के रूप में जाट पूरे राज्य में बिख़रे हुए हैं। वर्णाश्रम के अनुसार जाटों की हैसियत ठीक-ठीक पता करना बेहद कठिन है, लेकिन वे ख़ुद को क्षत्रिय मानते हैं। जाटों में क़रीब दो सौ गोत्र पाये जाते हैं। एक गोत्र के अधिकतर जाटों के गाँव एक समूह में होते हैं जिसे 'खाप' के नाम से जाना जाता है। इन खापों में पारम्परिक जाति पंचायतें खाप पंचायत के नाम से प्रचलित हैं। हरियाणा के जाटों में 'सर्वखाप' सबसे बड़ी पंचायत है जो कि तमाम खाप पंचायतों का मिला-जुला रूप है। चुनाव के समय खाप के वोटों को किसी एक पक्ष में झुकाने में इन पंचायतों की निर्णायक भूमिका रहती है। दल-बदल की समस्या देश के

हरियाणा : दलित-पिछड़े उभार से अप्रभावित

तक़रीबन हर प्रदेश में है, पर भारतीय राजनीति को 'आया राम-गया राम' का मुहावरा देने का श्रेय हरियाणा को ही जाता है।

हरियाणा का शाब्दिक अर्थ होता है 'हरि या भगवान का घर।' एक पृथक् राज्य के तौर पर हरियाणा एक नवम्बर, 1966 को भाषाई आधार पर पंजाब का पुनर्गठन होने के बाद सामने आया। पंजाबीभाषी लोग, जिनमें ज़्यादातर सिक्ख थे, अपने लिए अलग राज्य की माँग कर रहे थे। इसके बदले में कुछ जाट संगठनों ने भी एक हिंदीभाषी राज्य बनाने की माँग की। पुराने पंजाब के हिंदीभाषी इलाक़ों को पंजाबीभाषी क्षेत्रों से अलग कर हरियाणा गठित किया गया। ये इलाक़े संयुक्त पंजाब में विकास के लिहाज़ से पिछड़े हुए थे। हरियाणा के उत्तर में पंजाब और हिमाचल प्रदेश है, इसके पश्चिम और दक्षिण में राजस्थान है। हरियाणा के पूर्व में उत्तराखण्ड और उत्तर प्रदेश है। हरियाणा दिल्ली को तीन तरफ़ से घेरे हुए है, यानी दिल्ली की उत्तरी, पश्चिमी और दक्षिणी सीमाएँ हरियाणा से लगी हुई हैं। इस कारण हरियाणा का एक बड़ा इलाक़ा राष्ट्रीय राजधानी क्षेत्र में शामिल है। हरियाणा की राजधानी चण्डीगढ़ है जो एक केंद्रशासित प्रदेश है और पंजाब की राजधानी भी है। हरियाणा का कुल क्षेत्रफल 44,212 वर्ग किलोमीटर है। 2001 की जनगणना के अनुसार इसकी कुल जनसंख्या 2,10,82,989 और उसका घनत्व 477 व्यक्ति प्रति वर्ग किलोमीटर है। यहाँ की साक्षरता दर 71.4 प्रतिशत है। हरियाणा में प्रति एक हज़ार पुरुषों की तुलना में महिलाओं का अनुपात पूरे देश में सबसे कम है। यहाँ एक हज़ार पुरुषों पर 861 महिलाएँ ही हैं। राज्य से लोकसभा के कुल 10 सदस्य चुने जाते हैं। यहाँ की विधायिका एक सदनीय है और कुल 90 विधानसभा निर्वाचन क्षेत्र हैं।

हरियाणा में ऊँची जातियाँ (बनिया, ब्राह्मण, कायस्थ, पंजाबी हिंदू और अन्य जातियाँ) तक़रीबन 20.3 प्रतिशत हैं। कृषक जातियों में जाटों की स्थिति बेहद मज़बूत है। वे जनसंख्या में तक़रीबन 20.4 प्रतिशत हैं। इसके अलावा, राजपूत और रोड़ जैसी कृषक जातियाँ क्रमशः तक़रीबन 3.6 और 1 प्रतिशत हैं। अन्य पिछड़े वर्गों में अपने वाली जातियों को क्रमशः समूह 'ब' और 'अ' में बाँटा गया है। समूह 'ब' में आने वाली पिछड़ी जातियों (अहीर, गूजर, सैनी, बिश्नोई) की जनसंख्या में कुल हिस्सेदारी तक़रीबन 11.6 प्रतिशत है। समूह 'अ' में आने वाली जातियाँ (कम्बोज, खाती, कुम्हार आदि) तक़रीबन 16.2 प्रतिशत है। इसके अलावा, राज्य में अनुसूचित जातियाँ 19.4 प्रतिशत, जाट सिक्ख 3.5 और मुसलमान 7.3 प्रतिशत हैं।

अपने गठन के बाद 1967-77 तक हरियाणा में सत्ता पर कांग्रेस का क़ब्ज़ा रहा। हालाँकि हरियाणा में कांग्रेस का वर्चस्व ऐसा नहीं था जैसा कि कांग्रेस 'प्रणाली' के अंतर्गत दूसरे राज्यों में था। सही मायनों में 1977 के चुनावों के बाद कांग्रेस का पतन शुरू हुआ। पहली बार कांग्रेस को विधान सभा चुनावों में हार का सामना करना पड़ा और देवीलाल के नेतृत्व में जनता पार्टी सरकार गठित हुई। लेकिन पूरे उत्तर भारत की तरह हरियाणा में भी जनता पार्टी का प्रयोग नाकाम रहा। 1979 में देवीलाल की सरकार का पतन हुआ और भजनलाल के नेतृत्व में सरकार बनी। बाद में भजनलाल अपनी पूरे केबिनेट के साथ कांग्रेस में शामिल हो गये। राजनीति को दल-बदल से प्रभावित करने के मामले में यह अनूठी घटना थी। इसके बाद दल-बदल की अभिव्यक्ति और भजन लाल का नाम एक-दूसरे का पर्याय बन गया। बड़े पैमाने पर होने वाले दल-बदलों को व्यंग्य से 'भजन लाल' कहा जाने लगा। 1982 के विधानसभा चुनावों कांग्रेस को जीत मिली। 1987 में देवीलाल के नेतृत्व लोकदल-भाजपा गठजोड़ ने बहुमत हासिल किया। 1991 में मध्यावधि चुनावों में कांग्रेस को जीत मिली।

1990 के बाद लोक दल, बंसीलाल की हरियाणा विकास पार्टी (हविपा), और कांग्रेस में मुख्य संघर्ष हुआ। भारतीय जनता पार्टी ने अपनी सुविधा के अनुसार लोकदल या हविपा से गठजोड़ क़ायम किया। इसी कारण 1996 में हविपा-भाजपा गठजोड़ को सफलता मिली। 1999 के लोक सभा चुनावों और 2005 के विधान सभा में कांग्रेस ने भारी बहुमत हासिल किया। 2010 में हुए चुनावों में यद्यपि कांग्रेस को बहुमत नहीं मिला, लेकिन वह निर्दलीय विधायकों की मदद से सरकार बनाने में सफल रही। 1990 के बाद हरियाणा की राजनीति की मुख्य विषताओं को निम्न बिंदुओं में अभिव्यक्त किया जा सकता है :

पहला, हरियाणा में उत्तर प्रदेश और बिहार की तरह पिछड़ी जातियों का उभार नहीं हुआ है। हरियाणा में दलित अच्छी ख़ासी संख्या में मौजूद हैं, लेकिन दलित अस्मिता-निर्माण अभी शुरुआती स्तर पर ही है। इसी तरह पिछड़ी जातियाँ तक़रीबन 28 प्रतिशत हैं, लेकिन उनके उभार की प्रक्रिया नहीं चल पायी। इसका सबसे बड़ा कारण पिछड़ी जातियों का विभाजित होना है। ख़ुद सरकार ने आरक्षण के मद्देनज़र पिछड़ों को दो समूहों में बाँट दिया। दूसरे, यादव, गूजर और सैनी जैसी पिछड़ी जातियों में 'पिछड़े' होने का आत्मबोध नहीं है। बाक़ी पिछड़ी जातियों की आर्थिक स्थिति बहुत ख़राब है। इसके अलावा, अलग-अलग जातियाँ जनसंख्यात्मक आधार पर भी कमज़ोर हैं।

दूसरा, हरियाणा की राजनीति हमेशा मध्यम स्तर की प्रभुत्वशाली कृषक जातियों, मुख्यत: जाटों द्वारा प्रभावित होती रही है। यह प्रवृत्ति बदस्तूर जारी है। वे राज्य में खेतिहर भूमि के सबसे बड़े मालिक हैं और इसी जाति ने राज्य को सबसे ज़्यादा मुख्यमंत्री दिये। राज्य विधानसभा में सबसे ज़्यादा संख्या में इसी जाति के विधायक चुनकर आते हैं।

तीसरा, राज्य में क्षेत्रीय पार्टियों का उभार हुआ है। लेकिन ये पार्टियाँ विचारधारा के स्तर पर अपनी अलग पहचान बना पाने में सफल नहीं हुई हैं। क्षेत्रीय दलों का कोई मज़बूत वैचारिक आधार नहीं रहा। सत्ता हासिल करने के लिए उन्होंने अपनी सुविधानुसार गठजोड़ बनाये, और दल-बदल किया। 1980 में भजन लाल का अपनी केबिनेट समेत कांग्रेस में शामिल हो जाना इसका सबूत है। 1996 में बंसीलाल की हविपा ने भाजपा से गठजोड़ करके चुनाव लड़ा, लेकिन बाद में इस पार्टी का कांग्रेस में विलय हो गया। हरियाणा के बारे में एक महत्त्वपूर्ण राजनीतिक तथ्य यह है कि यहाँ कोई ख़ास राजनीतिक आंदोलन नहीं हुए हैं। इसके कारण प्रदेश की राजनीति को कोई मज़बूत वैचारिक आधार नहीं मिल पाया।

चौथा, हिंदुत्व की विचारधारा हरियाणा में अपनी जड़ नहीं जमा सकी। इसका प्रभाव राज्य के कुछ क्षेत्रों में ही सीमित रहा है। इसका सबसे बड़ा कारण यह प्रतीत होता है कि हरियाणा में मुसलमानों की संख्या तुलनात्मक रूप से काफ़ी कम है। इसलिए यह राज्य हिंदुत्ववादी राजीति के लिए उर्वर ज़मीन साबित नहीं हुई। क्षेत्रीय दलों से गठजोड़ करने से भाजपा को राज्य की राजनीति में थोड़ी-बहुत सफलता ज़रूर मिली है।

**देखें :** अरुणाचल प्रदेश, असम, आंध्र प्रदेश, उत्तर प्रदेश, उत्तराखण्ड, ओडीशा, कर्नाटक, केरल, गोवा, गुजरात, छत्तीसगढ़, जम्मू और कश्मीर, झाड़खण्ड, तमिलनाडु, त्रिपुरा, दिल्ली, नगालैण्ड, पंजाब, पश्चिम बंग, बिहार, मणिपुर, महाराष्ट्र, मध्य प्रदेश, मिज़ोरम, मेघालय, राजस्थान, सिक्किम।

### संदर्भ

1. विवेक यादव (2009), 'टूटते-बनते समीकरण', अरविंद मोहन (सम्पा.), *लोकतंत्र का नया लोक : चुनावी राजनीति में राज्यों का उभार,* लोकनीति-सीएसडीएस-वाणी प्रकाशन, दिल्ली.
2. जगपाल सिंह (1997), 'दलित्स इन हरियाणा पॉलिटिक्स', *इकॉनॉमिक ऐंड पॉलिटिकल वीकली,* खण्ड 32, अंक 43.
3. कुशल पाल और प्रवीण राय (2000), 'हरियाणा : कांग्रेस रिटेंस इलेक्ट्रोरल सुपरमेसी', *इकॉनॉमिक ऐंड पॉलिटिकल वीकली,* खण्ड 44, अंक 39.

**— कमल नयन चौबे**

# हरित क्रांति

(Green Revolution)

हरित क्रांति की अवधारणा के आधार में यह वैचारिक आग्रह निहित है कि किसी भी देश के कृषि संबंधों में प्रौद्योगिकीय नवाचार के ज़रिये रैडिकल परिवर्तन लाया जा सकता है। इसके साथ आर्थिक विकास के यह सिद्धांत भी जुड़ा हुआ है कि अगर कृषक समाज के शीर्ष पर हरित क्रांति की प्रौद्योगिकियों के ज़रिये समृद्धि ले आयी जाए तो वह बूँद-बूँद रिस कर लम्बे अरसे में नीचे तक पहुँच जाएगी, और पूरे का पूरा खेतिहर समाज रूपांतरित हो जाएगा। हरित क्रांति की प्रौद्योगिकियाँ गारंटी करती हैं कि उनका इस्तेमाल करने से प्रति एकड़ ज़मीन की उपज कई गुना बढ़ जाएगी, और किसान केवल अपना पेट भरने के लिए खेती करने के बजाय बाज़ार में बेच कर नक़दी कमाने के मक़सद के लिए भी पैदावार कर सकेंगे। इस तरह हरित क्रांति खेती के पूँजीवादीकरण का औज़ार भी है। इसके फलितार्थों के रूप में पारम्परिक रूप से कृषि आधारित अर्थव्यवस्थाओं में पूँजीपति किसान या नक़दी फ़सल उगाने वाले बड़े किसानों का एक वर्ग पैदा हुआ है। इस क्रांति की प्रौद्योगिकीय नींव

मनकोम्बू सम्बाशिवम् स्वामीनाथन (1925- )

चालीस के दशक में मैक्सिको में पड़ी थी। साठ के दशक में इसे अमेरिकी पूँजीवाद ने ज़ोर-शोर से अपनाया। अनुसंधान और विकास में अरबों डॉलर ख़र्च करके अमेरिका ने हरित क्रांति की अवधारणा और उस पर अमल के कार्यक्रमों को सारी दुनिया में फैलाया।

इस खेतिहर प्रौद्योगिकी को शुरू से ही ग्रीन रेवोल्यूशन नहीं कहा जाता था। यह नाम उसे मार्च 1968 में मिला जब युनाइटेड स्टेट्स एजेंसी फ़ॉर इंटरनैशनल डिवेलपमेंट के विलियम गौड ने अपने एक भाषण में खाद्यान्न उत्पादन में हो रही इस क्रांति को कम्युनिस्टों द्वारा प्रवर्तित लाल क्रांति के बरक्स रख कर पेश किया। दिसम्बर, 1969 में हरित क्रांति को अमेरिकी कांग्रेस के सामने अमेरिकी विदेश नीति के प्रमुख औज़ार के रूप में प्रस्तावित किया गया। प्रस्तावकों का ख़याल था कि ग्रीन रेवोल्यूशन को अगर सारी दुनिया में फैला दिया जाएगा तो अमेरिकी कीटनाशकों, उर्वरकों, बीजों और ट्रैक्टरों के उद्योग को एक विशाल बाज़ार मिल जाएगा।

भारत समेत तीसरी दुनिया के ज़्यादातर देशों में इसका प्रयोग किया गया। कई जगहों पर (जैसे, भारत) शुरुआत में इसके आश्चर्यजनक रूप से चमकदार नतीजे निकले, लेकिन कुछ अन्य देशों (जैसे, अफ्रीकी देश) को कोई ख़ास फायदा नहीं हुआ। पर कुल मिला कर दुनिया के पैमाने पर खाद्यान्न उत्पादन तेज़ी से बढ़ा। एकबारगी ऐसा लगा कि हरित क्रांति से होने वाली कई गुना ज़्यादा पैदावार से खाद्य संकट और भूख का प्रश्न हमेशा-हमेशा के लिए हल हो जाएगा। लेकिन, सिर्फ़ दस-बारह साल के भीतर ही इस खेतिहर प्रौद्योगिकी के चौतरफ़ा नुक़सान सामने आने लगे। आज हरित क्रांति एक विवादास्पद अवधारणा बन चुकी है। इसकी दूरगामी मानवीय, राजनीतिक और पर्यावरणीय क़ीमत इसके फ़ौरी आर्थिक लाभों के मुक़ाबले बहुत ज़्यादा साबित हुई है। लेकिन दुनिया में जगह-जगह दूसरी हरित क्रांति की चर्चा भी चलाई जा रही है। इसके पीछे तर्क यह है कि 2020 तक दुनिया की बढ़ी हुई आबादी के लिए खाद्यान्न उत्पादन में चालीस फ़ीसदी की बढ़ोतरी करनी पड़ेगी, और ऐसा केवल जेनेटिक इंजीनियरिंग वग़ैरह की मदद से की जाने वाली दूसरी हरित क्रांति से ही सम्भव है।

हरित क्रांति में इस्तेमाल की जाने वाली प्रौद्योगिकी का आविष्कार द्वितीय विश्व-युद्ध के बाद की परिस्थितियों में मैक्सिको में हुआ था। कृषि-अनुसंधान में गहरी दिलचस्पी रखने वाले अमेरिकी वैज्ञानिक नॉर्मन बोरलॉग ने मैक्सिको में अनुसंधान करते हुए गेहूँ की एक ऐसी क़िस्म का विकास किया जो सामान्य क़िस्मों से कहीं ज़्यादा उपज देती थी और साथ में फ़सल नष्ट कर देने वाली बीमारियों का भी उस पर असर नहीं होता था। बोरलॉग ने अपनी इस उपलब्धि के लिए 1970 में नोबेल पुरस्कार भी जीता। उन्होंने जो संकर बीज तैयार किया था उसमें पाँच ऐसी विशेषताएँ थीं जो पहले नहीं देखी गयी थीं: खाद डालने से इस बीज का पौधा बहुत तेज़ी से बढ़ता था, कम समय में पक जाने के कारण किसानों को एक फ़सल चक्र में कई फ़सलें पैदा करने का अवसर मिलता था, उर्वरक की प्रति इकाई की दर से पैदावार कहीं ज़्यादा (चार से पाँच गुना) थी, चूँकि पौधे की क़िस्म लम्बाई में बौनी थी इसलिए अनाज से भरी बाली के बोझ से पौधा टूटता और नष्ट नहीं होता था और धान के बीजों को छोड़ कर अन्य बीज सूखे का भी कहीं ज़्यादा कामयाबी से मुक़ाबला कर सकते थे।

मैक्सिको में बोरलॉग के आविष्कार का पहला प्रयोग किया गया जिसके कारण बढ़ी हुई पैदावार ने इस देश को साठ के दशक में गेहूँ का बड़ा निर्यातक बना दिया, जबकि इससे पहले वह अपनी ज़रूरतों का आधार अनाज आयात करता था। पचास के दशक में अमेरिका ने भी इस प्रौद्योगिकी का अपने यहाँ प्रयोग किया जिससे वह न केवल गेहूँ उत्पादन में आत्मनिर्भर हो गया बल्कि साठ के दशक तक वह भी बड़े पैमाने पर उसका निर्यात करने लगा। इसके बाद फ़ोर्ड फ़ाउंडेशन और रॉकफ़ेलर फ़ाउंडेशन ने इस तरह के कृषि अनुसंधान में जम कर संसाधन झोंके। 1963 में इन संस्थाओं ने सरकारी एजेंसियों की मदद से द इंटरनैशनल मेज़ ऐंड व्हीट इम्प्रूवमेंट सेंटर की स्थापना की।

हरित क्रांति को हाई ईल्ड वैराइटी सीड्स यानी ज़्यादा उपज वाले बीजों का पर्याय माना जाता है। लेकिन यह एक पूरा पैकेज है। एचवाईवी बीज तब तक इच्छित फल नहीं दे सकते जब तक बड़े पैमाने पर रासायनिक उर्वरकों का इस्तेमाल न किया जाए, सिंचाई की समुचित व्यवस्था न हो

और पौधों की रक्षा के लिए उचित कीटनाशक न डाले जाएँ। खेती की यह तकनॉलॅजी इससे भी आगे जा कर माँग करती है कि बीज, खाद और कीटनाशक ख़रीदने के लिए किसानों को सस्ती दर पर संस्थागत ऋण मुहैया कराया जाए, उनकी पैदावार ख़रीदने के लिए समर्थन मूल्यों के निर्धारण की एक पूरी नीति तैयार की जाए, मार्केटिंग सुविधाएँ दी जाएँ और हरित क्रांति के क्षेत्रों में कृषि विश्वविद्यालय खोले जाएँ ताकि किसानों को प्रौद्योगिकीय मदद मिल सके।

भारत में हरित क्रांति के क़दम साठ के दशक के मध्य में पड़े। हालैण्ड से जेनेटिक्स की पढ़ाई करने के बाद केम्ब्रिज से पीएचडी करने वाले मनकोम्बू सम्बाशिवम् स्वामीनाथन नॉर्मन बोरलॉग के संकर बीज (जो आधे जापानी और आधे मैक्सिकन थे) भारत लेकर आये। उन्होंने रॉकफ़ेलर फ़ाउंडेशन की मदद से अपनी दिल्ली स्थित और फिलीपींस के इंटरनैशनल राइस रिसर्च इंस्टीट्यूट की प्रयोगशालाओं में उन बीजों को स्थानीय बीजों के साथ मिला कर एक नयी क़िस्म विकसित की। पहले गेहूँ पर, और फिर वही प्रयोग चावल पर हुए। इस प्रक्रिया में अनाज की कुछ ऐसी क़िस्में विकसित हुईं जिनसे पारम्परिक बीजों के मुक़ाबले कहीं अधिक पैदावार हासिल की जा सकती थी।

उस ज़माने में भारत अनाज की ज़बरदस्त किल्लत से गुज़र रहा था। अमेरिका के पब्लिक लॉ-480 के तहत किये गये गेहूँ के आयात से किसी तरह मुश्किल से सारे देश का पेट भरने की विफल कोशिशें हो रही थीं। दरअसल, किसी भी वक़्त भीषण अकाल पड़ सकता था। 1966 में स्वामीनाथन ने दिल्ली के बाहर स्थित गाँवों में दो हज़ार मॉडल फ़ॉर्म स्थापित किये ताकि किसानों के सामने इन बीजों का चमत्कार दिखाया जा सके। इसके बाद उन्होंने लालबहादुर शास्त्री सरकार को भीषण राजकोषीय संकट के ज़माने में 18,000 टन मैक्सिन बीज आयात करने के लिए राज़ी किया। लेकिन केवल इतने से ही काम नहीं चल सकता था। केवल पंजाब के पास ही सिंचाई की वे सुविधाएँ थीं जिनके तहत नयी क़िस्मों के बीज बोये जा सकते थे। दरअसल, सरकार के पास इस क्रांति को आगे बढ़ाने के लिए आवश्यक अधिसंरचनात्मक सुविधाओं का पूरी तरह से अभाव था। स्वामीनाथन को इस मुक़ाम पर जिस राजनीतिक इच्छा-शक्ति से सम्पन्न नेतृत्व की आवश्यकता थी, उसकी पूर्ति इंदिरा गाँधी ने की। इंदिरा गाँधी अपनी विदेश नीति को अनाज-आयात के दबाव से मुक्त करना चाहती थीं। इसलिए उन्होंने इस वैज्ञानिक को एक नये कृषि-कार्यक्रम के सूत्रीकरण और फिर उस पर योजनाबद्ध अमल की पूरी छूट दी। परिणामस्वरूप फ़ोर्ड फ़ाउंडेशन की सीधी देख-रेख में इंटेसिव एग्रीकल्चर डिस्ट्रिक्ट प्रोग्राम की रचना करके उसे सामुदायिक विकास कार्यक्रम से जोड़ दिया गया। इस कार्यक्रम का पहला प्रयोग 14 ज़िलों से प्रारम्भ हुआ, और बाद में यही डिस्ट्रिक्ट प्रोग्राम एरियाज़ प्रोग्राम के रूप में 114 ज़िलों तक कर विस्तारित कर दिया गया। कृषि योग्य ज़मीन के लिहाज़ से 1966-67 में एचवाईवी बीजों का प्रयोग सबसे पहले 46 लाख एकड़ ज़मीन में हुआ। यह रकबा अगले साल बढ़ कर क़रीब तीन करोड़ एकड़ तक पहुँच गया जो भारत के कुल खेतिहर क्षेत्र के साढ़े दस फ़ीसदी से कुछ ही कम था। परिणामस्वरूप भारत का खाद्यान्न उत्पादन 1970 तक दोगुना पाँच करोड़ टन से बढ़ कर दस करोड़ टन हो गया। सबसे ज़्यादा फ़ायदा पहुँचा गेहूँ की मैक्सिन बौनी क़िस्मों से। धान के संकर बीजों से उतना लाभ नहीं हुआ जितना समझा जाता था। कुल मिला कर आर्थिक दृष्टि से खेती की विकास दर तीन से पाँच फ़ीसदी के बीच हो गयी, जबकि यही विकास दर अंग्रेज़ों के ज़माने में मुश्किल से एक फ़ीसदी ही हो पाती थी।

हरित क्रांति की इस सफलता ने देश में रासायनिक खादों, कीटनाशकों और खेती की मशीनरी के उद्योगों को ज़बरदस्त उछाल दिया। भारतीय किसानों की आम छवि अपने में सिकुड़े हुए और नयी तक़नीकों के प्रति अरुचि ज़ाहिर करने वाले समुदाय की थी। हरित क्रांति ने दिखा दिया कि भारतीय किसान असल में ऐसा नहीं है। दूसरे, हरित क्रांति का पहला दौर सौभाग्य से ऐसे समय में सम्पन्न हुआ जब भारत में 1967 से 1970 के बीच आम तौर पर ठीक-ठाक बारिश होती रही। ऊपर से जिन इलाक़ों में इसका प्रयोग किया गया, वहाँ के किसानों के पास अपनी सिंचाई सुविधाएँ भी थीं। इसलिए शुरू में सूखे की परिस्थितियों में संकर बीजों की क्षमता की जाँच नहीं हो पायी। तीसरे, शुरू में किसानों की आमदनी हरित क्रांति की प्रौद्योगिकी से तक़रीबन 190 फ़ीसदी तक बढ़ी जिसके कारण उन्हें खेती के लिए गये क़र्ज़ चुकाने में भी कोई दिक़्क़त नहीं हुई, और इस खेती पर होने वाले तक़रीबन ड्योढ़ा ख़र्चा भी उन्हें नहीं अखरा।

हरित क्रांति के विपरीत प्रभाव सत्तर के दशक के मध्य से दिखाई देने शुरू हुए। अस्सी के दशक के दौरान हुए कई अध्ययनों से इस सिक्के का दूसरा पहलू सामने आना शुरू हुआ।

**देखें :** श्वेत क्रांति, हरित क्रांति : एक मूल्यांकन।

## संदर्भ

1. लक्ष्मण यापा (1993), 'व्हाट आर इम्प्रूव्ड सीड्स? ऐन एपिस्टेमोलॅजी ऑफ़ द ग्रीन रेवोल्यूशन, *इकॉनॉमिक जियोग्राफ़ी,* खण्ड 69, अंक 3, एनवायरनमेंट ऐंड डिवेलपमेंट, पार्ट 1.
2. ए.के. चक्रवर्ती (1973), 'ग्रीन रेवोल्यूशन इन इण्डिया', *अनाल्स ऑफ़ द एसोसिएशन ऑफ़ अमेरिकन जियोग्राफ़र्स,* खण्ड 63, अंक 3.

3. बी.एच. फ़ार्मर (1981), 'द 'ग्रीन रेवोल्यूशन' इन साउथ एशिया', *जियोग्राफ़ी*, खण्ड 66, अंक 3.
4. एफ़.आर. फ्रेंकेल (1971), *इण्डियाज़ ग्रीन रेवोल्यूशन : इकॉनॉमिक गेंस ऐंड पॉलिटिकल कॉस्ट्स*, ऑक्सफ़र्ड युनिवर्सिटी प्रेस, बम्बई


**— अभय कुमार दुबे**

# हरित क्रांति : एक मूल्यांकन

(Green Revolution : An Evaluation)

हरित क्रांति के पैरोकारों का दावा था कि उनकी यह प्रौद्योगिकी स्केल-न्यूट्रल है यानी वह बड़ी जोतों को ही नहीं, बल्कि छोटी जोतों को भी उतना ही लाभ पहुँचाती है। अगर यह दावा सही होता तो हरित क्रांति के ज़रिये भारत में कृषि-क्षेत्र का चौतरफ़ा आधुनिकीकरण होता और उसके कारण उत्पादन के संबंध बदल जाते। खेतिहर मज़दूर ग्रामीण इलाक़ों में ताक़तवर भू-स्वामियों की मातहती से निकल आते। दूसरी तरफ़ हरित क्रांति से वैकासिक रणनीति के सिद्धांतकारों को यह उम्मीद भी थी कि अपनी पैदावार बाज़ार में बेचने से किसानों को जो बेशी आमदनी होगी, वह संचित हो कर छोटे-मँझोले पैमाने के उद्योगीकरण में जाएगी। अगर ऐसा हो पाता तो भारत में उद्योगीकरण और उद्यमशीलता को एक नया उछाल मिलता। इसके कारण देश की ज़्यादातर आबादी की खेती पर निर्भरता उत्तरोत्तर घटती चली जाती। जब 1967 से 1970 के बीच में किसानों के हाथ में बढ़ी हुई आमदनी आयी, तो सभी को ऐसा ही लगा कि सामाजिक-आर्थिक परिवर्तन इसी तर्ज़ पर तेज़ी से घटित होगा। इसमें कोई शक नहीं कि हरित क्रांति के कारण ग्रामीण समाज के आर्थिक-राजनीतिक ढाँचे में उल्लेखनीय परिवर्तन हुआ, लेकिन अपेक्षित दिशा में नहीं। जो तब्दीलियाँ हुई भीं उनमें कई तो बेहद हानिकारक थीं।

छोटे किसानों को कोई ख़ास लाभ नहीं हुआ, और बड़े किसान पहले भी कहीं ज़्यादा मज़बूत हो गये। बड़े किसानों के पास पहले से इतनी आमदनी थी कि वे पूँजी सघनता वाली खेती में पैसा लगा सकें। छोटे किसानों को यही पैसा क़र्ज़ लेकर हासिल करना पड़ा। अगर यह ऋण संस्थागत ज़रियों से मिलता, तो इसकी ब्याज दर सस्ती होती। लेकिन जब किसान अनौपचारिक क्षेत्र से ऋण लेने के लिए मजबूर हुए, उन्हें ब्याज की असहनीय दर चुकानी पड़ी। ज़ाहिर है कि सैद्धांतिक रूप से हरित क्रांति की प्रौद्योगिकी स्केल-न्यूट्रल थी, पर वह रिसोर्स-न्यूट्रल यानी कम संसाधनों वाली परिस्थिति के लिए मुफ़ीद और सुविधाजनक साबित नहीं हुई। कई मामलों में छोटे किसानों ने बाज़ार से खाद और अन्य सामग्री ख़रीदने के लिए व्यापारियों से क़र्ज़ लिया, और फिर उसे चुकाने के लिए उन्हें फ़सल का वह हिस्सा भी बाज़ार में बेचना पड़ा जिसे वे अपने उपभोग के लिए रखना चाहते थे। फ़सल कटाई के तुरंत बाद उन्होंने पैदावार बेची जब दाम कम थे, और फिर बाद में अपने उपभोग के लिए महँगी दर पर बाज़ार से खाद्यान्न ख़रीदा।

एक फ़सल-चक्र में ज़्यादा से ज़्यादा फ़सलें पैदा करने की कोशिश ने रासायनिक खादों और कीटनाशकों के जम कर इस्तेमाल को बढ़ावा दिया जिससे ज़मीन की उपजाऊ शक्ति का क्षय होने लगा। पैदावार घटी और खेती की लागत अधिकाधिक सामग्री का इस्तेमाल करने के कारण बढ़ती गयी। मुनाफ़ा घटा और सरकारी समर्थन मूल्य नाकाफ़ी पड़ने लगे। छोटे किसान ऋण चुकाने में असमर्थ साबित होने लगे जिसके कारण देश के कई हिस्सों में किसानों की आत्महत्या की परिघटना उभरी। खेतिहर उत्पादन में बढ़ोतरी तो हुई लेकिन उसका परिणाम खाद्य सुरक्षा की गारंटी में नहीं निकला। बेशी खाद्यान्न निर्यात कर दिया गया या भण्डारण के दायरे में चला गया। बाज़ार की प्रक्रिया ने भण्डारित खाद्यान्न को निकलने नहीं दिया गया। खाद्यान्न भले ही सड़ गया हो, लेकिन उसे भूखों में बाँटने का आर्थिक विशेषज्ञों द्वारा विरोध किया गया। ख़ास कर इस तर्क के आधार पर कि इससे बाज़ार का संतुलन बिगड़ सकता है।

हरित क्रांति के बारे में हुए अध्ययन स्पष्ट रूप से दिखाते हैं कि इसके कारण भूमिहीन खेतिहर मज़दूरों की संख्या तेज़ी से बढ़ी है। क्या इसका कारण छोटे और सीमांत किसानों द्वारा अपनी ज़मीनें बेचने से जुड़ा हुआ है ? अनुसंधान बताते हैं कि खेतिहर मज़दूरों की संख्या बढ़ने के पीछे इस कारण का असर सबसे कम है। दरअसल, हरित क्रांति ने कई पारम्परिक पेशों को ख़त्म कर दिया, और जजमानी संबंधों का तेज़ी से क्षय हुआ। जिसके कारण इन कामों में लगे लोग भी खेतों में काम करने को मजबूर हो गये। हरित क्रांति के कारण ग़रीब इलाक़ों (जैसे, बिहार) से अमीर इलाक़ों (जैसे, पंजाब) की तरफ़ भूमिहीन मज़दूरों का बड़े पैमाने पर आव्रजन हुआ। बिहार और पूर्वी उत्तर प्रदेश के अर्ध-सामंती भूमि-संबंधों से परेशान मज़दूरों को लगा कि वे पंजाब या हरियाणा के खेतों में काम करके कहीं ज़्यादा कमा सकते हैं। लेकिन,अनुसंधानों से यह भी पता चला है कि हरित क्रांति से भूमिहीनों की मज़दूरी तो बढ़ी, लेकिन क़ीमतों में सर्वांग वृद्धि के कारण उनकी क्रय-शक्ति घट गयी। स्वाभाविक ही था कि इस परिस्थिति में देश में कई जगहों पर ग़रीब और भूमिहीन किसानों के रैडिकल जुझारू आंदोलनों को पानी मिलता।

धनी किसानों के आंदोलन : हरित क्रांति ने ग्रामीण संरचना में एक नये वर्ग का समावेश किया। यह था धनी किसानों का वर्ग जिसने खेतिहर उत्पादन के लिए बेहतर दामों की माँगों का झण्डा उठाया। यह किसान आंदोलन छोटे और मँझोले किसानों द्वारा वामपंथी पार्टियों के नेतृत्व में किये जाने वाले आंदोलनों से भिन्न था। सत्तर के दशक के आख़िरी वर्षों में इसकी शुरुआत हुई और अस्सी के दशक में इसकी तीव्रता अपने चरम पर पहुँची। पश्चिमी उत्तर प्रदेश, महाराष्ट्र और कर्नाटक में इसने महेंद्र सिंह टिकैत, शरद जोशी और नाजुंदास्वामी जैसे नये किसान नेताओं को जन्म दिया। इन तीनों में शरद जोशी का शेतकरी किसान संघ सारे देश का ध्यान आकर्षित करने में सफल हुआ। पूँजीवादी खेती के सिद्धांतकारों ने गाँव बनाम शहर या असली भारत बनाम शहरी भारत या खेती बनाम उद्योग जैसे द्विभाजनों के इर्द-गिर्द एक नया विमर्श रचने की कोशिश की। ख़ास बात यह थी कि कहीं-कहीं तो यह विमर्श पूरी तरह से सेकुलर भाषा में बुना गया, पर कुछ जगहों पर इसने जातिगत और समुदायगत निष्ठाओं के आधार पर गोलबंदी का सहारा लिया। टिकैत का आंदोलन इसका उदाहरण था।

धनी किसानों की गोलबंदी जिन नेताओं के हाथ में थी, वे सभी बिना किसी अपवाद के उन जातियों से आये थे जिनकी प्रभुत्वशाली जातियों के रूप में शिनाख़्त की जाती है। इनके पास संख्या-बल भी होता है, सामुदायिक आधार पर एकत्रीकरण की क्षमता भी होती है और वे स्थानीय से राज्य स्तर तक राजनीति में ख़ासा दबदबा भी रखते हैं। किसानों के इस वर्ग की बेशी आमदनी उद्योग-धंधों में जाने के बजाय ठेकेदारी, शराब बेचने, ट्रक-बस चलवाने और उन्मुक्त उपभोग में ज़्यादा खपी।

हरित क्रांति ने पर्यावरण को बहुत नुक़सान पहुँचाया। उर्वरकों और कीटनाशकों के अंधाधुंध इस्तेमाल के कारण जल-स्रोतों के विषैले होने की भीषण परिघटना सामने आयी। खेतिहर मज़दूरों के शरीर में ज़हर की मात्रा बढ़ी और उन्हें ऐसी-ऐसी बीमारियाँ होने लगीं जिनका पहले कभी नाम भी नहीं सुना जाता था। कीटनाशकों ने केवल फ़सलों को नुक़सान पहुँचाने वाले कीड़े ही नहीं मारे, उन्होंने पर्यावरण की रक्षा करने वाले कीटों और जीवों को भी नष्ट कर दिया। धुआँधार सिंचाई का परिणाम यह हुआ कि खेतों की उपजाऊ मिट्टी में नमक की मात्रा बढ़ने लगी। जो ज़मीन कभी सोना उगलती थी, वह दस साल के बाद बंजर होने के क़रीब पहुँच गयी। ट्यूबवैलों और पम्पों से पानी लगातार खींचे जाने के कारण भू-जल का स्तर बहुत घट गया। बारिश भी निकाल लिये गये अनाप-शनाप जल की भरपाई करने में असमर्थ रही। नक़दी फ़सलें उगाने के लालच ने किसानों को उत्तरोत्तर केवल उन्हीं चीज़ों की खेती करने की तरफ़ धकेला जिनके अच्छे दाम मिल सकते थे। परिणाम यह निकला कि जैव-विविधता का ह्रास हुआ। हरित क्रांति से पहले एक किसान कई तरह की फ़सलें उगाता था। पर बाद में बड़े और छोटे किसान बाज़ार के लिए खेती करने लगे। बड़ा किसान फ़ायदे में होने के कारण अपने लिए बाज़ार से पौष्टिक आहार ख़रीद सका, पर छोटा और ग़रीब किसान ऐसा नहीं कर पाया। इसके कारण उसके आहार की पौष्टिकता घटती चली गयी।

हरित क्रांति के कारण हुए परिवर्तनों ने मार्क्सवादी विद्वानों के बीच भारतीय कृषि में 'मोड ऑफ़ प्रोडक्शन' की बहस को भी स्पर्श किया। इन विद्वानों की मुख्य चिंताओं में यह प्रश्न भी शामिल था कि क्या हरित क्रांति ने खेतिहर क्षेत्र को पूँजीवादी बना दिया है, या अभी भी यह क्षेत्र अर्ध-सामंती उत्पादन संबंधों में जकड़ा हुआ है। विद्वानों के एक हिस्से का मत था कि औपनिवेशिक शासन के दौरान पुरानी खेतिहर प्रणाली का क्षय हुआ और पूँजीवादी प्रवृत्तियों की शुरुआत हुई। लेकिन पूर्वी भारत पर अध्ययन करने वाले कुछ विद्वानों का कहना था कि अब भी खेती पर अर्ध-सामंती उत्पादन पद्धतियाँ ही हावी हैं। जो भू-स्वामी है वही सूद पर रुपया भी उधार देता है। छोटे किसान और भूमिहीन मज़दूर उनके क़र्ज़ की बेड़ियों में बँधे रहते हैं। इन हालात ने खेती में श्रम और पैदावार के 'ज़बरिया व्यवसायीकरण' की परिघटना को जन्म दिया है। खेती जड़ता और शोषण के चक्र में कुछ इस तरह फँसी हुई है कि उसमें पूँजीवाद के विकास की कोई सम्भावना ही नहीं बन पाती।

**देखें :** श्वेत क्रांति, हरित क्रांति।

## संदर्भ

1. अमित भादुड़ी (1984), *द इकॉनॉमिक स्ट्रक्चर ऑफ़ बेकवर्ड एग्रीकल्चर,* मैकमिलन,नयी दिल्ली.
2. प्रणब वर्द्धन (1970), 'ग्रीन रेवोल्यूशन ऐंड एग्रीकल्चरल लेबर', *इकॉनॉमिक ऐंड पॉलिटिकल वीकली,* खण्ड 5, अंक 29-31.
3. डी. गुप्ता (1997), *राइवलिरी ऐंड ब्रदरहुड : पॉलिटिक्स इन द लाइफ ऑफ़ फार्मर्स इन नार्दन इण्डिया,* ऑक्सफ़र्ड युनिवर्सिटी प्रेस, नयी दिल्ली.
4. सुरिंदर सिंह जोधका (1995), *डेट, डिपेंडेंस ऐंड एग्रेरियन चेंज,* रावत पब्लिकेशंस, जयपुर.
5. ए. थॉर्नर (1988), 'सेमी-फ़्यूडलिज़म ऑर कैपिटलिज़म? कंटम्परेरी डिबेट्स ऑन क्लासिज़ ऐंड मोड्स ऑफ़ प्रोडक्शन इन इण्डिया', *इकॉनॉमिक ऐंड पॉलिटिकल वीकली,* खण्ड 23, अंक 27-8.

**— अभय कुमार दुबे**

# हान्ना एरेंत

(Hannah Arendt)

बीसवीं सदी के सर्वश्रेष्ठ राजनीतिक दार्शनिकों में से एक हान्ना एरेंत (1906–75) अपनी इस विशिष्ट स्थापना के लिए जानी जाती हैं कि मानवीय उपलब्धि का शिखर महज़ विचार के ज़रिये नहीं बल्कि सक्रिय जीवन के माध्यम से उपलब्ध किया जा सकता है। प्लेटो के ज़माने से ही पश्चिमी चिंतन परम्परा में विचार की केंद्रीयता रही है, इसलिए साझा राजनीतिक कार्रवाई को मानवीय मुक्ति का स्रोत क़रार देने वाला यह सूत्रीकरण अपने-आप में अनूठा था। हान्ना एरेंत की दूसरी उल्लेखनीय विशेषता यह थी कि राजनीतिक सिद्धांतों के इर्द-गिर्द अपना विमर्श बुनने के बजाय उन्होंने राजनीतिक अनुभव की गहराइयों में उतरने की चेष्टा की। इसके लिए उन्होंने आधुनिक इतिहास की उल्लेखनीय घटनाओं की गवेषणा की जो लीक से हट कर थी। वे राजनीतिक चिंतन के क्षेत्र में घटनाक्रियाशास्त्र से निकली दार्शनिक पद्धति और साहित्यिक स्रोतों का इस्तेमाल करने वाली पहली विद्वान थीं। एरेंत की एक अन्य उपलब्धि सर्वसत्तावाद का विश्लेषण है। 1951 में प्रकाशित अपनी विख्यात रचना द *ओरिजिन ऑफ़ टोटेलिटेरियनिज़म* में उन्होंने सर्वसत्तावाद की शिनाख़्त बीसवीं सदी की एक विशिष्ट परिघटना के रूप में की है। यहूदियों के हत्यारे एडॉल्फ आइखमैन के मुक़दमे पर केंद्रित अपनी रचना में उन्होंने दुष्टता के मामूलीपन पर रोशनी डाली। एरेंत की असमाप्त कृति *लाइफ़ ऑफ़ माइंड* में चिंतन, संकल्प और निर्णय करने की प्रक्रिया पर दार्शनिक विचार किया गया है। उन्होंने राजनीतिशास्त्र के क्षेत्र में मंद होती जा रही रिपब्लिकनिज़म की विचार-परम्परा को फिर से प्रासंगिक बनाने का प्रयास भी किया। एक सुसंगत विचारक और लेखक होने के बावजूद उन्होंने किसी राजनीतिक प्रणाली की रचना करने की कोशिश नहीं की, लेकिन समकालीन राजनीतिक सोच पर उनकी गहरी छाप से इनकार नहीं किया जा सकता।

एक जर्मन यहूदी परिवार में जन्मी एरेंत के बौद्धिक जीवन की शुरुआत राजनीतिक सिद्धांतकार के रूप में नहीं हुई थी। युवावस्था में उन्होंने मार्टिन हाईडैगर और कार्ल जैस्पर जैसे अस्तित्ववादी चिंतकों के साथ दर्शन का अध्ययन किया। 1929 में उन्होंने संत ऑगस्तीन के विमर्श में प्रेम की अवधारणा पर प्रबंध लिखा। लेकिन वे ज़्यादा दिनों तक एक तत्त्वमीमांसक की भूमिका में नहीं रह पायीं। फ़ासीवाद के जर्मन संस्करण नाज़ीवाद द्वारा चलाई गयी क्रूर यहूदी विरोधी मुहिम के कारण उन्हें न सिर्फ़ अपना देश छोड़ना पड़ा। वे फ़्रांस में कुछ दिन रुक कर अमेरिका चली गयीं और बाक़ी जीवन एक प्रभावशाली राजनीतिक चिंतक और कार्यकर्त्ता के रूप में बिताया। इसके बाद उनकी सभी महत्त्वपूर्ण रचनाएँ जर्मन के बजाय अंग्रेज़ी में प्रकाशित हुईं।

प्रचलित अकादमीय रवैये से अलग हट कर सर्वसत्तावाद का विश्लेषण करने वाली अपनी पहली कृति से ही एरेंत ने अपनी धाक जमा दी। नयी अंतर्दृष्टियों के लिए द *ओरिजिन ऑफ़ टोटेलिटेरियनिज़म* को प्रशंसक भी मिले और आलोचक भी। उन्होंने कहा कि सर्वसत्तावाद राजनीतिक उत्पीड़न के पारम्परिक रूपों से भिन्न है। बीसवीं सदी में विकसित हुई इस राज्य-व्यवस्था का इतिहास नाज़ीवाद से स्तालिनवाद के बीच फैला हुआ है। यह परिघटना विचारधारा और आतंक के माध्यम से न केवल एक राज्य के भीतर बल्कि सारी दुनिया पर सम्पूर्ण प्रभुत्व क़ायम करने के सपने से जुड़ी है। विचारधारा से उनका मतलब इतिहास के नियमों का पता लगा लेने की दावेदारियों से था। आंतक के सर्वाधिक भीषण उदाहरण के रूप में उन्होंने नाज़ी यातना शिविरों का हवाला दिया।

उन्होंने समकालीन युरोपीय अनुभव की व्याख्या करते हुए उन आयामों की शिनाख़्त की जिनके कारण सर्वसत्तावाद मुमकिन हो सका। उन्होंने दिखाया कि यहूदियों की विशिष्ट राजनीतिक और सामाजिक हैसियत के कारण सामीवाद विरोधी मुहिम को नयी ताक़त मिली; साम्राज्यवाद के कारण नस्लवादी आंदोलन पैदा हुए; और युरोपीय समाज के उखड़े हुए समुदायों में बँट जाने के कारण अकेलेपन और दिशाहीनता के शिकार लोगों को विचारधाराओं के ज़रिये गोलबंद करने में आसानी हो गयी। एरेंत ने इस पुस्तक में नाज़ीवाद और स्तालिनवाद का जो समीकरण बनाया, उसने मार्क्सवादियों के एक हिस्से को नाराज़ कर दिया। दूसरी तरफ़ पारम्परिक शैली के राजनीतिक सिद्धांतकार इसलिए असंतुष्ट हो गये कि उन्होंने सर्वसत्तावाद की जड़ों की खोज करने के लिए साहित्यिक साक्ष्यों का इस्तेमाल किया। हालाँकि एरेंत ख़ुद भी यहूदी थीं, पर यहूदी समाज भी उनसे प्रसन्न नहीं रहा। उन्होंने 1963 में *आइखमैन इन यरूशलम* लिखी जिसका उपशीर्षक 'ए रिपोर्ट ऑन द बैनलिटी ऑफ़ ईविल' था। एरेंत का निष्कर्ष यह था कि आइखमैन के हत्यारे कारनामों के पीछे कोई सोची-समझी दुष्टता न हो कर एक ऐसे नौकरशाह की विवेकहीनता थी जो आँख बंद करके आदेशों का पालन कर रहा था। इस नाज़ी नौकरशाह में अपने कृत्यों के तात्पर्यों को समझने की क्षमता का अभाव था।

1958 में प्रकाशित द *ह्यूमन कंडीशन* के ज़रिये एरेंत ने राजनीतिक दर्शन की पुनर्रचना करने का वह प्रयास शुरू किया जिसकी झलक उनके शुरुआती लेखन में दिखाई दी

हान्ना एरेंत (1906–75)

थी। एरेंत के विमर्श में अस्तित्ववादी दृष्टिकोण की साफ़ झलक थी। अस्तित्ववाद की मान्यता है कि आधुनिक पश्चिमी चिंतन इनसान के वजूद को ठीक से समझ पाने में असमर्थ रहा है। इसकी वजह वस्तुनिष्ठता पर अधिक बल देने यानी मानवीय अस्तित्व को बाहर से देखने के रवैये में निहित है। पश्चिमी चिंतन प्रकृति को भी इसी तरह समझने की कोशिश करता है। चूँकि प्रकृति बेहद जटिल और विविधतासम्पन्न है, इसलिए पश्चिमी चिंतन विज्ञान और तत्त्वमीमांसा के औज़ारों से प्रकृति के भीतर एक निश्चित क्रम, प्रणाली और स्पष्टता की खोज कर लेता है। इसी विधि से मानवीय अस्तित्व को समझने का प्रयास किया जाता है। मानव-प्रकृति जैसे पद गढ़े जाते हैं और फिर पूरे समाज को उसी समझ के खाँचे में फ़िट कर दिया जाता है। एरेंत के मुताबिक़ सर्वसत्तावाद इसी प्रवृत्ति का एक अतिवादी संस्करण है। *द ह्यूमन कंडीशन* में एरेंत ने इसी वैचारिक परियोजना को आगे बढ़ाते हुए आधुनिक राजनीतिक जीवन और राज्यतंत्र की दुर्बलताओं पर उँगली रखी। उन्होंने मानवीय सक्रियता के तीन आयाम बताये : श्रम, जिसमें दोहराव है पर जिसके ज़रिये मनुष्य अपनी जैविक आवश्यकताओं को पूरा करता है; सृजन, जिसके माध्यम से इनसान टिकाऊ वस्तुओं की रचना करते हुए अपने संसार की सृष्टि करता है; और कार्रवाई, जो मनुष्य के लिए स्वतंत्रता और मुक्ति का स्रोत है। एरेंत के लिए कार्रवाई का अर्थ ख़ास तरह का था। वे साझा राजनीतिक कार्रवाई के महत्त्व को रेखांकित कर रही थीं। इस प्रस्थापना के माध्यम से उन्होंने समकालीन लोकतांत्रिक समाजों की समस्या की ओर स्पष्ट संकेत किया कि उनमें भौतिक आवश्यकताओं की संतुष्टि को प्राथमिकता दी जाती है पर स्वतंत्रता का सृजन नहीं किया जाता। यह प्रस्थापना करते हुए एरेंत एक तरफ़ तो प्राचीन यूनानी गणराज्यों के अनुभव से प्रभावित थीं, और दूसरी ओर उन्हें रोमन गणराज्य द्वारा अपनाया गया एकजुटता और देशभक्ति वाला रवैया भी पसंद था। इसी तर्ज़ पर वे सार्वजनिक स्पेस को राजनीतिक सक्रियता के ऐसे दायरे के रूप में देख रही थीं जिसके ज़रिये जनता की हित-पूर्ति हो सके।

1968 में एरेंत की रचना *ऑन रेवोल्यूशन* प्रकाशित हुई जिसमें उन्होंने आधुनिक लोकतांत्रिक व्यवस्थाओं से अपनी बहस जारी रखी। एरेंत ने फ्रांसीसी क्रांति और अमेरिकी क्रांति को आमने-सामने रख कर विश्लेषण किया। फ्रांस में क्रांतिकारियों ने मनुष्यों के अधिकारों को नज़रअंदाज़ किया जिसके कारण उसके नतीजे हिंसा और अराजकता में निकले। अमेरिका में अधिकारों की उद्घोषणा तो की गयी पर अधिकारों के स्वतंत्र धारकों का समुदाय रचने की प्राथमिकता के कारण सामाजिक प्रश्न के समाधान की उपेक्षा की गयी।

हान्ना एरेंत का जन्म हैनोवर में एक मध्यवर्गीय यहूदी परिवार में हुआ था। उन्हें हाइडेलबर्ग विश्वविद्यालय में शिक्षा मिली। हिटलर के सत्ता में आने पर उन्हें पलायन करके फ्रांस जाना पड़ा जहाँ वे यहूदी युवक संगठन के साथ जुड़ गयीं और यहूदी बच्चों को नाज़ियों से बचा कर फ़िलिस्तीन भेजने की मुहिम में योगदान किया। फ्रांस पर जर्मन हमला होते ही उन्हें अमेरिका रवाना हो जाना पड़ा। एरेंत ने अमेरिकी नागरिकता ग्रहण की और वहाँ के यहूदी संगठनों और पत्रिकाओं को अपना बौद्धिक योगदान किया। वे प्रिंसटन विश्वविद्यालय में राजनीति की पहली महिला प्रोफ़ेसर बनीं। वियतनाम में अमेरिका के फ़ौजी हस्तक्षेप का उन्होंने विरोध किया। 1975 में डेनमार्क सरकार ने एरेंत को युरोपीय सभ्यता के लिए योगदान के उपलक्ष्य में सोनिंग पुरस्कार से नवाज़ा। यह पुरस्कार प्राप्त करने वाली वे पहली महिला और पहली अमेरिकी थीं।

**देखें :** अधिकार, अधिकार : सैद्धांतिक यात्रा, अरस्तू, अफ़लातून, अनुदारतावाद, अराजकतावाद, अन्य-अन्यीकरण, उदारतावाद, उपयोगितावाद, एडमण्ड बर्क, क्रांति, ज्याँ ज़ाक रूसो, जॉन लॉक, जेरेमी बेंथम, जॉन स्टुअर्ट मिल, जॉन रॉल्स, थॉमस हॉब्स, थॉमस पेन, न्याय, न्याय : नारीवादी आलोचना, न्याय : रॉल्स का सिद्धांत, राजनीति में व्यक्ति की भूमिका, नागरिकता, नागरिकता : अन्य परिप्रेक्ष्य-1 और 2, नागर समाज, पनोप्टिकॉन, प्रतिनिधित्व, प्रगति, प्रगति : आलोचनात्मक परिप्रेक्ष्य, प्रशासन, फ़ासीवाद, फ्रेड्रिख़ वॉन हायक, बहुसंस्कृतिवाद, बहुसंख्यकवाद, बहुसंख्यक-अल्पसंख्यक, बुद्धिवाद, माइकेल जोसेफ़ ओकशॉट, माइकिल वाल्ज़र, मिशेल पॉल फ़ूको-1 और 2, यूटोपिया, राजनीतिक और राजनीति, राजनीतिक दर्शन के नारीवादी आयाम-1 और 2, राजनीतिक मनोविज्ञान, राजनीतिक समाजशास्त्र, राज्य-1 और 2, रॉबर्ट नॉज़िक, राज्य-1 और 2, राष्ट्र-राज्य, राष्ट्र : सांस्कृतिक या राजनीतिक, राष्ट्रवाद, राष्ट्रवाद का इतिहास, लोकतंत्र, लोकतंत्र की आलोचनाएँ, व्यक्तिवाद, व्यवहारवाद, विल किमलिका, वितरणमूलक न्याय, विदेशी-द्वेष, वैधता, वैधता का संकट,

सविनय अवज्ञा, समानता, समानता : चार अवधारणाएँ, समतावाद, सर्वसत्तावाद, स्मृति की राजनीति, स्वतंत्रता, स्वतंत्रतावाद, स्वजातिवाद, स्वच्छंदतावाद, सत्ता, सर्वसत्तावाद, सम्प्रभुता, समाजवाद, सरकारियत, सम्पत्ति, सम्पत्ति : साझा और सरकारी, सम्पत्ति : मार्क्सवादी परिप्रेक्ष्य, सम्पत्ति : नारीवादी परिप्रेक्ष्य, संविधानवाद, संघवाद, सामाजिक समझौता, सिद्धांत, सिद्धांत : राजनीतिक-सामाजिक, सुधार, हेनरी डेविड थोरो।

### संदर्भ


1. भीखू पारेख (1981), *हान्ना एरेंत ऐंड द सर्च फ़ॉर अ न्यू पॉलिटिकल फ़िलॉसफ़ी,* मैकमिलन, बेसिंगस्टोक.
2. डी. विला (2000), *द केम्ब्रिज कम्पेनियन टु हान्ना अरेंत,* केम्ब्रिज युनिवर्सिटी प्रेस, केम्ब्रिज.
3. एम. कैनोवन (1974), *द पॉलिटिकल थॉट ऑफ़ हान्ना एरेंत,* जे.एम. डेंट, लंदन.
4. ई. यंग-ब्रुहल (1982), *हान्ना अरेंत : फ़ॉर लव ऑफ़ द वर्ल्ड,* येल युनिवर्सिटी प्रेस, न्यू हैवन, कनेक्टीकट.


**— अभय कुमार दुबे**

# हिंदी-जगत और 'लोकप्रिय'-1

## 'घासलेटी साहित्य' और सामाजिक सुधारवाद

## (Hindi and the idea of 'Popular'-1)

आधुनिक हिंदी-समाज की निर्मिति पर चर्चा करते समय आम तौर पर 'लोकप्रिय' कहे जाने वाले साहित्य या अन्य मनोरंजक विधाओं की चर्चा नहीं की जाती। दरअसल, लोकप्रिय, मनोरंजक और धार्मिक कही जाने वाली कृतियों को सौंदर्यमूलक आस्वादधर्मिता के नाम पर महत्त्वहीन कह कर हाशिये पर डाल दिया जाता है। वस्तुस्थिति यह है कि 'लोकप्रिय' और 'मनोरंजक' के विचार ने शुरुआती दौर में हिंदी-जगत की संरचना में बुनियादी भूमिका निभायी है। ऐसे साहित्य और अन्य कृतियों का इतिहास सौ साल से भी ज़्यादा पुराना है। यहाँ लोकप्रिय 'साहित्य' से मंतव्य उन जनप्रिय रचनाओं या अन्य विधाओं की कृतियों से है जिन्हें पल्प या लुगदी की श्रेणी डाल दिया जाता है। इसी जनप्रिय 'साहित्य' ने हिंदी-समाज को वाचिक के दायरे से निकाल कर लिखित और मुद्रित के दौर में पहुँचाया है। प्रिंट कल्चर या छापे की संस्कृति से विनिर्मित समाज की बात करते हुए उन विभिन्न विधाओं, बहसों और सांस्थानिक विवादों की चर्चा आवश्यक है जिसने प्रारम्भ में हिंदी-समाज को गढ़ा। एक ऐतिहासिक सिलसिला है जिसके तहत वाचिक परम्परा ने अपनी जगह छोड़ कर 'लिखित साहित्यिक परम्परा' की श्रेष्ठता स्वीकार की और अपना अस्तित्व धीरे-धीरे या तो और धाराओं की तरफ़ मोड़ा (जैसे 'लोकप्रिय' पारसी रंगमंच, बाद में सिनेमा आदि) या फिर 'मुख्यधारा के लिखित साहित्य' की अनुषंगी हुई। छोटे-बड़े शहरों से निकलने वाली साहित्यिक पत्र-पत्रिकाओं, पाठ्यक्रम की विभिन्न पुस्तकों, धार्मिक प्रकाशनों आदि के माध्यम से बनते हुए समाज का विस्तार 'लोकप्रिय' की श्रेणी में आने वाली रचनाओं के बिना नहीं हो सकता था। अगर यह क्षेत्र न होता तो अति-सीमित साक्षरता के बावजूद हज़ारों-लाखों की संख्या में ऐसे पाठक / ग्राहक सामने न आते जिनसे इस नवनिर्मित हिंदी-समाज की बुनियाद पड़ी।

हिंदी-समाज के निर्माण में वाचिक परम्परा के बदलते स्वरूप ने न सिर्फ़ एक महत्त्वपूर्ण भूमिका निभायी, बल्कि छपायी की संस्कृति / और लिखित साहित्य ने अपना अस्तित्व कई बार इस नव-परिभाषित वाचिक परम्परा की पीठ पर सवार होकर ही बनाया। यह परम्परा कोई समांतर या अलग परम्परा नहीं थी, बल्कि नव-परिभाषित साहित्यिक परम्पराओं से एक निरंतर संवाद भी कर रही थी। राष्ट्रवाद और सुधारवाद की पृष्ठभूमि दोनों ही धाराओं को प्रभावित कर रही थी, पर मनोरंजन की धारा शायद वाचिक परम्परा में कहीं ज़्यादा स्पष्ट थी। इस वाचिक परम्परा के सहारे के बिना साहित्यिक जगत का हिंदी-राष्ट्रवाद एक अतिसीमित प्रयास बन कर रह जाता। कुल मिला कर हिंदी में 'लोकप्रिय' और 'मनोरंजक' का विचार दो परम्पराओं के ज़रिये संसाधित होता है। एक के शीर्ष पर पांडेय बेचन लाल शर्मा 'उग्र' और प्रेमचंद जैसी हस्तियाँ हैं, और दूसरे के शीर्ष पर राधेश्याम कथावाचक, नारायण प्रसाद बेताब और आगा हश्र कश्मीरी जैसे रचनाकार। एक तीसरी परम्परा जासूसी उपन्यासों की भी मानी जा सकती है। 'लोकप्रिय' के इस तीसरे पहलू पर अलग से चर्चा की ज़रूरत है। ऑरसिनी का लेख इस विषय पर एक नया काम है।

पहली परम्परा को समझने के लिए उग्र और प्रेमचंद की मिसालें दी जा सकती हैं। परम्परा का यह हिस्सा समाज-सुधारवाद के नाम पर आगे चल कर साहित्य के सुपरिभाषित दायरे का निर्माता बना। 1927 के आसपास उग्र का उपन्यास *चंद हसीनों के ख़तूत* प्रकाशित हुआ, जिसके आते ही चारों ओर धूम मच गयी। जहाँ साहित्यिकों ने उसे एक नये यथार्थवाद को सामने लाने के लिए सराहा, वहीं दूसरी ओर सामान्य पाठकों ने इसे एक ऐसी ज़बरदस्त प्रेम कथा के रूप में पसंद किया जो कहीं उनके आस-पास घट रही थी। तीन महीने के भीतर इसका दूसरा संस्करण प्रकाशित हुआ और एक साल के भीतर इसके तीन संस्करण छप गये। इसकी लोकप्रियता के पीछे एक महत्त्वपूर्ण भूमिका इसके चुटीले, हँसोड़ संवादों, ग़ज़लों और क़व्वालियों की भी थी। उन दिनों

के लोकप्रिय पारसी रंगमंच की तरह और बाद के सिनेमा की तरह इसके नायक-नायिका अक्सर गीत और ग़ज़लें गाते हैं, क़व्वालियाँ सुनते हैं, पर साथ ही प्रेम, धर्म, साम्प्रदायिकता और राष्ट्रवाद के आदर्शों की बात भी कहते हैं। यह बात अलग है कि उन्हीं दिनों में *मतवाला* की तरफ़ से उग्र और अन्य लेखकों ने पारसी थिएटर की ज़बरदस्त आलोचना की, उसके द्वारा 'सस्ता मनोरंजन' परोसने पर। उग्र पर चंद ही दिनों बाद हुए घासलेटी साहित्य के नाम पर बनारसी दास चतुर्वेदी द्वारा शुरू किये गये आक्रमण को एक पूरे साहित्यिक समूह का समर्थन मिला।

विवाद के बावजूद इस तथ्य पर ध्यान देना ज़रूरी होगा कि किस तरह इस लोकप्रिय वाचिक परम्परा के घटक ख़ुद आधुनिक साहित्य की सर्जना के सक्रिय हिस्सेदार थे। लोकप्रिय वाचिक परम्परा का प्रभाव सिर्फ़ 'स्वरूप' के स्तर पर ही नहीं था, बल्कि इस परम्परा का इस्तेमाल एक नये क़िस्म की मूल्य-आधारित साहित्य की रचना के लिए हो रहा था। यह मूल्य-आधारित रचना (जिसे राष्ट्रीय, धार्मिक, सामाजिक सुधारवाद के नाम से नवाज़ा जाता है) दूसरी तरफ़ लोकप्रिय मनोरंजन के मसालों को लेकर भी चल रही थी। इस अर्थ में सुधारवाद और लोकप्रियता का यह द्वंद्व, राष्ट्रवादी साहित्य, धार्मिक साहित्य और उन सभी अन्य विधाओं को प्रभावित कर रहा था जो बाद में 'यथार्थवाद' के नाम पर चली बहसों में भी दिखायी देता है।

उग्र के उपन्यास से भी बहुत पहले प्रेमचंद का पहला उपन्यास *असरारे-मआबिद* उर्फ़ *देवस्थान रहस्य* (जिसका रचना-काल 1901-03 के बीच का माना जाता है) पहले उर्दू और बाद में लिप्यंतरण द्वारा नागरी में प्रकाशित हुआ। लगभग 80 पृष्ठों का यह उपन्यास आज पूर्णत: उपलब्ध नहीं है, और बनारस के साप्ताहिक उर्दू पत्र *आवाज़-ए-ख़ल्क* में यह धारावाहिक रूप से प्रकाशित हुआ था। यह उपन्यास न सिर्फ़ प्रेमचंद के शुरुआती लेखन की दिशा दिखाता है, पर यह भी कि वे किस तरह विभिन्न विधाओं और धाराओं का इस्तेमाल अपने गद्य को ढालने के लिए कर रहे थे। यूँ तो इस उपन्यास का कथानक प्रचलित मानकों के हिसाब से धार्मिक सुधारवाद का नारा बुलंद करते हुए हिंदू धार्मिक स्थानों में फैले पाखण्ड और महंतों की अय्याशी की कहानी कहता है, पर रूप के स्तर पर इसे अनेक प्रयोगों, विभिन्न वाचिक / साहित्यिक परम्पराओं के आपसी संवाद के अनेक प्रयासों के टेक्स्ट के रूप में भी देखा जा सकता है। उपन्यास की कहानी या तो मुख्य 'कथावाचक' के माध्यम से बढ़ती है, या फिर अनेक पात्रों के आपसी संवादों के द्वारा, जो कि बहुप्रचलित तरीक़ा रहा है। पर उपन्यास की एकरेखीय कथात्मकता में अलग-अलग स्तरों के संवाद की (जिसे बाख़्तिन पॉली फ़ॉनी के नाम से पुकारते हैं) गुंजाइश सामने रखने की कोशिश कहीं-कहीं इस विधा से ही कुश्ती लड़ती दिखाई देती है।

यदि इस उपन्यास के पूरे फ़ॉर्म को ही देखें, तो स्पष्ट है कि यह उपन्यास पुराने लोकप्रिय आख्यानों की परम्परा, जो *कथासरित्सागर* से लेकर *दास्तान-ए-अमीर हम्ज़ा* तक चली आयी थी, को भी अपने में समाविष्ट कर रहा है। उपन्यास के कम से कम तीन ऐसे उपकथानक हैं जो लम्बे हैं, और उनका उपयोग मुख्य कथा को बढ़ाने के लिए नहीं बल्कि स्वतंत्र दास्तानों की तरह हुआ है। एक पूरा प्रसंग है जिसे उर्दू नस्र (गद्य) के उदाहरण के तौर पर रखा गया है। यह ईश्वर के दरबार की कहानी कहता है, जिसमें ब्रह्मा, विष्णु, महेश, सहित अन्य देवी-देवता उपस्थित हैं। इस प्रसंग का इस्तेमाल लेखक ने न सिर्फ़ अपनी गद्य-शैली का चमत्कार दिखाने के लिए किया है, बल्कि उपन्यास के पूरे ढाँचे को भी अपने तईं परिभाषित करने का प्रयास किया है। दूसरे स्तर पर एक अन्य प्रसंग में एक लोकप्रिय कथा का स्वतंत्र रूप से उपयोग हुआ है, जो शेरशाह सूरी की लड़की और मालवा के राजकुमार की प्रेम कहानी कहती है। यह कथा, पहले उदाहरण के बिलकुल विपरीत, प्रचलित भाषाओं में लोककथा का उदाहरण है, जिसमें बहुतायत से गीतों का प्रयोग हुआ है। उपन्यास की यह विधा कई भाषाई परम्पराओं को साथ लेकर अन्य विधाओं को भी साथ रखने की कोशिश कर रही थी। उग्र पर जिस अश्लीलता के आरोप आगे चल कर 1928 में लगे और जिसका बचाव उन्होंने 'सामाजिक यथार्थवाद' का सहारा लेकर किया, वैसे कई प्रसंग इस उपन्यास में ख़ासकर सेक्स और चुम्बनों आदि के दिये गये हैं, हालाँकि प्रेमचंद ने 'देवस्थान' का 'रहस्य' खोलने की बात उसी सामाजिक सुधारवाद के नाम पर ही की है।

दूसरी परम्परा धार्मिक कथावाचन और लोकप्रिय नाटकों की है जिसने उन्हीं दशकों में हिंदी के समाज को विस्तार देने में भूमिका निभायी, जिन दशकों में द्विवेदी युग, छायावाद युग वग़ैरह मुख्य साहित्यिक परम्परा के रूप में हिंदी-लेखन को एक ख़ास स्वरूप दे रहे थे। फ्रंचेस्का ऑरसिनी का एक अध्ययन राधेश्याम कथावाचक नारायण प्रसाद बेताब के हवाले से यह दिखलाता है कि किस प्रकार उनके द्वारा की गयी लोकप्रिय गीतों की रचना बाद में प्रकाशन के माध्यम से और भी लोकप्रिय और विस्तारित हुई। कथावाचक बेताब सिर्फ़ गीतकार नहीं थे, बल्कि अत्यंत लोकप्रिय नाटकों के रचयिता भी थे, कई बार तो डायरेक्टर भी, गीतकार और कम्पोज़र भी। यह परम्परा बाद में सिनेमा में भी दुहरायी गयी, टॉकीज़ के आने के बाद। इस नाते समकालीन हिंदी-समाज से उनके रिश्ते की पड़ताल आवश्यक है।

कथावाचक की आत्मकथा *मेरा नाटककाल* से तीन महत्त्वपूर्ण स्थापनाएँ निकलती हैं। हिंदी-समाज की अवधारणा बीसवीं सदी के पूर्वार्ध में सिर्फ़ लेखन / प्रकाशन

के माध्यम से नहीं निर्मित हुई, बल्कि इसे बनाने में एक नयी वाचिक परम्परा की अहम भूमिका थी। इस समाज का दायरा, इसके घटक, इसके सदस्य व्यापक थे— न सिर्फ़ उपभोक्ता के तौर पर बल्कि, उत्पादक के तौर पर भी। यह वाचिक परम्परा, लेखन की परम्परा से लगातार संवाद कर रही थी और लेखन की परम्परा कई संदर्भों में वाचिक परम्परा की अनुषंगी होकर सामने आयी। पर साथ ही यह परम्परा आधुनिक हिंदी-राष्ट्रवाद के उन सारे मूल्यों को अपने तौर पर परिभाषित कर रही थी, जिनकी वकालत हिंदी लेखन की मुख्यधारा की परम्परा भी कर रही थी। यही वजह थी कि अपने समय में जहाँ एक ओर उसे तत्कालीन साहित्यिक संस्थाओं, पत्र-पत्रिकाओं का समर्थन मिला, वहीं दूसरी ओर राजनीतिक संस्थाओं का भी। चूँकि यह परम्परा कहीं न कहीं लिखित परम्परा द्वारा परिभाषित हिंदी साहित्य की नवनिर्मित आत्म-छवि को चुनौती दे रही थी, इसलिए उसे जल्दी ही हिंदी के कैनन से बाहर जाना पड़ा। इस प्रक्रिया में जहाँ उसे विशुद्ध साहित्यिकता के पैमाने पर आलोचना मिली, वहीं उग्र जैसे लोगों ने भी उसका विरोध किया जो ख़ुद उस वाचिक परम्परा का इस्तेमाल तो कर रहे थे, पर आधुनिक साहित्यिकता के पैमानों के भीतर ही।

राधेश्याम कथावाचक का जन्म 1890 में हुआ। दस साल की उम्र से उन्होंने कथावाचन शुरू कर दिया। 1912 के आस-पास उन्होंने नाटकों की दुनिया में क़दम रखा। तीस के दशक तक वे काफ़ी सक्रिय रहे। चालीस के दशक में उनकी नाटक संबंधी गतिविधियाँ हल्की पड़ीं। इसी दौर में उनकी दिलचस्पी सिनेमा में बढ़ी, पर आख़िर में उन्होंने इस क्षेत्र में अपनी नाकामी स्वीकार ली। एक तरह से उनकी सक्रियता की अवधि 1912 से तीस के दशक तक समझी जा सकता है। रामायण का कथावाचन उन्हें अपने पिता से विरासत में मिला था। यह परम्परा घर-घर में बजने वाली ढोलक, रामायण के गायन, रुक्मिणी-मंगल की कथाओं, रासलीला, रामलीला, स्वाँग, नाटक, रास-मुजरे आदि की थी। दूसरी तरफ़ वाचिक परम्परा की भी एक मिली-जुली रिवायत उस ज़माने के लोक-जीवन में थी। इस परम्परा को आधार बनाते हुए कथावाचक ने कई शहरों में घूम-घूमकर रामायण का पाठ किया। खड़ी बोली में रामायण की रचना की, (अलग से कई गीत लिखे), जो बाद में *राधेश्याम रामायण* के नाम से छपी और बेहद लोकप्रिय साबित हुई। ये गीत उन्होंने उन दिनों के पारसी थियेटरों के लोकप्रिय गानों की तर्ज़ पर बनाये थे। बाद में इस रामायण की लोकप्रियता इतनी बढ़ी कि उन्होंने ख़ुद स्वीकारा कि कथा और नाटक से भी ज़्यादा कमाई उन्हें रामायण के प्रकाशन से हुई और बहुत दिनों तक जारी रही। बाद के वर्षों में राधेश्याम का कथावाचन रेडियो के माध्यम से भी होता रहा, और अपनी कमायी बढ़ाने के ख़याल से उन्होंने अपना ख़ुद का प्रकाशन स्थापित किया, जिससे उन्हें जीवन-भर पर्याप्त आय होती रही। कथावाचन की वाचिक परम्परा की लोकप्रियता ही वह माध्यम थी जिसके द्वारा प्रकाशक ने उसे दूर-दूर तक पहुँचाया। किन्हीं अर्थों में 1930 के दशक में हरिवंश राय बच्चन की *मधुशाला,* उसके काव्य-पाठ और उसकी अप्रत्याशित सफलता ने इसी तरह बच्चन को भी ख़ुद ही अपना प्रकाशन स्थापित करने का प्रेरणा दी थी।

**देखें** : 'अंग्रेज़ी हटाओ' आंदोलन, डायग्लॉसिया, भारत में भाषा-नियोजन-1 से 4 तक, भाषा के मार्क्सवादी सिद्धांत, रामविलास शर्मा-1 और 2, सम्पर्क भाषा-1, 2, 3 और 4, संविधान सभा में भाषा-विवाद-1, 2 और 3, हिंदी विरोधी आंदोलन, हिंदी जाति-1, 2 और 3, हिंदी नवजागरण, हिंदी-संस्थाएँ, संविधान में भाषा-विवाद-1 से 3 तक।

## संदर्भ

1. राधेश्याम कथावाचक (2004), *मेरा नाटककाल,* राष्ट्रीय नाट्य विद्यालय, नयी दिल्ली.
2. अविनाश कुमार (2013), 'हिंदी का लोकप्रिय जगत और राधेश्याम कथावाचक का नाटककाल', अभय कुमार दुबे (सम्पा.), *हिंदी की आधुनिकता : एक पुनर्विचार* (दूसरा खण्ड), आईआईएएस-वाणी, नयी दिल्ली.
3. गोपाल राय (1985), *हिंदी उपन्यास कोश* (दो खण्ड), ग्रंथ निकेतन, पटना.
4. स्टुअर्ट ब्लैकबर्न और वसुधा डालमिया (सम्पा.) (2004), *इण्डियाज़ लिटरेरी हिस्ट्री : एसेज़ इन द नाइंटींथ सेंचुरी,* परमानेंट ब्लैक, नयी दिल्ली.

**— अविनाश कुमार**

# हिंदी-जगत और 'लोकप्रिय'-2

## धार्मिक कथावाचन और नाटकों की दुनिया

## (Hindi and the idea of 'Popular'-2)

राधेश्याम का 'नाटक' लेखन, इसलिए और भी दिलचस्प है, क्योंकि वह न सिर्फ़ पहली बार लोकप्रिय धार्मिक नाटकों का निकष बना, बल्कि लोकप्रिय रंगमंच में हिंदी का बोलबाला स्थापित करने का श्रेय भी उसे दिया जाता है। उनका पहला नाटक *वीर अभिमन्यु* अत्यन्त सफल रूप से न्यू अल्फ्रेड कम्पनी द्वारा खेला गया (जहाँ पहले प्रसिद्ध आगा हश्र कश्मीरी काम करते थे)। उसकी सफलता पर सवार होकर जब उसका प्रकाशन हुआ तो इसका हवाला कथावाचक इस प्रकार देते हैं : 'पहली बार वीर अभिमन्यु दो हज़ार छपा, उसके बाद पाँच हज़ार, फिर आठ हज़ार छपा, नवलकिशोर प्रेस, लखनऊ में। फिर तो यह छपता और बिकता ही रहा। अब तक एक लाख के क़रीब इसका प्रकाशन हुआ होगा।' लोकप्रियता इतनी थी कि मद्रास स्टेशन पर भी उसके पोस्टर लगे थे। राधेश्याम ने धार्मिक नाटकों की पूरी एक फ़ेहरिस्त तैयार कर दी जिनमें वीर अभिमन्यु के अलावा *रामायण, श्रवण कुमार, रुक्मिणी मंगल, द्रौपदी स्वयंवर, महाकवि वाल्मीकि* आदि सभी सफल रहे।

इन नाटकों के दर्शक-उपभोक्ता कौन थे? यदि क्षेत्रीय स्तर पर देखें तो एक लम्बी फ़ेहरिस्त बनती है, ख़ासकर छोटे-छोटे शहरों की जहाँ पारसी कम्पनियाँ जा कर नाटक स्टेज करती थीं। कुछ शहर जिनका नाम बार-बार आता है, वे हैं बरेली, बुलंदशहर, नाभा, अहमदाबाद, पेशावर, कानपुर, दिल्ली, अमृतसर, लाहौर, लखनऊ, कलकत्ता आदि। सामाजिक वर्गों की दृष्टि से देखा जाए तो राजे-रजवाड़ों, वकीलों, सेठों, कांग्रेसियों से लेकर आम जनता अलग-अलग वर्ग में बैठ कर इन्हें देखने आती थी। एक ख़ास बात का ज़िक्र राधेश्याम ने ख़ुद किया है कि किस तरह पारसी थिएटरों की 'अश्लील छवि' की जगह जब 'धार्मिक नाटक', आये तो पूरे परिवार यानी महिलाओं की भी बतौर दर्शक महत्त्वपूर्ण भागीदारी शुरू हुई। एक दिलचस्प तथ्य और भी है कि शुरुआती दौर में इन नाटकों के अभिनेता भी अलग-अलग समुदायों यानी मुसलमान, हिंदू, ईसाई, पारसी होते थे। एक उदाहरण : अझलाल अभिमन्यु बना, अलीज़र अर्जुन, अब्दुल रहमान काबुली भीम, जगन्नाथ सुभद्रा, निसार उत्तरा। पुरानों में युधिष्ठिर रियाज़, द्रोणाचार्य मगनलाल, जयद्रथ उमर भाई खरपटसिंह सोरबजी ढूँढ़ी और शंकर गंगाप्रसाद भाई। कलाकारों की लोकप्रियता पात्रों से जुड़ जाती थी। एक और महत्त्वपूर्ण तथ्य यह भी था कि नाटकों में वन्स मोर होने पर दृश्य और गीत बार-बार दुहराये जाते थे और नाटक रात दस बजे से शुरू होकर पाँच बजे सुबह तक चलता था। लोकप्रियता का एक दूसरा पैमाना यह भी था कि समकालीन साहित्य में राधेश्याम के नाटकों का ज़िक्र आलोचना के अलावा भी आने लगा। प्रेमचंद ने *गबन* में भी इसका ज़िक्र किया है : 'एक दिन मनोरमा थिएटर में राधेश्याम का कोई नया ड्रामा होने वाला था, इस ड्रामे की बड़ी धूम थी, एक दिन पहले ही से लोग अपनी जगह रक्षित करा रहे थे।'

भाषाई स्तर पर राधेश्याम और नारायणप्रसाद बेताब को पारसी थियेटरों में हिंदी नाटकों का जनक कहा जाता है। बेताब तो ख़ैर उर्दू और हिंदी दोनों ही परम्पराओं में याद किये जाते हैं। न सिर्फ़ कथ्य के स्तर पर पारसी थियेटरों में हिंदू धार्मिक नाटकों का आगमन हुआ, बल्कि भाषा के स्तर पर भी जिसे हिंदी कहा जा रहा था वह सचेत तौर पर सामने आयी। इसको लेकर शंकाएँ भी थीं, पर फिर भी यह एक सचेत प्रयास था। ख़ुद कथावाचक ने भारतेंदु की *भारत दुर्दशा* और *नील देवी* आदि के प्रभाव के साथ-साथ उस ज़माने के लोकप्रिय लेखक लज्जाराम मेहता आदि के प्रभाव का ज़िक्र भी किया है। साथ ही तत्कालीन पत्र-पत्रिकाओं की भूमिका का भी।

हिंदी-राष्ट्रवाद का प्रोजेक्ट एक सचेत प्रयास के रूप में उभर रहा था। उसमें न सिर्फ़ विभिन्न शाब्दिक परम्पराएँ शामिल थीं, बल्कि विभिन्न भाषाएँ जैसे ब्रज और उर्दू आदि भी मौजूद थीं। कई बार शब्द मंचन और पात्रों के लिहाज़ से भी रखे जाते थे। एक पंजाबी कलाकार द्वारा 'पुत्र' को 'पुत्तर' कह जाने पर राधेश्याम ने उसे बदल कर 'लाल' कर दिया था।

राष्ट्रवाद के इस प्रोजेक्ट में अश्लीलता को पराजित करना भी शामिल था। नाटकों में इस प्रकार के गीत होते थे : 'भाग्य फिर सोते हुए भारत का जग जाने को है' या 'नाथ फिर डूबते हुए भारत को बचाने आओ'। या *भक्त प्रहलाद* जैसे नाटक जिनके बारे में ख़ुद कथावाचक ने याद किया है, 'प्रहलाद' और 'प्रमोद' निश्चय ही 'हुकूमत के विरुद्ध' ख़ूब खुल कर उस नाटक में बोलते थे, पर आड़ यह थी कि 'किस हुकूमत के विरुद्ध?'। उन दिनों की पत्र-पत्रिकाओं में इसका सीधा असर दिखलायी देता है। *त्यागभूमि* पत्रिका में इसकी समीक्षा इस प्रकार निकली : 'इसमें अपने परमभक्त प्रहलाद के कथानक को 1920 के सत्याग्रह और असहयोग आंदोलन की घटनाओं के साथ इस ख़ूबी से संलग्न किया है कि रंगमंच पर अभिनय देखते समय बारम्बार दर्शक को यही भ्रम होता है, मानो वह विगत असहयोग आंदोलन को ही प्रत्यक्ष देख रहा है।'

आश्चर्य नहीं कि मदनमोहन मालवीय, मोतीलाल नेहरू, ख़्वाजा हसन निज़ामी, गणेश शंकर विद्यार्थी जैसे लोग

इन नाटकों के न सिर्फ़ दर्शक रहे, बल्कि कथावाचक ख़ुद गाँधी के क़रीब भी आये और कांग्रेस के सक्रिय कार्यकर्ता भी रहे। राजनीति और मनोरंजन का यह सामंजस्य कथावाचक के नाटकों के मंचन के दौरान बार-बार निकलकर आता दिखलायी देता है। दूसरी ओर उनकी प्रशंसा प्रेमचंद, महावीर प्रसाद द्विवेदी और श्याम सुंदर दास जैसे लोगों ने लम्बी समीक्षाएँ लिख कर की। ये लोग उन दिनों साहित्य की परिभाषा गढ़ रहे थे। न सिर्फ़ कथ्य के स्तर पर बल्कि भाषा के स्तर पर भी। श्याम सुंदर दास का कहना था कि राधेश्याम की भाषा सब से अधिक परिमार्जित और सुव्यवथित है। साहित्यिक समीक्षक इस तरह किसी कृति को साहित्यिक ठहराने के अपने अधिकार का प्रदर्शन भी कर रहे थे। एक समीक्षक ने उनकी प्रशंसात्मक समीक्षा लिखने का आधार यह बनाया कि 'हमारे देश में अभी ऐसी अवस्था नहीं पहुँची है, जिससे केवल जनता के आकर्षण को ही किसी कला की सफलता का प्रमाण माना जाए। हमारी जनता कभी-कभी थर्ड क्लास चीज़ों पर भी आकर्षित हो जाती है। इसके कारण कथावाचक की कृति पर भी हम कला की दृष्टि से विचार करना चाहते हैं ।'

इसी दौरान ख़ुद राधेश्याम साहित्यिकता के ख़याल से बांग्ला और मराठी नाटकों से प्रेरणा लेकर नये प्रयोग भी कर रहे थे। 'शायरी और काफ़ियेबाज़ी' को छोड़ कर लम्बे मोनोलॉग्ज़ का सहारा भी लेने लगे थे। साथ ही उन्होंने समकालीन संदर्भों पर सामाजिक नाटक, जैसे *परिवर्तन,* की रचना भी की थी। पर उनके नाटकों को सिर्फ़ साहित्यकारों का ही नहीं, बल्कि संस्थाओं का अनुमोदन भी मिल रहा था। *वीर अभिमन्यु* पंजाब युनिवर्सिटी ने अपने पाठ्यक्रम में शामिल किया। कई शहरों की साहित्यिक सस्थाओं ने उन्हें बुला कर सम्मानित किया। इन कार्यक्रमों में शामिल होने वाले लोगों में निराला और *मतवाला* के सम्पादक नवजादिक लाल श्रीवास्तव जैसे लोग भी शामिल थे। उन्हें सबसे बड़ा संस्थानिक अनुमोदन तब मिला जब उन्हें काशी नागरी प्रचारिणी सभा के वार्षिकोत्सव में सभापति बनाया गया।

इन सबके बावजूद 'साहित्यिकता' की जो परिभाषा बन रही थी, वह राधेश्याम के नाटकों के संदर्भ में ख़ासकर, पूरे साहित्यिक परिदृश्य को लेकर द्वंद्व में थी। श्याम सुंदर दास ने जयशंकर प्रसाद की आलोचना यह कह कर तो की थी कि उनके नाटक रंगमंच के योग्य नहीं होते, पर साथ में यह भी कहा कि निःसंदेह साहित्यिक दृष्टि से प्रसादजी के नाटक उत्तम कोटि के हैं। ख़ुद रामचंद्र शुक्ल ने, जो प्रसाद की छायावादी कविताओं के आलोचक थे, उनके नाटकों पर लम्बा प्रशंसात्मक निबंध लिखा। दूसरी ओर दिलचस्प बात यह है कि प्रसाद के *स्कंदगुप्त* की आलोचना प्रेमचंद ने *माधुरी* में उसी आधार पर की जिसके लिए पारसी थिएटर को गालियाँ पड़ रही थीं : 'वही कील-काँटे हैं, वही राजनीतिकों का षड्यंत्र, वही प्रेमाख्यान ...।' कथावाचक भी साहित्य के बदलते निकष से अनजान नहीं थे। एक पत्र में प्रसाद के मुक़ाबले अपनी आलोचना पढ़ कर उन्होंने लिखा : 'भला प्रसादजी के साहित्यिक (कॉलेज़ों के कोर्स में विद्यार्थियों को पढ़ाये जाने वाले) नाटक और मेरे पारसी स्टेज पर अभिनीत होने वाले नाटकों का क्या मुक़ाबला?' दूसरी ओर ख़ुद उग्र ने उनकी आलोचना पौराणिक नाटकों को बेज़रूरत और हानिकारक बतला कर की।

पर 'साहित्यिकता' का पैमाना तब तक इतना स्पष्ट हो चुका था कि ख़ुद पारसी थिएटर के नाटककार इस बात को समझते हुए अपनी दुनिया अलग रखने की जद्दोजहद में लगे हुए थे। कथावाचक के एक नाटक की जब आलोचना छपी तो आग़ा हश्र कश्मीरी ने उन्हें सलाह दी, 'क्यों छपवाते हो अपने नाटक? नाटक खेलने की चीज़ है— पढ़ने की चीज़ नहीं। अभी हिंदुस्तान में हिंदी इतनी नहीं उठी है जितनी पश्चिम में अंग्रेज़ी। यहाँ तो थियेटरों में अभी अर्से तक खिचड़ी (गिरी-पड़ी) भाषा ही चलेगी। हिंदी के ऊँचे लोग चाहते हैं— ऐसी उच्चकोटि की भाषा, जिसे स्टेज पर रखा जाए तो उन हिंदी के दिग्गजों के घरवाले तक नाटक देखने आयें तो न समझ सकें। फिर इन आलोचकों को न स्टेज का ज्ञान है न वाक़यात जानते हैं।'

मंटो ने याद किया है कि आगा हश्र कश्मीरी से लोग यह बार-बार कहते थे कि आप तो हिंदी लिख ही नहीं सकते। असल में दबाव यह था कि अगर आप हिंदू मायथॉलॅजीकल नहीं लिख सकते, तो नाटक नहीं लिख सकते। इससे बहुत परेशान हुए आगा हश्र कश्मीरी। उन्हें लगा कि सिद्ध करना चाहिए कि वे हिंदी बोल सकते हैं। इसलिए बुलाये जाने पर वे एक मंच पर गये और धाराप्रवाह हिंदी ही बोले। स्पष्ट था कि वे जान चुके थे कि सारी प्रशंसाओं के बावजूद, लोकप्रिय नाटकों की परम्परा साहित्यिकता की नयी बनती परम्परा से निरंतर दूर जा रही थी, बावजूद इसके कि छपाई से निकली साहित्यिकता उसी छपाई के माध्यम से इन नाटकों का प्रसार भी कर रही थी।

अपने सारे राष्ट्रवाद के बावजूद, और अपने सचेत प्रयासों के बावजूद राधेश्याम ने यह भी स्वीकारा कि उनके नाटकों के हिंदीपन और हिंदूपन के कारण धीरे-धीरे दूसरी भाषाई परम्पराओं के कलाकार बाहर होते गये ( उनमें बहुत से फ़िल्मों में गये), और ख़ासकर मुसलमान कलाकार तो काफ़ी कम हो गये। इसका एक व्यावसायिक कारण यह भी था कि धार्मिकता के कारण पूरा हिंदू परिवार इसका दर्शक हो गया, जबकि पहले यह मूलतः पुरुषों का क्षेत्र था। नाटकों की

आलोचना इस आधार पर भी होने लगी कि हिंदू पात्रों/ नायिकाओं की भूमिका ग़ौहर जान क्यों निभा रही है? महाभारत में 'चेता चमार' जैसे पात्र क्यों ठूँसे जा रहे हैं? कथावाचक ने इसी वजह से जब अपना उर्दू नाटक 'मशरिक़ी हूर' लिखा तो पहले हसरत मोहानी की राय लेकर उसकी पब्लिसिटी की और तब उसका मंचन किया।

हाल के दिनों में औपनिवेशिक दौर में प्रिंट कल्चर के प्रसार की खोजबीन करने वाली कई शोध-कृतियाँ सामने आयी हैं। इनमें उलरिख स्टार की बहुचर्चित किताब *ऐन एम्पायर ऑफ़ बुक्स* उल्लेखनीय है जो लखनऊ के नवल किशोर प्रेस की भूमिका पर किये गये अनुसंधान पर केंद्रित है। बम्बई के फ़रदूनजी सोहराबजी मार्ज़बान, लाहौर के मुंशी हरसुख राय, कानपुर के मौलवी अब्दुल रहमान ख़ान और लखनऊ के मुंशी नवलकिशोर जैसे प्रकाशकों के जीवन और कृतित्व पर प्रकाश डालने का श्रेय उलरिख स्टार को ही जाता है। स्टार उन्नीसवीं सदी में हिंदी की अहम हस्ती राजा शिवप्रसाद सितारेहिंद की जीवनी पर भी अनुसंधान कर रही हैं। इसी तरह अभिजित गुप्ता और स्वप्न चक्रवर्ती ने भारत में पुस्तकों के इतिहास पर दो संकलन सम्पादित किये हैं जिनका शीर्षक क्रमशः *प्रिंट एरियाज़* और *मूवेबिल टायप्स* है। फ्रांचेस्का ऑरसिनी लिखित *प्रिंट ऐंड प्लेज़र* का प्रकाशन हुआ है जिसमें उन्नीसवीं सदी के दौरान उत्तर भारत में मुद्रित साहित्य की संस्कृति पर विभिन्न कोणों से रोशनी डाली गयी है। ज़ाहिर है कि हिंदी-जगत की निर्मिति का एक पहलू धीरे-धीरे खुल रहा है, पर अभी दूसरे पहलुओं पर विद्वानों की नज़र पड़नी बाकी है। दरअसल, इस पूरी परम्परा के अलग-अलग आयामों की सिलसिलेवार पड़ताल बहुत ज़रूरी है। सिर्फ़ भाषाई या शब्दों के धरातल पर ही नहीं, विधाओं के स्तर पर अलग-अलग भी।

**देखें** : 'अंग्रेज़ी हटाओ' आंदोलन, डायग्लॉसिया, भारत में भाषा-नियोजन-1 से 4 तक, भाषा के मार्क्सवादी सिद्धांत, रामविलास शर्मा-1 और 2, सम्पर्क भाषा-1, 2, 3 और 4, संविधान सभा में भाषा-विवाद-1, 2 और 3, हिंदी विरोधी आंदोलन, हिंदी जाति-1, 2 और 3, हिंदी नवजागरण, हिंदी-संस्थाएँ, संविधान में भाषा-विवाद-1 से 3 तक।

### संदर्भ

1. राम आनंद (सम्पा.), *प्रेमचंद रचनावली,* जनवाणी प्रकाशन, दिल्ली.
2. आचार्य चतुरसेन शास्त्री (1963), *मेरी आत्मकहानी,* चतुरसेन साहित्य समिति, नयी दिल्ली.
4. कैथरीन हेंसन (1989), 'द बर्थ ऑफ़ हिंदी ड्रामा इन बनारस, 1868-1883', सांड्रा फ्रीटैग (सम्पा.), कल्चर ऐंड पॉवर इन बनारस, युनिवर्सिटी ऑफ़ कैलिफ़ोर्निया प्रेस, बर्कले.
5. कैथरीन हेंसन (2008), 'लेंग्वेज़, कम्युनिटी ऐंड थिएटरीकल पब्लिक : लिंगुइस्टिक प्लूरलिज़म ऐंड चेंज इन नाइंटींथ सेंचुरी पारसी थिएटर', स्टुअर्ट ब्लैकबर्न और वसुधा डालमिया (सम्पा.), *इण्डियाज़ लिटरेरी हिस्ट्री : एसेज़ इन द नाइंटींथ सेंचुरी,* परमानेंट ब्लैक, नयी दिल्ली.

**—अविनाश कुमार**

# हिंदी जाति-1

## सोवियत मॉडल का विवेकसम्मत प्रयोग

(Hindi Jati-1)

हिंदी जाति की संकल्पना हिंदीभाषी बुद्धिजीवियों और साहित्यकारों के बीच बेहद लोकप्रिय है। इसके सूत्रीकरण का श्रेय रामविलास शर्मा को जाता है जिनकी हैसियत हिंदी की दुनिया में एक युगपुरुष जैसी बन चुकी है। हालाँकि हिंदी जगत की बौद्धिक ख़ेमेबंदी में उनके विरोधियों की भी कमी नहीं है, पर दिलचस्प बात यह है कि उनके कई विरोधियों ने भी उनकी इस संकल्पना को आत्मसात कर लिया है। रामविलास शर्मा ने इसके सूत्रीकरण के लिए मार्क्सवाद और राष्ट्रवाद के बीच हुई अन्योन्यक्रिया के कुछ पहलुओं का सहारा लिया जिसमें जाति की राष्ट्र-पूर्व श्रेणी प्रमुख है। इसके साथ ही उन्होंने व्यापारिक पूँजीवाद के विचार का भी इस्तेमाल किया। रामविलास शर्मा सोवियत संघ की भाषा-नीति के प्रति भी काफ़ी आकर्षित नज़र आते हैं लेकिन उन्होंने सोवियत मॉडल को अपने लिहाज़ से भारतीय परिस्थितियों की ज़रूरत के मुताबिक़ कहीं स्वीकार किया, तो कहीं नज़रअंदाज़ भी किया है।

कुल मिला कर ऊपर से देखने में सरल लगने वाली यह संकल्पना काफ़ी पेचीदा है। पहली नज़र में लगता है कि रामविलास शर्मा तमिल, बांग्ला, मराठी या तेलुगु सरीखे भाषाई राष्ट्रवाद के तर्ज़ पर हिंदी में भी भाषाई राष्ट्रवाद की रचना करने की सिफ़ारिश कर रहे हैं। वास्तव में उनकी कुछ संस्तुतियाँ इस तरह की सरलीकृत धारणा को उस समय बढ़ावा देती हैं जब वे सभी हिंदीभाषी प्रदेशों को मिला कर एक बहुत बड़े हिंदी प्रदेश की रचना करने की माँग करते हैं। हिंदी जाति को धरती पर उतारने के लिए डॉ. शर्मा का यह प्रस्ताव उनके विचार को ग़ैर-मार्क्सवादियों के बीच ही नहीं बल्कि कई मार्क्सवादियों के बीच भी विवादास्पद बना देता है। लेकिन यह विवाद एक सूत्रीकरण के रूप में हिंदी जाति का महत्त्व कम नहीं करता। वस्तुतः हिंदी जाति की संकल्पना करने के पीछे रामविलास शर्मा का उद्देश्य एक बहुभाषी,

बहुधार्मिक, बहुसांस्कृतिक और बहुजातीय देश में एक स्वदेशी सम्पर्क-भाषा का तर्क स्थापित करने का था, और उसे इसी संदर्भ में समझा जाना चाहिए। हिंदी जाति की संकल्पना की पृष्ठभूमि समझना आवश्यक है।

आज़ादी के बाद संविधान सभा में भाषा के सवाल पर बड़ी पेचीदा बहस हुई, और अंततः उसे राज-भाषा की हैसियत दे दी गयी। हिंदी के ज़्यादातर समर्थकों ने उसकी इसी संवैधानिक हैसियत में उसका राष्ट्र-भाषा हो जाना पढ़ लिया। यह माना गया कि संविधान की मुहर लग जाने के बाद अब हिंदी का प्रभुत्व अंतिम तौर पर वर्चस्व में बदल गया है। लेकिन भाषा से जुड़ी राजनीति इसी जगह ख़त्म नहीं हुई। दो विपरीत प्रक्रियाएँ भी चलीं। पहली मुख्यतः वामपंथी ख़ेमे के भीतर घटित हुई। वहाँ पूरे विद्रोही तेवर के साथ जनपदीय भाषाओं का प्रश्न उठा कर हिंदी के इस संविधानजनित वर्चस्व को चुनौती दी गयी। प्रगतिशील लेखक संघ की राजनीति में इसकी बागडोर हिंदी के ही कुछ लेखकों के हाथ में थी। हिंदी के मार्क्सवादियों के बीच यह एक अंतःविस्फोट था। दूसरी प्रतिक्रिया ग़ैर-हिंदीभाषी क्षेत्रों से आयी जिसका मैदान पहला राज-भाषा आयोग था। हिंदी-क्षेत्र के बाहर होने वाले इस विस्फोट के कर्ताधर्ता आयोग के तमिल और बंगाली सदस्य (पी. सुब्बरायन और सुनीति कुमार चटर्जी) थे। हिंदी के कथित वर्चस्व में ये दोनों पलीते उस समय लगे जब रामविलास शर्मा कम्युनिस्ट पार्टी की सांस्कृतिक सिपहसालारी कर रहे थे। 1949 से 1953 के बीच उन्हीं के हाथ में प्रगतिशील लेखक संघ की बागडोर रही। इस दौर में उन्हें एक से बढ़ कर एक तल्ख़ बहसों में भाग लेना पड़ा। साठ का दशक ख़त्म होते-होते दक्षिण भारत में हिंदी के ख़िलाफ़ और उत्तर भारत में अंग्रेज़ी के ख़िलाफ़ आंदोलनों की लहर आ चुकी थी। यह समय भाषाई आधार पर राज्यों के पुनर्गठन की राजनीति का भी था। यह समय सम्भवतः भारतीय राजनीति का सबसे उत्तेजक और संकटग्रस्त समय था जब अमेरिकी बुद्धिजीवी सेलिग हैरिसन ने कह दिया था कि इसी राजनीति की वजह से ही 1967 का संसदीय चुनाव भारत का आख़िरी लोकतांत्रिक चुनाव हो सकता है।

रामविलास शर्मा ने पचास और साठ के दशकों के इस नाजुक समय में कभी कम्युनिस्ट पार्टी के भीतर और कभी बाहर रह कर वह भूमिका निभायी जो आज़ादी से पहले भाषा के सवाल पर गाँधी की भूमिका से मिलती-जुलती थी। गाँधी ने हिंदी का राजनीतिक प्रभुत्व क़ायम करते हुए उसके वर्चस्व के लिए रास्ता साफ़ किया था। वे संस्कृतनिष्ठ हिंदी के विरोधी और हिंदुस्तानीनुमा सरल-सहज बोलचाल की हिंदी के पक्षधर थे। रामविलासजी ने हिंदी के संविधानजनित वर्चस्व की रक्षा करते हुए उसके लोकतंत्रीकरण का भगीरथ प्रयास किया। उन दिनों, और जीवन में बहुत बाद तक, वे मार्क्सवादी मुहावरे में गाँधी को पूँजीपति वर्ग का प्रतिनिधि मानते थे, पर भाषा के सवाल पर वे गाँधी की भूरि-भूरि प्रशंसा करते थे। उन्होंने जो किया, उसे देख कर बेहिचक कहा जा सकता है कि इस सवाल पर उनके भीतर एक गाँधी छिपा बैठा था।

भाषा-नीति से जुड़ी बहसों पर रामविलास शर्मा ने तितरफ़ा अनुक्रिया की। उनकी थीसिस का पहला पहलू था हिंदी के संविधानजनित वर्चस्व का विलोप किये बिना उसका लोकतंत्रीकरण। उसका दूसरा पहलू था भारतीय संघ की राज-भाषा के रूप में हिंदी की अनिवार्यता का विरोध। उसका तीसरा पहलू था अखिल भारतीय सम्पर्क भाषा के रूप में हिंदी की संरचनात्मक दावेदारी के सामाजिक-ऐतिहासिक सबूत पेश करना ताकि वह अंततः अंग्रेज़ी की जगह ले सके। ये तीनों आयाम विकसित करने की प्रक्रिया में उन्होंने सबसे पहले तो एक नयी राज-भाषा गढ़ने के प्रयासों के सरकारी प्रयासों की विस्तृत और गहरी आलोचना की। उर्दू-फ़ारसी परम्परा से कटी हुई एक संस्कृतनिष्ठ अटपटी हिंदी बनाने की सरकारी योजना का साथ देने से इनकार करते हुए उन्होंने उसके परख़्चे उड़ा दिये और हिंदी को संस्कृत की बेटी बताने वाले राष्ट्रवादियों के ख़िलाफ़ जम कर मोर्चा लिया। दूसरे, उन्होंने कम्युनिस्ट पार्टी और प्रगतिशील लेखक संघ के भीतर हिंदी का प्रयोग करने के लिए कटिबद्ध अभियान चलाया। हिंदी और उसके क्षेत्र की जनपदीय भाषाओं का परस्पर विरोध दिखाने वालों के मुक़ाबले उन्होंने उन भाषाओं के साथ हिंदी की तारतम्यता स्थापित की। तीसरा, भाषा-विज्ञान के क्षेत्र में उन्होंने सोशल-लिंग्विस्टिक्स के आधार पर भाषा-गठन की स्वाभाविक प्रक्रिया पर बल देते हुए कहा कि बोली के आधार पर परिनिष्ठित भाषा का विकास होता है, परिनिष्ठित भाषा के आधार पर बोलियाँ उत्पन्न नहीं होतीं। खड़ी बोली के आधार पर हिंदी विकसित हुई, लंदन (या मिडलैण्ड) की बोली के आधार पर अंग्रेज़ी और मास्को की बोली के आधार पर रूसी विकसित हुई। इससे पहले प्रचलित यह था कि संस्कृत से प्राकृत, प्राकृत से अपभ्रंश और अपभ्रंश से हिंदी बनी।

यह एक दिलचस्प तथ्य है कि रामविलास शर्मा को हिंदी जाति का विचार एक ग़ैर-मार्क्सवादी हिंदी बुद्धिजीवी धीरेंद्र वर्मा के लेखन में मिला। 1922 में जबलपुर से निकलने वाली पत्रिका *श्री शारदा* में धीरेंद्र वर्मा के चार लेख प्रकाशित हुए जिसमें उन्होंने 'हिंदी-राष्ट्र' और 'सूबा-हिंदुस्तान' के साथ राष्ट्र के लक्षणों का विवेचन किया था। 1930 में लीडर प्रेस, प्रयाग से उनके यही विचार कुछ संशोधन के साथ *हिंदी-राष्ट्र या सूबा-हिंदुस्तान* के शीर्षक से पुस्तकाकार छपे। भाषा को राष्ट्र के प्रमुख लक्षण के रूप में चिह्नित करते हुए धीरेंद्र वर्मा ने इस पुस्तक में इच्छा व्यक्त की कि देश के जितने भूभाग में हिंदी या हिंदुस्तानी मातृभाषा के रूप में बोली

जाती है और नागरी लिपि का चलन है, उसे एक राष्ट्र की तरह गठित होना चाहिए। वे हिंदी और उर्दू को भी एक ही भाषा मानते थे, और उन्हें लगता था कि जब बंगाल में पचास फ़ीसदी बंगाली मुसलमानों की भाषा बांग्ला ही है, तो संयुक्त प्रांत में चौदह फ़ीसदी मुसलमानों की भाषा हिंदी क्यों नहीं हो सकती। हिंदी-वर्चस्व के पैरोकारों को वर्मा की यह दलील बड़ी भायी। 1936 में कांग्रेस के लखनऊ अधिवेशन में बालकृष्ण शर्मा नवीन ने इस मसले को उठाने की कोशिश की, पर जवाहरलाल नेहरू की नाराज़गी के कारण वे इस बहस को उसके अंजाम तक नहीं ले जा सके। धीरेंद्र वर्मा का मार्क्सवाद से कुछ लेना-देना नहीं था। उनका प्रस्ताव तो विशुद्ध राष्ट्रवादी भावनाओं का प्रतिफलन था। लेकिन, रामविलास शर्मा ने यह विचार धीरेंद्र वर्मा से ही पकड़ा, और पचास साल तक उसके इर्द-गिर्द लेखन कार्य करते हुए उसे एक सुव्यवस्थित 'मार्क्सवादी' प्रपत्ति की तरह विकसित किया।

रामविलास शर्मा बहुभाषी सोवियत संघ में भाषा समस्या हल करने के मॉडल के प्रशंसक तो थे, पर वे उसे सार्वभौम और हर जगह लागू करने लायक नहीं मानते थे। उनकी कोशिश यह थी कि हर भाषा को स्वायत्तता देने वाला यह मॉडल हिंदी-क्षेत्र पर लागू न किया जाए, लेकिन हिंदी-क्षेत्र के बाहर पूरे देश में इसी के मुताबिक़ हर स्थापित भाषा को स्वायत्तता मिले। हिंदी-क्षेत्र के बारे में उनकी मान्यता यह थी कि तमाम जनपदीय भाषाओं के बीच से एक ऐतिहासिक प्रक्रिया के दौरान हिंदी नाम की एक जातीय भाषा उभर चुकी है। इसलिए अलग-अलग भाषाओं को मान्यता देने का मतलब होगा इस ऐतिहासिक प्रक्रिया की उपलब्धियों का तिरस्कार, और साथ में हिंदी-क्षेत्र की समग्र अस्मिता की उपेक्षा। चूँकि वे यह भी चाहते थे कि हिंदी-क्षेत्र को छोड़ कर बाक़ी पूरे भारत के संदर्भ में इस मॉडल को लागू किया जा सकता है, इसलिए उन्होंने अपनी तरफ़ से इस मॉडल के सैद्धांतिक आधार पर खड़े होकर भारतीय राष्ट्रवाद को बहुजातीय-बहुभाषी अर्थों में परिभाषित किया।

लेकिन हिंदी-क्षेत्र के मार्क्सवादी बुद्धिजीवियों में सोवियत मॉडल के प्रति रामविलास शर्मा जैसा विवेकसम्मत रवैया न था। वे उसे भारत में पूरी तरह से लागू करने पक्ष में थे। शिवदान सिंह चौहान और राहुल सांकृत्यायन का विचार कुल मिला कर इसी तरह का था। ये दोनों विद्वान इस क्षेत्र की हर भाषा को पृथक भाषा की तरह मान्यता देने के पक्ष में थे। राहुल 'जितनी भाषाएँ-उतनी जातियाँ' के उसूल के आधार पर हिंदी-क्षेत्र का भाषावार बँटवारा चाहते थे। राहुल भोजपुरी के तीन रूपों (मल्लिका, काशिका, बज्जिका) को भी अलग-अलग बताते थे। इस हिसाब से भोजपुरी-क्षेत्र भी तीन हिस्सों में बँटना चाहिए था। सोवियत मॉडल पर इससे ज़्यादा परम-यांत्रिक अमल नहीं हो सकता था। अगर चौहान-राहुल थीसिस मान ली जाती तो उत्तर भारत का जो हाल होता वह तो होता ही, राज-भाषा के रूप में हिंदी के संविधानजनित वर्चस्व का न केवल नाश हो जाता, बल्कि अंग्रेज़ी को प्रतिस्थापित कर सकने वाली अखिल भारतीय सम्पर्क-भाषा के रूप में हिंदी की सम्भावनाएँ भी नष्ट हो जातीं। जिस भाषा का अपना कोई सुपरिभाषित क्षेत्र न होता, उसे सारे भारत की सम्पर्क-भाषा कैसे बनाया जा सकता था?

**देखें** : 'अंग्रेज़ी हटाओ' आंदोलन, डायग्लॉसिया, भारत में भाषा-नियोजन-1 से 4 तक, भाषा के मार्क्सवादी सिद्धांत, रामविलास शर्मा-1 और 2, सम्पर्क भाषा-1, 2, 3 और 4, संविधान सभा में भाषा-विवाद-1, 2 और 3, हिंदी जगत और 'लोकप्रिय'-1 और 2, हिंदी विरोधी आंदोलन, हिंदी नवजागरण, हिंदी-संस्थाएँ, संविधान में भाषा-विवाद-1 से 3 तक।

## संदर्भ

1. भगवान सिंह (2011), 'राहुल सांकृत्यायन से रामविलास शर्मा का मतभेद', *प्राचीन भारत के इतिहासकार,* सस्ता साहित्य मण्डल, नयी दिल्ली.
2. रामविलास शर्मा (2011), *भारत की भाषा समस्या,* राजकमल प्रकाशन, नयी दिल्ली.
3. अभय कुमार दुबे (2012), '''मैं'' और ''वे'' के बीच रामविलास शर्मा का ज्ञान-काण्ड : संस्कृति का ''अर्ली-मॉडर्न'', परम्परा की आधुनिकता और हिंदी-वर्चस्व का लोकतंत्रीकरण', *तद्‌भव,* अंक 1, अक्टूबर.
4. एम.के. गाँधी (1956), *थॉट्स ऑन नैशनल लेंग्वेज,* नवजीवन पब्लिशिंग हाउस, अहमदाबाद.

**— अभय कुमार दुबे**

# हिंदी जाति-2

## व्यापारिक पूँजी, मार्क्सवाद और राष्ट्रवाद

(Hindi Jati-2)

रामविलास शर्मा 1949 में ही राहुल-शिवदान की जोड़ी से भिड़ गये और 'बहुजातीय राष्ट्रीयता और राष्ट्र-भाषा हिंदी' शीर्षक निबंध में अपनी स्थापना पेश करते हुए पूछा कि अवधी, ब्रजभाषा, बुंदेलखण्डी आदि बोलियाँ हैं या भाषाएँ; उनके बोलने वाले हिंदुस्तानी जाति के अंतर्गत हैं या भिन्न-भिन्न स्वतंत्र जातियों के रूप में विकसित होंगे? भारतेंदु युग के सभी लेखक भोजपुरी, ब्रज या अवधी वग़ैरह क्षेत्रों के थे, पर उन्होंने गद्य के लिए उन्नीसवीं सदी में ही खड़ी बोली का प्रयोग शुरू कर दिया था। उन्होंने मान्यता व्यक्त की कि अगर ब्रिटिश पूँजीवाद से टक्कर होने के कारण भारतीय पूँजीवाद के सहज विकास में बाधा न पड़ी होती तो व्यापारिक पूँजीवाद के रास्ते भारत में पूँजीवाद का देशज विकास हो गया होता।

इसके बाद 1953, 1956 और 1961 की रचनाओं में वे बार-बार इस स्थापना की ओर लौटे, उसे आगे बढ़ाया और आग्रह किया कि हिंदी जाति की रचना भारतेंदु युग से नहीं हुई बल्कि बारहवीं सदी से शुरू हो गयी थी, और यही वह युग था जब सारे भारत में व्यापारिक पूँजी के प्रभाव में जातियों की रचना हो रही थी। कम्युनिस्ट घोषणापत्र के एक लम्बे उद्धरण का इस्तेमाल करके उन्होंने दिखाया कि पूँजीपति वर्ग की राजनीतिक प्रगति किस तरह क्रमश: होती है। पहले बिना कारख़ानों के व्यापार के ज़रिये वह आगे बढ़ता है, फिर दस्तकारी वाले कारख़ाने आते हैं और तब बाद में मशीनों वाले कारख़ानों के युग में वह अपनी सत्ता क़ायम करता है। मिखाइलोव्स्की की धारणाओं का खण्डन करने वाले लेनिन के उद्धरण का प्रयोग करके उन्होंने दिखाया कि जाति-निर्माण की प्रक्रिया के नेता किस प्रकार व्यापारी पूँजीपति होते हैं, इसलिए जातीय संबंधों का निर्माण पूँजीवादी संबंधों के निर्माण के अलावा कुछ नहीं है। आम तौर पर जाति, क़ौम और राष्ट्रीयता को पर्यायवाची माना जाता है, पर लेनिन के हवाले से रामविलास शर्मा की निष्पत्ति यह थी कि 'जाति वह मानव समुदाय है जो व्यापार द्वारा पूँजीवादी संबंधों के प्रसार के साथ गठित होती है।' इसके साथ ही रामविलास शर्मा ने स्तालिन द्वारा किये गये लघुजाति और महाजाति के बीच भेद का भी ज़िक्र किया।

विश्लेषण के इस मुक़ाम पर रामविलास शर्मा की राष्ट्रवाद संबंधी सैद्धांतिक कारीगरी का एक जायज़ा ले लेना ज़रूरी है। इस कारीगरी के दौरान मार्क्सवाद से बँधा हुआ महसूस करना उनके लिए ज़रूरी नहीं था, क्योंकि मार्क्स ने राष्ट्रवाद की कोई थिएरी तजवीज़ नहीं की है। उल्टे उन्होंने इस मसले पर जो विरासत छोड़ी है, उसके अंतर्विरोधों की विद्वानों द्वारा शिनाख़्त की जा चुकी है। यहाँ तक कि लेनिन द्वारा दिया गया राष्ट्रीयताओं के आत्म-निर्णय का उसूल भी कई राष्ट्रीयताओं वाली परिस्थितियों में अपनायी जाने वाली एक राजनीतिक रणनीति के रूप में देखा जाता है। इस रणनीति पर बोल्शेविकों ने ज़ार के साम्राज्य को तोड़ने के लिए तो अमल किया, पर अपनी सत्ता स्थापित होते ही उसे दूसरी तरह से परिभाषित करने लगे।

1913 में स्तालिन राष्ट्रवाद की अपनी परिभाषा लेकर आये। उन्होंने राष्ट्र को ऐतिहासिक रूप से विकसित एक भूभाग, एक भाषा, एक आर्थिक जीवन और एक ही प्रकार के मानस से युक्त सांस्कृतिक समुदाय का पर्याय क़रार दिया। स्तालिन द्वारा दी गयी यह परिभाषा मार्क्सवादियों के बीच बहुत लोकप्रिय है। लेकिन, इसकी सरलता और सपाटपन ने बाद के विद्वानों को मजबूर किया कि वे मार्क्स, एंगेल्स, लेनिन, काउत्स्की, रोज़ा लक्ज़ेमबर्ग और ऑटो बाउर के राष्ट्र संबंधी लेखन की तरफ़ लौटें। इस प्रक्रिया में मार्क्सवाद और राष्ट्रवाद के बीच अन्योन्यक्रिया का उत्तर-मार्क्स, उत्तर-लेनिन और उत्तर-स्तालिन विमर्श तैयार हुआ। इसमें सभी ने अपनी-अपनी समझ से मार्क्स की तत्संबंधित टिप्पणियों का इस्तेमाल किया है। रोनाल्ड मंक इसीलिए कहते हैं कि राष्ट्रवाद और मार्क्सवाद के बीच संवाद ख़ासा उलझा हुआ है।

पिछले तीस साल में जिस स्थापना ने मार्क्सवाद ही नहीं, बल्कि उसके बाहर के विद्वानों को प्रभावित किया है, वह है बेनेडिक्ट ऐंड रसन द्वारा प्रवर्तित राष्ट्र को कल्पित समुदाय मानने वाली थियरी। विडम्बना यह है कि ख़ुद इस थियरी के जनक ऐंडरसन इस मान्यता के समाज-विज्ञानियों द्वारा किये जाने वाले इस्तेमाल से असहज हैं। 2012 में जब अंतर्राष्ट्रीय समाजशास्त्र सम्मेलन के विशिष्ट अतिथि के रूप में वे भारत आये तो उनका भाषण सुनते हुए महसूस किया जा सकता था कि वे अपनी इस विख्यात कृति से ख़ुद को दूर करने की कोशिश कर रहे हैं। उनका कहना था कि उनके लिए यह पुस्तक एक ऐसी प्यारी बेटी की तरह है जो बस कंडक्टर के साथ भाग गयी हो। दरअसल, ऐंडरसन ने इस पुस्तक का लेखन राष्ट्रवाद की ताक़त दिखाने के लिए किया था, लेकिन मार्क्सवादी हल्क़ों में इसका इस्तेमाल बड़े पैमाने पर राष्ट्रवाद की आलोचना के लिए होने लगा है जो कि ऐंडरसन का मक़सद नहीं था।

रामविलास शर्मा ने भी अपने लिहाज़ से मार्क्सवाद और राष्ट्रवाद का एक समीकरण बनाया। हालाँकि लोग उन्हें ढीले-ढाले ढंग से स्तालिनवादी कहते हैं, पर उन्होंने इस मामले में स्तालिन द्वारा दी गयी परिभाषा पर चलने के बजाय

अपना स्वतंत्र विश्लेषण करना पसंद किया जो भारतीय इतिहास और संस्कृति की उनकी अपनी समझ पर आधारित था। अगर रोनाल्डो मंक द्वारा मार्क्सवाद और राष्ट्रवाद से संबंधित विमर्श के सार-संकलन पर जाएँ, तो लगता है कि सांस्कृतिक और भाषाई जाति की परिकल्पना मार्क्सवादी विमर्श के लिए अजनबी नहीं है। इसका प्रतिपादन ऑटो बाउर ने किया था। रामविलास शर्मा ओटो बाउर द्वारा दी गयी राष्ट्र की इसी सकारात्मक परिभाषा के काफ़ी नज़दीक खड़े हैं। थोड़ा फ़र्क़ यह है कि उन्होंने बाउर के मुक़ाबले भाषा पर ज़्यादा ज़ोर दिया है। उन्नीसवीं सदी के अंत और बीसवीं सदी की शुरुआत में सक्रिय ऑस्ट्रो-मार्क्सवादी स्कूल के विद्वान बाउर राष्ट्र को एक सांस्कृतिक और ऐतिहासिक समुदाय के रूप में देखते थे जो आगे चल कर राज्य का रूप ग्रहण कर लेता है। काउत्स्की ने बाउर की यह कह कर आलोचना की थी कि वे राष्ट्र के लिए एक भाषा की शर्त की अनदेखी कर रहे हैं, जिसके जवाब में बाउर ने साफ़ किया कि वे एक भाषा होने की शर्त मानते हैं, लेकिन संस्कृति आधारित समुदाय एक भाषा के आग्रह से परे जाकर भी राष्ट्र बन सकता है। बाउर की विशेषताएँ दो थीं। पहली, उन्होंने राष्ट्र की अवधारणा ऐतिहासिक भौतिकवाद के खाँचे के भीतर व्याख्यायित करते हुए भी ख़ुद को आर्थिक घटाववाद के चक्कर में नहीं फँसने दिया। दूसरी, वे हीगेल द्वारा प्रवर्तित ऐतिहासिक और अनैतिहासिक राष्ट्रों की उन श्रेणियों के शिकार भी नहीं हुए जिनके प्रभाव में मार्क्स और एंगेल्स ने क्रांतिकारी और ग़ैर-क्रांतिकारी राष्ट्रों की धारणा तैयार कर ली थी। भारत जैसा देश हीगेल के लिए अनैतिहासिक राष्ट्र था जिसमें क्रांतिकारी सम्भावनाएँ नहीं थीं। बाउर ने कहा कि इतिहास से वंचित राष्ट्र भी जागरण के दौर से गुज़रते हैं और अपनी मुक्ति के लिए संघर्ष करते हैं।

मंक यह भी बताते हैं कि ऐसे मार्क्सवादी विद्वानों की दुनिया में कमी नहीं है जो बाउर की धारणाओं से मिलते-जुलते सूत्रीकरणों के ज़रिये आज के ज़माने के राष्ट्र-राज्यों के पीछे जातियों (राष्ट्रीयताएँ) को देखते हैं, उन जातियों को जिनकी रचना औद्योगिक पूँजीवाद के उभार से बहुत पहले सांस्कृतिक समुदाय के रूप में हुई होगी। कुल मिला कर रामविलास शर्मा की राष्ट्रवाद संबंधी समझ यह है कि पहले सांस्कृतिक और भाषाई जातियाँ बनेंगी और उनके आधार पर राष्ट्र की रचना होगी। उन्होंने जातियों के निर्माण की प्रक्रिया औद्योगिक पूँजीवाद के उभार से सदियों पहले व्यापारिक पूँजीवाद की गतिविधियों के परिणाम की तरह देखी। चूँकि ऐंडरसन राष्ट्र को कल्पित क़रार देते हैं और उसे प्रिंट कैपिटलिज़म के उभार से जोड़ कर देखते हैं, इसलिए रामविलास शर्मा उनसे सहमत होने के लिए तैयार नहीं हुए।

एक बार जब रामविलासजी को संतोष हो गया कि उन्होंने मार्क्सवाद की मदद से व्यापारिक पूँजी (उनके शब्दों में व्यापारिक पूँजीवाद) और हिंदी जाति के उद्‌गम का बारहवीं सदी का रिश्ता साबित कर दिया है, तो फिर उन्होंने अपनी थीसिस को सम्पूर्ण करने के लिए दो उद्यम और किये। पहला, हिंदी के उभार में जनपदीय भाषाओं की सहयोगी भूमिका का विस्तार से विवेचन करके राहुल-शिवदान की जोड़ी द्वारा हिंदी बनाम जनपदीय भाषाओं के फ़ार्मूले को कोने में धकेल दिया। दूसरा, उर्दू और हिंदी साहित्य की बुनियादी एकता को बार-बार स्थापित किया। एक तरफ़ उन्होंने अपनी रचनाओं में हिंदी के संस्कृतनिष्ठ हिंदू रुझान वाले राष्ट्रवादियों की बेमिसाल धुनायी की। दूसरी तरफ़ उनके प्रहारों से वे उर्दूदाँ भी न बच सके जो उन्नीसवीं सदी के हिंदी-उर्दू विवाद की शैली में हिंदी भाषा और साहित्य की छीछालेदर करने में लगे हुए थे। यह सब करना उन्हें इसलिए ज़रूरी लगा होगा कि हिंदी-क्षेत्र की संरचना तमिल, बांग्ला या मराठी क्षेत्रों की तरह कमोबेश इकहरी न हो कर बहुकेंद्रीय थी।

**देखें :** 'अंग्रेज़ी हटाओ' आंदोलन, डायग्लॉसिया, भारत में भाषा-नियोजन-1 से 4 तक, भाषा के मार्क्सवादी सिद्धांत, रामविलास शर्मा-1 और 2, सम्पर्क भाषा-1, 2, 3 और 4, संविधान सभा में भाषा-विवाद-1, 2 और 3, हिंदी जगत और 'लोकप्रिय'-1 और 2, हिंदी विरोधी आंदोलन, हिंदी नवजागरण, हिंदी-संस्थाएँ, संविधान में भाषा-विवाद-1 से 3 तक।

## संदर्भ

1. राम विलास शर्मा (2011), 'बहुजातीय राष्ट्रीयता और राष्ट्र-भाषा हिंदी', *भारत की भाषा समस्या*, राजकमल प्रकाशन, नयी दिल्ली.
2. राम विलास शर्मा (1976), *भारत के प्राचीन भाषा परिवार और हिंदी* (तीन खण्ड), (विशेष तौर से पहला खण्ड : आर्यभाषा केंद्र और हिंदी जनपद), राजकमल प्रकाशन, नयी दिल्ली.
3. रोनाल्डो मंक (1986), *द डिफ़ीकल्ट डायलॉग: मार्क्सिज़म ऐंड नैशनलिज़म*, ऑक्सफ़र्ड युनिवर्सिटी प्रेस, नयी दिल्ली.

**— अभय कुमार दुबे**

# हिंदी जाति-3

## वर्चस्व का लोकतंत्रीकरण

(Hindi Jati-3)

हिंदी के वर्चस्व की रक्षा करके ही रामविलास शर्मा के भाषा-संबंधी कर्त्तव्य की इतिश्री नहीं हुई। उनकी परियोजना में भारतीय मूल की एक अखिल भारतीय सम्पर्क भाषा को अंग्रेज़ी की जगह स्थापित करना भी शामिल था। इसके लिए ज़रूरी था कि वे हिंदी के प्रति अन्य भारतीय भाषाओं के अंदेशों को दूर करने का प्रयास करते। रामविलास शर्मा इंग्लैण्ड के बजाय स्विटज़रलैण्ड के नमूने को भारत के लिए अधिक उपयुक्त मानते थे। स्विस संविधान तीन-तीन भाषाओं को राज-भाषा का दर्जा देता है। चूँकि इंग्लैण्ड में अंग्रेज़ी का प्रभुत्व वेल्श और गेलिक के दमन पर आधारित है, इसलिए उनकी निगाह में भाषाओं का दमन करने वाला राष्ट्रवाद भारत के लिए आदर्श नहीं हो सकता।

दरअसल, एक भाषा-एक जाति-एक राष्ट्र के प्रचलित मार्क्सवादी आग्रह के विपरीत रामविलास शर्मा ने बहुजातीय राष्ट्रवाद की अपनी थियरी का विकास 1949 से 1956 के बीच चली बहसों के दौरान ही कर लिया था। 1955 में कम्युनिस्ट पार्टी के मुख पत्र *न्यू एज* में प्रकाशित उनका अंग्रेज़ी में लिखा लम्बा विश्लेषणात्मक लेख 'द क्वेश्चन ऑफ़ ऑब्लिगेटरी स्टेट लेंग्वेज ऑफ़ इण्डिया' एक ऐसी बेहतरीन कृति है जिसका अध्ययन उन सभी लोगों को करना चाहिए जिन्हें भारत की भाषा-समस्या के हल में दिलचस्पी है। पचास के दशक में कई राज्यों की विधान सभाओं ने राज-भाषा क़ानून पारित कर लिए थे, फिर भी उनके सरकारी कामकाज और शिक्षा पर हावी अंग्रेज़ी को हटाया नहीं जा सका था। हिंदीभाषी क्षेत्र में भी यही स्थिति थी। रामविलास शर्मा ने इस लेख में अनिवार्य राज-भाषा और राज-भाषा की अवधारणाओं में फ़र्क़ करते हुए कहा कि देशी जड़ों वाली राज-भाषा आज़ाद भारत की एक आवश्यकता है, पर अनिवार्य राज-भाषा एक जन-विरोधी और राष्ट्र-विरोधी तर्क है। उन्होंने पूछा : 'संविधान में हिंदी को राज-भाषा का पद दिया गया है, किंतु इस राज-भाषा का कार्यक्षेत्र क्या है? अंग्रेज़ी ने राज-भाषा बन कर प्रादेशिक भाषाओं के बहुत से अधिकार छीन लिए थे। विभिन्न राज्यों को स्वायत्त शासन के काफ़ी अधिकार दिये बिना अंग्रेज़ी की जगह हिंदी को देने का मतलब है, दूसरी भाषाओं के अधिकार नियंत्रित करना। ... अपने-अपने प्रांतों में प्रादेशिक भाषाएँ ज्ञान-विज्ञान और राजकाज की भाषाएँ बन जाएँगी, तभी हिंदी सचमुच राष्ट्र-भाषा बनेगी।'

अहिंदीभाषी इलाक़ों में हिंदी का प्रसार करने के लिए गाँधी द्वारा दक्षिण भारत हिंदी प्रचार सभा की स्थापना बीस के दशक के पहले ही कर दी गयी थी। गाँधी ने सम्पर्क-भाषा चुनने के लिए एक पाँच सूत्रीय फ़ार्मूला सुझाया था। इसके अनुसार भारत की सम्पर्क-भाषा वह होनी चाहिए थी जिसे सरकारी अधिकारी आसानी से सीख सकें, जो पूरे भारत में धार्मिक, आर्थिक और राजनीतिक अन्योन्यक्रिया का आपसी माध्यम बनने में सक्षम हो, भारतवासियों का बहुलांश जिसे बोलता हो, पूरा देश जिसे आसानी से सीख सके और जिसका चुनाव अस्थाई या चलताऊ दिलचस्पियों से परे जा कर किया जाए। यह फ़ार्मूला 1917 में द्वितीय गुजरात शिक्षा सम्मेलन में राष्ट्र-भाषा के लक्षण बताते हुए दिया गया था। गाँधी का यह भी कहना था कि इन पाँच में से एक भी लक्षण अंग्रेज़ी भाषा में तो है ही नहीं, और इस लिहाज़ से हिंदी की होड़ करने वाली और कोई भाषा नहीं है। रामविलास शर्मा के भाषा संबंधी विवरणों और दलीलों को पढ़ कर लगता है कि जैसे उन्होंने गाँधी की बातों को पुष्ट करने के लिए ही सब-कुछ लिखा हो।

सम्पर्क-भाषा बनने की हिंदी की क्षमता से संबंधित गाँधी का उपरोक्त वक्तव्य केवल गाँधी की निजी आस्था पर ही आधारित नहीं था। इसके पीछे कुछ उल्लेखनीय संरचनागत कारण थे जिनसे साबित होता था कि हिंदी ही बहुभाषी भारत की सम्पर्क-भाषा बन सकती है। अपने विशाल प्रदेश की जनपदीय भाषाओं के बीच तो हिंदी पहले से ही सम्पर्क-भाषा की भूमिका निभा रही थी, क्या वह ग़ैर-हिंदीभाषियों के बीच भी सम्पर्क-भाषा बनने की स्थिति में थी? इस प्रश्न का एक उत्तर रामविलास शर्मा ने इस प्रकार दिया है : 'कई शताब्दियों से देश की विशेष परिस्थितियों के कारण हिंदी अंतर्जातीय व्यवहार की भाषा बनती जा रही है। उत्तर भारत में केंद्रबद्ध मुगल शासन का होना, यहाँ आगरा जैसे व्यापार के बड़े-बड़े केंद्रों का निर्माण, उन्नीसवीं सदी के पूर्व ही यहाँ के लोगों का विभिन्न प्रदेशों में फैलना ऐसे ही कारण थे। अंग्रेज़ व्यापारी भी उस समय अपनी सुविधा के लिए हिंदी ही सीखते थे। वर्तमान काल में दक्षिण, पूर्व, पश्चिम, सर्वत्र ऐसे व्यापारी और पूँजीपति मिलेंगे जिनकी सांस्कृतिक भाषा हिंदी है। हिंदी के प्रसार का एक बहुत बड़ा कारण कलकत्ता-बम्बई जैसे केंद्रों में लाखों 'हिंदुस्तानी' मज़दूरों का निवास है। इन बड़े-बड़े नगरों के अतिरिक्त प्रत्येक जातीय प्रदेश में अल्पसंख्यकों के रूप में हिंदुस्तानी मिलेंगे। विशाल आंध्र में हैदराबाद और उसके आस-पास हिंदुस्तानियों का भारी जमघट है। अहिंदी प्रदेशों में इस प्रकार हिंदी को अंतर्जातीय व्यवहार की भाषा बनाने में सुविधा मिली है। ...इनके सिवा हिंदी भाषा, लिपि और साहित्य की कुछ विशेषताएँ हैं जो इस कार्य में सहायता करती हैं।'

अपने इसी संक्षिप्त विवरण को रामविलास शर्मा ने काफ़ी विस्तार से अपनी महान रचना *भाषा और समाज* में पेश किया है। उन्होंने ऐसे तमाम प्रमाण जुटाये हैं जिनके मुताबिक़ हिंदी और उसके क्षेत्र की जनपदीय भाषाएँ अंग्रेज़ों के पहले से अहिंदीभाषियों की सांस्कृतिक चेतना से जुड़ी हुई थीं। वे दिल्ली के असिस्टेंट रेज़ीडेंट सी.टी. मेटकाफ़ का जे.बी. गिलक्रिस्ट को 29 अगस्त, 1806 का लिखा एक पत्र उद्धृत करते हैं। गिलक्रिस्ट ने मेटकाफ़ को हिंदुस्तानी सिखायी थी, इसलिए वे कृतज्ञता व्यक्त करते हुए कहते हैं कि 'मैं इसी वजह से कन्याकुमारी से कश्मीर तक और आवा से सिंधु के मुहाने तक इस विश्वास से यात्रा करने की हिम्मत कर सकता हूँ कि मुझे हर जगह ऐसे लोग मिल जाएँगे जो हिंदुस्तानी बोल लेते होंगे। ... हर कोई जानता है कि जिस विशाल इलाक़े का मैंने ज़िक्र किया है, उसमें बहुत सी भिन्न-भिन्न भाषाएँ बोली जाती हैं। इन भाषाओं का न बोला जाना एक ताज्जुब की बात होती, लेकिन हिंदुस्तानी एक ऐसी जुबान है जो आम तौर पर उपयोगी साबित होती है और मेरी समझ में संसार की किसी भी भाषा के मुक़ाबले उसका व्यवहार बहुत बड़े पैमाने पर होता है।' रामविलास शर्मा ने व्यापारिक पूँजी के अखिल भारतीय प्रसार के आईने में हिंदी के प्रसार का यह चेहरा साठ और सत्तर के दशक में पेश किया था। विनोद शाही ने हिंदी की हैसियत पर हुई एक गोष्ठी में वितरित अपने पर्चे में कुछ ऐसा ही दावा किया है कि हिंदी का इस्तेमाल करने वाला वर्ग मुख्यत: शहरों के व्यापारियों, व्यवसायियों, दस्तकारों और शिल्पियों का था।

जैसा कि हमने देखा कि रामविलास शर्मा का भाषा संबंधी उद्यम दो पैरों पर खड़ा है। एक तरफ़ वे विशाल और बहुकेंद्रीय हिंदी-क्षेत्र में इस भाषा का एकमेव वर्चस्व चाहते हैं। अपने रचनाकाल के शुरुआती हिस्से में वे हिंदी-क्षेत्र की भाषाओं को 'बोलियाँ' कहते हैं, बाद में रियायत दे कर 'भाषा' कहने लगते हैं, पर साथ में 'जनपदीय' लक़ब लगाना कभी नहीं भूलते। उनका विचार है कि जनपदीय भाषाओं को विकसित करने के लिए सुचिंतित नीतियाँ और कार्यक्रम चलाये जाने चाहिए, लेकिन यह प्रक्रिया हिंदी की छत्रछाया में ही चलेगी। लेकिन इस हिंदी की प्रकृति कैसी होगी? इस मामले में वे राज-भाषा बनाने की परियोजना के साथ खड़े होने के लिए तैयार नहीं हैं। कांग्रेस सरकार ने जब हिंदी के तकनीकी, वैज्ञानिक और प्रशासनिक पहलुओं को समृद्ध करने के लिए डॉ. विश्वनाथ प्रसाद की अध्यक्षता में पारिभाषिक शब्दकोश बनाने के लिए समिति बनायी तो रामविलास शर्मा को भी उसका सदस्य बनाया गया। जैसा कि उनका आग्रह रहता, इस मामले में भी उन्होंने तय किया कि पहले परम्परा का मूल्यांकन किया जाना चाहिए। रामविलासजी ने डॉ. प्रसाद को सुझाया कि नया शब्दकोश बनाने से पहले हिंदी में जितने पारिभाषिक शब्द रचे गये हैं, जिनका ख़ास तौर पर उन्नीसवीं सदी में व्यवहार होता आ रहा था, उनका एक कोश तैयार किया जाए। उन्होंने यह बात रामधारी सिंह 'दिनकर' से भी कही जो उस समिति के सदस्य थे। पर किसी के कान पर जूँ भी न रेंगी।

इस पर रामविलास शर्मा ने समिति से इस्तीफा दे दिया। उन्होंने दलील दी : 'जब आप (भाषा के) वैज्ञानिक विकास की बात करते हैं तो पहले इस बात का ज्ञान कर लें कि हिंदी में कितनी शब्द-सम्पदा है। यहाँ पर बहुत सारे कोश उन अंग्रेज़ों ने बनाये हैं जो अपने अफ़सरों को हिंदी पढ़ाया करते थे। अट्ठारहवीं सदी में दक्षिण में जितने भी ब्रिटिश अफ़सर थे, उनके लिए हैदराबादी हिंदी अनिवार्य थी। उनमें एक जॉन शेक्सपीयर थे, जिनकी पुस्तक मैंने देखी है। उस पुस्तक के अंत में एक शब्द-सूची है। उसमें वनस्पतिशास्त्र, भूगर्भशास्त्र के शब्द हैं। जहाज़रानी के तो इतने शब्द हैं कि अंग्रेज़ी का एक शब्द है तो हिंदुस्तानी के पाँच। इसके बात सुखसम्पत राय भण्डारी ने सन् 30 के बाद एक पारिभाषित शब्दकोश बनाया था, उसे देखना चाहिए। लेकिन कोई ऐसा नहीं करता और यह मान कर चलते हैं कि हिंदी दरिद्र है और इसे वैज्ञानिक बनाना है।'

जब पारिभाषिक शब्दकोश बन कर तैयार हो गया, तो रामविलास शर्मा ने उसकी समीक्षा करते हुए एक लम्बा लेख लिखा जिसमें उन्होंने साबित कर दिया कि शब्दों की उस पोथी में दो-ढाई सौ से अधिक नये शब्द नहीं थे। और, जिन्हें नयी शब्द-सूची कहा जा रहा था, वह हिंदी में पहले से प्रचलित और स्थापित है। उन्होंने गणना की ऐसे एक-एक 'नये' शब्द बनाने पर सरकार ने किस दर से जनता के पैसे की बर्बादी की है। अटपटे क़िस्म के पारिभाषिक शब्दों के इस्तेमाल के तो वे इतने ख़िलाफ़ थे कि कैपिटल के दूसरे भाग के अनुवाद को उन्होंने अपना अनुवाद मानने से ही इनकार कर दिया। इस अनुवाद की पाण्डुलिपि पीपुल्स पब्लिशिंग हाउस ने सम्पादित होने के लिए मास्को भिजवायी थी। वहाँ के सम्पादकों ने रामविलासजी द्वारा इस्तेमाल किये गये बहुत से शब्दों की जगह सरकारी शब्दकोश में दिये गये अटपटे क़िस्म के पारिभाषिक शब्द रख दिये थे।

दरअसल, हिंदी-वर्चस्व के लोकतंत्रीकरण का एक बेहद महत्त्वपूर्ण घटक था हिंदी के ग़ैर-मानकीय रूपों की वैधता और आवश्यकता पर लगातार बल और छोटे-छोटे सहज घोषणात्मक वाक्यों वाले भाषाई प्रवाह की पक्षधरता। उनके भीतर 'विचार की दरिद्रता को शब्दाडम्बर से छिपाने' के प्रति गहरा तिरस्कार था। इसी लिहाज़ से उन्होंने हिंदी के ग़ैर-मानकीय रूपों और हिंदी के शिष्ट, साहित्यिक, विमर्शी और परिनिष्ठित रूपों के बीच संबंध का इस प्रकार सूत्रीकरण किया : 'भारत की किसी आम भाषा के इतने ग़ैर-मानक रूप नहीं हैं, जितने हिंदी के हैं। ... हिंदी भाषा के जितने साहित्येतर रूप प्रचलित हैं, उतने किसी और भाषा के नहीं।

1947 से पहले हैदराबाद की महत्त्वपूर्ण बोली दकनी हिंदी ग़ैर-मानकीय भाषा रही है। ... अंग्रेज़ी राज के पहले कलकत्ते की हिंदी बांग्ला से प्रभावित थी। हमारे हिंदीभाषी प्रदेश में बनारसी हिंदी काफ़ी प्रचलित है। वह अपना अलग ही रंग दिखाती है। स्वाधीनता प्राप्ति के बाद दिल्ली की भाषा बिल्कुल बदल गयी। ज़बाने-दिल्ली हवा हो गयी। कहीं-कहीं गली-कूँचों में ही सुनने को मिलती है। अब पंजाबी प्रभावित हिंदी चल रही है। जो लोग कहते हैं कि हिंदी लादी जा रही है, वे लोग देखें कि यह पंजाबी प्रभावित हिंदी कैसे पैदा हो गयी। विभाजन के बाद सिंधी भारत में आये और उनसे हिंदी प्रभावित हुई। अमृतलाल नागर ने सिंधी प्रभावित हिंदी की भी मिसालें दी हैं। स्वाभाविक है कि दूसरी भाषा बोलने वाला जब हिंदी बोलेगा तो उसमें अपनी भाषा की कुछ रंगत उसमे लायेगा, रंग लायेगा, वह अपनी वाक्यरचना की छाप डालेगा, अपनी भाषा का जो ध्वनि-रंग है वह उसमें लगा देगा, उस भाषा को सरल रूप देगा जिससे उसे बोलने में आसानी हो। इन तमाम ग़ैर-मानक रूपों को देख कर अब हिंदी का जो शिष्ट रूप है, उसको इतना साधारण बनना चाहिए कि वह सबकी समझ में आये। यह केवल हिंदी की सेवा नहीं, केवल हिंदी साहित्य की सेवा नहीं है। हिंदुस्तान में जो राजनीतिक जागरण हो रहा है, वह होना है। उसके माध्यम के रूप में जो भाषा बनेगी उसकी कल्पना किया करता हूँ मैं कि वह हमारी जनपदीय बोलियों के बहुत नज़दीक होगी। ... हमारा प्रयत्न होना चाहिए कि हमारी हिंदी बोलियों के, ख़ास कर ब्रज भाषा के नज़दीक हो, उसकी ध्वनि-प्रकृति के बहुत नज़दीक हो। जो सरलता ब्रज भाषा में हो, वह हमारे गद्य में आये। ... दूसरी तरफ़ प्रदेशों में हिंदी के ग़ैर-मानक रूप चल रहे हैं, बम्बई में बम्बइया हिंदी, कलकत्ता में कलकतिया हिंदी, दिल्ली में पंजाबी प्रभावित हिंदी, सिंधी प्रभावित हिंदी, इन ग़ैर-मानक रूपों के नज़दीक हमारी हिंदी को पहुँचना चाहिए।'

**देखें** : 'अंग्रेज़ी हटाओ' आंदोलन, डायग्लॉसिया, भारत में भाषा-नियोजन-1 से 4 तक, भाषा के मार्क्सवादी सिद्धांत, रामविलास शर्मा-1 और 2, सम्पर्क भाषा-1, 2, 3 और 4, संविधान सभा में भाषा-विवाद-1, 2 और 3, हिंदी जगत और 'लोकप्रिय'-1 और 2, हिंदी विरोधी आंदोलन, हिंदी नवजागरण, हिंदी-संस्थाएँ, संविधान में भाषा-विवाद-1 से 3 तक।

### संदर्भ

1. रामविलास शर्मा (2006), 'द क्वेश्चन ऑफ ऑब्लिगेटरी स्टेट लेंग्वेज ऑफ इण्डिया' : सुरेश के. शर्मा, *लेंग्वेज इन कंटेम्परेरी इण्डिया,* पहला खण्ड, विस्टा इंटरनैशनल पब्लिशिंग हाउस, नयी दिल्ली.
2. रामविलास शर्मा (2011), *भाषा और समाज,* राजकमल प्रकाशन, नयी दिल्ली.

**— अभय कुमार दुबे**

# हिंदी नवजागरण

(Hindi Navjagran)

उन्नीसवीं सदी में भारतेंदु-युग के रचनाकारों, पत्रकारों, समाज-सुधारकों की गतिविधियों और मुख्यत: गद्य रचनाओं के रूप में हुए सांस्कृतिक उत्पादन को हिंदी नवजागरण के नाम से भी जाना जाता है। इस दौर का यह नामकरण करने का श्रेय रामविलास शर्मा को है। अपनी दो रचनाओं *भारतेंदु हरिश्चंद्र और हिंदी नवजागरण की समस्याएँ* (1984) और उससे पहले *महावीर प्रसाद द्विवेदी और हिंदी नवजागरण* (1977) में उन्होंने अपनी यह अवधारणा सूत्रबद्ध की। राम विलास शर्मा ने अपने विमर्श के ज़रिये नवजागरण का एक बहुलार्थक संदर्भों से भरा पाठ उठाया और इस अवधारणा को व्यापक स्तर पर स्पष्ट किया। परवर्ती विद्वानों का विचार है कि भारत के विभिन्न प्रदेशों में हुए नवजागरणों की संरचना और प्रकृति में अंतर है। बांग्ला-मराठी-गुजराती नवजागरण ने हिंदी नवजागरण को प्रभावित अवश्य किया है, लेकिन कई परस्परव्यापी आयाम होने के बावजूद हिंदी नवजागरण, बंगाल का नवजागरण, मराठी नवजागरण या सुधारणा और तमिल नवजागरण का अलग-अलग अध्ययन होना ज़रूरी है।

हिंदी और इन नवजागरणों के बीच सबसे बड़ा अंतर सन् 1857 का संग्राम है जो मुख्यत: हिंदी प्रदेश में लड़ा गया और जिसमें देशी सिपाहियों समेत इस क्षेत्र की किसान जनता ने भाग लिया। यह संग्राम इतना भीषण था कि जनता की स्मृति पर अपनी अमिट छाप छोड़ गया। भारतेंदु-युग (1850-1900) के अधिकतर रचनाकारों पर उसका गहरा प्रभाव रहा है। इस संग्राम के समय के समय भारतेंदु की आयु सात वर्ष थी। हिंदी के सभी विद्वान इस विचार से सहमत हैं कि हिंदी-नवजागरण का मंत्र फूँकने वाले भारतेंदु बाबू ही थे। उनके लेखन का संकल्प था- 'स्वत्व निज भारत गहै', यानी भारतीय अस्मिता की तलाश। अंग्रेज़ी साम्राज्यवाद भारत के कच्चे माल को लूट रहा था और उद्योग-धंधों को चौपट करते हुए इस देश को कच्चा माल उगाने वाला खेतिहर देश बनाना चाहता था। भारतेंदु ने जनता की दरिद्रता पर बहुत सा लेखन किया है। निर्धनता का आलम यह था कि भारतेंदु की भाषा में 'ढपली बाज रही भारत भिखारी की'। भारतेंदु-युग के लगभग सभी रचनाकारों का लेखन शोषण और भुखमरी पर कराहते हुए मिलता है। इसी व्यथा का तार्किक विवेचन महावीर प्रसाद द्विवेदी ने अपनी पुस्तक *सम्पत्ति शास्त्र* में किया है। आर्थिक-राजनीतिक स्वाधीनता के अभाव में भारतेंदु युग का यह नवजागरण केवल सांस्कृतिक नवजागरण

पर केंद्रित रहा। उनका ध्यान केवल अपनी सांस्कृतिक विरासत की रक्षा और स्वदेशी-स्वभाषा के लिए संघर्ष पर रहा। आज यह बात विस्मयकारी प्रतीत होती है कि इस युग के लेखक अभावों-शोषण में जीवनयापन करते हुए भी जनजागरण के लिए एक अख़बार अवश्य निकालते थे। प्रताप नारायण मिश्र का पत्र *ब्राह्मण,* बालकृष्ण भट्ट का *हिंदी प्रदीप,* उपाध्याय बदरीनारायण चौधरी का आनंद कादम्बिनी, राधाचरण गोस्वामी का पत्र *भारतेंदु* और भारतेंदु बाबू के की *कविवचन सुधा, हरिश्चंद्र मैगज़ीन, हरिश्चंद्र चंद्रिका* व *बाला बोधिनी* का एक इतिहास हिंदी नवजागरण का स्थाई अंग है। इस पत्रकारिता ने हिंदी-गद्य का विकास करते हुए लोक-स्मृति को जागृत किया। अपने समय-समाज के सुलगते प्रश्नों पर इन सभी लेखकों ने डट कर लेखन किया।

रामविलास शर्मा इसे पहले चरण के रूप में देखते हूए इसके आर्थिक आधार के तौर पर व्यापारिक पूँजीवाद को चिह्नित करते हैं। दूसरा चरण उनकी निगाह में 1857 का युद्ध है जिसमें बड़े पैमाने पर सामाजिक-राजनीतिक एकता की चेतना का प्रसार हुआ। तीसरे चरण के तौर पर रामविलास शर्मा भारतेंदु युग को रखते हैं। रामविलास शर्मा इसे नयी परिस्थितियों में पुराने लोक-जागरण के ही विस्तार के तौर पर दिखाते हैं।

रामविलास शर्मा नवजागरण के इस सिलसिले को एक निरंतरता में देखते हैं जो उनकी निगाह में भक्ति आंदोलन से चल कर रामचंद्र शुक्ल तक चला आया है। उनके चुनिंदा विचारों के एक कोलाज से उनकी यह धारणा साफ हो सकती है : 'जो कार्य संस्कृत साहित्य नहीं कर सका, वह अखिल भारतीय स्तर पर भक्ति साहित्य ने किया। ... सन् 1857 का संग्राम हमारा जातीय संग्राम है और भारत का राष्ट्रीय संग्राम भी है। उसका असर सारे देश पर हुआ, हिंदीभाषी प्रदेश पर सबसे ज़्यादा हुआ। ... सन् 57 का स्वाधीनता संग्राम हिंदी-प्रदेश के नवजागरण की पहली मंज़िल है। दूसरी मंज़िल भारतेंदु हरिश्चंद्र का युग है। ... भारतेंदु युग का साहित्य व्यापक स्तर पर गदर से प्रभावित है, इसका पहला प्रमाण यह है कि इस साहित्य में किसानों को लक्ष्य करके, उन्हें संगठित और आंदोलित करने की दृष्टि से जितना गद्य-पद्य लिखा गया है, उतना दूसरी भारतीय भाषाओं में नहीं लिखा गया। दूसरा प्रमाण यह है कि इस साहित्य का माध्यम संस्कृतगर्भित भाषा नहीं है, जैसे कि वह बंगला साहित्य में है, वरन वह शहरी बोलचाल की भाषा है और जनपदीय उपभाषाओं से अपना नाता जोड़े हुए है। ... हिंदी नवजागरण की तीसरी मंज़िल महावीर प्रसाद द्विवेदी और उनके सहयोगियों का कार्यकाल है। ... अभी तक हिंदी का ऐसा कोई लेखक नहीं हुआ जो साहित्यकार हो और उसे अर्थशास्त्र का इतना गहरा ज्ञान भी हो। ... राजनीति और अर्थशास्त्र के साथ उन्होंने आधुनिक विज्ञान से परिचय प्राप्त किया और इतिहास तथा समाजशास्त्र का अध्ययन गहराई से किया। इसके साथ भारत के प्राचीन दर्शन और विज्ञान की ओर उन्होंने ध्यान दिया और यह जानने की कोशिश की कि हम कहाँ आगे बढ़े हुए हैं और कहाँ पिछड़े हैं। इस तरह की तैयारी उनसे पहले किसी सम्पादक या साहित्यकार ने नहीं की थी। परिणाम यह हुआ कि हिंदी प्रदेश में नवीन सामाजिक चेतना के प्रसार के लिए वे सबसे उपयुक्त व्यक्ति सिद्ध हुए। ... जिस उत्सर्ग की भावना से द्विवेदीजी प्रेरित थे, उसे समझने में स्वाधीन भारत के साहित्यकारों को कुछ कठिनाई हो सकती है। ... रामचंद्र शुक्ल ने विश्व प्रपंच की भूमिका लिख कर दिखाया कि प्राचीन दर्शन और आधुनिक विज्ञान का अध्ययन और विवेचन नवजागरण के लिए क्यों ज़रूरी है और उसे कैसे सम्पन्न किया जा सकता है। ... शुक्लजी मनुष्य के इंद्रियबोध को, विचारबोध को और उसके भावबोध को- तीनों को समष्टि के रूप में देखते हैं। तीनों को मिला कर देखते हैं। ... इसीलिए मैं उन्हें भौतिकवादी आलोचक के रूप में देखता हूँ। ... शुक्लजी न होते तो जायसी को कोई जानता भी नहीं। ... मैथिलीशरण गुप्तजी ने सबसे बड़ा काम यह किया कि काव्य में ब्रजभाषा के स्थान पर गद्य में हिंदी को प्रतिष्ठित किया। उसे ऐसा रूप दिया कि वह हिंदी सारे हिंदी-प्रदेश में लोकप्रिय हुई। दूसरा बड़ा काम उन्होंने यह किया कि अपने गद्य लेखों द्वारा, उससे अधिक अपनी पद्य रचनाओं द्वारा नायिकाभेद, समस्यापूर्ति और अलंकारशास्त्र वाली रीतिवादी परम्पराओं को ध्वस्त कर दिया।'

हिंदी नवजागरण के बारे में अक्सर सवाल उठाया जाता है कि क्या इस दौर को युरोपीय पुनर्जागरण और ज्ञानोदय की रोशनी में देखा जा सकता है? रामविलास शर्मा ने रेखांकित किया है कि हिंदी नवजागरण की पृष्ठभूमि में भक्ति-आंदोलन के रूप में हुए लोक-जागरण था। सांस्कृतिक उत्पादन की यह एक ऐसी परिघटना थी जो दुनिया में कहीं नहीं घटी। इसके प्रमाण हाल ही में भारत के बारे में लिखे गये 'अर्ली-मॉडर्न' इतिहास में भी मिलते हैं। रिचर्ड एफ़. जॉन ने अपनी एक रचना में सबसे ज़्यादा चुनौती भरा सवाल यह उठाया है कि क्या भारतीय मध्य-युग को 'अर्ली-मॉडर्न' सदियों के रूप में दिखाया जा सकता है? क्या इस दौर में लोगों, जिंसों और विचारों का परिसंचरण आधुनिक युग से मिलता-जुलता यानी सघन और तीव्र था? तत्कालीन भारतीय समाज की गतिशीलता के इस प्रमाण के लिए रिचर्ड्स पूरे विश्वास के साथ लोकप्रिय धार्मिक आंदोलन के कारण होने वाले नये क़िस्म के सांस्कृतिक उत्पादन का उल्लेख करते हैं। रिचर्ड्स का कहना है कि मात्रा, सघनता और विविधता के लिहाज़ से उत्तरोत्तर बढ़ते हुए इस सांस्कृतिक उत्पादन का केंद्र उत्तर भारत था।

दूसरा प्रश्न उठता है कि क्या युरोपीय रिनेसाँ के अर्थ में भक्ति-आंदोलन को लिया जा सकता है? इसमें कोई शक नहीं कि हिंदी नवजागरण पर युरोप के 'ऐज ऑफ़ एनलाइटेनमेंट' का असर दिखता है, लेकिन किसी विचारक या रचनाकार ने उसे एकमेव प्रेरणा रूप में ग्रहण नहीं किया। इस दौर में विकसित हिंदी-प्रबुद्धता पर कई तरह के प्रभाव हैं। इनमें स्वामी दयानंद का द्वारा चलाये गये आर्य समाज आंदोलन का असर उल्लेखनीय है। दयानंद हिंदू समाज की कुरीतियों को दूर करने के लिए सनातनियों से शास्त्रार्थ करते हुए सामने आये। लेकिन नवजागरण के नेता भारतेंदु ने आर्य समाज को आलोचना की दृष्टि से भी देखा है। 'स्वर्ग में विचार सभा का अधिवेश' नामक एक लेख में उन्होंने कहा है कि आर्य समाज का शुद्ध आर्यवाद पचा पाना कठिन है।

**देखें** : अष्टछाप, 'अंग्रेज़ी हटाओ' आंदोलन, गजानन माधव मुक्तिबोध-1 और 2, छायावाद, डायग्लॉसिया, नंद दुलारे वाजपेयी, नगेंद्र और सैद्धांतिक समीक्षा, नयी कविता, नामवर सिंह, पाश्चात्य काव्यशास्त्र, प्रेमचंद, प्रयोगवाद, प्रगतिवाद, भक्ति आंदोलन-1 और 2, भक्ति-काव्य-1 और 2, भारतेंदु हरिश्चंद्र, भारतेंदु युग-1 और 2, भाषा नियोजन-1 से 4 तक, भाषा के मार्क्सवादी सिद्धांत, महादेवी वर्मा, महावीर प्रसाद द्विवेदी, मीरांबाई और प्रेमाभक्ति, राहुल सांकृत्यायन, रामानुजाचार्य, रामानंद, रामचंद्र शुक्ल-1 और 2, रामविलास शर्मा, राष्ट्रीय-सांस्कृतिक कविता, रीतिकाल-1 और 2, विजय देव नारायण साही, वैष्णव धर्म, श्याम सुंदर दास, सम्पर्क भाषा-1 से 4 तक, सगुण और निर्गुण-1 और 2, संस्कृत काव्यशास्त्र, संविधान सभा में भाषा-विवाद-1, 2 और 3, संत-काव्य, सिद्ध-नाथ परम्परा, सूफ़ीयत और प्रेमाख्यान, हज़ारी प्रसाद द्विवेदी, हिंदी विरोधी आंदोलन, हिंदी जाति-1 से 3 तक, हिंदी साहित्य का आदिकाल, हिंदी साहित्य का इतिहास, हिंदी साहित्य का इतिहास : नये परिप्रेक्ष्य, हिंदी-पद्य में इतिहास, हिंदी-जगत और 'लोकप्रिय'-1 और 2, हिंदी-संस्थाएँ।

## संदर्भ

1. रामविलास शर्मा (1981), *परम्परा का मूल्यांकन,* राजकमल प्रकाशन, नयी दिल्ली.
2. रामविलास शर्मा (1989), *भारतेंदु हरिश्चंद्र और हिंदी नवजागरण की समस्याएँ,* राजकमल प्रकाशन, नयी दिल्ली.
3. रामविलास शर्मा (1977), *महावीर प्रसाद द्विवेदी और हिंदी नवजागरण* राजकमल प्रकाशन, नयी दिल्ली.
4. रामविलास शर्मा (2009), *भारतीय संस्कृति और हिंदी प्रदेश,* किताबघर, नयी दिल्ली.
5. रामविलास शर्मा (2011), *मेरे साक्षात्कार,* किताबघर, नयी दिल्ली.

**— कृष्णदत्त पालीवाल**

# हिंदी-पद्य में इतिहास

(History in Hindi Poetry)

हिंदी साहित्य के काल विभाजन में 'उत्तर-मध्यकाल' (1643 से 1843 तक का रीतिकाल) का नामकरण जिन ग्रंथों के आधार पर किया गया, उनका प्रमुख वर्ण्य-विषय शृंगार है। लेकिन साहित्य-इतिहास के काल विभाजन की पद्धति में इस तथ्य की उपेक्षा कर दी गयी कि इसी दो सौ वर्षों की अवधि में बड़े पैमाने पर भक्ति-काव्य भी रचा गया और वीरगाथा-काव्य भी। इस काल के भीतर भी कईं नये निर्गुणपंथी सम्प्रदायों की स्थापना ही नहीं हुई बल्कि उन्हें प्रतिष्ठा भी मिली। इसके अतिरिक्त नीति काव्य, खेतीबारी और दैनंदिन जीवन से संबंधित सूझ-बूझ की जानकारी देने वाली रचनाएं भी लिखी गयीं। इन सभी काव्य-प्रवृत्तियों और इनकी सांस्कृतिक-सामाजिक-राजनीतिक पृष्ठभूमि पर समग्र दृष्टि से गौर करने पर यह काव्य-सामग्री पद्य में इतिहास या पद्यात्मक इतिहास की द्योतक प्रतीत होती है। इस लिहाज़ से देखने पर साहित्य के इतिहास का अनुशीलन करने की दृष्टि में ही परिवर्तन हो जाता है। इस दौर का उत्तर भारत का इतिहास-लेखन अब तक या तो फ़ारसी स्रोतों पर आश्रित रहा है या फिर सरकारी दस्तावेज़ों पर। जबकि ब्रजभाषा में लिखे गये वीरकाव्यों मे प्रचुर मात्रा में इतिहास मौजूद है, लेकिन उन्हें साहित्य कहकर छोड़ दिया जाता है। इन स्रोतों के अध्ययन से तत्कालीन समाज और इतिहास की समझ बढ़ेगी, जिसके फलस्वरूप भारत में ऐतिहासिक चेतना के अभाव संबंधी धारणा पर पुनर्विचार की आवश्यकता को बल मिलेगा।

शृंगार की धारा इस काल में अनायास ही नहीं आ गयी थी। इसकी जड़ें भक्तिकाल और उससे भी पहले के भारतीय साहित्य में थीं। कालिदास (*कुमारसम्भवम्*), जयदेव (*गीत-गोविंद*), विद्यापति (*पदावली*), सूरदास (*साहित्य लहरी*) के अलावा बांग्ला के चंडीदास जैसे कवि शृंगार-वर्णन की परम्परा के बड़े नाम हैं। वस्तुतः शृंगारिकता भारतीय संस्कृति में हमेशा सहज स्वीकार्य रही है। कोणार्क और खजुराहो के मंदिरों की कलाकृतियाँ इस बात का प्रमाण हैं कि शृंगार-बल्कि उन्मुक्त शृंगार की सर्जनात्मक-कलात्मक अभिव्यक्ति भी हमारे यहाँ विक्टोरियन नैतिकता का प्रभाव बढ़ने से पहले आपत्तिजनक नहीं मानी जाती थी। सूरदास द्वारा *साहित्य लहरी* में मौजूद नायिका भेद और शृंगार वर्णन में रीतिकाल के शृंगारपरक रीति-ग्रंथों का पूर्वरूप भी देखा जा सकता है। यह ज़रूर है कि इसका रूप रीतिकालीन शृंगार से भिन्न है। भक्तिकाल में भक्ति और शृंगार इस तरह घुल-मिल कर आते

हैं कि कई बार यह तय करना मुश्किल हो जाता है कि यह भक्ति है या श्रृंगार। भक्ति और श्रृंगार के मेल से उस दौर का साहित्य जिस ऊँचाई पर पहुँचा, न तो उससे पहले ऐसा हो सका था, और न बाद में हो पाया।

लेकिन भक्तिकाल से रीतिकाल तक आते-आते साहित्य का इतिहास लिखने वालों की निगाह में भक्ति और श्रृंगार की इस धारा के दो फाँक हो गये। रीतिकाल का श्रृंगार 'श्रृंगार' विशुद्ध लौकिक श्रृंगार रह गया। इस श्रृंगार को पतनशीलता के आईने में देखने का नतीजा यह हुआ कि साहित्य के इतिहासकार इस प्रकार की कविता का विकास तत्कालीन राजदरबारों में होने के महत्त्व को हमारे आभिजात्य समुदाय के आध्यात्मिकता से लौकिकता की ओर बढ़ने के प्रमाण की तरह नहीं देख पाये। आध्यात्मिकता से लौकिकता की ओर आना आरम्भिक-आधुनिकता का लक्षण भी हो सकता है, इस दृष्टि से इस काल का मूल्यांकन नहीं हो पाया।

इस काल में वीरगाथा-काव्यों की रचना भी प्रचुर मात्रा में हुई। सत्रहवीं-अट्‌ठारहवीं शताब्दी में ब्रजभाषा में अनेक वीररस प्रधान काव्य लिखे गये। हिंदी की भाषाओं/बोलियों में वीर-काव्य लेखन की लम्बी परम्परा रही है। भक्तिकाल में लिखे गये तुलसीदास के *रामचरितमानस* को हिंदी साहित्य का आरम्भिक वीरकाव्य कहा जा सकता है। राजस्थान-डिंगल में वीरकाव्यों की समृद्ध परम्परा रही है और ब्रजभाषा के वीरकाव्य इसी के निरंतर बदलाव और विकास का परिणाम हैं। रामचंद्र शुक्ल ने जिन वीरकाव्यों को ग्यारहवीं-बारहवीं शताब्दी (आदिकाल) का मान कर साहित्य के इस दौर को 'वीरगाथा काल' नाम दिया था, उन्हें अंतिम रूप सत्रहवीं शताब्दी में दिया गया। इस तथ्य के आधार पर देखा जाये, तो यह नामकरण और काल-विभाजन ही संदिग्ध हो जाता है। इन वीररसप्रधान काव्यों का अध्ययन भी सत्रहवीं-अट्‌ठारहवीं सदी के वीरकाव्यों के साथ किया जाना चाहिए।

इस दौर में दो तरह के वीरकाव्य लिखे गये। समसामयिक राजनीतिक बोध से संबंधित वीरकाव्य और अतीत की घटनाओं को आधार बना कर लिखे गये वीरकाव्य, जिन्हें अंतिम रूप सत्रहवीं शताब्दी में दिया गया। सत्रहवीं सदी में पूरे होने वाले अतीत के इन गौरव-ग्रंथों से ग्यारहवीं सदी के नायकों और घटनाक्रमों के बारे में भले ही कोई विश्वसनीय जानकारी न मिलती हो, किन्तु इन वीरकाव्यों के आधार पर अनुमान लगाया जा सकता है कि ग्यारहवीं सदी के घटनाक्रम और नायकों के बारे में सत्रहवीं सदी के लोगों का क्या दृष्टिकोण था। दरअसल, समसामयिक ऐतिहासिक घटनाक्रमों से संबंधित वीरकाव्यों का महत्त्व समसामयिक समाज और इतिहास के अध्ययन की दृष्टि से उल्लेखनीय है। लेकिन इन वीरकाव्यों को साहित्य की एक विधा मानकर उपेक्षित कर दिया जाता रहा है। कायदे से इनका अध्ययन इतिहास-ग्रंथों के रूप में भी होना चाहिए। लेकिन काव्य में दर्ज इतिहास के अध्ययन की प्रविधि का विकास करना तो दूर, इसे साहित्यिकता और रचनात्मकता की दृष्टि से गौण मान कर नज़रअंदाज़ ही किया गया। काव्य में इतिहास लिखने की इस प्रवृत्ति को आरम्भिक आधुनिकता की चेतना के सूचक के रूप में भी व्याख्यायित करने के बारे में सोचा जा सकता है।

इसी तरह इस दौरान लिखी गयीं नीतिपरक और दैनंदिन जीवन से संबंधित ज्ञान का परिचय कराने वाली रचनाओं के महत्त्व पर हिंदी में उल्लेखनीय कार्य नहीं हुए हैं। नीतिपरक रचनाएँ भी भक्तिकाल (कबीर, रहीम के नीतिपरक दोहे) से निकल कर विकसित होती हैं। खेतीबारी और दैनंदिन जीवन से संबंधित निहायत लौकिक एवं भौतिक संदर्भ की रचनाएँ तत्कालीन जनमानस के अध्यात्मिकता से लौकिकता की ओर प्रवृत्त होते जाने का प्रमाण प्रस्तुत करती हैं। यह पहले ही कहा जा चुका है कि इस प्रकार का परिवर्तन भी आरम्भिक आधुनिकता का लक्षण हो सकता है।

समाज और संस्कृति की समय सापेक्ष विशेषताएँ होती हैं। समय बदलने के साथ ही सोचने-समझने और अभिव्यक्ति का तरीक़ा भी अलग हो जाता है। यह बात भारतीय 'ऐतिहासिक चेतना' के संदर्भ में भी कही जा सकती है। कल्हण की *रजतरंगिणी* और बाण के *हर्षचरित* के बाद रीतिकालीन वीरकाव्यों में एक नये ढंग से इतिहास लेखन आरम्भ होता है। यह ज़रूर है कि इसका विकास पश्चिम के 'तथ्यों और तर्कों' की निश्चित प्रणाली में ढल कर होता नहीं दिखता। भारत में अट्‌ठारहवीं शताब्दी से पूर्व इतिहास-लेखन की कोई स्वतंत्र विधा नहीं दिखती है। लेकिन, इससे यह समझ लेना कि इस दौर में इतिहास-लेखन ही नहीं हुआ, उचित नहीं क्योंकि यह साहित्य की अन्यान्य विधाओं के रूप में व्यक्त हुआ है। इस तरह के 'इतिहास-लेखन' के अध्ययन का प्रयत्न दक्षिण भारत के संदर्भ में किया जा चुका है। ठीक इसी तरह उत्तर भारत पर भी नज़र डाली जा सकती है। यहाँ भी इतिहास-लेखन की कोई स्वतन्त्र विधा तो नहीं थी, किन्तु सत्रहवीं-अट्‌ठारहवीं शताब्दी में बहुत से कवियों के वीररसप्रधान काव्य में इतिहास काव्यमय होकर आया है। इन वीरकाव्यों में काव्यरूढ़ि और अतिशयोक्तिपूर्ण वर्णन भी है, पर इसके बावजूद पौराणिकता गौण और ऐतिहासिकता प्रमुख है। इन वीरकाव्यों में उल्लिखित तिथियाँ, घटनाएँ और विभिन्न प्रसंग ऐतिहासिक रूप से प्राय: सही ठहरते हैं। यह काव्य-इतिहास पौराणिकता त्याग कर ऐतिहासिकता की ओर बढ़ता है, जैसे श्रृंगार के क्षेत्र में काव्य आध्यात्मिकता को त्यागकर लौकिकता की ओर बढ़ता है।

पद्माकर की ख्याति श्रृंगारिक कवि के रूप में है। लेकिन यह बात उल्लेखनीय है कि इनकी पहली रचना

*हिम्मतबहादुर विरुदावली* वीररसप्रधान काव्य है, जिसकी पृष्ठभूमि ऐतिहासिक है। इसके अतिरिक्त पद्माकर ने *प्रतापसिंह विरुदावली* की भी रचना की है जो वीररसप्रधान काव्य ही है। इस काव्य का नायक यश प्राप्ति के लिए युद्ध करता है। यहाँ एक ही कवि शृंगारपरक और वीररसप्रधान ऐतिहासिक ग्रंथ की रचना करता दिखता है। मान कवि ने भी अनूपगिरि को नायक मानकर *अनूप प्रकाश* की रचना की है। इन रचनाओं में हिम्मतबहादुर के जीवन और उसके द्वारा लड़े गये युद्धों का वर्णन है। अट्ठारहवीं सदी में बुंदेलखण्ड का शासक अनूपगिरि (हिम्मतबहादुर) हुआ। वह युद्ध, कूटनीति और दाँवपेंच में निपुण था। उसने तत्कालीन राजनीति को अनेक तरह से प्रभावित किया। इस अध्ययन से बुंदेलखण्ड और तद्‌युगीन उत्तर भारत के इतिहास के कुछ पहलुओं को ज़्यादा गहराई से समझने में मदद मिलेगी। अनूपगिरि एक संन्यासी योद्धा था। उस समय मुगलों, मराठों, राजपूतों और अंग्रेज़ों के बीच होने वाले युद्धों में, जिनसे भी उसे धन प्राप्त होता था, उनके पक्ष में वह लड़ता था। यह मुगलों के पतन, मराठा शक्ति के पराजय और अंग्रेज़ी शक्ति के बढ़ते वर्चस्व का समय था। इन तीनों शक्तियों के बीच कड़ी के रूप में भी हिम्मतबहादुर को देखा जा सकता है। डेविड लॉरेंजन और विलियम पिंच ने हिम्मतबहादुर को शस्त्रधारी संन्यासी कहा है। शस्त्रधारी संन्यासी के रूप में हिम्मतबहादुर के सम्यक् मूल्यांकन के लिए यह आवश्यक है कि शस्त्रधारी संन्यासियों की विकास परम्परा का ठीक से अध्ययन किया जाए। इनके इतिहास को देखने से यह समझ में आता है कि हिंदूधर्म के रक्षक के रूप में उनकी जो छवि उन्नीसवीं सदी में गढ़ी गयी, वह ऐतिहासिक तथ्यों पर आधारित नहीं है। इनके ऐतिहासिक विकासक्रम के अध्ययन से यह स्पष्ट होता है कि इनकी भूमिका ज़्यादा जटिल थी, उन्हें हिंदूधर्म के रक्षक और इसलाम के विराधियों के रूप में प्रस्तुत करना उन्नीसवीं सदी की हिंदू-राष्ट्रवादी चेतना का परिणाम है।

अंग्रेज़ी शासन की स्थापना और अंग्रेज़ी शिक्षा के आरम्भ के साथ ब्रजभाषा के अंत की भी घोषणाएँ होने लगीं। आधुनिक युग की संवेदना की संवाहिका के रूप में हिंदी को प्रतिष्ठित किया गया और यह मान लिया गया कि कोमलकांत पदावली से युक्त ब्रजभाषा आधुनिक युग की संवेदना का भार संवहन नहीं कर सकती। द्विवेदी युग में बाक़ायदा रीति-विरोधी अभियान चलाकर ब्रजभाषा को बेदख़ल कर दिया गया। ब्रजभाषा को बेदख़ल करने के जो कारण बताये गये, वे तथ्यात्मक रूप से सही नहीं हैं। दरअसल, अट्ठारहवीं सदी के अंत तक ब्रजभाषा के कई 'रजिस्टर' विकसित हो गये थे। ब्रजभाषा सिर्फ़ शृंगारिक काव्य की भाषा नहीं थी। ब्रजभाषा में जीवन-जगत् और ज्ञान-विज्ञान से संबंधित प्रायः सभी विषयों पर लेखन हो चुका था। यही नहीं, ब्रजभाषा में संस्कृत समेत अन्य भाषाओं से अनेक ग्रंथों का अनुवाद भी हो रहा था। ब्रजभाषा में वीरकाव्य लिखने की परम्परा का विकास सत्रहवीं-अट्ठारहवीं सदी में होता है। पचास से अधिक वीरकाव्य तो अभी भी उपलब्ध हैं। इन वीरकाव्यों की काव्यभाषा वीर रस के अनुरूप ओजगुण से परिपूर्ण है। इसके बावजूद ब्रजभाषा को 'दरबारी शृंगार की भाषा' के संकुचित दायरे से बाहर नहीं देखा जाता। इस भाषा के वीरकाव्यों में अंतर्निहित ऐतिहासिक संदर्भों को इतिहास-लेखन के वैकल्पिक स्रोत के रूप में देखा जा सकता है। इस दृष्टि से ब्रजभाषा वीरकाव्यों का अध्ययन किया जाए तो शायद 'क्षेत्रीय इतिहास' को ज़्यादा गहराई से समझा जा सकता है।

**देखें** : अष्टछाप, 'अंग्रेज़ी हटाओ' आंदोलन, गजानन माधव मुक्तिबोध-1 और 2, छायावाद, डायग्लॉसिया, नंद दुलारे वाजपेयी, नगेंद्र और सैद्धांतिक समीक्षा, नयी कविता, नामवर सिंह, पाश्चात्य काव्यशास्त्र, प्रेमचंद, प्रयोगवाद, प्रगतिवाद, भक्ति आंदोलन-1 और 2, भक्ति-काव्य-1 और 2, भारतेंदु हरिश्चंद्र, भारतेंदु युग-1 और 2, भाषा नियोजन-1 से 4 तक, भाषा के मार्क्सवादी सिद्धांत, महादेवी वर्मा, महावीर प्रसाद द्विवेदी, मीरांबाई और प्रेमाभक्ति, राहुल सांकृत्यायन, रामानुजाचार्य, रामानंद, रामचंद्र शुक्ल-1 और 2, रामविलास शर्मा, राष्ट्रीय-सांस्कृतिक कविता, रीतिकाल-1 और 2, विजय देव नारायण साही, वैष्णव धर्म, श्याम सुंदर दास, सम्पर्क भाषा-1 से 4 तक, सगुण और निर्गुण-1 और 2, संस्कृत काव्यशास्त्र, संविधान सभा में भाषा-विवाद-1, 2 और 3, संत-काव्य, सिद्ध-नाथ परम्परा, सूफ़ीयत और प्रेमाख्यान, हज़ारी प्रसाद द्विवेदी, हिंदी विरोधी आंदोलन, हिंदी जाति-1 से 3 तक, हिंदी साहित्य का आदिकाल, हिंदी साहित्य का इतिहास, हिंदी साहित्य का इतिहास : नये परिप्रेक्ष्य, हिंदी-जगत और 'लोकप्रिय'-1 और 2, हिंदी नवजागरण, हिंदी-संस्थाएँ।

### संदर्भ

1. मिश्रबंधु (1979), *मिश्रबंधु विनोद* (भाग-1 और 2), पर्वतीय पुस्तकमाला, लखनऊ.
2. भगवानदास तिवारी (1987), *रीतिकालीन हिंदी वीर काव्य के कवि और उनकी रचनाएँ*, हिंदी साहित्य सम्मेलन, प्रयाग.
3. विलियम पिंच (2012), *वारियर एसेटिक्स ऐंड इण्डियन एम्पायर*, केम्ब्रिज युनिवर्सिटी प्रेस, केम्ब्रिज.
4. डेविड लॉरेंजन (1978), 'वारियर एसेटिक्स इन इण्डियन हिस्ट्री', *ज़र्नल ऑफ़ अमरिकन ओरिएंटल सोसायटी*, खण्ड 98, अंक 1.
5. एलिसन बुश (2009), 'ब्रज बियांड ब्रज : क्लॉसिकल हिंदी इन मुगल वर्ल्ड', इण्डिया इंटरनैशनल सेंटर, ऑकेज़नल पब्लिकेशन, 12.
6. वैद्यनाथ सरस्वती और सुरजीत चंद्र सिन्हा (1978), *एसेटिक्स ऑफ़ काशी : ऐन एन्थ्रॉपालॉजिकल एक्सप्लानेशन*, एन.के. बोस फ़ाउंडेशन, वाराणसी.

**— सुकेश लोहार**

# हिंदी-विरोधी आंदोलन

(Anti-Hindi Movement)

भारतीय संविधान के निर्देशों और प्रावधानों के मुताबिक़ 1965 में हिंदी को भारत की एकमात्र राज-भाषा घोषित किया जाना था। इसका नतीजा यह निकलता कि अंग्रेज़ी भारतीय संघ की सहयोगी राज-भाषा की हैसियत से वंचित हो जाती। पर इसके कुछ हफ़्ते पहले ही मद्रास राज्य में चक्रवर्ती राजगोपालाचारी की स्वतंत्र पार्टी और सी.एन. अन्नादुरै की द्रविड़ मुनेत्र कषगम के नेतृत्व में तमिलभाषियों ने अपने इतिहास में पहली बार एक हिंसक आंदोलन की शुरुआत की जिसके केंद्र में राज-भाषा के रूप में हिंदी का विरोध था। ये वही राजगोपालाचारी थे जिन्होंने कभी हिंदी को राष्ट्र-भाषा बनाने के हक़ में न केवल वक्तव्य दिये थे, बल्कि मद्रास की सरकार के मुखिया के तौर हिंदी को लागू करने के लिए तमिलभाषियों की नाराज़गी भी मोल ली थी। बहरहाल, इस आंदोलन की उग्रता से भारत के राजनीतिक अभिजन भौंचक्के रह गये। दरअसल, इस समय तक ये अभिजन आज़ादी से पहले मद्रास प्रांत के तमिलभाषी इलाक़ों में हिंदी के ख़िलाफ़ हुए राजनीतिक आंदोलन को लगभग भूल चुके थे।

1937 में जिस समय हिंदी को राष्ट्र-भाषा बनाने की सहमति सर्वाधिक प्रबल होनी चाहिए थी, उसी दौरान मद्रास की सरकार के मुखिया के तौर पर राजगोपालाचारी द्वारा हाई स्कूल स्तर पर हिंदुस्तानी को अनिवार्य विषय बनाते ही इसकी अंतर्निहित कमज़ोरियाँ साफ हो गयी थीं। राजगोपालाचारी का ख़याल था कि राष्ट्रवादी भावनाओं के प्रभाव में और 1918 से दक्षिण भारत में सक्रिय हिंदी प्रचारिणी सभाओं की सफलताओं के दम पर तमिलभाषी हिंदुस्तानी को स्वीकार कर लेंगे। लेकिन ऐसा नहीं हुआ। सरकारी फ़ैसला होते ही राजगोपालाचारी और उनके शिक्षा मंत्री सुब्बरायन के ख़िलाफ़ आंदोलन शुरू हो गया। इस तरह दक्षिण भारत में हिंदुस्तानी को राष्ट्रवादी आग्रहों के तहत राजकीय आदेश के ज़रिये स्थापित करने का पहला मंसूबा आज़ादी के एक दशक पहले पूरी तरह से नाकाम हो गया। हिंदुस्तानी के ख़िलाफ़ तमिलों में हुई यह प्रतिक्रिया कई हफ़्तों तक जारी रही। इसका चरित्र उग्र था। सरकार ने इसका दमन किया जिसमें दो लोगों की जानें गयीं। ब्राह्मणवाद विरोधी आत्मसम्मान आंदोलन के नेता ई.वी. रामस्वामी नायकर पेरियार ने गिरफ़्तारी दी और इस आंदोलन से नतीजा निकाला कि हिंदी उत्तर के दक्षिण के ऊपर प्रभुत्व का औज़ार होने के साथ-साथ ब्राह्मणों की श्रेष्ठता क़ायम रखने का माध्यम है। पेरियार का ख़याल था कि जो ब्राह्मण अपने बेहतर अंग्रेज़ी-ज्ञान के कारण ग़ैर-ब्राह्मणों पर श्रेष्ठता दर्ज करते हैं वे अंग्रेज़ी हटने के बाद फटाफट हिंदी सीख लेंगे और फिर उसके ज़रिये अपना रुतबा क़ायम रखेंगे। इस तरह हिंदी-विरोध पेरियार के आत्मसम्मान आंदोलन का स्थाई कार्यक्रम बन गया। अट्ठाइस साल बाद तमिलनाडु और दक्षिण भारत के अन्य इलाक़ों में आये हिंदी विरोधी उभार का यह पूर्वाभास था।

दक्षिण भारत के तमिलभाषी इलाक़े की राजनीतिक ताक़तें हिंदी द्वारा अंग्रेज़ी की जगह लेने के इस क्षण के प्रति संविधान पारित होने के बाद से ही चिंता व्यक्त कर रही थीं। उन्हें लग रहा था कि 1965 के बाद केंद्रीय सेवाओं में भर्ती के इम्तहान हिंदी में होने लगेंगे तो तमिलभाषियों का क्या होगा जो अपने बेहतर अंग्रेज़ी-ज्ञान के कारण अखिल भारतीय सेवाओं में साल-दर-साल बाज़ी मार रहे हैं। कांग्रेस और तत्कालीन प्रधानमंत्री जवाहरलाल नेहरू ने इन चिंताओं को समझा और 5 अप्रैल, 1954 को पार्टी की कार्यसमिति ने एक प्रस्ताव पास किया : 'कार्यसमिति सिफ़ारिश करती है कि अखिल भारतीय सेवाओं की परीक्षाएँ उत्तरोत्तर हिंदी, अंग्रेज़ी और प्रमुख क्षेत्रीय भाषाओं में आयोजित की जानी चाहिए, और उम्मीदवारों को परीक्षा के मक़सद से इनमें से किसी भी भाषा का इस्तेमाल करने की इजाज़त मिलनी चाहिए।'

भारत सरकार ने इस प्रस्ताव पर मुहर लगायी और 2 मई, 1955 को संसद में गृह मंत्री ने बाक़ायदा एक वक्तव्य भी दिया। इस के बाद 1955 के राज-भाषा आयोग ने भी अपनी रपट में साफ़ तौर पर संस्तुति की कि अगर विश्वविद्यालयों में अन्य क्षेत्रीय भाषाएँ भी स्नातक स्तर तक शिक्षा का माध्यम हो जाएँ तो दूसरे भाषाई माध्यम पर भी अंग्रेज़ी और हिंदी माध्यम के विकल्प के रूप में ग़ौर किया जाना चाहिए। लेकिन इससे अहिंदीभाषियों के राजनीतिक नुमाइंदों को संतोष नहीं हुआ और राज-भाषा आयोग की रपट में बंगाल और मद्रास के प्रतिनिधियों ने असहमति का स्वर दर्ज किया। आयोग की रपट पर तीन असहमतियाँ दर्ज हुई थीं। मद्रास राज्य से पी. सुब्बरायन की, बंगाल से सुनीति कुमार चटर्जी की और गुजरात से एम.पी. देसाई की। सुब्बरायन और चटर्जी का कहना था कि 1965 के बाद भी राज-भाषा के रूप में अंग्रेज़ी का प्रयोग जारी रहना चाहिए। इसके लिए उन्होंने तीन तर्क दिये थे : अंग्रेज़ी जारी रहने से अहिंदीभाषियों के हितों की रक्षा होगी, एक बेहद समृद्ध भाषा होने के साथ-साथ अंग्रेज़ी एक विश्व-भाषा भी है, और अंग्रेज़ी बनाये रखने से प्रांतीयता और फूट की ताक़तों को क़ाबू में रखा जा सकेगा। देसाई की असहमति का आधार कुछ और था। वे आयोग के इस निष्कर्ष से सहमत नहीं थे कि क्षेत्रीय भाषाओं को सरकारी सेवाओं में भर्ती का माध्यम बनाने के लिए इंतज़ार करना चाहिए। उनका यह भी कहना था कि आयोग को अंग्रेज़ी की जगह हिंदी लाने के लिए एक समयबद्ध ठोस कार्यक्रम सुझाना चाहिए था।

हिंदी के विरोध में मद्रास की सरकार ने एक अधिकारिक प्रस्ताव पारित करके केंद्र सरकार को भेजा। इसके बाद 1959 में संसद की राज-भाषा समिति की रपट पर बोलते हुए नेहरू ने स्पष्ट किया कि 'मेरी समझ इस मामले में एकदम साफ़ है कि किसी भी निकट भविष्य में सेवाओं में किसी भी व्यक्ति की भर्ती के लिए हिंदी के अनिवार्य ज्ञान की कोई बंदिश नहीं होनी चाहिए। अगर कोई व्यक्ति हिंदी का एक शब्द भी नहीं जानता तो भी उसकी भर्ती संबंधी योग्यता में कोई फ़र्क़ नहीं पड़ना चाहिए। ... जब मैं कहता हूँ कि हिंदी को किसी भी तरह से नहीं थोपा जाएगा, तो मेरा मतलब यही होता है। आंध्र हो, केरल हो या कोई अन्य क्षेत्र हो, मैं उस पर कोई भाषा नहीं थोपना चाहता। हम कोई तारीख़ नहीं तय कर सकते जिसके बाद से अंग्रेज़ी ख़त्म हो जाएगी और उसकी जगह हिंदी ले लेगी। ये तो धीरे-धीरे चलने वाली प्रक्रिया से ही होगा। इस क्रमशः चलने वाली प्रक्रिया में तारीख़ों का कोई महत्त्व नहीं है सिवाय इसके कि हम अपनी प्रगति की दिशा की बीच-बीच में जाँच करते रहें।' नेहरू के इसी भरोसे को क़ानूनी रूप देने के लिए 1963 का राज-भाषा क़ानून पारित किया गया। पर ये तमाम उपाय दक्षिण भारतीयों, ख़ास कर तमिल राजनीतिक-सामाजिक-आर्थिक अभिजन को बेफ़िक्र करने के लिए नाकाफ़ी साबित हुए।

दरअसल, इन बेचैनियों का एक संरचनात्मक राजनीतिक आधार था जिसे नज़रअंदाज़ करना मुश्किल है। राज-भाषा आयोग की रपट में दर्ज विवरण यह बताता है कि पचास के दशक के मध्य में हिंदीभाषी प्रांतों के दायरे में हिंदी राज-भाषा बनने की तरफ़ अपेक्षाकृत तेज़ी से बढ़ रही थी, जबकि यह काम दक्षिण भारत और बंगाल में शुरू भी नहीं हो पाया था। सारे देश में भाषाई आधार पर राज्य बनाने की माँग उठ रही थी। मद्रास प्रांत से तेलुगुभाषी इलाक़ों को अलग करके आंध्र प्रदेश बन चुका था और राज्य पुनर्गठन आयोग ऐसी ही अन्य माँगों की जाँच करने में लगा हुआ था। अहिंदीभाषी प्रांतों की मुश्किल यह थी कि वे चाहते हुए भी अपने प्रांतों की प्रधान भाषाओं को राज-भाषा बनाने के क़ानून पारित नहीं कर सकते थे। वे तैयारियाँ ज़रूर कर सकते थे, पर अंग्रेज़ी के प्रभाव के कारण उनकी तरफ़ से तैयारियों में भी देर हो रही थी। मद्रास की सरकार द्वारा केंद्र को भेजे गये अधिकारिक प्रस्ताव में माना भी गया था कि 'अंग्रेज़ी का स्थान तमिल को तब तक नहीं मिल सकता जब तक राज्य बहुभाषी रहेगा। ... अंग्रेज़ी की जगह तमिल लाने की प्रक्रिया अब जा कर शुरू हो पायी है।' दरअसल, मद्रास की सरकार अंग्रेज़ी हटाने की प्रक्रिया इतनी धीमी गति से चला रही थी कि 1965 तक भी उसने इस दिशा में कुछ क़दम ही उठाये थे। इसके विपरीत उत्तर-भारतीय राज्यों में हिंदी विश्वविद्यालयों में शिक्षा का माध्यम बन चुकी थी और प्रशासन के दायरे में भी उसने कई जगहों पर अंग्रेज़ी की जगह लेनी शुरू कर दी थी। अदालतों में भी निचले स्तर पर हिंदी का प्रयोग होने लगा था। तमिलभाषी छात्रों की मुश्किल यह थी कि वे न तो अंग्रेज़ी के ज़रिये केंद्रीय सेवाओं में आ सकते थे, और न ही हिंदी के ज़रिये। दूसरी तरफ़ अंग्रेज़ी माध्यम से लिखायी-पढ़ाई करने वाले तमिल छात्रों को अंग्रेज़ी के हट जाने का डर था। छात्रों और युवकों के दोनों ही हिस्से अंदेशों के शिकार थे, और उनकी भावनाओं का राजनीतिक दोहन आसानी से किया जा सकता था। 1965 का साल महँगाई का साल था, लेकिन स्वतंत्र पार्टी और द्रमुक इस मुद्दे पर कोई ख़ास गोलबंदी नहीं कर पायीं। पर भाषा के सवाल पर वे जनता को आंदोलित करने में सफल रहीं। इसके पीछे द्रविड़ आंदोलन की वह आंदोलनकारी विरासत भी थी जिसके शीर्ष पर पेरियार थे जिन्होंने 1937 में ही हिंदी-विरोधी आंदोलन के दौरान गिरफ़्तारी दी थी।

नेहरू की मृत्यु के बाद लाल बहादुर शास्त्री के प्रधानमंत्रित्व में कांग्रेस सरकार इस भाषाई राजनीति के इन कारणों की गम्भीरता और पेचीदगी नहीं भाँप सकी। मद्रास की कांग्रेस सरकार के मुखिया भक्तवत्सलम के पास भी राजगोपालाचारी और अन्नादुरै की दोनाली मार का मुक़ाबला करने के लिए कोई सुचिंतित रणनीति नहीं थी। केंद्र और राज्य सरकार के बीच ग़लतफ़हमियों का सिलसिला जारी रहा। दोनों सरकारें नीतिगत और प्रशासनिक रवैये के लिहाज़ से ढुलमुल थीं। आंदोलन के लिए ज़मीन पकती रही। आज जो करुणानिधि तमिलनाडु के प्रमुख नेता हैं उनका नेतृत्व हिंदी विरोधी आंदोलन में हुई उनकी गिरफ़्तारी से ही चमका। लाल बहादुर शास्त्री को मजबूरन लोकसभा में नया राज-भाषा विधेयक पेश करना पड़ा जिसे पारित करने से पहले न केवल जम कर बहस हुई बल्कि कांग्रेस और सरकार के भीतर जम कर गुटबंदी भी हुई। इस आंदोलन का प्रभाव दक्षिण के अन्य प्रदेशों में भी देखा गया, यद्यपि उसकी तीव्रता और विस्तार तमिलनाडु जैसा नहीं था। आंदोलन साठ दिन तक चला, लेकिन इसकी राजनीतिक लामबंदी 1967 तक जारी रही।

इसी वर्ष प्रतिक्रियास्वरूप उत्तर भारत में समाजवादियों और जनसंघियों के नेतृत्व में अंग्रेज़ी विरोधी आंदोलन हुआ जिसके कारण राजनीतिक परिस्थिति बेहद नाज़ुक हो गयी। इसी दोहरे दबाव में पारित किये गये 1967 के राज-भाषा संशोधित अधिनियम में व्यवस्था थी कि अगर एक राज्य भी विरोध करेगा तो हिंदी को एकमात्र राज-भाषा नहीं बनाया जाएगा। तब से राज-भाषा के सिलसिले में केवल दो क़ानूनी परिवर्तन हुए हैं। 1975 में गृह मंत्रालय में एक राज-भाषा विभाग बनाया गया, और 1976 में एक और राज-भाषा

अधिनियम पारित हुआ जिसके तहत राज्यों को तीन श्रेणियों में बाँटा गया। (क) श्रेणी में हरियाणा, हिमाचल प्रदेश, राजस्थान, उत्तर प्रदेश, मध्य प्रदेश, बिहार, दिल्ली और अंडमान-निकोबार को रखा गया। नियम बना कि केंद्र इन राज्यों के साथ हिंदी में ही पत्र-व्यवहार करेगा। (ख) वर्ग में ओडीशा, पंजाब, गुजरात, महाराष्ट्र और असम को जगह दी गयी। इनके साथ हिंदी में पत्राचार करते समय अंग्रेज़ी अनुवाद भी भेजने का फ़ैसला हुआ। (ग) वर्ग में दक्षिण के सभी राज्य और पश्चिम बंगाल को रखा गया। इनके साथ अंग्रेज़ी में पत्र-व्यवहार करने और साथ में हिंदी अनुवाद भेजने का निर्णय हुआ।

**देखें :** 'अंग्रेज़ी हटाओ' आंदोलन, डायग्लॉसिया, भारत में भाषा-नियोजन-1 से 4 तक, भाषा का मार्क्सवादी सिद्धांत, रामविलास शर्मा-1 और 2, सम्पर्क भाषा-1, 2, 3 और 4, संविधान सभा में भाषा-विवाद-1, 2 और 3, हिंदी जाति-1, 2 और 3, हिंदी-जगत और 'लोकप्रिय'-1 और 2, हिंदी नवजागरण, हिंदी-संस्थाएँ, संविधान में भाषा-विवाद-1 से 3 तक।

संदर्भ

1. मोहन राम (2006), *हिंदी अगेंस्ट इण्डिया : द मीनिंग ऑफ़ डीएमके,* रचना प्रकाशन, नयी दिल्ली, 19682.
2. सुरेश कुमार शर्मा (सम्पा.) (2006), *लेंग्वेज इन कंटेम्परेरी इण्डिया,* पहला और दूसरा खण्ड, विस्टा इंटरनैशनल पब्लिशिंग हाउस, दिल्ली.
3. जतींद्र मोहन दत्त (1948), 'लिंग्विस्टिक इम्पीरियलिज़्म ऑफ़ हिंदी', मॉडर्न रिव्यु, सुरेश कुमार शर्मा (सम्पा.) (2006), *लेंग्वेज इन कंटेम्परेरी इण्डिया,* पहला और दूसरा खण्ड, विस्टा इंटरनैशनल पब्लिशिंग हाउस, दिल्ली.
4. डंकन बी. फोरेस्टर (1966), 'द मद्रास एंटी हिंदी एजीटेशन, 1965 : पॉलिटिकल प्रोटेस्ट्स ऐंड इट्स इफ़ेक्ट्स ऑन लेंग्वेज पॉलिसी', *पेसिफ़िक एफ़ेयर्स,* खण्ड 39, अंक 1/2.

**— अभय कुमार दुबे**

# हिंदी-संस्थाएँ

(Hindi Institutions)

हिंदी को निर्माण-पथ पर अग्रसर करने में सभा, समाज, अकादमी, परिषद् और सम्मेलन की श्रेणी में आने वाली संस्थाओं का अविस्मरणीय योगदान है। इनमें सर्वप्रमुख हैं काशी की नागरी प्रचारिणी सभा, प्रयाग का हिंदी साहित्य सम्मेलन और हिंदुस्तानी अकादमी, वर्धा की राष्ट्रभाषा प्रचार समिति, कलकत्ता की बंगीय हिंदी परिषद्, बिहार राष्ट्रभाषा प्रचार सभा और दक्षिण भारतीय हिंदी प्रचार सभा। यह सही है कि हिंदी की सेवा का यह उत्साह आजकल मलिन पड़ चुका है। पर, इस बात से इनकार नहीं किया जा सकता कि इन संस्थाओं ने पिछली एक सदी से भी ज़्यादा समय से समर्पित और स्वयंसेवी भाव से नियोजित प्रचार-प्रसार का कार्य करके हिंदी को देश की एक ऐसी भाषा के रूप में स्थापित कर दिया है जो न केवल साहित्य और पत्रकारिता की भाषा है, बल्कि धीरे-धीरे गम्भीर राजनीतिक और समाज-विज्ञान की विमर्श भाषा बनने की दिशा में भी तेज़ी से प्रगति कर रही है। इन संस्थाओं को श्रेय जाता है कि उनके अहर्निश परिश्रम के कारण ही आज एक बहुभाषी देश में हिंदी सम्पर्क भाषा के रूप में अंग्रेज़ी से सफलतापूर्वक होड़ कर पा रही है।

काशी की नागरी प्रचारिणी सभा की स्थापना 1893 में श्यामसुंदर दास, रामनारायण मिश्र और शिवकुमार सिंह ने की थी। ऐसे ही संस्थान-निर्माताओं के उद्योग से 1898 में सरकारी कचहरियों में नागरी का प्रवेश हुआ और अदालती आवेदन पत्र और सम्मन आदि हिंदी में लिखे जाने लगे। सभा का जो संगठन बना था उसमें सदस्यों की संख्या 2917 थी। इनमें 13 वाचस्पत्य, 81 विशिष्ट, 607 स्थाई और 2162 साधारण सभासद थे। धीरे-धीरे भारत भर से सभा के साथ 55 ऐसी संस्थाएँ जुड़ गयीं जिनका उद्देश्य हिंदी का प्रचार-प्रसार था। आर्य भाषा पुस्तकालय की स्थापना की गयी जिसमें हस्तलिखित ग्रंथों की खोज का कार्य शुरू किया गया। इस कार्य के लिए प्रतिवर्ष 2000 रुपये का अनुदान भी प्राप्त हुआ। नतीजा यह हुआ कि लगभग 13,737 ग्रंथों का विवरण प्राप्त हो सका। सभा ने रामचंद्र वर्मा के सम्पादकत्व में हिंदी शब्द सागर जैसे अधिकृत और बृहद कोश की रचना करायी। योजना तो एक राजकीयकोश के प्रकाशन की भी थी जिसे कार्यरूप नहीं दिया जा सका। सभा ने प्रयास करके अठारह भागों में *हिंदी साहित्य का बृहत इतिहास* प्रकाशित किया। इस योजना के संयोजक चंद्रबली पाण्डेय थे। अमर ग्रंथमाला के संयोजक आचार्य विश्वनाथ प्रसाद मिश्र बनाये गये जिसके अंतर्गत शास्त्रीय एवं आधुनिक वैज्ञानिक पद्धति से प्राचीन

कवियों की कृतियों का सम्पादन किया गया। राजा बलदेवदास बिड़ला ग्रंथमाला के संयोजक शिवप्रसाद मिश्र रुद्र रहे। सभा से संवत् 1953 में *नागरी प्रचारिणी पत्रिका* का प्रकाशन किया जिसकी बहुत प्रतिष्ठा रही। सभा ने एक अंग्रेज़ी मासिक *हिंदी रिव्यू* और एक *विधि पत्रिका* का भी प्रकाशन किया।

सभा ने नागरी *प्रचारिणी ग्रंथमाला, मनोरंजन पुस्तकमाला, शास्त्र-विज्ञान पुस्तक माला, पाठोपयोगी पुस्तकमाला, प्रादेशिक पुस्तक माला, वैदेशिक ग्रंथमाला, कोश ग्रंथमाला', सूर्य कुमारी पुस्तकमाला, श्रीमती रुक्मिणी तिवारी ग्रंथमाला, देवी प्रसाद ऐतिहासिक ग्रंथमाला, बालावक्ष राजपूत चारणमाला, रामप्रसाद पोद्दार स्मरण ग्रंथमाला, नवभारत ग्रंथमाला* आदि के प्रकाशन की योजना को विस्तार दिया। प्रेमचंद के ग्राम लमही में भव्य प्रेमचंद स्मारक का निर्माण भी सभा ने कराया। 1930 में जयशंकर प्रसाद गोष्ठी स्थापित की गयी जिसके तहत विविध-साहित्यिक आंदोलनों की शुरुआत हुई। सभा की ओर से अनेक पुरस्कार देने की योजना बनायी गयी जैसे, राजा बलदेव दास बिड़ला पुरस्कार, रत्नाकर पुरस्कार, श्यामसुंदर दास पुरस्कार, राधाकृष्ण दास पुरस्कार, द्विवेदी स्वर्ण पदक आदि प्रदान किये जाते रहे। 1934 में स्वामी सत्यदेव परिव्राजक ने सत्यज्ञान निकेतन, ज्वालापुर (हरिद्वार) में स्थित अपना आश्रम सभा को समर्पित कर दिया। यहाँ सभा ने पश्चिम भारत के लिए प्रचार केंद्र स्थापित किया। सत्यज्ञान निकेतन के चार अंग हैं : पुस्तकालय, व्याख्यानमाला, विद्यालय और सामाजिक प्रचार। सभा ने यहाँ अपना भवन भी बनवाया, जिसमें राष्ट्रभाषा मुद्रण, नागरी मुद्रण, हिंदी संकेतलिपि जैसे विद्यालय भी चल रहे हैं। रवींद्रनाथ ठाकुर के सभापतित्व में 1920 में शुरू हुई भारत कला परिषद् (आज का भारत कला भवन) कार्यरत है। यह साहित्य-कला की अद्भुत निधि है। इस संग्रहालय का रूप बढ़ जाने पर इसे हिंदी विश्वविद्यालय, काशी में स्थानांतरित कर दिया गया। सभा की अर्द्धशताब्दी के अवसर पर हिंदी विश्वकोश की योजना बनी जिसके अंतर्गत 1960 में पहला खण्ड प्रकाशित हुआ। लेकिन आज यह सभा दुर्दिनों से घिर कर बर्बाद हो गयी है।

हिंदी प्रेमियों ने राष्ट्रभाषा प्रचार समिति, वर्धा की स्थापना 1936 में की। इसके अध्यक्ष गाँधी थे। हिंदी साहित्य सम्मेलन के नागपुर अधिवेशन में इसके सभापति डॉ. राजेंद्र प्रसाद बनाये गये और एक व्यापक समिति का निर्माण किया गया। समिति के प्रथम सदस्य थे गाँधी, राजेंद्र प्रसाद, सुभाष चंद्र बोस, जवाहरलाल नेहरू, पुरुषोत्तमदास टंडन, जमनालाल बजाज, नरेंद्र देव, काका कालेलकर, बाबा राघव दास, शंकरराव, माखनलाल चतुर्वेदी, वियोगी हरि, हरिहर शर्मा, ब्रजलाल बियाणी, नर्मदा सिंह, श्रीनाथ सिंह, लोक सुंदरी रमन। सभा का मूलमंत्र था : 'एक हृदय हो भारत-जननी'। सभा ने भारत के अन्य प्रदेशों के साथ श्रीलंका, बर्मा, अफ्रीका, सुमात्रा, मारीशस, अदन, सूडान और इंग्लैण्ड में अपने केंद्र स्थापित किये। राष्ट्रभाषा प्रचार समिति की परीक्षाओं के देश-विदेश में 2393 परीक्षा केंद्र स्थापित किये गये। सभा की 35 सदस्यों की कार्य समिति है जिसमें 19 सदस्य हिंदीतर प्रदेशों के हैं। सभा ने गुजरात, महाराष्ट्र, विदर्भ-नागपुर, मध्यप्रदेश, राजस्थान, असम, बंगाल, मणिपुर उत्कल, मराठवाड़ा, दिल्ली, कर्नाटक, हैदराबाद में स्थाई समितियाँ स्थापित की हैं। प्रति वर्ष किसी प्रदेश में राष्ट्रभाषा प्रचार समिति का सम्मेलन होता है, राष्ट्रभाषा महाविद्यालय चलाये जाते हैं। सभा महात्मा गाँधी पुरस्कार देती है। यह पुरस्कार पाने वालों में क्षितिमोहन सेन, श्रीपाद दामोदर सातवलेकर, विनोबा भावे, संतराम बी.ए और काका कालेलकर हैं। समिति की ओर से *राष्ट्रभाषा* और *राष्ट्रभारती* मासिक पत्रिकाएँ प्रकाशित होती हैं।

नयी दिल्ली की राष्ट्रभाषा प्रचार समिति अखिल भारतीय राष्ट्रभाषा प्रचार, सम्मेलन आयोजन करती है। 10 फ़रवरी, 1960 को नयी दिल्ली में इसका सम्मेलन हुआ था। सम्मेलन में 1500 प्रतिनिधि आये थे। स्वागताध्यक्ष थे गोपाल प्रसाद व्यास। अध्यक्षता की अनंतशयनम आयंगार ने और उद्घाटन किया था जवाहरलाल नेहरू ने। भाषणकर्ता थे वियोगी हरि तथा राष्ट्रभाषा-प्रदर्शनी के उद्घाटनकर्ता के.एल. श्रीमाली थे। इसे वर्धा राष्ट्रभाषा समिति ने अनुदान दिया। इसमें पुरुषोत्तम दास टण्डन और काका कालेलकर की सेवाओं को सराहा गया। आज यह समिति हिंदी-भवन-दिल्ली में कार्य कर रही है।

हिंदुस्तानी अकादमी प्रयाग की स्थापना 1927 में की गयी। इसने विद्वानों के भाषणों का आयोजन और मौलिक रचनाओं को पुरस्कृत करने का कार्य शुरू किया। यहाँ से हिंदुस्तानी त्रैमासिक पत्रिका का प्रकाशन और एक व्यवस्थित पुस्तकालय का संचालन होता है।

प्रयाग में ही हिंदी साहित्य सम्मेलन की स्थापना 1910 में काशी नागरी प्रचारिणी सभा की प्रेरणा से की गयी। इसने कई विभागों में बाँट कर प्रचार-कार्य किया। इसकी प्रथम कार्य योजना परीक्षाओं का विधिवत आयोजन और साहित्य रत्न की उपाधि देना रहा। सम्मेलन की ओर से पुस्तकालय-वाचनालय का कार्य बढ़ाया गया और अनेक ग्रंथों का प्रकाशन किया गया। यहाँ विभिन्न साहित्यकारों के एलबम तैयार हैं और त्रैमासिक पत्रिका *सम्मेलन पत्रिका* प्रकाशित होती है। यह सम्मेलन *मंगला प्रसाद पारितोषिक, सेकसरिया महिला पारितोषिक, मुरारका पारितोषिक, राधामोहन गोकुल जी परितोषिक, नारंग पुरस्कार* और *गोपाल पुरस्कार* देती है। सम्मेलन हिंदी की विशिष्ट संस्था है। इसे पुरुषोत्तम दास

टण्डन, रामनरेश त्रिपाठी आदि साहित्यकारों का विशेष सहयोग प्राप्त रहा है। अनेक राजनेता इससे जुड़े रहे हैं। इसने हिंदी के प्रचार-प्रसार में भारी योगदान दिया है।

प्रयाग में ही 1947 से *हिंदी अनुशीलन* त्रैमासिक शोध पत्रिका का प्रकाशन भारतीय हिंदी परिषद्, प्रयाग की ओर से होता है। इसके प्रथम सम्पादक डॉ. धीरेंद्र वर्मा थे। *हिंदी अनुशीलन* का उद्देश्य है— हिंदी से जुड़े खोज के सभी अंगों, भाषा, साहित्य, संस्कृति को प्रोत्साहित करना और उसकी प्रगति पर निरंतर ध्यान देना। इस पत्रिका के लेखकों में हिंदी के जाने-माने विद्वान रहे हैं। इसके दो विशेषांक बहुत चर्चित हो चुके हैं : भाषा अंक और धीरेंद्र वर्मा विशेषांक। शोध एवं चिंतन की दृष्टि से *हिंदी अनुशीलन* का ऐतिहासिक महत्त्व है। इलाहाबाद से ही धीरेंद्र वर्मा ने *हिंदुस्तानी* पत्रिका का 1931 से प्रकाशन आरम्भ किया। यह पत्रिका हिंदुस्तानी अकादमी, उत्तर-प्रदेश का मुख पत्र है। राजस्थानी, ब्रजभाषा, अवधी आदि पर इसमें पर्याप्त सामग्री प्रकाशित होती है। इसके सम्पादन का भार माता प्रसाद गुप्त ने भी उठाया है।

पुस्तक पत्रिका के रूप में 1947 में पटना से रामधारी सिंह दिनकर, रामवृक्ष बेनीपुरी और शिवपूजन सहाय के सम्पादकत्व में *हिमालय* का प्रकाशन हुआ। एक वर्ष बाद जगन्नाथ मिश्र इसके सम्पादक हो गये। इसका गाँधी अंक आज भी स्मरण किया जाता है। दिल्ली में प्रांतीय हिंदी सम्मेलन दिल्ली की स्थापना मार्च, 1945 में रेडियो की हिंदी उपेक्षा नीति के विरोध में हुई। सम्मेलन की विशेष समिति ने कई आयोजन किये। इस संस्था ने 1960 में पुरुषोत्तम दास टण्डन का अभिनंदन किया, अंग्रेज़ीदाँ लोगों के हिंदी विरोध की ख़बर ली और हिंदी के प्रसार-कार्य में तेज़ी लायी गयी।

बंगीय हिंदी परिषद्, कलकत्ता की स्थापना वसंत पंचमी के दिन 1945 में आचार्य ललिता प्रसाद सुकुल ने की। इस संस्था द्वारा कबीर, सूर, तुलसी, मीरां, भारतेंदु, रत्नाकर, प्रसाद आदि की जयंतियों के बृहत आयोजन किये गये। परिषद् ने लगभग 2420 महत्त्वपूर्ण ग्रंथ प्रकाशित किये जिनमें *मीरां-स्मृति ग्रंथ, कबीर परिचय, प्रेमचंद प्रतिभा, भारतेंदु-कला* और *बुंदेले हरबोलो के मुँह हमने सुनी कहानी थी* प्रमुख हैं। इसके साथ ही मुंशी देवी प्रसाद कृत *मीरांबाई,* ठाकुर जगमोहन सिंह कृत *श्यामास्वप्न, ऋतुसंहार, अमिता क्षर दीपिका,* गिरिधरदास कृत *भारती-भूषण* आदि दुर्लभ ग्रंथों को प्रकाशित किया गया। यहाँ से जनभारती पत्रिका का प्रकाशन हुआ। परिषद् देशी-विदेशी विद्वानों के भाषणों का आयोजन करती रही। परिषद् का स्थाई पुस्तकालय है जिसमें दुर्लभ सामग्री एकत्रित की गयी है।

बिहार राज की विधानसभा ने 1947 में बिहार राष्ट्रभाषा परिषद् की स्थापना का संकल्प लिया। भारत-पाक विभाजन की विभीषिका के कारण परिषद् का कार्य 1950 में आरम्भ हो सका। शिवपूजन सहाय को परिषद् का मंत्री बनाया गया। श्रेष्ठ साहित्य और शोध कार्यों के प्रकाशन की योजना बनायी गयी। साथ ही श्रेष्ठ साहित्य के चयन, संकलन, सम्पादन और प्रकाशन की व्यवस्था पर भी विचार किया गया। हस्तलिखित और दुर्लभ ग्रंथों के संग्रह प्रकाशन पर ध्यान दिया गया। इस योजना में लगभग 70 श्रेष्ठ ग्रंथ प्रकाशित किये गये जो अपने क्षेत्र में प्रतिमान रहे हैं। योग्य विद्वानों के भाषणों के संग्रह-प्रकाशन व्यवस्था को कार्य रूप दिया गया। परिषद् ने त्रैमासिक *परिषद् पत्रिका* का प्रकाशन किया जिसमें शोधपरक लेख रहते हैं।

1919 ई. में बिहार हिंदी साहित्य-सम्मेलन, पटना की स्थापना आचार्य बद्रीनाथ के सम्मान में हुई। इसमें देशी-विदेशी भाषाओं के अध्ययन का समुचित प्रबंध किया गया-अहिंदी भाषियों के लिए हिंदी शिक्षा की व्यवस्था की गयी। इसकी स्थापना शिवपूजन सहाय की दिवगंता पत्नी श्रीमती बच्चन देवी की पुण्य-स्मृति में की गयी। उद्घाटन पुरुषोत्तम दास टण्डन ने किया। देश के प्रमुख चिंतक समय-समय पर यहाँ व्याख्यान देते रहे। शोध-पत्रिका *साहित्य* का प्रकाशन किया गया। इसके अतिरिक्त *साहित्य-सम्मेलन का इतिहास, बिहार की साहित्यिक प्रगति, उर्दू शायरी और बिहार, हिंदी-फ्रांसीसी स्वयं शिक्षक* आदि महत्त्वपूर्ण ग्रंथों का प्रकाशन हुआ। इसके पास समृद्ध पुस्तकालय, अच्छा वाचनालय है और कला केंद्र है जहाँ नाट्य-शास्त्र की शिक्षा सुलभ है। इसके संगठन शाहाबाद, सारना, पूर्णिया, दरभंगा, हज़ारीबाग, धनबाद, सिंहभूमि, मुंगेर, चम्पारन, सहरसा और भागलपुर में स्थापित हैं।

धीरेंद्र वर्मा ने भारतीय हिंदी परिषद् की स्थापना 1942 में प्रयाग में की। इसका उद्देश्य भाषा-साहित्य-संस्कृति सभी अंगों को प्रोत्साहन देना और उच्चतर अध्ययन-अनुसंधान को बढ़ावा देना था। परिषद् के वार्षिक अधिवेशन, लखनऊ, आगरा, उदयपुर, नागपुर, बनारस, रामगढ़ सागर, दिल्ली, वल्लभ विद्यानगर गुजरात आदि में आयोजित होते रहे। विशेष गोष्ठियों का आयोजन किया गया और शोध-निबंधों के पाठ को बढ़ावा दिया गया। राजभाषा हिंदी पर विचार गोष्ठियाँ हुईं और हिंदी माध्यम लाने पर विचार किया गया। परिषद् हिंदी-त्रैमासिक *अनुशीलन* का प्रकाशन करती है।

कम मूल्य पर हिंदी में श्रेष्ठ साहित्य उपलब्ध कराने के लिए 1934 में सस्ता साहित्य मण्डल की स्थापना गाँधी द्वारा की गयी। इंदौर का मध्यभारत-भवन भी इसी प्रेरणा का परिणाम है। आज दक्षिण भारत प्रचार सभा, हैदराबाद, 'परिमल' साहित्यिक-संस्था, प्रयाग के साथ हिंदी के बड़े-बड़े संस्थागत केंद्र सामने आये हैं। केंद्रीय हिंदी-संस्थान आगरा, हिंदी संस्थान, लखनऊ आदि की एक लम्बी सूची है। ये सभी संस्थाएँ हिंदी के प्रचार-प्रसार के साथ विश्व हिंदी-

सम्मेलनों का आयोजन किया जाता है— कभी न्यूयार्क में, कभी दक्षिण अफ्रीका में।

**देखें** : अष्टछाप, 'अंग्रेज़ी हटाओ' आंदोलन, गजानन माधव मुक्तिबोध-1 और 2, छायावाद, डायग्लॉसिया, नंद दुलारे वाजपेयी, नगेंद्र और सैद्धांतिक समीक्षा, नयी कविता, नामवर सिंह, पाश्चात्य काव्यशास्त्र, प्रेमचंद, प्रयोगवाद, प्रगतिवाद, भक्ति आंदोलन-1 और 2, भक्ति-काव्य-1 और 2, भारतेंदु हरिश्चंद्र, भारतेंदु युग-1 और 2, भाषा नियोजन-1 से 4 तक, भाषा के मार्क्सवादी सिद्धांत, महादेवी वर्मा, महावीर प्रसाद द्विवेदी, मीरांबाई और प्रेमाभक्ति, राहुल सांकृत्यायन, रामानुजाचार्य, रामानंद, रामचंद्र शुक्ल-1 और 2, रामविलास शर्मा, राष्ट्रीय-सांस्कृतिक कविता, रीतिकाल-1 और 2, विजय देव नारायण साही, वैष्णव धर्म, श्याम सुंदर दास, सम्पर्क भाषा-1 से 4 तक, सगुण और निर्गुण-1 और 2, संस्कृत काव्यशास्त्र, संविधान सभा में भाषा-विवाद-1, 2 और 3, संत-काव्य, सिद्ध-नाथ परम्परा, सूफ़ीयत और प्रेमाख्यान, हज़ारी प्रसाद द्विवेदी, हिंदी विरोधी आंदोलन, हिंदी जाति-1 से 3 तक, हिंदी साहित्य का आदिकाल, हिंदी साहित्य का इतिहास, हिंदी साहित्य का इतिहास : नये परिप्रेक्ष्य, हिंदी-पद्य में इतिहास, हिंदी-जगत और 'लोकप्रिय'-1 और 2, हिंदी नवजागरण।

### संदर्भ


1. धीरेंद्र वर्मा (सम्पा.)(सं. 2020), *हिंदी साहित्य कोश,* भाग-2, ज्ञानमण्डल लिमिटेड, वाराणसी.
2. रामचंद्र शुक्ल (नया संस्करण : 2002), *हिंदी साहित्य का इतिहास,* लोकभारती प्रकाशन, इलाहाबाद.
3. रामस्वरूप चतुर्वेदी (1993), *हिंदी साहित्य और संवेदना का विकास,* लोकभारती प्रकाशन, इलाहाबाद.
4. रामविलास शर्मा (1975), *भारतेंदु युग और हिंदी भाषा की विकास परम्परा,* राजकमल प्रकाशन, नयी दिल्ली.
5. रामनरेश त्रिपाठी (1962) *आधुनिक कवि,* हिंदी साहित्य सम्मेलन, प्रयाग.
6. स. ही. वात्स्यायन 'अज्ञेय' (1983), *कवि-दृष्टि,* लोकभारती प्रकाशन, इलाहाबाद.


**— कृष्णदत्त पालीवाल**

# हिंदी साहित्य का आदिकाल

(Beginnings of Hindi Literature)

हिंदी साहित्य का आदिकाल सामंतों की युद्ध गाथाओं के साहित्य के कारण वीर गाथा-काल (संवत् 1050 से 1375) नाम से भी जाना जाता है। प्राय : राजपूत राजाओं के आश्रित दरबारी चारण-भाट कवियों ने अपनी रचनाओं में इस काल के आपसी युद्धों को वीरता-शौर्य का नाम देकर इन राजाओं के पराक्रम का अतिशयोक्तिपूर्ण वर्णन किया है। इन युद्धों के केंद्र में या तो नारी रही या पड़ोसी राजाओं के धन-माल की लूटपाट या फिर कन्या-हरण की कहानी। विद्वानों ने इस काल की बारह रचनाओं को आधार बनाकर इस काल को शौर्य-पराक्रम की गाथाओं का नाम दिया। इन बारह रचनाओं के नाम हैं : *विजयपाल रासो, हम्मीर रासो, कीर्ति-लता, कीर्ति पताका, खुमान रासो, बीसलदेव रासो, पृथ्वीराज रासो, जयचंद प्रकाश, जयमयंक जस चंद्रिका, परमाल रासो* (आल्हखण्ड), अमीर-खुसरो की *पहेलियाँ* और कविवर विद्यापति की *पदावली*। दिलचस्प बात यह है जिन बारह कृतियों को आधार बनाकर इस काल को वीरगाथा काल नाम दिया गया, उनमें से बीसलदेव रासो, अमीर खुसरो की *पहेलियाँ* तथा विद्यापति की *पदावली* तीन रचनाएँ ऐसी हैं जिनमें न वीर गाथा का प्राधान्य है और न कहीं वीर रस की व्यंजना। अन्य नौ रचनाएँ भी यथार्थ की दृष्टि से वीरगाथाएँ नहीं हैं, अतिरंजना से भरे हुए युद्ध-वर्णन हैं।

आज इस आदिकाल की पर्याप्त साहित्यक ऐतिहासिक सामग्री नयी खोजों के कारण सामने आ गयी है। इन नयी खोजों से इस तथ्य का भी उद्घाटन हुआ है कि जिन बारह रचनाओं के आधार पर रामचंद्र शुक्ल ने *हिंदी साहित्य का इतिहास* में वीरगाथा काल-नामकरण किया था— उनमें से ज़्यादातर रचनाएँ संदिग्ध हैं। कुछ के मूलरूप का पता नहीं है। मोतीलाल मेनारिया जैसे विद्वानों ने सिद्ध किया है कि *खुमान रासो* आदिकाल की रचना न होकर परवर्ती काल की रचना है। इसी प्रकार *बीसलदेव रासो* को भी सोलहवीं शताब्दी की रचना सिद्ध कर दिया गया है। *प्राकृत पैंगलम* के कतिपय पद्यों के आधार पर ही रामचंद्र शुक्ल ने *हम्मीर रासो* को वीरगाथा कह दिया है। भट्ट केदार कृत *जयचंद प्रकाश* तथा *जयमयंक जस चंद्रिका* के विषय में भी सब कुछ अज्ञात है। चंदबरदाई कृत *पृथ्वीराज रासो* तथा कवि जगनिक कृत *परमल रासो* की प्रामाणिकता भी संदिग्ध मानी जा रही है।

राजमल बोरा ने अपने शोध *हिंदी वीर-काव्य* में यह बताया है कि रामचंद्र शुक्ल ने जिन सामग्रियों के आधार पर वीरगाथा काल जैसा नामकरण किया है उनमें से ज़्यादातर

पुस्तकें सोलहवीं-सत्रहवीं सदी में लिखी गयी थीं। उनका मत है कि इस दौरान दो तरह के वीरकाव्य रचे गये। पहले, जो तत्कालीन नायकों के जीवन को आधार बना कर लिखे गये; और दूसरे, जो अतीत के नायकों के जीवन को आधार बना कर लिखे गये। 'वीरगाथा काल' के नामकरण की सामग्री के रूप में ली गयी अधिकतर पुस्तकें दूसरी कोटि में आती हैं।

रामचंद्र शुक्ल ने अपभ्रंश की जैन रचनाओं को शुष्क-धर्मोपदेशक मानकर विवेचन-विमर्श के योग्य नहीं समझा। इन जैन ग्रंथों के अध्ययन-भाष्य से आज यह पता चलता है कि इनमें धार्मिक-भावना की प्रधानता मात्र न होकर समाज-राजनीति-कला-दर्शन आदि का भारी ख़ज़ाना मौजूद है। अत: आदिकाल के समाज-दर्शन-साहित्य में इन जैन-ग्रंथों की उपेक्षा नहीं की जा सकती। जैन-ग्रंथों की विपुल-सामग्री का अपना सौंदर्यशास्त्र एवं समाजशास्त्र है। इस समाजशास्त्र में धर्म-आचार, नैतिक-सामाजिक मूल्य, परम्परा, भाषा तथा काव्यात्मकता का उपलब्ध संसार नयी व्याख्या चाहता है। एक ओर तो चारण-भाटों का विशाल रासोकाव्य परम्परा का डिंगल-पिंगल भाषा में उपलब्ध साहित्य है, तो दूसरी ओर जैनियों-सिद्धों-नाथों का महत्त्वपूर्ण साहित्य है। राजाओं, महाराजाओं या क्षत्रिय-कुलीन सामंतों की वंश परम्परा का वर्णन-विस्तार गायन लोक भाषा में है।

आचार्य हज़ारी प्रसाद द्विवेदी ने हिंदी साहित्य के इस आरम्भ काल को आदिकाल कहना ही उचित माना है। लेकिन यह नामकरण भी कई प्रकार की भ्रांत धारणओं को जन्म देता है। इससे पाठक के चित्त में यह भाव उत्पन्न होता है कि यह कोई स्वतंत्र रूप से विकसित काल है और पूर्ववर्ती परम्पराओं, सामाजिक-धार्मिक विश्वासों, काव्यरूढ़ियों, आचार शास्त्रों से निर्मुक्त कोई नवीनकाल है। जबकि यह काल पालि-प्राकृत, अपभ्रंश-अवहट्ठ की साहित्यिक-नैतिक-सामाजिक-विचार दृष्टियों से विकसित काल है। दक्षिण भारत के सम्राट पुलकेशिन द्वितीय द्वारा उत्तर-भारत के सम्राट कन्नौज के हर्षवर्धन की पराजय के बाद अराजकता फैल गयी। छोटे-छोटे सामंतों ने अपने को स्वतंत्र घोषित कर दिया और ये सामंत 'जिहि की बिटिया सुंदर देखैं चढ़ि कै विदा लेहि करवाय' के पौरुष-पराक्रम के पर्याय हो गये। *पृथ्वीराज रासो* में पृथ्वीराज चौहान द्वारा अपने जयचंद की कन्या का हरण इसका उदाहरण है। राजपूत सामंतों की आपसी फूट के कारण जनता में तबाही फैली तथा साहित्य-कला-दर्शन के क्षेत्रों की तमाम परम्पराओं का पतन हुआ। राहुल सांकृत्यायन ने इस काल को सिद्ध सामंत काल कहा है। बौद्ध धर्म के पतन से तंत्रवाद फैला। वज्र यानी तांत्रिक परम्पराओं के भीतर से सिद्धों-नाथों का चमत्कारवाद, हठयोग-साधना, दर्शन तथा नारी-भोग को केंद्र-बनाकर महासुखवाद का प्रसार हुआ।

हिंदी भाषा और उसकी साहित्यिक निष्पति अपभ्रंश-भाषा, अवहट्ठ या पुरानी हिंदी से हुई है। यह भाषा का संधिकाल है जिसमें अपभ्रंश के अंत से हिंदी का रूप निखर रहा है। इस संधिकाल को सिद्धों-जैन-कवियों के सृजन कार्य ने प्रकट किया। चारणों-भाटों ने इस काल में प्रशस्तिमूलक रचनाएँ सामंतों को केंद्र में रखकर की हैं। इन कवियों ने सामंतों को ईश्वर का अवतार कहकर उनकी स्तुति की है। सिद्धों (असम-बंगाल-बिहार आदि के क्षेत्र में) में सिद्ध सरहपा (संवत् 2017) को हिंदी का आदिकवि माना जाता है। सिद्धों का अधिकांश साहित्य कर्म अर्धमागधी अपभ्रंश से विकसित जनभाषा मगही में लिखा गया है। इन सिद्धों की संख्या चौरासी मानी जाती है। इस सिद्ध सम्प्रदाय की प्रतिक्रिया में आगे चलकर नाथ पंथी योगियों ने हठयोग के सिद्धांतों का प्रचार किया। राहुल ने इन नाथ पंथियों की रचनाओं की सिद्ध साहित्य में ही स्थान दिया है। इस तरह यह पूरा काल चारणों-भाटों-सिद्धों-नाथों-जैनियों की रचनाओं से भरा पड़ा है।

दुर्भाग्यवश इस काल का अधिकांश साहित्य काल के गाल में समा गया है। इसलिए इस काल की मूल और गतिशील प्रवृत्तियों का निर्धारण करना कठिन है। जो साहित्य आज हमें उपलब्ध होता है उसमें अधिकांश साहित्य की प्रामाणिकता, ऐतिहासिकता पर विद्वानों ने प्रश्नचिह्न लगाया है।

**देखें** : अष्टछाप, 'अंग्रेज़ी हटाओ' आंदोलन, गजानन माधव मुक्तिबोध-1 और 2, छायावाद, डायग्लॉसिया, नंद दुलारे वाजपेयी, नगेंद्र और सैद्धांतिक समीक्षा, नयी कविता, नामवर सिंह, पाश्चात्य काव्यशास्त्र, प्रेमचंद, प्रयोगवाद, प्रगतिवाद, भक्ति आंदोलन-1 और 2, भक्ति-काव्य-1 और 2, भारतेंदु हरिश्चंद्र, भारतेंदु युग-1 और 2, भाषा नियोजन-1 से 4 तक, भाषा के मार्क्सवादी सिद्धांत, महादेवी वर्मा, महावीर प्रसाद द्विवेदी, मीरांबाई और प्रेमाभक्ति, राहुल सांकृत्यायन, रामानुजाचार्य, रामानंद, रामचंद्र शुक्ल-1 और 2, रामविलास शर्मा, राष्ट्रीय-सांस्कृतिक कविता, रीतिकाल-1 और 2, विजय देव नारायण साही, वैष्णव धर्म, श्याम सुंदर दास, सम्पर्क भाषा-1 से 4 तक, सगुण और निर्गुण-1 और 2, संस्कृत काव्यशास्त्र, संविधान सभा में भाषा-विवाद-1, 2 और 3, संत-काव्य, सिद्ध-नाथ परम्परा, सूफ़ीयत और प्रेमाख्यान, हज़ारी प्रसाद द्विवेदी, हिंदी विरोधी आंदोलन, हिंदी जाति-1 से 3 तक, हिंदी साहित्य का इतिहास, हिंदी साहित्य का इतिहास : नये परिप्रेक्ष्य, हिंदी-पद्य में इतिहास, हिंदी-जगत और 'लोकप्रिय'-1 और 2, हिंदी नवजागरण, हिंदी-संस्थाएँ।

## संदर्भ

1. रामचंद्र शुक्ल (1940), *हिंदी साहित्य का इतिहास,* नागरी प्रचारिणी ग्रंथ माला, नागरी प्रचारिणी सभा, काशी.
2. हज़ारी प्रसाद द्विवेदी (1941), *हिंदी साहित्य की भूमिका,* हिंदी ग्रंथ रत्नाकर कार्यालय, मुम्बई.
3. मोतीलाल मेनारिया (1999), *राजस्थान का पिंगल साहित्य,* राजस्थानी ग्रंथागार, जोधपुर.

4. मोतीलाल मेनारिया (2000), *डिंगल में वीररस,* राजस्थानी ग्रंथागार, जोधपुर.
5. जगदीश प्रसाद (1960), *डिंगल साहित्य,* हिंदुस्तानी एकेडमी, इलाहाबाद.

— **कृष्णदत्त पालीवाल**

# हिंदी साहित्य का इतिहास

(History of Hindi Literature)

हिंदी साहित्य के इतिहास का ज़िक्र होते ही सबसे पहले रामचंद्र शुक्ल रचित *हिंदी साहित्य का इतिहास* जैसी कालजयी कृति का ध्यान आना स्वाभाविक है। छात्रों को पढ़ाने के लिए तैयार की गयी यह रचना सबसे पहले काशी नागरी प्रचारिणी सभा ने 1927 में तीन निबंधों के रूप में प्रकाशित की थी। लेकिन इसकी रचना से पहले भी साहित्य का इतिहास लिखने के कई प्रयास हुए थे। दरअसल, साहित्य के इतिहास की धारणा मूलतः आधुनिक युग की देन है। उन्नीसवीं-बीसवीं शताब्दी में विद्वानों की खोजों से हमें ऐसे ग्रंथ उपलब्ध होने लगते हैं जिनमें साहित्य के इतिहास की मूल्यवान सामग्री है। आधुनिक इतिहास में प्रायः उस मूल्यवान सामग्री का उपयोग छान-बीन के बाद किया गया है। यह सामग्री कवियों के चरितों, चरितावलियों और कवि-वृत्त-संग्रहों के रूप में मिलती है। हिंदी साहित्य के इतिहासों में पूर्ववर्ती काव्यवृत्त-संग्रहों का उल्लेख भी मिलता है।

कालक्रमानुसार कुछ वृत्तों या चरितों का उल्लेख यहाँ आवश्यक है : गोकुलनाथ रचित *चौरासी वैष्णवन की वार्ता* और *दो सौ बावन वैष्णवन की वार्ता* (1625), नाभादास रचित *भक्तमाल* (1642), नाभादास के बाद के भक्तों का वर्णन करने वाली *भक्तमाल* (1770), प्रियादास रचित *भक्तिरस बोधिनी* (1769), बाबा वेणामाधवदास रचित मूल *गोसाई चरित* (1687), वेददास रचित *गोपीचंद चरित* (1700), अनंत दास रचित *रैदास की परिचई* (1745), मथुरादास रचित *मलूकदास की परिचई* (1783), (10) रघुनाथदास रचित *स्वामी हरिदास की परिचई* ले. रघुनाथदास (1700), जनगोपाल रचित *दादू जन्मलीला परचई* (1709)। इन वृत्तसंग्रहों के अतिरिक्त प्राचीन ग्रंथों में छंदों से भरी सामग्री मिलती है : जैसे गुरु अर्जुनदेव रचित *गुरु ग्रंथसाहब* (1662), राजवसाहेब रचित *सर्वंगी* (1700), तुलसी रचित *कविकाल* (1775), कालिदास द्विवेदी रचित *कालिदास हजारा* (1775), भारतेंदु रचित *सुंदरी तिलक* (1927) और रामनरेश त्रिपाठी रचित *कविता कौमुदी* (1971)।

हिंदी साहित्य के इतिहास के संदर्भ में यह तथ्य चकित करने वाला है कि इसका सर्वप्रथम इतिहास एक विदेशी लेखक द्वारा लिखा गया। यह इतिहास फ्रेंच विद्वान गर्सा द तासी द्वारा लिखित *इस्तवार दला लितरेत्यर ऐन्दुई ऐं हिंदुस्तानी* है। हिंदुस्तानी साहित्य में गहरी रुचि वाले तासी ने यह इतिहास भागों में प्रकाशित किया। पहला भाग 1839 में और दूसरा 1847 में छपा। इसमें कवि परिचय काल क्रमानुसार न होकर अकारादि क्रम से है। इसकी भूमिका लगभग सौ पृष्ठों में है। इसके बाद 1930 में महेशदत्त शुक्ल की रचना *भाषा काव्य* प्रकाशित हुई। इसमें प्राचीन कविता के साथ कवियों का संक्षिप्त परिचय है। शिव सिंह सेंगर कृत *शिव सिंह सरोज़* 1883 में सौ कवियों के जीवन चरित्र के साथ सामने आया। इसी को आधार बना कर जॉर्ज ग्रियर्सन ने 1888 में हिंदी साहित्य का प्रथम इतिहास कालक्रमानुसार कवि-परिचय के साथ *द मॉडर्न वर्नाक्युलर लिटरेचर ऑफ़ हिंदुस्तान* के रूप में लिखा। 1886 में डॉ. ग्रियर्सन वियना की अंतर्राष्ट्रीय प्राच्य विद्या सभा के अधिवेशन में 'हिंदुस्तान का मध्यकालीन भाषा साहित्य और तुलसीदास' लेख प्रस्तुत कर चुके थे। इसके बाद श्यामसुंदर दास ने *हिंदी कोविद् रत्नमाला* के दो भागों का प्रकाशन किया। 1912 तथा 1914 में प्रकाशित इन ग्रंथों में अस्सी आधुनिक लेखकों का जीवन चरित्र है। ध्यान रहे कि इस रत्नमाला में इतिहास की सूत्रबद्धता न हो कर रचनाकारों का तथ्यात्मक परिचय है। 1918 में मिश्र बंधुओं (गणेश बिहारी मिश्र, श्याम बिहारी मिश्र और शुकदेव बिहारी मिश्र) द्वारा रचित *मिश्रबंधु विनोद* नाम का ग्रंथ तीन भागों में प्रकाशित हुआ और कुछ समय बाद इसका चौथा भाग भी निकला। चारों भागों में लगभग पाँच सौ रचनाकारों का परिचय देने के अलावा कालखण्डों में विभक्त कर साहित्यिक-राजनीतिक गतिविधियों पर प्रकाश डाला गया था। मिश्र बंधुओं को ही *हिंदी नवरत्न* की रचना का श्रेय जाता है, जिसमें उन्होंने तुलसी, सूर, देव, बिहारी, भूषण, मतिराम और हरिश्चंद्र समेत श्रेष्ठ नौ कवियों को शामिल किया था।

इतिहास ग्रंथों के इन प्रयत्नों में कवि रामनरेश त्रिपाठी रचित *कविता कौमुदी* ग्रंथ का विशेष महत्त्व है। 1917 में दो भागों में यह रचना सामने आयी। इसमें संस्कृत, बांग्ला और उर्दू के कवियों को स्थान मिला है। प्रामाणिक सूचना और रचना संग्रह के कारण यह ग्रंथ लोकप्रिय हुआ। भारतेंदु एवं द्विवेदी-युग के रचनाकारों पर इसमें दुर्लभ सामग्री मौजूद है। इसके बाद अंग्रेज़ी में लिखे दो इतिहास सामने आये। एडीवल ग्रीन का *अ स्केच ऑफ़ हिंदी लिटरेचर* तथा में एफ. इ. के द्वारा लिखित *अ हिस्ट्री ऑफ़ लिटरेचर* प्रकाशित हुआ। कुछ समय बाद वियोगी हरि ने *ब्रजमाधुरी सार* नामक ब्रजभाषा

काव्य संग्रह प्रकाशित किया। इसमें कालक्रमानुसार 28 कवियों की श्रेष्ठ रचनाओं का संग्रह है। इसी समय पदमलाल पुन्नालाल बख्शी ने *हिंदी साहित्य विमर्श* में साहित्य की विभिन्न धाराओं एवं प्रकृतियों का परिचय दिया। लेकिन इन ग्रंथों को हिंदी साहित्य का इतिहास नहीं कहा जा सकता।

दरअसल, हिंदी-साहित्य का पहला व्यवस्थित इतिहास एक पक्का ढाँचा बना कर रामचंद्र शुक्ल ने *हिंदी साहित्य का इतिहास* शीर्षक से लिखा। यह इतिहास हिंदी-भाषी संसार का संस्कार बन चुका है। आज तक हिंदी साहित्य में आचार्य शुक्ल के इस इतिहास की टक्कर का दूसरा इतिहास नहीं लिखा गया है। अपनी महिमा में यह 'क्लासिक' बन गया है। काल-विभाजन, युगों के नामकरण, साहित्यिक धाराओं, प्रकृतियों के विवेचन में आलोचक की विवेक विदग्धता के कारण यह इतिहास अनुपम है। सामाजिक सांस्कृतिक विश्लेषण विमर्श की व्यापकता के साथ यह साहित्यिक प्रतिमानों से सम्पन्न इतिहास है।

शुक्ल ने माना है कि 'जबकि प्रत्येक देश का साहित्य वहाँ की जनता की चित्तवृत्ति का संचित प्रतिबिम्ब होता है तब यह निश्चित है कि जनता की चित्तवृत्ति के परिवर्तन के साथ-साथ साहित्य के स्वरूप में भी परिवर्तन होता चला जाता है। आदि से अंत तक इन्हीं चित्तवृत्तियों की परम्परा को परखते हुए साहित्य-परम्परा के साथ उनका सामंजस्य दिखना 'साहित्य का इतिहास' कहलाता है। जनता की चित्तवृत्ति बहुत कुछ राजनीतिक, सामाजिक, साम्प्रदायिक तथा धार्मिक परिस्थिति के अनुसार होती है।' उनके अनुसार हिंदी साहित्य के नौ सौ वर्षों के इतिहास को चार कालों में विभक्त कर सकते हैं : आदिकाल (वीरगाथा काल संवत् 1050-1375), पूर्व मध्यकाल (भक्तिकाल संवत् 1375-1700), उत्तर मध्यकाल (रीतिकाल संवत् 1700-1900) और आधुनिक काल (गद्यकाल संवत् 1900-1984 तक)। उन्होंने रचनाओं की प्रकृति के अनुसार ही इसका नामकरण किया है। शुक्ल ने यह 'इतिहास' छात्रों को हिंदी साहित्य का इतिहास पढ़ाने की दृष्टि से लिखा था।

सबसे पहले तीन निबंधों के रूप में प्रकाशित इस रचना का पहला निबंध था 'हिंदी साहित्य का वीरगाथा काल', दूसरा निबंध था 'हिंदी साहित्य का पूर्व मध्यकाल' और तीसरा था 'हिंदी साहित्य का उत्तर मध्यकाल'। 1929 में *हिंदी शब्दसागर* तैयार हुआ और ये तीनों विस्तृत निबंध संशोधन-सम्पादन के साथ इसकी भूमिका के रूप में 'हिंदी साहित्य का विकास' शीर्षक से प्रकाशित हुए। इस वर्ष ही यह भूमिका व्यापक अनुसंधान के साथ 'हिंदी साहित्य का इतिहास' नाम से प्रकाशित हुई। संवत् 1940 में इसका संशोधित संस्करण निकला, जिसके अंतर्गत विशेष रूप से आधुनिक हिंदी साहित्य की सामग्री जोड़ी गयी। शुक्ल के देहावसान के बाद उनके योग्य शिष्य विश्वनाथ प्रसाद मिश्र ने इसका संशोधित-परिवर्द्धित संस्करण अद्यतन सामग्री के साथ प्रस्तुत किया।

अयोध्यासिंह उपाध्याय 'हरिऔध' ने पटना विश्वविद्यालय में हिंदी भाषा और साहित्य के इतिहास पर जो व्याख्यान दिये थे उनका प्रकाशन भी *हिंदी भाषा और उसके साहित्य का विकास* नाम से 719 पृष्ठों में प्रकाशित हो चुके हैं। *अ हिस्ट्री ऑफ़ हिंदी लिटरेचर* को आधार बनाकर सूर्यकांत शास्त्री ने 1930 में हिंदी साहित्य का विवेचनात्मक इतिहास लिखा। इसमें संस्कृत तथा अंग्रेज़ी साहित्य के परिप्रेक्ष्य में हिंदी को देखा गया है। अलंकार शास्त्र के विद्वान रामशंकर शुक्ल 'रसाल' ने भी *हिंदी साहित्य का इतिहास* लिखने का हौसला दिखाया। लेकिन इतिहास दृष्टि तथा इतिहास दर्शन के अभाव में बात कुछ बन नहीं पायी। रामकुमार वर्मा ने 1938 में *हिंदी साहित्य का आलोचनात्मक* इतिहास लिखा। इसमें संवत् 750 से लेकर संवत् 1750 तक के साहित्य का ऐतिहासिक सर्वेक्षण है। यह इतिहास सात प्रकरणों में विभक्त है : संधिकाल, चारणकाल, भक्तिकाल, संतकाव्य, प्रेमकाव्य, रामकाव्य और कृष्णकाव्य। इसमें वर्मा ने विस्तार से हिंदी साहित्य के इतिहासों का परिचयात्मक विवरण दिया है। यह सब करने पर भी ये इतिहास दृष्टिगत गहराई की कमी के कारण जागरूक पाठकों-विद्वानों में महत्त्व और प्रतिष्ठा नहीं पा सका। इसके बाद अनेक तरह के विद्यार्थी-उपयोगी इतिहास आते रहे।

हिंदी साहित्य के इतिहास चिंतन में एक बड़ी घटना तब घटी जब हज़ारी प्रसाद द्विवेदी की पुस्तक *हिंदी साहित्य की भूमिका* का 1941 में प्रकाशन हुआ। द्विवेदी ने शुक्ल की धारणा से कुछ हटते हुए 'शिक्षित जनता की चित्तवृत्तियों के आगे अशिक्षित जनता' को स्थान दिया और शास्त्र से ज़्यादा लोक तथा लोक-धर्म को सामने रखकर यह इतिहास-ग्रंथ लिखा। उन्होंने 'हिंदी साहित्य प्राण-धारा' के साथ 'भारतीय चिंतन धारा के स्वाभाविक विकास' को गहराई और विस्तार से प्रस्तुत किया। साथ ही सिद्धों-नाथों के साहित्य को महत्त्व देकर निर्गुणिया संतधारा का महत्त्व समझाया। रीति काल को सेकुलर लिटरेचर घोषित करते हुए उन्होंने एक नवीन दृष्टि का विकास किया। उन्होंने 'हिंदी साहित्य का आदिकाल' तथा 'हिंदी साहित्य उद्भव और विकास' शीर्षिक से भी हिंदी साहित्य का निरूपण किया। आचार्य द्विवेदी के पाण्डित्य और रसिकता, दोनों ने मिल कर साहित्य के इतिहास की लोक-दृष्टि को प्रशस्त किया।

राम बहोरी शुक्ल और भगीरथ मिश्र ने मिलकर सन् 1960 में *हिंदी साहित्य का उद्भव और विकास* प्रकाशित किया। इसका प्रथम खण्ड आदिकाल तथा भक्तिकाल शुक्ल का लिखा हुआ है तथा रीतिकाल और आधुनिककाल मिश्र

का। उस समय तक होने वाले अनुसंधान कार्य की इस इतिहास में उपयोगी सूचनाएँ हैं साथ ही काव्य-धाराओं का विशद विवेचन भी है। विश्वनाथ प्रसाद मिश्र ने *हिंदी साहित्य का अतीत* नाम से आधुनिक काल से पूर्व के हिंदी साहित्य के इतिहास का सूक्ष्म गहन विवेचन किया है। *हिंदी साहित्य का अतीत* दो भाग में प्रकाशित ग्रंथ है। मिश्र ने दूसरे भाग में रीति-काल को शृंगार काव्य घोषित करते हुए 'शृंगार को सार किसोर-किसोरी' को बनाया है। आधुनिक काल के इतिहास को मिश्रजी ने 'हिंदी का सामयिक साहित्य' नाम से प्रस्तुत किया है किंतु वर्तमान के इस इतिहास की अंतर्योजना खण्डित है। मूलतः यह आधुनिक रचनाकारों पर केंद्रित निबंधों का संग्रह है। इस सिलसिले में राहुल सांकृत्यायन की पुस्तक *हिंदी काव्यधारा* (1944) भी एक महत्त्वपूर्ण पुस्तक है।

हिंदी साहित्य के इतिहास के संदर्भ में दो महत्त्वपूर्ण योजनाएँ योजनाबद्ध तरीक़े से सक्रिय रही हैं। धीरेंद्र वर्मा और ब्रजेश्वर वर्मा के सम्पादन में *हिंदी साहित्य* नाम से तीन भागों में भारतीय हिंदी परिषद्, प्रयाग ने इतिहास ग्रंथ प्रकाशित किये हैं। एक अन्य बृहद योजना के अंतर्गत *हिंदी साहित्य का वृहत इतिहास* सत्रह भागों में प्रकाशित किया गया है। इन सत्रह भागों में हिंदी साहित्य के विभिन्न युगों की समस्याओं, प्रवृत्तियों, वैचारिक मुठभेड़ों, साहित्य की धाराओं या परम्पराओं का इतिहास है। राम अवध द्विवेदी ने *हिंदी साहित्य के विकास की रूपरेखा* का सूक्ष्म-गहन दृष्टि से निरूपण किया है। गणपति चंद्र गुप्त की पुस्तक *हिंदी साहित्य का वैज्ञानिक इतिहास* दो भागों में प्रकाशित हो चुका है। नगेंद्र द्वारा सम्पादित *हिंदी साहित्य का इतिहास* में विभिन्न कालखण्डों पर विशेषज्ञों द्वारा लिखवाये गये लेख शामिल हैं।

संक्षिप्त इतिहास के प्रसंगों में बाबू गुलाब राय का *हिंदी साहित्य का सुबोध इतिहास,* लक्ष्मीसागर वार्ष्णेय का *हिंदी साहित्य का इतिहास* और विजयेंद्र स्नातक रचित हिंदी साहित्य का इतिहास उल्लेखनीय है। चतुरसेन शास्त्री ने भी *हिंदी भाषा और साहित्य का इतिहास* रचा। *आधुनिक हिंदी साहित्य का इतिहास* कृष्णशंकर शुक्ल द्वारा लिखित विद्वतापूर्ण सुविचारित इतिहास है। इस इतिहास की भूमिका आचार्य रामचंद्र शुक्ल ने लिखी है। आधुनिक हिंदी साहित्य की नवीन प्रश्नाकुलताओं और चुनौतियों को सच्चिदानंद हीराचंद्र वात्स्यायन 'अज्ञेय' ने आधुनिक *हिंदी साहित्य : एक परिदृश्य* नाम से प्रस्तुत किया है। रामविलास शर्मा की रचना *हिंदी जाति का इतिहास* इस क्षेत्र की अकेली अविस्मरणीय पुस्तक है। उपन्यास, नाटक, कहानी आदि विधाओं पर भी विद्वानों ने अलग-अलग बहुत मूल्यवान कार्य किये हैं।

इधर के वर्षों में बच्चन सिंह ने *हिंदी साहित्य का दूसरा इतिहास* नाम से बड़ा महत्त्वाकांक्षी इतिहास लेखन कार्य किया है। सुमनराजे ने *हिंदी साहित्य का आधा इतिहास* नाम से इतिहास लिखकर सभी को चौंकाया है। लेकिन इस बीच रामचंद्र शुक्ल की परम्परा को आगे बढ़ाते हुए रामस्वरूप चतुर्वेदी की एक महत्त्वपूर्ण रचना *हिंदी साहित्य और संवेदना का विकास* (1980) नाम से प्रकाशित हुई है। चतुर्वेदी का 'इतिहास' हिंदी भाषी जाति के जीवन मूल्यों के विकास को भी रेखांकित करता है। इस तरह यह भाषा, साहित्य और संस्कृति के साथ हिंदी-संवेदना का इतिहास भी हिंदी साहित्य में रेखांकित करने का यत्न करता है। आधुनिक युग में साहित्य के इतिहास की यह नयी महत्त्वकांक्षा कही जा सकती है। इसमें युग का विश्लेषण-विवेचन प्रतिनिधि रचनाकारों के आधार पर हुआ है। अतः यहाँ 'कवि कीर्तन' के बजाय 'कविता कीर्तन' की दृष्टि प्रमुख है। हिंदी क्षेत्र और वहाँ के जन समुदाय की सामुदायिक संवेदना कैसे विकसित होती गयी है और साहित्य उसे किस रूप में प्रतिफलित करता है— यह इस समूचे अध्ययन की अंतर्वस्तु है। चतुर्वेदी के मूल्यांकन पर अज्ञेय द्वारा प्रवर्तित प्रतिमानों का असर है, इसलिए अज्ञेय से असहमत हिंदी के तबक़े ने उनके साहित्य को स्वीकार नहीं किया। रामविलास शर्मा ने स्वतंत्र रूप से हिंदी साहित्य के इतिहास पर भले ही न लिखा हो, लेकिन अलग-अलग कालखण्डों और रचनाकारों पर लिखी गयी उनकी पुस्तकों के सहारे समूचे हिंदी साहित्य के अधिकांश हिस्से का बोध हो जाता है।

**देखें :** अष्टछाप, 'अंग्रेज़ी हटाओ' आंदोलन, गजानन माधव मुक्तिबोध-1 और 2, छायावाद, डायग्लॉसिया, नंद दुलारे वाजपेयी, नगेंद्र और सैद्धांतिक समीक्षा, नयी कविता, नामवर सिंह, पाश्चात्य काव्यशास्त्र, प्रेमचंद, प्रयोगवाद, प्रगतिवाद, भक्ति आंदोलन-1 और 2, भक्ति-काव्य-1 और 2, भारतेंदु हरिश्चंद्र, भारतेंदु युग-1 और 2, भाषा नियोजन-1 से 4 तक, भाषा के मार्क्सवादी सिद्धांत, महादेवी वर्मा, महावीर प्रसाद द्विवेदी, मीरांबाई और प्रेमाभक्ति, राहुल सांकृत्यायन, रामानुजाचार्य, रामानंद, रामचंद्र शुक्ल-1 और 2, रामविलास शर्मा, राष्ट्रीय-सांस्कृतिक कविता, रीतिकाल-1 और 2, विजय देव नारायण साही, वैष्णव धर्म, श्याम सुंदर दास, सम्पर्क भाषा-1 से 4 तक, सगुण और निर्गुण-1 और 2, संस्कृत काव्यशास्त्र, संविधान सभा में भाषा-विवाद-1, 2 और 3, संत-काव्य, सिद्ध-नाथ परम्परा, सूफ़ीयत और प्रेमाख्यान, हज़ारी प्रसाद द्विवेदी, हिंदी विरोधी आंदोलन, हिंदी जाति-1 से 3 तक, हिंदी साहित्य का आदिकाल, हिंदी साहित्य का इतिहास : नये परिप्रेक्ष्य, हिंदी-पद्य में इतिहास, हिंदी-जगत और 'लोकप्रिय'-1 और 2, हिंदी नवजागरण, हिंदी-संस्थाएँ।

## संदर्भ

1. धीरेंद्र वर्मा तथा ब्रजेश्वर वर्मा (1969), *हिंदी साहित्य,* खण्ड तृतीय, भारतीय हिंदी परिषद्, प्रयाग.
2. रामचंद्र शुक्ल (1940), *हिंदी साहित्य का इतिहास,* नागरी प्रचारिणी ग्रंथ माला, नागरी प्रचारिणी सभा, काशी.
3. रामस्वरूप चतुर्वेदी (1993), *हिंदी साहित्य और संवेदना का विकास,* लोक भारती प्रकाशन इलाहाबाद.
4. कृष्णशंकर शुक्ल (1993), *आधुनिक हिंदी साहित्य का इतिहास,* हिंदी साहित्य कुटीर. आगरा.

5. हज़ारी प्रसाद द्विवेदी (1941), *हिंदी साहित्य की भूमिका*, हिंदी ग्रंथ रत्नाकर कार्यालय, मुम्बई.
6. स.ही. वात्स्यायन अज्ञेय (1967), *हिंदी साहित्य : एक आधुनिक परिदृश्य*, राधाकृष्ण प्रकाशन, नयी दिल्ली.

— **कृष्णदत्त पालीवाल**

# हिंदी साहित्य का इतिहास : नये परिप्रेक्ष्य

(History of Hindi Literature: New Perspectives)

रामचंद्र शुक्ल द्वारा रचित *हिंदी साहित्य का इतिहास* के बाद कुछ कालखण्डों और रचनाकारों पर महत्त्वपूर्ण अनुसंधान हुआ है। लेकिन परवर्ती इतिहास लेखन को देखने से जाहिर है कि इस प्रकार के 'फुटकर' अध्ययनों के बावजूद रामचंद्र शुक्ल के इतिहास-लेखन के मॉडल को बदलने का साहस किसी ने नहीं दिखाया। शुक्ल के इतिहास की सीमा का जितना गहरा एहसास आज हो रहा है, सम्भवत: पहले नहीं हुआ होगा। इसका एक कारण तो यह है कि उनके बाद बहुत सी नयी सामग्री प्रकाश में आ गयी है, जो उस समय उपलब्ध नहीं थी। लेकिन, सही मायने में नया इतिहास लिख पाना तभी सम्भव होता है जब इतिहासकार के पास वास्तव में एक नयी इतिहास-दृष्टि भी हो।

रामचंद्र शुक्ल हिंदी साहित्य की परम्परा के श्रेष्ठ तत्वों का प्राय: एक ठेठ उत्तर भारतीय के अंदाज़ में मूल्यांकन करते प्रतीत होते हैं। साहित्य की श्रेष्ठता के मानक और भारतीय इतिहास का उनका बोध, इस दौर के बहुत सारे दूसरे विद्वानों की तरह, तत्कालीन ऐतिहासिक लेखन से निर्धारित और प्रभावित लगता है। विशेष रूप से भक्ति के अभ्युदय की जिस प्रकार से उन्होंने व्याख्या की है, उस पर बिल्कुल नये सिरे से विचार करने की आवश्यकता है। इसी प्रकार श्रृंगार और भक्ति को लेकर उन्होंने जो निर्णय दिये हैं, उस पर विक्टोरियाकालीन नैतिक मूल्यों की गहरी छाप है। यह जरूर है कि इसे वे ठेठ भारतीय मर्यादा के आदर्श के रूप में तुलसी के हवाले से प्रस्तुत करते हैं। उनके लेखन में थोड़ी बहुत रियायत के बावजूद श्रृंगारपरक रचनाओं को ज़्यादा तरजीह नहीं दी गयी। श्रृंगार और भक्ति में वे कभी संगति नहीं खोज पाते जबकि भारतीय परम्परा में श्रृंगार और भक्ति को कई बार तो अलग कर पाना ही मुश्किल है। सूज़न स्वार्ज़ ने अपनी रचना *रस* में इस बात की ओर संकेत किया है कि भारतीय परम्परा में श्रृंगार और भक्ति के बीच कोई आत्यंतिक विरोध नहीं है, बल्कि वे एक ही सातत्य का हिस्सा हैं। यह बात ठीक भी लगती है, क्योंकि इसके बिना खजुराहो और कोणार्क को तो छोड़ ही दीजिए, कबीर, जायसी, सूर और मीरा की रचनाओं की भी व्याख्या असम्भव है। भक्ति और श्रृंगार के सातत्य और सहअस्तित्व की अवधारणा से भक्तिकालीन श्रृंगार के रीतिकालीन श्रृंगार में रूपांतरण की व्याख्या भी कमोबेश हो जाती है।

रीतिकालीन ब्रजभाषा के साहित्य पर बहुत ही महत्त्वपूर्ण अध्ययन करने वाली अमेरिकी विदुषी एलिसन बुश ने अपनी पुस्तक *पोयट्री ऑफ किंग्स* में इस तथ्य का सम्यक् प्रतिपादन किया है कि एक ही कवि के यहाँ भक्ति और श्रृंगारपरक रचनाएँ मिल जाती हैं। यही नहीं, कई बार तो एक ही कविता में भक्ति और श्रृंगार इस तरह घुले-मिले होते हैं कि उन्हें अलग-अलग करके नहीं समझा जा सकता। इसी प्रकार उन्होंने हिंदी की दुनिया में बद्धमूल हो चुकी इस अवधारणा का भी ठोस तथ्यों के आधार पर खण्डन किया है कि रीतिकालीन कवियों का अपना कोई स्वतंत्र व्यक्तित्व नहीं था और वे आश्रयदाता राजा के चाटुकार थे। उन्होंने इस प्रचलित मान्यता का भी तथ्यों के आधार पर संशोधन किया है कि रीतिकालीन आचार्यों द्वारा लिखे गये काव्यशास्त्रीय ग्रंथ संस्कृत के काव्यशास्त्र विषयक ग्रंथों के सिर्फ़ अनुवाद हैं। उन्होंने रीतिकाल के दौरान लिखे गये वीर/चरित काव्यों का तत्कालीन ऐतिहासिक बोध के साक्ष्य के रूप में अध्ययन कर यह दिखाया कि ये ग्रंथ कई बार कुछ ऐसे पक्षों को हमारे सामने उद्घाटित करते हैं, जिनके बारे में इतिहासकारों द्वारा इस्तेमाल किये गये साक्ष्यों में या तो कोई उल्लेख नहीं है या उल्लेख है भी तो दृष्टिकोण में पर्याप्त अंतर है।

यह सही है कि रीतिकालीन वीर-काव्य/चरित-काव्य पद्य में लिखे गये हैं और इनमें अक्सर ऐतिहासिक घटनाओं के प्रसंग में भी काव्य-रूढ़ियों का इस्तेमाल किया गया है, फिर भी उनके गहन अध्ययन से तत्कालीन राजव्यवस्था और समाज के बारे में महत्त्वपूर्ण जानकारी निकाली जा सकती है। काव्य में इतिहास लिखने की इस पद्धति का विकास सत्रहवीं और अट्ठारहवीं शताब्दी में बड़े पैमाने पर दिखाई देता है। लेकिन काव्य में इतिहास लिखने के इस देसी तरीक़े के अध्ययन के लिए उपयुक्त पद्धति का विकास हमारे यहाँ नहीं हो पाया है। वी. नारायण राव, डेविड शुलमैन और संजय सुब्रह्मण्यम ने अपनी प्रसिद्ध पुस्तक *टेक्सचर ऑफ़ टाइम* में दक्षिण भारत में इतिहास-लेखन के इस देसी तरीक़े का बहुत ही सूझ-बूझ के साथ अध्ययन किया है। उनका मानना है कि भारत में सोलहवीं और अट्ठारहवीं शताब्दियों के दौरान इतिहास-लेखन की एक देशज परम्परा का विकास दिखायी पड़ता है। इस परम्परा की उल्लेखनीय विशेषता यह है कि

यहाँ इतिहास कई विधाओं में लिखा जाता है। पश्चिम की तरह इतिहास के स्वतंत्र अनुशासन का विकास नहीं होता, जहाँ 'तथ्यों और तर्कों' के आधार पर ऐतिहासिक घटना-क्रम को समझने का प्रयास किया जाता है। काव्यों, चरित-काव्यों और अन्य रूपों में लिखे गये इतिहास को समझने के लिए यह ज़रूरी है कि अध्येता को भारतीय सांस्कृतिक परम्परा का सम्यक् बोध हो। इसके अभाव में यह निर्णय कर पाना कठिन हो जाता है कि रचनाकार कहाँ ऐतिहासिक तथ्यों का उल्लेख कर रहा है और कहाँ सिर्फ़ काव्य-रूढ़ि का निर्वाह कर रहा है। पारम्परिक भारतीय अध्येता में इस प्रकार का विवेक था। औपनिवेशिक शिक्षा के कारण नये ढंग के अध्येता सामने आये। इनके लिए इस प्रकार का अंतर कर पाना मुश्किल था और सम्भवत: इसीलिए रीतिकालीन ग्रंथों में मौजूद ऐतिहासिक संदर्भ और तथ्य पूरी तरह उपेक्षित रह गये।

दक्षिण भारत की तरह उत्तर भारत में भी इसी काल में देश-भाषा में इतिहास लेखन की प्रवृत्ति का विकास दिखायी पड़ता है। विशेष रूप से सत्रहवीं-अट्ठारहवीं शताब्दी में वीर रस प्रधान चरित-काव्यों में इस विकासमान प्रवृत्ति की झलक दिखलायी पड़ती है। यह जरूर है कि दक्षिण की तरह उत्तर भारत की देश-भाषाओं में भी इतिहास लेखन की स्वतन्त्र विधा का विकास नहीं हुआ और वह इतिहास-काव्य या दूसरी विधाओं के अंदर समाविष्ट दिखता है। लेकिन इस प्रकार की रचनाओं से ऐतिहासिक ज्ञान अर्जित करने के लिए सैद्धांतिकी और प्रविधि का विकास करने की बात तो दूर, भारत के इतिहास-लेखन के लिए देश-भाषाओं के महत्त्व को ही लम्बे समय तक स्वीकार नहीं किया गया। उनका इस्तेमाल कभी-कभी किया जाता है लेकिन इनकी आवाज़ें सुनने के इरादे से नहीं बल्कि जो संस्कृत या फ़ारसी के स्रोतों से सुन लिया गया है, उसकी ताईद भर करने के लिए।

रामचंद्र शुक्ल के बाद के इतिहास-लेखन की विडम्बना यह भी रही है कि उसने हिंदी में हुए महत्त्वपूर्ण अध्ययन और शोध को अपने इतिहास-लेखन में शामिल ही नहीं किया। परिणाम यह हुआ कि ये धारणा बन गयी कि हिंदी में रामचंद्र शुक्ल के बाद कोई उल्लेखनीय प्रगति ही नहीं हुई। बहुत हुआ तो इतनी रियायत दे दी जाती है कि हजारीप्रसाद द्विवेदी का आदिकाल विषयक अध्ययन रामचंद्र शुक्ल के इतिहास के वीरगाथाकालीन अध्ययन से आगे है। असल में हुआ यह कि ऐसे महत्त्वपूर्ण अध्ययन/शोध पर, जो हिंदी के प्राय: सर्वस्वीकृत ऐतिहासिक काल-विभाजन के खाँचे में फिट नहीं बैठता था, हिंदी के विद्वानों ने कभी गम्भीरतापूर्वक विचार ही नहीं किया। उदाहरण के लिए अब यह लगभग सभी लोग मानते हैं कि रामचंद्र शुक्ल ने जिन ग्रंथों के आधार पर हिंदी के आदिकाल का नामकरण 'वीरगाथा काल' किया था, उनमें से ज़्यादातर ग्रंथों की प्रामाणिकता संदिग्ध है। राजमल बोरा ने अपनी पुस्तक *हिंदी वीरकाव्य* में यह सिद्ध किया है कि वीरगाथाकाल के अंतर्गत जिन रचनाओं को शामिल किया गया था, उनका जो रूप मिलता है, वह सत्रहवीं-अट्ठारहवीं शताब्दी का है। इसीलिए उन्होंने इन्हें अतीत की गौरवगाथाएँ कहा है, क्योंकि इन आख्यानों को अंतिम रूप सत्रहवीं-अट्ठारहवीं शताब्दी में दिया गया। अगर राजमल बोरा का यह मत सही है तो फिर हिंदी में प्रचलित भक्तिकाल के उदय के कारण के रूप में इसलाम के वर्चस्व का उल्लेख करने और उससे उत्पन्न होने वाले विवाद का औचित्य ही समाप्त हो जाता है। आदिकाल में जैनियों, सिद्धों, नाथों, अमीर खुसरो और विद्यापति की रचनाएँ ही बचती हैं। इनमें से कोई भी रचना ऐसी नहीं है जिसे वीररसप्रधान रचना कहा जा सके। इस तरह भक्ति पहले है और वीरकाव्य उसके बाद। यह भी कम दिलचस्प नहीं है कि वीररसप्रधान चरित-काव्य उस समय लिखे गये, जब लगभग समूचे भारत में मुगल साम्राज्य का वर्चस्व क़ायम हो गया था।

हिंदी के विकास में अपभ्रंश या अवहट्ठ का चाहे जो योगदान रहा हो लेकिन इसे हिंदी नहीं कहा जा सकता। अपभ्रंश या अवहट्ठ में लिखी गयी रचनाओं को, चाहे वे विद्यापति की रचनाएँ हों या वीर-काव्य, जिन्हें सत्रहवीं-अठारहवीं शताब्दी में अंतिम रूप दिया गया, हिंदी साहित्य के इतिहास में शामिल करने का औचित्य नहीं बनता। अपभ्रंश या अवहट्ठ में लिखी गयी रचनाओं पर स्वतंत्र रूप से अध्ययन और शोध होने चाहिए। लेकिन हिंदी साहित्य के अंतर्गत इस क्षेत्र की भाषा/बोलियों में लिखे गये साहित्य को ही शामिल किया जाना चाहिए। भाषावैज्ञानिक दृष्टि से भी अपभ्रंश-अवहट्ठ के साथ तालमेल बहुत खींच-खाँच कर ही बैठाया जा सकता है।

इस दृष्टि से विचार करें तो अवधी में मुल्ला दाऊद का *चंदायन,* मैथिली में विद्यापति की *पदावली,* खड़ी बोली में अमीर खुसरो की रचनाएँ और ब्रजभाषा में ग्वालियर के राजकवि विष्णुदास के *पाण्डव-चरित* (1435) और *रामायण-कथा* (1442) से हिंदी साहित्य की शुरुआत मानी जा सकती है। अमीर खुसरो की खड़ी बोली की रचनाएँ, वास्तव में, सोलहवीं-सत्रहवीं शताब्दी से पहले की पांडुलिपियों में नहीं मिलती हैं। इमरे बंघा के शोध से ये साबित हो गया है कि अमीर खुसरो की लिखी मानी जाने वाली ये रचनाएँ बहुत बाद में उनके नाम से आकर जुड़ीं। इनमें से विष्णुदास के अतिरिक्त शेष कवियों के बारे में हम जानते हैं। इसलिए इनके बारे में फ़िलहाल कुछ लिखने की ज़रूरत नहीं है। लेकिन मेरी जानकारी में हिंदी साहित्य का कोई ऐसा इतिहास नहीं है, जिसमें ब्रजभाषा की साहित्यिक

परम्परा के पुरस्कर्ता के रूप में विष्णुदास का उल्लेख किया गया हो। जबकि लोकनाथ द्विवेदी ने कवि विष्णुदासकृत *रामायण-कथा* का प्रकाशन सन् 1913 के आस-पास और हरिनिवास द्विवेदी ने *पाण्डव-चरित* का प्रकाशन सन् 1916 में ही कर दिया था। यही नहीं स्टुअर्ट मक्ग्रेगॉर के सन् 1934 और 1941 में इन दोनों प्रबंधकाव्यों पर गवेषणापूर्ण शोध-आलेख प्रकाशित हो चुके हैं।

हिंदी साहित्य की इन आरम्भिक रचनाओं और रचनाकारों के साक्ष्य से हिंदी में सामान्य ज्ञान की तरह प्रचलित कुछ बद्धमूल अवधारणाओं का खण्डन हो जाता है। जैसे कि हिंदी साहित्य की इन प्रारम्भिक रचनाओं को भक्ति-काव्य की कोटि में रखना मुश्किल है। अगर यह बात सही है, तो फिर यह स्थापना संदिग्ध हो जाती है कि हिंदी/हिंदी की बोलियों का, साहित्य की भाषा के रूप में, प्रयोग सही मायने में भक्तिकाल से होता है। इसी तरह इस मान्यता पर भी पुनर्विचार की ज़रूरत महसूस होती है कि हिंदी के विकास में राजदरबारों की कोई भूमिका नहीं है, क्योंकि विद्यापति और विष्णुदास-हिंदी के ये दोनों आरम्भिक रचनाकार राजदरबार से जुड़े हुए थे। ज़्यादातर भक्तिकालीन कवि किसी न किसी सम्प्रदाय से या तो प्रारम्भ से जुड़े थे या बाद में उन्हें जोड़ लिया गया। इन रचनाकारों की रचनाओं के सम्पादन, संरक्षण और प्रचार में सम्प्रदायों की महत्त्वपूर्ण भूमिका रही है। इसलिए इस मिथ से भी मुक्त होने की ज़रूरत है कि भक्तिकालीन कवि सीधे-साधे आम आदमी के कवि थे और आम आदमी के कारण ही प्रसिद्ध हुए। कहने का आशय यह है कि जनता और सम्प्रदाय में फ़र्क़ है। सम्प्रदाय एक ऐसा संगठन है जिसकी शक्ति और प्रभाव के सामने बड़े-बड़े राजे-महाराजे भी नतमस्तक होते थे और आर्थिक सहयोग देते थे।

यह मान लिया गया है कि रीतिकाल के अभ्युदय के साथ भक्तिकाल का अवसान हो जाता है। लेकिन इधर कुछ शोध हुए हैं, जो भक्तिकाल के अवसान की अवधारणा का खण्डन करते हैं। विशेष रूप से अमेरिकी अध्येता टाइलर विलियम्स और अंजनी श्रीवास्तव के भक्तिकाल पर किये गये महत्त्वपूर्ण शोध से यह बात निकल कर आयी है कि तथाकथित रीतिकाल के दौरान भी भक्ति की अविरल धारा बहती रहती है। यही नहीं, इसी दौरान कुछ नये निर्गुण पंथों की स्थापना और प्रतिष्ठा भी होती है। ये शोध सगुण-निर्गुण विवाद और भक्तिकाल के अवसान को लेकर चलने वाले विवाद पर नये सिरे से विचार करने को मजबूर करते हैं। इन शोधों को छोड़ भी दिया जाए और मिश्रबंधुओं द्वारा लिखे गये इतिहास पर ही ध्यान दिया जाय, तो भी भक्ति के अवसान और रीतिकाल के अभ्युदय की प्रचलित और सर्वस्वीकृत मान्यता का खण्डन हो जाता है। असल में, मिश्रबंधुओं के इतिहास में भी रीतिकाल के दौरान भक्तिपरक कविता लिखने वाले कवियों की संख्या शृंगारिक कवियों से ज़्यादा है। रीतिकाल के दौरान शृंगारिक कविता लिखने वाले कवियों के साथ-साथ भक्तिपरक कविता लिखने वाले कवियों को अध्ययन का विषय बनाना जरूरी है।

यह सही है कि सभी इतिहास चयनधर्मी होते हैं और रामचंद्र शुक्ल का इतिहास भी चयनधर्मी है, लेकिन चयन के औचित्य को लेकर तो सवाल खड़े किये ही जाने चाहिए। परवर्ती इतिहासकारों ने रामचंद्र शुक्ल द्वारा चुने गये रचनाकारों को ही थोड़े बहुत हेर-फेर के साथ आगे पीछे किया है, लेकिन इस दायरे को बढ़ाने का काम शायद ही किसी ने किया हो। इस दृष्टि से देखें तो मिश्रबंधुओं के इतिहास का दायरा बहुत बड़ा है। राजमल बोरा ने ठीक लिखा है कि 'शोध की दृष्टि से मिश्रबंधुओं से शुक्ल जी आगे नहीं बढ़ते। हिंदी में शोध की दृष्टि से मिश्रबंधुओं ने जितना कार्य किया है उसका अब तक उचित मूल्यांकन नहीं हुआ है। शुक्ल जी ने ऐतिहासिक कार्य किया और उनके इस कार्य ने मिश्रबंधुओं को बहुत पीछे छोड़ दिया। जहाँ तक शोध या तथ्यान्वेषण की बात है, उसमें शुक्ल जी मिश्रबंधुओं से आगे नहीं बढ़ पाये हैं।'

रीतिकाल के दौरान शृंगार, भक्ति, वीररसप्रधान चरित-काव्यों के अतिरिक्त नीति-काव्य, खेतीबारी और दैनंदिन जीवन से संबंधित सूझ-बूझ की जानकारी देने वाली रचनाएँ भी लिखी गयीं। नीतिपरक और दैनंदिन जीवन से सम्बन्धित ज्ञान से परिचय करने वाली रचनाओं के महत्त्व पर हिंदी में उल्लेखनीय कार्य नहीं हुए हैं। हिंदी साहित्य के इतिहासों में कई बार तो इस तरह के कवियों का नामोल्लेख भी ज़रूरी नहीं समझा जाता है। जबकि ये रचनाएँ, यदि गहराई से इनके महत्त्व पर विचार किया जाए तो आध्यात्मिकता से लौकिकता की तरफ़ अग्रसर होते समाज की संवेदना में आ रहे परिवर्तन की सूचक हैं। दक्षिण भारतीय आधुनिक भाषाओं में नीति और ज्ञान पर आधारित काव्य के महत्त्व का प्रतिपादन वी. नारायण राव और संजय सुब्रह्मण्यम ने अपने महत्त्वपूर्ण लेख 'हिस्ट्री ऐंड पॉलिटिक्स इन वर्नाक्यूलर' में किया है। इन सभी 'रीतिकालीन' साहित्यिक कृतियों को एक साथ लेकर विचार करने पर ही इनका महत्त्व ठीक से समझा जा सकता है।

सिर्फ़ एक प्रवृत्ति के अत्यन्त नकारात्मक मूल्यांकन के कारण इस दौर के साहित्यिक वैविध्य के साथ न्याय कर पाना मुश्किल है। असल में, समस्या यह भी है कि रीतिकालीन अध्ययन की शुरुआत ही हम यह मानकर करते हैं कि यह पतन का दौर था और इस दौर के ज़्यादातर कवि दरबारी थे। पतन का दौर क्यों? इसलिए कि इतिहासकारों ने ऐसा बताया है। लेकिन पिछले दशकों में इतिहासकारों ने अपने महत्त्वपूर्ण

शोधों से इस अवधारणा को तोड़ दिया है कि यह दौर पतन का दौर था। विशेष रूप से सी.ए. बेली, मुज़फ़्फ़र आलम और संजय सुब्रह्मण्यम जैसे इतिहासकारों के काम से यह बात साफ़ हो चली है कि यह दौर पतन का दौर नहीं था। यदि रीतिकालीन साहित्य के वैविध्य पर विचार करें तो फ़िलहाल एक मोटा निष्कर्ष जरूर निकाला जा सकता है कि यह साहित्य लौकिकता और ऐतिहासिकता की ओर अग्रसर हो रहे समाज का साक्षात्कार कराता है। यह जरूर कहा जाना चाहिए कि समूचे रीतिकालीन साहित्य के वैविध्य को व्याख्यायित करने के लिए हमारे पास अब भी कोई पर्याप्त विकसित सैद्धांतिकी उपलब्ध नहीं है। हिंदी के विद्वानों ने तो इस काल की उपेक्षा की ही, इतिहासकार भी लम्बे समय तक इस दौर के महत्त्व को ठीक से नहीं समझ पाये। इसलिए किसी पर तोहमत मढ़ने से ज़्यादा ज़रूरी काम यह है कि हम विचार करें कि रीतिकालीन साहित्य का ज़्यादा व्यवस्थित और सार्थक अध्ययन कैसे किया जाए। भक्तिकालीन साहित्य के अध्ययन के पुराने तौर-तरीक़ों से मुक्त हुए बिना रीतिकालीन साहित्य के साथ भी न्याय नहीं किया जा सकता है। अभी तक तो हमारे पास भक्तिकाल के अध्ययन के लिए भी उपयुक्त सैद्धांतिकी उपलब्ध नहीं थी।

हिंदी साहित्य का नया इतिहास लिखने के लिए रामचंद्र शुक्ल से पहले के इतिहासों पर नये सिरे से विचार करना पड़ेगा। यही नहीं, काल-विशेष या प्रवृत्ति-विशेष पर जो महत्त्वपूर्ण शोध भारतीय या विदेशी विद्वानों द्वारा किये गये हैं, उसे भी देखना होगा। परवर्ती हिंदी साहित्य के इतिहासों को देखने से तो इस बात का एहसास ही नहीं होता कि हिंदी साहित्य के इतिहास के कुछ काल-खण्डों या प्रवृत्तियों पर कुछ महत्त्वपूर्ण कार्य भी हुए हैं! हिंदी की पुरानी पत्रिकाओं में एक समय तक बहुत महत्त्वपूर्ण शोध-आलेख प्रकाशित हुए थे। उनमें से कुछ तो पुस्तक के रूप में आ गये, लेकिन बहुत सारी महत्त्वपूर्ण सामग्री आज भी इन पत्रिकाओं में पड़ी हुई है। इस सामग्री को भी सम्पादित कर पुस्तक के रूप में लाने की ज़रूरत है। तभी यह ठीक से पता चल पायेगा कि भारतीय और विदेशी विद्वानों द्वारा किये गये हिंदी साहित्य से संबंधित शोध और अध्ययन में ऐसा क्या है, जो हमारे काम का है।

**देखें :** अष्टछाप, 'अंग्रेज़ी हटाओ' आंदोलन, गजानन माधव मुक्तिबोध-1 और 2, छायावाद, डायग्लॉसिया, नंद दुलारे वाजपेयी, नगेंद्र और सैद्धांतिक समीक्षा, नयी कविता, नामवर सिंह, पाश्चात्य काव्यशास्त्र, प्रेमचंद, प्रयोगवाद, प्रगतिवाद, भक्ति आंदोलन-1 और 2, भक्ति-काव्य-1 और 2, भारतेंदु हरिश्चंद्र, भारतेंदु युग-1 और 2, भाषा नियोजन-1 से 4 तक, भाषा के मार्क्सवादी सिद्धांत, महादेवी वर्मा, महावीर प्रसाद द्विवेदी, मीरांबाई और प्रेमाभक्ति, राहुल सांकृत्यायन, रामानुजाचार्य, रामानंद, रामचंद्र शुक्ल-1 और 2, रामविलास शर्मा, राष्ट्रीय-सांस्कृतिक कविता, रीतिकाल-1 और 2, विजय देव नारायण साही, वैष्णव धर्म, श्याम सुंदर दास, सम्पर्क भाषा-1 से 4 तक, सगुण और निर्गुण-1 और 2, संस्कृत काव्यशास्त्र, संविधान सभा में भाषा-विवाद-1, 2 और 3, संत-काव्य, सिद्ध-नाथ परम्परा, सूफ़ीयत और प्रेमाख्यान, हज़ारी प्रसाद द्विवेदी, हिंदी विरोधी आंदोलन, हिंदी जाति-1 से 3 तक, हिंदी साहित्य का आदिकाल, हिंदी साहित्य का इतिहास, हिंदी-पद्य में इतिहास, हिंदी-जगत और 'लोकप्रिय'-1 और 2, हिंदी नवजागरण, हिंदी-संस्थाएँ।

### संदर्भ

1. एलिसन बुश (2011), *पोएट्री ऑफ़ किंग्ज़ : द क्लासिकल हिंदी लिट्रेचर ऑफ़ मुग़ल इण्डिया,* ऑक्सफ़र्ड युनिवर्सिटी प्रेस, यूएसए.
2. राजमल बोरा (1979), *हिंदी वीरकाव्य,* नमिता प्रकाशन, औरंगाबाद.
3. वेलचेरु नारायण राय और संजय सुब्रह्मण्यम (2008), 'हिस्ट्री ऐंड पॉलिटिक्स इन वर्नाक्युलर : रिफ़्लेक्शंस ऑन मिडीवल ऐंड अर्ली-मॉडर्न साउथ इण्डिया', रज़ीउद्दीन अक़ील और पार्थ चटर्जी, *हिस्ट्री इन वर्नाक्युलर,* परमानेंट ब्लैक, नयी दिल्ली.
4. डेविड शुलमैन, संजय सुब्रह्मण्यम और वेलचेरु नारायण राय (2003), *टेक्सचर्स ऑफ़ टाइम : राइटिंग हिस्ट्री इन साउथ इण्डिया,* परमानेंट ब्लैक, नयी दिल्ली.

**— राजकुमार**

# हिंदी सिनेमा का समाजशास्त्र

(Sociology of Hindi Cinema)

आज़ादी के पहले के लोकप्रिय हिंदी सिनेमा पर समाजशास्त्रीय निगाह डालने से कम से कम एक बात साफ तौर पर निकल कर आती है कि उस दौर की फ़िल्में भारतीय लोकतंत्र को पूर्व-कल्पित कर रही थीं। अंग्रेज़ सरकार की सेंसरशिप के कारण यह सिनेमा सीधे-सीधे उपनिवेशवाद विरोधी आंदोलन से नहीं जुड़ सकता था। पर वह व्यावसायिकता और कलात्मकता के संयोग से उपनिवेशवाद विरोधी कल्पनाशीलता में बसे हुए समाज की तस्वीर ज़रूर उकेर सकता था। इसीलिए अघोषित परियोजना के तहत अपने अधिकारों के लिए संघर्ष करता हुआ हाशियाग्रस्त व्यक्ति और समुदाय की जकड़ के ख़िलाफ़ व्यक्तिगत स्वायत्तता की आवाज़ बुलंद करता हुआ इनसान सिनेमाई आख्यान के केंद्र में आया। लैंगिक बंदिशों के परे जा कर अपनी इच्छा और कामना के अनुसार जीवन का विन्यास करने के लिए जूझ रही स्त्री इस आख्यान का एक महत्त्वपूर्ण आयाम थी। सिनेमा के पर्दे पर दिखाया जाने वाला किरदार परम्परा की पारिवेशिकता और आधुनिकता की सार्वभौमिकता के बीच सही-ग़लत का फ़ैसला करने का हक़ अपने हाथ में

रखना चाहता था। जीवन की कठिनाइयों से जूझते हुए ये किरदार अपनी सकारात्मक संरचना में एक नये मनुष्य की आहट सुनाना चाहते थे। स्वतंत्रता-पूर्व के सिनेमाई नायक और नायिकाएँ आसानी से हल न हो सकने वाली अस्तित्वगत उलझनों के समाधान के लिए ज़रूरी स्पष्टता की तलाश में थे। आज़ादी मिलने के बाद इस सिनेमा ने भारतीय राज्य के आश्वासनों और उन्हें पूरा करने के बीच में रह जाने वाले फ़र्क़ की जाँच-पड़ताल करते हुए समाज और राज्य की आलोचना का मुहावरा विकसित किया। सामाजिक विविधता को विभाजनकारी शक्ति के बजाय राष्ट्रीय एकता के दायरे में परिभाषित करने का उद्यम इस मुहावरे का अनिवार्य पहलू था। आलोचना का मतलब इस सिनेमा के लिए कभी यह नहीं था कि वह लाइलाज क़िस्म का दोषदर्शी रवैया विकसित कर लेता। ख़ामियों की शिनाख़्त करते हुए वह उम्मीदों और खुशी के मुक़ामों पर चमकदार रोशनी फेंकता रहा।

हिंदी के व्यावसायिक सिनेमा की विषयवस्तुओं पर अगर ग़ौर किया जाए तो राजनीति, अर्थव्यवस्था और नागरिक जीवन के तत्कालीन रूपों के साथ उनका कार्य-कारण संबंध प्रत्यक्ष रूप से निकल कर नहीं आता। यह सिनेमा सामाजिक मुद्दों को आईने की तरह झलकाने के बजाय उनकी आहटों को सुनाने की कोशिश करता है। इस लिहाज़ से पचास और साठ के दशक की शुरुआत में बनी राजकपूर, देव आनंद, गुरु दत्त, शम्मी कपूर और दिलीप कुमार की फिल्में आने वाले वक़्तों में उभरे छात्र आंदोलन, किसान विद्रोह और औद्योगिक संघर्ष का पूर्वानुमान लगाते हुए दिखती हैं। इसी तरह सत्तर और अस्सी के दशक में लोकप्रिय हुई अमिताभ बच्चन की फ़िल्मों को नब्बे के दशक में हुए आर्थिक उदारीकरण की प्रक्रिया की तरफ़ इशारा करने वाली कृतियों की तरह लिया जा सकता है। बच्चन की फिल्में व्यवस्था के ख़िलाफ़ व्यक्ति की बग़ावत का चित्रण करते हुए इस ज़रूरत को उभारती थीं कि राज्य की ताक़त को अपनी नियंत्रणकारी सत्ता में कुछ न कुछ ढील देनी ही होगी।

जैसे-जैसे भारतीय समाज का तथ्यगत यथार्थ बदला, हिंदी सिनेमा ने अपनी कथावस्तु को स्क्रीन पर नये-नये तरीके से बरतने और उस ट्रीटमेंट से भिन्न-भिन्न नतीजे निकालने का नवाचार भी किया। मसलन, 'अनारकली' और 'मुग़ल-ए-आज़म' की कहानी एक ही थी, पर न केवल शैलीगत रूप से वरन् विमर्श के संदर्भ में भी वे दो अलग-अलग समयों की प्रतिनिधित्व करती थीं। 'अनारकली' में रोमांस की ताक़त के ज़रिये व्यक्ति थमायी गयी सामाजिक भूमिकाओं के मुक़ाबले अपनी निजता के अधिकारों को बुलंद करते हुए दिखता है, जबकि 'मुग़ल-ए-आज़म' की भावभूमि के केंद्र में पीढ़ी-संघर्ष है जिसे साठ के दशक के एक सामाजिक रूपक की तरह भी ग्रहण किया जा सकता है। इसी तरह का एक उदाहरण राजकपूर के घराने द्वारा बनायी गयी दो फिल्मों के रूप में भी देखा जा सकता है। राजकपूर की विख्यात फिल्म 'आवारा' जन्मना श्रेष्ठता का विरोध करने वाली नेहरूयुगीन प्रगतिशील सामाजिकता की पैरोकार थी, पर उन्हीं के बेटे द्वारा बनायी गयी फिल्म 'धरम-करम' इंदिरायुगीन जन्म आधारित गुणों की अंततः होने वाली जीत का चित्रण करती थी। बहुत कम समय के अंतराल से बनीं दो फ़िल्में 'दिल तो पागल है' और 'कुछ-कुछ होता है' लगभग एक जैसी ही कहानी होते हुए भी अलग-अलग निष्कर्षों पर पहुँचती हैं। पहली फ़िल्म ऐसा कोई आग्रह नहीं करती कि परिचय और मैत्री की परिणति प्रेम में होनी चाहिए, पर दूसरी फ़िल्म ज़ोर देकर कहती है कि सच्चे प्रेम का आधार दोस्ती ही हो सकती है। इन फ़िल्मों का फ़र्क़ बताता है कि नब्बे के दशक में भारतीय समाज कितनी तेज़ी से बदल रहा था। एक ही पीढ़ी अपनी आँखों के सामने मैत्री और प्रेम के तात्पर्यों को परिवर्तित होते हुए देख रही थी।

व्यवस्था और व्यक्ति के समीकरण को व्यावसायिक भारतीय सिनेमा ने अपने ख़ास अंदाज़ में व्यक्त किया है। एक तरफ़ वह व्यक्ति के प्रति व्यवस्था के दायित्वों को रेखांकित करता है, और दूसरी तरफ़ तंत्र को बनाये रखने में व्यक्ति की अनिवार्य भूमिका और पहलक़दमी पर बल देने से भी नहीं चूकता। परम्परा और आधुनिकता के द्विभाजन के साथ हिंदी सिनेमा इसी तरह पेश आता है। आम तौर पर वह आधुनिकता के पक्ष में झुकते हुए परम्परानिष्ठा से दूर रहना चाहता है, पर वह परम्परा के कुछ रूपों (जैसे कर्मकाण्डीयता) को ख़ारिज करते हुए कुछ अन्य रूपों (जैसे पारिवारिक मूल्य) की सराहना करता है। इसी तरह वह व्यक्ति के अधिकारों और कर्त्तव्यों के समीकरण को व्यक्त करने का उसका अपना तरीक़ा है। मसलन, हिंदी सिनेमा का नायक हक़ों की दावेदारी तो करेगा, पर ऐसा करते हुए उसका मुख्य स्वर मर्यादा और संयम का होगा।

हिंदी सिनेमा ने नायक के रूप में जिस किरदार को सबसे ज़्यादा लोकप्रिय किया, वह क़ानून को अपने हाथ में लेते हुए एक जोखिम भरा जीवन जीना पसंद करता है। लेकिन वह निज़ाम का तख़्ता पलटने वाले क्रांतिकारी की भूमिका कभी ग्रहण नहीं करता। चाहे वह राजकपूर का 'आवारा' या 'श्री चार सौ बीस' हो, 'काला बाज़ार' या 'काला पानी' का देवानंद हो, या फिर वह 'ज़ंजीर', 'दीवार' और 'शहंशाह' का अमिताभ बच्चन हो। ये फ़िल्में तंत्र की आलोचना करती हैं जिससे सामाजिक-राजनीतिक-नौकरशाह सत्ता के शिखरों पर बैठे हुए लोगों की असलियत सामने आती है। लेकिन कुल मिला कर उनका तर्क व्यवस्था के सुधर सकने की सम्भावना की तरफ़ झुका रहता है।

दिलचस्प बात यह है कि सिनेमा के किरदार कर्मकाण्डीयता और संगठित धर्म को भावनाशून्य गतिविधियों की तरह पेश करते हैं, और परिवार की संरचना उनके लिए किसी सामाजिक समझौते के प्रारूप पर निर्भर होने के बजाय भावनात्मक रिश्तों के एक नेटवर्क की तरह होती है। लेकिन दूसरी तरफ़ जब व्यवस्था और राष्ट्र के प्रति अपने कर्त्तव्य का प्रश्न आने पर हिंदी सिनेमा का नायक जज़्बात को दरकिनार करके अधिकारिक ड्यूटी निभाते हुए पिता, भाई और पत्नी के ख़िलाफ़ भी क़ानूनी कार्रवाई करने से नहीं चूकता। परिवार की संस्था और हिंदी फ़िल्मों की अन्योन्यक्रिया एकायामी नहीं है। राजकपूर की फ़िल्में परिवार की संस्था में निहित सर्वसत्तावादी प्रवृत्तियों को व्यक्ति के निजी विकास के लिए नुक़सानदेह क़रार देती हैं। देवानंद की फिल्में इस आलोचना को आगे बढ़ाते हुए परिवार के भीतर ही खल चरित्रों की शिनाख़्त करती हैं। पर दिलीप कुमार की फिल्में माँ-बेटे और भाइयों के बीच स्नेह-सूत्रों को उभारते हुए कहती हैं कि व्यक्ति के विकास में परिवार नहीं बल्कि समाज में रंग-रुतबा रखने वाले अभिजन अधिक बाधक हैं।

हिंदी फिल्मों ने मनोरंजन के मुहावरे के दायरे में उदीयमान भारतीय आधुनिकता की भी जाँच करने की कोशिश की है। गुरुदत्त की फ़िल्में आधुनिकता को भौतिक समृद्धि का पर्याय बताने के प्रति मानवीय असहजता का प्रभावशाली आख्यान हैं। 'प्यासा' में चित्रित मानवीय सृजनशीलता और बाज़ार का द्वंद्व आधुनिकता को प्रश्नांकित करता है। 'क़ागज़ के फूल' में दुनिया एक सृजनशील व्यक्ति के प्रति पूरी तरह से बेपरवाह दिखाई जाती है। दिलीप कुमार की फ़िल्में आधुनिकता के पश्चिमीकृत और शहरीकृत आग्रहों की आलोचना करते हुए कहती हैं कि उन्होंने अपने कार्यक्रमों से ग्रामीण, ग़रीब और निचली प्रौद्योगिकी को बाहर कर दिया है। 'नया दौर' फिल्म में बलदेव राज चोपड़ा अपने नायक दिलीप कुमार के माध्यम से गाँव और शहर के बीच एक ऐसी तारतम्यता की वक़ालत करते हैं जिसकी अगुआई आधुनिकता के हाथों में होनी चाहिए।

इसमें कोई शक नहीं है कि हिंदी फ़िल्में मुख्य तौर पर नायक प्रधान हैं, और स्त्रियों को उनमें ज़्यादातर सजावटी जगह ही मिलती है। लेकिन, यह नहीं कहा जा सकता कि उन्होंने मानवीय जीवन के स्त्री-पक्ष के साथ अन्याय ही किया है। शांताराम की विख्यात त्रयी 'दुनिया न माने', 'पड़ोसी' और 'आदमी' से लेकर बिमल राय की तक़रीबन सभी फ़िल्मों में स्त्री-चरित्र कथानक के केंद्र में हैं। देवानंद, धर्मेंद्र, राजेश खन्ना और अमिताभ बच्चन जैसे सुपरस्टारों के ज़माने में भी वहीदा रहमान, मीना कुमारी, शर्मिला टैगोर, हेमा मालिनी और रेखा जैसी अभिनेत्रियाँ नायिका केंद्रित फ़िल्मों में प्रमुख भूमिका का निर्वाह करती रहीं। समांतर सिनेमा के उभरते ही नायक-प्रधान और नायिका-प्रधान फ़िल्मों की श्रेणियाँ पहले की तरह स्पष्ट नहीं रह गयीं। शबाना आज़मी और स्मिता पाटिल जैसी अभिनेत्रियों ने पूरी फ़िल्म को अपने कंधों पर कामयाबी से ढो कर दिखाया।

**देखें** : अतिनाटकीयता, अनुपस्थिति-उपस्थिति, कला सिनेमा, अवाँगार्द और प्रति-सिनेमा, टीवी और समाचार, टीवी और सेक्शुअलिटी, टीवी और टीवी-अध्ययन, तीसरा सिनेमा, तीसरी दुनिया का सिनेमा, दक्षिण भारतीय सिनेमा और राजनीति, दर्शक, श्रोता और पाठक, नारीवादी फ़िल्म-सिद्धांत, फ़िल्म और सेक्शुअलिटी, फ़िल्म और टीवी सेंसरशिप, फ़िल्मांतरण, फ़िल्म-सिद्धांत, फ़्लैश-बैक, भारतीय सिनेमा-1, 2 और 3, भारतीय फ़िल्म-अध्ययन, भारतीय स्टार सिस्टम, रियलिटी टीवी, विचारधारा और हिंदी सिनेमा, वृत्त-चित्र, सेलेब्रिटी, सोप ओपेरा, सिनेमाई यथार्थवाद, नव-यथार्थवाद, सोवियत सिनेमा, स्टार।

### संदर्भ

1. सुष्मिता दासगुप्ता (2003), 'कमर्शियल सिनेमा ऐंड सोसियोलॅजी', संकलित : गुलज़ार, गोविंद निहलानी और सैबल चटर्जी (सम्पा.), *इनसाइक्लोपीडिया ऑफ़ हिंदी सिनेमा,* इनसाइक्लोपीडिया ब्रिटानिका और पॉप्युलर प्रकाशन, दिल्ली और मुम्बई.
2. बीट्रिक्स फ़्लाइडरर और लोठार लुत्से (1985), *द हिंदी फ़िल्म : एजेंट ऐंड रि-एजेंट ऑफ़ कल्चरल चेंज,* मनोहर, नयी दिल्ली.
3. वी.ए.के. रंगाराव (1990), 'कल्चरल डेसिमिनेशन थ्रू सिनेमा', *इण्डियन सिनेमा,* नयी दिल्ली.

**— अभय कुमार दुबे**

## हिंदुत्व

(Hindutva)

हिंदुत्व (जिसे ढीले-ढाले ढंग से अक्सर हिंदू-राष्ट्रवाद भी कर दिया जाता है) मुख्यतः एक राजनीतिक विचारधारा है जिसका सूत्रीकरण विनायक दामोदर सावरकर ने किया था। हिंदू शब्द लगे होने और हिंदुओं की राजनीतिक गोलबंदी की दावेदारी के कारण अक्सर इसे हिंदू धर्म या हिंदूवाद का पर्याय भी मान लिया जाता है। पर यह उचित नहीं है, क्योंकि हिंदुत्व किसी भी तरह से हिंदू धार्मिकता या धर्मशास्त्र का न तो अंग है, और न ही इसके किसी हिस्से से उसका जन्म हुआ है। इस विचारधारा की रचना वैसे तो कई पहलुओं से मिल कर हुई है, पर मुख्यतः उसकी बुनियाद में सामाजिक अनुदारतावाद के दर्शन और अल्पसंख्यकों के अन्यीकरण का गठजोड़ है। कई समाज-वैज्ञानिक भारतीय आधुनिकता के

एक प्रमुख पहलू के रूप में इस विचार की हल्की सी आहट उन्नीसवीं सदी में बंकिम चंद्र चटर्जी और विवेकानंद के कृतित्व में सुनते हैं, हालाँकि उस समय इसके पीछे हिंदू-समाज के जीर्णोद्धार की भावना अधिक थी।

बीसवीं सदी के प्रारम्भिक वर्षों में इस राष्ट्रवाद ने ठोस राजनीतिक रूप ग्रहण किया। भारतीय समाज की विशिष्ट संरचना, आधुनिकता के आगमन और ब्रिटिश राज की कारिस्तानियों के मिले-जुले प्रभाव के परिणामस्वरूप हिंदू-एकता के राजनीतिक आग्रह के साथ-साथ अल्पसंख्यकों के अन्यीकरण की वैचारिक परिघटनाएँ उभरीं। एक तरफ़ उपनिवेशवाद विरोधी आंदोलन के ज़रिये व्यक्त हो रहा भू-क्षेत्रीय राष्ट्रवाद था, और दूसरी तरफ़ सांस्कृतिक राष्ट्रवाद की विभिन्न क़िस्में थीं। इसी विचारोत्तेजक माहौल में भारतीय समाज के हिंदू सरोकार अरविंद घोष, तिलक, लाला लाजपत राय और लाला हरदयाल के चिंतन में ख़ुद को तरह-तरह से व्यक्त कर रहे थे। लेकिन ये विचार-सूत्र हिंदुत्ववादी नहीं थे। आगे चल कर सावरकर और उनसे प्रभावित हेडगेवार और गोलवलकर के चिंतन में हिंदुत्व की वैचारिक-सांगठनिक निष्पत्तियाँ बनीं। भारतीय परिस्थिति में अल्पसंख्यकों द्वारा अक्सर की जाने वाली विशेषाधिकारों और सुविधाओं की माँगों और हिंदुत्ववादियों द्वारा उन्हें राष्ट्र-विरोधी क़रार दिये जाने के बीच बीच पिछले सवा सौ साल के दौरान एक ख़ास तरह का क्रिया-प्रतिक्रिया का रिश्ता रहा है। दोनों एक-दूसरे के लिए राजनीतिक वैधता के स्रोत बने रहे हैं।

अंग्रेज़ों के ज़माने में यह विचारधारा अपना विन्यास मुख्यत: हिंदुओं और राजसत्ता के बीच संबंधों के विमर्श और तदनुरूप इतिहास गढ़ने के इर्द-गिर्द करती थी। उसका मक़सद क्षेत्रीय और राष्ट्रीय स्तर पर हिंदुओं का स्पष्ट राजनीतिक बोलबाला स्थापित करना था। पर आज़ादी के बाद उनकी यह कोशिश अप्रासंगिक हो गयी। बहुमत का शासन स्थापित हो जाने के कारण लोकतांत्रिक और सेकुलर तौर-तरीक़ों ने सत्ता के सोपानों पर हिंदुओं की अघोषित मौजूदगी की गारंटी कर दी। इस नयी परिस्थिति में हिंदुत्व के सिद्धांतकारों और संगठकों ने लोकतांत्रिक बहुमत को बहुसंख्यकवाद में बदलने के लिए अपने लक्ष्यों और रणनीतियों को नया रूप दिया। हिंदुत्व की इस विचार-यात्रा को तीन चरणों में बाँट कर समझा जा सकता है।

पहले दौर का आगाज़ तब हुआ जब बीसवीं सदी की एकदम शुरुआत में बंगाल, पंजाब और बम्बई प्रांतों के तेज़ी से आधुनिक होते जा रहे उदीयमान और शिक्षित मध्यवर्ग की, जिसका ज़्यादातर हिस्सा हिंदू था, बढ़ती हुई राजनीतिक महत्त्वाकांक्षाओं के ख़िलाफ़ पेशबंदी करने के लिए अंग्रेज़ों ने मुसलमान हितों के साथ गठजोड़ करने की रणनीति अपनायी। उन्होंने तर्क दिया कि मुसलमान हिंदुओं से सामाजिक प्रगति में पीछे हैं।

इसी दौर में बम्बई प्रांत के हिंदुओं के बीच से निचली जातियों की दावेदारियाँ उठीं। फुले-आम्बेडकर धारा ने सामाजिक प्रगति में पिछड़ जाने का तर्क देते हुए विशेष सुविधाओं की माँग की। अंग्रेज़ों ने साम्प्रदायिक नुमाइंदगी का उसूल अपनाया जिससे जाति और सम्प्रदाय आधारित विमर्शों और जत्थेबंदियों के लिए ज़मीन बनी। इस परिस्थिति के प्रति अनुक्रिया करते हुए तिलक और उनके अनुयायियों ने इस क्षेत्र में सांस्कृतिक राष्ट्रवाद का झण्डा बुलंद किया और हिंदू समाज को उसके विभेदीकरण से उबार कर एकताबद्ध करने के लिए तरह-तरह की रणनीतियाँ अपनायीं। तिलक के चिंतन में सामाजिक अनुदारतावाद के मुखर पहलू थे और उनका केंद्रीय तर्क हिंदू-समाज के भीतरी मामलों में ब्रिटिश हुकूमत के हस्तक्षेप का विरोध करने के इर्द-गिर्द गोलबंद होता था। उन्होंने गणेश उत्सव और शिवाजी महोत्सव की शुरुआत करके जातिगत विभेदों के परे जा कर हिंदू-एकता के सामाजिक-राजनीतिक प्रयास किये, यद्यपि तिलक की गतिविधियों में मुसलमान विरोध के पहलू मुखर नहीं थे।

ब्राह्मणवाद विरोधी आंदोलन ने जो काम महाराष्ट्र में किया, कमोबेश वही भूमिका अंग्रेज़ों द्वारा अपनायी गयी बंग-भंग की नीति ने बंगाल में अदा की। बंगाली राष्ट्रवादियों के एक हिस्से ने हिंदुओं की आध्यात्मिक श्रेष्ठता के गुणगान के साथ-साथ धार्मिक आधार पर राजनीतिक गोलबंदी के पहलुओं पर विशेष ज़ोर देना शुरू किया। लेकिन स्वदेशी आंदोलन के दौरान हुए साम्प्रदायिक दंगों के गर्भ से जैसे ही मुसलिम लीग निकली और भारतीय राजनीति में मुसलमानों की दावेदारी मुखर हुई, राष्ट्रवाद की रोशनी में हिंदू सरोकारों में दिलचस्पी रखने वाले अरविंद घोष ने सवाल उठाया कि मुसलमान अपनी राजनीतिक दावेदारी कैसे पेश करेंगे? एक भाई की तरह मज़बूती से हिंदुओं का हाथ थाम कर या किसी प्रतिद्वंद्वी पहलवान की तरह अखाड़े में अपनी जकड़बंदी के ज़रिये?

पंजाब में अंग्रेज़ों की नीतियों के कारण हिंदुओं का दूसरे धर्मावलम्बियों से सबसे ज़्यादा अलगाव हुआ। पंजाब लैण्ड सीलिंग एक्ट और कैनाल कॉलोनीज़ एक्ट जैसे क़दमों ने इस प्रांत को साम्प्रदायिक और जातिगत आधार पर बाँट दिया। शहरी मध्यवर्ग के हितों, जिसका ज़्यादातर हिस्सा हिंदू था, के हितों को ज़बरदस्त ठेस लगी। एक ऐसे समय में जब मुसलमान और सिक्ख अंग्रेज़ों की कृपा-दृष्टि के लिए होड़ कर रहे थे, संख्या में कमज़ोर पंजाबी हिंदुओं ने मुसलिम लीग की तर्ज़ पर अपने हितों की रक्षा के लिए पंजाबी हिंदू सभा बना डाली। पंजाबी हिंदुओं और बंगाल के हिंदुओं की मुसलमान राजनीति के प्रति अनुक्रिया अलग-अलग थी। बंगाल के ज़्यादातर मुसलमान किसान थे, इसलिए आर्थिक-शैक्षिक-सामाजिक रूप से ताक़तवर हिंदुओं की नुमाइंदगी

करने वाले भद्रलोक ने मुसलमान पृथकतावाद के मुक़ाबले ख़ुद को असुरक्षित महसूस नहीं किया। वह मान कर चल रहा था कि भारतीय राष्ट्रवाद के प्रत्यय में अंततः मुसलमानों का विनियोग भी हो जाएगा। पर पंजाब में स्थिति विपरीत थी। वहाँ हिंदू अल्पसंख्या में तो थे ही और ऊपर से मुसलमान बंगाल की तरह न हो कर बहुसंख्यक, सत्तारूढ़, मज़बूत और आक्रामक थे। बंगाल और पंजाब का दूसरा फ़र्क़ यह था कि पंजाबी समाज बंगालियों की तरह आधुनिकता और परम्परा के टकराव से उस तरह परेशान नहीं था। ब्राह्मण एक सामाजिक और विचारधारात्मक शक्ति के रूप में पंजाब की ज़मीन से कभी के लापता हो चुके थे। इससे पैदा हुए शून्य को मुसलमान शासक वर्ग ने भरा था। ख़ुद पंजाबी हिंदुओं की जीवन-शैली पर इसलामिक असर इतना ज़्यादा था कि उन्हें अपनी हिंदू सांस्कृतिक अस्मिता के एहसास के लिए वि-इसलामीकरण की आवश्यकता थी। अल्पसंख्यक होने के नाते पंजाबी हिंदुओं के सामने संख्या का प्रश्न भी बहुत अहम था, इसलिए उन्होंने धर्मांतरण कर चुकने वालों की हिंदू धर्म में वापसी के लिए आर्य समाज द्वारा चलाये गये शुद्धि आंदोलन को हाथों-हाथ लिया। लाला लाजपत राय ने अपने निहित-स्वार्थों को हिंदू आध्यात्मिकता की आड़ में छिपाने के बजाय साफ़ कहा कि पंजाब में मुसलमानों और हिंदुओं के बीच वैमनस्य का आधार आर्थिक है।

तीस के दशक में जैसे ही मुहम्मद इक़बाल और चौधरी रहमत अली वग़ैरह ने मुसलमान राष्ट्रवाद की सुचिंतित विचारधारा राष्ट्रीय मंच पर पेश की, हिंदुत्व के विकास ने दूसरे चरण में प्रवेश कर लिया। हिंदुओं की नुमाइंदगी का प्रश्न क्षेत्रीय के बजाय राष्ट्रीय बन गया। सीमित भौगोलिक क्षेत्र में कार्यरत हिंदू महासभा (पंजाब, बंगाल और संयुक्त प्रांत) और राष्ट्रीय स्वयंसेवक संघ (मुख्यतः महाराष्ट्र) जैसे संगठनों ने तेज़ी से अपने आधार का विस्तार करना शुरू किया। इन सांगठनिक प्रयासों के पीछे विनायक दामोदर सावरकर की सैद्धांतिक ऊर्जा काम कर रही थी। सावरकर ने 1923 में लिखित अपनी पुस्तक *हिंदुत्व : हू इज़ अ हिंदू?* के ज़रिये हिंदू अस्मिता को धार्मिक और आध्यात्मिक सीमाओं से निकाल कर राजनीतिक-सांस्कृतिक रूप दिया। हिदुत्ववादियों को गहराई से प्रभावित करने वाली इस पुस्तक के मुताबिक़ हिंदू वह है जो भारत की धरती को अपनी पितृभूमि के साथ-साथ पुण्यभूमि भी मानता हो। 'हिंदू पॉलिटी' या हिंदू-राजतंत्र के तीन बुनियादी आधारों की व्याख्या करते हुए उन्होंने सबसे पहले दिखाया कि धर्म राष्ट्रीयता का निर्णायक लक्षण है अर्थात् धर्म बदलने का मतलब है राष्ट्रीयता बदल लेना। दूसरे, सावरकर ने जाति, धर्म और भाषा जैसे विभेदों को नज़रअंदाज़ करते हुए सिखों, बौद्धों, लिंगायतों और जैनों को भी हिंदू दायरे में बेहिचक शामिल करके हिंदू दायरे का विस्तार कर दिया। तीसरे, उन्होंने कहा कि मुसलमान, यहूदी और ईसाई इस धरती को अपनी पितृभूमि तो कह सकते हैं पर यह उनकी पुण्यभूमि नहीं है इसलिए वे भारतीय राष्ट्र के अनिवार्य अंग नहीं बन सकते। सावरकर ने राष्ट्रवाद को बहुसंख्यक समुदाय के राष्ट्रीय सम्प्रदायवाद के रूप में परिभाषित किया, और अपने सिद्धांत को ऐतिहासिकता का जामा पहनाने के लिए मध्य युगीन यथार्थ की पेचीदगियाँ नज़रअंदाज़ करते हुए सात सौ साल लम्बे हिंदू-मुसलमान युद्ध का इतिहास गढ़ डाला।

हिंदुत्व का तीसरा चरण आज़ादी के बाद शुरू हुआ जो आज तक जारी है। इसके केंद्र में राष्ट्रीय स्वंयसेवक संघ का तैंतीस साल तक नेतृत्व करने वाले माधवराव सदाशिवराव गोलवलकर की शख़्सियत है। गोलवलकर ने कोई नया विचार नहीं दिया और प्रचलित हिंदुत्ववादी विचारों और आग्रहों को ही नया पैटर्न दे दिया। हिंदू और राष्ट्र को एक-दूसरे का पर्याय दिखाने के लिए उन्होंने सावरकर के सभी तर्कों को दोहराया ज़रूर, लेकिन राज्य और सत्ता के बजाय समाज के हिंदूकरण या भारतीयकरण पर बल दिया। गोलवलकर उपनिवेशवाद विरोधी आंदोलन के नेताओं के इस आग्रह से सहमत नहीं थे कि भारत एक निर्माणाधीन राष्ट्र है। उनका दावा था कि भारत तो पहले से ही हिंदुओं का एक सम्पूर्ण प्राचीन राष्ट्र है। गोलवलकर जिस हिंदू-राष्ट्र की परिकल्पना पेश करते हैं उसमें अल्पसंख्यक समुदायों के लिए किसी जगह का प्रावधान नहीं है। उनकी निगाह में यहूदी और पारसी जैसे अल्पसंख्यक इस देश में मेहमानों की तरह रहने आये थे, और मुसलमान और ईसाई हमलावरों की तरह। गोलवलकर की मान्यता थी कि बहुत कम संख्या में होने के कारण यहूदियों और हिंदू -मुख्यधारा में समरस हो जाने के कारण पारसियों से हिंदू-राष्ट्र को कोई ख़तरा नहीं है। लेकिन उन्होंने ईसाइयों और मुसलमानों के साथ-साथ कम्युनिस्टों की आंतरिक ख़तरे के मुख्य स्रोतों की तरह शिनाख़्त की।

आज हिंदुत्व का मुख्य वाहक राष्ट्रीय स्वंयसेवक संघ अगर सामाजिक जीवन के हर क्षेत्र में सक्रिय है तो इसका श्रेय अपने अनुयायियों के बीच गुरुजी के सम्बोधन से लोकप्रिय गोलवलकर की रणनीतिक कल्पनाशीलता और नियोजित प्रयासों को ही जाता है। संघ की राजनीतिक शाखा भारतीय जनसंघ (जिसने बाद में भारतीय जनता पार्टी के रूप में छह साल तक केंद्रीय सरकार का नेतृत्व किया), छात्र संगठन विद्यार्थी परिषद्, ट्रेड यूनियन सगंठन भारतीय मज़दूर संघ, विश्व हिंदू परिषद्, सरस्वती शिशु मंदिर और ऐसे ही कई उल्लेखनीय संगठनों की नींव उन्हीं के निर्देशन और प्रेरणा का नतीजा है। गाँधी की हत्या के बाद संघ पर लगी पाबंदी के समय गोलवलकर को जेल भी जाना पड़ा, पर उन्होंने चतुराई और कौशल के साथ अपने संगठन को इस

संकट से निकाला। नब्बे के दशक में चले रामजन्मभूमि आंदोलन के प्रमुख नारे 'गर्व से कहो हम हिंदू हैं' का सूत्रीकरण गोलवलकर ने ही अपने कार्यकाल में किया था। गोलवलकर की देख-रेख में संघ ने पत्रकारिता और प्रकाशन के क्षेत्र में भी बड़े पैमाने पर नियोजित हस्तक्षेप किया।

**देखें :** अरविंद घोष, केशवराव बलिराम हेडगेवार, बाल गंगाधर तिलक, बहुसंख्यकवाद, बहुसंख्यक-अल्पसंख्यक, भारतीय जनता पार्टी-1 और 2, माधवराव सदाशिवराव गोलवलकर, मुसलिम राजनीतिक विचार, रामजन्मभूमि आंदोलन-1 से 4 तक, राष्ट्रीय स्वयंसेवक संघ, विनायक दामोदर सावरकर, विवेकानंद, स्त्री और साम्प्रदायिकता, साम्प्रदायिकता।

### संदर्भ

1. प्रभा दीक्षित (1986), 'द आइडियॉलॅजी ऑफ़ हिंदू नैशनलिज़म', थॉमस पेंथम और केनेथ एल. ड्यूश (सम्पा.), *पॉलिटिकल थॉट इन मॉडर्न इण्डिया,* सेज, नयी दिल्ली.
2. वी.डी. सावरकर (1949), *हिंदू राष्ट्र दर्शन* (कलेक्टेड स्पीचेज़), बम्बई.
3. वी.पी. वर्मा (1976), *पॉलिटिकल फ़िलॉसफ़ी ऑफ़ श्री अरविंद,* मोतीलाल बनारसीदास, दिल्ली.

**— अभय कुमार दुबे**

# हिमाचल प्रदेश

(Himachal Pradesh)

उत्तर भारत की बर्फ़ीली पर्वतीय चोटियों के बीच बसे हिमाचल प्रदेश को 1971 में एक केंद्र शासित प्रदेश से पूर्ण राज्य का दर्जा मिला। यहाँ की राजनीति को चार बड़े रुझानों के आईने में समझा जा सकता है। पहला, हिमाचल प्रदेश में एक स्थिर दो दलीय प्रणाली अपने क़दम जमा चुकी है। किसी क्षेत्रीय पार्टी के उभरने और राष्ट्रीय पार्टियों के प्रभुत्व को अपदस्थ करने की सम्भावना न के बराबर है। इस लिहाज़ से हिमाचल प्रदेश का अनुभव उन दूसरे छोटे राज्यों से अलग है जहाँ पिछले दिनों बहुदलीय व्यवस्था उभरी है। दूसरा रुझान यह है कि दोनों बड़ी पार्टियों, कांग्रेस और भारतीय जनता पार्टी, का जनाधार लगभग बराबर है और थोड़ी बढ़त भी पलड़ा एक पार्टी के पक्ष में झुका देती है। तीसरा, 1990 के बाद के दौर में उत्तर भारत के कई राज्यों में पिछड़ी जातियों का उभार हुआ, लेकिन हिमाचल प्रदेश में उनकी जनसंख्यामूलक स्थिति कमज़ोर होने के कारण इस तरह के संकेत नहीं हैं। चौथा, सबसे महत्त्वपूर्ण बात यह है कि इस राज्य की प्रमुख पार्टी भाजपा का हिंदुत्व-कार्ड गुजरात या अन्य राज्यों की तरह यहाँ बहुत फ़ायदेमंद साबित नहीं हुआ। इसीलिए बाबरी मसजिद विध्वंस और गुजरात की साम्प्रदायिक हिंसा के बाद हुए चुनावों में दोनों बार भाजपा को हार का सामना करना पड़ा। लोकसभा की चार और विधानसभा की 68 सीटों वाला हिमाचल प्रदेश देश के सबसे ज़्यादा प्रति व्यक्ति आय रखने वाले राज्यों में से है। इसकी अर्थव्यवस्था मुख्य रूप से तीन चीज़ों पर निर्भर है : हाइड्रो-इलेक्ट्रिक पावर, पर्यटन और कृषि। यह राज्य अपने हस्तशिल्प के लिए भी प्रसिद्ध है।

हिमाचल प्रदेश का कुल क्षेत्रफल 21,495 वर्ग किमी. है। इसके उत्तर में जम्मू और कश्मीर, पश्चिम में पंजाब, उत्तर-पश्चिम में हरियाणा, दक्षिण में उत्तर प्रदेश और दक्षिण-पूर्व में उत्तराखण्ड स्थित है। पश्चिमी हिमालय क्षेत्र में स्थित यह राज्य अपने नाम के अनुरूप ही पहाड़ों का राज्य है। यहाँ समुद्र तल से 1148 फ़ीट से लेकर 19685 फ़ीट की ऊँचाई वाले पहाड़ मौजूद हैं। मुख्यत: हिन्दी, पहाड़ी और डोगरी भाषाएँ बोली जाती हैं। 2001 की जनगणना के अनुसार यहाँ की कुल जनसंख्या 6,007,900 और जनसंख्या घनत्व 109 व्यक्ति प्रति किलोमीटर है। राज्य का लैंगिक अनुपात 968 और साक्षरता की दर 77.13 प्रतिशत है। 15 अप्रैल 1948 को हिमाचल प्रदेश का गठन एक केंद्र शासित प्रदेश के रूप में हुआ था। इसमें शिमला हिल्स की लगभग 30 देशी रियासतें थीं। 1954 में एक अन्य पूर्वी देसी रियासत बिलासपुर को भी इसमें शामिल कर लिया गया। देसी रियासतों की राजनीतिक संरचना अलोकतांत्रिक थी। समाज बेहद सामंती और ग्रामीण क़िस्म का था। इसी तरह की विभिन्न देशी रियासतों के विलय और 1952 में पहले आम चुनावों के बाद शिमला हिल्स की जनता को अपनी पहली प्रतिनिधि सरकार मिली। 1966 में पंजाब का भाषाई आधार पर पुनर्गठन हुआ। इस समय पंजाब के पर्वतीय क्षेत्रों कांगड़ा, कुल्लू, लाहौल-स्पीति आदि को भी हिमाचल प्रदेश में शामिल किया गया। इस हस्तांतरण से राज्य की आबादी और क्षेत्रफल पहले की तुलना में तक़रीबन दोगुना हो गया। 1971 में हिमाचल प्रदेश को पूर्ण राज्य का दर्जा दे दिया गया।

ग़ौरतलब है कि 1966 में जिन 'नये इलाक़ों' को हिमाचल प्रदेश में शामिल किया गया वे राजनीतिक, आर्थिक तथा सामाजिक-सांस्कृतिक नज़रिये से 'पुराने इलाक़ों' से भिन्न थे। 'नये इलाक़ों' के लोगों की राजनीतिक चेतना का स्तर 'पुराने इलाक़ों' की तुलना में बहुत ही ऊँचा था। इन 'नये इलाक़ों' के कई नेताओं ने भारतीय राष्ट्रीय कांग्रेस के झण्डे तले स्वतंत्रता आंदोलन में एक महत्त्वपूर्ण भूमिका अदा की थी। इस कारण 'नये इलाक़ों' के हस्तांतरण ने दो ऐसे समुदायों को एक साथ कर दिया जो राजनीतिक चेतना के

हिमाचल प्रदेश : दो दलों की प्रतियोगिता

स्तर पर एक-दूसरे से अलग थे और इनमें एक-दूसरे के प्रति काफ़ी हद तक पूर्वग्रह भी था। दोनों इलाक़ों के बीच राज्य की राजनीतिक सत्ता के लिए खींचतान चलती रही है। यह कहना शायद ग़लत नहीं होगा कि हिमाचल प्रदेश बनने के 40 साल बाद भी यहाँ की राजनीति कई लिहाज़ से 'पुराने-नये' के विभेद से प्रभावित होती रही। इस पुराने-नये के विभेद को आर्थिक कारकों ने और गहरा दिया है। जहाँ नये इलाके मुख्यत: कृषि केंद्रित हैं, वहीं 'पुराने इलाक़ों' में विशाल बागवानी पट्टी है। आर्थिक रूप से बाग़वानी पट्टी की हालत कृषि केंद्रित इलाके की हालत से ज़्यादा बेहतर है।

हिमाचल प्रदेश में जनसंख्या के स्तर पर ऊँची जातियाँ मज़बूत स्थिति में हैं। यहाँ कुल 56 प्रतिशत ऊँची जातियों के लोग हैं। अन्य पिछड़ी जातियों के 10.5 प्रतिशत, अनुसूचित जातियों के 25.5 और अनुसूचित जनजातियों के 4.2 प्रतिशत लोग हैं। इसके अलावा, यहाँ की जनसंख्या में मुसलमान 1.7 प्रतिशत, सिक्ख प्रतिशत और बौद्ध तथा अन्य 1.3 प्रतिशत हैं। हालाँकि मँझोली ओर अन्य पिछड़ी जातियाँ देश के दूसरे राज्यों की राजनीति में एक निर्णायक भूमिका निभा रही हैं, लेकिन इस पर्वतीय राज्य में उनकी संख्या तुलनात्मक रूप से कम है। इसलिए इस राज्य मे उनका कोई राजनीतिक उभार नहीं दिखता है। दरअसल, हिमाचल प्रदेश में सत्ता का संघर्ष न तो ऊँची और मध्य जातियों के बीच होता है, और न ही दूसरे राज्यों की तरह मध्य और निचली जातियों के बीच। यहाँ सारी राजनीतिक लड़ायी मुख्य रूप से दो ऊँची जातियों राजपूतों और ब्राह्मणों के बीच सीमित है। 'पुराने क्षेत्रों' में राजपूतों का ख़ास दबदबा है क्योंकि ऐतिहासिक रूप से रियासती व्यवस्था में वे ही सत्ताधारी रहे हैं। इसके अलावा, खत्रियों (वैश्यों) को भी अपनी मज़बूत आर्थिक स्थिति की बदौलत ख़ासतौर पर नये इलाक़ों की राजनीति में अपना पैर जमाने में मदद मिली है।

1967 में हुए चौथे आम चुनावों के बाद राज्य में दो दलीय व्यवस्था का उभार हुआ। उस समय तक देश के दूसरे राज्यों की तरह हिमाचल प्रदेश में भी कांग्रेस का वर्चस्व था। 1967 के पहले हुए लोकसभा चुनावों में इस पार्टी का सभी सीटों पर क़ब्ज़ा रहा और इसे विधानसभा में भी स्पष्ट बहुमत मिलता रहा। 1967 के आम चुनाव इस राज्य के चुनावी इतिहास में मील का पत्थर साबित हुआ। इन चुनावों में मुख्य विपक्षी पार्टी जनसंघ को कोई सीट नहीं मिली, लेकिन उसे अच्छा-ख़ासा वोट मिला। इस वर्ष हुए विधानसभा चुनावों में उसे सात सीटों पर जीत मिली। 1967 के बाद जनसंघ ने अपनी स्थिति और मज़बूत कर ली। लेकिन 1971 में हुए लोकसभा चुनावों के दौरान कांग्रेस के पक्ष में भारी लहर थी, क्योंकि जनवरी 1971 में हिमाचल प्रदेश को पूर्ण राज्य का दर्जा दिया गया था। दरअसल, यदि 1975 में आपातकाल लागू नहीं होता और उसके दुष्परिणाम सामने नहीं आते, तो इस राज्य पर कांग्रेस का दबदबा लम्बे समय तक क़ायम रह सकता था। लेकिन, आपातकाल के बाद 1977 में हुए लोकसभा और विधानसभा चुनावों में कांग्रेस पार्टी का तक़रीबन सफ़ाया हो गया और जनता पार्टी की सरकार गठित हुई। 1979 में आंतरिक खींचतान के चलते जनता पार्टी की सरकार गिरी तो जनसंघ के नये अवतार भारतीय जनता पार्टी (भाजपा) ने उसके ज़्यादातर सांगठनिक ढाँचे पर अपना क़ब्ज़ा जमा लिया। 1980 में लोकसभा चुनावों में कांग्रेस को भारी जीत मिली। लेकिन यह कांग्रेस-प्रणाली की वापसी नहीं थी, क्योंकि विपक्षी भाजपा को भी काफ़ी वोट (34.4 प्रतिशत) मिले थे। यह राज्य में पार्टी प्रणाली के इतिहास का एक महत्त्वपूर्ण ऐतिहासिक बिंदु था। कांग्रेस और भाजपा को कुल वोटों में

से 88.5 प्रतिशत वोट मिले। इस तरह हिमाचल प्रदेश में दो दलीय प्रणाली शुरू हो गयी।

1980 में यहाँ की जनता पार्टी सरकार गिर गयी और उसकी जगह कांग्रेस की सरकार बनी। 1982 में हिमाचल प्रदेश में हुए चुनावों ने राज्य में दो दलीय प्रणाली की स्थापना पर अपनी मुहर लगा दी। इन चुनावों में कांग्रेस को 31 और भाजपा को 29 सीटें मिलीं। 1984 में हुए लोकसभा चुनावों और 1985 के विधानसभा चुनावों में कांग्रेस को जीत मिली। लेकिन ख़ासतौर पर विधानसभा चुनावों में भाजपा ने अपनी उपस्थिति दर्ज करायी।

1989 के बाद हुए लोकसभा और विधानसभा चुनावों में भी मुख्य रूप से कांग्रेस और भाजपा के बीच ही संघर्ष हुआ। लेकिन जनता दल और कांग्रेस से टूटकर बनी हिमाचल विकास कांग्रेस जैसी पार्टियाँ भी चुनावों में अपनी उपस्थिति दर्ज कराती रहीं। 1990 में हुए विधानसभा चुनावों में भाजपा ने जनता दल से समझौता किया, लेकिन जनता दल एक छोटे सहयोगी दल के रूप में ही रहा। 1990 के बाद हुए हर चुनाव में भाजपा या कांग्रेस को जीत मिलती रही। मसलन, 1993 के विधानसभा चुनावों और 1996 के लोकसभा चुनावों में कांग्रेस को जीत मिली। वहीं 1998 में हुए लोकसभा और विधानसभा चुनावों में कांग्रेस का प्रदर्शन अच्छा नहीं रहा। विधानसभा चुनावों में कांग्रेस और भाजपा किसी को भी बहुमत नहीं मिला। इन चुनावों में कांग्रेस को 31, भाजपा को 29 और हिमाचल विकास कांग्रेस नामक क्षेत्रीय दल को चार सीटें मिलीं। इन चुनावों के बाद कुछ समय के लिए कांग्रेस सरकार रही। उसके बाद राज्य में भाजपा-हाविकां की पहली गठबंधन सरकार बनी। 1999 के लोकसभा चुनावों में इस गठजोड़ को सभी सीटों पर सफलता मिली। इसके बाद 2003 के विधानसभा चुनावों में कांग्रेस को बहुमत मिला और 2007 में भाजपा को। 2012 के चुनावों में कांग्रेस को जीत मिली और वीरभद्र सिंह मुख्यमंत्री बने।

**देखें :** अरुणाचल प्रदेश, असम, आंध्र प्रदेश, उत्तर प्रदेश, उत्तराखण्ड, ओडीशा, कर्नाटक, केरल, गोवा, गुजरात, छत्तीसगढ़, जम्मू और कश्मीर, झाड़खण्ड, तमिलनाडु, त्रिपुरा, दिल्ली, नगालैण्ड, पंजाब, पश्चिम बंग, बिहार, मणिपुर, महाराष्ट्र, मध्य प्रदेश, मिज़ोरम, मेघालय, राजस्थान, सिक्किम, हरियाणा।

### संदर्भ

1. टी.आर. शर्मा (2009), 'सेकुलर वोटों और दो दलों की स्पर्धा' (अनु. योगेंद्र दत्त), संकलित : अरविंद मोहन (सम्पादित), *लोकतंत्र का नया लोक : चुनावी राजनीति में राज्यों का उभार,* वाणी प्रकाशन, लोकनीति-सीएसडीएस, नयी दिल्ली.

**— कमल नयन चौबे**

# हिंसा

(Violence)

किसी व्यक्ति को उसकी मर्ज़ी के बिना कोई काम करने या कोई बात मनवाने के लिए मजबूर करने के लिए जब शक्ति का प्रयोग किया जाता है तो नतीजा हिंसा में निकलता है। यह हिंसा शारीरिक भी हो सकती है और मानसिक भी। इसी क्रम में परिभाषा उभरती है कि हिंसा शक्ति-संबंध का एक अनिवार्य आयाम है। शक्ति और हिंसा के इस समीकरण का मूल्यांकन एक नहीं अनेक तरीक़ों से किया जाता है और हर बार इस मूल्यांकन के केंद्र में एक विमर्श होता है जिसके इर्द-गिर्द उस समीकरण की रचना होती है। हिंसा को अन्यायपूर्ण माना जाएगा या न्यायपूर्ण, उसकी प्रकृति राजनीतिक होगी या सांस्कृतिक, आतंकवादी या आतंकरोधी, वह क्रांतिकारी या मुक्तिकामी समझी जाएगी या प्रति-क्रांतिकारी और प्रतिक्रियावादी, उसे एक आवश्यक बुराई के रूप में स्वीकार किया जाएगा या महज़ एक त्याज्य बुराई के रूप में— यह सब उस विमर्श के ऊपर ही निर्भर करता है। हिंसा के प्रकार, विधियाँ और उसके पीछे की चालक-शक्तियों की संख्या इतनी अधिक है कि उनकी सम्पूर्ण सूची बनाना असम्भव है। और तो और, हिंसा की एक क़िस्म धार्मिक भी होती है जिसके तहत हिंसा का कृत्य आध्यात्मिक उपलब्धि का माध्यम बन जाता है। अलग-अलग समाजों में भी उनकी संरचनात्मक प्रकृति के आधार पर हिंसा के अपने विशिष्ट रूप हो सकते हैं जो ज़रूरी नहीं कि अन्य देशों में मिलें। मसलन, दलितों के ख़िलाफ़ की जाने वाली जातिगत हिंसा केवल भारत में ही मिलती है। इसी तरह हिंदू-मुसलमानों के बीच होने वाली साम्प्रदायिक हिंसा भी मुख्यत: भारतीय परिघटना है। इसी तरह कालों और अन्य अश्वेतों के ख़िलाफ़ होने वाली गौरांग हिंसा अमेरिकी और अफ़्रीकी संदर्भों की देन है। समाज-विज्ञान में हिंसा के राजनीतिक और संरचनात्मक रूपों पर विस्तार से विचार किया गया है।

राजनीतिक सैद्धांतिकी ने राज्य की संस्था द्वारा की जाने वाली संस्थागत हिंसा और राज्य के ख़िलाफ़ की जाने वाली बग़ावती हिंसा की गहन परीक्षा की है। कार्ल मार्क्स ने राज्य की संस्था को अनिवार्य रूप से एक हिंसक और दमनकारी संस्था के रूप में परिभाषित किया था। गाँधी ने यह भी माना था कि सम्पूर्ण रूप से हिंसा-विहीन राज्य की उपलब्धि असम्भव है। दरअसल, एक ऐसे राज्य की कल्पना करना भी मुश्किल है जिसके पास हिंसा करने की वैधता न हो या जिसके पास पुलिस, सेना या अर्धसैनिक बलों के दम पर अपने भीतरी या बाहरी शत्रुओं के ख़िलाफ़

हिंसा करने का अधिकार न हो। दूसरी तरफ़ सरकार की किसी नीति के ख़िलाफ़ विरोध प्रकट करने या किसी सरकार को उसकी अकर्मण्यता या निरंकुशता के कारण सत्ता से हटाने के लिए भी हिंसा की जाती है। जनता हिंसा का प्रयोग समाज या सरकार के विरुद्ध अपने असंतोष के प्रदर्शन के लिए करती है।

हिंसा का एक उल्लेखनीय रूप विचारधारात्मक भी है। कई राजनीतिक विचारधाराएँ हिंसा को सकारात्मक रूप से उत्तम कार्रवाई के रूप में प्रस्तुत करती हैं। मसलन, फ़ासीवाद में युद्ध की हिंसा का गुणगान मिलता है। यह विचारधारा मानती है कि युद्ध से राज्य की महानता सिद्ध होती है, पराक्रम और नायकत्व के मूल्य स्थापित होते हैं, आत्मत्याग और एक-दूसरे के लिए मर मिटने के जज़्बात परवान चढ़ते हैं। मुसोलिनी का साफ़ कहना था कि युद्ध ख़ून गर्म रखने का एक बहाना है। मुसोलिनी का यह विचार एक ज़माने में इतना लोकप्रिय हुआ था कि उसकी प्रशंसा में कविताएँ तक लिखी गयी थीं। उर्दू के महान कवि मुहम्मद इक़बाल ने इटली में मुसोलिनी से मुलाक़ात करने के बाद *शाहीं* शीर्षक से एक नज़्म लिखी थी जिसमें शाहीं या बाज़ पक्षी की हिंसक आत्म-छवि का वर्णन कुछ इस रूप में किया गया था : 'पलटना-झपटना, झपट कर पलटना, लहू गर्म रखने का है एक बहाना।'

दूसरी तरफ़ कई वामपंथी विचारधाराओं ने भी हिंसक विद्रोहों की शान में क़सीदे पढ़े हैं और हिंसा को मनोवैज्ञानिक रूप से मुक्तिकामी क़रार दिया है। फ्रेंज़ फ़ानो ने साठ के दशक की शुरुआत में फ्रांस के ख़िलाफ़ चल रहे अल्जीरियाई यद्ध के संदर्भ में अपनी विख्यात रचना *रैचेड ऑफ़ द अर्थ* में तर्क दिया था कि उपनिवेशवाद विरोधी हिंसक विद्रोह मनुष्य के अंत:करण को स्वच्छ कर देता है। यह विचार मान कर चलता है कि विद्रोही हिंसा साहस और गौरव को प्रोत्साहित करती है और इससे दूसरों को भी विद्रोह करने की प्रेरणा मिलती है। बीसवीं सदी के पहले दशक में प्रकाशित जॉर्ज सोरेल की रचना *रिफ़्लेक्शंस ऑन वायलेंस* इस तरह के विचारों के लिए ही विख्यात है। दिलचस्प बात यह है कि सोरेल लेनिन के भी प्रशंसक थे और मुसोलिनी के भी। क्रांतिकारी सिंडीकलिज़्म के सिद्धांतकार के तौर पर उनका सूत्रीकरण था कि आम हड़ताल के आह्वान के भीतर ही वह आवेश छिपा होता है जो मज़दूरों को हिंसक कार्रवाई की तरफ़ ले जाता है, और इसी तरह की हिंसक कार्रवाई में समाज के बुनियादी रूपांतरण की क्षमता होती है। एशियाई संदर्भ में माओ त्से तुंग का वह विख्यात कथन यहाँ उल्लेखनीय है जिसमें उन्होंने कहा था कि क्रांति कोई कशीदाकारी या टी-पार्टी नहीं होती। वह तो एक हिंसक कार्रवाई होती है जिसमें एक वर्ग दूसरे का तख़्ता पलट देता है।

अंतर्राष्ट्रीय संबंधों के अनुशासन के तहत हिंसा की संरचनात्मक प्रकृति पर रोशनी डाली गयी है। संरचनागत हिंसा के लिए हिंसा करने और हिंसा झेलने वाले दो पक्षों का होना ज़रूरी नहीं होता। वह तो सामाजिक संरचनाओं और सामाजिक संस्थाओं में अंतर्निहित होती है। हिंसा के इन लगभग मौन और प्राय: अदृश्य रूपों के कारण लोग अपनी बुनियादी ज़रूरतें पूरी करने से महरूम रह जाते हैं। सामाजिक प्रभुत्व, राजनीतिक उत्पीड़न और आर्थिक शोषण के तले रहते-रहते लोगों की उम्र घट जाती है। संरचनागत हिंसा के गर्भ से आगे चल कर प्रत्यक्ष हिंसा जन्म लेती है जिसकी अभिव्यक्ति पारिवारिक हिंसा, नस्ली हिंसा, घृणा आधारित अपराध, आतंकवाद, जातिसंहार और युद्ध के रूप में होती है। संरचनागत हिंसा अक्सर अभिजनवाद के संस्थाबद्ध रूपों, सांस्कृतिक-श्रेष्ठता के आग्रह, नस्लवाद, सेक्सिज़म, वयस्कवादी रवैये, शास्त्रीयतावाद के पूर्वग्रह, उग्रराष्ट्रवाद, इतरलैंगिकवाद और वरिष्ठतावादी दुराग्रहों के परिणामस्वरूप जन्म लेती है।

संरचनात्मक हिंसा के मुख्य सिद्धांतकार योहान गालटुंग हैं। उन्होंने अपना यह सूत्रीकरण औपनिवेशिक परिस्थितियों का अध्ययन करते हुए किया था। ब्रिटिश महाप्रभुओं के तहत रोडेशिया में फ़ील्ड वर्क करते हुए उन्होंने हिंसा के विभिन्न रूपों में से एक इस रूप की शिनाख़्त की। आजकल इस अवधारणा के ज़रिये उन संगीन परिस्थितियों और कपटपूर्ण तौर-तरीक़ों का वर्णन किया जाता है जिनके कारण व्यक्ति पर दमनकारी राजनीतिक, आर्थिक और सांस्कृतिक संरचनाएँ थोपी जाती हैं। ठोस रूप से कहें तो इसके ज़रिये सत्ता के केंद्रों में बैठे हुए प्रभुत्वशाली समूह के हाशियाग्रस्त समूह पर दबदबे को क़ायम रखने वाली संरचनाओं की तरफ़ इशारा किया जाता है। हाशियाग्रस्त लोग संरचनागत हिंसा का अनुभव कम तनख़्वाह, निरक्षरता, गिरते हुए स्वास्थ्य, राजनीतिक और क़ानूनी अधिकारों में कमी और लगातार हाथ से निकलती हुई ज़िंदगी के रूप में करते हैं। इन परिस्थितियों के ख़िलाफ़ प्रतिरोध करने पर उन्हें सीधी कार्रवाई का सहारा लेना पड़ता है। नतीजा यह निकलता है कि उनके ऊपर यथास्थिति क़ायम रखने पर आमादा प्रत्यक्ष हिंसा टूट पड़ती है। गालटुंग अपने विमर्श में 'सांस्कृतिक हिंसा' का ज़िक्र भी करते हैं जिसके माध्यम से संरचनागत हिंसा के विभिन्न रूपों को जायज़ ठहराया जाता है। सांस्कृतिक हिंसा धर्म, विचारधारा, भाषा, कला और यहाँ तक विज्ञान की मदद से ऐसी अनुभूतियों की रचना करती है जिससे संरचनागत हिंसा वैध, उपयुक्त और कम से कम अनापत्तिजनक लगने लगे ताकि उसे समाज द्वारा स्वीकार किया जा सके। संरचनागत हिंसा पैदा करने वाली कई कार्रवाइयों की नैतिक प्रकृति को सांस्कृतिक हिंसा अपने

आईने में 'लाल/अनुचित' के बजाय 'हरा/उचित' या 'पीला/स्वीकारोग्य' दिखाने की कोशिश करती है।

किसी भी राजनीतिक, विचारधारात्मक और धार्मिक लक्ष्य की सिद्धि के लिए अचानक लेकिन पूर्वनियोजित रूप से की गयी हिंसक कार्रवाइयों को आतंकवाद की संज्ञा दी जाती है। सन् 996 में फ़िलिस्तीन से रोमनों को भगाने के लिए ज़ीलोट कहे जाने वालों के संगठन द्वारा बरपाये गये आतंक के बाद से आंतकवादी मुहिमें राजनीति का अनिवार्य औज़ार बन चुकी हैं। आतंकवादी कार्रवाइयाँ हवाई जहाज़ों के अपहरण, लोगों को बंधक बनाने, सार्वजनिक जगहों पर बम विस्फोट करने, आत्मघाती हमले करने, जल-स्रोतों में ज़हर मिला देने, प्रमुख हस्तियों की हत्याएँ करने और निर्दोष लोगों पर गोलियाँ बरसाने के रूप में की जाती हैं। आंतकवादियों द्वारा इस्तेमाल किये जाने वाले हिंसात्मक तरीक़ों और उनके मक़सद के बीच एक अंतर्संबंध देखा गया है। उनकी कार्रवाई जितनी चौंका देने वाली और हाहाकारी होती है, उतना ही ध्यान वे अपनी माँगों की तरफ़ खींचने में कामयाब होते हैं। कुछ बेघरबार ग़रीबों को बंधक बनाने के बजाय आंतकवादी किसी विमान के यात्रियों या किसी पाँच सितारा होटल में आने वाले लोगों को बंधक बनाना पसंद करेंगे। कुल मिला कर आतंकवादी कार्रवाइयाँ मनोवैज्ञानिक लाभ उठाने की दृष्टि से नियोजित की जाती हैं।

2008 में प्रकाशित अपनी रचना *वायलेंस : सिक्स साइडवेज़ रिफ़्लेक्शंस* में मार्क्सवादी दार्शनिक स्लावोज़ ज़िज़ेक ने हिंसा की परिघटना कई कोणों से जाँच की है। अपनी विशिष्ट शैली में ज़िज़ेक ने इतिहास, दर्शन, फ़िल्मों, लतीफ़ों और मनोचिकित्सा के लकाँनियन स्कूल की मदद ले कर 2005 में हुए पेरिस के हिंसक दंगों में की तीन क़िस्मों को रेखांकित किया है। ज़िज़ेक के अनुसार हिंसा का आत्मनिष्ठ रूप अपराध और आतंक की शक्ल में व्यक्त होता है, उसका वस्तुनिष्ठ रूप नस्लवाद, घृणा आधारित वक्तव्यों और भेदभाव के रूप में सामने आता है, एवं उसका प्रणालीगत रूप आर्थिक और राजनीतिक व्यवस्था द्वारा बरपाये गये विनाश के रूप में अवक्षेपित होता है।

**देखें** : अहिंसा-1 और 2, संरचनागत हिंसा, आतंकवाद, क्रांति, फ्रेंज़ फ़ानो, हान्ना एरेंत, मोहनदास कर्मचंद गाँधी-1 से 3 तक, शांति, शांतिवाद, बौद्ध दर्शन, जैन दर्शन, सविनय अवज्ञा।

### संदर्भ


1. हान्ना एरेंत (1969), *ऑन वायलेंस,* पेंगुइन, हारमंड्सवर्थ.
2. फ्रेंज़ फ़ानो (1965), *द रैचेड ऑफ़ द अर्थ,* अनु. सी. फ़ैरिंगटन, मैकगिब्बन ऐंड की, लंदन.
3. जॉर्ज सोरेल (1950), रिफ़्लेक्शंस ऑन वायलेंस, अनु. टी.ई. हुल्म और जे. रौथ, मैकमिलन, लंदन और न्यूयॉर्क.
4. एम. टेलर और जे. होरगन (सम्पा.) (2000), *द फ़्यूचर ऑफ़ टेररिज़्म,* फ्रैंक कैस, लंदन.
5. योहान गालटुंग (1990), 'कल्चरल वायलेंस', *जरनल ऑफ़ पीस रिसर्च,* खण्ड 27, अंक 3,


**— अनुराग पांडेय**

# हेनरी डेविड थोरो

(Henry David Thoreau)

अमेरिका के रैडिकल व्यक्तिवादी चिंतक हेनरी डेविड थोरो (1817-1862) नागरिक अवज्ञा के प्रथम सिद्धांतकार थे। थोरो को कवि, प्रकृति-प्रेमी, अराजकतावादी, नागरिक स्वतंत्रताओं के समर्थक और नवइंग्लैण्ड-अंत:प्रज्ञावाद का प्रमुख विचारक भी माना जाता है। बीसवीं सदी में थोरो के विचारों से प्रभावित होने वाली प्रमुख हस्तियों में गाँधी का नाम प्रमुख है। व्यक्ति और राज्य के आपसी संबंधों पर विचार करते हुए थोरो ने अपने विचारों के केंद्र में व्यक्ति को रखा। व्यक्ति को ही समस्त कार्य-व्यापार का आधार मानते हुए उन्होंने उसे सामाजिक प्राणी के रूप में देखने के बजाय प्रकृति का सावयवी और सार्वभौम अंग क़रार दिया। व्यक्ति के विकास का तात्पर्य उनकी निगाह में किसी राज्य-व्यवस्था या वृहद सामाजिक प्रणाली का एक पुर्जा मात्र बना देना नहीं था। उन्होंने न्याय को किसी भी सत्ता से अधिक महत्त्वपूर्ण बताते हुए कहा कि सत्ताधारी के हमेशा न्यायपूर्ण होने की कोई गारंटी नहीं की जा सकती। थोरो पर भारतीय दर्शन का गहरा प्रभाव था जिनमें गीता प्रमुख थी। दरअसल, प्राचीन भारतीय ग्रंथों ने थोरो पर दो तरह से असर डाला। एक, इन ग्रंथों ने तत्कालीन भोगवादी संस्कृति के समक्ष त्याग, संयम, तपस्याशील संस्कृति की दार्शनिक विवेचना उपलब्ध कराई; दूसरा, उपनिषदों और पुराणों के परिकल्पनात्मक और रचनात्मक आख्यानों से थोरो की साहित्यिक रचनाओं को तीक्ष्णता व प्रभावशीलता मिली। थोरो द्वारा प्रवर्तित नवइंग्लैण्ड अंत:प्रज्ञावाद की विशेषता आदर्शवाद थी जो इस बात पर बल देता था कि मनुष्य की प्राकृतिक संरचना में ही कुछ पराभौतिक गुणधर्म निहित हैं। यह विचार समूह के स्थान पर वैयक्तिक्ता, तर्क के स्थान पर भाव और मनुष्य की जगह प्रकृति पर बल देता था।

थोरो का जन्म 12 जुलाई 1817 को मैसाचुसेट्स राज्य के कांकॉर्ड नामक स्थान पर हुआ था। उन्हें 1828 में कांकॉर्ड अकादमी में अध्ययन के लिए भेजा गया। 1833 में वे आगे

हेनरी डेविड थोरो (1817-1862)

की पढ़ाई हेतु हार्वर्ड चले गये जहाँ उन्होंने वर्ड्सवर्थ, मिल्टन, कॉलरिज, कार्लाइल के साथ-साथ यूनानी दर्शन का भी अध्ययन किया। थोरो को कई भाषाओं का ज्ञान था जिनमें अंग्रेज़ी, इतालवी, फ्रांसीसी और स्पेनिश प्रमुख थीं। 1837 में हार्वर्ड से स्नातक की उपाधि लेने के बाद उन्हें कांकॉर्ड में एक ग्रामर स्कूल में नौकरी मिली, मगर उन्होंने दो सप्ताह में ही इस्तीफ़ा दे दिया। 1938 में अपने भाई जॉन के साथ उन्होंने एक विद्यालय खोला, लेकिन भाई की मृत्यु के बाद 1841 में उसे बंद कर दिया। इसके बाद थोरो भू-सर्वेक्षणकर्ता के तौर पर काम करने लगे।

थोरो के पहले सिविल डिसओबिडिएंस और पैसिव रेज़िस्टेंस जैसे प्रतिरोध के स्वरूप उभरने शुरू हो चुके थे। पैसिव रेज़िस्टेंस का मक़सद संवैधानिक अधिकारों के लिए शांतिपूर्ण आंदोलन करना था, यानी क़ानून के ढाँचे के भीतर रह कर एक नैतिक दबाव तैयार करना। सविनय अवज्ञा और निष्क्रिय प्रतिरोध के सैद्धांतिक स्वरूप पर चर्चा की शुरुआत सोलहवीं सदी के प्रारम्भ में हो चुकी थी। फ्रांस के राजनीतिज्ञ और विचारक ल बोइती अपनी रचना *डिस्कोर्स ऑन वालंटरी सरवीट्यूड* में कह चुके थे कि अत्याचारी के अत्याचार के प्रतिकार का एक तरीक़ा यह भी है कि उससे सहयोग न किया जाय। अमेरिकी चिंतक इमर्सन ने ल बोइती की प्रशंसा में एक कविता भी लिखी थी, और इमर्सन थोरो के मित्र भी थे। इससे अनुमान लगाया जा सकता है कि सम्भवत: थोरो पर ल बोइती का भी प्रभाव रहा होगा।

थोरो ने प्रतिरोध की इसी परम्परा को सैद्धांतिक आधार प्रदान किया। इस सिलसिले में *ऑन द ड्यूटी ऑफ़ सिविल डिसओबिडिएंस* उनकी प्रतिनिधि रचना है। इस लेख में उन्होंने महत्त्वपूर्ण दार्शनिक प्रश्न उठा कर उनका समाधान प्रस्तुत किया है। थोरो व्यक्ति और राज्य पर विचार करते हुए कहते हैं कि हम पहले मनुष्य हैं, किसी राज्य की प्रजा बाद में। लेकिन राज्य के दृष्टिकोण से देखने पर हम पहले प्रजा हैं, उसकी आज्ञा का पालन करना ही नैतिकता है। इस द्वंद्व में थोरो स्पष्ट करते हैं कि राज्य-नागरिक संबंधों का निर्वाह करते हुए हमें मनुष्य होने का अधिकार नहीं छोड़ना चाहिए। सत्य बड़ी चीज़ होता है, न कि विधान। अत: क़ानून का उल्लंघन अनिवार्यत: बुरी चीज़ नहीं है।

थोरो ने राज्य की कड़ी आलोचना की और कहा कि वह व्यक्ति को महज़ एक यंत्र मात्र समझता है और उससे आत्महीन अस्तित्व की भाँति आदेशों का पालन करने की आशा करता है। उसके हिसाब से व्यक्ति का अस्तित्व विवेकहीन होकर मात्र आदेशों का पालन करने में निहित है। जबकि सही ग़लत का निर्णय व्यक्ति के नैतिक विवेक के आधार पर लिया जाना चाहिए। शासन को यह स्वतंत्रता देनी चाहिए कि हर व्यक्ति अपनी राय रखे और तदनुसार काम कर सके, भले ही वह राज्य के आदेशों से भिन्न ही क्यों न हो। थोरो के अनुसार लोकतंत्र में प्रत्येक व्यक्ति को राय रखने का अधिकार है, क्योंकि लोकतंत्र बहुमत का शासन नहीं है। बहुमत अगर हमेशा सही होता, तो सरकारें कभी नहीं बदलतीं। लोकतंत्र में यदि हर व्यक्ति की भागीदारी है तो हर व्यक्ति का दायित्व है कि वह राय को बहुमत के अधीन न छोड़े। अपने विवेक की कसौटी पर खरी उतरने वाली राय को न केवल व्यक्त करे, अपितु उसके लिए प्रयत्न भी करे। सत्य के प्रति सद्भावना ही काफ़ी नहीं है, बल्कि उसका क्रियात्मक होना भी ज़रूरी है। इसी तरह सही ग़लत का निर्णय व्यक्ति के नैतिक विवेक के आधार पर लिया जाना चाहिए। मतदान का मतलब केवल काग़ज़ के पुर्जे को पेटी में डालना नहीं होना चाहिए, बल्कि मतदान के पीछे मतदाता का पूरा व्यक्तित्व और भावनात्मक ताक़त होनी चाहिए। अपनी असहमति को बिना किसी हिचक के अभिव्यक्त करना चाहिए।

थोरो को इस बात में कोई संदेह नहीं था कि अगर क़ानून सत्य के पक्ष में नहीं है तो व्यक्ति को अपनी सत्यनिष्ठा और नैतिक विवेक पर दृढ़ रहना होगा। उसे सत्य के ख़िलाफ़ खड़े क़ानून के ख़िलाफ़ फ़ौरन असहयोग शुरू करना होगा। तत्काल असहयोग ही किसी भी अन्याय के विरुद्ध सक्रिय और विवेकसम्मत प्रतिक्रिया है।

थोरो के विचार से जेल वस्तुत: राज्य की कमज़ोरी का प्रतीक है। इस तरह का व्यवहार करके राज्य स्पष्ट करता है कि वह आपका बौद्धिक-नैतिक स्तर पर मुक़ाबला नहीं कर पा रहा है। थोरो असहयोग के परिणाम यानी जेल जाने को तार्किकता प्रदान करते हैं। उनके मुताबिक़ जेल जाने पर राज्य आपसे आपकी इच्छा के विरुद्ध किसी तरह का सहयोग नहीं ले सकता है। अत: जेल में रहने वाला व्यक्ति स्वतंत्र है। राज्य द्वारा आपको जेल भेजना अपनी हार स्वीकार करने के बराबर

है। थोरो के विचार से लोकतंत्र मात्र वोट का एक चलताऊ संस्कार न हो कर जागरूकता और सम्पूर्ण व्यक्तित्व का पोषक है। लोकतंत्र की इस सजगता और मूल भावना को ही प्रकट और स्पष्ट करता है कि अगर राज्य को देय राशि का उपयोग अनैतिक कार्य के लिए होगा तो व्यक्ति को पूरा अधिकार है कि वह राज्य को वह राशि न दे। थोरो के विचार से वही शासन सर्वोत्तम है, जो सबसे कम शासन करता हो। थोरो सरकार के विरुद्ध न हो कर बुरी या अयोग्य सरकार के विरुद्ध थे। वे एक सुयोग्य एवं आदर्श सरकार की तलाश करते हुए उसका ख़ाका भी प्रस्तुत करते हैं।

थोरो के हार्वर्ड प्रवास के समय इमर्सन कांकॉर्ड में रहने लगे थे। इमर्सन ने थोरो में एक सच्चा मित्र देखा और थोरो ने इमर्सन में एक मार्गदर्शक। आगे चलकर दोनों नवइंग्लैण्ड अंत:प्रज्ञावाद के प्रमुख व्यक्तित्त्व बने। इमर्सन के ज़रिये ही थोरो ने प्राचीन भारतीय दर्शन की अतुलनीय वैचारिक दार्शनिक सम्पदा उपलब्ध की जो जीवनपर्यंत उनकी आधारभूमि बनी रही। 1840 में नवइंग्लैण्ड अंत:प्रज्ञावाद के मुखपत्र *द डायल* के प्रथम अंक में थोरो की कविता *सिम्पैथी* प्रकाशित हुई। 1842 में उनका एक लेख *नैचुरल हिस्ट्री ऑफ़ मैसुचुसैट्स* छपा। इसी के बाद कुछ कविताएँ *टू द मैडन इन द ईस्ट* जैसे बेहतरीन लेख और *द विंटर वाल* जैसे प्रकृति संबंधी निबंध भी प्रकाशित हुए।

1845 में थोरो ने कांकॉर्ड के पास वाल्डेन नामक सरोवर के निकट स्वनिर्मित झोपड़ी में रहने का निर्णय लिया। वे आत्मनिर्भरता के अपने सिद्धांत को व्यावहारिक तौर पर जीने की कोशिश करना चाहते थे। थोरो इस जगह 26 महीने तक रहे। तत्कालीन मानकों के लिहाज़ से धनवान होने की अवस्था में भी थोरो ने सादगी का जीवन जिया। यह स्वैच्छिक सादगी उनकी मजबूरी नहीं बल्कि चुनाव थी। थोरो ने वाल्डेन सरोवर के अपने अनुभवों को कलमबद्ध किया और वहाँ से जाने के बाद लगभग सात बार ड्राफ्ट संशोधन के बाद उनकी प्रसिद्ध पुस्तक *वाल्डेन ऑर लाइफ़ इन द वुड्स* (1854) प्रकाशित हुई। यह पुस्तक थोरो के जीवन में उतनी प्रसिद्धि नहीं पा सकी जितनी कि उनकी मृत्यु के बाद। *वाल्डेन* में 18 व्याख्यात्मक व वर्णनात्मक निबंध हैं जिनमें प्राकृतिक जीवन व प्रकृति के अनुभवों का ज़िक्र किया गया है।

*वाल्डेन* की रचनाशीलता साहित्यिक उत्कृष्टता का बेहतरीन नमूना होने के साथ ही अन्त:प्रज्ञावाद के दर्शन की आधारभूमि भी है। वाल्डेन प्रवास के दौरान ही जुलाई, 1846 को थोरो को एक रात जेल में बितानी पड़ी। उसके पीछे कारण यह था कि उन्होंने पिछले छह साल से अपना टैक्स जमा नहीं किया था। उनका तर्क था कि टैक्स की रक़म सरकार अनैतिक उद्देश्यों पर ख़र्च करती है, जिसे वे उचित नहीं मानते इसलिए टैक्स नहीं देंगे। टैक्स की राशि का प्रयोग सरकार दास-प्रथा के विस्तार के प्रश्न पर मैक्सिको के साथ होने वाले युद्ध में करती है। थोरो ने दास-प्रथा का प्रारम्भ से ही विरोध किया। थोरो ने अपने एक रात जेल में बिताये अनुभव को आधार बनाकर दासता ख़त्म करने के समर्थन में कई व्याख्यान दिये।

उन्होंने नागरिक अवज्ञा संबंधी अपने प्रसिद्ध निबंध को एक व्याख्यान के तौर पर ही लिखा था। यह व्याख्यान फ़रवरी, 1848 को कांकॉर्ड के सभा भवन में दिया गया था। प्रथम प्रकाशन के समय निबंध का शीर्षक *रेज़िस्टेंस टु सिविल गवर्नमेंट* था। दास-प्रथा के विरोध में थोरो ने 1854 में *स्लेवरी इन मैसाचुसेट्स* नामक भाषण दिया। थोरो की मृत्यु 6 मई 1862 को क्षय रोग के कारण हुई।

**देखें :** अधिकार, अधिकार : सैद्धांतिक यात्रा, अरस्तू, अफ़लातून, अनुदारतावाद, अराजकतावाद, अन्य-अन्यीकरण, उदारतावाद, उपयोगितावाद, एडमण्ड बर्क, क्रांति, ज्याँ ज़ाक रूसो, जॉन लॉक, जेरेमी बेंथम, जॉन स्टुअर्ट मिल, जॉन रॉल्स, थॉमस हॉब्स, थॉमस पेन, न्याय, न्याय : नारीवादी आलोचना, न्याय : रॉल्स का सिद्धांत, राजनीति में व्यक्ति की भूमिका, नागरिकता, नागरिकता : अन्य परिप्रेक्ष्य-1 और 2, नागर समाज, पनोप्टिकॉन, प्रतिनिधित्व, प्रगति, प्रगति : आलोचनात्मक परिप्रेक्ष्य, प्रशासन, फ़ासीवाद, फ्रेड्रिख़ वॉन हायक, बहुसंस्कृतिवाद, बहुसंख्यकवाद, बहुसंख्यक-अल्पसंख्यक, बुद्धिवाद, माइकेल जोसेफ़ ओकशॉट, माइकिल वाल्ज़र, मिशेल पॉल फ़ूको-1 और 2, यूटोपिया, राजनीतिक और राजनीति, राजनीतिक दर्शन के नारीवादी आयाम-1 और 2, राजनीतिक मनोविज्ञान, राजनीतिक समाजशास्त्र, राज्य-1 और 2, रॉबर्ट नॉज़िक, राज्य-1 और 2, राष्ट्र-राज्य, राष्ट्र : सांस्कृतिक या राजनीतिक, राष्ट्रवाद, राष्ट्रवाद का इतिहास, लोकतंत्र, लोकतंत्र की आलोचनाएँ, व्यक्तिवाद, व्यवहारवाद, विल किमलिका, वितरणमूलक न्याय, विदेशी-द्वेष, वैधता, वैधता का संकट, सविनय अवज्ञा, समानता, समानता : चार अवधारणाएँ, समतावाद, सर्वसत्तावाद, स्मृति की राजनीति, स्वतंत्रता, स्वतंत्रतावाद, स्वजातिवाद, स्वच्छंदतावाद, सत्ता, सर्वसत्तावाद, सम्प्रभुता, समाजवाद, सरकारियत, सम्पत्ति, सम्पत्ति : साझा और सरकारी, सम्पत्ति : मार्क्सवादी परिप्रेक्ष्य, सम्पत्ति : नारीवादी परिप्रेक्ष्य, संविधानवाद, संघवाद, सामाजिक समझौता, सिद्धांत, सिद्धांत : राजनीतिक-सामाजिक, सुधार, हान्ना अरेंत।

## संदर्भ

1. डब्ल्यू. हार्डिंग (1980), एम. मेयर, *द न्यू थोरो हैंडबुक,* सनी प्रेस, न्यूयॉर्क.
2. एन.एल. रोज़ेनब्लम (1981), 'थोरोज़ मिलिटेंट कांशेंस', *पॉलिटिकल थियरी,* 9.
3. एच.डी. थोरो (1871), *वाल्डेन,* प्रिंसटन युनिवर्सिटी प्रेस, प्रिंसटन, एनजे.

**— शम्भू जोशी**

# हेलन सिचू

(Helene Cixous)

अल्जीरिया में पैदा हुई फ्रांस की नारीवादी साहित्यकार और चिंतक हेलन सिचू (1931-) स्त्री-लेखन के संबंध में एक विशिष्ट विमर्श *इक्रित्यूर फ़ेमिनीन* की स्थापना के लिए जानी जाती हैं। इस पद का मतलब लेखन का स्त्री-रूप तो है ही, इसमें लेखन के साथ-साथ किसी पाठ को पढ़ने की स्त्रीपरक विधि भी शामिल है। अपने सिद्धांतीकरण के लिए सिचू ने लकाँ के मनोविश्लेषण और देरिदा द्वारा प्रवर्तित विसंरचना के अलावा इतिहास और साहित्यालोचना के औज़ारों का भी इस्तेमाल किया है। लेकिन इनमें से किसी भी अनुशासन के प्रति उनके लहज़े में आस्था नहीं दिखाई पड़ती। सिचू को यक़ीन है कि मातृ-मनोग्रंथि से पूर्व की स्थिति में बालिका-शिशु और उसकी माँ के बीच के संबंध टटोलने से भाषा में निहित स्त्री-तत्त्वों का संधान हो सकता है। चूँकि सिचू लेखन-प्रक्रिया को स्त्री-देह की जैविक संरचना से जोड़ कर देखती हैं, इसलिए उनके आलोचकों ने उन पर जैविक तात्त्विकतावाद का आरोप भी लगाया है। लेकिन इससे बेपरवाह अपने तर्क को एक भिन्न धरातल पर आगे बढ़ाती हुई वे कहती हैं कि नारीवादी लेखन की प्रक्रिया परिभाषित या सिद्धांतबद्ध की ही नहीं जा सकती, क्योंकि ऐसा करते ही हमें पुरानी तर्क-प्रणालियों में लौट जाना पड़ेगा। दरअसल, सिचू *इक्रित्यूर फ़ेमिनीन* को लेखक के जैविक लिंग से बँधा हुआ नहीं मानतीं। इस लिहाज़ से उनका दावा नारीवादी परम्परा के मुताबिक़ नहीं है। लेखक स्त्री हो या पुरुष, अगर वह अन्य का अपने भीतर समावेशन कर सकता है, तो वह स्त्री-लेखन जैसा ही कुछ कर रहा है। इसके लिए सिचू के पास ज्याँ जेने की मिसाल है जिनकी रचनाएँ उनके लिए स्त्री-लेखन की ही मिसाल हैं।

ल्यूस इरिगरे और जूलिया क्रिस्टेवा के साथ फ्रांसीसी नारीवाद की विख्यात त्रयी बनाने वाली हेलन सिचू की रचनाएँ एक साहित्यकार के तौर पर सारी दुनिया में पढ़ी जाती हैं। लेकिन उनका विमर्श मुख्यत: उनके तीन विख्यात निबंधों के माध्यम से जाना जाता है। ये हैं, 'स्टोरीज़', 'द लाफ़ ऑफ़ मेडुसा' और 'कमिंग टु राइटिंग'। सिचू कहती हैं कि स्त्री-लेखन और स्त्रीपरक पाठ पितृसत्तात्मक संस्कृति द्वारा विनियोग किये जाने का प्रतिरोध करता है। पितृसत्तात्मक संस्कृति उनकी निगाह में ज़ाक लकाँ द्वारा प्रतिपादित भाषा की सांकेतिक-व्यवस्था पर आधारित है। भाषा के इस संसार में पिता का क़ानून चलता है। इसमें बालक-शिशु अपनी माँ से अलग होने के बाद क़दम रखता है। भाषा की यह पितृसत्तात्मक सांकेतिक व्यवस्था पुरुष/स्त्री, संस्कृति/प्रकृति, बुद्धि/संवेदन और सक्रिय/निष्क्रिय जैसे द्विभाजनों पर आधारित है। स्त्री के ऊपर हावी पुरुष सक्रियता, संस्कृति और बुद्धि का प्रतिनिधि है। इस प्रकार की संस्कृति के दायरे में स्त्री का सिर्फ़ प्रेक्षण/अवलोकन किया जाता है। उसे महज़ देखा जाता है, पुरुष की दृष्टि से। स्त्रीत्व का अस्तित्व पुरुष के अवलोकन के आधार पर परिभाषित है, अन्यथा उसका कोई वजूद नहीं है। स्त्री पुरुष का 'अन्य' ज़रूर है, पर पुरुष इस 'अन्य' में दिलचस्पी लेता है महज़ अपने आप में लौटने के लिए। इस तरह सिचू कहती हैं कि स्त्री के प्रति पुरुष की कामना असल में अपने आप से की गयी मुहब्बत ही है।

सिचू के मुताबिक़ इसके दो नतीजे निकलते हैं। पितृसत्तात्मक व्यवस्था से स्त्री का बहिर्वेशन हो जाता है, और दूसरी तरफ़ वह ख़ुद अपने लिए भी उपस्थित नहीं रह जाती। यह व्यवस्था और उसकी कारसाज़ी स्त्री को ख़ुद अपनी देह और अपनी कामनाओं से भी पृथक कर देती है। ज़ाहिर है कि उसका यह बहिर्वेशन बहुस्तरीय है। बहिर्वेशन और उत्पीड़न के ज़रिये गारंटी की जाती है कि पितृसत्तात्मक व्यवस्था चलती रहे। सिचू का दावा है कि भाषा के एक ऐसे संसार में जिसका मक़सद केवल पौरुष के बारे में बोलना-बताना हो, वहाँ स्त्री ख़ुद के बारे में कुछ भी जान पाने में असमर्थ हो जाती है। इसलिए सिचू की सिफ़ारिश है कि स्त्री को मानवीय जीवन की उस अवस्था में अपने लिए भाषा तलाशनी चाहिए जिसमें बालिका-शिशु या बालक-शिशु अपनी माँ के साथ अभिन्न रूप से जुड़ा रहता है। जो माँ से शिशु की विच्छिन्नता से पहले की अवस्था है। मातृ-मनोग्रंथि का बीज पड़ने से पहले की अवस्था। इस अवस्था में होने वाले दैहिक संवेदन पिता के क़ानून से स्वतंत्र होते हैं। इन दैहिक संवेदनों में ही वह भाषा छिपी है जो स्त्री-लेखन और पाठन को पितृसत्ता द्वारा विनियोग किये जाने से बचा सकती है। सिचू ने स्त्री-देह के उपनिवेशीकरण का रूपक भी तैयार किया है। इसके पीछे उनका अपना अल्जीरियाई अनुभव है। अल्जीरिया फ्रांस का उपनिवेश रह चुका है। इसी आधार पर वे वस्तुकरण और विनियोग की प्रक्रिया में निहित सत्ता-संबंधों को रेखांकित करती हैं। एक अफ्रीकी देश के रूप में अल्जीरिया उपनिवेशित दुनिया का हिस्सा है, एक अँधेरे महाद्वीप का। उसका अन्यीकरण किया जा सकता है, पर उसमें अपनी वापसी की क्षमता भी है और वह उपनिवेशक को लिए मुश्किलें भी खड़ी कर सकता है।

सिचू का विचार है कि मातृत्व एक ऐसा संबंध है जो आत्मनिष्ठता की पौरुषपूर्ण समझ को भीतर से पलट सकता है। पुरुष कर्ता की संरचना एकीकरण और स्वायत्तता के आधार पर होती है। उसके बरक्स बच्चा पैदा करने और फिर उसके लालन-पालन करने की पूरी प्रक्रिया आत्म-एकीकरण

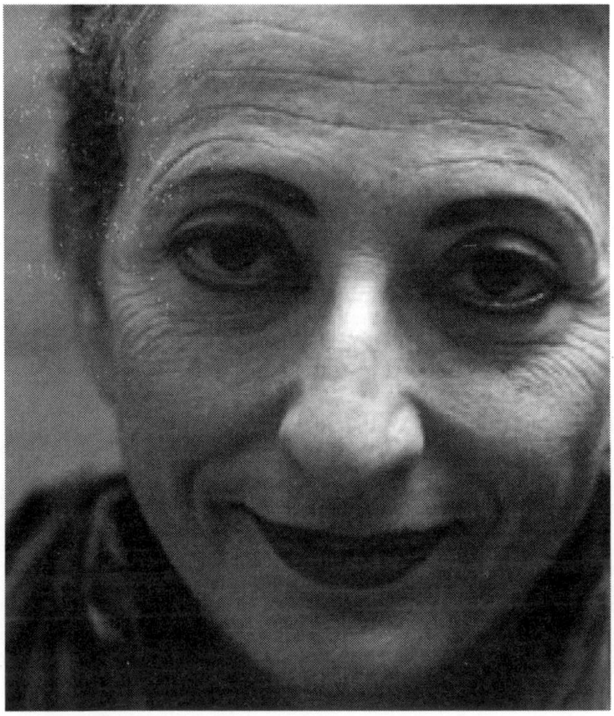

हेलन सिचू (1931-)

को गड़बड़ा देती है और माँ के रूप में स्त्री 'अन्य' से साक्षात्कार करती है। यह संबंध तो किसी उपहार की भेंट की तरह है जिसमें देने के बदले प्राप्ति की कोई अपेक्षा नहीं होती। सिचू ने मातृत्व के अलावा इस गिफ़्ट-इकॉनॉमी के एक और रूप को रेखांकित किया है। यह है द्विलैंगिकता या बाइसेक्शुअलिटी। पुरुष अपनी द्विलैंगिकता को नकारता रहता है ताकि उसके पौरुष को प्रधानता मिल सके। लेकिन पुरुष की दमित द्विलैंगिकता के मुक़ाबले स्त्री अपनी द्विलैंगिकता का तिरस्कार नहीं करती इसलिए उसे *प्यूसेंस* या आह्लाद की एक ऐसी अवस्था उपलब्ध होती है जो पुरुष को नसीब नहीं है। यह आह्लाद या मस्ती पुरुष की कामना और आनंद से भिन्न है। यह मस्ती तो भिन्नता और अन्य के बीच अन्योन्यक्रिया से निकली है। भाषा की पितृसत्तात्मक सांकेतिक व्यवस्था यह मस्ती व्यक्त ही नहीं कर सकती। सिचू ने ख़ुद अपने लेखन में इसी तरह की गुणवत्ता पैदा करने के लिए एक ख़ास तरह की शैली अपनायी है जिसमें श्लेष के साथ-साथ शब्द-क्रीड़ा की प्रधानता है। सिचू का लेखन सिद्धांत और कथा को या सिद्धांत और आत्मकथा को एक द्विभाजन की तरह स्वीकार करने से इनकार करता है।

इरिगरे की तरह सिचू भी पुरुष की कामना को देखने पर निर्भर बताती हैं। इसीलिए उन्होंने फ्रॉयड और लकाँ की सेक्शुअलिटी थियरी और मनोविश्लेषण को वॉयर यानी दृश्यरतिक के सिद्धांत की संज्ञा दी है। निगाह के ज़रिये पुरुष अपनी कामना बलवती करता है, स्त्री का वस्तुकरण होता है, उसका स्त्रीपन खण्डित कर दिया जाता है। सिचू कहती हैं कि पुरुष अपने जैसे अस्तित्व और स्त्री के रूप में अन्य के बीच फ़र्क़ करता है। अन्य को सिद्धांतबद्ध करने के लिए उसने इस द्वंद्वात्मकता में उसका आत्मसातीकरण कर लिया है। पुरुष की कामना के दृश्यरतिक आधार के मुक़ाबले सिचू के मुताबिक़ स्त्री की कामना मुख्य तौर पर अपनी चालक-शक्ति में बहुलतासम्पन्न है। स्त्री के मातृत्व, उसकी द्वियौनिकता और बहुलतासम्पन्नता में पुरुष के साम्राज्य को हिला देने और समस्याग्रस्त कर देने की सम्भावना है। सिचू और इरिगरे में फ़र्क़ मूलत: यह है कि सिचू के अनुसार प्राक्-मनोग्रंथीय उभयालिंगी संवेदनाओं के कारण पुरुष भी स्त्रियों की तरह आवेगमयी भाषा लिख सकते हैं। जेम्स ज्वाएस और डी.एच. लारेंस इसका प्रमाण हैं। इरिगरे को ऐसा नहीं लगता क्योंकि उनका ज़ोर औरत की दैहिक संवेदनाओं पर है।

सिचू कहती हैं कि स्त्री 'अन्य' के मुक़ाम पर खड़ी है। वह वहीं से लिखते हुए अस्मिता प्रश्नांकित कर रही है, परिवर्तन की ज़मीन तैयार कर रही है। स्त्री-लेखन अपनी ज़ब्तशुदा देह की तरफ़ लौटने की प्रक्रिया है। लेखन के माध्यम से वह अपने अवचेतन तक पहुँचती है। उसका लेखन दैहिक लेखन है, वह देह को ही लिख रही है। इसके लिए उसने बोलने/लिखने के द्विभाजन को भी नकार दिया है। दरअसल, उसका लेखन हर तरह के द्विभाजन को नकारता है। स्त्री एक ऐसी जुबान (सिचू लेंग्वेज के बजाय टंग का इस्तेमाल करती हैं) में लिख रही है जिससे बने-बनाये खाने, वर्ग, विन्यास, संहिताएँ और शब्द-व्यवस्थाओं में विस्फोट हो जाएगा। सिचू काफ़ी-कुछ देरिदा से अंत:संवाद करते हुए एक ऐसे पाठ की रचना की वकालत करती हैं जो अपने अंतरालों और ख़ाली जगहों से पुरुष-विमर्श की चौधराहट को बेचैन कर देगा। थोड़े में कहें तो सिचू की मुख्य स्थापना यह है कि शिश्नकेंद्रीयता के आधार पर रची गयी भाषा सम्पत्ति और अधिकार-स्थापन की भाषा है। पुरुष की 'लिबिडनल-इकॉनॉमी' का बीज-शब्द है 'सम्पत्ति' और स्त्री की लिबिडनल-इकॉनॉमी का बीज-शब्द है 'उपहार'— एक ऐसा अवदान जिसका दाम वसूलने की कोशिश कभी की ही न जाए, इसलिए उसमें ऐसा बहुत कुछ संचित रह जाता है जिसे उच्छल अभिव्यिक्ति की ज़रूरत होती है एक ऐसी भाषा में जहाँ उमंग, पीड़ा, आत्मविश्वास, आवेग और वैसा ही क्रमण-संकुचन हो जो प्रसव का साक्ष्य वहन करे। एक नटखट बच्ची के लीलाभाव से सिचू एक भाषा-नद में मलंग जल-क्रीड़ा का दर्शन प्रतिपादित करती हैं।

स्त्री-लेखन के बारे में सिचू की ये दावेदारियाँ अक्सर उनके आलोचकों द्वारा यूटोपियन कह कर ख़ारिज कर दी जाती हैं। लेकिन उन्होंने कम से कम एक ऐसी सैद्धांतिक ज़मीन मुहैया करायी है जिसकी मदद से नारीवादी विदुषियों ने पुरुष और स्त्री-लेखन के बीच मूल अंतर दिखाते हुए कुछ

नयी गुंजाइशें निकाली हैं। विदुषियों का बौद्धिक संघर्ष जारी है। धीरे-धीरे ही सही, पर वे अपने विशिष्ट लेखकीय संसार की स्थापना की तरफ़ बढ़ रही हैं।

**देखें :** अश्वेत नारीवाद, आनंदीबाई जोशी, इसलामिक नारीवाद, गायत्री चक्रवर्ती स्पिवाक, चिपको आंदोलन, जूडिथ बटलर, जूलिया क्रिस्टेवा, जेंडर, दलित नारीवाद, देवदासी, देवकी जैन, नारीवाद, नारीवाद की पहली लहर, नारीवाद की दूसरी लहर, नारीवाद की तीसरी लहर, नारीवादी दर्शन, नारीवाद और अर्थशास्त्र, नारीवादी फ़िल्म-सिद्धांत, नारीवादी इतिहास-लेखन, नारीवाद और अर्थशास्त्र, नारीवाद और साम्प्रदायिकता, नैंसी शोदॅरौ, पर्यावरणीय नारीवाद, पब्लिक-प्रायवेट, पण्डिता रमाबाई सरस्वती, पितृसत्ता, पुरुषत्व, प्रजनन प्रौद्योगिकी, प्रेम, प्रेम-अध्ययन और नारीवादी दर्शन, भारत में स्त्री-आरक्षण-1 और 2, महादेवी वर्मा, मनोविश्लेषण और नारीवाद, मैरी वोल्सनक्राफ़्ट, राजनीतिक दर्शन के नारीवादी आयाम-1 और 2, रमाबाई रानाडे, ल्यूस इरिगरे, स्त्री-अध्ययन, स्त्री और साम्प्रदायिकता, स्त्री-श्रम, सम्पत्ति : नारीवाद परिप्रेक्ष्य, सिमोन द बोउवार, स्त्री-आरक्षण।

## संदर्भ


1. हेलन विलकॉक्स (सम्पा.) (1990), द *बॉडी ऐंड द टेक्स्ट : हेलन सिचू रीडिंग ऐंड टीचिंग,* हारवेस्टर, हेमेल हेम्पस्टीड.
2. सूसन सेलर्स (1991), *लेंग्वेज ऐंड सेक्शुअल डिफ़रेंस : फ़ेमिनिस्ट राइटिंग इन फ़्रांस,* मैकमिलन, लंदन.
3. तोरिल मोइ (1985), *सेक्शुअल/टेक्स्चुअल पॉलिटिक्स : फ़ेमिनिस्ट लिटरेरी थियरी,* मेथ्यून, लंदन और न्यूयॉर्क.
4. हेलन सिचू (1991), *'कमिंग टु राइटिंग' ऐंड अदर एसेज़,* देबराह जेंसन (सम्पा.), हार्वर्ड युनिवर्सिटी प्रेस, केम्ब्रिज, एमए.


**— अनामिका**

# त्र

## त्रिलोकी नाथ मदन

(Triloki Nath Madan)

त्रिलोकी नाथ मदन (1932– ) भारतीय समाज में धर्म, सेकुलरवाद तथा कट्टरपंथ की परिघटनाओं को लम्बी अवधि के ऐतिहासिक ब्योरों से प्रतिकृत करने वाले समाजशास्त्री माने जाते हैं। एक मानवशास्त्री के तौर पर उनकी प्रतिष्ठा ऐसे अध्येता की रही है जिन्होंने किसी प्रचलित फ़ैशन या प्रवृत्ति का अनुगामी बनना स्वीकार नहीं किया। पश्चिम और पूर्व के वैचारिक दुराग्रहों से मुक्त रह कर उन्होंने समाज की बृहत्तर प्रक्रियाओं के अध्ययन की एक ऐसी लीक क़ायम की जो अपने चयनित विषय को अंदर से समझने से पर ज़ोर देती है। कश्मीर के पण्डित समुदाय पर केंद्रित उनकी रचना *फ़ैमिली ऐंड किनशिप : अ स्टडी ऑफ़ द पण्डित्स ऑफ़ रूरल कश्मीर* सामाजिक मानवशास्त्रियों के लिए एक मॉडल मानी जाती है। समीक्षकों के अनुसार यह रचना बताती है कि किसी समुदाय को बाहर से जानने के बजाय उसे अंदर से समझना क्या होता है। मदन ने 1969 से लेकर 1991 तक भारतीय समाजशास्त्र के एक महत्त्वपूर्ण जर्नल *कंट्रीब्यूशन टू इण्डियन सोसियोलॅजी* के सम्पादन की ज़िम्मेदारी निभा कर भी समाजशास्त्रीय चिंतन को निर्देशित और समृद्ध किया है।

मदन का कृतित्व हिंदू धर्म के संबंध में दूमों जैसे पश्चिमी समाजशास्त्रियों की इस धारणा का खण्डन करता है कि हिंदू धर्म और भारतीय समाज को समझने का बीज सूत्र संन्यास की अवधारणा में निहित है। ग़ौरतलब है कि भारतीय संस्कृति के अध्ययन में पवित्रता और प्रदूषण जैसे द्विभाजन स्थाई संदर्भ की तरह मौजूद रहे हैं। विद्वानों का एक पूरा समूह इसी तर्ज़ पर धार्मिक व्यवहार और आचार को भी दो विपरीतगामी प्रत्ययों के आधार पर समझने का प्रयास करता रहा है। मदन इस धारणा को दुरुस्त करते हुए अपनी रचना *नॉन रिननसिएशन : थीम्स ऐंड इंटरप्रिटेशन ऑफ़ हिंदू कल्चर* में उन सूत्रों और संदर्भों की ओर ध्यान दिलाते हैं जो हिंदू संस्कृति में इहलौकिकता या सांसारिकता को अकुंठ भाव से प्रतिष्ठित करते हैं। शास्त्रीय हिंदू धर्म में निर्दिष्ट प्रेयस् और श्रेयस् की अवधारणाओं पर विचार करते हुए मदन प्रतिपादित करते हैं कि इहलोक से अनुशासित गृहस्थ जीवन हिंदू धार्मिक परम्परा में कम वांछनीय आदर्श नहीं रहा है। अपने विश्लेषण में मदन यह भी दिखाते हैं कि हिंदू संस्कृति में संन्यास और ऐंद्रिकता के बीच एक अनवरत द्वंद्व रहा है जिसे सामाजिक संरचना के क्षैतिज और ऊर्ध्वाधर दोनों स्तरों पर देखा जा सकता है। मदन कहते हैं कि इस कृति में उनका लक्ष्य कारणों की कड़ियों को चिह्नित करना नहीं बल्कि अ-संन्यास के आत्मगत अर्थों को उजागर करना है।

मदन के कृतित्व का एक उल्लेखनीय पहलू यह भी है कि अपने लेखन में उन्होंने शोध के पारम्परकि स्रोतों जैसे फ़ील्डवर्क और नृतत्वशास्त्रीय विवरण के साथ साहित्यिक कृतियों का भी इस्तेमाल किया है। उनका मानना है कि साहित्यिक स्रोत अक्सर उन स्थितियों में सम्पूरक का काम करते हैं जहाँ समाजशास्त्रीय विश्लेषण चूकने लगता है।

मदन के परवर्ती कृतित्व में धार्मिक बहुलतावाद और सेकुलरवाद का द्वंद्व एक ऐसा विषय रहा है जो समय के साथ नये तर्कों और अंतर्दृष्टियों के साथ लौटता रहा है। इस लिहाज़ से मदन भारत में आठवें दशक के दौरान उभरी धार्मिक कट्टरता की प्रवृत्तियों और सेकुलरवाद की प्रस्थापनापरक व व्यावहारिक सीमाओं की शिनाख़्त करने वाले विद्वानों में ख़ास मुक़ाम रखते हैं।

मदन सेकुलरवाद की औपचारिक समझ के बरक़्स प्रतिपादित करते हैं कि भारत जैसे बहुधार्मिक और बहु-

त्रिलोकी नाथ मदन (1932- )

सांस्कृतिक समाज में अंतस्थ तनावों का समाधान पश्चिमी देशों में व्यवहृत चर्च और राजनीति के पार्थक्य के आधार पर नहीं किया जा सकता। उनके अनुसार कट्टरपंथ की भिन्न-भिन्न क़िस्मों को न केवल सेकुलरीकरण के ख़िलाफ़ एक प्रतिक्रिया के रूप में देखा जाना चाहिए बल्कि आंशिक तौर पर उनका उभार इसलिए भी हुआ है क्योंकि एक विचारधारा के तौर पर सेकुलरिज़्म स्थापित धर्मों के प्रति नकार और अपमान का रवैया दिखाता रहा है। भारत में सेकुलरवाद के औचित्य को लेकर उभरी इस विचारोत्तेजक बहस में मदन एक सशक्त पेशकार की तरह सामने आये थे। अपने एक चर्चित लेख 'सेकुलरिज़्म इन इट्स प्लेस' में उन्होंने सेकुलरवाद के धर्मेतर मानवतावाद और नास्तिक भौतिकवाद पर आधारित विचार को भारतीय संस्कृति और परम्परा के लिहाज़ से एक अजनबी विचार बताया था और सेकुलरवाद के प्रचलित मॉडल की जगह इस बात की पैरवी की थी कि भारत जैसे बहुधार्मिक और बहुलतावादी समाज में सहिष्णुता क़ायम करने के लिए धर्म के सच्चे रूप और देशज परम्परा का आह्वान किया जाना चाहिए।

मदन भारतीय सेकुलरवाद को एक ऐसी अल्पसंख्यक जमात का स्वप्न कहते हैं जो समाज की बहुसंख्यक धर्मावलम्बी जनता को अपनी छवि में ढालना चाहती है। यह जमात अपनी इस ख़्वाहिश को पूरे इतिहास पर लादना चाहती है। लेकिन उसकी दिक़्क़त यह है कि लोकतांत्रिक राजनीति के दबावों के कारण वह ऐसा करने में सफल नहीं हो पाती। इसलिए मदन सेकुलरवाद को एक तरह का सामाजिक मिथक घोषित करते हैं जो असल में इस अल्पसंख्यक जमात द्वारा धर्म और राजनीति को एक दूसरे से अलग न कर पाने की असफलता को जाहिर करता है। दूसरी ओर, बहुसंख्यक वर्ग की धार्मिकता पर विचार करते हुए मदन यह प्रतिपादित करते हैं कि इस वर्ग के लिए सेकुलरवाद एक अबूझ और बेमानी ख़याल है क्योंकि यह वर्ग जानता ही नहीं कि धर्म को निजी दायरे में सीमित करना जरूरी है या नहीं। सेकुलरवाद के औचित्य को समस्याग्रस्त करते हुए मदन यह दलील भी देते हैं कि समाज के बहुसंख्यक धर्मावलम्बियों को आदिम प्रवृत्तियों से ग्रस्त बताना या सेकुलरवाद को मानव अस्तित्व के नियम की तरह स्थापित करना दरअसल एक तरह की नैतिक अहंमन्यता और राजनीतिक नासमझी है क्योंकि दक्षिण ऐशियाई समाज में धर्म केंद्रीय महत्त्व रखता है। इसलिए मदन यह कहने में संकोच नहीं करते कि दक्षिण ऐशियायी क्षेत्र की मौजूदा परिस्थितियों में सेकुलरवाद जीवन का सर्वव्यापक आदर्श नहीं हो सकता क्योंकि यहाँ की बहुसंख्यक जनता सचेष्ट रूप से किसी न किसी तरह की धार्मिक आस्था का पालन करती है। उनके मुताबिक़ सेकुलरवाद राज्य की गतिविधियों के लिए इसलिए अव्यावहारिक हो चुका है क्योंकि एक तरफ़ बौद्ध धर्म और इसलाम को या तो राजकीय धर्म का दर्जा दे दिया गया है या फिर उन्हें राज्य ने अपने संरक्षण में ले लिया है। राज्य अपनी गतिविधियों के लिए सेकुलरवाद को इसलिए भी आधार नहीं बना सकता क्योंकि धार्मिक तटस्थता के रवैये या सभी धर्मों से बराबर की दूरी बरतने के आग्रह में बहुसंख्यकतावादी वर्चस्व का ख़तरा निहित है। मदन कहते हैं कि सेकुलरवाद से यह उम्मीद भी नहीं की जा सकती कि वह निकट भविष्य में समाज के लिए कोई कार्यकारी नक़्शा पेश कर सकता है क्योंकि अपनी प्रकृति के कारण वह धार्मिक कट्टरता और अतिवाद का मुक़ाबला नहीं कर सकता।

भारतीय सेकुलरवाद की इस प्रतिमाभंजक आलोचना के पीछे मदन का तर्क यह है कि दक्षिण ऐशियाई धर्म अन्य धर्मों के बरक्स अपने अनुयायियों के समूचे जीवन को प्रभावित करने की क्षमता रखते हैं। इस मायने में इन समाजों में धर्म एक बाहरी अनुषंग न होकर समाज के निर्माणकारी घटक की हैसियत रखता है। मदन कहते हैं कि इन धर्मों में पवित्र और लौकिक के बीच अंतर ज़रूर है लेकिन धर्म की इस व्यवस्था में उन्हें एक निश्चित पदानुक्रम में रखा गया है। इसी कारण भारतीय उपमहाद्वीप के धर्मों का सेकुलरवाद की आधुनिक विचारधारा से मीज़ान नहीं बैठ पाता। एक विचारधारा के तौर पर मदन सेकलुरवाद की सँकरी संरचना को इस आधार पर भी प्रश्नांकित करते हैं कि वह एक बेहद राजनीतिकृत और राजकीय अवधारणा बन गयी है जो राज्य की विचारधारा और सत्ता के औज़ार की तरह काम करती है। उनके अनुसार राजनीति के इस कुप्रभाव के कारण ही सेकुलरवाद की विचारधारा नागरिक जीवन की तहों में दाख़िल नहीं हो पाती।

मदन के आलोचकों का कहना है कि वे दक्षिण एशियाई धर्मों के जिस अद्वितीय चरित्र की बात करते हैं उसका कोई वस्तुनिष्ठ आधार नहीं है। सेकुलरवादी पक्षकारों

की दलील है कि मदन ने दक्षिण ऐशियाई धर्मों को जिस तरह व्याख्यायित करने का जतन किया है वह प्रच्छन्न तौर पर प्राच्यवादी विचारधारा से प्रभावित है। ग़ौरतलब है कि मदन भारत के प्राक्-सेकुलर समाज को पदानुक्रम पर टिकी एक ऐसी संरचना की तरह देखने पर ज़ोर देते हैं जिसमें आर्थिक और राजनीतिक पक्ष धर्म से अलग या समानांतर न रह कर उसके मातहत रहते थे। लेकिन कई विद्वानों को मदन का यह तर्क आदर्शवाद और जटिलताओं से बचकर एक ऐसी सरल-सुगम छवि गढ़ने का प्रयास लगता है जिसमें सामाजिक यथार्थ के कई असहज पहलू दरकिनार हो जाते हैं। उनके आलोचकों का कहना है कि मदन अपने विश्लेषण में सामाजिक संरचना में निहित शोषण, हिंसा और द्वंद को चिह्नित न करके इस धारणा से निर्देशित होते दिखते हैं कि जैसे रोज़मर्रा का जीवन, संस्थाओं व संरचनाओं का निर्माण और संचालन धार्मिक विचारों से निर्धारित होता रहा हो।

लेकिन सेकुलरिज़्म के संबंध में मदन के इस विवादास्पद प्रतिपादन को एक बृहत्तर विमर्श के संदर्भ में रखा जाना चाहिए जिस पर उन्होंने अपनी चर्चित कृति *मॉडर्न मिथ्स, लॉक्ड माइंड्स : सेकुलरिज़्म ऐंड फ़ण्डामेंटलज़िम* इन इण्डिया में विस्तार से विचार किया है। ग़ौरतलब है कि मदन सेकुलरवाद की आलोचना में उसका एक प्रतिपक्ष भी रचते हैं। इस संबंध में वे पहले सेकुलीकरण की प्रक्रिया पर विचार करते हैं और यह बताते हैं कि सामाजिक जीवन में भौतिक और सांसारिक दायरों का विस्तार और पवित्र का निरंतर अवसान एक सार्वभौम प्रक्रिया है और कोई भी संस्कृति उसकी जद से बाहर नहीं रह पायी है। लेकिन अगर भारत में सेकुलरवाद धर्म के निजीकरण या नकार का पर्याय नहीं बना है तो इसका कारण भारत की धार्मिक परम्पराओं— सिक्ख, हिंदू और इसलाम— में निहित आध्यात्मिकता और राजनीति का संश्रय है। लिहाज़ा मदन इस निष्पत्ति पर पहुँचते है कि धार्मिक विचारधारा का प्रतिकार करके सेकुलीकरण की आधुनिक प्रक्रिया सुदृढ़ नहीं हो सकती।

**देखें :** इरावती कर्वे, जातियों का राजनीतीकरण, जाति और जाति-व्यवस्था-1, 2, 3 और 4, गोविंद सदाशिव घुर्ये, प्रभुत्वशाली जाति, भारतीय समाजशास्त्र-1 और 2, मैसूर नरसिम्हाचार श्रीनिवास, देवकी जैन, धीरूभाई शेठ, धूर्जटि प्रसाद मुखर्जी, नीरा देसाई, योगेश अटल, राधा कमल मुखर्जी, वेरियर एलविन, संस्कृतीकरण, श्यामा चरण दुबे-1 और 2.

### संदर्भ

1. टी.एन. मदन (1997), *मॉडर्न मिथ्स, लॉक्ड माइंड्स: सेकुलरिजम ऐंड फंडामेंटलिज़्म इन इण्डिया,* ऑक्सफ़र्ड युनिवर्सिटी प्रेस, नयी दिल्ली.
2. वीणा दास (सम्पा.) (1996), *ट्रेडिशन, प्लूरलिज़्म ऐंड आइडेंटिटी,* सेज, नयी दिल्ली.
3. जोसेफ थारमंगलम (1995), 'क्रिटीक ऑफ़ सेकुलरिज़्म', *इकॉनॉमिक ऐंड पॉलिटिकल वीकली,* अंक 30, संख्या 4.
4. टी.एन. मदन (2003), 'द केस ऑफ़ इण्डिया', *डैडलस,* खण्ड 132, अंक 3.

**— नरेश गोस्वामी**

# त्रिपुरा

(Tripura)

भारत के उत्तर-पूर्व में स्थित राज्य त्रिपुरा की राजनीति वैसे तो द्विदलीय है, पर नब्बे के दशक के मध्य से कांग्रेस की लगातार पराजय और मार्क्सवादी कम्युनिस्ट पार्टी की निरंतर जीत ने इस राज्य पर कम्युस्टिों का कुछ-कुछ स्थाई जैसा प्रभुत्व स्थापित कर दिया है। उत्तर-पूर्व के अन्य कई राज्यों की तरह यहाँ क्षेत्रीय दलों की मज़बूत उपस्थिति नहीं दिखती है। लेकिन हथियारबंद अलगाववादी गतिविधियों के कारण त्रिपुरा में भी ऑर्म्ड फ़ोर्स स्पेशल पॉवर एक्ट या ऑफ़स्पा लागू है। इस क़ानून के तहत सुरक्षा बलों को यह अधिकार मिला हुआ है कि उनके द्वारा इस क्षेत्र में की जाने वाली किसी कार्रवाई के लिए उनके ऊपर कोई मुक़दमा नहीं चलाया जाएगा। यह एक विरोधाभास है कि संसदीय राजनीति के काफ़ी हद तक सक्रिय और सफल होने, राष्ट्रीय दलों की सशक्त मौजूदगी और संविधान के अंतर्गत मिले विशेष संवैधानिक अधिकारों के बावजूद त्रिपुरा में विद्रोही गुटों का अस्तित्व क़ायम है। हाँ, यह ज़रूर है कि उनकी गतिविधियाँ पहले की तुलना में अब ख़ासी कम हो गयी हैं।

त्रिपुरा का एक लम्बा ऐतिहासिक अतीत रहा है। महाभारत, पुराणों और अशोक के स्तम्भों में त्रिपुरा का उल्लेख है। इसकी अपनी आदिवासी संस्कृति और मनमोहक लोक-कला है। शुरू में इसे कीतर देश के रूप में जाना जाता था। भारत के साथ एकीकरण होने से पहले त्रिपुरा एक देशी रियासत थी। मध्य युग में त्रिपुरा के राजाओं ने 'माणिक्य' की उपाधि धारण की और अपनी राजधानी दक्षिणी त्रिपुरा में गोमती नदी के किनारे उदयपुर ले गये। ये उनके शासन के सबसे गौरवशाली वर्ष थे जिसमें मुग़लों ने भी उनकी सत्ता को स्वीकार किया। लेकिन 1586 में मुग़लों ने हमला करके यहाँ के राजा जशोधरा माणिक्या को हरा लिया और त्रिपुरा के कुछ हिस्से को अपने साम्राज्य में मिला दिया। अंग्रेज़ों ने 1871 में यहाँ अपने एक एजेंट की नियुक्ति की जिसका काम प्रशासन में राजा की मदद करना था। अन्य रजवाड़ों की तरह ही प्रशासन के रोज़मर्रा कामों में अंग्रेज़ सीधा दख़ल नहीं देते

त्रिपुरा : वाम मोर्चे का प्रभुत्व

थे। लेकिन राजा कोई महत्वपूर्ण पैसला अपने मन से नहीं कर सकता था। भारतीय स्वतंत्रता की पूर्व-संध्या पर गण मुक्ति परिषद् ने भारत में एकीकरण के लिए आंदोलन भी चलाया। आख़िरकार सितम्बर, 1947 में इसका भारत में विलय हो गया। भारत सरकार ने इसे 1949 में असम राज्य का अंग बना दिया, लेकिन इसके प्रशासन पर केंद्र का नियंत्रण क़ायम रहा। नवम्बर, 1956 में त्रिपुरा एक केंद्र शासित प्रदेश बन गया। शुरू में इसकी अपनी विधानसभा नहीं थी। लेकिन 1963 से इसे विधानसभा और सरकार मिली। 21 जनवरी, 1972 को त्रिपुरा को पूर्ण राज्य का दर्जा मिला।

उत्तर, दक्षिण और पश्चिम में त्रिपुरा की सीमाएँ बांग्ला देश से लगी हुई हैं। इसके पूर्व में असम और मिज़ोरम हैं। अगरतला राजधानी वाले इस राज्य का क्षेत्रफल 10,491.69 वर्ग किमी है और इस लिहाज़ से यह भारत का छब्बीसवाँ सबसे बड़ा राज्य है। 2011 की जनगणना के अनुसार यहाँ की कुल जनसंख्या 3,671,032 है जो इसे भारत का इक्कीसवाँ सबसे बड़ा राज्य बना देती है। यहाँ का जनसंख्या घनत्व 349.9 व्यक्ति प्रति वर्ग किमी और साक्षरता दर 87.75 प्रतिशत है। यह भारत को चौथा सबसे ज़्यादा साक्षर राज्य है। यहाँ एक हज़ार पुरुषों पर 961 महिलाएँ हैं। बंगाली और कोकबोरोक यहाँ की राजकीय भाषाएँ हैं। त्रिपुरा की विधायिका एक-सदनीय है जिसमें कुल 60 सदस्य हैं। यहाँ से लोकसभा के दो और राज्य सभा के लिए एक सदस्य चुना जाता है। गुवाहाटी उच्च न्यायालय ही त्रिपुरा के उच्च न्यायालय की भूमिका निभाता है।

त्रिपुरा में कुल उन्नीस प्रमुख जनजातियाँ हैं जिनमें त्रिपुरी, रेंगज और चकमा प्रमुख हैं। इसमें त्रिपुरी जनजाति के लोगों की संख्या सबसे ज़्यादा है। इसके अलावा यहाँ की जनसंख्या में बंगाली बहुत ज्यादा हैं। 2011 की जनगणना के अनुसार यहाँ बंगाली तक़रीबन 70 प्रतिशत हैं, जबकि जनजातियाँ तक़रीबन 30 प्रतिशत हैं। 2011 की जनगणना के अनुसार यहाँ की 85.6 प्रतिशत जनसंख्या हिंदू, 8 प्रतिशत जनसंख्या मुसलिम, 3.2 प्रतिशत जनसंख्या क्रिश्चियन और 3.1 प्रतिशत जनसंख्या बौद्ध है। त्रिपुरा का 50 प्रतिशत से ज्यादा भू-क्षेत्र जंगल है। यहाँ की 25 प्रतिशत से भी कम ज़मीन पर खेती होती है और धान यहाँ की मुख्य फ़सल है।

जब त्रिपुरा केंद्र शासित प्रदेश था, तो कांग्रेस के सचिंद्र लाल सिंह जुलाई, 1963-जुलाई, 1971 तक मुख्यमंत्री रहे। पूर्ण राज्य का दर्जा मिलने पर कांग्रेस के सुखकेमय सेन गुप्ता मार्च, 1972-मार्च, 1977 तक मुख्यमंत्री रहे। जुलाई ,1977 में यहाँ जनता पार्टी और वामपंथी दलों की गठबंधन सरकार बनी और राधिका रंजन गुप्ता मुख्यमंत्री बने। लेकिन नवम्बर, 1977 में यह सरकार गिर गयी। इसके बाद कुछ समय राष्ट्रपति शासन लागू रहने के बाद 1978 में चुनाव हुए। इन चुनावों के बाद पहली बार मार्क्सवादी कम्युनिस्ट पार्टी सत्ता में आयी और नृपेन चक्रवर्ती राज्य के मुख्यमंत्री बने। अगले चुनावों में इस पार्टी को फिर जीत मिली और चक्रवर्ती ही मुख्यमंत्री बने। 1988 के विधानसभा चुनावों में कांग्रेस की वापसी हुई। पाँच सालों के कांग्रेस के शासन में दो मुख्यमंत्री रहे : सुधीर रंजन मजूमदार (फ़रवरी, 1988-फ़रवरी, 1992) और समीर रंजन बर्मन (फ़रवरी, 1992-मार्च, 1993)। इसके बाद तक़रीबन डेढ़ महीने तक राज्य में राष्ट्रपति शासन रहा। इसके बाद हुए सभी विधानसभा चुनावों में माकपा को जीत मिली है। अप्रैल, 1993-मार्च, 1998 तक दशरथ देब राज्य के मुख्यमंत्री रहे और उसके बाद से मानिक सरकार (मार्च, 1998) राज्य के मुख्यमंत्री हैं। मानिक सरकार के नेतृत्व में माकपा को तीन विधानसभा चुनावों में जीत मिली है। यहाँ यह बात भी याद रखने की ज़रूरत है कि राज्य में माकपा को अकेले बहुमत मिलने के बावजूद उसने अकेले सरकार गठित नहीं की। बल्कि उसकी सरकारें वाम पार्टियों

के मोर्चे की सरकारें हैं।

नब्बे के बाद के दौर में त्रिपुरा की राजनीति के बारे में कुछ बातें रेखांकित की जा सकती है : पहला, त्रिपुरा वामपंथी गठजोड़, ख़ास तौर पर माकपा के राजनीतिक गढ़ के रूप में उभरा है। 1993 के बाद हुए हर चुनावों में इस गठजोड़ को जीत मिली है। पिछले दो चुनावों में इसकी स्थिति और ज्यादा मज़बूत ही हुई है। मसलन, 2003 में माकपा को अकेले दम पर 38 सीटों पर जीत हासिल हुई, जबकि 2008 में सीटों का आँकड़ा बढ़कर 46 तक पहुँच गया। स्पष्टत: इसके पीछे माकपा और उसके सहयोगी दलों की प्रगतिशील नीतियों और बेहतर प्रशासन की ज़बरदस्त भूमिका रही है। इसके अलावा, इसके नेताओं की व्यक्तिगत ईमानदारी ने भी लोगों को बहुत प्रभावित किया है। ख़ास तौर पर, मुख्यमंत्री मानिक सरकार की ईमानदार छवि ने भी माकपा का वर्चस्व स्थापित करने में मुख्य भूमिका निभायी है।

दूसरा, यह कहा जा सकता है कि त्रिपुरा में एक तरह से दो ध्रुवीय प्रणाली है। एक ध्रुव पर वामपंथी गठजोड़ है, और दूसरे ध्रुव पर कांग्रेस। इसका यह मतलब नहीं है कि यहाँ दूसरे लोगों को कोई अस्तित्व नहीं है। यहाँ होने वाले चुनावों में भाजपा, तृणमूल कांग्रेस और राष्ट्रवादी कांग्रेस जैसे दल अपने उम्मीदवार खड़े करते हैं। लेकिन पिछले दो विधानसभा चुनावों में अगर वोट प्रतिशत पर विचार करें तो यह स्पष्ट हो जाता है कि मुख्य टक्कर कांग्रेस और माकपा के बीच ही है। मसलन, 2003 के चुनावों में माकपा को 48.1 प्रतिशत और कांग्रेस को 36.38 प्रतिशत वोट मिले। इसके अलावा, स्थानीय स्तर पर इण्डिजेनस नैशनलिस्ट पार्टी ऑफ़ त्रिपुरा भी है। 2003 के चुनावों में इसका समर्थन घट गया और 6.21 प्रतिशत वोट और दो सीटों पर जीत मिली। बाक़ी दलों की स्थिति इससे भी ख़राब है। इसलिए ऐसा लगता नहीं है कि आने समय में त्रिपुरा की दो-ध्रुवीय राजनीति को कोई चुनौती मिलने वाली है। तीसरा, दो ध्रुवीयता के बावजूद माकपा ने कांग्रेस पर एक निश्चित बढ़त बना ली है और पिछले तक़रीबन बीस सालों में कांग्रेस माकपा से निर्णायक रूप से पिछड़ती रही है। इसके लिए कांग्रेस के अंदरूनी कलह के अलावा प्रगतिशील नीतियों के अभाव को भी ज़िम्मेदार माना जा सकता है। कांग्रेस के पास मानिक सरकार जैसे किसी नेता की भी कमी है। चौथा, नब्बे के बाद के दशक में राष्ट्रीय राजनीति को जिस तरह 'मण्डल, मंदिर और मार्केट' ने प्रभावित किया, वैसा प्रभाव त्रिपुरा में नहीं दिखता। मण्डल और मंदिर यहाँ कभी भी प्रासंगिक मुद्दे नहीं बन पाये। त्रिपुरा उदारीकरण और बाज़ार की नीतियों से अछूता नहीं रहा। यहाँ तक कि मानिक सरकार ने भी निवेश और निजी उद्यमियों को बढ़ावा देने की नीति का सहारा लिया, लेकिन वे इस मामले में पश्चिम बंगाल की अपनी ही पार्टी की बुद्धदेव भट्टाचार्य की तरह अंधाधुंध आगे नहीं बढ़े।

पाँचवाँ, 1971 में बांग्ला देश-युद्ध के बाद बंगालियों की त्रिपुरा में संख्या बढ़ती चली गयी। परिणामस्वरूप त्रिपुरा के मूल निवासियों के अधिकारों की सुरक्षा का प्रश्न उठा जिसकी पैरोकारी करते हुए कई विद्रोही समूह उभरे। इनमें नैशनल लिबरेशन फ्रंट ऑफ़ त्रिपुरा, ऑल त्रिपुरा टाइगर फ़ोर्स, त्रिपुरा नैशनल वालंटियर्स, नैशनल लिबरेशन फ्रंट आफ़ त्रिपुरा जैसे संगठन प्रमुख थे। इनमें से अधिकांश संगठनों ने त्रिपुरा से बंगालियों को निकालने और भारत से अलग स्वतंत्र त्रिपुरा राष्ट्र की स्थापना की माँग के आधार पर हिंसक कार्रवाई की। कई मौक़ों पर इनकी गतिविधियाँ धीमी पड़ और फिर कई मौक़ों पर तेज़ हो जाती हैं। त्रिपुरा नैशनल वालंटियर्स ने इण्डिजेनस पीपुल्स फ्रंट ऑफ़ त्रिपुरा में विलय करके हिंसा का रास्ता छोड़ दिया है। यह तो नहीं कहा जा सकता कि त्रिपुरा में पृथकतावादी गतिविधियाँ खत्म हो गयी हैं, लेकिन इनमें पहले की तुलना में बहुत कमी आयी है।

**देखें :** अरुणाचल प्रदेश, असम, आंध्र प्रदेश, उत्तर प्रदेश, उत्तराखण्ड, ओडीशा, कर्नाटक, केरल, गोवा, गुजरात, छत्तीसगढ़, जम्मू और कश्मीर, झाड़खण्ड, तमिलनाडु, दिल्ली, नगालैण्ड, बिहार, पंजाब, पश्चिम बंग, मणिपुर, महाराष्ट्र, मध्य प्रदेश, मिज़ोरम, मेघालय, राजस्थान, वाम मोर्चा, हरियाणा।

## संदर्भ

1. बी. पकेम (1993), *रीज़नलिज़म इन इण्डिया : विद स्पेशल रिफ़रेंस टू नॉर्थ ईस्ट इण्डिया,* हर आनंद पब्लिकेशंस, नयी दिल्ली.
2. श्यामल कुमार राय (2003), *इण्डियाज़ नार्थ ईस्ट ऐंड ट्रैवेल्स ऑफ़ त्रिपुरा,* मिनर्वा एसोसिएट्स, कलकत्ता.
3. सुबीर भौमिक (2009), 'जस्ट डिवेलपमेंट : अ स्ट्रैट्जी फ़ॉर एथ्निक रिकांसिलिएशन इन त्रिपुरा', संजीव बरुआ (सम्पा.), *बियॉन्ड काउंटर इंसरजेंसी : ब्रेकिंग द इम्पास इन नार्थ-ईस्ट इण्डिया,* ऑक्सफ़र्ड युनिवर्सिटी प्रेस, नयी दिल्ली.

**—कमल नयन चौबे**

# ज्ञ

## ज्ञान का समाजशास्त्र

(Sociology of Knowledge)

ज्ञान के उत्पादन और उसकी संरचना के सामाजिक आधारों का अध्ययन करने के अनुशासन को ज्ञान का समाजशास्त्र कहा जाता है। प्राकृतिक विज्ञानों के साथ-साथ कला और संस्कृति के क्षेत्र में ज्ञान के उत्पादन की प्रकृति को समाजशास्त्रीय दृष्टि से जाँचने के इस रवैये ने बीसवीं सदी में कई स्थापित मान्यताओं, सिद्धांतों और आख्यानों को चुनौती दी है। मसलन, ज्ञान का समाजशास्त्र प्रत्यक्षवादी दावेदारियों की आलोचना करते हुए यह मानने के लिए तैयार नहीं है कि प्राकृतिक विज्ञानों से उत्पादित ज्ञान उस समाज या संस्कृति के परिवेश से स्वतंत्र होता है जिसमें उसकी रचना होती है। इसी तरह यह अनुशासन पारम्परिक सौंदर्यशास्त्र का यह दावा भी नहीं मानता कि किसी भी कलाकृति का आकलन उन सौंदर्यमूलक घटकों के आधार पर होना चाहिए जो अपने देश-काल और सामाजिक संदर्भ से स्वतंत्र होते हैं। यह समाजशास्त्र ऐसी किसी भी धारणा को चुनौती देते हुए आग्रह करता है कि ज्ञान और संस्कृति का उत्पादन उन समाजों द्वारा अनुकूलित होता है जिनके दायरे में वह जन्म लेता है। चाहे न्यूटन के अकाट्य समझे जाने वाले सिद्धांत हों या आइंस्टाइन और नील्स बोर के बीच में चलने वाली वैज्ञानिक बहसें हों, ज्ञान का समाजशास्त्र उन्हें उनकी शर्तों पर जाँचने के बजाय उनके सामाजिक-ऐतिहासिक उद्गम के आधार पर जाँचना पसंद करेगा। वह देखेगा कि ज्ञान का कोई भी प्रस्तुत रूप बाहरी दबावों, प्रोत्साहनों, समाज की तरफ़ से की गयी माँगों, सामाजिक दर्जे, हैसियत और वर्ग-संबंधों और विचारधारात्मक अनुकूलनों के तहत किस तरह विकसित हुआ है। ज्ञान के समाजशास्त्र ने समाज-विज्ञानों और मानविकी के क्षेत्र में भी प्रभावशाली हस्तक्षेप करते हुए विभिन्न अनुशासनों के भीतर से विद्वानों द्वारा की जाने वाली वैधता और सत्य की दावेदारियों को उनकी थमायी गयी शर्तों के मुताबिक़ मान्यता देने से इनकार किया है।

हालाँकि ज्ञान के समाजशास्त्र के शुरुआती संकेत बेकन, कॉम्त और नीत्शे में भी मिलते हैं, पर कार्ल मार्क्स के विचारधारा संबंधी सिद्धांत का इस पर गहरा प्रभाव है। साथ ही इसके विकास को समाज-विज्ञान की ग़ैर-मार्क्सवादी धाराओं ने भी प्रभावित किया है। एमील दुर्खाइम ने ज्ञान की उत्पत्ति की सामाजिक व्याख्या की। उन्होंने तर्क दिया कि मानवीय मस्तिष्क की संरचना करने में मुख्य तौर पर समाज का हाथ है, इसलिए विभिन्न संस्कृतियों के लोग दुनिया को अलग-अलग तरीक़ों से देखेंगे। इस बात को इस प्रकार भी कहा जा सकता है कि इसी कारण से लोगों के संसार अलग-अलग होते हैं। मैक्स वेबर द्वारा व्याख्यायित धर्म के समाजशास्त्र की भी इस समाजशास्त्र के विकास में महत्त्वपूर्ण भूमिका है।

बीस के दशक में जर्मन दार्शनिक मैक्स शेलर ने अपनी एक रचना में पहली बार ज्ञान को परखने के इस नज़रिये की दार्शनिक बुनियाद रखी। उन्होंने ही सोसियोलॅजी ऑफ़ नॉलेज जैसा फ़िकरा ईज़ाद किया। 1924 की अपनी रचना *प्रॉब्लम्स ऑफ़ द सोसियोलॅजी ऑल नॉलेज* में उन्होंने कहा कि मूल्यों और उनके सामाजिक मूर्तनों की हमारी अनुभूतियाँ बदलती रहती हैं और उनमें होने वाले इन परिवर्तनों की समाजशास्त्रीय व्याख्या की जा सकती है। शेलर की मान्यता थी कि व्यक्ति न तो महज़ एक सार होता है, और न ही सिर्फ़ एक वस्तु। वह तो क्रियाओं की ठोस एकता का नाम है। कार्ल मैनहाइम की रचना *आइडियोलॅजी*

*ऐंड यूटोपिया* (1936) और *एसेज़ ऑन द सोसियोलॅजी ऑफ़ नॉलेज* (1952) में इस अनुशासन को कार्यक्रमगत रूप मिला।

मार्क्स द्वारा दिये गये आधार और अधिरचना के रूपक (जिसमें समाज की आर्थिक गतिविधियों को आधार और विधिक व सांस्कृतिक रूपों को अधिरचना की संज्ञा दी गयी है) को विकसित करते हुए मैनहाइम ने कहा कि समाज के विभिन्न समूह दुनिया को अपनी-अपनी निगाह से देखते हैं, इसलिए ज्ञान संबंधी दावों के बारे में भी उनका अलग-अलग आग्रह होगा। चूँकि ज्ञान को उसके सामाजिक संदर्भ से काट कर अलग नहीं किया जा सकता, इसलिए मैनहाइम ने अपने इस नज़रिये को 'रिलेशनिज़्म' की संज्ञा दी। उन्होंने कहा कि ज्ञान लोगों तक हमेशा संस्कृति, सामाजिक रंग-रुतबे, विभिन्न हितों और विचाराधाराओं की छलनी से छन कर पहुँचता है। उन्होंने विचारधारा को दो श्रेणियों में बाँटा : समग्र विचारधारा जिसके तहत व्यक्ति अपने इर्द-गिर्द की दुनिया को देखता और समझता है; और विशिष्ट विचारधारा जिसके आईने में व्यक्ति अपने निजी हित की समझ बनाता है। मैनहाइम मार्क्स के इस निष्कर्ष से तो सहमत थे कि सामाजिक वर्गों की ऊँच-नीच विचारधारा का स्रोत होती है, पर वे यह नहीं मानते थे कि वर्ग विचारधारा के एकमात्र स्रोत होते हैं। वे मार्क्स की इस मान्यता से भी असहमत थे कि विचारधारा यथार्थ को सचेत रूप से विकृत करती है।

मैनहाइम के आग्रहों को थॉमस कुन द्वारा प्रवर्तित विज्ञान के दर्शन से और बढ़ावा मिला। कुन के विचारों का समाजशास्त्र पर गहरा प्रभाव पड़ा। उनकी दलील थी कि वैज्ञानिक अन्वेषण बाहरी जगत में किये गये स्वतंत्र प्रेक्षणों पर कतई निर्भर नहीं होता, बल्कि वह किसी एक प्रतिमान अथवा पूर्व-धारणाओं की सामग्री से गढ़े गये जगत के किसी एक अनुभव पर आधारित होता है। कुन का यह प्रतिमान संबंधी सिद्धांत आगे चल कर यह दावा करता है कि कोई भी प्रतिमान अपने आप में कहीं व्यापक सामाजिक और सांस्कृतिक हालात पर निर्भर रहता है। इस लिहाज़ से ज्ञान का समाजशास्त्र यह दावा कर सकता है कि न्यूटन द्वारा प्रवर्तित दिक् और काल की समझ बाह्य जगत में किये गये किसी स्वतंत्र प्रेक्षण और प्रयोग का परिणाम न हो कर उनकी अपनी धर्मशास्त्रीय और ब्रह्माण्डीय आस्थाओं का फलितार्थ थी। न्यूटन ने स्पेक्ट्रम में केवल पाँच रंग ही देखे थे। लेकिन कीमियागीरी और अंकों की जादुई सम्भावनाओं में यक़ीन रखने के कारण उन्होंने उसमें दो रंग और जोड़ कर यह संख्या सात तक पहुँचा दी।

ज्ञान के समाजशास्त्र ने न केवल विज्ञान की खोजों की वैधता को प्रश्नांकित किया है, बल्कि कला के उत्पादन और उपभोग के साथ जुड़े सौंदर्यमूलक आग्रहों की भी बखिया उधेड़ी है। सत्रहवीं और अट्ठारहवीं सदी के युरोप में कला को स्पष्ट तौर पर और केवल सामाजिक उपयोगिता के चश्मे से ही देखा जाता था। मसलन, संगीत की उपयोगिता धार्मिक क्रियाविधियों के लिए थी, या फिर काम करते हुए मज़दूरों के बीच तालमेल पैदा करने के लिए उसका इस्तेमाल किया जाता था। चाक्षुष कलाएँ उन्हें प्रोत्साहित करने वाले रसिकों की अमीरी और सत्ता के प्रदर्शन की अभिव्यक्ति थीं। जिंसों के बाज़ार का विकास हो जाने से कला की इन सामाजिक उपयोगिताओं का ह्रास होने लगा। कलाकृतियाँ अन्य जिंसों की तरह कारगर नहीं रह गयीं। ज्ञान का समाजशास्त्र मानता है कि इस परिस्थिति के परिणामस्वरूप सौंदर्यशास्त्र का विकास हुआ। सौंदर्यगत मूल्य ने उस वस्तु के उपभोग का तर्क प्रदान किया जो दरअसल जिंसों के बाज़ार में बेकार मान ली गयी थी। इसी प्रक्रिया ने कलाकृति के आर्थिक मूल्य को भी स्थापित किया। इसी तर्क को कुछ नफ़ीस ढंग से आगे बढ़ाते हुए ज्ञान का समाजशास्त्र कलाकृतियों को कुछ समाज द्वारा संसाधित मूल्यों और विश्व-दृष्टियों का वाहक क़रार देता है।

ज्ञान के समाजशास्त्र की परम्परा के साथ जर्मन विद्वानों का पूरा सिलसिला ही जुड़ा हुआ है। शेलर, मैनहाइम, दुर्ख़ाइम और वेबर के साथ फ्रेंकफ़र्ट स्कूल के चिंतकों एडोर्नो, होर्ख़ाइमर और हैबरमास ने क्रिटिकल थियरी के ज़रिये इस अनुशासन को समृद्ध किया है। फिर मिशेल फ़ूको ने भी ज्ञान के स्थापत्य की जाँच करने के ज़रिये अपना योगदान किया। लेकिन, इन सभी विद्वानों में इस बात पर मतभेद हैं कि ज्ञान के समाजशास्त्र के बुनियादी तर्क को कहाँ तक खींचा जाना चाहिए। इसमें कोई शक नहीं कि इसके कारण ज्ञान के कई क्षेत्रों में अनूठी समाजशास्त्रीय अंतर्दृष्टियाँ प्राप्त हुई हैं, लेकिन कई बार इसके प्रवक्ताओं ने सरलीकृत और अतिवादी रवैया भी अपनाया है जिसके तहत विज्ञान और कला की उपलब्धियाँ किसी न किसी सामाजिक-राजनीतिक कसौटी पर कस कर महत्त्वहीन बना दी जाती हैं। यह सवाल लगातार पूछा जाता है कि अगर वैज्ञानिकों, दार्शनिकों, इतिहासकारों और सिद्धांतकारों की कृतियों में प्रयुक्त पद्धतियों, अध्यवसाय, अंतर्दृष्टियों और कड़ी जाँच-परख को समाजशास्त्र की सापेक्षिकता के नाम पर ठुकराया जाता रहा तो ज्ञान-विज्ञान के क्षेत्र में ज्ञानमीमांसक संशय और नीतिशास्त्रीय संदेहों के अलावा क्या बचेगा? इसीलिए एडोर्नो ने कार्ल मैनहाइम पर लिखे अपने लेख में किसी भी क़िस्म के समाजशास्त्रीय घटाववाद के ख़िलाफ़ चेताया है। हालाँकि एडोर्नो ख़ुद भी ज्ञान के समाजशास्त्र के अनूठे बर्तावकार हैं। उन्होंने विज्ञान में प्रत्यक्षवाद की द्वंद्वात्मक आलोचना करते हुए आधुनिकता के दार्शनिक विमर्श पर पड़े विकृतिमूलक प्रभाव को रेखांकित किया है। ज्ञान के समाजशास्त्र की

अतिवादिताओं की प्रतिक्रिया में किसी अन्वेषण के संदर्भ और उस अन्वेषण को उचित ठहराने के संदर्भ में फ़र्क़ करने की ज़रूरत पर ज़ोर दिया गया है।

**देखें :** अर्थव्यवस्था का समाजशास्त्र, अभिजन, अभिरुचि, आग्युस्त कॉम्त, उन्मूलनवाद, एजेंसी, कर्मकाण्ड, कार्ल हाइनरिख़ मार्क्स-1 से 4 तक, कारागार, गोपनीयता, जादू, जीवन-शैली, टेलरवाद, थियोडोर एडोर्नो, फ्रेड्रिख़ नीत्शे-1 और 2, फ़ुरसत, बचपन, बेगानगी, भीड़, मैक्स वेबर, युरगन हैबरमास, विचलन, ज्ञान का समाजशास्त्र।

## संदर्भ

1. एम. शेलर (1926/1980), *प्रॉब्लम्स ऑफ़ अ सोसियोलॅजी ऑफ़ नॉलेज,* रॉटलेज़ ऐंड कीगन पॉल, लंदन.
2. कार्ल मैनहाइम (1936/1960), *आइडियॉलॅजी ऐंड यूटोपिया : ऐन इंट्रोडक्शन ऑफ़ सोसियोलॅजी ऑफ़ नॉलेज,* रॉटलेज़ ऐंड कीगन पॉल, लंदन.
3. वी. मेजा और एन स्तेह्र (सम्पा.) (1990, *नॉलेज़ ऐंड पॉलिटिक्स : द सोसियोलॅजी डिस्प्यूट,* रॉटलेज, लंदन, १९९०
4. जे. वोल्फ़ (1981), *द सोशल प्रोडक्शन ऑफ़ आर्ट,* मैकमिलन, लंदन.

**— अभय कुमार दुबे**

# ज्ञानमीमांसा

(Epistemology)

प्राचीन काल से ही दार्शनिक और अन्य विचारक ज्ञान की प्रकृति, उसकी परिभाषा, उसके दायरे और उसके सामान्य आधार के सूत्रीकरण का प्रयास करते रहे हैं। इसी प्रक्रिया में दर्शन की एक प्रमुख शाखा के रूप में ज्ञानमीमांसा का विकास हुआ है। यूनानी भाषा के शब्द *इपिस्टीम* से *इपिस्टेमोलॅजी* बनाया गया है। प्लेटो की रचना *रिपब्लिक* में ज्ञान की प्रकृति से संबंधित सरोकार मिलते हैं, लेकिन उनकी दिलचस्पी ज्ञान और आस्था के बीच अंतर करने में ज़्यादा थी। संशयवादियों, स्टोइकवादियों और इंद्रियजनित संवेदों को ज्ञान का स्रोत मानने वाले दार्शनिक अपने-अपने दौर में इन प्रश्नों को ले कर गहन चिंतन और वाद-विवाद करते रहे हैं कि ज्ञान क्या है, हम उसे कैसे प्राप्त कर सकते हैं और क्या उसे प्राप्त करने वाले उपायों का संशयवादियों की चुनौतियों के मुक़ाबले बचाव किया जा सकता है। सत्रहवीं और अट्ठारहवीं सदी को आधुनिक ज्ञानमीमांसा का युग माना जाता है। यह ज्ञान और अज्ञान, आस्था और पाखण्ड एवं सच और झूठ के ज़बरदस्त घालमेल का ज़माना था। हालाँकि खगोलविद्या और ज्योतिष, रसायनशास्त्र और कीमियागीरी एवं भौतिकी और जादू के अपने-अपने विशिष्ट दायरे थे, लेकिन माहौल कुछ ऐसा था कि खगोलविद् को ज्योतिषी से, रसायनशास्त्री को कीमियागर से और भौतिकशास्त्री को जादूगर से अलग करना आसान नहीं था। ऐसी हालत में देकार्त ने ज्ञान के समुचित और सुनिश्चित आधार की खोज करना ज़रूरी समझा। उन्होंने संदेह का एक पद्धति की तरह इस्तेमाल करके ज्ञान के उन रूपों तक पहुँचने की कोशिश की जिन्हें संदेह से परे माना जा सकता था। इस ज़रिये वे 'कोजिटो अरगो सम' यानी 'मैं सोचता हूँ, इसलिए मैं हूँ' जैसे सूत्रीकरण पर पहुँचे, और इयत्ता या सेल्फ़ की अवधारणा सामने आयी। देकार्त के बाद जॉन लॉक के इंद्रियानुभववादी विमर्श और आधुनिक विज्ञान के उभार ने ज्ञानमीमांसा को दर्शनशास्त्र में केंद्रस्थ कर दिया।

ज्ञानमीमांसा सबसे पहले ज्ञान को सच्ची और यथोचित आस्था के रूप में परिभाषित करती है। अर्थात् कुछ जानने के लिए ज़रूरी है कि उस पर यक़ीन किया जाए और वह यक़ीन अपने आप में सच्चा हो। यक़ीन सच्चा तभी हो सकता है जब वह मनमाना न हो कर किन्हीं कसौटियों पर खरा उतरता हो। ज्ञानमीमांसा द्वारा प्रतिपादित ज्ञान की यह परिभाषा विवाद से परे नहीं है, क्योंकि जिन कसौटियों पर यक़ीन के खरे उतरने की बात की जाती है, वे हमेशा ही प्रश्नांकित की जा सकती हैं। लेकिन परिभाषा संबंधी विवादों से बड़ी मुश्किल तब आती है जब ज्ञान प्राप्त करने के रास्तों पर विचार किया जाता है। इस मामले में ज्ञानमीमांसा मुख्यतः दो भागों में बँटी हुई है और दोनों भागों के बीच ज़बरदस्त प्रतियोगिता है। एक तरफ़ ज्ञान के स्रोत की बुद्धिवाद द्वारा की गयी व्याख्या है, और दूसरी तरफ़ इंद्रियानुभववाद की दावेदारियाँ हैं। बुद्धिवाद कहता है कि मनुष्य के दिमाग़ में कुछ सहजात ख़ूबिया होतीं हैं जिनके आधार पर ज्ञान की रचना होती है। बुद्धिवाद ज्ञान को अनुभव-पूर्व और अनुभव-स्वतंत्र मान कर चलता है। बुद्धिवादी अपना प्रतिमान गणित और तर्कशास्त्र से प्राप्त करते हुए अंतर्ज्ञान और तार्किक अनुमानों के आधार पर काम करते हैं। इंद्रियानुभववाद इस धारणा को ठुकराते हुए इंद्रियजनित अनुभव को ही ज्ञान का एकमात्र वैध स्रोत क़रार देता है। उसकी निगाह में मनुष्य का मस्तिष्क तो एक कोरी स्लेट भर है जिस पर इंद्रियगत संवेदों से ज्ञान की इबारत लिखी जाती है। इंद्रियानुभववादियों का प्रतिमान प्राकृतिक विज्ञानों से आता है। उनका ज़ोर हमेशा प्रेक्षण और प्रयोग पर रहता है। दिलचस्प बात यह है कि ज्ञान-प्राप्ति के ये दोनों तरीक़े अपने-अपने धरातल पर संशयवादियों का मुक़ाबला करने के लिए मजबूर हैं।

संशयवाद प्राचीनकाल से ही ज्ञान प्राप्त कर लेने के किसी भी दावे पर सवाल खड़ा करता रहा है। संशयवाद की एक सरलीकृत परिभाषा यह की जाती है कि वह ज्ञान प्राप्त

जॉन डिवी (1859-1952)

करने की किसी सम्भावना को ही मान्यता नहीं देता। लेकिन अगर कुछ जाना ही नहीं जा सकता, तो फिर संशयवादियों को यह कैसे पता लग गया कि ज्ञान प्राप्त ही नहीं किया जा सकता। ज़ाहिर है कि यह परिभाषा उचित नहीं है। दरअसल, ज्ञान की सम्भावना को ही ख़ारिज करने के बजाय संशयवाद का काम ज्ञान-प्राप्ति के प्रत्येक दावे के बारे में यह पूछना है कि आख़िर किन मानकों के आधार पर अमुक ज्ञान को यथोचित ठहराया जा रहा है और वे मानक भी अपने-आप में यथोचित हैं या नहीं। चाहे बुद्धिवादी हों या इंद्रियानुभववादी, संशयवादी उन्हें हमेशा याद दिलाते रहते हैं कि मनुष्य ग़लतियों का पुतला है, और उसे कभी भी मतिभ्रम हो सकता है। वह ग़लती भी अनजाने में करता है, और अपने मतिभ्रम के बारे में भी वह सचेत नहीं होता। संशयवादी पूछते हैं कि ज्ञान-प्राप्ति के समय त्रुटिहीन होने और मतिभ्रम से बचने की गारंटी कैसे की गयी?

संशयवादियों की आपत्तियों से निबटने के साथ-साथ बुद्धिवाद और इंद्रियानुभववाद के बीच खाई को पाटने की एक उल्लेखनीय कोशिश अट्ठारहवीं सदी में इमैनुएल कांट द्वारा की गयी। अपनी रचना *क्रिटीक ऑफ़ प्योर रीज़न* में कांट ने विस्तार से समझाया कि मनुष्य के अनुभव की रचना कैसे होती है। कांट ने ज्ञान की रचना में अनुभव को भी महत्त्वपूर्ण माना और बुद्धिवादियों के इस दावे का भी समर्थन किया कि ज्ञान का एक अनुभव-पूर्व रूप भी होता है और जिसके बिना ज्ञान सम्भव ही नहीं है।

इंद्रियानुभववादी दार्शनिक डेविड ह्यूम मानते थे कि केवल बुद्धि के आधार पर संशयवादियों की आपत्तियों का सामना नहीं किया जा सकता। मनुष्य ऐसी ज्ञान संबंधी आस्थाओं का दावा करता रहेगा जो संशय को आमंत्रित करेंगी। ह्यूम के इन विचारों से कुछ परवर्ती चिंतकों ने संशयवादी ज्ञानमीमांसा का सूत्रीकरण किया। इसके मुताबिक़ ज्ञानमीमांसक चिंतन पर संशय किया जाना स्वाभाविक है। लेकिन संशय कितना भी अकाट्य क्यों न हो, उसे ज्ञान के व्यावहारिक विकल्प के रूप में स्वीकार नहीं किया जा सकता। बेहतर होगा कि हम ज्ञान के आधार पर बनी अपनी आस्थाओं को नये अनुभवों की रोशनी में संशोधित करने के लिए तैयार रहें।

जॉन डिवी और लुडविग विट्गेंस्टीन ने संशयवाद का मुक़ाबला करने के लिए एक नया दृष्टिकोण पेश किया। उनका कहना था कि देकार्तपंथी चिंतन में व्यक्ति की चेतना में होने वाली घटनाओं को प्रस्थान-बिंदु बनाया गया है। अगर मानवीय विचार और भाषा के अनिवार्यत: सार्वजनिक चरित्र पर ज़ोर दिया जाए और उसी को प्रस्थान-बिंदु बनाया जाए तो एक भिन्न तस्वीर सामने आयेगी। सार्वजनिक जीवन में सहभागी तौर-तरीक़ों से प्राप्त किये गये ज्ञान को संशयवाद से नहीं निबटना पड़ेगा। देकार्त की आलोचना करते हुए डिवी ने कहा कि उन्होंने ज्ञानमीमांसक कर्त्ता को अनुभवों का एक निष्क्रिय ग्रहणकर्त्ता बना कर रख दिया, ठीक उसी तरह जैसे कि कोई व्यक्ति सिनेमा हाल के अँधेरे में बैठा हुआ पर्दे पर हो रही घटनाओं को ग्रहण करता है। जब कि असल में हम सभी इस जगत में सक्रिय और सहभागी हैं, हमारा परिप्रेक्ष्य भी सहभागिता से ही बनता है और इसी प्रक्रिया में हम ज्ञान प्राप्त करते हैं। विट्गेंस्टीन ने कहा कि देकार्त के रवैये को आड़े हाथों लेते हुए किसी भी क़िस्म की 'निजी भाषा' को असम्भव बताया। निजी भाषा का तर्क तो यही हो सकता है कि वह किसी एक बोलने वाले को ही उपलब्ध हो जिसके आधार पर वह अपने आंतरिक निजी अनुभव के बारे में विमर्श कर सके। विट्गेंस्टीन का कहना था कि भाषा तो एक नियम-संचालित गतिविधि है। भाषा का इस्तेमाल उसके नियमों का पालन किये बिना किया ही नहीं जा सकता।

ज्ञान की प्रकृति और परिभाषा के प्रश्न पर और भी कई विचारकों ने उल्लेखनीय चिंतन किया है। फ्रेड्रिख़ नीत्शे का कहना था कि ज्ञान को उसके सत्ता-संबंधों से काट कर समझा ही नहीं जा सकता। जिसे हम ज्ञान मानते हैं वह विभिन्न हितों और चालक-शक्तियों की मिली-जुली अभिव्यक्ति होता है। फ़ूको ने नीत्शे से सूत्र ग्रहण करते हुए अपनी रचना *आर्कियॉलजी ऑफ़ नॉलेज* में दिखाया कि क्लासिकल युग से आधुनिक युग के बीच ज्ञान का विन्यास

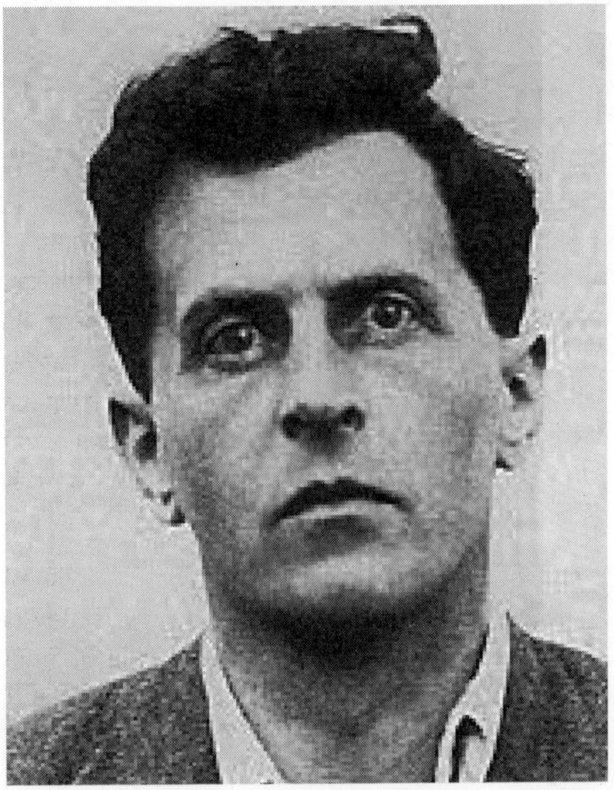

लुडविग विट्गेंस्टीन (1889-1951)

किस तरह से लगातार बदलता रहा है। क्लासिकल से फ़ूको का मतलब प्राचीन काल से नहीं था, बल्कि उनका क्लासिकल सत्रहवीं सदी की वह अवधि थी जो बरोक अवधि के इर्द-गिर्द मानी जाती है। फ़ूको के विमर्श में इपिस्टीम शब्द का धारणामूलक प्रयोग किया गया है। इपिस्टीम का मतलब है वे सामाजिक संबंध जो मिल-जुल कर कुछ विमर्शी आचरणों को जन्म देते हैं, उन आचरणों को जिनकी भूमिका ज्ञानमीमांसक हस्तियों, विज्ञानों और औपचारिक विचार-प्रणालियों के उभार में अहम होती है। कुछ समीक्षकों का मानना है कि नीत्शे और फ़ूको ज्ञानमीमांसा से वह रिश्ता नहीं रखते जो कांट या अन्य विद्वानों का था। वे ज्ञानमीमांसा के बजाय ज्ञान के आधारभूत सामाजिक संबंधों के जटिल विश्लेषण में ज़्यादा यक़ीन करते हैं।

हालाँकि समाज-विज्ञान में ज्ञानमीमांसा से संबंधित सभी चर्चाएँ आम तौर से पश्चिमी दर्शन के हवाले से ही होती हैं, लेकिन ग़ैर-पश्चिमी दर्शनों में भी ज्ञान की प्रकृति, उपयोग और उसके प्रमाण से संबंधित गहन चिंतन मौजूद है। प्रत्येक दर्शन के पास अपना अलग-अलग ज्ञान-सिद्धांत है। मसलन, भारतीय दर्शन की वेद-आधारित शाखाओं मीमांसा और वेदांत के बीच परम ज्ञान या विद्या के स्रोत को लेकर विवाद होते रहे हैं। मीमांसकों का विचार है कि केवल विधि ही ईश्वरप्रदत्त है, जबकि वेदांती कहते हैं कि वेद ही ज्ञान के स्रोत हैं। वेद-विरोधी बौद्ध, जैन और लोकायत दर्शनों ने ज्ञान के प्रश्न पर भिन्न रवैया अपनाया है। वेद-समर्थकों और वेद-विरोधियों के बीच वाद-विवाद के ज़रिये भारत में ज्ञानमीमांसक विमर्श की एक समृद्ध परम्परा विकसित हुई है। इसी तरह चीनी , जापानी और इसलामी दर्शन के पास अपने अलग-अलग ज्ञान-सिद्धांत हैं।

**देखें :** अस्तित्ववाद, आत्मनिष्ठता-वस्तुनिष्ठता, इयत्ता, इमैनुएल कांट, इंद्रियानुभववाद, ईसैया बर्लिन, उत्तर-आधुनिकतावाद, उदारतावाद, कल्पित समुदाय, ग्योर्ग विल्हेल्म फ्रेड्रिख़ हीगेल, घटनाक्रियाशास्त्र और ऐडमण्ड हसर, चेतना, जॉन लॉक, ज़ाक लकाँ, ज्याँ फ्रांस्वा ल्योतर, ज्याँ-पॉल सार्त्र, ज़ाक देरिदा, तत्त्वमीमांसा और अस्तित्वमीमांसा, तात्त्विकतावाद, द्वैतवाद, फ्रेड्रिख़ नीत्शे-1 और 2, बुद्धिवाद, भौतिकवाद, मनोविश्लेषण, मिशेल पॉल फ़ूको-1 और 2, युरोपीय पुनर्जागरण, युरोपीय ज्ञानोदय, रेने देकार्त, लुई अलथुसे, सोरेन आबी कीर्केगार्द, संरचनावाद और उत्तर-संरचनावाद।

## संदर्भ

1. जोनाथन डैंसी (1985), *इंट्रोडक्शन टु कंटेम्परेरी इपिस्टेमोलॅजी,* ऑक्सफ़र्ड युनिवर्सिटी प्रेस, ऑक्सफ़र्ड.
2. ए. गोल्डमान (1986), *इपिस्टेमोलॅजी ऐंड कॉग्निशन,* हार्वर्ड युनिवर्सिटी प्रेस, केम्ब्रिज, एमए.
3. जे. पोलक (1979), 'ए प्लेथोरा ऑफ़ एपिस्टेमोलॅजीकल थियरीज़', जी. पापाज़ (सम्पा.), *जस्टीफ़िकेशन ऐंड नॉलेज,* रीडल, डोर्डेश.
4. आर, चिशॉम (1977), *थियरी ऑफ़ नॉलेज,* प्रेटिंस-हाल, एंगलवुड क्लिफ़्स, एनजे.
5. ए.जे. आयर (1983), *द प्रॉब्लम ऑफ़ नॉलेज,* मैकमिलन, लंदन.
6. एम. बर्नयीट (सम्पा.) (1983), *द स्केप्टिकल ट्रैडिशन,* युनिवर्सिटी ऑफ़ कैलिफ़ोर्निया प्रेस, बर्कले.

**— अभय कुमार दुबे**

# पूरक प्रविष्टियाँ

## आर्थिक जनसांख्यिकी

(Economic Demography)

जनसंख्या की प्रकृति और आर्थिक अवस्था पर पड़ने वाले उसके प्रभाव के अध्ययन को आर्थिक जनसांख्यिकी की संज्ञा दी जाती है। अट्ठारहवीं सदी के आर्थिक चिंतक थॉमस रॉबर्ट माल्थस को इस विज्ञान का प्रणेता माना जाता है, जिन्होंने इंग्लैण्ड की बढ़ती हुई आबादी से पैदा हुए सरोकारों की रोशनी में अपने सिद्धांतों का सूत्रीकरण किया था। माल्थस ने पहले तो यह स्थापना दी कि आबादी के स्त्री सदस्य हों या पुरुष, भोजन और यौन क्रिया की कामना हमेशा अतृप्त ही रहती है। इसके बाद वे इस निष्कर्ष पर पहुँचे कि अगर रोका न जाए तो असंयमित सम्भोग के कारण मानवीय आबादी ज्यामितीय क्रम (दो दूनी चार) से आगे बढ़ेगी, लेकिन जीवनयापन के साधनों की वृद्धि केवल अंकगणितीय रफ़्तार (एक, दो, तीन) से हो पायेगी, क्योंकि खेती योग्य ज़मीन की उत्पादक क्षमता लगातार घटती चली जाएगी। 1789 की अपनी रचना *एसे ऑन पॉपुलेशन* में माल्थस ने लिखा कि तरह-तरह के दुःख और कष्ट, प्लेग, युद्ध, दुष्टता और कुदरती आफ़तें जनसंख्या की बढ़ोतरी पर लगाम लगाती हैं। 1803 में इसी रचना के दूसरे संस्करण में उन्होंने आबादी की बढ़त रोकने के लिए जन्म दर घटाने के लिए देर से शादी करने जैसे नैतिक संयम की वकालत भी की। अपनी इन प्रस्थापनाओं के लिए उन्हें ज़बरदस्त आलोचना का सामना करना पड़ा। ईसाइयों का तर्क था कि अगर भुखमरी की नौबत आयेगी तो ईश्वर अपने आप बच्चों की पैदाइश रोक देगा। एक तर्क यह भी दिया गया कि तकनीकी प्रगति से जीवनयापन के साधन बहुत बढ़ जाएँगे। यह भी कहा गया कि जीवन-शैली में सुधार के लोभ में होने वाले माता-पिता ख़ुद ही कम बच्चे पैदा करना पसंद करेंगे। हालाँकि माल्थस ने जन्म दर नियंत्रित करने की वकालत नहीं की थी, पर उनके कुछ अनुयायियों ने ऐसे उपायों का पक्ष जरूर लिया था।

जनसंख्या की समस्या को दो भागों में विभक्त करके देखा जाता है : आबादी का आधिक्य और कम आबादी। आजकल दुनिया के ज़्यादातर देशों (ख़ास कर भारत और चीन जैसे एशियाई देश) के लिए जनसंख्या वृद्धि एक बहुत बड़ी समस्या बनी हुई है। लेकिन दुनिया के सभी देशों में हमेशा यही स्थिति नहीं थी। आर्थिक विकास के शुरुआती दौर में आबादी का कम होना समृद्धि बढ़ने में बाधक माना जाता था। अगर आबादी बढ़ने की रफ़्तार कम हो तो यह स्थिति भी आ सकती है कि समाज में बूढ़े लोगों की संख्या बढ़ जाए। अत्यधिक आबादी से जीवनयापन के लिए आवश्यक संसाधनों का संकट पैदा हो सकता है। एक ज़माना ऐसा भी था (जैसे अमेरिका में) कि खेती के लिए उपजाऊ भूमि दूर-दूर तक बिना किसी इस्तेमाल के ख़ाली पड़ी रहती थी। सरकारें बड़ा परिवार प्रोत्साहित करने वाली नीतियाँ बनाती थीं। अपनी आबादी घटने की ज़्यादा रफ़्तार का अर्थव्यवस्था पर विपरीत असर पड़ने के अंदेशे से चिंतित देश आजकल भी वित्तीय प्रोत्साहन की नीतियाँ बनाते हैं। विवाहित जोड़ों को अधिक बच्चे पैदा करने के लिए तरह-तरह के प्रलोभन दिये जाते हैं। दूसरे देशों से ज़्यादा लोग आकर बसें, इसके लिए यात्रा और आवासन की रियायतें दी जाती हैं। इन उपायों से आबादी तेज़ी से बढ़ती है, पर इसके मुक़ाबले आबादी घटाने के उपाय, जैसे जन्म नियंत्रण और प्रवसन नियंत्रण, धीरे-धीरे असर करते हैं।

पहले विभिन्न समाजों में प्रजनन की दर भी ऊँची होती थी, और मृत्यु दर भी। लेकिन आज के समाजों में जन्म दर

और मृत्यु दर कम से कम रखने की कोशिश की जाती है। जन-स्वास्थ्य की व्यवस्था बेहतर होने, पेय जल की उपलब्धता सुधरने और महामारियों के उन्मूलन से मृत्यु दर में गिरावट आती है। निजी स्तर पर लोगों को अच्छा इलाज मिलने से मृत्यु दर और घट जाती है। दूसरी तरफ़ गर्भनिरोधक गोलियों, कण्डोम और अन्य उपायों के कारण दुनिया के कई देशों में जन्म दर बहुत तेज़ी से गिरी है। शिक्षा के प्रसार और स्त्रियों द्वारा श्रम-शक्ति में उत्तरोत्तर भागीदारी से भी जन्म दर पर विपरीत असर पड़ा है।

आबादी मुख्यत: दो तरह से बढ़ती है : कुदरती वृद्धि यानी ज़्यादा बच्चे पैदा होना और कम लोगों का मरना; प्रवसन का अनुपात यानी किसी देश में आने वाला आव्रजकों की संख्या का ज़्यादा होना और वहाँ से जाने वाले उत्प्रवासियों की संख्या कम होना। अगर कोई देश अधिक समृद्ध है और वहाँ की अर्थव्यवस्था ख़ुशहाली के मौक़े देने के लिए जानी जाती है, तो वहाँ आव्रजकों की संख्या बढ़ जाती है। आर्थिक उछाल के दौर में देशों के बीच आबादी का आवागमन काफ़ी तेज़ रफ़्तार से होता है। उन्नीसवीं सदी में उत्तरी अमेरिका में समृद्धि की तलाश में बड़े पैमाने पर आव्रजक आये थे। गृह युद्धों की स्थिति में भी एक देश से शरणार्थी बहुत बड़ी संख्या में दूसरे देशों में जाने के लिए मजबूर होते हैं। आधुनिक अंतर्राष्ट्रीय प्रवसन मुख्यत: दो क़िस्म का होता है : प्रतिभा पलायन यानी प्रशिक्षित वैज्ञानिकों, तकनीकी रूप से प्रवीण लोगों, अध्यापकों, डॉक्टरों और नर्सों का बेहतर अवसरों की तलाश में किसी दूसरी अर्थव्यवस्था में जाना; अकुशल और अप्रशिक्षित लोगों द्वारा निचले स्तर की और कम वेतन वाली नौकरियों के लिए दूसरे देशों में जाना क्योंकि वहाँ की आबादी का एक बड़ा हिस्सा इस तरह के कामों को छोड़ कर बेहतर नौकरियों की तरफ़ बढ़ चुका होता है।

जनसांख्यिकी के लिए आबादी की संरचना (विशेषकर आयु-संरचना, लिंग-अनुपात आदि) भी महत्त्वपूर्ण है। मसलन, किसी देश की आबादी में कितने लोग युवा हैं और कितने वृद्ध। इस समय युरोपीय देशों के मुक़ाबले भारत की आबादी अपेक्षाकृत अधिक युवा है। इसे भारत के जनसांख्यिकी लाभांश (डेमॉग्रैफ़िक डिविडेंड) के रूप में देखा जाता है। अगर आबादी में बूढ़ों की संख्या तेजी से बढ़ रही है तो माना जाता है कि उस देश का 'निर्भरता अनुपात' यानी ऐसे लोगों की संख्या बढ़ रही है जो श्रम-शक्ति के सदस्य नहीं रह गये हैं। समझा जाता है कि विकसित युरोपीय देश जल्दी ही अपनी आबादी के बुढ़ाने की समस्या का सामना करने वाले हैं।

दरअसल, माल्थस और उनके अनुयायी जिस समस्या को लेकर चिंतित थे, वह आज भी अर्थशास्त्रियों और जनसांख्यिकी विशेषज्ञों को परेशान कर रही है। समाज वैज्ञानिकों के बीच आबादी और आर्थिक हालात के बीच संबंधों को लेकर हमेशा से ही बहस रही है। आबादी बढ़ने के समर्थक भी रहे हैं और विरोधी भी। इसी बहस से 'अनुकूलतम जनसंख्या' की धारणा निकली है। जॉन स्टुअर्ट मिल और एडविन कैनन का विचार था कि आबादी उस समय अनुकूलतम स्थिति में मानी जा सकती है जब उसकी एक निश्चित संख्या प्रति व्यक्ति उत्पादन को अधिकतम स्तर पर ले जा सकती हो। लेकिन, कई हलक़ों की तरफ़ से इस धारणा का इस आधार पर विरोध हुआ कि उत्पादन की मात्रा अधिकतम करने के बजाय बेहतर यह होगा कि जीवन की गुणवत्ता बढ़ाने को लक्ष्य बनाया जाए।

**देखें :** अर्थ-विज्ञान का समाजशास्त्र, अल्फ्रेड मार्शल, अमर्त्य कुमार सेन, अंतर्राष्ट्रीय मुद्रा कोष, आधार और अधिरचना, ऑस्कर रायज़ार्ड लांगे, ऐडम स्मिथ, क़रारोपण, कल्याणकारी अर्थशास्त्र, क्लासिकल अर्थशास्त्र, कार्ल हाइनरिख़ मार्क्स-3, कार्ल मेंगर, कींसियन अर्थशास्त्र, गुन्नार मिर्डाल, जोआन रोबिंसन, जॉन कैनेथ गालब्रेथ, जॉन मेनार्ड कींस, जॉन स्टुअर्ट मिल, जोसेफ़ शुमपीटर, जैव विविधता, ट्रस्टीशिप, डेविड रिकार्डो, ढाँचागत समायोजन कार्यक्रम, थॉमस मन और वणिकवाद, थॉमस रॉबर्ट माल्थस, दक्षता, धन, नियोक्लासिकल अर्थशास्त्र, नीतिशास्त्र और अर्थशास्त्र, निकोलस काल्दोर, नियोजन, नियोजन : मार्क्सवादी विमर्श, पण्य, पण्य-पूजा, पेटेंट, पॉल सेमुअलसन, पियरो स्राफ़ा, पूँजी, प्रतियोगिता, फ्रांस्वा केस्ने और प्रकृतिवाद, फ्रेड्रिख़ वॉन हायक, बहुराष्ट्रीय निगम, बाज़ार, बाज़ार की विफ़लताएँ, बाज़ार-समाजवाद, बौद्धिक सम्पदा अधिकार, ब्रेटन वुड्स प्रणाली, भारत में बहुराष्ट्रीय निगम, भारत में नियोजन, भारत में पेटेंट क़ानून, भारत में शेयर संस्कृति, भूमण्डलीकरण और पूँजी बाज़ार, भूमण्डलीकरण और वित्तीय पूँजी, भूमण्डलीकरण और वित्तीय उपकरण, मार्क्सवादी अर्थशास्त्र, मिल्टन फ्रीडमेन, मूल्य, राजनीतिक अर्थशास्त्र, राजनीतिक अर्थशास्त्र : भारतीय आयाम, राजकोषीय नीति और मौद्रिक नीति, रॉबर्ट ओवेन, विलफ्रेडो परेटो, विश्व व्यापार संगठन, विश्व बैंक, विलियम पेटी, विलियम स्टेनली जेवंस, वैकासिक अर्थशास्त्र, शोषण, साइमन कुज़्नेत्स।

## संदर्भ

1. जे.सी. क्लैडवेल (1991), 'टुवर्ड्स अ रिस्टेटमेंट ऑफ़ डेमोग्रैफ़िक थियरी', *पॉपुलेशन ऐंड डिवेलपमेंट रिव्यू*, खण्ड 2.
2. एम.आर. रोज़ेनज़्वीग (1997), *हैंडबुक ऑफ़ पॉपुलेशन ऐंड फ़ैमिली इकॉनॉमिक्स*, एल्सेवियर, एम्स्टर्डम और ऑक्सफ़र्ड.
3. एच. गीर्श (सम्पा.) (1994), *इकॉनॉमिक आस्पेक्ट्स ऑफ़ इंटरनेशनल माइग्रेशन*, स्प्रिंगर-वरलेग, बर्लिन और लंदन.

**—अभय कुमार दुबे**

# ओडीशा

(Odissa)

भारत के पूर्वी तटीय क्षेत्र स्थित राज्य ओडीशा का नाम पहले उड़ीसा हुआ करता था। इतिहास में यह राज्य कलिंग के नाम से जाना जाता है जिस पर मौर्य शासक अशोक ने ईसा पूर्व 261 में हमला किया था। आधुनिक ओडीशा की स्थापना एक अप्रैल, 1936 को की गयी थी इसलिए हर साल यह दिन उत्कल दिवस के रूप में मनाया जाता है। गठन के बाद से ओडीशा की राजनीति को तीन भागों में बाँट कर देखा जा सकता है। पहला, स्वतंत्रता प्राप्ति के बाद से 1980 तक का काल जो तुलनात्मक रूप से राजनीतिक उथल-पुथल से भरा रहा। दूसरा, 1980 से 1990 के बीच का दौर, जिसमें कांग्रेस का प्रभुत्व था। और तीसरा, 1990 के बाद की राजनीति, जिसमें ग़ैर-कांग्रेसी दल ख़ास तौर पर बीजू जनता दल कांग्रेस पर हावी रहा। ओडीशा की राजनीति की एक विशेषता यह है कि राष्ट्रीय स्तर की राजनीतिक प्रवृत्तियाँ यहाँ प्रभावकारी नहीं रही हैं। मसलन, जब तक़रीबन पूरे देश की राजनीति में कांग्रेस का वर्चस्व था, उस समय भी कांग्रेस यहाँ बहुमत पाने में नाकाम रही। 1952 और 1957 में हुए चुनावों में कांग्रेस को ओडीशा में बहुमत नहीं मिला था। दूसरे, ओडीशा में न तो राम मंदिर या हिंदुत्व से संबंधित राजनीति का असर दिखता है, और न ही मण्डल परिघटना के कारण पिछड़ी जातियों के राजनीतिक उभार के दर्शन होते हैं। हाँ, साम्प्रदायिक राजनीति इस राज्य में ईसाई विरोधी मुहिमों के रूप में ज़रूर उभरी है।

ओडीशा की राजधानी भुवनेश्वर है। इसका कुल भौगोलिक क्षेत्रफल 1,55,820 वर्ग किलोमीटर है। 2001 की जनगणना के अनुसार यहाँ की कुल जनसंख्या 4,19,47,358 है। क्षेत्रफल के आधार पर ओडीशा भारत का नौवाँ और जनसंख्या के आधार पर ग्यारहवाँ बड़ा राज्य है। 2001 की जनगणना के अनुसार यहाँ की साक्षरता दर 68.8 प्रतिशत है। इस लिहाज़ से भारत में इसका उन्नीसवाँ स्थान है। ओडीशा का विधानमण्डल एकसदनीय है। यहाँ की विधानसभा में कुल 147 सदस्य हैं। उड़ीसा से राज्यसभा के 10 और लोकसभा के 21 सदस्य चुने जाते हैं। राज्य की जनसंख्या में तक़रीबन 23.1 लोग ऊँची जातियों से संबंधित हैं जिनमें ब्राह्मण 8.3 प्रतिशत, बनिया 1.6 प्रतिशत और कराना 3.1 प्रतिशत हैं। पिछड़ी जातियों का अनुपात 41.7 प्रतिशत है। दलित 18.2 प्रतिशत और अनुसूचित जनजातियाँ 15.7 प्रतिशत हैं। यहाँ की जनसंख्या में मुसलमान और ईसाई क्रमशः 2.07 प्रतिशत और 2.44 प्रतिशत हैं। यहाँ के सामाजिक और राजनीतिक जीवन में ऊँची जातियों का प्रभुत्व रहा है।

पहले दो चुनावों में न जीत पाने के कारण कांग्रेस ने ओडीशा में बहुमत पाने के लिए कई तिकड़मों का इस्तेमाल किया। 1957 के विधानसभा चुनावों के बाद उसने झाड़खण्ड पार्टी एवं निर्दलीय विधायकों की मदद से सरकार गठित की। लेकिन सहयोगी पार्टियों की द्वारा तरह-तरह की माँगों से लगातार परेशान किये जाने के कारण हरेकृष्ण मेहताब के नेतृत्व वाली कांग्रेस सरकार ने मुख्य विपक्षी पार्टी गणतंत्र परिषद् से ही समझौता कर लिया। यह भारतीय राजनीति के साथ-साथ ओडीशा के लिए भी एक असाधारण घटना थी जब सत्ताधारी दल और विपक्ष दोनों ने गठजोड़ कर सरकार बनायी। 1961 में मध्यावधि चुनाव हुए जिनमें पहली बार कांग्रेस को बीजू पटनायक के नेतृत्व में पूर्ण बहुमत मिला। पर 1967 के विधानसभा चुनावों में कांग्रेस पराजित हो गयी। इस समय हरेकृष्ण मेहताब ने कांग्रेस से अलग होकर जन कांग्रेस बनायी और विपक्षी गणतंत्र परिषद् के साथ समझौता किया।

लेकिन जब 1971 में मध्यावधि चुनाव हुआ तो बीजू पटनायक ने कांग्रेस से अलग होकर उत्कल कांग्रेस की स्थापना की और डॉ. मेहताब कांग्रेस में वापस आ गये। यही वह समय था जब उत्कल कांग्रेस ने विपक्षी पार्टियों से गठजोड़ कर आर.एन. सिंह देव के नेतृत्व में सरकार बनायी। लेकिन इस सरकार का कार्यकाल पूरा होने से पहले बीजू पटनायक कांग्रेस में लौट आये और कांग्रेस की सरकार बनाने का रास्ता साफ़ कर दिया। लेकिन जब उन्हें लगा कि नंदिनी सतपथी द्वारा साजिश कर नेतृत्व की बागडोर उनसे छीनी जा सकती है तो उन्होंने उत्कल कांग्रेस को पुनर्जीवित किया। इससे कांग्रेस की सरकार गिर गयी। इसके बाद 1973 में हुए चुनावों में कांग्रेस एकमात्र बड़ी पार्टी के रूप में सामने आयी और उसने कम्युनिस्ट पार्टी के सहयोग से सरकार बनायी। 1973-76 तक नंदिनी सतपथी राज्य की मुख्यमंत्री रहीं। इसके बाद कुछ समय के लिए बिनायक आचार्य (दिसम्बर, 1976-जून, 1977) राज्य के मुख्यमंत्री बने। आपातकाल के बाद हुए चुनावों में जनता पार्टी की जीत हुई। इसमें बीजू पटनायक ने भी महत्त्वपूर्ण भूमिका निभायी। लेकिन वे केंद्र में मंत्री बने और नीलमणि राउतराय (जून, 1977-फ़रवरी, 1980) को राज्य की बागडोर दी गयी।

1980 में कांग्रेस की फिर से सत्ता में वापसी हुई। कांग्रेस के जानकी बल्लभ पटनायक (1980-89) अगले नौ साल तक राज्य के मुख्यमंत्री रहे। उनके बाद चुनावों के समय कांग्रेस ने कुछ समय के लिए हेमानंद बिस्वाल (दिसम्बर, 1989-मार्च, 1990) को मुख्यमंत्री बनाया। 1990 में हुए विधानसभा चुनावों में बीजू पटनायक के नेतृत्व में जनता दल को पूर्ण बहुमत मिला।

ओडीशा : बीजू जनता दल के रूप में क्षेत्रीय राजनीति-शक्ति का उभार

इसके के बाद हुए चुनावों में राज्य में तीन पटनायकों का वर्चस्व रहा : बीजू पटनायक, जानकी बल्लभ पटनायक और नवीन पटनायक। बीजू पटनायक 1990-1995 तक राज्य के मुख्यमंत्री रहे। अस्सी के दशक में नौ साल तक राज्य के मुख्यमंत्री रह चुकने के बाद जानकी बल्लभ पटनायक 1995 से 1999 तक फिर से मुख्यमंत्री रहे। उनके बाद दो अन्य कांग्रेसी नेता भी थोड़े-थोड़े समय के लिए मुख्यमंत्री बने। ये नेता है गिरधर गोमांग (फ़रवरी, 1999-दिसम्बर, 1999) तथा हेमानंद बिस्वाल (दिसम्बर, 1999-मार्च, 2000)। 1996 में बीजू पटनायक की मृत्यु के बाद उनके बेटे नवीन पटनायक ने बीजू जनता दल नामक पार्टी का गठन किया। पिछले तीन विधानसभा चुनावों (2000, 2004 और 2009) में नवीन पटनायक के इस दल को ही जीत मिलती रही है। 2000 और 2004 के विधानसभा चुनावों में इसने भाजपा से गठबंधन किया, जबकि 2009 का चुनाव इसने अकेले लड़ा। 2000 में कांग्रेस को 26, बीजू जनता दल को 68 और भाजपा को 38 सीटों पर जीत मिली थी। 2004 में बीजू जनता दल को 61, भाजपा को 32 और कांग्रेस को 38 सीटों पर जीत मिली थी। 2009 के चुनावों में बीजू जनता दल को पूर्ण बहुमत हासिल हुआ। इसे कुल 103 सीटों पर जीत मिली जबकि कांग्रेस को मात्र 27 सीटें ही मिलीं। 1990 के बाद की ओड़िया राजनीति की कुछ प्रमुख विशेषताओं को इस प्रकार रेखांकित किया जा सकता है :

पहला, पहले की तुलना में अब राज्य की राजनीति ज़्यादा व्यक्ति केंद्रित हो गयी। नवीन पटनायक की सबसे बड़ी राजनीतिक पूँजी यह है कि विपक्षी दलों के पास कोई ऐसा नेता नहीं है जो 'ईमानदार और काम करने वाले' नेता की उनकी छवि को चुनौती दे सके। 2000 के बाद राज्य में कांग्रेस का उभार न हो पाने का सबसे बड़ा कारण यह है कि कांग्रेस के पास नवीन पटनायक का मुक़ाबला करने वाला कोई नेता नहीं है। दूसरा, नब्बे के बाद उत्तर भारत की राजनीति में पिछड़ी जातियों का उभार हुआ। लेकिन ओडीशा में ऐसी कोई परिघटना सामने नहीं आयी। यहाँ की राजनीति में ऊँची जातियों का ही वर्चस्व रहा। इसका एक बड़ा कारण यह है कि यहाँ कि राजनीति नेताओं के व्यक्तित्व पर केंद्रित रही है और विपक्ष तथा सत्ता में ऊँची जातियों के नेता क़ाबिज़ रहे हैं।

तीसरा, ओडीशा की राजनीति में राम मंदिर और हिंदुत्व का मुद्दा भी कोई ख़ास पकड़ बना पाने में नाकाम रहा। इसका एक सबसे बड़ा यह है कि राज्य में मुसलमानों की जनसंख्या बहुत कम होने के कारण हिंदुत्ववादी ताक़तों को अपनी बहुसंख्यकवादी राजनीति करने का कोई आधार नहीं मिला। पहले जनसंघ और उसके बाद भाजपा इस राज्य में अपनी पैठ बनाने की विफल कोशिश करते रहे हैं। 1999 के विधानसभा चुनावों में बीजू जनता दल से गठबंधन होने के बाद भाजपा के प्रदर्शन में सुधार हुआ और 2000 के विधानसभा चुनावों में 38 और 2004 के विधानसभा चुनावों 32 सीटों पर जीत मिली। ऐसा नहीं है कि राष्ट्रीय स्वंयसेवक संघ और भाजपा ने यहाँ अपनी साम्प्रदायिक राजनीति फैलाने की कोशिश नहीं की। 2008 में कंधमाल में ईसाई आदिवासियों के ख़िलाफ़ हुए दंगे इस तरह की एक कोशिश थी। लेकिन सम्भवत: इसी कारण से नवीन पटनायक ने अगले चुनावों के वक़्त भाजपा से संबंध तोड़ लिया। इस कारण 2009 के चुनावों में भाजपा की राजनीतिक शक्ति में काफ़ी गिरावट आयी और उसे सिर्फ़ छह सीटों पर जीत मिल सकी।

चौथा, ओडीशा की राजनीति पर नव-उदारतावादी आर्थिक नीतियों का भी गहरा प्रभाव पड़ा है। चूँकि खनिज सम्पदा के मामले में यह भारत के सबसे सम्पन्न राज्यों में से एक है इसलिए बहुत सी देशी और विदेशी कम्पनियाँ यहाँ निवेश करने के लिए आ रही हैं। राज्य सरकार ने 1990 के

बाद से ही इस तरह की कम्पनियों को राज्य में उद्योग लगाने की इजाज़त देने की शुरुआत कर दी थी। लेकिन नवीन पटनायक के मुख्यमंत्री बनने के बाद यह प्रक्रिया और ज़्यादा तेज़ हो गयी। इसने प्रतिक्रियास्वरूप राज्य में जन-आंदोलनों को भी बढ़ावा दिया। ओडीशा में आदिवासियों द्वारा जल, जंगल और ज़मीन के लिए संघर्ष करने के लिए स्थानीय स्तर पर कई आंदोलन चलाये गये। इनमें काशीपुर और जगतसिंहपुर का पोस्को विरोधी आंदोलन चर्चित रहा है। इसके अलावा, ओडीशा में माओवादी आंदोलन का प्रभाव भी बढ़ा है।

भाजपा के कमज़ोर हो जाने के बाद इस समय ओडीशा में मुख्य मुक़ाबला बीजू जनता दल और कांग्रेस के बीच ही है। आर्थिक नीतियों के संदर्भ में कांग्रेस और बीजू जनता दल में बहुत अंतर नहीं है। इसलिए भी कांग्रेस आम-लोगों को अपनी ओर आकर्षित करने में बहुत ज़्यादा सफल नहीं हो पायी है। यह एक कड़वा सच है कि संसाधन-सम्पन्न होने के बावजूद ओडीशा एक पिछड़ा हुआ राज्य है। फिर, पिछले एक-डेढ़ दशकों में यहाँ जिस तरह का विकास मॉडल अपनाया गया है उसने आदिवासियों और हाशिये पर पड़े दूसरे समूहों की जीविका को ख़तरे में डाल दिया है।

इस राज्य की राजनीति में पंद्रह साल से जहाँ एक व्यक्ति का वर्चस्व है, वहीं स्थानीय स्तर पर चलने वाली गैर-दलीय राजनीति प्रक्रियाओं ने विकास के 'मॉडल' और राज्य की नीतियों के संदर्भ में क़ायम तथाकथित आम-सहमति पर गहरे सवालिया निशान लगाये हैं। निश्चित रूप से ओडीशा की राजनीति में विकास का मॉडल और वंचित समूहों की जीविका आने वाले समय में एक ज्वलंत मुद्दा बनेगी।

**देखें :** असम, अरुणाचल प्रदेश, आंध्र प्रदेश, उत्तर प्रदेश, उत्तराखण्ड, कर्नाटक, केरल, गुजरात, छत्तीसगढ़, जम्मू और कश्मीर, झाड़खण्ड, तमिलनाडु, त्रिपुरा, दिल्ली, नगालैण्ड, पश्चिम बंग, पंजाब, महाराष्ट्र, मध्य प्रदेश, मिज़ोरम, मेघालय, भारतीय संघवाद, बिहार, राजस्थान, राज्यों का पुनर्गठन-1, 2 और 3, राज्यों की राजनीति, संघवाद, हरियाणा।

### संदर्भ

1. नलिनी रंजन मोहंती (2009), 'ओडीशा : मण्डल और मंदिर की राजनीति से बेख़बर', अरविंद मोहन (सम्पा.), *लोकतंत्र का नया लोक : चुनावी राजनीति में राज्यों का उभार,* भाग-2, वाणी प्रकाशन-लोकनीति सीएसडीएस, नयी दिल्ली.

**— कमल नयन चौबे**

# छायावाद

(Chhayavad)

आधुनिक हिंदी-साहित्य में दो महायुद्धों के बीच का समय छायावाद का युग कहा जाता है। अब इस युग को समाजशास्त्रीय मानदण्डों से भी परख कर यह समझ बनी है कि छायावाद पश्चिम के स्वच्छंदतावाद की नक़ल पर चला हिंदी का आंदोलन नहीं है, बल्कि यह हमारे आधुनिक साहित्य के इतिहास की एक महत्त्वपूर्ण परिणति है। छायावाद के बारे में ऐसा भी कहा गया है कि यह स्थूल के प्रति सूक्ष्म का विद्रोह है। यहाँ विद्रोह का अर्थ है उपयोगितावाद के विरुद्ध भावुकतावाद का विद्रोह, पुराने काव्य-शिल्प के विरुद्ध नये काव्य-शिल्प का विद्रोह। लेकिन नये अध्ययनों से यह समझ भी बनी है कि छायावाद ने अपनी पूर्ववर्ती कविता से विद्रोह नहीं किया और न ही किसी प्रतिक्रिया के रूप में जन्म लिया है। यह तो हिंदी के काव्य-विकास की सहज मण्डज़ल है। यह न तो पूँजीवाद की कविता है, न पुनरुत्थानवाद की, बल्कि यह भारतीय स्वाधीनता आंदोलन और सांस्कृतिक नवजागरण की गोद में जन्मी मानव-मुक्ति की कविता है जिसमें देश-भक्ति और राष्ट्रीयता की भावना का स्थाई निवास है। एक व्याख्या यह भी है कि छायावाद उस राष्ट्रीय-सांस्कृतिक जागरण की अभिव्यक्ति है जो पुरानी रूढ़ियों को अस्वीकार करती है और मानव-मुक्ति के सपने देखती है। इस अर्थगत व्यापकता के कारण छायावाद को परिभाषा यह दी गयी कि राजनीति के क्षेत्र में जो गाँधीवाद है, कविता के क्षेत्र में वही छायावाद है। इस अर्थ में छायावाद को गाँधीवाद का पर्याय मानना चाहिए।

प्रश्न उठता है कि 'छायावाद' शब्द के प्रयोगकर्ता 'छाया' शब्द से क्या व्यंजना ग्रहण करते रहे। इसे ठीक-ठीक बता पाना तो कठिन है, इसलिए कि 'छाया' शब्द की अनेक व्याख्याएँ हुईं और 'छाया' का अर्थ अनुकरण या नक़ल ग्रहण किया। किसी-किसी ने कहा जो समझ में न आये वह छायावाद है। जयशंकर प्रसाद ने पूरी स्थिति पर निगाह डालते हुए संस्कृति प्रयोगों के साक्ष्य पर 'छाया' की व्याख्या की 'मोती के भीतर छाया की जैसी तरलता'। छाया का अर्थ कांति, पानी, चमक, आब करते हुए उन्होंने कहा, 'छाया भारतीय दृष्टि से अनुभूति और अभिव्यक्ति की भंगिमा पर निर्भर करती है।' इस तरह यह अर्थ उभर कर सामने आया कि छायावाद प्रकृति-काव्य नहीं शक्ति-काव्य है, और इस शक्ति-काव्य पर भारतीय सांस्कृतिक नवजागरण का प्रभाव कई स्तरों पर है। इस युग की प्रतिनिधि रचना *कामायनी* और *राम की शक्ति पूजा* है। मूल संदेश यह है कि शक्ति के नियोजन से पराधीनता से मुक्ति

सूर्यकांत त्रिपाठी निराला (1896-1961)

मिल सकती है। मानवता को विजयिनी देखने का यही उपाय है। इसीलिए 'शक्ति की करो मौलिक कल्पना, करो पूजन' क्योंकि यह आसुरी शक्तियों से मुक्ति पाने का रास्ता है। शक्ति की मौलिक कल्पना अन्यों की नक़ल से नहीं अपनी मौलिक सूझ से ही की जा सकती है।

हिंदी आलोचना में 'छायावाद' शब्द का प्रचलन 1920 के आसपास हुआ। उपलब्ध सामग्री के आधार पर कहा जा सकता है कि जबलपुर से निकलने वाली साहित्यिक पत्रिका *श्रीशारदा* के 1920 के जुलाई, सितम्बर, नवम्बर और दिसम्बर के अंकों में प्रकाशित मुकुटधर पाण्डेय द्वारा लिखित 'हिंदी में छायावाद' शीर्षक लेख के अंतर्गत चार निबंधों को छायावाद के स्वरूप-विधायक लेख माना जा सकता है। उस समय से आज तक विद्वान छायावाद पर निरंतर विचार कर रहे हैं। उन्हें ध्यान है कि हिंदी आलोचना में छायावाद को मूलत: पाश्चात्य मिस्टिसिज़िम या रहस्यवाद से सम्बद्ध माना गया। इतना ही नहीं छायावादी कवियों पर अंग्रेज़ी के रोमांटिक कवियों का प्रभाव देखकर इस काव्य को 'रोमांटिसिज़िम' का प्रतिरूप समझा गया। तीसरे छायावाद के कवियों की शिल्पगत सजगता को देख कर छायावाद को 'चित्रभाषावाद' या अभिव्यंजना की नूतन पद्धति समझा गया। पहली भ्रांति का जन्म मुकुटधर पाण्डेय के 'छायावाद' शब्द को 'मिस्टिसिज़िम के लिए आया हुआ' कह देने से हुआ। रामचंद्र शुक्ल ने इसे स्पष्टत: रहस्यवाद के अर्थ में ग्रहण किया और उसके बाद नंददुलारे वाजपेयी भी इसी भ्रांति के शिकार रहे। छायावाद की स्वरूप विषयक इस भ्रांति का निराकरण सर्वप्रथम रामकृष्ण शुक्ल शिलीमुख ने किया, उन्होंने छायावाद और रहस्यवाद के मौलिक अंतर को स्पष्ट किया। उनके अनुसार छायावाद प्रकृति में मानव जीवन का प्रतिबिम्ब देखता है जबकि रहस्यवाद सम्पूर्ण सृष्टि में ईश्वर का। ईश्वर अव्यक्त है, छाया व्यक्त। इस तरह शिलीमुख ने छायावाद की मूल काव्यानुभूति में आध्यात्मिकता का निषेध किया।

यह समस्या भी विद्वानों के सामने रही कि क्या छायावाद रोमांटिसिज़िम (स्वच्छंदतावाद) का प्रतिरूप है। रामचंद्र शुक्ल ने श्रीधर पाठक और रामनरेश त्रिपाठी के सृजन कार्य को देशी स्वच्छंदतावाद के अंतर्गत स्थान दिया। यह ठीक बात है कि हिंदी के इन दो कवियों में छायावाद की स्वच्छंद प्रकृति का पूर्वाभास मिलता है। लेकिन इसी कारण छायावाद को अंग्रेज़ी के रोमांटिसिज़िम का अनुकरण मान लेना उसका अवमूल्यन करना है। दरअसल, छायावाद, रहस्यवाद और स्वच्छंदतावाद में से किसी भी 'वाद' का समानधर्मा प्रतिरूप नहीं है, लेकिन इसके बावजूद इस काव्य की रहस्यात्मक और स्वच्छंदतावादी प्रवृत्तियों को नकारा नहीं जा सकता। डॉ. नामवर सिंह ने अपनी कृति *छायावाद* में सुमित्रानंदन पंत की कविता *मौन-निमंत्रण* पर कहा है कि इस काव्य की विषय परिधि इतनी व्यापक है कि इसमें इन सभी प्रवृत्तियों का सहज अंतर्भाव मिलता है। रहस्यवाद, छायावाद और स्वच्छंदतावाद में 'थोड़ा-थोड़ा' अंतर भले ही हो, तीनों एक ही विचारधारा की विविध प्रवृत्तियाँ मालूम पड़ती हैं। इस तरह छायावादी प्रवृत्तियों के ही सर्वव्यापी होने के कारण इस काव्य-विशेष का 'छायावाद' नाम सर्वाधिक उपयुक्त है। छायावाद को अंतर्वस्तु-विहीन अभिव्यंजना की पद्धति कहना भी उचित प्रतीत नहीं होता। छायावाद में श्रेष्ठ कविता है और उसके पीछे सशक्त युग-प्रेरणा है। इसी दृष्टि से नगेंद्र ने इसे 'एक विशेष प्रकार की भावपद्धति, जीवन के प्रति एक विशेष प्रकार का भावात्मक दृष्टिकोण' कहा है। नगेंद्र ने दो क़दम आगे बढ़ कर छायावाद को नैतिक रूढ़ियों के प्रति मानसिक स्वातंत्र्य का विद्रोह और काव्य के बंधनों के प्रति स्वच्छंद कल्पना और 'टेकनीक का विद्रोह' कहा है।'

दरअसल, छायावादी कविता के व्याख्यान-विश्लेषण से यह ध्वनित होता है कि व्यक्ति की स्वाधीनता ही सम्पूर्ण समाज की स्वाधीनता की अभिव्यक्ति है। छायावाद में भारतीय स्वाधीनता-संग्राम, विशेषकर सत्याग्रह-युग की चेतना की पर्याप्त अभिव्यक्ति मौजूद है। भारतीय जागरण का यह प्रबल अध्याय है जिसे निराला, पंत, प्रसाद और महादेवी ने मिल कर लिखा है। छायावाद ने रीतिवाद का विरोध करते हुए स्वानुभूति और कवि-स्वातंत्र्य पर पर्याप्त बल दिया। रामचंद्र शुक्ल को छायावादी अध्यात्मिकता के मूल में रवींद्रनाथ का प्रभाव दिखाई दिया। रवींद्रनाथ ब्राह्मी थे, अत:

उन्हें छायावाद को 'फ़ैंटसमेटा' ईसाई प्रतीकवाद मानने में कठिनाई नहीं हुई। यह विचार प्रचारित था कि बांग्ला में भी छायावाद नाम का कोई 'वाद' है। इस विचार का खण्डन हजारी प्रसाद द्विवेदी ने किया। महावीर प्रसाद द्विवेदी छायावाद की अस्पष्टता को लेकर परेशानी में थे और उन्होंने कहा भी था कि, 'छायावाद से लोगों का क्या तात्पर्य है, कुछ समझ में नहीं आता'। लेकिन रामचंद्र शुक्ल ने साहस के साथ 'रोमांटिसिज़िम' का अनुवाद 'स्वच्छंदतावाद' किया और श्रीधर पाठक और रामनरेश त्रिपाठी को स्वच्छंदतावादी कवि कह कर छायावाद और स्वच्छंदतावाद में भेद किया। शुक्ल छायावाद को स्वच्छंदतावाद कहने का विरोध करते थे। दिलचस्प बात यह है कि अंग्रेज़ी रोमांटिसिज़िम से पंत, प्रसाद और निराला को प्रभावित मानने पर भी शुक्ल ने उन्हें पश्चिमी ढंग का रोमांटिक मानने से इनकार कर दिया था। लेकिन रामचंद्र शुक्ल के बावजूद हिंदी आलोचना में छायावाद को स्वच्छंदतावाद का पर्यायवाची मान लिया गया। सम्भवत: यह इसलिए हुआ कि व्यापक अर्थ में स्वच्छंदतावाद रूढ़ियों से मुक्ति की आकांक्षा है।

छायावाद को रहस्यवाद और आध्यात्मिकता से युक्त मानने का भी एक दौर चला। नंद दुलारे बाजपेयी जैसे छायावाद के आलोचक ने कहा कि 'मानव अथवा प्रकृति के साथ सूक्ष्म किंतु व्यक्त सौंदर्य में आध्यात्मिकता का भान मेरे विचार से छायावाद की एक सर्वमान्य व्याख्या हो सकती है।' इसी समय छायावाद को लेकर नगेंद्र, महादेवी वर्मा, शांतिप्रिय द्विवेदी की यह धारणा भी विचार के केंद्र में आ गयी कि छायावाद स्थूल के प्रति सूक्ष्म का विद्रोह है। छायावाद की सूक्ष्मता को लेकर प्रश्न उठा कि पंत-प्रसाद-निराला की कुछ कविताएँ काफ़ी स्थूल हैं, उनका क्या होगा! क्या उन्हें छोड़ दिया जाएगा? छायावाद की श्रेणी में प्रसाद-पंत-निराला-महादेवी के सम्पूर्ण काव्य को समाहित किया गया। अज्ञेय ने कहा कि परिश्रम प्रसाद ने अधिक किया है, काव्य निराला का श्रेष्ठ है। प्रसाद पढ़ाये जाएँगे, निराला पढ़े जाएँगे, पंत से सीखा जाएगा।

छायावाद ने प्रकृति के प्रतीकों द्वारा अर्थ-व्यंजना का एक नया संसार सामने ला दिया। नये बिम्ब छायावाद की प्रतीकों से भी बड़ी देन हैं। इस तरह छायावाद ने काव्य रूप, काव्यभाषा, काव्य बिम्ब-प्रतीक, अलंकार और नवीन छंदयोजना का समृद्ध लोक हिंदी कविता में ला दिया। लेकिन छायावाद को केवल अभिव्यंजना की नूतन-पद्धति का आंदोलन कहना उसके गौरव को छीन लेना है जबकि कला की दृष्टि से छायावाद हिंदी कविता का सुवर्ण काल है। छायावाद की मुख्य प्रवृत्तियाँ हैं— सूक्ष्म के प्रति आग्रह, आत्माभिव्यक्ति, स्थूल यथार्थ से विमुख होकर कल्पना जगत में प्रवेश, स्वानुभूति, अतींद्रिय अमांसल शृंगार भावना, प्रकृति

सुमित्रानंदन पंत (1900–1967)

का नारी रूप में अंकन, कौतूहलजन्य कल्पना, आत्मोन्नयन की कामना, कल्पनातिरेक, रूढ़ियों के प्रति स्वच्छंद कल्पना का विद्रोह, भावावेग की प्रधानता, प्रगीत-तत्त्व, भारत के स्वर्णिम अतीत का गौरवगान, राष्ट्रीय संस्कृतिक उद्‌बोधन की चेतना, परतंत्र राष्ट्र की दयनीय अवस्था पर करुणा विगलित क्षोभ, भारतीय संस्कृति का भव्य अंकन, भारतीय वीरों का यशोगान, भारतमाता के अनेक रूपों की वंदना , राष्ट्रभक्ति से ओतप्रोत गीतों का ओजस्वी स्वर।

छायावादी कवियों में सुमित्रानंदन पंत पर्वतीय क्षेत्र से, सूर्यकांत त्रिपाठी निराला महिषादल बंगाल और बैसवाड़ा से, जयशंकर प्रसाद भोजपुरी क्षेत्र से और महादेवी वर्मा ठेठ खड़ी बोली के क्षेत्र से आती हैं। इनमें से ज़्यादातर कवियों का कवि-कंठ ब्रजभाषा में फूटा है, लेकिन इन सभी ने काव्य-भाषा के रूप में खड़ी बोली की महत्त्व-प्रतिष्ठा की है। अपनी पूरी काव्य-परम्परा का अनुशीलन करते हुए इन कवियों ने आत्मीयता का वातावरण तैयार किया है। वे कविता में बात कहने के लिए किसी कल्पित कहानी, पुराण-आख्यान की अपेक्षा नहीं रखते— सीधी-सच्ची भाषा में उत्तम पुरुष में सुगमता से बात कहते हैं। इसलिए इन कवियों ने 'मैं' शैली अपनाकर सामाजिक-स्वाधीनता को बढ़ावा दिया। इस तरह कविता में आधुनिक शिक्षित युवक का पूरा व्यक्तित्व उभर कर सामने आया। कवियों ने भक्तों की आत्मनिवेदन पद्धति से आगे बढ़कर अपनी बात कही। यहाँ किसी 'राधा-कान्ह' का बहाना नहीं है और न सामंती नैतिकता का कोई बंधन। पंत ने *उच्छ्‌वास* में बालिका के प्रति सीधे प्रणय प्रकट किया। निराला

ने अपनी पुत्री सरोज की स्मृति में शोक गीत लिखा और निजी जीवन की अनेक बातें कहीं। कान्यकुब्ज ब्राह्मणों की करतूतों का, हिंदी के सम्पादकों द्वारा अपमानित होने का और 'दुःख ही जीवन की कथा रही' का पीड़ा-पाठ प्रस्तुत किया। प्रसाद ने प्रेमचंद के आग्रह पर *हंस* में *आत्मकथा* दी और कहा, 'छोटे से जीवन की कैसे बड़ी कथाएँ आज कहूँ'। महादेवी ने प्रगीतों में नारी मन की व्यथा-कथा और नारी की निर्भयता का विस्तार किया। इस तरह छायावादी काव्य में आत्माभिव्यक्ति की भावना व्याप्त रही है। यह आत्माभिव्यक्ति ही इस सृजन में मानव की स्वाधीनता का बीज-मंत्र है।

व्यक्तिवादी होने पर भी इन कवियों ने आत्म-प्रसार की आकांक्षा को कहीं कम नहीं होने दिया। निराला के राम 'पंचवटी प्रसंग' में सीता को आत्म-प्रसार का उपदेश देते हैं। कविता को संकीर्णताओं से निकाल कर छायावाद के कवियों ने 'चारपाई पर पड़े-पड़े कराहने वाले प्रेम' को नमस्कार कर लिया। उनका प्रेम मानव को 'औरों को हँसते देखो मनु' का संदेश देने लगा। *कामायनी* में हर बार आता है कि 'अपने में सब कुछ भरकर कैसे व्यक्ति विकास करेगा'। उनका अरमान रहा है 'एक कर दें पृथ्वी आकाश'। उनके इस अरमान की विराटता के छोर अनंत हैं। जाति-भेद, देश-भेद के दायरे में उनका यह अरमान कैद नहीं हो सकता। धार्मिक संकीर्णता तो इन कवियों ने ललकारा ही, ब्रजभाषा की नायिका-भेदी परम्पराओं का भी विरोध किया। पंत की रचना *पल्लव* इस क्षेत्र का ऐतिहासिक दस्तावेज़ है। पंत ने प्रकृति के सौंदर्य को हज़ार-हज़ार नैनों से देखकर शब्दबद्ध किया और कौतूहलता में पूछा, 'प्रथम रश्मि का आना रंगिणि तूने कैसे पहचाना?' महादेवी ने प्राचीन सीमाओं का विरोध करते हुए 'जाग तुझको दूर जाना है' का स्वर ऊँचा किया। 'कीर का पिय आज पिंजर खोल दो' की गुहार लगायी और आँधी-तूफ़ान में डँटे रहने की निर्भय 'काव्य टोन' को अपनाया। निराला की *राम की शक्ति पूजा* के राम शक्ति की मौलिक कल्पना करते हैं। *कामायनी* के लोक में इच्छा-क्रिया-ज्ञान के मेल से सामंजस्य अनुभूति को दार्शनिकता में सम्पृक्त करने की कला अद्‌भुत है।

प्रकृति की भाँति ही छायावादी कविता में 'देवि माँ सहचरी प्राण' के रूप में नारी को प्रधानता मिली है। द्विवेदी-युग की कविता में नारी के प्रति सम्मान भाव है, लेकिन वहाँ गृहर्स्थिका-भावना की अधिकता है। समाज-सुधार के नाम पर विधवाओं-अनाथालयों की भरमार है। आर्यसमाजी नैतिकता से वह कविता पटी पड़ी है। राम नरेश त्रिपाठी का 'मिलन' नारी जागरण का त्यागमय रूप सामने लाता है। लेकिन छायावाद-युग की बौद्धिक नारी कई अर्थों में सजग नारी है। निराला की कविता 'विधवा' में नारी का तपस्विनी रूप 'वह इष्टदेव के मंदिर की पूजा सी' रूप में झलक उठता है। शिक्षा में सुधार के कारण नारी-पुरुष में वैयक्तिक स्वच्छंद प्रेम का उदय हुआ। नारी को 'प्रेयसी' का ऊँचा स्थान मिला। यह सखीवाद-सजनीवाद का मध्ययुगीन रूप नहीं था। नारी के प्रति रीतिकालीन दृष्टिकोण हरिऔध, मैथिलीशरण गुप्त, सियारामशरण गुप्त की कृतियों में बदला और छायावाद में आ कर उसमें और नयापन आया। प्रसाद के मनु को कामगोत्रजा श्रद्धा 'आनंदलोक' की यात्रा में ले गयी। प्रसाद का 'काम' पौराणिक-काम नहीं है। वह नये युग की हलचल और तनाव का विस्फोट है। आधुनिक मन में प्यास की काममयी पुकार है और अतृप्तियों का खुला खेत। प्रसाद ने प्रेम के लिए कहा है कि, 'पागल रे वह मिलता है कब उसको तो देते ही हैं सब' नर-नारी के प्रणय के संबंध में छायावाद संवाद-सेतु का काम करता है। मध्य युग में नारी प्रेम की वस्तु थी, अब नारी को स्वच्छंद, भावमय व्यक्तित्व मिल गया। शिक्षा के नये परिवेश में युवक-युवतियाँ मिले और उनमें प्रगाढ़ता बढ़ी। 'राम की शक्ति पूजा' में नवीन प्रणयानुभूति को निराला ने 'काँपते हुए किसलय झरते पराग समुदय' के नये प्रतीकों से व्यक्त किया। प्रसाद की श्रद्धा, निराला की रत्नावली और पंत की अप्सरा का नयापन रीतिवाद को पछाड़ता चलता है। इस तरह छायावाद ने नारी का पूरा सौंदर्यशास्त्र-समाजशास्त्र ही बदल दिया। निराला की 'जूही की कली' का प्रेम तृप्ति में विश्राम पाता है।

छायावाद की हर कविता नीतिपरक भी है और राजनीतिक भी। साथ ही वह नैतिकता के शक्तिबाण पर भी सवार है। उसमें राजनीतिक परिस्थिति की छाया की अभिव्यक्ति है। सामाजिक-राजनीतिक स्वाधीनता के लिए संघर्ष है। पराधीन भारत में राष्ट्रीयता की भावना ने जोर पकड़ा और भारतीय इतिहास में कवि-मन यात्रा करने लगा। भारतीय परम्परा का हमारे विद्वानों ने पुनःवाचन किया और उसे गौरवशाली पाया। प्रसाद ने 'हिमालय के प्रति' कविता में 'प्रलय में पले हुए हम वीर' कहकर जनता को नया संदेश दिया। प्रसाद ने अतीत का गौरव सबसे ज़्यादा गाया, लेकिन वे पुनःरुत्थानवादी नहीं निकले। वे वर्तमान में संघर्ष करने वाले प्रेरणा-नायक हैं। निराला ने 'जागो फिर एक बार' कविता में सांस्कृतिक परम्परा के तार झनझना दिये। गीता की वाणी को स्मरण करते हुए कहा : 'शेरों की माँद में आया है आज स्यार/जागो फिर एक बार'। निराला जी की कविता 'तुलसीदास' तो स्वाधीनता का स्वर्ण-कलश है। प्रसाद में देश-प्रेम का अनुपम रूप 'चंद्रगुप्त' नाटक के कार्नोलिया द्वारा गाये हुए इस गीत में मिलता है- 'अरुण यह मधुमय देश हमारा'। पूरा गीत भारतमाता की आरती है। छायावाद के इन सभी कवियों में महादेवी का स्वर सर्वाधिक शक्ति-भरा स्वर है : 'जाग तुझको दूर जाना' का भाष्य महादेवी के प्रति गहरी श्रद्धा से भर देता है। स्वाधीनता आंदोलन से प्राप्त मानसिक

स्वाधीनता ने महादेवी के गद्य-पद्य में ऐसा रूप धारण किया कि उनके बहुवचनों को भूल पाना असम्भव है।

छायावाद ने हिंदी कविता को एक नया रूप-विन्यास दिया और काव्य-भाषा को अधिकाधिक सर्जनात्मक बनाया। काव्य रूप में नाटकीय प्रबंध-कविताएँ, लम्बी कविताओं के साथ प्रगीत-कला का स्वर्ण-युग ला दिया। उसने अभिव्यंजना की नूतन काव्य-प्रणालियों को जन्म दिया। इस कविता ने चित्रात्मकता-बिम्बात्मकता को सामाजिक आधार दिया। पंत ने व्यंजक-विशेषणों से अलंकार में नये अप्रस्तुतों के प्रयोग से कविता को भीतर से बदल दिया। छंद के क्षेत्र में छायावाद में नये-पुराने छंदों के साथ मुक्त-छंद महिमा को पाठक के सामने उजागर किया।

**देखें :** अष्टछाप, 'अंग्रेज़ी हटाओ' आंदोलन, नंद दुलारे वाजपेयी, नगेंद्र और सैद्धांतिक समीक्षा, नयी कविता, प्रेमचंद, प्रयोगवाद, प्रगतिवाद, भक्ति आंदोलन-1 और 2, भक्ति-काव्य-1 और 2, भारतेंदु हरिश्चंद्र, भारतेंदु युग-1 और 2, भाषा नियोजन-1, 2, 3 और 4, भाषा का मार्क्सवादी सिद्धांत, महावीर प्रसाद द्विवेदी-1 और 2, महादेवी वर्मा, मीरांबाई और प्रेमाभक्ति, रामानुजाचार्य, रामानंद, रामचंद्र शुक्ल-1 और 2, रामविलास शर्मा-1 और 2, रीतिकाल-1, 2 और 3, वैष्णव धर्म, श्याम सुंदर दास, सम्पर्क भाषा-1, 2, 3 और 4, संविधान सभा में भाषा-विवाद-1, 2 और 3, संत-काव्य, सिद्ध-नाथ परम्परा, सूफ़ियत और प्रेमाख्यान, हजारी प्रसाद द्विवेदी-1 और 2, हिंदी विरोधी आंदोलन, हिंदी जाति-1, 2 और 3, हिंदी साहित्य का आदिकाल, हिंदी साहित्य का इतिहास, हिंदी-जगत और 'लोकप्रिय'-1 और 2, हिंदी नवजागरण।

### संदर्भ

1. धीरेंद्र वर्मा (प्रधान सम्पादक), ब्रजेश्वर वर्मा (सहकारी) (1969), *हिंदी साहित्य* (तृतीय खण्ड), भारतीय हिंदी परिषद्, प्रयाग.
2. रामस्वरूप चतुर्वेदी (1993), *हिंदी साहित्य और संवेदना का विकास,* लोक भारती प्रकाशन, इलाहाबाद.
3. नामवर सिंह (1955), *छायावाद,* राजकमल प्रकाशन, नयी दिल्ली.
4. प्रतिभा कृष्णबल (1971), *छायावाद का काव्यशिल्प,* राधाकृष्ण प्रकाशन, नयी दिल्ली.
5. कृष्णदत्त पालीवाल (1988), *हिंदी आलोचना का सैद्धांतिक आधार,* वाणी प्रकाशन, नयी दिल्ली.
6. रामचंद्र शुक्ल (1945), *हिंदी साहित्य का इतिहास,* नागरी प्रचारिणी सभा, काशी, तेरहवाँ पुनर्मुद्रण.
7. विजय देव नारायण साही (1987), *छठवाँ दशक,* हिंदुस्तानी अकादमी, इलाहाबाद.

**— कृष्णदत्त पालीवाल**

# जॉन स्टुअर्ट मिल

(John Stuart Mill)

उन्नीसवीं सदी के विचारक और अर्थशास्त्री जॉन स्टुअर्ट मिल (1806-1873) ने दर्शनशास्त्र, समाजशास्त्र और राजनीतिशास्त्र में भी उल्लेखनीय योगदान दिया है। अपने युग के दो-तीन सबसे महत्त्वपूर्ण अर्थशास्त्रियों में एक मिल ने उपयोगितावाद के सिद्धांत का प्रतिपादन किया, लेकिन वे समाजवादी विचारों से भी प्रभावित थे। मिल *ऑन लिबर्टी* (1859) और द *सब्जेक्शन ऑफ़ वुमॅन* (1869) के रचयिता भी हैं। अल्फ्रेड मार्शल की रचना प्रकाशित होने से पहले मिल द्वारा रचित पाठ्य पुस्तक *प्रिंसिपल्स ऑफ़ पॉलिटिकल इकॉनॉमी* (1848) क़रीब आधी सदी तक इंग्लैण्ड में आर्थिक चिंतन और अध्यापन पर छायी रही। इस रचना से पता चलता है कि उनका विमर्श तत्कालीन स्थापित विचारों और साम्यवादी विचारों के बीच योजक कड़ी था। मिल माल्थस के जनसंख्या सिद्धांत के समर्थक तो थे, पर उनकी तरह निराशावादी नहीं। आबादी में वृद्धि रोकने के लिए वे स्त्रियों को और अधिक स्वतंत्रता देने के पक्षधर थे। मज़दूरी के सिद्धांत के बारे में उनकी मान्यता थी कि इसका निर्धारण श्रमिकों के जीवन-निर्वाह की लागत से होता है। मिल के अनुसार दीर्घकाल में मज़दूरी केवल इतनी होगी कि श्रमिक अपने जीवन का निर्वाह-भर कर सकें। यदि मज़दूरी अधिक होगी तो मज़दूरों की संख्या बढ़ जाएगी। यदि मज़दूरी कम हुई तो मज़दूरों की संख्या कम हो जाएगी। जब इस सिद्धांत की आलोचना हुई तो मिल ने मज़दूरों को संगठित हो कर मज़दूरी बढ़ाने के लिए प्रेरित किया।

जॉन स्टुअर्ट मिल लंदन में पैदा हुए। उनके पिता विख्यात विद्वान और इतिहासकार जेम्स मिल ने उन्हें व्यवस्थित शिक्षा दिलायी। मिल ने बचपन में यूनानी भाषा सीख ली और बहुत कम उम्र में प्लेटो की रचनाएँ पढ़ने लगे। आठ साल की उम्र में उन्हें लैटिन और फिर गणित सिखायी गयी। बारह साल की आयु वे तर्कशास्त्र और दर्शन का अध्ययन करने लगे थे। मिल के घर में उन दिनों उपयोगितावादी दार्शनिक जेरेमी बेंथम का अक्सर आगमन होता था जिनसे हुई बातचीत का उनके युवा मानस पर गहरा असर पड़ा। उन्होंने समाज सुधारक बनने का फ़ैसला किया। 1834 से 1840 के बीच मिल ने ब्रिटेन में बुद्धिजीवियों की प्रमुख पत्रिका *वेस्टमिंस्टर रिव्यू* का सम्पादन किया। इसके बाद उन्होंने अर्थशास्त्र, दर्शन, राजनीति और सामाजिक सिद्धांत पर कई पुस्तकें रचीं।

क्लासिकल अर्थशास्त्रियों के बीच मिल की अहमियत इस बात को लेकर है कि उन्होंने ऐडम स्मिथ और माल्थस

जॉन स्टुअर्ट मिल (1806-1873)

के परस्पर विपरीत लगने वाले प्रेक्षणों के बीच तालमेल बैठाया और बीच का रास्ता निकाल कर भविष्य की आर्थिक वृद्धि का विश्लेषण करने की कोशिश की। स्मिथ का ख़याल था कि मुक्त व्यापार, प्रौद्योगिकीय नवाचार, श्रम के विभाजन और पूँजी के निवेश के ज़रिये समाज और राष्ट्र समृद्ध होते हैं। इसके उलट माल्थस मानते थे कि स्थिर संसाधनों पर पड़ने वाले जनसंख्या के दबाव के कारण आर्थिक प्रगति की सम्भावनाएँ सीमित हो जाती हैं। मिल का ख़याल था कि अर्थव्यवस्था में दोनों तरह की ताक़तें एक साथ काम करती रहती हैं। इनके टकराव के नतीजे की भविष्यवाणी करने के बजाय उन्होंने भविष्य के लिए कई सम्भावनाओं और परिदृश्यों की तजवीज़ की।

मिल इस निष्कर्ष पर पहुँचे कि अर्थव्यवस्था में दीर्घकालीन रुझानों और परिणामों की एकदम ठीक-ठीक भविष्यवाणी नहीं की जा सकती। आर्थिक प्रक्रियाओं का नतीजा माल्थस जैसा भी निकल सकता है, और स्मिथ जैसा भी। एक तीसरा परिदृश्य यह भी हो सकता है कि पूँजी की सप्लाई और आबादी की बढ़ोतरी एक ही दर से हो, साथ में प्रौद्योगिकी तुलनात्मक रूप से स्थिर रहे। चूँकि श्रम की आपूर्ति और माँग एक सी रहेगी, इसलिए वास्तविक मज़दूरी में कोई बढ़ोतरी नहीं होगी। लेकिन, दूसरी ओर प्रौद्योगिकी में भी कोई विकास नहीं होगा इसलिए खाद्य उत्पादन की लागत बढ़ जाएगी। परिणामस्वरूप मुनाफ़े में लाज़मी तौर पर गिरावट होगी। मिल के लिहाज से चौथा परिदृश्य था पूँजी और आबादी में बढ़ोतरी से भी ज़्यादा रफ़्तार से प्रौद्योगिकी में बढ़ोतरी होना। इसके परिणामस्वरूप खाद्य उत्पादन तेज और आसान हो जाएगा। मज़दूरी भी घटेगी और लगान भी। मुनाफ़ा बढ़ेगा और कुल अर्थव्यवस्था बेहतर होगी।

मिल का ख़याल था कि तीसरा परिदृश्य सर्वाधिक सम्भावित है। इसलिए उन्होंने आर्थिक प्रगति के स्थावर हालात की सम्भावनाओं पर काफ़ी दिमाग़ खपाया। उन्नीसवीं सदी में अधिकतर क्लासिकल अर्थशास्त्रियों को यह अंदेशा सताता रहता था कि एक न एक दिन आर्थिक वृद्धि का सिलसिला ख़त्म हो जाएगा। इस सवाल को लेकर उनके बीच बहस भी होती थी। लेकिन मिल इस निष्कर्ष पर पहुँचे कि अर्थव्यवस्था में हमेशा उछाल का मौसम अगर न भी रहे तो भी अपनी जगह स्थिर अर्थव्यवस्था की धीमी गति को सकारात्मक निगाह से देखा जाना चाहिए, बशर्ते उसमें आमदनी का बँटवारा ठीक से किया गया हो। दार्शनिक रवैया अपनाते हुए मिल ने यह भी कहा कि अगर आर्थिक वृद्धि रुक जाएगी तो औद्योगिक जीवन में लगातार चलते रहने वाली चूहा-दौड़ ख़त्म हो जाने के आसार भी पैदा होंगे।

मिल ने रिकार्डो द्वारा छोड़ी गयी सैद्धांतिक समस्याओं का निवारण भी किया। रिकार्डो यह बताने में असमर्थ रहे थे कि अंतर्राष्ट्रीय व्यापार से होने वाले लाभों का देशों के बीच बँटवारा किस तरह होगा। मिल ने दिखाया कि लाभों का अधिकतर हिस्सा उस देश को जाएगा जिसके बाज़ार में माँग अधिक लचीली होगी। माँग लचीली होने पर दाम में होने वाले परिवर्तन का नतीजा उपभोक्ताओं द्वारा ख़रीदी जाने वाली चीज़ों में भारी मात्रात्मक परिवर्तन की तरह सामने आयेगा। अगर माँग में लचीलापन नहीं होगा तो उपभोक्ताओं के मानस पर दामों में होने वाले परिवर्तन का असर नहीं पड़ेगा। मिल के इस विश्लेषण को इस उदाहरण से समझा जा सकता है कि अगर अमेरिका के बाज़ार में जापानी कारों की माँग लचीली होगी (यानी कम जापानी कारों से भी अमेरिका का काम चल सके), और दूसरी तरफ़ जापानी बाज़ार में अमेरिकी खाद्यान्न की माँग ग़ैर-लचीली होगी (यानी अमेरिकी चावल के बिना जापान का काम न चल सके) तो विशेषज्ञीकरण और व्यापार का अधिकतर लाभ अमेरिका को ही मिलेगा। अर्थात् अमेरिका ऊँचे दामों में अपना चावल बेचेगा और कम दामों में जापान की कारें ख़रीद लेगा। लेकिन, अगर जापानी कारों ने अमेरिका को मोहित कर लिया, और जापान को चावल के ग़ैर-अमेरिकी स्रोत मिल गये तो ज़्यादातर लाभ जापान के पास चले जाएँगे।

मिल की विशेषता यह थी कि वे लीक से हट कर सोचते थे। वे पहले अर्थशास्त्री थे जिन्होंने माँग और आपूर्ति की परिघटना पर संबंधों के रूप में चर्चा की, जबकि स्मिथ और रिकार्डो जिंसों की मात्रा के रूप में माँग और आपूर्ति को देखते थे। मिल यह देख पाने में समर्थ रहे कि मात्रा दामों में होने वाले परिवर्तनों के प्रति अनुक्रिया करती है। दाम बढ़ने पर व्यापारी बड़ी मात्रा में चीज़ें बाज़ार में लाते हैं जिससे दाम घटते हैं और उपभोक्ता जम कर ख़रीदारी करते हैं।

मिल ने ही पहली बार *अवसर-लागत* के विचार का सूत्रीकरण किया। इसके मुताबिक़ कोई भी क़दम उठाने का फ़ैसला करते समय व्यक्ति कुछ और करने का मौक़ा खो देता है जिसकी वित्तीय और ग़ैर-वित्तीय क़ीमत होती है। मसलन, अगर कोई कॉलेज की शिक्षा प्राप्त करना चाहता है तो उसे किताबों और ट्यूशन फ़ी पर ख़र्च करना होगा और इसीलिए उपभोग की अन्य वस्तुओं को ख़रीदने का इरादा छोड़ना होगा। साथ ही पढ़ाई के समय में कमाया जा सकने वाला धन से भी वंचित रहना होगा। मिल ने मज़दूरों की तनख़्वाह के सिलसिले में क्लासिकल अर्थशास्त्रियों द्वारा प्रतिपादित *वेतन कोष सिद्धांत* का भी खण्डन किया। यह सिद्धांत कहता था कि पूँजीपति जिंसों के उत्पादन से पहले जमा किये गये कोष से अपने मज़दूरों को वेतन देता है। मिल का कहना था कि मज़दूरी तो कम या ज़्यादा होती रहती है और मालिकों और मज़दूरों आपसी बातचीत करके उसका स्तर तय कर सकते हैं। व्यापारी अगर चाहे तो अपना ख़ुद का उपभोग घटा कर मज़दूरों के वेतन के लिए ज़्यादा धन बचा सकता है। मसलन, वह दो करोड़ डॉलर का घर ख़रीदने के बजाय पचास लाख डॉलर का घर ख़रीद कर अपना काम चला सकता है।

मिल ने समाज-विज्ञान में पद्धति के प्रश्न पर भी विचार किया और इस निष्कर्ष पर पहुँचे कि सामाजिक, व्यावहारिक और नैतिक विज्ञानों में प्राकृतिक विज्ञानों की तरह नियंत्रित प्रयोग नहीं किये जा सकते। अपनी रचना *ऑन लिबर्टी* में मिल ने कहा कि राज्य और समाज को व्यक्ति की स्वतंत्रता पर केवल उतना ही नियंत्रण लगाना चाहिए जिससे एक व्यक्ति दूसरे को हानि न पहुँचा सके। उन्होंन मुक्त व्यापार की वक़ालत स्मिथ की तरह भौतिक ख़ुशहाली की ख़ातिर न करके व्यक्तिगत स्तर पर आत्म-विकास की ख़ातिर की। स्वतंत्रता पर लिखी गयी इस विख्यात रचना में मिल ने बेंथम के विचारों को और परिष्कृत रूप में पेश किया। उन्होंने तर्क दिया कि किसी व्यक्ति के मत का समाज या राज्य के सामूहिक निर्णय के आधार पर दमन नहीं किया जा सकता। वे निजी स्वाधीनता को बचाने की पैरोकारी करते हैं और बेंथम से परे जाते हुए सुख को वैयक्तिकता की रक्षा के रूप में देखते हैं। उनके यहाँ वैयक्तिकता मनुष्य की इयत्ता के विकास की पूर्व शर्त है। प्रगति तभी होगी जब अपनी वैयक्तिकता में दूसरों से भिन्न हो कर व्यक्ति समाज के लिए उपयोगी होगा। मिल स्वाधीनता के तीन आयाम बताते हैं : विचार और बहस की स्वतंत्रता, वैयक्तिकता का सिद्धांत और व्यक्ति की क्रियाओं पर राज्य और समाज के नियंत्रण की सीमा। द *सब्जेक्शन ऑफ़ वुमॅन* में मिल का कहना है कि स्त्री की अधीनस्थ हैसियत समाज की प्रगति में बाधक है। औरतों को जीवन के हर क्षेत्र में पुरुषों के साथ प्रतियोगिता करने की इजाज़त दी जानी चाहिए।

**देखें :** अर्थ-विज्ञान का समाजशास्त्र, अल्फ्रेड मार्शल, अमर्त्य कुमार सेन, अंतर्राष्ट्रीय मुद्रा कोष, आधार और अधिरचना, ऑस्कर रायज़ार्ड लांगे, आर्थिक जनसांख्यिकी, ऐडम स्मिथ, क़रारोपण, कल्याणकारी अर्थशास्त्र, क्लासिकल अर्थशास्त्र, कार्ल हाइनरिख़ मार्क्स-3, कार्ल मेंगर, कींसियन अर्थशास्त्र, गुन्नार मिर्डाल, जोआन रोबिंसन, जॉन कैनेथ गालब्रेथ, जॉन मेनार्ड कींस, जोसेफ़ शुमपीटर, जैव विविधता, ट्रस्टीशिप, डेविड रिकार्डो, ढाँचागत समायोजन कार्यक्रम, थॉमस मन और वणिकवाद, थॉमस रॉबर्ट माल्थस, दक्षता, धन, नियोक्लासिकल अर्थशास्त्र, नीतिशास्त्र और अर्थशास्त्र, निकोलस काल्दोर, नियोजन, नियोजन : मार्क्सवादी विमर्श, पण्य, पण्य-पूजा, पेटेंट, पॉल सेमुअलसन, पियरो स्राफ़ा, पूँजी, प्रतियोगिता, फ्रांस्वा केस्ने और प्रकृतिवाद, फ्रेड्रिख़ वॉन हायक, बहुराष्ट्रीय निगम, बाजा़र, बाज़ार की विफ़लताएँ, बाज़ार-समाजवाद, बौद्धिक सम्पदा अधिकार, ब्रेटन वुड्स प्रणाली, भारत में बहुराष्ट्रीय निगम, भारत में नियोजन, भारत में पेटेंट क़ानून, भारत में शेयर संस्कृति, भूमण्डलीकरण और पूँजी बाज़ार, भूमण्डलीकरण और वित्तीय पूँजी, भूमण्डलीकरण और वित्तीय उपकरण, मार्क्सवादी अर्थशास्त्र, मिल्टन फ्रीडमेन, मूल्य, राजनीतिक अर्थशास्त्र, राजनीतिक अर्थशास्त्र : भारतीय आयाम, राजकोषीय नीति और मौद्रिक नीति, रॉबर्ट ओवेन, विलफ्रेडो परेटो, विश्व व्यापार संगठन, विश्व बैंक, विलियम पेटी, विलियम स्टेनली जेवंस, वैकासिक अर्थशास्त्र, शोषण, साइमन कुज़्नेत्स।

### संदर्भ

1. सेमुअल होलेंडर (1985), द *इकॉनॉमिक्स ऑफ़ जॉन स्टुअर्ट मिल,* युनिवर्सिटी ऑफ़ टोरंटो प्रेस, टोरंटो.
2. पेड्रो श्वार्ज़ (1972), द *न्यू पॉलिटिकल इकॉनॉमी ऑफ़ जे.एस. मिल,* ड्यूक युनिवर्सिटी प्रेस, डरहम.
3. जे. जॉर्ज स्टिगलर (1965), 'द नेचर ऐंड रोल ऑफ़ ओरिजिनलिटी इन साइंटिफ़िक प्रोग्रेस', *एसेज़ इन द हिस्ट्री ऑफ़ इकॉनॉमिक्स,* युनिवर्सिटी ऑफ़ शिकागो प्रेस, इलिनॉय, शिकागो.

**—अभय कुमार दुबे**

# जूडिथ बटलर

(Judith Butler)

नारीवादी समाजशास्त्री और दार्शनिक जूडिथ बटलर (1956-) के विमर्श ने स्त्री-अस्मिता और स्त्रीपन से जुड़े आग्रहों की विसंरचनात्मक गवेषणा करके जेंडर और सेक्शुअलिटी-अध्ययनों को गहराई से प्रभावित किया है। उन्हें 'क्वियर' नारीवाद के व्याख्याकार के रूप में भी जाना जाता है। फ़ूको और देरिदा की स्थापनाओं का इस्तेमाल करते हुए बटलर ने १९९० में प्रकाशित अपनी विख्यात रचना *जेंडर ट्रबुल : फ़ेमिनिज़म ऐंड सबवर्ज़न ऑफ़ आइडेंटिटी* में दावा

किया कि जेंडर-अस्मिताओं को अलग-अलग क़ायम रखने की कोशिश का मतलब है अनिवार्य इतरलैंगिकता को बढ़ावा देना। जूडिथ का कहना है कि जेंडर असल में एक स्वाभाविक, सहजात और निर्धारित श्रेणी है ही नहीं। वह तो काफ़ी हद तक तरल है। हम समाज और देह के धरातल पर अपने जेंडर को अनिवार्यत: अभिनीत करते हुए मान बैठते हैं कि हमारा जेंडर स्थाई है। इतरलैंगिक सेक्शुअलिटी के बजाय बटलर को उससे भिन्न समलैंगिक, लेस्बियन या उभयलैंगिक सेक्शुअल आचरण बौद्धिक रूप से अधिक उत्तेजित करते हैं। ये वैकल्पिक सेक्शुअलिटीज़ स्त्री/पुरुष द्विभाजन और इतरलैंगिकता द्वारा आरोपित घटाववाद की पोल खोल देती हैं। 1993 में प्रकाशित *बॉडीज़ दैट मैटर : ऑन द डिस्कर्सिव लिमिट्स ऑफ़ सेक्स* में बटलर ड्रैग क्वीन (एक शृंगारित स्त्री का वेष धारण किये हुए पुरुष) के प्रदर्शनकारी आचरण की मिसाल देती हुई कहती हैं कि स्त्रीपन की आचरण-संहिता किसी भी देह पर चस्पाँ की जा सकती है, चाहे वह स्त्री हो या पुरुष। बटलर के विमर्श ने नारीवादियों के बीच काफ़ी विवाद पैदा किया है। सवाल उठाया गया है कि अगर जेंडर की श्रेणी अस्थिर है तो क्या एक समूह या संगठन के रूप में स्त्रियों को गोलबंद किया जा सकता है ? इस प्रश्न के इर्द-गिर्द बटलर को बहुत सी नारीवादियों के विरोध का सामना करना पड़ा है।

अस्मिता का सवाल नारीवादी आंदोलन के लिए शुरू से ही केंद्रीय रहा है। उन्नीसवीं सदी और बीसवीं सदी के पूर्वार्ध में पहली लहर के नारीवाद ने स्त्री को एक सार्वभौम मानव के आईने में देखने की स्थापना की थी। साठ और सत्तर के दशक में दूसरी लहर के नारीवाद ने आलोचनात्मक रुख अपनाते हुए इस सार्वभौम मानव को तत्त्वत: पुरुष क़रार दिया। यह आलोचना पुरुष और स्त्री के बीच जेंडर-विभेद पर आधारित थी। इस प्रक्रिया में मानव की सार्वभौम एकल श्रेणी दुहरी हो गयी। एक सार्वभौम स्त्री बनी और एक सावभौम पुरुष बना। अस्सी के दशक में स्त्री की यह सार्वभौम श्रेणी नस्ल, वर्ग और सेक्शुअलिटी के आधारों पर आड़े हाथों ली गयी। विश्लेषण किया गया कि जिस स्त्री को पुरुष के बरक्स सार्वभौम कहा जा रहा है वह तो अनिवार्यत: श्वेतांग, उच्चवर्गीय और इतरलैंगिक मानकों पर चलने वाली है। इस स्त्री का प्रभुत्व ग़ैर-श्वेत, निम्नवर्गीय और वैकल्पिक सेक्शुअलिटीज़ के दमन और खामोशी पर आधारित है। यह विमर्श स्त्री के लिए अस्मिता-बहुलता की सम्भावनाएँ लेकर आया। लेकिन जैसे ही एक निर्धारित अस्मिता का बहुलीकरण हुआ, अस्मिता की राजनीति की ही भीतर-बाहर से आलोचना होने लगी।

बटलर ने अपने विमर्श में दिखाया कि अस्मिता-विमर्श भले ही कितनी भिन्नताओं को अपने आगोश में समेट रहा हो, दरअसल वह सत्ता का विखण्डन करने के बजाय ख़ुद सत्ता की ही देन है। अस्मिता की दावेदारियाँ राजनीतिक प्रतिरोध का ज़रिया नहीं बन सकतीं। इसके उलट वे तो एक तरह का फंदा हैं जिसमें हम ख़ुद को फँसा लेते हैं। बटलर ने अस्मिता की राजनीति का रणनीतिक विकल्प तजवीज़ करने की कोशिश भी की है।

बटलर के चिंतन को आम तौर पर उत्तर-आधुनिकता के ख़ाने में डालकर देखा जाता है। लेकिन उनकी यह श्रेणी इतनी सरल-सहज नहीं है। बटलर की निगाह में आधुनिकतावाद तो बुनियादपरस्त है ही, उत्तर-आधुनिकतावाद भी एक तरह की बुनियादपरस्ती की शिकार है। यह एक ख़ास तरह की बुनियादपस्ती है जो उसका विरोध करने की प्रक्रिया में आ जाती है। लेकिन उत्तर-आधुनिकतावाद की विशेषता यह है कि वह अपनी बुनियादपरस्ती को भी प्रश्नांकित कर सकता है। आधुनिकतावाद के विपरीत अपने गिरेबान में मुँह डाल कर देख सकता है। वह सत्ता की संरचनाओं को बरकारर रखने के अपने प्रच्छन्न रवैये को रेखांकित करके अपनी ही सीमाओं को उजागर करने की क्षमता भी रखता है।

चूँकि बटलर सभी तरह के परिप्रेक्ष्यों को सत्ता-संबंधों में किसी-न-किसी रूप में लिप्त मानती हैं, इसलिए मार्था नसबॉम ने उनके विमर्श को नकारात्मक क़रार दिया है। लेकिन, बटलर का कहना है कि उनका संशयवादी रवैया इस आसानी से बन जाने वाली और आकर्षक लगने वाली मान्यता के ख़िलाफ़ चेतावनी है जिसके तहत हम मान लेते हैं कि हमारी तमाम प्रिय कार्यसूचियाँ और नज़रिये अनिवार्यत: सत्य और न्याय के पक्ष में ही हैं। हम यह मासूम-से निष्कर्ष भी निकाल लेते हैं कि हमारे एजेंडे किसी भी क़िस्म के बहिर्वेशन का कारण नहीं बनेंगे। बटलर का कहना है कि अपनी धारणाओं पर भी संशय करते रहने से होता यह है कि हम उन्हें त्रुटिहीन और असीमित मानने से बच जाते हैं। हम ख़ुद को समाज और दुनिया के खेवनहार की हैसियत में रख कर सभी के नाम पर बोलने का अधिकार प्राप्त करने के स्वयं के रवैये को आलोचनात्मक दृष्टि से देखने लगते हैं।

बटलर कहती हैं कि अस्मिता की राजनीति के लिए प्रतिबद्धता नारीवाद के लिए नुक़सानदेह है। अस्मिता के आधार पर पूरी तरह से लोकतांत्रिक और सहभागी राजनीति की रचना नहीं हो सकती। अगर हम अस्मिताओं की अस्थिरता पर प्रकाश डालें तो राजनीतिक कार्रवाई की ज़मीन कुंठित होने के बजाय राजनीतिक क्षमता पुष्ट होगी। 'जेंडर ट्रबुल' से बटलर का मतलब है स्त्री की अस्मिता का 'पास्टिश' के तरीक़े से प्रदर्शन, न कि 'पैरोडी' की भाँति। पैरोडी तो उसकी भौंडी नक़ल होती है जिसे मूल समझा गया है। जबकि, पास्टिश में एक तरह की फ़ितनाग़री अंतर्निहित

जूडिथ बटलर (1956–)

है। वह अस्मिता के मानकों की पुन: संरचना की क्षमता रखती है। इसी तर्क के आधार पर बटलर को 'ड्रैग क्वीन' की प्रदर्शनप्रियता एक आंतरिक विद्रोह से सम्पन्न लगती है। ड्रैग क्वीन के रूप में एक पुरुष ख़ुद को औरत की तरह पेश करता है। कुछ इस तरह कि उसका पुरुषपन संदिग्ध लगने लगता है। ड्रैग क्वीन एक रूपक है जिसके आईने में किसी जेंडर का होने की सभी तरह की दावेदारियाँ दरअसल जेंडर का अभिनय प्रतीत होने लगती हैं। हर जेंडर के मुखौटे के पीछे एक और मुखौटा होता है।

अपनी रचना *बॉडीज़ दैट मैटर* में जूडिथ बटलर अस्मिताओं के प्रतिरोध की व्याख्या करती हुई कहती हैं कि इसका मतलब केवल मानक-विमर्श के प्रभुत्व के मुक़ाबले हाशियाकृत श्रेणियाँ बुलंद करना नहीं है। केवल स्त्री, ब्लैक और समलैंगिक होने का दावा करने से प्रतिरोध की अपनी अनिश्चितताएँ ठंडे बस्ते में नहीं जाने वालीं। ऐसी बात नहीं कि बटलर जेंडर और स्त्री-जैसी श्रेणियों का इस्तेमाल करने के ख़िलाफ़ हों, पर वे यह ज़रूर चाहती हैं कि इन्हें खोलना होगा। सामाजिक मानकों के प्राकृतिक और शाश्वत होने के आग्रह पुष्ट करने के बजाय अपनी जगह से हिलाने होंगे। लेकिन इस काम के लिए कोई सीधा फ़ॉर्मूला उपलब्ध नहीं है, न ही यह किसी पहले से तय तरीक़े से हो सकता है। बटलर का सुझाव है कि दैहिक सेक्स, जेंडर और सेक्शुअलिटी के आयामों को मिला-जुला कर हम एक ऐसा मिश्रण तैयार कर सकते हैं जो 'क्वियर' यानी अनोखा और बिगाड़ू होगा। क्वियर स्थापित अस्मिता को अस्वीकार करेगा। किसी भी तरह के पूर्व आकलन को बेकार साबित करके क्वियर अनायास का वाहक बनेगा।

क्वियर थियरी : बटलर का विमर्श क्वियर थियरी से जुड़ा है। एक विचार के तौर पर क्वियर का उभार समलैंगिक सेक्शुअलिटियों की राजनीति और एक हद तक नारीवादी राजनीति के कुछ पहलुओं के मिश्रण से हुआ है। नब्बे के दशक में इसके ज़रिये इयत्ता-रचना के कुछ सम्भव आयाम टटोले गये। क्वियर थियरी के तहत हाशियाकृत सेक्शुअलिटीज़ को अल्पसंख्यक राजनीति की तरह सूत्रबद्ध करने से बचा जाता है। यह थियरी केंद्र और परिधि के द्विभाजन के पक्ष में नहीं है। क्वियर थियरी भिन्नता के नाम पर बने तरह-तरह के केंद्रों के ख़िलाफ़ बग़ावत का संदेश देती है। वह उन भिन्नताओं के पक्ष में है जो आपस में गुँथी हुई हैं, अस्तित्व-बहुल और अर्थ-बहुल हैं और ठोस न होकर सरंध्र हैं। क्वियर थियरी किसी भी धारणा को समाज की केंद्रीय या बुनियादी मानने के लिए तैयार नहीं है। क्वियर थियरी को पूरी तरह से उत्तर-आधुनिकतावादी भी नहीं कह सकते, क्योंकि उत्तर-आधुनिक विद्वानों ने उसकी हमदर्द आलोचनाएँ भी की हैं।

**देखें :** अश्वेत नारीवाद, आनंदीबाई जोशी, इसलामिक नारीवाद, गायत्री चक्रवर्ती स्पिवाक, चिपको आंदोलन, जूलिया क्रिस्टेवा, जेंडर, दलित नारीवाद, देवदासी, देवकी जैन, नारीवाद, नारीवाद की पहली लहर, नारीवाद की दूसरी लहर, नारीवाद की तीसरी लहर, नारीवादी दर्शन, नारीवाद और अर्थशास्त्र, नारीवादी फ़िल्म-सिद्धांत, नारीवादी इतिहास-लेखन, नारीवाद और अर्थशास्त्र, नारीवाद और साम्प्रदायिकता, नैंसी शोदॅरो, पर्यावरणीय नारीवाद, पब्लिक-प्रायवेट, पण्डिता रमाबाई सरस्वती, पितृसत्ता, पुरुषत्व, प्रजनन प्रौद्योगिकी, प्रेम, प्रेम-अध्ययन और नारीवादी दर्शन, भारत में स्त्री-आरक्षण-1 और 2, महादेवी वर्मा, मनोवैश्लेषिक नारीवाद, मैरी वोल्सनक्राफ़्ट, राजनीतिक दर्शन के नारीवादी आयाम-1 और 2, रमाबाई रानाडे, ल्यूस इरिगरे, स्त्री-अध्ययन, स्त्री और साम्प्रदायिकता, स्त्री-श्रम, सम्पत्ति : नारीवाद परिप्रेक्ष्य, सिमोन द बोउवार, स्त्री-आरक्षण, हेलन सिचू।

## संदर्भ

1. जूडिथ बटलर (1990), *जेंडर ट्रबुल : फ़ेमिनिज़म ऐंड सबवर्ज़न ऑफ़ आइडेंटिटीज़,* रॉटलेज, न्यूयॉर्क और लंदन.
2. जूडिथ बटलर (1993), *बॉडीज़ दैट मैटर : ऑन द डिस्कर्सिव लिमिट्स ऑफ़ सेक्स,* रॉटलेज, न्यूयॉर्क.
3. एल. निकल्सन (सम्पा.) (1990), *फेमिनिज़म/पोस्टमॉडर्निज़म,* रॉटलेज, लंदन.

— **अनामिका**

# जूलिया क्रिस्टेवा

(Julia Kristeva)

साहित्य और नारीवाद की प्रतिभाशाली सिद्धांतकार, भाषाशास्त्री, दार्शनिक और मनोविश्लेषक जूलिया क्रिस्टेवा (1941-) के विमर्श में यौन-भिन्नता और उसके आधार पर संस्कृति में व्यक्ति की जगह निर्धारित होने की प्रक्रिया का संधान किया गया है। हालाँकि क्रिस्टेवा को अपनी समकालीन फ्रांसीसी विदुषियों ल्यूस इरिगरे और हेलन सिचू के साथ एक नारीवादी त्रयी के रूप में देखा जाता है, पर दिलचस्प बात यह है कि वे ख़ुद को नारीवादी बताने से हमेशा परहेज़ करती रही हैं। वे स्त्री और पुरुष को जैविकी आधारित जेंडर के आधार पर अलग-अलग करने के बजाय उनके बीच फ़र्क़ को सीमियॉटिक और सिम्बॉलिक के अर्थ में परिभाषित करती हैं। यहाँ सिम्बॉलिक का अर्थ है पितृसत्तात्मक भाषा-व्यवस्था का सांकेतिक संसार जिसका प्रतिपादन ज़ाक लकाँ ने किया था। उसके मुक़ाबले सीमियॉटिक का अर्थ है प्राक्-भाषाई रूप (जैसे ध्वनियाँ, धुनें, बच्चे के गले से निकलने वाली आवाज़ें, कविता की भाषा आदि)। क्रिस्टेवा का कहना है कि ये प्राक्-भाषाई रूप अर्थहीन नहीं होते, लेकिन इन्हें भाषा संबंधी लक्षणों और प्रतीकों में सीमित भी नहीं किया जा सकता। सिम्बॉलिक के बरक्स सीमियॉटिक को रख कर क्रिस्टेवा कहती हैं कि सीमियॉटिक के दायरे में माँ और बच्चे का अस्तित्व अभिन्न रूप से गुँथा रहता है। यह मातृ-मनोग्रंथि से पहले का चरण है। कला और साहित्य के क्षेत्र में उनका सूत्रीकरण है कि सिम्बॉलिक और सीमियॉटिक जहाँ मिलते हैं, वहीं *जूसेंस* या आनंद की सृष्टि होती है। क्रिस्टेवा को अंतर्पाठीयता की अवधारणा के विकास में महत्त्वपूर्ण योगदान करने का श्रेय भी जाता है।

क्रिस्टेवा के विमर्श को समझने के लिए पहले लकाँ द्वारा प्रतिपादित सिम्बॉलिक का अर्थ-ग्रहण आवश्यक है। लकाँ ने मिरर स्टेज की थियरी विकसित की है जिसके एक ख़ास मुक़ाम पर बच्चे के भीतर भाषा का अंकुर फूटता है। लकाँ कहते हैं कि भाषा के ज़रिये बच्चे के क़दम एक सांकेतिक व्यवस्था में पड़ते हैं। यहाँ मातृ-मनोग्रंथि की थियरी का अपने ढंग से इस्तेमाल करते हुए लकाँ बताते हैं कि भाषा का औज़ार मिलने का मतलब है बच्चे का अपनी माँ की दुनिया से पृथक होना और समाज की दुनिया में प्रवेश करना। समाज की यह दुनिया पितृसत्तात्मक है, यानी वह पिता का संसार है। उस पिता का, जो बच्चे की उस समय तक की ज़िंदगी में जैविक नहीं बल्कि सांकेतिक उपस्थिति ही रखता है। लकाँ कहते हैं माँ बच्चे के लिए सम्पूर्ण आनंद का स्रोत है। इसे वे *जूसेंस* का नाम देते हैं, जबकि पिता सांकेतिक है जिसके सान्निध्य के कारण बच्चा *जूसेंस* से वंचित हो जाता है। यह वंचन ही उसके भीतर यौन-कामना की सृष्टि करता है।

इसी जगह क्रिस्टेवा का हस्तक्षेप शुरू होता है। वे मनोविश्लेषण, भाषाशास्त्र और काव्य-भाषा की दुनिया में जाती हैं। उन्हें मार्क्सवाद से मैटीरियलिटी यानी पार्थिवता मिलती है, लकाँ से मनोविश्लेषण और सॅस्यूर से सीमियॉटिक्स (लक्षणशास्त्र)। इस तरह एक तरफ़ तो वे भाषा के संचार संबंधी उपयोग के मुक़ाबले भाषा को एक प्रक्रिया के रूप में परिभाषित करती हैं, वहीं दूसरी ओर उनके विश्लेषण का केंद्र शिशु की वह देह है जिस पर मातृ-मनोग्रंथि का अभी तक असर नहीं हुआ है। यानी माँ और बच्चे का संबंध प्रि-इडिपल स्टेज में है। क्रिस्टेवा ने अपनी रचना *रेवोल्यूशन इन पोइटिक लेंग्वेज* में बच्चे और माँ के बीच संबंध के इस चरण की व्याख्या करने के लिए प्लेटो की अवधारणा *चोरा* का प्रयोग किया है। *चोरा* का अर्थ है एक ऐसा दैहिक स्पेस जहाँ माँ और बच्चा हर तरह से अभिन्न है। मुख्यत: मातृ-संबंधी या ग़ैर-पितृसत्तात्मक इस स्पेस को ठोस अर्थों में जाना नहीं जा सकता, लेकिन इसकी कुछ-कुछ झलक भाषा की सांकेतिक (यानी पितृसत्तात्मक) व्यवस्था में पड़ी दरारों के ज़रिये मिल सकती है। ये दरारें पड़ती हैं कविता रचने के दौरान किये जाने वाले भाषाई व्यवहार से। क्रिस्टेवा को यक़ीन है कि भले ही कवि का जैविकी आधारित जेंडर पुरुष हो, अगर वह सिम्बॉलिक के बजाय सीमियॉटिक बरतने वाला है तो उसे एक अर्ध-नारी के रूप में ग्रहण किया जा सकता है। ऐसे कवियों के रूप में क्रिस्टेवा ने मलारमे और सेलाइन जैसे अवाँगार्द रचनाकारों की मिसालें दी हैं। सीमियॉटिक के दायरे में होने के कारण ही कविता की रचना-प्रक्रिया उस शिशु की गतिविधियों की तरह होती है जो क़िस्म-क़िस्म की ध्वनियों, हँसी, गुनगुनाहट और लफ़्ज़ों के खेल के ज़रिये भाषा सीखता है।

अपने विश्लेषण से क्रिस्टेवा भाषा के जिस रूप को सामने लाती हैं, वह महज़ अर्थ-सम्प्रेषण की ज़िम्मेदारी निभाने तक सीमित नहीं है। भाषा की पार्थिवता उसे केवल अर्थ-वाहक बना देने वाली वैज्ञानिकता से मुक्त करके इस जगत की अर्थ-बहुलता समझने की तरफ़ ले जाती है। भाषा के वैज्ञानिक और पार्थिव आयामों के बीच के इस फ़र्क़ को क्रिस्टेवा और विकसित करते हुए कहती हैं कि भाषा केवल सचेत रूप से ही ग्रहण नहीं की जाती, बल्कि उसका एक रूप अवचेतन को ही उपलब्ध हो पाता है। इसी सिलसिले में भाषा के समांतर चलने वाला आत्मनिष्ठता का एक विशेष रूप पनपता है। जो सचेत कर्ता है वह तो स्थिर है और संज्ञेय है, पर अवचेतन के धरातल पर कर्ता का संज्ञान केवल एक

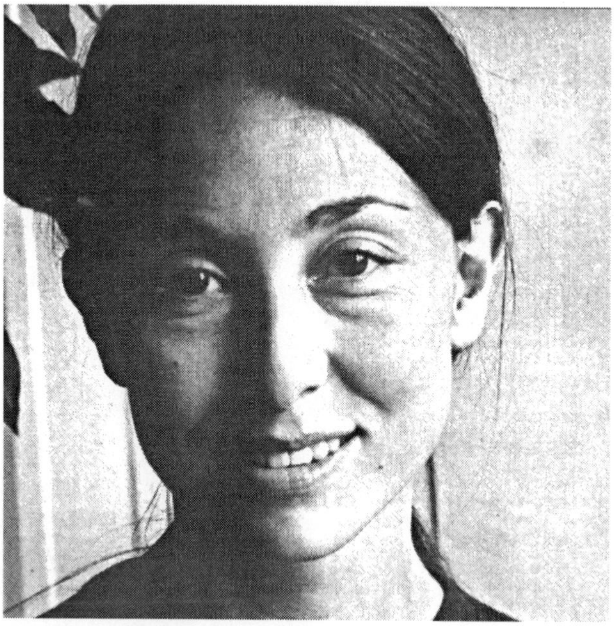

जूलिया क्रिस्टेवा (1941-)

प्रक्रिया के रूप में ही लिया जा सकता है। क्रिस्टेवा यहाँ जिस आत्मनिष्ठता की चर्चा कर रही हैं उसका रिश्ता एक ऐसे अवचेतन से है जिसके बारे में न बोला जा सकता है और न ही जिसे नाम दिया जा सकता है। यह अवचेतन और यह आत्मनिष्ठता बुद्धिसंगत और अवधारणात्मक समझ के सुपरिभाषित दायरों से परे रहती है। दरअसल, क्रिस्टेवा के इस विमर्श को विश्लेषण की प्रक्रिया में अंतर्निहित विरोधाभास का उद्घाटन करने का श्रेय दिया जाना चाहिए। कुछ न कुछ विश्लेषित होने से हमेशा रह जाता है और जो रह जाता है उसी में उस राजनीतिक व्यवस्था के लिए चुनौती की सम्भावना रहती है जिसकी रचना संस्कृति और भाषा के प्रभुत्वशाली पहलुओं से मिल कर होती है।

1979 में प्रकाशित अपनी विख्यात रचना *वुमंस टाइम* में क्रिस्टेवा ने सेक्शुअल भिन्नता के ऐतिहासिक निरूपण की चर्चा की है। वे संकेतात्मक का निरूपण पौरुषपूर्ण ऐतिहासिक समय के तौर पर करती हैं। इस समय का चरित्र रैखिक है, जबकि स्त्री से जुड़ा हुआ समय चक्रीय होता है। पौरुषपूर्ण संकेतात्मकता बुद्धिसंगत सम्पर्क-सूत्रों और रैखिकता को प्राथमिकता देती है। उसकी प्रवृत्ति मुख्यतः एकल है जिसे सीमियॉटिक से चुनौती मिलती है जिसमें स्त्रीत्व निहित है और जो ध्वनि और लय पर आधारित है। क्रिस्टेवा बिना किसी हिचक के मानती हैं कि पूँजीवाद और पितृसत्ता इतिहास के प्रधान रूप हैं। इनमें परिवर्तन करने की ज़िम्मेदारी न केवल राजनीति के नये रूपों पर है, बल्कि भाषा के उन नये रूपों पर भी है जो स्त्रीत्व के मूल्यों से व्याप्त हैं।

क्रिस्टेवा अपनी समकालीन विदुषियों इरिगरे और सिचू की भाँति ही मूलतः फ्रांस की नहीं हैं। उनका जन्म बल्गेरिया में हुआ था। वे १९६५ में पेरिस रहने आयीं और साहित्यिक पत्रिका *तेल क्वेल* के इर्द-गिर्द लेखकों और आलोचकों से जुड़ गयीं। शुरू में उन्होंने मिख़ाइल बाख़्तिन और रूसी रूपवादियों द्वारा की गयी साहित्यालोचना पर चिंतन-मनन किया। बाख़्तिन द्वारा प्रवर्तित संवाद-कल्पनाशीलता पर विचार करते हुए उन्होंने अंतरपाठीयता की अपनी थियरी विकसित की। उन्होंने कहा कि चाहे उपन्यास हो, कविता हो या कोई इतिहास संबंधी दस्तावेज़ हो, हर टेक्स्ट अपने आप में सम्पूर्ण या स्वायत्त नहीं होता। उसकी रचना दूसरे पाठों से ही हो सकती है। जब कोई पाठक किसी पाठ की व्याख्या करता है तो उसके लिए उसे उस पाठ के अन्य पाठों के साथ संबंध पर निर्भर होना पड़ता है। अंतरपाठीयता का एक मतलब यह भी निकलता है कि किसी भी टेक्स्ट का वजूद अपनी व्याख्या और पुनर्व्याख्या से अप्रभावित नहीं रहता। पाठ की व्याख्या उसके उस ढाँचे का अंग बन जाती है जिसके तहत उस टेक्स्ट को शुरू-शुरू में रचा गया था।

अपने रचना-काल के बाद के वर्षों में क्रिस्टेवा ने *पॉवर्स ऑफ़ हॉरर : ऐन एसे ऑन एब्जेक्शन* (१९८२) में कर्ता और उसकी जैविकी के साथ संबंधों का असाधारण संधान किया। एब्जेक्शन का मतलब है नीच, अधम या अधःपतन। मानवीय जीवन में इसका संबंध अस्वच्छ, प्रदूषक, उच्छिष्ट, मानवीय विष्ठा, उल्टी आदि से जोड़ा जाता है। क्रिस्टेवा ने इसका संबंध अपनी सीमियॉटिक व्यवस्था से जोड़ कर इसे स्त्री के संसार का अंग क़रार दिया। अपने विमर्श के इसी दौर में क्रिस्टेवा ने प्रेम और विषाद जैसे विषयों पर विमर्श किया।

इसमें उन्होंने निजी धरातल पर अपने अनुभवों का इस्तेमाल तो किया ही, साथ ही मनोविश्लेषक के तौर पर अपने रोगियों के अनुभवों का भी प्रयोग किया। उनका कहना था कि संस्कृति के क्षेत्र में प्रवेश न पाने का कारण होता है सांकेतिक व्यवस्था का अंग बन पाने की क्षमताएँ विकसित न हो पाना। ऐसा होने पर व्यक्ति के जीवन में विषाद छा जाता है। वह प्रेम करने में असमर्थ हो कर दिन-रात अपनी माँ का सोग मनाता रहता है। क्रिस्टेवा ने राष्ट्रवाद को अपनी ख़ास निगाह से देखा, क्योंकि वे मूलतः बल्गारियाई हैं। उन्हें लगातार यह एहसास होता रहता है कि वे विदेशियों के बीच काम कर रही हैं। क्रिस्टेवा राजनीतिक धरातल पर भी सक्रिय रहीं। उन्होंने चीन की यात्रा की और उसकी प्रशंसक बन गयीं। लेकिन जल्दी ही वे अमेरिका के होने की अनिवार्यता की व्याख्या करती पायी गयीं। आगे चल कर उन्होंने फ्रांसीसी ज्ञानोदय के गुण गाये जो उनकी निगाह में सार्वभौम मूल्यों का उत्पादक था। क्रिस्टेवा ने एक उपन्यास भी लिखा जो सफल साबित नहीं हुआ।

**देखें :** अश्वेत नारीवाद, आनंदीबाई जोशी, इसलामिक नारीवाद, गायत्री चक्रवर्ती स्पिवाक, चिपको आंदोलन, जूडिथ बटलर, जेंडर, दलित नारीवाद, देवदासी, देवकी जैन, नारीवाद, नारीवाद की पहली लहर, नारीवाद की दूसरी लहर, नारीवाद की तीसरी लहर, नारीवादी दर्शन, नारीवाद और अर्थशास्त्र, नारीवादी फ़िल्म-सिद्धांत, नारीवादी इतिहास-लेखन, नारीवाद और अर्थशास्त्र, नारीवाद और साम्प्रदायिकता, नैंसी शोदॅरौ, पर्यावरणीय नारीवाद, पब्लिक-प्रायवेट, पण्डिता रमाबाई सरस्वती, पितृसत्ता, पुरुषत्व, प्रजनन प्रौद्योगिकी, प्रेम, प्रेम-अध्ययन और नारीवादी दर्शन, भारत में स्त्री-आरक्षण-1 और 2, महादेवी वर्मा, मनोवैश्लेषिक नारीवाद, मैरी वोल्सनक्राफ़्ट, राजनीतिक दर्शन के नारीवादी आयाम-1 और 2, रमाबाई रानाडे, ल्यूस इरिगरे, स्त्री-अध्ययन, स्त्री और साम्प्रदायिकता, स्त्री-श्रम, सम्पत्ति : नारीवाद परिप्रेक्ष्य, सिमोन द बोउवार, स्त्री-आरक्षण, हेलन सिचू।

### संदर्भ

1. तोरिल मोइ (सम्पा.) (1986), द *क्रिस्टेवा रीडर,* ऑक्सफ़र्ड ब्लैकवेल, लंदन.
2. जूलिया क्रिस्टेवा, (1984) *रेवोल्यूशन इन पोइटिक लेंग्वेज,* अनु. लियोन एस. रौडीज़, कोलम्बिया युनिवर्सिटी प्रेस, न्यूयार्क.
3. जूलिया क्रिस्टेवा (1986), *वुमंस टाइम,* तोरिल मोइ (सम्पा.), द *क्रिस्टेवा रीडर,* ऑक्सफ़र्ड ब्लैकवेल, लंदन.
4. जे. फ्लेचर और ए. बेंजामिन (सम्पा.) (1990), *एब्जेक्शन, मेलंकॅलिया ऐंड लव : द वर्क ऑफ़ जूलिया क्रिस्टेवा,* रॉटलेज, लंदन और न्यूयार्क.
5. ए. स्मिथ (1996), *जूलिया क्रिस्टेवा : रीडिंग्ज़ ऑफ़ एक्ज़ाइल ऐंड इस्ट्रेंजमेंट,* सेंट मार्टिंस प्रेस, न्यूयार्क.

**— अनामिका**

# जोसेफ़ शुमपीटर

(Joseph Schumpeter)

जोसेफ़ शुमपीटर (1883–1950)

पूँजीवाद के उत्थान और पतन के दीर्घकालीन कारणों की पहचान करने वाले अर्थशास्त्री जोसेफ़ शुमपीटर (1883-1950) व्यापार चक्रों का अध्ययन करने वाले पहले अर्थशास्त्री थे। उन्होंने अर्थव्यवस्थाओं में आने वाले नियमित उतार-चढ़ाव का विश्लेषण किया और इस निष्कर्ष पर पहुँचे कि सभी पूँजीवादी अर्थव्यवस्थाएँ स्वभावत: अस्थिर होती हैं और वे आर्थिक उछाल के दौर से गुज़रती हैं। शुमपीटर की अंतर्दृष्टियों में उपभोक्ता, उत्पादन और उद्यमी के संबंधों का विश्लेषण बहुत महत्त्वपूर्ण है। उन्नीसवीं सदी के आख़िरी वर्षों में अर्थशास्त्रियों का ज़ोर आर्थिक वृद्धि की जगह आर्थिक सक्षमता होने लगा था। लेकिन, शुमपीटर ने पूँजीवाद के दोनों मुख्य लक्षणों पर गौर करते हुए एक बार फिर आर्थिक वृद्धि के दीर्घकालीन विचार को केंद्र में लाने का प्रयास किया। यह मक़सद हासिल करने के लिए उन्होंने उद्यमशीलता और नवाचार जैसे ग़ैर-आर्थिक कारकों की अहमियत को उभारा ताकि पूँजीवाद को स्वस्थ, जीवंत और विकासमान बनाया जा सके। शुमपीटर का विचार था कि पूँजीवाद परिवार की संस्था के महत्त्व को घटा देता है। वह व्यक्तिगत कामनाओं की संतुष्टि को प्रधानता देता है, जबकि परिवार की ख़ातिर लोगों को अपनी इच्छाओं पर संयम लगाना पड़ता है और समझौते करने पड़ते हैं। परिवार के दूरगामी लिहाज़ से बचत करनी पड़ती है ताकि अगर उसके कमाने वाले मुखिया को कुछ हो जाए तो बाक़ी सदस्यों का जीवनयापन हो सके। लेकिन, पूँजीवाद बचत करने की प्रवृत्तियों को कमज़ोर करके अपनी ही बुनियाद पर कुठाराघात करता है यानी वह भविष्य की आर्थिक वृद्धि के लिए आवश्यक पूँजी का संचय नहीं होने देता। कुल मिला कर शुमपीटर का निष्कर्ष था कि पूँजीवाद अपनी नाकामियों के कारण नहीं बल्कि कामयाबियों के कारण विफल होने के लिए अभिशप्त है।

जोसेफ़ शुमपीटर का जन्म ट्रीश, मोराविया (आजकल चैक गणराज्य का एक हिस्सा) में हुआ था। पिता के देहांत के बाद उनकी माँ ने पुनर्विवाह किया और वियना रहने चली गयीं। वहाँ शुमपीटर को बेहतरीन स्कूली शिक्षा मिली। उन्होंने मानविकी का गहन अध्ययन किया, पर गणित और विज्ञान पर कुछ कम ज़ोर दिया। वियना विश्वविद्यालय में क़ानून की पढ़ाई करते समय उन्होंने अर्थशास्त्र भी सीखा। अर्थशास्त्र के ही एक सेमिनार में भाग लेते समय उनकी दिलचस्पी पूँजीवाद के दीर्घकालीन

भविष्य में हुई। क़ानून की पढ़ाई करने के बाद शुमपीटर ने वकालत की और कुछ दिन बाद राजनीतिक अर्थशास्त्र का अध्यापन करना शुरू कर दिया। 1918 में वे राजनीति में कूदे और अगले साल ऑस्ट्रिया के वित्त मंत्री बने। उनका राजनीतिक जीवन छोटा और नाकाम साबित हुआ। ऑस्ट्रियन फ़र्मों का राष्ट्रीयकरण करने की उनकी कोशिशों की जम कर आलोचना हुई। सिर्फ़ सात महीने बाद ही उन्होंने राजनीति छोड़ दी। शुमपीटर को सट्टेबाज़ी का भी शौक़ था, जिसमें हुए घाटे के कारण उन्हें पूरी तरह दरिद्र होना पड़ा। इस दौरान अपने ऊपर लदे क़र्ज़ को चुकाने में उन्हें बहुत समय लगा। 1925 में शुमपीटर ने बॉन विश्वविद्यालय में अर्थशास्त्र की प्रोफ़ेसरी ली। सात साल बाद वे हार्वर्ड में प्रोफ़ेसर बने और फिर आजीवन वहीं रहे। अमेरिकी इकॉनॉमिक एसोसिएशन के वे पहले ग़ैर-अमेरिकी अध्यक्ष थे।

1939 में व्यापार चक्रों का अध्ययन करते हुए उन्होंने तीन ऐसे चक्रों की पहचान की जो किसी अर्थव्यवस्था में एक साथ घटित होते हैं। सबसे पहले तीन से चार साल के लिए एक अल्पावधि उतार-चढ़ाव आता है। शुमपीटर ने इस व्यापार चक्र का नामकरण 'किटचिन चक्र' के रूप में किया क्योंकि सबसे पहले इसकी शिनाख़्त अर्थशास्त्री जोसेफ़ किटचिन ने की थी। उनका ख़याल था कि साल-दो साल के दौरान व्यापारीगण बढ़ती हुई बिक्री की ज़रूरतों से निबटने के लिए भण्डार बढ़ाते हैं। इसके बाद गोदामों में जमा माल को वांछित स्तर पर लाने के लिए उन्हें उत्पादन में कटौती का नम्बर आता है। जब बिक्री फिर बढ़ती है तो उन्हें पुनः उत्पादन बढ़ा कर भण्डारण पर ज़ोर देना पड़ता है।

दूसरे व्यापार चक्र का ताल्लुक़ नये संयंत्रों और मशीनों में किये गये निवेश में होने वाले परिवर्तनों से होता है। यह चक्र आठ से ग्यारह साल तक चल सकता है। शुमपीटर ने इसे 'जुगलर चक्र' की संज्ञा दी क्योंकि सबसे पहले इसकी शिनाख़्त क्लीमेंट जुगलर ने की थी। अपने कारख़ानों के आधुनिकीकरण की इच्छा से संयंत्र और मशीनरी में किया जाने वाला यह विस्तार क़रीब चार साल लेता है। एक बार हो जाने पर व्यापारियों को इस तरह के निवेश की ज़रूरत नहीं रहती और अगले चार-पाँच साल तक इस मद पर धन ख़र्च नहीं किया जाता। इस चक्कर में होता यह है कि प्लांट और मशीनरी चलते-चलते घिस-पिट जाते हैं। उनकी प्रौद्योगिकी भी पुरानी पड़ जाती है। इस कारण से एक बार फिर प्लांट और मशीनरी में निवेश की नौबत आती है।

तीसरे क़िस्म के व्यापार चक्र बहुत दीर्घकालीन होते हैं। 45 से 60 साल तक चलने वाले इन चक्रों को शुमपीटर ने 'कोंद्रातीफ़ लहरों' की संज्ञा दी। रूसी अर्थशास्त्री निकोलाई कोंद्रातीफ़ ने इन चक्रों को पहली बार पहचाना था, पर वे यह बताने में असमर्थ रहे थे कि इनका कारण क्या होता है। शुमपीटर का ख़याल था कि नये आविष्कार और नवाचार इस तरह के व्यापार चक्रों की चालक शक्ति होते हैं। धीमी आर्थिक वृद्धि के दौर में व्यापार जगत नवाचारों से बचता है, और इसके कारण कई दशकों तक नयी खोजें और आविष्कार कोने में पड़े रहते हैं। आर्थिक वृद्धि तेज़ होने पर उत्पादन प्रक्रिया में नयी प्रौद्योगिकी और उत्पादन प्रणालियों का इस्तेमाल होता है जिससे अर्थव्यवस्थाएँ और तेज गति से आगे बढ़ती हैं। शुमपीटर ने दावा किया कि भाप का इंजिन, कताई मशीन और ऐसी ही दूसरी खोजों के इस्तेमाल की शुरुआत करने वाली औद्योगिक क्रांति आर्थिक विकास के ऐसे ही दीर्घकालीन व्यापार चक्र का प्रारम्भ था। उन्नीसवीं सदी के मध्य में रेल यातायात का निर्माण शुरू हुआ जिसे शुमपीटर ने ऐसे ही दूसरी कोंद्रातीफ़ लहर की संज्ञा दी। बीसवीं सदी की शुरुआत में बिजली, ऑटोमोबाइल और रसायनों के प्रयोग से तीसरी कोंद्रातीफ़ लहर आयी।

व्यापार चक्रों के अध्ययन से पहले 1911 में शुमपीटर इस निष्कर्ष पर पहुँचे थे कि आविष्कारों के पीछे ग़ैर-आर्थिक कारण होते हैं और अर्थव्यवस्था के अध्ययन के ज़रिये उनका पता नहीं लगाया जा सकता। लेकिन 1942 में उन्होंने कहा कि आविष्कार एक विशाल फ़र्म के भीतर सक्रिय आर्थिक शक्तियों द्वारा अंजाम दिये जाते हैं। अपने अवलोकनों में इस अंतर के बावजूद शुमपीटर यह मानने के लिए कभी तैयार नहीं हुए कि आविष्कारों की प्रक्रिया को किसी सुसंगत गतिविधि की तरह परिभाषित किया जा सकता है। वे सृजनशीलता का नतीजा होते हैं, और उनके कर्त्ता की भूमिका उद्यमी निभाता है।

शुमपीटर का चिंतन अपने समकालीनों से कई मायनों में भिन्न था। वे यह नहीं मानते थे कि उद्यमी केवल जिंसों के उत्पादन और उपभोक्त माँग की पूर्ति न्यूनतम लागत पर करने के लिए संसाधनों की उगाही करते हैं। कैंटिलन की तरह उनकी मान्यता थी कि उद्यमी जोखिम उठाने के लिए तैयार रहते हैं और इस तरह पूँजीवादी अर्थव्यवस्था की वृद्धि की मुख्य चालक शक्ति बन जाते हैं। अगर उद्यमियों की संख्या अधिक होगी तो पूँजीवाद का विकास होगा, और अगर उद्यमशीलता नष्ट कर दी गयी या उसके विकास में बाधाएँ डाली गयीं तो पूँजीवाद खामोशी से समाजवाद में बदल जाएगा।

शुमपीटर की मान्यता थी कि आर्थिक विकास का प्रमुख कर्ता उद्यमी होता है। उद्यमी के नव-प्रवर्तन का परिणाम आर्थिक विकास में निकलता है। प्रतियोगिता के कारण लाभ कम होने पर मंदी आती है, परंतु पुनः नव-प्रवर्तन के कारण लाभ बढ़ता है और विकास होता है। इस तरह यह

वृत्ताकार प्रवाह चलता रहता है। कामयाबी हासिल करने के लिए उद्यमियों को उपभोक्ताओं की अभिरुचियों को बदलना पड़ता है। अन्य अर्थशास्त्रियों के बरक्स शुमपीटर का कहना था कि उपभोग के पैटर्न में होने वाला परिवर्तन उत्पादकों के कारण होता है। उपभोक्ता जब उस परिवर्तन को समझने के लिए तैयार नहीं होते तो उद्यमी उन्हें विज्ञापन की विस्तृत मनोवैज्ञानिक तकनीकों के माध्यम से शिक्षित करते हैं। उपभोक्ताओं की प्राथमिकता उत्पादन और आविष्कार का नेतृत्व नहीं करती बल्कि आविष्कारों के कारण नयी वस्तुएँ बनती हैं जिन्हें उपभोक्ता या तो ख़ारिज कर देता है या स्वीकार कर लेता है।

शुमपीटर ने दिखाया कि किस तरह बैंक से मिले ऋणों की मदद से आविष्कार नयी उत्पादन प्रणालियों का रास्ता खोलते हैं। आविष्कारों की नक़ल भी होती है, लेकिन व्यापार चक्र में नक़लचियों का आगमन कुछ देर से ही हो पाता है। ग़लत आकलन और ऋण लेने को मुश्किल बनाने वाली नीतियों के कारण कम्पनियाँ दिवालिया हो जाती हैं जिससे मंदी पैदा होती है। पर इस प्रक्रिया में बाज़ार को अक्षम फ़र्मों से मुक्ति भी मिल जाती है और पिछले विस्तार की ग़लतियाँ सुधार ली जाती हैं।

अपनी विख्यात रचना *कैपिटलिज़म, सोशलिज़म और डेमॉक्रैसी* (१९४२) में शुमपीटर ने आर्थिक परिवर्तन का और भी व्यापक परिप्रेक्ष्य के तहत विवेचन किया। उन्होंने पूँजीवाद के भविष्य की ही पड़ताल की। मार्क्स की तरह वे भी इसी निष्कर्ष पर पहुँचे कि पूँजीवाद नष्ट होने के लिए अभिशप्त है, पर अपनी नाकामियों के कारण नहीं बल्कि अपनी कामयाबियों के कारण। पूँजीवाद पुरानी और अक्षम उत्पादन प्रक्रियाओं को नष्ट करने की सृजनशीलता अपनाता है जिससे उसे गतिशीलता मिलती है। इस प्रक्रिया में छोटी फ़र्मों की जगह बड़ी फ़र्में लेती जाती हैं। नवाचार करने वाले उद्यमियों की जगह प्रबंधकीय नौकरशाह ले लेते हैं। मालिकों की जगह मैनेजर फ़र्में चलाने लगते हैं। परिणामस्वरूप पूँजीवाद नवाचार और आविष्कार संबंधी गतिशीलता खो बैठता है। दूसरे, पूँजीवाद आमदनी बढ़ा देता है जिसके आधार पर मध्यवर्गीय बुद्धिजीवियों की बड़ी संख्या पनपती है। ये लोग पूँजीवादी प्रणाली की ही आलोचना करके सरकार की आर्थिक भूमिका में वृद्धि की परिस्थितियाँ तैयार करते हैं जिससे पूँजीवाद की गतिशीलता अवरुद्ध हो जाती है।

**देखें** : अर्थ-विज्ञान का समाजशास्त्र, आर्थिक जनसांख्यिकी, अल्फ्रेड मार्शल, अमर्त्य कुमार सेन, अंतर्राष्ट्रीय मुद्रा कोष, आधार और अधिरचना ऑस्कर रायज़ार्ड लांगे, ऐडम स्मिथ, क़रारोपण, कल्याणकारी अर्थशास्त्र, क्लासिकल अर्थशास्त्र, कार्ल हाइनरिख़ मार्क्स-3, कार्ल मेंगर, कींसियन अर्थशास्त्र, गुन्नार मिर्डाल, जोआन रोबिंसन, जॉन कैनेथ गालब्रेथ, जॉन मेनार्ड कींस, जॉन स्टुअर्ट मिल, जैव विविधता, ट्रस्टीशिप, डेविड रिकार्डो, ढाँचागत समायोजन कार्यक्रम, थॉमस मन और वणिकवाद, थॉमस रॉबर्ट माल्थस, दक्षता, धन, नियोक्लासिकल अर्थशास्त्र, नीतिशास्त्र और अर्थशास्त्र, निकोलस काल्दोर, नियोजन, नियोजन : मार्क्सवादी विमर्श, पण्य, पण्य-पूजा, पेटेंट, पॉल सेमुअलसन, पियरो स्राफ़ा, पूँजी, प्रतियोगिता, फ्रांस्वा केस्ने और प्रकृतिवाद, फ्रेड्रिख़ वॉन हायक, बहुराष्ट्रीय निगम, बाज़ार, बाज़ार की विफलताएँ, बाज़ार-समाजवाद, बौद्धिक सम्पदा अधिकार, ब्रेटन वुड्स प्रणाली, भारत में बहुराष्ट्रीय निगम, भारत में नियोजन, भारत में पेटेंट क़ानून, भारत में शेयर संस्कृति, भूमण्डलीकरण और पूँजी बाज़ार, भूमण्डलीकरण और वित्तीय पूँजी, भूमण्डलीकरण और वित्तीय उपकरण, मार्क्सवादी अर्थशास्त्र, मिल्टन फ्रीडमेन, मूल्य, राजनीतिक अर्थशास्त्र, राजनीतिक अर्थशास्त्र : भारतीय आयाम, राजकोषीय नीति और मौद्रिक नीति, रॉबर्ट ओवेन, विलफ्रेडो परेटो, विश्व व्यापार संगठन, विश्व बैंक, विलियम पेटी, विलियम स्टेनली जेवंस, वैकासिक अर्थशास्त्र, शोषण, साइमन कुज़्नेत्स।

### संदर्भ


1. रॉबर्ट लोरिंग एलन (1944), *ओपनिंग डोर्स : द लाइफ़ ऐंड वर्क ऑफ़ जोसेफ़ शुमपीटर,* दो खण्ड, ट्रांज़ेक्शन पब्लिशर्स, न्यू ब्रुंसविक.
2. अर्नोल्ड हीट्र्ज़ (सम्पा.) (1981), *शुमपीटर्स विज़न : कैपिटलिज़म, सोशलिज़म ऐंड डेमौक्रेसी आफ्टर 40 इयर्स,* प्रेजर, न्यूयार्क.
3. एलन ओकले (1990), *शुमपीटर्स थियरी ऑफ़ कैपिटलस्टि मोशन : ए क्रिटिकल एक्सपोज़ीशन ऐंड रिएसेसमेंट,* एडवर्ड एल्गार, हांट्स.
4. यूइची शिओनोया (1995), *शुमपीटर ऐंड द आइडिया ऑफ़ सोशल साइंस,* केम्ब्रिज युनिवर्सिटी प्रेस, केम्ब्रिज.
5. नेथन रोज़ेनबर्ग (1944), 'जोसेफ़ शुमपीटर : रैडिकल इकॉनॉमिस्ट' संकलित : *एक्सप्लोरिंग द ब्लैक बॉक्स : टेक्नॉलॉजी, इकॉनॉमिक्स ऐंड हिस्ट्री,* केम्ब्रिज युनिवर्सिटी प्रेस, केम्ब्रिज.


**—अभय कुमार दुबे**

# दलित-पसमंदा मुसलमान

(Dalit-Pasmanda Muslims)

दलित-पसमंदा मुसलमान राजनीति में तेज़ी से उभरने वाली एक नयी प्रवृत्ति है। बाबरी मसजिद के ध्वंस के बाद जिन राजनीतिक परिप्रेक्ष्यों मुसलमान राजनीति का चरित्र तय किया, उनमें यह विमर्श सबसे प्रमुख है। मुसलमानों में मौजूद जाति प्रथा और अंदरूनी विरोधाभासों को आधार बनाकर आंतरिक लोकतंत्र की माँग करने वाला यह विमर्श मुसलमानों की पिछड़ी जातियों को हिंदू और सिक्ख पिछड़ों और दलितों की तर्ज़ पर ही संविधानसम्मत सुविधाएँ दिये जाने का पक्षधर है।

2006 में सच्चर आयोग की रपट के प्रकाशन के बाद से मुसलमानों के भीतर का पिछड़ा-दलित समाज एक आधिकारिक श्रेणी भी बन गया है। रंगनाथ मिश्र कमीशन (2007) और अल्पसंख्यक आयोग की विभिन्न रपटें इस तथ्य को उजागर करती हैं कि आरक्षण के सवाल और मुसलिम पिछड़ेपन की समस्याओं को दलित-पिछड़े मुसलमान के प्रश्न से अलग करके नहीं देखा जा सकता है। दलित-पिछड़े मुसलिम शब्द का चलन कोई ख़ास पुराना नहीं है, लेकिन मुसलमानों के भीतर होने वाली जाति-राजनीति, विशेषकर पिछड़ी जातियों के लामबंद होने की प्रक्रिया, आज़ादी से बहुत पहले औपनिवेशिक भारत में शुरू हो गयी थी। वास्तव में मुसलमान समाज भी जाति-प्रथा से संचालित होता रहा है।

भारत में इसलाम के प्रसार की दो प्रवृत्तियाँ रही हैं जिनके आपसी रिश्तों से एक जटिल जाति-व्यवस्था का जन्म हुआ। पहली प्रवृत्ति मुसलिम समुदायों का मध्य-एशिया से आकर भारत में बसने से संबंधित है। ऐतिहासिक खोजें, विशेषकर हाल में हुए विश्लेषणों से यह स्पष्ट हुआ है कि अनेक मुसलिम समुदाय एक सतत चलने वाली अत्यंत धीमी प्रक्रिया के तहत कई शताब्दियों तक भारत में आकर बसते रहे। यह प्रक्रिया इतनी धीमी थी कि इसके कारण तत्कालीन समाज में कोई आमूल सामाजिक-सांस्कृतिक परिवर्तन नहीं हुआ। इसलाम के सिद्धांतों का आत्मसातीकरण होता चला गया। रिचर्ड ईटन का मध्यकालीन बंगाल पर किया गया शोध बताता है कि हिंदुओं द्वारा इसलाम अपनाने के पीछे न तो सामाजिक न्याय के विमर्श जैसा कुछ था, और न ही कोई ख़ास राजनीतिक ललक। धार्मिक विविधताओं से भरे इस भौगोलिक-सांस्कृतिक क्षेत्र में मौजूद बहुत से अन्य धार्मिक विकल्पों में से एक विकल्प इसलाम भी था। इसलाम का चयन न तो पुराने धार्मिक संदर्भों को छोड़ कर किया जा सकता था और न ही इसलाम के भीतर मौजूद एकेश्वरवाद जैसी आध्यात्मिक संरचनाओं को ख़ारिज करके। ऐसे में जिन हिंदुओं ने इसलाम स्वीकार किया उन्होंने न तो अपनी स्थानीय रीतियों को छोड़ा और न ही एकेश्वरवाद को नकारा। दिलचस्प बात यह है कि इसलाम का प्रसार निम्न और मध्य जातियों में ज़्यादा हुआ। इसका सीधा कारण यह था कि इन जातियों में उच्च कही जाने वाली जातियों की तुलना में रीति-रिवाज़ों और आस्थाओं में अपेक्षित खुलापन था। इन जातियों के लिए इसलामी सिद्धांतों का जातीकरण सम्भव था। इस तरह हरेक जाति ने, जो बाद में मुसलिम बिरादरियाँ (विशेषकर उत्तर भारत में) कही जाने लगीं, अपने-अपने ढंग से इसलामी आस्थाओं को परिभाषित किया।

मध्य एशिया से आये विविध मुसलमान समुदायों और भारतीय मुसलिम बिरादियों के आपसी रिश्तों ने मुसलिम जाति-प्रथा को जन्म दिया। दोनों तरह की सामाजिक संरचनाओं के भीतर भी अनेक विविधताएँ थीं। उदाहरण के लिए मध्य एशियाई और अरब से संबंध रखने वाले समुदायों के बीच भी उतनी ही दूरियाँ थीं, जितनी कि मुसलिम बिरादरियों में। हालाँकि मध्य एशियाई समुदाय शेख़, मुग़ल और पठान शासक वर्ग में बदल गये, परंतु यह कहना ठीक नहीं होगा कि उनके राजनीतिक वर्चस्व से ही जाति व्यवस्था में ऊँच-नीच तय हुई। मुसलिम जाति व्यवस्था में ऊँच-नीच की शुरुआत पर अभी तक कोई ऐतिहासिक विश्लेषण नहीं किया गया है। ऐसे में मध्ययुगीन साहित्य, विशेषकर मुसलिम शासकों द्वारा लिखवाया गया साहित्य ही एक सम्भव स्रोत है।

*तुज़्क-ए-फ़िरोज़शाही* से लेकर *आइने-अकबरी* तक जैसे ग्रंथ हमें बताते है कि मुसलिम समुदायों में जाति और क़बीला पहचान के दो प्रमुख पैमाने हैं। ऐसे में समुदाय का पेशा आौर वर्चस्व के आधार पर उनका सामाजिक मूल्य तय हो सकते थे। यही वजह है कि अट्ठारहवीं और उन्नीसवीं सदी कुछ समुदायों के लिए 'अशराफ़' (जो शरीफ़ हों) कुछ के लिए 'अजलाफ़' (ज़लील से सम्बद्ध) और कुछ के लिए 'अरज़ाल' शब्द प्रयुक्त होता है।

यहाँ दो स्पष्टीकरण ज़रूरी हैं। पहला, इन श्रेणियों का इस्तेमाल औपनिवेशिक युग के शुरुआती दौर मे ख़ूब होता होता दिखता है। इसलिए मुसलिम जाति-विमर्श और औपनिवेशिक आधुनिकता का संबंध जातियों के ऊँच-नीच के विश्लेषण में एक अहम कड़ी है। इसका स्पष्टीकरण मुसलिम समाजों में परम्परागत पेशों से ताल्लुक़ रखता है। पेशों की ऊँच-नीच अशराफ़ और अरज़ाल श्रेणियों का अवधारणात्मक क्षेत्र तय करती है। मसलन नाई, जुलाहे और बढ़ई का काम करने वाले मुसलमान, अजलाफ़ श्रेणी में माने गये, जबकि मध्य एशियाई समुदाय जो कि मूलतः व्यापार संबंध रखते थे, अशराफ़ बन गये। हिंदू जाति-व्यवस्था की तरह यहाँ भी पेशा जाति बनता चला गया।

अशराफ़/अज़लाफ़ की दूरियों का सबसे सटीक चित्रण उन्नीसवीं सदी की रचनाओं से मिलता है। सैयद अहमद ख़ाँ से लेकर कई शीर्ष के कई उलेमा प्रत्यक्ष और अप्रत्यक्ष तौर पर मुसलिम जाति-व्यवस्था के समर्थक बन गये। सैयद अहमद ने तो जुलाहों को बदज़ात तक कहा और 1857 के सिपाही विद्रोह का ज़िम्मेदार ठहराया। इस तरह इसलाम की जाति-व्यवस्था का आधुनिक राजनीति से सीधा रिश्ता जुड़ गया। बीसवीं सदी के शुरुआती दशकों में पूर्वी उत्तर प्रदेश और बिहार में जातिगत संगठन विशेषकर पिछड़े मुसलमानों के संगठन बनने शुरू हुए। 1930 के दशक में बनी मोमिन क्रॉन्फ्रेंस इसका एक अहम उदाहरण है। कांफ्रेंस मूलतः जुलाहा समुदाय से संबंधित थी और इसका रुझान कांग्रेस की समन्वयकारी राजनीति की तरफ़ था। यही कारण था कि आज़ादी के बाद मोमिन कांफ्रेंस कांग्रेस के प्रसार में पूरी तरह छुप गयी।

साठ और सत्तर के दशकों में मुसलमानों की पिछड़ी जातियों का दायरा सामाजिक-सांस्कृतिक क्षेत्रों तक सीमित रहा। इसका एक बड़ा कारण भारतीय संवैधानिक विमर्श द्वारा मुसलमानों को एक राजनीतिक इकाई मानने से भी जुड़ा था। उदाहरण के लिए 1950 में गठित काका कालेलकर समिति ने यह तो माना कि मुसलमानों की कुछ जातियाँ पिछड़ी हैं, लेकिन समिति ने इन जातियों को हिंदू और सिक्ख पिछड़ों-दलितों के साथ जोड़ कर नहीं देखा। यहाँ तक कि 1959 के एक अध्यादेश से यह भी तय हो गया कि अनुच्छेद 341के तहत केवल हिंदुओं और सिक्खों में मौजूद दलित जातियाँ ही आरक्षण का लाभ उठा सकती हैं। अन्य भारतीय मज़हब (ख़ासकर इसलाम और ईसाई मत) इस सूची से बाहर रखे गये। इस प्रकार मुसलमानों में जाति एक संकीर्ण राजनीतिक श्रेणी के तौर पर पुनः स्थापित हो गयी। 1980 के दशक में मंडल आयोग ने एक नयी शुरुआत की। आयोग ने मुसलमानों के पिछड़े तबकों को अन्य पिछड़े वर्ग की श्रेणी में रखकर आरक्षण देने की सिफ़ारिश की। इस पहल ने मुसलमानों के भीतर चल रहे जातिगत अंतर्विरोधों को एक नया उछाल दिया और बाबरी मस्ज़िद का विध्वंस होने तक 'दलित-पिछड़े मुसलिम' नामक एक नये राजनीतिक विमर्श का उदय हुआ।

1990 में एजाज़ अली ने, जो स्वयं अंसारी समुदाय से थे, इस शब्द का प्रयोग किया। अली का आंदोलन काफ़ी तेज़ी से लोकप्रिय हुआ और शीघ्र ही दलित-पिछड़े मुसलिम का सवाल उठाने वाले कई संगठन सामने आये। अली ने स्वयं 1992 में ऑल इण्डिया बैकवार्ड मुसलिम मोर्चा की स्थापना की। अली का मत है कि सैयदवाद से ग्रस्त मुसलिम समाज को हिंदू समाज की तरह सुधार की ज़रूरत है। अली का मानना है कि मुसलिम दलितों को हिंदू दलितों के समान आरक्षण और अन्य पिछड़ी श्रेणी में मुसलिम पिछड़े समुदायों के लिए पृथक आरक्षण एक शुरुआत हो सकता है।

1998 में अली अनवर की पुस्तक *मसावत की जंग* ने विमर्श को पसमंदा नामक नयी अवधारणा से नवाज़ा। अनवर ने बिहार की मुसलिम जाति व्यवस्था का ऐतिहासिक विश्लेषण करके नीची जाति के मुसलमानों को एक राजनीतिक श्रेणी के तौर पर स्थापित किया। एजाज़ अली के विपरीत अनवर मानते हैं कि पिछड़े मुसलमानों का अलग से आरक्षण पसमंदा-दलित मुसलमानों के संघर्षों को साम्प्रदायिक बना देगा। इसलिए अन्य पिछड़े वर्ग की पहचान अगली और पिछड़ी जातियों के आधार पर ही होनी चाहिए ताकि अति-पिछड़ी जातियाँ, चाहे वे हिंदू हों या मुसलमान, आरक्षण का लाभ उठा सकें। अनवर अनुच्छेद 341 में संशोधन के पक्षधर हैं और उनका मत है कि मुसलिम दलितों को हिंदू दलितों की तरह ही आरक्षण मिलना चाहिए। अनवर मुसलमानों में अंतर्जातीय विवाह के भी हियायती हैं। दलित-पिछड़े मुसलिम विमर्श को तथाकथित मुसलिम रहनुमाओं का भी समर्थन हासिल है, हालाँकि परम्परागत मुसलिम राजनीति अब भी इस सवाल को मुसलमानों का आंतरिक मुद्दा मानने के ही पक्ष में है।

**देखें** : अल-किंदी, अल-ग़ज़ाली, अबू-अला मौदूदी, इब्न ख़ाल्दून, इब्न-रश्द, प्रारम्भिक इसलाम, जिहाद, प्रारम्भिक इसलाम, फ़लसिफ़ा और कलाम, भारतीय इसलाम, मसजिद, मुसलिम राजनीतिक विचार, हज़रत मुहम्मद-1 और 2, मुहम्मद अली जिन्ना, मुहम्मद इक़बाल, सैयद अहमद ख़ाँ।

## संदर्भ

1. अली अनवर (1998), *मसावात की जंग,* आईएसआई, पटना-दिल्ली.
2. ख़ालिद अनीस अंसारी (2009), 'रिथिंकिंग पसमांदा मूवमेंट', *कांउटरकरेंट्स,* फरवरी.
3. हिलाल अहमद (2009), 'मुसलिम एज़ पॉलिटिकल कम्युनिटी', *सेमिनार,* 602, दिल्ली.
4. इरफान अहमद (2003), 'ए डिफ़रेंट जिहाद : दलित मुस्लिम्स चैलेंज टु अशराफ़ हेजेमनी', *इकॉनॉमिक पॉलिटिकल वीकली,* खण्ड 38, अंक 46.
5. प्रफुल्ल बिदवई (2006), 'कॉम्बेटिंग मुसलिम एक्सक्लूज़न', *फ्रंटलाइन,* खण्ड 23, अंक 23.

**— हिलाल अहमद**

# दक्षता

(Efficiency)

अर्थशास्त्र की भाषा में दक्षता का अर्थ है कम से कम लागत और कम से कम प्रयास के ज़रिये अपना लक्ष्य हासिल करने की योग्यता। अधिकतम दक्षता उस समय हासिल होती है जब उत्पादक गतिविधियों का विश्लेषण करके फ़ालतू क़िस्म की सभी क्रियाओं को उत्पादन की प्रक्रिया से निकाल बाहर किया जाता है। आम तौर पर माना जाता है कि उत्पादन के लिए ज़रूरी सामग्री की एक इकाई से संसाधनों का अनुकूलतम इस्तेमाल करते हुए अधिकतम उत्पाद प्राप्त कर लेना ही सबसे अच्छी दक्षता का नमूना हो सकता है। उत्पाद की एक पूरी क़िस्म के लिए औसत दक्षता निकाली जाती है और प्रति इकाई के उत्पादन के संदर्भ में सीमांत दक्षता की गणना की जाती है। लागत का औसत वक्र (कर्व) अगर अंग्रेज़ी के यू आकार का है तो उसका न्यूनतम बिंदु सबसे अच्छी दक्षता का द्योतक होगा। अगर यही वक्र एल आकार का है तो दक्षता न्यूनतम होगी। नियोक्लासिकल अर्थशास्त्र

दक्षता हासिल करने पर विशेष रूप से ध्यान देता है। उसकी निगाह में यह एक ऐसा मक़सद है जिसे लगातार हासिल करने की कोशिश से ही किसी अर्थव्यवस्था में प्रगति होती है। इस आर्थिक विज्ञान के पैरोकार आदर्शवादी आर्थिक प्रणालियों की इसी आधार पर आलोचना करते हैं कि उनमें दक्षता प्राप्त करने के प्रति जागरूकता नहीं होती, और उनका आदर्शवादी रवैया बर्बादी और निचले स्तर की उत्पादकता की कोई परवाह नहीं करता।

दक्षता प्राप्त करना कई कारकों पर निर्भर करता है: कैसी प्रौद्योगिकी इस्तेमाल की जा रही है और उत्पादन में लगने वाली सामग्री की गुणवत्ता क्या है, ख़ासकर श्रम-शक्ति किस तरह की है। इस सिलसिले में दक्षता और संगठन के प्रकार के बीच संबंध पर भी ध्यान दिया जाता है। आम तौर पर माना जाता है कि इजारेदारी की स्थिति दक्षता प्राप्त करने के ख़िलाफ़ जाती है। इजारेदार फ़र्मों को प्रतियोगिता नहीं करनी पड़ती, इसलिए वे लागत घटाने के प्रति सचेत नहीं होतीं। बड़ी कम्पनियों से उम्मीद की जाती है कि वे छोटी कम्पनियों के मुक़ाबले अधिक दक्ष होंगी क्योंकि वे बड़े पैमाने पर उत्पादन करके लागत घटा सकती हैं। इसी तरह निजी क्षेत्र की फ़र्में सरकारी क्षेत्र की फ़र्मों के मुक़ाबले अधिक दक्ष समझी जाती हैं। सरकारी कम्पनियों को सरकारी धन मिलने की सुविधा होती है और उन्हें बाज़ार द्वारा अधिगृहीत किये जाने का डर नहीं होता, इसलिए वे दक्षता की ज़्यादा परवाह नहीं करतीं। भारतीय पब्लिक सेक्टर कम्पनियों को अस्सी के दशक में सबसे ज़्यादा आलोचना का सामना इसी मुद्दे पर करना पड़ा था कि उनकी दक्षता कम है। उन्हें बाज़ार की प्रतियोगिता में हिस्सा नहीं लेना पड़ता और वे संरक्षित बाज़ार में सक्रिय रहती हैं। इसलिए उन्हें दक्षता बढ़ाने की कोई परवाह नहीं होती।

दक्षता कई प्रकार की हो सकती है, जैसे तकनीकी-दक्षता और आबंटन-दक्षता। आबंटन-दक्षता को उन जिंसों के संदर्भ में नापा जाता है जिनसे उपभोक्ता को सर्वाधिक संतोष और लाभ की प्राप्ति हो सके। यह अवधारणा अक्सर इजारेदारी और अंतर्राष्ट्रीय वाणिज्य के सिलसिले में इस्तेमाल की जाती है। तकनीकी-दक्षता का संबंध सीधे-सीधे उत्पादन के पहलू से होता है। आर्थिक-दक्षता उत्पादन की प्रति इकाई लागत द्वारा तय होती है। चूँकि उत्पादन उसमें इसमें इस्तेमाल होने वाली प्रौद्योगिकी पर निर्भर करता है इसलिए कुल मिला कर मैन्यूफ़ैक्चरिंग या विनिर्माण-दक्षता का संबंध फ़ैक्ट्री में लगी हुई मशीनों और कार्यप्रणालियों से है। ऊर्जा के अर्थशास्त्र के लिए तापीय-दक्षता महत्त्वपूर्ण है। इसका मतलब है ऊष्मा-चालित इंजन द्वारा किये जाने वाले उत्पादन की प्रति इकाई लागत। इसी तरह नेटवर्क-दक्षता का तात्पर्य है संबंधित नेटवर्क के सभी संसाधनों का अनुकूलतम इस्तेमाल। किसी भी ग़ैर-मशीनी संगठन में कर्मचारियों की दक्षता उन कार्यप्रणालियों पर निर्भर करती है जिनके कारण वे लोग कम से कम समय, लागत और प्रयास में अधिक से अधिक कार्यभार पूरे कर लेते हैं। कुल मिला कर हर तरह की उत्पादक-दक्षता लागत को न्यूनतम रखने की माँग करती है।

किसी भी प्रणाली का इस्तेमाल करने वाले उसकी आर्थिक-दक्षता को श्रेष्ठ तब मानते हैं जब वह प्रणाली उनकी सभी अपेक्षाओं को पूरा कर दे। किसी भी पूँजी बाज़ार में दक्षता का विचार उन दामों के रूप में व्यक्त होता है जो तत्कालीन सूचनाओं को सही ठहराते हों। जहाँ तक आर्थिक कल्याण का सवाल है विलफ्रेडो परेटो की मान्यता है कि केवल अनुकूलतम परिस्थिति के ज़रिये ही उपयुक्त दक्षता प्राप्त हो सकती है। अनुकूलतम परिस्थिति का मतलब है बिना किसी का नुक़सान किये अगर हर व्यक्ति की बेहतरी। केवल तभी अधिकतम आर्थिक कल्याण उपलब्ध हो सकता है। वह अनुकूलतम परिस्थिति पैदा हो सके इसलिए लाजमी समझा गया कि उपभोक्ताओं के स्तर पर जिस सीमांत दर से उपभोग में प्रतिस्थापन हो, उसी सीमांत दर से उत्पादक अपने उत्पादन में तब्दीली करें। परेटो के अनुसार केवल ऐसा होने पर ही सभी उत्पादन प्रक्रियाओं की सीमांत लागत सीमांत आमदनी के बराबर हो सकती है।

कींसियन अर्थशास्त्र ने पूँजी की सीमांत दक्षता का सिद्धांत दिया है। कींस के अनुसार यह दक्षता उस संबंध के रूप में व्यक्त होती है जो पूँजी की एक इकाई से होने वाले सम्भावित उत्पाद और उस इकाई को उत्पादित करने वाली लागत के बीच होता है।

इसी तरह लाइबेंस्टीन ने दक्षता का जो सिद्धांत दिया है उसे आबंटन-दक्षता के मुक़ाबले व्यापक माना जाता है। एक्स-एफ़ीशिएंसी (श्रम-दक्षता) नामक इस सिद्धांत में मनोवैज्ञानिक पहलुओं का भी ध्यान रखा गया है। लाइबेंस्टीन मानते हैं कि किसी सयंत्र के भीतर उत्पादन के लिए दी गयी प्रेरणा, बाह्य प्रेरणा से पैदा होने वाली दक्षता और ग़ैर-बाज़ारू सामग्री के इस्तेमाल से उपजने वाली दक्षता के पहलू मिल कर एक्स-एफ़ीशिएंसी की रचना करते हैं। लाइबेंस्टीन ने दक्षता प्राप्त करने में होने वाली बाधाओं की शिनाख़्त भी की है। उनके मुताबिक़ श्रमिकों से ठेके पर काम कराने वाले प्रबंधक (ठेकेदार) मज़दूरों से अधिकतम प्रयास करवाने में नाकाम रहते हैं इसलिए लागत के अनुरूप पूरा उत्पादन नहीं मिलता। उत्पादन के कुछ हिस्सों की मार्केटिंग भी ठीक से नहीं हो पाती। उत्पादन के सभी कारकों और दूसरी फ़र्मों के प्रभाव के बारे में ठीक-ठीक अंदाज़ा नहीं लग पाता। इन कारणों से न तो उत्पादन अधिकतम हो पाता है, और न ही लगात न्यूनतम। मज़दूर धीमी गति से काम करते हैं और आपसी चिमगोइयों में वक़्त बर्बाद करते रहते हैं। दूसरी तरफ़ अगर फ़र्में मज़दूरों को कम भुगतान करती हैं तो उनके कर्मचारी या तो कम काम करते हैं या फिर दूसरे सेवायोजक के पास चले जाते हैं। ठीक वेतन देने वाली फ़र्में अधिक कुशल और परिश्रमी कर्मचारियों को आकर्षित करती हैं जिनसे उनके उत्पादन की दक्षता बढ़ जाती है।

**देखें :** अर्थ-विज्ञान का समाजशास्त्र, अल्फ्रेड मार्शल, अमर्त्य कुमार सेन, अंतर्राष्ट्रीय मुद्रा कोष, आधार और अधिरचना, ऑस्कर रायज़ार्ड लांगे, आर्थिक जनसांख्यकी, ऐडम स्मिथ, क़रारोपण, कल्याणकारी अर्थशास्त्र, क्लासिकल अर्थशास्त्र, कार्ल हाइनरिख़ मार्क्स-3, कार्ल मेंगर, कींसियन अर्थशास्त्र, गुन्नार मिर्डाल, जोआन रोबिंसन, जॉन कैनेथ गालब्रेथ, जॉन मेनार्ड कींस, जॉन स्टुअर्ट मिल, जोसेफ़ शुमपीटर, जैव विविधता, ट्रस्टीशिप, डेविड रिकार्डो, ढाँचागत समायोजन कार्यक्रम, थॉमस मन और वणिकवाद, थॉमस रॉबर्ट माल्थस, धन, नियोक्लासिकल अर्थशास्त्र, नीतिशास्त्र और अर्थशास्त्र, निकोलस काल्दोर, नियोजन, नियोजन : मार्क्सवादी विमर्श, पण्य, पण्य-पूजा, पेटेंट, पॉल सेमुअलसन, पियरो स्राफ़ा, पूँजी, प्रतियोगिता, फ्रांस्वा केस्ने और प्रकृतिवाद, फ्रेड्रिख़ वॉन हायक, बहुराष्ट्रीय निगम, बाज़ार, बाज़ार की विफलताएँ, बाज़ार-समाजवाद, बौद्धिक सम्पदा अधिकार, ब्रेटन वुड्स प्रणाली, भारत में बहुराष्ट्रीय निगम, भारत में नियोजन, भारत में पेटेंट क़ानून, भारत में शेयर संस्कृति, भूमण्डलीकरण और पूँजी बाज़ार, भूमण्डलीकरण और वित्तीय पूँजी, भूमण्डलीकरण और वित्तीय उपकरण, मार्क्सवादी अर्थशास्त्र, मिल्टन फ्रीडमेन, मूल्य, राजनीतिक अर्थशास्त्र, राजनीतिक अर्थशास्त्र : भारतीय आयाम, राजकोषीय नीति और मौद्रिक नीति, रॉबर्ट ओवेन, विल्फ्रेड परेटो, विश्व व्यापार संगठन, विश्व बैंक, विलियम पेटी, विलियम स्टेनली जेवंस, वैकासिक अर्थशास्त्र, शोषण, साइमन कुज़्नेत्स।

### संदर्भ

1. एच. लाइबेंस्टीन, 'एलोकेटिव एफ़ीशिएंसी वर्सेस एक्स-एफ़ीसिएंसी', *अमेरिकन इकॉनॉमिक रिव्यू*, खण्ड ५६.

**— अभय कुमार दुबे**

## दक्षिण एशियायी सहयोग संगठन ( सार्क )

(South Asian Association for Regional Cooperation)

दक्षिण एशिया के देशों के बीच क्षेत्रीय सहयोग का विचार अस्सी के दशक में काफ़ी प्रमुखता से सामने आया। भारत की विदेश नीति में अपने पड़ोसियों के साथ इस तरह के सहयोग पर ज़ोर दिया जाता रहा है, लेकिन एक क्षेत्रीय संगठन बनाने का विचार 1980 के दशक में ही मूर्त रूप में सामने आ पाया। सार्क की भूमिका इसलिए काफ़ी महत्त्वपूर्ण है, क्योंकि दक्षिण एशिया के देश समान आर्थिक और सामाजिक समस्याओं से जूझ रहे हैं। इनमें से कई देशों के आपसी रिश्ते भी काफ़ी ख़राब रहे हैं। ऐसे में सार्क एक ऐसे मंच के रूप में सामने आता है, जहाँ देश अपने द्विपक्षीय तनावों को एक ओर रख कर पूरे दक्षिण एशियाई क्षेत्र की समस्याओं पर विचार करते हैं। दक्षिण एशिया के अधिकांश देशों ने औपनिवेशिक शासन का सामना किया है और अपने सामाजिक, आर्थिक और सांस्कृतिक परिवेश के संदर्भ में वे दुनिया के बाक़ी देशों की तुलना में एक-दूसरे के ज़्यादा नज़दीक हैं। साउथ एशियन ऐसोसिएशन फ़ॉर रीजनल को-ऑपरेशन (या दक्षिण एशियाई क्षेत्रीय सहयोग संगठन) (सार्क) गठित करने का प्रस्ताव सबसे पहले 1980 में बांग्लादेश के तत्कालीन राष्ट्रपति जिया-उर-रहमान द्वारा रखा गया था। जिया-उर-रहमान के इस प्रस्ताव के पहले कम-से-कम तीन सम्मेलनों में दक्षिण एशियाई देशों के बीच सहयोग के लिए क्षेत्रीय संगठन बनाने की बात की गयी। ये तीन सम्मेलन हैं : अप्रैल 1947 में नयी दिल्ली में हुआ एशियन रिलेशंस कांफ्रेंस, मई 1950 में फिलीपींस में हुआ बाजिउ कांफ्रेंस और अप्रैल 1954 में हुआ कोलम्बो पावर्स कांफ्रेंस।

1970 के दशक के आख़िरी वर्षों में दक्षिण एशियाई देशों में आपस में एक व्यापार ब्लॉक बनाने पर सहमति हो गयी थी। बहरहाल, जिया-उर-रहमान द्वारा यह प्रस्ताव रखे एक क्षेत्रीय संगठन बनाने का औपचारिक प्रस्ताव रखे जाने का क्षेत्र के छोटे देशों ने स्वागत किया, लेकिन भारत ने शुरुआत में इस बारे थोड़ी झिझक दिखाई। शायद भारतीय राजनयिकों को डर था कि इस तरह का संगठन छोटे देशों द्वारा क्षेत्र के बड़े देश अर्थात् भारत की आलोचना का केंद्र बन जाएगा और इससे भारत के विदेश नीति संबंधी विकल्प भी कम होंगे। इसी तरह पाकिस्तान ने भी इस विचार को संदेह की नज़र से देखा। शुरुआत में उसे यह लगा कि भारत इस तरह के संगठन द्वारा दक्षिण एशिया में अपना प्रभुत्व ज़माने की कोशिश कर सकता है। इस तरह के आधारहीन संदेहों के बीच 1981 में दक्षिण एशियाई देशों के विदेश सचिवों की कई दौर की बैठक हुई। फिर, 1983 में नयी दिल्ली में इस क्षेत्र के सभी सातों देशों के विदेश मंत्री मिले और उन्होंने सार्क के विचार को एक ठोस रूप दिया। आख़िरकार, दिसम्बर 1985 में औपचारिक रूप से सार्क की स्थापना की गयी। शुरुआत में कुल सात देश इसके सदस्य थे— भारत, पाकिस्तान, बांग्लादेश, श्रीलंका, नेपाल, भूटान और मालदीव। इसका पहला सम्मेलन ढाका में हुआ जिसमें इसके सभी सदस्य देशों के शासनाध्यक्षों ने भाग लिया। लम्बे समय तक इस संगठन के सात सदस्य ही रहे। लेकिन 2007 में अफ़ग़ानिस्तान ने भी इस संगठन की सदस्यता ग्रहण की। इसके अलावा, कई दूसरे देश, मसलन संयुक्त राज्य अमेरिका और दक्षिण कोरिया, चीन आदि को सार्क में पर्यवेक्षक का दर्जा दिया गया है। युरोपीय यूनियन जैसे संगठन भी इसके सम्मेलनों में पर्यवेक्षक के तौर पर भागीदारी करते हैं।

सार्क का एक सुपरिभाषित चार्टर है जिसमें इसकी

नीतियों, सिद्धांतों का वर्णन है। इसमें यह भी बताया गया है कि यह संगठन किस तरह अपनी नीतियों और कार्यक्रमों के बारे में फ़ैसला करेगा और उन्हें कैसे लागू करेगा। चार्टर में कहा गया इस संगठन का प्रयोग उद्देश्य दक्षिण एशिया के लोगों का कल्याण करना और उनके जीवन की गुणवत्ता में सुधार करना है। क्षेत्र के लोगों के आर्थिक, सामाजिक और सांस्कृतिक विकास का लक्ष्य रेखांकित करने के साथ ही इसमें परस्पर सहयोग बढ़ाने, दूसरे विकासशील देशों से संबंध मज़बूत करने और अंतर्राष्ट्रीय मंचों पर सामान्य हित वाले मुद्दों पर एकजुट आवाज़ में बोलने पर भी ज़ोर दिया गया है। इसमें यह सिद्धांत अपनाया गया है कि सदस्य राष्ट्र-राज्य एक-दूसरे की प्रभुसत्ता, क्षेत्रीय अखण्डता, राजनीतिक समानता और स्वतंत्रता का आदर करेंगे। सार्क के एक सिद्धांत के अनुसार इसके विचार-विमर्श के दायरे से द्विपक्षीय और विवादास्पद मसलों को बाहर रखा गया है।

चार्टर में इस बात का भी उल्लेख है कि सभी फ़ैसले सम्मेलन के दौरान ही लिए जाने चाहिए। ये फ़ैसले विदेश मंत्रियों और विदेश सचिवों की स्थाई समिति की सिफ़ारिशों के आधार पर होने चाहिए। इसकी एक तकनीकी समिति भी है, जो कार्यक्रमों के लागू होने की प्रक्रिया का नियमन करती है। हर सम्मेलन में लिए गये फ़ैसले किस सीमा तक लागू हुए हैं, इस पर सार्क सचिवालय नज़र रखता है। सार्क का सचिवालय नेपाल की राजधानी काठमांडू में स्थित है। सदस्य देशों द्वारा रोटेशन या क्रम के हिसाब से इसके सेक्रेटरी जनरल का चुनाव किया जाता है।

यद्यपि सार्क के सामने शुरुआत से ही कई चुनौतियाँ रहीं, लेकिन फिर भी इसने व्यापार और सामाजिक-आर्थिक विकास के संदर्भ में एक सामान्य क्षेत्रीय दृष्टिकोण का विकास किया। इसमें खेती, ग्रामीण विकास, ग़रीबी उन्मूलन, खेल, कला और संस्कृति, विज्ञान और तकनीक और महिला विकास के क्षेत्र में सदस्य देशों के बीच सहयोग बढ़ाने पर ज़ोर दिया गया। सदस्य देशों के कुछ महत्त्वपूर्ण फ़ैसलों में खाद्य सुरक्षा रिज़र्व की स्थापना, आतंकवाद का दमन, नशे की तस्करी पर रोक, सार्क चैम्बर्स ऑफ़ कॉमर्स की स्थापना, क्षेत्रीय व्यापार में एक-दूसरे को वरीयता और दक्षिण एशियाई मुक्त व्यापार क्षेत्र की स्थापना का फ़ैसला प्रमुख है। सार्क की एक महत्त्वपूर्ण उपलब्धि साफ़्टा (साउथ एशियन फ्री ट्रेड एग्रीमेंट अर्थात् दक्षिण एशिया मुक्त व्यापार समझौता) है। साफ़्टा से पहले साप्टा (साउथ एशियन प्रिफ़ेंसियल ट्रेड एग्रीमेंट अर्थात् दक्षिण एशिया वरीयता व्यापार समझौता) सामने आया था। नब्बे के दशक की शुरुआत में सदस्य देशों ने व्यापार के मामले में एक-दूसरे को ज़्यादा वरीयता देने का फ़ैसला किया था। लेकिन उस समय भी मुख्य लक्ष्य दक्षिण एशिया में मुक्त व्यापार क्षेत्र की स्थापना करना ही था। जनवरी, 2004 को सार्क के बारहवें सम्मेलन में साफ़्टा पर हस्ताक्षर हुए। जनवरी, 2006 को यह समझौता क्रियाशील हुआ और व्यापार उदारीकरण कार्यक्रम की शुरुआत जुलाई , 2006 से हुई। इस समझौते के अनुसार सार्क देशों को आपसी व्यापार को बढ़ाने के लिए वस्तुओं के टैक्स में बीस प्रतिशत की कमी की गयी। इसके अलावा, इसके लागू होने की प्रक्रिया पर नज़र रखने के लिए सदस्य देशों के वाणिज्य मंत्रियों की एक परिषद् का भी गठन किया गया। इसके साथ ही सार्क ने 1997 से सार्क युवा पुरस्कार और 2004 से सार्क पुरस्कार' की भी शुरुआत की। इसका मक़सद सदस्य देशों में उत्कृष्ट काम करने वाले युवाओं और व्यक्तियों को प्रोत्साहित करना है। 2010 में सार्क देशों ने दिल्ली में एक साउथ एशियन युनिवर्सिटी की भी स्थापना की, जिसके पाठ्यक्रम और शिक्षण में सभी सार्क देशों से जुड़े पहलुओं पर ध्यान दिया जाएगा।

इस विवरण का एक दूसरा पक्ष भी है कि सार्क ने अपने शुरुआती दौर में जो बड़े लक्ष्य अपने सामने रखा थे, उनमें से कई लक्ष्य पूरे नहीं हो पाये हैं। इस संदर्भ में कई कारकों को रेखांकित किया जा सकता है : पहला, सार्क के दो बड़े सदस्य देशों यानी भारत और पाकिस्तान के बीच कई दफ़ा संबंध बहुत कड़वे रहे हैं। इसका सीधा प्रभाव सार्क की गतिविधियों और इसकी प्रभावकारिता पर भी पड़ा है। दूसरा, कई ऐसे मसले हैं जो इस क्षेत्र के लोगों के हितों का सीधे तौर पर प्रभावित करते हैं, लेकिन इस संदर्भ में सार्क देश सिर्फ़ प्रस्ताव ही पारित कर पाये हैं। मसलन, आतंकवाद एक ऐसा ही विषय है। आंतकवाद के ख़िलाफ़ सार्क के प्रस्ताव इसलिए प्रभावहीन रहे हैं क्योंकि सार्क के कुछ सदस्य देशों ने अपने पड़ोसी देशों के ख़िलाफ़ आतंकवाद को एक नीति के रूप में स्वीकार किया है। मसलन, भारत ज़ोरदार तरीके से यह दावा करता रहा है कि पाकिस्तान उसकी ज़मीन पर भारत के ख़िलाफ़ आतंकवादी गतिविधियों को बढ़ावा दे रहा है। इसी तरह, कुछ सदस्य राज्यों द्वारा अपने यहाँ प्रतिरोध दबाने के लिए कई दफ़ा मानवाधिकारों का भी उल्लंघन किया गया है। इस संदर्भ भारत द्वारा कश्मीर और उत्तर-पूर्व में अपनायी गयी नीति का उदाहरण दिया जा सकता है। इसी तरह, श्रीलंका, पाकिस्तान, बांग्लादेश आदि में अल्पसंख्यकों के ख़िलाफ़ दमनकारी कार्रवाई होती रही है। लेकिन ये राष्ट्र-राज्य एक-दूसरे को टोकने की बजाय पूरी तरह से उपेक्षा और अहस्तक्षेप की नीति अपनाते हैं। इससे इनके द्वारा मानवाधिकारों के संबंध में पारित प्रस्ताव बेमतलब हो जाते हैं। तीसरा, यद्यपि सार्क देशों के बीच मुक्त व्यापार क्षेत्र बनाने पर समझौता हुआ है। लेकिन इन देशों के बीच मौजूद अविश्वास और परस्पर-संदेह के कारण यह समझौता बहुत कारगर या सफल नहीं हो पाया। इसका एक बड़ा कारण यह भी है कि इस क्षेत्र के छोटे देश इस बात से डरते हैं कि भारत

उनके बाज़ारों पर क़ब्ज़ा कर लेगा। चौथा, सार्क के सदस्य देशों के बीच अविश्वास के कारण ही यह इस क्षेत्र में मौजूद म्यांमार (बर्मा) जैसे देशों द्वारा लोकतांत्रिक आंदोलन के दमन के ख़िलाफ़ सही तरीक़े से कुछ भी नहीं कर पाया। अधिकतर देशों ने बर्मा से अपने द्विपक्षीय संबंध क़ायम रखे। बर्मा में लोकतंत्र के दमन के प्रति उपेक्षा भाव का एक बड़ा कारण यह भी रहा है कि भारत के अलावा इस क्षेत्र के बाक़ी देशों में भी लोकतंत्र की स्थिति डाँवाँडोल ही है।

बहरहाल, इस बात में कोई संदेह नहीं है कि सार्क का गठन दक्षिण एशिया की राजनीति के संदर्भ एक मील का पत्थर है। बहुत सी मुश्किलों और सीमाओं के बावजूद सार्क ने कई मामलों में अच्छी प्रगति की है। इसने एक ऐसा मंच उपलब्ध कराया है, जिसके द्वारा दक्षिण एशियाई देश आपस में संवाद कर सकते हैं। यद्यपि विश्व के दूसरे भागों में बने क्षेत्रीय संगठनों, ख़ासतौर पर युरोपीय यूनियन की सफलता से सार्क अभी काफ़ी दूर है, लेकिन सदस्य देशों में विश्वास बढ़ने के साथ यह भी इन देशों के बीच बेहतर संबंध और समन्वय का प्रभावकारी मंच बन सकता है।

**देखें** : युरोपीय संघ, बांग्लादेश मुक्ति-संघर्ष, श्रीलंका में तमिल पृथकतावाद, म्यांमार में लोकतंत्र के लिए संघर्ष, माओवाद, नेपाल का।

## संदर्भ


1. एरिक गोंज़ाल्वेस और नैंसी जेटली (सम्पा.) (1999), द *डायनामिक्स ऑफ़ साउथ एशिया : रीजनल कोऑपरेशन ऐंड सार्क*, सेज,नयी दिल्ली.
2. वी. केनेसालिंगम (सम्पा.) (1991), *पॉलिटिकल डायमेंशंस ऑफ़ साउथ एशियन कोऑपरेशन*, मैकमिलन, नयी दिल्ली.
3. निशा तनेजा और अपर्णा साहनी (2007), 'रिविटलाइज़िंग सार्क ट्रेड : इण्डियाज़ रोल एट 2007 सम्मिट', *इकॉनॉमिक ऐंड पॉलिटिकल वीकली*, खण्ड 42, अंक 13.
4. ओबिनो, फ्रैंसेस्को (2009), 'सार्क : द पॉलिटिकल चैलेंज फ़ॉर साउथ एशिया ऐंड बियांड', *इकॉनॉमिक ऐंड पॉलिटिकल वीकली*, खण्ड 44 अंक 9.


**— कमल नयन चौबे**

# दादाभाई नौरोजी

(Dadabhai Naoroji)

ग्रांड ओल्डमैन ऑफ़ इण्डिया की उपाधि से विख्यात दादाभाई नौरोजी (1825-1917) भारतीय राष्ट्रवाद के सर्वप्रथम सिद्धांतकार थे। उन्नीसवीं सदी के उत्तरार्ध में दादाभाई ने 'ड्रेन थियरी' का प्रवर्तन करके दिखाया कि किस तरह ब्रिटिश उपनिवेशवाद तरह-तरह से भारतीय अर्थव्यवस्था को निचोड़ कर इस देश को कंगाल बनाये दे रहा है। ब्रिटिश संसद में होम रूल की ज़बरदस्त पैरोकारी करने वाले दादाभाई द्वारा प्रस्तुत किये गये तथ्यगत विवरणों और अकाट्य विश्लेषणों के आधार पर ही उपनिवेशवाद विरोधी आंदोलन की बुनियाद पड़ी जिस पर खड़े हो कर बीसवीं सदी में कांग्रेस को एक जुझारू जन-संगठन में परिवर्तित किया जा सका। दरअसल, दादाभाई के पथ-प्रदर्शन में ही गोपाल कृष्ण गोखले और गाँधी जैसा उपनिवेशवाद विरोधी नेतृत्व तैयार हुआ। क्लासिक अर्थशास्त्र से प्रभावित उनकी रचनाओं ने उन सिद्धांतों का पर्दाफ़ाश किया जो साम्राज्यवादी शासन प्रणाली और विदेशी शासन के कामकाज का आधार थे। उन्होंने उस ऐतिहासिक विकास को भी उजागर किया जिसके कारण साम्राज्यवाद को पनपने का मौक़ा मिला था। दादाभाई ने तत्कालीन भारत में आर्थिक प्रक्रिया का सम्पूर्ण चित्र खींचा और रमेश चंद्र दत्त जैसे बाद की पीढ़ी के अर्थशास्त्रियों को गहराई से प्रभावित किया। उनका आग्रह था कि विदेशी शासन के आधारभूत आर्थिक सिद्धांत को समझने के लिए नवांकुरित भारतीय राष्ट्रवाद को भी एक एकीकृत सिद्धांत की आवश्यकता है। दादाभाई अर्थतंत्र को अलग-थलग ढंग से समझने के बजाय सत्ता, राजनीति और नैतिकता की मिली-जुली रोशनी में देखने के हामी थे। उनका विचार था कि आर्थिक परिघटना समाजशास्त्रीय, राजनीतिक और नैतिक घटनाओं से अभिन्न रूप से जुड़ी हुई है। दादाभाई ने 1885 में भारतीय राष्ट्रीय कांग्रेस की स्थापना करने में प्रमुख भूमिका का निर्वाह किया और तीन बार उसके अध्यक्ष भी चुने गये। अर्थशास्त्री और राष्ट्रवादी नेता होने के अतिरिक्त दादाभाई ने एक समाज-सुधारक के रूप में बच्चों और स्त्रियों की शिक्षा को बढ़ावा देने के लिए प्रयास भी किये।

दादाभाई नौरोजी का जन्म 4 सितम्बर, 1825 को बम्बई के एक पुरोहित पारसी परिवार में हुआ था। जब वे चार साल के थे तो उनके पिता का देहांत हो गया। उनकी माँ माणकबाई ने काफ़ी कठिनाइयाँ झेलते हुए उन्हें पाला और अच्छी शिक्षा दिलायी। 11 वर्ष की आयु में ही उनका विवाह हो गया। उनकी पत्नी का नाम गुलाबी था। दादाभाई एक

दादाभाई नौरोजी (1825–1917)

परिश्रमी और प्रतिभाशाली छात्र साबित हुए। एलफ़िंस्टन कॉलेज और बम्बई विश्वविद्यालय से उच्च शिक्षा प्राप्त करने के बाद वे लंदन जा कर भीकाजी कामा की फ़र्म में पार्टनर हो गये। चार साल बाद उन्होंने ख़ुद अपनी फ़र्म शुरू कर दी और क़रीब दस साल तक लंदन और भारत के बीच आवागमन करते रहे। 1886में उन्होंने इंग्लैण्ड में संसद का चुनाव लड़ा। 1902 में लिबरल पार्टी की तरफ़ से उन्हें सेंट्रल फ़िंसबरी के प्रतिनिधि के रूप में हाउस ऑफ़ कामंस का सदस्य बनने का मौक़ा मिला। लंदन और भारत की महत्त्वपूर्ण हस्तियाँ दादाभाई की मित्र थीं जिनके सहयोग-समर्थन का उन्होंने अपने राष्ट्रवादी उद्देश्यों के लिए कुशलतापूर्वक इस्तेमाल किया। एलन ऑक्टेवियन ह्यूम ने जब कांग्रेस की नींव रखी तो दादाभाई उनके प्रमुख सहयोगी थे। 1883 में दादाभाई ने *वॉयस ऑफ़ इण्डिया* अख़बार निकाला। वे अंग्रेज़ी के ही नहीं, बल्कि गुजराती के भी प्रभावशाली लेखक और प्रखर वक्ता थे। लंदन विश्वविद्यालय में गुजराती के प्रोफ़ेसर के रूप में काम करने के अलावा उन्होंने *ध्यान प्रकाश* नामक गुजराती पत्रिका का सम्पादन भी किया जिसे एलफ़िंस्टन कॉलेज की सोसाइटी निकालती थी। कुछ साथियों की मदद से दादाभाई ने *रास्त गोफ़्तार* (सत्य वाचक) गुजराती साप्ताहिक का प्रकाशन शुरू करके दो साल तक उसका सम्पादन किया।

उन्नीसवीं सदी में भारतीय राष्ट्रवाद की अभिव्यक्तियाँ जिस आधार पर खड़ी हुई थीं, उसका निर्माण ड्रेन थियरी (निचोड़ने का सिद्धांत) ने ही किया था। महाराष्ट्र के कुछ बुद्धिजीवियों ने उन्नीसवीं सदी की चौथी दहाई में ही ब्रिटिश सरकार की उन नीतियों की कड़ी आलोचना करनी शुरू कर दी थी जिनके कारण भारतीय अर्थव्यवस्था बर्बाद होती जा रही थी। मराठी और अंग्रेज़ी में लिखने वाले इन बुद्धिजीवियों में भास्कर पांडुरंग तारखडकर, गोविंद विट्ठल कुंते और रामकृष्ण विश्वनाथ प्रमुख थे। एलफ़िंस्टन इंस्टीट्यूट में दादाभाई नौरोजी के वरिष्ठ होने के नाते इन तीनों का प्रभाव उन पर पड़ा। स्वयं दादाभाई ने अपनी रचनाओं में इन लोगों को याद किया है।

दादाभाई द्वारा प्रतिपादित ड्रेन थियरी के सिद्धांत ने भारतीय समाज के पढ़े-लिखे हिस्सों को यक़ीन दिला दिया था कि जब तक अंग्रेज़ों के हाथ में शासन रहेगा, तब तक वे इस देश की आर्थिक ऊर्जा चूसते रहेंगे। स्व-शासन के लिए उठी माँग और उसके लिए दिये जाने वाले प्रतिवेदनों के पीछे यही समझ थी। अंग्रेज़ों को जल्दी ही यह एहसास हो गया कि दादाभाई के आर्थिक विचार उनकी हुकूमत की वैधता को कितनी गहराई से चुनौती दे रहे हैं। इसलिए साम्राज्य के तरफ़दार दादाभाई के दावों का खण्डन करने में जुट गये। उनके आँकड़ों और विश्लेषण को ग़लत क़रार दिया गया, लेकिन दादाभाई के सामने कोई नहीं टिक पाया। उनकी पुस्तक *पॉवर्टी ऐंड अनब्रिटिश रूल इन इण्डिया* एक राष्ट्रवादी क्लासिक बन गयी। दादाभाई पश्चिमी विचारों, दर्शन और विद्वत्ता से प्रभावित थे। उनकी मान्यता थी कि अंग्रेज़ शासन से कुल मिला कर भारतीय समाज का कल्याण हो रहा है और अगर ब्रिटिश हुकूमत अपने स्थापित मानकों और नैतिकता का पालन करे तो बहुत कुछ हो सकता है। इसलिए उनका लहज़ा हमेशा अंग्रेज़ों को भारत के प्रति उनके दायित्वों का एहसास दिलाने का रहता था।

1901 में इस कृति के प्रकाशन के बाद दादाभाई ने अपना पूरा जीवन अपने इसी सिद्धांत के प्रचार-प्रसार में लगा दिया। उन्होंने न जाने कितने भाषण दिये, ब्रिटिश अख़बारों में पत्र लिखे, पत्रिकाओं में लेख लिखे, अधिकारियों के साथ ख़तो-क़िताबत की, सरकारी आयोगों के सामने गवाहियाँ दीं। जन-संचार के हर उपलब्ध साधन का इस्तेमाल करते हुए उन्होंने सार्वजनिक जीवन और अधिकारियों का ध्यान इस ओर खींचा। शुरू में दादाभाई का भाषा अंग्रेज़ों की आलोचना करते समय नम्र रहती थी और वे कहते थे कि चूँकि शासन विदेशी है इसलिए भारत को उसका कुछ न कुछ हर्ज़ाना तो उठाना ही पड़ेगा। लेकिन, जैसे-जैसे उनकी मुहिम आगे बढ़ी, उनकी अभिव्यक्ति उत्तरोत्तर रोषपूर्ण होती चली गयी। वे ब्रिटिश शासन को निरंकुश, अनुचित, लुटेरू, अप्राकृतिक, विनाशकारी वग़ैरह कहने लगे।

ब्रिटिश हुकूमत की वज़ह से हो रही भारत की बर्बादी पर रोशनी डालने के लिए दादाभाई ने डब्ल्यू.सी. बनर्जी के साथ मिल कर लंदन इण्डियन सोसाइटी नामक संस्था की शुरुआत की। अंग्रेज़ अफसरों के सहयोग से दादाभाई ने एक दूसरी संस्था ईस्ट इण्डिया एसोसिएशन बनायी जिसका

मक़सद था भारत के हितों की खुल कर पैरवी करना और उसके लिए हर उचित उपाय का सहारा लेना। 2 मई, 1867 को दादाभाई ने इसकी पहली बैठक में ही 'भारत में इंग्लैण्ड के कर्त्तव्य' शीर्षक से अपना एक निबंध पढ़ा। इसी साल नवंबर में दादाभाई ने 'अबीसीनिया की लड़ाई का खर्च' नामक लेख पढ़ा। पहले लेख साफ तौर से बताता है कि भारत में इंग्लैण्ड अपने कर्त्तव्यों की पूर्ति नहीं कर रहा है। दूसरे लेख में उन्होंने माँग की कि ब्रिटिश साम्राज्य के हितों के लिए लड़ी जाने वाली लड़ाइयों का खर्च भारत से नहीं वसूला जाना चाहिए। इसके बात अगले तीन साल तक यह एसोसिएशन भारतीय अर्थव्यवस्था संबंधी बहस का अड्डा बन गयी। इन बहसों में दादाभाई के साथ-साथ आर्थर कॉटन, आई.टी. प्रिचर्ड, बार्टल फ्रेयर और जार्ज बर्डवुड ने भी अपना रचनाओं के साथ भाग लिया। बहस में मुख्यत: चार विषयों पर ज़ोर दिया गया : भारतीय वित्त, भारत में सार्वजनिक कार्य, राजनीतिक और औद्योगिक विकास और भारत में मानचेस्टर के असली हित।

जिस समय दादाभाई ये गतिविधियाँ चला रहे थे, भारत में राजनीतिक अर्थशास्त्र एक तरह से शुरू भी नहीं हुआ था। इस विषय की पुस्तकें एक अजूबे की तरह देखी जाती थीं। केवल राबर्ट नाइट के सम्पादन में निकलने वाली एक पत्रिका होती थी *इण्डियन इकॉनॉमिस्ट* जिसमें छपने वाली जानकारियाँ आधी-अधूरी और भ्रामक होती थीं। सरकार अपनी तरफ से कोई जानकारी ठीक-ठीक देने के लिए तैयार नहीं थी। इससे दादाभाई को अपने अनुसंधान में कई तरह की कठिनाइयाँ झेलनी पड़ती थीं।

हुकूमत हर साल भारत की नैतिक और भौतिक प्रगति के नाम से एक लेखाजोखा पेश करती थी। दादाभाई इस पर भरोसा करने के लिए तैयार नहीं थे। उन्होंने माँग की कि हर साल ठीक से हिसाब लगा कर पूरे ब्योरे के साथ इस बात का लेखा-जोखा दिया जाना चाहिए कि ब्रिटिश भारत में आबादी की प्रति व्यक्ति कुल सालाना आय कितनी है। अपने जमा किये हुए प्रमाणों के आधार पर उन्होंने निष्कर्ष निकाला कि अंग्रेज़ों की हुकूमत के तहत भारत में एक व्यक्ति साल भर में केवल चालीस शिलिंग यानी बीस रुपये के आसपास कमाता है। 1876 में उन्होंने ईस्ट इण्डिया एसोसिएशन की बम्बई शाखा के सामने 'भारत की दरिद्रता' शीर्षक से निबंध पढ़ा। पाँच साल बाद इसी निबंध का विस्तारित और सुधरा हुआ रूप उनकी विख्यात रचना के रूप में सामने आया।

**देखें :** अबुल कलाम आज़ाद, उपनिवेशवाद विरोधी आंदोलन-1 से 3 तक, एलमकुलम मनक्कल शंकरन नम्बूदिरीपाद, कांशी राम, गोपाल कृष्ण गोखले, चरण सिंह, जवाहरलाल नेहरू, जय प्रकाश नारायण, दयानंद सरस्वती और आर्य समाज-1 और 2, नरेंद्र देव, बाल गंगाधर तिलक, मोहनदास कर्मचंद गाँधी-1 से 3 तक, राममनोहर लोहिया, वल्लभभाई पटेल, विनायक दामोदर सावरकर, सहजानंद सरस्वती।

**संदर्भ**

1. बिपिन चंद्र (1966), *द राइज़ ऐंड ग्रोथ ऑफ़ इकॉनॉमिक नैशनलिज़म इन इण्डिया,* देखें, अध्याय आठवाँ अध्याय 'द ड्रेन', पीपुल्स पब्लिशिंग हाउस, नयी दिल्ली.
2. बी.एन. गांगुली (1965), *दादाभाई नौरोजी ऐंड द ड्रेन थियरी,* एशिया पब्लिशिंग हाउस, न्यूयार्क.
3. पी.डी. हजेला (2001), *इकॉनॉमिक थॉट्स ऑफ़ दादाभाई नौरोजी,* दीप ऐंड दीप, नयी दिल्ली.
3. पी.के. गोपालकृष्णन (1981), *भारत में अर्थशास्त्र संबंधी विचारों का विकास,* पीपुल्स पब्लिशिंग हाउस, नयी दिल्ली.
4. मुन्नी रावल (1989), *दादाभाई नौरोजी, प्रोफेट ऑफ़ इण्डियन नैशनलिज़म,* 1855-1900, अनमोल पब्लिकेशंस, नयी दिल्ली.

**— अभय कुमार दुबे**

# दामोदर धर्मानंद कोसम्बी-1

(Damodar Dharmanand Kosambi-1)

प्राचीन भारतीय इतिहास-लेखन की मार्क्सवादी धारा के पितामह के रूप में विख्यात दामोदर धर्मानंद कोसम्बी (1907-1966) मूलत: गणितज्ञ थे। उन्होंने गणित, सांख्यिकी, प्राचीन भारतीय इतिहास, मुद्राशास्त्र के साथ-साथ आनुवंशिकी के क्षेत्र में भी महत्त्वपूर्ण शोध कार्य किये। स्वातंत्र्योत्तर भारत में भारतीय इतिहास के अध्ययन में कोसम्बी ने जिस नयी परम्परा का सूत्रपात किया, वह मार्क्सवादी इतिहास-दर्शन और विशेषकर द्वंद्वात्मक भौतिकवाद से अनुप्राणित थी। अध्ययन की इस प्रणाली ने सामाजिक और आर्थिक संगठन के बीच के संबंध और ऐतिहासिक घटनाओं पर इसके प्रभाव के पुनर्पाठ पर ज़ोर दिया। इस पुनर्पाठ ने इतिहास की प्रकृति और उसके कार्य क्षेत्र को पुनर्परिभाषित किया और इतिहास को नये सिरे से गढ़ा। एक ओर कोसम्बी ने जेम्स मिल के धार्मिक काल-विभाजन (जिसमें मिल ने भारतीय इतिहास को हिंदू, मुसलमान और ब्रिटिश काल में बाँटते हुए उसे तीनों सभ्यताओं में अंतर दर्शाने के लिए आवश्यक माना था) और विंसेट स्मिथ के राजवंशों के कालानुक्रम द्वारा भारतीय इतिहास के निरूपण को नकारा, वहीं दूसरी ओर विविध स्रोतों के पुन:अध्ययन द्वारा एकीकृत शोध-विधि की रूपरेखा प्रस्तुत की। इसमें उन्होंने बताया कि पुरातात्त्विक, नृतत्त्व, सामाजिक और ऐतिहासिक संदर्भों के इस्तेमाल और तुलनात्मक प्रविधि के प्रयोग से साहित्यिक स्रोतों द्वारा आयी कमी को दूर कर

दामोदर धर्मानंद कोसम्बी (1907-1966)

पूरक और प्रामाणिक इतिहास लेखन किया जा सकता है। द्वंद्वात्मक भौतिकवाद के दृष्टिकोण द्वारा इतिहास की व्याख्या करते हुए उन्होंने बताया कि समाज उत्पादन के संबंधों से बँधा होता है। इसके साथ कोसम्बी इस निर्णय पर पहुँचे कि भारतीय इतिहास उत्पादन के साधनों और संबंधों के लगातार होने वाले विकास की कालानुक्रम प्रस्तुति है, लिहाज़ा भारतीय इतिहास को वर्ग संघर्ष के रूप में देखना चाहिए।

दामोदर धर्मानंद कोसम्बी का जन्म 31 जुलाई, 1907 को गोवा के एक गौड़ सारस्वत ब्राह्मण परिवार में हुआ था। शुरुआती शिक्षा-दीक्षा पुणे में हुई जहाँ उनके पिता आचार्य दामोदर कोसम्बी एक बौद्ध विद्वान के रूप में ख्यातिनाम थे और फ़र्ग्युसन कॉलेज में पाली पढ़ाते थे। यहीं कोसम्बी को मातृभाषा कोंकणी के अलावा संस्कृत और पाली का ज्ञान प्राप्त हुआ। ग्यारह साल की उम्र में अपने पिता के साथ हारवर्ड गये और पहले उन्होंने केम्ब्रिज ग्रामर स्कूल और फिर बाद में कैम्ब्रिज लैटिन स्कूल में पढ़ायी की। कई भाषाओं और अन्य विषयों में रुचि होने के बावजूद उन्होंने अपने पसंदीदा विषय गणित से 1929 में हारवर्ड विश्वविद्यालय से विशिष्टतापूर्ण स्नातक की परीक्षा पास की। उनकी सांस्कृतिक जड़ें और भारत विषयक शोध सामग्रियाँ उन्हें वापस भारत खींच लायी। यहाँ उन्होंने बनारस हिंदू युनिवर्सिटी (1929-31) और अलीगढ़ मुसलिम युनिवर्सिटी (1931-33) होते हुए फ़र्ग्युसन कॉलेज (1933-1945) में गणित का अध्यापन किया। 1945 में होमी जहाँगीर भाभा के निमंत्रण पर उन्होंने टाटा इंस्टीट्यूट ऑफ़ फ़ंडामेंटल रिसर्च (1945-62) में गणित के प्रोफ़ेसर का पद स्वीकार किया। शीत-युद्ध की शुरुआत से ही ऊर्जा के आणविक स्रोतों के विकल्प के तौर पर सौर-शक्ति की वकालत करके वे विश्व-शांति आंदोलन से जुड़े। इसी दौरान उन्होंने इतिहास लेखन की मार्क्सवादी परम्परा पर चलते हुए *एन इंट्रोडक्शन टू द स्टडी ऑफ़ इण्डियन हिस्ट्री* (1956) द्वारा प्राचीन भारतीय इतिहास के पुनर्लेखन का मार्ग प्रशस्त किया। जीवन के अंतिम काल में वे, 1964 में वैज्ञानिक और औद्योगिक अनुसंधान परिषद (सीएसआईआर) में एमेरिट्स वैज्ञानिक के तौर पर पुणे में नियुक्त हुए।

कोसम्बी ने भारतीय इतिहास के प्राचीन काल से संबंधित पर्याप्त आँकड़े उपलब्ध न होने के बावजूद भी छोटे पैमाने पर होने वाली घटनाओं के बजाय बृहद स्तर पर हुए सामाजिक परिवर्तनों का विश्लेषण किया। *कम्बाइंड मेथड्स इन इण्डोलॅजी* शीर्षक अपने एक प्रारम्भिक नोट में उन्होंने बताया कि अंतर-अनुशासनात्मक दृष्टिकोण के साथ तुलनात्मक पद्धति के प्रयोग से ऐतिहासिक स्रोतों की कमी को पूरा किया जा सकता है। इन्हीं कसौटियों पर स्रोतों को कस कर कोसम्बी ने विभिन्न कोणों से भारतीय इतिहास के अतीत की जो यथार्थपरक तस्वीर खींची, उन्हें उनकी प्रमुख कृतियों, *ऐन इंट्रोडक्शन टू द स्टडी ऑफ़ इण्डियन हिस्ट्री* (1956), *एक्जेस्परेटिंग एस्सेज : एक्सरसाइज इन डायलेक्टिकल मेथड* (1957), *मिथ ऐंड रियल्टी : स्टडीज़ इन द फ़ार्मेशन ऑफ़ इण्डियन कल्चर* (1962), द *कल्चर ऐंड सिविलाइज़ेशन ऑफ़ एंसिएंट इण्डिया इन हिस्टोरिकल आउटलाइन* (1965) के अलावा 1950 से 60 के दशक में लिखे उनके निबंधों के संकलन *कम्बाइंड मेथड्स इन इण्डोलॅजी ऐंड अदर राइटिंग्ज़* में स्पष्टत: देखा जा सकता है।

अपनी पहली रचना *ऐन इंट्रोडक्शन टू द स्टडी ऑफ़ इण्डियन हिस्ट्री* (1956) द्वारा भारतीय इतिहास में विश्वस्त स्रोतों और सटीक कालक्रम के अभाव की ओर संकेत करते हुए कोसम्बी इस निष्कर्ष पर पहुँचते हैं कि जब कभी मानव उपकरणों या भौतिक उत्पादन के साधनों की मात्रा और गुणवत्ता में परिवर्तन हुआ होगा तो नि:संदेह उसकी जीवन शैली में भी बदलाव आया होगा। यह परिवर्तन ऐतिहासिक दृष्टि से प्रामाणिक है। और यही उत्पादन के साधनों में प्रत्येक महत्त्वपूर्ण आधारभूत खोज के साथ मानव-आबादी में तुलनात्मक रूप से आकस्मिक वृद्धि के तथ्य-रूप में सामने आता है। कोसम्बी बताते हैं कि भौतिक उत्पादन के साधन सामाजिक संगठन को निर्धारित करते हैं, और उत्पादन के ये साधन सामाजिक संगठनों से अधिक उन्नत नहीं हो सकते हैं। मानव जीवन का यह तथ्य अर्थात् जीवन और उपलब्ध उत्पादन के साधनों के बीच यह आंतरिक संबंध, जिसके अंतर्गत जीवन उन साधनों की गति के अनुरूप विकसित होता

है, इतिहास की विषयवस्तु और पद्धति की आधारशिला है।

इसे ही कोसम्बी ने इतिहास की अपनी परिभाषा उत्पादन के साधनों तथा संबंधों में क्रमिक विकास की व्यवस्था के अनुसार प्रस्तुत की। कोसम्बी इतिहास की अपनी परिभाषा के बारे में यह स्पष्ट करते हैं कि, यह निश्चित रूप से अब तक ज्ञात एक मात्र ऐसी परिभाषा है जो सामान्यत: प्रागैतिहसिक रूप में विदित साक्षर-पूर्व युग के प्रति युक्तिसंगत दृष्टिकोण अपनाने का अवसर देती है। आगे चलकर उन्होंने स्पष्ट किया कि भारतीय इतिहास को वर्ग संघर्ष के रूप में देखना चाहिए, और कहा कि एक वर्ग-समाज में भारतीय इतिहास के समुचित अध्ययन का तात्पर्य उच्च वर्ग और जनता के हितों के अंतर का विश्लेषण है; तात्पर्य यह कि जो नया वर्ग उभरकर सामने आ रहा है वह सत्ता तक पहुँचने के क्रम में किस प्रकार का बदलाव ला रहा है और अपने हितों की पूर्ति और सुरक्षा के लिए उसकी प्रतिक्रिया किस प्रकार की है? इतिहास के प्रति उनका यह दृष्टिकोण द्वंद्वात्मक भौतिकवाद या इस विचारधारा के संस्थापक के नाम पर मार्क्सवाद के रूप में जाना जाता है। कोसम्बी इस पद्धति की विवेचना करते हुए कहते हैं कि मार्क्सवाद केवल आर्थिक संदर्भों को ही नहीं देखता, न ही उनके सभी निष्कर्षों को आँख मूँदकर दोहराने की ज़रूरत है अपितु मार्क्सवाद एक साधन है जिसका भारतीय समाज और इतिहास के अध्ययन में सार्थक उपयोग किया जा सकता है। और इन्ही संयुक्त पद्धतियों या तुलनात्मक पद्धति और पड़ताल की अंतर्विषयक तकनीकों का इस्तेमाल करते हुए कोसम्बी पुरातात्त्विक साक्ष्यों का अन्वेषण करते हैं। उन्होंने पुरातत्त्व द्वारा अतीत के सामने लाये गये भौतिक अवशेषों अर्थात् मकानों, समाधि के अंदर रखी गयी वस्तुओं, उत्पादन के उपकरणों तथा घरेलू इस्तेमाल के बर्तनों, बलि वेदी के शिलाखण्डों, गुफ़ाओं के अंदर स्थित आश्रयस्थलों आदि के द्वारा प्राचीन समुदायों के साथ आधुनिक भारतीयों के धार्मिक एवं सामाजिक कार्य व्यवहार के बारे में जानकारी इकट्ठा की और मानवविज्ञान संबंधी इन आधारभूत स्रोतों की सहायता से सांस्कृतिक उत्तरजीविता के संदर्भ में सर्वथा नयी स्थापनाओं को जन्म दिया।

कोसम्बी ने अपनी पुस्तक *ऐक्ज़स्परेटिंग एस्सेज़ : ऐक्सरसाइज़ इन डायलेक्टिकल मेथड* (1957) में बताया कि जातियों के सामाजिक रूप से रूढ़ होने की प्रक्रिया को जनजाति से जाति की ओर संक्रमण के रूप में दर्शाते हुए कैसे लघु स्थानीय समूह एक सामान्यीकृत समाज के रूप में परिणत हुआ जहाँ पूर्व वर्ग-समाज क़बीलों में विभाजित था। कबीले छोटे और स्थानीय समुदाय थे और क़बीलाई लोगों के लिए क़बीला ही उनका समाज था। हल से खेती के चलन ने पूरी उत्पादन प्रणाली को बदल दिया। और कैसे इस परिवर्तन ने जनजातियों और कुलों के ढाँचे को तोड़ कर जाति को सामाजिक संगठन का एक वैकल्पिक रूप बना दिया। यही परिवर्तन बाद के कालों में कुल चिह्नों के कुल नामों (गोत्रों) और फिर विभिन्न जातियों के नामों में चरणबद्ध विकास रूप में रूढ़ हुआ। यही स्थानीय समुदायों या पंथों की ब्राह्मणवादी परम्परा में अंतर्लयन का कारक बना जिसके फलस्वरूप स्थानीय लोक धाराओं का संस्कृतकरण हुआ। यह एक महत्त्वपूर्ण और निर्णायक विकास था, जहाँ क़बीलाई तत्त्व धीरे-धीरे आम समाज में समाहित होते चले गये। यही परिघटना भारतीय समाज की ख़ासियत यानी जाति का आधार बनी। कोसम्बी ने संस्कृत में अपने ज्ञान और उस भाषा में शब्दोत्पत्ति पर आधारित विश्लेषण क्षमता के कारण वैदिक काल की सामाजिक पृष्ठभूमि का विवरण प्रस्तुत करते हुए बताया कि वैदिक ग्रंथों की भाषा किस तरह आर्य और अनार्य तत्त्वों के परस्पर घुलने-मिलने की प्रक्रिया को दर्शाती है, इस आधार पर उन्होंने यह सम्भावना व्यक्त की, कि ब्राह्मणों के सामाजिक-सांस्कृतिक परिवेश के अंतर्गत अनार्यों को भी निश्चित रूप से जगह मिली होगी और इसीलिए भारत मूल गोत्रों में आर्य और अनार्य दोनों पृष्ठभूमियों वाले याजक कुलपति रहे होंगे। भाषा उत्पत्ति विज्ञान के आधार पर कोसम्बी ने हिट्टाइट के खत्ती, संस्कृत के क्षत्रिय और पाली के खेत्तियों को परस्पर एक दूसरे का पर्याय माना। साथ ही प्राचीन संस्कृतियों की व्याख्या के लिए कोसम्बी ने मिथकों की व्याख्या को अनिवार्य मानते हुए, पुरुरवा और उर्वशी की कथा के मार्फ़त यह विचार व्यक्त किया कि प्रागैतिहासिक समाजों में पावन-परिणय की संस्था और मातृदेवी द्वारा नायक की बलि का संकेत मिलता है। और दर्शाया कि किस प्रकार आरम्भिक चरण के अधिकांश मातृसत्तात्मक समाजों ने बाद में पितृसत्तात्मक प्रणाली अपना ली।

**देखें** : आनंद केंटिश कुमारस्वामी, आर्य-आक्रमण विवाद, आर्थर लेवेलिन बाशम-1 और 2, काशी प्रसाद जायसवाल, बिपन चंद्र-1 और 2, भारतीय इतिहास-लेखन-1, 2, 3, 4 और 5, भारतीय सामंतवाद, युरोपीय सामंतवाद, रमेश चंद्र दत्त, रमेश चंद्र मजूमदार, रणजीत गुहा, रामकृष्ण गोपाल भण्डारकर, राम शरण शर्मा-1 और 2, रोमिला थापर-1 और 2, वासुदेव शरण अग्रवाल, पांडुरंग वामन काणे, विश्वनाथ काशीनाथ राजवाड़े।

## संदर्भ

1. रोमिला थापर (2011), 'अर्ली इण्डियन हिस्ट्री ऐंड द लिगेसी ऑफ़ डी. डी. कोसम्बी', *रेज़ोनेंस*, जून.
2. मीरा कोसम्बी (2008), 'डी. डी. कोसम्बी : स्कालर ऐंड द मैन', *इकॉनॉमिक ऐंड पॉलिटिकल वीकली*, खण्ड 43, अंक 30..
3. शेल्डन पोलॅक, 'टुवड्‌र्स अ पोलिटिकल फ़िलोलॅजी : डी.डी. कोसम्बी ऐंड संस्कृत', *इकॉनॉमिक ऐंड पॉलिटिकल वीकली* , खण्ड 43, अंक 30..
4. शेल्डन पोलाक (2006), द *लैंग्वेज ऑफ़ द गॉडस इन द वर्ल्ड ऑफ़ मैन : संस्कृत, कल्चर, ऐंड पॉवर इन प्रिमॉडर्न इण्डिया*, युनिवर्सिटी ऑफ़ कैलीफ़ोर्निया प्रेस, बर्कले.

**— निर्मल कुमार पाण्डेय**

# दामोदर धर्मानंद कोसम्बी-2

(Damodar Dharmanand Kosambi-2)

कोसम्बी ने सिंधु घाटी में हल के सर्वप्रथम प्रयोग को साक्ष्य मानते हुए इसी दौर को जनजाति से जाति की ओर होने वाले संक्रमण का पहला प्रामाणिक काल माना और यह धारणा व्यक्त की कि इस दौर के पहले कृषि प्रणाली के लिए हल का प्रयोग अज्ञात था। अलबत्ता रोमिला थापर ने अपने हाल के साक्ष्यों द्वारा उनकी इस मान्यता का खण्डन करके सिद्ध किया है कि हड़प्पा से पहले भी हल द्वारा खेती के स्पष्ट प्रमाण मिलते हैं। कोसम्बी सिंधु सभ्यता के पतन के लिए आर्यों को पूरी तरह ज़िम्मेदार मानते थे जिन्होंने बांधों को तोड़कर कृषि प्रणाली को पूरी तरह नष्ट कर दिया। कोसम्बी ने यद्यपि आर्य नस्ल के सिद्धांत को अस्वीकार कर दिया, तथापि यह माना कि आर्य भाषा-भाषी लोग उत्तर-पश्चिम भारत में बस गये और धीरे-धीरे गंगा घाटी में फैल गये। कोसम्बी ने माना कि लौह उपकरणों के रूप में अधिक उत्कृष्ट प्रौद्योगिकी, घोड़ों का प्रयोग तथा आर्य भाषा-भाषी समुदाय के वर्चस्व और द्विभाषिकता का प्रमाण आर्यों के साथ स्थानीय लोगों के दीर्घ कालिक सह-अस्तित्व को इंगित करते हैं। साथ ही वे यह तथ्य भी मज़बूती के साथ रखते हैं कि प्राचीनतम वैदिक ग्रंथ आर्य और अनार्य घटकों का मिश्रण था, और उच्चतम जाति के संदर्भ में भी मिश्रण का यही तथ्य सत्य है। जब गंगा की घाटी में हल द्वारा खेती और लौह प्रौद्योगिकी के प्रयोग की शुरुआत हुई तो परिणामस्वरूप अनेक नगरीय केंद्रों तथा जाति के अधिक स्पष्ट रूपों का विकास हुआ।

मुद्राशास्त्र के क्षेत्र में कोसम्बी द्वारा किये कार्यों के पीछे सम्भवतः गणित में उनकी रुचि कारण बनी। अपने गणितीय ज्ञान से उन्होंने सवाल खड़े किये और सांख्यिकीय तरीक़ों से उपलब्ध साक्ष्यों की जाँच की। प्रारम्भिक भारत में पंच मार्क्ड अर्थात् आहत सिक्कों का प्रचलन था। कोसम्बी ने काल-भार के समीकरण का प्रतिपादन करते हुए बताया कि सिक्कों के भार के अनुपात से उसके कालक्रम का निर्धारण किया जा सकता है। सिक्कों के अवलोकन में कोसम्बी ने मिलावट का दोष पाया और इन मिलावट वाले सिक्कों का कालक्रम उत्तरवर्ती मौर्य शासकों का काल पाया। उसका विश्लेषण करते हुए कोसम्बी बताते हैं कि जब वित्तीय संकट के समय मौर्यकालीन मुद्रा पर एक तरह का दबाव आ गया था और यह दबाव बड़ी मात्रा में सेना और प्रशासनिक ढाँचे पर किये जाने वाले ख़र्च के कारण आया था, तब इसने व्यापार के आर्थिक आधार के विस्तार की आवश्यकता पर बल दिया। कोसम्बी ने इस व्यापार के विस्तार को भी सिक्कों में मिलावट का एक कारण माना और यह मत रखा कि चाँदी की कमी ने मिलावट को बढ़ावा दिया होगा। आधुनिक गणित के अनुप्रयोगों और सिक्कों के भार मापन की सांख्यकीय परिगणना द्वारा कोसम्बी ने एक नया तरीक़ा इतिहास को दिया ताकि इस बात का पता लग सके कि वितरण के बाद कितने समय तक सिक्कों का प्रसार हुआ। इससे सम्बद्ध काल के संबंध में विचार बनाने, अनुमान लगाने का मार्ग प्रशस्त हुआ। यह बात दीगर है कि उपरोक्त सभी तर्क सत्य की कसौटी पर खरे नहीं उतरे (रोमिला थापर ऐसा ही मानती हैं)। पर कोसम्बी ने साम्राज्यों की प्रकृति और उसके पतन के कारणों की खोज के लिए विदेशी आक्रान्ता से इतर जिस वित्तीय संकटावस्था की नयी कसौटी प्रदान की उसने राज्य प्रणाली के अध्ययन क्षेत्र में एक नये आयाम का समावेश किया।

*द कल्चर ऐंड सिविलाइजेशन ऑफ़ एंशिएंट इण्डिया इन हिस्टोरिकल आउटलाइन* (1965) नामक ग्रंथ में कोसम्बी गंगा घाटी में धार्मिक समुदायों के उदय के पीछे उन कारकों को कारण मानते हैं जो किन्हीं विशेष प्रकार की सामाजिक आवश्यकताओं का बोध कराते हैं, जैसे प्रौद्योगिकी संबंधी परिवर्तन, जनजातियों का लोप और नगरवादी दृष्टिकोण, जो बौद्ध और जैन धर्म के उदय की आर्थिक व्याख्या की आधारशिला बने। ईसा पूर्व छठी शताब्दी में गंगा घाटी में आर्थिक परिवर्तनों ने भू-स्वामी किसान वर्ग के साथ व्यावसायिक श्रेणी में श्रेष्ठियों के रूप में साधन सम्पन्न धनाढ्य वर्ग ने जहाँ एक ओर निजी सम्पत्ति की संस्थागत महत्ता को बढ़ाया और शांति की आवश्यकता के लिए वांछित अनुकूल परिस्थिति का निर्माण किया (जो केवल सार्वभौमिक राजसत्ता द्वारा ही एक सार्वत्रिक धर्म के सहयोग एवं समर्थन से स्थापित हो सकती थी) वहीं दूसरी ओर वैदिक धार्मिक कर्मकाण्डों की आड़ में पशु बलि के बढ़ते व्यवहार के ख़िलाफ़, जिसके कारण कृषि पर असहनीय दबाव पैदा हो गया था, जैन और बौद्ध धर्म ने एक व्यापक सामाजिक और सार्वभौम आचार प्रणाली को अपनाया। फलस्वरूप छठी शताब्दी के धार्मिक सुधार ने पशुबलि प्रथा पर अंकुश लगाया और उनकी हत्या और गोमांस खाने पर प्रतिबंध लगा। कोसम्बी इसे अहिंसा का धार्मिक आधार घोषित करते हुए मज़बूती से यह तर्क रखते हैं कि सम्पन्न वर्गों द्वारा जैन और बौद्ध धर्म को दिये गये संरक्षण ने उन्हें समाज में राजकीय संरक्षण बनिस्बत अधिक व्यापक स्थान प्रदान किया।

इतिहास लेखन में कोसम्बी ने मार्क्स का अंधानुकरण नहीं किया। उन्होंने प्रमुख मार्क्सवादी धारणाओं, एशियाई उत्पादन पद्धति और दास प्रथा, को ख़ारिज करते हुए कहा की भारतीय समाज में न तो युरोप की तर्ज़ पर उत्पादन पद्धति का विकास हुआ न ही उत्पादन में दास-पद्धति की कोई भूमिका थी, परंतु उनका मानना था कि भारत में सामंतवाद

मौजूद था, हालाँकि कि उसका स्वरूप भिन्न था। कोसम्बी ने बौद्धिक और सांस्कृतिक उत्पादन से मौजूदा सामाजिक और आर्थिक परिस्थिति को जोड़ने का प्रयास किया। उन्होंने *भगवद्गीता* को शासकीय समाज के दर्शन के रूप में पेश किया। उनकी मान्यता थी कि गीता ने व्यक्तिगत निष्ठा के बंधन में आस्था का सृजन किया जो सामंत, मालिक, नौकर, प्रजा और राजा को एक साथ बाँध कर रखने वाली थी। इसी तरह का सामंती दर्शन उन्होंने सातवीं शताब्दी में भक्ति आंदोलन के कवि भर्तृहरि के चिंतन में जाति और परम्परा के बंधन के रूप में देखा। इसे उन्होंने भर्तृहरि की कविताओं के विश्लेषण के ज़रिये सिद्ध किया।

कोसम्बी यह मत भी प्रतिपादित करते हैं कि युरोपीय सामंतवाद की प्रमुख विशेषताओं, जैसे जागीरदारी प्रणाली, भूसम्पत्ति, खेती और कृषिदास प्रथा आदि से शून्य मध्यकालीन भारतीय समाज युरोप से बिलकुल अलग था, और इसका कारण उत्पादन में दास-पद्धति की ग़ैर-मौजूदगी थी। उन्होंने भारत में दो तरह के सामंतवाद की चर्चा की, एक था ऊपर से आरोपित सामंतवाद और दूसरा था नीचे से आया सामंतवाद। वे स्पष्ट करते हैं कि ऊपर से आये सामंतवाद का तात्पर्य राज्य से है जिसमें एक सम्राट या शक्तिशाली राजा अपने सामंतों से नज़राना प्राप्त करता है। जो अपने क्षेत्र में अपनी मर्जी से शासन करते हैं और उनका वहाँ पूर्ण अधिकार होता है। जब तक वे सम्राट को नज़राना देते रहते हैं, सम्राट उनसे छेड़-छाड़ नहीं करता। नीचे से आये सामंतवाद का तात्पर्य उस अगले चरण से है जिसके तहत गाँव में, राज्य और किसानों के बीच भूमिपतियों के एक वर्ग का उदय होता है जो धीरे-धीरे स्थानीय जनता पर अपना आधिपत्य स्थापित कर लेता है। यह वर्ग प्रभुत्वशाली होता है और सत्ता से सीधे संबंध का दावा करता है। इसके कार्यक्षेत्र में किसी का हस्तक्षेप नहीं होता। कोसम्बी द्वारा शुरू की गयी इस परम्परा ने सामंतवाद पर एक बहस ही छेड़ दी। इस बहस को बाद के काल में राम शरण शर्मा ने आगे बढ़ाया।

यद्यपि हाल में प्राप्त साक्ष्यों के आधार पर हम कोसम्बी की कृतियों के कुछ निष्कर्षों पर पुनर्विचार करने के लिए बाध्य हो सकते हैं, तथापि उनके लेखन में चिंतन और विश्लेषण की सीमाओं की अपेक्षा गुणवत्ता की गम्भीरता ज़्यादा दृष्टिगत होती है। कोसम्बी ने अपनी समग्र दृष्टि और नृतत्त्वशास्त्रीय, मुद्राशास्त्रीय और मानव-विज्ञान संबंधी आधारभूत स्रोतों द्वारा सांस्कृतिक उत्तरजीविता और विकास के सिद्धांतों के इस्तेमाल से प्राचीन भारतीय इतिहास का एक ऐसा दृष्टिकोण प्रस्तुत किया जिसके द्वारा इन आधारभूत प्रश्नों के उत्तर पाने की कोशिश की गयी कि भारतीय समाज ने अपना मौजूदा स्वरूप क्यों और किस तरह हासिल किया। इन कोशिशों ने अंतरविषयक, अंतरअनुशासनिक नवीन स्रोतों की खोज की। इसका नतीजा भारतीय इतिहास के अध्ययन के क्षेत्र में नये प्रतिमानों में निकला।

**देखें :** आनंद केंटिश कुमारस्वामी, आर्य-आक्रमण विवाद, आर्थर लेवेलिन बाशम-1 और 2, काशी प्रसाद जायसवाल, बिपन चंद्र-1 और 2, भारतीय इतिहास-लेखन-1, 2, 3, 4 और 5, भारतीय सामंतवाद, युरोपीय सामंतवाद, रमेश चंद्र दत्त, रमेश चंद्र मजूमदार, रणजीत गुहा, रामकृष्ण गोपाल भण्डारकर, राम शरण शर्मा-1 और 2, रोमिला थापर-1 और 2, वासुदेव शरण अग्रवाल, पांडुरंग वामन काणे, विश्वनाथ काशीनाथ राजवाड़े।

## संदर्भ


1. सुदीप्त कविराज (2008), 'मार्क्सिज़म इन ट्रांसलेशन : क्रिटिकल रिफ़्लेक्शन आन इण्डियन रैडिकल थॉट', रेमण्ड गेस ऐंड रिचर्ड बर्क (सम्पा.), *पॉलिटिकल जजमेंट : एस्सेज़ इन आनर ऑफ़ जॉन डन*, कैम्ब्रिज युनिवर्सिटी प्रेस, केम्ब्रिज.
2. दीपेश चक्रबर्ती (2000), *प्रोविंशिलाइज़िंग युरोप : पोस्ट कोलोनियल थाट ऐंड हिस्टोरिकल डिफ़रेंस*, प्रिंसटन युनिवर्सिटी प्रेस, प्रिंसटन.
3. डेविड हल्ट (1991), 'रीडिंग इट राइट : द आइडियोलॅजी ऑफ़ टेक्स्ट एडिटिंग', मरीना स. ब्राउनली (सम्पा.), *द न्यू मेडीवलिज़म*, जॉन होपकिंस युनिवर्सिटी प्रेस, बाल्टीमोर.


**— निर्मल कुमार पाण्डेय**

# देवी प्रसाद शेट्टी

(Devi Prasad Shetty)

काफ़ी समय भारत में यह धारणा प्रचलित थी कि हृदय रोग केवल अमीर लोगों की बीमारी है। लेकिन पिछले कुछ दशकों में यह सिद्ध हुआ है कि यह रोग वर्ग भेद नहीं मानता। एक सामान्य युरोपियन व्यक्ति के मुक़ाबले किसी भारतीय के लिए हृदय रोग का ख़तरा तीन गुना अधिक है। एक अनुमान से भारत में हर वर्ष लगभग 25 लाख लोगों को हृदय-शल्य चिकित्सा की आवश्यकता होती है, जबकि समूचे भारत के सारे डॉक्टर व अस्पताल मिल कर सालाना केवल 80-90 हज़ार शल्य क्रियाएँ ही कर सकते हैं। नवजात शिशुओं के मामले में तो यह अनुपात और ज़्यादा है, हर दिन अनुमानतः 600-800 शिशुओं को हृदय की बीमारी जन्मजात होती है बावजूद इसके कि इतने छोटे बच्चों की देखभाल करने के लिए बहुत कम अस्पताल और विशेषज्ञ उपलब्ध हैं। जो कुछ लोग अस्पताल तक पहुँच भी पाते हैं उनमें से अधिकतर लोग अपनी सम्पत्ति बेच कर या क़र्ज़ लेकर ही उपचार कराने के लिए मजबूर हैं। इतनी संगीन हालात में एक भारतीय

देवी प्रसाद शेट्टी (1953- )

चिकित्सक ने हृदय शल्य चिकित्सा का समाजवादी प्रतिमान न सिर्फ़ पेश किया है बल्कि उस मॉडल को सफलता से चला कर भी दिखाया है। बंगलुरू स्थित नारायण हृदयालय के चेयरमैन डॉ. देवी प्रसाद शेट्टी अपने विभिन्न अस्पतालों के द्वारा भारत में हृदय शल्य चिकित्सा को जन-जन तक पहुँचाने का प्रयास कर रहे हैं। अपने इन प्रयासों के कारण हीडा देवी शेट्टी को हृदय चिकित्सा का हेनरी फ़ोर्ड, हृदय शल्यचिकित्सा का वाल मार्ट, हृदय चिकित्सा का रॉबिनहुड जैसे अलंकारों से नवाज़ा गया है। 1990 में कोलकता में एक हृदय शल्य चिकित्सक के रूप में काम करते हुए डॉ. शेट्टी की एक मरीज़ मदर टेरेसा भी थीं। डॉ. शेट्टी ने मदर टेरेसा से जो सीखा वह आज भी उनके कमरे में लिखा है : प्रार्थना करने वाले होठों से सेवा करने वाले हाथ ज़्यादा पावन हैं।

कर्नाटक राज्य के किन्निगोली नामक एक छोटे से शहर में जन्मे देवी प्रसाद अपने नौ सहोदरों में आठवें नम्बर पर थे। बहुत छोटी उम्र में ही उन्होंने इतने बच्चों के बीच में ख़ुद को सहेजने की कला सीख ली। बाद में बड़े भाइयों और सहपाठियों से अकारण ही मिल रही मारपीट से बचने के लिए ख़ुद को शारीरिक रूप से मज़बूत बनाने का फ़ैसला लिया। शरीर सौष्ठव के लिए व्यायाम किया और मार्शल आर्ट सीख कर छह साल तक इसका अभ्यास किया । देवी प्रसाद कभी भी स्कूल में अव्वल रहने वाले छात्र नहीं थे लेकिन वे अपनी रुचि के विषयों में उत्कृष्टता प्राप्त करने का प्रयास करते थे। उनके अनुसार एक स्कूली छात्र के रूप में 'मैं औसत से थोड़ा ऊपर था और उस परिणाम से काफ़ी ख़ुश भी था।' डॉ. शेट्टी आज के बच्चों में परीक्षा के भय को लेकर चिंतित हैं। उनके अनुसार वे ख़ुद भी कई बार परीक्षाओं में फ़ेल हुए हैं। डॉ. शेट्टी कहते हैं कि 'मैं कितना अच्छा सर्जन हूँ यह इस बात पर निर्भर नहीं है कि मुझे परीक्षा में कितने नम्बर मिले या मैं कितनी बार फ़ेल हुआ। मेरी सर्जरी की पढ़ाई के समय के कुछ प्रथम स्थान लाने वाले छात्र इतने बुरे सर्जन हैं कि मैं उन्हें अपने बाल तक काटने नहीं दूँगा।'

देवी शेट्टी ने छठी कक्षा में अपने अध्यापक से दक्षिण अफ़्रीका में विश्व के पहले हृदय प्रत्यारोपण के बारे में सुना और तभी मन में हृदय चिकित्सक बनने की ठान ली। उन्होंने 1982 में मंगलूर मेडिकल कॉलेज से एमएस की उपाधि प्राप्त की और 1983-1989 तक लंदन में काम किया। भारत लौट कर डॉ. शेट्टी ने कलकत्ता के बिरला हृदय संस्थान और फिर बंगलुरु के मणिपाल हार्ट फ़ाउंडेशन में काम किया। 2001 में उन्होंने बंगलुरु में अपना संस्थान नारायण हृदयालय स्थापित किया। एक हृदय शल्य चिकित्सक के रूप में डॉ. शेट्टी की उपलब्धियाँ अकल्पनीय हैं। वे भारत के पहले शल्य चिकित्सक हैं जिन्होंने नौ दिन के नवजात के हृदय की शल्य चिकित्सा की। इसी तरह भारत में कृत्रिम हृदय का उपयोग करने वाले भी वे पहले चिकित्सक हैं।

डॉ. देवी शेट्टी के नारायण हृदयालय में हर मरीज़ का उपचार अनिवार्य है। डॉ. शेट्टी ने अपने सारे सहयोगियों से साफ़ कह रखा है कि पैसे के अभाव के कारण किसी भी मरीज़ को वापस नहीं लौटाना है। सवाल यह है कि ऐसा आधुनिकतम, सर्वसुविधायुक्त अस्पताल ऐसे दिवालियेपन के मॉडल पर आख़िर कैसे चल रहा है? यह एक यक्ष-प्रश्न है और इसके जवाब के लिए सारे अमीर देश भी डॉ. देवी शेट्टी की ओर देख रहे हैं। डॉ. शेट्टी का मानना है कि चिकित्सा विज्ञान में अब नये उत्पादों के आविष्कार की नहीं बल्कि उपचार विधि में आमूल-चूल परिवर्तन की आवश्यकता है। स्वास्थ्य सेवाओं में 'अधिकतम रोगी-न्यूनतम लागत' का डॉ. शेट्टी का मॉडल नारायण हृदयालय ने अपनाया हुआ है।

2001 में बने पहले नारायण हृदयालय का निर्माण डॉ. शेट्टी के श्वसुर ने केवल लागत मूल्य पर किया था। इस बचत का लाभ मरीज़ों को दिया गया। डॉ. शेट्टी द्वारा बनाया गया मैसूर अस्पताल हवादार तो भरपूर है, लेकिन इसमें एयर कंडीशनिंग नहीं है क्योंकि डॉ. शेट्टी के अनुसार एयर कंडीशनिंग संक्रमण रोकती नहीं बल्कि फैलाती है। दरअसल, डॉ. शेट्टी के अस्पताल निर्माण का ख़र्च किसी भी अन्य समकक्ष अस्पताल से आधा है। वे अपने सारे दैनिक

उपयोग के सामान सस्ते ख़रीदता है। जैसे यह अस्पताल एक कंटेनर भर दस्ताने मलेशिया से ख़रीदता है, क्योंकि वहाँ इनका मूल्य भारत से 40 फ़ीसदी कम है। नारायण हृदयालय में सीटी, एमआरआई जैसी मशीनें प्रति दिन 16-20 घंटे काम में आती हैं, जबकि अन्य अस्पतालों यह समय केवल 6-8 घंटे का है। अधिकतर जाँच की मशीनें किराये पर ली गयी हैं। सप्लायर इनमें प्रयुक्त कैमिकल से अपना लाभ कमाता है। कई मशीनें तो मुफ़्त में लगायी गयी हैं, क्योंकि जो मशीन इतने सारे लोगों को समुचित सेवा दे रही है उसे कहीं और बेचने का इससे बड़ा विज्ञापन और क्या होगा। डॉ. शेट्टी अपने अस्पताल की ब्रांड वैल्यू से ख़ूब वाकिफ़ हैं और साज़-सामान ख़रीदते समय अत्यंत कृपण ग्राहक बन जाते हैं। लागत घटाने का सबसे अद्वितीय नुस्ख़ा चिकित्सकों को पूर्व-नियत मासिक वेतन देना है। वहाँ हर आपरेशन के हिसाब से भुगतान नहीं होता। हर चिकित्सक सप्ताह में छह और कम से कम कुल 60-70 घंटे काम करता है। डॉ. शेट्टी रोज़ शाम को अस्पताल से घर जाते समय डॉक्टर नहीं बल्कि एक घाघ मुनीम बनकर पिछले दिन के लाभ-हानि का ब्योरा बाँचते है।

हृदयालय में 40 फ़ीसदी रोगी पूरा शुल्क देते हैं। अन्य चालीस अपनी जेब से तो कुछ नहीं देते लेकिन संबंधित राज्य सरकार उनके शुल्क का तीन चौथाई भाग देती है। शेष बीस फ़ीसदी मरीज़ तो क़तई कोई शुल्क नहीं देते। इसके बाद भी इस अस्पताल का 2011 में शुद्ध लाभ 7.7 फ़ीसदी था (अमेरिका के किसी भी नामी अस्पताल से कहीं ज़्यादा)। डॉ. शेट्टी अब भारत के विभिन्न शहरों में नारायण हृदयालय संस्थान खोल रहे हैं और अगले पाँच वर्षों में वे अपने सारे अस्पतालों की क्षमता 30,000 बिस्तरों तक पहुँचाना चाहते हैं। अभी डॉ. शेट्टी अमेरिका के मिआमी शहर से एक घंटे दूर स्थित केमन द्वीप में दो हज़ार बिस्तरों का अस्पताल बना रहे हैं जिसमें किसी भी इलाज का ख़र्चा अमेरिकी अस्पतालों से आधा होगा।

विश्व-बाज़ार में अभी कृत्रिम हृदय का मूल्य बहुत ज़्यादा है, इसलिए डॉ. शेट्टी ब्राज़ील की एक कम्पनी के साथ मिल कर एक कम क़ीमत का विकल्प तलाश रहे हैं। डॉ. शेट्टी ऐसे एकमात्र चिकित्सक हैं जिन्होंने डॉक्टरों की कम संख्या के लिए आईएमए तथा अन्य डॉक्टरों को दोषी ठहराया है। उनके अनुसार चिकित्सा क्षेत्र में प्रवेश को जानबूझ कर इतना कठिन और दुरूह बनाया गया है जिससे इसमें एकाधिकार स्थापित रखा जा सके। डॉ. शेट्टी सारी दुनिया में चिकित्सा विज्ञान का ऐसा एकीकृत पाठ्यक्रम चाहते हैं जिससे कोई भी प्रशिक्षित डॉक्टर दुनिया के किसी भी कोने में जाकर निर्बाध काम कर सके।

डॉ. शेट्टी उपचार के लिए नर्सिंग स्टाफ़ को सबसे महत्त्वपूर्ण मानते हैं और नर्सिंग स्टाफ़ के विशेष प्रशिक्षण के लिए उन्होंने एक महाविद्यालय भी स्थापित किया है। डॉ. शेट्टी के अनुसार निकट भविष्य में उपचार पद्धति में अकल्पनीय परिवर्तन आएगा। अगले पाँच सालों में कम्प्यूटर किसी भी रोग की पड़ताल करने में एक डॉक्टर के बराबर हो जाएगा और दस साल के बाद तो हर डॉक्टर को अपनी पड़ताल पर कम्प्यूटर से सम्मति लेना अनिवार्य हो जाएगा। डॉ. शेट्टी ने कर्नाटक सरकार के साथ मिल कर एक अनूठी स्वास्थ्य बीमा योजना 'यशस्विनी' बनायी है जिसमे मात्र पाँच रुपया प्रति माह पर लाखों लोगों को पूरे उपचार की गारंटी दी जाती है। तमिलनाडु व आंध्र प्रदेश ने भी इस योजना को नारायण हृदयालय के साथ मिलकर लागू किया है। टेलीमेडिसन द्वारा डॉ. शेट्टी ने भारत के सुदूर उत्तर-पूर्व राज्यों, अरब देशों तथा अफ़्रीका में भी उच्च स्तरीय स्वास्थ्य परामर्श देने की पहल की है।

डॉ. शेट्टी ने अपने अस्पताल कैम्पस में आने-जाने के लिए दो गोल्फ़ बग्घियाँ खरीदी हैं। इन दोनों की चालक महिलाएँ हैं, क्योंकि डॉ. शेट्टी का मानना है कि यदि कोई महिला 4,000 रुपये कमायेगी तो सारे पैसे घर पर खर्चेगी जबकि पुरुष अधिकतर पैसे व्यर्थ कर देगा। रोज़गार में लगी महिलाएँ स्वावलम्बी होती हैं और ऐसी महिलाओं के बच्चे भी स्वावलम्बी होते हैं। नारायण हृदयालय में कुल कर्मचारियों में महिलाएँ बहुसंख्यक हैं।

**देखें :** अब्दुल हमीद, आर.के. तलवार, इला भट्ट, एलाट्टुवलापिल श्रीधरन, कन्हैयालाल माणिकलाल मुंशी, कमला देवी चट्टोपाध्याय, गिजुभाई बधेका, पी.एस. वारियर, देवकी जैन, धोंडो केशव कर्वे, नीरा देसाई, भारतीय लोकतंत्र का संस्थानीकरण-1, 2 और 3, राज कुमार तलवार, विक्रम साराभाई, वी.के.आर.वी. राव, विद्याबेन शाह, संस्था, संस्थान और संस्थानीकरण।

## संदर्भ

1. कृष्णा गणेश (2013), *द पॉवर ऑफ़ परपज़ इन लाइफ़ : सक्सेज़ स्टोरीज़ ऑफ़ ऑर्डिनरी पीपुल विद एक्सट्रा ऑर्डिनरी ड्रीम्ज़,* बलबोआ प्रेस, ब्लूमिंग्टन.
2. ए. वेंकट रमण और जेम्स वार्नर ब्रोकमेन (2009), *पब्लिक-प्राइवेट पार्टनरशिप इन इण्डिया : लेसंस फ़ार डिवेलपिंग कंट्रीज़,* रॉटलेज, न्यूयार्क.
3. एरिक जी. बिंग और मार्क जे. एप्स्तियेन (2013), *फ़ार्मेसी ऑन अ बाइसिकिल,* बेरेट-कोहेलर पब्लिशर्स, सैन फ्रांसिस्को.

**—रवि दत्त वाजपेयी**

# निकोलो द बर्नार्डो मैकियावेली

(Niccolo De Bernardo Machiavelli)

युरोपीय पुनर्जागरण काल के इतालवी दार्शनिक और राजनयिक निकोलो द बर्नार्डो मैकियावेली (1469- 1527) को आधुनिक राजनीति विज्ञान के मुख्य संस्थापकों में से एक माना जाता है। उन्होंने द *प्रिंस* (1513) और द *डिस्कोर्सिज़* (1516) जैसी बहुचर्चित पुस्तकें रचीं जिन्होंने राजनीतिक सत्ता, गणराज्य और युद्ध संबंधी विषयों पर चिंतन को निर्णायक दिशा दी। राज्य करने की कला को व्यावहारिक और वैज्ञानिक दृष्टिकोण से देखने वाले पहले दार्शनिक के तौर पर मैकियावेली के सरोकारों का प्लेटो और अरस्तू की भाँति क्लासिकल क़िस्म का आदर्श समाज बनाने से कोई ताल्लुक़ नहीं था। वे राजनीति को सहयोग और परस्पर निर्भरता के उपादान के रूप में देखने के लिए तैयार नहीं थे। उनका मक़सद राजनीतिक आदर्शवाद की जगह राजनीतिक यथार्थवाद की स्थापना था। द *प्रिंस* का बाक़ायदा प्रकाशन मैकियावेली की मृत्यु के पाँच वर्ष बाद हुआ। उससे पहले केवल उनके कुछ दोस्तों ने ही उसे निजी तौर पर पढ़ा था। इसके ज़रिये उन्होंने एक ऐसे राजपुरुष (प्रिंस) को सम्बोधित करते हुए अपनी तजवीज़ें पेश कीं जो नया-नया सत्तारूढ़ हुआ है। चूँकि इसे सत्ता की बागडोर आनुवंशिक रूप से प्राप्त नहीं हुई है, इसलिए प्रजा का विश्वास जीतने और अपनी वैधता क़ायम रखना उसके लिए विशेष रूप से कठिन है। मैकियावेली का यह राजपुरुष अपनी सत्ता बनाये रखने के लिए स्थापित नैतिकताओं की परवाह न करके अलग तरह की राजनीतिक व्यावहारिकता का पालन करता है।

मैकियावेली के विचारों पर उनके जीवन-काल से ही राजनेताओं और चिंतकों के बीच तीव्र प्रतिक्रिया होती रही है। राजनीति में धूर्तता और दाँव-घात की प्रवृत्तियों के लिए मैकियावेलियनिज़्म जैसा पद प्रचलित है। मनोविज्ञान में मैकियावेलियन होना व्यक्तित्व का एक प्रकार माना जाता है। एक ज़माने में कैथॅलिक चर्च ने द *प्रिंस* पर पाबंदी लगा दी थी, और मानवतावादियों ने उसकी शिक्षाओं की नकारात्मक व्याख्या की थी। लेकिन, उन्नीसवीं और बीसवीं सदी के राजनीतिशास्त्रियों ने मैकियावेली की संस्तुतियों की अधिक सकारात्मक व्याख्या की, और उन्हें 'पहले आधुनिक व्यक्ति' तक का ख़िताब दिया। इटली के नगर राज्य फ़्लोरेंस में सक्रिय रहे मैकियावेली को भी लियोनार्डो दि विंसी की तरह 'रिनेसाँ मैन' की संज्ञा दी जाती है।

मैकियावेली का जन्म एक ऐसे उथल-पुथल भरे युग में हुआ था जिसमें इटली के नगर-राज्यों की सत्ताएँ विदेशी आक्रांताओं (फ्रांस, स्पेन और पोप के नेतृत्व में पवित्र रोमन साम्राज्य) के सामने घुटने टेकती रहती थीं। राजनीतिक और फ़ौजी गठजोड़ लगातार बदलते रहते थे। ऐसे विकट माहौल में मैकियावेली का प्रशिक्षण उनके पिता के कड़े अनुशासन में हुआ। उन्होंने व्याकरण, भाषणशास्त्र और लैटिन सीखी। 1494 में उन्होंने फ़्लोरेंस की सरकारी सेवा में एक क्लर्क के तौर पर दाख़िला लिया। उन्होंने तेजी से प्रगति की और 29 साल की उम्र तक वे गणराज्य की सेकंड चांसरी के मुखिया हो चुके थे। एक राजनयिक मिशन के सदस्य के रूप में उन्हें अपने ज़माने के सभी अहम राजनीतिक अभिनेताओं के कामकाज को नज़दीक से देखने का मौक़ा मिला। उन्होंने देखा कि सीज़र बोर्ज़िया, होली रोमन एम्पायर मैक्समिलन और पोप जूलियस-द्वितीय की राजनीति करने की शैली क्या है। 1512 में फ़्लोरेंस गणराज्य का पतन होने पर मेडिसी सरकार की दोबारा स्थापना हुई जिसने उन्हें क़ैद कर लिया। मैकियावेली को रस्सी से लटका कर शारीरिक यातनाएँ दी गयीं, पर उन्होंने किसी षड्यंत्र में भागीदारी क़बूल नहीं की। रिहा होने पर उन्होंने मेडिसी पोप का राजनीतिक सलाहकार बनना चाहा। जब उनकी यह महत्त्वाकांक्षा पूरी नहीं हुई, तो वे फ़्लोरेंस के निकट सेंट आंद्रिया स्थित अपनी जायदाद में ज्ञान की साधना के लिए चले गये। इसी अवधि में उन्होंने अपनी तीनों पुस्तकें लिखीं जिन्होंने राजनीतिक दर्शन और आचरण की दिशा स्थाई रूप से बदल दी।

मैकियावेली ने अपने देश-काल की प्रमुख चुनौती (विदेशी आक्रमण और राजनीतिक अस्थिरता) का व्यावहारिक और बौद्धिक समाधान एक मज़बूत और स्थिर राज्य की स्थापना और उसे क़ायम रखने के तौर-तरीक़ों के रूप में पेश किया। उन्होंने ईसाइयत को दब्बूपन और परवशता का प्रतीक मान कर ख़ारिज किया और द *प्रिंस* और द *डिस्कोर्सिज़* के ज़रिये दो समाधान पेश किये : कोई राजा प्रजा पर अपना वर्चस्व कैसे क़ायम रख सकता है, और एक गणराज्य अपने नागरिकों के स्वार्थी रवैये को सार्वजनिक हित में कैसे इस्तेमाल कर सकता है। ऐतिहासिक और तुलनात्मक पद्धति का प्रयोग करते हुए मैकियावेली ने अपने तर्कों के पक्ष में प्राचीनकालीन चिंतन से उदाहरण खोज निकाले। उन्हें उम्मीद थी कि एक न एक दिन एक पक्के इरादे वाले राजपुरुष इटली को एकीकृत करेगा और उसके बाद शासन के गणराज्यात्मक रूप का रास्ता खुल जाएगा।

मैकियावेली ने मानवीय प्रकृति को मुख्यत: अपरिवर्तनीय मान कर मनुष्य के राजनीतिक व्यवहार के संबंध में कुछ सामान्यीकृत निष्कर्ष निकाले। भले ही जीवन-स्थितियाँ मनुष्य के व्यवहार को कुछ संदर्भों में बदलती हुई दिखाई दें, पर उसके अनिवार्य लक्षण (एहसानफ़रामोशी, झूठ

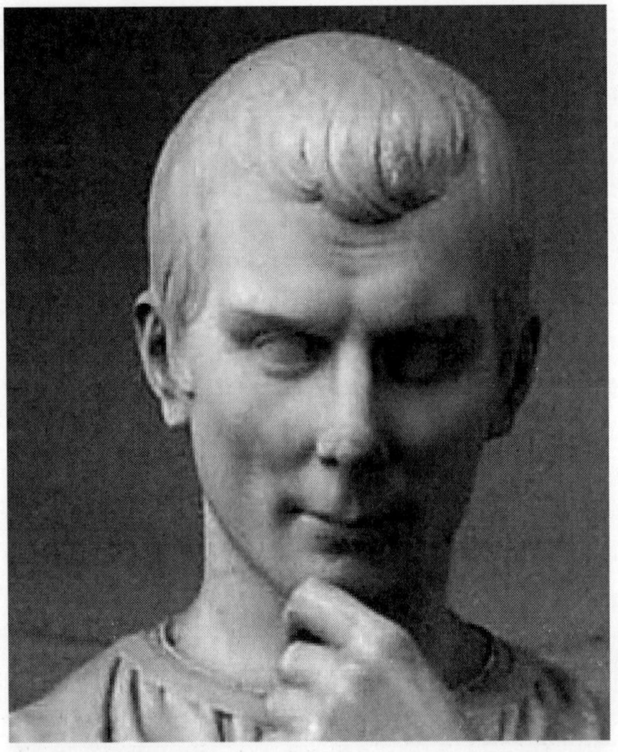

निकोलो द बर्नार्डो मैकियावेली (1469- 1527)

बोलना, ख़ुदगर्जी, छल, जोखिम से कतराना और मुनाफ़े की भूख) एक से ही रहते हैं। ज़ाहिर कि मनुष्य के इन लक्षणों को पारम्परिक नैतिकता के आधार पर नहीं सराहा जा सकता। इसी कारण से मनुष्य सत्ता की आकांक्षा पालता है। सत्ता से ही उसे स्वतंत्रता प्राप्त हो सकती है। जो दूसरों पर हुकूमत नहीं करना चाहते, वे भी कम से कम दूसरे की अधीनता से बचने के लिए आवश्यक सत्ता तो चाहते ही हैं। मैकियावेली की निगाह में दुनिया दो तरह के लोगों में बँटी हुई है : वे जो प्रभुत्व जमाना चाहते हैं, और वे जो किसी के प्रभुत्व के तले नहीं रहना चाहते।

सीज़र बोर्जिया की राजनीति को आदर्श मानने वाले मैकियावेली का कहना था कि उनके प्रिंस का मुख्य उद्देश्य अपनी सत्ता सुरक्षित रखना होगा। जब वह ऐसा कर लेगा तो उस प्रक्रिया में राजनीतिक स्थिरता भी प्राप्त होगी और प्रजा का हित भी होगा। इसके लिए उसे शक्ति और छल-कपट का अक्लमंदी से इस्तेमाल करना पड़ेगा। प्रजा के जज़्बात (प्रेम, घृणा, डर और अवज्ञा) से खेलने की कला में माहिर होना होगा। बेहतर होगा कि प्रजा में राजा के प्रति प्रेम और डर का मिला-जुला भाव पैदा हो, ताकि उसकी अवज्ञा और घृणा से बचा जा सके। लेकिन, अगर कोई शासक प्रजा की अवज्ञा और घृणा का शिकार है, तो अपनी सत्ता बचाने के लिए घृणा और डर पैदा करने वाला आचरण अपना सकता है।

द *प्रिंस* के मुताबिक़ किसी शासक की सत्ता की बुनियाद ताकत और निर्ममता से हुकूमत करने की इच्छा होती है। इसके लिए उसे केवल फ़ौजी कलाओं में माहिर होना काफ़ी है। राजनीति को एक तरह का ख़ामोश युद्ध मानने वाले मैकियावेली की यह धारणा रिनेसाँ युग की उन हस्तियों के विचारों से उलट थी जो मानते थे कि प्रिंस को कला-कौशल का पारखी, सुसंस्कृत और मानवीय होना चाहिए।

मैकियावेली के अनुसार राज्यों के बीच युद्ध केवल टाला जा सकता है, उसकी सम्भावनाएँ ख़त्म नहीं की जा सकतीं। जो प्रिंस यह नहीं मानता, उसकी बर्बादी लाज़मी है। शत्रु को हमला करके घायल करने के बजाय नष्ट करना ही उचित है, वरना बदले की भावना शत्रु को फिर से खड़ा कर देगी। मैकियावेली निःसंकोच मानते हैं कि सदाचार और भाग्य का आपस में कोई संबंध नहीं होता। राजनीति के निरंतर बदलते दायरे में क़िस्मत कभी भी दगा दे सकती है, इसलिए नये प्रिंस को नैतिकता प्रदत्त निर्धारित तौर-तरीक़ों में फँस कर परिस्थितियों के मुताबिक़ अपने आचरण को बदलते रहना चाहिए। उसके भीतर शेर के साथ-साथ लोमड़ी, मनुष्य के साथ-साथ पशु और क्षमा के साथ-साथ निर्दयता के गुण भी होने चाहिए।

मैकियावेली को उनके कई समकालीनों ने और परवर्ती विद्वानों ने भी दुष्टता की शिक्षा देने वाला क़रार दिया है। लेकिन, द *प्रिंस* का नायक केवल दुष्ट ही नहीं है। वह जो कर रहा है, वह किसी चरित्रगत विशेषता के कारण नहीं बल्कि निरंतर बदलती परिस्थितियों में टिके रहने के लिए अपनायी गयी प्रक्रिया भर है। नया प्रिंस न तो अच्छा है, न ही बुरा। नैतिकताहीन होने के बजाय वह निर-नैतिक है। राजनीति मैकियावेली की निगाह में नैतिक रूप से तटस्थ कार्रवाई है। *द डिस्कोर्सिज़* की विषय-वस्तु अलग है, लेकिन बुनियादी वैचारिक आधार उसका भी द *प्रिंस* जैसा ही है। मैकियावेली के अनुसार राजशाही में केवल प्रिंस ही स्वाधीन है, पर गणराज्य में हर व्यक्ति प्रिंस है। उसे अपनी सुरक्षा, स्वतंत्रता और सम्पत्ति बचाने के लिए वैसे ही कौशल अपनाने का अधिकार है। मैकियावेली के अनुसार गणराज्य में प्रिंस जैसी खूबियों को सामूहिक रूप से विकसित करने की ज़रूरत है, और एक बार फिर ध्यान रखने की बात यह है कि ये ख़ूबियाँ मित्रता और परोपकार जैसे पारम्परिक सद्गुणों के आधार पर नहीं विकसित हो सकतीं। गणराज्य में हर व्यक्ति नाम और नामा हासिल करने के मक़सद से दूसरे के साथ खुले मंच पर सहयोग करेगा। मैकियावेली मानते थे कि राजशाही के मुक़ाबले गणराज्य अधिक नफ़ासत से काम कर सकेगा, उसमें प्रतिरक्षा की अधिक क्षमता होगी और वह युद्ध के ज़रिये अपनी सीमाओं का अधिक कुशलता से विस्तार कर सकेगा। मैकियावेली के अनुसार यह सब करने की प्रक्रिया में ही शक्तिशाली, अदम्य और आत्म-निर्भर व्यक्तियों की रचना हो सकेगी।

ऐसे गणराज्यों को निरंकुशता में बदलने से कैसे रोका जा सकेगा? मैकियावेली इसके लिए दो शर्तें पेश करते हैं : हर गणराज्य को टिके रहने के लिए ऐसा प्रबंध करना होगा जिसमें हर व्यक्ति दूसरे के साथ सृजनात्मक ढंग से होड़ कर सके, किसी एक व्यक्ति को इतनी शक्ति अर्जित करने से रोकना होगा कि वह दूसरों पर प्रभुत्व जमा सके। उच्चकुलीन अभिजनों या व्यापारिक प्रभुवर्ग और आम जनता के बीच प्रभुत्व को लेकर संघर्ष होता रहेगा जिनके गर्भ से गणराज्य को नयी ऊर्जा मिलेगी और अच्छे क़ानूनों का जन्म होगा, बशर्ते बेहतर राजनीतिक संस्थाओं के ज़रिये उन संघर्षों को क़ाबू में रखा जा सके। क़ानून ऐसे होने चाहिए जिनकी जानकारी लोगों के सामने साफ़ कर सके कि गणराज्य में वे क्या-क्या बेखटके कर सकते हैं, और क्या करने पर उन्हें दण्ड भोगना होगा। आर्थिक समृद्धि की इजाज़त होनी चाहिए, पर निजी स्तर पर अत्यधिक सम्पत्ति अर्जित करने पर क़ानून रोक होनी चाहिए। नागरिक गुणों के विकास के लिए राज्य का एक धर्म होना चाहिए, पर मैकियावेली ईसाई धर्म को यह हैसियत देने के लिए तैयार नहीं थे। फ़्लोरेंस की प्रतिरक्षा करने के अपने अनुभव के आधार पर मैकियावेली ने निष्कर्ष निकाला था कि गणराज्य को आक्रमणों से बचाने के लिए नागरिकों की सेना होना चाहिए।

मैकियावेली का देहांत 1527 में हुआ। किसी को नहीं पता कि उनकी कब्र कहाँ बनायी गयी। पर, फ़्लोरेंस के सांता ग्रोस चर्च में बने उनके स्मारक पर लैटिन में लिखा है : *टैंटो नोमिनी नुल्लुम पार इलोजियम* (इतनी महान हस्ती के लिए कोई भी सराहना अपर्याप्त है)।

**देखें :** अमेरिकी क्रांति, आधुनिकता, आधुनिकीकरण, आधुनिकतावाद, औद्योगिक क्रांति-1 और 2, ईरानी क्रांति, उद्योगीकरण-1 और 2, क्रांति, क्रांति : मार्क्सवादी विमर्श, क्यूबा की क्रांति, चीन की कम्युनिस्ट क्रांति, फ्रांसिस बेकन, फ्रांसीसी क्रांति, बोल्शेविक क्रांति, युरोपीय पुनर्जागरण, युरोपीय ज्ञानोदय, रेने देकार्त।

## संदर्भ

1. जे.जी.ए. पोकोक (1975), *द मैकियावेलियन मोमेंट : फ़्लोरेंटाइन पॉलिटिकल थॉट ऐंड द एटलांटिक रिपब्लिकन ट्रेडिशन,* प्रिंसटन युनिवर्सिटी प्रेस, प्रिंसटन.
2. क्यू.आर.डी. स्किनर (1978), *मैकियावेली,* ऑक्सफ़र्ड युनिवर्सिटी प्रेस, ऑक्सफ़र्ड.
3. एस. पीटर डोनाल्डसन (1989), *मैकियावेली ऐंड मिस्ट्री ऑफ़ स्टेट,* केम्ब्रिज युनिवर्सिटी प्रेस, केम्ब्रिज.
4. क्लॉद लेवी-स्त्रॉस (1978), *थॉट्स ऑन मैकियावेली,* युनिवर्सिटी ऑफ़ शिकागो प्रेस, शिकागो.

**— अभय कुमार दुबे**

# पाठक, दर्शक और श्रोता

(Audiance)

पढ़ने, सुनने या देखने के माध्यम से मीडिया की विभिन्न क़िस्मों का उपभोग करने वाले अनाम लोगों को ऑडिएंस की संज्ञा दी जाती है। यह एक ऐसी श्रेणी है जिसमें आने वाले लोगों से कला और साहित्य के प्रस्तुतीकरण के दौरान या बाज़ारू संस्कृति के किसी प्रदर्शन के समय विभिन्न स्तरों पर सहभागिता की अपेक्षा की जाती है। यह भागीदारी कभी तो प्रगट और सक्रिय (वोट डालना और राय देना) होती है, और कभी महज़ औपचारिक सराहना और करतल ध्वनि तक ही सीमित रह जाती है। पत्र-पत्रिकाओं, टीवी, रेडियो, वीडियो और फ़िल्मों आदि के समाजिक प्रभाव का अध्ययन करने के लिए समाज-वैज्ञानिक मीडिया-उपभोक्ताओं को ऑडिएंस के रूप में कल्पित करके उनकी जाँच-पड़ताल करते हैं। फ्रांस में सांस्कृतिक रुचि के समाजशास्त्रीय तथ्यों का पता लगाने के लिए पिएर बोर्दिओ ने साठ के दशक में दर्शकों, पाठकों और श्रोताओं की इस दुनिया का काफ़ी बड़े-बड़े सैम्पलों के ज़रिये अध्ययन किया था। लेकिन आजकल इतने बड़े सैम्पलों का इस्तेमाल ज़्यादातर व्यावसायिक स्तर पर ऑडिएंस के बारे में रिसर्च और रायशुमारी करने वाली संस्थाएँ ही करती हैं। मीडिया और संस्कृति-अध्ययन के दायरे में काम करने वाले अकादमीय अनुसंधानकर्ता छोटे-छोटे समूहों को वर्ग, जेंडर, आयु, पारिवारिक पृष्ठभूमि और जातीयता के आधार पर चुन कर शोध करते हैं। इनसे निकलने वाले निष्कर्षों पर अध्येताओं के अपने बौद्धिक एजेंडे की छाप होती है। ऑडिएंस को समझने के सिद्धांत अलग-अलग हैं। अख़बार का पाठक वर्ग होता है, और रेडियो के सिर्फ़ श्रोता होते हैं। फ़िल्में देखने जाने वाला दर्शक वर्ग और अपने घर के एकांत में टीवी देखने वाले लोग ऑडिएंस की अलग-अलग श्रेणियों की नुमाइंदगी करते हैं।

सिने-दर्शक : बीस और तीस के दशक में ही विद्वान इस निष्कर्ष पर पहुँच चुके थे कि सिनेमा में मनुष्य के अवचेतन में छिपी कामनाओं को स्पर्श करने की क्षमता होती है। सिनेमा हाल में बैठा हुआ दर्शक उसके ज़रिये रुपहले पर्दे पर अपने मन के भीतर होने वाले कारोबार का प्रक्षेपण देखता है। इस पहलू का सत्तर के दशक के मध्य में गहन अध्ययन शुरू हुआ जब फ़िल्म-अध्ययन पर मनोविश्लेषण और लक्षण-विज्ञान (सीमियोटिक्स) का प्रभाव पड़ा। सिने-दर्शक को समझने की इस जटिल थियरी का विकास तीन चरणों में हुआ।

पहले चरण में विद्वानों ने दिखाया कि अँधेरे प्रेक्षागृह में बैठा हुए दर्शक के लिए सिनेमा किस प्रकार एक उपकरण और एक काल्पनिक संकेतक (सिग्नीफ़ायर) की भूमिका

अदा करता है। दर्शक हर बार जब सिनेमा के पर्दे में आईने की तरह झाँकता है तो उसके अवचेतन को मातृमनोग्रंथि अपने रास्ते पर चला रही होती है। इसका मतलब साफ़ था कि जिस दर्शक की चर्चा हो रही थी, वह पुरुष था। दूसरे, सिनेमा बनता तो विभिन्न विधाओं और प्रौद्योगिकियों के टुकड़ों से है, पर दर्शक के सामने वह अभंग रूप आता है जिसके कारण वह उसे अपनी सत्ता के दायरे में आने वाले यथार्थ की तरह ग्रहण करता है। दर्शक को लगता है कि उसके सामने परोसा जा रहे सिनेमाई पाठ के तात्पर्यों की रचना स्वयं उसी ने की है। असल में होता उल्टा है। दर्शक की गढ़ंत सिनेमाई पाठ के हाथों तैयार होती है। दर्शक और स्क्रीन के बीच संबंध की व्याख्या करते हुए इस दौर में बताया गया कि सिनेमाई अनुभव में प्रवेश करते हुए दर्शक प्रोजेक्टर की आँख से देखता है। काल्पनिक से प्रतीकात्मक की तरफ़ यात्रा करते हुए उसके भीतर पर्दे पर दिखाये जा रहे बिम्ब के प्रति चाहत विकसित हो जाती है। इस तरह दर्शक अनियंत्रित दृश्य-रत्यात्मकता (वॉयरिज़्म) की गिरफ़्त में चला जाता है।

1975 के बाद नारीवादी फ़िल्म-सिद्धांत ने दूसरे चरण में इस लेखन की आलोचना करते हुए कहा कि दर्शक के 'मैस्क्युलिन प्रेक्षण' को स्वाभाविक प्रेक्षण नहीं माना जा सकता। लारा मुलवी ने अपने विवादात्मक लेख 'विज़ुअल प्लेज़र ऐंड नैरेटिव सिनेमा' में सेक्शुअल विभेदीकरण का मुद्दा उठाते हुए मातृमनोग्रंथि के प्रभाव की भिन्न व्याख्या की। उन्होंने कहा कि दर्शक की मैस्क्युलिन स्थिति उसे नारी-देह के यौनीकरण और वस्तुकरण की तरफ़ ले जाती है। कैमरा स्त्री की दैहिक सुदंरता की तरफ़ ध्यान खींचता है। वह उसकी प्रस्तुति इस क़दर सम्पूर्णता के साथ करता है कि पुरुष दर्शक को उसमें लिंग की अनुपस्थिति न सताती है, और न ही उससे बधियाकरण (कैस्ट्रेशन) का भय निकलता है। ऐसा करने के लिए कैमरा नारी-देह को लिंग की तरह तना हुआ दिखाता है। मुलवी ने दावा किया कि पुरुष की दृश्य-रत्यात्मक निगाह उसके अवचेतन द्वारा बधियाकरण के भय की अनुक्रिया है। स्त्री को नियंत्रित और दण्डित करने (यहाँ तक कि उसकी हत्या कर देने) की कामना की प्रतीकात्मक अभिव्यक्ति इसी निगाह में होती है।

सिद्धांतीकरण का तीसरा दौर तब आया जब अन्य नारीवादी विद्वानों ने मुलवी के लेखन की समीक्षा की। मुलवी के लिंग-केंद्रित तर्क का खण्डन करते हुए उन्होंने दावा किया कि दरअसल सिनेमा की संरचना परपीड़ित-कामुकता (मैसोचिज़्म) की है जिसके तहत दर्शक अपने आप को समर्पित करके या निष्क्रिय बना कर सुखानुभूति करता है। वह या तो निष्क्रिय स्त्री पात्र के साथ तादात्म्य स्थापित कर लेता है, या फिर ट्रांसवेस्टाइट (भिन्न-लिंगवस्त्रधारी) मुक़ाम पर खड़े हो कर सक्रिय पुरुष नायक के साथ जुड़ जाता है।

तीन चरणों में हुए इस सैद्धांतिक अध्यवसाय का परिणाम यह निकला कि सिने-दर्शक को एकाश्म रूप में समझने के बजाय उसके विविध संस्करणों में समझने की शुरुआत हुई।

टीवी-दर्शक : टेलिविज़न के दर्शकों पर किये जाने वाले अनुसंधान के शुरुआती सरोकारों के केंद्र में दो सवाल मुख्य होते थे : क्या टीवी स्क्रीन पर दिखाई जाने वाली हिंसा समाज में हिंसात्मक आचरण को बढ़ावा देती है, और क्या राजनीति के कवरेज का चुनाव परिणामों पर असर पड़ता है? कुल मिला कर ये चिंताएँ जानना चाहती थीं कि मीडिया दर्शकों के साथ क्या करता है। पर पचास के दशक तक आते-आते मीडिया-चिंतक यह पता लगाने पर अधिक ज़ोर देने लगे कि दर्शक मीडिया का क्या करते हैं। ज़ाहिर है कि दर्शक और टीवी के बीच के संबंध की मुख्य धारणा बदल चुकी थी। अब मीडिया की ताक़त के साथ दर्शकों की ताकत पर भी न केवल विचार किया जाने लगा था, बल्कि सम्पूर्ण विषयवस्तु में दर्शकों की स्थिति केंद्रीय मान ली गयी थी।

साठ और सत्तर के दशक में अनुसंधानकर्ताओं ने नतीजा निकाला कि ऑडिएंस की श्रेणी में आने वाले लोग समरूप नहीं होते, बल्कि क़िस्म-क़िस्म के होते हैं और उनकी आवश्यकताएँ और प्रेरणाएँ अलग-अलग होती हैं। उसी के मुताबिक़ वे टीवी के कार्यक्रमों का तात्पर्य-निरूपण करते हैं। दिलचस्प बात यह है कि 'मीडिया दर्शकों की राय और रुचियों को अपने हिसाब से बदलता है' जैसे पुराने आग्रह के मुक़ाबले यह नया आग्रह व्यावसायिक टीवी के निर्माताओं के लिए लाभप्रद था। टीवी-उद्योग भी अपनी आलोचनाओं के जवाब में कहता रहा था कि मीडिया असल में हानिरहित है और अपने उपभोक्ताओं की विभिन्न ज़रूरतों को पूरा करता है। लेकिन सत्तर के दशक में ही लक्षणशास्त्र (सीमियोलॉजी) और विचारधारा के सिद्धांतों से प्रभावित संस्कृति-अध्ययन के दायरे में स्टुअर्ट हाल और उनके साथियों ने इनकोडिंग (कार्यक्रमों का विभिन्न विधाओं, ज्ञान और विचार के विभिन्न रूपों और प्रौद्योगिकियों के ज़रिये निर्माण) और डिकोडिंग (दर्शकों द्वारा उनका तात्पर्य-निरूपण) का मॉडल विकसित किया। यह मॉडल बताता था कि दर्शक टीवी देखते समय कभी तो पहलक़दमी से सम्पन्न होते हैं, तो कभी थमाये गये विचारों को निष्क्रियता से ग्रहण कर लेते हैं। हाल ने अंदाजा लगाया कि दर्शक तीन सम्भावित तरीक़ों से डिकोडिंग कर सकते हैं। समाचार से संबंधित कार्यक्रमों में ज़्यादा सम्भावना यही रहती है कि वे उसी विचारधारात्मक ढाँचे के तहत डिकोडिंग करे जिसके तहत उसकी इनकोडिंग की गयी है। दूसरी तरह के कार्यक्रमों में दर्शकों द्वारा कार्यक्रम के विचारधारात्मक संदेश की अपने तात्कालिक अनुभव के प्रभाव में आंशिक रूप से भिन्न

पुनर्व्याख्या करने की सम्भावना रहती है। दर्शक द्वारा डिकोडिंग के तीसरे रूप को हाल ने 'प्रतिपक्षी' क़रार दिया जिसके तहत वह प्रस्तुत कार्यक्रम के आर-पार देख कर समझ जाता है कि इससे राष्ट्रीय हित सध रहा है या कोई ख़ास वर्गीय हित साधा जा रहा है।

इसके अलावा टीवी और उसके दर्शकों के संबंध को समझने के लिए 'एजेंडा-सेटिंग' और 'कल्टीवेशन-एनालैसिस' जैसे सिद्धांतों का भी उपयोग किया जाता है। ये सिद्धांत फ्रैंकफ़र्ट स्कूल द्वारा निकाले गये उन निष्कर्षों का समर्थन करते हैं जिनके मुताबिक बाज़ारू मीडिया अपने उपभोक्ताओं के विचारों को प्रभावित करने की ताकत रखता है। फ्रैंकफ़र्ट स्कूल की जो बातें एनकोडिंग / डिकोडिंग जैसे मॉडलों की रोशनी में सरलीकृत प्रतीत होती हैं, वही बातें 'एजेंडा सेटिंग' के तहत प्रामाणिक लगने लगती हैं।

**देखें** : अभिलेखागार, आख्यान, इंटरएक्टिविटी-प्रौद्योगिकीय विमर्श, इंटरएक्टिविटी-सामाजिक विमर्श, इंटरफेस, एक्टर-नेटवर्क थियरी, डिजिटल डिवायड, दिन-प्रति दिन के अभिलेखागार, नया मीडिया, नेटवर्क, नेटवर्क सोसाइटी, प्रेस की स्वतंत्रता, प्रोपेगंडा, बाज़ारू संस्कृति, भारत में संचार-क्रांति, भारतीय मीडिया-1, 2 और 3, भारतीय मीडिया स्फ़ेयर, मास मीडिया, मीडिया और राज्य, मीडिया और राजनीति, मीडिया और भारतीय राजनीति, मीडिया-पक्षपात, मीडिया-अध्ययन, संचार, संचार-क्रांति, स्मृति और अभिलेखागार, सोशल नेटवर्क विश्लेषण, सूचना, सूचना-समाज, सेंसरशिप, वैकल्पिक मीडिया।

### संदर्भ


1. डी. मोरले (1992), *टेलिविज़न, ऑडिएंस ऐंड कल्चरल स्टडीज़,* रॉटलेज, लंदन.
2. स्टुअर्ट हाल (1981), 'एनकोडिंग ऐंड डिकोडिंग', संकलित : स्टुअर्ट हाल, डी. हॉब्सन, ए, लोव और पी. विलिस (सम्पा.), *कल्चर, मीडिया, लेंग्वेज,* रॉटलेज, लंदन.
2. जे. मेयन (1993), *सिनेमा ऐंड स्पेक्टेटरशिप,* रॉटलेज, लंदन और न्यूयार्क.
3. ई.ए. कप्लान (1983), *वुमॅन ऐंड फ़िल्म्स : बोथ साइड्स ऑफ़ द कैमरा,* मेथ्यून, न्यूयार्क और लंदन.
4. डी. प्रिभम (1988), *फ़ीमेल स्पेक्टेटरशिप,* वरसो, लंदन और न्यूयार्क.


**— अभय कुमार दुबे**

# पार्थ चटर्जी

(Partha Chatarjee)

पार्थ चटर्जी (1945- ) भारत के उन चुनिंदा विद्वानों में से एक हैं जिन्होंने पिछले तीन दशकों में अपने विमर्श के ज़रिये समाज-विज्ञान की युरोपीय परम्पराओं को एक वैचारिक चुनौती दी है। हिंदी में समाज-विज्ञान के पाठक आम तौर पर पार्थ चटर्जी को उनके सेकुलरवाद और सहिष्णुता संबंधी लेखन, भारतीय राष्ट्रवाद के व्याख्याता और राजनीतिक समाज के बहुचर्चित सूत्रीकरण के लिए जानते हैं। पर चटर्जी का बौद्धिक योगदान और वैचारिक प्रभाव कहीं गहरा और विस्तृत है। इसका आकलन इस बात बात से लगाया जा सकता है कि भारतीय और विदेशी विश्वविद्यालयों में उन्हें न केवल उत्तर-औपनिवेशिक सिद्धांत और सबाल्टर्न स्टडीज़ के स्थापित विद्वान के रूप में देखा जाता है, बल्कि वे अब दक्षिण एशिया के प्रमुख चिंतक के रूप में भी पढ़े-पढ़ाये जाते हैं। अंगेज़ी और बांग्ला में अनगिनत लेखों के अलावा चटर्जी ने अब तक 21 पुस्तकें लिखी हैं और 11 पुस्तकों का सम्पादन किया है। ज़ाहिर है कि ऐसे प्रचुर लेखक की सृजनात्मकता से संक्षिप्त परिचय कराना एक मुश्किल काम है। ऊपर से चटर्जी के लेखन का दायारा भी बेहद व्यापक है। उन्होंने इतिहास, समाज-सिद्धांत, संस्कृति-अध्ययन, भाषा, राजनीतिशास्त्र और यहाँ तक कि अंतर्राष्ट्रीय संबंधों पर भी लिखा है। बंगाल का इतिहास, वर्तमान और उससे जुड़ी राजनीति-सैद्धांतिक सम्भावनाएँ चटर्जी के चिंतन के केंद्र में रही हैं। तीसरे, सृजनशीलता में वे समाज-विज्ञान तक सीमित नहीं हैं। उन्हें बांग्ला का स्थापित नाट्यकार माना जाता है। उनके लिखे गये सात नाटकों का मंचन हो चुका है। वे एक कलाकार भी हैं और अभिनेता के रूप में रंगमंच से जुड़े रहे हैं।

चटर्जी को जानने का एक सम्भव और कारगर तरीक़ा यह हो सकता है कि हम उनके लेखन की विषय-वस्तु (बंगाल/भारत/तीसरी दुनिया) को केंद्र में रख कर उनके द्वारा अपने तीन दशक लम्बे रचनाकाल में प्रतिपादित विभिन्न प्रस्तावनाओं की चर्चा करें। इस तरह हम न केवल उनके लेखन को एक क्रम दे पाएँगे बल्कि उसके व्यापक बौद्धिक प्रभावों की आलोचनात्मक व्याख्या भी प्रस्तुत कर सकेंगे। चटर्जी की तीन प्रस्तावनाएँ उल्लेखनीय हैं : विशिष्ट भारतीय संदर्भ में सबाल्टर्न समूहों के अध्यन के लिए मार्क्सवाद सहित युरोप के सिद्धांतों और विचारधाराओं की उपयोगिता, भारत में राष्ट्रवादी चिंतन और राजनीति की बौद्धिक विशिष्टता, उत्तर-औपनिवेशिक भारत का वर्तमान समझने के लिए

पार्थ चटर्जी (1945- )

भारत-केंद्रित सिद्धांत-रचना।

चटर्जी की शुरुआती शिक्षा पश्चिम बंगाल में हुई। 1967 में कलकत्ता के प्रेसीडेंसी कॉलेज से बीए करने के बाद उन्होंने न्यूयॉर्क की रोशेस्टर युनिवर्सिटी से राजनीतिशास्त्र में एमए किया और फिर वहीं से पीएचडी भी की। उनकी पीएचडी का विषय अंतर्राष्ट्रीय राजनीति से संबंधित था। उनकी पहली पुस्तक *आर्म्स, अलायंस ऐंड स्टेबिलिटी : द डिवेलपमेंट ऑफ़ द स्ट्रक्चर ऑफ़ इंटरनेशनल पॉलिटिक्स* (1975) भी अंतर्राष्ट्रीय राजनीति के अध्ययन पर आधारित थी। लेकिन चटर्जी ने इस अनुशासन को अपना केंद्र नहीं बनाया। अगर 1975-1980 के दौरान लिखे कुछ लेखों को छोड़ दिया जाये तो ज़ाहिर हो जाता है कि उनका मुख्य रुझान राजनीतिक सिद्धांत और भारतीय राजनीति की तरफ़ था। उनकी दूसरी पुस्तक *स्टेट ऑफ़ पॉलिटिकल थियरी* (1978), जो उन्होंने अपने समकालीन युवा विद्वानों (सुदीप्त कविराज, एस. दत्तागुप्ता और एस.के. चौबे) के साथ मिल कर लिखी थी, इस रुझान को स्पष्ट करती है।

इस ज़माने के उनके लेखन पर मार्क्सवाद और विशेषकर ग्राम्शी के प्रभाव को नज़रअंदाज़ नहीं किया जा सकता। लेकिन यह भी सही है कि चटर्जी मार्क्सवाद को अंतिम सत्य मानने वालों में से नहीं थे। मार्क्सवाद उनके लिए एक वैचारिक औज़ार था जिसके ज़रिये वे दो अलग तरह के सवालों का जवाब तलाश कर रहे थे। पहला सवाल वस्तुगत था : क्या भारतीय राजनीति की विलक्षणता एवं तथाकथित विकसित पूँजीवादी व्यवस्थाओं के बीच कोई समरूपता है या नहीं? दूसरा प्रश्न ऐतिहासिक था : क्या मार्क्सवादी नज़रिये से यह ज़रूरी नहीं है कि उत्तर-औपनिवेशिक राज्य की विशिष्टता समझने के लिए उन ऐतिहासिक सम्भावनाओं का पुन: निरीक्षण हो जिनके ज़रिये आधुनिक भारतीय राजनीति का उदय हुआ है? उनके दो लेख, 'ऑन ग्राम्शीज़ फ़ंडामेंटल मिस्टेक' तथा 'प्रॉब्लम्स ऑफ़ मार्क्सिस्ट पॉलिटिकल थियरी : कंसिडरेशन ऑन कोल्लेटी' इन सवालों को समझने के लिए सहायक साबित हो सकते हैं।

मार्क्सवाद और इतिहास के रिश्तों की पेचीदगियों ने चटर्जी के लेखन को भारतीय राष्ट्रवाद के अध्ययन से जोड़ दिया। वे रणजीत गुहा के सबाल्टर्न स्टडीज़ समूह का हिस्सा बन गये। उन्होंने न केवल इस प्रोजेक्ट के तहत अपना मूल शोध प्रकाशित किया, बल्कि सबाल्टर्न स्टडीज़ के तीन अंकों का सम्पादन भी किया (इनमें से एक अंक बांग्ला में प्रकाशित हुआ था)। सबाल्टर्न स्टडीज़ के तहत उनका लेखन असंगठित राजनीति और राज्य जैसी संरचनाओं के अंतरसंबंधों की व्याख्या पर केंद्रित था। इन्हीं लेखों का विस्तृत स्वरूप उनकी विख्यात पुस्तक *नैशनलिस्ट थॉट ऐंड कोलोनियल वर्ल्ड : अ डेरिवेटिव डिस्कोर्स* (1986) के रूप में सामने आया।

इस पुस्तक के मूल तर्क को दो हिस्सों में बाँटा जा सकता है। पहला भाग राष्ट्रवाद के उदारतावादी और स्थापित मार्क्सवादी सिद्धांतों की आलोचना पर टिका हुआ है। चटर्जी का मत है कि युरोपीय सिद्धांत तीसरी दुनिया के राष्ट्रवाद को युरोपीय राष्ट्रवाद की संशोधित नस्ल के रूप में समझता है। इसके चलते युरोपीय राष्ट्रवाद स्वत: उत्पन्न परिघटना मान लिया जाता है जबकि तीसरी दुनिया का राष्ट्रवाद एक उधार लिया गया विमर्श बन कर रह जाता है। चटर्जी के तर्क का दूसरा पक्ष उनके द्वारा ग्राम्शी द्वारा प्रतिपादित निष्क्रिय क्रांति की अवधारणा के बौद्धिक इस्तेमाल से संबंधित है। भारतीय राष्ट्रवाद के विभिन्न चरणों की बौद्धिक संरचनाएँ दर्शाते हुए चटर्जी बताते हैं कि भारतीय राष्ट्रीय आंदोलन से उपजे राजनीतिक विचार भारतीय आधुनिकता की गतिशीलता से जन्मा है। उनका मत है कि भारत निष्क्रिय क्रांति का एक आदर्श उदाहरण है क्योंकि भारतीय राष्ट्रवादी चिंतन ने न केवल औपनिवेशिक सत्ता को चुनौती दी, बल्कि भारतीय जनमानस को भी उसकी अपनी सांस्कृतिक ज़ुबान में सम्बोधित किया। इस तरह बूर्ज्वा वर्ग के कमज़ोर होने के बावजूद परिवर्तन का विमर्श शुरू हुआ जिसने राजनीतिक बदलाव की प्रक्रिया को गति दी।

1993 प्रकाशित पुस्तक *द नेशन ऐंड इट्स फ्रैग्मेंट्स : कॉलोनियल ऐंड पोस्ट-कॉलोनियल हिस्ट्रीज़* में चटर्जी ने इस तर्क को विस्तृत किया। बेनेडिक्ट ऐंडरसन की आलोचना करते हुए चटर्जी ने स्पष्ट किया कि भारतीय

राष्ट्रवादी चिंतन में दो क्षेत्रों का निर्माण हुआ । एक आंतरिक (इनर) था तो दूसरा बाह्य (आउटर)। आंतरिक डोमेन कला, भाषा, संस्कृति और इतिहास जैसे तत्त्वों से मिल कर बना था। इस डोमेन की बुनियाद युरोप के विरोध के आधार पर टिकी हुई थी और यहीं से भारत की विशिष्टता और राष्ट्रवाद को जायज़ ठहराने के ग़ैर-युरोपीय परंतु आधुनिक तर्क निर्मित हो रहे थे। लेकिन राष्ट्रवाद के बाह्य क्षेत्र की संरचना अलग थी। यह बाह्य डोमेन युरोपीय राजनीतिक संस्थाओं और राजनीतिक विचारों का था। दिलचस्प बात यह थी कि इस डोमेन में औपनिवेशिक सत्ता का विरोध तो था परंतु आधुनिक युरोपीय राजनीतिक संस्थाओं की पुरज़ोर माँग भी शामिल थी। चटर्जी के अनुसार आंतरिक और बाह्य डोमेन का यह विरोधाभास विशिष्ट भारतीय आधुनिकता से संबंधित है।

पिछले कुछ वर्षों में चटर्जी के लेखन से उपजी सबसे महत्त्वपूर्ण अवधारणा राजनीतिक समाज है। इस अवधारणा की बुनियाद नागर समाज के विचार की सैद्धांतिक कमियों का परिणाम है। पिछले दो दशकों से चटर्जी राजनीतिक समाज के विचार पर काम कर रहे है। उनका प्रारम्भिक काम उपनिवेशवादी युग में अभिजन नागर समाज पर था। इसके बाद उन्होंने उत्तर-औपनिवेशिक भारत के शहरों में होने वाली रोज़मर्रा की राजनीति के नज़रिये से राजनीतिक समाज को परिभाषित किया। चटर्जी अब इस अवधारणा को और व्यापक करने के लिए ग्रामीण भारत में हो रहे परिवर्तनों का विश्लेषण कर रहे हैं। 2008 में उन्होंने इस संदर्भ में एक रोचक लेख प्रकाशित किया जिसमे उन्होंने पॉलिटिकल सोसाइटी की अब तक अपनी सबसे व्यापक व्याख्या प्रस्तुत की। सिविल सोसाइटी और पॉलिटिकल सोसाइटी में एक महत्त्वपूर्ण फ़र्क़ उजागर करते हुए वे कहते हैं :

'वर्तमान भारत में सिविल सोसाइटी मूलत: शहरी मध्यम वर्ग से संबंधित वह क्षेत्र है जो अपने आप को पश्चिमी समाजों में पनपी बूर्ज्वा सिविल सोसाइटी के आदर्शवादी मॉडलों के प्रतिरूप के तौर पर चरितार्थ करना चाहता है और पूँजीवादी मानसिक प्रभुत्व का प्रतिनिधित्व करता है। यदि यह माना जाए कि भारत में राजनीति का एकमात्र क्षेत्र यही सिविल सोसाइटी है, तब भारत और अन्य पश्चिमी पूँजीवादी लोकतंत्रों में कोई अंतर नहीं किया जा सकता। लेकिन ऐसा नहीं है। भारत में एक अन्य प्रभावी राजनीतिक क्षेत्र है, जिसके व्यापक दायरे में ग्रामीण आबादी का एक बड़ा हिस्सा और शहरी गरीब आते हैं। इस क्षेत्र को मैं पॉलिटिकल सोसाइटी कहता हूँ। यूँ तो इन तबक़ों को नागरिकता का दर्जा हासिल है और ये अपने अधिकारों का इस्तेमाल राजनीतिक ख़रीद-फ़रोख़्त के लिए कर सकते हैं, परंतु न तो ये तबके राज्य की संस्थाओं के साथ मध्यम वर्ग जैसा रिश्ता बना पाते हैं, और न ही शासकीय एजेंसी इन तबक़ों को नागरिक अधिकारों से लैस सिविल सोसाइटी के घटक के तौर पर स्वीकार करती हैं। ये तबके शासकीय एजेंसी के सम्मुख अपने दावे प्रस्तुत करते हैं। शासकीय एजेंसी इस तरह के दावों और राजनीतिक माँगों को संविधान सम्मत अधिकारों और क़ानूनों के स्थापित दायरे के भीतर परिभाषित नहीं करतीं; अपितु इन माँगों के समाधान के लिए क़ानून की परिधि से बाहर आकर राजनीतिक वार्ता और विमर्श के ज़रिये संदर्भानुकूल, अस्थाई और तात्कालिक हल निकाले जाते हैं, ताकि इन तबक़ों को प्रशासित किया जा सके।'

राजनीतिक समाज की इस व्याख्या के ज़रिये चटर्जी तीन महत्त्वपूर्ण बिंदुओं पर प्रकाश डालते हैं। प्रथम, वे उस क्षेत्र की पहचान करते हैं जो सिविल सोसाइटी जैसे व्यापक विमर्श की परिधि से बाहर है। वे शहरों में रहने वाले ग़रीब तबकों और ग्रामीण समूहों की राजनीति की बात करते हैं जो न तो सिविल सोसाइटी के अत्यंत अ-राजनीतिक विमर्श से समझी जा सकती है और न ही स्वयंसेवी संस्थाओं की गिनती कर के। राजनीतिक समाज की अवधारणा की दूसरी प्रमुख बात यह है कि यह प्रयास उत्तर-औपनिवेशिक भारत की सामाजिक-आर्थिक संरचनाओं को केंद्र में रख कर सिद्धांत रचना का आह्वान करता है। इस तरह सिविल सोसाइटी जैसे आरोपित विमर्श से परे जा कर भारत को उसकी विशिष्ट आधुनिकता के आईने में समझने की गुंजाइश पैदा होता होती है। राजनीतिक समाज की तीसरी विशेषता इस सिद्धांत का रोज़मर्रा की राजनीति के प्रति सचेत होना है। चटर्जी शहरी झोपड़पट्टी और गाँव में रहने वाले आम लोगों की ज़िंदगी को अध्ययन का एक पक्ष बना कर पेश करते हैं। इस तरह राजनीतिक समाज एक ऐसे क्षेत्र के तौर पर परिभाषित होता है जहाँ एक ओर आम लोगों की अस्थाई और सीमित माँगों पर आधारित संगठनों द्वारा शासकीय संस्थाओं के सामने किये जाने वाले दावे रहते हैं, वहीं दूसरी ओर राज्य क़ानून की स्थापित परिधि से बाहर जा कर कुछ कामचलाऊ व्यवस्थाएँ करता है। चटर्जी के लिए लोकतांत्रिक राजनीति का केंद्र राजनीतिक समाज ही है।

चटर्जी के लेखन में जहाँ एक ओर इतिहास और वर्तमान की गतिशीलता है, तो वहीं स्थापित विचारों और विचारधाराओं के प्रति सृजनात्मक प्रश्न। वे औपनिवेशिक भारत के इतिहास में उलझे हुए इतिहासकार भर नहीं हैं, बल्कि इतिहास उनके लिए वर्तमान की समस्याओं के विश्लेषण का सैद्धांतिक तरीक़ा है। यही स्थिति राजनीतिक विचारों के साथ उनके रिश्तों की भी है। वे मार्क्स, ग्राम्शी, और फ़ूको का इस्तेमाल सामाजिक परिघटनाओं की व्याख्या के लिए करते हैं, इसलिए आलोचना की सम्भावनाएँ सदैव खुली रहती हैं। चटर्जी की पुस्तक *अ पॉसिबिल इण्डिया* (1999) की प्रस्तावना इस संबंध में काफ़ी रोचक है। इस संक्षिप्त भूमिका में वे मार्क्सवाद के साथ अपने बौद्धिक द्वंद्व पर एक दिलचस्प टिप्पणी करते हुए कहते हैं कि एक लेखक

के रूप में उन्होंने सदैव अपने को किसी भी वाद की परिधि में नहीं बाँधा। इसी खुलेपन की वजह से उनकी साम्प्रदायिकता और सेकुलरवाद की आलोचना, भारत में जातिगत राजनीति कि विशिष्टता और उनका सामुदायिकता का विचार समाज-विज्ञान की दुनिया में नयी बहसों को जन्म देने का कारण बनता रहा। चटर्जी दरअसल वर्तमान के इतिहासकार हैं। वे कोलकाता के सेंटर फ़ॉर द स्टडी इन सोशल साइसेज़ से संबद्ध और कोलम्बिया युनिवर्सिटी, न्यूयॉर्क में प्रोफ़ेसर हैं।

**देखें** : अनुसूचित जातियाँ, अनुसूचित जनजातियाँ, अन्य पिछड़े वर्ग, आरक्षण, आधुनिकता, अरविंद घोष, आधुनिकीकरण, कन्हैयालाल माणिकलाल मुंशी, जवाहरलाल नेहरू, जातियों का राजनीतीकरण, धीरूभाई शेठ, बंगाल का नवजागरण, भारतीय अभिजन, भारतीय आधुनिकता, भारतीय इसलाम, भारतीय उदारतावाद, भारतीय डायसपोरा, भारत में उपनिवेशवाद, भारतीय नवजागरण : तुलनात्मक परिप्रेक्ष्य, भारत में नियोजन, भारत में प्रातिनिधिक प्रणाली, भारत में पृथकतावादी राजनीति, भारत में मतदान-व्यवहार-1 से 6 तक, भारत में सामाजिक आंदोलन, भारतीय राज्य, भारतीय राष्ट्रवाद, भारतीय लोकतंत्र, भारतीय लोकतंत्र का संस्थानीकरण-1 से 3 तक, भारतीय स्वभाव और राजनीति, भारतीय संविधान-1 से 8 तक, भारतीय सामाजिक आंदोलन, भीमराव रामजी आम्बेडकर, रजनी कोठारी, राज्य, राज्य की मार्क्सवादी अवधारणा, राजनीतिक समाज, राजा राममोहन राय, विवेकानंद, विनायक दामोदर सावरकर, सुदीप्त कविराज, संविधान सभा में भाषा-विवाद-1 से 3 तक, सामाजिक आंदोलन।

### संदर्भ


1. पार्थ चटर्जी (1986), *नैशनलिस्ट थॉट ऐंड द कॉलोनियल वर्ल्ड : अ डेरिवेटिव डिस्कोर्स ?*, ज़ेड बुक्स, लंदन.
2. पार्थ चटर्जी (1993), द *नेशन ऐंड इट्स फ्रेग्मेंट्स*, प्रिंसटन युनिवर्सिटी प्रेस, प्रिंसटन.
3. पार्थ चटर्जी (1995), *टेक्स्ट ऑफ़ पॉवर*, युनिवर्सिटी ऑफ़ मिनेसोटा प्रेस, मिनेपोलिस.
4. पार्थ चटर्जी (1997), *अ पॉसिबिल इण्डिया*, ऑक्सफ़र्ड युनिवर्सिटी प्रेस, नयी दिल्ली.


**—हिलाल अहमद**

# फ़्लैशबैक

(Flashback)

फ़्लैशबैक (पूर्व-दृश्य) कथांकन की वह तकनीक है जिसे सिनेमा ने उपन्यास-कला के शिल्प से ग्रहण किया है। यह नहीं कहा जा सकता कि सिनेमा-पूर्व चाक्षुष माध्यमों, जैसे रंगमंच, में इस तकनीक के इस्तेमाल की सम्भावना नहीं थी, पर इसका प्रभावी और निरंतर विकासमान प्रयोग फ़िल्मों में ही हुआ है। किसी पात्र की स्मृति का सहारा लेकर फ़िल्मकार दर्शकों को गुज़रे हुए वक़्त के कुछ क्षण दिखाता है जिससे फ़िल्म की नाटकीयता और घटनात्मक गतिशीलता में बढ़ोतरी होती है। फ़्लैशबैक विषयवस्तु के कथांकन की प्रामाणिकता को और पुष्ट करने की भूमिका भी निभाता है। सिलसिलेवार खुलते हुए यानी पीछे से आगे की तरफ़ रैखिक गति करते हुए कथानक के बजाय वर्तमान से अतीत में जाते हुए और फिर वापस आते हुए कथानक की चक्रीय गतिशीलता दर्शकों को अधिक स्वाभाविक और प्रामाणिक लगती है। फ़्लैशबैक कम से कम तीन तरह का हो सकता है। पहला प्रकार वह है जब कोई किरदार अपने मन से अपने अतीत में जाना चाहता है या उस पर विचार करना चाहता है। दूसरा प्रकार वह है जब किसी अन्य-पुरुष द्वारा किसी किरदार के अतीत पर विचार किया जाता है। तीसरा प्रकार वह है जब किसी किरदार को अपने अतीत को क़बूलनामे के रूप में पेश करने के लिए मजबूर किया जाता है। तीनों ही प्रकारों में अतीत की रचना वर्तमान की विवशताओं के तहत होती है।

फ़िल्म-अध्ययन में फ़्लैशबैक को स्मृति और इतिहास के एक ऐसे सिनेमाई निरूपण की तरह समझा जाता है जिससे अंततः सच्चाई के आत्मगत आयाम स्थापित होते हैं। हर फ़्लैशबैक किसी न किसी किरदार के दृष्टिकोण को पुष्ट करता है। किसी पात्र के मानस की भीतरी हलचलों का पता देने के लिए, या इतिहास के किसी प्रसंग की व्यक्तिगत व्याख्या के लिए, किसी हत्या, अपराध या ऐसी ही अन्य गुत्थी को सुलझाने के लिए, किसी मनोरोग की थाह लेने के लिए और किसी क़बूलनामे के चित्रांकन के लिए फ़्लैशबैक की युक्ति की प्रयोग सिनेमा के इतिहास में एकदम शुरू से ही हो रहा है। इस लिहाज़ से फ़्लैशबैक एक तफ़्तीशी औज़ार है। चूँकि फ़्लैशबैक पर्दाफ़ाश कर देता है इसलिए रहस्य-रोमांच की फ़िल्मों में रहस्य को और संगीन बनाने के लिए फ़्लैशबैक को कौशलपूर्वक टाला जाता है।

एक सिनेमाई तकनीक के तौर पर फ़्लैशबैक की ख़ास बात यह है कि थोड़ी देर के लिए पर्दे पर दिखाई जा रही तस्वीरों को वर्तमान से अतीत में स्थानांतरित करने के बावजूद

वह चित्रित किये जा रहे सिनेमाई यथार्थ का देश-काल नहीं बदलने देता। इसके लिए फ़िल्मकार दर्शक को फ़्लैशबैक की शुरुआत और अंत का एक संकेत थमाता है। आम तौर पर संकेत पात्र के धुँधलाते हुए चेहरे और फिर उभरते हुए चेहरे का हो सकता है। फ़्लैशबैक आम तौर पर इन दोनों के बीच में स्थित रहता है, नेपथ्य से किये जाने वाले वर्णन से भी संकेत का काम लिया जा सकता है। फ़िल्मकार स्वप्न-दृश्य को भी फ़्लैशबैक के कोड के तौर पर इस्तेमाल करते हैं। नतीजतन समय का क्रम नहीं टूटता, पर उसकी संरचना प्रवाहपूर्ण न रह कर परतदार हो जाती है।

हालाँकि फ़्लैशबैक के माध्यम से फ़िल्मों ने स्थापित सामाजिक और राजनीतिक मूल्यों को भी प्रश्नांकित किया है, पर राष्ट्रवादी या किसी अन्य वैचारिक मक़सद से इतिहास की पुनर्रचना करने के लिए इसके इस्तेमाल के उदाहरणों से सिनेमा का इतिहास भरा पड़ा है। इतिहास को व्यक्तिगत अनुभव के आईने में दिखाने के लिए जैसे ही फ़्लैशबैक चालू होता है, दर्शक सिनेमाई यथार्थ के कार्य-कारण पहलुओं से दोहरा साक्षात्कार करता है। वह परिणाम पहले से ही जानता है क्योंकि उसे वह वर्तमान में देख चुका है। उसका कारण उसे अतीत में दिखाया जा रहा होता है। इस तरह इतिहास को एक नैतिक सबक की शक्ल मिल जाती है।

दूसरी तरफ़ फ़्लैशबैक का सृजनात्मक इस्तेमाल करके राष्ट्रवाद के सांस्कृतिक आग्रहों को विखण्डित भी किया गया है, पर इसके उदाहरण बिरले ही हैं। हॉलीवुड में इसका एक क्लासिक उदाहरण ओर्सन वेल्स की विख्यात फ़िल्म *सिटीज़न कैन* मानी जाती है। इसमें फ़्लैशबैक नायक कैन की तरफ़ से नहीं आता। वह तो मर चुका है। एक अन्य-पुरुष, जो पत्रकार है, नायक के जीवन को फ़्लैशबैक के आईने में अपने नज़रिये से पढ़ रहा है। इसके बाद मुकदमे की गवाहियाँ भी फ़्लैशबैक से छन कर दर्शक तक पहुँचती हैं। इस तरह फ़्लैशबैक की विधि से ओर्सन वेल्स इनसान को फ़र्श से अर्श तक पहुँचाने के चर्चित अमेरिकी वायदे, अमेरिकी सामाजिक मूल्यों की दावेदारियों और पत्रकारों की समझौतापरस्ती को बेनक़ाब करने में कामयाब हो जाते हैं।

हिंदी फ़िल्में भी फ़्लैशबैक की तकनीक का बेहतरीन प्रयोग करने के लिए जानी जाती हैं। 1925 में बनी हिमांशु राय की *लाइट ऑफ़ एशिया* में यह तकनीक आजमायी गयी थी। इसके बाद 1936 में *अछूत कन्या* की कहानी तो फ़्लैशबैक में ही कही गयी। फिर फ़्लैशबैक द्वारा अतीत-रचना के कई बेहतरीन उदाहरण एक के बाद एक सामने आये। ए.आर. कारदार ने *दास्तान* में, राजकपूर ने *आग, आवारा* और *मेरा नाम जोकर* में, विमल रॉय ने *मधुमती* में, महबूब ख़ान ने *मदर इण्डिया* में, गुरुदत्त ने *काग़ज़ के फूल* और *साहिब बीबी और ग़ुलाम* में, सुनील दत्त ने *यादें,* और राज खोसला ने *मेरा साया* में और रमेश सिप्पी ने *शोले* में फ़्लैशबैक के अविस्मरणीय प्रयोग किये। सत्तर के दशक में पूरी तरह फ़्लैशबैक पर आधारित श्याम बेनेगल की फ़िल्म *भूमिका* आयी जिसे कथांकन की इस विधि के चरमोत्कर्ष के रूप में देखा जाता है। यह कृति एक अभिनेत्री के जीवन के तीन विभिन्न चरणों को तीन रंगों में पेश करती है। आम तौर पर फ़िल्मों में दो फ़्लैशबैक एक साथ गुँथे हुए नहीं रहते, पर गुलज़ार की फ़िल्म *अचानक* में तिहरे फ़्लैशबैक का उल्लेखनीय प्रयोग किया गया था। एक फ़्लैशबैक दर्शक को दूसरे में और दूसरा तीसरे फ़्लैशबैक में ले जाता है। वर्तमान में दर्शक का आगमन भी इसी क्रम से होता है।

चूँकि हिंदी सिनेमा राष्ट्रवादी प्रोजेक्ट में प्रत्यक्ष प्रचारात्मक भागीदारी नहीं करता, इसलिए उसने समाज सुधार की फ़िल्मों में स्थापित मूल्यों पर सवालिया निशान लगाने के लिए फ़्लैशबैक का प्रयोग करने से शुरुआत की। यह परम्परा के बरक्स आधुनिकीकरण की प्रक्रिया में उसका योगदान था। आधी सदी के बाद जब राष्ट्र और व्यवस्था की रचना एक सीमा तक पूरी हो गयी, उसने राजनीतिक और प्रशासनिक मूल्यों की आलोचना के लिए बनायी गयी फ़िल्मों में भी फ़्लैशबैक की तकनीक का रचनात्मक इस्तेमाल करके दिखाया। इसका एक प्रबल उदाहरण अक्सर 'यूथ फ़िल्म' की श्रेणी में डाल दी जाने वाली राकेश ओमप्रकाश मेहरा की कृति *रंग दे बसंती* है। यह फ़िल्म राष्ट्र को कल्पित करने वाली अतीत की युवा पीढ़ी (भगत सिंह, चंद्रशेखर आज़ाद वग़ैरह) और नाच-गाने-आवारगी-शराबनोशी में लगी हुई आज की उद्देश्यहीन प्रतीत होने वाली पीढ़ी के बीच मक़सदों की सम्भावित समानता के ज़रिये स्थापित करती है। यहाँ फ़्लैशबैक के ज़रिये वर्तमान अतीत में नहीं लौटता बल्कि अतीत वर्तमान में लौट आता है। एक तरह से यह रिवर्स-फ़्लैशबैक है।

2010 की लोकप्रिय फ़िल्म *वंस अपोन ए टाइम इन बोंबे* भी पूरी तरह से फ़्लैशबैक में है। इसमें एक ईमानदार और कड़क पुलिस अफ़सर के नज़रिये से अपराध जगत के दो सरगनाओं की जीवनी दर्शकों के सामने परोसी जाती है। दिलचस्प बात यह है कि सूत्रधार की भूमिका निभाने वाला यह पुलिस अफ़सर इन दोनों माफिया सरगनाओं के हिंसा से बँधे जीवन में भी करुणा, प्रेम और सामाजिक विवशताओं के पहलू उभारने में कामयाब रहता है। कथांकन के क्लासिकल तौर-तरीक़ों से अलग हटती हुई यह फ़िल्म (इसके क्लाइमैक्स में समस्या का समाधान होने के बजाय लटक जाता है) मीडिया द्वारा राष्ट्र के 'दुश्मन नम्बर एक' की तरह चित्रित किये जाने वाले एक माफिया सरगना के बनने की प्रक्रिया रेखांकित करने का अनूठा कारनामा करने में सफल है। इस फ़िल्म में फ़्लैशबैक की युक्ति कई तरह के जटिल

उद्देश्यों की पूर्ति कर देती है। उसके ज़रिये एक साथ क़ानून-व्यवस्था अपनी दावेदारी भी कर पाती है और आत्मलोचना भी। और ये दोनों काम करते हुए क़ानून-व्यवस्था फ़्लैशबैक के सहारे व्यक्ति के प्रारब्ध पर वैध फ़ैसला सुनाने का अधिकार भी अपने पास रखने में कामयाब रखती है।

**देखें :** अतिनाटकीयता, अनुपस्थिति-उपस्थिति, कला सिनेमा, अवाँगार्द और प्रति-सिनेमा, टीवी और समाचार, टीवी और सेक्सुअलिटी, टीवी और टीवी-अध्ययन, तीसरा सिनेमा, तीसरी दुनिया का सिनेमा, दक्षिण भारतीय सिनेमा और राजनीति, दर्शक, श्रोता और पाठक, नारीवादी फ़िल्म-सिद्धांत, फ़िल्म और सेक्सुअलिटी, फ़िल्म और टीवी सेंसरशिप, फ़िल्मांतरण, फ़िल्म-सिद्धांत, भारतीय सिनेमा-1, 2 और 3, भारतीय फ़िल्म-अध्ययन, भारतीय स्टार सिस्टम, रियलिटी टीवी, विचारधारा और हिंदी सिनेमा, वृत्त-चित्र, सेलेब्रिटी, सोप ओपेरा, सिनेमाई यथार्थवाद, नव-यथार्थवाद, सोवियत सिनेमा, स्टार, हिंदी सिनेमा का समाजशास्त्र।

### संदर्भ

1. गुलज़ार, 'लुकिंग बैक ... ...', संकलित : गुलज़ार, गोविंद निहलानी और सैबल चटर्जी (सम्पा.) (2003), *इनसाइक्लोपीडिया ऑफ़ हिंदी सिनेमा,* इनसाइक्लोपीडिया ब्रिटानिका और पॉप्युलर प्रकाशन, दिल्ली और मुम्बई.
2. मॉरीन ट्रुइम (1989), *फ़्लैशबैक इन फ़िल्म्स : मेमॅरी ऐंड हिस्ट्री,* रौटलेज, न्यूयार्क और लंदन.

**— अभय कुमार दुबे**

# भारतीय राष्ट्रीय कांग्रेस-1

## (स्वातंत्र्योत्तर विकास-क्रम)

## (Indian National Congress-1)

उपनिवेशवाद विरोधी आंदोलन का सफल नेतृत्व करने वाली भारतीय राष्ट्रीय कांग्रेस की स्थापना 1885 में हुई थी। इससे दो साल पहले 1883 में राष्ट्रवादी नेता सुरेंद्रनाथ बनर्जी के संगठन इंडियन एसोसिएशन के वार्षिक अधिवेशन में सभी भारतवासियों के लिए एक राष्ट्रीय संगठन बनाने का विचार पैदा हुआ था। कांग्रेस के बारे में एक मान्यता यह भी है कि उसकी स्थापना में प्रमुख भूमिका निभाने वाले एलन ऑक्टेवियन ह्यूम जैसे अंग्रेज़ों और अन्य राजभक्तों के लिए यह संगठन एक सेफ़्टीवाल्व की तरह था। सन् 1857 के विद्रोह से शंकित हो कर ये लोग चाहते थे कि भारतवासियों का उपनिवेशवाद विरोधी असंतोष जमा हो कर विस्फोट के कगार पर पहुँचने से पहले ही ब्रिटिश राज के सामने माँग-पत्रों और प्रतिवेदनों की राजनीति के ज़रिये निकलता रहे। इसलिए इस संगठन को शुरू में अंग्रेज़ों का वरदहस्त भी प्राप्त था। लेकिन आगे चल कर यह एक विशाल राजनीतिक संगठन बनता चला गया जिसके माध्यम से आज़ादी की लड़ाई को एक एकीकृत नेतृत्व प्राप्त हुआ। भारतीय राष्ट्रवाद की समझौतापरस्त और रैडिकल प्रवृत्तियों का प्रतिनिधित्व करने वाली इस पार्टी में विभिन्न विचारों को मानने वाली शक्तियाँ सक्रिय थीं। इस लिहाज़ से वह एक संयुक्त मोर्चे की तरह थी।

आज़ादी के बाद गाँधी ने सलाह दी कि कांग्रेस को भंग करके उसे लोकसेवक संघ जैसे संगठन में तब्दील कर दिया जाए। लेकिन जवाहरलाल नेहरू, वल्लभभाई पटेल और दूसरे कांग्रेसी नेताओं ने इसे स्वीकार न करके इस पार्टी को देश की प्रतियोगी लोकतांत्रिक राजनीति के एक प्रमुख स्तंभ के रूप में इस्तेमाल किया। नेहरू के दौर से लेकर वर्तमान समय तक भारत की लोकतांत्रिक राजनीति में कांग्रेस की प्रभुत्वशाली भूमिका रही। इस पूरे दौर में इसे उतार-चढ़ावों, विभाजनों और सत्ता से बेदखली तक का सामना करना पड़ा। इसके बावजूद कांग्रेस ने भारतीय लोकतांत्रिक राजनीति को स्थिरता प्रदान करने में संजीदा भूमिका निभाई है।

आज़ादी के साल भर बाद ही 1948 में ही जय प्रकाश नारायण और राममनोहर लोहिया जैसे समाजवादियों ने कांग्रेस से नाता तोड़ कर सोशलिस्ट पार्टी का गठन किया। दक्षिणपंथी नेता श्यामा प्रसाद मुखर्जी ने राष्ट्रीय स्वयंसेवक संघ के परामर्श से 1951 में भारतीय जनसंघ का निर्माण किया। लेकिन नेहरू की अपार लोकप्रियता और ज़मीनी स्तर पर कांग्रेस की ज़बरदस्त पकड़ के कारण शुरुआती तीन चुनावों में कोई भी राजनीतिक दल कांग्रेस को चुनौती नहीं दे पाया। भारत के पहले तीन आम-चुनावों में कांग्रेस का ही वर्चस्व कायम रहा। अक्टूबर 1951-फ़रवरी 1952 तक हुए पहले आम चुनावों में कांग्रेस को कुल 489 सीटों में से 364 सीटों पर जीत मिली; 1957 में हुए दूसरे आम चुनावों में लोकसभा की कुल 494 सीटों पर चुनाव हुए, जिसमें कांग्रेस को 371 सीटों पर जीत मिली; 1962 में हुए तीसरे आम चुनावों में कांग्रेस को 361 सीटों पर जीत मिली।

दरअसल इस दौर में नेहरू के नेतृत्व में कांग्रेस अपनी राजनीति के दायरे में दूसरे समूहों को शामिल करने और उनकी आकांक्षाओं को संतुष्ट करने के मंच की तरह काम करती रही। कांग्रेस की इसी भीतरी और बाहरी गतिशीलता को लक्षित करके रजनी कोठारी ने इसे एक विशिष्ट भारतीय लोकतांत्रिक संरचना की तरह रेखांकित किया है। वे कांग्रेस को एक पार्टी की तरह न देख कर एक 'प्रणाली' की तरह देखते हैं। 1955 में कांग्रेस ने समाजवाद की स्थापना को अपना लक्ष्य घोषित किया। बहरहाल, नेहरू के दौर में ही

1962 में चीन के साथ हुए युद्ध में भारत की हार के कारण कांग्रेस की छवि को काफ़ी नुकसान हुआ। नेहरू की मृत्यु के बाद कांग्रेस की प्रभाव में कमी आयी। कांग्रेस पिछड़ी जातियों की उभरती हुई राजनीतिक महत्त्वाकांक्षा को अपनी पार्टी के दायरे में संतुष्ट करने में नाकाम रही। यह एक तरह से कांग्रेस 'प्रणाली' के टूटने का संकेत भी था। 1967 में हुए विधानसभा चुनावों में कांग्रेस को हार का मुँह देखना पड़ा। केंद्र में उसे बहुमत ज़रूर मिल गया, लेकिन उसकी सीटों में काफ़ी कमी आयी। जहाँ 1962 में इसे 361 सीटों पर जीत मिली थी, वहीं इन चुनावों में उसे सिर्फ़ 283 सीटों पर ही जीत मिली।

नेहरू के बाद प्रधानमंत्री बने लाल बहादुर शास्त्री के आकस्मिक निधन के बाद इंदिरा गाँधी प्रधानमंत्री बनीं। असल में कांग्रेस के संगठन पर क़ाबिज़ बड़े नेताओं ने आपसी समझौते के रूप में इंदिरा गाँधी को प्रधानमंत्री बनवाया। लेकिन जब प्रधानमंत्री के रूप में श्रीमती गाँधी ने स्वतंत्र रूप से काम करना शुरू कर दिया, तो संगठन के बड़े नेताओं को, जिन्हें सिंडिकेट भी कहा जाता था, यह बात नाग़वार गुज़री। 1969 में राष्ट्रपति पद के लिए हुए चुनावों में इंदिरा गाँधी ने कांग्रेस पार्टी के घोषित उम्मीदवार नीलम संजीव रेड्डी के ख़िलाफ़ तत्कालीन उपराष्ट्रपति वी.वी. गिरि को समर्थन दिया। चुनाव में गिरि की जीत हुई। इस घटनाक्रम ने कांग्रेस को विभाजन की तरफ़ धकेला। इंदिरा गाँधी का विरोध करने वाले नेताओं ने अपनी अलग कांग्रेस बना ली जिसे कांग्रेस (ऑर्गनाइज़ेशन) कहा गया। इसमें के. कामराज, एस. निजलिंगप्पा और मोरारजी देसाई शामिल थे। दूसरी ओर इंदिरा गाँधी के नेतृत्व वाली कांग्रेस को कांग्रेस (आर) (रीक्विज़ीशन) कहा गया। बाद में अपनी नेता इंदिरा गाँधी के नाम पर इस पार्टी को कांग्रेस (आई) कहा जाने लगा। (1990 के दशक के शुरुआती वर्षों में चुनाव आयोग ने कांग्रेस (आई) को भारतीय राष्ट्रीय कांग्रेस का नाम देना स्वीकार किया)। पार्टी में विभाजन के बाद इंदिरा गाँधी अपनी सरकार बचा पाने में तो सफल रहीं, लेकिन उसकी विश्वसनीयता कम हुई। इस दौर में कांग्रेस ने भारतीय कम्युनिस्ट पार्टी से गठजोड़ भी किया।

इंदिरा गाँधी ने लोकसभा का कार्यकाल पूरा होने से पहले ही 1971 का चुनाव करावाया। इन चुनावों में उनका नारा था 'ग़रीबी हटाओ'। पूरे देश से मिले व्यापक समर्थन के कारण कांग्रेस को पूर्ण बहुमत मिला। इंदिरा गाँधी के खिलाफ़ कांग्रेस (ओ), भारतीय जनसंघ, स्वतंत्र पार्टी, संयुक्त सोशलिस्ट पार्टी, प्रजा सोशलिस्ट पार्टी आदि ने नैशनल डेमोक्रेटिक फ्रंट का गठन किया था। लेकिन इंदिरा गाँधी की पार्टी को 352 सीटें मिली, जबकि विपक्षी गठजोड़ को सिर्फ़ 51 सीटों पर जीत हासिल हुई। लेकिन यह कांग्रेस के अपने ज़मीनी संगठन की बजाय एक नेता के करिश्मे का नतीजा था। इस प्रक्रिया में कांग्रेस (ओ) की शक्ति काफ़ी कम हो गयी और कांग्रेस (आई) पूरी तरह से व्यक्ति-केंद्रित पार्टी बन गयीं। इसी वर्ष पाकिस्तान के साथ युद्ध में भारत की जीत और बांग्लादेश के रूप में एक नये राष्ट्र की रचना ने इंदिरा गाँधी की छवि को और प्रखर कर दिया।

लेकिन सुशासन देने में नाकामी, आर्थिक संकट और ग़रीबी हटाने का वायदा पूरा न कर पाने के कारण इस सरकार के प्रति लोगों की नाराज़गी बढ़ने लगी। ख़ास तौर पर हर स्तर पर बढ़ते जा रहे भ्रष्टाचार का तीखा विरोध होने लगा। स्वतंत्रता सेनानी और वरिष्ठ समाजवादी नेता जय प्रकाश नारायण ने बिहार और गुजरात में चल रहे छात्र आंदोलनों का नेतृत्व सँभालते हुए 'सम्पूर्ण क्रांति' का नारा दिया। इंदिरा गाँधी इस आंदोलन से लोकतांत्रिक दायरे में नहीं निबट पाईं और अपने बढ़ते विरोध से घबरा कर उन्होंने पूरे देश में आंतरिक आपातकाल लागू कर दिया। आपातकाल (1975-77) सभी प्रमुख विपक्षी नेताओं को जेल में डाल दिया गया, सरकार द्वारा ज़बरन नसबंदी कार्यक्रम चलाया गया, झुग्गियों को हटा कर सुंदरीकरण जैसी मनमानी गतिविधियाँ की गयीं। खासतौर पर उत्तर भारत पर इस तरह की गतिविधियों का काफ़ी असर हुआ। इसी दौरान ग़ैर-सरकारी सत्ता-केंद्र के रूप में इंदिरा गाँधी के बेटे संजय गाँधी के इर्द-गिर्द एक गुट का उभार हुआ।

1977 में इंदिरा गाँधी की सरकार ने आपातकाल हटा कर नये चुनाव कराने का फ़ैसला किया। इस चुनाव में राजनीतिक शक्तियों का विन्यास बदला। कांग्रेस (आई) में टूट हुई और जगजीवन राम ने अलग हो कर कांग्रेस फ़ॉर डेमॉक्रैसी का गठन किया। चुनावों से ठीक पहले जय प्रकाश नारायण की पहल पर ग़ैर-कांग्रेस, ग़ैर-वामपंथी दलों ने मिल कर जनता पार्टी का गठन किया जिसके हाथों कांग्रेस को ज़बरदस्त हार का सामना करना पड़ा। इन चुनावों में जनता पार्टी को 298 सीटों पर जीत मिली और कांग्रेस का सिर्फ 153 सीटों पर। उत्तर भारत में तो कांग्रेस का सफ़ाया ही हो गया। मोरारजी देसाई के नेतृत्व में जनता पार्टी सरकार अपने अंतःकलह के कारण केवल ढाई साल ही चल पायी। 1979 में इस सरकार का पतन हो गया। इसके बाद 27 दिनों के लिए चौधरी चरण सिंह प्रधानमंत्री रहे। लेकिन सदन में किसी को स्पष्ट बहुमत न होने की स्थिति में 1980 में फिर लोकसभा के लिए चुनाव हुआ जिसमें इंदिरा गाँधी के नेतृत्व वाली कांग्रेस को पूर्ण बहुमत मिला। इस मध्यावधि चुनाव में कांग्रेस ने लोकसभा की 351 सीटों पर जीत हासिल करके सत्ता में वापसी की। चुनावों के बाद संजय गाँधी की एक हवाई दुर्घटना में मौत हो जाने के बाद उनके बड़े भाई राजीव गाँधी ने राजनीति में प्रवेश किया। यह शुरू से ही स्पष्ट था कि वही अपनी माँ के राजनीतिक उत्तराधिकारी बनेंगे।

कांग्रेस का यह स्वातंत्र्योत्तर विकास-क्रम दिखाता है कि किस तरह यह पार्टी 1980 तक संगठन आधारित से व्यक्ति आधारित पार्टी में तब्दील हो गयी। इसमें नीतियों से ज्यादा एक नेता प्रति निष्ठा को महत्त्व दिया जाने लगा। उसका जनाधार भी काफ़ी सिकुड़ा। नेहरू के दौर की तुलना में अब कांग्रेस कुछ खास समूहों के वोटों पर निर्भर रहने लगी। इंदिरा गाँधी के नेतृत्व में कांग्रेस का मुख्य आधार 'ब्राह्मण-हरिजन-मुसलिम' वोटों को माना जाता था। लेकिन यह बात भी साफ़ होने लगी थी कि केंद्र में बहुमत पाने के बावजूद कांग्रेस विभिन्न राज्यों के लोगों की आकांक्षाओं को समायोजित नहीं कर पा रही है। इसी कारण विभिन्न राज्यों में क्षेत्रीय दलों का उभार हुआ और पिछड़ी जातियों ने कांग्रेस की बजाय ग़ैर-कांग्रेस और समाजवादी पृष्ठभूमि वाले दलों को वरीयता देनी शुरू कर दी।

**देखें** : अकाली दल, कांग्रेस 'प्रणाली', ग़ैर-कांग्रेसवाद, गठजोड़ राजनीति, जनता दल और उसकी विरासत-1 और 2, तेलुगु देशम पार्टी, पार्टी-गठजोड़ की राजनीति, भारत में गठजोड़ राजनीति, भारतीय जनता पार्टी-1 और 2, भारत में मतदान-व्यवहार-1, 2, 3, 4, 5 और 6, भारतीय कम्युनिस्ट पार्टी, भारतीय कम्युनिस्ट पार्टी (मार्क्सवादी), राष्ट्रीय जनतांत्रिक गठजोड़, वाम मोर्चा, शिव सेना, समाजवादी पार्टी, बहुजन समाज पार्टी-1 और 2, शिरोमणि अकाली दल, समाजवादी पार्टी, संयुक्त प्रगतिशील गठजोड़।

### संदर्भ

1. रजनी कोठारी (2003), 'कांग्रेस प्रणाली', अभय कुमार दुबे (सम्पा.), *राजनीति की किताब : रजनी कोठारी का कृतित्व,* दिल्ली : वाणी प्रकाशन-सीएसडीएस, नयी दिल्ली.
2. स्टेनले ए. कोचनेक (1976), *मिसेज गाँधीज़ पिरामिड : द न्यू कांग्रेस,* हेनरी हार्ट (सम्पा.), इंदिरा गाँधीज़ इंडिया, वेस्टव्यू प्रेस, बाउल्डर सीओ.

**— कमल नयन चौबे**

# भारतीय राष्ट्रीय कांग्रेस-2

(गठजोड़ राजनीति की ओर)

(Indian National Congress-2)

क्षेत्रीय राजनीति मज़बूत होने के कारण दक्षिण भारत में 1983 में कर्नाटक और आंध्र प्रदेश के विधानसभा चुनावों में कांग्रेस को हार का सामना करना पड़ा। दरअसल, अस्सी के दशक की राजनीति ने कांग्रेस के पहले से कमज़ोर होते हुए प्रभुत्व को पूरी तरह से नष्ट कर दिया। इस दौरान एक तरफ़ तो क्षेत्रों में कांग्रेस का समर्थन सिकुड़ा, दूसरी तरफ़ राष्ट्रीय स्तर पर उसकी सरकारों की विवादास्पद नीतियों ने उसकी साख में बट्टा लगाया। पंजाब के सिक्ख कट्टरपंथ में इंदिरा गाँधी की सरकार की संदिग्ध भूमिका, ऑपरेशन ब्लू स्टार, अपने ही अंगरक्षकों के हाथों इंदिरा गाँधी की हत्या, उत्तर भारत में सिक्ख विरोधी हिंसा, हमदर्दी की लहर पर सवार हो कर राजीव गाँधी के नेतृत्व में कांग्रेस को प्रचण्ड बहुमत, शाहबानो और अयोध्या प्रकरण के घटनाक्रम की परिणति 1989 के आम चुनावों में कांग्रेस की हार के रूप में हुई। लोकसभा में सबसे बड़ा दल होने के बावजूद उसे केवल 197 सीटों पर ही जीत मिल सकी। कांग्रेस ने विपक्ष में बैठना स्वीकार किया। इसी दौरान विश्वनाथ प्रताप सिंह सरकार ने अपनी भीतरी राजनीति के दबावों में मण्डल कमीशन की रपट लागू करके पिछड़े वर्गों के लिए आरक्षण की घोषणा की। इसकी प्रतिक्रिया में भारतीय जनता पार्टी ने सोमनाथ से अयोध्या तक की रथयात्रा आयोजित की। इन दोनों घटनाओं के मिले-जुले प्रभाव ने राजनीति पर निर्णायक असर डाला। इसका असर कांग्रेस के समर्थन आधार पर पड़ना ही था।

1991 में हुए मध्यावधि चुनावों के बीच कांग्रेस अध्यक्ष राजीव गाँधी की हत्या हो गयी। इससे मिली सहानुभूति के कारण कांग्रेस इन चुनावों के बाद सबसे बड़े दल के रूप में उभरी। उसे 244 सीटें मिली और पी.वी. नरसिंह राव के नेतृत्व में कांग्रेस की अल्पमतीय सरकार बनी। राव सरकार ने आर्थिक सुधारों की शुरुआत की जिसके तहत उदारीकरण, निजीकरण और बाज़ारीकरण को बढ़ावा दिया गया और अर्थव्यवस्था पर सरकारी नियंत्रण में कटौती की गयी। लेकिन कांग्रेस की यह सरकार साम्प्रदायिकता के मुद्दे पर स्पष्ट सेकुलर नीति अपनाने में विफल रही जिसका नतीजा छह दिसम्बर, 1992 को अयोध्या में कार-सेवकों की भीड़ द्वारा बाबरी मसजिद गिराये जाने के रूप में सामने आया। इस सरकार पर भ्रष्टाचार के भी आरोप लगे। उत्तर प्रदेश और बिहार जैसे बड़े-बड़े राज्यों में कांग्रेस की हालत लगातार ख़राब होती गयी। इसका एक कारण तो यह था कि अब तक इन राज्यों में पिछड़ी जाति के नेता मज़बूती से उभर कर सामने आ चुके थे, और दूसरा कारण था कि खुद कांग्रेस नेतृत्व ने इन राज्यों में पार्टी मज़बूत करने पर ध्यान नहीं दिया था। इस दौर (1991-96) में कांग्रेस को कई विभाजनों का भी सामना करना पड़ा। 1995 में कांग्रेस के दो कद्दावर नेता अर्जुन सिंह और नारायण दत्त तिवारी ने कांग्रेस से अलग होकर कांग्रेस (तिवारी) बनाई। 1996 के चुनावों से पहले माधव राव सिंधिया ने मध्य प्रदेश विकास कांग्रेस का गठन किया। तमिलनाडु में कांग्रेस के एक धड़े ने जी.के. मूपनार के नेतृत्व तमिल मनीला कांग्रेस का गठन किया। इस तरह 1996 तक कांग्रेस की स्थिति काफ़ी ख़राब हो चुकी थी। मुसलमान समुदाय बाबरी मसजिद का ध्वंस न रोक पाने के कारण इससे नाराज़ था। घोटालों के कारण भी पार्टी की छवि

धूमिल हुई थी और कई प्रमुख नेताओं ने पार्टी से अलग हो कर नये दलों का निर्माण कर लिया था।

1996 के आम चुनावों में कांग्रेस की सीटें और कम हुईं और यह दूसरे नंबर पर पहुँच गयी। इसे कुल 140 लोकसभा सीटों पर ही जीत मिल सकी। कांग्रेस अध्यक्ष नरसिंह राव को भ्रष्टाचार के मामले में आरोप तय हो जाने के कारण कांग्रेस अध्यक्ष पद से इस्तीफ़ा देना पड़ा और सीताराम केसरी कांग्रेस के अध्यक्ष बने। केसरी ने अप्रैल, 1997 में देवगौड़ा सरकार से समर्थन वापस ले लिया। वे कांग्रेस के नेतृत्व में सरकार बनाना चाहते थे। लेकिन ऐसा होने की संभावना न होने पर उन्होंने संयुक्त मोर्चे की सरकार को समर्थन दे कर जनता दल के नेता इंद्र कुमार गुज़राल को प्रधानमंत्री बनाया। लेकिन कांग्रेस ने अप्रैल, 1997 में गुजराल सरकार से भी समर्थन वापस ले लिया।

1998 में लोकसभा के मध्यावधि चुनाव हुए। इन चुनावों से पहले कांग्रेस की स्थिति अच्छी नहीं थी। ऐसे में कांग्रेस के लिए सोनिया गाँधी ने चुनाव प्रचार करने का फ़ैसला किया। पार्टी के प्रदर्शन में कोई ख़ास सुधार नहीं हुआ लेकिन इसने अपनी पुरानी स्थिति कायम रखी। उसे लोकसभा में कुल 141 सीटों पर जीत मिली। मार्च, 1998 में ही कांग्रेस कार्यसमिति ने केसरी की जगह सोनिया गाँधी को कांग्रेस का अध्यक्ष बनाया। 1998 के लोकसभा चुनावों के बाद केन्द्र में वाजेपयी के नेतृत्व में गठबंधन सरकार बनी। सोनिया गाँधी के कांग्रेस अध्यक्ष बनने के बाद कांग्रेस छोड़ कर गये कई नेता पार्टी में लौटे। लेकिन कांग्रेस को एक अन्य विभाजन का सामना करना पड़ा। मई 1999 में शरद पवार, पी.ए. संगमा और तारिक अनवर जैसे वरिष्ठ नेताओं ने कांग्रेस अध्यक्ष सोनिया गाँधी के विदेशी मूल का मुद्दा उठा कर एक नयी पार्टी राष्ट्रवादी कांग्रेस पार्टी का गठन कर लिया।

1999 के लोकसभा चुनावों में भाजपा के नेतृत्व वाले राष्ट्रीय जनतांत्रिक गठबंधन (राजग) को पूर्ण बहुमत मिला और कांग्रेस को सिर्फ़ 112 सीटों पर जीत मिली। सोनिया गाँधी ने इन चुनावों के बाद पार्टी की रणनीति में बदलाव किया और विभिन्न दलों से चुनावी गठजोड़ की पहल की। इससे पहले कांग्रेस गठजोड़ राजनीति से आम तौर पर दूर रहती थी, पर 2004 के लोकसभा चुनावों के पहले कांग्रेस ने द्रविड़ मुनेत्र कषगम, राष्ट्रीय जनता दल (राजद) और राष्ट्रवादी कांग्रेस चुनाव-पूर्व गठबंधन किया। इन लोकसभा चुनावों में पिछले लोकसभा चुनावों की तुलना में कांग्रेस की सीटों में बढ़ोतरी हुई। दरअसल, ये चुनाव कांग्रेस की जीत से ज़्यादा राजग की हार थी, जिसने अति-आत्मविश्वास में लोकसभा का कार्यकाल ख़त्म होने के छह महीने पहले ही चुनाव करवाए थे।

इन चुनावों में कांग्रेस को 145 सीटों पर जीत मिली थी, लेकिन जिन दलों के साथ इसने चुनाव-पूर्व गठजोड़ किया था, उन्होंने भी अच्छी सफलता प्राप्त की थी। परिणामस्वरूप 2004 लोकसभा चुनावों के बाद कांग्रेस के नेतृत्व में संयुक्त प्रगतिशील गठबंधन (संप्रग) की सरकार बनी। विदेशी मूल के विवाद के कारण सोनिया गाँधी ने प्रधानमंत्री का पद स्वयं ग्रहण करने के बजाय मनमोहन सिंह को प्रधानमंत्री पद पर आसीन किया। इस सरकार को वाम मोर्चे का भी समर्थन मिला था। इस सरकार ने सूचना का अधिकार, राष्ट्रीय ग्रामीण रोज़गार गारंटी अधिनियम और वन अधिकार अधिनियम जैसे कई प्रगतिशील कानून बनाये। इन क़दमों के पीछे वाम मोर्चे के दबावों की भी महत्त्वपूर्ण भूमिका रही। 2008 में अमेरिका के साथ परमाणु संधि के मसले पर वाम मोर्चे ने इस सरकार से समर्थन वापस ले लिया। 2009 के आम चुनावों में कांग्रेस और कांग्रेस के नेतृत्व वाले संयुक्त प्रगतिशील गठबंधन को अच्छी-ख़ासी सफ़लता मिली। कांग्रेस की सीटों में इज़ाफ़ा हुआ और इसे कुल 206 सीटों पर सफ़लता मिली। संप्रग को 262 सीटों पर जीत मिली। इस तरह एक बार फिर से केन्द्र में संप्रग की सरकार बनी और मनमोहन सिंह प्रधानमंत्री बने।

संप्रग-दो सरकार का प्रदर्शन अच्छा नहीं रहा। बहुत घोटालों के कारण सरकार की छवि पर खराब असर पड़ा। अण्णा हजारे के नेतृत्व में चलने वाली भ्रष्टाचार विरोधी मुहिम ने भी इस कांग्रेस और संप्रग सरकार की छवि को नुकसान पहुँचाया। इसके अलावा, सरकार में शामिल तृणमूल कांग्रेस और द्रमुक जैसे दलों ने भी समर्थन वापस ले लिया। कांग्रेस की समस्याओं को निम्न बिंदुओं में स्पष्ट किया जा सकता है : पहला, कांग्रेस अपनी नीतियों, कार्यक्रमों और कार्यकर्ताओं से ज़्यादा नेहरू-गाँधी परिवार पर निर्भर रही है। नेहरू-गाँधी परिवार के किसी सदस्य के पार्टी में सक्रिय न होने की स्थिति में पार्टी की स्थिति काफ़ी कमज़ोर हो जाती है। दूसरे, इस परिवार पर निर्भरता के साथ कांग्रेस के भीतर दूसरे कई नेताओं के बेटे अपने पिता की विरासत सँभाल रहे हैं। मसलन, ज्योतिरादित्य सिंधिया, सचिन पायलट और जतिन प्रसाद जैसे 'युवा' नेताओं को इस श्रेणी में रखा जा सकता है। कांग्रेस में ज़मीनी स्तर से आने वाले नेताओं की संख्या में कमी आयी है। तीसरे, देश के कुछ भागों में पार्टी का आधार सिकुड़ा है। तमिलनाडु में कांग्रेस तीसरे स्थान पर खिसक गयी है। उत्तर प्रदेश और बिहार में 1990 के बाद पार्टी कभी सत्ता में नहीं लौटी। चौथे, नीतिगत स्तर पर 1990 के बाद कांग्रेस की स्थिति काफ़ी कमज़ोर हुई है। नेहरूवादी समाजवाद के बजाय आर्थिक उदारीकरण की नीति अपनाने के कारण कांग्रेस के पास कोई स्पष्ट आर्थिक दृष्टि नहीं है। संप्रग-एक के दौरान इसने रोज़गार गारंटी जैसे कानूनों को आगे बढ़ाया, लेकिन इसकी आर्थिक नीतियाँ राज्य की भूमिका में कटौती की ही वकालत करती रहीं। धर्मनिरपेक्षता के मुद्दे पर भी पार्टी

की साख को ज़बरदस्त चोट पहुँची है। 1992 में बाबरी मसजिद गिराये जाने के बाद पार्टी पर मुसलमानों का भरोसा भरोसा कम हुआ है। छठा, भ्रष्टाचार के आरोपों ने भी पार्टी की विश्वसनीयता को धक्का पहुँचाया है।

**देखें :** अकाली दल, कांग्रेस 'प्रणाली', ग़ैर-कांग्रेसवाद, गठजोड़ राजनीति, जनता दल और उसकी विरासत-1 और 2, तेलुगु देशम पार्टी, पार्टी-गठजोड़ की राजनीति, भारत में गठजोड़ राजनीति, भारतीय जनता पार्टी-1 और 2, भारत में मतदान-व्यवहार-1, 2, 3, 4, 5 और 6, भारतीय कम्युनिस्ट पार्टी, भारतीय कम्युनिस्ट पार्टी (मार्क्सवादी), राष्ट्रीय जनतांत्रिक गठजोड़, वाम मोर्चा, शिव सेना, समाजवादी पार्टी, बहुजन समाज पार्टी-1 और 2, शिरोमणि अकाली दल, समाजवादी पार्टी, संयुक्त प्रगतिशील गठजोड़।

संदर्भ

1. ज़ोया हसन (2012), *कांग्रेस आफ़्टर इंदिरा : पॉलिसी, पॉवर, पॉलिटिकल चेंज (1984-2009)*, ऑक्सफ़ेर्ड युनिवर्सिटी प्रेस, नयी दिल्ली.

**— कमल नयन चौबे**

# युरोपीय पुनर्जागरण

(European Renaissance)

फ्रेंच भाषा के शब्द रिनेसाँ का अर्थ है पुनरुज्जीवन (रि / पुनः, नेसाँ / जन्म लेना)। चौदहवीं से सोलहवीं सदी के बीच युरोप में घटी इस सांस्कृतिक और वैचारिक परिघटना को मध्य युग और आधुनिक युग के बीच सेतु की संज्ञा दी जाती है। इटली में शुरू होने के बाद सोलहवीं सदी तक इसका प्रसार युरोप के विभिन्न भागों में हुआ। पुनर्जागरण के दौरान प्राचीन यूनानी और लैटिन स्रोतों के आधार पर साहित्य, कला, दर्शन, राजनीति, विज्ञान और धर्म के क्षेत्र में सर्वथा नये विचारों, पद्धतियों और कृतियों का सृजन हुआ जिनके आधार पर आधुनिकता की आत्मचेतना निर्मित हुई। पुनर्जागरण ने ल्यूनार्डो द विंसी और माइकिलएंजिलो बाउनारोती और राफ़ाएल जैसे बहुमुखी प्रतिभा सम्पन्न ऐसे कई आविष्कारकों और रचनाकारों की मिसाल पेश की जिससे 'रिनेसाँ मेन' जैसी अवधारणाओं का जन्म हुआ। आधुनिक समाज-विज्ञान अपने उद्गम के लिए इस परिघटना का ऋणी है, क्योंकि रिनेसाँ काल में सक्रिय मैकियावली , मोर, मिरांडोला और पाल्मीरी की कृतियाँ आधुनिक पश्चिमी विचार के आधार में हैं।

मार्क्सवादी इतिहासकारों का दावा है कि इनसान और उसकी दुनिया को सेकुलर और भौतिक रोशनी में समझने के लिहाज से रिनेसाँ एक निर्णायक मोड़ था। वे कला, साहित्य और दर्शन में हुए परिवर्तनों का श्रेय सामंतवाद से पूँजीवाद की तरफ़ चल रही यात्रा को देते हैं जिसके गर्भ से एक पूँजीवादी फ़ुरसती वर्ग निकला जिसके पास कलाओं की आराधना करने के लिए काफ़ी समय था। लेकिन, ऐसा लगता है कि ऐतिहासिकतावादी आग्रहों से निकली इस बेहद सरलीकृत व्याख्या के विपरीत पुनर्जागरण एक अधिक जटिल प्रक्रिया का परिणाम था। रिनेसाँ के साथ कई प्रश्न और विवाद जुड़े हैं। पहला तो यह है कि इसका प्रारम्भ चौदहवीं सदी में इटली के फ़्लोरेंस, टस्कनी में ही क्यों हुआ? दूसरा यह कि क्या पुनर्जागरण की अधिकतर व्याख्याएँ वर्तमानवादी रवैये का नतीजा नहीं हैं? अर्थात् क्या पुनर्जागरण के इतिहास के ज़रिये आधुनिकता के मौजूदा आदर्शों को वैधता प्रदान करने की परियोजना तो नहीं चलाई जा रही है? इस अवधि को हताशा और अंधकार का दौर कहने वाले विद्वान भी हैं। इन लोगों की आलोचना हमें मजबूर करती है कि इससे दो सौ साल पहले यानी बारहवीं सदी में हुए पुनर्जागरण से इसके संबंधों की जाँच-पड़ताल भी की जानी चाहिए।

ज़्यादातर इतिहासकार इस बात पर सहमत हैं कि पुनर्जागरण की सुगबुगाहट चौदहवीं सदी के मध्य में फ़्लोरेंस के बौद्धिक जीवन में सुनायी देने लगी थी। पर, इस प्रक्रिया को उसकी विशिष्ट गतिशीलता उस समय मिली जब 1401 में लोरेंज़ो ग़िबरती और फ़िलिप्पो ब्रूनोलेशी के बीच कैथड्रल के बपतिस्माकक्ष के लिए बनाये जाने वाले काँसे के दरवाजों का ठेका लेने के लिए होड़ हुई। लेकिन कुछ अन्य इतिहासकार इसका श्रेय किसी एक घटना के बजाय उस ज़माने के फ़्लोरेंस में कलाकारों और बहुश्रुत हस्तियों के बीच आम तौर से चल रही रचनात्मक प्रतिद्वंद्विता को देते हैं। उन दिनों का इटली एक सुगठित राजनीतिक इकाई होने के बजाय छोटे-छोटे शहर-राज्यों में विभक्त था जिनकी संरचनाओं में उत्तरदायी राज्य, सहभागी शासन और स्वाधीनता में आस्था जैसे कई लोकतांत्रिक पहलू शामिल थे। प्राचीन रोम के भव्य खँडहरों के बीच स्थित वेनिस, नेपल्स और फ़्लोरेंस जैसे शहर-राज्यों के कारण तत्कालीन युरोप में इटली की हैसियत सबसे ज़्यादा शहरीकृत देश की थी।

इतिहासकार और राजनीतिक दार्शनिक क्विंटिन स्किनर बताते हैं कि अपनी ख़ास परिस्थितियों के कारण बारहवीं सदी से ही इटली में सामाजिक राजनीतिक संगठन के ऐसे रूप दिखाई देने लगे थे जो सामंतवाद के बजाय व्यापार और वाणिज्य से अधिक संचालित थे। राजतंत्र और चर्च विरोधी चिंतन के आधार पर निष्पक्षता, न्याय, गणराज्यवाद और उत्तम प्रशासन पर ज़ोर दिया जा रहा था। स्किनर पंद्रहवीं सदी के दौरान फ़्लोरेंस में कला, शिल्प और

वास्तुकारी के दायरों में ही नहीं, बल्कि नैतिक, सामाजिक और राजनीतिक दर्शन के क्षेत्र में भी नवोन्मेष देखते हैं। वेनिस काँच और फ़्लोरेंस रेशम के उत्पादों के लिए मशहूर था। व्यापारीगण अपने साथ दुनिया के कोने-कोने से समृद्धि और नये विचार लाते थे। चौतरफ़ा ख़ुशहाली का आलम था जिसके कारण बड़ी-बड़ी निजी और सरकारी कला परियोजनाओं में पैसा लगाया जा सकता था। अध्ययन और कला की आराधना के लिए रुचिसम्पन्न लोगों के पास समय और संसाधनों की कमी नहीं थी। फ़्लोरेंस की सत्ता के केंद्र में कलाप्रेमी मेडिसी परिवार था जिसने बैंकिंग के धंधे से कमाये गये धन को बड़े पैमाने पर कला के प्रोत्साहन में लगाया। विंसी, बोतिसेली और माइकिलएंजिलो जैसी प्रतिभाएँ इसी की देन थीं। चौदहवीं सदी के मध्य में युरोप पर हुए काली मौत (प्लेग) के हमले ने भी नवजागरण में अहम भूमिका निभायी।

समझा जाता है कि मृत्यु की विभीषिका के कारण फ़्लोरेंस में सक्रिय कई विचारक धर्म और अध्यात्म के बजाय जीवन और जगत के अधिक सेकुलर आयामों की तरफ़ मुड़े। आबादी कम हो जाने से कामगरों की संख्या बहुत घट गयी जिससे श्रमिकों के लिए सौदेबाजी की गुंजाइशें खुलीं और लोकतांत्रिक सम्भावनाएँ पुष्ट हुईं। 1453 में बाइज़ेंटाइन साम्राज्य का पतन हो गया और विजेता ऑटोमन तुर्कों ने ज्ञान की संस्थाओं पर ताले ठोक दिये। इस वजह से भी बहुत से विद्वान क्लासिकल ग्रीक पाण्डुलिपियाँ ले कर फ़्लोरेंस चले आये। इस तरह कई सदियों के बाद पश्चिमी युरोप को क्लासिक यूनानी ज्ञान का अध्ययन करने का मौक़ा मिला। बारहवीं सदी के रिनेसाँ के दौरान विद्वानों का ज़ोर मुख्यतः प्राकृतिक विज्ञानों, दर्शन और गणित के क्षेत्रों में यूनानी और अरबी कृतियों के अध्ययन पर था। जबकि इस रिनेसाँ के केंद्र में संस्कृति और कला थी। पुनर्जागरण के अग्रगामियों ने ईसाइयत को ख़ारिज नहीं किया जिसके कारण उन्हें चर्च का समर्थन भी मिल गया। लेकिन चर्च रिनेसाँ को प्रभावित करने में असमर्थ रहा।

दरअसल, इन रचनाकारों की परियोजना के केंद्र में मध्यकाल का पण्डिताऊ और वितण्डावादी रवैया न हो कर मानवतावाद (मनुष्य के जीनियस और मानव मस्तिष्क की असाधारण क्षमता में आस्था) था। उन्होंने इसे दर्शन के रूप में ग्रहण करने के बजाय एक पद्धति के रूप में लिया जिससे उन्हें मूल ग्रंथों को तर्क और तथ्य के संयोग से विश्लेषित करने का मौक़ा मिला। मैसेसियो जैसे कलाकारों ने मानव जीवन का बेहद यथार्थमूलक चित्रण करके उसे रैखिक परिप्रेक्ष्य में प्रस्तुत करने की शैलियाँ निकालीं। चित्रकारों ने प्रकाश, छाया और मानव की शरीर-रचना का गहन अध्ययन करके उसे कला रचना की पद्धतियों का अनिवार्य अंग बना दिया। रिनेसाँ ने कलाकार को सुपरिभाषित आत्मचेतना से लैस किया। 1550 में गियोर्गियो वासारी ने 'द लाइव्ज़ ऑफ़ द आर्टिस्ट' लिख कर पूरे युग को तीन भागों में बाँट कर देखने की उपयोगी तजवीज़ की। उन्होंने पहली बार हिस्टीरियोग्राफ़ी (इतिहास-लेखन) जैसी अभिव्यक्ति का इस्तेमाल करते हुए रोमन साम्राज्य के पतन के बाद हुए कला के ह्रास यानी गोथिक कला की बर्बरता से मुक्ति का दावा किया।

निकोलो मैकियावली और टामस मोर जैसे राजनीतिक दार्शनिकों ने राजनीतिक जीवन को आरोपित नैतिकताओं से मुक्त करके तर्कसंगत ढंग से जैसे का तैसा समझने का प्रयास किया। पिको डेला मिरांडोला ने 1486 में 'ओरेशन ऑन डिगनिटी ऑफ़ मेन' लिख कर नवजागरण का घोषणापत्र ही तैयार कर डाला। मैतियो पाल्मीरी ने 'ऑन सिविक लाइफ़' की रचना की। पुनर्जागरण के लेखकों ने क्लासिकल ग्रीक और लैटिन कृतियों की खोज में युरोप के पुस्तकालय खँगाल डाले। धीरे-धीरे वे अपने अध्ययनों को देशी भाषाओं में लिखने की तरफ़ बढ़े और स्थानीय बोलियों और लिपियों के सुधार का काम अंजाम दिया गया। छापेख़ाने की शुरुआत के कारण उनकी किताबें बहुत से लोगों तक पहुँचने लगीं। काव्य, व्याकरण, इतिहास, नैतिक दर्शन और भाषणशास्त्र जैसी पाँच मानविकियों के अध्ययन पर ज़ोर देने वाले शैक्षिक सुधार (स्टूडिया ह्यूमेनिटेटिस) किये गये।

विज्ञान के क्षेत्र में पुनर्जागरण ने तथ्यात्मक प्रमाण पर बल देते हुए अरस्तू द्वारा प्रतिपादित 'अंतिम कारण' के सिद्धांत की जगह यंत्रशास्त्रीय दर्शन की स्थापना की जिसके शुरुआती प्रणेता कोपरनिकस और गैलीलियो थे। नवजागरण का यह अध्याय विज्ञान के दायरे में हुई देकार्तवादी क्रांति का आधार बना। धर्म के दायरे में रिनासाँ ने अनूठी क्रांति की। इरास्मस के साथ मिल कर मार्टिन लूथर ने 'न्यू टेस्टामेंट' का मानवतावादी पाठालोचन तैयार किया। अक्टूबर, 1517 में लूथर ने '95 थीसिस' का प्रकाशन करके पश्चिमी युरोप के कैथॅलिक वर्चस्व को तोड़ डाला और रिफ़ॉर्मेशन (धर्मसुधार) के युग की शुरुआत की।

पंद्रहवीं सदी से ही पुनर्जागरण का प्रकाश फ़्लोरेंस से निकल कर पूरे युरोप में तेजी से फैलने लगा। हंगरी, पोलैण्ड और जर्मनी तेज़ी से इसके प्रभाव में आये। इटली पर हमला करने वाला फ्रांसीसी सम्राट चार्ल्स-अष्टम वापिसी पर अपने साथ रिनेसाँ के प्रभाव ले गया। उसने विंसी को पेरिस आमंत्रित किया। इतालवी विज्ञान, संगीत और कला ने फ्रांसीसी सांस्कृतिक अभिरुचियों को बदल डाला। बैले जैसी नृत्य शैली इसी प्रक्रिया की देन है। इंगलैण्ड में

एलिजाबेथियायी दौर रिनेसाँ से प्रभावित हुआ जिसके परिणामस्वरूप अंग्रेज़ों को शेक्सपियर, मारलो, मिल्टन और स्पेंसर का साहित्य, इनिगो जोंस का स्थापत्य एवं टेलिस, टेवर्नर और बायर्ड का संगीत मिला। स्पेन और पुर्तगाल में सोलहवीं सदी के दौरान हुए कला और साहित्य के उन्मेष पर पुनर्जागरण की छाप स्पष्ट रूप से देखी जा सकती है।

आलोचना : दिलचस्प बात यह है कि रिनेसाँ अवधि के इस भव्य चित्र से सभी लोग सहमत नहीं हैं। इन आलोचकों का कहना है कि मध्ययुगीन युरोप अपनी आर्थिक दरिद्रता, धार्मिक युद्धों की निरंतरता, पोप की भ्रष्ट सत्ता और स्त्रियों को डायन बता कर जला डालने के लिए बदनाम है। वे कहते हैं कि कथित पुनर्जागरण के युग में ये सभी बातें अपने चरम पर थीं, इसलिए उस युग को किसी भी तरह से स्वर्ण युग नहीं कहा जा सकता। इस युग में तो विज्ञान, दर्शन और गणित के क्षेत्र में हुई बारहवीं सदी की अधिकतर उपलब्धियाँ नष्ट हो गयीं। क्लासिकल शुद्धता के प्रति आग्रह ने लैटिन भाषा के विकास को रोक दिया। आर्थिक रूप से यह जबरदस्त मंदी का युग था, और इस दौरान हुए वैज्ञानिक आविष्कार उतने मौलिक नहीं थे जितना दावा किया जाता है। ये आलोचक इस युग को रिनेसाँ या पुनरुज्जीवन मानने से भी असहमत हैं। उन्हें लगता है कि यह पद चौदहवीं सदी से पहले के दौर को अंधकार का युग समझने की तरफ़ ले जाता है जो निहायत आपत्तिजनक है। इसीलिए कई इतिहासकार पुनर्जागरण को 'आधुनिकता का शुरुआती दौर' कहना पसंद करते हैं।

पिछले तीस साल में कुछ भारतीय चिंतकों ने भी युरोपीय पुनर्जागरण से उद्भूत बुनियादी विचारों की सामग्री से विकसित हुए सत्रहवीं और अट्ठारहवीं सदी के युरोपीय नवजागरण के आईने में सब कुछ समझने के रवैये के ख़िलाफ़ आवाज़ उठाई है। वे देकार्तवादी वैज्ञानिकता और बुद्धिवाद, मैकियावली के नैतिकताविहीन राजनीतिशास्त्र और प्रोटेस्टेंट आधुनिकतावादी कट्टरपंथ को मानवीय आत्मा के क्षय का जिम्मेदार मानते हैं। इन आलोचकों का एक हिस्सा फ़ासीवाद की दुर्घटना के बाद पनपी मार्क्सवाद की एक धारा फ्रैंकफ़र्ट स्कूल द्वारा की गयी आधुनिकता की आलोचना से प्रभावित है। कुछ लोगों ने गाँधी विचार की एक ख़ास तरह की व्याख्या करके उसके ज़रिये युरोप की सभ्यतामूलक आलोचना विकसित करते हुए विज्ञान, राज्य की संस्था और हिंसा को जोड़ कर देखा है।

**देखें :** अमेरिकी क्रांति, आधुनिकता, आधुनिकीकरण, आधुनिकतावाद, औद्योगिक क्रांति-1 और 2, ईरानी क्रांति, उद्योगीकरण-1 और 2, क्रांति, क्रांति : मार्क्सवादी विमर्श, क्यूबा की क्रांति, चीन की कम्युनिस्ट क्रांति, निकोलो द बर्नार्डो मैकियावेली, फ्रांसिस बेकन, फ्रांसीसी क्रांति, बोल्शेविक क्रांति, युरोपीय ज्ञानोदय, रेने देकार्त।

**संदर्भ**

1. पीटर बर्क (1998), द *युरोपियन रिनेसाँ : सेंटर ऐंड पेरिफ़री,* ब्लेकवेल, ऑक्सफ़र्ड.
2. जे. ब्रोटन, (2006), *द रिनेसाँ : अ वेरी शॉर्ट इंट्रोडक्शन,* ऑक्सफ़र्ड युनिवर्सिटी प्रेस, ऑक्सफ़र्ड.
5. थोर्नडाइक, लिन, *रिनेसाँ ऑर प्रिरिनेसाँ ?,* संकलित : 'सम रिमार्क्स ऑन द क्वेश्चन ऑफ़ ओरिजिनलिटी ऑफ़ द रिनेसाँ', *जरनल ऑफ़ द हिस्ट्री आइडियाज़,* खण्ड 4, अंक 1.
6. आशिस नंदी (सम्पा.) (1988), *साइंस, हेजेमनी ऐंड वॉयलेंस : अ रेक्विम फ़ॉर मॉडर्निटी,* ऑक्सफ़र्ड युनिवर्सिटी प्रेस, नयी दिल्ली.

**— अभय कुमार दुबे**

# युरोपीय संघ

(European Union)

युरोप के 27 देशों की सदस्यता वाला आर्थिक और राजनीतिक संगठन युरोपियन यूनियन (ईयू) भूमण्डलीकरण के युग में राष्ट्रेतर और अंतरशासकीय संरचना का सफल और प्रभावी उदाहरण है। 1993 में मास्ट्रिच संधि की पुष्टि के बाद युरोपीय समुदाय (ईसी) के आधार पर युरोपीय संघ का गठन बेल्जियम, जर्मनी, फ्रांस, इटली, लक्ज़ेमबर्ग और नीदरलैण्ड्स ने मिल कर किया था। इसके बाद इसकी सदस्य संख्या तेज़ी से बढ़ी। इस समय तक ऑस्ट्रिया, बल्गारिया, साइप्रस, चेक गणराज्य, डेनमार्क, एस्तोनिया, फ़िनलैण्ड, यूनान, हंगरी, आयरलैण्ड, लातविया, लिथुआनिया, माल्टा, पोलैण्ड, पुर्तगाल, रोमानिया, स्लोवाक गणराज्य, स्लोवेनिया, स्पेन, स्वीडन और यूनाइटिड किंगडम भी इसके सदस्य बन चुके हैं। अगर कोई देश ईयू का सदस्य बनना चाहता है तो उसे कोपेनहेगन-मानकों पर खरा उतरना पड़ेगा अर्थात् उसके लिए स्थिर लोकतांत्रिक व्यवस्था, मानवाधिकारों का आदर और क़ानून के शासन का सबूत देना ज़रूरी होगा। सदस्य देशों की अर्थव्यवस्था बाज़ार आधारित भी होनी चाहिए। साथ ही उन्हें ईयू के क़ानून तो मानने ही होंगे। इन कसौटियों के आधार पर युरोपियन कौंसिल द्वारा किये जाने वाले मूल्यांकन के बाद ही किसी देश को ईयू की सदस्यता मिल सकती है।

क्षेत्रीय एकीकरण के लिए प्रतिबद्ध ईयू ने एक मानकीय विधि प्रणाली के ज़रिये एकताबद्ध बाज़ार बनाने में कामयाबी हासिल की है। ये क़ानून सभी सदस्य देशों पर लागू होते हैं जिनके कारण पूरे युरोप में लोगों, जिंसों, सेवाओं और पूँजी का मुक्त आवागमन होता रहता है। वाणिज्य, कृषि, मत्स्य

और क्षेत्रीय विकास के मामले में ईयू साझा नीतियों पर चलता है। इसके सोलह देशों ने एक साझा मुद्रा 'युरो' भी अपना ली है जिसके कारण एक पूरे युरोज़ोन का अस्तित्व बन गया है। ईयू की विदेश नीति संबंधी भूमिका सीमित है, और उसे विश्व व्यापार संगठन, जी-एट, जी-ट्वेंटी और संयुक्त राष्ट्र में प्रतिनिधित्व मिला हुआ है। ईयू को न्याय और घरेलू मामलों में विधि-निर्माण का अधिकार है। कई मसलों पर ईयू सदस्य देशों के बीच वार्ता के ज़रिये फ़ैसले करता है, और कई बार बिना मतैक्य के ही निर्णयों पर पहुँच जाता है। इसके महत्त्वपूर्ण संगठन हैं : युरोपीय आयोग, कौंसिल ऑफ़ युरोपियन यूनियन, कोर्ट ऑफ़ जस्टिस ऑफ़ द युरोपियन यूनियन, युरोपियन सेंट्रल बैंक। युरोपियन संसद हर पाँच साल बाद सदस्य देशों के नागरिकों द्वारा चुनी जाती है जो युरोपियन संघ के नागरिक भी हैं। ईयू के पास अपना झण्डा और राष्ट्रगान के तर्ज़ पर अपना एंथम भी है।

युरोपीय संघ जैसा राजनीतिक और आर्थिक क्षेत्रीय एकीकरण का उदाहरण दुनिया में दूसरा नहीं है। क्षेत्रीय एकताओं की मिसालें और भी मिलती हैं, पर वे सीमित क़िस्म की हैं और राष्ट्र-राज्य में निहित सम्प्रभुता की, अवधारणा से उनका संवाद इस प्रकार का नहीं है। युरोपीय संघ का कामयाब वजूद कई तरह के संदेश देता है। पहला और सर्वाधिक विचारणीय संदेश तो यह है कि राष्ट्र-राज्यों में दुनिया का विभाजन अपने-आप में अंतिम नहीं है। दूसरा संदेश यह है कि जब युरोपीय संघ की राष्ट्रेतर संरचना कारगर साबित हो सकती है तो फिर विश्व-सरकार क्यों कारगर नहीं हो सकती। तीसरी बात यह है कि अगर आर्थिक और राजनीतिक प्रश्नों पर मतैक्य हो, और उसके साथ एक सीमा तक सभ्यतामूलक और सांस्कृतिक एकता भी हो जाए तो बेमिसाल क्षेत्रीय एकीकरण सम्भव है। चौथा और सबसे मानीख़ेज़ मतलब यह है कि युरोपीय संघ का उभार अमेरिका की विश्व-चौधराहट को हिला सकता है। एक मुद्रा के तौर पर युरो अमेरिकी डॉलर को चुनौती तो दे ही रहा है, आज पश्चिमी युरोप के देश अपनी सुरक्षा के लिए भी नाटो पर पहले की तरह निर्भर नहीं रह गये हैं।

इसमें कोई शक नहीं कि युरोपीय संघ जैसे राष्ट्रेतर क्षेत्रीय समुदाय का उदय नब्बे के दशक में ही हो सकता था। इस दशक की शुरुआत में युरोप को वैचारिक रूप से पश्चिमी और पूर्वी युरोप में बाँटने वाला शीत-युद्ध सोवियत खेमे के पराभव के साथ ख़त्म हुआ, और इसी दशक में भूमण्डलीकरण ने स्वयं को एक युगीन प्रवृत्ति के तौर पर व्यक्त किया। युरोप इस तरह की अनुकूल परिस्थिति से लाभ उठाने के लिए जैसे तैयार बैठा हुआ था। द्वितीय विश्व-युद्ध के बाद से लगातार एकीकृत युरोप के स्वप्न को साकार करने के लिए चिंतन और गतिविधियाँ चलाई जा रही थीं। प्रथम और द्वितीय विश्व-युद्ध के नतीजों से सबक सीख कर युरोप को उग्र-राष्ट्रवाद और उसके कारण हो सकने वाले विनाश से बचाने के लिए चालीस के दशक में ही एकीकृत युरोप के विचार पर गौर किया जाने लगा था। इसी सोच-विचार के फलस्वरूप 1951 में युरोपियन कोल ऐंड स्टील कम्युनिटी का गठन हुआ जिसे युरोपीय महासंघ की तरफ़ बढ़ने वाला पहला क़दम माना गया। कम्युनिटी के गठन में ज्याँ मोने, रॉबर्ट शूमान, पॉल हेनरी स्पाक और एल्साइड डि गैस्पेरी द्वारा ली गयी पहलक़दमी की प्रमुख भूमिका थी। 1957 में बेल्जियम, जर्मनी, फ्रांस, इटली, लक्ज़ेमबर्ग और नीदरलैण्ड्स ने रोम की संधि पर दस्तख़त किये। परिणामस्वरूप युरोपीय सहयोग का दायरा बढ़ा और ईईसी यानी युरोपियन इकॉनॉमिक कम्युनिटी की स्थापना हुई। इसने एक कस्टम्स यूनियन और युरोपियन एटॉमिक इनर्जी कम्युनिटी भी गठित की। रोम की संधि ने दिखा दिया कि पूरे युरोप में माल, व्यक्तियों, सेवाओं और पूँजी का आवागमन सुनिश्चित किया जा सकता है। इसी संधि के तहत युरोपीय एकता का संस्थागत तंत्र खड़ा किया गया और युरोपियन कोर्ट ऑफ़ जस्टिस, कौंसिल ऑफ़ मिनिस्टर्स, युरोपियन कमीशन और युरोपीय संसद की स्थापना हुई। 1967 में मर्जर संधि के ज़रिये इन सभी को मिला कर ईसी यानी युरोपियन कम्युनिटीज़ का गठन हुआ। 1973 के बाद से इसके साथ डेनमार्क, आयरलैण्ड और यूनाइटिड किंगडम भी जुड़ गये। यूनान, पुर्तगाल और स्पेन को सदस्य बनाने के बाद ईसी ने ऑस्ट्रिया, फ़िनलैण्ड और स्वीडन को भी अपने आगोश में ले लिया। 1987 में सिंगल युरोपियन एक्ट के माध्यम से बाज़ारों का एकीकरण सम्पन्न हुआ, और 1992 में मास्ट्रिश ट्रीटी आर्थिक संघ, सामाजिक नीतियों और राजनीतिक आयामों को एक करने की भूमिका निभायी।

मास्ट्रिश ट्रीटी की पुष्टि सभी सदस्य देशों द्वारा होनी ज़रूरी थी। इस मौक़े पर एक बार लगा कि व्यापक युरोपीय एकता सम्भव नहीं हो पाएगी, क्योंकि ब्रिटेन, डेनमार्क और फ्रांस ने इस संधि से बाहर रहने के अधिकार का दावा पेश किया। इसी मौक़े पर भूमण्डलीकरण की कामयाबी से बने माहौल ने अपना रंग दिखाया और थोड़े हीले-हवाले के बाद ये देश भी मान गये। चार पश्चिम युरोपीय देश अभी संघ से बाहर हैं। लेकिन उन्होंने संघ की अर्थव्यवस्था और विनियमनों को आंशिक रूप से मान लिया है। इनमें से आइसलैण्ड ने सदस्यता के लिए अर्ज़ी दे रखी है, लीशेंस्टीन और नार्वे युरोपियन इकॉनॉमिक एरिया के माध्यम से एकीकृत बाज़ार के अंग हैं। इसी तरह स्विट्ज़रलैण्ड भी द्विपक्षीय संधियों के माध्यम से संघ के साथ बँधा हुआ है।

युरोपीय संघ बनने से पहले युरोपीय एकता के पैरोकार उसे एक फ़ौजी गठजोड़ के रूप में नहीं देखते थे। संघ में शामिल 21 देश नाटो के सदस्य थे, और फ़ौजी सुरक्षा की उनकी ज़रूरतें वहाँ से पूरी हो जाती थीं। 1999 के कोसोवो युद्ध के बाद संघ के सदस्यों द्वारा नाटो से स्वायत्त फ़ौजी

कार्रवाई करने की क्षमता विकसित करने की ज़रूरत महसूस की गयी। इसके बाद ईयू बेटिलग्रुप इनीशियेटिव लिया गया जिसके तहत अब संघ ज़रूरत पड़ने पर कहीं भी कम से कम डेढ़ हज़ार फ़ौजी फ़ौरन तैनात कर सकता है। संघ के सैनिक अफ़्रीका, पूर्व युगोस्लाविया और मध्य-पूर्व में तैनात रह चुके हैं।

**देखें :** आदर्शवाद, आतंकवाद, अंतर्राष्ट्रीय मुद्रा कोष, इमैनुएल कांट, इतिहास का अंत, एडवर्ड हैलेट कार, जाति-संहार, पृथकतावाद, तृतीय विश्व, द्वितीय विश्व-युद्ध, नस्लवाद, नव-उपनिवेशवाद, निर्भरता सिद्धांत, नि:शस्त्रीकरण, पेटेंट, प्रथम विश्व-युद्ध, प्रगति, बौद्धिक सम्पदा अधिकार, ब्रेटन वुड्स प्रणाली, भारत में पेटेंट क़ानून, रंगभेद, उपनिवेशवाद, यथार्थवाद, युद्ध, रचनात्मकतावाद, राजनय, विश्व व्यापार संगठन, विश्व बैंक, विश्व-सरकार, वि-उपनिवेशीकरण, सभ्यताओं का संघर्ष, सम्प्रभुता, संयुक्त राष्ट्र, साम्राज्यवाद, शस्त्र-नियंत्रण, शांति, शांतिवाद, शीत-युद्ध, हथियारों की होड़।

### संदर्भ


1. जेरेमी रिफ़्किन (2004), *द युरोपियन ड्रीम : हाऊ युरोप्स विज़न ऑफ़ द फ़्यूचर इज़ क्वायटली इक्लिप्सिंग द अमेरिकन ड्रीम,* जेरेमी पी. टार्शर.
2. चार्ल्स स्मिथ (2007), *इंटरनेशनल ट्रेड ऐंड ग्लोबलाइज़ेशन,* स्टॉक्सफ़ील्ड, एनफ़्रॉम.
3. कैथरीन बर्नार्ड (2007), *द सब्सटेंटिव लॉ ऑफ़ ईयू : द फ़ोर फ्रीडम्स,* ऑक्सफ़र्ड युनिवर्सिटी प्रेस, ऑक्सफ़र्ड.


**— अभय कुमार दुबे**

# युरोपीय ज्ञानोदय

(European Enlightenment)

युरोपीय पुनर्जागरण की एक आलोचना यह भी की जाती है कि वह मुख्यत: एक पश्चिम युरोपीय परिघटना थी जिसके आईने में पूरे युरोप या पश्चिमी जगत को देखा जाना इस विशाल क्षेत्र की वैचारिक और सांस्कृतिक विविधताओं के साथ अन्याय है। लेकिन दूसरी ओर यह भी एक हक़ीक़त है कि सोलहवीं सदी के बाद पुनर्जागरण प्रदत्त विचारों, शैलियों और दार्शनिक परिप्रेक्ष्यों ने न केवल पूरे युरोप बल्कि अमेरिकी क्षेत्र के बौद्धिक जगत में प्रधानता हासिल कर ली। जर्मनी, फ्रांस, ग्रेट ब्रिटेन, नीदरलैण्ड्स, इटली, स्पेन और पुर्तगाल में इसका प्रभाव एक साथ देखा गया। इस पूरे क्षेत्र में दार्शनिक-राजनीतिक-आर्थिक-सामाजिक आलोड़न का ऐसा सिलसिला पैदा हुआ जिसके गर्भ से फ्रेंच और अमेरिकी क्रांति जैसी युगप्रवर्तक घटनाओं ने जन्म लिया। फ्रांसीसी क्रांति ने आज़ादी, भाईचारे और बराबरी के विचारों को मानवता का स्थाई मूल्य बना कर राष्ट्रवाद के प्रसार का रास्ता खोल दिया। इससे ठीक पहले अमेरिकी क्रांति द्वारा उपनिवेशवाद के ख़िलाफ़ संघर्ष को एक ऐसी गतिशीलता प्रदान की जा चुकी थी जिसे राष्ट्रीय क्रांतियों के युग की शुरुआत करने का श्रेय दिया जाता है। युरोपीय ज्ञानोदय ने ही पहली बार पूरे पश्चिमी गोलार्ध को एक सभ्यतामूलक पहचान प्रदान की, और युरोप (जो पहले प्रांतीय अस्मिताओं का जमावड़ा भर था) को अमेरिका से अविभाज्य सभ्यतामूलक सूत्र में बाँध दिया। ज्ञानोदय काल की उपलब्धियों के आधार पर ही उन्नीसवीं सदी का वैचारिक शीराज़ा खड़ा हुआ जिसके मुख्य हस्ताक्षरों के रूप में उदारतावाद, सेकुलरवाद, पूँजीवाद, समाजवाद और मार्क्सवाद को देखा जाता है। युगरन हेबरमास द्वारा 1962 में प्रतिपादित पब्लिक स्फ़ेयर (सार्वजनिक दायरा) की थियरी भी ज्ञानोदयकालीन विचारों की निष्पत्ति ही है।

दरअसल, 1757 में फ्रांसीसी क्रांति के पितामह मिराबो ने पहली बार 'सिविलाइज़ेशन' जैसी अभिव्यक्ति का प्रयोग उन आधुनिक तात्पर्यों और मूल्यों के संदर्भ में किया जिनके तहत आज हम इसे समझते हैं। हालाँकि, इस प्रक्रिया में फ्रांसीसी ज्ञानोदय ने अग्रगामी भूमिका का निर्वाह किया और फ्रेंच भाषा की इसमें वही भूमिका थी जो मध्य युग में लैटिन ने निभायी, लेकिन इस प्रक्रिया की सफलता और विस्तार के साथ अमेरिकी और स्काटिश ज्ञानोदय भी गुँथा हुआ था। फ्रांस में मिराबो के अलावा रूसो , बुफ़ों, मोंतेस्क्यू, वाल्तेयर, द'अलेम्बर्त, हेल्वेतियस, त्युरगो और दिदेरो की कृतियों ने क्रांति के आधारों की रचना की। अमेरिका में टामस जैफ़र्सन, बेंजामिन फ्रेंकलिन, टाम पेन और जेम्स मेडिसन ने उपनिवेशवाद के ख़िलाफ़ व्यक्ति के अधिकारों का उद्घोष किया जिसका सीधा असर फ्रांस की हलचलों पर पड़ा। उधर स्काटलैण्ड के विश्वविद्यालयों में चल रही ज्ञान के अभूतपूर्व उन्मेष की अवधि में राजनीति और समाज को धर्म की जकड़बंदी से मुक्त करने के बुनियादी उसूलों की रचना की जा रही थी। इसी प्रक्रिया से ऐडम स्मिथ और डेविड ह्यूम द्वारा विकसित क्लासिकल अर्थशास्त्र भी निकला जिसने पूँजीवाद को सिद्धांतबद्ध किया। इसी अवधि में सक्रिय जर्मन दार्शनिक इमैनुएल कांट को भी इन्हीं चिंतकों के साथ रख कर देखा जाता है। हालाँकि कांट की परियोजना ज्ञानोदय काल की हस्तियों से कुछ भिन्न थी, पर 1782 लिखे गया उनके विख्यात निबंध 'व्हाट इज़ इनलाइटेनमेंट ?' से इस युग की उपयोगी परिभाषा मिलती है, 'ज्ञानोदय मनुष्य को उस नादानी से मुक्त करता है जो उसने स्वयं अपने ऊपर लाद रखी है। नादानी के कारण ही व्यक्ति अपनी समझ को दूसरे के मार्गनिर्देशन के बिना इस्तेमाल करने में अक्षम रहता है।' कांट

कहते हैं कि ऐसी नादानी क़ाबिलीयत के अभाव का द्योतक नहीं होती, और 'जानने की जुर्रत' के ज़रिये इसे ज्ञानोदय में बदला जा सकता है।

इन तीनों मुक़ामों पर सक्रिय विचारकों, राजनेताओं और स्वप्नद्रष्टाओं के बीच कई मतभेद थे, पर कुछ महत्त्वपूर्ण प्रश्नों पर उनके बीच महत्त्वपूर्ण एकता भी थी। उनकी आस्था थी कि मानव प्रगति अपरिहार्य है और प्राधिकार के बजाय बुद्धिवाद ज्ञान का स्रोत है। उन्होंने व्यक्ति की सत्ता को सर्वोपरि मानते हुए अभिव्यक्ति और विचारों की स्वतंत्रता को प्राथमिकता दी। ज्ञानोदय के विचारक सत्रहवीं सदी के उन चिंतकों के ऋणी थे जिन्होंने राजनीति, दर्शन और विज्ञान के क्षेत्र में मौलिक क्रांतियों का सूत्रपात किया था। देकार्त , टामस हॉब्स , जॉन लॉक , देकार्त और न्यूटन जैसे सिद्धांतकारों, दार्शनिकों और वैज्ञानिकों से ज्ञानोदय ने ज्ञानमीमांसा, मनोविज्ञान, प्राकृतिक विज्ञानों और समाजों का अध्ययन करने की पद्धतियाँ प्राप्त कीं। इन्हीं आधारों पर क्रांतियों और समाज परिवर्तन के कार्यक्रम बनाये गये जिन्होंने आख़िरकार दुनिया को बदल डाला। कहा जाता है कि न्यूटन की रचना 'प्रिंसपिया मैथमेटिका' के प्रकाशन से ज्ञानोदय की शुरुआत होती है और फ़्रांसीसी क्रांति तक यह युग चलता है। एक दावा यह भी है कि 1637 में प्रकाशित देकार्त की रचना 'डिस्कोर्स ऑन द मैथड' से ज्ञानोदय की शुरुआत समझी जानी चाहिए जो नेपोलियनिक युद्धों (1804-15) के प्रारम्भ तक चला।

1688 के फ़्रांस में हुई क्रांति के आधार पर ज्ञानोदय के चिंतकों को राजनीतिक परिवर्तन का नया मॉडल मिला जिसके आधार पर नयी सदी की शुरुआत में उदारतावादी चिंतकों को वैचारिक नवाचार करने की कई गुंजाइशें मिलीं। 1748 से 1754 तक मोंतेस्क्यू (*इस्परीत दे लोई*), दिदेरो और द'अलेम्बर्त (*इनसाक्लोपीदी*), वाल्तेयर (*ल सीस्ले द लुई फ़ोर्टींथ*), बुफ़ों (*हिस्तोइर नेचुरेले*) और रूसो (दोनों डिस्कोर्स) प्रकाशित हो चुके थे। यही था विचारों का वह सिलसिला जिसने उस इतिहास के उस विशिष्ट युग में 1789 की फ़्रांसीसी क्रांति को जन्म दिया। स्कॉटलैण्ड के ह्यूम ने कई साल फ़्रांस में बिताने के बाद *ट्रीटाइज़ ऑफ़ ह्यूमन नेचर* की रचना की। उनके दोस्त और ग्लासगो विश्वविद्यालय में नैतिक दर्शन के प्रोफ़ेसर ऐडम स्मिथ भी *थियरी ऑफ़ मॉरल सेंटीमेंट्स* की रचना करने के बाद 1764 में फ़्रांस की यात्रा पर निकल गये। उनकी युगप्रवर्तक रचना *वेल्थ ऑफ़ नेशंस* पर उनके फ़्रांसीसी सम्पर्कों का प्रभाव कम करके नहीं आँका जा सकता। जैफ़र्सन ने विलियम और मैरी कॉलेज में अपने स्कॉटिश अध्यापक से उदारतावाद की दीक्षा प्राप्त की और उसी के ज़रिये इस विचार की मुख्य धाराएँ अमेरिका पहुँचीं। दिलचस्प बात यह है कि जैफ़र्सन द्वारा लिखित अमेरिकी आज़ादी का घोषणापत्र, फ्रेंकलिन के सभापतित्व में तैयार किया गया अमेरिकी संविधान और मेडिसन की रचना समझे जाने वाले 'बिल ऑफ़ राइट्स' के आधार में फ़्रांसीसी नवजागरण की उपलब्धियाँ थीं। लेकिन, इन तीनों मौलिक और प्रयोगधर्मी अंदाज़ में इस चिंतन को अपनाया था कि बाद में फ़्रांस ने अमेरिकी प्रयास से प्रभाव ग्रहण किया। इसीलिए कहा जाता है कि फ़्रांस ने जैफ़र्सन को ज्ञानोदय दिया और फिर बाद में उन्हीं के ज़रिये उसका आयात किया। 1789 के फ़्रांसीसी घोषणापत्र पर (जो आधुनिक फ़्रांस के संविधान में आज तक मौजूद है) यह अमेरिकी प्रभाव साफ़ देखा जा सकता है।

आलोचना : सत्रहवीं और अठारहवीं सदी के वैचारिक उन्मेष के आधार पर जीवन और जगत को देखने की जो प्रभावशाली समझ पैदा हुई उसने एक वैचारिक वर्चस्व का निर्माण किया। लेकिन, इस वर्चस्व को उन्नीसवीं सदी से चुनौती भी मिलनी शुरू हो गयी और बीसवीं सदी के मध्य तक ज्ञानोदय और उसके गर्भ से निकली आधुनिकता की निष्पत्तियाँ कड़ी आलोचना का निशाना बनने लगीं। पहली चुनौती स्वच्छंदतावादियों ने दी और इस कथित विवेक-युग को भावशून्य क़रार दिया। यह सिलसिला फ्रैंकफ़र्ट स्कूल के विचारकों द्वारा प्रतिपादित *डायलेक्टिस ऑफ़ एनलाइटेनमेंट* तक पहुँचा जिसके तहत एडोर्नो और होर्ख़ाइमर ने फ़ासीवादी परिघटना के आलोक में सभी तरह के आध्यात्मिक पहलुओं से धुली-पुँछी ज्ञानोदय की आधुनिकता के अभिशप्त अधूरेपन को उजागर किया। नस्लवाद विरोधी और नारीवादी दृष्टिकोणों ने भी ज्ञानोदय को आड़े हाथों लेते हुए उसे लैंगिक और नस्ली अंधता का शिकार बताया। इन आलोचनाओं का कहना था कि ज्ञानोदय जिस मनुष्य की बात करता है, वह मुख्यत: पुरुष और श्वेतांग है। डेना गोल्डमेन और कार्ला हेस ने स्त्रियों की भागीदारी की दृष्टि से ज्ञानोदय की ऐतिहासिक पड़ताल की है। 1982 में इतिहासकार राबर्ट डार्नटन ने *द लिटरेरी अंडरग्राउंड ऑफ़ द ओल्ड रेज़ीम* में सवाल उठाया कि ज्ञानोदय युग के बौद्धिक जीवन के पाठ्य पुस्तकों में प्रस्तुत भव्य चित्र क्या यथार्थ का प्रतिनिधित्व करते हैं? स्टीवन शैपिन और जोनाथन इज़राइल जैसे नये इतिहासकारों ने भी ज्ञानोदय युग की बद्धमूल समझ को चुनौती दी है। पिछले तीस-चालीस साल में उत्तर-आधुनिक विमर्श ने ज्ञानोदय के वैचारिक औज़ारों द्वारा निर्मित महाआख्यान के बखिये उधेड़ कर रख दिये हैं। 'छोटी पहचानों की बग़ावत', 'समुदाय की वापसी' और 'बहुसंस्कृतिवाद' की दावेदारियों ने भी इस महाआख्यान को प्रश्नांकित करने में सफलता प्राप्त की है।

**देखें :** अमेरिकी क्रांति, आधुनिकता, आधुनिकीकरण, आधुनिकतावाद, औद्योगिक क्रांति-1 और 2, ईरानी क्रांति, उद्योगीकरण-1 और 2, क्रांति, क्रांति : मार्क्सवादी विमर्श, क्यूबा की क्रांति, चीन की कम्युनिस्ट क्रांति, निकोलो द बर्नार्डो मैकियावेली, फ़्रांसिस बेकन, फ़्रांसीसी क्रांति, बोल्शेविक क्रांति, युरोपीय पुनर्जागरण, रेने देकार्त।

**संदर्भ**

1. जेम्स वान हॉर्न मेल्टन (2001), *द राइज़ ऑफ़ द पब्लिक इन इनलाइटेनमेंट युरोप,* केम्ब्रिज युनिवर्सिटी प्रेस, केम्ब्रिज.
2. डेनियल रोश (1998), *फ्रांस इन द इनलाइटेनमेंट,* आर्थर गोल्डहैमर (अनु.), हार्वर्ड युनिवर्सिटी प्रेस, केम्ब्रिज, एमए.
3. स्टीवन शैपिन (1994), *अ सोशल हिस्ट्री ऑफ़ द ट्रुथ : सिविलिटी ऐंड साइंस इन सेविंटीथ-सेंचुरी इग्लैण्ड,* युनिवर्सिटी ऑफ़ शिकागो प्रेस, शिकागो, लंदन.
4. जोनाथन इज़राइल (2001), *रैडिकल इनलाइटेनमेंट : फ़िलॉसफ़ी ऐंड मेकिंग ऑफ़ मॉडर्निटी,* 1650-1750, ऑक्सफ़र्ड युनिवर्सिटी प्रेस, ऑक्सफ़र्ड, न्यूयार्क.
5. राबर्ट डार्नटन (1982), *द लिटरेरी अंडरग्राउंड ऑफ़ द ओल्ड रिजीम,* केम्ब्रिज, मैसाचुसेट्स.
6. डेना गोल्डमेन (1994), *द रिपब्लिक ऑफ़ लैटर्स : अ कल्चरल हिस्ट्री ऑफ़ फ्रेंच इनलाइटेनमेंट,* कॉर्नेल युनिवर्सिटी प्रेस, इथाका.

**— अभय कुमार दुबे**

# यूटोपिया

(Utopia)

यूनानी भाषा का एक शब्द है 'इयु टोपोस' और दूसरा है 'आउ टोपोस'। पहले का अर्थ है 'बेहतर जगह' और दूसरे का मतलब है 'जो जगह ही नहीं है'। समाजवैज्ञानिक विमर्श में यूटोपिया अलग-अलग दृष्टिकोण के हिसाब से इन दोनों परस्पर विपरीत तात्पर्यों को व्यक्त करता है। बेहतर जगह के रूप में यूटोपिया का विचार भविष्य में कहीं स्थित समाज के उस रूप की नुमाइंदगी करता है जो आदर्श, सम्पूर्ण और त्रुटिहीन है; जिसमें आज की दुनिया में मनुष्य को सताने वाले संघर्ष और अन्याय नहीं हैं। एक ना कुछ जगह के रूप में यूटोपिया एक असम्भव क़िस्म की कल्पना और एक छलावा है जिसे धरती पर उतारने की कोशिश वक़्त की बर्बादी के अलावा कुछ नहीं हो सकती। यूटोपिया का पहला अर्थ नये समाज की रचना के लिए प्रतिबद्ध क्रांतिकारियों और स्वप्नदर्शियों के लिए प्रेरणा का स्रोत रहा है। दूसरे अर्थ के आधार पर यूटोपिया की धारणा को एक तरफ़ वैज्ञानिक चिंतन के पैरोकारों ने ठुकराया है, और दूसरी तरफ़ यथास्थितिवादी अनुदार चिंतन की तरफ़ से उसे ख़ारिज किया गया है। इस अर्थसंबंधी अंतर्विरोध के बावजूद यूटोपियाई चिंतन आधुनिक मानस को लगातार प्रभावित करता रहा है। सोच-विचार के सभी क्षेत्रों में विद्वानों और व्याख्याकारों ने अपने-अपने यूटोपिया कल्पित करने का प्रयास किया है। इस लिहाज़ से कई राजनीतिक, आर्थिक, वैज्ञानिक, धार्मिक, पर्यावरणीय और नारीवादी यूटोपियाओं की रचना हुई है। यूटोपिया से संबंधित विमर्श ने दो और अवधारणाओं डिस्टोपिया और हैटरोटोपिया, को जन्म दिया है।

अंग्रेज़ी में यूटोपिया के विचार का चलन 1516 में प्रकाशित थॉमस मोर की रचना ऑफ़ द *बेस्ट स्टेट ऑफ़ अ रिपब्लिक, ऐंड ऑफ़ द न्यू आइलैण्ड यूटोपिया* से हुआ। इसमें मोर ने अटलांटिक महासागर के एक काल्पनिक द्वीप में क़ायम आदर्श सामाजिक-राजनीतिक-आर्थिक व्यवस्था का वर्णन किया है। मोर ने इसके लिए प्लेटो रचित 'रिपब्लिक' में मौजूद आदर्श समाज व्यवस्था (जो फ़िलॉसफ़र-किंग द्वारा शासित सच्चे ज्ञान से सम्पन्न बुद्धिसंगत नागरिकों की होगी) को अपना आधार बनाया। प्लेटो की इस कल्पनाशीलता को पहले राजनीतिक यूटोपिया की संज्ञा दी जा सकती है। इसके बाद से यूटोपिया के आधार पर भविष्य कल्पना के विमर्श का सिलसिला शुरू हो गया। 1624 में फ्रांसिस बेकन ने 'न्यू अटलांटिस' की रचना की और फिर 1656 में जेम्स हैरिंगटन ने 'कॉमनवेल्थ ऑफ़ ओशियाना' का लेखन किया। यह सिलसिला अट्ठारहवीं सदी में ज्ञानोदय से जुड़ा और उन्नीसवीं सदी तक जारी रहा। 1890 में विलियम मॉरिस ने 'न्यूज़ फ्रॉम नोव्हेयर' का प्रकाशन किया। हैरिंगटन की कृति के बारे में तो माना जाता है कि उसमें निहित सैद्धांतिक विमर्श और अन्योक्ति का प्रभाव ब्रिटेन के ऐतिहासिक विकास पर पड़ा। वहाँ की क्रांति और ऑलिवर क्रॉमवेल के नेतृत्व में ब्रिटिश कॉमनवेल्थ की स्थापना को हैरिंगटन द्वारा कल्पित ओशियाना से जोड़ा जाता है।

पश्चिमी वैचारिक परिघटना : यूटोपिया के बारे में यह स्पष्ट कर देना ज़रूरी है कि ग़ैर-पश्चिमी आधुनिक सोच द्वारा स्वीकार कर लिए जाने के बावजूद आदर्श समाज की यह परिकल्पना अनिवार्यतः एक पश्चिमी वैचारिक परिघटना ही है। कुल मिला कर यूटोपियाई विचार मुख्यतः उदारतावादी और समाजवादी परम्परा से ताल्लुक़ रखते हैं। इसके माध्यम से मानवीय इतिहास को सतत प्रगति के आईने में देखने की प्रवृत्ति को बल मिला है। यूटोपिया हासिल करने का आग्रह सामाजिक और मानवीय विकास की असीमित सम्भावनाओं को तक़रीबन एक आस्था का रूप प्रदान कर देता है। रूसो की रचना 'सोशल कांट्रेक्ट' की रैडिकल भाव-भूमि, फ्रांसीसी क्रांति द्वारा आमूल-चूल और थोक में हो सकने वाले सामाजिक परिवर्तन की दावेदारी, थॉमस पाइन की रचना 'द राइट्स ऑफ़ मैन' और रॉबर्ट ओवेन की कृति 'ए न्यू व्यू ऑफ़ सोसाइटी' किसी न किसी रूप में यूटोपियाई ख़यालों के रंग में रँगी रही हैं।

यूटोपिया किसी भी तरह का हो, वह कम से कम चार तरह के तत्त्वों से मिल कर बनता है। सबसे पहले वह मौजूदा व्यवस्था की निर्मम आलोचना करते हुए उसे बुनियादी रूप

से त्रुटिपूर्ण और असहनीय क़रार देता है। इस लिहाज से यूटोपियाई राजनीतिक परियोजनाएँ सुधारवादी होने के बजाय अपनी प्रकृति में क्रांतिकारी होती हैं। दूसरे, यूटोपियाई विचार मान कर चलता है कि इनसान निरंतर आत्म-विकास की सम्भावनाओं से परिपूर्ण है। अगर उसमें कमियाँ हैं भी तो आर्थिक, सामाजिक और राजनीतिक संस्थाएँ उन्हें दूर करने में सक्षम होंगी। चूँकि मनुष्य को सम्पूर्ण रूप दिया जा सकता है, इसलिए समाज की आदर्श रचना भी सम्भव है। तीसरे, यूटोपियन विचार सार्वजनिक और निजी दायरों के विभाजन के परे जाते हुए जीवन के हर क्षेत्र में मनुष्य की सम्पूर्ण मुक्ति का आश्वासन देता है। यही कारण है कि यूटोपियाई थियरी प्रचलित राजनीतिक विचारों की सीमाओं को लाँघते हुए व्यापकतर मनो-सामाजिक और यहाँ तक कि मनो-यौनिक प्रश्नों को सम्बोधित करती है। इस पहलू की झलक हरबर्ट मारक्यूज़, अंर्स्ट ब्लॉक, एरिक फ्रॉम और पॉल गुडमैन की रचनाओं में मिलती है। यूटोपिया का चौथा पहलू यह है कि वह लाज़मी तौर पर मानवीय प्रयास और सामूहिकता की रैडिकल अभिव्यक्ति के बिना परवान नहीं चढ़ता।

राजनीतिक यूटोपिया किसी भी क़िस्म का हो, वह अपनी सारवस्तु के लिहाज़ से कम और अपनी संरचना के लिहाज़ से ज़्यादा जाना जाता है। सबसे पहले वह दावा करता है कि गरीबी एकदम ख़त्म हो जाएगी और समृद्धि का चौतरफ़ा बोलबाला होगा। हालाँकि कार्ल मार्क्स सैं-सिमों और फूह्यिे के समाजवादी चिंतन की यूटोपियाई कह कर आलोचना करते हैं, पर अपने 'वैज्ञानिक समाजवाद' से निकले हुए साम्यवादी यूटोपिया के बारे में उनकी कल्पना यही है कि वह वर्ग-विभाजन से मुक्त होगा और प्रौद्योगिकीय विकास के कारण उसमें उत्पादन और समृद्धि की प्रचुरता होगी। मार्क्स अपने साम्यवादी यूटोपिया को एक फ़ुर्सती समाज के रूप में देखते हैं जिसमें हर व्यक्ति अपनी क्षमता के अनुसार योगदान करेगा और बदले में उसे अपनी ज़रूरत के हिसाब से मिलेगा।

सभी तरह के यूटोपियाओं की अव्यावहारिकता के बावजूद समाजवादी चिंतकों का ख़याल रहा है कि समाजवाद की कल्पना के आधार पर एक व्यावहारिक और हासिल किया जा सकने वाला यूटोपिया स्थापित किया जा सकता है। इसलिए उन्नीसवीं और बीसवीं सदी की शुरुआत में कई समाजवादियों ने यूटोपियन समाज बनाने के प्रयोग किये। रॉबर्ट ओवेन ने प्रेम, सहयोग और सामूहिक स्वामित्व पर आधारित छोटे-छोटे समुदायों की स्थापना का प्रयास किया। फ्रांस में सैं-सिमों और फूह्यिे ने इसी तरह के आंदोलन चलाये जिनके आधार पर उनके अनुयायियों प्रोस्पर औफ़ौंते और बाजाह्र ने एक यूटोपियाई दुनिया बसाने की कोशिश की। एत्येन काबे जैसे कुछ कल्पनावादियों को लगा कि फ्रांसीसी समाज उनके यूटोपिया के लिए उपयुक्त नहीं है तो वे अपने समान-धर्मा लोगों को लेकर अमेरिका की तरफ़ निकल गये और वहाँ जा कर यूटोपियाई बस्तियाँ स्थापित कीं। समाजवादी विचार-परम्परा में से ही प्रूधों और क्रोपाटकिन का अराजकतावाद निकला जिसके तहत उन्होंने समाजवादी सामूहिकतावाद को आख़िर तक विकसित करने का प्रयास किया ताकि सामाजिक समरसता और राज्य के किसी भी तरह के नियंत्रण से मुक्त स्वतंत्रता का मेल दिखाया जा सके।

बीसवीं सदी में समाजवादी प्रयोग अब यूटोपियाई प्रयोगों से पल्ला झाड़ कर पूँजीवाद के साथ संश्रय की स्थिति में पहुँच चुका है। लेकिन इससे पहले साठ के दशक में नव-मार्क्सवादी चिंतन (मारक्यूज़े वग़ैरह) के प्रभाव में प्रति-संस्कृति के आंदोलन चलाये जा चुके हैं जिनके तहत निजी और राजनीतिक धरातल पर मनुष्य की मुक्ति का आश्वासन दिया गया था।

आलोचना : बीसवीं सदी में यूटोपियाई चिंतन को जबरदस्त आलोचना का सामना भी करना पड़ा है। अधिकतर राजनीतिक मत ग़ैर-यूटोपियन ही नहीं, यूटोपिया विरोधी भी हैं। कम्युनिस्ट हुकूमतों की नाकामियों ने यूटोपिया विरोधी सोच को उछाल प्रदान किया है। कुछ विद्वानों की मान्यता है कि सर्वसत्तावाद का उद्‌गम यूटोपियाई आग्रहों में ही छिपा है। एक तरफ़ समाजवादी प्रयोग की व्यावहारिक विफ़लता और दूसरी तरफ़ उदारतावादी यूटोपिया द्वारा प्रतिपादित स्व-नियंत्रित बाज़ार की सम्भावनाओं के लुप्त हो जाने के बाद भविष्य को यूटोपियाई आशाओं के आईने में देखने के बजाय आसन्न संकट के रूप में देखने की प्रवृत्ति मज़बूत हुई है।

अनुदारवादी विद्वानों ने यूटोपियनिज़म की विस्तृत आलोचना पेश की है। उनका कहना है कि मनुष्य और उसकी प्रकृति न केवल लाज़मी तौर पर दोषपूर्ण है, बल्कि उसे दोषमुक्त बनाने की कोशिश एक ख़ामख़याली के अलावा कुछ नहीं हो सकती, भले ही कितनी भी सोशल इंजीनियरिंग की जाए और कितने भी संस्थागत प्रयास किये जाएँ। यह अनुदारवादी व्याख्या यूटोपियाई विचार के एकदम उलट है। यूटोपियावादी मानवीय प्रकृति की बुनियादी अच्छाई में आस्था रखते हैं। दूसरे, अनुदारवादी यूटोपियाई चिंतन द्वारा बुद्धिवाद में प्रबल आस्था को भी ख़ारिज करते हैं। वे कहते हैं कि इस बुद्धिवादी हेकड़ी के नुक़सानदेह नतीजे निकलने अनिवार्य हैं। अनुदारवादियों का ज़ोर इस पर रहता है कि मानवीय समस्याओं का 'इलाज बीमारी से भी बदतर साबित न हो।'

कम्युनिस्ट और फ़ासीवादी सर्वसत्तावाद के तल्ख़ तजरुबे के बाद कार्ल पॉपर और ईसैया बर्लिन जैसे उदारतावादियों ने भी यूटोपियनिज़म को ख़तरनाक, अपने पैरों पर कुल्हाड़ी मारने वाला और अंततः हिंसा का जनक क़रार

दिया है।

**देखें :** अस्तित्ववाद, आत्मनिष्ठता-वस्तुनिष्ठता, इयत्ता, इमैनुएल कांट, इंद्रियानुभववाद, ईसैया बर्लिन, उत्तर-आधुनिकतावाद, उत्तर-औपनिवेशिकता, उदारतावाद, कल्पित समुदाय, ग्योर्ग विल्हेल्म फ्रेड्रिख़ हीगेल, घटनाक्रियाशास्त्र और ऐडमण्ड हसर, चेतना, जॉन लॉक, ज़ाक लकाँ, ज्याँ-फ्रांस्वा ल्योतर, ज्याँ-पॉल सार्त्र, ज़ाक देरिदा, तत्त्वमीमांसा और अस्तित्वमीमांसा, तात्त्विकतावाद, थियोडोर लुडविग वीज़ेनग्रंड एडोर्नो, द्वैतवाद, परिणामवाद, फ्रांसिस बेकन, फ्रेड्रिख़ नीत्शे-1 और 2, बुद्धिवाद, भाववाद, भौतिकवाद, मनोविश्लेषण, मिशेल पॉल फ़ूको-1 और 2, यथार्थवाद, युरोपीय पुनर्जागरण, युरगन हैबरमास, युरोपीय ज्ञानोदय, यूटोपिया : अन्य परिप्रेक्ष्य, रेने देकार्त, लुई अलथुसे, संत ऑग्स्तीन, सोरेन आबी कीर्केगार्द, संरचनावाद और उत्तर-संरचनावाद, हरबर्ट स्पेंसर, ज्ञानमीमांसा, ज्ञान का समाजशास्त्र।

### संदर्भ


1. ज़िग्मंट बाउमैन (1976), *सोशलिज़्म : द एक्टिव यूटोपिया,* एलेन ऐंड अनविन, लंदन.
2. बी. गुडविन और के. टेलर (1982), द *पॉलिटिक्स ऑफ़ यूटोपिया : अ स्टडी इन थियरी ऐंड प्रेक्टिस,* हचिंसन, लंदन.
3. कृष्ण कुमार (1991), *यूटोपियनिज़्म,* ओपन युनिवर्सिटी प्रेस, मिल्टन कींस.
4. के. कुमार (1987), *यूटोपिया ऐंड एंटी-यूटोपिया इन मॉडर्न टाइम्स,* ब्लैकवेल, ऑक्सफ़र्ड.


**— अभय कुमार दुबे**

# यूटोपिया : अन्य परिप्रेक्ष्य

(Utopia: Other Perspectives)

एक अवधारणा के तौर पर यूटोपिया पिछले दो साल में राजनीतिक, सामाजिक और दार्शनिक आलोचना का प्रभावशाली औज़ार बन कर उभरा है। इसका सर्वाधिक दिलचस्प और उपयोगी पहलू यह है कि अपने वक्त की प्रधान विचारधाराओं, राजनीतिक और वैकासिक मॉडलों को भले ही ज़मीन पर परास्त न किया जा सके, पर उसके प्रति यूटोपिया को कल्पित करके उसकी आलोचना अवश्य सूत्रबद्ध की जा सकती है। आधुनिक युग की जिन मानवीय समस्याओं के विकल्प उपलब्ध नहीं हैं, उन्हें भविष्य में प्रक्षेपित करके आलोचनात्मक कल्पना के सहारे उनके समाधान तजवीज़ किये जा सकते हैं। बौद्धिकता को समृद्ध करने वाली यह एक ऐसी प्रक्रिया है जो न केवल यूटोपियाई चिंतन के दायरे में चलती है, बल्कि उसके बाहर खड़े हो कर यूटोपिया की धारणा को ख़ारिज करने वाले विद्वान भी उसमें बहुमूल्य योगदान देते हैं। इस लिहाज़ से 1986 में प्रकाशित अपनी रचना में टॉम मोयलैन ने यूटोपियाओं की दो श्रेणियाँ बनायी हैं : पहली श्रेणी में वे यूटोपिया आते हैं जो अप ने वक़्त की प्रधान विचारधारा को पुष्ट करने की भूमिका निभाते हैं, और दूसरी श्रेणी उनकी है जिनके तहत प्रतिपक्ष की अभिव्यक्तियों के लिए एक स्वाभाविक दायरा उपलब्ध हो सकता है।

चूँकि यूटोपिया कल्पनागत है इसलिए सभी को अपना-अपना यूटोपिया बनाने की छूट है। उन्नीसवीं सदी यूटोपियाई कल्पनाशीलता के लिए सर्वाधिक उर्वर थी। इस दौर में पूँजीवाद और बाज़ारवाद के बढ़ते हुए बोलबाले की प्रतिक्रिया में समाजवादी यूटोपिया तो कल्पित किया ही गया, व्यक्तिगत स्वतंत्रता और मुक्त बाज़ार के ख़यालों पर आधारित आदर्श समाज बनाने की कुछ कल्पनाएँ भी की गयीं (बावजूद इसके कि उदारतावाद स्व-हित और स्पर्धा पर अत्यधिक ज़ोर देता है, जिसके कारण उसके दायरे में यूटोपियाई कल्पनाएँ थोड़ी मुश्किल हो जाती हैं)। धार्मिक स्तर पर भी कुछ ईसाई मतों ने अमेरिका की धरती पर अपने-अपने हिसाब से यूटोपियाई बस्तियाँ बसाने की कोशिशें कीं। यहाँ यूटोपिया पर व्यावहारिक अमल के लिहाज़ से संयुक्त राज्य अमेरिका की भूमिका को रेखांकित करना उचित होगा। उन्नीसवीं सदी में युरोपीय देशों से कई आदर्शवादियों ने समानधर्मा लोगों के साथ अपनी यूटोपियाई दुनिया बसाने के लिए उत्तरी अमेरिका महाद्वीप में स्थापित संयुक्त राज्य का रुख किया। उन्हें लगा कि वहाँ की मीलों-मील ख़ाली पड़ी उपजाऊ ज़मीन, प्राकृतिक सम्पदा से भरे जंगल, ताज़ा बहता पानी और नये प्रयोग करने की आज़ादी बाँहें पसारे उनका इंतज़ार कर रही है। अमेरिका को अपनी प्रयोगस्थली बनाने में समाजवादी से लेकर आदर्शवादी समूह तक शामिल थे। अमेरिका की धरती पर बनी इन यूटोपियाई बस्तियों का अपना एक इतिहास है। इनमें से कुछ ने शुरुआती दौर में बेमिसाल सफलता की सम्भावनाएँ भी जगाईं, पर अंत में ज़्यादातर तजरुबे नाकाम (कभी-कभी तो बुरी तरह) रहे।

बीसवीं सदी में जैसे-जैसे आधुनिक जीवन की समस्याएँ सामने आयीं, उनकी अनुक्रिया में भी लोगों ने यूटोपियाई विचारों का आसरा लिया। अहर्निश उद्योगीकरण के कारण हो रहे पर्यावरणीय विनाश की परिघटना ने भी अपने यूटोपिया को जन्म दिया। इसकी ख़ास बात यह थी कि वह उत्पादन और समृद्धि की प्रचुरता के बजाय उपभोग को सीमित रखने, किफ़ायती और सादा जीवन जीने के आदर्शों के इर्द-गिर्द बुना गया था।

वैज्ञानिक और औद्योगिक प्रगति के पैरोकारों ने भी यूटोपियाई विचारों के आधार पर अपना स्वप्न-जगत तैयार किया। इस तरह के यूटोपिया विज्ञान के सहारे दैहिक कष्ट और मृत्यु की अनुपस्थिति कल्पित करते नज़र आये। इन

चिंतकों की मान्यता थी कि प्रौद्योगिकी का विकास यूटोपियन दृष्टिकोण के मुताबिक़ भी किया जा सकता है।

यूटोपियाई विमर्श से दो संबंधित धारणाएँ भी निकली हैं जिन्होंने उसे आलोचना के औज़ार के रूप में और समृद्ध किया है। इनमें एक है डिस्टोपिया जिसे नकारात्मक यूटोपिया भी कह सकते हैं। डिस्टोपियाई कल्पना बीसवीं सदी में विकसित सर्वसत्तावादी परिघटना की प्रभावशाली आलोचना करती है। इसके विख्यात उदाहरणों में एल्डस हक्सले की रचना *ब्रेव न्यू वर्ल्ड*, एंथनी बर्गेस की रचना *अ क्लॉकवर्क ओरेंज* और जार्ज ऑरवेल की कृति *नाइंटीन एट्टी-फ़ोर* शामिल है। दूसरी धारणा है हेटरटोपिया जिसमें हक़ीक़त की तल्ख़ियों से यूटोपियाई 'पलायन' और निराकार यथार्थ की सम्भावनाओं के यथार्थ में अनुवाद का संयोग दिखाई देता है। सेमुअल आर. डिलानी का उपन्यास 'ट्रबुल ऑन ट्रिटन : एन एम्बीगुअस हेटरोटोपिया' यूटोपिया की धारणा पर कई परिप्रेक्ष्यों के तहत विचार करने का मौक़ा देता है।

नारीवादी यूटोपिया : उत्तर-आधुनिक सिद्धांतकार डोना हरावे सचेत रूप से अपने लेखन को यूटोपियाई परम्परा के भीतर पेश करती हैं। इसके ज़रिये न केवल उन्हें भविष्य को कल्पित करने में मदद मिलती है, बल्कि वर्तमान का विश्लेषण करने के लिए अलग तरह का प्ररिप्रेक्ष्य भी प्राप्त होता है। हरावे के अलावा कई कल्पनाशील नारीवादियों ने भी यूटोपियाई चिंतन का सहारा लेते हुए इस उलझन से जूझने की कोशिश की है कि जेंडर एक सामाजिक गढ़ंत है या एक कुदरती मजबूरी। सत्तर के दशक में ऐसी कई रचनाएँ प्रकाशित हुईं। मेरी जेंटल की नारीवादी कल्पनाशीलता ने ऐसे व्यक्तियों की सम्भावना पेश की है जो जन्म से वय:सन्धि तक पूरी तरह जेंडर-तटस्थ रहते हैं अर्थात् वयस्कता हो कर स्त्री या पुरुष बनने में समाज की कोई दस्तंदाजी नहीं होती। दूसरी तरफ़ डोरिस लेसिंग ने इसकी प्रति-कल्पना की है जिसमें स्त्री और पुरुष से संबंधित मूल्यों को व्यक्तियों में अंतर्निहित बताया गया है। चूँकि ये मूल्य अपरिवर्तनीय हैं इसलिए दोनों लिंगों के बीच एक प्रकार के तालमेल और समझौते पर पहुँचे बिना काम नहीं चल सकता। एलिज़ाबेथ मान बोरगेस की रचना 'माई ओन यूटोपिया' में जेंडर को लिंग से न जोड़ कर आयु से जोड़ा गया है। वहाँ पूरी तरह से जेंडरमुक्त हैं और एक उम्र आने पर कुछ स्त्री में बदल जाते हैं और कुछ पुरुष में। यूटोपियाई विचार ने नारीवादियों को ऐसी दुनिया कल्पित करने का भी मौक़ा दिया है जिसमें केवल स्त्रियों की रिहाइश है। पुरुष किसी महामारी के कारण समाप्त हो गये हैं और प्रौद्योगिकी का इस्तेमाल करके उनका जन्म रोक दिया गया है। केवल स्त्री-शिशुओं का ही जन्म होता है। केवल स्त्रियों से भरा हुआ यह काल्पनिक विश्व औरतों की परस्पर-निर्भरता और पितृ-सत्ता से मुक्ति की सम्भावनाओं का संधान करता है।

**देखें** : अस्तित्ववाद, आत्मनिष्ठता-वस्तुनिष्ठता, इयत्ता, इमैनुएल कांट, इंद्रियानुभववाद, ईसैया बर्लिन, उत्तर-आधुनिकतावाद, उत्तर-औपनिवेशिकता, उदारतावाद, कल्पित समुदाय, ग्योर्ग विल्हेल्म फ्रेड्रिख़ हीगेल, घटनाक्रियाशास्त्र और ऐडमण्ड हसर, चेतना, जॉन लॉक, ज़ाक लकाँ, ज्याँ-फ्रांस्वा ल्योतर, ज्याँ-पॉल सार्त्र, ज़ाक देरिदा, तत्त्वमीमांसा और अस्तित्वमीमांसा, तात्त्विकतावाद, थियोडोर लुडविग वीज़ेनग्रंड एडोर्नो, द्वैतवाद, परिणामवाद, फ्रांसिस बेकन, फ्रेड्रिख़ नीत्शे-1 और 2, बुद्धिवाद, भाववाद, भौतिकवाद, मनोविश्लेषण, मिशेल पॉल फ़ूको-1 और 2, यथार्थवाद, युरोपीय पुनर्जागरण, युरगन हैबरमास, युरोपीय ज्ञानोदय, यूटोपिया, रेने देकार्त, लुई अलथुसे, संत ऑग्स्तीन, सोरेन आबी कीर्केगार्द, संरचनावाद और उत्तर-संरचनावाद, हरबर्ट स्पेंसर, ज्ञानमीमांसा, ज्ञान का समाजशास्त्र।

## संदर्भ


1. *यूटोपिया : द कोलम्बियन इनसाइक्लोपीडिया* (2001), छठा संस्करण, , (एचटीटीपी://डब्ल्यूडब्ल्यूडब्ल्यू.बार्टलबाई. कॉम/65/ यूटी/ यूटोपिया.एचटीएमएल)
2. रॉबर्ट वी. हाइन (1983), *कैलिफ़ोर्नियाज़ यूटोपियन कॉलोनीज़*, युनिवर्सिटी ऑफ़ कैलिफ़ोर्निया, बर्कले.
3. ज़ाक रांसियर (2009), *सर्वहारा रातें : उन्नीसवीं सदी में मज़दूर-स्वप्न*, (अनुवाद : अभय कुमार दुबे), सीएसडीएस-सराय-वाणी, दिल्ली.
4. मैक्सिम आई. शैदुर्स्की (2007), *लिटरेरी यूटोपिटयाज़ फ़्रॉम मोर टु हक्सले : द इशूज़ ऑफ़ जॉनर पॉलिटिक्स ऐंड सेमियोस्फेयर, फ़ाइंडिंग ऐन आइलैण्ड*, मास्को.


**— अभय कुमार दुबे**

# रॉबर्ट नॉज़िक

(Robert Nozick)

अमेरिकी राजनीतिक दार्शनिक रॉबर्ट नॉज़िक (1938-2002) को स्वतंत्रतावादी तर्क को मज़बूत दार्शनिक आधारों के साथ पेश करने और समतावादियों के तर्कों को चुनौती देने के लिए जाना जाता है। उन्होंने जॉन रॉल्स द्वारा प्रतिपादित वितरण की नीति की तरफ़दारी करने वाले सिद्धांत और इस तरह के दूसरे सिद्धांतों को व्यक्ति के आत्म-स्वामित्व के ख़िलाफ़ माना। नॉज़िक ने दलील दी कि न्याय वितरण के किसी विशिष्ट प्रतिमान की माँग नहीं करता और व्यक्तियों के अलग-अलग न्यायपूर्ण कार्यों के किसी भी नतीजे को 'न्यायपूर्ण' माना जा सकता है। रॉबर्ट नॉज़िक ने अपनी किताब *एनार्की, स्टेट ऐंड यूटोपिया* (1974) में स्वतंत्रतावाद का अपना संस्करण पेश किया। रॉबर्ट नॉज़िक ने इस

रॉबर्ट नॉज़िक (1938-2002)

लॉकवादी विचार को फिर से प्रचलित किया कि व्यक्ति अपनी प्रतिभा और क्षमताओं के असीम स्वामी हैं। नॉज़िक का सम्पत्ति संबंधी सिद्धांत ऐतिहासिक हक़दारी के सिद्धांत के रूप में जाना जाता है। लॉक की तरह ही नॉज़िक भी व्यक्तिगत सम्पत्ति के अधिकार का समर्थन करते हैं। वे भी इस बुनियादी विचार से शुरुआत करते हैं कि व्यक्ति अपनी इयत्ता के मालिक हैं और उनके कुछ बुनियादी अधिकार और कर्त्तव्य हैं। ख़ास तौर पर उनका यह अधिकार है कि उनकी ज़िंदगी और स्वतंत्रता को कोई नुक़सान नहीं पहुँचा सकता। नैतिक रूप से हर मनुष्य अपने व्यक्तित्व और शक्तियों का वास्तविक मालिक है। इसलिए वह इन शक्तियों का अपनी मर्ज़ी के मुताबिक़ प्रयोग करने के लिए स्वतंत्र है। लेकिन शर्त यह है कि वह अपनी शक्तियों का प्रयोग किसी दूसरे व्यक्ति को नुक़सान पहुँचाने के लिए न करे। वह दूसरों को नुक़सान नहीं पहुँचा सकता है; उसे दूसरों को नुक़सान पहुँचाने के लिए मजबूर नहीं किया जा सकता है। लेकिन साथ ही उसे दूसरों की मदद करने के लिए भी मजबूर नहीं किया जा सकता है। नॉज़िक मानते हैं कि कल्याणकारी राज्य की पुनर्वितरणकारी व्यवस्था में व्यक्तियों को दूसरों की मदद करने के लिए मजबूर किया जाता है।

नॉज़िक का जन्म अमेरिका के ब्रुकलिन शहर में एक यहूदी परिवार में हुआ। कोलम्बिया विश्वविद्यालय से स्नातक बनने के बाद उन्होंने प्रिंसटन विश्वविद्यालय से पीएचडी की। नॉज़िक को *एनार्की, स्टेट ऐंड यूटोपिया* के लिए इन्हें नैशनल बुक अवॉर्ड भी मिला। नॉज़िक का हक़दारी सिद्धांत व्यक्तियों को विशिष्ट प्रक्रियाओं से जोड़ता है। हक़दारी सिद्धांत के निम्नलिखित घटक हैं :

1. वस्तुओं के न्यायपूर्ण अधिग्रहण का सिद्धांत : यह घटक हमें यह बताता है कि किस स्थिति में कोई व्यक्ति प्राकृतिक अवस्था से ली गयी किसी वस्तु का हक़दार बन जाता है। नॉज़िक के अनुसार यदि कोई व्यक्ति किसी वस्तु को न्यायपूर्ण अधिग्रहण के सिद्धांत के अनुसार हासिल करता है, तो वह व्यक्ति क़ानूनी रूप से उस वस्तु का हक़दार बन जाता है।

2. वस्तुओं के न्यायपूर्ण स्थानांतरण का सिद्धांत : यह सिद्धांत उन तरीक़ों के बारें में बताता है जिनके द्वारा व्यक्ति न्यायपूर्ण तरीक़े से अपने स्वामित्व वाली वस्तुओं का स्थानांतरण कर सकता है। नॉज़िक के अनुसार बाज़ार में होने वाले लेन-देन दान और वस्तु-विनिमय स्थानांतरण करने के वैध तरीक़े हैं। दूसरी ओर, चोरी, लूट-खसोट और टैक्स लगाना किसी व्यक्ति की सम्पत्ति को लेने के अन्यायपूर्ण तरीक़ों के उदाहरण हैं। नॉज़िक के हक़दारी सिद्धांत का यह घटक बताता है कि यदि कोई व्यक्ति किसी वस्तु को दूसरे व्यक्ति से न्याय के सिद्धांतों के अनुसार स्थानांतरण के माध्यम से हासिल करता है, तो वह व्यक्ति वैध रूप से उस वस्तु का मालिक बन जाता है।

3. परिशोधन का सिद्धांत : यह घटक ऐसी प्रक्रिया का वर्णन करता है, जिसके द्वारा अतीत के अन्यायों का परिशोधन किया जा सकता है या उन्हें सुधारा जा सकता है। इस घटक के अनुसार, यदि कोई व्यक्ति किसी वस्तु का मालिक है, तो परिशोधन के सिद्धांत के अनुसार वह व्यक्ति उस वस्तु का न्यायपूर्ण रूप से हक़दार है।

4. कोई भी व्यक्ति ऊपर बतायी गयी प्रक्रिया का पालन नहीं करता है, तो वह किसी वस्तु का वैध रूप से हक़दार नहीं हो सकता है।

नॉज़िक के अनुसार सम्पत्ति की किसी व्यवस्था की तरफ़दारी करने या आलोचना करने का आधार ज़रूरत या कोशिशों के लिए पुरस्कार आदि नहीं होना चाहिए। इसकी जगह नॉज़िक यह मानते हैं कि हमें वितरण की जा रही वस्तु के इतिहास की पूरी सूचना पर ध्यान देना चाहिए। यदि हम सम्पत्ति के रूप में किसी वस्तु पर विचार कर रहे हैं तो हमें उस वस्तु के उत्पन्न होने के संदर्भ में उसके इतिहास संबंधी सूचना हासिल करनी चाहिए। दूसरे शब्दों में हमें यह जानना चाहिए कि क्या इस वस्तु के मालिक ने इसे सिद्धांत-1 (पहले लावारिस पड़ी वस्तु पर शुरुआती क़ब्ज़ा), सिद्धांत-2 (न्यायपूर्ण तरीक़े से हासिल की गयी वस्तु का न्यायपूर्ण हस्तांतरण) या सिद्धांत-3 (अन्यायपूर्ण स्वामित्व के परिशोधन के कारण किसी को सम्पत्ति मिलना) के अनुरूप न्यायपूर्ण तरीक़े से हासिल किया है। इसलिए किसी वस्तु की

हक़दारी की वैधता इस बात पर निर्भर करती है कि क्या शुरुआत में इस पर न्यायपूर्ण तरीक़े से क़ब्ज़ा किया गया था और बाद में इसका न्यायपूर्ण तरीक़े से स्थानांतरण किया गया है। यदि अतीत में अन्यायपूर्ण तरीक़े से क़ब्ज़ा करने या स्थानांतरण करने के परिशोधन के रूप में किसी व्यक्ति को किसी वस्तु की हक़दारी मिलती है, तो उसे भी न्यायपूर्ण माना जाता है। स्पष्टत: वे यह मानते हैं कि यदि कोई व्यक्ति इन प्रक्रियाओं द्वारा अपनी सम्पत्ति हासिल करता है तो वह अपने विवेक के मुताबिक़ इन वस्तुओं का स्वामित्व अपने पास रख सकता है या इसे किसी दूसरे व्यक्ति को हस्तांतरित कर सकता है। इसलिए हर ज़बरदस्ती हस्तांतरण से अधिकारों का उल्लंघन होता है। इसी तरह किसी व्यक्ति के स्वामित्व वाली वस्तु पर किसी भी तरह का दमनकारी नियमन उस वस्तु के मालिक के अधिकारों का उल्लंघन करता है।

इसी मुक़ाम पर अहम सवाल उठता है कि कोई व्यक्ति शुरुआत में वैध रूप से सम्पत्ति कैसे हासिल कर सकता है। नॉज़िक लॉक के सम्पत्ति संबंधी सिद्धांत में बतायी गयी प्रक्रिया पर विचार करते हुए अपनी शुरुआत करते हैं। जैसी कि पहले विवेचना की जा चुकी है लॉक के सम्पत्ति-सिद्धांत की प्रक्रिया यह बताती है कि लावारिस पड़ी वस्तु में अपना श्रम मिलाने से किसी वस्त का स्वामित्व हासिल होता है। लेकिन इसके साथ यह शर्त भी जुड़ी हुई है कि दूसरे लोगों के लिए 'पर्याप्त और उतना ही अच्छा' बचा रहना चाहिए। नॉज़िक सम्पत्ति हासिल करने के तरीक़े (या साधनों) को बहुत ज़्यादा महत्त्व नहीं देते। दरअसल, वे लॉक के वस्तु में श्रम मिलाने संबंधी तर्क की आलोचना ही करते हैं। नॉज़िक लॉक के 'पर्याप्त और उतना ही अच्छा' छोड़ने की शर्त को ज़्यादा गम्भीरता से लेते हैं। वे इसे वैध रूप से सम्पत्ति हासिल करने के लिए महत्त्वपूर्ण बुनियादी शर्त की मान्यता देते हैं।

नॉज़िक तर्क देते हैं कि जब तक कॉमन या जन-सामान्य के क्षेत्र में दूसरों के लिए 'पर्याप्त और उतना ही अच्छा' छोड़ा जाता रहेगा, तब तक स्वतंत्रता का उल्लंघन नहीं होगा। मान लीजिये कि 'ए' किसी प्राकृतिक वस्तु पर क़ब्ज़ा करता है। लेकिन दूसरों के लिए इतनी ज़्यादा प्राकृतिक वस्तु बचती है कि वे पहले की तरह ही इन वस्तुओं का प्रयोग कर सकते हैं, तो 'ए' द्वारा प्राकृतिक वस्तु पर क़ब्ज़ा करने से किसी के अधिकारों का उल्लंघन नहीं होगा। हर व्यक्ति के पास पहले जितनी ही स्वतंत्रता रहेगी। नॉज़िक के लिए 'महत्त्वपूर्ण बिंदु' यह है कि 'क्या लावारिस वस्तु पर क़ब्ज़ा करने से किसी व्यक्ति की स्थिति पहले से बुरी होती है।' यदि किसी वस्तु पर 'ए' द्वारा क़ब्ज़ा करने से दूसरे लोगों की उस वस्तु का उपयोग करने की स्वतंत्रता कम होती है, तो 'ए' द्वारा उस वस्तु पर क़ब्ज़ा करने को सही नहीं माना जा सकता। लावारिस वस्तु क़ब्ज़ा करने वाले हर व्यक्ति को यह सुनिश्चित करना होगा कि क़ब्ज़े के बाद भी दूसरे लोगों के लिए 'पर्याप्त और उतना ही अच्छा' बचा रहे।

इस शर्त की व्याख्या के संदर्भ में लॉक और नॉज़िक के विचारों में अंतर है। नॉज़िक यह मानते हैं कि कुछ ख़ास परिस्थितियों में अब तक लावारिस पड़ी वस्तु पर किसी के द्वारा क़ब्ज़ा करने से दूसरे लोगों की स्वतंत्रता में हुई कटौती की भरपाई की जा सकती है। मान लीजिये कि ज़मीन पर क़ब्ज़ा कर लेने या बाड़ा लगा देने के बाद दूसरे लोगों के पास क़ब्ज़ा करने के लिए ज़मीन नहीं बचती है। इससे सम्पत्तिहीन लोगों का ज़मीन का उपयोग करने का अधिकार ख़त्म हो जाता है। लेकिन अगर सम्पत्तिहीन लोगों की स्थिति कुल-मिलाकर ख़राब नहीं होती है, तो इसे सही माना जा सकता है (शर्त यह है कि दूसरों द्वारा क़ब्ज़ा करने से उत्पन्न होने वाले अवसर खोयी हुई स्वतंत्रता की भरपाई कर दें)। नॉज़िक मानते हैं कि लोगों को समान अवसर और संसाधन देना 'पर्याप्त और उतना ही अच्छा' की शर्त को पूरा करता है। इसलिए, यह ज़रूरी नहीं है किसी व्यक्ति द्वारा किसी लावारिस वस्तु पर क़ब्ज़ा कर लिए जाने के बाद दूसरों के लिए वही वस्तु पर्याप्त और उतने ही अच्छे रूप में मौजूद हो।

नॉज़िक के तर्क की इस आधार पर आलोचना की गयी है कि यह केवल दो स्थितियों के बीच तुलना करने की इजाज़त देता है। ये दो स्थितियाँ हैं : किसी तरह का स्वामित्व न होना और निजी स्वामित्व होना। जी.ए. कोहेन के मुताबिक़ नॉज़िक इस बात पर ध्यान नहीं देते कि संसाधनों के संयुक्त स्वामित्व जैसी कोई वैकल्पिक व्यवस्था भी हो सकती है। यह विकल्प व्यक्तियों के आत्म-स्वामित्व के नॉज़िक के आदर्श के ख़िलाफ़ नहीं जाता। इसके अलावा, नॉज़िक की सबसे महत्त्वपूर्ण आलोचना का आधार यह है कि वे इस बात को सुनिश्चित करने की कोशिश नहीं करते हैं कि वस्तु के न्यायपूर्ण अधिग्रहण के बारे में वास्तविक जाँच होनी चाहिए. वे यह मान लेते हैं कि चूँकि ऐसा करना मुमकिन नहीं है इसलिए अभी जिस व्यक्ति के पास जो सम्पत्ति है उसे उसका न्यायपूर्ण हक़दार मान लेना चाहिए। इस तरह वे ग़रीबों को उनके वर्तमान हालात पर छोड़ देते हैं।

जॉन रॉल्स ने अपनी प्रसिद्ध किताब *अ थियरी ऑफ़ जस्टिस* (1971) की आलोचना करने वालों को जवाब देने की कोशिश की, लेकिन रॉबर्ट नॉज़िक ने ऐसा करना उचित नहीं समझा। इसकी बजाय उन्होंने दर्शन के दूसरे कई क्षेत्रों में महत्त्वपूर्ण काम किया। ख़ासतौर पर उन्होंने ज्ञानमीमांसा या और तत्त्वमीमांसा में ज़बरदस्त योगदान किया। इस संदर्भ में उनकी दूसरी किताब *फ़िलोसॉफ़िकल एक्सप्लेनेशंस* (1981) का उल्लेख किया जा सकता है। इसमें उन्होंने ज्ञान का बाहरवादी सिद्धांत प्रस्तुत किया। इसके अलावा, द

*एग्ज़ामिण्ड लाइफ़* (1989) में उन्होंने जीवन के अर्थ पर विचार किया और *द नेचर ऑफ़ रैशनैलिटी* (1993) में तार्किकता के जटिल सिद्धांत का विकास किया। यद्यपि इन किताबों की चर्चा उनकी पहली रचना जितनी चर्चा नहीं हुई, लेकिन ये भी राजनीतिक दर्शन से जुड़ी उनकी कृतियों जितनी ही विवादस्पद रहीं। इन्हें आधार बनाकर बाद में कई किताबें लिखी गयीं। नॉज़िक की आख़िरी किताब *इनवेरियंस* थी जो 2001 में उनकी मृत्यु के कुछ पहले प्रकाशित हुई। लम्बे समय तक पेट के कैंसर से जूझने के बाद 23 जनवरी, 2002 नॉज़िक का देहांत हुआ।

**देखें** : अधिकार, अधिकार : सैद्धांतिक यात्रा, अमेरिकी क्रांति, उपयोगितावाद, ऐडमण्ड बर्क, जॉन लॉक, जेरेमी बेंथम, जॉन स्टुअर्ट मिल, जॉन रॉल्स, फ्रांसीसी क्रांति, बहुसंस्कृतिवाद, भारत में मानवाधिकार, भारत में मानवाधिकार आंदोलन, मानवाधिकार, थॉमस हॉब्स, नागरिकता, नागरिकता : अन्य परिप्रेक्ष्य-1 और 2, नागर समाज, नागर समाज : भारतीय बहस।

### संदर्भ

1. सिमोन हेलवुड (1996), *एक्सप्लोरिंग नॉज़िक : बियोंड एनार्की, स्टेट ऐंड यूटोपिया,* एवबुरी, सिडनी.
2. किमलिका विल (2009), *समकालीन राजनीति दर्शन,* दूसरा संस्करण (अनुवाद : कमल नयन चौबे), पियर्सन, दिल्ली.

**— कमल नयन चौबे**

# राममनोहर लोहिया-1

## मार्क्सवादी इतिहास-दृष्टि की आलोचना

(Rammanohar Lohia-1)

स्वतंत्रता संग्राम सेनानी, समाजवादी नेता, राजनीतिक सिद्धांतकार, प्रगतिशील और वामोन्मुख भारतीयता के विचारक, अहर्निश आंदोलनकारी, हिंदी के प्रबल समर्थक और करिश्माई शख़्सियत के धनी राममनोहर लोहिया (1910-1967) का नाम भारतीय राजनीतिक इतिहास में ग़ैर-कांग्रेसवाद के रणनीतिकार और मार्क्सवाद के प्रभाव से पुरी तरह मुक्त समाजवाद का देशज संस्करण तैयार करने वाले चिंतक के तौर पर दर्ज है। पिछड़ी जातियों को चुनावी मंच पर एक शक्ति के रूप में पेश करके लोहिया ने उनके राजनीतीकरण का रास्ता खोला और भारतीय राजनीति का चेहरा हमेशा के लिए बदल दिया। पचास और साठ के दशक में राजनीति पर छाये हुए अंग्रेज़ीदाँ अभिजनोन्मुख मुहावरे का रैडिकल तिरस्कार करते हुए लोहिया भारतीय मुद्रा और शब्दावली में सामने आये। उनके दिये हुए नारे, फ़िकरे और ख़ास तरह के चुस्त जुमले हमारी राजनीति में आज तक इस्तेमाल किये जाते हैं। उन्होंने न केवल भारतीय मार्क्सवादियों की युरोकेंद्रीयता को रेखांकित किया, बल्कि गाँधीवादियों के तत्कालीन रवैये के मुक़ाबले ख़ुद को 'कुजात' गाँधीवादी घोषित करके एक नया रास्ता तजवीज़ किया। सामाजिक-राजनीतिक नवनिर्माण के लिए लोहिया ने सप्त क्रांतियों का सूत्रीकरण किया जिनमें स्त्री-मुक्ति को प्रमुख स्थान दिया गया है। लोहिया एक प्रचुर लेखक और वक्ता थे। उनकी रचनाएँ पाठकों में आज भी लोकप्रिय हैं और उनका समग्र नौ खण्डों में प्रकाशित हुआ है।

राममनोहर लोहिया का जन्म उत्तर प्रदेश अकबरपुर, फ़ैज़ाबाद में एक मध्यवित्त मारवाड़ी परिवार में हुआ था। उन्हें अपने पिता हीरालाल से उपनिवेशवाद विरोधी विरासत मिली। एक प्रतिभाशाली छात्र के रूप में लोहिया ने बनारस हिंदू विश्वविद्यालय, कलकत्ता विश्वविद्यालय और फिर जर्मनी के हम्बोल्ट विश्वविद्यालय से उच्च-शिक्षा प्राप्त की। 1929 में उनकी भेंट जवाहरलाल नेहरू से हुई। शुरू में वे नेहरू से प्रभावित थे और उन्हें अपना नेता भी मानते थे, लेकिन आज़ादी के बाद लोहिया नेहरू के इर्द-गिर्द होने वाली राजनीति के कठोर आलोचक बन कर उभरे।

अपने देहांत के पैंतालीस साल बाद राम मनोहर लोहिया का राजनीतिक व्यक्तित्व उनके समर्थकों और विरोधियों की अतिरंजना या उदासीनता के कारण एक सुसंगत आकलन की माँग कर रहा है। लोहिया के समर्थक उनके भीतर भारतीय समाज और राजनीति की सभी समस्याओं का हल देखते हैं, और विरोधी उनके बारे में एक उपेक्षापूर्ण चुप्पी साधे रहते हैं। समर्थक भावुकता और पूजा-भाव से बाहर नहीं निकल पाते, और विरोधी उन्हें विमर्श से बाहर रखने के लिए हर तरह का हथकण्डा इस्तेमाल करते हैं। यह दोतरफ़ा अतिवाद लोहिया की लोक-प्रचलित छवि और उनके राजनीतिक प्रस्तुतीकरण का स्थाई तत्त्व है। अपनी राजनीतिक सक्रियता के काल में लोहिया सत्ता पक्ष और प्रतिष्ठान के बाहर रहे। यह बात उनके वैचारिक रुझान पर भी लागू होती है। जीवनपर्यंत समाजवादी रहे लोहिया का समाजवाद इस विचार की स्थापित श्रेणियों में कहीं नहीं अँटता। वे विश्व-शांति के पैरोकार थे पर चीनी हमले के बाद उन्होंने यह माँग उठायी कि भारत को एटम बम बनाना चाहिए। उन्होंने गोवा को पुर्तगाली शासन से मुक्ति दिलाने में अहम भूमिका निभायी लेकिन वे नेपाल को भारत का हिस्सा बनाना चाहते थे। लोहिया कांग्रेस पार्टी के भीतर 1934 से ही सक्रिय कांग्रेस समाजवादी दल की केंद्रीय हस्तियों में से एक थे। इससे पहले

राममनोहर लोहिया (1910-1967)

साइमन कमीशन के दौरान उन्होंने एक हड़ताल का नेतृत्व किया था। भारत छोड़ो आंदोलन के दौरान उनकी भूमिका ख़ासी महत्त्वपूर्ण थी। आज़ादी के बाद लोहिया कांग्रेस के साथ नहीं रहे। अपने विचारों और राजनीतिक प्रतिबद्धताओं के कारण उन्होंने विपक्ष का रास्ता चुना।

लोहिया की राजनीतिक छवि मुख्यत: अंग्रेज़ी विरोधी आंदोलन, ग़ैर-कांग्रेसवाद की मुहिम और पिछड़ी जातियों की राजनीतिक लामबंदी जैसे तत्त्वों के आधार पर बनी है। कई बार ये तत्व एक दूसरे से स्वतंत्र या निरपेक्ष दिखाई पड़ते हैं लेकिन अगर लोहिया के चिंतन और कृतित्व को ग़ौर से देखें तो उनके बीच एक विस्तृत तर्क और निरंतरता लक्षित की जा सकती है। वे आधुनिक भारत के उन अनूठे चिंतकों में हैं जो समाजवाद के विचार को युरोपीय संदर्भों से अलगा कर उसे ग़ैर-युरोपीय सांस्कृतिक संदर्भों में रोपने के उद्यम में लगे हुए थे। लोहिया इस बात से वाक़िफ़ थे कि एक विचारधारा और आंदोलन के तौर पर समाजवाद युरोप की अवधारणा है। उसे किसी और जगह स्थापित करने में सैद्धांतिक दिक़्क़तें आनी ही थीं। लोहिया समाजवाद के जिस विमर्श में दख़ल दे रहे थे वह इतिहास की बहुविध जटिलताओं से उभरा था। भारत में समाजवादी आंदोलन वामपंथी राष्ट्रवाद का एक विशिष्ट रूप था जिस पर भारतीय राष्ट्रीय कांग्रेस के नेतृत्व में चल रहे मुक्ति संघर्ष की गहरी छाया थी। कांग्रेस के भीतर स्थित कांग्रेस सोशलिस्ट पार्टी सही मायने में एक ऐसा समूह था जो भारतीय समाज का रैडिकल कायांतरण करना चाहता था। इस समूह में एक तरफ़ जयप्रकाश नारायण और आचार्य नरेंद्र देव जैसे लोग थे जो समाजवाद को मार्क्सवादी रंगत देना चाहते थे; दूसरी तरफ़ अशोक मेहता और मीनू मसानी जैसे नेता थे जो लोकतांत्रिक समाजवाद के पैरोकार थे। तीसरी तरफ़ अच्युत पटवर्धन और लोहिया जैसे नौजवान कार्यकर्ता थे जो समाजवाद से गाँधीवादी आदर्शों का सामंजस्य बिठाना चाहते थे। इस तरह देखा जाए तो कांग्रेस सोशलिस्ट पार्टी वास्तव में एक ऐसा संगठन था जो समाजवाद की विविध और अक्सर अंतर्विरोधी समझ के बीच झूलता रहता था।

आज़ादी हासिल करने के दो दशकों के बीच समाजवादी आंदोलन में एक बड़ा बदलाव आया। जयप्रकाश नारायण सक्रिय राजनीति से दूर हो गये और नरेंद्र देव का देहांत हो गया। दरअसल यही काल था जब समाजवादी आंदोलन की विरासत लोहिया के हाथों में आयी। इस दौर में समाजवादी आंदोलन को लोहिया ने एक नया सैद्धांतिक आधार देने का प्रयास किया। उन्होंने ज़ोर दे कर कहा कि भारत जैसे देशों में समाजवाद अपने अस्तित्व की अंतिम घड़ियाँ गिन रहा है, क्योंकि वह अपने आर्थिक लक्ष्य तो कम्युनिज़्म से फ़राहम करता है जबकि कार्यकारी सिद्धांतों के लिए पूँजीवाद की पनाह लेता है। लोहिया का मानना था कि भारत में समाजवाद को सिद्धांत और व्यवहार के स्तर पर स्वायत्त हो जाना चाहिए। इस मामले में लोहिया समाजवाद की मार्क्सवादी समझ या उससे मिलती-जुलती वैचारिक प्रवृत्तियों से मुक्त हो जाना चाहते थे। उनका मानना था कि समाजवाद की ऐसी वैचारिक श्रेणियाँ और सैद्धांतिक अवधारणाएँ अंतत: समाजवाद के स्थानीय रूप को अपना मातहत बना लेती हैं। इस फलक को थोड़ा और विस्तार दें तो लगता है कि लोहिया भारतीय समाजवाद को नेहरू की नीतियों, कम्युनिस्ट कार्यक्रमों तथा दक्षिणपंथी राजनीति से बचा कर एक नितांत स्वायत्त रूप देना चाहते थे। असल में कांग्रेस सोशलिस्ट पार्टी के दौर से लेकर ज़मीनी राजनीति के अनुभवों के बीच लोहिया समाजवादी आंदोलन की स्वायत्तता को लेकर हमेशा मुस्तैद रहे।

पश्चिम के मौजूदा मॉडलों से अलग वैकल्पिक समाजवाद गढ़ने की परियोजना के तहत एक तरफ़ उन्होंने समाजवाद की प्रचलित व्याख्याओं का व्यवस्थित और विशद प्रत्याख्यान किया, तो दूसरी तरफ़ उन सांस्कृतिक और बौद्धिक स्रोतों का संधान किया जिनके आधार पर समाजवाद का देशज संस्करण गढ़ा जा सकता था। समाजवाद के पश्चिमी मॉडलों की शिनाख़्त करते हुए लोहिया ने पाया कि समाजवाद का सबसे संश्लिष्ट और मज़बूत विचार मार्क्सवाद से निकलता है। इसलिए लोहिया ने मार्क्सवाद की बुनियादी प्रस्थापनाओं पर सवाल खड़े किये और इंगित किया कि मार्क्स पूँजीवाद का न केवल अमूर्त परीक्षण करते हैं बल्कि उसके साम्राज्यवादी संदर्भ को गौण कर देते हैं। लोहिया के

मुताबिक़ मार्क्स जिस पूँजीवाद की पड़ताल करते हैं उसका संदर्भ मुख्यत: पश्चिमी युरोपीय देशों तक सीमित है। लोहिया यह भी कहते हैं मार्क्स के पूँजीवाद की धुरी यानी उसकी आंतरिक संरचना में निहित मूल्य और श्रम-शक्ति के उपयोगिता मूल्य तथा मज़दूर वर्ग और पूँजीपति वर्ग के अंतर्विरोधों की शिनाख़्त मूलत: पश्चिमी देशों के एक विशिष्ट अनुभव पर टिकी है। इसलिए पूँजीवाद के इस रूप का सिद्धांतीकरण करके उसे एक सार्वभौम परिघटना की तरह कितना भी व्याख्यायित किया जाए उसकी अपनी गति के नियम पूरी तरह आंतरिक हैं।

ज़ाहिर है कि लोहिया की इस आलोचना में यह प्रच्छन्न तर्क निहित है कि पश्चिम में पूँजीवाद के विकास को एशिया, अफ्रीका तथा लातीनी अमेरिका जैसे क्षेत्रों में हुए औपनिवेशीकरण और उनके दरिद्रीकरण के संदर्भों से काट कर नहीं समझा जा सकता। लोहिया ने इस बात पर ज़ोर दिया कि पश्चिम के पूँजीवादी देशों में सम्पदा के संग्रहण और औपनिवेशीकरण के बीच एक नज़दीकी संबंध है। उनका कहना है कि मार्क्स पूँजीवाद की पड़ताल युरोप के खास ऐतिहासिक संदर्भ में करते हैं और साम्राज्यवाद को उसका आंतरिक तत्त्व न मानकर बाद की परिघटना मानते हैं। यहाँ लोहिया यह प्रश्न पूछते नज़र आते हैं कि क्या पूँजीवाद का विकास साम्राज्यवाद के बिना हो सकता था, और फिर इतिहास से ढूँढ़ कर उत्तर लाते हैं कि साम्राज्यवाद के पूर्व-पक्ष के बिना पूँजीवाद की कल्पना नहीं की जा सकती।

पूँजीवाद की इस व्याख्या की तरह लोहिया मार्क्स के इतिहास-बोध और दर्शन को भी युरोप के ऐतिहासिक अनुभवों का प्रतिबिम्ब मानते हैं। वे इस निष्पत्ति पर पहुँचते हैं कि इतिहास की मार्क्सवादी संकल्पना अंतत: एक युरोकेंद्रित आख्यान बन जाती है जिसमें ग़ैर-युरोपीय देशों का स्थान अधीनस्थ से ज़्यादा नहीं होता। लोहिया को इतिहास की मार्क्सवादी व्याख्या में यह खोट भी दिखता है कि वह इतिहास को एक सीधी रेखा में चलने वाली प्रक्रिया की तरह प्रक्षेपित करती है और जिसके प्रस्थान बिंदु पर अनिवार्यत: युरोप स्थित होता है। मार्क्स की इतिहास-दृष्टि से लोहिया निष्कर्ष निकालते हैं कि वह ग़ैर-युरोपीय देशों में किसी भी क्रांतिकारी पहल या बदलाव की सम्भावनाओं को ख़ारिज कर देती है। इस तर्क को आगे बढ़ाते हुए लोहिया लगातार इस बात से आश्वस्त होते जाते हैं कि इतिहास की मार्क्सवादी दृष्टि युरोपीय वर्चस्व क़ायम करने का औज़ार है। मार्क्स की स्थापनाओं के संबंध में लोहिया का चिंतन दो लिहाज़ से महत्वपूर्ण माना जा सकता है। एक, वह इस बात की ओर इशारा करता है कि पूँजीवाद कोई एकाश्मिक अवधारणा नहीं है लिहाज़ा उसकी व्याख्या कई तरीक़ों से की जा सकती है। दूसरे, अगर पूँजीवाद को उसके केंद्र से देखा जाए तो वह एक अलग व्यवस्था दिखाई देती है और अगर परिधि से देखें तो उसका अर्थ ही बदल जाता है।

**देखें** : 'अंग्रेज़ी हटाओ' आंदोलन, कांग्रेस 'प्रणाली', गठजोड़ राजनीति, ग़ैर-कांग्रेसवाद, चरण सिंह, जय प्रकाश नारायण, जवाहरलाल नेहरू, नरेंद्र देव, पार्टी गठजोड़ की राजनीति, भारत में गठजोड़ राजनीति, विजय देव नारायण साही।

### संदर्भ

1. *राममनोहर लोहिया समग्र रचनावली* (सम्पा. मस्तराम कपूर) (2005) (नौ खण्ड), अनामिका पब्लिकेशंस, नयी दिल्ली.
2. योगेंद्र यादव (2010), 'ऑन रिमेम्बरिंग लोहिया', *इकॉनॉमिक ऐंड पॉलिटिकल वीकली,* खण्ड 45, अंक 40.
2. सच्चिदानंद सिन्हा (2010), 'लोहियाज सोशिलिज़म : ऐन अंडरडॉग्ज़ पर्सपेक्टिव', *इकॉनॉमिक ऐंड पॉलिटिकल वीकली,* खण्ड 45, अंक 40.

**— नरेश गोस्वामी**

# राममनोहर लोहिया-2

## वैकल्पिक समाजवाद के लिए गाँधी की पुनर्रचना

(Rammanohar Lohia-2)

समाजवाद के युरोपीय मॉडलों को ख़ारिज करने के बाद लोहिया विकल्प के लिए गाँधी की ओर गये। उन्हें लगा कि भारत में समाजवाद के प्रयोग की सफलता इस बात से तय होगी कि गाँधी के विचारों की पुनर्रचना किस तरह की जाती है। देशज समाजवाद के निर्माण में लोहिया को गाँधी के दो विचार— सत्याग्रह और आर्थिक व राजनीतिक विकेंद्रीकरण ने ख़ास तौर से प्रभावित किया। लोहिया का मानना था कि अगर समाजवाद की परियोजना के लिए गाँधी के अहिंसक सत्याग्रह को अपनाया जाए तो आर्थिक और राजनीतिक विकेंद्रीकरण का विचार हक़ीक़त बन सकता है।

लोहिया ने गाँधी के विचारों को भक्तिभाव से ग्रहण नहीं किया और सचेत रहे कि गाँधी का राजनीतिक दलों और व्यक्तियों ने अलग-अलग प्रयोजनों के लिए विनियोग किया है। यही वजह है कि लोहिया ने गाँधीवाद के जिन विचारों को ग्रहण किया वह गाँधीवाद की अन्य धाराओं से सैद्धांतिक और राजनीतिक अर्थ में ख़ासा अलग था। मसलन, लोहिया ने सर्वोदय आंदोलन के गाँधीवाद को आश्रम गाँधीवाद क़रार दिया और भारतीय राज्य गाँधी का जिस अर्थ में आह्वान कर रहा था उसके लिए उन्होंने सरकारी गाँधीवाद का मुहावरा

इस्तेमाल किया। ग़ौरतलब है कि गाँधीवाद की इन विभिन्न क़िस्मों को प्रश्नांकित करते हुए लोहिया गाँधीवाद के किसी शुद्ध संस्करण की खोज करते नहीं दिखते। उनका इरादा असल में गाँधीवाद से केवल ऐसे तत्त्वों को ग्रहण करना था जो भारतीय समाजवाद के निर्माण में उपयोगी हों। लोहिया समाजवाद के जिस संस्करण को गढ़ना चाहते थे वह जवाहरलाल नेहरू के राज्य समर्थित और लोकोपकारी मॉडल से भिन्न था। नेहरू के मॉडल में लोहिया को आर्थिक विकास का पश्चिमी ढर्रा हावी दिखता था। इस मॉडल पर लोहिया की दूसरी आपत्ति यह थी कि वह न केवल प्रकारांतर से पूँजीवाद को प्रश्रय देता था बल्कि बृहत्तर समाज को राज्य के मातहत कर देता था।

अपने राजनीतिक जीवन में लोहिया नेहरू के इस मॉडल को लगातार प्रश्नांकित करते रहे। लोहिया इस मॉडल को सरकारी समाजवाद कहते थे। लोहिया समाजवाद के जिस संस्करण पर जोर दे रहे थे वह छोटी मशीनों के उपयोग पर आधारित था। और उसके मूल में हर स्तर पर आर्थिक विकेंद्रीकरण का विचार प्रमुख था। उनका स्पष्ट मानना था कि आर्थिक विकेंद्रीकरण के बिना राजनीतिक विकेंद्रीकरण भी सम्भव नहीं है। लोहिया के समाजवाद और नेहरू के राज्याधारित समाजवाद में बुनियादी अंतर यह था कि लोहिया के समाजवाद की मूल चालक शक्ति साधारण जनता में निहित थी जबकि नेहरू की समाजवादी संकल्पना राज्य की पहलक़दमी से शुरू होती थी।

लोहिया ने पाँचवें और छठे दशक में ग़ैर-कांग्रेसवाद का विचार प्रतिपादित किया। कांग्रेस के प्रभुत्व को चुनौती देने वाला यह विचार अपने मूल में नेहरू के आधुनिकीकरण और आर्थिक विकास के मॉडल का प्रतिकार कहा जा सकता है। लोहिया का मानना था कि कांग्रेस और नेहरू का यह एजेंडा न केवल पूँजीवाद को मज़बूत करेगा बल्कि एक ऐसे भारी-भरकम राज्य को बढ़ावा देगा जिसकी दमनकारी ताक़त समाज की रचनात्मक और सांस्कृतिक स्रोतों को समाप्त कर देगी। इस तरह लोहिया आर्थिक उत्पादन और राजनीतिक प्राधिकार के क्षेत्र में केंद्रीकृत ढाँचे की मुख़ालफ़त कर रहे थे।

लोहिया की प्रचलित राजनीतिक छवि जिन तत्त्वों से मिलकर बनी है उनमें उनका जाति संबंधी चिंतन और अंग्रेज़ी विरोध ख़ास अहमियत रखते हैं। जातियों के पदानुक्रम में न्यस्त सत्ता और अंग्रेज़ी के प्रभुत्व के ख़िलाफ़ लोहिया को राजनीतिक आंदोलन शुरू करने का श्रेय भी जाता है। भारत में जाति व्यवस्था तथा जेंडर आधारित भेदभाव के मसले को लोहिया ने अनूठे ढंग से उठाया। उनका मानना था कि भारतीय समाज में जातियों के बीच पृथक्करण की भावना और तथा जेंडरगत भेदभाव एक ही वैचारिक ज़मीन से पैदा होते हैं। जाति के विमर्श में लोहिया का यह प्रतिपादन एक महत्त्वपूर्ण सैद्धांतिक योगदान माना जाता है। जाति व्यवस्था में निहित भेदभाव और उसकी सांस्कृतिक नकारात्मकता पर ज़ोर देने के साथ लोहिया इस तथ्य के प्रति भी सचेत थे कि भारत में जातियों का पदानुक्रम और उससे उपजने वाली शोषण की संरचना का स्वरूप हर क्षेत्र में अलग-अलग है। इस आधार पर उन्होंने जातियों के इलाक़ाई गठबंधन और गोलबंदी जैसा अहम सूत्रीकरण भी किया। विद्वानों का मानना है कि इस मायने में लोहिया आधुनिक भारत के उन ख़ास चिंतकों में थे जिन्होंने जातिगत हितों, पहचान और गठबंधन को राजनीतिक गोलबंदी के एक सम्भावित स्थल के रूप में देखा था। लोहिया की मृत्यु के बाद और ख़ास तौर पर नवें दशक की राजनीति में पिछड़ी और दलित जातियों का उभार तथा सत्ता के गठन में उनकी निर्णायकता लोहिया को राजनीति का एक दूरदर्शी रणनीतिकार भी साबित करती है।

लोहिया भारतीय भाषाओं के हिमायती थे और देश की शिक्षा व्यवस्था, प्रशासन और सार्वजनिक जीवन में अंग्रेज़ी के प्रभुत्व को सत्ता संरचना के साथ जोड़कर देखते थे। इस संदर्भ में लोहिया की यह उक्ति एक समाजशास्त्रीय अंतर्दृष्टि की हैसियत रखती है कि भारत में ऊँची जाति, सम्पत्ति तथा अंग्रेज़ी का ज्ञान तीन ऐसे कारक हैं जिनसे यह तय होता है कि सत्ता की संरचना में व्यक्ति की स्थिति क्या होगी। उनके मुताबिक़ अगर इन तीन कारकों में किसी के पास दो चीज़ें हों तो वह शासक वर्ग का हिस्सा बन जाता है। इस तरह लोहिया अंग्रेज़ी का विरोध सिर्फ़ इसलिए नहीं कर रहे थे क्योंकि वह एक विदेशी भाषा थी। उनका यह विरोध इस समझ पर टिका था कि भारत जैसे देश में अंग्रेज़ी असमानता और सांस्कृतिक आधिपत्य की वाहक बन गयी है। लोहिया अंग्रेज़ी को शोषण का औज़ार मानते थे उनका कहना था कि अंग्रेज़ी का समर्थक वर्ग असल में शोषक वर्ग है। उनका कहना था कि अंग्रेज़ों ने भारत में बंदूक की गोली और अंग्रेज़ी की बोली के दम पर शासन किया है। अपने एक लेख में लोहिया आधुनिकता को तर्क, ज्ञान, सत्य, विज्ञान और तकनीक के परिष्कार से जनित दृष्टिकोण बताते हैं और फ़िर इस संदर्भ में तर्क देते हैं कि अंग्रेज़ी भारतीय जनता को ऐसा कुछ प्रदान नहीं करती जिसके आधार पर लोग आधुनिक होने का दावा कर सकें।

गाँधी, आम्बेडकर तथा सुभाष चंद्र बोस कीं तरह लोहिया भी अंग्रेज़ी की जगह हिंदुस्तानी को राष्ट्रीय सम्पर्क भाषा बनाये जाने के पक्षधर थे। उन्हीं की तरह लोहिया भी हिंदुस्तानी को संस्कृत और फ़ारसी की जटिलताओं से मुक्त एक सरल भाषा के रूप में देख रहे थे। पर यहाँ यह याद रखना जरूरी है कि लोहिया का अंग्रेज़ी विरोध अनिवार्यत: हिंदी का समर्थन नहीं था। उनकी मंशा यह नहीं थी कि अंग्रेज़ी हटाने के बाद उसकी जगह हिंदी स्थापित कर दी जाए। आज़ादी के बाद जब राज्यों का भाषाई आधार पर गठन होने लगा तो राष्ट्रीय भाषा का प्रश्न जटिल हो गया। ऐसे में

जब बृहत्तर प्रश्न यह बना कि हिंदी या हिंदुस्तानी के बरक्स अन्य भारतीय भाषाओं की हैसियत क्या होगी तो लोहिया ने यह विचार रखा कि पंजाबी और गुजराती जैसी भाषाओं को हिंदुस्तानी में शामिल करके नागरी लिपि के प्रयोग को बढ़ावा दिया जाए। ग़ैर-हिंदी भाषी समूहों की चिंताओं का समाधान करने तथा उन्हें अंग्रेज़ी हटाओ आंदोलन से जोड़ने के लिए लोहिया ने तीन सूत्र रखे। उनका एक प्रस्ताव यह था कि हिंदी को केंद्र सरकार की आधिकारिक भाषा बना दिया जाए किंतु एक निश्चित अवधि के लिए केंद्र सरकार की समस्त नौकरियाँ ग़ैर-हिंदीभाषियों के लिए आरक्षित कर दी जाएँ। उनका दूसरा प्रस्ताव यह था कि राज्यों को दो ऐसे समूहों में बाँटा जाए जिनमें एक समूह के राज्य अंग्रेज़ी का प्रयोग आंतरिक और बाहरी दोनों स्तरों पर बंद कर दें। जबकि दूसरे समूह के राज्य केंद्र सरकार से पत्र व्यवहार के मामले में अंग्रेज़ी का प्रयोग जारी रखें लेकिन अंदरूनी कामकाज के लिए उसका इस्तेमाल बंद कर दे। अंतत: लोहिया ने अंग्रेज़ी को छोड़ कर एक बहुभाषी केंद्र का विचार पेश किया। लोहिया की यह भाषाई राजनीति पाँच दशक बाद भी जहाँ की तहाँ खड़ी है। इस बीच जाति पर आधारित अन्याय का विरोध करना तो राजनीति के मौजूदा विमर्श में जगह पा गया है लेकिन अंग्रेज़ी के मुक़ाबले भारतीय भाषाओं का मसला उसी तरह अटका है। भाषाई क्षेत्र में जारी यह विसंगति अब शायद किसी तरह की राजनीतिक गोलबंदी का एजेंडा नहीं रह गयी है।

लोहिया के चिंतन का विवादास्पद पहलू यह है कि वे पूँजीवाद और साम्यवाद दोनों को बुराई की तरह देखते हैं। उन्होंने कहा था कि कम्युनिज़्म भी पूँजीवाद की तकनीक में यक़ीन करता है और भारी मशीनरी के उपयोग का पक्षधर है। और वह केवल पूँजीवाद के उत्पादन संबंधों को ध्वस्त करता है कि न कि उसके आधार को। उनका यह विवादास्पद चिंतन कम्युनिजम को युरोप के ऐसे हथियार की तरह पेश करता है जिसके दम पर वह शेष दुनिया पर क़ब्ज़ा जमाना चाहता है।

लोहिया के अध्येताओं का मानना है कि राजनीति और अकादमिक विमर्श में लोहिया की जानबूझ कर एक विद्रूप छवि गढ़ी गयी है। उनके मुताबिक लोहिया ने अपने राजनीतिक जीवन में नेहरू की नीतियों की सतत आलोचना, अंग्रेज़ी का दुर्धर्ष विरोध, ऊँची जातियों के दबदबे का प्रतिकार तथा जाति पर आधारित आरक्षण की व्यवस्था का समर्थन किया था। ज़ाहिर है कि भारतीय समाज और राजनीति में एक अनुकूलित क़िस्म की मुख्यधारा के समर्थकों को लोहिया का यह बुत-शिकन रवैया जँचा नहीं। लेकिन दूसरी तरफ़ उनके विमर्श और राजनीतिक व्यक्तित्व में ऐसे कई पहलू हैं जो एक जनोन्मुख लोकतांत्रिक राज्य की रचना करने के उद्यम में केंद्रीय भूमिका निभा सकते हैं।

**देखें :** 'अंग्रेज़ी हटाओ' आंदोलन, कांग्रेस 'प्रणाली', गठजोड़ राजनीति, ग़ैर-कांग्रेसवाद, चरण सिंह, जय प्रकाश नारायण, जवाहरलाल नेहरू, नरेंद्र देव, पार्टी गठजोड़ की राजनीति, भारत में गठजोड़ राजनीति, विजय देव नारायण साही।

## संदर्भ

1. राजाराम तोलपाड़ी (2010), 'कंटेक्स्ट, डिस्कोर्स ऐंड विज़न ऑफ़ लोहियाज सोशिलिज़्म', *इकॉनॉमिक ऐंड पॉलिटिकल वीकली,* खण्ड 45, अंक 40.
2. योगेंद्र यादव (2010), 'व्हाट इज़ लिविंग ऐंड व्हाट इज़ डैड इन राममनोहर लोहिया', *इकॉनॉमिक ऐंड पॉलिटिकल वीकली,* खण्ड 45, अंक 40.
3. ओंकार शरद (2008), *लोहिया के विचार,* छठवाँ संस्करण, लोकभारती प्रकाशन, इलाहाबाद.

**— नरेश गोस्वामी**

# विधि का शासन

(Rule of law)

विधि का शासन का अर्थ प्रत्येक राज्य और समाज के लिए अलग-अलग रहा है। एक विषय के रूप में विधि का शासन एक ऐसी व्यवस्था के बारे में ध्यान दिलाता है जो उदारतावादी, संवैधानिक और लोकतांत्रिक होती है तथा जिसमें स्वतंत्रता, समानता, अधिकार, न्याय, विकास तथा क़ानून इत्यादि की महत्त्वपूर्ण अवधारणाओं का समावेश होता है। इन लोकतांत्रिक मूल्यों की प्राप्ति के लिए एक ऐसी उचित व्यवस्था का होना आवश्यक है जो इन मूल्यों को सही तरह से बढ़ावा दे सके। दरअसल लोकतांत्रिक व्यवस्था के अंतर्गत विधि का शासन एक महत्त्वपूर्ण बिंदु है। इसके तहत शासन को विधिवत संचालित करते हुए ये सभी मूल्य हासिल करने की कोशिश की जाती है। इसमें क़ानून सर्वोच्च होता है और उसी के अनुसार शासन-व्यवस्था संचालित होती है। विधि के शासन की अवधारणा की उत्पत्ति पश्चिमी देशों में उदारतावाद के साथ हुई। उदारतावादी लोकतांत्रिक शासन से जुड़ा सबसे बुनियादी आग्रह है। यह संविधानवाद और सीमित सरकार के विचार को स्थापित करता है। विधि का शासन सरकार को ऐसी परिस्थितियाँ प्रदान करता है जिसमें लोकतांत्रिक तरीक़े से बने क़ानूनों की सर्वोच्चता होती है तथा क़ानून के समक्ष समानता का सिद्धांत स्थापित होता है। साथ ही इसके द्वारा क्रियाविधिमूलक न्याय की स्थापना होती है

और यह सरकार की तानाशाही प्रवृत्तियों पर प्रभावकारी तरीक़े से रोक लगाता है। असल में विधि का शासन एक बुद्धिसंगत शासन है जो लोगों की सहमति पर आधारित होता है। यह शासन वहीं स्थापित हो सकता है जहाँ नियमों के अनुसार काम होता हो। यह शासक की तानाशाह-आकांक्षाओं का निषेध करता है। अरस्तू के शब्दों में, क़ानून की सर्वोच्चता का अर्थ क़ानूनों की सरकार से है जो किसी व्यक्ति की मनमर्ज़ी से चलने वाले सरकार को नकारती है। यह समाज की संगठित शक्ति की माँग करता है और इस बात पर ज़ोर देता है कि राज्य क़ानून से ऊपर न होकर आवश्यक रूप से क़ानून का ही अंग हो।

विधि के शासन को एक पश्चिमी अवधारणा के रूप में समझा जा सकता है। ख़ास तौर पर यूनानी और जर्मन विद्वानों ने इस पर गहराई से विचार किया है। प्राचीन यूनान में यह शब्द इसोनोमिया या स्टैंड्सटाट नाम से जाना जाता था। अट्ठारहवीं सदी में इसे जर्मनी के संदर्भ में रिचस्टाट के रूप में जाना जाता था। रिचस्टाट व्यवस्था के अंतर्गत इस बात पर मुख्य ज़ोर दिया जाता था कि प्रशासन के क्षेत्र में शासक का पूर्ण नियंत्रण हो। इसमें राज्य के हर काम को विधि का आधार प्रदान करने पर ज़ोर दिया गया। फ्रेंच शब्द ला प्रिंसिपी डे लिगेलाईट का मुख्य मतलब यह है कि सरकार क़ानून के सिद्धांत पर आधारित होनी चाहिए न कि व्यक्ति की मनमर्ज़ी पर। इसमें क़ानून की व्यवस्था को प्रशासनिक क़ानून या न्यायाधिकरण से भी जोड़ा गया। इस व्यवस्था के तहत विधि के शासन का संरक्षण केवल न्यायालय द्वारा ही नहीं बल्कि प्रशासनिक न्यायाधिकरण द्वारा भी होने लगा। फ्रांस में प्रशासनिक अधिकारियों और आम जनता के लिए अलग-अलग क़ानून थे। आम जनता साधारण क़ानूनों के अंतर्गत आती थी तथा प्रशासनिक अधिकारी प्रशासनिक क़ानून के अंतर्गत आते थे।

ज़ाहिर है कि विधि के शासन की अवधारणा बहुत पुरानी है। एडवर्ड कोक को इसका जन्मदाता माना जाता है। हालाँकि कोक ने 'विधि का शासन' शब्द का प्रयोग नहीं किया, पर उनका मानना था कि राजा आवश्यक रूप से क़ानून के अंतर्गत आता है तथा क़ानून की सर्वोच्चता कार्यपालिका से ऊपर है। शुरुआत में इसकी मदद से राजा की दैवी शक्ति के सिद्धांत का विरोध करते हुए इस बात पर बल दिया गया कि सार्वजनिक शक्ति के धारकों को सार्वजनिक रूप से सिद्ध करना चाहिए कि शक्ति का प्रयोग क़ानूनी रूप से उचित और औचित्यपूर्ण है। आगे चलकर डायसी ने विधि के शासन की अवधारणा का विकास किया। डायसी एक व्यक्तिवादी थे और उन्होंने राज्य के अ-हस्तक्षेप के तहत होने वाले मुक्त व्यापार की अवधारणा के उभार के दौर में सरकारी अधिकारियों के हाथों में स्वेच्छाचारी शक्ति होने का विरोध किया। इनके अनुसार जहाँ कहीं भी स्वेच्छाचारी शक्ति होगी, वहाँ तानाशाही का स्थान होगा।

डायसी ने 1885 में लिखी अपनी पुस्तक *इंट्रोडक्शन टू द स्टडी ऑफ़ लॉ ऑफ़ द कॉन्सटीट्यूशन* में विधि के शासन के तीन तत्त्वों को उजागर किया। पहला, निरंकुश शक्ति के प्रयोग की अनुपस्थिति। इसके अनुसार जब तक कोई व्यक्ति स्पष्ट रूप से विधि के विरुद्ध आचरण न करे और जब तक देश के सामान्य न्यायालय में उसका यह आचरण सिद्ध न हो जाए तब तक किसी व्यक्ति को न तो दण्ड दिया जा सकता है और न ही शारीरिक कष्ट अथवा हानि पहुँचायी जा सकती है। दूसरा, क़ानून के समक्ष समानता। डायसी के अनुसार ब्रिटेन में कोई भी नागरिक क़ानून के ऊपर नहीं है। प्रत्येक नागरिक, चाहे उसकी पद और स्थिति कुछ भी हो, साधारण क़ानून से शासित होता है। हर व्यक्ति साधारण न्यायालयों के क्षेत्राधिकार के अंतर्गत रहता है। अन्य लोकतांत्रिक देशों में जहाँ लिखित संविधान अपनाये गये हैं (मसलन, संयुक्त राज्य अमेरिका, भारत आदि में), वहाँ नागरिक अधिकारों की संवैधानिक गारंटी दी गयी है। तीसरा, संवैधानिक क़ानून सामान्य साधारण क़ानून के क्षेत्र का अंग है अर्थात् साधारण क़ानूनों की सर्वोच्चता। यह बात ख़ास तौर पर ब्रिटेन के संदर्भ में ज़्यादा लागू होती है क्योंकि वहाँ लिखित संविधान नहीं है, और लोगों के अधिकार उनकी परम्पराओं और रीति-रिवाज़ों से सामने आते हैं, जिन्हें न्यायालय द्वारा मान्यता दी जाती है।

बहरहाल, आइवर जेनिंग्स ने 1933 में प्रकाशित अपनी किताब *द लॉ ऐण्ड कॉन्स्टीट्यूशन* में डायसी के विधि के शासन के अवधारणा की आलोचना की। इसके अनुसार विधि के शासन की कोई निश्चित परिभाषा नहीं है। उन्होंने पश्चिमी उदारतावादी परम्परा में विकसित हुए लोकतंत्र की अवधारणा से विधि के शासन को जोड़ा। डायसी के विपरीत जेनिंग्स राज्य की भूमिका के विस्तार के लिए प्रतिबद्ध थे ताकि राज्य लोगों के लिए कल्याणकारी काम कर सके। उन्होंने उदारतावादी और लोकतांत्रिक शासन में विधि के शासन के संबंध में निम्नलिखित महत्त्वपूर्ण बातों पर ज़ोर दिया : पहला, संसद द्वारा स्वीकृत सरकार की सभी शक्तियाँ सुनिश्चित और वितरणमूलक होनी चाहिए; दूसरा, क़ानून सभी के लिए समान होना चाहिए। क़ानून को लोगों के बीच नस्ल, धर्म, धन, सामाजिक स्थिति तथा राजनीतिक प्रभाव के आधार पर किसी तरह का भेदभाव नहीं करना चाहिए; तीसरा, पुलिस की शक्ति सीमित होनी चाहिए इत्यादि।

इंटरनैशनल कमीशन ऑफ़ जूरिस्ट के 1959 के सम्मेलन में तात्त्विक विधि के शासन का विचार सामने आया। इसे दिल्ली घोषणा-पत्र के नाम से भी जाना जाता है। इसके अनुसार, 'एक स्वतंत्र समाज में सरकार का कार्य विधि का शासन लागू करना तथा ऐसी परिस्थितियाँ तैयार करना होना चाहिए, जिनके तहत एक आदमी व्यक्ति के रूप में अपनी

प्रतिष्ठा को ऊँचा उठा सके। यह प्रतिष्ठा केवल नागरिक और राजनीतिक अधिकार से प्राप्त नहीं हो सकती है। इसके लिए राजनीतिक, सामाजिक, आर्थिक, शैक्षिक तथा सांस्कृतिक परिस्थितियों की आवश्यकता है ताकि व्यक्ति का पूर्ण विकास हो सके।' जोसेफ़ रैज़ ने इसकी प्रतिक्रिया के रूप में विधि के शासन की औपचारिक अवधारणा पेश की। उनके अनुसार, अपने व्यापक अर्थों में विधि का शासन का अर्थ यह है कि लोग क़ानून का पालन करें और उससे शासित हों। लेकिन राजनीतिक और क़ानूनी सिद्धांत के अंतर्गत इसका संकुचित अर्थ में अध्ययन किया जाता है, जिसमें यह माना जाता है कि सिर्फ़ सरकार इसका अंग बन कर क़ानून द्वारा शासित होगी। रैज़ की संरचना यह माँग करती है कि क़ानून को सामान्य नियम की तरह समझा जाना चाहिए, तभी वे लोगों की गतिविधियों को प्रभावशाली तरीक़े से निर्देशित कर सकते हैं।

ब्रिटेन में जो विचार विधि के शासन की संकल्पना में निहित है, संयुक्त राज्य अमेरिका में उसे क़ानून की यथोचित प्रक्रिया (ड्यु प्रॉसेस ऑफ़ लॉ) के रूप में व्यक्त किया गया है। भारत में भी विधि का शासन स्थापित किया गया है और संविधान के अनुच्छेद 14 के अंतर्गत सभी नागरिकों को क़ानून के समक्ष समानता प्रदान की गयी है। इसमें सभी को क़ानून का समान संरक्षण प्रदान किया गया है। भारतीय विधि का शासन सिर्फ़ एक तलवार की तरह ही नहीं है, जिसकी मदद से लोग अपने अधिकारों के लिए लड़ सकते हैं, बल्कि यह ढाल की तरह भी है, जिसके मानकीय आधार पर नागरिक राज्य के प्रभुत्व और हिंसा के ख़िलाफ़ अपनी सुरक्षा कर सकते हैं। लेकिन साथ ही भारत में विधि का शासन एक प्रगतिशील राज्य की अवधारणा को आगे बढ़ाता है। इस संदर्भ में यह उल्लेखनीय है कि भारतीय संविधान ने समाज के पिछड़े तबक़ों— अनुसूचित जातियों, अनुसूचित जनजातियों और अन्य पिछड़ी जातियों के कल्याण के 'सकारात्मक भेदभाव' के कई प्रावधान किये हैं। सैद्धांतिक रूप से यह विधि के शासन के तात्त्विक रूपों को पूरा करने की दिशा में महत्त्वपूर्ण क़दम के रूप देखा जाता है।

यह अलग बात है कि भारत जैसे देश में वास्तविक अर्थों में विधि का शासन स्थापित करने के लिए अभी बहुत कुछ करने की ज़रूरत है। यहाँ की न्याय-व्यवस्था तक ग़रीबों की पहुँच बहुत मुश्किल है। इसके अलावा, आतंकवाद विरोधी क़ानूनों के नाम पर राज्य को असाधारण शक्तियाँ मिल गयी हैं। इनकी मदद से राज्य अपने विरोध में उठने वाली हर आवाज का दमन कर सकता है। देश में ऐसे हज़ारों उदाहरण मिल जाएँगे जहाँ लोगों को ग़लत तरीक़े से जेलों में बंद किया गया है। देश में ग़रीबों और अमीरों के लिए न्याय-व्यवस्था अलग-अलग तरह से काम करती है। इस पूरी व्यवस्था के बहुत महँगे होने के कारण ग़रीब अमूमन न्याय के लिए तरसता रह जाता है। कुल-मिला कर यह कहा जा सकता है कि विधि का शासन किसी भी लोकतांत्रिक और सभ्य समाज के लिए आवश्यक है। लेकिन सिर्फ़ औपचारिक विधि का शासन ही पर्याप्त नहीं है, बल्कि तात्त्विक विधि के शासन की ओर बढ़ने का प्रयास किया जाना चाहिए।

**देखें** : अधिकार, अधिकार : सैद्धांतिक यात्रा, अमेरिकी क्रांति, उपयोगितावाद, ऐडमण्ड बर्क, जॉन लॉक, जेरेमी बेंथम, जॉन स्टुअर्ट मिल, जॉन रॉल्स, फ्रांसीसी क्रांति, बहुसंस्कृतिवाद, भारत में मानवाधिकार, भारत में मानवाधिकार आंदोलन, मानवाधिकार, थॉमस हॉब्स, नागरिकता, नागरिकता : अन्य परिप्रेक्ष्य-1 और 2, नागर समाज, नागर समाज : भारतीय बहस, रॉबर्ट नॉज़िक।

### संदर्भ

1. ए. वी. डायसी (2008), *इंट्रोडक्शन टू द स्टडी ऑफ़ लॉ ऑफ़ द कॉन्स्टीट्यूशन,* युनिवर्सल लॉ पब्लिशिंग कम्पनी, नयी दिल्ली.
2. जेफ़्री जॉवेल और ओलिवर डाउन (सम्पा) (2000), *द चेंजिंग कॉन्स्टीट्यूशन,* ऑक्सफ़र्ड युनिवर्सिटी प्रेस, न्यूयॉर्क.
3. जोश मारिया मारवाल और ऐडम प्रेजेवॉरस्की (सम्पा.) (2003), *डेमॉक्रेसी ऐंड रूल ऑफ़ लॉ,* केम्ब्रिज युनिवर्सिटी प्रेस, केम्ब्रिज.
4. रैण्डल पियरेबूम (सम्पा.)(2004), एशियन डिस्कोर्स ऑफ़ रूल ऑफ़ लॉ, रॉटलेज, लंदन.

**— विकास कुमार**

# समाज-विज्ञान

(Social Science)

समाज-विज्ञान का सफ़र शासक और शासित के बीच, अर्थात् राज्य की संस्था और उसके दायरे में रहने वालों के रिश्तों में होने वाली तब्दीलियों पर निर्भर रहा है। सिद्धांतकारों ने राज्य और उसके वासियों के संबंध जैसे ही एक अलग अर्थ में परिभाषित करने शुरू किये, एक व्यवस्थित अनुशासन के रूप में समाज-विज्ञान का विकास होने लगा। शासक से अपेक्षा की जाने लगी कि उसका दायित्व न केवल शांति और व्यवस्था क़ायम रखने का है, बल्कि उसे लोक-कल्याण सुनिश्चित करने की ज़िम्मेदारी भी निभानी होगी। राजकाज का मतलब केवल येन-केन-प्रकारेण अपनी हुकूमत क़ायम रखने, युद्ध करने और सत्ता भोगने तक सीमित नहीं है, बल्कि शासकों की ज़िम्मेदारी 'राष्ट्रों की समृद्धि' में बढ़ोतरी करना भी है। इन अपेक्षाओं के मुख्य तौर पर तीन फलितार्थ हुए। पहला, राज्य को सामाजिक मामलों के प्रबंधक के रूप में देखने की शुरुआत हुई जिसके कारण आर्थिक प्रश्न परिवार और कॉरपोरेशनों के हाथ से निकल कर सार्वजनिक महत्त्व के सवाल में बदल गया। दूसरा, नागरिकता की अवधारणा को राजस्व उगाहने और उसके वितरण की रोशनी में नये ढंग

से समझा गया। तीसरी, लोगों के जीवन के बारे में आँकड़े और तथ्य जमा करने के व्यवस्थित प्रयास होने लगे जिससे वर्ग, नस्ल और जाति जैसी सामाजिक श्रेणियाँ सुपरिभाषित हो कर सामने आयीं, और फिर इन्हीं श्रेणियों को अतीत पर प्रक्षेपित करके इतिहास का शीराज़ा खड़ा किया गया।

स्टीव फुलर और मार्टिन होलिस की मान्यता है कि समाज-विज्ञान की मौजूदा शक्ल-सूरत अट्ठारहवीं सदी के युरोपीय ज्ञानोदय से मिलने वाली प्रेरणाओं के बिना सम्भव नहीं थीं। ये प्रेरणाएँ क्या थीं? ज्ञानोदय का मुख्य आश्वासन यह था कि वह दिन दूर नहीं है जब दुनिया में सिर्फ़ अपनी ही बुद्धि द्वारा दिखाए गये रास्ते पर चलने वाले स्वतंत्र मनुष्य का बोलबाला होगा। यह दावा जिस अवधारणा पर टिका था वह सत्य, सुख और पुण्य को एक अभंग शृंखला में बँधा मानती थी। होलिस के मुताबिक़ समाज-विज्ञान ने इन्हीं दोनों प्रेरणाओं के आधार पर यह मान कर अपनी यात्रा शुरू की कि उसके पास मनुष्य की नैतिक और राजनीतिक प्रगति को न केवल समझने के सूत्र हैं, बल्कि उसका शास्त्र मानव-प्रगति को वांछित दिशा देने में भी सक्षम है। अपनी यह जिम्मेदारी निभाने के लिए समाज-विज्ञान पहले सामाजिक परिघटना की व्याख्या करता है और फिर उसके अर्थ-ग्रहण की प्रक्रिया में उतरता है। इन दोनों कामों के तीन मुख्य आयाम पद्धतिमूलक, ज्ञानमीमांसक और अस्तित्वमीमांसक हैं। पद्धतिमूलक आयाम का केंद्रीय सरोकार यह देखना है कि क्या ऐसे कोई सार्वभौम नियम हैं जो समाज की हर परिस्थिति और देश-काल पर लागू किये जा सकते हों। ज्ञानमीमांसक आयाम ज्ञान की रचना और तात्पर्य-निरूपण के प्रश्नों से जूझता है। अस्तित्वमीमांसक आयाम के केंद्र में मानवीय अस्तित्व का अध्ययन है।

प्रश्न यह है कि क्या फुलर और होलिस द्वारा दी गयी समाज-विज्ञान की इस परिभाषा से असहमत हुआ जा सकता है? हम इतना ज़रूर कह सकते हैं कि समाज-विज्ञान युरोपीय ज्ञानोदय से पहले भी था। प्लेटो, मैकियावेली और हॉब्स का विमर्श समाज-विज्ञान के इतिहास की पूर्व-पीठिका के रूप में ग्रहण किया जा सकता है। लेकिन इसी जगह एक अलग तरह का सवाल भी उठता है कि क्या समाज-विज्ञान की कोई ग़ैर-युरोपीय भाव-भूमि भी है? क्या कौटिल्य की कृति *अर्थशास्त्र*, कनफ्यूशस के विमर्श या चीनी ग्रंथ *आर्ट ऑफ़ वार* को भी समाज-विज्ञान के दायरे में वह हैसियत दिलाई जा सकती है जो प्लेटो की रचना *रिपब्लिक* या हॉब्स की रचना *लेवायथन* को प्राप्त है? चौदहवीं सदी के इसलामी चिंतक इब्न ख़ाल्दून ने भी तो आज के समाज वैज्ञानिकों की भाँति ही राजनीतिक, सांस्कृतिक, पारिस्थितिकीय और आर्थिक आयामों के आपसी संबंधों के व्यवस्थित अध्ययन के ज़रिये ऐतिहासिक परिवर्तन के नियमों की शिनाख्त करने का प्रयास किया था। क्या इब्न ख़ाल्दून और उनसे जुड़ी हुई अरब चिंतकों की समृद्ध बौद्धिक परम्परा किसी ग़ैर-युरोपीय समाज-वैज्ञानिक ज़मीन का हिस्सा बन सकती है? इन प्रश्नों का उत्तर केवल आदर्श के रूप में ही हाँ में दिया जा सकता है। यह एक कड़वी हक़ीक़त है कि ज्ञान और विद्वत्ता की ये अनूठी कृतियाँ समाज-विज्ञान के आधारभूत मानक के बजाय केवल अध्ययन का विषय बन कर रह गयी हैं। न केवल युरोप के विद्वान, बल्कि एशिया के समाज-वैज्ञानिक भी इन रचनाओं का विश्लेषण प्राचीन यूनानी दर्शन और ज्ञानोदय कालीन विमर्श से प्राप्त मेधा के आधार पर ही करते हैं। कुल मिला कर स्थिति यह है कि समाज-विज्ञान पर ज्ञान की वह युरोपीय दृष्टि ही हावी है जिसकी रचना कमोबेश सोलहवीं से उन्नीसवीं सदी के बीच हुई थी।

समाज-विज्ञान को युरोपीय ज्ञानोदय के आईने में देखते ही उसके विकास के दो प्रमुख सूत्र सामने आ जाते हैं। पहला है प्राकृतिक विज्ञानों की भूमिका जिसके कारण समाज के शास्त्र को विज्ञान होने की आत्म-छवि मिली। दूसरा है पश्चिम के सांस्कृतिक इतिहास में सेकुलरीकरण के एक अहम मुक़ाम पर समाज-विज्ञान द्वारा अपनी उपस्थिति दर्ज कराना। ये दोनों सूत्र उस अंतर्विरोध की तरफ़ इशारा करते हैं जिनसे समाज-विज्ञान को हमेशा जूझना पड़ता है। विज्ञान होने की आत्म-छवि रखते हुए भी उसे प्राकृतिक विज्ञानों से भिन्न होना पड़ता है, और मनुष्य-केंद्रित होने के बावजूद उसे मनुष्य का अध्ययन किन्हीं पुरावशेषों के आधार पर करने के बजाय उसकी सामूहिकता और सामाजिकता की रोशनी में करना पड़ता है।

समाज-विज्ञान सेकुलरीकरण की प्रक्रिया में एक ऐसे मुक़ाम पर उभरा कि उसे प्राकृतिक विज्ञानों से प्रभावित होने के साथ-साथ अपना अलग दायरा बनाने का मौक़ा भी मिल गया। प्राकृतिक विज्ञानों का ख़याल था कि हर चीज़ का अध्ययन अन्य चीज़ों से उसके बाह्य संबंध की रोशनी में किया जा सकता है। उसके लिए उसके आंतरिक जीवन (आत्मा, रूह या चेतना) में प्रवेश करने की ज़रूरत नहीं है। दूसरी तरफ़ मानव-विज्ञानों की दिलचस्पी इस बात में ज़्यादा थी कि प्रस्तर युग के मानवीय अवशेषों के आधार पर या अधिक ताज़े प्रमाणों के आधार पर मनुष्य और उसके समाजों का अध्ययन किया जाए। इन दोनों ही आग्रहों के विपरीत समाज-विज्ञान ने तय किया कि वह मनुष्यों और समाजों का अध्ययन उनके साथ अन्योन्यक्रिया के ज़रिये करेगा। वह उनसे ऐसी बातें पूछेगा और कहलवायेगा जिन पर वे अन्यथा विचार व्यक्त नहीं करते। समाज-विज्ञान की यह परियोजना इस विचार पर आधारित है कि मनुष्य चाहे किसी भी तरह का क्यों न हो, समाज के सदस्य के रूप में महत्त्वपूर्ण है और उसकी ताक़त अंतत: मिल-जुल कर काम करने और पहलक़दमी करने में ही निहित है।

फ़्रांसिस बेकन ने प्राकृतिक विज्ञान के सिद्धांतों को सामाजिक परिघटना पर सीधे-सीधे लागू करने की कवायद की थी। इसे समाज की समझ का विज्ञानवादी संस्करण गढ़ने की कोशिश कहा जा सकता है। लेकिन अगर उन्नीसवीं सदी के दूसरे दशक में ऑग्स्त कॉम्त द्वारा प्रतिपादित प्रत्यक्षवाद की रोशनी में प्राकृतिक विज्ञान और सामाजिक परिघटना के रिश्ते को देखा जाए तो इस विकास-क्रम का महत्त्व अलग ढंग से उभरता है। प्राकृतिक विज्ञानों का दायरा जैसे-जैसे बढ़ा, वैज्ञानिकों के सामने स्पष्ट होता चला गया कि विज्ञान के क़दम किस तरह आगे बढ़ते हैं। इस प्रक्रिया में एक अनुशासन के रूप में 'पद्धति' और बाद में 'विज्ञान के दर्शन' का अविर्भाव हुआ जिन्होंने विज्ञान के विकास को गति दी। 'समाजशास्त्र' की संज्ञा गढ़ने का श्रेय भी कॉम्त को जाता है। उन्होंने इसकी कल्पना एक ऐसे शास्त्र के रूप में की थी जिसके ज़रिये समाज के रूपों, गतिविधियों और परिघटनाओं को एक सुसंगत दृष्टिकोण में व्यक्त करके उसी का प्रयोग समाज के संचालन किया जा सकेगा। कॉम्त द्वारा तैयार की गयी समाज-विज्ञान की यह छवि ही उन्नीसवीं और बीसवीं सदी में राष्ट्र-राज्य के विकास के साथ चूल में चूल भिड़ाती हुई विविध रूपों में विकसित होती चली गयी।

वैज्ञानिक होने के प्रत्यक्षवादी मानस से लैस समाज-वैज्ञानिकों ने शासकों और शासितों के बीच की परत की तरह काम करना शुरू किया। ख़ास तौर से संश्लिष्ट क़िस्म की लोकतांत्रिक व्यवस्थाओं में इस भूमिका को विशेष महत्त्व मिला। शासितों और शासकों के बीच मतैक्य की स्थिति रहने की कोई गारंटी नहीं होती, इसलिए शासक हमेशा इस अंदेशे के शिकार रहते हैं कि उनकी हुकूमत के विविध सामाजिक घटक कहीं उनके ख़िलाफ़ तो नहीं सोच रहे हैं। वे शासितों को नीति-निर्माण की प्रक्रिया में सीधे शामिल किये बिना उनकी बात शासन-प्रक्रिया में शामिल करने की फ़िराक़ में रहते हैं। समाज वैज्ञानिक अपनी सर्वेक्षण पद्धतियों, विभिन्न सामाजिक समूहों पर केंद्रित अध्ययनों और सहभागी-प्रेक्षण की तकनीकों का प्रयोग करके शासकों को मौक़ा देते हैं कि वे समाज से सीधे जुड़े बिना उनकी वाणी की नुमाइंदगी कर सकें।

नीति-निर्माता सार्वजिनक जवाबदेही से बचने की कोशिश करते हैं और उनकी यह प्रवृत्ति उन्हें कई तरह के आरोपों का निशाना भी बनाती है। समाज वैज्ञानिक आँकड़ों, सूचनाओं और विश्लेषण की शक्ल में उन तक जनमत की आवाज़ पहुँचाने का काम अंजाम देते हैं जिसके आधार पर नीति-निर्माता कह सकते हैं कि उन्होंने जनता की बात सुन ली है और उनके फ़ैसलों में उसका ध्यान रखा गया है। दिलचस्प बात यह है कि जनमत को आँकड़ों की शक्ल में हासिल करने के बाद सरकार उस पर तुरंत अनुक्रिया नहीं करती। बल्कि, पहले उसके विश्लेषण और तात्पर्य-निरूपण की बौद्धिक गतिविधियाँ की जाती हैं। इससे जनमत और सरकार द्वारा उसके आधार पर क़दम उठाने की अपेक्षाओं के बीच एक अंतराल पैदा हो जाता है।

प्राकृतिक विज्ञान और मानवशास्त्रों से अलग होने की प्रक्रिया में उन्नीसवीं सदी से ही समाज-विज्ञानों को एक दोतरफ़ा हमले का सामना भी करना पड़ा है। प्राकृतिक विज्ञान के पैरोकार मानवीय चेतना को प्राणीगत संवेदों की एक जटिल संरचना से अधिक नहीं मानते, और मानवशास्त्री लोक-कल्याण को एक ऐसी युक्ति से ज़्यादा महत्त्व नहीं देते जिसके माध्यम से मनुष्य के प्रारब्ध को छलने की कोशिश की जा रही है। डार्विन के सिद्धांतों का बोलबाला होने के बाद से उन्नीसवीं सदी के आख़िरी सालों में इस तरह के आक्रमण की तीव्रता और बढ़ी। समाज-विज्ञान इस हमले का जवाब अपने तरह से देता है। प्राकृतिक वैज्ञानिकों और मानवशास्त्रियों द्वारा जिन बातों को कठोर तथ्यों के रूप में पेश किया जाता है, समाज वैज्ञानिक उन्हें सामाजिक समस्याओं के रूप में प्रस्तुत करना पसंद करते हैं। अर्थात् यथार्थ के जिन रूपों को अपरिवर्तनीय और मनुष्य का भवितव्य बताया जाता है, समाज-विज्ञान उन्हीं को निबटने लायक़ चुनौतियों और मानव प्रगति के रास्ते में आने वाली एक हटाने लायक बाधा के रूप में सामने रख देता है।

**देखें :** अस्तित्ववाद, आत्मनिष्ठता-वस्तुनिष्ठता, इयत्ता, इमैनुएल कांट, इंद्रियानुभववाद, ईसैया बर्लिन, उत्तर-आधुनिकतावाद, उत्तर-औपनिवेशिकता, उदारतावाद, कल्पित समुदाय, ग्योर्ग विल्हेल्म फ्रेड्रिख़ हीगेल, घटनाक्रियाशास्त्र और ऐडमण्ड हसर, चेतना, जॉन लॉक, ज़ाक लकाँ, ज्याँ-फ्रांस्वा ल्योतर, ज्याँ-पॉल सार्त्र, ज़ाक देरिदा, तत्त्वमीमांसा और अस्तित्वमीमांसा, तात्त्विकतावाद, थियोडोर लुडविग वीज़ेनग्रंड एडोर्नो, द्वैतवाद, परिणामवाद, फ्रांसिस बेकन, फ्रेड्रिख़ नीत्शे-1 और 2, बुद्धिवाद, भाववाद, भौतिकवाद, मनोविश्लेषण, मिशेल पॉल फ़ूको-1 और 2, यथार्थवाद, युरोपीय पुनर्जागरण, युरगन हैबरमास, युरोपीय ज्ञानोदय, रेने देकार्त, लुई अलथुसे, समाज-विज्ञान पर प्रत्यक्षवाद का प्रभाव, संत ऑग्स्तीन, सोरेन आबी कीर्केगार्द, संरचनावाद और उत्तर-संरचनावाद, हरबर्ट स्पेंसर, ज्ञानमीमांसा, ज्ञान का समाजशास्त्र।

## संदर्भ


1. स्टीव फुलर (2007), 'सोशल साइंस', द *नॉलेज बुक : की कम्पेप्ट्स इन फ़िलॉसफ़ी, साइंस ऐंड कल्चर,* एक्युमन, यूके.
2. आई. वालर्स्टीन (1996), *ओपिन द सोशल साइंसेज़,* केम्ब्रिज युनिवर्सिटी प्रेस, केम्ब्रिज.
3. डी.टी. कैम्पबेल (1988), *मैथडोलॉजी ऐंड एपिस्टेमोलॉजी फ़ॉर द सोशल साइंस,* युनिवर्सिटी ऑफ़ शिकागो प्रेस, शिकागो.
4. मार्टिन होलिस (1996), 'फ़िलॉसफ़ी ऑफ़ सोशल साइंस', द *ब्लैकवेल कम्पेनियन टू फ़िलॉसफ़ी,* ब्लैकवेल, लंदन.


**— अभय कुमार दुबे**

# समाज-विज्ञान और प्रत्यक्षवाद

(Social Sciences and Positivism)

आम तौर पर प्रत्यक्षवाद या पाज़िटिविज़म से हमारा आशय समाज-विज्ञान की उस धारा से होता है जो यह मानती है कि केवल वह ज्ञान ही सही और भरोसेमंद हो सकता है जो प्राकृतिक विज्ञान की तरह अनुभव पर आधारित हो। यहाँ अनुभव का अर्थ वह नहीं है जिस अर्थ में इसे हम आज समाज-विज्ञान में इस्तेमाल करते हैं (मसलन नारीवादी और दलित लेखन के संबंध में), बल्कि इसके मायने सीधे-सीधे प्राकृतिक विज्ञान के मॉडल से जुड़ते हैं । इस मॉडल में अनुभव का अर्थ वह है जो इंद्रियों द्वारा अनुभव किया जा सके और जिसे तथ्यों के रूप में प्रेक्षण और प्रयोग के ज़रिये जमा किया जा सके। इस तरह के अनुभव या अनुभवों को हम प्रेक्षित तथ्य (एम्पिरिकल फ़ैक्ट्स) कह सकते हैं। अनुभव को इस तरह परिभाषित करके और प्रेक्षित तथ्यों पर ज़ोर देकर प्रत्यक्षवाद दावा करता है कि सिर्फ़ वही ज्ञान ही प्रामाणिक हो सकता है जो इस अर्थ में पॉज़िटिव है अर्थात् वह न तो किसी अप्रमाणित पूर्व-ज्ञान (अ प्रयोरी) पर और न किसी क़िस्म के क़यास (स्पेकुलेशन) पर निर्भर होता है। पॉज़िटिविज़म के मुताबिक़ ज्ञान का दर्जा हासिल करने के लिए उसका हमेशा सुबूत के इन पैमानों पर खरा उतरना ज़रूरी होता है।

प्रत्यक्षवाद का जन्म उन्नीसवीं सदी के युरोप में प्राकृतिक विज्ञानों के तेज़ी से बढ़ते क़दमों की पृष्ठभूमि में हुआ था। उसका मूल आग्रह हमें फ्रांसीसी दार्शनिक ऑग्स्त कॉम्त (1798-1857) के विमर्श में देखने को मिलता है। उन्होंने यह दावा किया कि प्राकृतिक दुनिया की तरह ही, समाज का विकास भी एक नियम-निर्धारित प्रक्रिया है। समाज के विकास के भी ख़ास नियम होते हैं जिनका पता प्रेक्षण और प्रयोग के ज़रिये लगाया जा सकता है। बक़ौल कॉम्त समाज के बौद्धिक विकास के तीन चरण देखे जा सकते हैं : थियोलॉजिकल या धर्म-प्रेरित , मेटाफ़िज़िकल जिसमें धर्म से छुटकारा ज़रूर पा लिया गया है मगर जहाँ बौद्धिक तर्कवाद क़यास पर ज़्यादा निर्भर होता चला गया और पॉज़िटिव या वैज्ञानिक जहाँ ज्ञान की प्रामाणिकता का एकमात्र आधार सुबूत या प्रमाण हो जाता है। अपनी किताब *अ जनरल व्यू ऑफ़ पॉज़िटिविज़म* में यह पेशकश करते हुए कॉम्त ने एक अर्थ में आने वाले समाज-विज्ञान का एक पूर्वाभास तो दिया ही, साथ ही उसकी आइंदा शक्ल को भी प्रभावित किया। इससे अंदाज़ा लगाया जा सकता है कि यह समाज-विज्ञान अपने जन्म के लिए प्रत्यक्षवाद का कितना ऋणी है।

अगर यह कहा जाए कि बीसवीं सदी के समाज-विज्ञान में यह समझ पूरी तरह गुँथी हुई थी तो अतिशयोक्ति न होगी। अर्थशास्त्र तो इस रंग में रँगा था ही, कमोबेश राजनीतिशास्त्र से लेकर समाजशास्त्र और मनोविज्ञान तक हर अनुशासन का विकास इसी तरह हुआ। ज़ाहिर है कि इस तरह के समाज-विज्ञान के सरोकार इनसानी ज़िंदगी के उन पहलुओं की तरफ़ मुड़ गये जो आसानी से इस प्रेक्षण और प्रयोग के मॉडल में फिट हो सकते थे। ऐसे सवाल जिन्हें आँकड़ों में पकड़ना या कार्य-कारण के रिश्तों में बँधना मुमकिन न था— इस विज्ञान के दायरे से बाहर हो गये। मिसाल के तौर पर, फ़ासीवाद और नाज़ीवाद के उदय जैसी परिघटनाओं को उस ज़माने का राजनीति विज्ञान भाँप ही नहीं पाया क्योंकि उसके सारे प्रयास मानव-व्यवहार को आँकड़ों और नियमों में समेटने की ख़ातिर सतही स्तर तक सीमित रहे। बेशक आज थियरी के स्तर पर काम करने वाले विद्वानों में प्रत्यक्षवाद की गहरी छाप वाले समाज-विज्ञान की इस धारणा के ख़रीददार कम ही मिलेंगे। मगर आज भी एम्पिरिकल समाज-विज्ञान पर उसका असर बना हुआ है। यह दीगर बात है कि उस समाज-विज्ञान को बरतने वाले भी उसके पुराने दार्शनिक दावे दोहराने से हिचकिचाते हैं।

थियरी या सिद्धांत के जगत में भी आज तक एक्सप्लेनेशन पर बहुत ज़ोर दिया जाता है। इसका सीधा-सीधा रिश्ता कारण-परिणाम संबंध से है जिसके तहत किसी भी परिघटना के पीछे के कारण खोजने पर सारा ज़ोर होता है। कुछ ऐसी मान्यता इसके पीछे काम कर रही होती है गोया हर चीज़ या घटना के पीछे एक ही कारण होता है। मसलन, अगर धुआँ उठता है तो आग लगी ही होगी। इसे अन्वीक्षिकी (लॉजिक) की भाषा में कहा जाए तो अगर क है तो ख होगा। हालाँकि यह जल्दी ही साफ़ हो गया कि सामाजिक ज़िंदगी में ऐसे किसी एक कारण की तलाश बेमानी होगी मगर फिर भी कारण-समूहों की खोज जारी रही। ज़ाहिर था कि उससे कोई विज्ञान नहीं बन सकता था, क्योंकि विज्ञान की तरह नियम खोज कर भविष्यवाणियाँ कर पाने के लिए कारण और उसके परिणाम के बीच रिश्ता साफ़ होना ज़रूरी होता है। इस क़िस्म के आग्रह जब समाज-विज्ञान में हमारे सामने आते हैं तो उसकी बानगी हमें मुग़ल साम्राज्य के पतन के कारण बताएँ या फ्रांसीसी क्रांति के कारण बतायें जैसे सवालों में देखने को मिल सकती है जो आज भी हमारे छात्रों से इम्तहानों में पूछे जाते हैं। आज हम इस बात को बेहतर समझते हैं कि सामाजिक परिघटनाओं के कारण बहुत पेचीदा और बहु-आयामी होते हैं। उनमें अक्सर एक साथ कई कारक या कारकों के मेल से पैदा हुई स्थितियाँ अपना काम कर रही होती हैं।

ज़ाहिर है कि समाज-विज्ञान में एक्सप्लेनेशन के आग्रह के पीछे जो मंशा काम कर रही थी वह उन नियमों को खोज निकालने की थी जिनके आधार पर समाज का वह विज्ञान रचा जाना था जो उसे प्राकृतिक विज्ञान जैसा बना देता। यहीं से पद्धति की एकता का ख़याल भी निकला था जो यह दावा करता था कि ये दोनों विज्ञान दरअसल एक ही हैं और इसलिए इनकी पद्धतियाँ भी एक ही होनी हैं। बीसवीं सदी के शुरुआती सालों में ऐसा समाज-विज्ञान खोज निकालने की यह तमन्ना ऐसी ऊँचाई पर पहुँची कि कार्ल हेम्पल जैसे दार्शनिकों ने इसका एक पूरा का पूरा मॉडल ही बना डाला जिसे डिडक्टिव-नोमोलॅजिकल मॉडल के नाम से जाना जाता है। इस मॉडल के अनुसार समाज की किसी भी परिघटना की व्याख्या ऐसे विश्लेषण के आधार पर तैयार किये गये सामाजिक नियमों की जानकारी के आधार पर की जा सकती है।

मगर इसी दौर में, उन्नीसवीं सदी के आख़िरी और बीसवीं के शुरुआती दशकों में इस ख़याल को चुनौती भी दी जाने लगी और इसी क्रम में विल्हेल्म डिल्थेय ने इस ख़याल की जड़ पर चोट करते हुए यह दावा पेश किया कि प्राकृतिक और सामाजिक दुनियाएँ दरअसल दो बिल्कुल अलग शै हैं जिनका अध्ययन करने के लिए बुनियादी तौर पर अलग पद्धतियों और नज़रियों की ज़रूरत है। उन्होंने माना कि प्राकृतिक विज्ञान का काम कारणगत (कॉज़ल) व्याख्या और निहित नियमों का पता लगाना है मगर साथ ही यह दावा भी किया कि इनसानी समाज के अध्ययन का काम इन तरीक़ों से नहीं हो सकता है, क्योंकि उनका संबंध भोगे हुए तजरुबों या अनुभवों से, मानवीय क्रिया और अंतर्क्रिया से होता है। डिल्थेय का कहना था कि जहाँ तक प्राकृतिक विज्ञानों का ताल्लुक़ है, उनका काम अमूर्तन पर निर्भर करता है जिसका मूल उद्देश्य किसी एक तथ्य पर निगाह केंद्रित करके बाक़ियों की उपेक्षा करना होता है। इसके बरक्स मानवीय समाज के अध्ययन के लिए विश्लेषण की ज़रूरत होती है जिसका मक़सद किसी भी समग्र के सभी तथ्यों पर अपनी पकड़ हासिल करना होता है। डिल्थेय के लिए यह पद्धति, जिसे वे एक्सप्लेनेशन के ख़िलाफ़ खड़ा करते हुए अंडरस्टैंडिंग कहते हैं— महज़ बौद्धिक समझ से बिलकुल अलग है क्योंकि इसका संबंध अपने अध्ययन की वस्तु से एक गहरा रिश्ता क़ायम करने से होता है। इस रिश्ते में भावनाएँ तो शामिल होती ही हैं, कला और कलात्मक संवेदना भी इसके लिए ज़रूरी होती है। इसी बौद्धिक ज़मीन से हम बाद में हर्मेन्यूटिक्स का उदय देख सकते हैं।

ज़ाहिर है कि इस झगड़े के मूल में वह खायी थी जो आधुनिकता के आविर्भाव के साथ उभर कर सामने आयी थी। यह खाई सब्जेक्ट और ऑब्जेक्ट या ज्ञाता और ज्ञेय/ज्ञातव्य के बीच की खाई थी, जो एक अर्थ में मनुष्य और प्रकृति के बीच की खाई भी थी। दूसरे अर्थों में कहा जाए तो जिसे हम मानवतावाद के उदय के रूप में जानते हैं, यह दोफाड़ उसी की परिणति थी। आज हम मानवतावाद का अर्थ अक्सर मानव-कल्याण से जोड़ते हैं, मगर यह उसका एक बहुत सीमित अर्थ है। मानवतावाद दरअसल एक ज्ञानमीमांसात्मक व सत्तामीमांसात्मक नज़रिया भी है जो तर्कवान/तर्कशील इनसान को नये ख़ुदा के रूप में प्रतिष्ठित करता है। इस नयी विश्व-दृष्टि के विस्तार के साथ प्रकृति पर अपना आधिपत्य क़ायम कर उसे अपनी प्रगति के लिए काम में लाना— यही इन दोनों के बीच का रिश्ता रह गया था। प्रकृति पर आधिपत्य क़ायम करने के लिए ज़रूरी था कि उसके बारे में ज्ञान अर्जित किया जाए और उसके विकास के नियमों का पता लगाया जाए। यहीं से पैदा होता है ज्ञाता और ज्ञेय/ज्ञातव्य के बीच का फ़र्क़, जिसके मूल में यह मान्यता है कि ज्ञानकर्ता अर्थात् ज्ञाता उस प्रकृति से अलग शै है जिसका अध्ययन वह करता है। समाज के संदर्भ में इसके कई दिलचस्प असर देखने को मिलते हैं। अब यह माना जाता है कि यह ज्ञाता तभी सही ज्ञान प्राप्त कर सकता है जब वह उस समाज से पूरी तरह अलग हो चुका हो, हर लगाव से आज़ाद। तभी वह प्रामाणिक वस्तुनिष्ठ ज्ञान पैदा कर सकता है।

समय के साथ इस नज़रिये के ख़िलाफ़ कई क़िस्म के विद्रोह फूट पड़ते हैं जो एकबारगी मानव-समाज और प्रकृति की घनिष्ठतम एकता का दावा करते हैं। इनमें से सबसे मशहूर रूमानियत या रोमांटिसिज़म की धारा है। जहाँ सत्तामीमांसा के स्तर पर इसे तरह-तरह की चुनौतियों का सामना करना पड़ता है वहीं ज्ञानमीमांसा के स्तर पर भी रास्ता बहुत आसान नहीं था। आहिस्ता-आहिस्ता विज्ञान-दर्शन और ख़ास कर प्राकृतिक विज्ञान के हवाले से यह दावा पेश किया जाने लगा कि दरअसल प्राकृतिक विज्ञान की पद्धति भी उतनी वस्तुनिष्ठ नहीं होती जितना की उसकी तरफ़ से दावेदारी करने वाले बताना पसंद करते हैं।

इस संदर्भ में शायद एक शुरुआती वार थॉमस कुन की ओर से उनकी मशहूर किताब द *स्ट्रक्चर ऑफ़ साइंटिफ़िक रेवोल्यूशन* में हुआ जिसने यह बताया कि विज्ञान में भी कभी भी कोई वैज्ञानिक महज़ अप्रिय तथ्यों से रूबरू होने पर ही अपना सिद्धांत बदल नहीं लेता। उसकी एक जटिल प्रक्रिया होती है जहाँ ऐसे अप्रिय तथ्य या तो दरकिनार कर दिये जाते हैं या फिर उनकी कोई व्याख्या निकाल ली जाती है जब तक कि पूरा का पूरा ढाँचा या प्रतिमान ही बदलने की नौबत न आ जाए।

विज्ञान के नारीवादी दार्शनिकों ने भी विज्ञान की पद्धति को लेकर कई क़िस्म के सवाल उठाये हैं। उन्होंने बताया है कि किस तरह साइंस जब अलग-अलग प्रतिमानों के बीच

चुनती है तब वह चयन कोरे वैज्ञानिक आधार पर नहीं होता है, बल्कि उस पर ख़ास सामाजिक, राजनीतिक व धार्मिक संदर्भों का भरपूर असर दिखाई देता है। मसलन एलिज़ाबेथ पॉटर सत्रहवीं सदी की भौतिक शास्त्र की बहसों खास तौर पर बॉयल्स लॉ ऑफ़ गैसेस का हवाला देकर बताती हैं कि जो फ़ैसला हुआ वह अंततः इसलिए हुआ क्योंकि वह बॉयल के धार्मिक मतों से उसका टकराव नहीं था।

मिशेल फ़ूको का हस्तक्षेप इस संदर्भ में एक नयी ज़मीन तोड़ता है और अपने शोध के ज़रिये दिखाता है कि ज्ञान के अनुशासनों का उदय सत्ता के साथ एक अकाट्य रिश्ता रखता है। कोई भी ज्ञान उस मायने में न तो निष्पक्ष होता है ना वस्तुनिष्ठ। हर ज्ञान अपने नये सच के निज़ाम तैयार करता है।

हाल के सालों में फ्रांसीसी दार्शनिक ब्रूनो लातूर जैसे दार्शनिकों ने प्रकृति और मानव-समाज के बीच के द्विभाजन को एक बिलकुल नये ढंग से चुनौती दी है। उनके अनुसार हम जिस तरह समाज और प्रकृति में फ़र्क़ करते हैं, वह सिरे से ग़लत है और हर स्तर पर इनसानी और ग़ैर-इनसानी के बीच एक रोज़ाना का रिश्ता होता है। इनसानी ज़िंदगी कभी भी अन्य प्राणियों या अन्य प्राणहीन वस्तुओं से अलग नहीं बसर होती। इन दार्शनिकों के हाल के काम ने प्राकृतिक और सामाजिक के भेद को एक दूसरे छोर से बिल्कुल ढहा कर प्रत्यक्षवाद की बुनियाद पर ही चोट की है।

**देखें :** अस्तित्ववाद, आत्मनिष्ठता-वस्तुनिष्ठता, इयत्ता, इमैनुएल कांट, इंद्रियानुभववाद, ईसैया बर्लिन, उत्तर-आधुनिकतावाद, उत्तर-औपनिवेशिकता, उदारतावाद, कल्पित समुदाय, ग्योर्ग विल्हेल्म फ्रेड्रिख़ हीगेल, घटनाक्रियाशास्त्र और ऐडमण्ड हसर, चेतना, जॉन लॉक, ज़ाक लकाँ, ज्याँ-फ्रांस्वा ल्योतर, ज्याँ-पॉल सार्त्र, ज़ाक देरिदा, तत्त्वमीमांसा और अस्तित्वमीमांसा, तात्त्विकतावाद, थियोडोर लुडविग वीज़ेनग्रंड एडोर्नो, द्वैतवाद, परिणामवाद, फ्रांसिस बेकन, फ्रेड्रिख़ नीत्शे-1 और 2, बुद्धिवाद, भाववाद, भौतिकवाद, मनोविश्लेषण, मिशेल पॉल फ़ूको-1 और 2, यथार्थवाद, युरोपीय पुनर्जागरण, युरगन हैबरमास, युरोपीय ज्ञानोदय, रेने देकार्त, लुई अलथुसे, समाज-विज्ञान, संत ऑग्स्तीन, सोरेन आबी कीर्केगार्द, संरचनावाद और उत्तर-संरचनावाद, हरबर्ट स्पेंसर, ज्ञानमीमांसा, ज्ञान का समाजशास्त्र।

## संदर्भ


1. मिशेल फ़ूको (1977), *पॉवर/नॉलेज : सिलेक्टेड इंटरव्यूज़ ऐंड अदर राइटिंग्ज़* (सम्पा. कॉलिन गॉर्डन), हार्वेस्टर प्रेस, ससेक्स.
2. ऑग्स्त कॉम्त (2009), *द एसेंशियल राइटिंग्ज़ : ऑग्युस्त कॉम्त ऐंड पॉज़िटिविज़म* (सम्पा. गेर्तरुद लेंज़र), ट्रांज़ेक्शन पब्लिशर्स, न्यू ब्रंसविक.
3. जॉर्ज स्टाइनमेट्ज़ (सम्पा.) (2005), *द पॉलिटिक्स ऑफ़ मेथड इन द ह्यूमन साइंसेज़,* ड्यूड युनिवर्सिटी प्रेस, यूएसए.
4. एलिज़ाबेथ पॉटर (2006), *फ़ेमिनिज़्म ऐंड फ़िलॉसफ़ी ऑफ़ साइंसेज़,* रॉटलेज, लंदन.
5. चार्ल्स टेलर (1985), *फिलॉसफ़ी ऐंड द ह्यूमन साइंसेज़,* केम्ब्रिज युनिवर्सिटी प्रेस, केम्ब्रिज.


**— आदित्य निगम**

# सर्वहारा

(Proletariat)

सर्वहारा शब्द की उत्पत्ति लैटिन शब्द प्रोलेतारिउस से हुई है जिसका अर्थ है सबसे निचले तबक़े या समाज के सबसे ग़रीब लोग जिनके पास अपनी कोई सम्पत्ति नहीं होती। मार्क्स के शब्दों में कहें तो प्रोलेतेरियत एक ऐसा वर्ग है जिसके पास अपनी ग़ुरबत और ग़ुलामी के अलावा खोने के लिए कोई पूँजी नहीं है, और जो दिन-प्रतिदिन किये गये श्रम के भरोसे अपने परिवार का भरण-पोषण करता है। इस शब्द का सर्वप्रथम प्रयोग रोम में जनगणना के दौरान किया गया था। प्राचीन रोम में प्रत्येक पाँच साल में निवासियों एवं उनकी परिसम्पतियों की गणना की जाती थी ताकि उसके आधार पर उनके उत्तरदायित्वों एवं मत देने के विशेषाधिकार का निर्धारण किया जा सके। रोम में जिनकी सम्पत्ति वहाँ की मुद्रा के हिसाब से ग्यारह हज़ार से कम आँकी जाती थी उन्हें सबसे ग़रीब माना जाता था। उनके बच्चों को समाज में हिस्सेदारी देने के बजाय ऐसे कामों में लगा दिया जाता था जो उत्पादन से जुड़े हुए थे। लेकिन कार्ल मार्क्स ने प्रोलेतेरियत का इस्तेमाल राजनीतिक दर्शन और अर्थशास्त्र के संदर्भ में करके इसका मतलब लगभग पूरी तरह से बदल दिया। उन्होंने उसे मज़दूर वर्ग के रूप में देखते हुए कहा कि इसमें निहित राजनीतिक शक्ति पूँजीवाद को तबाह करके समाजवाद की तरफ़ संक्रमण करने की क्षमता रखती है। मार्क्स ने घोषणा की कि सर्वहारा एक ऐसा वर्ग है जो भविष्य का वाहक होगा।

रोमन साम्राज्य की अंतिम सदी तक सर्वहारा वर्ग पूरी तरह से महत्त्वहीन था। एक के बाद एक लगातार युद्धों का सामना कर रहे रोम को प्यूनिक युद्ध ने झकझोर कर रख दिया था। रोमन मध्यवर्ग और किसान समुदाय से युद्ध के लिए प्राप्त होने वाले धन में कमी आ गयी थी। इस धन का उपयोग ही सैनिक सामग्री ख़रीदने के लिए किया जाता था। इतना ही नहीं मध्यवर्ग और किसान वर्ग के लोगों की सेना में संख्या घट गयी थी। परिणामस्वरूप जनरल गाइस मैरियस ने रोमन मैरियस सुधारों की शुरुआत की जिनके तहत सर्वहारा वर्ग को भी सैन्य गतिविधियों में शामिल कर लिया गया। बर्लिन

विश्वविद्यालय में रोमन क़ानून की पढ़ाई करने वाले मार्क्स ने सर्वहारा शब्द इसी इतिहास से उठाया और उसका सामाजिक-राजनीतिक संदर्भ में प्रयोग किया। उन्होंने सर्वहारा वर्ग की व्याख्या करते हुए लिखा कि यह एक ऐसा वर्ग है जिसे निजी परिसम्पतियों से वंचित रखा जाता है। लेकिन इसमें क्रांति करने की ऐसी क्षमता होती है जो पूँजीवादी समाज का खात्मा कर वर्गविहीन समाज की स्थापना कर सकती है।

मार्क्स ने अफ़सोस जताया कि सर्वहारा वर्ग के श्रम से वस्तुओं का जो उत्पादन होता है और जिसे बेच कर पूँजीपति पैसा कमाते हैं, उसमें सर्वहारा के श्रम की वह क़ीमत भी निहित होती है जिसे पूँजीपति श्रमिकों को नहीं देते। मार्क्स के अनुसार इस पूँजी पर श्रमिकों का अधिकार बनता है न कि पूँजीपतियों का, क्योंकि इसमें उनका वह निवेश शामिल नहीं होता जो उन्होंने पूँजी पैदा करने के लिए ख़र्च किया था। बल्कि यह तो श्रम का लाभ होता है। मार्क्स ने इसे अधिषेश मूल्य अथवा बेशी मूल्य (सरप्लस वैल्यू) का नाम दिया है। वे मानते कि यह अधिशेष मूल्य ही सब समस्याओं की जड़ है। इसके अधिकतर हिस्से को पूँजीपति लोग अपने ऐशो-आराम के लिए ख़र्च करते हैं और उससे जो बच जाता है उससे वह फिर से उत्पादन की गुणवत्ता सुधार कर अथवा पुन: निवेश कर उत्पादन को बढ़ाते हुए अमीर होते चले जाते हैं, जबकि श्रमिकों कि हालत वैसी की वैसी ही बनी रहती है। इस तरह एक श्रमिक आजीवन एक श्रमिक ही बना रहता है। जब तक अधिशेष मूल्य सर्वहारा को नहीं मिलेगा (क्योंकि वे इसके स्वाभाविक हक़दार होते हैं) तब तक उनका शोषण ख़त्म नहीं हो सकता। इसीलिए मार्क्स निष्कर्ष निकालते हैं कि श्रमिक हमेशा अपनी शक्ति के बल पर पूँजीवादी समाज को ख़त्म करने और उस समाज-व्यवस्था का निर्माण करने की कोशिश करते हैं जहाँ उनका शोषण न हो। मार्क्स के लिहाज़ से ऐसा समाज बनाने की प्रक्रिया दो चरणों में चलती है, समाजवादी और फिर साम्यवादी।

अपनी युगप्रवर्तक रचना *कम्युनिस्ट घोषणापत्र* में मार्क्स ने सर्वहारा वर्ग के विकास के विभिन्न चरणों की शिनाख़्त की है। मार्क्स के अनुसार यह वर्ग अपने जन्म से ही पूँजीपति वर्ग के साथ संघर्ष में उलझ जाता है। सर्वहारा से पूँजीपति की पहली मुठभेड़ व्यक्तिगत श्रमिक के तौर पर होती है। दूसरी मुठभेड़ फ़ैक्ट्री की ज़मीन पर, तीसरी किसी एक पेशे से जुड़े मज़दूरों की जत्थेबंदी के तौर पर और चौथी स्थानीय स्तर पर होती है। लेकिन उद्योगीकरण के दौर में सर्वहारा न केवल संख्या के रूप में अपना आकार बढ़ाता चला जाता है, बल्कि औद्योगिक इलाक़ों में उसका संकेंद्रण भी बढ़ जाता है। उसकी शक्ति में जबरदस्त इज़ाफ़ा होता है और वह विभिन्न तरह के मोर्चे और संगठन बना कर गोलबंदी करने की स्थिति में आ जाता है। इस विकास-क्रम के फलस्वरूप स्थानीय स्तर पर होने वाले संघर्ष संचार के आधुनिक साधनों की मदद से वर्गों के बीच राष्ट्रीय संघर्ष में बदल जाते हैं।

उन्नीसवीं सदी के उत्तरार्ध में मार्क्स और एंगेल्स की अपेक्षाओं के मुताबिक ही युरोप में उद्योगीकरण के परिणामस्वरूप सर्वहारा वर्ग की ताकत में उल्लेखनीय बढ़ोतरी हुई। लेकिन उनकी राजनीतिक दलबंदी की वृद्धि उतनी तेज़ी से नहीं हो सकी। उन्नीसवीं सदी के आख़िर में आ कर जर्मनी और आस्ट्रिया में सर्वहारा वर्ग के हितों की वकालत करने वाली पार्टियाँ उभरीं। मार्क्सवादियों और वामपंथियों में इस बात पर बहस फूट पड़ी कि क्या यह सर्वहारा वर्ग मार्क्स की शिक्षाओं के अनुसार क्रांति का वाहक होगा। एडुअर्ड बर्न्सटीन ने इस विवाद में सुधारवादी धड़े की आवाज़ बुलंद की। उनका कहना था कि वर्गों के बीच होने वाले ध्रुवीकरण का अनिवार्य परिणाम ज़रूरी नहीं कि क्रांति में ही निकले। इस आधार पर बर्न्सटीन ने क्रांति के बजाय समाजवाद में क्रमश: और शांतिपूर्ण संक्रमण की वकालत की। इस तरह सर्वहारा वर्ग का आंदोलन दो हिस्सों में बँट गया। एक तरफ़ सुधारवादी थे और दूसरी तरफ़ क्रांतिकारी, यद्यपि ऑस्ट्रियन पार्टी ख़ुद को बीच की स्थिति में पाती थी। रूस में क्रांति के बाद सर्वहारा वर्ग के राजनीतिक आंदोलन का यह वैचारिक ध्रुवीकरण और तीखा हो गया। पहले से स्थापित सामाजिक जनवादी पार्टियों और दूसरे इंटरनैशनल के मुक़ाबले नव-स्थापित कम्युनिस्ट पार्टियों ने तीसरे इंटरनैशनल की स्थापना कर ली।

सर्वहारा वर्ग से जुड़ी बहसों में एक पहलू क्रांतिकारी या समाजवादी चेतना का भी है। व्यावहारिक रूप से समझा जाता है कि इस वर्ग के एक बहुत छोटे हिस्से में ही इस तरह की समाजवादी चेतना प्रभावी हो पाती है। दूसरी तरफ़ यह भी एक तथ्य है कि क्रांतियाँ विकसित पूँजीवादी देशों में न हो कर खेतिहर अर्थव्यवस्था वाले देशों में हुई हैं। इस मुद्दे पर लेनिन का सूत्रीकरण महत्त्वपूर्ण है जिसमें उन्होंने दलील दी है कि सर्वहारा वर्ग हर परिस्थिति में अपने आप ही क्रांतिकारी चेतना पैदा नहीं कर सकता। उसके लिए उसे समर्पित क्रांतिकारी मार्क्सवादियों की पार्टी की ज़रूरत पड़ती है जो सर्वहारा वर्ग में चेतना बाहर से 'इंजेक्ट' करते हैं। आगे चल कर ग्योर्गी लुकाच ने लेनिन के इसी सूत्रीकरण का और विस्तृत रूप से प्रतिपादन किया। लेकिन लेनिन की ये सैद्धांतिक दावेदारियाँ सभी तरह के मार्क्सवादी विद्वानों और नेताओं को पसंद नहीं आयीं। रोज़ा लक्ज़ेमबर्ग ने लेनिन की आलोचना करते हुए कहा कि वे वर्ग को पार्टी से प्रतिस्थापित कर देना चाहते हैं।

**देखें :** अर्नेस्टो चे गुएवारा, आधार और अधिरचना, ऑस्कर रायज़ार्ड लांगे, आंगिक और पारम्परिक बुद्धिजीवी, एंतोनियो ग्राम्शी, कार्ल हाइनरिख़ मार्क्स-1 से 4 तक, क्रांति, क्रांति : मार्क्सवादी विमर्श, ग्योर्गी लूकाच, नयी सदी में मार्क्सवादी विमर्श-1 से 9 तक, निष्क्रिय क्रांति, पेटी बूर्ज़्वा, फ्रेड्रिख़ एंगेल्स, फ्रैंकफ़र्ट स्कूल, भारत में किसान संघर्ष-2 और 4, भारतीय कम्युनिस्ट पार्टी, भारतीय कम्युनिस्ट पार्टी (मार्क्सवादी), भारतीय इतिहास लेखन, भाषा के मार्क्सवादी सिद्धांत, भ्रांत चेतना, बोल्शेविक क्रांति, फ्रांस्वा-चार्ल्स मारी फ़ूरिये, क्यूबा की क्रांति, फ्रेंज़ फ़ानो, हिंसा-1 और 2, मानवेंद्र नाथ राय, माओ त्से-तुंग, माओवाद और माओ विचार, मार्क्सवाद-1 से 5 तक, मार्क्सवादी इतिहास-लेखन, मार्क्सवादी समाजशास्त्र, मार्क्सवाद और पारिस्थितिकी, मार्क्सवादी अर्थशास्त्र, समाजवादी वसंत-1 से 4 तक, रॉबर्ट ओवेन, राज्य की मार्क्सवादी अवधारणा, रोज़ा लक्ज़ेमबर्ग, लेनिनवाद, लियोन ट्रॉट्स्की, लिबरेशन थियोलॅजी, लुई अलथुसे, संशोधनवाद, सांस्कृतिक क्रांति, सैं-सिमो, स्तालिन और स्तालिनवाद, सोवियत समाजवाद-1 से 3 तक, सोवियत सिनेमा, वर्चस्व, व्लादिमिर इलीच लेनिन।

## संदर्भ


1. अडोल्फ़ बर्जर (1953), *इनसाइक्लोपेडिक डिक्शनरी ऑफ़ रोमन ला,* अमेरिकन फ़िलॉसॅफ़िकल सोसाइटी, फ़िलाडेल्फ़िया.
2. एच.एच. स्कुलार्ड (1976), *ग्राच्ची टू नीरो : अ हिस्ट्री ऑफ़ रोम फ्रॉम 133 बीसी टू 68 एडी,* मेथुएन, लंदन.
3. सी.एफ़. सिडनी हुक (1955), *मार्क्स ऐंड मार्क्सिस्ट,* वान नोस्टरंड, प्रिंसटन.


**— संजय सिंह बघेल**

# अनुक्रमणिका

अनुक्रमणिका में उल्लिखित रचनाओं (पुस्तकें, लेख, कविताएँ, नाटक और फ़िल्में) के शीर्षकों में ए, ऐन और द का प्रयोग मुख्य शीर्षक के बाद किया गया है। अभिनव गुप्त और मण्डन मिश्र जैसे क्लासिकल नाम प्रथम नाम में दिये गये हैं। चीनी नाम भी प्रथम नाम के रूप में ही हैं। जिन प्रविष्टियों के साथ भारतीय लगा है,उनकी स्वतंत्र प्रविष्टि बनायी गयी है, न कि मुख्य प्रविष्टि की उप-प्रविष्टि के रूप में। प्रविष्टियों के शीर्षक और उनकी पृष्ठ-संख्या विशेष रूप से उभारी गयी है।

## अ

# आ

# इ

## ई



## उ

# ऋ



# ए

# ऐ



# ओ

# औ



# अं



# क

# ख

# ग

# छ



# ज

## झ



## ट

# ठ



# ड

## ढ



## त

# थ



# द

# ध

# न

# प

# फ

# ब

# भ

# म

# य

# र

# ल

# व

# श

# ष



# स

# ह

# क्ष



# त्र



# ज्ञ